中国古代器物通览

中國古代器物通覽

工具卷

陸錫興 主編

華東師範大學出版社·上海

圖書在版編目(CIP)數據

中國古代器物通覽．工具卷 / 陸錫興主編． — 上海：
華東師範大學出版社，2024． — ISBN 978-7-5760-5072-1

Ⅰ．K875.04

中國國家版本館 CIP 數據核字第 2024XE8737 號

ISBN 978-7-5760-5072-1

中 國 古 代 器 物 通 覽

工具卷

陸錫興　總主編

策劃編輯　王　焰
責任編輯　時潤民
特約審讀　陳酌簫
責任校對　時東明
書籍設計　胡　斌　劉健敏

出版發行　華東師範大學出版社
社　　址　上海市中山北路 3663 號　郵編　200062
網　　址　www.ecnupress.com.cn
電　　話　021-60821666　行政傳真　021-62572105
客服電話　021-62865537　門市(郵購)電話　021-62869887
地　　址　上海市中山北路 3663 號華東師範大學校內先鋒路口
網　　店　http://hdsdcbs.tmall.com

印　　刷　上海雅昌藝術印刷有限公司
開　　本　889 毫米×1194 毫米　16 開
印　　張　29.75
插　　頁　10
字　　數　989 千字
版　　次　2025 年 7 月第 1 版
印　　次　2025 年 7 月第 1 次
書　　號　ISBN 978-7-5760-5072-1
定　　價　398.00 元

出 版 人　王　焰

(如發現本版圖書有印訂質量問題,請寄回本社客服中心調換或電話 021-62865537 聯繫)

總目

總序

陸錫興

　　《易·觀》云"觀國之光"，中華禮樂文物之盛，舉世聞名。《中國古代器物通覽》叢書正是一部以古代器物文化爲内容的大型系列辭書。

　　本《通覽》以歷史文獻爲綫索，貫穿古代器物大類。叢書所收條目有嚴格的文獻依據，現代稱名則不被採納，因此熟見的器物可能有陌生的名稱。貫徹這個古器物的古稱名原則是有實際意義的，因其可使器物内容和"符號"回到當時的真實中去。名實之間的關係爲研究器物的由來和發展可以提供更多的信息，這對從事考古文博研究工作者來説是非常重要的。当然，我們認爲只有文獻内容是遠遠不够的，持续的大規模考古發掘使大量古代器物重見天日，学术界孜孜不倦地努力，迄今積累起了豐富的考古研究成果，這對於文獻工作者同樣是必須參考的。

　　古代器物是人類物質文明的一部分，而有形之物的具體結構、形狀和質感，是文字表达力所不及的。中國自古有"左圖右史"的優良傳統，即强調文字内容和圖形資料同等重要。而圖形資料的來源有兩個方面：一是傳世和出土的實物，傳世品多瑰麗精美、流傳有緒者，而出土文物則斷代明確並蘊涵豐富信息；二是古代繪畫和圖籍，前者能顯示器物的背景，後者是解釋名物的專門著作，所著録的器形和定名有特別重要的價值。因此，在本叢書的編撰工作中，條目所呈現出的面貌，不僅要正確把握文獻内容，同時還要吸收考古研究成果，圖文配合。根據不同条件，叢書中所配插圖也分爲手繪圖示與實物實景拍攝照片兩種不同形式。

　　本叢書的編排科學有序，區分主要條目和次要條目的編排方式符合辭書編纂的一般要求。叢書體例規定，某一種類器物的核心條目要全面叙述其形制源流，能够覆蓋其屬類的一系列條目，這實際上也是在全方位研究整理某一種類器物的歷史。因而，完成整套叢書，理論上也即意味着完成了一項規模空前的有關中國古代器物的調查研究工作。

　　中國古代器物門類複雜，包羅萬象，除了常説的衣、食、住、行，還有文、武、禮俗等各方面。叢書在編撰過程中不斷調整，形成了大類劃分，而爲了照顧編寫的便利,有些器物的歸屬也並不十分嚴格。叢書大類劃分包括:工具、兵器、刑具、珍寶、錢幣、文具、建築、樂器、器皿、雜具、禮儀、博戲、舟車、牌符、服飾、紡織。

上述十六個大類間,部分内容有交叉,爲相互回避,某些古代器物門類在其中有所缺失;同樣的,爲了使某些門類相對完整,少量詞條可能會在不同大類中重複出現。以上大類各有特點,規模也大小不一,故而分卷需要進行一些調整,小則合,大則分,因之形成叢書的十一種十二卷的規模(服飾紡織合爲一種但分上下卷)。各卷内容相對獨立,可供某方面專門的查檢、參閱,如果要全面瞭解、獲得有關中國古代器物的全面内容,則可求諸整套叢書。

作爲叢書總主編,筆者最初是從家父的收藏而接觸到古玩器物,因興趣驅使而去閱讀考古文博刊物如《文物》《考古》等及相關專業著作;20 世紀 70 年代開始,通過描繪陶瓷器,逐步進入古器物世界。1980 年起,擔任《漢語大詞典》的編輯工作,深感辭書編纂缺乏這方面的知識;1985 年初夏,與一位朋友談及辭書問題,由此引起思考,認爲一本理想的器物詞典,立目要不嫌其煩,不論正名、別名、俗稱或者異寫都應盡量收列,而且要全面反映所有器物的形制變化,由此形成了本叢書的初步構想。1986 年出版社方面支持這一設想,隨後進入實踐階段。1987 年,在初步擬定一千餘種基本古籍的基礎上,進行勾詞和抄寫,製作卡片的工作歷時兩年,此後一些重要古籍的收詞卡片的編録,直至叢書編撰階段,從未停止。這些卡片資料,給叢書條目提供了文獻依據。隨之製定詳細的編寫體例,約請合作者,指定各分類的主編。1990 年冬,又聯合河北教育出版社在上海青浦賓館召開了叢書編纂會議,大家認識一致,接續就開始了繁重的編撰工作。

所謂十年磨一劍,這對一般著作來説,時間或許是長了些,然而對體量規模龐大的本叢書而言,則遠遠不够。青浦編纂會議後的三十多年中,這部叢書輾轉於多家出版社,用一句套話形容是"好事多磨"。但也好在有充裕的時間,可以令編撰工作不斷擴展視野,在新見出土文獻以及常規眼光所不暇及的如古代世情小説、清宫檔案等内容中補充增收條目。其間恰逢全國博物館大多開放展品拍攝,得以奔走於全國各地,在博物館暢覽藏品、攝影取像,再經精心加工,使得叢書配圖品質及豐富性得到了根本性的提升。當然,作爲總主編,這一繁重而複雜的工作,便由個人獨立負責完成,不過能因此盡可能實現原來設想,也令人欣慰,同時這也是出版社方面接受書稿的必要條件。

本《通覽》叢書是大規模的並具有集成性和總結性的集體項目,其中的製卡、分類、撰稿、初審、複審,配圖,得到了各參與環節的同仁的密切配合,是大家共同努力的成果。

本叢書條目的編撰作者們,主要來自京、津、滬、贛四地的高校、研究所、博物館、出版社。他們的任職所在有:上海博物館、上海歷史博物館、上海藝術研究所、上海天文臺、上海交通大學、中國紡織大學（現更名爲東華大學）、上海音樂學院、同濟大學、華東政法學院（現更名爲華東政法大學）、上海師範大學、上海大學、漢語大詞典編纂處、上海古籍出版社、上海遠東出版社、上海東方廣播電視臺、南京大學、南京博物院、北京市古代建築設計研究所、北京建築工程學院（現更名爲北京建築大學）、北京市中山公園管理處、中國建築技術發展中心建築歷史研究所（現更名爲中國建築設計研究院建築歷史研究所）、原國防科學技術工業委員會、中國社會科學院考古研究所、南昌大學等。

　　值叢書出版之際，在此對自項目初創伊始至今的諸多合作者以及關心本書的前輩和朋友們，表示由衷的感謝！

　　　　　　　　　　　　　　　　　　2024 年 12 月於上海仙霞西路寓所

工具卷編撰人員

主　　編

　　　　陸錫興　王鑒清

插　　圖

　　　　陸錫興

主要撰稿人

　　　　陸錫興　王鑒清　董福光

撰　稿　人

　　　　王土然　朱曉玲　全和鈞　趙文榜

　　　　蔡繼福　周宏佑　苗欣宇　江克明

　　　　洪　憑　周桂發　劉願恕　呂建昌

　　　　劉朝暉　陸錦興　田國忠　吳紅婧

凡例

詞目

一、收詞以歷史文獻爲限，下限一般定在清末，也有例外。

二、收録各種器物名稱，包括：正名、別名、俗稱、古名、今名、整體、局部及部件名稱。

三、兼收一些創製者及重要製作者的詞目。

字體

四、爲保持文獻的本來面貌，保留異體字。

排序

五、詞目大類按詞目首字的拼音首字母排序，標爲 A—Z。

六、詞目大類下的次級排序按詞目首字的拼音爲序，標明首字拼音分類，但分類下條目排序則不嚴格按音序。

七、上述詞目排序涉及的字音，一般爲今音，但部分可能存在與通常讀音不同者，係特殊讀音或通假音等，不予解釋，特此説明。

釋義

八、區別層次，分級釋義。類屬性詞條作全面解釋，以下詞條只説明特徵内容。

九、一物異名或同名異形，只作語文詮釋。前者用"即××"表示，後者用"同'××'"表示。

十、"參見"提示所指詞條對本詞條内容有補充作用。

書證

十一、每個詞條提供書證，并保持引文内容的完整。

　　十二、舉證作用：（一）證明器物名稱産生的年代；（二）體現釋義的依據；（三）全面反映器物的形制。

配圖

　　十三、提供器形的詞條，配附一至多幅插圖。

　　十四、有手繪和實物攝影兩種；手繪圖有自然形態和分解指示圖。

歷代度量衡值表

時代	單位量值		
	一尺折合厘米數	一升折合毫升數	一斤折合克數
商	16		
戰國	秦:23.1	鄒:200 齊:205 秦:200 楚:226 韓:169 趙:175 魏:225(益) 燕:177(鶴) 東周:199 中山:180	秦:253 楚:250 趙:253 魏:315(鎰) 東周:1260(寽) 中山:9600(石)
秦	23.1	200	253
西漢			248
新			238
東漢	23.5		220
三國	24	204	220
兩晉	24.4	253	220
南北朝	南朝:24.7 北魏:28 北周:29 東後魏:30.2	南齊:300 北齊:400 北周:600	梁:陳:220 南齊:330 北齊:440 北周:660
隋:	29.5	600	660
唐:	30.3	600	661
宋(遼、金)	31.6	585	633
元		836	633
明	32	987	590
清	32	1035	596.8

（單位量值中，據史載推算而得的數字加括號表示）

本表資料來源：丘光明《中國歷代度量衡考》（科學出版社 1992 年版）

本卷前言

工具是人類勞作使用的器具，創造工具是人類智慧的體現；工具保障了人類的物質和精神生活，其發展標志着社會的文明水準。

舊石器時期，古人簡單加工石塊、木棒、獸骨；到了新石器時期，古人已經能精細地製作工具了。中國早期文明的二里頭文化已進入青銅時代，在古銅礦遺址内發現有銅鏟、銅錛、銅削、木鏟、木桶、木水槽、木豎井及採礦工具設施。戰國時期楚墓發現有成套簡牘製作工具，含錛、刀、鋸、鏩等，可配合使用。西漢以後，鐵器農具逐步普及，提高了工具品質。滿城西漢劉勝墓内出土金針、給藥器、醫用銅盆，表明中國古代的醫療用具也漸成系列。遠古時期，先民留下原始天文遺蹟。在阜陽西漢汝陰侯墓内意外發現了星占和觀察天象的儀器，爲現可見最早的圭表、星盤。在天長西漢墓出土有全套木工工具，含錛、斧、鋸、銼、鏟、鑽、鏩、鑿及專用小案。至於紡織用具，在新石器時期遺址中就已發現有簡單工具，靖安東周墓織女陪葬棺内也出土多件部件，而成都老官山西漢墓更是出土了完整的西漢蜀錦提花機模型，《天工開物》中已全面介紹了杭嘉湖地區的紡織工具，從蠶箔、繅車、紡車直到花機、腰機等。

明崇禎十年(1637)刊行的宋應星《天工開物》，記録了中國古代社會的130多項生産技術和工具，涵蓋了種植、織造、染色、糧食加工、製鹽、製糖、製陶、鑄造、車船製造、鍛造、礦石燒煉、油脂提取、造紙、冶金、釀酒、兵器、顔料製作、珠玉採製等。書中不僅有詳細文字記載，還附有200多幅插圖，是有關中國古代技術生産的集大成著述。明代後期，耶穌會傳教士傳入西方科學技術，德國籍傳教士鄧玉函和王徵合作的《遠西奇器圖説》在明天啓七年(1627)刊行，成爲中國第一部機械工程學著作。

工具是中國古代物質文化的重要組成部分，是中國古代文明的瑰寶。本書以大量詞目爲基礎，全面地規劃組織，從而形成整體性的中國古代工具及研究概覽，總結先民這方面的成果，對繼承和發揚中國優秀傳統文化具有重要的意義。

本卷條目所涉及的"工具"是指廣義的生産器具，不僅包括狹義上的工具，還含蓋與之相關的生産用器物，甚至是大型工程設置等；此外考慮到讀者的閲讀習慣，有些日用小工具則已安排至其他分卷條目之中，敬請關注。

目録

A

a

【阿鑱】

大鋤。清厲荃《事物異名録・耕織・鋤》:"《正字通》:大鉏,今山中人謂之阿鑱。"

ai

【艾炷】

用細艾絨搓團而成的圓錐狀物。大炷如蠶豆,中炷如黄豆,小炷如麥粒。用於針灸。唐孫思邈《備急千金要方・痔漏》:"灸一切瘰癧在項上及觸處,以獨頭蒜截兩頭留心,大作艾炷,稱蒜大小,帖癧子上灸之。"唐王燾《外臺秘要・癭瘤咽喉瘰癧》:"擣生商陸根捻作餅子置漏上,以艾炷灸餅子上,乾熟易之,灸三四炷。"

【僾逮】

同"靉靆"。明張寧《方洲雜録》:"向在京時,嘗於指揮胡豅寓所見其父宗伯公所得宣廟賜物,如錢大者二,形色絶似雲母石,類世之硝子而質甚薄,以金相輪廓而衍之爲柄,紐製其末,合則爲一,岐則爲二,如市肆中等子匣。老人目昏不辨細字,張此物於雙目,字明大加倍。近者又於孫景章參政所,再見一具,試之復然。景章云:'以良馬易得於西域賈胡滿剌,似聞其名爲僾逮,二物皆世所罕見。"

【靉靆】

眼鏡。明代中期經西域傳入中國,明宣德帝曾以賜臣,是爲罕見之物,後西方、東方海路溝通,輸來漸多。明田藝蘅《留青日札・靉靆》:"提學副使潮陽林公有二物如大錢形,質薄而透明,如硝子石,如琉璃,色如雲母。每看文章,目力昏倦不辨細書,以此掩目,精神不散,筆畫倍明,中用綾絹聯之,縛於腦後。人皆不識,舉以問余。余曰:'此靉靆也,出於西域滿剌國,或聞公得自南海賈胡必是無疑矣。'後見張公《方洲雜録》與此正同。""蓋靉靆乃輕雲貌,如輕雲之籠日月,不掩其也,若作曖曃亦可。"當時靉靆,式如十四世紀時歐洲的灰鼻眼鏡,没有腿,用繩帶繫於腦後固定,并可折叠存於匣内。鏡片不純澈,故色如雲母石,且只有放大一種,宜於老花。除雙鏡片外,當時還流行一種單片鏡,手持柄而觀,稱之單照。到了清代乾隆年間,中國工匠用水晶作鏡片,因質量優於舶來品,漸漸流行開,爲人們熟悉。清唐訓方《里語徵實》卷中之上:"來自番舶滿加剌國,名靉靆,皆玻璃所製。後粵東人仿其式,以水晶石製之。"參見"單照"、"眼鏡"。

an

【幢篼】

即裺囊。《廣雅・釋器》:"幢篼,囊也。"王念孫疏證:"幢,或作裺。《方言》:'飤馬橐,自關而西謂之裺囊,或謂之裺篼'"。

【裺囊】

喂飼牲畜用的袋子。《方言》第五:"飤馬橐,自關而西謂之裺囊,或謂之裺篼,或謂之嶁篼。"

【罯】

即魚網。《廣韵・上感》:"罯,魚網。"宋梅堯臣《正仲見贈依韵和答》:"譬彼捕長鯨,區區只持罯。"

【案板】

切割菜肉或製麵食用的木板。明沈榜《宛署雜記・經費下》:"大小砂鍋三十個,板櫈八條,案板八塊,水桶二擔。"《兒女英雄傳》第九回:"張老又把菜刀案板也拿來,把那肘子切作兩盤分開。"

【暗爐】

僅留風眼之封閉窑爐。清藍浦《景德鎮陶録》卷一:白瓷加彩復需燒煉,以固顔色。"大件則用暗爐,高三尺,徑二尺餘,週圍夾層貯炭火,下留風眼,將瓷器貯於爐。人執圓板以避火氣,爐頂泥封。燒一晝夜爲度。"

ang

【棉】

拴牛馬用的柱子。清毛奇齡《蠻司合誌》:"每牛加梏,繫之一棉,侑列十醞。"

ao

【凹鏡】

凹透鏡。清鄭復光《鏡鏡詅癡》卷四"照景"："近視鏡，凹鏡也，或一面凹一面平，或兩面俱凹，……作法與凸鏡同。"

【敖】

秦代在敖山上置倉，謂倉爲敖，因沿用名之。後常用以指官辦穀倉。宋袁文《甕牖閒評》卷六："敖乃地名，秦以敖地爲倉，故爾。今所在竟謂倉爲敖，蓋循習之誤。"

【敖房】

有通氣道的官辦糧倉。元王禎《農書》卷十六："今國家備儲蓄之所，上有氣樓，謂之敖房。"

【厫】

同"敖"。儲穀倉。《正字通·厂部》："厫，舊本載廣部，不誤，訛省作厫。"唐許渾《漢水傷稼》詩："高下綠苗千頃盡，新陳紅粟萬厫空。"清沈瀾《輸官倉》詩："官倉周圍編作號，按户配厫輸正耗。"

【厫房】

同"敖房"。明徐光啓《農政全書》卷四五："每厫房一間，約貯穀四百石以上。約高一丈三尺六寸，闊一丈一尺二寸，入深一丈六尺，厫內先用地工將厫深築堅實。外檐用石板鑲砌，內用厚磚砌底。"清阮葵生《茶餘客話》卷三："京師十有三倉。禄米倉五十七厫；南新倉七十六厫；舊太倉八十九厫；富新倉六十四厫；興平倉八十一厫；均在朝陽門內。"

B

ba

【八尺表】

圭表中高八尺的表。自地平面以上高爲八尺（植於地平面以下的長度不在內）。漢代以後多用八尺表。《隋書·天文志上》："夏至立八尺表於陽城。"

【八角立表赤道公晷儀】

清代袖珍式測日定時刻的儀器。地平盤約二寸見方，呈八角形；晷盤在一側，上刻有時刻線，中央立一三角形表。地平盤一端有一象限弧，作爲調正晷面使之與赤道面平行之用。清《皇朝禮器圖式》卷三："本朝製八角立表赤道公晷儀。鑄銅爲之。"

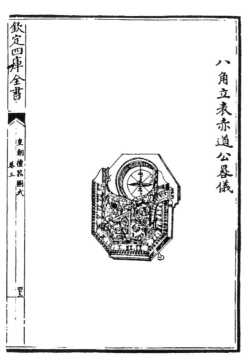

八角立表赤道公晷儀
四庫全書本《皇朝禮器圖式》

【巴緞機】

清代在四川一帶使用的一種緞機。用於織造巴緞。清衛傑《蠶桑萃編》卷七："機製器具可通用寧綢機，用六範四棧，寬二尺二寸。範線套上口，棬線套下口，雙牽經三千頭，筬一千齒，每齒裝經三根，共三千根，單牽共六千根，踩竿六根，來回踏，有素織花織之分，素織一人，花織二人。"

【扒】

同"朳"。元王禎《農書》卷九："曬棗法：先治地令淨，布棗於箔上，以扒聚而復散之，一日中二十度乃佳。"明徐光啓《農政全書》卷四二："扒酸酒法：若冬月造酒，打扒遲而作酸。即炒黑豆一二升，石灰二升或三升，量酒多少加減；卻將石灰另炒黃。二件乘熱傾入缸內，急將扒打轉。過一二日榨，則全美矣。"

【朳】

無齒的杷類農具。用於平土壤，聚穀實等。《方言》第五"杷"晉郭璞注："無齒爲朳。"北魏賈思勰《齊民要術·種棗》："曬棗法，先治地令淨，布椽於箔下，置棗於箔上，以朳聚而復散之。一日中二十度乃佳。"元王禎《農書》卷十四："杷、朳之爲器也，見於書傳，至今不替，其用爲不負紀錄矣。《朳》詩云：長柄爲身首闊橫，似杷無齒朳爲名。補填罅漏坤無缺，推擁泥污坎爲盈。每與渠疏供壟畝，解收狼戾作囷京。從今柄用多餘力，未許人間有不平。"

朳
明永樂大典本《農書》

【㭒】

同"朳"。明陳衍《元詩紀事·王禎》："王禎又圖畫所爲錢、鎛、檅、耬、杷、㭒諸器，使民爲之。"

【捌】

同"扒"。即無齒杷。《急就篇》卷三："捃穫秉把插捌杷。"顏師古注："無齒爲捌，有齒爲杷，皆所以推引聚禾穀也。"《廣韻·十五鎋》："捌，無齒杷也。"

【拔車】

一種由一人兩手或一手轉動的小型汲水機械。結構類似龍骨車。適用於淺水、小河不能安置龍骨車的地方，其升水高度一般較小。明宋應星《天工開物·乃粒》："拔車，其淺池、小澮，不載長車者，則數尺之車，一人兩手疾轉，竟日之功，可灌二畝而已。"

拔車

明初刻本《天工開物》

白

明初刊本《天工開物》

【拔筒】

即吸毒竹筒。明陳實功《外科正宗》："煮拔筒方：拔筒奇方羌獨活，紫蘇蘄艾石菖蒲，甘草白芷生葱等，一筒拔回壽命符。"

【杷】

即柄。《晉書·外戚傳·王濛》："臨殯，劉惔以犀杷塵尾置棺中。"明李實《蜀語》："柄曰杷。杷、欛同。"

【壩田】

即圩田。《宋史·高宗紀八》："庚戌，禁諸軍瀕太湖擅作壩田。"清黃輔辰《營田輯要·製田》："櫃田……一名壩田，因壩水以溉田也。"

【欛】

即耜。元張國賓《薛仁貴》第三折："他不務老實，便把那槍兒棒兒強溫習，偏不肯拽欛扶犁，常只是拋了農器演武藝"。

bai

【白】

造紙中，用以烘乾紙的設備。用磚頭或石板等製成，上塗石灰，下生火。明陸容《菽園雜記》卷十三："（紙漿）以竹絲簾承之，俟其凝結，掀置白上以火乾之。白者，以磚板製爲案桌狀，圬以石灰，而厝火其下也。"

【白玻璃】

指用無色透明玻璃製成的眼鏡鏡片。清劉廷璣《在園雜志》卷四："其最好通行適用者，莫如眼鏡"，"黑晶價昂難得，白晶者亦貴，惟白玻璃之佳者不過數星。今上下貴賤、男女無不可用，真實物也。"

【白道月環】

唐一行和梁令瓚製造的黃道游儀中三辰儀的白道環。白道爲月行軌道，故名。白道月環以銷釘連於黃道環上。由於黃白道交點在不斷變化，在黃道上每隔1度打一封孔，逐次變動黃白道連結的位置。《新唐書·天文志一》"黃道游儀·白道月環"："今設於黃道環內，使就黃道爲交合，出入六度，以測每夜月離。上書周天度數，度穿一穴，擬移交會。"

【白晶】

指用透明無色水晶製的眼鏡鏡片。示指白晶眼鏡。清劉廷璣《在園雜志》卷四："其最好通行適用者，莫如眼鏡"，"黑晶者價昂難得，白晶者亦貴"。

【白鹿皮軟尺】

白鹿皮製作之軟尺。《養心殿造辦處史料輯覽·乾隆十四年》："於本月十七日司庫白世秀，將做得五尺一根白鹿皮軟尺一件，一尺一根軟尺一件，一面營造一面裁衣持進，交太監胡世傑呈進。"

【白絨繩】

白色的絨繩。《九尾龜》第二回："只見他頭繫玄緞包巾，上挽英雄結，身穿玄緞密扣緊身。四圍用湖色緞鑲嵌着靈芝如意，胸前白絨繩繞着雙飛蝴蝶。"

【白繩】

白色的繩子。《通典·禮十八》："東晉王堪六禮辭，并爲贊，儀云：於版上各書禮文，壻父名、媒人正版中，納采於版左方。裹以皂囊，白繩纏之，如封章。"又《兵十三》："或十步，或一里，乃至數十里，目力所及，置照版、度竿，亦以白繩計其尺寸，則高下丈尺分寸可知。"

【白鐵】

剉草的刀。指鍘刀。唐李賀《馬詩》之十七："白鐵剉青禾，砧間落細莎。"

【白紵繩】

白色的苧麻繩。宋趙汝适《諸蕃志·志國·流求國》："男女皆以白紵繩纏髮，從頭後盤繞，及以雜紵雜毛爲衣，製裁不一。"《文獻通考·四裔四》："男女皆以白紵繩纏髮，從項後盤繞至額。"

【百刻環】

元郭守敬發明的簡儀中赤道經緯儀的三個基本環圈之一。位於儀器南下部。與天赤道平行，固定在支架上。赤道環與百刻環重疊，中間以四個圓柱相隔，以減少摩擦力，赤道環則可繞儀器的南北極點旋轉。《元史·天文志一》："百刻環，徑六尺四寸，面廣二寸，周布十二時、百刻，每刻作三十六分，厚二寸，自半已上廣二寸。"參見"四游雙環"。

【百囊罟】

即九罭。《爾雅·釋器》："緵罟，謂之九罭。九罭，魚網也。"晉郭璞注："今之百囊罟是，亦謂罿，今江東謂之緵。"

【百囊網】

即九罭。《詩·豳風·九罭》："九罭之魚，鱒魴。"唐孔穎達疏："孫炎曰：九罭，謂魚之所入有九囊也。郭璞曰：緵，今之百囊網也。"清杭世駿《續方言》卷三八："江南呼緵罟爲百囊網。"

【百索】

跳繩用的繩子。《金瓶梅》第十八回："西門慶帶酒罵道：'淫婦們，閒的聲喚，平白跳甚麼百索兒。'"

【百丈】

即縴索。拉船用的篾纜或繩索。因其長，故也稱篙、縴子。《宋書·朱超石傳》："時軍人緣河南岸，牽百丈，河流迅急，有漂渡北岸者，輒爲虜所殺略。"唐杜甫《十二月一日》詩之一："一聲何處送書雁，百丈誰家上瀨船。"宋孫奕《履齋示兒編·正誤·百丈》："趙云：百丈者，牽船篾。內地謂之篙，音彈。"宋程大昌《演繁露·百丈》："杜詩舟行多用百丈，問之蜀人，云：水峻，岸石又多廉稜，若用索牽，即遇石輒斷不耐，故劈竹爲大瓣，以麻索連貫其際，以爲牽具，是名'百丈'。百丈以長言也。"《醒世恒言·獨孤生歸途鬧夢》："從此一路上都是上水，除非大順風，方使得布帆，風略小些，便要扯着百丈。你道怎麼叫做百丈？原來就是縴子。只那川船上的有些不同：用着一寸多寬的毛竹片子，將生漆絞着麻絲接成，約有一百多丈，爲此川中人叫做百丈。"

【柏杵】

柏木製的藥杵。馬王堆漢墓帛書《五十二病方·積（癥）》："操柏杵，禹步三"，"柏杵臼穿"，"若以柏杵七，令某潰（癥）母一"。

【擺鐘】

時鐘的一種。因用擺錘控制機件，使鐘走得快慢均勻而得名。能報鐘點。清徐朝俊《高厚蒙求·自鳴鐘表圖說》："一曰擺鐘，內用鋼腸，案頭可隨處置放。""凡擺鐘，可問之。鐘有齒闌、割闌、撥闌，記數合十二尖齒輪各事件。"外形式樣甚多，有的可挂在壁上，稱挂鐘；有的可放在檯上，稱檯鐘；有的可放在地上，稱落地鐘。

【排】

鼓風器。利用人力、水力或畜力轉動機械輪軸，藉以帶動風葉鼓風。南朝宋劉義慶《世說新語·簡傲》："康方大樹下鍛，向子朝爲佐鼓排。康揚槌不輟，傍若無人，移時不交一言。"《後漢書·杜詩傳》："造作水排，鑄爲農器，用力少，見功多，百姓便之。"唐李賢注："冶鑄者爲排以吹炭，令激水以鼓之也。"

【排囊】

袋形鼓風裝置。《後漢書·楊琁傳》："琁乃特製馬車數十乘，以排囊盛石灰於車上。"《資治通鑒·漢靈帝光和三年》引此文唐李賢注："排囊，即今囊袋也。"參見"橐籥"。

【鞴】

用熟牛皮製成的鼓風皮囊。《文獻通考·選舉五》："使諸葛亮、王猛處此，必當自出意旨，別作爐鞴，以陶鎔天下之人物。"一本作"鞲"。明宋應星《天工開物·五金》："洪爐鼓鞴，火力到時，生鋼先化，滲淋熟鐵之中，兩情投合。"

【鞴袋】

即鞴囊。《通典·兵五》："仍用鞴袋鼓之，又先爲桔橰縣鐵鎖長三丈以上，束柴葦焦草而燃之，墜於城外所空之孔，以煙燻之，敵立死。"

【鞴囊】

作火爐風箱用的皮囊。用以鼓風。唐段成式《酉陽雜俎續集·支諾皋中》："瞻率左右明炬索之，迹其血至後宇角中，見若烏革囊，大可合簣，喘若鞴囊，蓋烏郎也。"

【橐】

即鞴。鼓風皮囊。元王禎《農書》卷十九："水排，《集韻》作橐，與鞴同，韋囊吹火也。"明焦竑《焦氏筆乘正續·水排》："排當作橐，蒲拜反。冶鑄者爲橐以吹炭，即老子所謂橐籥也。"

ban

【板罾】

中型魚罾。罾上端有一長竿頂於岸，捕魚者以此爲支點提拉罾。元曾瑞《哨遍·村民》套曲："樵夫叉了柴,漁翁扳了罾。"明王圻《三才圖會·器用五》有"板罾"圖。

板罾
明萬曆年刊《三才圖會》

【莘】
即扒,無齒耙。清葛士濬《杵臼經》:"莘,(俗作搬,曰翻扒)所以翻米也。"

【搬】
即扒,無齒耙。清葛士濬《杵臼經》:"莘(俗作搬,曰翻扒),所以翻米也。"

【板罛】
罛的一種。拖網捕魚之網具。其制小,網之兩翼用網板擴張,僅用一小船單拖。清李調元《南越筆記·粵人多以捕魚爲業》:"(罛之類)有曰板罛,以小船施之。小船有罛姥,而無罛公,故一名罛姥船。"

【半昌王】
斗的別稱。宋陶穀《清異錄·器具》:"《博學記》云:'度量衡有虞所不敢廢,舜典同一度量衡。'孔安國注謂:丈尺斛斗斤兩,今文其名曰平一公,尺度曰大展,斗量曰半昌王,又曰吉佣王,升曰夕十,遂知雞林人亦解離合也。"

【絆腳索】
爲絆倒行人而暗設的繩索。因其能絆住人的腳使之翻倒,故稱。《水滸傳》第三二回:"只顧望東小路裡撞將去,約莫走了也是一更時分,心裡越慌,看不見地下躘了一條絆腳索,樹林裏銅鈴響,走出十四五個伏路小嘍囉來,發聲喊,把宋江捉翻,一條麻索縛了。"

【絆索】
專供絆翻人的繩索。作兵器用。唐李筌《神機制敵太白陰經·軍裝》:"絆索二十分二萬五千條。"明沈榜《宛署雜記·經費上》:"夫人、女官、執事、宮人出諸王館,用大轎十二乘,小轎一百二十乘,幃幔、坐褥、簾扛、絆索俱全,自正月二十四起,至二月十九止,每日轎一乘,賃銀一分。"

【靽】
革製的皮帶。用在牛後以牽制。《左傳·僖公二十八年》:"晉車七百乘,韅、靷、鞅、靽。"杜預注:"在後曰靽。"北魏賈思勰《齊民要術·養牛馬驢騾》:"豌欲促而大,其間才容靽。"

bang

【幫頭小繩】
供接頭用的短小的繩子。明沈榜《宛署雜記·經費上》:"每輛用線麻長短套繩、幫頭小繩、皮擁長短套,賃價二錢,共銀二兩。"

【鎊】
即劃。元王禎《農書》卷十三:"劃(平土器也),俗又名鎊。"

【綁索】
捆綁人用的繩索。多以捆綁罪犯或戰俘。《古今小說·任孝子烈性爲神》:"少頃,風息天明,縣尉并劊子衆人看任珪時,綁索長釘俱已脫落,端然坐化在木驢之上。"

【棓】
即連枷。《方言》第五"枷":"自關而西謂之棓,或謂之枴。"郭璞注:"此皆打之別名也。"

bao

【薄口刀】
中醫外科刀具。刃口位於刀端的一側,長而彎曲,刀體與皮膚平行,作橫向切開。江蘇江陰明夏觀墓出土一件薄口刀,通長16.7厘米,刀端成柳葉形,刃口約長4厘米。清高恩敬《外科醫鏡》卷三"外科用具圖"有"大小薄口刀"。

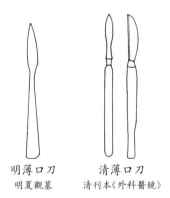

明薄口刀　　清薄口刀
明夏觀墓　　清刊本《外科醫鏡》

【抱膝】

圓圈狀而有四足的竹製正骨醫療器具。用於膝蓋骨損傷後的固定。《醫宗金鑒・正骨心法》:"抱膝者,有四足之竹圈也。以竹片作圈,較膝蓋稍大些。須再用竹片四根,以麻繩緊縛圈上,作四足之形,將白布條通纏於竹圈及四足之上,用于膝蓋,雖拘制而不致痛苦矣。"

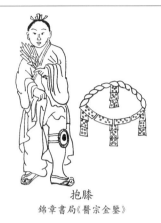

抱膝
錦章書局《醫宗金鑒》

【報刻鐘】

時鐘的一種。因每過一刻報時一次而得名。清徐朝俊《高厚蒙求・自鳴鐘錶圖說》:"一曰報刻鐘,每刻雙椎打鐘,一刻兩響,二刻兩響,三刻六響,四刻則單椎打出針指某時之數。"

【鉋】

一種平木工具。它是在平木鏟的基礎上發展起來的,從武威磨咀子東漢墓出土木棺的鉋花、鉋痕、鉋槽等痕跡,可推斷漢代已經有比鏟更好的平木工具。後世之鉋,大約在明代中葉以前出現。其形制是用堅木一塊,當中鑿一方框,面寬底窄,即成木鉋殼。把約一寸闊的嵌鋼鐵片磨利,斜向裝入木鉋殼中,刃口微露。鐵片前有鐵鍼橫嵌中央,并加上楔形木片,壓緊不令移動。鉋殼後部裝有橫

鉋木圖
明萬曆年刊《魯班經匠家鏡》

向木柄,兩手平握木柄前推之,材木皮從鉋殼中出,就可鉋平木料。鉋出現以後,很快就發展出多種類型,根據用途及形制不同,分爲推鉋、起線鉋、蜈蚣鉋等。鉋的名稱最

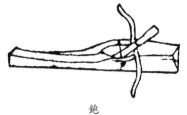

鉋
清嘉慶年刊《訶工器皿圖說》

早見於明梅膺祚《字彙》:"鉋,正木器也。鉋、削同。"明宋應星《天工開物・錘鍛》:"凡鉋,嵌鋼寸鐵,露刃杪忽,斜出木口之面,所以平木。古名曰:'準'。"清桂馥《札樸・器具》:"木工平木器曰鉋。"

【鉋心鐵】

木刨中的刀刃。清高靜亭《正音撮要・木器》:"鐵舌:鉋心鐵,木匠光木用。"

【鉋子】

即鉋。《三寶太監西洋記通俗演義》第十六回:"鏈子急忙的銑不進,箭子急忙的釘不進,鉋子急忙的推不進。"清唐訓方《里語徵實》卷中:"木工平木之器曰推鉋,一曰鉋子。"

【鑢】

同"鉋"。《欽定武英殿聚珍版程式》"成造木子":"用鑢必須輕捷,若沉著太過,恐鑢齒致損。"

bei

【陂】

灌溉設施。池塘、澤畔的障水建築物。用以蓄水灌溉農田。《宋史・蔡洸傳》:"時久旱,郡民築陂潴水灌溉,漕司檄郡決之,父老泣訴。"《文獻通考・田賦六》:"後漢章帝建初中,王景爲廬江太守。郡郭安豐縣,有楚孫叔敖所起芍陂,先是荒廢。景重修之,境內豐給。"

【陂池】

即陂塘。《禮記・月令》:"仲春之月,毋竭川澤,毋漉陂池。"《三國志・魏志・明帝記》"是時,大治洛陽宮,起昭陽、太極殿,築總章觀"裴松之注引三國魏魚豢《魏略》:"又於芳林園中起陂池。"宋范仲淹《水車賦》:"而大田多稼兮,如渴如飢。耒耨之功既至,倉籍之望將危。豈無陂池抱甕之行曷濟,亦有溝澮挈瓶之利胡爲。"

【陂塘】

蓄水的池塘建築,四周圍以堤岸。用來蓄水以灌溉農田。陂塘蓄水工程最先出現在淮河流域一帶,代表工程首推安徽壽縣的芍陂。芍陂始建於春秋楚莊王時期,由孫叔敖主持。它利用

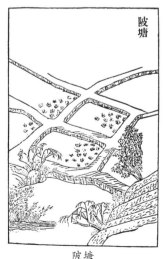

陂塘
明永樂大典本《農書》

丘陵地形,在原有湖泊周圍的低處築堤,蓄水灌溉。據酈道元記載,北魏時芍陂周長一百二十里,周圍有五條渠道,渠道設閘控制,當年灌溉面積已達一萬頃之多。《國語·周語下》:"陂塘污庫,以鍾其美。"韋昭注:"蓄水爲陂塘也。"元王禎《農書》卷三:"夫言水利者多矣,然不必他求別訪,但能修復故迹,足爲興利。此歷代之水利,下及民間,亦各自作陂塘,計田多少於上流出水,以備旱潤。《農書》云:'惟南方熟於水利,官陂官塘,處處有之。'"

【碑漏】

一種類似輥彈的計時裝置。其外形如碑,故名。《元史·齊履謙傳》:"都城刻漏,舊以木爲之,其形如碑,故名碑漏。内設曲筒,鑄銅爲丸,自碑首轉行而下,鳴鐃以爲節。"

【筜】

即魚笱。唐陸龜蒙《漁具》詩序:"矢魚之具","笱,編而沈之曰筜,矛而卓之曰矠"。《太平御覽》卷八三四引南朝宋何承天《纂文》曰:"筜,流水中張魚器也。"明岳元聲《方言據》卷下:"筜,取魚器也。江東呼小籠爲筜。韓愈詩'相持安笓筜'。按:取魚當作笓。"

【箪】

小篩子。《急就篇》卷三:"筬箪箕帚筐篋簍。"顏師古注:"筬,所以籮去麤細者也,今謂之篩。大者曰筬,小者曰箪。"

【箪籃】

即箪。魚笱。唐傅亮《靈應録·雪溪漁人》:"雪溪有漁人,將箪籃捕魚。"

【北周市尺】

北周未用玉尺前所用尺度之一。相承西魏,以後魏後尺爲市尺,後爲隋沿用爲開皇官尺。《隋書·律曆志上》:"北周市尺,比玉尺一尺九分三釐","或傳梁時有誌公道人作此尺,寄入周朝,云與多鬚老翁,周太祖及隋高祖,各自以爲謂己。周朝人間行用"。《文獻通考·樂六》:"後周未用玉尺之前,雜用此等尺。……甄鸞《算術》云:'周朝市尺長玉尺九分三釐。'"

【北周銅升】

北周武帝時據所得古玉斗所鑄銅升。《隋書·律曆志上》:"後周武帝'保定元年辛巳五月,晉國造倉,獲古玉斗。暨五年乙酉冬十月,詔改製銅律度,遂致中和。纍黍積龠,同兹玉量,與衡度無差。準爲銅升,用須天下。内徑七寸一分,深二寸八分,重七斤八兩。天和二年丁亥,正月癸酉朔,十五日戊子校定,移地官府爲式'。此銅升之銘也。"

【北周玉尺】

北周天和至大象年間所用尺。推算長度相當于 26.75

厘米。《隋書·律曆志上》:後周武帝保定中,"因修倉掘地,得古玉斗,以爲玉器,據斗造律度量衡。因而此尺,大赦,改元天和,百司行用,終于大象之末。其律黃鍾,與蔡邕古籥同"。"實比晉前尺一尺一寸五分八釐。"

ben

【錛】

橫刃砍掘工具。錛出現時代相當早,新石器時代中期半坡遺址已有石錛出土,打磨而成,刃部鋒利。商代開始製造青銅錛,殷墟婦好墓出土多件銅錛,長臺關戰國楚墓發現了帶木柄的銅錛,單斜刃,上斜下平。戰國時鐵錛發明,逐漸成爲錛的主流。到了漢代錛首式樣增多,刃有單斜面和雙斜面,尾部有楔形空首和開銎兩種,用來安裝木柄,柄亦有長有短,以付不同的用途。後人所摹晉顧愷之《斲琴圖》中,可見到大小不同的木柄鐵錛。錛用於農田起土、木材平整。明徐光啓《農政全書》卷三二:"栽二年以上桑,穀雨時,其間但有芽葉不旺者,以硬木貼樹身,去地半指,一斧截斷,快錛更妙。"清張慎儀《蜀方言》:"劈木器曰錛。"

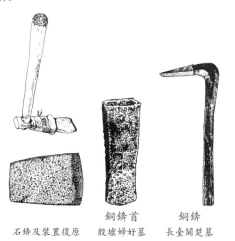

石錛及裝置復原　　銅錛首　　銅錛
　　　　　　　　殷墟婦好墓　長臺關楚墓

戰國到西漢石錛　　銅錛　　鐵錛
黔南州博物館　戰國中期偏晚　戰國中晚期平夜君成墓
　　　　　　葛嶺 2 號楚墓

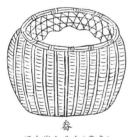

大銧
摹晉顧愷之《斲琴圖》

小銧
摹晉顧愷之《斲琴圖》

【銧鋤】

即銧。明李實《蜀語》：“鈌木器曰銧鋤。銧音奔。”

【鑌】

同“銧”。《集韻·平魂》：“鑌，平木器。或從奔。”清桂馥《札樸·鄉里舊聞·附鄉言正字》：“鑵木器曰鑌。”

【畚】

即畚。《方言》第五：畚，“沅湘之間，謂之畚”。明徐光啓《農政全書》卷二一：“畚，顏師古曰：鍬也。所以開渠者。”《淮南子》曰：禹之時，天下大水，禹執畚畚以爲民先。”

【畚】

用草繩或竹篾編的淺筐。《周禮·夏官·挈壺氏》：“挈轡以令舍，挈畚以令糧。”鄭玄注：“畚所以盛糧之器。”《左

畚
明永樂大典本《農書》

傳·宣公二年》：“宰夫胹熊蹯不熟，殺之。寘諸畚，使婦人載以過朝。”杜預注：“畚，以草索爲之，筥屬。”《晉書·苻堅載記下》：“王猛字景略，北海劇人也，家於魏郡。少貧賤，以鬻畚爲業。”《舊五代史·晉書·少帝紀》：“不能乘馬，坐畚中舁至幕帳。”王元禎《農書》卷十五：“畚，土籠。《左傳》‘樂喜陳畚桐’注云：‘畚，簣籠。’《集韻》作畚。《晉書》：王猛少貧賤，嘗鬻畚爲事。《說文》：畚，䉛屬。又蒲器也。所以盛種。杜林以爲竹筥，揚雄以爲蒲器。然南方以爲蒲竹，北方用荊柳。或負土，或盛物，通用器也。”

【畚斗】

簸箕。清褚人穫《堅瓠秘集·中時弊》：“知縣是掃箒，太守是畚斗。”

【焙壁】

造紙工藝中烘乾紙張的專用墻壁，内有加熱設施。《弘治徽州府志·貨物》：宋代，“熙寧供白滑紙千張、大龍鳳墨千片。”後造紙法謂：楮皮“擣極細熟，盛以布囊。又於深溪用轆轤推疊潔淨入槽，乃取羊桃藤擣細，別用水桶浸按，名曰滑水。傾槽間與白皮相和，攪打勻細，用簾抄成張，榨經宿乾於焙壁。”

beng

【絣】

編穿鎧甲的繩子。《戰國策·燕策一》：“今臣聞王居處不安，食飲不甘，思念報齊，身自削甲扎，曰：‘有大數矣！’妻自組甲絣，曰：‘有大數矣！’有之乎？”吳師道補正：“此謂編組穿甲之繩也。”

【綳篩】

指篩物面爲絹、紗等製作的篩子。因這類篩子與以竹等爲飾物面的篩子不同，必須綳緊後方能正常使用，故稱。清翁廣平《〈杵臼經〉序》：“糠既去，而糠與米尚雜也，分之者曰簸區。簸區之製，與綳篩同，而小三之二。”

bi

【逼凌椿】

擋住冰凌保護堤埽的設施。用長木條扎成。清麟慶《河工器具圖說》卷三：“上游冰凌隨水而下，謂之淌凌，或大如山，或小如盤，其性甚利。埽段遇之，最易擦損。則用丈餘長木排護迎溜埽前，名逼凌椿。”

逼凌椿
清嘉慶年刊《河工器具圖説》

【逼水木】

捆扎成的大段木頭，用于保護木龍不受大漲侵襲。清麟慶《河工器具圖説》卷三：“逼水木，其製用尺二木六段，長一丈，叠紮三層，側攔龍身外邊，使大溜不能衝入，故名逼水。”

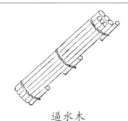

逼水木

清嘉慶年刊《河工器具圖說》

【鼻拘】

即牛拘。清桂馥《札樸·器具》：“牛桊曰鼻拘。”

【鼻具】

即鼻拘。具，拘的音訛。清桂馥《札樸·鼻具》：“牛不服，牽者以鐵鉗其鼻，吾鄉謂之鼻具。案：具當爲拘，音訛也。《廣韻》：桊，牛拘。《説文》：牛鼻中環。”

【匕】

即臥刀。醫用外科刀具。刀刃扁平薄鋭，切開小面積和潰爛皮肉之用。清高文晉《外科圖説》卷一有“小、中、大匕”圖。

大匕、中匕、小匕

清刊《外科圖説》

【柲】

即柄。《方言》第九：“三刃枝，南楚宛郢謂之匽戟。其柄自關而西謂之柲，或謂之殳。”元王禎《農書》卷二一：“詩云：煅金作懶刀，形制半圭璧。一食飫十筐，雙柲便兩擸。切之復裁之，斷桑如雲積。”清麟慶《河工器具圖説》卷一：“撓鈎，直刃向上，倒鈎雙垂，并有四出者。受以木柲，其用甚便。”

【畢】

同“罼”。一種長柄小網。其形狀似畢星，故名。用以掩捕鳥、兔等。《禮記·月令》：“田獵罝、罘、羅、罔、畢、翳、餧獸之藥，毋出九門。”鄭玄注：“小而柄長謂之畢。”《説文·畢部》：“畢，田罔也。”段玉裁注：“謂田獵之網也。……然則不獨掩兔，亦可掩鳥，皆以上覆下也。畢星主戈獵，故曰畢，亦曰罕車。”

【畢昇】

（？—約1051）宋布衣，活字印刷的首創者。宋沈括《夢溪筆談·技藝》載：“慶曆中，有布衣畢昇又爲活板。其法用膠泥刻字，薄如錢脣，每字爲一印，火燒令堅。先設一鐵板，其上以松脂臘和紙灰之類冒之，欲印則以一鐵範置鐵板上，乃密布字印。滿鐵範爲一板，持就火煬之，藥稍鎔，則以一平板按其面，則字平如砥。若止印三二本，未爲簡易，若印數十百千本，則極爲神速。常作二鐵板，一板印刷，一板已自布字，此印者纔畢，則第二板已具，更互用之，瞬息可就。每一字皆有數印；如‘之’、‘也’等字，每

字有二十餘印，以備一板内有重復者。不用則以紙貼之，每韻爲一貼，木格貯之。有奇字素無備者，旋刻之，以草火燒，瞬息可成。不以木爲之者，木理有疏密，沾水則高下不平，兼與藥相粘不可取，不若燔土，用訖再火令藥鎔，以手拂之，其印自落，殊不沾污。昇死，其印爲予群從所得，至今寶藏。”浙江温州白象塔建於北宋政和五年，1965年拆除此塔時發現二層三面牆壁内有木活字印刷品。此回旋式《佛説觀無量壽佛經》殘葉，印於崇寧二年（1103），爲畢昇首創後五十年的遺存實物。活字印刷以其便捷迅速傳播海内外，由泥字而生銅字。明唐錦《夢餘録》：“近時大家多鐫活字銅印頗便于用。其法蓋起于慶曆間時布衣畢昇爲活板法。”

【罼】

同“畢”。掩鳥兔用的長柄小網。《國語·齊語》：“昔吾先君襄公築臺以爲高位，田、狩、罼、弋，不聽國政。”韋昭注：“罼，掩雉兔之網也。”晉左思《吳都賦》：“罼罕瑣結，罠蹙連網。”劉逵《文選》注：“罜、罻、罼、罕，皆鳥網也。”《後漢書·文苑傳·趙壹》：“有一窮鳥，戢翼原野，罼網加上，機穽在下。”

罼

漢繆宇墓畫像石

【紝車】

把麻皮續接糾緊成縷的手工器具。明徐光啓《農政全書》卷三六：“紝車，續麻枲紝緊具也。造作簨簴，高二尺。上穿橫軸，長可二尺餘，貫以軒轂。左手引麻牽軒，即轉，右手續接麻皮成緊。縱纏上軒。紝縷即盈，乃脱軒付之繩車，或作別用。”

紝車

清山東書局《農政全書》

【楅】

即梏。架在牛角上的橫木。《周禮·地官·封人》："凡祭祀,飾其牛牲,設其楅衡。"鄭玄注："楅設於角,衡設於鼻,如梐狀也。"《説文·木部》："楅,以木有所逼束也。從木、畐聲。《詩》曰:'夏而楅衡。'彼即切。"徐鍇繫傳："楅衡以防牛觸人,故以一木橫於角崙也。衡,横也。"

【辟陷】

即檻穽。漢桓寬《鹽鐵論·刑德》："罻羅張而縣其谷,辟陷設而當其蹊。"

【碧絲綃】

碧綠的綃子。清秋瑾《梅》之八："留得琳瑯千萬句,錦函雙繫碧絲綃。"

【篦刃】

篦形小刀。宋灌圃耐得翁《都城紀勝·諸行》："其他工伎之人,或名爲作,如篦刃作、腰帶作、金銀鍍作、鈒作是也。"

【臂篝】

用竹篾編成的護臂用具。元王禎《農書》卷十五："臂篝,狀如魚笱,篾竹編之,又名臂籠。江淮之間,農夫耘苗,或刈禾,穿臂於内,以卷衣袖。猶北俗,芟刈草木,以皮爲袖套,皆農家所必用者。"

臂篝
明永樂大典本《農書》

【臂籠】

即臂篝。元王禎《農書》卷十五："臂篝,狀如魚笱,篾竹編之,又名臂籠。"

【罿】

即覆車。捕鳥小網。《爾雅·釋器》："罿謂之罬。罬,罬也。罬謂之罦。罦,覆車也。"郭璞注："今之翻車也。有兩轅,中施罥,以捕鳥。"

【鑼耳】

即犁壁。明李實《蜀語》："犁上鐵板曰鑼耳。鑼音壁。"

bian

【砭】

即砭石。明張萱《疑耀·針砭藥餌》："針本以石爲之,名曰砭,後世乃易以金耳。故曰藥石者,謂藥與砭,非謂金石之石。"參見"砭石"。

【砭石】

上古石製的針狀或片狀的醫療工具。它是石器時代的產物,針的前身。《素問·寶命全形論》："故針有懸布天下者五","四曰製砭石小大"。又《異法方宜論》："其病皆爲癰瘍,其治宜砭石。"王冰注："砭石,謂以石爲鍼也。"砭石由石塊磨製而成。早期的砭石和刮削器無異,陝

砭石
臺西村14號商代墓

西沙苑地區細石器時代遺址已有此類發現。河北藁城臺西村商代遺址14號墓發現了一件砭石,長20厘米,最寬處5.4厘米,形似石鐮。這是專門製作的砭石。湖南霞流市胡家灣春秋墓、江西上高縣戰國墓、長沙下麻14號戰國墓、湖南益陽桃博5號戰國墓、長沙燕子嘴5號漢墓均有各種砭石發現。砭石在金屬針大量使用後,漸趨衰落,但是依然與針並用。雲南大理國大寶七年(964)建寶塔的塔基内,在一裝藥材的竹簍内,也有一件錛狀砭石。砭石根據不同作用,有圓形、刀錛形、劍鏃形、棒槌形,可熱熨、按摩、切割、刺、叩,爲廣泛使用的醫療工具。清張岱《夜航船·九流部·歷代名醫圖贊》:"砭石,以石塊磨製成尖石或石片,用作醫療工具。亦稱石針。"

【碭】

同"砭"。馬王堆漢墓帛《脈法》:"用碭啓脈者必如式。"

【邊廩】

即邊庚。唐孫逖《爲宰相賀武威郡石化爲麨表》:"石變爲麨,既資人食,又濟邊廩。"宋范仲淹《上相府書》:"邊民未豐,邊廩未實,罷武之際,兵足食寡,如屯大軍,必須速饋。"

【邊庚】

邊境的糧庫。用以儲軍糧。《續資治通鑑·宋太宗雍熙三年》:"兵多費廣,勢須廣備餱糧。假令一日克平,當

爲十旬準計，未知邊庾充此乎？”

【扁擔】

挑物的工具。通常成扁而長的形狀。多用竹木製成。《古尊宿語録·佛眼普説語録》：“一似村裏人把扁擔共上將軍鬭。”元無名氏《合同文字》第三折：“我將這合同一紙慌忙付。倒着俺做了扁擔脱兩頭虚。”清程穆衡《水滸傳注略》：“兩頭懸物，以肩任之。古謂之木楗，今曰扁擔，亦曰扁挑。”

扁擔

鹽池馮記圈明墓

挑扁擔者

涇源縣宋墓磚雕

【扁挑】

即扁擔。清高靜亭《正音撮要·木器》：“扁挑。擔子。”

【扁鑽】

端部扁而略呈圓弧形的鑽頭。用于穿縫皮革。明宋應星《天工開物·錘鍛》：“凡錐，熟鐵錘成，不入鋼和。治書篇之類用圓鑽，攻皮革用扁鑽。”

【匾】

用竹篾編製成的容器。形圓，平底，邊框很低淺。用來盛或曬農作物。《集韻·銑韻》：“匾，器之薄者曰匾榼。”《沈氏農書·逐月事宜》：“合酒麯，醃菱拇，買辣火，買稻鋏、鐮刀、篩、匾，買菜鹽。”

【匾擔】

同“扁擔”。《水滸傳》第四回：“智深趕下亭子來，雙手拿住匾擔，另一腳，交襠踢着。那漢子雙手掩着，做一堆蹲在地下，半日起不得。”

【匾挑】

即扁擔。《型世言》第二三回：“一箇秀才與貢生，何等煩難！不料銀子作禍，一竅不通，纔丢去鋤頭、匾挑，有了一百三十兩，便衣錦拜客。”

biao

【鏢】

同“標”。其形制如今之標槍，以木或竹竿爲柄，長五尺左右；柄端有鐵鏃，長二寸左右；鐵鏃上有兩個鉤子，鉤上繫長繩，以牽制射中的獵物，使不得逃走。清黄叔璥《臺海使槎録·番俗六考》：“捕鹿弓箭及鏢，俱以竹爲之”，“鏢杆長五尺許，鐵鏃鋒銛，長二寸許，有雙鉤，長繩繫之，用時始置箭端，遇鹿麂一發即及，雖奔逸而繩掛於樹，終就獲焉”。

新石器時代魚鏢 萬年縣仙人洞遺址

商銅魚鏢 羅山縣天湖村

西周魚鏢 臨淄齊文化博物館

【鏢鎗】

同“標槍”。《明史·外國傳四·鷄籠》：“善用鏢鎗，竹柄鐵鏃”，“冬日聚衆捕鹿，鏢發輒中”。

【標榜】

大字公告。多以石碑、木牌書寫。《陳書·宣帝紀》：“併勒内外文武車馬宅舍，皆循儉約，勿尚奢華。違我嚴規，抑有刑憲。所由具爲條格，標榜宣示，令喻朕心焉。”後指店鋪營業的標志。元熊夢祥《析津志·風俗》：“市中醫小兒者，門首以木刻板作小兒，兒在錦棚中若方相模様爲標榜。”

【標牓】

同“標榜”。《太平御覽》卷五一九引南朝宋劉義慶《幽明録》：“許遜少孤，不識祖墓，傾心所感，忽見祖語曰：‘我死三十餘年，於今得正葬，是爾孝悌之至。’因舉標牓曰：‘可以此下求我。’”

【標記】

商標。宋洪邁《夷堅三志辛十·鬼殺高二》：“饒州城内德化橋民高居，世以售鳳欒爲業，手執叉鉤，牽一黑漆木豬以自標記,故得屠之名。"

【表】

各種測量儀器。圭表中垂直放置的竿或柱。可用木、石、銅等製造。高度有八尺;十尺;四十尺;六十尺等。歷代不一。與圭配合使用。《三國志·吳志·吳範傳》:"問其期,曰:'明日日中。'權立表下漏以待之"。《隋書·天文志上》:"先儒皆云:'夏至立八尺表於陽城,其影與土圭等。'"

18世紀法國產燈塔式風雨表
南京博物院

【表】

傳統時刻計時器。以重錘爲動力,子丑寅卯十二天干計時,不以聲音報時,木質外殼。一般爲長條形,中間開槽,槽內有指針可移動,表面有刻度,以天干十二字表示時辰。也有圓表,外形近於近代圓鐘。由圭表發展而來,故稱天文表。《養心殿造辦處史料輯覽·雍正三年》:"九月十一日員外郎海望奉上諭:圓明園後殿內仙樓板牆上安表一件,板牆上做一個火盆,不必用架子,改配座子,使表輪藏在內,其表針透下樓板,樓板下畫一表盤,表輪子聲音不要響。欽此。"

清天文銅掛錶　　清十二時辰掛錶
南京博物院　　　　南京博物院

【錶】

計時器具。比鐘小且可隨身攜帶。清徐朝俊《高厚蒙求·自鳴鐘錶圖説》:"一曰錶,機軸如鐘,收大爲小,有單

針、兩針、三針、四針之別。單針指時指刻,兩針并指分,三針并指秒,四針并指日。"《清稗類鈔·詼諧類》:"俗謂時計曰錶,錶與表同音。"明萬曆時,自鳴鐘從歐洲傳入我國,之後,錶亦傳入。其內部結構同鐘,小而精巧,一般不打點報時,亦無自鳴鐘常有的人、鳥、獸、轉花、流水等聯動裝置。因常裝在衣袋裏隨身使用,又稱懷錶、掛錶。

錶　　　　　　　　　錶
四庫全書本《皇朝禮器圖式》　清前期《十二美人圖·持錶觀菊》

清法國產銅塗金獎杯式　清代英國造銅塗金花盆式錶
寒暑三面錶
故宮博物院　　　　　　故宮博物院

【錶輪】

機械錶之輪齒。參見"錶"。

【錶盤】

鐘錶之面盤,上有時間刻度。參見"錶輪"。

【錶盤鐘】

圓盤形鐘。《養心殿造辦處史料輯覽·雍正六年》:"鏡北邊牆上安一錶盤鐘,輪子俱安在外間內書格上。"

晚清銅干支計時錶盤鐘
南京博物院

【錶針】

鐘錶之指針。參見"錶輪"。

清廣州產亭子三針鐘錶
故宮博物院

bie

【緊】

用繩子編製的劍帶。《廣韻·入屑》："緊，繩編劍帶。"《新唐書·逆臣傳上·安祿山》："禁衛皆市井從，既授甲，不能脱弓褵、劍緊，乃發左藏庫繒帛大募兵。"

bin

【鑌鐵銼】

鑌鐵之銼刀。明代多從西域取得，質地優良。《禮部志稿·主客司職掌·吐魯番》："其鑌鐵銼多不真正。"

bing

【冰鑹】

鑿冰之鐵器，類而長鑿，首端尖而有鉤。《大清會典則例》卷一三十"盛京福陵物料"："冰鑹每箇重七兩，銀四分五釐。鍋鏟每把重六兩銀二分。二號鐵鍵每塊銀六釐。小鐵通條每根重十兩銀二分七釐。鉤义每把重一斤八兩銀九分。鋼剪每把銀二錢，生鐵方甎竈門等項每斤銀二分。熟鐵頂火鐵索等項，每斤銀五分。"

遼鐵冰鑹
法庫葉茂臺14號墓

【冰滑】

防止冰凌擦損木籠簽纜等護堤設施的竹排。清麟慶《河工器具圖説》卷三："冰滑，每排以毛竹十，雙層併疊。每三排以大竹劈片貫串編成。凡安木龍，多在霜後，大河冰凌下注，簽纜最易擦損。置此龍旁以爲外護。"

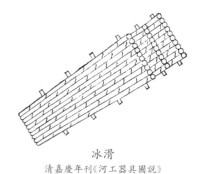

冰滑
清嘉慶年刊《河工器具圖説》

【秉】

古量名。粟十六斛爲秉。《論語·雍也》："冉子與之粟五秉。"馬融注："十六斛曰秉，五秉合爲八十斛。"《廣雅·釋器》："斛十曰秉。"

【柄】

各種器物的把手。有木、竹和金屬製成的，形狀、長短和大小，適應器物使用情況而製定。《釋名·釋用器》："鋤，助也，去穢助苗長也。齊人謂其柄曰橿，橿然正直也。"元王禎《農書》卷十四："推鐮，斂禾具也。如喬麥熟時，子易焦落，故製此具，便於收斂，形如偃月，用木柄長可七尺，首作兩股短叉。"

【餅模子】

製餅的木模。平面呈方形、圓形、三角形或不規則狀，四周或局部有陰文圖案花紋，加印到所製餅上。清高靜亭《正音撮要·木器》："餅模子，餅印。"參見"湯模子"。

【枋】

即柄。《説文·木部》："橿，枋也。從木，畺聲。一曰鉬柄。"又"枋，枋木。可作車。"段玉裁注："《禮》、《周官》皆以枋爲柄。"《儀禮·士冠禮》："賓受醴於户東，加柶面枋，筵前北面。"鄭玄注："今文枋爲柄。"清翁廣平《〈杵臼經〉序》："以木之歧者爲礱枋。歧處小以八尺之柚，中空之，上束以無底之筥以受穀。枋之首，綴以徑寸之鐵以貫耳，然後執其柚而旋轉之，而米甲脱矣。"

【棅】

即柄。《説文·木部》："柄，柯也。從木，丙聲。棅，或從秉。"《廣雅·釋器》："尿、矜、柯、柄、橿、柲、枘、柄也。"清王念孫疏證："柄之言秉也，所秉執也。《士昏禮》作枋。《管子·小臣篇》作秉。《山權數篇》作棅。並字異而義同。"

bo

【波篥】

在池塘中築的小屋。可用以招誘禽鳥栖息,以便捕捉。《後漢書·馬融傳》:"然後緩節舒容,裴回安步,降集波篥,川衡澤虞,矢魚陳罟。"李賢注:"波篥,池篥也。《前書音義》曰:'篥,在池中作室,可用栖鳥,入則捕之。'"

【玻璃泡眼罩】

玻璃製的泡形眼罩。《養心殿造辦處史料輯覽·雍正五年》:"工程處潑石灰的人眼睛若不遮護,惟恐有傷,爾等將玻璃泡眼罩做些賞賜。欽此。本日員外郎沈喻傳旨:著做眼罩。"

【玻璃千里眼】

玻璃鏡片之望遠鏡。《養心殿造辦處史料輯覽·雍正十年》:"三月二十二日內大臣海望諭著將四塊鏡光套筒玻璃千里眼做二十件、水晶千里眼做二件、茶晶千里眼做一件。"

【玻璃時樂鐘】

玻璃框之音樂報時鐘。《養心殿造辦處史料輯覽·雍正十一年》:"十月廿九日太監高玉交鑲嵌蜜蠟玻璃時樂鐘一座,係毛克明、鄭任賽進。"

清法國產玻璃時樂鐘
上海歷史博物館

【玻璃眼鏡】

玻璃鏡片之眼鏡。老花鏡、近視鏡都有製作。《養心殿造辦處史料輯覽·雍正十年》:"三月十三日員外郎沈喻、唐英傳做賞用玻璃眼鏡三十歲、四十歲、五十歲、六十歲、七十歲每樣做五付。七年做得五付,九年做得十付,十一年做得五付。"《養心殿造辦處史料輯覽·雍正元年》:"雍正元年十月二十日,郎中保德奉,台親王諭水晶、墨晶、茶晶、玻璃,照六十歲、七十歲眼鏡各做一副。俱照上用裝嚴,峨渭圈、銅簧、銀掐、玻璃眼鏡。欽此。"清代皇帝也以之賜予臣下。清查慎行《謝賜玻璃眼鏡》:"玉比晶瑩鏡比圓,一時披豁睹青天。明珠吐暈泥沙外,嚼火分光日月邊。名紙尚堪題細字,秘書仍許對新篇。此生視息真何幸,雙眼摩竿敵少年。"此爲老花鏡。

【玻璃眼罩】

玻璃製作的眼罩。玻璃安在透風包頭內,玻璃邊緣襯縶子。《養心殿造辦處史料輯覽·雍正七年》:十月二十六日,"太監張玉柱傳旨:做擋風眼罩一件。欽此。於十一月十四日做得合牌牆透地糊紗裏安玻璃擋風玻璃眼罩一件"。"於八年二月二十四日做得玻璃眼罩一件。"

【玻璃珠】

玻璃製作的珠子。古人認爲可治眼疾,並能向陽取火。明朱橚《普济方》卷八六:"主驚悸心熱,能安心明目,去赤眼翳障,熨熱腫。以玻璃珠,此西國寶也。是水玉或云是千歲水化之,應玉石之類,生土中,未必是今水晶珠,精者極光明,置水中不見珠,熨目除熱淚,或云火燧珠,向日取得火。"參見"水精珠"。

【剝刀】

種植樹木時剝削枝條等用的小刀。有柄,長三四寸,闊約半寸,形如鈎月。明徐光啓《農政全書》卷三八:"剝刀,長三四寸,廣半寸,形如卻月,鈎刃在鈎內,以竹木竿爲柄,刀著柄端,令刃向上。剝時向上鑱之,不傷枝幹。"

【播水壺】

漏刻中的供水壺。除了置放刻箭的受水壺外,在受水壺上方的壺均屬播水壺。在供水壺下方,接受漫流出來的廢水之壺亦屬播水壺。如在燕肅蓮花漏中的上匱、下匱、減水盎;沈括漏刻中的求壺、複壺、廢壺;呂才漏刻中的夜天池、日天池、平壺、萬分壺;清漏刻中的日天壺、夜天壺、平水壺、分水壺等均屬之。《宋史·天文志》:浮漏儀,"播水之壺三","曰求壺、廢壺","曰複壺"。

【撥車】

將紗管上的棉紗、麻紗或絲縷繞於軒架上的機具,以便於接長成絞紗或絞絲,供織造用。元王禎《農書》卷二二:"蟠車,纏縷具也。又謂之撥車。南人謂撥柎。"明王圻《三才圖會·器用·木綿撥車》:"木綿撥車,其製頗肖麻苧蟠車。"明徐光啓《農政全書》卷三五:木綿軒床,"比之撥車,日得八倍"。

【撥刀】

即薙刀。參見"薙刀"。

【泊】

同"箔"。一種用竹片編製成簾狀,類似滬的捕魚設施。

清黄叔璥《臺海使槎録・賦餉》:“彭湖雜餉,泊網,大小滬。泊者,削竹片爲之。繩縛如簾,高七八尺,長數十丈,就海坪處所竪木杙,趁潮水未滿,縛泊於木杙上,留一泊門,約寬四五尺,潮漲時魚隨水入,以網截塞泊門;潮退魚不得出,採取之。”參見“滬”。

【勃闌】
篩米時用的竹槃。清范寅《越諺》卷中:“勃闌,篩米時用,即槃字。”

【撥米棒】
舂米時,用以阻米溢出的木棍子。清葛士濬《杵臼經》:“冬舂者,言冬日舂之,故名冬舂也。其他器用,如盛米而傾於臼者曰踔。恐臼米溢而阻之者曰撥米棒。”

【柭】
即連枷。《方言》第五:僉,“或謂之柭”。清倪倬《農雅・釋器》:“棓、柍、柭,打穀者也。”

【箔】
用繩編竹片如簾狀的攔阻魚的設施。設置於外港、湖泊、水庫、魚池等流水的出入口。清李調元《南越筆記・粵人多以捕魚爲業》:“罾之外有以箔者,以籠者,以塗跳者,以跳白者。箔以堅竹編之,每一箔其崇五尺、廣丈。漁者嘗合五十箔而爲一,其長五十丈。虞其過大,則箔口爲魚房二重以藏魚。歲三月大禾已莳,魚始上田,漁人以箔三方依田塍,一方依水,潮至則張而大,潮退則卷而小,是爲塞箔。”清范寅《越諺》卷中:“簖、箔,皆爲魚池門户。簖以弶池外來魚,箔以闌池内養魚。”

【箔】
即蠶箔。北魏賈思勰《齊民要術・種桑柘》:“比至再眠,常須三箔。中箔上安蠶,上下空置。下箔障土氣,上箔防塵埃。”唐王建《簇蠶辭》:“蠶欲老箔頭作繭,絲皓皓場寬地高。……三日開箔雪團團,先將新繭送縣官。”宋陸游《简黎道士》:“滿箔吴蠶繭漸稠,四郊膏雨麥方秋。”《明史・禮志三》:“以鉤、箔、筐架諸器物給蠶母。”又:“内命婦食蠶,灑一箔訖,還。”

箔
宋《蠶織圖》

【箔經繩】
簾子上串簾絲的繩子。明李時珍《本草綱目・服器二・簾箔》:“箔經繩主治癰疽,有膿不潰,燒研,和臘豬脂傅下畔,即潰,不須針灸。”

【薄】
即蠶箔。《説文・艸部》:“薄,一曰蠶薄。”《宋書・禮志一》:“蠶桑前一日,蠶官生蠶著薄上。”

【薄刀】
即菜刀。清范寅《越諺》卷中:“薄刀,即菜刀、廚刀。”

【鎛】
一種鋤類中耕除草農具。通常鋤體較闊,有長柄。用於鋤田、去草。春秋戰國時期,河南洛陽戰國糧倉遺址内出土的鐵器農具,有鎛。鎛分大鎛、小鎛兩式,形制均爲長方形銎、圓肩、平刃。大鎛通長15.5厘米,小鎛通長11.5厘米。《詩・周頌・良耜》:“其鎛斯趙,以薅荼蓼。”《國語・齊語》:“時雨既至,挾其槍,刈,耨,鎛,以旦暮從事於田野。”明宋應星《天工開物・鋤鎛》:“凡治地生物,用鋤、鎛之屬。熟鐵鍛成,熔化生鐵淋口,入水淬建,即成剛勁。”

鎛
明永樂大典本《農書》

【鎛器】
錢鎛等鋤田去草的器具。《周禮・考工記》:“段氏爲鎛器。”林尹今注今譯:“鎛器。鄭玄云:田器錢鎛之屬。”

【鑮】
同“鎛”。《釋名・釋用器》:“鎛,亦鋤田器也。鎛,迫也,迫地去草也。”清王先謙疏證:“畢沅曰:鎛,本皆作鑮,非。”“《傳》:鎛、鎒、鎒(耨)、槈,同字,或從金。王啓原曰:吕本作鑮,亦鋤類也。”

【簸匾】
分離米、糠的篩子。竹製。扁圓形。形制較小。用兩手簸篩。清翁廣平《〈杵臼經〉序》:“糠既去,而糠與米尚雜也,分之者曰簸匾。簸匾之製,與繃篩同,而小三之二。以兩手簸盪之,而糠與米分矣。”

bu

【布帛尺】
即裁衣尺。宋趙與時《賓退録》卷八:“周尺果當布帛尺七寸五分弱,於今浙尺爲八寸四分。”按此文指宋太府布帛尺。

【布刀】
裁剪刀。《漢書・循吏傳・文翁》:“減省少府用度,買刀、布蜀物，齎計吏以遺博士。"顏師古注引晉晉灼曰：
"刀，書刀；布，布刀也。""布刀，謂婦人割裂財布刀也。"

【布機】

織布機。王元禎《農書》卷二二："布機，《釋名》曰：布列諸
縷。《淮南子》曰：伯余之初作衣也。緂麻索縷，手經指挂。
後世爲之機杼，幅定廣長，疏密之制存焉。農家春秋續織，最
爲要具。"清張謇《獎勵植棉暨紡織說》："棍紡錠織機之多寡，
定獎勵之等差。其法凡紗機一錠，每年獎金二元。布機一
架，獎金十圓。例如一廠有紗機二萬錠，則歲給獎金四萬圓。
有三布機三百架，則歲給獎金三千圓。"參見"織機"。

夾布棍
仙水岩東周崖墓

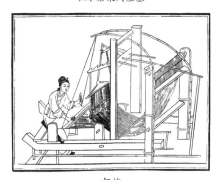

布機
清聚珍版《農書》

布機
明永樂大典本《農書》

【布料兜】

布製的料袋。貯馬料用。明戚繼光《練兵實紀雜·軍
器解上》："通扄一副，備馬皮條一副，布料兜一個，打損藥
一包，鞭一根。"

【布索】

用布條撚成的繩索。《後漢書·楊琁傳》："琁乃特製馬
車數十乘，以排囊盛石夾於車上，繫布索於馬尾，又爲兵
車，專轂弓弩，剋期會戰。乃令馬車居前，順風鼓灰，賊不
得視，因以火燒，布燃馬驚，奔突賊陣。"

【布筒】

製造筒瓦、板瓦坯胎的一種工具，套在札圈上的圓筒形
布套。製瓦件坯胎時，將布澆濕後把坯胎泥敷在布筒上，
壓實抹光，形成泥圈，乾燥後取去札圈和布筒，即成圓筒
形瓦坯。用刀一切爲二，即成兩片筒瓦，再從中間截開，
即成四片板瓦。宋李誡《營造法式·窰作制度·瓦》："造
瓦坯用細膠土不夾砂者，前一日和泥造坯，鴟獸事件同，
先於輪上安定札圈，次套布筒，以水搭泥撥圈，打搭收光，
取札并布筒，煞曝。"參見"札圈"。

【步弓】

丈量土地用的工具。木製，下張如弓，上有柄。湖北江
陵鳳凰山 167 號兩漢墓發現明器步弓一件，竹片製成，呈 A
形，高 21.5 厘米，出土時掛在頭箱北壁竹釘上。後之定制，
一步弓距離相當營造尺五尺。清黃六鴻《福惠全書·清
丈·定步弓》："丈田地以步弓爲準，其弓悉用憲頒舊式。
每村鄉地，照式各備數張，呈縣驗明，印烙，方許應用。"

步弓
明車應奎本《瑞世良英》

【步磨】

一種用畜力轉動的磨。《太平廣記》卷三五引唐包湑
《會昌解頤錄·馮大亮》："馮大亮者，導江人也。家貧好
道，亦無所修習。每道士方術之人過其門，必留連延接。
唯一牛拽步磨以自給。"參見"馬磨"、"驢磨"。

【步硙】

即步磨。《新唐書·回鶻傳》：黠戛斯，"氣多寒，雖大河
亦半冰。稼有禾粟、大小麥、青稞，步硙以爲麫"。敦煌文
書伯 3841 號背《唐開元廿三年沙州會計曆》："壹具步
硙。"伯 3744 號《沙州僧張月光分書》："其堂門替木一合，
於師兄日興邊領訖。步硙一合了。"

【箙篨】

大魚笱。《駢雅·釋器》："箙篨，竹網也。"

【鞪】

絡牛頭繩。《玉篇·革部》："鞪，絡牛頭。"《廣韻·入
屋》："鞪，絡頭繩。"《龍龕手鑒·革部》："鞪，絡牛頭繩也。"

C

cai

【裁尺】

即裁衣尺。清錢泳《履園叢話・閱古・漢長安銅尺》："今之裁尺,大於工部營造尺,猶之宋之司布帛尺,大於晉尺。"

【裁衣尺】

紡織、製衣測長用尺。爲日常使用的尺。明朱載堉《樂律全書》卷十:"三尺是夏四尺,法川四因三歸。"清錢泳《履園叢話・雜記下・尺》:"可知尺寸之長短,一代長於一代,若以今之裁衣尺,較工部尺則又盈一寸許矣。"參見"明官尺"。

【采木椎】

櫟木製的搗藥工具。馬王堆漢墓帛書《五十二病方》:"積(瘕),穿小瓠壺,即以采木椎窾(剹)之。"按,采木,指櫟木。《史記・李斯列傳》:"采椽不斲。"裴駰集解引徐廣曰:"采,一名櫟。"

【採桑鉤】

採取桑葉用的鉤子。《太平廣記》卷四〇四引唐蘇鶚《杜陽雜編》:"其五曰皇后採桑鉤,二枚,長五六寸,其細如筯,屈其末,似金又似銀,又類熟銅。"按,此指皇后躬桑用採桑鉤。明徐光啓《農政全書》卷三四:"唐上元初,獲定國寶十三,內有採桑鉤一,以此知古之採桑,皆用鉤也。"

【採桑籃】

即桑籠。元石德玉《秋胡戲妻》第三折:"放下我這採桑籃。我揀着這鮮桑葉樹。"

【綵纜】

五彩的絲質纜繩。多用於龍船之上。宋梅堯臣《觀拽龍舟懷裴宋韓李》詩:"春風吹花入行輕,紅錦百尺爭蛟螭。雲蓋迴,綵纜維,明年結客觀未遲。"

【綵繩】

彩色的絲繩。《文獻通考・王禮二二》:"皇帝出幄,舉哭,執綵繩。俟大昇舉進發,內侍官割繩,前導官導皇帝歸,哭止。"

【菜鍤】

種菜用的小鍤。清范寅《越諺》卷中:"菜鍤・插,種菜用。"

【菜刀】

廚房所用切菜之刀。明沈榜《宛署雜記・經費下》:"鐵鍋鏟二十五把,菜刀三十八把。"《兒女英雄傳》第九回:"張老又把菜刀案板也拿出來,把那肘子切作兩盤分開。"今江蘇揚州市毛紡織廠古漕河遺址出土四件宋末元初的鐵質菜刀,皆長刃,直脊,脊刃皆薄,可安木柄。

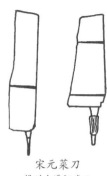

宋元菜刀
揚州古漕河遺址

【蔡邕銅籥尺】

由相傳的蔡邕銅籥推算的尺度。推算長度相當於26.75厘米。《隋書・律曆志上》:"從上相承,有銅籥一,以銀錯題,其銘曰:'籥,黃鍾之宮,長九寸,空圍九分,容秬黍一千二百粒,秤重十二銖兩之爲一合。三分損益,轉生十二律。'祖孝孫云:相承,傳是蔡邕銅籥。"《宋史・律曆志四》:"依《隋書》定尺十五種上之,藏於太常寺","十一,蔡邕銅籥尺,同後周玉尺,比晉前尺爲一尺一寸五分八釐"。

can

【蠶箔】

以竹篾或葦子等編成的養蠶器具。唐陸龜蒙《崦里》詩:"處處倚蠶箔,家家下魚筌。"元王禎《農書》卷二十:"蠶箔,曲簿,承蠶具也。《禮》:'具曲植。'曲即箔也。'周勃以織簿曲爲生。'顏師古注云:'葦簿爲曲。'北方養蠶者多,農家宅院後,或園圃間,多種萑葦,以爲箔材,秋後芟取,皆能自織。方可四丈,以二椽棧之,懸於槌上。"

蠶箔
清山東書局本《農政全書》

【蠶薄】

同"蠶箔"。《說文·艸部》："薄，一曰蠶薄。"《史記·絳侯周勃世家》："勃以織薄曲爲生。"唐司馬貞索隱："謂勃本以織蠶薄爲生業也。"

【蠶簿】

同"蠶箔"。《正字通·竹部》："簿，蠶簿。通作薄。"

【蠶椽】

架蠶泊的竹、木，一副二根。元王禎《農書》卷二十："蠶椽，架蠶箔木也。或用竹。長一丈二尺，皆以二莖爲偶，控於槌上，以架蠶箔。須直而輕者爲上，久不蠹者又爲上。詩云：'椽欲直而輕，不貴曲而蠹。輕則與人宜，蠹以病蠶故。'"

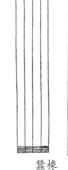

蠶椽
明永樂大典本《農書》

【蠶叢】

相傳爲蜀先祖，因教民從事養蠶、繅絲而得名。《藝文類聚》卷六引漢揚雄《蜀本紀》："蜀始王曰蠶叢，次曰伯雍，次曰魚鳧。"唐李白《蜀道難》詩："蠶叢及魚鳧，開國何茫然。爾來四萬八千歲，不與秦塞通人煙。"《太平御覽》卷八百八十八："蜀王之先名蠶叢，後代名曰柏灌，後者名魚鳧。此三代各數百歲，神化不死。其民亦隨王化去。"明徐光啓《農政全書·蠶桑》："《十畝》之詩曰：'十畝之間，桑者閑閑。'則梁可蠶。蠶叢都蜀，衣青衣，教民蠶桑，則蜀可蠶。"

【蠶簇】

簇，亦作蔟。供蠶作繭的器具。俗稱蠶山。多用草本植物的莖稈或小竹、木等構成密集叢狀，內填稻草等柔軟材料，供成熟的老蠶在其上吐絲結繭。《晉書·后妃傳上·左貴嬪》："躬執桑曲，率導媵姬，修成蠶蔟，分繭理絲。"宋陸游《初夏閑居》詩之二："蠶簇尚寒夏繭薄，稻陂初滿喜秧青。"蠶簇的構造方法和所用的材料，因時代和地區不同而異，南方用團簇，北方用馬頭。元王禎《農書》卷二十："蠶簇。《農桑直說》云：'簇用蒿梢叢柴苦席等也。凡作簇，先立簇心：用長椽五莖，上撮一處繫定，外以蘆箔繳合，是爲簇心。仍周圍勻豎蒿梢，布蠶簇訖，復用箔圍及苫繳；簇頂如圓亭者，此團簇也。又有馬頭長簇：兩頭植柱，中架橫梁，兩傍以細椽相搭爲簇心，餘如常法。此橫簇，皆北方蠶簇法也。嘗見南方蠶簇，止就屋內蠶架上布短草簇之。人既省力，蠶亦無損。'又按南方《蠶書》云：'簇箔，以杉木解枋，

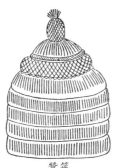

蠶簇
明永樂大典本《農書》

蠶簇
清聚珍版《農書》

長六尺，闊三尺，以箭竹作馬眼槅，插茅，疏密得中；復以無葉竹篠，縱橫搭之。簇背鋪蘆箔，而以竹篾透背面縛之；即蠶可駐足，無跌墜之患。'此皆南簇。較之上文北簇，則蠶有多少，故簇有大小難易之不同也。然嘗論之，南北簇法，俱未得中。""今聞善蠶者一法：約量本家育蠶多少，選於院內空地，就添椽木苫草等物，作連脊廈屋。尋常別用，至蠶老時，置簇於內。隨其長短，先構簇心，空直如洞。就地掘成長槽，隨宜闊狹，旁可人行，以備火候。外則周以層架，隨層臥布蒿梢，以均蠶居。即畢，用重箔圍之。若蠶少屋多，疏開牕户，就內簇之亦可。如此則上有苫覆，下無濕潤，架既寬平，蠶乃自若。又總簇用

圍簇
清山東書局本《農政全書》

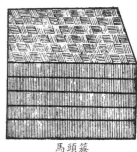

馬頭簇
清山東書局本《農政全書》

火，便於照料。南北之間，去短就長，製此良法，皆宜用之，則始終無慊矣。故梅聖俞《蠶簇》詩云：'競畏風雨寒，露置未如屋。'正謂此也。"南簇和北簇各有特點，要因地而宜。蠶簇的基本要求是供蠶結繭的地位多，所結繭的密度大，又要疏密得當，過密會造成雙宮繭等疵點。簇中空氣要流通，排濕便利，光線均勻，以利於蠶兒作繭。同時也要注意蠶上簇和採繭的方便。參見"簇"。

【蠶蔟】

同"蠶簇"。參見"蠶簇"。

【蠶房】

即蠶室。唐王建《田家留客》詩:"不嫌田家破門戶,蠶房新泥無風土。"明徐光啓《農政全書·蠶桑》:"候東方白,將連於院內一箔上單鋪。待半頓飯時,移連入蠶房,就地一箔上單鋪。"明朱國禎《湧幢小品·農蠶》:"蠶房宜卑,卑則溫。"蠶房的高低大小,應根據所飼養的蠶的眠齡大小而定。清高銓《吳興蠶書》:"小蠶房。屋高敞則寒,蠶性畏寒,小蠶尤甚。故貯小蠶之室,不宜高敞。""大蠶房。蠶自輟火之後,天氣漸暄,室以寬爽爲貴。""火蠶房。用火之蠶尤須室小。小則易關火氣。""蠶房中宜附地鋪板,以隔地之濕氣,不鋪板,植下必用板襯。"

【蠶筐】

養蠶用的竹器。形大而淺,用於飼蠶生長。元王禎《農書》卷二十:"蠶筐,古盛幣帛竹器,今用育蠶,其名亦同。蓋形制相類,圓而稍長,淺而有緣,適可居蠶。蠶蟻及分居時用之,閣以竹架,易於擡飼。梅聖俞《前蠶箔》詩云:'相與爲蠶曲,還殊作筥筐。'北箔南筐,皆爲蠶具。然彼此論之,若南蠶大時用箔,北蠶小時用筐,庶得其宜,兩不偏也。"

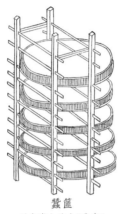

蠶筐
明永樂大典本《農書》

【蠶宮】

帝王諸侯養蠶的宮苑。《後漢書·荀悅傳》:"故在上者先豐人財以定其志,帝耕籍田,后桑蠶宮,國無游人,野無荒業。"李賢注:《禮志》曰:古者天子諸侯必有公桑蠶室,近川而爲之,宮切三尺也。"《南史·宋紀二·孝武帝》:"冬十一月甲子,立皇后蠶宮於西郊。"元王禎《農書》卷二十:"北齊置蠶宮,皇后躬桑于所。"

【蠶精】

即蠶神。元王禎《農書》卷一:"嘗謂天駟爲蠶精,元妃西陵氏始蠶,實爲要典。"又卷二二:"乃作爲祈報之辭曰:'唯蠶之精,天駟有星。惟蠶之神,伊昔著名。氣鍾於此,孕卵而生。"

【蠶具】

養蠶或與蠶事有關的器具。元王禎《農書》卷二二:"然農譜有蠶者,蓋農桑衣食之本,不可偏廢。特以蠶具繼於農器之後,冀無闕失云。"先秦的文獻中就已出現有關蠶具的記載。元王禎《農書》和明徐光啓《農政全書》中較系統地叙記了蠶具的用途、材料、構造方法,並分別給出了

各種蠶具的圖譜。上列二書中的蠶具有:蠶槌、蠶椽、蠶箔、蠶筐、蠶槃、蠶架、蠶網、蠶杓、蠶簇、繭甕、繭籠、繅車、熱釜、冷盆、蠶連等。清楊屾《豳風廣義》卷二:"欲事蠶者,須於秋冬農隙之時,預置蠶具、什物。自不至臨時忙迫失措。凡蠶食、簇料、火料、蓐草、火具、藥薦、曲箔、盤、槌、蠶架、砧、刀、擡網、葉篩、椽、杓、蠶室,必先精製習熟,而後可望其獲利。今條列名件,一一備述,使世之緝纑其身者,皆知其所自出云。"

【蠶架】

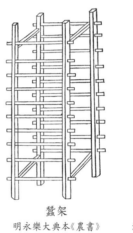

蠶架
明永樂大典本《農書》

小蠶架
清乾隆刊本《豳風廣義》

放置蠶盤、蠶筐的架子。明徐光啓《農政全書》卷三三:"蠶架,閣蠶盤筐具也。以細枋四莖豎之,高可八九尺;上下以竹通作橫桄十層。層每皆閣養蠶盤筐,隨其大小,蓋筐用小架,盤用大架。此南方盤筐有架,猶北方椽箔之有槌也。"

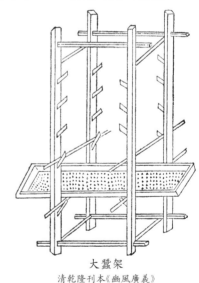

大蠶架
清乾隆刊本《豳風廣義》

【蠶連】

承接蠶蛾產卵以留蠶種的紙,亦稱蠶紙。元王禎《農書》卷二十:"蠶連,蠶種紙也。舊用連二大紙,蛾生卵後,又用線長綴,通作一連,故因曰連。匠者嘗別抄以鬻之。《務本新書》云:'蠶連厚紙爲上,薄紙不禁浸浴,如用小灰紙更妙。'"清楊屾《豳風廣義》卷二:"蠶子自初生,至一十八日後,取下蠶連,用井華水浸洗,去便溺毒氣,仍復掛起。待十二月初八日。仍用井華水浸一二時,取出懸乾。再用長竿懸蠶連於上,置院中日曬月照一晝夜。使受日精月華之氣,則耐養。"

蠶連
明永樂大典本《農書》

【蠶連紙】

即蠶連。明李時珍《本草綱目·蟲一·蠶》：“馬明退、蠶連紙，功用相同，亦如蟬蛻、蛇蛻之義。但古方多用蠶紙者，因其易得耳。”

【蠶籠】

盛裝桑葉的竹籃。南朝梁蕭子顯《日出東南隅行》：“蠶籠拾芳翠，桑陌採柔條。”

【蠶槃】

同“蠶盤”。元王禎《農書》卷二十：“蠶槃，盛蠶器也。”

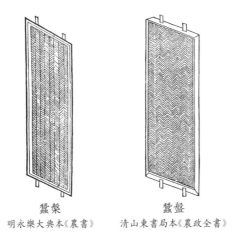

蠶槃
明永樂大典本《農書》

蠶盤
清山東書局本《農政全書》

【蠶盤】

盛放蠶的器具。明徐光啓《農政全書》卷三三：“蠶盤，盛蠶器也。秦觀《蠶書》云：‘種變方尺，及乎將繭，乃方尺四。織萑葦，範以蒼筤竹。長七尺，廣五尺，以爲筐。懸筐中間九寸，凡槌十懸，以居食蠶。’今呼筐爲槃。又有以木爲框，以疏簟爲底，架以木槌，用與上同。”

【蠶山】

即蠶簇。清沈公練《廣蠶桑説輯補》卷下：“蠶山以糯稻草爲之。秔稻草亦可。麥稈亦可。秈稻草斷不合用。用四齒鐵耙仰縛他物上，持草稍於耙齒上，批去其葉之散亂者。散亂者必軟而毛，軟則載蠶不起；毛則多浮絲，故去之。以草紐鬆鬆縛之，而截齊其兩頭，如洗篲狀。”

【蠶杓】

搬運蠶或桑葉的大木勺。明徐光啓《農政全書》卷三三：“此作蠶杓，斲木刳之。首大如棒，柄長三尺許。如槃蠶空隙，或飼葉偏疏，則必持此送之，以補其處。至蠶老歸簇，或稀密不倫，亦用均布。儻有不及，復以竹接其柄。此南俗蠶法；北方箔簇頗大，臂指間有不能周徧，亦宜假此以便其事，幸勿忽諸。”

蠶杓
清山東書局本《農政全書》

【蠶神】

司蠶之神。《後漢書·禮儀志上》：“祠先蠶，禮以少牢。”劉昭注引漢衛宏《漢舊儀》：“春桑生而皇后親桑於菀中。蠶室養蠶千薄以上。祠以中牢羊豕，祭蠶神，曰菀窳婦人、寓氏公主，凡二神。”唐元稹《織婦詞》：“蠶神女聖早成絲，今年絲稅抽徵早。”宋陸游《春晚村居雜賦絶句》之四：“朝書牛卷撚枯筆，暮祭蠶神酹凍醅。”元王禎《農書》卷二十：“蠶神天駟也。天文辰爲龍，蠶辰生，又與馬同氣，謂天駟，即蠶神也。淮南王《蠶經》云：‘黄帝元妃西陵氏始蠶。’至漢祀宛窳婦人、寓氏公主，蜀有蠶女馬頭娘，

蠶神
明初刻本《農書》

此歷代所祭不同。然天駟爲蠶精，元妃西陵氏爲先蠶，實爲要典。”“蠶神室蠶神像，宜用高空處安置，凡一切忌惡之事、邪穢之氣，辟除。益蜀潔，凤夜齋敬，不敢褻慢。”清楊屾《豳風廣義》卷二：“謝蠶神説。絲已登軒，蠶事畢矣。古有謝神之禮，示不忘本也。”

【蠶室】

養蠶的房屋。除民間蠶室外，還設有公桑蠶室。《禮記·祭義》：“古者天子諸侯必有公桑蠶室。”孔穎達疏：“公桑蠶室者，謂官家之桑，於處而築養蠶之室。”《東觀漢記·明德馬皇后傳》：“太后置蠶室織室於濯龍中，數往來觀視以爲娛樂。”《晉書·禮志上》：“漢儀，皇后親桑東郊苑中，蠶室祭蠶神。”元王禎《農書》卷二十：“蠶室。《記》曰：‘古者天子諸侯，皆有公桑蠶室。近川而爲之，築宮仞有三尺，棘牆而外閉之。三宮之夫人、世婦之吉者，使入蠶室，奉種浴於川，桑於公桑。’此公桑蠶室也。其民間蠶室，必選置蠶宅，負陰抱陽，地位平爽，正室爲上，南西爲次之，東又次之。若室舊當淨掃塵埃，預期泥補。若逼近臨時，牆壁濕潤，非所利也。夫締構之制或草或瓦，須内外泥飾材木，以防火患。復要間架寬敞，可容槌箔。牕户虚明，易辨眠起。”明宋應星《天工開物·乃服·抱養》：“蠶室宜向東南，周圍用紙糊風隙，上無棚板者宜頂格。值寒冷則用炭火於室内助暖。”古代亦稱蠶繭爲蠶室。明張鼎思《琅琊代醉編·蠶室》：“然蠶以繭自衣，亦謂之室。《易林》曰：‘饑蠶作室。’是也。”

蠶室
明永樂大典本《農書》

【蠶網】

養蠶時用以除沙分箔的網狀器具。元王禎《農書》卷二十：“蠶網，擡蠶具也。結繩爲之，如魚網之制。其長短廣狹，視蠶槃大小製之。沃以漆油，則光緊難壞，貫以網索，則維持多便。至蠶可替時，先布網於上，然後灑桑。蠶聞葉香，皆穿網眼上食，候蠶上葉齊，共手提網，移置別槃，遺餘拾去。比之手替，省力過倍。南蠶多用此法，北方蠶小時，亦以用之。”清楊屾《豳風廣義》卷二：“蠶網者，擡蠶除沙之網也。爲蠶事要具。養蠶諸事皆易，惟除沙揀蠶甚是勞苦，所以養蠶不多。惟嘉興、湖州用網擡蠶，故歲有收絲數百斤者。其餘諸省皆不知也。其法以二網輪流擡換，捷便甚妙，即養數百箔，亦無難矣。”

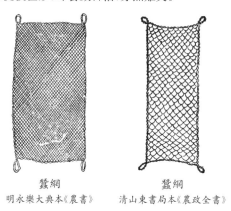

蠶網　　　　　　　蠶網
明永樂大典本《農書》　清山東書局本《農政全書》

【蠶屋】

即蠶室。唐耿湋《贈田家翁》詩：“蠶屋朝寒閉，田家晝雨閒。”元王禎《農書》卷二十：“《擡爐》詩云：‘誰創擡爐由智者，出入涼温蠶屋下。搏以水土貫以木，不假昆吾鼓爐冶。’”明徐光啟《農政全書·蠶桑》：“秋蠶，初生時，去三伏猶近，暑氣仍存，蠶屋多生濕潤，正要四通八達，風氣往來，蓋初生卻要涼快。”

【蠶紙】

即蠶連。唐李商隱《無愁果有愁曲北齊歌》：“白楊別屋鬼迷人，空留暗記如蠶紙。”明李時珍《本草綱目·蟲一·蠶》：“馬明退、蠶連紙，功用相同，亦如蟬蜕、蛇蜕之義。但古方多用蠶紙者，因其易得耳。”

【蠶樀】

即蠶椽。北魏賈思勰《齊民要術·種榆》：“三年，中爲蠶樀；五年，任爲蠶椽。”明徐光啟《農政全書》卷三八：“以蠶樀爲率，一根五錢，一畝歲收二萬一千六百文。”

【蠶種紙】

即蠶連。元王禎《農書》卷二十：“蠶連，蠶種紙也。”清汪日楨《湖蠶述》卷四：“用桑皮紙每方廣尺許爲一幅，引蛾布種其上，鄉人謂之蠶種紙。”

【蠶槌】

擱置蠶箔的木架。亦指立柱。宋梅堯臣有《和孫端叟蠶具·蠶槌》詩。明徐光啟《農政全書·蠶桑》：“蠶槌。《禮》：‘季春之月，具曲植。’植，即槌也。《務本直言》云：‘穀雨日豎槌。立木四莖，各過梁柱之高。夫槌隨屋每間豎之，其立木外旁，刻如鋸齒而深。各每莖，掛桑皮繞繩（蠶不宜麻）。四角，按二長椽。椽上，平鋪篅箔，稍下縋之。凡槌十懸，中離九寸，以居。擡飼之間，皆可移之上下。”參見“槌”。

蠶槌
清山東書局本《農政全書》

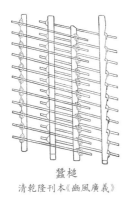

蠶槌
清乾隆刊本《豳風廣義》

cang

【倉廒】

即敖。《文獻通考·市糴二》："得息米造成倉廒。"宋袁文《甕牖閑評》卷六："敖及地名。秦以敖地爲倉，故爾。今所在竟謂倉爲敖，蓋循習之誤。廒，字又作敖。"明張四維《雙烈記·代役》："見今城中蓋造倉廒，預備軍儲。"

【倉敖印】

糧庫用的封印。木製大印，印文凹入，用於蓋在糧堆表面，形成凸出的字形，用作原封的標誌。居延漢代烽燧遺址已有此類木印發現，可知其歷史至少始於漢代。明陶宗儀《輟耕録·印章制度》："古印文作白文，蓋用以印泥，紫泥封詔是也。今之米印及倉敖近之矣。"

倉敖印
居延漢代遺址

近代"滿"字倉敖印
麗水市博物館

【倉斛】

官用漕斛。各倉收兌糧米所用斛。《欽定大清會典圖（度量權衡）》卷四十："户部倉斛十二斗五升爲洪斛十斗，倉斛十斗爲洪斛八斗，倉斛十斗爲關東斗五斗，洪斛十斗爲關東斗六斗二升五合。"

【倉唐】

即鋸。清厲荃《事物異名録·漁獵·匠具》："《説文》倉唐，鋸也。"按，今本《説文》作"槍唐"。

cao

【漕斛】

各省徵收漕糧及各倉收放米石時所用的官頒量器。《清稗類鈔·屯漕·海運》："二店即糧道署中人所設，獲利極厚，如海斛每石不過六元二角，而該店用漕斛反需七元五角。"

【漕平】

清代民間一般通行的標準平。漕米改徵折色以後所設。標準重量因地而異。各地漕平冠以地名，如蘇漕平，申漕平等。《清稗類鈔·物品·漕平》："漕平，衡名，江南、浙江諸省所通用之平也，用以徵收漕銀，故名。每兩約合庫平九錢八分。"

【槽】

盛器。四周高起，中間陷下，斷面呈凹字狀。古時之槽，一爲盛飼料或水喂牲畜之器具，如馬槽、石槽、水槽等，多以木、石爲之。《説文·木部》："槽，畜獸之食器。從木，曹聲。"《史記·魯仲連鄒陽列傳》"使不羈之士與牛驥同皂"裴駰集解引《漢書音義》："食牛馬器，以木作，如槽也。"《晉書·宣帝紀》："嘗夢三馬同食一槽。"《太平廣記》卷一三三引《稽神録》："嘗爲人飼馬，憊不能夜起。其主恒自檢視，見槽中無草，督責之。"參見"馬槽"。二爲釀酒或往酒器。《晉書·劉伶傳》："先生於是方捧罌承槽，銜杯漱醪，奮髯箕踞，枕麴藉糟，無思無慮，其樂陶陶。"唐李賀《將進酒》詩："琉璃鐘，琥珀濃，小槽酒滴珍珠紅。"

【槽版】

活字印刷用的開槽木板。槽內置活字。《欽定武英殿聚珍版程式·奏議》："擺字楠木槽版八十塊，各長九寸五分，寬七寸五分，厚一寸五分。每塊各隨長短夾條一分，工料銀一兩二錢。"

【槽碓】

一種結構簡單的水碓。適用於小水量的地方。在一長槓桿的一端裝碓，一端裝水槽。引水入水槽，水滿槽重，碓端揚起；槽水傾瀉後，碓復下落以舂物。元王禎《農書》卷十九："槽碓,碓梢作槽受水,以爲舂也。凡所居之地,間有泉流稍細,可選低處置碓一區,一如常碓之制。但前桯減細,後梢深闊。爲槽可貯水斗餘,上芘以厦,槽在厦外。乃自上流用筧引水下注於槽,水滿則後重而前起,水瀉則後輕而前落即爲一舂。如此晝夜不止,毇米兩斛,日省兩工,以歲月積之,知非小利。"

槽碓
明永樂大典本《農書》

【槽房】

設抄紙槽之建築。參見"紙槽"。

【槽輾】

以木作碾槽的碾子。明徐光啓《農政全書》卷二三:"玄扈先生曰:江右木作槽輾,山右石作搖輾,皆取機勢,倍勝常輾。"

【槽桶】

堤壩上放水的木製槽形設施。其作用是防止水流衝刷堤坡。清麟慶《河工器具圖説》卷二:"槽桶,以木爲之。大桶五節,節長三丈,底寬一丈,牆高三尺。凡安槽桶,先用麻擣油灰艙縫,隔三尺一檔,上用木厡,下用底托。兩牆各設站柱,排釘堅固,然後刷隄。先鋪蘆席,上加油布、牛皮。將桶安好,三面用淤土擁護;又取牛皮一張,釘桶口底上,拖出三四尺鋪平,以鐵門壓定,用大釘釘入土坡。兩邊築鉗口壩,方可放水。"

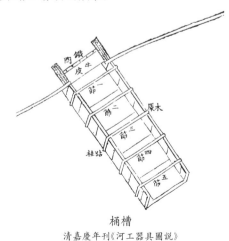

桶槽
清嘉慶年刊《河工器具圖説》

【槽鍘】

即鍘刀。《清史稿·姜希轍傳》:"希轍疏言:'大兵所集,米豆、草束、槽鍘、釜鑊,自所必需。'"

【草叉】

叉草用具。前端鐵製,有兩叉鐵齒,長而尖鋭,有長柄。用以叉取柴草。陝西扶風殿臺地金代窖藏有草叉鐵首一件,通長30.5厘米,兩股平直,股間相距8厘米,股長15厘米,銎圓,長15.5厘米,徑4厘米。清麟慶《河工器具圖説》卷四:"草叉,削木爲柄,鍛鐵爲首,兩齒,銛利而長。備燒甆挑柴之用。"

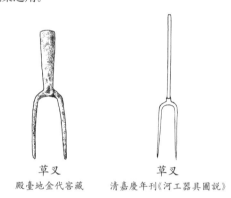

草叉　　　　　草叉
殿臺地金代窖藏　清嘉慶年刊《河工器具圖説》

【草篅】

草編之篅。北魏賈思勰《齊民要術·水稻》:"稻種漬經三宿,漉出,内草篅中裛之。"

【草覆】

以草或麻織成的席狀物。用以遮蓋稻穀、柴草等,或作爲搭架棚的覆蓋物。以防日曬或雨濕。明徐光啓《農政全書》卷三六:"《農桑通訣》曰:菌與黄麻同時熟,刈作小束,池内漚之,爛去青皮。取其麻片,潔白如雪,耐水爛,可織爲毯被,及作汲綆、牛索,或作牛衣、雨衣、草覆等具。農家歲歲不可無者。"

【草緪】

即草繩。宋莊季裕《雞肋編》卷上:"民家只就田中作窖,開地如井口,深三四尺,下量蓄穀多寡,四圍展之。土若金色,更無沙石,以火燒過,絞草緪釘於四壁,盛穀多至數千石,愈久亦佳。"

【草繩】

用草搓合成的繩子。《廣韻·入鐸》:"綯,草繩。"草繩

草繩
孫岆西周遺址

是人類最早使用的繩子,近年出土的實物完全可以證明。如我國現有的最早的繩子,就是 1978 年在第二次發掘浙江河姆渡六千多年前的居民遺址時出土的草繩,它是用帶芯的植物莖皮搓合成的。自然界中,製作草繩的原材料是極爲豐富的,可以說是取之不盡,用之不竭,凡有一定長度和韌度的植物莖皮或葉片,人們都可以用來把它搓成繩子。其中經常用以製繩的植物有菅、蒯、蒲草、野生苧麻、稻草等。河南信陽孫砦西周遺址發現草繩二件,類似草質,由二股合成細繩,再糾合成四股粗繩,直徑約 1 厘米。湖北銅綠山春秋戰國礦井遺址發現用某種野生植物纖維(或說爲龍鬚草)絞成的草繩,單股直徑 1 毫米,三股合成,其中最早一段長達 8 米。新疆吐魯番阿斯塔那麴氏高昌時期 387 號墓內發現穀秸繩和蒲草繩。三國吳陸璣《毛詩草木鳥獸蟲魚疏》卷上"白華菅兮":"菅似茅而滑澤,無毛,根下五寸中有白粉,柔韌宜爲索,漚及曝尤善也。"《文選·張衡〈西京賦〉》:"草則葴、莎、菅、蒯、薇、蕨、荔、芫。"李善注引《聲類》:"蒯,草,中爲索。"後來,隨着麻繩、棕繩的使用,草繩的使用範圍逐漸縮小。但由於草繩的原料極多,製作容易,價格低廉,儘管沒有麻繩、棕繩美觀耐用,卻始終是繩中的一大類,被廣泛地應用於生活和生產中,至今沒有被淘汰。草繩的用途非常廣泛,可以繫,可以捆,可以包纏,可以牽拉,等等,凡是對承受重量不大、易損耗的地方都可使用。宋徐兢《宣和奉使高麗圖經·車馬·牛車》:"牛車之設,制作率略,殊無法度。下有二輾輪,前轅以牛駕之。每載物於上,必以草繩貫繫,方免傾覆。"明徐光啓《農政全書》卷三八:"大樹者於三月中移,廣留根土,用草繩纏束根上。"

【草索】

即草繩。《廣雅·釋器》:"茭,索也。"清王念孫疏證:"《說文》:'筊,竹索也。'《漢書·溝洫志》:'搴長茭兮湛美玉。'薛瓚注云:'竹葦絙謂之茭。'茭與筊通,其草索亦謂之茭。"

【草葽】

用蒲草或蘆荻等糾成的草繩。多用於築城等工程。宋李誡《營造法式·壕寨制度·城》:"每膊椽長三尺,用草葽一條,大橛子一枚。"元沙克什《河防通議》卷上:"築城物料附","每築高五尺,橫用紝木一根,甕城至馬面之類準此,每構椽三尺,用草葽一條,木橛一箇"。

【草鍘】

切草用的鍘刀。明戚繼光《練兵實紀·練伍法》:"馬,每匹鞍仗一副,轡頭一副,肚帶二條,滾肚一條,木絆一副,絆馬繩二條,馬椿一件,草鍘每隊一口。"

ce

【筴】

同"策"。即算。《戰國策·魏策四》:"大王已知魏之急而救不至者,是大王籌筴之臣無任矣。"《南齊書·祖冲之傳》:"目盡毫釐,心窮籌筴。"

【策】

即算(算籌)。《老子》:"善數者不用籌策。"南朝宋劉義慶《世說新語·言語》:"晉武帝始登阼,探策得一,王者世數繫此多少。"

【策額】

犁上固定壓鑱的部件。唐陸龜蒙《耒耜經》:"(犁)斲木而爲之者,曰犁底,曰壓鑱,曰策額。""鑱之次曰策額,言其可以扦其壁也。皆貤然相戴。"

【測礮象限儀】

清製測定礮彈方向遠近的儀器。清《皇朝禮器圖式》卷三:"本朝製測礮象限儀,鑄銅爲之。"

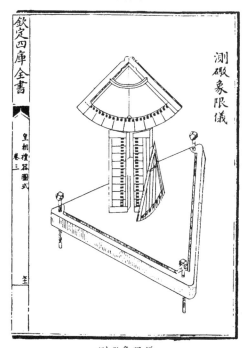

測礮象限儀
四庫全書本《皇朝禮器圖式》

【測高弧象限儀】

清製測量天體高度角的儀器。爲一豎直安放的象限弧,弧上有角度分劃。在弧上設瞄準器,圓心處穿一圓柱體,其中穿孔,圓柱體可旋轉以對準弧上的瞄準器,用以瞄準太陽。通過圓心置一銅墜線作爲天頂標準。據之可得天頂距。清

《皇朝禮器圖式》卷三:“本朝製測高弧象限儀,鑄銅爲之。”

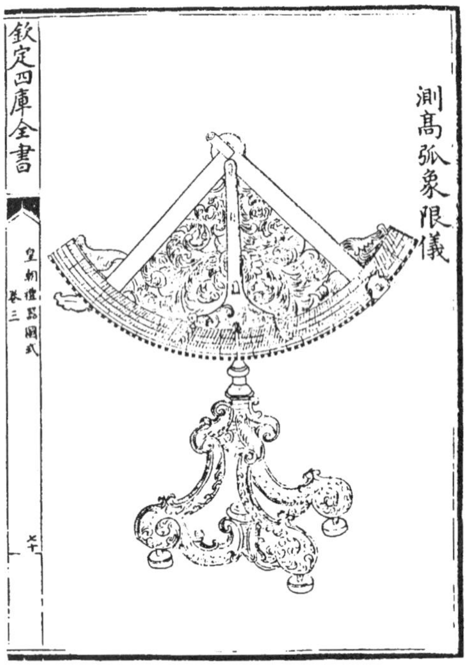

測高弧象限儀
四庫全書本《皇朝禮器圖式》

【測太陽高度象限儀】

清代測太陽高度角的專用儀器。儀爲一象限弧,弧上有刻度分劃,在圓心及弧上各設瞄準器。瞄準太陽,根據弧上瞄準器所在刻度,及從圓心下垂的鉛垂線在弧上的刻度,可得太陽的天頂距(即高度角之餘角)。清《皇朝禮器圖式》卷三:“本朝製測太陽高度象限儀,鑄銅爲之。”

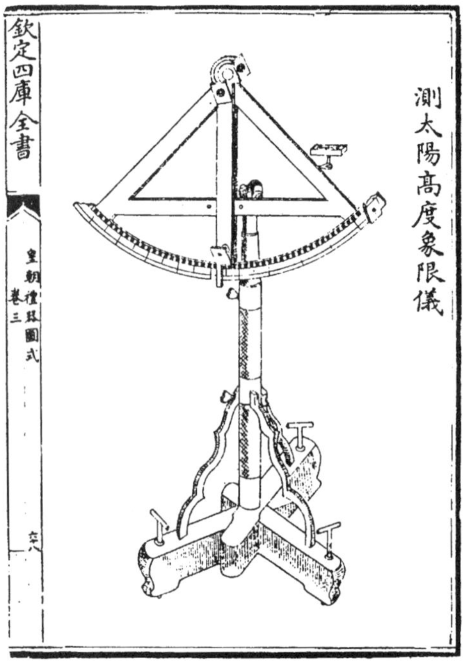

測太陽高度象限儀
四庫全書本《皇朝禮器圖式》

【測遠鏡】

即望遠鏡。清屈大均《廣東新語・器語・大銃》:“發時以銃尺量之。測遠鏡度之。無不奇中。”

【筞】

同“策”。即算(算子/算籌)。馬王堆漢墓甲本《老子・道經》:“善數者不以檮筞。”

ceng

【橧】

即豬欄。《方言》第八:“豬,吴揚之間謂之豬子,其檻及蓐曰橧。”《廣雅・釋獸》:“橧,圈也。”王念孫疏證:“橧,本圈中卧蓐之名,因而圈亦謂之橧。”清桂馥《札樸・滇游續筆・橧》:“永平山中人築室不用甎瓦土墼,但横木柴,絫爲四壁,上覆木片,謂之苫片,與豕所居無異。馥謂即古之橧也。”

【罾】

即罾。明王圻《三才圖會・器用五》:“罾,亦網也,不知何易名爲罾。”“按:罾字從竹,而其製用繩,恐習俗之誤呼耳。”

cha

【扠網】

即罶。明王圻《三才圖會・器用五》有“扠網”圖。參見“罶”。

【杈】

一種有柄,頭部有分叉的農具。用以叉取禾束、柴草等。《説文・木部》:“杈,杈枝也。”杈多利用天然分叉樹木製成,後也有鐵質杈首,更鋒利耐用,嘉峪關魏晉墓壁畫中已可見鐵杈形象。明徐光啓《農政全書》卷二二:“杈,簎禾具也。楺木爲之,通長五尺,上作三股,長可二尺,一股微短,皆形如彎角,以簎取禾縛也。”

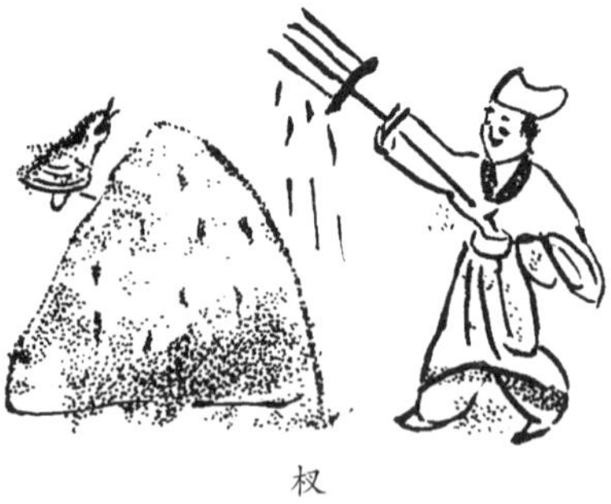

杈
嘉峪關5號魏晉墓壁畫

【臿】

用於開溝、掘土和做壠的農具。臿的刃口是金屬製成，套在木板前端，木板的後部連着一條直柄。使用時用雙手握柄，用足踩臿肩部使其插入土中，再向後扳動，把土層剥離。湖北省黄陂縣盤龍城曾出土商代早期銅臿，扁銎，直體，銎外有一周寬邊，體呈長條形，中間有一小孔。平刃，長 16.6 厘米。湖北省圻春縣毛家嘴出土西周銅臿。斜坦凹口銎，寬體，圓刃。江西省南昌市李家莊出土了春秋時期銅臿。斜坦凹口銎，寬體，器身短而寬。也有方折凹口銎，寬體，圓刃。河南省洛陽市中州路出土戰國時期鐵臿，長方形，在長邊上端中空成銎，横剖面作長方形，窄面刃端作對稱鋭角。高 6.3 厘米，寬 14 厘米，厚 1.7 厘米。河南省洛陽市中州路出土西漢鐵臿，體形較細長，高 5.2 厘米，寬 19.2 厘米，厚 1.6 厘米。長沙馬王堆 3 號墓封木中發現木柄鐵臿一件，全長 139.5 厘米，合漢五尺，重 1400 克，鑄鐵爲首，木柄，左肩踏處有三角形突起。《管子・度地》："籠臿版築各什六。"《史記・秦始皇本紀》："禹鑿龍門，通大夏，決河亭水，放之海，身自持築臿，脛毋毛，臣虜之勞不烈於此矣。"張守節正義："臿音初洽反，築，牆杵也。臿，鍬也。《爾雅》云：'鍬謂之臿。'"參見"鏊"。

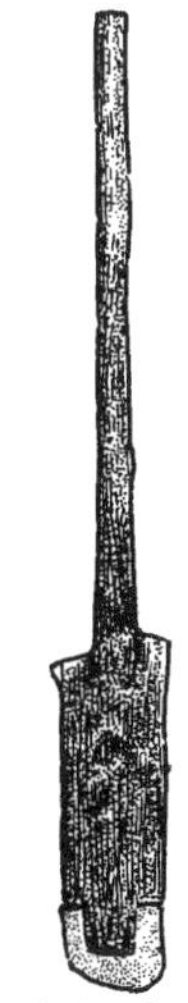
木柄鐵臿
馬王堆三號漢墓

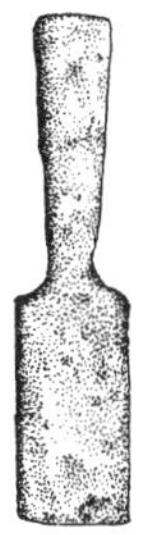
鐵臿首
磁縣元代本船遺物

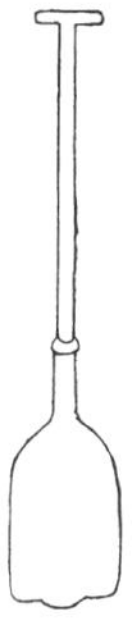
臿
明永樂大典本《農書》

【插】

同"臿"。《隋書・東夷傳・流求國》："厥田良沃，先以火燒而引水灌之。持一插，以石爲刃，長尺餘，闊數寸，而墾之。"明徐光啓《農政全書》卷二一："臿，顏師古曰：鍬也。所以開渠者。或曰削，有所守也。唐韻作鍤，俗作臿，同作插。"

【插屏鐘】

插屏形臺鐘。《養心殿造辦處史料輯覽・雍正十一年》："廿九日太監趙進忠持來插屏鐘二份、小時鐘樣二份、小表樣一份，内大臣海望著樣做。"

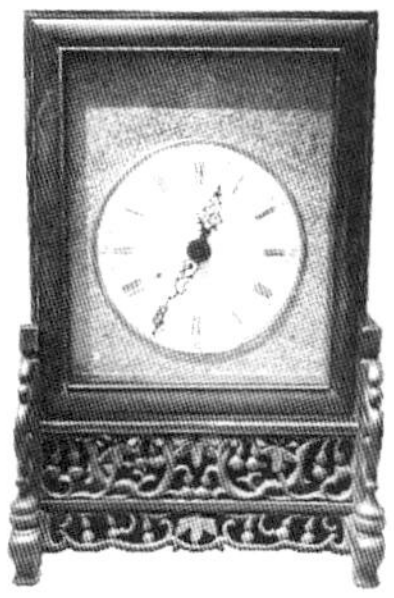
清道光年南京製紅木插屏鐘
南京博物院

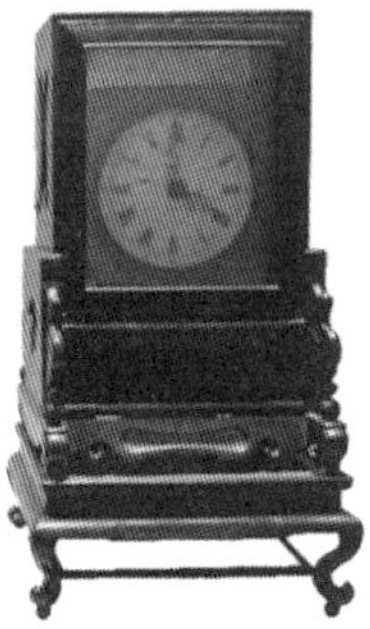
上海美華利鐘錶行插屏鐘
上海歷史博物館

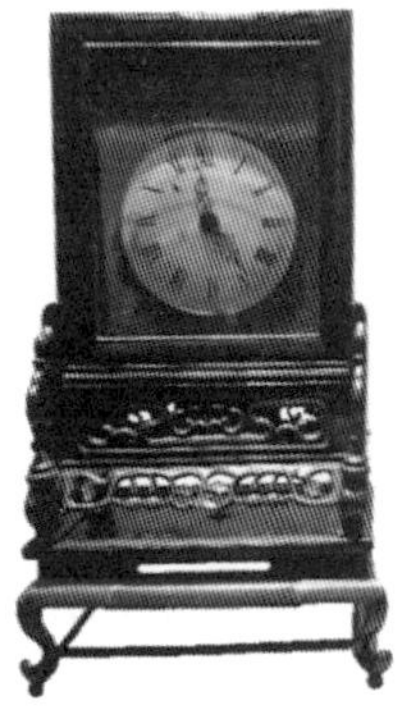
上海美華利鐘錶行插屏鐘
上海歷史博物館

【梄】

同"臿"。羅泊灣漢墓《從器志》："梄五十三。"鳳凰山 8 號漢墓遺册："操梄俑。"

【鎈】

同"銼"。明宋應星《天工開物・錘鍛》："凡鐵鎈，純鋼爲之，未健之時鋼性亦軟。以已健鋼鏩劃成縱斜文理，劃時斜向入，則文方成焰。劃後燒紅，退微冷，入水健。久用乖平，入水退去健性，再用鏩劃。"清方以智《物理小識・金石》："鎈用純鋼，以羊角末和鹽醋先塗，乃握已健之鋼鏩畫斜文，重燒紅，退冷入水健之。"

【鍤】

同"臿"。《漢書・王莽傳上》："父子兄弟負籠荷鍤，馳之南陽。"顏師古注曰："籠所以盛土也。鍤，鍫也。"漢王充《論衡・須頌》："地有丘洿，故有高平，或以钁鍤平而夷之，爲平地矣。"《資治通鑒・周赧王三十六年》："田單知士卒之可用，乃身操版鍤，與士卒分功。"胡三省注："鍤，鍫也。"

【鍤金】

鍤之金屬首。《居延新簡》E・P・T50：144A："鍤金三直六，付卅。"

商青銅鍤金
新淦大洋洲商墓

【鍤】

同"臿"。《爾雅·釋器》:"斛謂之鍤。"郭璞注:"皆古鍫鍤字。"

【茶晶】

茶色之水晶。清曹庭棟《老老恒言》卷三:"以凸之高下別之。晶亦不一,晴明時取茶晶、墨晶;陰雨及燈下,取水晶、銀晶。若壯年即用以養目,目光至老不減。"

【茶晶千里眼】

茶晶鏡片之千里鏡。參見"玻璃千里眼"。

【茶晶眼鏡】

茶晶鏡片之眼鏡。清代早期我國自行製造的眼鏡。用天然茶晶磨製成鏡片。《養心殿造辦處史料輯覽·雍正三年》:"四月十二日張啓麟交茶晶眼鏡一幅,玻璃眼鏡一副。傳旨:此茶晶眼鏡先做的甚好,以後做眼鏡時俱照此光遠近。"《養心殿造辦處史料輯覽·雍正六年》:"雍正六年六月初四日,本日照玻璃眼鏡先做得茶晶眼鏡一付,郎中海望奉旨此眼鏡光與膚不對。欽此。郎中海望奏稱上交出做樣的匣子雖寫四十歲,奴才與造辦處眼鏡制子比較,原係五十歲的,想必太老不相對,奴才再做四十歲的一付呈覽。奉旨好,爾將此眼鏡持出,在匣上刻年紀簽字。"

清代茶晶眼鏡
上海歷史博物館

【槎頭】

一種捕魚用的籪。清方以智《通雅·器用》:"扈業,緯蕭也。障魚曰槎頭,障蟹曰蟹斷。"清厲荃《事物異名録·漁獵部·籪》:"江濱漁者插竹繩編之以取魚,謂之扈業,亦槎頭、蟹斷之類。"

【槎桱】

攔截野獸的一種木柵欄。《三國志·魏志·蘇則傳》:"後則從行獵,槎桱拔,失鹿。帝大怒,踞胡牀拔刀,悉收督吏,將斬之。"

chai

【甀甀】

即甀。《駢雅·釋器》:"甀甀、礱碨,磨也。"

【柴刀】

劈柴刀。清高靜亭《正音撮要·鐵器》:"拿腰刀砍他,拿柴刀劈他,拿順刀擾他。"

【柴扒】

即竹杷。《説唐》第二一回:"買些竹子回來,待我做幾個柴扒,拿去賣賣,也可將就度日。"

chan

【鉆】

在車轂上加油,使車輪潤滑,轉動靈便的器具。《説文·金部》:"鉆,膏車鐵鉆。"段玉裁注:"謂脂其車轂者,以器納輻,濡膏而染轂中也。其器曰鉆,鐵爲之。"

【剗刀】

砍削桑樹用的刀。元王禎《農書》卷二一:"剗刀,剥桑刃也。刀長尺餘,闊約二寸,木柄一握。南人斫桑剥桑,俱用此刃。"

剗刀
明永樂大典本《農書》

【纏】

即繩索。《淮南子·道應訓》:"臣有所與供僥纏采薪者九方堙,此其於馬非臣之下也,請見之。"高誘注:"纏,索也。"

【纏徽】

即緪。《書叙指南·器皿動用》:"井索曰纏徽。"

【纏牽】

即繵牽。參見"繵牽"。

【纏索】

繩索。《淮南子·説林訓》："予拯溺者金玉，不若尋常之纏索。"

【鑱】

即犂鑱。唐陸龜蒙《耒耜經》："冶金而爲之者，曰犂鑱。""耕之土曰墢，墢猶塊也。起其墢者鑱也，覆其墢者壁也。""故鑱引而居下，壁偃而居上。"明黃宗會《病農説》："運犂踏鑱，豈以貧窮怠乎哉！"

【鑱尖】

套於舊生鐵鑱頭上使用的一種開荒用部件。以熟鐵製成，較堅韌，遇埋頭根株不易缺裂。元王禎《農書·農桑通訣二·墾耕篇第四》："沿山或老荒地内樹木多者，必須用钁劚去。餘有不盡耕科，當使熟鐵煅成鑱尖（套於退舊生鐵鑱上），縱遇根株，不致擘缺妨誤工力。"

【鑱石】

上古石製醫療用針。《素問·湯液醪醴論》："岐伯曰：當今之世，必齊毒藥攻其中，鑱石鍼艾治其外也。"又《寶命全形篇》"制砭石小大"，隋全元起注："砭石者，是古外治之法。有三名：一鍼石，二砭石，三鑱石，其實一也。古來未能鑄鐵，故用石爲鍼，故名之鍼石。言工必砥礪鋒利，製其小大之形，與病相當。黃帝造九鍼以代鑱石。"

【鑱針】

九針之一。長一寸六分，頭部如箭頭，末端鋭尖。故又名箭頭針。用于治療熱病淺刺和皮膚病。明楊繼洲《針灸大成·九針圖》："鑱針，平半寸，長一寸六分，頭大末鋭；病在皮膚，刺熱者用此。今之名箭頭針是也。"

鑱針
《針灸大成》

【鑱鍼】

同"鑱針"。《靈樞經·九鍼論》："一曰鑱鍼者，取法於巾鍼，去末寸半，卒鋭之，長一寸六分；主熱在頭身也。"又《九鍼十二原》："鑱鍼者，頭大末鋭，去寫陽氣。"又《官鍼》："病在皮膚無常處者，取以鑱鍼於病所。"

【弗】

鐵製或竹製的籤。用以貫肉在火上烤炙。唐韓愈《贈張籍》詩："試將詩義授，如以肉貫弗。"

【鏟】

農工具。用於鏟土、耘苗、除草和碎表土。浙江省餘姚縣河姆渡遺址出土的新石器中早期木鏟，長 16 厘米、寬 6.3 厘米、厚 1.5 厘米，體形扁薄，呈長橢圓形。河南省新鄭縣裴李崗新石器時代遺址出土的石鏟，體形扁薄，呈舌狀，多數一端爲圓刃，通體磨光。陝西省西安市半坡遺址出土的新石器時代中期石鏟。以打製爲多。按其形體，可分爲三式：1.長方形圓肩石鏟，平面作長方形，器身寬扁，刃部平齊或作弧刃。用石片或礫石打製而成，最大的長 17.4 厘米、寬 11 厘米、厚 1.1 厘米。2.寬面窄刃石鏟，器身扁平，刃部窄而平齊。多爲打製，個別的通體磨光。3.帶孔的石鏟，器身扁平，弧刃，有一圓孔，孔由兩面鑽成，通體磨光。陝西省西安市半坡遺址出土的骨鏟，大多數是用獸骨做成的，少數用鹿角做成。製作時削刮和磨治兼施。刃部寬扁，鋒利。按其形體可分爲 4 式：1.管狀骨鏟。器身中上部呈管形，長短、寬窄互有差異，刃部寬齊或尖圓。以骨節部分作爲器柄，另一端磨治或修刮成扁薄的鋒刃。最大的長 21 厘米、刃寬 2.2 厘米；最小的長 5.5 厘米、刃寬 3 厘米。2.半管狀骨鏟。器身呈半管形，長短、寬窄各有差異，刃部寬扁、平齊。3.長條形骨鏟。器身扁平，刃部寬而平齊，係用骨片或鹿角的殘片作成，部分或通身磨製。長 13～17 厘米、寬 1～2.1 厘米。4.片狀形骨鏟，平面略作長方形，器身扁平，刃部寬扁、平齊。多用骨片或鹿角殘片做成，個別用肩胛骨做成，皆磨製。長 5.2～15.5 厘米、寬 2～4 厘米。青銅鏟的形制，是從新石器時代的石鏟和骨鏟發展而來的。它是在長方形青銅片的一端，連鑄着一個截口爲方的或橢圓的銎，銎内可裝柄。鏟的形式各時代大致相同。目前所發現的商周時代的青銅鏟，基本上有兩種形式：一是橢圓形銎，方肩，寬刃；二是長方形銎，斜肩，狹刃。後一種形式一直沿用到戰國，甚至西漢的鐵鏟還有這種形式。商代銅鏟有兩式：1.河南省安陽市大司空村出土。長方形銎，長方體，圓肩，平刃式。銎口有一周凸起的弦紋，刃口有使用痕迹。全長 22.5 厘米、刃寬 8.5 厘米。2.河南省安陽市婦好墓出土。橢圓形銎，長方體，方肩，寬刃式。體部中腰略有收縮，刃口有使用痕迹。長 17 厘米、刃寬 8.8 厘米。3.西周銅鏟，長方形銎，長方體，斜肩，平刃式。直體中部有脊隆起，整個銎部置於體内，併合爲一體，銎部與肩幾乎齊平。春秋銅鏟。長方形銎，寬體、斜肩、平刃式。採礦用銅鏟，通長 35 厘米、寬 32 厘米，重 10816 克。春秋圓角方銎弧刃大銅鏟（銅綠山 11 號礦體）春秋銅鏟通長 27.85 厘米、刃寬 29.82 厘米，重 5750 克。刃部尚留鑄造痕迹，刃部旁有鋸齒形紋。河北滿城陵山漢墓出土鏟，鑄形，圓肩，肩以下逐漸加寬，刃部平直，長方形銎。合範鑄成，爲可鍛鑄鐵。長 14.2 厘米、肩寬 8.8 厘米，銎 4.6 厘米×1.6 厘米。元王禎《農書》卷十三："錢，《臣工》詩曰：庤乃錢鎛。"注：錢，銚也。《世本》："垂作銚。《唐韻》作剃。今鍬與銚，同此錢與鑄爲類。""兹度其制，似鍬非鍬，殆與鏟同。《纂文》曰：養苗之道，鋤不如耨，耨不如鏟。鏟柄長二尺，刃廣二寸，以剗地除草，此鏟之體用，即與錢同，錢特鏟之別名耳。"明徐光啓《農政全書》卷二二："鏟：柄長二尺，刃廣二寸，以剗地除草。此古之鏟也。今鏟與古制不同：柄長數尺，首廣四寸許。兩手持之，但用前進攙之，剗去壅草，就覆其根，特號敏捷。今營州之東，燕薊以北，農家種溝田者用之。"

銅鏟
銅綠山 11 號礦體

春秋銅鏟
銅綠山遺址採集

東周銅鏟
鵠公嶺古墓群

銅鏟
殷墟婦好墓

夏家店下層文化石鏟
建平縣小黑山遺址

商溜肩圓銎銅鏟
新淦大洋洲商墓

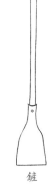

西周青銅鏟
中國國家博物館

鏟
明永樂大典本《農書》

【鏟刀】

用來鏟削和撮取東西的用具。《清稗類鈔·譏諷類·官迷》:"鏟刀一丙,刑具十副以上。"

【鏟子】

即鏟。《三寶太監西洋記通俗演義》第十六回:"鋸子急忙的鏟不進,鏟子急忙的銑不進,箭子急忙的釘不進。"

【劃】

安裝在犁上使用的一種兼有鬆土、除草作用的農器具。北魏賈思勰《齊民要術·種穀》:"區間草,以劃劃之,若以鋤鋤。"元王禎《農書》卷十三:"劃(平土器也),俗又名鏟。《周禮》:薙氏掌殺草,冬日至而耜之。鄭元謂以耜測凍土而劃之。其刃如鋤而闊,上有深袴,插於犁底所置鏵處。其犁輕小,用一牛或人輓行。""劃土而耕,草根既斷,土脈亦通。宜春種麰麥,凡草莽汙澤之地,皆可用之。蓋地既淤壤肥沃,不待深耕,仍火其積草,而種乃倍收。斯因地制器,劃土除草,故名劃。"

劃
明永樂大典本《農書》

【碾】

用石具碾壓織物,使之平展有光澤的一種古老的整理技術。《急就篇》卷八:"縹綟綠紈皂紫硟。"顏師古注:"硟,以石輾繒,色尤光澤也。"《說文·石部》:"硟,以石扞繒也。"朱駿聲通訓定聲:"用石摩展繒痕使平,今俗謂之研。"在整理中所用的石具亦稱為硟。《集韻·僊韻》:"硟,擣繒石。"硟的整理工藝在漢代已有出現,後來稱為研光,在棉布業稱為端布。

chang

【常州水車】

常州地方之水車。九人同時踩踏,踏者赤腳露腨。清焦循《憶書》卷二:"常州水車,用九人軸,咫尺之地,至用三道。農人踏撤者,不著褌,足不著屐。"

【長柄枚】

柄較長的一種鐵枚。便於抄泥遠擲。用於挑河出淤。清麟慶《河工器具圖說》卷二:"長柄枚,係挑河出淤之具。柄長則擲遠,以便人立河槽窪處,擲淤於岸也。"

長柄枚
清嘉慶年刊《河工器具圖說》

【長鑱】

即踏犁。元王禎《農書》卷十三:"長鑱,踏田器也。比之犁鑱頗狹。制為長柄。杜工部《同谷歌》曰:長鑱長鑱白木柄。即此也。柄長三尺餘,後偃而曲,上有橫木如拐,以兩手按之,用足踏其鑱柄後跟,其鋒入土,乃捩柄以起墢也。在圍圃區田,皆可代耕。比於鑱鍤省力,得土又多。古謂之蹠鑱,今謂之踏犁。"

【長椎】

形制較長大的椎。《墨子·備城門》:"二步置連梃,長斧長椎各一物,槍二十枚周置二步中。"

【長釘】

較長的釘子。《水滸傳》第八十回:"船中可容百十人;前面後屋,都釘長釘。"

【長絚】

即長繩。《新唐書·康承訓傳》:"諸道兵屯海州,度賊至,作機橋,維以長絚,賊半度,絚絶,半溺死。"

【長緪】

同"長絚"。明宋應星《天工開物·作鹹》:"其喉下安消息,吸水入筒,用長緪繫竹沉下,其中水滿。"

【長綆】

即長繩。因多用以汲水,故稱。唐韓愈《題合江亭寄刺史鄒君》詩:"長綆汲滄浪,幽蹊下坎坷。"《文獻通考·兵十》:"將戰,世忠預命工鍛鐵相連爲長綆,貫一大鈎,以授士之驍捷者。"

【長徽】

即長索。《文選·盧諶〈贈劉琨〉》:"長徽已縶,逝將徙舉。"李善注:"'長徽已縶',謂被匹磾所拘,類乎徽纆之繫於己也。《周易》曰:'繫用徽纆。'"劉良注:"徽,索也。"

【長茭】

長草繩;長竹索。用竹篾或蘆葦等絞成。《史記·河渠書》:"塞長茭兮沈美玉,河伯許兮薪不屬。"裴駰集解引臣瓚曰:"竹葦絚謂之茭,下所以引致土石者也。"宋孔平仲《與張子明飲湖亭》詩:"濕印開新酒,長茭貫族魚。"

【長稜鍼】

中醫外科手術用針。以針身長,針鋒稜形而名。清劉濟川《外科心法真驗指掌·用刀門》:"長稜鍼,此稜鍼,醫喉中之症,宜施毒血者,輕輕以此鍼點破爲妙。"

【長鐮】

大鐮刀。晉干寶《搜神記》卷十八:"審愈疑之。預以長鐮伺其還,未敢斫婦,但斫所隨婢。"

【長縻】

即長繩。《文選·劉琨〈答盧諶〉詩》:"旟弓斑斑,與馬翹翹。乃奮長縻,是彎是鑣。"李善注引《廣雅》:"縻,索也。"

【長明燈】

根據油燈燃去燈油的量來計量時間。火鐘航海時用以推算船位,爲航海導航。明謝傑《虔臺倭纂》卷上:"針艙內,然長明燈,不分晝夜,夜五更晝五更,故船行十二時辰爲十更。""蓋漳人針法。"按,針法爲航海時的導航法。

【長鉗】

形體較長大的鉗。居延漢簡稱之爲大鉗。明湯若望、焦勗《公攻挈要諸器圖》有"長鉗"。

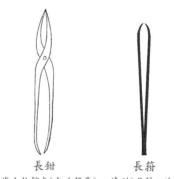

長鉗　　　　長箝
清海山仙館本《火攻挈要》　清刊《喉科心法》

【長箝】

醫用長鑷子。端彎而銳,銅鐵製成。清沈善謙《喉科心法》卷下"器具圖説:長箝式,備竹木竹爿,刺喉之用。此箝應長五寸三分官尺,銅鐵製成。"

【長綃】

篷索。繫挂船帆的繩子。《書叙指南·舟船帆席》:"挂帆繩,曰長綃。"

【長繩】

超過一般長度的繩子。用以捆縛體積龐大的物件或遠距離牽引等。晉傅玄《九曲歌》:"歲莫景邁群光絶,安得長繩繫白日。"《晉書·江逌傳》:"乃取數百鷄以長繩連之,繫火於足。群鷄駭散,飛集襄營,襄營火發,因其亂,隨而繫之,襄遂小敗。"唐李商隱《韓碑》:"長繩百尺拽碑倒,麤砂大石相磨治。"《新五代史·四夷附録一》:"幽、薊之間,虜騎遍滿山谷,所得漢人,以長繩連頭繫之於木,漢人夜多自解逃去。"

【長梯】

即桑梯。北魏賈思勰《齊民要術·種桑柘》:"春採者,必須長梯高机,數人一樹,還條復枝,務令淨盡。要欲旦、暮,而避熱時。"

【長網】

圍網法捕魚的大網。唐韓愈《盛春》之四:"我恨不如江頭人,長網橫江遮紫鱗。"

【長緤】

即長繩。《藝文類聚》卷九一引漢應瑒《鬭鷄》:"二部分曹伍，群鷄煥以陳。雙距解長緤，飛踴超敵倫。”一本作“絻”。

【長緤】

長繩。用以捆縛敵人。《漢書·終軍傳》：“軍自請：‘願受長纓，必羈南越王而致闕下。’”唐劉長卿《奉和李大夫同呂評事太行苦熱行兼寄院中諸公仍呈王員外》：“何勞短兵接，自有長纓縛。”宋陸游《夜讀兵書》：“長纓果可請，上馬不躊躇。”

【長轅犁】

轅較長的耕犁。北魏賈思勰《齊民要術·耕田》“其懸絕如此”原注：“今自濟州已西，猶用長轅犁、兩腳耬。長轅犁耕平地尚可，於山澗之間則不任用，且迴轉至難，費力，未若齊人蔚犁之柔便也。”元王禎《農書》卷二二：“按舊說遼東犁，轅長可四尺，回轉相妨。今秦晉之地，亦用長轅犁，其轅端橫木，如古車之制，以駕二牛，然平田則可，至於山隈水曲，轉折費力。如山東及淮漢等處，用三牛、四牛大小不等，高下不齊，既難併駕，動作之間，終不若用索之便也。”

【長悠子墜子時鐘】

設長柄鐘擺之鐘。《養心殿造辦處史料輯覽·乾隆三年》“自鳴鐘”：“十月十五日再做長悠子墜子時鐘一件。”

19世紀末法國造銅鍍金長悠子墜子時鐘
故宮博物院

【長針】

九針之一。長七寸。用於深刺，治療風濕痹症。明楊繼洲《針灸大成·九針式》：“八曰長針，取法於綦針，鋒利身薄，長七寸。”“痹深居骨解腰脊節腠之間者用此，即今之（環）跳針也。”《醫宗金鑒·刺灸心法》：“長鍼主治虛邪傷，內舍骨解節腠殃，欲取深邪除遠痹，刺法得宜始可康。”

【長鍼】

同“長針”。《靈樞經·九鍼十二原》：“八曰長鍼，長七寸，鋒利身薄，可以取遠痹。”又《九鍼論》：“八曰長鍼，取法於綦鍼，長七寸，主取深邪遠痹者也。”

【長鑽】

特長之鑽。用於鑽鳥銃，配合鑽架使用。明湯若望、焦勗《火攻挈要》卷上：“銃筒既已鑽去粗皮，又須另換長鑽光洗。其鑽之兩頭，須長五寸，頂頭一寸，略作尖銳，中間四寸，務要勻直大小一般。”

長鑽
清海山仙館本《火攻挈要》

【厫】

即馬厫。《玉篇·廠部》：“厫，馬屋也。”北魏賈思勰《齊民要術·養羊》：“架北牆為厫。”

chao

【抄】

指抄紙簾。抄取紙漿，漏去水分，以成紙形的細密竹簾。宋蘇易簡《文房四譜·紙譜》：“黟歙間多良紙，有凝霜、澄心之號。復有長者，可五十尺為一幅。蓋歙民數日理其楮，然後於長船中以浸之，數十夫舉抄以抄之。傍一夫以鼓而節之。於是以大薰籠周而焙之，不上於牆壁也。由是自首至尾，勻薄如一。”參見“竹絲簾”。

【抄】

量器名。十撮為一抄。《孫子算經》卷上：“十圭為撮，十撮為一抄。”

【抄竿】

扶麥的竹竿。元王禎《農書》卷十九：“抄竿，扶麥竹也。長可及丈。麥已熟時，忽為風雨所倒，不能芟取，乃別用一人執竿，抄起臥穗，竿舉則釤隨鏹之，殊無損失。”

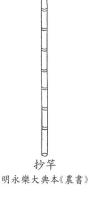

抄竿
明永樂大典本《農書》

【抄網】

同“綽網”。《爾雅·釋器》“翼謂之汕”清郝懿行義疏：“撩罟，今謂之抄網也。”

【抄紙槽】

盛放紙漿的槽狀設施。由磚、石砌成，四方形。槽邊多嵌有木框。明宋應星《天工開物·造竹紙》：“凡抄紙槽，上合方斗，尺寸闊狹，槽視簾，簾視紙。竹麻已成，槽內清水浸浮其面三寸許，入紙藥水汁於其中，則水乾自成潔白。”

用竹絲簾在抄紙槽内抄紙
明初刻本《天工開物》

【抄紙簾】

造紙生產中用以撈紙的工具。竹質,故又稱竹簾。由簾子、簾床、簾尺等組成。簾子用竹絲編成,塗有生漆。簾床為承受簾子的支架,可隨時裝拆。簾尺的用處是繃緊簾子,使其平直。撈紙時,將簾子與簾床合起,以簾尺撐直,擺動入槽。撈紙後,取下簾尺,把撈有濕紙頁的簾子從簾床上提起,覆倒簾子於平板上。濕紙頁脱離簾面粘附在板上或濕紙上,再貼在炙牆上焙乾。一張竹簾可反覆撈紙。抄紙簾分橫簾、竪簾兩種:橫簾粗,簾縫較寬,濾水快,適合抄厚紙;竪簾細,簾縫較窄,濾水慢,適合抄薄紙。宋趙希鵠《洞天清禄集·古翰墨真迹辯》:“北紙用橫簾造,紙紋必橫,又其質鬆而厚,謂之側理紙”,“南紙用竪簾,紋必竪”。明宋應星《天工開物·造竹紙》:“凡抄紙簾,用刮磨絶細竹絲編成。展卷張開時,下有縱橫架匡。兩手持簾,入水蕩起竹麻於簾内。厚薄由人手法,輕蕩則薄,重蕩則厚。竹料浮簾之頃,水從四際淋下槽内,然後覆簾,落紙於板上,叠積千萬張。”

【綽網】

即撩罟。明王圻《三才圖會·器用五》有“綽網”圖。

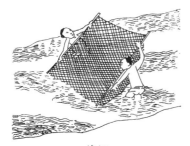

綽網
明萬曆年刊《三才圖會》

【綽要】

即芟索。元沙克什《河防通議》卷上:“捲埽物色”,“芟索,卷埽密排用之。亦名綽要”。

【檝】

同“罧”。《詩·小雅·南有嘉魚》“南有嘉魚,烝然汕汕”毛傳:“汕汕,樔也。”鄭玄箋:“檝者,今之撩罟也。”

【晁崇】

(約公元四世紀末至五世紀初)北魏天文學家。字子業。遼東人。世代為史官,精天術數。初為後燕帝慕容垂的太史郎,繼從北魏太祖拓拔珪為太史令。北魏道武天興初,任太史令時修渾儀,天興五年(402)製成,升中書侍郎仍兼太史令。儀以鐵鑄,直徑八尺,它的黃道環固定在儀器内圍繞極軸旋轉的赤緯環上,使黃道環可隨天球的周日旋轉而轉動。晁崇的鐵渾儀後傳到北齊,北周武帝平齊時獲得,一直到隋唐時還在使用。在中國古代渾儀發展史上有一定地位。

【罧】

即撩罟。《爾雅·釋器》:“罧謂之汕。”郭璞注:“今之撩罟。”清郝懿行義疏:“罧者,檝之或體也。”晉左思《吳都賦》:“罩兩魪,罧鰡鰕。”劉逵《文選》注:“罧,抑魚之器也。”唐陸龜蒙《漁具》詩序:“網罟之流曰眾、曰罾、曰罧。”

【耖】

一種水田整地農具。下有長齒,用畜力挽行。耕耙之後用來進一步碎土匀田。元王禎《農書·農器圖譜二》:“耖,疏通田泥器也。高可三尺許,廣可四尺,上有橫柄,下有列齒,其齒比耙齒倍長且密。人以兩手按之,前用畜力輓行。一耖用一人一牛,有作連耖,二人二牛,特用於大田,見功又速。耕耙而後用此,泥壤始熟矣。”清麟慶《河工器具圖説》卷二:“有齒曰耖,無齒曰耢,皆耙屬也。”

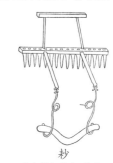

耖
明永樂大典本《農書》

che

【車】

作旋轉運動的機械。明陸容《菽園雜記》卷十:“車字昌遮切者,韻書云:輿輪之總名。今觀凡器之運轉者皆謂之車,則車字有轉運之義。如桔槔汲水曰車水轆轤,挽舟過堰曰車壩,紡紗具曰紡車,颺穀具曰風車,繅絲具曰繅車,坊者斂繩具曰線車,漆工漉漆具曰漆車,規工曰車旋,皆以其有機軸能運轉也。至於沛油者曰油車,梳工製梳,骨角工製簪,亦皆曰車。此未可曉。”

【車穿】

裝在車轂中以承受車軸的環狀部件。鐵製。《明會典・工部二七・四月經費》："鐵車穿二百四十個。"

【車牀】

即繅絲車牀。清仲學輅《廣蠶桑説輯補・蠶事預備説一條》："繅絲之車,則車牀也,車軸也,牌坊也,絲稱也,牡孃鐙繩也,撈絲㝷也,踏腳板也。"清衛傑《蠶桑萃編》卷四:"車牀形方,牀之四角各安一柱,四面各安橫檔二層。檔之兩頭各有方榫嵌入柱内,前檔後檔均橫長一尺三寸六分。"

【車槔】

一種利用水力帶動的類似桔槔的汲水裝置。宋居簡《北磵文集》卷六:"以轂横溪,構軸於岸,比竹於輻,發機而旋,非深湍無所事,後重而前輕,俯仰如人意,并可以施其巧,此車槔之所以别也。"

【車工尺】

即曲尺。參見"曲尺"。

【車籮】

即困。清范寅《越諺》卷中:"車籮,即困。四五禿不等,大者可容六十石。"

【車盤】

即輪牀。敦煌文書伯 2685《沙州善護遂恩兄弟分家契》:"大郎分故車盤,新車盤遂恩,買數壹仰取新盤者出。"敦煌文書 3410:"報恩寺常住大床壹張,踏床壹張,新車盤壹,施入佛殿。"《朱子五經語類・詩五》:"秉國之均,均本當從金,所謂如泥之在鈞者。不知鈞是何物。時舉曰:'恐只是爲瓦器者,所謂車盤是也。蓋運得愈急,則其成器愈快。'"

【車水轆轤】

即桔槔。明陸容《菽園雜記》卷十:"車字昌遮切者,韻書云:輿輪之總名。今觀凡器之運轉者皆謂之車,則車字有轉運之義。如桔槔汲水曰車水轆轤。"

【車旋】

通過機軸旋轉,切削圓形器物的機械。可加工竹、木、玉等材料。明陸容《菽園雜記》卷十:"漆工漉漆具曰漆車,規工曰車旋,皆以其有機軸,能運轉也。"

車旋
明初刻本《天工開物》

【車罾】

罾的一種。敷網捕魚的網具。其形方,三角繫有石臼,一角置罾竿;石臼以墜網於水,罾竿以起網。此網適於内陸水域。清李調元《南越筆記・粵人多以捕魚爲業》:罾之類,"有曰車罾,其形方,以三石臼置罾竿墜而起之"。

【車軸】

一種機械零件。一般爲金屬圓桿,各段可有不同直徑,機械中作旋轉運動的零件就裝在它上面。其只作爲旋轉零件的支承而不傳遞動力。明湯若望、焦勗《火攻挈要》卷上:"安車軸於軸位之上。"《清史稿・兵七》:"一曰拉鐵廠,專任拉製銅鐵,爲製船所必需。能拉製重大之銅鋼鐵板、銅鐵槽條及重大之輪機、轉輪軸、車軸、轉輪臂、汔餅桿、活軌、鐵錨各件。"

chen

【沉箭】

漏壺中的刻箭。亦爲沉箭漏的省稱。宋王應麟《小學紺珠・律曆》:"四刻漏:浮箭,秤,沉箭,不息。"

【沉罾】

罾的一種。敷網捕魚的網具。其口呈四方形,在水中浮二木支罾口,再置二水橄木繫支罾口之木,形成罾門;網長十多丈,口大尾小,尾旁有一口,用以排出水母、鱟魚等物。捕魚時,將網敷設於江河上游水急之處,使之沉於水中,口向上流,利用急流迫使罾口張開,魚隨水流入罾内。清李調元《南越筆記・粵人多以捕魚爲業》:罾之類,"有曰沉罾(沉音朕,方言也),長十餘丈,口大而尾小,尾旁有一穴,以出水母及鱟魚之屬。而浮二木於水中,以支罾口;又於水中置二水攪木,以繫支罾口之木,是曰罾門。其口廣三丈有六尺,常向上流,潮緩則罾口合,急則口張,而魚大入。凡一沉罾以紵麻十二石爲之,九人昇之,罾之巨者也"。

【陳寶光妻】

漢代絲織巧匠。善織蒲桃錦、散花綾。《西京雜記》卷一:"霍光妻遺淳於衍蒲桃錦二十四匹、散花綾二十五匹。綾出鉅鹿陳寶光家,寶光妻傳其法。霍顯召入其第使作之,機用一百二十鑷,六十日成一匹,匹值萬錢。"

【陳媽媽】

性交用的抹布。《醒世姻緣傳》第六十五回:將那第三個抽斗扭開,"又有兩三根廣東人事,兩塊陳媽媽。"明李梅實《精忠旗・銀瓶繡袍》:"[貼]我又偷了塊袍段在此,拏與哥哥。[醜]好做陳媽媽。"明馮夢龍《雙雄記・胡船透信》:"[小淨]還有兩頂巾兒。[内]也没了,做陳媽媽用了。"

【鈂】

其説不一。一説耒屬。一説鐵籤或鐵杵。《説文・金部》:"鈂,耒屬,從金,尤聲,直深切。"徐灝箋:"今關吏所執長鍼以探驗物者,謂之探銅,即此字也。"《墨子・備城門》:"城上十步一鈂。"岑仲勉注:"鈂未知實何物,或云耒屬,或云鐵籤。"羅泊灣漢墓《從器志》:"鈂十五具。"元楊桓《六書統》:"鈂,鐵杵。"

cheng

【稱錢衡】

較錢重量之衡。鳳凰山 168 号衡桿題銘："正爲市陽户人嬰家稱錢衡,以錢爲絫,劾曰四朱、兩."

【成湯】

商王朝的建立者。又稱武湯、成唐、天乙等。甲骨文稱唐、大乙、高祖乙。傳説是中國製茶業的創始者。《物原・食原》："成湯製茶."被歸屬於湯的其他發明尚有"殷湯作醢","殷湯作笏及罄囊","湯作蠟燭",等等。傳説中國木俑的製作也是始於湯。明羅頎《物原》："商武乙作木俑,周偃而作桃梗、土偶."商武乙即商湯。

【程大位】

(1533—1606)安徽屯溪人。明代數學家,著《算法統宗》,萬曆年間參加當地清丈土地工作。創製丈量步車。參見"丈量步車"。

【秤】

即衡。《魏書・張普惠傳》："依今官度官秤計其斤兩、廣長,折給請俸之人."唐古之奇《縣令箴》："如弦之直,如秤之平."《通典・樂四》："以今常用度量校之,尺當六寸五,衡皆三之一。一斛,一秤,是文收總章年所造,斛正圓而小,與秤相符也."從等臂的天平發展起來的不等臂衡,到東漢已經普遍使用了。在唐代才專以秤稱呼這種衡,區別於天平。秤由秤桿、秤錘、秤鈎或秤盤組成。稱量時,秤鈎或秤盤

持秤官員
傳南朝梁張僧繇《執秤圖》

上置須稱量的物品,秤錘平衡秤桿,讀取秤錘所在桿上的標誌,可知物之斤兩。傳南朝梁張僧繇《執秤圖》中的秤爲現見最早的完整形象。秤有三個稱紐,第三紐在秤桿五分之二處,該是製作精細的官秤。敦煌莫高窟 254 窟北魏壁畫亦見單紐秤的形象。到了宋代,秤的發展到了成熟階段。宋建隆年中,以新秤頒天下。景德年中,劉承珪究本末,別製新秤,精密度提高。皇祐年間,具圖頒布銖秤、鈎秤、石秤、秤之大小制完備。有稱藥品、金銀的戥子,有稱數十斤、上百斤的大秤。從提物方式看,有鈎秤,有盤秤,使用輕便靈活,是主要稱量工具。《清稗類鈔・物品・度量衡》："秤二種。一種秤端有鈎,分大秤、小秤,此種秤,用之買入者爲多,分

兩放大。一種秤有盤,或銅盤,或篩盤."

【秤錘】

不等臂秤的金屬平衡錘。錘上端設紐結繩,稱物時掛於秤桿,移動使秤桿平衡,秤錘在桿上停線處,其刻度即

北朝銅秤錘
《中國古代度量衡圖集》

爲稱物的斤兩。秤錘由天平砝碼發展而來,一般爲半球形或圓柱縮腰形,多用銅、鐵製成。《論語・子罕》："可與立,未可與權",宋朱熹集注："權,秤錘也。所以稱物而知輕重者也."《文獻通考・樂六》："平底,六孔,水之數也,中虛上鋭,如秤錘然."清李光庭《鄉言解頤・物部上》："市肆謂砝碼爲招財童子,謂秤錘爲公道老兒."

元代銅秤錘
北京發現

【秤鎚】

同"秤錘"。《五燈會元・曹洞宗・瑞嚴法恭禪師》："踏著秤鎚硬似鐵,八兩元來是半斤."

【秤竿】

即秤桿兒。《清稗類鈔・婚姻・滿蒙漢八旗婚嫁》："全福者口述吉語,以秤竿挑去紅巾."

【秤幹】

即秤桿兒。明徐光啓《農政全書一》卷五五："土欒樹,生汜水西茶店山谷中,其木高大堅勁,人常採斫以爲秤幹."

【秤桿兒】

即秤衡。《兒女英雄傳》第二八回："用一根紅紙裹着的新秤桿兒把那塊蓋頭往上只一挑,挑下來."

【秤衡】

即衡。秤的衡桿部分。多爲細長圓桿,上釘金屬標志,

以計斤兩。宋沈括《夢溪筆談·異事》:"以十大釘陷柱中,揮劍一削,十釘皆截,隱如秤衡,而劍鋒無纖跡。"

【秤盤】

單秤盛放稱物的盤子。天平秤兩端皆有秤盤,以方砝碼,一方盛放稱物,用繩子垂於秤竿。宋洪邁《夷堅甲志十六·衛達可再生》:"一秤橫前,兩首皆有盤。"

楚天平秤盤
壽縣朱家集李三孤堆楚王墓

【秤鉈】

即秤錘。《紅樓夢》第六回:"忽見堂屋中柱子上挂着一個匣子,底下又墜着一個秤鉈似的,卻不住亂晃。"

【秤錥】

即秤錘。清范寅《越諺》卷中:"秤錥,佗錘也。"

【稱】

同"秤"。《説文·禾部》:"稱,銓也。"段玉裁注:"銓者,衡也。《聲類》曰:'銓,所以稱物也。'稱,俗作秤。"《廣雅·釋器》:"稱謂之銓。"參見"大稱"。

【稱錘】

同"秤錘"。《禮記·月令》"正權概",漢鄭玄注:"稱錘曰權。"清程際盛《駢文分箋》卷上:"稱錘謂之權。"

【稱紐】

秤桿上用來把秤提起來的繩子或皮條。唐拾得《詩》之二六:"銀星釘稱衡,録絲作稱紐。"

【稱權】

即權。秤錘。北齊顏之推《顏氏家訓·書證》:"長安民掘得秦時鐵稱權,旁有銅塗鐫銘二所","其書兼爲古隸,余被敕寫讀之,與內史令李德林對,見此稱權,今在官庫"。

【稱水漏器】

把秤與受水壺結合一起的漏刻。《隋書·天文志上》:"大業初,耿詢作大欹器,以漏水注之,獻於煬帝。帝善之,因令與宇文愷,依後魏道士李蘭所修道家上法稱漏,製造稱水漏器,以充行從。"

【稱鉈】

同"秤鉈"。《西游記》第三十回:"這廝不濟,走了馬腳,識破風汛,灑區稱鉈了。"

chi

【蚩尤】

原始時代東方九黎族首領。傳説爲中國金屬兵器的發明者。《世本·作篇》:"蚩尤以金作兵。"《廣韻》、《初學記》、《太平御覽》有相同的記載。漢宋衷注:"蚩尤,神農臣也。蚩尤作五兵:戈、矛、戟、酉矛、夷矛。黃帝誅之涿鹿之野。"

【豵摸】

捕鳥器。可能爲一種頂端粘有膠黏物的長竹竿。豵,一種用苦木皮舂搗成的膠狀物,黏度很大,可用以粘鳥。《集韻·入麥》:"摸,豵摸,捕鳥也。"《字彙·手部》:"摸,豵摸,捕鳥具。"

【尺】

測量長度的工具。按其用途可分爲日用的布帛尺,調律的樂尺和天文用尺三類。從南北朝開始,日用尺度不斷增長,與調律尺、天文用尺逐漸形成各自的發展系統。天文用尺尺值從南北朝到清初始終未變,保持在 24.5～

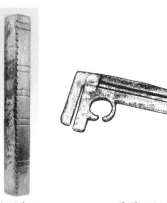

戰國木尺　　　量圓徑銅尺
左冢 1 號楚墓　姚灣村東漢墓

24.6 厘米左右。唐以後,日用尺和天文尺差異愈來愈大。周尺長 23.1 厘米,宋布帛尺已達到 31 厘米,清代更有 34 厘米的尺。尺的形制基本無變化,一般用竹木或骨料製作,而作標準用的則用銅製作。目前所見的最早的尺有傳世的商骨尺和商牙尺,相傳均係河南安陽殷墟出土,分寸刻劃採用十進位制。荆門左冢 1 號楚墓木尺,用整塊方木製作,有墨書文字。四面皆有刻度,兩對棱邊也鑿出刻度,共刻 30 點。木尺長 23.3 厘米、寬 2.4 厘米、棱對角長 3.2～3.3 厘米。轉動木尺可見各面刻線與另兩面有錯位,各面刻度使用上有所區別,可能用於不同的長度單位。按制定的標準,可分爲指尺、黍尺,前一類尺取之於人體,後一類繫黍成尺。《禮記·王制》:"古者以周尺八尺爲步,今以周尺六尺四寸爲步。"《宋史·律曆志九》:"有形者何? 秬黍也,律也,尺也。"明徐光啓《農政全書》卷四:"則是十寸、八寸皆爲尺矣,以十寸之尺起度,則十尺爲丈，十丈爲引。以八寸之尺起度，則八尺爲尋，倍尋爲常。此周制也。尺之形制一般爲長條形，用硬質材料，如竹、木、牙、骨、銅、鐵等製成。竹、木多加漆飾，牙骨類多加雕飾，而金屬類有錯金裝飾。用刻度來表示長度單位，一般精確到寸、分，粗略者僅有寸。刻度有滿一尺者，有僅半尺者，有標一面二側者，一面一側者，也有標正、背二面及側邊者，其形式有畫線、刻線或金、銀、銅星線，在刻度中央或每寸處有"×"作記號。因爲用途不同，另有一些特殊構造的尺。新莽時有專用於量圓徑的銅尺，其構造與現代游標卡尺相似，此類尺見載於晚清著錄上。1992年，揚州邗江縣姚灣村東漢早期墓也有出土實物。由固定尺和活動尺等部件構成，固定尺長13.5厘米，上端有魚形柄，中間開一導槽。使用時，將左手握住魚形柄，右手牽動環形拉手，左右拉動，即可測直徑、又可測深度及物體的長、寬、厚。尺長一尺用於日用，秦墓已有長二尺的土木工作用尺。大面積丈量晚至明代已有兩種專用大量尺：一種是如弓的步弓，一步弓長達五尺；另一種是可以伸縮的軟尺，用長竹條製成，稱爲大量尺車。量直角和長度結合而成爲曲尺，現在可見漢代實物，一直沿用到明清。

【齒輪】

帶齒之圓輪，機械傳動裝置。古代所見之齒輪現代叫棘輪，外緣或內緣上具有剛性齒形表面或摩擦表面的齒輪，由棘爪推動作步進運動，與號盤配合、控制號盤變換。水井、鹽井以及礦井都要採用簡單的機械—轆轤爲提取工具，江西、湖北古礦井發現商代的滑車木轆轤頭，齒輪由此發展而來。然而當井比較深的時候，提取井內物體的長度增加了，提升的時間延長了，棘輪裝置就能彌補轆轤不足。戰國出現了銅齒輪，東周王城糧倉遺址就是一例，是帶止動爪的齒輪。漢代銅齒輪已經發現在多處，如在山西永濟薛家崖、湖南衡陽蔣家山。鐵齒輪也逐步出現，如在陝西禮泉縣王相村、西安東南郊千户村，在福建武夷山城村西漢城址內還發現與東周糧倉相同的鐵齒輪。考古出土的這些齒輪皆內有方孔，可以固定輪與軸。古代的齒輪已經採用範製作，成批生產。輪齒橫截面有等腰形、斜角形，正面看有一字形、人字形等，適應於不同機械。漢代齒輪用途，不是傳動裝置，而是提取重物，如爲水井、鹽井、礦井提升原料的輔助機件。在唐代以來的"水磨"題材的繪畫中，可以看到水磨運轉狀況，以水流衝激水輪，經由多個齒輪，帶動磨盤旋轉。在傳動及控制機構方面，中國計時器很早就採用了齒輪系。宋代蘇頌、韓公廉等人創制的水運儀象臺採用了複雜的齒輪傳動、巧妙的聯動式擒縱機構等。明末隨著歐洲鐘傳入，複雜的齒輪工藝漸漸爲中國工匠掌握，漸爲成熟的機械零件，人們對此具有科學的認識。明鄧玉函《遠西奇器圖説》卷二："齒輪，齒與他輪齒遞相轉。"清周慶雲《鹽法通志》卷三六："風車者，借風力迴轉以爲用也。車凡高二丈餘，直徑二丈六尺許，上安布帆八葉，以受八風。中貫木軸，附設平行齒輪。帆動軸轉，激動平齒輪，與水車之豎齒輪相搏，則水車腹頁周旋，引水而上。"又："水車，車長約二丈餘，高一尺八寸許，橫寬尺許，

首尾兩端皆齒輪，首輪較尾輪爲大，有徑六寸許，之木橫亘其間，受風車平齒之激，搏力車頁。輪迴自轉。"

商代木滑車齒輪
瑞昌博物館

戰國銅齒輪
東周王城糧倉遺址

漢代銅齒輪
山西永濟薛家崖

漢代銅齒輪
湖南衡陽蔣家山

漢代鐵齒輪
西安千户村

【赤道單環】

唐一行和梁令瓚製黃道游儀中三辰儀的赤道環。環上每隔1度打一洞，用以連結黃道。因歲差作用黃赤道交點不斷沿赤道退行而可以調節其交點。黃道游儀之名即由此而來。《新唐書·天文志》："赤道單環，表一丈四尺五寸九分，橫八分，厚三分，直徑四尺五寸八分。"

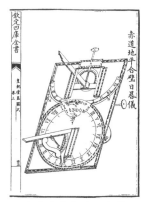

赤道地平合璧日晷儀
四庫全書本《皇朝禮器圖式》

【赤道地平合璧日晷儀】

清代測日定時刻的儀器。由地平日晷與赤道日晷組成。晷底座上有齒輪裝置，可調節使一盤與赤道平行。清《皇朝禮器圖式》卷三："本朝製赤道地平合璧日晷儀。鑄銅爲之"。按，儀器中央有"london"字樣，爲仿英製品。

【赤道經緯儀】

清代製作的測定天體赤經和赤緯坐標值及測定視太陽時刻的儀器。爲清製八件大型天文儀器之一。由比利時傳教士、欽天監官員南懷仁監製。儀器由二層、三個環圈構成，直徑約 2 米。外層爲一固定於底座上的子午環，以及在距子午環南北極點處各 90 度的一個赤道環，赤道環與子午環固連，赤道環上刻有度數分割。在南極處伸出兩象限弧以支承赤道環。內層爲一赤經環，由一通過直徑的軸，穿到子午環的南北極孔內，赤道環可繞南北極軸旋轉。在赤經環、赤道環上均裝有游表。該儀現陳列於北京古觀象臺。清《皇朝禮器圖式》卷三："康熙十二年，聖祖仁皇帝命監臣製赤道經緯儀，鑄銅爲之。"

赤道經緯儀
四庫全書本《皇朝禮器圖式》

【赤繩】

赤紅色的繩子。《通典·禮八六》："酒十二斛，犢十二頭，赤繩爲籠頭。"

【剗刀】

除草用的刀。《宋會要·食貨三》："每種田人二名給借耕牛一頭，犁、杷各一副，鋤、鍬、钁、鐮刀各一件，每牛三頭，用開荒剗刀一副。"

chong

【冲降】

即梳杠。清范寅《越諺》卷中："梳杠、冲降、木幹，銳其兩端，兩鐵，挑稻用。"

【梳杠】

即尖檐。兩端包有鐵皮。清范寅《越諺》卷中："梳杠、冲降、木幹，銳其兩端，兩鐵，挑稻用。"

【舂】

即臼。《急就篇》卷五："碓磑扇隤舂簸揚。"顏師古注："碓所以舂也。"宋高承《事物紀原·農業陶漁》："舂，《世本》曰：'雍父作舂。'雍父，黃帝臣也。蓋始於黃帝之時。"明宋應星《天工開物·攻稻》："凡稻去殼用礱，去膜用舂、用碾。然水碓主舂，則兼并礱功。"

【舂車】

即行碓。置碓具於車上，設木人，利用車輪的摩擦力踏碓舂米。晉石虎時工匠解飛所造。晉陸翽《鄴中記》："石虎有指南車及司里車。又有舂車木人，及作行碓於車上。車動，則木人踏碓舂。行十里，成米一斛。""案《說郛》引此條云：解飛者，石虎時工人，作旛檀車，左轂上置碓，右轂上置磨，每行十里，磨麥一石，舂米一斛。其文與此小異。"

【舂堂】

設舂之專門房屋。南京江寧上坊東吳墓出土陶舂堂，正面開門，四面各開一窗。四垂脊上蓋筩瓦。正脊上有凸起裝飾物。舂堂內置一舂，底板上有圓形舂窩。唐劉恂《嶺表錄異》卷上："廣南有舂堂，以渾木刳爲槽，一槽兩邊約十杵，男女間立，以舂稻粱。敲磕槽舷，皆有偏拍，槽聲若鼓，聞於數里。雖思婦之巧弄秋砧，不能比其瀏亮也。"

陶舂堂
上坊東吳墓

【罿】

即覆車。《詩·王風·兔爰》："有兔爰爰，雉離於罿。"毛傳："罿、罬也。"《爾雅·釋器》："繴謂之罿。罿、罬也。罬謂之罦。罦、覆車也。"《後漢書·班固傳》"撫鴻幢、御矰繳"，唐李賢注："幢，……本或作罿。罿，鳥網也。"

【椿臼】

即臼。明高濂《遵生八牋》卷七：藥室用靜屋一間，中設"椿臼一，大小中稀篩各一，大小密絹篩各一"。明屠隆

《考槃餘事·山齋箋》:供醫仙,置"石磨一、鐵研乳鉢各一,塹筒一,椿臼一、大小中篩各一"。

【重羅】

雙層絹的羅。《金瓶梅》第五十回:"替你老人家熬礬水,打磨乾淨,兩盒鴛鴦新瓦,泡煉如法,用重羅篩過,攪在符藥一處才拿來了。"

【銃模】

鑄造銃的木樣。用楠木或杉木製成。明湯若望、焦勗《火攻挈要》卷上:"用乾久楠木或杉木,照木銃體式,鏇成銃模,兩頭長出尺許,做成軸頭,軸頭上加鐵轉棍,安置鏇架之上。"

【銃炤】

一種兵器製造中的特製照明用具。用鐵打製成棒椎形狀,外面安裝長木柄。燒紅鐵棒椎部分,用以照亮觀察管狀器件(如銃管)内壁。明湯若望、焦勗《火攻挈要》卷上:"以鐵打成棒椎之形,外安長木柄,名爲銃炤,將此入爐,燒至極紅,插入銃塘,亮若燈光,從下炤上,無微不見矣。"

chou

【抽替藥羅】

抽屜狀的藥羅。宋岳珂《黄魯直書簡帖下》:"彼有木工,爲作一抽替藥羅,長尺一,闊六寸許,便可。"

【抽子】

製葦索的一種工具。用以抽劈蘆葦皮膜用。清麟慶《河工器具圖説》卷四:"一抽子,一名梳子。截木一段,長盈握,中開一槽,廣容指,内含鋼片。爲抽劈皮膜之用。"

抽子

清嘉慶年刊《河工器具圖説》

【抽子木】

編葦纜機械的部件。其作用是推遞絞緊的葦索使之縈結成纜。清麟慶《河工器具圖説》卷四:"抽子,以木爲之,竪長尺二,横長尺八,狀如十字。打纜時,將四股分擺其間,推之即合,用與梭同。"參見"人字架"。

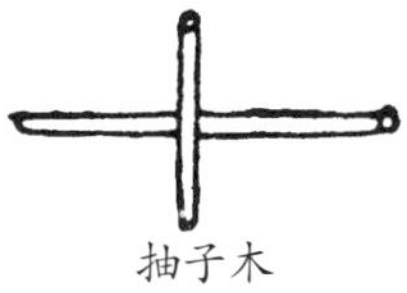

抽子木

清嘉慶年刊《河工器具圖説》

【篘】

舂米的輔助用具。元王禎《農書》卷十六:"堈碓,以堈作碓臼也。""乃用半竹篘長七寸許,徑四寸,如合脊瓦様,但其下稍闊,以熟皮周圍護之,倚於堈之下唇,篘下兩邊以石壓之,或兩竹竿刺定,然後注糙於堈内。用碓木杵搗於篘内。堈既圓滑,米自翻倒,簌於篘内。一搗一簌,既省人攪,米自匀細。"

【檮】

同"籌"。馬王堆漢墓甲本《老子·道經》:"善數者不以檮箈。"

【籌】

即算。《漢書·五行志下之上》:"故杜鄴對曰:《春秋》災異,以指象爲言語。籌,所以紀數。"

【籌馬】

即算。清李漁《無聲戲》第八回:"他們在我家賭錢,我是頭家,方才的竹籤,叫做籌馬,是記銀子的數目。"

chu

【鉏】

同"鋤"。《管子·小匡》:"惡金以鑄斤、斧、鉏、夷、鋸、欘,試諸木土。"羅泊灣漢墓《從器志》:"櫃五十三,鉏一百一十六。"鳳凰山8號漢墓遣册:"操鉏俑。"《資治通鑒·晉成帝咸和七年》:"宣招懷初附,簡刑罰,略威儀,勸課農桑,或載鉏耒於軺軒。"胡三省注:"鉏,立薅所用農器也。"

【廚刀】

厚脊短柄菜刀。因多用於廚中斬骨切肉,故稱。今江蘇揚州市毛紡織廠古漕河遺址出土三件宋末元初時代的鐵質廚刀,皆厚脊,細把,存有木柄,刀平面略呈梯形。《西湖二集·愚郡守玉殿生春》:"但還只是腰裏插了兩把廚刀,手裏拿着蒸籠,終日立在人酒案子之前。"《初刻拍案驚奇》卷十四:"丁戍到家三日,忽然大叫,又説起船裏的説話來。""又走去拿把廚刀在手,把胸前亂砍,家人又來奪住了。"

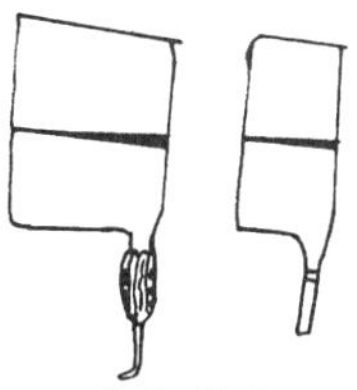

宋元廚刀

揚州古漕河遺址

【鋤】

用於中耕除草、間苗及鬆碎表土等的農具。山西省懷仁縣鵝毛口遺址出土的新石器時代早期石鋤,長19.3厘米、寬9厘米、厚3.2厘米。刃部爲打製而成,兩頭刃部較爲尖鋭,略呈橢圓狀。陝西省西安市半坡遺址出土的新石器時代中期石鋤,鋤身較窄,頭部扁尖或扁圓,大都是打製的。分爲三式:1.長條石鋤,器身扁平,刃尖圓,長柄,有通身磨製的,也有很粗糙打製成的。2.長方中尖石鋤,器身扁平厚重,刃部作尖端狀。部分腰部兩側稍作凹陷,是按柄繫繩的部位。3.扁平條狀石鋤,刃部扁薄,作弧形,兩側邊緣鋒利。銅鋤流行西周至戰國時期。刃口部分,有弧刃形,也有一字長條形。側視爲等邊三角形,頂部中空成長方形銎,刃口平直,兩側角圓弧,銎的長與寬比例約爲四比一左右。使用時,先在銎內插入木葉,再在木葉上橫裝木柄。春秋時期銅鋤,形式有:1.長方形銎,直體平刃式,體中間有一大孔,側面是等腰三角形。2.長方形銎,直體寬刃式,體中間有一大孔,刃兩側翹起。3.長六角形銎,直體寬刃式,體中間有一大孔,刃兩側翹起。湖北省大冶市銅綠山出土。戰國時期銅鋤兩側角外

鹿角鶴嘴鋤
西安客省莊文化遺址

石鋤
湯村廟崧澤文化遺址

西周銅鋤
岐山縣博物館

戰國青銅鋤
紹興越城區稽山街道

東周青銅鋤
寧波出土

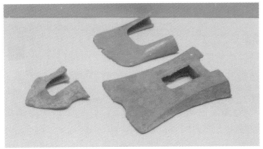

春秋青銅鋤
無錫博物院

撇,裝柄的方法是用曲木或用丫木的一端,經砍削合適後插入銎內,再在木葉上橫裝木柄。戰國起,鐵鋤廣泛使用。形制多爲橫裝木柄,體型比钁輕薄,刃較寬。出土實物,大小不一,用途有別。可分六類:1.一字形(橫長條形)鋤。正視橫長條形,側視等腰三角形,頂部中空成長方形銎,刃口平直,兩側角圓弧。刃體較短,長寬之

鐵鋤首
羅泊灣1號漢墓

比在四比一左右。使用時,先在銎內插入木葉,再在木葉上橫裝木柄。2.凹口鋤。出土實物,大小不一,刃部形式也有區別,常見的有四種:①刃口圓弧,兩側角外撇;②刃口、刃角平直;③刃口、刃角圓弧;④刃口三角形或近三角形。其裝柄法是用曲木或丫木的一端經砍削合適後插入銎內(或先在銎口插入木葉),再在木葉上橫裝木柄。3.六角形鋤。平刃,近頂部有橫方孔,孔周凸棱,可橫裝木柄。(圖)4.梯形鋤。上窄下寬、正面斜內凹,背面略隆起,上部有一穿孔,通體厚薄略同,刃部稍弧。似爲橫裝木柄。5.鏟形鋤。刃口平直,器身正視呈鏟形,頂部高出,有長方孔,孔內可橫裝木柄。至今大江南北仍普遍使用。6.曲柄鋤。器身梯形,頂連曲柄,柄後端有銎,可裝木柄,四川省樂山縣洋子灣東漢崖墓石刻有執曲柄鋤的畫像。現在華北一些地區仍在沿用。《釋名·釋用器》:"鋤,助也,去

持鋤農人
靖邊東漢墓壁畫

持鋤農民
內蒙古塔爾梁五代墓壁畫

穢助苗長也。齊人謂其柄曰櫙,櫙然正直也。頭曰鶴,似鶴頭也。"元王禎《農書》卷十三:"諺云:鋤頭自有三寸澤。言鋤則苗隨滋茂。其刃如半月,比禾壟稍狹,上有短銎,以

受鋤鈎,鈎如鵝項,下帶深袴,以受木柄,鈎長二尺五寸,柄亦如之。"清劉應棠《梭山農譜·耕譜》:"鋤。以鐵爲之,形狹不滿三寸,長七八寸,底平微曲,上口簿,有鋒,身盡處有圓孔,以受木柄。凡收放水、鋤田角用之。"

曲柄鋤
殿臺地金代窖藏

【鋤柄】

鋤頭的把手。宋張世南《游宦紀聞》卷四:"永福下鄉,有農家子姓張,以採薪鬻鋤柄爲業,鄉人目爲張鋤柄。"《農桑輯要》卷一:"用時將鋤柄於樓鋤下端斜穿中穿過,其柄末上出橫桄竅中,其鋤刃橫冒於樓腳下端。"

【鋤頭】

即鋤。元王禎《農書》卷十三:"諺云:鋤頭自有三寸澤。言鋤則苗隨滋茂。其刃如半月,比禾壠稍狹,上有短鉴,以受鋤鈎,鈎如鵝頂,下帶深袴,以受木柄,鈎長二尺五寸,柄亦如之。"《水滸傳》第一回:"眾人吃了一驚,發聲喊,都走了,撇下鋤頭、鐵鍬,盡從殿內奔將出來。"

【杵】

一頭粗一頭細圓形的棒槌。有的首裹以鐵。古代以石製。用來舂搗臼裏的糧食和築土等。陝西省西安市半坡遺址出土的新石器時代中期石杵,是用石英岩、花崗片麻岩等礫石稍加修整磨光而成。有橢圓形、圓柱形、方柱形、圓角長方形等式,有的在中部或側面還鑿有便於握持的窩穴。漢王充《論衡·藝增》:"夫《武成篇》,言武王伐紂,血流浮杵。"《三國志·魏志·阮瑀傳》"而偑儻放蕩",裴松之注引晉孫盛《魏氏春秋》:"籍少時嘗遊蘇門山,蘇門山有隱者,莫知名姓,有竹實數斛、臼杵而已。"唐張籍《築城詞》:"築城處,千人萬人齊把杵。"元王禎《農書》卷十:"種竹宜去梢葉,作稀泥於坑中,下竹栽,以土覆之,杵築定,勿令腳踏。"

【杵臼】

配套使用的舂米器具。包括杵和臼。元王禎《農書》卷

杵臼
明永樂大典本《農書》

十五:"昔聖人教民杵臼,而粒食資焉,後乃增廣制度,而爲碓,爲磑,爲礱,爲碾等具,皆本於此。"據史籍記載,杵臼起源於傳說中的黃帝時代。《周易·繫辭下》:黃帝時"斷木爲杵,掘地爲臼。"《太平御覽》卷七六二引《世本》:"雍父作舂杵臼。"《宋志》:"雍父,黃帝臣也。"從考古發現的實物來看,杵臼的起源可追溯到我國新石器時代中期。

銅杵臼　　　　西漢銅杵臼
五星牌西漢墓　　　海昏侯墓

今在西安半坡、臨潼姜寨等地的新石器時代遺址中都有杵臼的出土。在黃河流域,最初的杵臼可能從石搓盤和石搓棒發展而來。迄今發現最早的木杵出土於浙江餘姚河姆渡的新石器時代遺址中,在河南榮陽廣武,江蘇邳縣大墩子和湖北宜都紅花套等新石器時代遺址中都發現有地臼(在其旁都出土有與其配套使用的石杵或木杵),其共同特點爲掘地後用杵墩實,然後用火焙烤成近似於陶質。考古發現的杵臼其製作材料有木、石、玉、陶、瓷、銅、鐵等,其中以石質爲大宗。在新石器時代發明的杵臼,在整個先秦時代并無變化,直到西漢才出現了利用腳力的杵臼——碓。《太平御覽》卷七六二引漢桓譚《新論》:"伏羲製杵臼之利,後世加巧,因借身以踐碓,而利十倍。"漢以後杵臼的發展其基本的搗法一直未變,祇是其動力由手力發展爲腳力再發展爲水力。與此同時,手搗臼因其靈活方便依然存在,并且其用途從最初的舂米逐步擴展到搗粉、搗紙漿等。於是就出現了藥臼、茶臼、舂紙臼等不同用途的臼。

【杵頭】

即杵。《西游記》第九五回:"這大聖掄鐵棒,仔細迎着看時,見那短棍兒一頭壯,一頭細,卻似舂碓臼的杵頭模樣。"

【楚砥】

楚地所產的質地細膩的磨石。晉葛洪《抱朴子·博喻》:"泣血之寶,仰礛磼以摛景;沉閭孟勞,須楚砥以斂鋒。"

【楚罩】

用荊條編的魚罩。荊,亦稱楚,故稱。《爾雅·釋器》

"篝謂之罩",清郝懿行義疏:"孫炎曰:'今楚罩也。'然則罩以竹爲之,無竹則以荆,故謂之楚罩。"

【楚篝】

即楚罩。《廣雅·釋器》:"篝,篝也。"清王念孫疏證:"孫炎注云:'今楚篝也。'楚篝謂以荆爲之。"

【楚籚】

即楚罩。清厲荃《事物異名録·漁獵部·罩》:"楚籚,《爾雅》:'篝謂之罩。'注:'捕魚籠也。'疏:'罩以竹爲之,無竹則以荆,故又謂之楚籚。'"

chuai

【踹布房】

用大石對棉布進行砑光整理的手工作坊。整理時踹匠用雙脚踏在凹形大石的兩端,雙脚輪流用力踹石,使大石在捲布軸上滾壓而使布質緊薄并帶有光澤。清乾隆《長

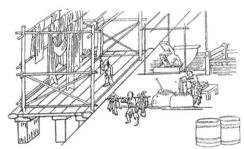

清代踹坊中的踹布工具示意圖

州縣志》卷十六:"踹布業作坊,往往聚而爲之。"清褚華《木棉譜》:"有踹布房,下置磨光石板爲承,取五色布捲木軸上,上壓大石爲凹字形者,重可千斤。一人踏其兩端,往來施轉運之,則布質緊薄而有光。"一般對織物多用先漿後踹方式進行砑光整理。

chuan

【穿】

掘泥鑿堅鐵器。首銳,直柄。東魏李希宗墓曾有出土。清麟慶《河工器具圖説》卷三:"冰至於堅,非鑿不可,苟器勿備,其何以鑿冰冲冲,故鎚之外,又有穿。《説文》:'穿,通也,穴也。'夫然後冰可以斬矣。"參見"鐵穿"。

穿
東魏李希宗墓

【圌】

同"篅"。元王禎《農書》卷十五:"篅,《説文》云:判竹圜以盛穀,筦類也。篅或作圌。此氊與篅,皆筦之別名。但

大小有差。"

【圌囷】

即囷。《敦煌曲·十二時》:"養鷄鵝,餵豬狗,雀鼠穿窬圌囷漏。"

【圌廩】

泛指糧倉。晉葛洪《抱朴子·守塉》:"稊稗曠於圌廩,薪爨廢於庖廚。"

【船纜】

船上用的纜繩。用以繫拴或牽引。清屈大均《廣東新語·草語·藤》:"其大如筅竹者曰苦藤,稍小而性柔,可爲牛繩船纜。"

【船磨】

利用水力推動的磨。其結構,因時代、地方不同而各異。元代,據王禎《農書》的介紹,爲兩船相傍,碇急激中,中置立水輪,輪有卧軸,通過齒輪與裝置在兩船上的磨相連。水激輪轉,帶動兩扇磨轉。元王禎《農書》卷十九:"(水磨)後有兩船相傍,上立四楹,以茆竹爲屋,各置一磨,用索纜於急水中流。船頭仍斜插板木湊水,抛以鐵爪,使不横斜。水激立輪,其輪軸通長,旁撥二磨,或遇泛漲,則遷之近岸,可許移借,比之他所,又爲活法磨也。"清代記載的"船磨"爲一船一磨式。其結構爲:置磨船艙中。船兩傍置兩大水輪,中以巨軸連貫。軸之中部設齒輪與磨相連。碇船於激流中,水激兩水輪旋轉,帶動艙中磨轉。這種船磨較之《農書》介紹的船磨,結構更合理,行動更靈活,其推動力更大,工作效率更高。清黃鉞《壹齋集》卷九:"船磨,歙東南瀕溪居人,載磨於船,碇急流中,夾兩輪以運之。日得麫可數斛。較架屋遏防法更簡易。"詩曰:"篷堆茅苒重,艙載磨一具。篙艫無所施,犖以碇其處。巨軸横貫中,機牙巧相立。推撥刻不停,盤旋齒如鋸。團團未移時,皚皚已積素。"

【傳聲機】

能短時內保留人語言并釋放還原的裝置。《清稗類鈔·物品類·傳聲機》:"江慎修永置一竹筒,中用玻璃爲蓋,有鑰開之。開則向筒説數千言,言畢即閉,傳於里內,人開筒側耳,其音宛在,如面談也。過千里,則音漸漸散不全。"

【傳聲筒】

傳遞聲音的用具。由竹筒和線構成。《清稗類鈔·工藝類·傳聲筒》:"傳聲筒者,截竹筒兩枚,空其兩端,各以一面用皮紙冒之,膠封甚固。兩筒紙面相響,取長數丈之細線穿之,使兩人各執一筒,一人屬口於此筒之空面,一人屬耳於彼筒之空面,相去數丈,屬口者隨意言語,屬耳者聽之了了,他人不聞也。"

【篅】

即笘。《淮南子·精神訓》:"有之不加飽,無之不爲之饑。與守其篅笘,有其井,一實也。"高誘注:"篅、笘,受穀器。"《説文·竹部》:"篅,以判竹,圜以盛穀者。"段玉裁注:"用竹蔑圍其外,殺其上,高至屋蓋以盛穀,近底之處,爲小户,常閉之,可出穀。今江蘇謂之土礶是也。"元王禎《農書》卷十五:"篅,《説文》云:判竹,圓以盛穀,笘類也。篅或作圌。此礶與篅,皆笘之别名,但大小有差。"

chui

【椎】

同"槌"。《吕氏春秋·自知》:"范氏之亡也,百姓有得鍾者,欲負而走,則鍾大不可負,以椎毁之,爲况然有音,恐人聞之而奪己也,遽揜其耳。"《太平御覽》卷七六三引晉孫盛《優劣論》:"子房奮椎爲天下唱義,義聲既震,則秦亡可知矣。"椎多以鐵,也有以木、角等爲之者,以爲不同用途所需。在漢代,用作手工工具之椎與用作武器之椎在外形上區别不大,祇是手工工具之椎柄略短,多與鑿配合使用以攻木。專用於搗碎土塊之椎,木製,又稱櫌,俗謂木榔頭。用作兵器之椎,多爲長柄大鐵椎,可作重武器。

木槌
新蔡葛陵 2 號楚墓

椎牛
嘉裕關 6 號魏晉墓

【椎塘】

刳木製作的臼。清田雯《黔書·苗俗》:"八番在定番州,服食居處與漢人同。其俗勞女逸男,婦人直頂作髻,畊織。穫稻,龢稭儲之。刳木作臼,曰椎塘。每臨炊,始取稻把入臼,手舂之。"

春秋椎塘
銅绿山 7 號礦體

【槌】

敲擊用的工具。通常用以捶擊部位較大,手持部位較小。亦有做成分體式的,捶擊部位用木、鐵、銅等製成,手持部位以竹、木等製成柄。中國古代早期的槌是用木製的。浙江餘姚河姆渡遺址、銅緑山春秋戰國古礦井遺址都出土過整體形的木槌。漢代已有分體式木槌的製作。漢王充《論衡·效力》:"鑿所以入木者,槌叩之也。"《世説新語·簡傲》:"康方大樹下鍛,向子期爲佐鼓排。康揚槌不輟,傍若無人,移時不交一言。"

【錘】

同"槌"。由錘頭裝在木柄上組成。《晉書·苻生載記》:"生雖在諒闇,游飲自若,荒耽淫虐,殺戮無道,常彎弓露刃以見朝臣,錘鉗鋸鑿備置左右。"

【錘】

即秤錘。《廣雅·釋器》:"錘謂之權。"《文獻通考·樂六》:"錘重六錢,盤重四錢。"

chuo

【鏃】

一種小型鋤頭。用於鋤田、鬆土。亦可能指一種鋤法。北魏賈思勰《齊民要術·種穀》:"苗生如馬耳則鏃鋤,稀豁之處,鋤而補之,凡五穀唯小鋤爲良。"明徐光啓《農政全書》卷七:"苗生如馬耳,則鏃鋤。諺曰:欲得穀,馬耳鏃。"

【梬】

同"鑰"。《肩水金關漢簡》1:142:"小斤一,小斧一,小棰一,小椎一,梬二。"

【鑰】

鉼鑰。《玉篇·金部》:"鑰,鉼鑰也。"《居延漢簡》2125:"入鑰一。"

ci

【柌】

鐮鋤等農具的柄。元王禎《農書》卷十四:"然鐮之制不一,有佩鐮,有兩刃鐮,有袴鐮,有鈎鐮,有鐮柌(鐮柄,楔其刃也)之鐮,皆古今通用芟器也。"《駢雅·釋器》:"柌、樴,鉬柄也。"

【瓷鉢】

瓷質鉢,研藥器具。唐孫思邈《備急千金要方·序例》:"玉槌、瓷鉢、大小銅銚、鐺、釜、銅鐵匙等。右合藥所須,極當預貯。"

【瓷坩】

瓷質坩堝。宋趙佶等《聖濟總録·凍爛腫瘡》:"治瘑瘡,燥濕。鵝香瀝涂傅方:取一口瓷坩,穿底作孔,大如鷄子,以松葉一小把,鋪安孔上,取藥袋入坩中,以白鹽覆之,用泥固濟,令厚五分,藥上以火燒,坩下着碗一口,盛取瀝流入碗中,候火盡,即取瀝,塗傅瘡上,日三五度,以差爲度。"

【瓷窰】

燒造瓷器之窰。《熱河志·物産五》:"笠子堝,松州西二十里,有瓷窰。"

【甆鉢】

同"瓷鉢"。唐王燾《外臺秘要·乳石》:置鍾乳於金銀器中,"七日七夜出之,淨淘訖,内甆鉢中,玉鎚縛格著水研之"。

【磁鉢】

同"瓷鉢"。唐孫思邈《備急千金要方·七竅病上》:"光明朱砂半兩,貝齒五枚(炭火上熟燒爲末),衣中白魚七枚,乾薑三銖。右四味,於新磁鉢内研之。"

【刺】

同"庇"。因其耕作時插入地下,故名。《周禮·考工記·車人》"車人爲耒,庇長尺有一寸",漢鄭玄注:"鄭司農云:'耒謂耕耒,庇讀爲其顙有疵之疵,謂耒下岐。'玄謂庇讀爲棘刺之刺。刺,耒下前曲接耜。"

【刺包繩】

繩名。科舉考試試場中用。似用以捆紮録取的試卷包的。明沈榜《宛署雜記·經費下》:"鄉場補辦家火","大麻繩三百二十斤,大小綿花繩二十條,刺包繩七十條,細連繩十斤"。

【刺鵝錐】

遼代契丹人在捺鉢活動中專用於刺鵝之錐。《遼史·營衛志》:"皇帝每至,侍御皆服墨緑色衣,各備連鎚一柄,鷹食一器,刺鵝錐一枚,於灤周圍相去各五、七步排立。""有鵝之處舉旗,探旗馳報,遠泊鳴鼓。鵝驚騰起,左右圍騎皆舉幟麾之。五坊擎進海東青鶻,拜授皇帝放之。鶻擒鵝墜,勢力不加。排立近者舉錐刺鵝,取腦以飼鶻。"遼代契丹人不僅侍御者佩帶和使用刺鵝錐,皇帝、駙馬等達官貴族亦都佩帶。宋葉隆禮《契丹國志》卷二三:"國主射獵,領帳下騎擊扁鼓繞泊,驚鵝鴨飛起,乃縱海東青鶻擊之,或親射焉。國主皆佩金、玉錐,號殺鵝、鴨錐。"今在内蒙古奈曼旗青龍山遼開泰七年(1018)陳國公主駙馬合葬墓中,出土一枚刺鵝錐,玉柄、銀錐,并配有鎏金銀鞘,與佩刀共出,此錐係駙馬蕭紹矩腰間佩物。參見"玉柄錐"。

【庇】

耒耜前裝耜的前端彎曲部分。一説耒上相當於犁壁的部件。《周禮·考工記·車人》:"車人爲耒,庇長尺有一寸。""堅地欲直庇,柔地欲句庇。直庇則利推,句庇則利發。"鄭玄注:"庇讀爲棘刺之刺。刺,耒下前曲接耜。"

【雌礱】

木礱的上盤。中有孔,以當雄礱之莖。清翁廣平《〈杵臼經〉序》:"礱以木爲之,有大者焉,有小者焉。大者斷九寸之木數十,縛以竹而兩之,廣八尺。下者爲雄礱,上者爲雌礱。雄礱中立鐵莖八寸,雌礱中空尺有二寸,中貫堅木,木中鑿一竅,以鐵墊竅底,以當雄礱之莖。"

cong

【楤】

即尖擔。《廣韻·東韻》:"楤,尖頭擔也。"黄侃《蘄春語》:"今蘄州謂擔束薪之器曰楤擔。"

【楤擔】

同"楤檐"。明徐光啓《農政全書》卷二二:"禾擔,負禾具也。其長直尺五寸。""斫圓木爲之,謂之楤擔。(《集韻》云:摠音聰。尖頭擔也。)""圓者宜負薪與禾。"參見"禾擔"。

【楤檐】

同"楤擔"。用圓木製成的挑禾穀工具。即尖擔。元王禎《農書》卷十四:"禾檐,負禾具也,其長五尺五寸。""斫圓木爲之者,謂之楤檐。(《集韻》云:摠音聰。尖頭檐也。)""圓者宜負薪與禾。"

楤檐
明永樂大典本《農書》

cu

【粗篩】

篩孔較大的篩子。明湯若望、焦勖《火攻挈要》卷中:"其火銃藥用粗篩,篩成黍米珠。"

【粗鑽】

直徑較大之鑽。明湯若望、焦勖《火攻挈要》卷上:"鑽火門之法,比炤内塘尺量,緊挨銃底,以純鋼粗鑽,蘸油鑽下,與底相平,方爲合式。"

【麄麻繩】

用多股麻摔成的繩子。因其粗大,故稱。通常用以捆縛或扛抬份量重的物件。元宫天挺《七里灘》第一折:"拽着個鈍木斧,繫着條麄麻繩,攜着條舊擔杖。"

【簇】

即蠶簇。北魏賈思勰《齊民要術·種桑柘》:"養蠶法。

收取種繭,必取居簇中者。近上則絲薄,近下則子不生也。"唐白居易《孟夏思渭村舊居寄舍弟》:"日暮麥登場,天晴蠶拆簇。"元王禎《農書》卷六:"候十蠶九老,方可入簇。"又卷二二:"歌云:'捲去綠雲桑已少,箔頭有絲蠶欲老。月餘辛苦見成功,作簇不應從草草。'"清楊屾《豳風廣義》卷二:"造簇之法,南北皆不同。古法有圓簇、方簇、馬

上簇圖
清乾隆初刊本《豳風廣義》

頭長簇。""每於蠶上簇時,用千頭掃竹子,以椽作層架,縛掃竹子於上,每掃竹子心内分開,實以稻草,内可盛蠶。""將老蠶用盤抬來,一把一把另放於掃竹子心内,自能散而結繭。""上簇六七日之間,方可取繭。"

【蔟】

同"簇"。蠶簇。漢揚雄《元后誄》:"帥導群妾,咸循蠶蔟。"

cui

【崔亮】

南北朝時期北魏人。約在北魏正光年間推廣石碾的使用,并發明了用水力驅動的水碾。元王禎《農書》卷十六:"《後魏書》曰:崔亮在雍州讀《杜預傳》,見其爲八磨,嘉其有濟時用,因教民爲輾。今以礪石甃爲圓槽,周或數丈,高逾二尺,中央作臺,植以簨軸,上穿幹木,貫以石碾。"又卷十九:"水碾,水輪轉碾也。《後魏書》崔亮教民爲碾,奏於張方橋東堰穀水造水碾數十具,豈水碾之制自此始歟?"《北史·崔亮傳》載:崔亮曾於洛陽"張方橋東堰穀水,造碾磨數十區"。

【焠鍼】

即火針。《素問·調經論》:"病在骨,焠鍼,藥熨。"明張景岳《類經》卷十四注:"用火先赤其鍼而後刺之,不但暖也,寒毒固結,非此不可。"

【毳索】

即毛繩。用牲畜的毛製成的繩索。元許有壬《沙菌》:

"齋廚供玉食,毳索出氈車。莫作垂涎想,家園有莫邪。"

cun

【存目鏡】

即童光鏡。參見"童光鏡"。

cuo

【搓爆竹機】

捲製爆竹的機器。《清稗類鈔·工藝類》:"光緒時,湖南某邑有逆旅主人袁某,有女,年十八九,慧甚,能製搓爆竹機。其法,先用二版中横鐵絲十餘枚,取滑藤及糯粥煮紙爲糜,以油傅鐵絲上,取如糜者乘熱傾二板間,急搓之,凡十數次,搓紙捲鐵絲上如軟竹,置石灰中養之,一炊許,堅如鐵石矣。"

【撮】

量器名。三指相撮爲量。《孫子算經》卷上:"六粟爲一

新莽始建國銅撮
《中國古代度量衡圖集》

圭,十圭爲撮,十撮爲一抄。"《漢書·律曆志一上》:"量多少者不失圭撮。"顏師古注引應劭曰:"四圭曰撮,三指撮之也。"孟康曰:"六十四黍爲圭。"河南省陝縣漢太尉劉寬十三世孫隋劉偉墓出土新莽始建國銅撮一件,長柄勺形,撮内口徑 1.65 厘米、深 0.9 厘米、通柄長 11.5 厘米,用小米度出容 2 毫升。撮勺周刻"律撮,方五分而圜其外,庬旁四毫,冥卄分五釐,深四分,積百六十二分,容四圭"。柄刻"始建國元年正月癸酉朔日制"。陝西淳化縣潤鎮鄉西坡村磚瓦廠發現三件套銅量,其中撮通長 8.8 厘米、口内徑 1.855 厘米、内底徑 1.162 厘米、高 0.945 厘米,重 14.3 克,容積 1.69 毫升。

銅撮
西坡村出土

【剉刀】

即銼子。敦煌文書伯 3391 號《雜集時用要字》:"权把,碪磑,剉碪,剉刀。"《清輿西域圖志》卷四二"服物·二回部":"額恰克,鐵剉刀也,剉物處齒如密釘,質厚而銛銳。"

【剉碪】

旋轉之剉刀。《舊唐書·職官志》:"中校令掌供舟車兵

仗、廄牧雜作器用之事。凡行幸陳設供三梁竿柱,閑廄供到碓。"敦煌文書伯 3841 號背《唐開元廿三年沙州會計曆》:"叁伯玖拾斤熟鐵,貳具到碓關軸。"

【到藥刀】

切藥的刀。《陳書·始興王叔陵傳》:"及高宗不豫,太子諸王並入侍疾。高宗崩於宣福殿,翌日旦,後主哀頓俯伏,叔陵以到藥刀斫後主中項。"

【到指剔指刀】

修磨指甲的小到刀。明屠隆《文具雅編·途利》:"小文具匣一,以紫檀爲之,內藏小裁刀、錐子、挖耳、挑牙、消息、修指甲刀、到指剔指刀、髮刌、鑷子等件,旅途利用,似不可少。"

【厝】

用於錯金的硬質石頭。亦用於磨玉。《説文·厂部》:"厝,厝石也。從厂,昔聲。《詩》曰:佗山之石,可目爲厝。"段玉裁注:"厝,厝石。謂石之可以攻玉者。《爾雅》:'玉曰琢之'。玉至堅,厝石如今之金剛鑽之類,非屬石也。""《金部·鑢》下云:"錯銅鐵也。錯亦當作厝,謂劃磢之。"錯金工藝是春秋戰國時期出現的新技術,在鑄造的銅器上鑿槽,再鑲嵌金銀片、絲,經磨錯而就。這種磨錯工具即厝。湖北江陵望山楚墓出土一工具箱有厝石二件,一粗一細,粗者長 19 厘米、寬 4.6 厘米、高 2.2 厘米;細者長 15.7 厘米、寬 4.6 厘米、高 2.9 厘米。

【銼】

銼刀。根據不同工藝需要,有各種形狀。明黃大成《髹飾錄》乾集:"電掣,即銼。有劍面、茅葉、方條之等。"參見"銼子"。

【銼兒】

即銼子。《西遊記》第三四回:"他見面前無人,就弄神通:順出棒來,吹口仙氣,叫'變'! 即變做一個純鋼的銼兒;板過那頸項的圈子,三五銼,銼做兩段。"

【銼子】

鐵製或銅製磨削工具。用於平整金屬、竹木、牙角表面。河南汲縣山彪鎮戰國墓和安徽壽縣楚墓發現的銅銼、衡陽六區公行山 103 號戰國發現的鐵銼,爲現在見到的較早的銼。河北滿城陵山 1 號西漢墓發現的鐵銼,殘長 2.04 厘米、寬 1 厘米、厚 0.3～0.5 厘米。長條形,一端殘損。一面有銼齒,在 1 厘米內有齒 6 個,均爲橫向平行狀。銼形一般爲直銼。戰國楚墓有彎銼,長沙 25 號晉墓出土截面爲三角形鐵銼 1 件,柄端爲尖錐形,當有木柄,長 24.5 厘米、最寬處 2.5 厘米。史載還有方條銼,笋葉銼等異形銼。傳顧愷之《斲琴圖》亦有長條形木柄銼,以上皆爲平木的木銼。最晚至唐代,平整金屬的銼就已存在,據明代《天工開物》所載,已有加工不同材料的不同銼子多種。唐李筌《神機制敵太白陰經·軍裝》:"刀子、銼子、鉗子、鑽子。"

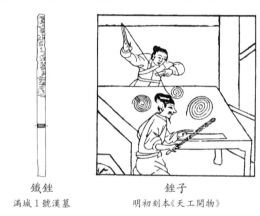

鐵銼　　　　　　銼子
滿城 1 號漢墓　　明初刻本《天工開物》

【錯】

同"厝"。《詩·小雅·鶴鳴》:"它山之石,可以爲錯。"《説文》"厝"下引《詩》作"厝"。

D

da

【搭鈎】

　　拉物之鈎。其大者,以鐵爲首,二股彎曲,有尖刃,用於搭拉草料。其小者曲木而成,可掛物。《隋書·煬帝紀上》:大業五年正月"己丑,制民間鐵叉、搭鈎、㮶刃之類,皆禁絶之"。清麟慶《河工器具圖説》卷四:"搭鈎,《玉篇》:鐵曲也。二股内向,便於搭拉草料。與拆厢舊埽之三股抓鈎差别。"

【搭樓索】

　　捆埽用的繩索。用在埽的上部。與底樓索相對而言。元沙克什《河防通議》卷上:"捲埽物色","底樓索,在上曰搭樓索"。

【搭爪】

　　即搭鈎。元王禎《農書》卷十四:"搭爪。上用鐵鈎帶袴,中受木柄,通長尺許,狀如彎爪,用如爪之搭物,故曰搭爪。以擺草禾之束,或積或擲,日以萬數,速於手挈。"

搭爪
明永樂大典本《農書》

【搯鈎】

　　同"搭鈎"。清唐訓方《里語徵實》卷中上:"曲木可掛物,曰搯鈎。俗作搭鈎。"

【銛鈎】

　　同"搭鈎"。明李實《蜀語》:"曲木可掛物曰銛鈎。俗作搭鈎。"

【打水杆】

　　測量水深的工具。長六七丈,多用竹、木等鑲接而成。清麟慶《河工器具圖説》卷一:"打水杆有長至六七丈者。束河兩鑲,上半用杉木,取其輕浮易舉,下半用榆木,取其沉重落底。南河三鑲,中用雜木,兩頭接束以竹,取攜便利,然遇大溜,探試少遲即難得底,質輕故耳。"

打水杆
清嘉慶年刊《河工器具圖説》

【笡】

　　即百丈。牽引船的竹索。宋周密《齊東野語·舟人稱謂有據》:"錘會呼捉船索爲百丈。趙氏注云:'百丈者,牽船蔑,内地謂之笡。'"

【打草鐮】

　　割草用的鐮刀。清麟慶《河工器具圖説》卷一:"《農桑通訣》:鐮制不一。""《説文》:鈺,穫禾短鐮也。《集韻》:釤,長鐮也。皆古今通用芟器,打草鐮亦不外是。"

打草鐮
清嘉慶年刊《河工器具圖説》

【打豆枷】

　　脱豆粒的專用連枷。其拍擊部分以獨根長木條製成。明宋應星《天工開物·粹精》:"凡打豆枷,竹木竿爲柄,其端錐圓眼,拴木一條,長三尺許。鋪豆於場,執柄擊之。"

打豆枷
明初刻本《天工開物》

【打簧金錶】

　　金殼懷錶。能按時發出聲響,或者操作表殼上的按鈕或撥柄,啓動機心内音錘敲擊音簧發出聲響,以不同的音律報告當時的時辰。《九尾狐》第十九回:"我單有一隻打簧金錶,價錢同你差不多。"

【打凌船】

　　河工擊碎冰凌時乘的小船。船底密釘竹片,以防冰凌擦損船體。清麟慶《河工器具圖説》卷三:"當冬至前後,天氣偶和,凌塊滿河","必須多備打凌器具,分撥兵夫駕淺如褊艖,小如舴艋之舟,各攜器具,上下往來以鑿之。但船底須用竹片釘滿,凌遇竹格格不相入,庶幾可以禦之"。

打凌船
清嘉慶年刊《河工器具圖説》

【打田簪】

即撻。元王禎《農書》卷十二："撻,打田簪也。"

【打鑽】

打孔鑽。鑽身四方而末端尖銳。明宋應星《天工開物·錘鍛》:"通身四方而末銳者,名打鑽。"

【大畚】

大畚箕。宋王讜《唐語林·補遺》:"弟子奔走報:有數十人入院掘花,不可禁。坐中相視而笑。及歸至寺,見以大畚盛之而去。"《清稗類鈔·戰事類》:"黃父子甫出境。鄉人縛之來,嚴刑鞫問,斷其脛,以大畚舁之市。"

【大柄斧】

船上水手所用之斧頭。圓刃,安長木柄,持以砍伐繩纜。清麟慶《河工器具圖説》卷三:"斧,即鐵斧;鉞即大柄斧。椿手均須預備,凡埽上繩纜有不妥之處,用以斬截甚利。"

大柄斧
清嘉慶年刊《河工器具圖説》

【大磋】

大型銼。明湯若望、焦勖《火攻挈要》卷上:"齊口之法,小銃用銅鈎鈎齊,大銃用銅鑿鑿齊,末用大磋磋光便是。"

【大秤】

所稱量物品重量的極值較大的秤。唐李亢《獨異志》:"東漢孟業,身重千斤。故帝疑其自重,乃以大秤懸棟間。業啓曰:'陛下秤上秤臣,請秤之。雖肉重千斤,而智無一兩。'"《文獻通考·樂六》:"又令每月用大秤,必懸以絲繩,既置其物,則卻立以視,不可得而抑按。"宋洪邁《夷堅志

大秤
莫高窟 85 窟晚唐壁畫

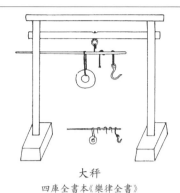

大秤
四庫全書本《樂律全書》

大秤
壁圖本《吳友如畫寶》

補卷二五·郭權入冥》:"郭權任金部郎中,因久病入冥府。科首披公服,立於庭下,庭前對設大秤兩架,一吏齎文書數沓至,主者令先就東邊秤,秤尾稍高,云:'是平日所作善事也。'次就西邊秤,秤尾低,云:'是罪惡。'"《清稗類鈔·物品·度量衡》:"一種秤端有鈎,分大秤、小秤。"

【大稱】

同"大秤"。《宋史·律曆志一》:"又比用大稱如百斤者,皆懸鈎於架,植鐶於衡,鐶或偃,手或抑按,則輕重之際,殊爲懸絕。""又令每用大稱,必懸以絲繩。"

【大石】

對小石而言。漢代大石約 20 升。亦指此容量的量器。《居延漢簡甲乙編》273·9:"入糜小石十二石,爲大石匕石二升。征和五年正月庚申朔,庚通澤第二亭長舒受部農第四長朱。"又,275·18:"出糜大石三石四斗八升。"

【大斗】

規格較大之斗,對小斗而言。史載先秦已有大小斗之別。《史記·田敬仲完世家》:"於是田常復脩釐之子政,以大斗出貸,以小斗收。齊人歌之曰:'嫗乎采邑,歸乎田成子!'"漢代大斗已能考定,約爲 2 升,小斗爲大斗六

《居延漢簡甲乙編》308·11:"□斗五斗二升爲大斗□"以後大斗之制有變化。唐時以三斗爲大斗。《舊唐書·食貨志上》:"量,十合爲升,十升爲斗;三升爲大升,三斗爲大斗。"又以一斗三升爲大斗。宋程大昌《演繁露》卷七:"開元九年敕度以十寸爲尺,尺二寸爲大尺,量以十升爲斗,斗三升爲大斗。"

【大紡車】

絲麻纖維撚線車。因車體大,錠子多,產量高,故稱爲大紡車,以別於稱爲小紡車的五錠腳踏撚線車。元王禎

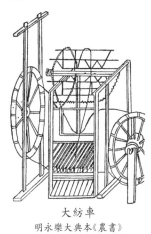

大紡車
明永樂大典本《農書》

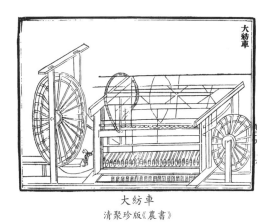

大紡車
清聚珍版《農書》

《農書》卷二二:"大紡車。其制長餘二丈,闊約五尺。先造地樹。木框四角立柱,各高五尺,中穿橫桄,上架枋木。其枋木兩頭山口,臥受捲繀、長軖、鐵軸。次於前地樹上,立長木座,座上列臼,以承軕底鐵篗。(夫軕,用木車成箇子,長一尺二寸,圍一尺二寸。計三十二枚,內受纑纏。)"這種大紡車的產量很高,王禎在《農書》農器圖譜二十中說,該紡車"晝夜紡績百斤"。大紡車不是各個農家自備的手工機械,而是設在鄉鎮的手工作坊內。農婦把績長的麻縷送到大紡車作坊,請其加工。作坊將送來的麻縷分別稱重,經過加撚後,按重量送還眾家,以便於繼續牽經絡緯,織成各種麻布,或製成麻線,在市場銷售。由於這種集中性的加工方式爲農家帶來了許多方便,所以在

元初時,大紡車在"中原麻布之鄉皆用之"。根據王禎在《農書》中的記載,可以推定,大紡車出現的時期,當不遲於宋代。唐宋時期手工紡織作坊較前代有大的發展,脫離農業生產而專門從事紡織生產的勞動者日益增多,使採用生產效率高的大型生產工具,在分工協作的基礎上,從事集體性的專業化生產成爲可能。同時,由於手搖紡車、多錠腳踏紡車、露地桁架、打線車等合線工具的使用,爲製造大紡車也準備了技術基礎。元代大紡車是由加撚捲繞、傳動和原動三個機構組成。在每個機構中,在機械原理上都有創造性的運用。加撚捲繞機構由車架、錠子、導紗棒和紗框等組成。在捲繞機構中,利用槓桿原理,成功地解決了增加紗管容量,減少換管次數的難題。這就是現代紡織技術中的所謂"大捲裝"問題。同時在車架前裝置小鐵叉,用來"分勒纑條",不僅把相鄰的麻縷隔開,而且能使麻縷在紗框上交叉捲繞成型良好。這可能是借鑒於纊車上的橫動導紗機構。傳動機構可分爲兩個部分,一是傳動錠子,二是傳動紗框;用來完成加撚捲繞麻縷的作用。由《農書》中所繪的大紡車圖可知,在車架左側裝一大竹輪,右側裝一導輪,利用皮弦貫通兩輪。下皮弦依靠自重,壓在錠桿上,產生摩擦傳動,使錠子旋轉。而紗框的轉動,是依靠一對木輪和繩弦的作用。所以只要原動機構使左側大竹輪旋轉,利用兩根皮弦的作用,使錠子與紗框按一定的速比相應地運轉,就可做到如王禎在《農書》中所言的"弦隨輪轉,眾機皆動,上下相應,緩急相宜"。大紡車的原動機構,根據所用原動力不同而不同。最初是用人力驅動,在左側大竹輪軸端裝置搖手柄,利用人力加以搖轉,如手搖紡車一樣。大紡車上裝有幾十個錠子,人力搖轉很費力,後來發展爲用畜力或水力驅動,相應地發展了適於畜力或水力的原動機構。如水力大紡車的原動機構是一個直徑很大的水輪。大紡車對絲麻加撚合綫是採用"退繞加撚法",它與手搖紡車和腳踏紡車上的加工方法不同。在手搖紡車或腳踏紡車上對紗條加撚時,紡紗者手持麻縷的一端,而麻縷的另一端是繞於錠桿的頭端,使一段麻縷受到手和錠桿兩者的握持,由於錠子轉動而加撚。待這一段麻縷加撚完畢後,依靠錠子的反轉,使繞於錠桿端的麻縷退出來。然後再轉動錠子,把這一段加過撚的麻縷繞到紗管上去。這種加撚方法稱爲"手紡加撚法",即加撚與捲繞是分開交替進行的。在大紡車上卻不是這樣,它是把需要加撚的麻縷預先捲繞到錠子上的紗管,并將麻縷頭端繞上紗框。加工時,車架上方紗框,把麻縷按規定的速度從錠子上沿軸線方向抽出來,同時由於錠子轉動,使麻縷加撚,故稱爲"退繞加撚法"。大紡車利用兩套機構,同時分別地完成加撚和捲繞兩個操作,因而提高了生產效率。而且由於加撚和捲繞有了固定的速比,大紡車所加的撚度比其它紡車均勻。用於加撚合線的大紡車在紡織生產工具發展史上是一項重要發明,它具備了近代紡紗機械的多錠的雛形,適應大規模的生產,展示了紡織機器發展的一個方向。但中國古代的大紡車并未能直接發展成近代的紡紗機器,反而在明代末年,加工苧麻的大紡車的使用地

區愈來愈縮小。其原因主要是紡織原料的結構發生了變化。明代以來，全國普遍種植棉花，并逐步取代了麻，成爲主要的衣着原料，手工麻紡業日漸衰落。由於大紡車没有牽伸機構，不能紡製棉紗，而棉紗又往往無須合線，即用于織造。所以大紡車長期來處於停滯不前的狀態。大紡車也可以對蠶絲進行加撚及合線。王禎在《農書》中提到"絲線車"，其形制如麻紡大紡車。這種絲線車一直沿用到近代，才逐步爲機器生産所代替。大約在清代，發展了一種自控張力式多錠大紡車，可以紡製棉紗。它是結合了手摇紡紗車和大紡車的紡紗原理，并加以創造而實現的。這種紡棉的多錠大紡車的出現，在紗紗技術發展史上具有一定的意義。參見"水力大紡車"、"絲線車"。

【大風箱】

大型風箱，一般用於冶鑄送風。明吕震等《宣德彝鼎譜》卷一：鑄治物料有"大風箱二十具，大小陽罐十具"。

【大府帛尺】

即太府布帛尺。宋蔡元定《律吕新書》卷二：大晟樂尺，"短於鄧保信尺三分，大府帛尺四分"。

【大絙】

即大索，大繩。唐李筌《神機制敵太白陰經·濟水具》："以木繫小絙，先挾浮渡水，次引大絙於兩岸立一大厥，急張定絙，使人挾絙浮渡，大軍可爲數十道，豫多備。"明葉盛《水東日記·珠池採珠法》："蓋蜑丁皆居海艇中採珠，以大舶環池，以石懸大絙，别以小繩繫諸蜑腰，没水取珠，氣迫則撼繩，繩動，舶人覺，乃絞取，人緣大絙上。"《通典·兵十》："踰越山阻，以絙繫竿頭引掛高處，礙固勝人，便即令上，又增絙次引人。又加大絙，續更汲上，則束馬懸車，可以力辦。"

【大官鈔尺】

明代以大明寶鈔的長度爲官尺，稱大官鈔尺。明徐光啓《農政全書》卷四五："起造房屋，并量木植磚石，俱用大官鈔尺爲準。其木匠小尺不用。"

【大斛】

漢代大斛即大石。《居延漢簡甲乙編》306·2："凡大斛二百五十六斛。"

【大紅繩】

大紅色的繩子。《紅樓夢》第五三回："每一張上搭着一條紅氈，放着選淨一般大新出局的銅錢，用大紅繩串穿着，每二人搭一張，共三張。"

【大纜】

大的纜繩。多用于大型的船隻上。清高静亭《正音撮要·繩索》："好索子，大纜，棕纜。"

【大連繩】

粗大的連繩。捆紥大件物品或牽攔以隔離場地等用。明沈榜《宛署雜記·經費下》："會試場内供給補辦家火"，"大連繩五十條，捆卷繩二萬一千條，大麻繩三百八十五斤"。

【大鑪】

酒店安置酒甕的土墩子。四邊隆起，一面高如鍛鐵鑪，故名。《後漢書·孔融傳》："不念宋人待四海之客，大鑪不欲令酒酸也。"李賢注："鑪，累土爲之，以居酒甕，四邊隆起，一面高如鍛鑪，故名鑪，字或作壚。"

【大綷】

大索。《元史·河渠志三》："相間復以竹葦麻檾大綷，長三百尺者爲管心索，就繫綿腰索之端於其上，以草數千束，多至萬餘，匀布厚鋪於綿腰索之上，橐而納之。"

【大麻絙】

粗麻繩。唐封演《封氏聞見記·拔河》："古用篾纜，今民則用大麻絙，長四五十丈，兩頭分繫小索數百條，掛於前，分二朋，兩相齊挽，當大絙之中立大旗爲界，震鼓叫噪，使相牽引，以卻者爲勝，就者爲輸，名曰拔河。"唐武平一《景龍文館記》："四年清明，中宗幸黎園，命侍臣爲拔河之戲，以大麻絙兩頭繫十餘小索，每索數人，執之以挽，六弱爲輸。"

【大麻繩】

粗大的麻繩。用以捆紥份量較重的物件，亦可以作牽引、扛擡之用。明沈榜《宛署雜記·經費下》："鄉場補辦家火"，"賃松竹梅花碗八千六百個，大麻繩三百二十斤"。"會試場内供給補辦家火"，"捆卷繩二百一千條，大麻繩三百八十五斤"。

【大麻索】

直徑粗大的麻索。多作牽引、扛擡重物用。《元史·河渠志三》："魯乃精思障水入故河之方，以九月七日癸丑，逆流排大船二十七艘，前後連以大桅或長椿，用大麻索、竹絙絞縛，綴爲方舟，又用大麻索、竹絙周船身繳繞上下，令牢不可破，乃以鐵猫於上流硾之水中。"

【大木牛】

石扛中，與牛中垂直，通過麻小扣橫向和牛中相連的前後兩根短竹杠。其作用是增加扛擡人數。清麟慶《河工器具圖説》卷四：牛中兩頭"橫穿短杠，俗名大木牛"。參見"石杠"。

【大杷】

由木架及以鐵、木、竹等爲齒構成的杷。適用於碎土、整地、除草等。元王禎《農書》卷十四:《大杷》詩云:直躬橫首製爲杷,入土初疑巨爪爬。解與當塗除瓦礫,且將疎跡混塵沙。"

大杷
清嘉慶年刊《河工器具圖說》

【大輞車】

即筒車。清梁九圖《紫藤館雜録》卷九:"天車,一名水翻車,又名大輞車。"清屈大均《廣東新語·器語·水車》:"水翻車,一名大輞,車輪大三四丈。四周悉置竹筒,筒以吸水,水激輪轉,自注槽中,高田可以盡溉。"參見"天車"。

【大鍤】

大型之鍤。《居延新簡》E·P·T53:132:"大鍤一,小鉤一。"

【大鉗】

即長鉗。《居延漢簡》67·2:"桐六,其一傷;斧二;斤二;大鉗一;小鉗一。"

【大戧】

用巨木製作的護堤設施。清麟慶《河工器具圖說》卷三:"大戧,用四尺二松木,長四丈五尺,銳首象眼,貫以行江大竹纜二條楔緊,以便挽住股車,易於起下。其戧上方眼橫木,係備安戧時繫纜豎立之用。"

大戧
清嘉慶年刊《河工器具圖說》

【大升】

量制分大小。量制規定較大的升稱大升。唐代有大升、小升、大斗、小斗之稱。大升用于日常交易。《通典·食貨六》:"調鍾律,測晷景,合湯藥及冠冕制,用小升小兩,自餘公私用大升大兩。"《舊唐書·食貨志上》:"量,以秬黍中者容一千二百爲龠,二龠爲合,十合爲升,十升爲斗;三升爲大升,三斗爲大斗,十大斗爲斛。"

【大晟樂尺】

北宋崇寧三年以宋徽宗左手中指、第四指、第五指三節爲三寸所裁定的樂尺。推算長度相當于29.6厘米。宋蔡元定《律呂新書》卷二:"大晟樂尺,徽宗皇帝指三節爲三寸。(長於王樸尺二寸一分,和峴尺一寸八分,弱阮逸、胡

瑗尺一尺七分,短於鄧保信尺三分,太府帛尺四分。)"宋王應麟《玉海》卷八:"大觀四年四月己卯,翰學張閣靖頒指尺於天下,政和元年五月六日頒大晟樂尺,比官小尺短五分有奇。"

【大水柵】

在大川上構作的大型水柵。其規模較溪上水柵爲大,故稱。元王禎《農書》卷十八:"如秦雍之地,所拒川水,率用巨柵。其蒙利之家,歲例量力均辦所需工物。乃深植椿木,列置石囤,長或百步,高可尋丈,以橫截中流,使傍入溝港。凡所溉田畆計千萬,號爲陸海,此柵之大者。"按其插圖名"大水柵"。

大水柵
明永樂大典本《農書》

【大司農斛】

漢代由大司農監製校量的標準斛。《晉書·律曆志上》:"魏陳留王景元四年,劉徽注《九章算術·商功》曰:'當今大司農斛,圓徑一尺三寸五分五釐,深一尺,積一千四百四十一寸十分寸之三。'"

【大絲繩】

用絲絞合成的大繩。《文獻通考·王禮一》:"以兩大絲繩繫兩柱中,頭間相去數丈,兩倡女對舞行於繩上。"又《樂二十》:"漢世以大絲繩繫兩柱,頭間相去數丈,兩倡對舞行於繩上,對面道逢,肩相切而不傾。"

【大索】

特別粗大的索子。索徑在一寸左右,大的有三四寸。多用以作船纜等。《陳書·章昭達傳》:"昭達與戰不利,因據其上流,命軍士伐木帶枝葉爲筏,施拍於其上,綴以大索,相次列營,夾於兩岸。"《元史·河渠志三》:"又用大索四五爲腰索,轉致河濱,選健丁操管心索,順埽臺立踏,或掛之臺中鐵貓大橛之上,以漸縋之下水。"《三國演義》第三八回:"甘寧謂董襲曰:'事已至此,不得不進。'乃選

小船百餘隻，每船用精兵五十人：二十人撐船，三十人各披衣甲，手執鋼刀，不避矢石，直至艨艟傍邊，砍斷大索，艨艟遂橫。”

【大鐵鋸】

大型之鐵鋸。可由兩人上下拉動，鋸大段木材。《大清會典則例》卷一三〇“盛京福陵物料”：“銼磨亮釘每百銀一錢五分三釐。大鐵鋸每箇，銀一錢八分。小鐵鋸銀一錢四分四釐。”

【大鐵篩】

大型鐵篩。吊掛在橫梁或三腳撐架上作業。明呂震《宣德彝鼎譜》卷一：鑄冶物料有“烊銅大鐵篩十具”。原注：“圍徑一丈一尺。”

【大銅碾】

銅質大碾。明湯若望、焦勗《火攻挈要》卷中：“將硝磺炭三種，先各用大銅碾碾末，羅細，照前方分兩配合一處。”

【大旋風爐】

一種煉銅爐。明陸容《菽園雜記》卷十四：“銅在礦中，既經烈火，皆成茱萸頭，出於礦面，火愈熾，則鎔液成駝，候冷以鐵鎚擊碎，入大旋風爐，連烹三日三夜，方見成銅，名曰生烹。”

【大樣】

按照實物大小製作之模型。《養心殿造辦處史料輯覽·雍正三年》：九月初五，“合牌小樣放大樣，邊腿用花梨木做，牙子用紫檀木做，提角板用柏木做”。

【大藥勺】

較大的抄藥勺。清劉濟川《外科心法真驗指掌·用刀門》：“大藥勺，此勺取藥撒之，治口內舌上之症，最爲方便。”

【大遠鏡】

指天文望遠鏡。用於觀測天體。《清史稿·天文三》：“近代西人製大遠鏡，測得諸曜形體及附近小星暈氣各種，古今不同，就其著者録焉。”

【大罾】

罾之大者。清李漁《連城璧》子集：“這一日見洪水氾濫，決有大魚經過，就在溪邊張了大罾，夫妻兩個輪流扳扯。”

【大榨】

大型榨。製茶器具，用以擠壓出茶葉的汁液。宋趙汝礪《北苑别録·榨茶》：“先是包以布帛，束以竹皮，然後入大榨壓之。至中夜取出揉匀，復如前入榨，謂之翻榨。”

【大展】

即尺度。清厲荃《事物異名録·器用·度量衡》：“《博學記》：尺度曰大展。”

【大針】

九針之一。長四寸，針體圓柱形，尖端微圓。用於治療水腫、癥瘕。《素問·針解篇》：“虛實之要，九針最妙者，爲其各有所宜也。”隋全元起注：“虛風舍於骨解皮膚之間，宜大針。”明楊繼洲《針灸大成·九針圖》：“大針，一名燔針，長四寸；風虛腫毒、解肌排毒用此。”

【大鍼】

同“大針”。《靈樞經·九鍼論》：“九曰大鍼，取法於鋒鍼，其鋒微圓，長四寸，主取大氣不出關節者也。”又《官鍼》：“病水腫，不能通關節者，取以大鍼。”

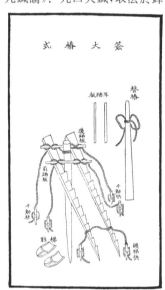

大椿
清嘉慶年刊《河工器具圖説》

【大軸】

龍骨車構件。足踏龍骨車中指用以安裝腳踏拐木和主輪的軸。安裝於龍骨車木槽的岸上一端。元王禎《農書》卷十八：翻車“大軸兩端，各帶拐木四莖，置於岸上木架之間。人憑架上，踏動拐木，則龍骨板隨轉”。明徐光啓《農政全書》卷十七：“翻車，今人謂龍骨車也。”“大軸兩端，各帶拐木四莖。”

【大椿】

河工爲使埽穩固而打的大木椿。多用於淺水河。清麟慶《河工器具圖説》卷三：“下埽穩固，應簽大椿。”

【大自鳴鐘】

立式自鳴鐘。立在地上，不宜隨便移動。清周壽昌《思益堂日札·和相籍没》：“大自鳴鐘十架，卓鐘三百架。”清施鴻保《閩雜記·鼓樓自鳴鐘》：

嘉慶年造大自鳴鐘
故宮交泰殿

"及重建,改用西洋大自鳴鐘一架,高一丈二尺,廣六尺許,聲聞百步,每月一開,至今尚然。"

dai

【代耕】

代耕器,即木牛。明王徵《新製諸器圖說》有"代耕圖說":"以堅木作轆轤二具,各徑六寸,長尺有六寸,空其中。兩端設軹,貫於軸,以利轉爲度。軸兩端爲方柄,入架木內期無搖動。架木前寬後窄,前高後低,每邊兩枝,則前短而後長。長則三尺有奇,短止二尺三寸。兩枝相合,如人字樣。即於人字交合處作方孔安其軸。兩人字相合,安軸兩端。又於兩人字兩足各橫安一根木,則架成矣。架之後,長盡處安橫桄,桄置兩立柱,長八寸。上平鋪以寬板,便人坐而好用力耳。先於轆轤兩端盡處十字安木橛,各長一尺有奇,其十字兩頭反以不對爲妙。轆轤中纏以索,索長六丈。度六丈之中安一小鐵環。鐵環者所以安轡之曳鈎者也。兩轆轤兩人對設於三丈之地。其索之兩端各繫一轆轤中,而犂安鐵環之內。一人坐一架,手挽其橛,則犂自行矣。遞相挽,亦遞相歇,雖連扶犂者三人手,而用力者,則止一人。且一人一手之力,足敵兩牛,況坐而用力,往來自如,似於田作不無小補。"

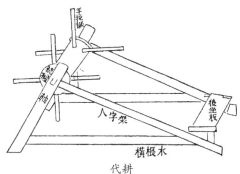

代耕
清守山閣叢書本《新製諸器圖說》

代耕作業
清守山閣叢書本《遠西奇器圖說》

【栚】

即蠶槌。《集韻·代韻》:"栚,吳俗謂蠶槌曰栚。"《字彙·木部》:"栚,俗呼蠶薄柱曰栚。"

【玳瑁邊眼鏡】

鏡架用玳瑁製成的眼鏡。清李汝珍《鏡花緣》二一回:"裏面坐著一位先生,戴著玳瑁邊眼鏡,約有四旬光景。"

清代平光玳瑁邊眼鏡
上海吳良材眼鏡公司

【玳瑁圈】

眼鏡架上玳瑁外框。《養心殿造辦處史料輯覽·雍正七年》:"於十二月初二日隨將眼鏡玳瑁圈、銀掐子兒皮盒……"

【玳瑁眼鏡】

即玳瑁邊眼鏡。《鏡花緣》第二二回:"先生聽了,不覺吃驚,立起身來,把玳瑁眼鏡取下,身上取出一塊雙飛燕的汗巾,將眼揩了揩。"

【黛耜】

專供帝王親耕使用的耒耜。漆成青黑色,以取東方之象。《文選·潘岳〈藉田賦〉》:"總轡服於縹軛兮,紺轅綴於黛耜。儵儲駕於塵左兮,俟萬乘之躬履。"呂向注:"蔥、縹、紺、黛皆青色,以取東方之象焉。"元馬端臨《文獻通考·郊北二十》:"又乘青輅,載黛耜者,所以順於春氣,故知合在東方。"《清史稿·禮志二·先農》:"黛耜青箱,畚鎛蓑笠,咸寓知民疾苦至意。"

dan

【丹爐】

煉丹爐。明屠隆《考槃餘事·遊具箋》:"藥籃,即水火籃也,有以二區瓢爲之,有遠紅漆者,上開一蓋,放丹爐一個,內實應驗藥、膏藥,以便隨處濟人。"

【丹竈】

煉丹用的爐竈。《太平廣記》卷四四引《河東記·蕭洞玄》:"洞玄謁無爲曰:'將行道之夕,我當作法護持,君當謹守丹竈,但至五更無言,則攜手上昇矣。'"《文選·江淹〈別賦〉》:"守丹竈而不顧,煉金鼎而方堅。"

【單規】

前趙孔挺製渾儀刻有度數的赤道環。單規與支架連接不能移動。上刻度數。《隋書・天文志上》："又有單規，斜帶南北之中，與春秋二分之日道相應。亦周帀分爲度數，而署以維辰，並相連著。屬楗植而不動。""史官丞南陽孔挺所造。"

【單橫規】

前趙孔挺製渾儀中刻有度數的地平環。單橫規與支架固定不能移動。《隋書・天文志上》："又有單橫規，高下正當渾之半。皆周帀分爲度數，署以維辰之位，以象地。""檢其鐫題，是僞劉曜光初六年，史官丞南陽孔挺所造。"

【單照】

放大鏡式的單片眼鏡。江蘇邗江甘泉 2 號漢墓出土水晶雙凸鏡外套金質圈，直徑 1.3 厘米，可用來放大細物，是現見最早的放大鏡。安徽亳縣曹操宗族墓也出土五件玻璃質放大鏡片，原也鑲在銅質圈內。南京北郊郭家山 1 號東晉墓水晶凸透鏡一件，表面光潔，能放大三至四倍，成像均勻。直徑 2 厘米、厚 0.5 厘米。這些鏡片具放大功能，人們藉以觀察細小之物。作爲眼鏡使用的單照傳自西洋，明代後期進入中國，大約在清代中期漸爲雙鏡式替代。單照的形制爲單片鏡，一側有小柄，手持而用。清鄭光祖《一斑録》："人眼視物遠近多弊，玻璃水晶之凹凸濟之，眼鏡之用宏焉。明時或行單照，或制兩圓如錢。"清顧震濤《吴門表隱》："眼鏡，前鏡只有單照，以手持而用之。國初吴江諸生孫雩球得洋法創始，後傳其業。"

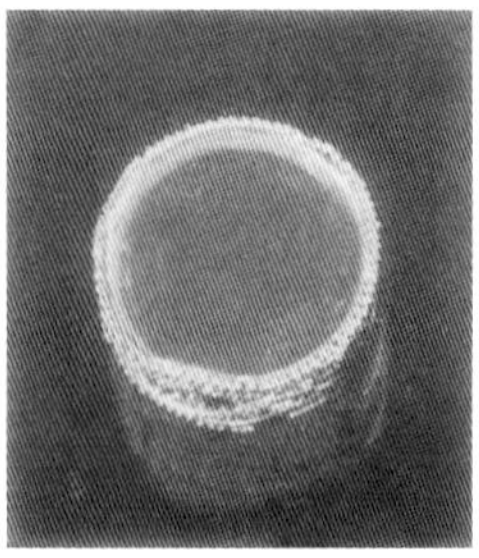

水晶凸鏡
甘泉 2 號漢墓

【單針表】

表面僅有一個和指針之表。《養心殿造辦處史料輯覽・雍正四年》：八月二十日據圓明園來帖內稱，太監劉玉交來"鑲嵌銀花玳瑁套銀盒銀表盤晝夜分明表一件、金盒珐瑯表盤單針表一件、銀盒銀表盤雙針表一件。奉旨：使者，著西洋人認看收拾。欽此。於十月十二日將表十件收拾好"。

【擔杖】

即扁擔。元宮大用《七里灘》第二折："拽着個鈍木斧，繫着條麄麻繩，擸着條舊擔杖。"

【簞】

竹製或葦製的圓形有蓋盛器。用以盛飯或盛穀種等。《公羊傳・昭公二十五年》："高子執簞食。"何休注："簞，葦器也。圓曰簞，方曰笥，食即下所致糗也。簞音丹，葦器。"《論語・雍也》："一簞食，一瓢飲，在陋巷，人不堪其憂，回也不改其樂。"邢昺疏："一簞食，一瓢飲者，簞，竹器，食飯也。"漢崔寔《四民月令》："九月，治場圃，塗囷倉，修簞、窖。"

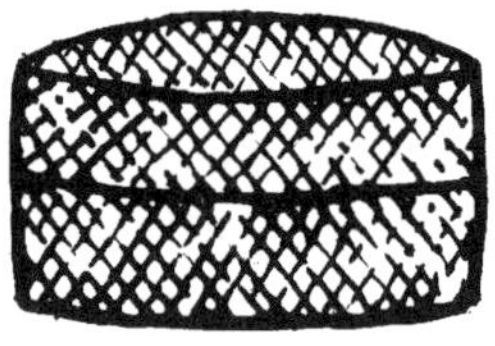

簞
宋淳熙年刊《新定三禮圖》

【石】

重一石的權。西安阿房宮遺址出土戰國秦高奴銅權，一面鑄銘："三年，漆工鼫，丞詘造，工隸臣囗。禾石，高奴。"另一面加刻秦始皇廿六年詔書和"高奴石"，邊再刻秦二世元年詔書。此權重 30750 克，折秦制一百二十斤，即一石。此自名"禾石"，意即稱糧禾之石。秦漢權亦多有以"石"自銘。《漢書・律曆志一上》："石者，大也，權之大者也。"

戰國高奴禾石
阿房宮遺址

【石秤】

稱量石重之秤。爲大秤。宋阮逸、胡瑗《皇祐新樂圖記》卷上："謹詳周禮及歷代至聖朝令文之制，定成銖秤一、鈞秤一、石秤一。"參見"銖秤"。

【檐索】

提拉用的粗繩。元沙克什《河防通議》卷上："四擺手合脩盤木岸，各八步，合用物料"，"束簽樁三十條，什物、席一十片，栲栳二十箇，檐索二十條，各長二丈。"

dang

【擋風眼罩】

擋風沙之眼罩。清代採用玻璃製作。《養心殿造辦處史料輯覽・雍正七年》：十月二十六日，"太監張玉柱傳旨：著做擋風眼鏡一件"。參見"玻璃眼罩"。

【盪】

耘田器。以木板面著數小釘，上施長木柄。用以在禾稻中推盪，使水土相和，去除雜草。元王禎《農書》卷十四："《農書種植篇》云：'凡水田渥漉精熟，然後踏糞入泥，盪平田面，乃可撒種。'此亦盪之用也。"《農雅・釋器》："推之謂之盪。案：《農書》曰：'今創有一器，曰耘盪，以代手足，工過數倍。'倬謂：盪用木板，著數十釘，板上置柄，間稼推之以去草。"

【盪刀】

盪平磚坯用的竹刀。清麟慶《河工器具圖說》卷四："治甄之具,有模,大小均用堅木合成,盪刀以竹爲之。""拌和熟泥貯模成墼,俗謂之坯,再用竹刀盪平脱下,曬乾。"

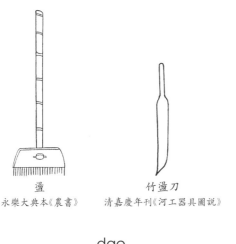

盪
永樂大典本《農書》

竹盪刀
清嘉慶年刊《河工器具圖説》

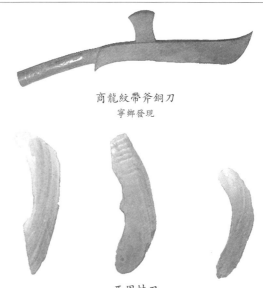

商龍紋帶斧銅刀
寧鄉發現

西周蚌刀
陝西歷史博物館

dao

【刀】

切割刀具的泛稱。殷墟甲骨文已有"刀"字。刀在石器時代已經産生,幾乎與人類文明的發展同步。是一種使用最廣的刃口工具。刀的製作材料由石、銅、鐵而漸變,在鐵器廣泛使用之後,因爲各種需要還用竹、木、石、玉、金、銀、銅等材料,有的還加以雕琢裝飾。刀的形狀一般爲扁長,一側長邊有長刃口,一側短邊設短柄,有的設刀座,以利於切、割、砍、剁、刮之用。刀的種類極多,刃口有利鈍,刃線有平斜弧形,刀尖有圓、平、尖,刀背有厚薄,柄有長短,刀身呈現各種形式。刀的用途遍及各領域,軍事、生産、日用都離不開它。

木柄夾刀
長臺關楚墓

新石器時代石刀
襄汾陶寺遺址

新石器時代石刀
芮城清涼寺墓地

新石器時代石刀
嘉興盛家墩遺址

商青銅刀
新淦大洋洲商墓

【刀兒】

即小刀,明劉若愚《酌中志·内臣佩服紀略》:"刀兒,小牙筯一雙","以紅絨辮繫束於衣左牌繐之上,以昭近臣殊寵。非外衙門之所敢望也"。

【刀圭】

抄藥末、盛藥汁的量具。頭尖下方,中凹陷。十刀圭約爲一方寸匕。《武威漢代醫方》七十:"用亭曆二分,甘逐二分,大黄一分,冶合和以米汁,飲一刀圭。"參見"圭"。

【刀礪】

即磨刀石。《兒女英雄傳》第二八回:"那磨刀石便叫作刀礪,伺候公婆吃飯磨刀片用的。"

【刀鎌】

即鎌刀。唐韓愈《苦寒》詩:"肌膚生鱗甲,衣服如刀鎌。"《重修政和經史證類本草·玉石部中品·鐵精》:"陶隱居云:鋼鐵是雜煉生鍒作刀鎌者。"

【刀鎌】

同"刀鎌"。清梁九圖《紫藤館雜録》卷九:"礪我刀鎌,刈我禾黍。不見潮田,踏車辛苦。"

【刀砧】

用刀切物時,墊在下面的用具。多爲木製。元無名氏《殺狗勸夫》第三折:"這廝死時節定觸犯了刀砧殺。醉時節敢透入在喂猪坑。"清蒲松齡《聊齋志異·狐妾》:"家中人但聞刀砧聲繁不絶。"

【刀子】

刀的通稱。或專稱小刀。北魏賈思勰《齊民要術・養牛馬驢騾》：“纏刀子，露鋒刃一寸，刺咽喉，令潰破，即愈。”明徐光啓《農政全書》卷二八：“移法：先作小坑，圓深三寸，以刀子圓劚椒栽，合土移之於坑中，萬不失一。”《紅樓夢》第四四回：“你要不實說，立刻拿刀子來割你的肉。”清翟灝《通俗編》卷二六：“俗呼器物，多以子爲助，惟刀子與刀，似有大小之別。”

【擣臼】

即臼。清范寅《越諺》卷中：“擣臼，以石爲之。出蕭山者佳。”

【倒流兒】

即釣升。《兒女英雄傳》第十三回：“這滑稽是件東西，就是製酒的那個掣子，俗名叫作過山龍，又叫倒流兒。”

【道軌】

即緯車、維車。《方言》卷五：“維車，趙魏之間謂之轣轆車，東齊、海、岱之間謂之道軌。”

【道婆】

即黃道婆。元王逢《梧溪集》卷三“黃道婆祠”：“前聞黃四娘，後稱宋五嫂。道婆異流輩，不肯崖州老。”明張所望《移建黃道婆祠記》：“夫爲金仙氏之教，終古尚存。而道婆故皈依佛門，亦諸佛所攝。”清毛岳生《上海縣黃道婆祠記》：“且棉苟熟，雖小災祲不爲害。嬴羨所致，皆出道婆。”

【稻草苫】

用稻草編成的覆蓋物。明徐光啓《農政全書》卷三七：“凡作園，於西北兩邊種竹以禦風。”“但竹葉生高，下半仍透風，老圃家作稻草苫縛竹上遮滿之。”

【稻叉】

即禾叉。清范寅《越諺》卷中：“稻叉，丟稻衾疊稻芃用。”

【稻床】

脫粒農具。木製，有四隻腳，形如床，前低後高，有的床面用竹片橫貫。使用時舉稻在床面竹片上摜之，使稻穗脫粒。《松江府續志》卷上：“稻床，牀以木製，四足前俛後仰。牀面貫以竹，若簾然。農人兩手持稻，以穗擊於牀，使穀脫於地。”

稻床
明初刊本《天工開物》

【稻鋏】

剪稻穗的剪刀。《沈氏農書・逐月事宜》：“合酒麵，醃菱拇，買辣火，買稻鋏、鎌刀、篩匾，買萊鹽。”參見“銍”。

deng

【登封觀星臺】

天文臺。元郭守敬建立。在今河南省登封縣東南告成鎮北，原周公測景臺處。天文臺爲一磚石混合結構，臺的本身就是圭表測景中的高表，臺下有一長31196米的石圭。刻有尺度，用來測量日影長度，又稱量天尺。在石圭以上到臺的直壁上沿高三十六尺，再向上四尺處置一橫

登封觀星臺
河南登封

梁作爲高表的頂端，石圭沿南北子午線方向長一百二十八尺。圭面刻有雙股水道。臺體呈方形覆斗狀，四壁用水磨磚砌成。臺下北壁設有對稱的兩個踏道口，可由此登臺。表頂採用懸空橫樑是應用景符小孔成像原理可以克服表高影虛的缺點。臺上原來還放置漏刻等其它儀器。此臺元代作爲全國大地測量“四海測驗”的一個基點。明始稱爲觀星臺。《元史・天文志一・四海測驗》：“河南府陽城，北極出地三十四度太弱。”《元史・天文志一・圭表》：“圭表以石爲之，長一百二十八尺，廣四尺五寸，厚一尺四寸。座高二尺六寸。”“表長五十尺，廣二尺四寸，厚減廣之半，植於圭之南端圭石座中，入地及座中一丈四尺，上高三十六尺。”“自梁心至表顚四尺，下屬圭面，共爲四十尺。”

【燈光錶】

夜光錶。《養心殿造辦處史料輯覽・雍正四年》：“五月初九日據圓明園來帖內稱，做得燈光錶一件，海望呈進。奉旨：著照樣再做二份。欽此。”

【燈漏】

元代郭守敬製造的漏刻。爲以漏水帶動自動報時系統的宮用漏刻。置於大明殿內。此漏裝飾華麗，呈燈毬之形。《元史・天文志一》：“大明殿燈漏：漏刻之制，高丈有七尺，架以金爲之。其曲梁之上，中設雲珠，左日右月。

雲珠之下，復懸一珠。梁之兩端，飾以龍首，張吻轉目，可以審平水之緩急。中梁之上，有戲珠龍二，隨珠俯仰，又可察準水之均調。凡此皆非徒設也。燈毬雜以金寶爲之，內分四層，上環布四神，旋當日月參辰之所在，左轉日一週。次爲龍虎鳥龜之象，各居其方，依刻跳躍，鐃鳴以應於內。又次週分百刻，上列十二神，各執時牌，至其時，四門通報。又一人當門內，常以手指其刻數。下四隅，鐘鼓鉦鐃各一人，一刻鳴鐘，二刻鼓，三鉦，四鐃，初正皆如是。其機發隱於櫃中，以水激之。”

【燈臺】

即燈臺硪。清麟慶《河工器具圖説》卷二：“硪有墩子、束腰、燈臺、片子等名。”

【燈臺硪】

一種兩端爲圓形平面，中腹鼓起的硪。適用于坦坡夯實。清麟慶《河工器具圖説》卷二：“硪有墩子、束腰、燈臺、片子等名。”按，其插圖名用“燈臺硪”。

燈臺硪
清嘉慶年刊《河工器具圖説》

【燈硪】

即燈臺硪。清麟慶《河工器具圖説》卷二：“燈硪稍輕，淮徐用之。”

【等】

同“戥”。元關漢卿《金線池》第三折：“試金石上把你這子弟每從頭兒畫，分兩等上把郎君子細秤。”《警世通言·宋小官團圓破氈笠》：“便取出銀子，剛剛一塊，討等來一稱，叫聲慚愧。原來是塊元寶，看時像少，稱時便多，到有七錢多重。”

【等秤】

同“戥秤”。元喬吉《水仙子·爲友人作》：“稅錢比茶船上欠，斤兩等秤上掂。”

【等盤兒】

戥子盛物之盤。元無名氏《雲窗夢》第二折：“俺兩個簡眉尖眼角傳芳信，等盤兒上暮雨朝雲。”

【等陀】

戥子的秤鉈。清黃六鴻《福惠全書·錢穀·折貯》：“庫吏放定等陀在星，方許放銀在盤，輕重可以立見。”

【等子】

同“戥子”。宋李廌《師友談記》：“邢和叔嘗曰：‘子之文銖兩不差，非秤上秤來，乃等子上等來也。’”明朱載堉《樂律全書》卷二四：“其小之小者，起於一寸，終於一銖；中者

起於一銖，終於一鎦；大者起於一鎦，終於一兩，若今之等子也。”清錢大昕《恒言錄》卷五：“等子，所以稱物者，俗作戥。《皇祐新樂圖》有銖秤，其圖幹十分二十四銖爲一兩正，一面有星，一繫一盤，如民間金銀等子者。”

【戥】

即戥子。清錢大昕《恒言錄》卷五：“等子，所以稱物者，俗作戥。”清吳榮光《吾學錄·權量》：“權之屬曰法馬、曰秤、曰戥。”

【戥秤】

即戥子，《石點頭·貪婪漢雲院賣風流》：“內中或有戥

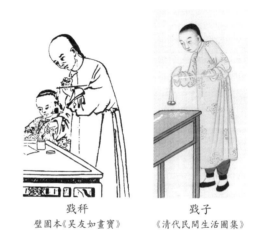

戥秤　　　　　　　戥子
壁圖本《吳友如畫寶》　　《清代民間生活圖集》

秤，輕重，銀色高低不一，盡要補足。”《清稗類鈔·物品·戥秤》：“戥秤，一作戥子，亦名等子，所以權金珠、藥物分釐小數之衡器也。”又《辰州苗器》：“苗民器用頗多”，“項圈、手釧、綢巾、衣服、升斗、戥秤、剪刀”，“皆自爲之，能通其用”。

【戥子】

一種高精度的小型桿秤。其祖型即一般桿秤。北宋劉

明代萬曆戥子
《中國古代度量衡圖集》

承珪提高了秤量的精確度，製作了精密細巧的小秤，秤桿多用牙骨製成。用以衡量貴重物品，如金、銀、珠寶、藥物等，計量單位從兩到分、釐。《兒女英雄傳》第十九回：“炕上擺了許多的針線刀尺，脂粉釵環，筆墨書箱，戥子算盤以至金銀錢財之類。”清顧張思《土風録》卷五：“市井間謂

秤銀具曰戥子。"參見"銖秤"。

【鄧保信尺】

北宋皇祐年間，鄧保信累黍所製藥尺。推算長度相當于28.1厘米。宋王應麟《玉海》卷八："(皇祐三年)六月丙寅，鄧保信上所製藥尺并龠，言其法本《漢志》，可合律度量衡。"

【鐙鋤】

一種直柄的鋤草農具。因其頭部形如馬鐙，故名。元王禎《農書》卷十三："鐙鋤，剗草具也。形如馬鐙，其踏鐵兩旁作刃甚利。上有圓銎，以受直柄，用之剗草，故名鐙鋤。柄長四尺。比常鋤無兩刃角，不致動傷苗稼根莖。或遇少旱，或熇苗之後，壠土稍乾，荒薉復生，非耘杷耘爪所能去者，故用此剗除，特爲健利。"

鐙鋤
明永樂大典本《農書》

di

【堤】

沿江河湖海等地修建的防水建築物。多用土石等搗築而成。《左傳·襄公二十六年》："初，宋芮司徒生女子，赤而毛，棄諸堤下。"陸德明釋文："堤，亦作隄。"明羅頎《物原·地原》："伏犧臣栗陸始濬川；神農作井；軒轅始開山通道，置園囿圃池溝澮；臺駘始爲堤；伯益作閘閘。"

【靮】

繮繩。《禮記·少儀》："犬則執緤，牛則執紖，馬則執靮。"鄭玄注："緤、紖、靮，皆所以繫制之者。"《太平廣記》卷四五四引唐薛用弱《集異記》："見三犬皆被靮鞠。"清黃叔璥《臺海使槎錄》卷六："社人謂是野牛初就靮，以此馴之。"

【厎】

同"砥"。《説文·厂部》："厎，柔石也。厎或从石。"段玉裁注："柔石，石之精細者。""厎者，砥之正字。"

【厎石】

同"砥石"。《漢書·梅福傳》："爵禄束帛者，天下之厎石，高祖所以厲世摩鈍力。"

【底樓索】

捆埽用的繩索。用在埽的下部，故稱。元沙克什《河防通議》卷上："捲埽物色"，"底樓索，在上曰搭樓索"。

【砥】

質地較細的磨刀石。《淮南子·説山訓》："厲利劍者必以柔砥，擊鍾磬者必以濡木。"《漢書·地理志上》：荆州"貢羽、旄、齒、革，金三品，杶、榦、栝、柏，礪、砥、砮、丹"。顏師古注："礪，磨也。砥，其尤細者也。"《廣雅·釋器》："砥、礛、礪也。"王念孫疏證："砥之言慎密也。"後亦以濕磚作細磨之用。

【砥石】

即砥。《淮南子·説山訓》："砥石不利，而可以利金。"《史記·扁鵲倉公列傳》："扁鵲乃使弟子子陽厲鍼砥石，以取外三陽五會。"《資治通鑑·漢成帝永始三年》："故爵禄束帛者，天下之砥石，高祖所以厲世摩鈍也。"

【地成障】

一種攔截河底水流，使之流緩沙淤的河工設施。用木框和編竹構成。與木龍配合使用。清麟慶《河工器具圖説》卷三："地成障，中柄長二丈一尺，邊木長一丈八尺，上中下橫擔木各長一丈。下用交叉小木，中編竹片。從龍身空檔插下，用截河底之溜。所以溜緩沙淤，化險爲平。"

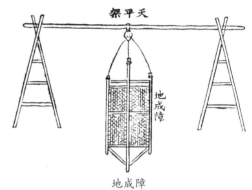

地成障
清嘉慶年刊《河工器具圖説》

【地動儀】

即候風地動儀。《晉書·天文志上》："蓋由於平子渾儀及地動儀之有驗故也。"

【地碓】

掘地安置的碓臼。宋蘇軾《豆粥》詩："地碓舂秔光似玉，沙瓶煮豆軟如酥。"元王禎《農書》卷十六：《耕織圖》詩云：

地碓
明初刻本《天工開物》

娟娟月過牆,蕺蕺風吹葉,田家當此時,村舂響相答。竹間炊玉香,會見流匙滑。更須水輪轉,地碓勞蹴踏。"

【地窖】

儲藏物品或住人的地洞或地下室。河北武安磁山文化遺址發現多個地下窖穴,其中 80 個內有粮食儲存。長方形地窖一般長 1.2 米、寬 0.65 米、深 1 米,內有糧食堆積厚 0.9~2 米不等。爲現今最早的糧窖。北魏賈思勰《齊民要術·造神麴并酒等》:"地窖着酒,令酒土氣;唯連簷草屋中居之爲佳。"清周亮工《書影》卷二:"吾鄉貧民,冬月操作,懼寒僵手,則爲地窖以居。"參見"窖"。

【地臼】

掘地經燒焙後作成的舂臼。以搗舂穀物。新石器時代大汶口文化,江蘇邳縣大墩子遺址下層的一處居住面附近,發現三個臼形的燒土窯,南北整齊排列,各間隔 1 米左右。顯示掘地爲臼後再經仔細焙燒而成的。這幾個地臼與集中排放的石杵一起成爲當時舂搗加工穀物的有力實證。後指地碓。《漢書·陳萬年傳》:"爲地臼、木杵,舂不中程,私解脫鉗鈦,衣服不如法,輒加罪笞。"參見"碓"。

【地犁】

扣帶繫龍大纜的木椿。大頭小尾,銳首,斜插入地,尾釘青椿以穩固。清麟慶《河工器具圖說》卷三:"天戧、地犁均爲扣帶繫龍大纜之用。""地犁,以二尺一木爲之,長一丈八尺,做法仿前,斜插入地四尺。犁尾釘青椿一戧,則腰尾各簽一椿,用纜穩住,使不搖動。"

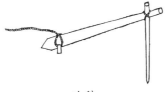

地犁
清嘉慶年刊《河工器具圖說》

【地螺】

即羅盤。宋曾三異《因話錄·子午針》:"地螺,或有子午正針,或用子壬丙午間縫針。"

【地盤真尺】

校正柱礎與地面平準之工具。《魯班經·地盤真尺》:"世間萬物得其平,全仗權衡及準繩。創造先量基闊狹,均分内外兩相停。石碶切須安得正,地盤先要鎮中心。定將真尺分平正,良匠當依此法真。"

【地平半圓日晷儀】

清康熙朝製的小型測日定時刻的儀器。晷盤爲長方形,水平安置,中置指南針,晷盤四周刻有時刻線。晷盤邊側有一與之正交竪立的框架,框中半圓形,通過圓心有一可繞心旋轉的瞄準器。竪框的鉛垂半徑上端開一小孔,晷盤子午線上亦有一小孔,在兩孔間穿細線,線的日影所在的時刻線分割處即所測的時刻。用竪框上瞄準器,照準太陽,可從半圓上的刻度,得到太陽的高度角。清《皇朝禮器圖式》卷三:"地平半圓日晷儀爲聖祖仁皇帝御製。鑄銅爲之。凡二重。"

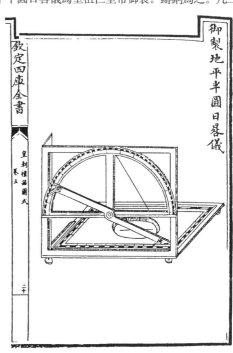

地平半圓日晷儀
四庫全書本《皇朝禮器圖式》

【地平赤道公晷儀】

清製小型測日定時刻的儀器。底盤中心架一象限弧,

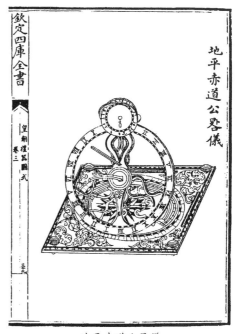

地平赤道公晷儀
四庫全書本《皇朝禮器圖式》

可使晷盤與天赤道平行。晷盤上有一大游表,表上有晷針,位在晷盤的偏心處。在游表另一端有一分度圓盤,其上有一半環,半環中央有小孔。當日光從小孔中射到晷針上時,可從游表及圓盤上讀出時刻及分數。該儀屬赤道式日晷,適於從春分到秋分半年中作觀測用。清《皇朝禮器圖式》卷三:"本朝製地平赤道公晷儀。鑄銅爲之。"

【地平方位儀】

清製以羅盤測定方位角的袖珍儀器。儀器爲一小木匣,中設指南針,盤周刻方位。直徑兩端設瞄準桿。用時瞄準目標,根據指南針,得到方位角。清《皇朝禮器圖式》卷三:"地平方位儀,木質螺鈿飾。"

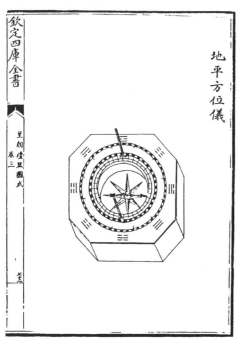

地平方位儀
四庫全書本《皇朝禮器圖式》

【地平經緯儀】

天文儀器。清製測量天體的八件大型天文儀器之一。由法國傳教士、欽天監官員紀里安監製。儀器將地平線儀和象限儀組合而成,以測量地平經度和緯度。清《皇朝禮器圖式》卷三"地平經緯儀":"康熙五十四年聖祖仁皇

清地平經緯儀

地平經緯儀
四庫全書本《皇朝禮器圖式》

帝命監臣製,鑄銅爲之。"

【地平經緯赤道公晷儀】

清製測日定時刻的儀器。晷底盤圓形,中央置指南針。底盤按地平方向安置,分內外盤,外盤刻劃子午線,下有三個定平的腳螺旋,內盤刻360°方位角。底盤上正立赤道經圈,內爲赤道圈,其中有直表。測日光以定時刻。清《皇朝禮器圖式》卷三:"本朝製地平經緯赤道公晷儀。鑄銅爲之。"

【地平經儀】

清代製作的測定地平經度的儀器。爲清製八件大型天文儀器之一。由比利時傳教士、欽天監官員南懷仁監製。儀器直徑約2米,有一個在底座上水平安放的地平環圈,環的東西直徑有銅條相連。在地平環中心立一根鉛垂方向的立軸,可繞圓心旋轉。立軸上端有一小孔,可穿線。立軸下端與一橫表相連,橫表可隨立軸一齊在水平方向轉動,橫表直徑與地平環外徑相等。從立

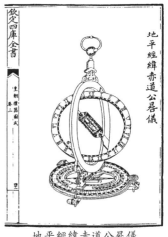

地平經緯赤道公晷儀
四庫全書本《皇朝禮器圖式》

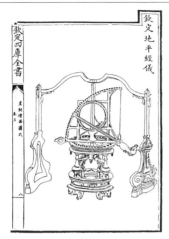

地平短儀
四庫全書本《皇朝禮器圖式》

軸上端小孔中各穿一線，斜貫到橫表兩端，成等腰三角形。觀測時，轉動橫表使兩線與天體重合，就可從橫表指在地平圈上的刻度處得到地平經度（方位角）。該儀現陳列於北京古觀象臺。清《皇朝禮器圖式》卷三："康熙十二年，聖祖仁皇帝命監臣製地平經儀，鑄銅爲之。"

【地平緯儀】

即象限儀。清《皇朝禮器圖式》卷三："康熙十二年聖祖仁皇帝命監臣製象限儀。""亦名地平緯儀。"

【地球儀】

清製地理儀器。與現代地球儀相類似。爲一置於架上地平圈内的球形儀。儀半在地平圈上，半在圈下。地平

地球儀
四庫全書本《皇朝禮器圖式》

圈上另有子午圈。可配合天體儀使用。清《皇朝禮器圖式》卷三："地球儀爲皇上御製，規木爲球以象地體，圍四尺五寸，兩端中心爲南北極，貫以鋼軸，腰帶赤道，斜帶黃道。"

【地籤】

丈量堤岸長短的繩狀用具。每五尺扎以紅絨爲標誌。清麟慶《河工器具圖說》卷一："地籤，丈量堤之長短，每五尺用紅絨爲記。二人拉量，遠觀便知數目。"

地籤
清嘉慶年刊《河工器具圖說》

【地繵】

即地籤。清麟慶《河工器具圖說》卷一："地籤，丈量地之長短。"按，其插圖名作"地繵"。

【地硪】

地面夯實用硪的總稱。包括平地用硪（墩子硪、束腰硪）和坦坡用硪（片硪、燈臺硪）等。清麟慶《河工器具圖說》卷二："硪有墩子、束腰、燈臺、片子等名。四者之中，墩子、束腰宜於平地；燈臺、片子宜放坦坡：統名地硪。"

【的槤】

整經時用於捲繞經絲的經軸。明宋應星《天工開物·乃服·經具》："扱篗之後，以的槤與印架相望，登開五、七丈。或過糊者，就此過糊，或不過糊，就此捲於的槤，穿綜就織。"又《機式》："提花小廝坐立花樓架木上。機末以的槤捲絲。"參見"花機"附圖。

dian

【鈿尺】

一種以金屬等裝飾的尺。以金、銀、銅等金屬微粒鑲嵌尺面分刻度及裝飾花紋，叫鈿尺。鈿尺不晚於三國時期。東吳高榮墓已發現竹鈿尺，以銀釘作刻度。唐杜牧《詠襪》："鈿尺裁量減四分，纖纖玉筍裹輕雲。"

銀釘竹鈿尺
東吳高榮墓

diao

【㔶】

竹製的耕田農具。用于平土去草。《説文·匚部》："㔶，田器也。從匚攸聲。徒聊切。"段玉裁注："艸部曰莜，薅田器也。㔶與莜音義皆同，蓋一物也。"

【雕刀】

整骨工具。原爲雕刻之刀，借作整骨用。唐蘭道人

《仙傳理傷續斷方·醫治整理補接次第口訣》："凡皮破骨出差爻，拔伸不入，搏捺相近，爭一二分，用快刀割些捺入骨，不須割肉"，"所用刀最要快。剜刀、雕刀皆可"。

【雕刀】
雕刻用的刀具。雕刻是重要的工藝，因此雕刀刀頭十分複雜，式樣很多。明黃大成《髹飾錄》乾集："夏養，即雕刀。有圓頭、平頭、藏鋒、圭首、蒲葉、尖針、剞劂之等。萬物皆大，凸凹斯成。"如"藏鋒"者刀鋒囬厚，"圭首"者刀鋒爲等腰三角形，"蒲葉"者如蒲葉扁薄而長，"剞劂"者刀鋒帶鈎。

【吊犁滑繩】
串吊犁鐸的繩子。明沈榜《宛署雜記·經費上》："紅繩二條、麻繩一百條，價九分；吊犁滑繩二十根、挑筐繩二十根，價二錢。"

【吊子】
即掉枝。清麟慶《河工器具圖説》卷四："掉枝，一名鐵搖手，俗謂之吊子。"

【莜】
同"蓧"。《説文·艸部》："莜，艸田器。從艸，條省聲。《論語》曰：'以杖荷莜。'"王筠句讀："田間之器，率以篠稭爲之，故曰艸。"

【掉花】
即連枷。清厲荃《事物異名録·耕織》："《餘冬序録》：打稻具，吳人謂之連枷，楚人謂之掉花。"

【掉枝】
繩車上的零件。多爲鐵製。一頭爲彎鈎，一頭有曲柄，可在縛繩架上作旋轉運動。元王禎《農書》卷二二：繩車"橫板中間排鑿八竅或六竅，各竅內置掉枝，或鐵或木，皆彎如牛角"。

【釣】
即魚鈎。《廣雅·釋器》："釣，鈎也。"王念孫疏證："釣，謂魚鈎也。"明羅頎《物原·食原》："燧人作釣，伏犧作罟。"清李調元《南越筆記·粤人多以捕魚爲業》："取鮑魚以釣，其竿五尺，繫以天蠶之絲，餌以公魚騰鯉。"

【釣車】
即釣魚輪。唐陸龜蒙《桐江得一釣車以襲美樂烟波之思因出以爲玩俄辱三篇復抒酬答》詩："旋屈金鈎劈翠筠，手中盤作釣魚輪。"

【釣杆】
一種起重裝置。由木滑輪、鐵鏈、繩索和木架組成。河

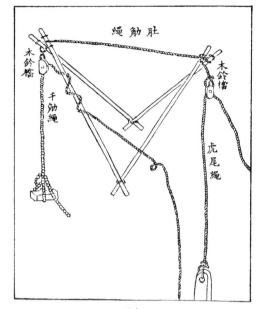

釣杆
清嘉慶年刊《河工器具圖説》

工用以撈取水中大石，亦可用于船上裝卸石料。清麟慶《河工器具圖説》卷四："南河修補石工，例應選四添六。舊石塌卸，多沉水底，即深且重，人力難施，撈取立法，全仗釣杆。其制，用杉木四根，交叉對縛，仿架網式安置岸邊。前繫鐵鍊，名曰千劬。後繫極粗麻繩，名曰虎尾。承繩之處，名木鈴鐺。然後遣水摸夫入水摸石，引繩扣繫。集夫拉挽虎尾繩鈎撈上岸。"

【釣竿】
竿釣主要屬具之一。通常以竹爲之，尖頭一端繫釣線，線端裝釣鈎。按所釣魚類不同，釣竿有長短粗細之分。三國魏曹丕《釣竿》詩："釣竿何珊珊，魚尾何簁簁。"

【釣具】
釣魚用具的總稱，包括釣竿、釣絲、釣鈎、釣餌、浮子、釣輪等。釣竿亦稱漁竿、漁竹，以竹爲之；竿頭繫釣絲，或在釣竿上附設釣輪以纏絡釣絲。釣絲舊稱緍、綸或釣魚絷，其下繫釣鈎，鈎上裝釣餌。此係竿釣之具，亦總稱"筌"。釣魚之法還有手釣、延繩釣、曳繩釣等，皆不用釣竿。《新唐書·隱逸傳·陸龜蒙》："不乘馬，升舟設蓬席，齎束書、茶竈、筆牀、釣具往來。"

【釣輪】
即釣魚輪。晉潘岳《西征賦》"徒觀其鼓枻迴輪，灑釣投綱"，唐李善注引舊説曰："輪，釣輪也。謂爲車以收釣緍也。"

【釣升】
汲取酒、醬油、醋、油的量器。用竹、錫等製成小桶，上

設垂直長柄,可從深腹小口容器汲提。釣升備有不同容量,可按量而用,故有量具功能。明王圻《三才圖會·器用》:"漏斗、釣升皆出入懽伯之器也。升用以挹,斗用以注,不知始於何時,疑起自近代。"

釣升
明萬曆年刊《三才圖會》

【釣魚輪】

釣具屬具之一。用以收捲釣絲的轉輪,可敷設於釣竿之上,亦可手持釣魚輪作手釣。唐陸龜蒙《桐江得一釣車以襲美樂烟波之思因出以爲玩俄辱三篇復抒酬答》:"旋屈金鉤劈翠筠,手中盤作釣魚輪。"

【釣魚筒】

即釣筒。宋陸游《自咏》:"曾著杞菊賦,自名桑苧翁。常開羅雀網,不下釣魚筒。"

【釣舟】

即釣船。南朝梁劉孝綽《釣竿篇》:"釣舟畫彩鷁,漁子服冰紈。"唐杜甫《秋寄題鄭監湖上亭》詩之一:"磨滅餘篇翰,平生一釣舟。"

設釣魚輪的釣竿
明萬曆年刊《三才圖會》

【釣繳】

即釣絲。《文選·左思〈吳都賦〉》"結輕舟而競逐,迎潮水而振繳",唐李善注:"繳、繶,皆釣繳也。"

【筿】

竹製的盛穀器。《論語·微子》:"遇丈人以杖荷筿。"何晏注:"筿,竹器。"元王禎《農書》卷十五:"筿、蕢,皆古盛穀器。""筿,字從草從條,取其象也。即今之盛穀種器。語曰:遇丈人以杖荷筿。蓋筿蕢之小者,可杖荷之。既農隱所用,必爲盛穀器也。"

筿
明永樂大典本《農書》

【篠】

同"筿"。北周庾信《竹杖賦》:"終堪荷篠,自足驅禽。"明徐光啓《農政全書》卷二四:"篠,許慎《說文》曰:耘器也。或曰盛穀種器。南方盛稻種,用算,以竹爲之。北方藏粟種,用篹,多以草木之條編之。篠蓋是類也。"一本文作"筿",圖作"篠"。

ding

【丁車】

農用的土車。《三國志·魏志·倉慈傳》"京兆太守濟北顏斐"裴松之注引三國魏魚豢《魏略》:"斐又課民以閒月取材,使轉相教匠作車。又課民無牛者令畜豬狗,賣以買牛。始者,民以爲煩,一二年間,家家有丁車、大牛。"

【丁緩】

漢魏時期長安巧匠。有多種發明。《太平御覽》卷七五二引《西京雜記》:"長安巧工人丁緩者,爲恒蒲燈,七龍五鳳雜以芙華蓮藕之奇。又作臥褥香爐","又作九層山鑪鏤爲奇禽","皆自然運動"。"又作七輪扇速以七輪,大皆徑尺,并相連續,一人運之,滿堂生風。"丁緩發明的七輪大扇,當爲世界最早的木製機械齒輪扇。又傳丁緩曾發明過香毬和凤輪。明羅頎《物原·器原》:"漢丁緩爲香毬。""丁緩作凤輪。"按:香毬、凤輪當皆宫廷用物,具體功用已不可考。凤,當爲"風"。

【丁娘子】

明代著名織布能手。所織棉布名丁娘子布、飛花布,亦稱丁娘子。《松江府志》卷四:"明時松江府東門外雙廟橋有丁氏者,彈棉花極純熟,花皆飛起。用以織布,尤爲精軟,號丁娘子布,一名飛花布。"清朱彝尊《江舍人懋麟以丁娘子布見贈賦寄》:"丁娘子,爾何人?織成細布光如銀。"清李林松《詠棉布》:"蚕豆花開蚕事忙,儂家不祭馬頭娘。生涯自有丁娘子,猶恐風高未刷漿。"

【釘】

即釘子。《廣雅·釋器》:"栓樘,釘也。"《清稗類鈔·戰事類·李壯烈討蔡牽》:"官船釘疏板薄,不能衝突波濤,長庚願傾家造船。"

【釘耙】

齒尖成釘狀的耙。用以碎土、平地。《清稗類鈔·物品·鐵搭》："鐵搭，農具也。用以耕墾。狀如釘耙，而齒較闊，四齒或六齒，柄長四尺。舉此钃地，可代牛犁。"按，釘耙、鐵搭兩物大致相似，惟齒有別。分言之，闊齒曰鐵搭，尖齒曰釘耙。混言之則不別。今亦有稱鐵搭爲釘耙者。

【釘子】

金屬製成的細棍形的物件。一端有扁平的頭，另一端尖銳，主要起固定或連接作用，也可以用來懸掛物品等。《兒女英雄傳》第一回："都許買幾斤蠟燭，用釘子釘的大木盤插着，托在手裏，輪流圍繞，照耀如同白晝。"

【定】

即櫌鉬。《爾雅·釋器》："斫屬謂之定。"郝懿行義疏："定者，釋文引李巡云：斫屬，鋤也。定，鋤別名。"元王禎《農書》卷十三："櫌鉬，古云斫屬，一名定。"

【定極環】

元郭守敬發明的簡儀中校準儀器極軸方向的輔助設備。位於簡儀的赤道經緯儀北極軸上端。環與儀器的赤道環平行。環之中央附近偏心處安一十字交叉，交叉中心有一小孔。在赤道經緯儀南端支架上放一開有小孔的銅板，板亦與赤道環平行。十字交叉中心的小孔與銅板小孔的連線與儀器的轉動軸線平行。可據此校正簡儀的極軸，使其與天軸平行。定極環與銅板又合稱候極儀。《元史·天文志上》："定極環，廣半寸，厚倍之，皆勢穿窿，中徑六度，度約一寸許。"參見"四游雙環"。

【定南針指時刻日晷儀】

清製小型測日定時刻的儀器。儀盤呈長方形，中央有一指南針，外圈刻有時刻線七層，兩端各置一表，表中有細縫。觀測時，當日光通過兩表細縫時，指南針所指即時刻。清《皇朝禮器圖式》卷三："本朝製定南針指時刻日晷儀。鑄銅爲之。"

定南針指時刻日晷儀
四庫全書本《皇朝禮器圖式》

【定石索】

捆繫固定埽的定石的竹索。用青篾三股合成。也稱拋定索。元沙克什《河防通議》卷上："竹葦諸索"，"定石索，長二百尺，用竹二十五竿"。又卷下："打索要接索功程"，"定河索每條四功"。

dong

【東魏後尺】

東魏中尉元延明累黍所得尺。北齊沿用。《隋書·律曆志上》："東魏後尺，此是魏中尉元延明，纍黍用半周之廣爲尺，齊朝因而用之。"

dou

【筻】

以竹、藤或柳條等編成的兜子。用以裝飼料喂牲口及盛物等。《説文·竹部》："筻，食馬器也。從竹，兜聲，當侯切。"段玉裁注："《方言》：'飤馬橐，自關而西謂之裺囊，或謂之裺筻，或謂之樓筻，燕齊之間謂之帳。'"

【斗】

量器名。方形。十升爲斗。又有大斗、小斗之別。市場交易所用斗稱市斗。各地區所用斗有不同；東北三省所用之斗稱關東斗。按質地劃分，銅製的爲銅斗，鐵製的爲金斗，骨料象牙所製的爲牙斗。《漢書·律曆志一上》："量者，龠、合、升、斗、斛也，所以量多少也，十龠爲合，十合爲升，十升爲斗，十斗爲斛。""斗者，聚升之量也。"元王禎《農書》卷十六："斗，十升量也。《前漢志》云：十升爲斗。斗者，聚升之量也。《説文》云：斗象形，有柄。"

始建國銅料
《中國古代度量衡圖集》

明式斗
永樂大典本《農書》

【斗碓】

水碓的一種。用于水高岸深的地方。以木槽引水衝激水輪帶動水碓工作。元王禎《農書》卷十九："若水高岸深，則爲輪減小而闊，以板爲級，上用木槽，引水直下，射轉輪板，名曰斗碓。"

【斗回】

即魚笱。《文選·左思〈吳都賦〉》"筌𩵋鰽鱺"，唐李善

注:"筌,捕魚器,今之斗回也。筌,所以得魚也。"清方以智《通雅·器用》:"斗回,取水之筌也。""斗回蓋唐人之方言,今則謂之兜籃,或曰花籃。程大昌言有倒鬚謂之笱,即筌也。因有倒鬚,故謂之回。"

【斗門】

小型水閘。唐韓愈《唐故江西觀察使韋公墓誌銘》:"明年,築堤扞江,長十二里,疏爲斗門,以走潦水。"《舊唐書·職官志三·都水監使者》:"凡虞衡之采捕,渠堰陂池之壞決,水田斗門灌溉,皆行其政令。"明徐光啓《農政全書》卷十七:"間有地形高下,水路不均,則必跨據津要,高築堤壩匯水,前立斗門,甃石爲壁,疊木作障,以備啓閉。"

【斞】

同"斗"。《漢書·平帝紀》:"民捕蝗詣吏,以石斞受錢。"宋范鎮《東齋紀事》卷二:"其上爲斛,其下爲斞,左耳爲升,右耳爲合。"

【豆】

量器名。四升爲一豆。《左傳·昭公三年》:"齊舊四量,豆、區、釜、鍾。四升爲豆,各自其四,以登于釜,釜十則鍾。"元王禎《農書》卷十六:"古有豆、區、釜、鍾、庾、秉之量,《左傳》曰:四升爲豆,四豆爲區。"

豆
四庫全書本《樂律全書》

【梪】

量器名。同"豆"。《廣雅·釋器》:"升四曰梪。"王念孫疏證:"梪與豆同。豆之言亦聚也,聚升之量也。"

【竇】

橢圓形的地下糧倉。河北武安磁山文化遺址發現多個地下窖穴,80個內有糧食堆積,其中圓形、橢圓形即爲儲

竇
明永樂大典本《農書》

糧之竇,口部直徑 3 米,深 0.5～1.5 米。此遺址距今三千年,爲現今發現最早的糧竇。《禮記·月令》:仲秋之月,"穿竇窖,修囷倉"。鄭玄注:"穿竇窖入地。隋曰竇,方曰窖。"孔穎達疏:"隋者,似方非方,似圓非圓。"元王禎《農書》卷十六:"竇似窖。《月令》曰:'穿竇窖。'鄭注云:'穿竇窖者入地。隋曰竇,方曰窖。'疏云:'隋者似方非方,似圓非圓。'《釋文》云:'隋謂狹而長。'今人下掘,或傍穿出土,轉於他處,內實以粟。復以草墊封塞,他人莫辨,即謂竇也。蓋小口而大腹。竇,小孔穴也,故名竇。詩云:穿竇以貯穀,遠謀輸老農。小口傍能通,虛腹寬有容。深儲虛竅發,迷藏加密封。"

【竇師倫】

唐代絲綢紋樣設計家、畫家。高祖時,任秦王府咨議、相國錄事參軍,後封爲陵陽公。唐張彥遠《歷代名畫記·唐朝下》:"竇師倫,官益州大行臺,兼檢校修造。凡造瑞錦、宮綾,章彩奇麗,蜀人至今謂之陵陽公樣。太宗時,內庫瑞錦、對雉、斗羊、翔鳳、游鱗之狀,創自師倫,至今傳之。"竇師倫擅長繪畫,研究過興服制度,精通絲綢紋樣設計。在中國絲綢文樣傳統風格的基礎上吸收了中亞、西亞的題材和表現方法,創造許多新的絲綢紋樣和產品,在唐代流行很久,并對後世的絲綢紋校設計產生重大影響。

du

【都倉】

總倉,大倉。唐韓愈《論變鹽法事宜狀》:"平叔又請令所在及農隙時,併召車牛,般鹽送納都倉,不得令有闕絕者。"

【都斛】

即京斛。京都所用斛量。《元史·忠義傳》:"屬漕米二十萬,縣邘溝達於河,舟覆,損十之一,而又每斛視都斛虧三升。"

【罜䍡】

一種小魚網。《國語·魯語上》:"鳥獸成,水蟲孕,水虞於是乎禁罜䍡、設穽鄂,以實廟庖,畜功用也。"韋昭注:"罜䍡,小網也。"漢張衡《西京賦》:"布九罭,設罜䍡。"《駢雅·釋器》:"罜䍡,魚網也。"

【罜網】

即罜䍡。清吳偉業《礬清湖》:"前窗張罜網,後壁挂耒鋤。"

【獨腳耬】

只有一條耬腳的單行條播器具。元王禎《農書》卷十三:"詩云:器惟名劚柄如耰,一樣田家獨腳耬。"清王筠

《馬首農言記》:“安邱用獨腳樓、雙腳樓。”

【獨鹿】

即罜麗。清方以智《通雅·器用》:“獨鹿,小罟也。”并引明王元美曰:“獨鹿,罜鹿也,蓋是罜麗字。”

【櫝櫨】

即轆轤。孫星衍輯《倉頡篇》卷上引《一切經音義》:“櫝櫨,三輔舉水具也。”

【櫝轤】

即轆轤。元王禎《農書》卷十八:“轆轤,纏綆械也。《唐韻》云:‘圓轉木也。’《集韻》作‘櫝轤’,汲水木也。井上立架置軸,貫以長轂,其頂嵌以曲木。人乃用手掉轉,纏綆於轂,引取汲器。”

【犢轆】

即轆轤。明徐光啓《農政全書》卷十七:“轆轤,纏綆械也。《唐韻》云:‘圓轉木也。’《集韻》作‘犢轆’,汲水木也。”

【杜詩】

東漢河内汲縣(今河南衛輝)人,字公君。官至侍御史。任南陽太守時,發明了水排。元王禎《農書》卷十九:“後漢杜詩爲南陽太守,造作水排,鑄爲農器,用力少而見功多,百姓便之。”杜詩任南陽太守時,還積極修治陂池,廣拓土田,對當地農業生産作出了重要貢獻。因此民衆説:“前有召父(召信臣),後有杜母(杜詩)。”

【杜預】

(222—284)西晉京兆杜陵(今陝西西安東南)人,字元凱,官至鎮南大將軍。連機碓的發明者。《事物原會》卷二十七:“《白六帖傳》暢言晉諸公,贊曰:杜預元凱作連機水碓,由此洛下穀米豐賤。《物原》:后稷作水碓,利於踏碓百倍。亦杵臼遺法。”元王禎《農書》卷十九:“機碓,水擣器也。《通俗文》云:水碓曰翻車碓。杜預作連機碓,孔融論水碓之巧,勝于聖人斲木掘地。則翻車之類,愈出於後世之機巧。”

【度】

即連枷。《方言》第五:“僉,宋魏之間謂之攝殳,或謂之度。”郭璞注:“今江東呼打爲度,此皆打之别名也。”清倪倬《農雅·釋器》:“連枷、僉、攝、芟、度、棓、柍、桲,打穀者也。”

【度】

計量長短的標準和器具。《漢書·律曆志一上》:“度者,分、寸、尺、丈、引也,所以度長短也。本起黄鍾之長。以子穀秬黍中者,一黍之廣,度之九十分,黄鍾之長。”清程際盛《駢文分箋》卷上:“丈尺曰度。”

【度竿】

測量用的標杆。爲有刻度的長杆。宋曾公亮《武經總要前集》卷十一:“度竿,長二丈,刻作二百寸、二千分,每寸内小刻其分。隨其分向,遠近高下,其竿以照版映之,眇目視三浮木齒及照版,以度竿上尺寸爲高下,遞而往視尺寸,相乘山岡溝澗水之高下,皆可以分寸度之。”參見“照版”。

duan

【鍴】

即鑽。或説爲兵器之小矛。《方言》第九:“鑽謂之鍴。”錢繹箋疏:“案此釋矛之小者也。”《廣雅·釋器》:“鍴謂之鑽。”王念孫疏證:“《廣雅》鍴謂之鑽,訓方言。”

【短鎌】

即銍。《急就篇》第三“鈐鐳鉤銍斧鑿鉏”,唐顔師古注:“銍,刈黍短鎌也。”元王禎《農書》卷十四:“據陸氏《釋文》云,銍,穫禾短鎌也。《纂文》云:江湖之間,以銍爲刈。”“此銍之見於經傳者如此,誠古今必用之器也。詩云:制形類短鎌,名義因聲聞。總秸既異賦,禾稾惟中分。”

【短鉗】

形體較短小的鉗。居延漢簡稱之爲小鉗。明湯若望、焦勗《火攻挈要·諸器圖》有“短鉗”。

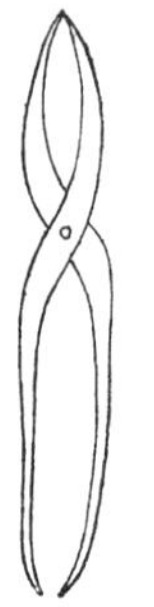

短鉗

清海山仙館本《火攻挈要》

【椵木鏇】

椵木製的鏇。椵木,落葉喬木,像白楊,木材細緻,受熱不易變形。《八旗通志》卷九十三“典禮志·滿洲祭神祭天典禮五”:“蒸餻用椵木鏇。”

【碫】

即礪石。《孫子·兵勢》:“兵之所加,如以碫投卵者,虛實是也。”

【緞機】

用於織造緞類織物的織機。可織花緞、素緞,亦可用於織綢。亦稱甯綢機。清衛傑《蠶桑萃編》卷七:“花素緞機寧綢。甯綢以緞機名,可織甯綢,並可織緞,機制能通用,長一丈七尺二寸,分爲兩截,上截在平地,下截在炕上,先掘長坑一,深四尺,寬四尺,墜線籰處也,一深二尺,横寬四尺,踏竿處也,機上器具不一,各有名號,不至混淆附開於後。”緞機可分爲上排檐機具、下排檐機具、闘門柱機具、四柱機具、立坐撞杆倉殼子機具、天橋上下相連機具、綫盤相連機具、提花線相連機具、運動機張器具九大部件,共六七種主要機件和四十三種附屬具器。

【鍛】

碫石，鍛鐵用的砧石。《詩・大雅・公劉》："涉渭爲亂，取厲取鍛。"清孔穎達疏："官鍛金之時須山石爲椹質，故取之也。"

【簖】

即滬。定置漁具。以繩編竹、葦爲柵，攔河插在水中，利用潮起潮落捕取魚、蝦、螃蟹等。潮漲没過簖頂，魚、蝦、蟹等隨潮水流入簖内；潮退，水由柵欄之間的空隙流出，魚、蝦、蟹等則爲柵欄所阻而不得出。用於淺海及内陸水域。簖之類有扈業、槎頭、蟹簖等。東晉時已有之。唐陸龜蒙《漁具》詩序"列竹於海澨曰滬"題注："滬，吳人今謂之簖。"明吾丘瑞《運甓記・牛眠指穴》："以有炒田螺、閘簖蟹；以有燒黄蟮、煮泥鰍。"《康熙字典・水部》："陸龜蒙《漁具詠》序'網罟之流列竹於海澨曰滬'，注：吳人今謂之簖。"《三吳水考》卷八引《郊喬水利書》："意或便於行路，則壩塞河口；或惰於巡防，則密置椿橛；此又不止於橋柱之阻水也。矧以茭菱、魚簖等物障遏妨害農功。"

蟹簖
明萬曆年刊《三才圖會》

dui

【兑架】

即天平。明朱國禎《湧幢小品・妬婦》："俗語謂法馬爲乏子"，"謂兑架爲天平"。

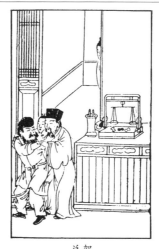

兑架
明萬曆年刊《元曲選》

【碓】

"碓"字約在漢代才出現，其開始的意思是指杵臼或杵。《周禮・地官・鼓人》"以金錞和鼓"漢鄭玄注："錞，錞于也。圜如碓頭，大上小下。"《説文・石部》"碓，所目舂也。"杵臼以手舉而勞作，勞動強度較大。大約在西漢出現"借身踐碓"的踏碓，繼而出現畜力碓、水碓（包括槽碓、連機碓等）。碓便成爲借助於機械而進行舂搗的一類杵臼的總名。漢桓譚《新論》："宓犧之制杵舂，萬民以濟，及後人加功，因延力借身重以踐碓，而利十倍杵舂。又復設機關，用驢、贏、牛、馬及役水而舂，其利乃且百倍。"《魏書・高祐傳》："又令一家之中，自立一碓。五家之外，共造一井，以供行客。不聽婦人寄舂取水。"參見"踏碓"。

踐碓
新都縣漢畫像磚

陶碓房
三國吳朱然家屬墓地

【碓機】

指踏碓。《方言》第五："碓機,陳魏宋楚自關而束謂之椓。"戴震疏:"《説文》云,碓春也,主發謂之機。"

漢碓機與風車
臨淄乙烯厰漢墓

【碓臼】

碓用大臼。半埋入地。《漢書·楚元王傳》"使杵臼雅春於市",唐顏師古注:"爲木杵而手春,即今所謂步臼者耳,非碓臼也。"《西游記》第九五回:"這大聖用心力輪鐵棒,仔細迎着看時,見那短棍兒一頭壯,一頭細,卻似春碓臼的杵頭模樣。"

【碓磨】

用一架水輪同時推動多具磨或碓工作的機械裝置。清王光彥《名勝雜記》六:"山民設水車,一輪轉一磨,捺木杵,春四碓,聲如雷,力省利巨。江河水寬平,不能運輪。山溪小澗,自上溜下,輪隨水翻。寒暑雨雪,人與碓磨在屋内,夜則燈火光射鄉村。其擣香末皂粉,蕨橡葛藥,多置窮壑絶壁,人罕到處,制同此。此春稻麥,磨菽苣,便井閭。雨漲以板支水,欲停止則以牐欄水。衹用碓,則去磨側橫簹;衹用磨,則以繩繫曲木,鈎掛碓柄。或衹用其一,則掛三柄,或衹用其三,則掛一。又徽地,一車運一磨八碓。"

【碓桯】

支碓的木架。《廣韻·青韻》:"桯,碓桯。"南唐李建勛《田家》詩之一:"犬吠隈籬落,雞飛上碓桯。"

【碓頭】

春杵的頭部。其形上大下小。《周禮·地官·鼓人》"以金錞和鼓",漢鄭玄注:"錞,錞于也,圜如碓頭,大上小下,樂作鳴之,與鼓相和。"《舊唐書·音樂志二》:"錞于,圜如碓頭,大上小下,懸以籠牀,芒筳將之以和鼓。"

【碓尾】

碓中與裝杵一端相對的另外一端。爲碓的槓桿結構中的加力端。《資治通鑑·魏元帝景元四年》"使守水碓",元胡三省注:"爲碓水側,置輪碓後,以橫木貫輪。橫木之兩頭,復以木長二尺許,交午貫之,正直碓尾。木激水灌輪,輪轉則交午木戛擊碓尾木而自春,不煩人力,謂之水碓。"《清稗類鈔·物品類·水碓》:"水碓,藉水力春米之器也。以轉輪二具,同在一軸,輪藉水力旋轉。輪上有

齒,撥動碓尾,一起一落,即能春米。"

【碓嘴】

碓頭端部。因末梢略尖如鳥嘴,故名。《西游記》第九五回:"却說那妖精見事不諧","取出一條碓嘴樣的短棍,急轉身來亂打行者"。明徐光啟《農政全書》卷三八:"榆皮濕搗,如糊粘瓦石極有力。汴洛以石爲碓嘴,用此膠之。"

【對數尺】

用於查尋相應數值的算尺。清鄒伯奇《對數尺記》:"對數尺者,畫數於兩尺,相并而伸縮之,使原有兩數相對,而令有數即對所求數,蓋因西人對數表而變通之爲算器。"《清史稿·疇人傳二》:"三檢叢書,曰志書,曰地圖、曰星辰、曰星圖、曰度算版、曰對數尺、曰八線長、曰八線對數表。"

dun

【墩硪】

即墩子硪。清麟慶《河工器具圖説》卷二:"墩硪最重,豫束用之。"

【墩子】

即墩子硪。清麟慶《河工器具圖説》卷二:"墩子、束腰,宜於平地。"

【墩子硪】

一種兩端爲圓平面,中間束腰的硪。與束腰硪相比,其硪面較大。適用于平地夯實。清麟慶《河工器具圖説》卷二:"硪有墩子、束腰、燈臺、片子等名。"按,其插圖名"墩子硪"。

墩子硪
清嘉慶年刊《河工器具圖説》

【不】

即坯子。清藍浦《景德鎮陶錄》卷四:景德鎮陶業字多俗省,"其見於字書而俗借用者,如靶、琢、不之類。如飯作反,撇作丿,同作门,盎作才,壺作乎,坂作件之類,雖土著猶參問乃得也"。

【囤】

同"笔"。元王禎《農書》卷十五:"笔,《集韻》云:盛穀器。或作囤,又籧也。北方以荊柳或蒿卉制成圓樣。南方刌竹編草,或用籧篨,空洞作圍,各用貯穀。"

【砘車】

播種後壓實土壤的農具。石製圓盤如輪狀,中有孔安

装於木軸的兩端,可轉動。用畜力拖引。元王禎《農書》卷十二:"砘車,石碌也。以木軸架碌爲輪,故名砘車。兩碌用一牛,四碌兩牛力也,鑿石爲圓,徑可尺許,窮其中以受機括,畜力挽之,隨耬種所過溝壟碾之,使種土相著,易爲生發。"明徐光啓《農政全書》卷六:"《齊民要術》云:凡耬種,欲牛遲緩行,種人令促步,以足躡壟底,欲土實種易生也。今人製造砘車,隨耬種子後,循壟碾過,使根土相著,功力甚速。"

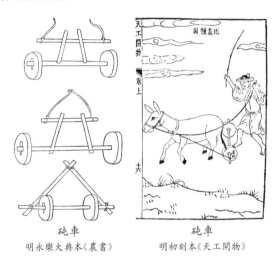

砘車
明永樂大典本《農書》

砘車
明初刻本《天工開物》

【砘子】

即砘車。元耶律楚材《請某庵主開堂疏》:"和尚拽砘子不離寺內,老鼠拖胡蘆衹在倉中。"

【筥】

用竹篾、荊柳等編織而成的貯米穀器,成圓形,上紮草爲蓋。《淮南子·精神訓》:"有之不加飽,無之不爲之飢,與守其篅筥,有其井,一實也。"高誘注:"篅、筥,受穀器。"《急就篇》卷三"篅筥篝筩箅算籌",顏師古注:"筥、篅皆所以盛米穀也,以竹木簟席,若泥塗之則爲筥;筥之言屯也,物所屯聚也。"元王禎《農書》卷十五:"北方以荊柳或蒿卉制成圓樣,南方判竹編草,或用篷簟,空洞作圍,各用貯穀。南北通呼曰筥,兼篅齺而言也。筥多露置,可用貯糧。"

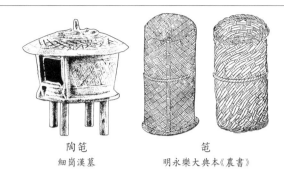

陶筥
細崗漢墓

筥
明永樂大典本《農書》

duo

【多目鏡】

多棱鏡。《養心殿造辦處史料輯覽·雍正七年》:四月十一日,"郎中海望持出八角玻璃一塊。傳旨:著問西洋人就做多目鏡用,還有別樣用法?"

【度尺】

橫累百黍之長爲一尺,稱度尺。相對律尺而言。宋章如愚《群書考索》卷五十三:"《周禮·典瑞》羨以起度。《考工記》:璧羨度尺,好三寸以爲度,璧徑九寸,羨而長之,從十寸,廣八寸,同謂之度尺。"明徐光啓《農政全書》卷四:"《考工記·玉人》:璧羨度尺,好三寸以爲度,好三寸所以爲璧也。裁其兩旁,以益上下,所以爲羨也。袤十寸,廣八寸,所以爲度尺也。"《四庫總目·〈樂律全書〉》:"度本起於黃鍾之長,就此黃鍾而均分爲十寸,寸十分,命曰一尺,當橫黍百粒,是爲度尺。"

【埵】

鼓風送風的鐵管。陝西坡頭村西漢鑄鐵遺址烘範窯的火膛西部出土埵一件。爲鐵質拐脖形管,長49厘米、拐脖長9.5厘米、圓壁厚0.7厘米、大口徑17厘米、小口徑10厘米。拐脖鑄一小鐵環,直徑3厘米。《淮南子·本經訓》:"鼓橐吹埵,以銷銅鐵。"高誘注:"埵,銅橐口鐵筒,埵入火中吹火也。"

埵
坡頭村西漢遺址

E

e

【栀】

即牛軶。《急就篇》第十八"蓋幨俾倪栀縛棠"，顏師古注："栀在衡上，所以扼持牛馬之頸也。"清方苞《轅馬説》："古之車，獨輈加衡而服兩馬，今則一馬夾轅而駕，領局於栀，背承乎鞁，靳前而靽後。"

【鄂】

即攫。《國語·魯語上》："鳥獸成，水蟲孕，水虞於是乎禁罝羅，設穽鄂，以實朝庖，畜功用也。"韋昭注："鄂，柞格，所以誤獸也。"

【蛾眉杖】

推鐮的構件。其作用爲聚攏推鐮割下的禾麥，便於捆紮。元王禎《農書》卷十四：推鐮，"用木柄長可七尺，首作兩股短叉，架以横木，約二尺許。兩端各穿小輪圓轉，中嵌鐮刀前向，仍左右加以斜杖，謂之蛾眉杖。以聚所劚之物。凡用則執柄就地推去，禾莖既斷，上以蛾眉杖約之，乃回手左攊成稈，以離舊地，另作一行"。

【鵝欄】

養鵝之圍欄。南朝宋劉義慶《世説新語·忿狷》："桓南郡小兒時，與諸從兄弟各養鵝共鬭。南郡鵝每不如，甚以爲忿。廼夜往鵝欄間，取諸兄弟鵝悉殺之。"

青瓷鵝欄
瑞昌碼頭鎮西晉墓

青瓷鵝欄
馬鞍山佳山鄉三國吳墓

瓷鵝欄
荆州八嶺山連心石料廠1號墓

【鵝管】

即鵝翎管。宋趙佶等《聖濟總録·急風》"治風涎發動口噤不開方"："以穀精草上花，火上炙焦，研作細末，用一剜耳子分作兩處，以鵝管吹入兩鼻中，涎出爲度。"

【鵝翎】

鵝之大翎毛。作微量掃具。宋洪邁《夷堅志補十三·復州王道人》："王生一日度橋，直西行十四五里，平常人跡罕至處。穿蘆林，坐岸滸，探懷取絳囊，可三指闊，類醫家貯屠蘇者，縛釣輪上，擲水中，若垂釣然。少焉舉綸，則碎金屑已粘著囊外，遠望如星。旋以鵝翎掃置幅紙上，如是十餘返，乃歸。"

【鵝翎管】

用鵝翎製成的中空吹樂管。明李時珍《本草綱目·獸三·鼠》："多年老聾：用活鼠一枚繫定，熱湯浸死，破喉取膽，真紅色者是也。用川烏頭一箇，炮去皮；華陰細辛二錢，膽礬半錢，爲末，以膽和勻再焙干研細入麝香半字，用鵝翎管吹入耳中。"

【鵝翎筒】

即鵝翎管。明李時珍《本草綱目·蟲二·棗猫》：治小兒臍風，"小兒初生，以綿裹臍帶，離臍五六寸紮定，咬斷。以鵝翎筒送藥一二分入臍大孔，輕輕揉散。以艾炷灸臍頭三壯。結住勿打動，候其自落，永無臍風之患"。

【鵝籠】

關鵝鴨的竹籠，斂口，底大。南朝梁吳均《續齊諧記·陽羨書生》："陽羨許彥於綏安山行，遇一書生，年十七八，臥路側，云脚痛，求寄鵝籠。"

鵝鴨籠
璧圖本《點石齋畫報》

【軶】

同"軶"。《説文·車部》："軶，轅前也。"《後漢書·列女傳·皇甫規妻》："卓乃引車庭中，以其頭縣軶，鞭撲交下。"李賢注："《周禮·考工記》曰：'軶長六尺。'鄭衆曰：'謂轅端壓牛領者。'"元王禎《農書》卷十二："牛軶，字亦作軛,服牛具也。”

【軶】

即牛軛。《文選·潘岳〈藉田賦〉》:‘緫犉服於縹軶兮,紺轅綴於黛耜。”李善注:“轅軶,犁轅軶也。漢鄭玄《周禮》注曰:‘轅端厭牛領曰軶。’”唐王建《賽神曲》:“青天無風水復碧,龍馬上鞍牛服軶。”元王禎《農書》卷七:“詩云:軶也如折磬,居然在牛領。止轉槃乃安,引耕索選整。屈形深擁肩,藉力控垂頸。歸挂屋厦時,嘉苗滿田頃。”

F

fa

【發條】

鐘錶的動力源。1450 年，由歐洲人列文·虎克發明。將片狀鋼條捲起，擰緊後，由於彈性作用而逐漸鬆開，產生動力。清徐朝俊《高厚蒙求·自鳴鐘錶圖說》："鐘錶輪齒之齒，本無一定，惟輪齒密而軸齒疎，則同一發條，同一絲繩，上足則走時便久。""余作鐘往往任意先作走時套，上足發條，任其走動。"

【乏子】

即砝碼。明朱國禎《湧幢小品·妬婦》："俗語謂法馬爲乏子。乏者，法字之訛也。"

【法馬】

同"砝碼"。《醒世恒言·賣油郎獨占花魁》："慌忙架起天平，搬出若大若小許多法馬。"清錢泳《履園叢話·閱古·漢陶陵鼎》："今除蓋，以庫平法馬秤之，重四斤十三兩三錢二分。"清汪汲《事物原會》卷二七：《儀禮·鄉射》'籌八十'，注：'籌，算也。'《禮記·投壺》：'正爵既行，請勝者立馬。'是籌與馬皆古人所以紀數。今博戲者以物衡錢謂之籌馬，交易者以銅爲比，謂之法馬，蓋均本於此云。"

丹陽萬壽塔出土明代法馬
《中國古代度量衡圖集》

【法子】

即砝碼。參見"銅法子"。

【砝馬】

同"砝碼"。清李漁《奈何天·焚券》："這是租簿，這是文券，這是收兌的天平，出入俱是一樣，並沒有第二副砝馬。"

【砝碼】

砝碼古稱纍，是天平上專用的重量標準。被稱物體與之平衡時，砝碼的重量即被稱物體的重量。現可見最早的砝碼，出土於湖南春秋戰國際楚墓。砝碼多以銅製，也有塗金或以金、銀製成。其形狀古今差別較大，楚墓砝碼爲環形，有的伴隨天平一起出土。湖南長沙近郊出土的鈞益砝碼及沅陵太常鄉砝碼均有一枚刻銘，前者第九枚刻"鈞益"，後者第五枚刻"分細益"。西漢及新莽時尚可見環形砝碼，西漢環如錢扁，而新莽則圓厚。以湖北枝江問安黃土崗一套較完整，形似算珠，並有"□十斤始建國元年正月癸酉朔日制"等銘。戰國秦已見帶紐的半球形砝碼，所謂秦權均屬此類，皆單件發現。陝西武功出土了一套五件的半球帶紐砝碼。西漢景帝陽陵南區從葬坑內既發現了環形及半球形砝碼，也發現一套十件的扁圓頂

西漢砝碼
陽陵南區從葬坑

方底帶孔的砝碼，重 0.5 克至 5 克不等。東漢不等臂秤形成，從砝碼中分離出秤錘，其小者無穿無紐，形式較多，北京復興門外及山西省吉縣結子溝發現金代扁鼓形銅砝碼，分別爲"壹佰兩"和"伍兩"；阿納尼耶夫斯克古城址出土夏國大通七年製造砝碼，爲青銅圓餅，直徑 23.9～24.3 厘米、中心厚 6.1 厘米、沿厚 3.9 厘米、重 19 克。正

銅餅形砝碼
阿納尼耶夫斯克古城址

面銘文"重五錢"，反面"地字號"。還發現十錢、四十錢、八十錢、一斤、二斤、三斤等砝碼。明代又流行束腰錠餅形，江蘇丹陽萬壽塔已有出土，而晚明又行長方形，河南滎陽虎牢關出土"崇禎丁丑年置"的長方砝碼。安徽郎溪縣也收集到一套兩枚的扁長方銅砝碼，爲"江南蘇州府正堂曹"和"奉江南布政司"頒行，面刻"貳兩"和"叁兩"。而大型砝碼完全不同，有紐或有穿，湖南湘潭易俗鎮發現稱作"銅則"的砝碼，爲宋嘉祐元年丙申歲造，重壹百斤，扁長方體，圓頂，上端有穿；而《兩淮鹽法志》的

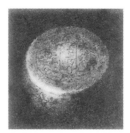

金代銅砝碼
結子溝遺址

稱鹽包的砝碼爲上小下大的方形或圓形,上有紐可懸掛。清代受西法影響,又有了新的發展。《清稗類鈔‧物品‧砝碼》:"砝碼本作法馬,天平衡物所用。常以銅鉛等製成小塊,每塊重量,自一錢、二錢、五錢、一兩至數兩均備,以便隨時加減。精密之天平,其砝碼分至極細,釐毫小數均備。此等小數之砝碼,概以白金片爲之。砝碼上均刻有數字,以記其重量。"

明代砝碼
虎牢關出土

【髮索】
用頭髮糾成的繩索。髮索吸水性差,耐水浸蝕,可用於潮濕處以及作業。《西湖老人繁勝録》:"京都有四百四十行,略而言之……楼索、髮索、螂蠐、金麻、蛒虫、端柰。"

fan

【帆繩】
帆索。清屈大均《廣東新語‧舟語‧洋舶》:"帆繩交結如網羅,或皆在其上坐臥。帆以布,凡七張之,繩以棕細藤。"

【帆索】
繫縛或升降捲縮船帆的繩索。並有保護船帆的作用。也稱篷索、帆繩。《清史稿‧兵志七》:"一曰帆纜廠,專造船上之風帆、天遮、帆索、桅上鑲配繩索,及起重搭架各工。"

【飜車】
同"翻車"。宋程大昌《演繁露》卷三:"《魏略》曰:馬鈞居京都,有地可爲園,患無水以灌,乃作飜車,令童轉之,而灌水自覆,更出更入,其巧百倍於常。"

【幡車罟】
即覆車。一種附設有機關的捕鳥獸的網。《史記‧司馬相如列傳》"列卒滿澤,罘罔彌山",唐張守節正義:"《説文》云:'罘,兔罟也。'今幡車罟也。"

【幡車罔】
同"翻車網"。《漢書‧司馬相如傳上》"列卒滿澤,罘罔彌山",唐顏師古注:"罘,覆車也,即今幡車罔也。"

【燔針】
即大針。明楊繼洲《針灸大成‧九針圖》:"大針,一名燔針,長四寸;風虛腫毒,解肌排毒用此。"

【燔鍼】
即火針。《素問‧調經論》:"病在筋,調之筋;病在骨,調之骨。燔鍼急刺其下及與急者。"吳昆注:"燔鍼者,内鍼之後,以火燔之煖耳。"《靈樞經‧官鍼》:"焠刺者,刺燔鍼則取痹也。"

【番眼鏡】
西洋生產之眼鏡。清梁廷楠《粤海關志‧税則二》:"番眼鏡每百箇税一兩。"

【翻車】
即覆車。《爾雅‧釋器》"翼謂之罦。罦,覆車也。"晉郭璞注:"今之翻車也。"

【翻車】
汲水灌溉機械。通常稱龍骨車。《後漢書‧宦者傳‧張讓》:漢靈帝"使掖廷令畢嵐鑄銅人","又鑄天禄蝦蟇,吐水於平門外橋東,轉水入宮。又作翻車、渴烏,施於橋西,用灑南北郊路,以省百姓灑道之費。"李賢注:"翻車,設機車以引水。"《三國志‧魏書‧杜夔傳》"其好古存正莫及夔",南朝宋裴松之注:"時有扶風馬鈞,巧思絕世。""居京都,城内有地,可以爲園,患無水以灌之,乃作翻車,令童兒轉之,而灌水自覆。更入更出,其巧百倍於常"。元王禎《農書》卷十八:"翻車,今人謂龍骨車也。""其車之制,除壓欄木及列檻樁外,車身用板作槽,長可二丈,闊則不等,或四寸至七寸,高約一尺。槽中架行道板一條,隨槽闊狹,比槽板兩頭俱短一尺,用置大小輪軸。同行道板,上下通週以龍骨板葉。其在上大軸兩端,各帶拐木四莖,置於岸上木架之間。人憑架上,踏動拐木,則龍骨板隨轉循環,行道板刮水上岸。"明徐光啟《農政全書》卷十七:"翻車其起水之法,若岸高三丈有餘,可用三車,中間小池倒水上之,足救三丈已上高岸之田。凡臨水地段皆可置用。""水具中機械功捷惟此爲最。"南方亦有稱"筒車"爲"翻車"者,與龍骨車不同。參見"水翻車"、"幡車"。

近代寧紹地區翻車
寧波博物院

【翻車碓】
即連機碓。元王禎《農書》卷十九:"機碓,水搗器也。《通俗文》云:水碓曰翻車碓。杜預作連機碓。孔融論水碓之巧,勝於聖人。斲木掘地,則翻車之類,愈出於後世之機巧。"《農雅·釋器》:"機舂,水碓也。《韵府》亦曰翻車碓,《通俗文》亦曰連機碓。"

【翻車網】

即覆車。清方以智《通雅·器用》:"覆車,翻車網也。罩為覆車。"

【翻扒】

即扒。清葛士濬《杵臼經》:"芈(俗作搬,曰翻扒),所以翻米也。"

【輻車】

水碓。可能指翻車碓。漢服虔《通俗文》:"水碓曰輻車。"

【輻車】

同"翻車"。清屈大均《廣東新語·器語·香碓》:"以輻車車水,水激車,百杵齊舉,而黃屑成也。"按,粤俗多以水轉筒車汲水傾水槽中,以推動水輪旋轉,帶動水碓工作。這裏所説輻車指水轉筒車。參見"水翻車"。

【燔柴爐】

帝王祭祀時所用的爐子。把玉帛、犧牲同置於積柴之上,焚之以祭天。《清史稿·禮志一》:"東南燔柴爐,瘞坎,制如圜丘。"

【鐇】

即鑱。《後漢書·文苑傳·杜篤》:"鐇钁株林。"李賢注:"《埤蒼》云:'鐇,鑱也。'謂以鑱钁去林木之株葉也。"

【笵】

同"範"。亦特指竹製的模子。《説文·竹部》:"笵,法也。"段玉裁注:"《通俗文》曰:規模曰笵。玄應曰:以土曰型,以金曰鎔,以木曰模,以竹曰笵,一物材別也。"

【飯幌子】

飯店的幌子。《兒女英雄傳》第七回:"走了半日,肚子裏餓了,沒處打尖,見這廟門上掛着個飯幌子。"

【範】

即模範。宋沈作喆《寓簡》:"鎔金一範,更無餘巧。"參見"模範"。

戰國刀範
靈壽古城銅鐵器作坊遺址

戰國楚"郢爰"及陶範
蘇州真山東周墓

fang

【方長牽鑢】

扁方形平面鑢。明宋應星《天工開物·錘鍛》:"治銅錢用方長牽鑢。"

【方赤道地平公晷儀】

清製小型測日定時刻的儀器。儀地平盤方形;赤道盤外框方形,內圓形。赤道盤的一條邊與地平盤一邊相接,可以俯仰變換角度。赤道盤兩面刻有時刻線,中央有一與之正交的晷針。根據晷針日影測定時刻。清《皇朝禮器圖式》卷三:"本朝製方赤道地平公晷儀,鑄銅為之。"

方赤道地平公晷儀
四庫全書本《皇朝禮器圖式》

【方寸匕】

抄藥末的量具。形如匕而小,長度為一寸,故名。一方寸匕約等於 2.74 毫升,抄金屬類藥末約重 2 克、草木類藥末約 1 克。《武威漢代醫簡》八一:"秦瘳五分,付子一分,凡二物治合和半方寸匕一,先醋飯酒飲,日三,以愈為度。"唐孫思邈《備急千金要方·序例》:"方寸匕者,作匕正方一寸,抄散取不落為度。"參見"匕"。

【方斗】

方形木斗。元明方斗口大底小,口沿有提梁。明無名氏《如夢錄·街市紀》:"再東是定秤胡同,做風匣、方斗諸樣小活。"

方斗
明萬曆年刊《琵琶記》

【方斛】

方形的斛。漢代之前已有方斛，宋遼時起其制爲正方形。庫倫一號遼墓壁畫可見口大底小之制，但後世以口小底大爲多。方斛兩側設短杠，以便搬運。《廣雅·釋器》："方斛謂之桶。"參見"斛"。

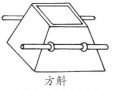

方斛
明永樂大典本《農書》

【方矩象限儀】

清代製天文測量儀器。爲一方形銅盤，以一直角頂點爲圓心，畫一象限弧。在圓弧和銅盤兩條邊線上繪有分割線。自圓心伸出一與盤面平行的瞄準器，可繞圓心轉動。以鉛垂線定直角邊的豎直方向。用以測目標或天體的高度角。清《皇朝禮器圖式》卷三："方矩象限儀爲聖祖仁皇帝御製，鑄銅爲之。"

方矩象限儀
四庫全書本《皇朝禮器圖式》

【方耙】

鐵齒耙的一種。耙長方形，以木爲架，架上裝有兩條橫木，橫木上鑿有方形小孔，安嵌木質耙齒，每齒長約六寸。使

方耙
明永樂大典本《農書》

用時，將耙平放在地面，人站立在耙上，前以畜力牽引。元王禎《農書》卷十二："耙桯長可五尺，闊約四寸，兩桯相離五寸許。其桯上相間各鑿方竅，以納木齒，齒長六寸許。其桯兩端木栝，長可三尺，前稍微昂，穿兩木桐，以繫牛輓鉤索，此方耙也。"《農雅·釋器》："耙以破塊，惟細爲功，其制：兩桯上鑿方竅，以納木齒者爲方耙。"

【方石杵】

一種小型築土工具。用於小面積築土。其築土部分用石製，方形，上有木柄。清麟慶《河工器具圖說》卷二："今工上有石杵，仍存古制。琢石爲首，受以丁字木柄，俾一人可舉，兩手可按，用以平治土堤築浪窩甚便。至方圓，則各肖其形，各適其用耳。"按，其插圖有"方石杵"。

方石杵
清嘉慶年刊《河工器具圖說》

【方條鎈】

截面爲方形的長條形鎈。明宋應星《天工開物·錘鍛》："鎖鑰之類用方條鎈。"

【方頭剪】

頭部呈平圓形的醫用剪。清高文晉《外科圖說》卷一："方頭剪，此剪入瘡口內剪腐肉，不刺疼。"

方頭剪
清刊《外科圖說》

【方月晷儀】

清製小型測月定時刻的儀器。該儀因置於方形小几架之上，故名。清《皇朝禮器圖式》卷三："本朝製方月晷儀。鑄銅爲之。""分上下二盤。""中心施遊表。""儀面鐫乾隆甲子年製。"

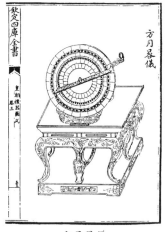

方月晷儀
四庫全書本《皇朝禮器圖式》

【坊】

即型。土製的模型。《淮南子‧齊俗訓》：“鑪橐埵坊設，非巧冶不能以冶金。”高誘注：“坊，土型。”

【紡車】

手工紡紗或撚線的工具。早在商、周時期已有了比較原始的紡車。在戰國和秦漢時期，稱紡車爲軒。《說文》：“軒，紡車也。”山東臨沂金雀山西漢墓中出土的帛畫上，有一個身穿左衽上衣的婦女，正在操作一架紡車。山東

紡車
金雀山漢墓帛畫

紡錠
南橋東吳墓

手搖紡車
明初刻本《天工開物》

滕縣宏道院、龍陽店，江蘇銅山洪樓等處的畫像石上也都有紡車以及調絲、織機等場面。這些都說明在漢代時紡車已較普遍地用於并加撚絲縷。紡車在歷史上經歷了由手搖到腳踏，由單錠到多錠的發展過程。手搖紡車的主要機構有二，一爲集加撚和捲繞於一身的錠子；另一爲傳動部件，即繩輪和手柄。常見的手搖紡車是錠子在左邊，繩

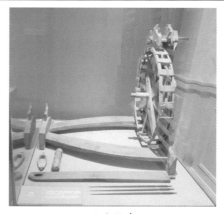

元代紡車
上海歷史博物館仿製品

輪和手柄在右邊，中間用繩弦傳動，由一人操作，稱爲臥式。另一爲立式，它是把錠子安裝在繩輪之上，需要二人同時操作。立式紡車可用於絲、麻、毛的加工。腳踏紡車是在手搖紡車的基礎上發展起來的。江蘇泗洪縣曹莊出土的東漢畫像石上的腳踏紡車圖像是至今發現的最早的有關腳踏紡車資料。另外自東晉名畫家顧愷之爲漢代劉向《列女傳‧魯寡陶嬰》作配圖時畫有腳踏紡車以來，歷代《列女傳》翻刻本均配有腳踏紡車圖。腳踏紡車由腳踏與紡紗兩部分機構組成，其具體形制在元王禎《農書》和明徐光啓《農政全書》中表示得比較清楚。自棉花在中原地區普遍種植以來，腳踏紡車主要用於紡棉花。明徐光啓《農政全書‧蠶桑廣類》：“木綿紡車。其制比麻苧紡車頗小。”“《南州異物志》曰：吉貝木，熟時狀如鵝毳。但紡不績，在意外抽、牽引，無有斷絕，此即紡車之用也。”紡棉用腳踏紡車有單錠和多錠之分，多錠者一般以三錠爲多。宋元之際出現了由加撚捲繞、傳動和原動力三個部分機構組成的大紡車，在紡車發展史上達到了頂峰。紡車在中國古代社會裏，是主要生產工具，幾乎遍及每個農户。《紅樓夢》第十五回：“一面說，一面又至一間房前，只見炕上有個紡車，寶玉又問小厮們：‘這又是什麽？’”中國各民族都有自己的不同類型的紡車，其基本原理相同，但形制各有差異。南方少數民族所紡棉紗較粗，故其繩輪直徑較小。《清稗類鈔‧物品類》記苗民器用頗多，如“機梭、紡車、蠶筐”。

【紡紗碾】

碾壓紡紗的一種機械。元熊夢祥《析津志‧物產》：“紡紗碾，其製甚巧，有臥車立輪、大小側輪，日可三、五十斤。”

【紡專】

同“紡塼”。《說文‧寸部》：“專，紡專。”

【紡塼】

由塼盤（紡輪）和塼桿組成的原始手工紡紗工具。塼盤用瓦製，塼桿用木製或骨製。塼桿亦稱爲撚桿或錠桿。中國使用紡塼的歷史極其悠久。最早的紡塼大約出現在

舊石器時代的晚期。在新石器時代得到廣泛應用。最初的紡塼叫什麽名字,不得而知。商周以來叫瓦或紡塼。《詩·小雅·斯干》"載弄之瓦",毛傳:"瓦,紡塼也。"孔穎達疏:"瓦,紡塼,婦人所用。"紡輪,是紡塼的主要構成部分。紡塼有單面插桿和雙面插桿兩種形式,塼盤是中間有孔的小輪子,在紡紗時用手使小輪旋轉,故又稱紡輪,亦稱旋錐、撚墜。現知中國最早的紡塼,是在河北省磁山新石器時代遺址中發現的,距今約七千多年。稍後的是

陶紡塼
西安半坡遺址

紡塼工作示意圖

距今六千多年前的浙江省河姆渡遺址以及距今五千多年前的陝西省半坡遺址和姜寨遺址發現的。在全國大多數早期遺址中都有紡塼出土,其中最多的一次是在1974年青海省樂都柳灣遺址,出土有100多枚。紡塼的外形一般爲矩形、鼓形、算珠形和梯形。

玉紡塼
東山良渚文化1號墓

新石器時代早期的紡塼爲石片或陶片打磨而成,較厚重,一般重量爲80克,重的可達150克,輕的約50克。稍晚的紡塼,大都是用黏土專門燒製的。外徑變小,偏於輕薄,有的還加以紋飾和彩繪。紡塼在尺寸和外形上變薄,目的在於減輕重量以適應紡較細的紗的同時又保持較大的轉動慣量以利於加撚。紡塼的使用方法,有吊錠法和轉錠法兩種。紡塼結構簡單,適用於原始階段的紡紗需要。它既可用於單純的加撚,亦可產生牽伸作用,把短纖維紡成紗,具有現代紡紗機上紡錠的部分功能。

【紡磚】
同"紡塼"。《朱子五經語類·詩五》:"載弄之瓦,瓦紡磚也。紡時所用之物,舊見人畫《列女傳》漆室乃手執一物,如今銀子樣,意其爲紡磚也。然未可必。"

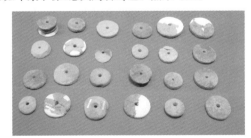

陶紡磚
宜興西溪、溧陽神墩新石器時代遺址

fei

【飛魚鈎】
即魚叉。因叉端帶鈎,故稱。《水滸傳》第十九回:"這邊蘆葦西岸,又是兩個人,也引了四五個打魚的,手裏也明晃晃拿着飛魚鈎走來。"

【緋繩】
緋色的繩子。晉陸翽《鄴中記》:"石季龍與皇后在觀上,爲詔書,五色紙,著鳳口中。鳳既銜詔,侍人放數百丈緋繩,轆轤回轉,鳳凰飛下,謂之鳳詔。"

【廢壺】
北宋沈括漏刻中的播水壺之一。接受複壺漫流分出多餘的水。《宋史·天文一》:"播水之壺三,而受水之壺一。曰求壺、廢壺。"

【鱝】
即觡。《説文·角部》:"鱝,堆射收繁具也。"參見"觡"。

fen

【分金爐】
利用金屬氧化難易這一化學特性,通過燃燒法把賤金屬氧化成土(或叫灰),而分離出貴金屬的一種裝置。明宋應星《天工開物·燔石》:"紅砒則分金爐內銀銅惱氣有閃成者。"

【分脈尺】
走方醫所用的小尺。清趙學敏《串雅內編·緒論》:"負笈行醫周遊四方,俗呼爲走方。""有小尺,曰分脈尺。"

【分水壺】
清代漏刻中接受平水壺漫流分出多餘廢水的壺。位在漏刻下方。清乾隆十一年(1746)製的交泰殿漏刻及嘉慶四年(1799)製的皇極殿漏刻均屬此類型。清《天文儀器圖》:"分水壺一,形方……在平水壺下少後。""平水壺後近上穿孔,泄於分水壺,以平其水而均其漏。"

【焚香鏡】
即凸透鏡。並將該鏡下設架,隨日而轉,置香可燃。清孫雲球《鏡史》:"焚香鏡,香置鏡下,隨日東西,以架相逆,無火自燃。且香味極佳,絕無煙火氣息。一餅龍涎,可以竟日。南窗清供,似不可無。"清李漁《十二樓·夏宜樓》:"焚香鏡其大亦似金錢,有活架,架之可以運動。下有銀盤。用香餅香片之屬置於鏡之下,盤之上,一遇日光,無火自燃。隨日之東西,以鏡相逆,使之運動,正爲此耳。

最可愛者,但有香氣而無煙,一餅龍涎,可以竟日。此諸
鏡中之最適用者也。"

【糞車】

運糞肥以耕田的車子。漢張衡《東京賦》:"卻走馬以糞
車,何惜騕褭與飛兔。"薛綜注:"老子曰:'天下無道,戎馬
生於郊;天下有道,卻走馬以糞。'河上公曰:'糞者,糞田
也。兵甲不用,卻走馬以務農田。'"

feng

【風錶】

一種表示風力、風速大小的儀器。《清史稿·兵志十
一》:"增化驗煤鐵大小各項器具材料以及汽錶、風錶、水
錶,皆爲精細貴重之件。"

【風車】

利用風力轉換成動能的機械。通常豎高木爲架,上安
多數可轉的輪木,裝有受風的帆葉。風吹輪轉,通過輪、
軸等將動力傳遞給其它機械設備。清周慶雲《鹽法通志》
卷三六:"風車者,借風力迴轉以爲用也。車凡高二丈餘,
直徑二丈六尺許,上安布帆八葉,以受八風。中貫木軸,
附設平行齒輪。帆動軸轉,激動平齒輪,與水車之豎齒輪
相搏,則水車腹頁周旋,引水而上。此制始於安鳳官灘,
用之以起水也。"

【風車】

用風力來分開糠粃和米粒的農用機械。風車由箱體、

風車
明初刻本《天工開物》

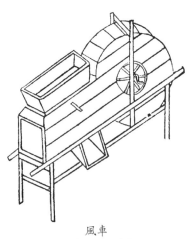

風車
明永樂大典本《農書》

風葉、進料口和出料口組成。經過碾、舂處理的穀粒投入
進料口,由人力搖動風葉把稍輕的糠粃和稍重的米粒分
開,從兩個出口分別出箱。河南濟源縣泗澗溝24號西
漢晚期墓發現明器陶風車一件,爲現今最早的風車形
象。風車爲梯形箱體,箱體上方有方漏斗形進料口,料
口底部有帶軸孔的控制啓門。箱體下方爲方形出米口,
在出米口右側正面挖有圓形風口,其相應的對面中心處
有一風扇的曲軸孔。在進料口左側斜坡箱體爲盛糠粃
的空間。河南洛陽東關旭升東漢磚券墓的陶風車年代
稍晚,形制稍異,長方形箱體,箱體上方的進料口爲高欄
漏斗,欄兩側有固定作用的兩個斜腿。箱體中間方部,
有長方形出米口,箱體出糠粃口無檔。風葉已損,箱體
上僅留曲軸孔。以上兩個風車均連踏碓,可見當時是連
續加糧食加工的。明代大約與漢時相似,形狀稍異。風
葉擴大,並固定在箱體後部,進料口、出米口放在箱體前
部,正處於風口,灰渣糠粃出口處於前部末端。整個箱

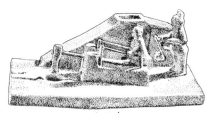

陶風車
泗澗溝西漢墓

陶風車
旭升東漢墓

體後部成圓形，前部成長方形。這樣安排顯然提高了工作效率。明宋應星《天工開物·攻稻》："凡去秕，南方盡用風車扇去。"清劉應棠《梭山農譜·穫譜》："風車，所以扇穀者。通用杉木薄板爲之，高五尺，橫長亦如之。有車足，足計四；有車身，有車腹，有車舌，有車斗，有車軸，有車升，此其大概也。形如車，運以風，故曰風車。""斗內粟從縫中湧出刀口，刀口下正當風處，秕者無力，因風遠竄；實者有力勝風，粒粒俱從車升口下，瑟瑟乎聲，滿籮矣。"

【風袋】

即排囊。用皮革或厚布製成。《西湖老人繁勝錄》："京都有四百四十行，略而言之……水草、風袋、使綿、劈柴。"

【風櫃】

即風箱。《清史稿·兵志七》："廠廣二萬八千八百餘尺，設鑄銅鐵大小爐凡十一座，轉運重件之將軍柱、碾機、風箱、風櫃，凡二十三具。"

【風輪】

即風車。一種利用風力的動力裝置。明徐光啓《農政全書》卷十六："其起法，有轆轤，有龍骨木斗，有恒升筒，用人用畜。高山曠野，或用風輪也。"

【風磨】

利用風力運轉的磨。清王士禛《池北偶談·談異·風磨風扇》："西域哈烈、撒馬兒罕諸國多風磨。其制：築垣牆爲屋，高處四面開門，門外設屏牆迎風，室中立木爲表，木上用圍置板乘風。下置磨石，風來隨表旋動，不拘東西南北，俱能運轉，風大而多故也。耶律文正詩：'衝風磨舊麥，懸杵搗新粳。'"

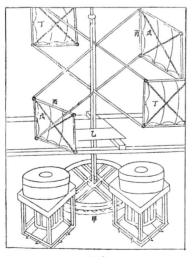

風磨
清守山閣本《遠西奇器圖説》

【風綍索】

即綍索。元沙克什《河防通議》卷上："造船物料"，"風綍索一條，汗索六條"。

【風扇】

即風車。一種簸選穀米等的農機具。元王禎《農書》卷四："凡揉打麥禾等稼，穰穅相襍，亦須用此風扇。比之杴擲箕簸，其功多倍。"明宋應星《天工開物·攻稻》："既舂，則風扇以去糠粃，傾入篩中圍轉。"清曾廷枚《音義辨同》："風車，又名風扇。如馬牛蹲立，中使圓轉受風，以米穀漸加於背而落於口，雜可使淨也。"

【風扇車】

即風車。農機具。明宋應星《天工開物·攻稻》有圖"風扇車"。

【風磑】

利用風力推動的磨。明王徵《新製諸器圖説·風磑圖説》："爲層樓一座，上七下八。方徑，各長丈有三尺。樓上層不圍，下層三面圍牆，一面門樓，下安磑以臺，臺高三尺。磑上扇中鑿方孔，深三寸，用安將軍柱。下端將軍柱長丈有二尺，上端安鐵鑽，俗所謂六角六面是也。其尖入上橫梁，橫梁當四方之最中處，安鐵窠，窠即爲柱尖入處，柱下端爲方柄，相磑上扇中所鑿方孔爲之。將軍柱從樓板中央貫上直至橫梁，橫梁下尺許以下，樓板上尺許以上，始安風扇。風扇凡四，每扇橫長六尺，上下五尺，堅木爲框，中加十字木根，一面用簾障之，邊皆以索連之，框上先將軍柱，樓板上尺許以上，橫梁下尺許以下安夾風扇木輪二，各厚尺許，周圍除安將軍柱外，寬仍尺許，各十字，鑿五寸深槽，槽視風扇框厚薄爲之。風扇入槽，以裏仍兩端爲孔，安上則用索緊束柱上，勿令活動

風磑
清守山閣本《新製諸器圖記》

爲則。風扇可卸可安,樓之製照尋常,礁亦尋常用者,無他謬巧,止借風力,省人畜之力云耳。此蓋西海金四表先生所傳。"

【風烏】
即相風烏。北周庾信《奉和趙王西京路春旦》:"直城龍首抗,橫橋天漢分。風烏疑近日,露掌定高雲。"倪璠注:"郭延生《述征記》曰:'長安宮南靈臺有相風烏,遇風乃動。'按日有三足烏,故云'疑近日'也。"

【風匣】
一種較小的風箱。適用於鐵匠、銅匠等擔着走街串巷。明無名氏《如夢録·街市紀》:"再東是定秤胡同,做風匣、方斗諸樣小活。"《歧路燈》第七五回:"原來是一個官錢局匠人,如今擔着風匣、鐵礦子做小爐匠。"

【風箱】
即風車。農機具。清范寅《越諺》卷中:"風箱,扇穀米木具,出上虞縣者較靈。"

【風箱】
一種活塞式鼓風器具。風箱兩端各設一個進風口,口上設有活瓣。箱側設有一風道,風道側端各設一個出風口,口上亦置有一個活瓣。通過伸出箱外的拉桿,驅動活塞往復運動,促使活瓣一啓一閉,以達到鼓風的目的。風箱的動力有人力和水力等。《清史稿·兵志七》:"廠廣二萬八千八百餘尺,設鑄銅鐵大小爐凡十一座,轉運重件之將軍柱、碾機、風箱、風櫃,凡二十三具。"參見"大風箱"、"韝鞴"。

風箱
明初刻本《天工開物》

【風箱車】
即風車。一種簸選穀米等的農機具。清方以智《通雅·器用九》:"扇隤,風箱車也。俗號風車,或曰扇隤。"

【鋒】
一種形似耒耜,前有利刃的農具。用於耕田鬆土。元王禎《農書》卷十三:"鋒,古農器也。其金比犁鑱小而加銳,其柄如耒,首如刃鋒,故名鋒,取其銛利也。地若堅垎,鋒而後耕,牛乃省力,又不乏刃。"

鋒
永樂大典本《農書》

【鋒針】
九針之一。長一寸六分,針體三角形,三面有刃。用於放血排膿。亦稱三棱針。滿城陵山一號漢墓金質鋒針的針尖作三棱形,針身較柄長。通長 6.55 厘米、柄長 2.65 厘米、寬 0.2 厘米,針身長 3.9 厘米。唐孫思邈《備急千金要方·用針略例》:"凡用鋒針針者,除疾速也。火針亦用鋒針,以油火燒之。"明楊繼洲《針灸大成·九針式》:"四曰鋒針,取法於絮針,筩其身,鋒其末,刃三隅,長一寸六分。"又《九針圖》:"鋒針,其刃三隅,長一寸六分,癰瘤疾刺大者用此。今之所謂三棱針也。"

金鋒針
滿城1號漢墓

【鋒鍼】
同"鋒針"。《靈樞經·九鍼論》:"四曰鋒鍼,取法於絮鍼,筩其身,銳其末,長一寸六分;主癰熱出血。"

【𦍑車】
同"風車"。揚穀器。清唐訓方《里語徵實》卷中上:"風車曰𦍑車。𦍑音封。《俗書刊誤》:風中揚穀出穢曰𦍑。《玉篇》:揚麥也。"

【葑田】
即架田。因其上鋪設葑泥,故名。唐秦系《題鏡湖野老所居》詩:"樹喧巢鳥出,路細葑田移。"稱架田爲"葑田",唐人已然。宋陳旉《農書》卷上:"若深水藪澤,則有葑田,以木縛爲田坵,浮繫水面,以葑泥附木架上而種藝之。其木架田坵,隨水高下浮泛,自不湴溺。"

fu

【鈇】
即鍘刀。《漢書·尹翁歸傳》:"豪强有論罪,輸掌畜官,使斫莝,責以員程,不得取代。不中程,輒笞督,極者至以鈇自剄而死。"《説文·金部》:"鈇,斫莝刀也。"段玉裁注:"莝者,斬芻之刀,今之鍘刀。"

【筹】

即筳。《説文・竹部》：“筹，筳也。”段玉裁注：“筹、筳、筦，三名一物也。”朱駿聲通訓：“《通俗文》‘受緯曰筹’，按亦曰筦。今蘇俗謂之篗頭，圓列其筳如柵。”古人在使用“筹”、“筳”、“筦”表示纏繞絲或紗線所用的工具時是同義的。但三者也各有其他含義。參見“筳”、“筦”。

【伏羲氏】

原始時代部族首領。傳説是中國畜牧業的開創者。明羅頎《物原・食原》：“伏羲始圈養六畜。”清汪汲《事物原會》卷二十九：“伏羲始乘牛馬，而製羈鞭杖。”傳説伏羲氏的重要發明尚有屋廬、養蠶和杵臼。明羅頎《物原・地原》：“伏羲始製屋廬。”《事物紀原補》卷九：“《皇罔要記》曰：伏羲化蠶作絲。”“宓犧製杵臼之利，後世加巧，因借身踐碓而利十倍，則碓蓋起於杵臼之遺法也。”伏羲氏在古文獻中又作伏犧、宓羲、包牺、伏戲、皇羲等。

【扶手板】

正骨工具。兩頭穿繩懸掛，讓病人俯伏於上，以利肩骨傷恢復的木板。《醫宗金鑑・正骨心法》：“扶手板，長二尺餘，寬三、四寸，兩頭穿繩，懸空掛起，令病人俯伏於上。”

【罘】

即覆車。一種附設有機關的捕鳥獸的網。《禮記・月令》：“田獵罝罘、羅罔、畢翳、餧獸之藥，毋出九門。”鄭玄注：“獸罟曰罝罘。”《漢書・司馬相如傳上》：“列卒滿澤，罘罔彌山。”顏師古注：“罘，覆車也，即今幡車罔也。《王風・兔爰》之詩曰‘雉罹於罦’，罦亦罘字耳。”《集韻・平虞》：“罦、罬、罘，《爾雅》：‘罘，覆車也’。今曰翻車，有兩轅，中施罥以捕鳥，或从包、从否。”一説指射鹿之攔網。《吕氏春秋・季春紀》：“田獵罼弋，罝罘羅綱，餧獸之藥，無出九門。”高誘注：“罘，射鹿罟也。”

【罘罝】

捕兔之網。《後漢書・寇荣傳》：“而閭閾九重，陷穽步設，舉趾觸罘罝，動行絓羅網。”李賢注：“《説文》曰：‘罘，兔網也。’罝亦兔網也。”

【畖】

小畬。《廣雅・釋器》：“畖，畬也。”王念孫疏證引《玉篇》：“畖，小畬也。”

【拂】

即連枷。《漢書・王莽傳中》：“予之北巡，必躬載拂。每縣粟，以勸蓋藏。”顏師古注：“拂音佛，所以擊治禾者也，今謂之連枷。”宋周密《癸辛雜識後集・連架》：“今農家打稻之連架，古之所謂拂也。”清厲荃《事物異名録・耕織》：“《方言》：僉，所以打穀者，宋魏間謂之攝殳，或謂之

度，自關而西謂之棓，或謂之拂。”

【枷】

即連枷。《國語・齊語》“權節其用，耒耜、枷、芟”，三國吳韋昭注：“枷，拂也，所以擊草也。”元王禎《農書》卷十四：“《廣雅》曰：枷謂之拂。《説文》曰：枷，拂也。枷，繫禾連枷。”

【罦】

同“罘”。《説文・网部》：“罦，覆車也。”《詩》曰：“‘雉離于罦。’”《廣韻・平肴》：“罦，覆車網也。”

【浮箭】

漏壺中標有刻度的計時尺。亦爲浮箭漏的省稱。宋王應麟《小學紺珠・律曆》：“四刻漏：浮箭，秤，沈箭，不息。”

【浮漏】

即漏刻。亦爲浮箭漏的省稱。宋沈括《夢溪筆談・象數二》：“熙寧中，予更造渾儀，並創爲五壺、浮漏、銅表，皆置天文院。”《宋史・律曆志九》：“後之作者，或下漏，或浮漏。”元王禎《農書》卷十九：“古今刻漏有二，曰稱漏，曰浮漏。夫稱漏以權衡作之，殆不如浮漏之簡要。今田漏概取其制，置箭壺内，刻以爲節，既壺水下注，即水起箭浮，時刻漸露，自己初下漏，而測景焉。”

【浮漏堂】

觀象臺内置漏刻的房屋。《清稗類鈔・名勝類》：“紫薇殿東小室曰壺房，即浮漏堂。”

【浮磑】

即船磨。敦煌文書伯 2507 號《唐開元二十五年水部式殘卷》：“從中橋以下洛水内及城外在側，不得造浮磑及捺堰。”

【絥】

大繩索。可用以繫船、牽引船等。《詩・小雅・采菽》：“汎汎楊舟，絥纚維之。”毛傳：“絥，繂也。”孔穎達疏引孫炎曰：“繂，大索也。”朱熹集傳：“言以大索纚其舟而繫之也。”《爾雅・釋水》：“絥，繂也。”郭璞注：“索繂，索。”三國魏嵇康《四言詩》之九：“有舟浮覆，絥纚是維。”唐劉禹錫《因論・儆舟》：“劉子浮於汴，涉淮而東，亦既釋絥纚。”

【罟】

同“罘”。《説文・网部》：“罟，兔罟也。”《廣雅・釋器》：“罬、罦、罟、罘，兔罟也。”王念孫疏證：“罬、罦、罟、罘并同。”

【罬】

即覆車。《詩・王風・兔爰》：“有兔爰爰，雉離於罬。”

毛傳:"罦,覆車也。"《爾雅·釋器》:"繴謂之罿。罿,罬
也。罬謂之罦。罦,覆車也。"《後漢書·馬融傳》:"於時
營圍恢郭,充斥山谷。罦罝羅罠,彌綸阬澤,皋牢陵山。"
李賢注:"罦音浮,雉網也。罝,兔罟也。"

【幞頭樣範】

製幞頭之楦頭。宋洪邁《夷堅支甲志一·關王幞頭》:
"成都駛卒王雲至府,巫祝喻天祐見之,以爲與廟中黃衣
絶相似,乃招至其家,飲之酒,賂以銀,行且付錢五千,并
大幞頭樣範,語之曰:'市上耿遷開此鋪,倩爾爲我與錢使
造一頂,須寬與數日期,冀得精巧。'"

【斧】

一種砍削工具。斧在中國起源很早,遠在新石器時代
人們已經使用石斧。河南新鄭裴李崗新石器中早期遺址
出土的石斧,有長條形和扁平梯形兩種,有的平面呈梯
形,橫斷面呈橢圓形,一端圓弧刃,通體磨光。陝西西安
半坡遺址新石器中期石斧,形式多樣,由磨製、琢製和打
製而成。商代已有銅斧,河南安陽殷墟等地均有發現。
有平刃和圓刃兩類,方形或長方形銎,有的還有銘文。春
秋戰國時期,由於冶鐵業的興起和發展,出現了鐵製工具。

西周銅斧首
陝西歷史博物館

新石器時代設孔帶柄陶斧
海安青墩遺址

戰國青銅斧首
紹興越城區迪蕩城建出土

《管子·小匡》:"惡金以鑄斤、斧、鉏、夷、鋸、欘,試諸土
木。"這是鐵斧的文獻記載。戰國晚期,鐵斧的使用已是
相當普遍,河南、河北、湖南、湖北、山東等地都出土過戰
國時期的鐵斧,多用生鐵鑄造,爲方形直式,平刃。漢代
鐵斧有了很大的改進,斧身爲長方形,刃部外拱,兩角向
外延長,背部平整,中部設長方形銎,類似後代形制。金
屬工藝也有了進步,河北陵山一號西漢有鍛製鐵斧,東漢
時代有鍛造的鋼斧。《釋名·釋用器》:"斧,甫也。甫,始
也。凡將製器,始用斧伐木已,乃製之也。"斧主要用於木
材砍削,傳統形制有單斜面和雙面斜兩種,一面平一面斜
的單斜面斧適於砍削木料,木工多用之;雙斜面斧適於砍
劈,打樵,劈柴多用之。

斧　　　　　　　　單斜面斧
明永樂大典本《農書》　　元建安虞氏刊《武王伐紂平話》

【斧頭】

即斧。明徐光啓《農政全書》卷三四:"然用斧有法,必
須轉腕回刃,向上斫之。枝查既順,津脈不出,則葉必復
茂。故《農語》云,斧頭自有一倍葉。"

【釜】

量器名。以齊國子禾子釜、陳純釜最爲著名,是官方製
定的標準量器。《論語·雍也》:"與之釜。"馬融注:"六斗
四升曰釜。"《左傳·昭公三年》:"齊舊四量:豆、區、釜、
鍾。四升爲豆,各自其四,以登於釜,釜十則鍾。"

【鈇】

同"斧"。《列子·說符》:"人有亡鈇者,意其鄰之子,視
其行步,竊鈇也;顏色,竊鈇也;言語,竊鈇也;動作態度無
爲而不竊鈇也。"釋文:"鈇,音斧,鉞也。"

【硴磓】

即石磨。《玉篇·石
部》:"硴,硴磓,磑也。"《駢
雅·釋器》:"硴磓,磑也。"

【鬴】

古量名。內方外圓。容
六斗四升。《周禮·考工
記·㮚氏》:"量之以爲鬴,
深尺,內方尺而圓其外,其
實一鬴。其臀一寸,其實
一豆。其耳三寸,其實一
升。重一鈞,其聲中黃鍾
之宮。概而不稅。其銘
曰:'時文思索,允臻其極。嘉量既成,以觀四國。永啓厥
後,茲器維則。'"鄭玄注:"以其容爲之名也。四升曰豆,
四豆曰區,四區曰鬴。鬴,六斗四升也。鬴十則鍾。"

戰國齊陳純銅釜
《中國古代度量衡圖集》

【負策】

即負算。《隋書·律曆志上》:其算用竹,"負策四廉,積

一百四十四枚,成方,坤之策也。”

【負算】

表示負數的算籌。用黑色或四棱作標志。《九章算術·方程》“以正負術入之,正負術曰”,晉劉徽注:“正算赤,負算黑,否則以邪正爲異。”

【紨】

同“縛”。捆縛東西的繩索。《集韻·去遇》:“紨,縛繩也。”

【縛】

繩索。捆綁東西用。《左傳·僖公六年》:“武王親釋其縛,受其璧而祓之。”又《昭公四年》:“王親釋其縛,受其璧,焚其櫬。”漢揚雄《解嘲》:“夫上世之士,或解縛而相,或釋褐而傅。”唐柳宗元《童區寄傳》:“夜半,童自轉,以縛即爐火燒絶之。”

【複壺】

北宋沈括漏刻中的漫流分水壺。播水壺的第二把壺。位於求壺之下,建壺之上。壺分前後兩部分,中間用隔板分隔,隔板中央開一孔,水可從中通過。前後兩部分的近上端處各開有漫流孔與分水管連通,多餘的水流到廢壺。自求壺注下的漏水進入複壺後室,從隔板中央孔流入前室。複壺前室下端有出水管,注入箭壺。漏水在複壺兩個隔室中經兩次漫流,前室的水位就很穩定了,保證了計時的精確度。《宋史·天文一》:“播水之壺三”,“曰複壺,求壺之度,中雖以爲二,元一斛介八斗,而中有達”。“複壺之脇爲枝渠,以爲水節。求壺進水暴,則流怒以搖,複以壺,又折以爲介。複爲枝渠,達其濫溢。”“自複壺之介,以五權釃於建壺”。

【覆車】

捕鳥的機關。其制有二:一種有兩轅,中繫小網,鳥觸動之即自行覆蓋;另一種則不用網,而用兩根繩子把竹條或柳條張成弓狀,繩子中央繫兩根竹子,竹子上設有機關,以蛾爲誘餌,鳥食之則中機關。亦用以捕小獸。《爾雅·釋器》:“縶謂之罿。罿,罬也。罬謂之罦。罦,覆車也。”郭璞注:“今之翻車也,有兩轅,中施罥,以捕鳥。”《説文·网部》:“罬,捕鳥覆車也。”王筠句讀:“覆車,吾鄉謂之翻車。不用網目,以雙繩貫柔條,張之如弓。繩之中央縛兩竹,竹之末箕張,亦以繩貫之,而張之以機,機上繫蛾,鳥食蛾則機發,竹覆於弓而羅其頃矣。以其弓似半輪,故得車名。此真所謂一目羅者也。若捕小鳥則用罬,其形相似,但弓上結網爲異。”清方以智《通雅·器用》:“覆車,翻車網也。罬爲覆車。”

【覆車網】

即覆車。《廣韻·平肴》:“罞,覆車網也。”

G

gai

【概】

刮斗棒。刮平斗斛等量面的器具。丁字形,柄以手持,其刮面平,但也有凸凹者,可使量有餘歉。《禮記·月令》:"日夜分,則同度量,鈞衡石,角斗甬,正權概。"鄭玄注:"概,平斗斛者。"《漢書·律曆志一上》:"以子穀秬黍中者千有二百實其龠,以井水準其概。"元王禎《農書》卷十六:"梸,平斛斗器。"

概
明永樂大典本《農書》

【蓋】

即勞。元王禎《農書》卷十二"今亦名勞曰摩,又名蓋。"

【蓋磨】

即勞。北魏賈思勰《齊民要術·雜説》:"觀其地勢,乾濕得所,禾秋收了,先耕蕎麥地,次耕餘地。務遣深細,不得趁多。看乾濕,隨時蓋磨著切。"元王禎《農書》卷二:"凡治田之法,犁耕既畢,則有耙勞。耙有渠疏之義,勞有蓋磨之功。"

gan

【甘鍋】

同"坩鍋"。宋蘇轍《龍川略志》卷一:"試以丹砂一錢益之,雜諸藥入甘鍋中煅之,鏪即傾出,金砂俱不耗。"明陶宗儀《輟耕録·鎗金銀法》:"其餘金銀都在綿上,於熨斗中燒灰,甘鍋内鎔鍛,渾不走失。"《明會典·工部·四司經費》:御用監物料,"金箔四萬貼、水膠二千五百斤,黑鉛五百斤、檀木二十根,大樣甘鍋二千箇"。

【坩鍋】

用以熔融金屬等物的陶質器皿。商代中晚期,坩鍋已經隨着地面熔煉爐的使用而産生。安陽殷墟商代遺址出土物中復原了一件小陶尊可以容銅27公斤。外壁糊着一厚層草拌泥,内壁粘有銅渣。此後,在鄭州商城、洛陽西周遺址、侯馬東周遺址都有類似坩鍋發現。洛陽吉利西漢工匠墓、南陽北關西漢冶鐵遺址均發現了坩鍋:前者共十一件,壁附熔煉殘剩鐵塊、鐵渣、煤塊煤渣;後者共三件,外敷草泥,泥内部燒成磚紅色,表面則成光亮的深黑色,并有灰白色光亮礦漿。可知是用耐火材料製作的較爲完備的坩鍋。安徽鳳臺連城遺址發現宋代陶坩鍋二件,一件有"姬家"二字戳記。坩鍋以耐火泥、黏土、煤屑等爲材料,脱模陰乾而成。除了用於冶煉金屬之外,還用於煉丹等。明宋應星《天工開物·五金》:"欲去銀存金,則將其金打成薄片剪碎,每塊以土泥裹塗,入坩鍋中鵬砂熔化,其銀即吸入土内,讓金流出,以成足色。然後入鉛少許,另入坩鍋内,勾出土内銀,亦毫釐具在也。"又:"高爐火中,坩鍋足煉,撒硝少許,而銅、鉛盡滯鍋底,名曰銀銹。"參見"甘鍋"。

坩鍋
南陽北關漢代冶鐵遺址

【坩土鍋子】

鍊藥器皿。以瓷屑粉和膠作成之鍋。唐孫思邈《千金翼方·飛鍊》:"燒白石英方。白石英一大兩,右以坩土鍋子盛,石蓋頭,炭火燒之。先取一瓷器貯二升無灰酒,燒石令赤,即投酒中,待冷,任酒性多少飲之。"

【竿】

即釣竿。《莊子·秋水》:"莊子釣於濮水,楚王使大夫二人往先焉。曰:'願以境内累矣。'莊子持竿不顧。"唐韓愈《獨釣》詩之一:"侯家林館勝,偶入得垂竿。"清李調元《南越筆記·粤人多以捕魚爲業》:"取花魚則以藤竹爲竿,竿長丈有三寸,貴軟而輕。"

【桿麨大杖】

大趕麨杖。《清稗類鈔·風俗》:"店主舉桿麨大杖,杖其兩骹,杖至五六十,突起而言曰:'如是,必喫矣。'"

【趕餅杖】

即麨杖。《農桑輯要·木棉》:"用鐵杖一條,長二尺,麤如指,兩端漸細,如趕餅杖樣。"

【趕車】

即木綿攪車。明宋應星《天工開物·乃服·布衣》:"其花黏籽於腹,登趕車而分之。"《天工開物》中給出了一幅趕車圖,係脚踏式,由一人操作,左手摇手柄使上軋棉輥轉動,右脚踏動踏板使下軋棉輥轉動,左手喂入籽棉,通過軋棉輥後,棉籽與棉纖分離。值得特别指出的是,在趕

趕車
明初刻本《天工開物》

車前有烘火用的爐具。軋棉前一般要曬棉，使籽棉中的水分減少而變得較乾燥，以便於軋棉。在軋棉時有爐具加熱去濕，則易於使棉纖維與棉籽分離。這是中國古代對軋棉工藝的一項重要改進。這種趕車，僅需一人操作，很適合於一般農家使用。

【趕麨杖】

即麨杖。《儒林外史》第五回：“被嚴貢生幾個兒子，拿栓門的閂、趕麵的杖，打了一個臭死，腿都打折了，睡在家裏。”清李光庭《鄉言解頤・物部上・麨杖》：“作無餡之饅頭與根條麨、漏活絡之類，不用麨杖，餘則必須以杖押開，遂謂之趕麨杖。”“鄉間則以麨之多少爲大小杖。世之悍婦陵(凌)虐其夫者，與擣衣杵同爲利器也。”

【趕網】

趕網
明萬曆年刊《三才圖會》

有硬架的捕魚小網。網成箕形，上有竹竿爲支架，可提於手，另一手持短棒，趕魚入網，故稱趕網。宜於淺水區捕小魚。明王圻《三才圖會・器用五》有“趕網”圖。

gang

【綱】

繫箭靶於木柱的繩子。《周禮・考功記・梓人》：“上綱與下綱出舌尋，緄寸焉。”鄭玄注：“綱所以繫侯於植者也。上下皆出舌一尋者，亦人張手之節也。鄭司農云：‘綱，連侯繩也；緄，籠綱者。’”《儀禮・鄉射禮》：“乃張侯下綱，不及地武。”鄭玄注：“侯，謂所射布也。綱，持舌繩也。”

【綱】

網之總繩。用以收放網具。《書・盤庚上》：“若綱在網，有條而不紊。”孔傳：“下之順上，當如網在綱，各有條理而不亂也。”《墨子・尚同中》：“譬之若絲縷之有紀，而罔罟之有綱也。”《說文・系部》：“綱，网紘也。”段玉裁注引唐孔穎達云：“紘者，網之大繩。”唐杜甫《又觀打魚》詩：“蒼江漁子清晨集，泛網提綱取魚急。”

【鋼錶】

鋼殼錶。《花月痕》第三十回：“劍秋道：‘你還不曉得麼？夏旒與他來往了半個多月，給不上二十吊錢，還偷了一對金環，兩個鋼錶。’”

【鋼括刀】

鋼質之刮刀。《養心殿造辦處史料輯覽・雍正七年》：“黑子兒皮匣一件，内盛錘子、鋼鉗子一把，兩頭銼一把，鑿子一件，鋼括刀、鑿子一把。”

【鋼鉗子】

鋼質鉗子。《養心殿造辦處史料輯覽・雍正七年》：“黑子兒皮匣一件，内盛錘子、鋼鉗子一把，兩頭銼一把，鑿子一件，鋼括刀、鑿子一把。”

【鋼椑】

鋼釬，用手工鑽鑿孔眼的工具。常用於採掘工程。清麟慶《河工器具圖説》卷四：“獨黃麻石用鋼椑一擊即起，匠人謂之鋼椑，必須繫以線索，不致跳遠，則又石性之不同耳。”

【鋼鑿】

鋼刃鑿。鑿鑿石金屬，故多用鋼刃。明茅元儀《武備志・軍資乘・器械》：“鎚成板子，就以鋼鑿鑿縱橫深紋於其上。”明宋應星《天工開物・錘鍛・鎈》：“凡鐵鎈，純鋼爲之。未健之時，鋼性亦軟。以已健鋼鑿劃成縱斜文理，劃時斜向入，則文方成焰。”

【鋼鑿子】

鋼製之鑿。《大清會典則例》卷一三十"盛京福陵物料"："鐵砧子每箇重五斤八兩銀一錢三分五釐。鋼鑿子每把重六兩銀六分三釐。鑿子每箇重八兩銀九分。"

【鋼鍼】

鋼質醫用針具。清劉濟川《外科心法真驗指掌·用刀門》："此鋼鍼。遇癧疬等症，不宜開大口者，皆以鋼鍼穿眼入藥撚，最妙"。

鋼鍼
清刊本《外科心法真驗指掌》

【鋼錐】

鋼質之錐。《文獻通考·王禮四》："行宮設六合板城，載以槍車，每頓舍則外其轅以爲外圍，內布鐵菱，次施弩牀，皆插鋼錐，外向上施旋機弩，以繩連機，人來觸繩，則弩機旋轉所處而發。"此用作障礙器材。

【剛鐮】

一種刃闊刀背較厚的鐮刀。用於斫伐，收割較堅韌的植物。《農桑輯要·地桑》："須用厚背剛鐮，一割要斷。"

【槭刀布】

理髮師用的磨刀布條。布質粗硬。《兒女英雄傳》第三七回："就講那上頭的油泥，假如給了剃頭的，便是使熟了的絕好一條槭刀布。"

gao

【高几】

即桑几。元王禎《農書》卷二一："《齊民要術》云：採桑必須高几。《士農必用》云：擔負高几，遠樹上下。"

【高機】

即桑几。北魏賈思勰《齊民要術·種桑柘》："春採者，必須長梯高機，數人一樹，還條復枝，務令淨盡；要欲旦暮，而避熱時。"

【高機】

高型織機。漢王逸《機賦》謂織機有"高樓雙峙"，描寫高機形狀。敦煌文書伯 3833 號《家憧須飽暖》："袂袍□□錦，衫段高機蘆。"《陝西通志·物產一》："布有高機、平機之名。"唐鮑溶《采葛行》："春溪幾回葛花黃，黃麞引子山山香。蠻女不惜手足損，鈎刀一一牽柔長。葛絲茸茸春雪體，深澗澤泉清處洗。殷勤十指靈吐絲，當窗嫋娜聲高機。織成一尺無一兩，供進天子五月衣。"

高機
宋《蠶織圖》

【高腳】

耕水田時用的犁壁。元王禎《農書》卷十三："鐴，犁耳也。鐴形不一。耕水田，曰瓦繳，曰高腳。"

【高杌】

即桑几。《農桑輯要·科斫》："春採者，必須長梯高杌，數人一樹，還條復枝，務令淨盡。"

【高轉筒車】

一種將水提升到較高處的水車。其形制如龍骨車。有兩輪，一在岸上高處，一在水中。岸上輪用人力或畜力驅動，帶動下輪旋轉，提水部分由筒索組成，通過竹（木）筒將水提升到高處。元王禎《農書》卷十八："高轉筒車，其高以十丈爲準，上下架木，各豎一輪，下輪半在水內，各輪

高轉筒車

高轉筒車
明永樂大典本《農書》

徑可四尺,輪之一週,兩傍高起,其中若槽,以受筒索,其索用竹均排三股,通穿爲一,隨車長短,如環無端。索上相離五寸,俱置竹筒,筒長一尺。筒索之底,托以木牌,長亦如之,通用鐵線縛定。隨索列次,絡於上下二輪,復於二輪筒索之間,架刳木平底行槽,一連上與一輪相平,以承筒索之重。"明徐光啓《農政全書》卷十七"高轉筒車":"或人踏,或牛拽,轉上輪,則筒索自下兜水,循槽至上輪,輪首覆水,空筒復下,如此循環不已。"

【高俎】

高腳肉案。用於切肉。漢班固《漢書·項籍傳》:"羽亦軍廣武相守,乃爲高俎,置太公其上,告漢王曰:'今不急下,吾亨太公。'"顏師古注:"如淳曰:'高俎几之上也。'""俎者,所以薦肉。示欲烹之,故置俎上。如說是也。"

【皋】

即桔皋,升舉用具。漢揚雄《甘泉賦》:"燎薰皇天,皋搖泰壹。"

【皋陶】

原始時代東夷族部族首領。偃姓。曾爲舜的掌刑官。傳說爲中國刑具的發明者。《世本·作篇》:"皋陶制五刑。"《尚書·堯典》:"帝(舜)曰:'皋陶,蠻夷猾夏,寇賊奸宄,汝作士,五刑有服。'"五刑指:墨、劓、剕、宫、大辟。這既是中國最早的刑法制度,也有相應的刑具。

【篙筒】

粗而長的竹管筒。漁人用來聽水中魚情。明王士性《廣志繹·江南諸省》:"漁師則以篙筒下水聽之,魚聲向上則下網,下則不,是魚命司之也。"

【橰】

即桔皋。《莊子·天地》:"子貢曰:'有械於此,一日浸百畦,用力甚寡而見功多,夫子不欲乎?'爲圃者卬而視之曰:'奈何?'曰:'鑿木爲機,後重前輕,挈水若抽,數如泆湯,其名爲橰。'"一說指桔橰的橫桿,即擊重物和容器的長木桿。元王禎《農書》卷十八:"《説文》曰:橰,皋也,所以利轉。又曰:皋,緩也,一俯一仰,有數存焉,不更速也,然則桔其植者,而橰其俯仰者與?"

【槁】

即鋤。清梁同書《直語補證》:"北方呼鋤曰槁,不知何解,鮑珍《亞谷叢書》載之。"

ge

【割刀】

割切肉用刀。《禮記·禮器》:"割刀之用,鸞刀之貴。"

孔穎達疏:"割刀,今之刀也;鸞刀,古刀也。今刀便利,可以割物之用。"

【鵠撎】

即撎兜。《事物異名錄》卷十八引明陳懋仁《庶物異名疏》:"鵠撎,網也,俗謂之撎兜。即今網內擊魚之具也。"

【格】

犁衡。木杠長丈餘,用以並駕二牛耕田翻土。唐樊綽《蠻書·雲南管内物產》:"從曲靖州已南,滇池已西。每耕田用三尺犁,格長丈餘,兩牛相去七八尺,一佃人前牽牛,一佃人持按犁轅,一佃人秉耒,蠻治山田,殊爲精好。"

【格】

即削格。《文選·晉左思〈吳都賦〉》:"峭格周施,罿罦普張。"呂向注:"格,張網之木也。"唐李白《大獵賦》:"罝罘縣原,峭格掩路。"王琦注:"格,張網之木也。"

【格篩】

磨穀後出米的細篩。清范寅《越諺》卷中:"格篩,眼更緊。"

【槅】

即軶,牛軶。《釋名·釋車》:"槅,扼也,所以扼牛頸也。"《説文·木部》:"槅,大車枙。從木,鬲聲。"段玉裁注:"枙當作軶。《車部》曰:'軶,轅前也。'"唐玄應《一切經音義》卷十九:"犁槅,槅,軶也,所以扼牛領也。"

【合】

量器名。《漢書·律曆志一上》:"量者,龠、合、升、斗、斛也,所以量多少也。合龠爲合,十合爲升","合者,合龠之量也"。《廣雅·釋器》:"龠二曰合。"

漢永平大司農銅合
《中國古代度量衡圖集》

【葛由】

魏晉時期機械制造家。能製自行木羊。《太平御覽》卷七五二引晉葛洪《神仙傳》:"葛由者,晉人也,刻木作羊,能行一旦。"

geng

【更籌】

計時的符籌。因中國古代夜間計時採用五更法，即將日落後到次晨日出前均分爲五等分的辦法，所以夜間計時的符牌稱更籌。竹木製成。上刻更點（每更分爲五點），由專人遞送到需報時的部門或場所。《新唐書·百官志》："司門郎中，員外郎各一人掌門關出入之籍。""凡奏事遣官送之，書題時刻，夜題更籌。"

唐式更籌及刻漏
元建安椿莊書院本《事林廣記》

【更籤】

即更籌。《陳書·世祖紀》："每雞人伺漏傳更籤於殿中，乃敕送者，必投籤於階石之上，令鏘然有聲，云：吾雖眠亦令警覺也。"

【耕具】

進行農田耕種作業的主要工具，如犁、耙、鏟等。《宋史·食貨志上》："真宗景德初"，"河朔戎寇之後，耕具頗闕，牛多瘠死。二年，內出踏犁式，詔河北轉運使詢於民間，如可用，則官造給之。"《文獻通考·田賦四》："若民力有不足，官借繒錢，或以市餼糧，或以營耕具。"清屈大均《廣東新語·器語·木牛》："用時一人扶犁，二人對坐架上。此轉則犁來，彼轉則犁去，一手而有兩牛之力，耕具之最善者也。"

【耕犁】

即犁。宋洪邁《夷堅三志己九·會稽富翁》："晚歲，忽令匠者造小耕犁一具，長廣才三尺，匠不曉其何所用，如戒爲之。翁捧視甚喜，即據地作牛狀，以背挽負，偏耕屋

下。"清陸隴其《三魚堂日記》卷下："升五宿新樂，見店上有耕犁，具身長而穹窿者，謂之轅。蓋即古轅之制，詩所謂梁輈也。轅端有上曲處，臨耕時，以橫木加其上，橫木中有鐵環，故可加兩牛并繫於橫木上。犁下有鏵土之鐵器，謂之鏵。"

【耕槃】

即犁槃。唐陸龜蒙《耒耜經》："橫於轅之前，末曰槃，言有轉也。左右繫以樫乎軛也。"明徐光啓《農政全書》："耕槃，駕犁具也。""耕槃舊制稍短，駕一牛，或二牛，故於犁相連。今各處用犁不同，或三牛四牛，其槃以直木，長可五尺，中置鉤環，耕時旋擐犁首，與軛相爲本末。不與犁爲一體。"

【耕棚】

帝皇行躬耕籍田禮時搭建的棚狀臨時建築。明沈榜《宛署雜記·經費上》："聖駕躬耕籍田於地壇，先期一月"，"地壇內搭蓋耕棚，方廣五十餘步，土取羅細數次，覆黃土其上。"

【耕索】

穿在牛軛上的繩索。用於牽引耕具。元王禎《農書》卷二二："耕索，牛所輓繩也。古名絢牛索也。"明徐光啓《農政全書》卷二一："牛軛，字亦作軶繫，服牛具也。隨牛大小製之。以曲木竅其兩旁，通貫耕索，仍下繫軮板，用控牛項。"

耕索
明永樂大典本《農書》

【耕械】

即耕具。《管子·輕重己》："張耜當弩，銚耨當劍戟，穫渠當脅軻，蓑笠當抹櫓，故耕械具則戰械備矣。"

【緪】

同"絚"。粗繩，大索。北魏酈道元《水經注·河水一》："昔人有鑿石通路施倚梯者，凡度七百梯，度已，躡懸緪過河。河兩岸相去八十步。九譯所絕，漢之張騫、甘英皆不至也。"《通典·兵十》："踰越山阻，以緪繫竿頭引挂高處，礙固勝人，便即令上，又增緪引人。"《隋書·沈光傳》："賊競擊之而墜，未及於地，適遇竿有垂緪，光接而復上。"宋司馬光《涑水記聞》卷九："登城殺守者，垂緪以引城下之人，城中驚擾。賊以火牛突登城者，登城者不能拒。"《明史·流賊傳·李自成》："穿畢，萬人曳緪一呼，而柱折城崩矣。"

【緪索】

即絚索。粗索，粗繩。《南齊書·魏虜傳》："其車服，有大小輦，皆五層，下施四輪，三二百人牽之，四施緪索，備

傾倒。"宋洪邁《容齋隨筆‧漢封禪記》："直上七里,賴其羊腸逶迤,名曰環道,往往有絚索,可得而登也。"

【絚】

粗繩子;大索子。《説文‧糸部》："絚,大索也。"段玉裁注引《通俗文》："大索曰絚。"唐劉禹錫《機汲》："索絢以爲絚,縻干標垂,上屬數仞之端,亘空以峻其勢,如張絃焉。"清王士禎《愁霖行》："浥灘之歲陰氣凝,愁霖不絕如貫絚。"《清史稿‧循吏傳三‧史紹登》："紹登廉得巢後巖壁陡絶,阻大溪,及以篾爲絚,募善泅者繫絚巖樹,對岸急引,如笮橋,攀援以登,壯士三百人從之。"

【絚索】

粗大的繩索。唐玄奘《大唐西域記‧烏仗那國》："瞢揭釐城東北踰山越谷,逆上信度河,途路危險,山谷杳冥,或履絚索,或牽鐵鑷。"

【綆】

同"綆"。汲水索。《廣雅‧釋器》："綆、絡,綆也。"《正字通‧糸部》："綆,本作綆。"

【綆】

井索。井上汲水用的繩索。繫在汲水器上。亦稱綆、統、絡。《左傳‧襄公九年》："具綆缶,備水器。"杜預注："綆,汲索。"《莊子‧至樂》："褚小者不可以懷大,綆短者不可以汲深。"陸德明釋文："綆,汲索也。"《方言》第五:"綆,自關而東,周、洛、韓、魏之間,謂之綆,或謂之絡。"郭璞注:"汲水索也。"唐劉禹錫《武陵觀火》詩:"操綆不暇汲,循牆寧避踰。"又《機汲記》:"及泉而修綆下縋,盈器而圓軸上引。"元王禎《農書》卷十九:"綆,或作統,俗謂井索,下繫以鈎。"

綆
明永樂大典本《農書》

【綆縻】

繩索。《文選‧王粲〈詠史〉》："臨穴呼蒼天,涕下如綆縻。"張銑注:"綆、縻皆繩索。"唐李商隱《爲李兵曹祭兄濠州刺史文》:"心摧則冰炭交集,血下而綆縻相續。"宋王禹偁《謝轉刑部郎中表》:"淚如綆縻,悲入骨髓。"

【綆紲】

繩索。《三國志‧吳志‧吾粲傳》："值天大風,諸船綆紲斷絶,漂没著岸,爲魏軍所獲,或覆没沈溺。其大船尚存者,水中生人皆攀緣號呼。他吏士恐船傾没,皆以戈矛撞擊不受。"

【綋】

同"綆"。井索。《龍龕手鑑‧糸部》："綋、綆,井索也。"

【絖】

同"綋"。井上汲水的繩索。《龍龕手鑑‧糸部》："絖,同綋。"

【統】

同"綆"。井索。井上用以汲水的繩索。《漢書‧枚乘傳》:"泰山之霤穿石,單極之統斷幹。"顏師古注引晉灼曰:"統,古綆字也。"元王禎《農書》卷十九:"綆,或作統,俗謂井索,下繫以鈎。"

【耿壽昌】

漢代天文學家。宣帝時任大司農中丞,賜爵關内侯。精算術,曾删補《九章算術》。甘露二年(前52)奏請以圖儀度日月行,考驗天運狀。他依照落下閎的渾天説宇宙理論,用銅製造了渾象。是類似天球儀的儀器,球體上繪有赤道大圈,是宣傳渾天説及進行黄道坐標與赤道坐標換算的有力工具。經長期觀測,他發現日、月視運動按赤道計算的不均匀性。這是由于日、月乃按黄道運行,由於黄赤交角影響而引起的。

gong

【工部尺】

即工部營造尺。清錢詠《履園叢話‧雜記下‧尺》:"若以今之裁衣尺,較工部尺則又盈一寸許矣。"《清稗類鈔‧物品‧工部尺》:"光緒某年修會典館時,校内務府尺,長於工部尺二分。"

【工部營造尺】

明清的標準尺。推算長度相當於32厘米。清錢泳《履園叢話‧閲古‧漢長安銅尺》:"今之裁尺,大於工部營造尺,猶之宋三司布帛尺,大於晉尺。"《清稗類鈔‧物品‧度量衡》:"工部營造尺,即縱黍尺也,合英尺一尺零一分七釐三毫二絲二忽,頒之各省,俾人民遵用。而人民輾轉增減,各地歧異,種類紛如。"

【工尺】

泥、木、石、瓦工作用尺,多長數尺。甘肅天水放馬灘1號戰國秦墓出土一件工尺。用長方木條製成,長90.5厘米、寬3.2厘米、厚2厘米。一端有圓形柄,另一端亦爲圓頭。正反兩面皆有刻度,共二十六條刻度線,每間距2.4厘米,每五格爲一組,以"×"分隔。刻度部分長60厘米,合秦尺二尺半,當爲木工尺。陝縣西張村鎮馬寨村發現土工尺,據傳自清代流傳至今。尺斷面矩形,長條狀,背部有水槽。用槐木所製。除兩端面外,其餘四面分別刻有寸、半尺、整尺、一尺半等多種刻度單位，長 166 厘米，高 4 厘米，寬 3 厘米。將該尺的六個面分爲上平面、底平面、四個側立面。上平面：刻有 4 根線，將尺子分爲 5 個單位。上平面正中刻斷面爲方形的水槽，水槽長 66.4 厘米，寬深各 1 厘米，注水後可兼作水準尺使用。底平面：尺兩端被刻線各分出一尺，再內分出 2 個半尺，之間對應上平面水槽長度以短線分出 20 個單位即二十寸。這樣，使用時，底平面的尺度單位又可方便地分爲一寸、半尺、一尺、一尺半、二尺等 5 種；側立面以刻線分爲五十寸，兩端向內五寸處起，每十寸即一尺處刻"×"，又將中部分爲 4 個單位即四尺。另一側立面與上平面相同。土工尺用於定向放線、建築構造尺度的確定。用於建造地坑院。能測量各部尺度，並可測水準。清麟慶《河工器具圖説》卷一："今部頒銅尺，周尺也。其分寸與漢劉歆銅斛尺、後漢建武銅尺、晉祖沖之銅尺並同，較諸晉玉尺、隋木尺、後周鐵尺及現用之工尺、漕尺均微短矣。"

木工尺
放馬灘 1 號戰國秦墓

【工具】

作工之器具。從石器時期開始，人們勞作就要借助工具，解決簡單的生活資料，工具簡單。進入新石器時期後期，氏族社會禮器需要較精細的加工和專業的人員，工具逐步精細起來，特別是匠師群體對作業的要求，區別普通日用工具的品種繁多的專業工具出現了。金屬冶煉澆鑄切削，需要各種工具，其中有模具。相應的竹木、石器、髹漆、陶瓷、金屬加工，應用於紡織、農作、建築、兵器、禮儀、醫療和日常生活各個方面。但是成套的工具很少保持至今，而且"工"這個名詞出現也很晚，説明後人對工具這個門類沒有作體系性的、專門化的研究。元陳椿《熬波圖》卷上："六七月久晴分外用水，浩大海潮雖遇大汛，亦不入港。夫將帶工具，就海開河，引潮入港。"

成套簡牘加工工具：銅刻刀、木柄銅鋸、銅錐、銅銼、銅鋤
長臺關 1 號楚墓

成套漆器木工工具：銼、斧、銼（從左到右）
天長三角圩 1 號西漢墓

成套漆器木工工具：各種鑿、鑽、銼、鑽
天長三角圩 1 號西漢墓

成套漆器木工工具：鋸、錐、石研、鏟、刨（從左到右）
天長三角圩 1 號西漢墓

【公道老兒】

即秤錘。清李光庭《鄉言解頤·物部上》："市肆謂砝碼爲招財童子，謂秤錘爲公道老兒。"

【公劉】

后稷曾孫，古代周族領袖。傳説爲戽斗的發明者。明羅頎《物原·器原》："公劉作泥甆戽斗。"公劉曾率周族人遷豳（今陝西彬縣東北），修治水利，開墾荒地，"徹田爲糧"。事迹見《史記·周本紀》及《詩經·大雅·公劉篇》。

【公輸般】

春秋末著名工匠。姓公輸，名般，一作班，魯國人，民間稱魯班。傳説是磑、鏟、鑽及多種木作工具的發明者。元王禎《農書》卷十六："《世本》曰：公輸班作磑，方言或謂之磨"，"今皆作磨子"。清汪汲《事物原會》卷二十八："《古史考》：魯班作鏟。"明羅頎《物原·器原》："般子作礱、磨、碾子……般作鉋、鑽、隄括。"

【弓】

弋射飛禽所用之發射工具。弋射所用之弓較戰弓爲小。戰國曾侯乙墓曾出土一种小竹弓，製作精巧，外塗黑漆，可能是墓主生前弋射所用。《周禮·夏官·司弓矢》："司弓矢掌六弓、四弩、八矢之灋……王弓、弧弓，以授射甲革椹質者；夾弓、庾弓，以授射犴侯鳥獸者；唐弓、大弓，以授學射者。"《史記·楚世家》："十八年，楚人有好以弱弓微繳加歸雁之上者，頃襄王聞，召而問之。"清黃叔璥《臺海使槎録·番俗六考》："捕鹿弓箭及鏢，俱以竹爲之，弓無弰，背密纏以籐，苧繩爲弦，漬以鹿血，堅韌過絲革，射搭箭於左。"

【刌】

　　即銍。《廣雅・釋器》："銍謂之刌。"王念孫疏證："《太平御覽》引《纂文》云：'江湘以銍爲刌，刌者斷割之名。'《釋畜篇》云：'攻，揭也。攻與刌聲義同。'"

【宮漏】

　　皇宮中使用的漏刻。較華麗，帶有各種飾物，有的還附有一些自動報時裝置。《元史・順帝紀六》："又自製宮漏，約高六、七尺，廣半之，造木爲匱，陰藏諸壺其中，運水上下。"

【堈碓】

　　掘地埋瓮所作的臼。元王禎《農書》卷十六："堈碓，以堈作碓臼也。""其製先掘埋堈坑，深逾二尺，次下木地釘三莖，置石於上。後將大磁堈穴透其底，向外側嵌坑內埋

堈碓
明永樂大典本《農書》

之，復取碎磁與灰泥和之，以窒底孔，令圓滑如一。候乾透乃用半竹篅長七寸許，徑四寸，如合脊瓦樣，但其下稍闊，以熟皮周圍護之，倚於堈之下唇。篅下兩邊以石壓之，或兩竹竿刺定。然後注糙於堈內，用碓木杵搗於篅內，堈既圓滑，米自翻倒。"《農雅・釋器》："以石者謂之碓。據《正字通》，以甕者謂之堈碓。"

【共鼓】

　　傳說爲黃帝時人，舟的發明者。《世本・作篇》："共鼓作舟。"宋衷注："黃帝臣。"張澍粹考："《玉海》引《世本》云：古者觀落葉，因以爲舟。當是宋注。又按共鼓見竅木可以浮水而渡，即刳木爲舟。"

gou

【勾刀】

　　中醫外科用勾形刀具。清高文晉《外科圖說》卷一"刀剪鉗各式物件圖"有"勾刀"。

勾刀
清咸豐年刊《外科圖說》

【刉鐮】

　　收割用的大鐮刀。爲一種輕便的鑸鐮，使用時雙手左右揮之。《氾勝之書・區種法篇》："若以鋤鋤苗，長不能耘之者，以刉鐮比地，刈其草矣。"元王禎《農書》卷十四："詩云：摩地寧論草與禾，雲隨風捲一劖過。田頭曾聽農夫說，功比刉鐮十倍多。"明徐光啓《農政全書》卷二二："艾，穫器，今之刉鐮也。《方言》曰刈。"參見"鉤鐮"。

刉鐮
成都漢畫像磚

刉鐮
明永樂大典本《農書》

【鉤】

　　一種呈圓弧狀彎曲的用具。多用金屬製成。用於懸掛、鈎提物品。元王禎《農書》卷十九："綆，或作繑，俗謂井索，下繫以鈎，今汲用之家，必有轆轤，爲綆設也。"

銅鈎
殷墟婦好墓

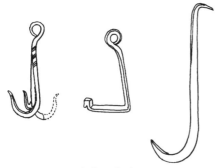

晚唐五代鐵鈎
無錫市環城河古井

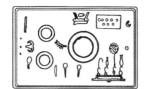

漢代陶竈上鈎子
靈石旌介漢代遺址

【鈎秤】

放置稱量物品的一端是掛鈎的秤。陝西省眉縣常興鎮堯上村東漢初年墓中發現木桿鈎秤一件，鐵鈎長6厘米，此爲現見最早的鈎秤實物。明沈榜《宛署雜記・經費下》："大秤二連，鈎秤二連，盤秤二連。"《清稗類鈔・物品・度量衡》："一種秤端有鈎，分大秤、小秤，此種秤，用之買入者爲多，分兩放大。"

鈎秤
清嘉慶年刊《河工器具圖説》

【鈎刀】

即鏒。清劉應棠《梭山農譜・穫譜》："又有鈎刀，身直喙曲，俱有小圓孔受木柄；農人執以刈薪者。"

【鈎笌】

開啓閘板的工具。前端有鐵鈎，有長木柄。清麟慶《河工器具圖説》卷三："又有鈎笌，專用以啓閘板，每根長三丈六尺，圍圓一尺二三寸，其下鐵鈎曲長二尺許，寬二寸，束以鐵箍二道。"

鈎笌
清嘉慶年刊《河工器具圖説》

【鈎肉鐵鈎】

掛肉用的鐵鈎。《八旗通志》卷九十三"典禮志・滿洲祭神祭天典禮五"："鈎肉鐵鈎四。"

【鈎針】

中醫眼科用。針如鈎狀，故名。唐孫思邈《備急千金要方・七竅病上》："治人、馬白膜漫睛方：以雞翎截之，近黑睛及當白睛嘲之膜自聚，鈎針鈎挽之，割去即見物，以綿當眼上著血斷，三日差。"

【鈎子】

即鈎。《水滸傳》第十回："走不到三五里，早見近村人家都拿着水桶、鈎子來救火。"

【鈎】

即鏒。《資治通鑑・漢宣帝地節四年》："諸持鉏、鈎、田器者，皆爲良民。"胡三省注："鈎，鐮也。"元王禎《農書》卷十四："鏒，似刀而上彎，如鐮而下直，其背如指厚，刃長尺許，柄盈二握，江淮之間恒用之。《方言》云：自關而西謂之鈎，江南謂之鍥。鍥、鏒，《集韻》通用。"

【鈎】

即規。《禮記・樂記》："倨中矩，句中鈎。"《莊子・馬蹄》："我善治木，曲者中鈎，直者應繩。"《漢書・揚雄傳上》："帶鈎矩而佩衡兮。"顏師古注引應劭曰："鈎，規也。矩，方也。"

【鈎】

即魚鈎。《莊子・外物》："任公子爲大鈎巨緇，五十犗以爲餌。"晉左思《吳都賦》："鈎餌縱橫，網罟接緒。"清李調元《南越筆記・粵人多以捕魚爲業》："取花魚則以小藤竹爲竿，竿長丈有三寸，貴軟而輕；以左紐絲爲線，長丈有四寸，繫以四鈎，鈎分四方，施於沙泥之上，足輕手疾，日可得花魚半石。"

【鈎】

同"鈎"。《墨子・辭過》："暴奪民衣食之財，以爲錦繡文采靡曼之衣，鑄金以爲鈎，珠玉以爲珮。"《通典・禮六》："女尚書着貂蟬，佩璽，陪乘載筐、鈎。"《文獻通考・禮六》："又比用大秤如百斤者，皆懸鈎於架，鐶於衡。"

【鈎格】

即鈎。《方言》第五："宋、楚、陳、魏之間謂之鹿觡，或謂之鈎格。"

【鈎鐮】

鐮刀的一種。尖部微微向下彎曲，裝有短木柄，刃一般比較厚重。多用鍛鐵製成。主要用於連根收割，所以鐮刃不太鋒利。從出土的鈎鐮看，其形制不一：一種是鐮身內弧，如新月形，刃在凹的一面，背起脊，基部可裝木柄；另一種鐮身較寬，夾裝木柄處有穿，也稱爲有穿鈎鐮。元

王禎《農書》卷十四："《禮》：薙氏掌
殺草，春始生而萌之，夏日至而夷
之。鄭康成謂：夷之，鉤鐮迫地芟
之也，若今取茭矣。"明徐光啓《農
政全書》卷二二："鐮之制不一，有
佩鐮，有兩刃鐮，有袴鐮，有鉤鐮，
有鐮桐之鐮，皆古今通用芟器也。"
清麟慶《河工器具圖說》卷三："刈，
鉤鐮也。鉤之名不一，鉤之用亦各
不同。"參見"刈鐮"。

遼金鉤鐮
房山焦莊村出土

【鉤繩】

用以正圓和量曲直的工具。《書叙指南·繕造修建》：
"曲尺墨斗，曰鉤繩。"

【鏟】

指樓或無犁壁的耕犁。《釋名·釋器》："鏟，溝也。即
割去壟上草，又辟其土以壅苗根，使壟下爲溝受水潦也。"
畢沅注："鏟，俗字。《齊民要術》从耒旁，作構字。《玉篇》
云：耩也。"

【韝鞴】

風箱内的活塞。沿箱内表面作往復運動的長方形機件。
用木頭、皮製成。《清稗類鈔·工藝·製風箱》："風箱以木
爲之，中設韝鞴，箱旁附一空櫃，前後各有孔與箱通，孔設
活門，僅能向一面開放，使空氣由箱入櫃，不能由櫃入箱。"

【笱】

捕魚用具。以竹片編成，口大、頸窄，頸口内編細竹成
倒鬚狀，腹大而深，無底。捕魚時，以繩束其尾，在腹内塞
以山藤、樹枝等物，置於在河流上游所設的魚梁内。魚隨
水流而入魚笱，爲頸口倒鬚所阻，而不得復出。笱之屬有
筌、笓、罶、魚籠等，用於内陸水域。《詩·邶風·谷風》：
"毋逝我梁，毋發我笱。"唐陸龜蒙《漁具》詩序："橫川曰
梁，承虛曰笱。"宋程大昌《演繁露·筌蹄笱》："筌者，魚笱
也。笱者以竹爲器，設逆鬚於其口，魚可入不可出也。"
"蓋橫溪爲梁，梁傍開缺透水，而設笱以承其下。魚墮梁
已即覺水淺，急趨旁闕以求入溪，既入即陷笱中，見者發
笱而取之也。"參見"籠"。

gu

【骨盧槌】

槌之一種。明沈榜《宛署雜記·經費上》："骨盧槌二十
個，銀二錢四分；小木錘三百個，銀一兩一錢五分五厘。"

【罛】

捕魚之網。其制最大。罛之類有深罛、絲罛、板罛、圍
罛、牆罛、黄花罛等。後常用於海上捕撈。《詩·衛風·
碩人》："施罛濊濊，鱣鮪發發。"毛傳："罛，魚罟。"《爾雅·
釋器》："魚罟謂之罛。"郭璞注："最大罟也，今江東云。"清
李調元《南越筆記·粤人多以捕魚爲業》："粤人多以捕魚
爲業，其漁具多種。最大者曰罛，次曰罾。""大抵罛皆用
于海，罾皆用於江。罾之利常不如罛，罛者，漁具之可大
得志者也。"

【罛船】

張罛網的漁船。清趙翼《官幛山晚眺》："日斜樵徑歸柴
擔，風起罛船打水圍。"

【罛姥船】

拖網捕魚時所用之小船。因上僅有罛姥而得名。常與
罛公船配合拖網捕魚，稱罛朋。清李調元《南越筆記·粤
人多以捕魚爲業》："有曰板罛，以小船施之。小船有罛
姥，而無罛公，故一名罛姥船。"

【𦊀】

同"罛"。《文選·漢張衡〈西京賦〉》："澤虞是濫，何有
春秋。"薛綜注："濫，施𦊀罔也。"

【箍頭索】

捆埽用的繩索。用于埽的上下兩端。元沙克什《河防
通議》卷上"捲埽物色"："箍頭索，兩端用之。"

【古尺】

特指晉前尺。《隋書·律曆志一上》："武帝泰始九年，
中書監荀勗校太樂八音，不和，始知爲後漢至魏，尺長於
古四分有餘。勗乃部著作郎劉恭，依《周禮》製尺，所謂古
尺也。"《通典·禮五》："則神道設教，法象有憑，其尺請用
古尺。"

【古玉斗】

北周武帝時晉國修倉掘地，得古玉斗，以此同律度量
衡。《周書·武帝紀上》："晉公護獲玉斗以獻。"《隋書·
律曆志上》："保定元年辛巳五月，晉國造倉，獲古玉斗。"
"其玉升(斗)銘曰：'維大周保定元年，歲在重光，月旅蕤
賓，晉國之有司，修繕倉廩，獲古玉升(斗)形制典正，若古
之嘉量。太師晉國公以聞，勑納於天府。暨五年歲在協
洽，皇帝廼詔稽準繩，考灰律，不失圭撮，不差黍絫。遂鎔
金寫之，用頒天下，以合太平權衡度量。今若以數計之，
玉升(斗)積玉尺一百一十寸八分有奇，斛積一千一百八
(十寸)五分七釐三毫九秒。"

【股車】

和轆轤架配合使用的起重牽引部件。軸狀，兩端有圓
孔。工作時架在轆轤架上，可旋轉。中部挽纏繩，兩端圓
孔内插入檀木棍，用手轉動。車轉，纏收，可牽引重物。

清麟慶《河工器具圖説》卷三:"股車之制,長五尺五寸,兩頭各留七寸五分,鑿交叉圓孔二。中四尺,細二寸。攔於轆轤架上穩子之内。將大餤所繫之纜挽於車身。用人把住纜頭,用檀棍插入圓孔,輪轉,餤隨纜起。"

【骨尺】

骨料所製之尺。一般用作民間布帛尺,骨面多有刻繪裝飾。尹灣 2 號漢墓遣册:"骨尺及刀各一。"江蘇揚州邗江胡場 1 號西漢出土骨尺一件,殘長約十分之七,按尺上刻度推算,全長爲 23 厘米。尺面針刻飛鳥走獸等,並填以色彩。此墓屬西漢中晚期,故此尺爲現見最早的骨尺。邗江姚莊 101 西漢晚期墓也發現一件骨尺,尺度 23.1 厘米。一頭有穿孔,可供穿繩掛起。刻度中間空白有針刻雲氣紋,雲氣中列龍、虎、羊、錦鷄等飛禽走獸。長 25.3 厘米,寬 1.8 厘米,厚 0.3 厘米。納林套海 3 號西漢墓發現骨尺長 22.9 厘米,一頭穿孔。尺面黑線繪刻度、雲氣紋、鋸齒紋、網紋等,添以紅、綠彩,另一面繪有同樣紋飾。尺的側面標刻度。西安尤家莊 67 號東漢晚期墓出土骨尺,一端有一個小圓孔。每寸 2.3～2.35 厘米之間,殘長 22.5 厘米。東漢發現較多:納林套海 20 號東漢早期墓出土骨尺,長 22.9 厘米,一頭穿孔,黑線繪鋸齒紋、雲氣紋等,添紅彩,另一面紋飾相似。側面標刻度。河南洛陽岳家村墓出土骨尺,長 23.8 厘米;寧夏固原大坑堰墓出土彩繪骨尺,長 22.95 厘米;河南洛陽唐寺墓出土骨尺,長 23.7 厘米;陝西鳳翔唐志莊墓出土彩繪骨尺,長 23 厘米;河南盧氏號臺廟臺墓出土彩繪骨尺,長 23.2 厘米;河南洛陽歸唐屯村西晉墓出土骨尺,長 24.3 厘米;甘肅敦煌文化路 4 號墓出土後涼骨尺,長 24.2 厘米;山東梁山宋金河支流沉船發現明代骨尺,長 31.78 厘米。《太平御覽》卷八三〇引三國魏曹操《上雜物疏》:"宫人肖象牙尺百五十枚,骨尺五十枚。"

西漢骨尺
姚莊 101 西漢墓

東漢骨尺
洛陽西工區東漢墓

【骨刀】

獸骨製成的小刀。用以切削,破物。西安半坡遺址出土的骨刀。長 19.5 厘米,寬 2.5 厘米,厚 0.5 厘米,通身磨光,製作精良。平面略呈長方形,一端作成斜直的鋒刃,柄部穿一橢圓形小孔。明徐光啓《農政全書》卷四二:"焦茄子法:用子未成者(子成則不好也),以竹刀、骨刀四破之(用鐵則渝黑也),湯爍去腥氣。"

【骨模】

即模骨。明宋應星《天工開物·陶埏》:埏泥造瓦,"先以圓桶爲骨模,外畫四條界"。

【罟】

網之總名。《國語·魯語上》:"宣公夏濫於四淵,里革斷其罟而棄之。"韋昭注:"罟,網也。"《説文·网部》:"罟,网也。"徐鍇繫傳:"罟,網之總名也。"段玉裁注:"按:不言魚網者,《易》曰:'作結繩而爲網罟,以田以漁,'是網罟皆非專施於漁也。"明羅頎《物原·食原》:"燧人作釣,伏犧作罟。"某些地區亦特指一種大於緡的魚網。清黄叔璥《臺海使槎録·賦餉》:"置罾以漁,緡小於罟,罘又小於緡。"

【罟網】

網的總稱。南朝梁何遜《七召》:"罝羅佈其一目,罟網周其三面。"《陳書·王固傳》:"魏人以南入嗜魚,大設罟網。"唐司空曙《送喬廣下第歸淮南》詩:"戍旌標白浪,罟網入青莨。"

【鼓】

量器名。容十二石。《禮記·曲禮上》:"獻米者操量鼓。"鄭玄注:"鼓,量器名……容十二石者爲鼓。"《廣雅·釋器》:"斛謂之鼓。"

【鼓碓】

即斗碓。元王禎《農書》卷十九:"若水高岸深,則爲輪減小而闊,以板爲級,上用木槽引水,直下射轉輪板,名曰斗碓,又曰鼓碓。"

【穀芨】

一種小型掘土農具。《管子·小匡》:"具備其械器,用比耒耜穀芨。"尹知章注:"穀芨小於耒耜,一人執之,以隨耒耜之後,重治其闕遺。"

【穀杷】

有齒杷。用於聚散稻穀。元王禎《農書》卷十四:"復有穀杷,或謂透齒杷,用攤曬穀。"《穀杷》詩云:"曬槃留跡以杷名,翻覆能令五穀平。毋訝晴陰不恒德,舍之藏則用之行。"

穀杷
明永樂大典本《農書》

【穀匣】

貯穀器。木製,方形。可分層累疊。元王禎《農書》卷十五:"穀匣,盛穀於木層匣也。用板四葉,相嵌而方,大小不等,高下隨宜。下作底足,疊累數層,上作頂蓋。貯穀於内,置穴於下,可以啓閉。用之多在屋室,亦可露置,以瓦覆之。比之囷京,可以移頓。較之篇鱧,可以增減,無雀鼠之耗,又無濕浥之虞,實穀藏之佳者。"

明代穀匣
明車應魁本《瑞世良英》

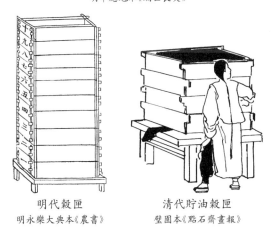

明代穀匣
明永樂大典本《農書》

清代貯油穀匣
璧園本《點石齋畫報》

【穀盅】

貯藏米穀的倉廩中,用竹編製的透氣工具。元王禎《農書》卷十六:"穀盅,《集韻》云:虛器也。又謂之氣籠。編竹作圍,徑可一尺,高或二丈,底足稍大,易於豎立。內置木撐數層,乃先列倉中,每間或五或六,亦量積穀多少,高低大小而制之。""今置此器,使鬱氣升通,米得堅燥"。

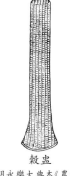

穀盅
明永樂大典本《農書》

【穀種箱】

即五穀箱。明沈榜《宛署雜記・經費上》:"(皇帝)耕畢,順天府治中、通判、推官五員,各攜穀種箱一,偏散地上。"

【牿】

即牢欄。飼養牛馬的牢圈。《書・費誓》:"今惟淫舍牿牛馬。"孔傳:"今軍人惟大放舍牿牢之牛馬。"孔穎達疏:"此言大舍牿牛馬,則是出之牢閑,牧於野澤,令其逐草而牧之,故謂此牢閑之牛馬爲牿牛馬,而知牿即閑牢之謂也。"

【梏】

套加在牛角上的橫木。用以防止牛觸人。《廣雅・釋器》:"梏,柳也。"王念孫疏證:"梏,與桎梏之梏同義,字本作告。《説文》:'告,牛觸人,角箸橫木,所目告人也。'引大畜六四:'僮牛之告,'今本作牿。《釋文》云:'九家作告。'虞翻注云:'告,謂以木楅其角也。'"清毛奇齡《蠻司合誌》:"每牛加梏,繫之一棉,佾列十醖。"

【梱斗】

即鼠弓。《説文・木部》:"梱斗,可射鼠。从木,固聲。古慕切。"徐鍇繫傳:"此即今人鑿木爲斗,上施柄,安弓爲機,以射鼠是也。"

gua

【瓜刀】

切瓜用刀。《搜神後記》卷二:"錢塘杜子恭,有秘術。嘗就人借瓜刀,其主求之,子恭曰:'當即相還耳。'既而刀主行至嘉興,有魚躍入船中。破魚腹,得瓜刀。"

【瓜木】

繩車中使多股紜緊合成一繩的零件。元王禎《農書》卷二二:"然後將另製瓜木置於所合紜緊之首;復攬其掉枝,使紜緊成繩,瓜木自行,繩盡乃止。"

【刮板】

一種平土、劃土或推聚子粒、清除瓦礫等的多用途工具。其作平田器使用時,功能與平板相當。其形制爲,用一木板(或前端裝有鐵板)旁置兩鐵環以繫繩索,板後部裝兩直木,以橫木相連。使用時,前以人、畜拖挽,後一人推按橫木。元王禎《農書》卷十四:"刮板,劃土具也。用木板一

刮板
明永樂大典本《農書》

葉,闊二尺許,長則倍之。或煆鐵爲舌板,後釘直木二莖,高出板上,概以橫柄。板之兩傍,繫二鐵鐶,以鐶搜索,兩手推按。或人或畜,輓行以劃壅腳土。凡修閘壩,起堤防,填汙坎,積邱垤,均土壤,治畦埂,疊場圃,聚子粒,擁糠粃,除瓦礫,雖若泛用,然農家之事居多也。"

【刮車】

灌溉農具。以水輪轉動車輻，引水上岸以溉田。岸側立架安輪，輪輻闊約六寸，輪軸一端擺以鐵鉤，木拐，水輪一半裝在水下。工作時，以一人執木拐搖動車輪，引水上岸。元王禎《農書》卷十八："刮車，上水輪也。其輪高可五尺，輻頭闊上六寸，如水陂下田，可用此具。先於岸側掘成峻槽，與車輻同闊，然後立架安輪，輪輻半在槽內，其輪軸一端，擺以鐵鉤、木拐。一夫執而掉之，車輪隨轉，則眾輻循槽，刮水上岸，溉田便於車戽。"明徐光啓《農政全書》卷十七："刮車""玄扈先生曰：此必水與岸相去止一二尺，方可用。若歲潦用以出水圩外，尤便。"

刮車
明永樂大典本《農書》

【刮刀】

用來刮削的鑄鐵製的工具。形狀似弓，弓面內側有刃。兩端有短柄。木工用以對梁、柱進行刮垢摩光。清麟慶《河工器具圖説》卷四："刮刀，鑄鐵露刃，狀如弓，以兩胏為柄。凡未苦之先，上梁、豎柱用以刮垢摩光。"

刮刀
宋張擇端《清明上河圖》

刮刀
清嘉慶年刊《河工器具圖説》

【刮刀】

醫用刀具。刮舌苔、癬瘡、餘膿的刀。清劉濟川《外科心法真驗指掌·用刀門》："刮刀，此刀可以刮舌苔，刮癬瘡，刮餘膿，用之皆便。"

【刮馬篦】

即篦。《廣韻·平罩》："篦，刮馬篦也。"

【刮箭】

鹽井掃孔工具。長一丈餘，用南竹製成，每一竹節處挖一個缺口，使用時，如井被泥塞住，可先用海螺鑿通，然後用刮箭刮去井身附着的泥土。明朱國禎《湧幢小品·鹽政》："蜀鹽出於井，井之大僅可如竹，號曰竹井。鑿之五六十丈，得澹水，至百丈始得鹹。鑿甚難，入甚深，汲甚苦。有鐵釺、漕釺、刮箭、吞箭等制。纖悉俱備，非若池鹽、海鹽之易煮也。"

【刮淤板】

刮淤泥的用具。用木板製作，形似刀。用於刮取淤泥放入泥合子之中。清麟慶《河工器具圖説》卷二："刮板，刱木為之，連柄長三尺，寬六寸，用之刮淤入合。"

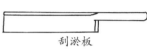

刮淤板
清嘉慶年刊《河工器具圖説》

【括刀】

同"刮刀"。參見"鋼括刀"。

【罣罳】

即絹羅。清厲荃《事物異名録·器用部·罣罳》："《事物原始》：罣罳，以竹為筐，以絹為幔，以篩米麥之粉，留粗以出細者。"

【掛鐘】

懸挂在牆上的時鐘。多能報鐘點。清代後期歐洲掛鐘進入中國。清徐朝俊《高厚蒙求·自鳴鐘表圖説》："一曰掛鐘，下用絲繩垂鉛錘以轉掞，難敝易修，為家居適用之器。"

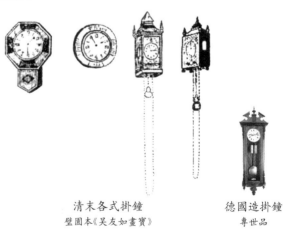

清末各式掛鐘
璧圖本《吳友如畫寶》

德國造掛鐘
傳世品

guai

【拐磨子】

設拐子架之磨。《八旗通志》卷九十三"典禮志‧滿洲祭神祭天典禮五"："拐磨子一。"

青瓷拐子磨
鄂鋼飲料廠三國吳墓

【拐木】

龍骨車構件。供人力踩踏龍骨車用。元王禎《農書》卷十八：龍骨車"其在上大軸兩端，各帶拐木四莖，置於岸上木架之間，人憑架上，踏動拐木，則龍骨板隨轉循環行道板，刮水上岸"。明徐光啓《農政全書》卷十七："翻車，今人謂龍骨車也。""大軸兩端，各帶拐木四莖。"

【拐鍬】

拌和熟泥的鍬狀工具。頭部木質，四周鑲包鐵皮，中有釘頭突起。長柄，丁字形。清麟慶《河工器具圖説》卷四："拐鍬，剡木爲首，以鐵片包鑲四邊，中列釘頭，受以丁字長柄。用之拌和熟泥。"

拐鍬
清嘉慶年刊《河工器具圖説》

guan

【官秤】

官方製定的計量標準用秤。用以校準市秤。《魏書‧張普惠傳》："依今官度官秤計其斤兩、廣長。"

【官尺】

官定的標準尺。秦統一中國，即有官尺行世。參見"量地官尺"。

【官斛】

法定容量之斛。明長谷真逸《農田餘話》："今之官斛，規制起於宋相賈似道。前元至元間中丞崔或上言，其式口狹底廣，出入之間盈虧不甚相遠，遂行於時，至今不改。"明董穀《碧里雜存‧論斛》："今官制五斗爲一斛，蓋

取其輕而易舉耳，實當古斛之半也。"

【關】

一種絞盤設備。用以逆水挽船。清麟慶《河工器具圖説》卷四："凡遇風逆溜激，牽挽不能得力，上水設關絞行，下水安犁留拽，甚便。"

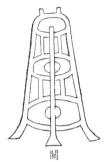

關
清嘉慶年刊《河工器具圖説》

【關翅】

絞關用的手柄。清麟慶《河工器具圖説》卷四："至運關之木，人各一根，名曰關翅。"

【關平】

海關所用平。其標準重量較中央部庫平爲大，每兩重37.68克。各關平色仍有差異。《清史稿‧食貨志六》："按市價估貨，以市平合足關平，并扣除使費。"

【觀臺】

諸侯的天文臺。《後漢書‧光武帝紀下》中元六年十一月"是歲初起明堂靈臺"，唐李賢注："天子曰靈臺，諸侯曰觀臺。"《隋書‧天文志上》："史臣於觀臺訪渾儀。""隋開皇三年，新都初成，以置諸觀臺之上。"

【觀象臺】

國家天文臺。元世祖至元十六年（1279）於北京始建司天臺。明正統七年修欽天監觀星臺，清代略加拓寬。現名古觀象臺，在今北京建國門外。自明正統初年到1929年，連續從事天文觀測五百年，是世界現存古天文臺中最著名的。其內建築有紫薇殿，晷影堂等。現陳列有清製的八件大型天文儀器：天體儀、赤道經緯儀、黃道經緯儀、地平經緯儀、象限儀、紀限儀、地平經緯儀及璣衡撫長儀。《清史稿‧天文二》："明於北京齊化門內倚城築觀象臺。"

【觀像遠鏡】

一種用以觀察天象的望遠鏡。今稱伽利略式望遠鏡。由一凸鏡和一凹鏡組成。清鄭復光《鏡鏡詅癡》卷五：望遠鏡，"其類有三，曰窺筒遠鏡，曰觀像遠鏡，曰覽遠鏡"。"凡觀像遠鏡亦止用兩鏡，所謂一凸一凹者也。"

【觀音救苦針】

雷火神針的一種。清長年醫局《應驗簡易良方》："觀音救苦針，治一切風寒濕氣，手足骨節疼痛，痿痹不仁。用菉豆大一粒，按定痛處，將錢放上，孔內灸三壯，重者或五壯。不發不腫，立效。"《叢桂堂經驗良方》："硫黃六錢，火硝一兩半，冰片五分，麝香五分，乳香二錢（去油），没藥二錢（去油），川烏、草烏、雄黄、血竭各二錢，蜈蚣一條（不用

亦可）。共研極細末，用棉花攤開如薄紙，將藥末勻勻篩上捲緊。臨用切成豆粒大，以瓷瓶或竹管收藏，不可洩氣。"

【筦】

纏繞絲線的紗管，多爲竹製。《説文·竹部》："筦，筟也。"朱駿聲通訓："筦，一名筵，蘇俗謂之筵頭，列梃如柵而圓，所以縮絲於其上者。"《六書故·植物三》："管又作筦。又絡緯者亦以管，亦謂之筵與筟。"參見"筵"、"筟"。

【管心索】

作埽時按於埽心的長索。埽形管狀，故稱管心索，又稱心索。用竹篾、蘆葦片或麻等糾成。待埽下水后，或埋於預先掘好的渠中，或掛繫於鐵貓、大樁上，以固定埽使之不爲水冲走。《元史·河渠志三》："其法以竹絡實以小石，每埽不等，以蒲葦綿腰索徑寸許者從鋪，廣可一二十步，長可二三十步。又以曳埽索綯徑三寸或四寸、長二百餘尺者衡鋪之。相間復以竹葦麻糵大綹，長三百尺者爲管心索，就繫綿腰索之端於其上，以草數千束，多至萬餘，勻布厚鋪於綿腰索之上，纍而納之，丁夫數千，以足踏實，推卷稍高，即以水工二人立其上，而號於衆，衆聲力舉，用小大推梯，推卷成埽。""埽後掘地爲渠，陷管心索渠中，以散草厚覆，築之以土，其上復以土牛、雜草、小埽梢土，多寡厚薄，先後隨宜。""再下埽，即以竹索或麻索長八百尺或五百尺者一二，雜厠其餘管心索之間，俟埽入水之後，其餘管心索如前纍掛，隨以管心長索，遠置五七十步之外，或鐵貓，或大樁，曳而繫之，通管束累日所下之埽，再以、草土等物通修成隄。"

【錧】

即犁鑺。清杭世駿《續方言》卷上："自江而南呼犁刀爲錧。"

【貫】

穿錢的繩子。也稱貫繩、貫緡。南朝梁簡文帝《菩提樹頌》："紅粒盈箱，青蚨委貫。"唐李賀《出城別張又新酬李漢》詩："開貫瀉蚨母，買冰防夏蠅。"明侯峒曾《〈昨非庵日纂〉序》："事不準諸理，猶撒錢無貫。"亦指串其他東西的繩索。宋劉摯《虞城早起道中寄公秉幕府諸友》詩："曹司進若魚在貫，文書盈抱紛牛毛。"

【貫緡】

即貫。《魏書·食貨志》："布帛不可尺寸而裂，五縑則有負擔之難，錢之爲用，貫緡相屬，不假斗斛之器，不勞秤尺之平，濟世之宜，謂之深允。"

【貫繩】

穿錢的繩子。元虞集《河圖仙壇之碑》："直如貫繩，上

升梁間。"清周煌《琉球國志略·賦役》："或三十爲一貫，或五十，或一百以至一千，皆自成貫，以草繩穿定，繩頭緊札，以紙封固，用黑硃小印鈐記之，或貫繩散斷，印文擦損，則不堪用。"

【貫頭斧】

柄通貫銎之斧。《居延新簡》E.P.T59：340B："楊大中所持物：貫頭斧一、鉤一。"

【摜床】

即稻床。明徐光啓《農政全書》卷二四："玄扈先生曰：不如摜床爲便。"

【摜稻簟】

用來摜稻或晾曬稻穀的粗竹席。元王禎《農書》卷十五："摜稻簟，摜，抖擻也。簟，承所遺稻也。農家禾有早晚，次第收穫，即欲隨手收糧，故用廣簟，展布置木物或石於上，各舉稻把摜之，子粒墮落，積於簟上，非惟免污泥沙，抑且不致耗失。"

摜稻簟
明永樂大典本《農書》

【灌車】

即筒車。清張宗法《三農記》卷二："兩壁高田，中流大水，深不可爲堰，又難用龍股車。設法當於水陡急處爲灌車，隨岸深淺而造車輪，盡排小竹筒上口，下節曳水而上轉，轉相傾於梘，梘流於引水之渠，渠流以溉田。"

guang

【廣東人事】

即廣東膀。明無名氏《如夢録·街市紀》："鍾樓口綱中、繩包、錢桌、署韈、線韈、紫白布、帽匠；樓下洞内，有南京雜貨、廣東人事、房中技術。"《醒世姻緣傳》第六十五回："又將那第三個抽斗扭開……又有兩三根廣東人事。"

【廣法大秤】

貿易使用的公平秤。《醒世姻緣傳》第十九回："只要一分銀錢，本銀足色紋銀，廣法大秤稱兑。"

gui

【柱】

四齒杷。《説文·耒部》："柱，冊叉，可以劃麥。河内用之。"段玉裁注："冊叉可以劃麥，即今俗用麥杷也。""《釋名》曰，齊、魯閒謂四齒杷爲欋。然則河内謂之柱也。"

【敁】

即舀。《廣雅·釋器》："敁，舀也。"

【圭】

圭表中水平放置的部分。《隋唐·天文志上》："梁天監中，祖暅造八尺銅表，其下與圭相連。圭上爲溝，置水，以取平正。揆測日晷，求其盈縮。"參見"圭表"。

【圭】

量器名。容六十四黍。《孫子算經》卷上："六粟爲一圭，十圭爲撮，十撮爲一抄。"《漢書·律曆志一上》："量多少者不失圭撮。"顏師古注引孟康曰："六十四黍爲

銅圭
西坡村出土

圭。"陝西省淳化縣潤鎮鄉西坡村磚瓦廠出土大小三件銅量，其中圭通長 6.7 厘米、内口徑 1.273 厘米、内底徑 0.772 厘米、高 0.637 厘米、重 6.81 克，容積 0.54 毫升。中國歷史博物館藏漢時銅圭，内徑 1.65 厘米、深 0.8 厘米，柄刻銘："一分，容黍粟六十四枚。"

【圭表】

最原始的測定回歸年長度、季節和方向的儀器。由一根直立在地平上稱爲表的竿或柱，以及在表的垂足上南北方向水平安放稱爲圭的量度尺組成。用以測量正午時表被日光照射投在圭上影子的長度。觀察中午與中午之間的時間長度作爲一天的標準，可以校正漏刻。最初稱爲土圭，以玉或石製成。漢以後用石或銅製。真州鎮石

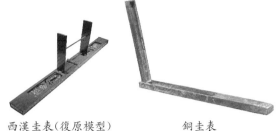

西漢圭表（復原模型）
雙孤堆夏侯竈墓

銅圭表
石牌村東漢墓

清代圭表
四庫全書本《皇朝禮器圖式》

牌村東漢墓出土銅圭表，長 34.5 厘米、寬 2.8 厘米、厚 1.4 厘米。由圭與表組合，由樞軸結合，圭邊緣一側有刻度，置於圭體匣内，爲發現最早的側影計時器，可能釋煉丹所用。《新唐書·天文志一》："《周禮》，土圭正日景以求地中，有以見日行黃道之驗也。"由于正午太陽高度與緯度有關，圭表亦可測定地方緯度。最初長一尺五寸，漢以表高爲八尺，元郭守敬表高四十尺，明邢雲路用六十尺表，清用十尺表。並在圭的另一端立了一個高三尺五寸的小表，稱立圭，冬季表影可及此立圭。《清史稿·天文二》："明於北京齊化門内倚城築觀象臺，倣元製作演儀、簡儀、天體三儀，置於臺上。臺下有晷景堂、圭表、壺漏，清初因之。"

【規】

天文儀器中圓環狀的構件。也稱環。由於結構的需要，有些規、環是單個的稱單規或單環。有些規、環由兩個相距數寸的平行環圈構成，稱雙規或雙環。雙規可以使觀測時視線從中通過，不受遮擋。在兩規之間夾以軸承，使半徑較其稍短的規、環在其内迴轉。有些部件是直條形，稱直規。有的規固定在支架上，有的規可繞極點旋轉。有的規上刻有度數分割。規、環皆冠以在天球中所處位置的名稱，或在儀器中起作用的名稱。也有時把環稱爲輪。《新唐書·天文志一》："一曰六合儀，有天經雙規、金渾緯規。""二曰三辰儀，圓徑八尺，有璿璣規、月游規。"《宋史·天文志一》：銅儀之制有九，"一曰雙規"，"二曰游規"，"三曰直規"，"五曰平準輪"。

【規】

製片茶的模子。以鐵爲之，圓形、方形或花朵形。唐陸羽《茶經·具》："規，一曰模，一曰棬，以鐵製之，或圓，或方，或花。"

【規】

圓規。《史記·夏本紀》謂大禹治水"左準繩，右規矩"，

可知我國很早就在工程中使用規了。規之形制在歷代的

規（左）

武梁祠堂漢畫像石

伏羲女媧圖像上得到反映。沂南漢畫像石的規爲叉開的二枝，其中作圓心點的爲平頭，作圓線爲尖頭，兩枝以圓心點主杆，圓線作支枝，結合部能轉動，支枝可以調動角度。嘉祥武梁祠畫像石所示規由圓心直杆和橫交直角彎枝組成，估計橫枝可移動，由此來調節圓徑。新疆阿斯塔那唐墓圖形中的規爲剪刀形，兩枝不分主次，和近代圓規相同。規是重要的制圓工具。《韓非子·飾邪》："設規而知圓。"《呂氏春秋·分職》："巧匠爲宮室，爲圓必以規。"同時，也是測圓的標準量具。《禮記·經解》："規矩誠設，不可欺以方圓。"孔穎達疏："規所以正圓。"三國魏曹丕《車渠椀賦》："方者如矩，圓者如規。"參見"矩"、"曲尺"。

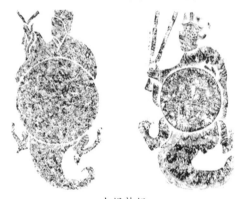

女媧執矩

白莊畫像石　　　潘家疃畫像石

【鬼車】

即牛轉翻車。清焦循《憶書》卷二："蘇州水車坐而踏之。或上無蓬屋，自地樹杙作樞，置輞於上，以黃牛運之，目之曰鬼車。"

【鬼眼睛】

魚腦骨製作的眼罩。元熊夢祥《析津志》："幽燕沙漠之地，風起則沙塵漲天。顯宦有鬼眼睛者，以魷爲之，嵌於眼上，仍以青皂帛繫於頭。"魷是魚腦骨，可能是魚腦兩側腮骨，腮骨薄而平展，透亮，且稍稍凸出。人們用它來製作窗櫺亮槅、燈罩等，它比蚌殼的透明度好，又輕，所以作眼罩是比較理想的。但是魷是不透明的，無法透過視線，恐怕也要在眼球對應位置刺孔。至於它的戴法，"青皂帛繫於頭"，用青黑色帛包頭，後面用帶繫住，其形象大約與吐魯番的銅眼籠差不多。

【晷儀】

即日晷。《漢書·律曆志上》："迺定東西，立晷儀，下漏刻以追二十八宿相距於四方，舉終以定朔晦、分至、躔離、弦望。"

【晷影漏刻】

以漏刻配合土圭測日影定回歸年長度及節氣的計時儀器。《隋書·天文志上》："開皇十四年，鄜州司馬袁充上晷影漏刻，充以短影平儀，均布十二辰，立表，隨日影所指辰刻，以驗漏水之節。"

【晷影堂】

明、清觀象臺內置日圭的觀測房屋。爲一屋頂沿南北方向開縫，用以觀測正午日影的小室。《明史·天文志一》："正統十四年，監臣請修晷影堂，從之。"《清稗類鈔·名勝類》："又別有室三楹，爲晷影堂，南北平置銅圭於石臺，長一丈六尺二寸，濶二尺七寸，周以水渠。"

【櫃田】

四周築堤，可防水害的農田。其形如圍田而小。元王禎《農書》卷十一："櫃田，築土護田，似圍而小。四面俱置㵑穴，如櫃形制。順置田段，便於耕蒔。若遇水荒，田制既小，堅築高峻，外水難入；內水則車之易涸。淺浸處宜種黃穋稻。如水過澤草自生，穋稗可收。高涸處亦宜陸種諸物。皆可濟饑。此救水荒之上法。"

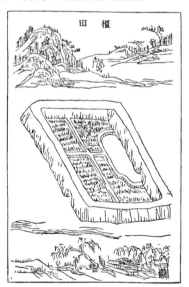

櫃田

明永樂大典本《農書》

gun

【綑】

即繩子。《詩·秦風·小戎》："虎韔鏤膺，交韔二弓，竹閉緄縢。"毛傳："緄，繩。"朱熹集傳："閉，弓檠也，《儀禮》作柲；緄，繩；縢，約也。以竹爲閉，而以繩約之於弛弓之

裹,檠弓體使正也。"

【緄綯】

即繩索。用以牽引船隻。宋羅泌《路史・因提紀・辰放氏》:聖人"以至爲網罟,爲耒耜,爲杵臼,爲弧矢,爲緄綯,爲茵鞂。"

【輥輾】

即海青輾。因其滾動部件多爲圓柱狀,故名。元王禎《農書》卷十六:"輥輾,世呼海青輾,喻其速也。"《農雅・釋器》:"石喝輾穀曰輾,《通俗文》輥輾曰海青輾。"

【輥彈】

唐代僧人文誥發明的一種計時裝置。由一根寸尺五寸長的中空竹管截爲四段,以之字形貼在屏風後,自竹管上口投入一銅彈,彈循竹管曲折而下,從下口落入銅盤中用以計時。流行於五代十國至宋元之間的軍隊。宋王應麟《小學紺珠》:"晷漏四法,銅壺、香篆、圭表、輥彈。"

【輥軸】

稻田中碾壓雜草的工具。用一粗木棍,兩端有軸,架於木框中,前繫繩,用牛牽引。元王禎《農書》卷十四:"輥軸,輥碾草禾軸也。其軸木徑可三四寸,長約四五尺,兩端俱作轉簧。挽索,用牛拽之。夫江淮之間,凡漫種稻田,其草禾齊生並出,則用此輥碾,使草禾俱入泥內。再宿之後,禾乃復出,草則不起。"

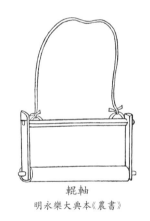

輥軸
明永樂大典本《農書》

【輥子】

一種類似碌碡的碾壓工具。其滾壓部件圓柱形,石製。元王禎《農書》卷二:"又有經暑雨後用牛曳碌碡或輥子,於所斫根查上,和泥碾之,乾則掙死。一二歲後,皆可耕種。"

guo

【郭守敬】

(1231—1316)元代傑出天文學家,水利學家。字若思。順德邢臺(今河北邢臺)人。張文謙向元世祖推薦他的才能,授提舉諸路河渠、銀符副河渠使都水監等職。至元十三年(1276)從事天文工作,歷任同知太使院事、太史令、昭文館大學士知太史院事。在天文學上,和王恂、許衡共同編製《授時曆》;在全國 27 個觀測點進行了大規模的四海測量;測定二十八宿距度和黃道赤道交角,其測定的黃道赤道交角與現代推算的當時交角誤差僅 $1'6''.8$。在編《授時曆》時採用南宋楊忠輔所定的回歸年,以 365.2425 日爲一年,比地球繞太陽公轉一周的實際時間,僅差 26 秒。與現今通用值一致。爲了編曆,他創製和改進了簡儀、玲瓏儀、靈臺水渾、高錶、候極儀、仰儀、立運儀、景符、窺几、證理儀、正方案、大明殿燈漏等十多種。著作有《推步》、《立成》、《曆議擬稿》、《上中下三曆注式》、《時候箋注》、《修曆源流》、《轉神選擇》、《曆象法式》、《二至晷景考》、《五星細行考》、《五星交食考》等。在水利工程上,修築邢州石橋、修浚西夏(今甘肅)河渠,領導大都到通州運河工程。經國際天文學聯合會批准,將月球背面一座環形山及一顆小行星,均以郭守敬之名命名。

【裹帘】

傷科用於固定患處的白布。《醫宗金鑑・正骨心法》:"裹帘以白布爲之,因患處不宜他器,只宜布纏始爲得法,故名裹帘。其長短闊狹,量病勢用之。"

【鎬】

同"鐹"。明徐光啓《農政全書》卷二二:"艾,穫器,今之刈鐮也。《方言》曰:刈,江淮陳楚之間,謂之鉊,或謂之鎬。"

【鐹】

即鐮刀。《方言》第五:"刈鈎,江淮陳楚之間謂之鉊,或謂之鐹。"錢繹箋疏:"鐹,《廣雅》作剗。《玉篇》鐹、剗,皆云刈刉也。劃與鐹聲義並同。"

【過山龍】

即釣升。《鏡花緣》第八一回:"廉錦楓道:'我因玉英姐姐酒鬼二字,也想了一謎,卻是吃酒器具,叫做過山龍。'"《兒女英雄傳》第十三回:"這滑稽是件東西,就是製酒的那個挈子,俗名叫作過山龍,又叫倒流兒。"

H

ha

【蝦蟆爐】

即分金爐。明宋應星《天工開物·五金》："冷定取出，另入分金爐(一名蝦蟆爐)內，用松木炭匝圍，透一門以辨火色，其爐或施風箱，或使交篗。"

hai

【揎兜】

裝有長柄的小網兜。用以撈取網內所捕之魚。《事物異名錄》卷十八引明陳懋仁《庶物異名疏》："鴿揎，網也，俗謂之揎兜。即今網內擎魚之具也。"清顧張思《土風錄》卷五："撈魚具曰揎兜。"清范寅《越諺》卷中："揎兜，取魚於罾之具。"參見"坐罾"圖示。

【海關尺】

清海關所用尺。《清稗類鈔·物品·海關尺》："海關尺，海關所用之尺也，較營造尺稍大，合公尺千分之三百五十八。"清《中西度量權衡表》："海關尺，中尺每海關尺合英尺之十四英制之一，即英尺之一尺二寸又十分之一。"

【海關平】

即關平。《清稗類鈔·物品·度量衡》："中外通商用海關平。"

【海斛】

斛量的一種。較漕斛爲大。《清稗類鈔·屯漕》："然二店即糧道署中人所設，獲利極厚，如海斛每石不過六元二角，而該店用漕斛反需七元五角。"

【海青輾】

碾的一種。其滾動部件圓柱狀或鼓狀，和穀物接觸面較大。碾臺平圓形，無槽。輥軸置於臺面，繞中心柱旋轉。破穀速度較碾碾快。元王禎《農書》卷十六："輥輾，世呼曰海青輾，喻其速也。但比常輾減去圓槽，就碼幹栝以石輥，上置板欄，隨輾幹圓轉作竅。下穀不計多寡，旋輾旋收，易於得米。"《清稗類鈔·物品類·海青輾》："海青輾，農具

也。以石爲輥軸，軋轢穀粒者。築乎圓形之臺，輥軸壓於臺面，繞中心之柱以旋轉。或用人力，或用牲畜之力。因其盤旋疾速，故曰海青，謂如鷙鳥之海東青也。"

海青輾
明永樂大典本《農書》

han

【銟鐪】

一種大型的鏵。《廣雅·釋器》："銟鐪謂之鑃。"王念孫疏證："《說文》：鈰，相屬也。又云：銟鐪，大犁也。一曰類相。《急就篇》：銟鐪鉤鈺斧鑿鉏。顏師古注云：銟鐪，大犁之鐵。鈰與銟同。鐪與鑃同。蝕與鑃同。"

【韓公廉】

北宋天文學家。專攻天文儀器製造。元祐七年(1092)在吏部尚書蘇頌領導下，研究製造了元祐渾天儀象。包括渾儀、渾象和報時器三部分。由一套傳動裝置聯接以漏壺滴水爲動力。報時器能自動對昏、旦時刻和夜晚更點等，給出訊號聲響。今通稱水運儀象臺。後兩人又合作製成了一架渾天象，爲一直徑一人多高的空心圓球，球面上滿布小孔，各孔相應天球上天體的位置，人在球內向外觀看，可以看到代表天體的亮點。

【韓暨】

三國魏南陽堵陽(今河南方城東)人。字公至。官至樂陵太守。中國古代水排發明者之一。元王禎《農書》卷十九："《魏志》曰：韓暨字公至，爲樂陵太守，徙監冶謁者。舊時治作馬排，每一熟石，用馬百匹。更作人排，又費工力，暨乃因長流水爲排，計其利益，三倍於前。由是器用充實，詔褒美，就加司金都尉以今稽之，此排古用韋囊，今

用木扇。"韓暨所發明的水排,原理同杜詩所造的水排,但技術上又有所創新。

【韓信】

(? —前196)淮陰(今江蘇清江西南)人。秦漢之際軍事家。楚漢戰爭時,助劉邦滅楚,被封齊王,漢初改封楚王,後降爲淮陰侯。被呂后所殺。傳說韓信是紙鳶的發明者。明羅頎《物原·事原》:"韓信作紙鳶。"紙鳶,後世稱風箏。

【罕】

同"罕"。《説文·网部》:"罕(罕),网也。"清段玉裁注:"罕,謂网之一也。……按:罕之制蓋似畢,小網長柄。"

【罕】

罩之類。一種長柄小網,用以掩鳥。戰國楚宋玉《高唐賦》:"弓弩不發,罕罘不傾。"《説文·网部》:"罕(罕),网也。"段玉裁注:"罕,謂网之一也。……按:罕之制蓋似畢,小网長柄,故《天官書》:畢曰罕車。"朱駿聲通訓定聲:"罕,小網似畢柄長。"晉左思《吳都賦》:"罿罕瑣結,罥蹏連網。"晉劉逵《文選》注:"罿、罻、罞、罕,皆鳥網也。"

【汗索】

用汗竹篾絞成的繩索。元沙克什《河防通議》卷上:"造船物料","汗索六條,長六十尺,徑三分,重五斤"。

【旱羅經】

用立軸支承磁針的羅盤,爲區別水法羅經,故稱。旱羅經的特點是立軸的尖端頂在磁針中部,使之自由地平衡旋軸,達到指示方向的目的。我國旱羅經的創製至遲在十二世紀。江西省臨川縣窑背山南宋邵武知軍朱濟南墓有一式二件的張仙人瓷俑,左手搶一堪輿羅盤,顯示出菱形的指針用立軸支承的結構。此法可能由陸路西傳,明代人又在倭人處見到了旱羅經。明李豫亨《青鳥緒言》:"至嘉靖間,遭倭夷之亂,始傳倭中法,以針入盤中,貼紙方位其上,不拘何方,子午必向南北,謂之旱羅經。"清乾隆年間周煌撰《琉球國志略》,書中附有出使琉球的羅經,其形與張仙人俑羅盤相似。

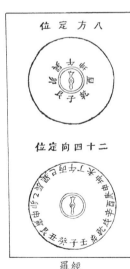

羅經
清聚珍本《琉球國志略》

【旱碾】

一種只有半月形槽的碾子。用人力推動。元熊夢祥

《析津志·物產》:"旱碾,半邊石槽,如月樣,數人相推,力難而未熟。"參見"碾"圖示。

【旱平】

測量地面高低的儀器。清麟慶《河工器具圖説》卷一:"旱平,以木製成,三角式,或銅爲之,長闊不滿尺。上以二鈎備掛,中有活銅針。用時平掛於篙繩,視針之斜正,知地面之高低,河底之平窪。"

旱平
清嘉慶年刊《河工器具圖説》

【旱水磨】

有軸和轉輪,用畜力挽行的磨。明徐光啓《農政全書》卷二三:"或借水輪,或掘地架木,下置鐏軸,亦轉以畜力,謂之旱水磨。比之常磨,特爲省力。"

【旱針】

即旱羅經。清范宜賓《羅經精一解·針説》:"今余之經盤,遵用旱針,不用水針,亦去僞遵古之意也夫。"

【旱針盤】

即旱羅經。明李豫亨《推篷寤語》卷七:"近年吳、越、閩、廣屢遭倭變。倭船尾率用旱針盤,以辨海道。獲之仿其制,吳下人始多旱針盤。"

【漢長安銅尺】

指西漢元延年間所造銅尺。清錢泳《履園叢話·閲古·漢長安銅尺》:"銅尺一,今藏嘉定瞿木夫通守家,銅質堅貞,青綠可愛。上有文云:'長安銅尺,卅枚,第廿。元延二年八月十八日造。'計十有八字。與曲阜孔氏所藏慮俿銅尺相等。"

【漢官尺】

東漢的通用尺。《晉書·律曆志上》:"又,漢章帝時,零陵文學史奚景於泠道舜祠下得玉律,度以爲尺,相傳謂之漢官尺。以校荀勖尺,勖尺短四分;漢官、始平兩尺,長短度同。"

【漢斛】

漢代銅斛。宋范鎮《東齋紀事》卷二:"漢斛之法,方尺而圓其外,庬旁九氂五毫,其實十斗,積百六十二萬分,二千龠之實也。不言深而言方者,無分寸之別也。圓其外者,亦相生之數也。其上爲斛,其下爲斗。左耳爲升,右耳爲合。云耳者,謂升合如耳形,附於斛之左右也。"

【漢錢尺】

據漢代遺留泉幣的大小推算的尺度。《宋史·律曆志四》:"今朝廷必求尺之中,當依漢錢分寸","詔度等以錢尺,影表尺各造律管"。

【漢字錶盤】

　　漢字標志的鐘錶盤面。古代鐘錶用羅馬數字標識。《養心殿造辦處史料輯覽·乾隆十一年》"自鳴鐘"：四月二十四日來説，"十年十二月二十四太監胡世傑交嵌銅花架法琅漢字錶盤掛鐘一件。"

hang

【夯】

　　築實地基的工具。用堅硬木段做成，高約五尺，上留四柱以作把手，下邊四周安鐵環以繫繩。工作時，四人一手握住，一手提繩，以築地基。清李光庭《鄉言解頤·打夯》："夯者，人用力以舉堅物也。本上聲，多讀爲平聲，擔夯用肩，舉夯用手。其物以堅木爲之，約高五尺，圍圓上四寸、下八寸。上實五寸以下鑿空二尺，留四柱以容手。下實二尺六寸，沿邊安鐵環以繫繩。四人一手握住，一手提繩，以築地腳，以一步土至三四步土爲率。"

秦石夯首
西安博物院

【夯杵】

　　打夯用的木杵。清靳輔《治河題稿》："製造土車、夯杵、石硪、鍬鋤等項。"

【行秤】

　　即市秤。宋阮逸、胡瑗《皇裕新樂圖記》卷上："謹詳《周禮》及曆代至聖朝令文之制，定成銖秤一、鈞秤一、石秤一。以太府寺見行秤法校之，一斤得太府寺稱七兩二十一銖半弱。"《水滸傳》第三八回：那人"上穿一領白布衫，腰繫一條絹搭膊，下面青白裹腳多耳麻鞋，手裡捉條行秤。那人正來賣魚。"《古今小説·臨安里錢婆留發迹》："這一日，忽見戚漢左手上橫着一把行秤，右手提了一隻大公鷄、一個豬頭回來。"

【笐】

　　即笐架。元王禎《農書》卷十四："笐，架也。《集韻》作筕，竹竿也。或省作笐。今湖湘間收禾，并用笐架懸之，以竹木構如屋狀，若麥若稻等稼穫而葦（音繭）之，悉倒其穗，控於其上。久雨之際，比於積垛，不致鬱浥。江南上雨下水，用此甚宜。北方或遇霖潦，亦可做此。"

【筕】

　　同"笐"。元王禎《農書》卷十四："笐，架也。《集韻》作筕，竹竿也。"

【笐架】

　　用竹木搭成的屋頂狀的架構。用以雨天收穫稻、麥時，懸挂稻麥，使其不致鬱熟腐爛。元王禎《農書》卷十四："今湖湘間收禾，并用笐架懸之。以竹木構如屋狀，若麥若稻等稼穫而葦之，悉倒其穗，控於其上，久雨之際，比於積垛，不致鬱浥。江南上雨下水，用此甚宜。"

笐架
明永樂大典本《農書》

hao

【薅馬】

　　一種稻田耘草時用的農具。用竹篾或草編製，扇面狀。用時繫在腰間，使髖部加寬，作業行進時不受禾苗的阻礙，也使禾苗不受傷害。元王禎《農書》卷十三："薅馬，薅禾所乘竹馬也。似籃而長，如鞍而狹，兩端攀以竹繫。農

薅馬
明永樂大典本《農書》

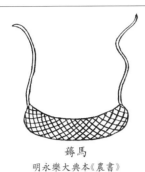

薅馬
明永樂大典本《農書》

人薅禾之際，乃實於胯間，餘裳斂之於内，而上控於腰畔。乘之，兩股既寬，又行壠上不礙苗行，又且不爲禾葉所緒，故得專意摘剔稂莠，速勝鋤薅。""若秧馬之類，因命名曰薅馬。"

【蒿篅】

即草篅。北魏賈思勰《齊民要術·種胡荽》："又五月子熟，拔取曝乾（勿使令濕，濕則裛鬱）。格柯打出，作蒿篅盛之。"參見"篅"。

【毫針】

九針之一。針鋒微細如毫毛，故名。見二寸六分，用於治風寒痛痹。河北滿城陵山 1 號漢墓發現金針四枚，其中二枚針尖尖銳，針柄長度約三度於針身。通長 6.6 厘米、柄長 4.9 厘米、寬 0.2 厘米、針身長 1.7 厘米。有人認爲此即鋒針。《素問·繆刺論》："刺樞中，以毫針。"唐孫思邈《備急千金要方·用針略例》："若治諸邪風鬼注，痛處少氣，以毫針去之，隨病之輕重用之。"明楊繼洲《針灸大成·九針式》："七曰毫針，取法於毫毛，尖如蚊虻喙，長三寸六分。"又《九針圖》："毫針，法象毫，尖如蚊虻喙，長三寸六分，取痛痹刺寒者用此。"

金毫針
滿城 1 號漢墓

【毫鍼】

同"毫針"。《靈經經·九鍼論》："七曰毫鍼，取法於毫毛，長一寸六分，主寒熱痛痹在絡者也。"

he

【禾叉】

又禾束的杈。《明會典·刑部二一·計贓時估》："禾叉，一把一貫。"參見"鐵禾杈"。

【禾擔】

同"禾檐"。明徐光啓《農政全書》卷二二："禾擔，負禾

具也。其長直尺五寸。"《釋名》曰："擔，任也。力所勝任也。"

【禾檐】

用竹木製成的挑禾穀工具。元王禎《農書》卷十四："禾檐，負禾具也。其長五尺五寸。""《釋名》曰：檐，任也。力所勝任也。""田家收穫之後，塍埂之上，禾積星散，必欲登之場圃，荷此尤便。"

【禾鉤】

木製束禾的小鉤。元王禎《農書》卷十四："禾鉤，斂禾具也。用木鉤長可二尺，嘗見壠畝及荒蕪之地，農人將芟倒禾稈，或草稈，用此匝地，約之成稇，則易於就束。"

禾鉤
明永樂大典本《農書》

【禾堂】

即春堂。唐許渾《歲暮自廣江至新興往復中題峽山寺》詩之四："藍塢寒先燒，禾堂晚并春。"自注："人以木槽春米，謂之禾堂。"

【合子掀】

撈淤泥的工具。以木爲首，中凹如勺，四面鑲鐵，有長木柄。清麟慶《河工器具圖説》卷二："《玉篇》：'掀，臿屬。'合子掀，剡木爲首，中凹如勺，四圍鑲鐵，可盛稀泥。爲撈浚利器。"

合子掀
清嘉慶年刊《河工器具圖説》

【和凝】

（898—955）字成績，五代鄆州須昌（今山東東平西北）人。梁貞明進士，歷仕梁、唐、晉、漢、周。相傳和凝是梨板刊書技術的發明者。明羅頎《物原·文原》："五代和凝始以梨板刊書。"梨板刊書，即以梨木爲雕板，刊印書籍，這是世界印刷史上的一項重要發明。

【和峴尺】

北宋初期使用的律尺。推算長度相當於 24.55 厘米。宋蔡元定《律呂新書》卷二"大晟樂尺，徽宗皇帝指三節爲三寸"，原注："長於王樸尺二寸一分，和峴尺一寸八分。"和峴尺是太常寺和峴倡言據司天臺影表銅臬下石尺而製。《宋史·律曆志一》："宋乾德中，太祖以雅樂聲高，詔有司重加攷正。時判太常寺和峴上言云：'古聖設法，先立尺寸，作爲律呂，三分損益，上下相生，取合真音，謂之形器。但以尺寸長短非書可傳，故累秬黍求爲準的，後代試之，或不符會。西京銅望臬可校古法，即今司天臺影表銅臬下石尺是也。及以樸所定尺比較，短於石尺四分，則

聲樂之高,蓋由於此。況影表測於天地,則管律可以準繩。'上乃令依古法,以造新尺并黃鍾九寸之管。"

【篕掞】

同"篕籈"。《方言》第五:"簟,宋魏之間,謂之笙。""其麄者謂之簟籈。自關而東或謂之篕掞。"

【篕籈】

粗竹席。《廣雅·釋器》:"篕籈謂之簟籈。"王念孫疏證:"《說文》:簟籈,粗竹席也。"《方言》:簟之粗者,自關而西謂之簟籈,自關而東,或謂之篕掞,掞與籈通。"

【褐薦】

指牛衣。元王禎《農書》卷五:"古人有臥牛衣而待旦,則知牛之寒,蓋有衣矣。飯牛而牛肥,則知牛之餒,蓋唉以菽粟矣。衣以褐薦,飯以菽粟,古人豈重畜如此哉！以此爲衣食之本故耳。"

【鶴】

即鶴嘴。因形似鶴頭,故名。《釋名·釋用器》:"鋤,助也。去穢助苗長也。""頭曰鶴,似鶴頭也。"

【鶴飲】

引水器。以木或竹爲長槽,首施戽斗,尾如棹。岸側立兩柱,中施軸以承槽。槽首俯入水中而昂其尾。待水入戽,則按尾使昂首,水乃奔流於尾而出。一俯一昂如鶴

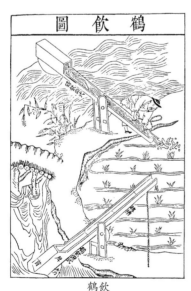

鶴飲
清守山閣叢書本《新製諸器圖說》

飲,故名。明王徵《新製諸器圖說》:"爲長槽,或以巨竹或以木,其長無度,竢水淺深以爲度。尾殺於首三之一。首施戽,惟樸屬爲良。戽之容則以轂。戽臀施木刀,如棹末之制,俾與水無忤。中其槽設兩耳函軸,迤於岸側蘆兩楹

高地僅尺,俾毋杭。楹之巔,對設以軹,貫軸其中,惟活。昂其尾,入之戽也。水滿,則首一昂而流之奔於槽外也。其執禦視桔,桔虛功,挈無虛而捷也。可省夫力十之五。"

【鶴嘴】

一種頭部較長的鋤頭。其形如鶴嘴,故名。玉隆太匃奴墓出土兩首鋤,一端平刃,一端尖刃,後者即鶴嘴。通長 23.5 厘米、銎內徑 2.4 厘米。《釋名·釋用器》"(鋤)頭曰鶴,似鶴頭也",王先謙疏證引清畢沅曰:"今世亦謂鋤頭曰鶴觜(嘴)。"

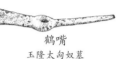

鶴嘴
玉隆太匃奴墓

hei

【黑晶】

指墨晶眼鏡鏡片。亦指黑晶眼鏡。清劉廷璣《在園雜志》卷四:"其最妙通行適用者,莫如眼鏡","黑晶者價昂難得"。

【黑索】

黑色的繩索。供捆縛罪人。也稱縲紲、徽纆等。《史記·仲尼弟子列傳》:"長可妻也。雖在累紲之中,非其罪也。"裴駰集解引孔安國曰:"累,黑索也。"《論語·公冶長》"雖縲絏之中,非其罪也",宋邢昺疏:"古獄以黑索拘攣罪人。"

【黑窰】

即甎瓦窰。《日下舊聞考·城市》:"增黑窰。每中窰一座甎瓦之屬二千二百計匠八十八工五尺圍蘆柴八十八束等。謹案黑窰廠爲明代製造甎瓦之地,曰黑窰,別於琉璃亮瓦二窰也。本朝之制,琉璃亮瓦窰皆仍明舊,至各工程甎瓦於康熙三十三年奉旨均交窰户,備辦俾歸簡易。而黑窰遂廢。"

hen

【狠虎】

即鐵扳子。清麟慶《河工器具圖說》卷二:"鐵扳子,俗名狠虎。"

heng

【恒升車】

井中汲水器。由大竹管、提柱、軸及架等構成。安放於井泉中,由軸轉動竹管中的提柱不斷地汲水上升,從水管中注於外,以溉農田。明徐光啓《農政全書》卷二九:"《恒升車記》曰:恒升車者井泉挈水之器也。其用與玉衡相似,而更速焉,更易焉,以之灌畦治田,至爲利益矣。""恒

升者,從下入而不出也,從上出而不見也。恒升之物有四:一曰箭,箭者,水所由入也,所以束水而上也。二曰提柱,提柱者,水所由恒升也。三曰衡軸,衡軸者,所以挈提柱上下之也。四曰架,架者,所以居庶物也。四物者備,斯成器矣,更爲之機輪焉,巧者運之,不可勝用也。"清納蘭性德《淥水亭雜識》卷三:"西人取井水以灌溉,有恒升車,其理即中國之風箱也。"

【恒升筒】

汲水工具。明徐光啓《農政全書》卷十六:"掘土深丈以上而得水者,爲井以汲之","其起法,有桔槔,有轆轤,有龍骨木斗,有恒升筒,用人用畜。高山曠野,或用風輪"。

【横黍尺】

横累百黍之長爲横黍尺。明朱載堉《樂律全書》卷二三:"度尺長十寸,横黍之廣爲分,每寸横黍十枚,横粟十二粒。"《清稗類鈔·物品·度量衡》:"舊制,以纍黍定分寸之率,横纍一黍爲一分,十黍爲一寸,曰横黍尺。(原注:古尺。)"

【横簫】

渾儀等天文觀測儀器中夾住瞄準管的裝置。《宋史·天文志一》:"璣衡之爲器","爲横簫二,兩端夾樞,屬於璣,其中挾衡爲横一,棲於横簫之間"。

【横簫】

原始的天文測量儀器。其結構已不可考。《宋史·律曆志九》:"堯敕羲、和製横簫以考察星度,其機衡用玉。"

【横簫望筩】

即衡。渾儀等天文觀測儀器中的瞄準管。《宋史·律曆志九》:"横簫望筩:長五尺七寸,外方内圓,中通望孔,其徑六分,周於日輪,在璇樞直距之中,使南北遊仰,以窺辰宿,無所不至。"

【衡】

即槷。《禮記·曲禮上》:"奉席如橋衡。"鄭玄注:"橋,井上挈槔。衡,上低昂。"

【衡】

利用槓桿原理測定物體重量的工具。《禮記·月令》:"日夜分,則同度量,鈞衡石,角斗甬,正權概。"《史記·禮書》:"衡誠縣,則不可欺以輕重。"裴駰集解引鄭玄曰:"衡,稱也。"衡的基本構造是一根横桿,附有權。測重時,横桿的一端權和一端物重持平,可知被稱物體重量。《漢書·律曆志一上》:"權與物鈞而生衡。"顏師古注引孟康曰:"謂錘與物鈞,所稱適停,則衡平也。"根據支點在横桿上的不同位置,可分兩種:支點居中者的天平,支點偏於一端的秤。衡爲其統稱。天平式衡在春秋末戰國初的楚墓中有多次發現,竹木爲横桿,兩端掛有小銅盤,附有環

形砝碼。這樣形式一直到明清無大變化。江陵雨臺山楚墓出土衡一件,木質,四棱扁條,兩端和中間各用穿繩小孔,長 28.3 厘米、寬 1 厘米、厚 0.3 厘米。睡虎地秦簡有

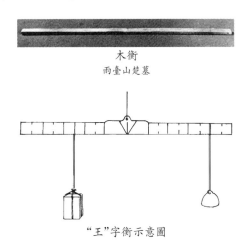

木衡
雨臺山楚墓

"王"字衡示意圖

"黄金衡纍"的説法,江陵鳳凰山 168 號漢墓出土竹衡桿,自銘"稱錢衡"。天平式衡演變出秤式衡在戰國時已經可以找到實物。安徽壽縣出土的戰國二件"王"字銘的天平式銅衡桿,呈扁平形,正中有鼻紐,長戰國一尺(23.1～23.15 厘米),一件正面十等分刻度線,另一件也有每寸刻度,除中間二寸外,每半寸還有刻線。經研究,權是穿線直接挂在衡桿之上,其刻度表示稱重時,物或權不是固定在兩端,而是可以移動,這種尺度與砝碼相結合,使天平式衡向秤式衡過渡。大約在漢代秤式衡已經趨於完備。到了北宋,衡得到了改進,精密度提高,并且分化出稱重物的大秤和稱精細物品的戥秤。《宋史·律曆志一》:"建隆元年八月,詔有司按前代舊式作新權衡,以頒天下,禁私造者。""至景德中,承珪重加參定,而權衡之制益爲精備。"天平式衡和秤式衡各有特點,長期同時使用,并且不斷得到完善,是衡的不可偏廢的兩種結構形式。

【衡】

即楅。綁在牛角上以防止觸人的横木。一説衡爲牛鼻上横木。《周禮·地官·封人》:"凡祭祀飾其牛牲,設其楅衡。"鄭玄注:"鄭司農云:'楅衡,所以楅持牛也。'杜子春云:'楅衡,所以持牛令不得抵觸人。'玄謂,楅設於角,衡設於鼻,如椵狀也。"賈公彦疏:"恐抵觸人,故須設楅於角。牽時須易制,故設衡於鼻。"孫詒讓正義:"後鄭以衡別爲一物,與楅所設異處,然此義經典未見。"《説文·角部》:"衡,牛觸,横大木其角。從角,從大,行聲。《詩》曰:'設其楅衡。'"

【衡】

渾儀中的瞄準管。衡在璣的雙環之間,可繞璣的圓心在平行於這雙環的平面内轉動。指出天球上不同赤緯的天空。《隋書·天文志上》:"其雙軸之間,則置衡,長八尺,通中有孔,圓徑一寸。"

【衡贏】

衡與累。天平之橫桿與砝碼。《睡虎地秦簡·法律答問》:"亡久書、符券、公璽、衡贏,已坐以論,後自得所亡,論當除不當? 不當。"《秦律十八種·工律》:"縣及工室聽官爲正衡石贏、斗用(桶)、升,毋過歲壺(壹)。有工者勿爲正。段試即正。"參見"天平"。

hong

【紅錦繩】

紅色的絲質繩子。明沈榜《宛署雜記·經費下》:"會試場内供給補辦家火","黃錦繩六條,紅錦繩十二條,綿手索九條"。

【紅犁】

漆成紅色的禮儀用犁。皇帝行躬耕籍田禮時,供陪耕公卿親耕用。明沈榜《宛署雜記·經費上》:"紅犁十三張,木料工價扣鎖銀三兩一錢四分。"

【紅麻繩】

紅色的麻繩。明沈榜《宛署雜記·經費上》:"聖駕謁陵,合用錢糧,各年不等,俱本縣存留交辦。今記萬曆十六年事於後……挨轎棍三百根,賃價九分;絆轎底紅麻繩三十三斤,賃價三錢三分。"

【紅毛刀】

明清時稱荷蘭製造的刀子。清魏源《秦淮鐙船引》:"二百餘年桃葉渡,七萬里外紅毛刀。"

【紅綿九股繩】

用九股絲縷絞合成的紅色綿繩。可以繫束,作用相當於繅。《明成化說唱詞話·石駙馬傳》:"石郎駙馬忙上馬,將身上馬便行程,披了鎖子黃金甲,腰帶紅綿九股繩。"

【紅綿繩】

紅色的綿繩。《宣和遺事》前集:宣和六年正月十四日夜,去大内門直上一條紅綿繩上,飛下一個仙鶴兒來。"

【紅絨繩】

紅色的絨繩。《金瓶梅》第八四回:"原來他手下有兩個徒弟,一個叫郭守清,一個名郭守禮,皆十六歲,生的標致,頭上戴青段道髻,用紅絨繩紮住總角。"

【紅繩】

紅色的繩子。《金史·禮志九》:肆赦儀,"設捧制書木鶴仙人一,以紅繩貫之,引以轆轤,置於御前欄干上"。元宋無《春愁》詩:"金雁塵香暗鳳絃,紅繩風緊閣秋千。"明沈榜《宛署雜記·經費上》:"紅繩二條,麻繩一百條,價九分。"清周壽昌《思益堂日札·康熙元夕盛典》:"二十四年元夕,上於南海子大放燈火,使臣民縱觀,仿大酺之意,先於行殿外,治場里許,周植柝木,而終以紅繩。"

【紅綃】

紅色的絲繩。唐杜牧《鸚鵡》詩:"華堂日漸高,雕檻繫紅綃。"宋杜安世《燕歸梁》詞:"風擺紅綃卷畫簾,寶鑑慵拈。日高梳洗幾時忺,金盤水,弄纖纖。"參見"紅條"。

【紅銅模子】

紅銅製作之模子。《養心殿造辦處史料輯覽·雍正六年》:本年活計,"鏨夔龍紅銅模子"。

【虹吸】

利用曲管以大氣壓力引水的裝置。曲管以木爲之,長短視井、泉深爲度,不假人力,以大氣的壓力引水上升。明王徵《新製諸器圖說·虹吸圖說》:"剹木爲筒,筒之容,或方或圓,圓徑寸,方徑不及寸者分之二,毋薜、毋暴、毋齘。筒之長無定度,竑井及泉爲度。筒之下端,橫曲尺有二寸而爲之口。口迤而上高數寸,口之容,弱於腹之容。惟防口之内有舌,開闔戚速而無倚於闓。筒之上端,出井及尋,橫曲二尺有奇,迺垂,垂四尺奇,迤而下長,及常而爲之管。管視筒之腹惟窓,筒之曲若審,惟樸屬爲良。筒之圍肉,以寸緄縢之,欲以油灰之齊,腥塗其郤,毋俾針芒之或耗。筒兩端有檠,相以施約,無甗無杌而止。管入以籥惟嚴,假韝鼓之。度水衝於管,遄捎其籥,則靁吐如趵突也,以終古。"

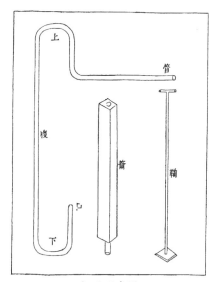

虹吸示意圖
清守山閣本《新製諸器圖說》

【洪爐】

大火爐。多指冶煉爐。明宋應星《天工開物·五金》:"白銀入洪爐雖無折耗,但火候足時,鼓韝而金花閃爍,一

朝圖鼎鑄

洪爐

明初刊本《天工開物》

現再没，再鼓則沉而不現。”又《冶鑄》：“洪爐熔化時，決開槽梗，一齊如水横流，從槽道中梘注而下，鐘鼎成矣。”

【洪鑪】
同“洪爐”。唐玄奘《大唐西域記·摩揭陁國上》：“即命獄卒投之洪鑪，獄主既死，王乃得出。”

【洪斛】
户部坐糧廳收糧所用的一種斛量。較倉斛爲大。《户部則例·進倉驗耗》：“坐糧廳收兑糧米俱用洪斛，進京倉洪斛每石較倉斛大二斗五升，進倉洪斛每石較倉斛大一斗七升，是按正兑加耗二五，改兑加耗一七核算。”《欽定大清會典圖》卷四十：“户部倉斛十二斗五升爲洪斛十斗，倉斛十斗爲洪斛八斗，倉斛十斗爲關東斗五斗，洪斛十斗爲關東斗六斗二升五合。”

【洪縻】
粗索。《太平廣記》卷三六引唐薛用弱《集異記·李清》：“吾志也。汝輩必阻，則吾私行矣。是不獲行賫洪縻之安也。”

【紘】
即綱。《淮南子·原道訓》：“紘宇宙而章三光。”高誘注：“紘，綱也。”漢揚雄《羽獵賦》：“沇沇溶溶，遥噱乎紘中。”《後漢書·班固傳》：“罘罔連紘，籠山絡野。”李賢注：“紘，罘之綱。”

【紘綱】
即綱。《文選·晉歐陽建〈臨終詩〉》：“天網布紘綱，投足不獲安。”李善注：“紘綱，繋網索也。”

【翃】
同“紘”。提綱的繩索。《漢書·揚雄傳上》：“沈沈容容，遥噱虖翃中。”顔師古注：“翃，古紘字。”《文選·左思〈吴都賦〉》：“輕禽狡獸，周章夷猶，狼跋乎翃中，忘其所以賒賜，失其所以去就。”劉逵注：“翃，網綱也。”

【篊】
即箔。唐陸龜蒙《寄吴融》詩：“到頭江畔從漁事，纖作中流萬尺篊。”清李調元《南越筆記·粤人多以捕魚爲業》：“箔亦曰篊。”“故凡以石爲梁，絶水者曰洪；以竹爲梁，取水者曰篊。亦曰滬。”

【絃】
渾儀外層組件中固定於支架上的地平環。刻有方位度數。《宋史·天文志一》：“體之爲器，爲圓規者四。”“三曰絃，絃之規一，上際當經之半，若車輪之僕，以考地際，周賦十二辰，以定八方。”

hou

【喉鎗】
中醫喉科用具。用毛筆蘸墨曬乾而成。清王洪緒《外科症治全生集·雜症》：“製喉鎗法：以純紫毫細長筆，筆根用絲線紥固，濃磨京墨蘸飽之，俟筆曬乾，再蘸一二次，乾透極硬。用以代刀點喉患，雖被刺而不致傷損，即病家亦視而無恐矣。”

【喉針】
醫用針具。長六寸，柄細頭扁，鋒尖。專用刺喉部膿血，故名。明陳實功《外科正宗》：“喉針，長六寸，細柄扁頭，鋒尖，刺喉膿血者，皆善。”

【后稷】
名棄。周族先祖，傳説爲中國最早種稷和麥的人。曾爲堯的農官，自商代開始，被作爲農神來祭祀。《尚書·吕刑》：“禹平水土，主名山川。稷降播種，農殖嘉穀。”《左傳·昭公二十九年》：“周棄爲稷，自商以來祀之。”傳説后稷還發明了水碓。清汪汲《事物原會》卷二七：“后稷作水碓。”

【厚脊利刃小刀】
即薛醜刀。元王禎《農書》卷五：“接工必有用具，細齒截鋸一連，厚脊利刃小刀一枚，要當心手款穩。”

【後槽】
即馬厩。馬厩在建築組群的後側，設有馬槽，故稱。元武漢臣《生金閣》第一折：“衙内云：‘這廝好生無禮！小的每，拏大鐵鎖鎖在馬房裏！’”“隨從云：‘爺，那郭成拏的去,鎖在後槽亭柱上哩。'"《水滸傳》第二回:"王進自去備了馬,牽出後槽。"

【後尺】

北魏後期所用的尺度。《隋書·律曆志上》:"後尺,實比晉前尺一尺二寸八分一釐。即開皇官尺及後周市尺。"《宋史·律曆志四》:"依隋書定尺十五種上之,藏於太常寺","九後尺同隋開皇尺、周市尺,比晉前尺爲一尺二寸八分一釐"。

【後魏前尺】

北魏所雜用的尺度之一。推算相當於 27.88 厘米。《隋書·律曆志上》:"後魏前尺,實比晉前尺一尺二寸七釐。"

【後魏中尺】

北魏所雜用的尺度之一。推算相當於 27.97 厘米。《隋書·律曆志上》:"後魏中尺,實比晉前尺一尺二寸一分一釐。"

【後周王朴尺】

即王朴律準尺。宋王應麟《玉海》卷八:"後周王朴尺。王朴依周法以秬黍校定尺度,長九寸,虛徑三分,爲黃鍾之管。"

【候風】

測風儀。《淮南子·齊俗訓》"辟若倪之見風也",高誘注:"倪,候風者也。"相傳起於夏代。候風之具建於高竿之上,用雞羽五兩或八兩繫之,或以烏形以活樞立於槃上。唐李淳風《乙巳占·候風法》:"凡候風者,必於高迥平原,立五丈長竿,以雞羽八兩爲葆,屬於竿上以候風。風吹羽葆平直則占,亦可竿首作盤,盤上作木烏三足,兩足連上而外立,一足繫羽下而內轉,風來烏轉回首向之,烏口銜花,花旋則占之。淳風曰:羽必用雞,取其屬巽,巽者號令之象,雞有知時之效,羽重八兩,以做八風;竿長五丈,以做五音;烏象日中之精,故巢居而知風,烏爲先首。《淮南子》曰:'天欲風,巢居先翔。'古書云:立三丈五尺竿於西方,以雞羽五兩繫其端,羽平應占。然則知長短輕重,取於合宜。竿不必過長,但以出衆中不被隱蔽爲限,有風即動,便可占候。羽毛重必五兩已上,八兩已下,但以羽輕則易平,重則難舉。常住安居,宜用烏候,軍旅權設,宜用羽占。羽葆之法,先取雞羽中破之,取其多毛處,以細繩逐緊夾之,長短三四尺許,屬於竿上,其扶搖、獨鹿、四轉、五復、之風,各以形狀占之。"降至清代,西洋風表始傳入中國。古代候風是測天的一部分,從風向、風力知風、知雨、知天氣變化,但更重要的是占吉凶。故候風之具列於殿宇、軍中、工地和觀象臺。

【候風地動儀】

東漢張衡發明的能測定地震發生方向及強度的儀器。銅質。形如酒樽,設有鉤機,外部上附八龍首,下相應蹲八蟾蜍。地震發生時,鉤機向相應方向擺去,龍口就張開吐下銅丸落入相應蟾蜍之口,即知有地震發生及知地震之方向。《後漢書·孝順帝紀》:陽嘉元年"秋七月,史官

候風地動儀
復原模型

始作候風地動銅儀"。李賢注:"時張衡爲太史令,作之。"《太平廣記》卷二二五引《後漢書》:"後漢張衡字平子。造候風地動儀,以精銅鑄之。圖徑八尺,蓋合隆起,形如酒樽。飾從篆文及龜鳥獸之狀。中有都柱,傍行八道,施關發機。八龍首,各銜銅丸,下有蟾蜍,張口承之。其牙機巧製。皆隱在罇中,覆蓋周密無際。如有地震,則罇動機發,龍吐丸而蟾蜍銜之,震動激揚。伺者因此覺知。一龍發機,而七首不動,尋其方面,乃知震動之所在。"

【候風木飛鳥】

木質相風鳥。《晉書·五行志下》:"魏明帝景初中,洛陽城東橋、城西洛水浮橋桓楗同日三處俱時震。尋又震西城上候風木飛鳥。"

【候鐘】

即自鳴鐘,時鐘。明劉侗、于奕正《帝京景物略·天主堂》:"候鐘,應時自擊有節。"

hu

【呼鞭】

驅使牛的鞭子。以麻搓成,裝有鞘,使鞭揮動發聲,用以驚牛。元王禎《農書》卷二二:"呼鞭,驅牛具也。""農家紉麻合鞭,鞭有鳴鞘,人則以聲相之用警,牛行不專於撻,世云呼鞭,即其義也。"

【瓠種】

以乾葫蘆穿孔作成的播種器。穿葫蘆兩頭,以木柄貫之,前作嘴,後爲柄。下種時,內貯以種,擊在

呼鞭
明永樂大典本《農書》

腰間,在耕壠上邊走邊下種。瓠種的發明至晚在北魏。

瓠種
岑溝金代窖藏

河北灤平縣岑溝金代窖藏內發現瓠種一件。由一個葫蘆和一根木桿組成。葫蘆徑 16 厘米,長 19 厘米,內藏種籽,中部上端有一徑 2.5 厘米的小圓孔,首尾兩端各有一徑 3 厘米的小孔。孔內橫穿一根長 47 厘米、粗 3 厘米的木桿。木桿穿出葫蘆首端的一段,長 15 厘米,挖一條長 14 厘米、寬 1.2 厘米的凹槽,作爲引種槽。橫在葫蘆裏的一段,長 19 厘米,挖成空心雙梁形狀,與引種凹槽相通。穿在葫蘆後端的一段長 13 厘米,成爲執柄。在引種槽上,有捆縛繩痕,當時可能還有助播的裝置。元王禎《農書》卷十二:"瓠種,竅瓠貯種,量可斗許。乃穿瓠兩頭,以木筭貫之,後用手執爲柄,前用作觜。瀉種於耕壠畔,隨耕隨瀉,務使均勻。"參見"竅瓠"。

瓠種
明永樂大典本《農書》

【葫蘆模子】
　葫蘆造型之模具。《養心殿造辦處史料輯覽・乾隆十三年》:"傳旨:著照樣做葫蘆模子。其花樣字體俱要一樣。欽此。於十四年六月十五日司庫白世秀將做得葫蘆模子四件持進。"

【狐櫃】
　捕狐工具。箱櫃狀,裝有閘門、機關,內置誘餌。狐被誘入櫃後,食餌,觸動機關,閘門落下,囚狐於櫃內。清麟慶《河工器具圖說》卷一:"狐櫃,以木製成,形如畫箱,前以挑棍挑起閘板。以撐捍撐起挑棍,後懸繩於挑棍,而繫消息於櫃中,以雞肉爲餌。安置近柵欄處,使狐見而入櫃攫取,一碰消息,則繩鬆,棍仰,桿落,板下,而狐無可逃遁矣。"

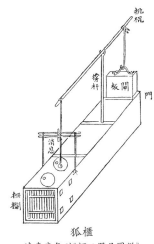

狐櫃
清嘉慶年刊《河工器具圖說》

【狐狸弶】
　捕捉狐狸的小網。明單本《蕉帕記・揭果》:"花園內你落了狐狸弶。"

【胡鐵大鋸】
　自胡地輸入之大鋸。漢晉西陲木簡《雜事》:"入胡鐵大鋸一枚。"

【胡鐵小鋸】
　自胡地輸入之小鋸。《流沙墜簡・器物》:"前胡鐵小鋸廿八枚。其一枚假兵趙虎一枚□□。"又:"前胡鐵小鋸□十六枚。"

【斛】
　同"斛",《集韻・入屋》:"斛,或作斛。"

【斛】
　量器名。原以十斗爲斛。斛的量值不斷增大,至南宋

斛
庫倫1號遼墓壁畫

改爲五斗一斛,一石兩斛,此制沿用到清代。形制有圓柱形、方形兩類。爲了減少誤差,元代至元年間官定斛制爲口狹底廣。官倉出入所用之斛稱倉斛,京都所用之斛稱都斛、京斛。《漢書・律曆志上》:"量者,龠、合、升、斗、斛也,所以量多少也。合龠爲合,十合爲升,十升爲斗,十斗爲斛。"

斛
明永樂大典本《農書》

"斛者,角斗平多少之量也。"元王禎《農書》卷十六:"斛,十斗量也。"《清稗類鈔・物品・度量衡》:"斛,方積一千五百八十寸。"

【壺漏】
　即漏刻。《明會典・欽天監》:"十一年奏進,簡儀修刻黃道等度,圭表、壺漏俱如南京舊制。"清《皇朝禮器圖式》卷三:"本朝製壺漏,播水壺三,方形:上曰天壺,即宋之求壺,面闊一尺九寸,底闊一尺三寸,高一尺七寸,水欲常滿;次曰夜天壺,即宋之複壺;又次曰平水壺,高闊遞減一寸,層累而下,承以朱座,有亭覆之,亭座通高一丈八尺四寸。分水壺一,形方,即宋之廢壺,高闊如平水壺,在平水壺下;少後受水壺一,形圓,曰萬水壺,即宋之建壺,徑一

清代壺漏
故宫博物院

尺四寸,高三尺一寸,在座前地平上。壺皆有蓋,播水壺前近下皆爲龍口玉滴,以次漏於受水壺。平水壺後近上穿孔,洩於分水壺,以均水平,漏受水壺。上爲銅人抱箭,長三尺一寸,鐫兩晝夜時刻,上起午正,下盡午初。壺中安箭舟如銅鼓形,水長舟浮則箭上出,水盈箭盡則洩之於池。壺面俱鐫大清乾隆年製,平水壺面鐫御製銘,後欵乾隆歲在乙丑孟夏之月御銘。"《清稗類抄·物品類》:"乾隆丙寅四月,重製壺漏。"

【虎尾】

裝於吊桿上的粗麻繩。用以起吊笨重物品。清麟慶《河工器具圖説》卷四:"前繫鐵鍊,名曰千觔,繫極粗麻繩,名曰虎尾,承繩之處,名木鈴鐺。然後遣水摸夫入水摸石,引繩扣繫,集夫拉挽虎尾繩鈎撈上岸。"

【互】

即屠肉枅。《周禮·地官》:"凡祭祀,共其牛牲之互,與其盆簝以待事。"鄭玄注:"互若今屠家縣肉格。"

【戽】

即戽斗。明王徵《新製諸器圖説·鶴飲圖説》:"首施戽,惟樸屬爲良。戽之容,則以殼戽。"

【戽斗】

以木或柳條等製成的斗狀的桶。兩邊縛有粗繩。使用時兩人對立於河岸邊,各執一邊的繩子,以協調的動作,

將水汲入田間。也有單人捉長柄汲水。元王禎《農書》卷十八:"戽斗,挹水器也。"《唐韻》云:"戽,抒也。抒,水器挹也。凡水岸稍下,不容置車,當旱之際,乃用戽斗。控

戽斗汲水
明萬曆年刊《農書》

戽斗
清嘉慶年刊《河工器具圖説》

以雙綆,兩人制之,抒水上岸,以溉田稼。其斗或柳笒,或木罌,從所便也。"清麟慶《河工器具圖説》卷二:"《廣韻》:戽,抒也。《物原》:公劉作戽斗。又戽以木爲小桶,桶旁簷繫以繩,兩人用以取水,名曰戽桶。如堤内陂塘潴蓄地闊水深,宜用翻車,地狹水淺,宜用戽斗。南方多以木罌,北人多以柳笒,從所便也。"

【戽桶】

木質戽斗。清麟慶《河工器具圖説》卷二:"《物原》:公劉作戽斗。又戽以木爲小桶,桶旁簷繫以繩,兩人用以取水,名曰戽桶。"

【戽子】

即戽斗。明王徵《遠西奇器圖説》卷三:"作戽子,不拘多少,一如水車戽子之制。戽子中實以土泥諸物,一人用力轉動上端瓜瓣轆轤,則諸戽可以流水而上矣。"

【罜】

捕兔之網。《説文·网部》:"罜,罘也。"《廣雅·釋器》:"罜、岢、兔罟也。"《廣韻·去暮》:"罜,兔網。"

【澞斗】

同"戽斗"。《駢雅·釋器》:"澞斗,挹水者。"清翟灝《通俗編》卷三一:"《博雅》:戽,抒也。又澞斗謂之枵。《傳燈録》:丹霞然戽水潑龐居十三掬。"

【扈】

同"滬"。《初學記》卷八引南朝梁顧野王《輿地志》:"扈

業者,濱海漁捕之名,插竹列於海中,以繩編之,向岸張兩翼,潮上即沒,潮落即出。魚隨潮礙竹不得去,名之云扈。"清黄生《義府·扈》:"扈,漁具,蓋編竹以禁魚者。"

【扈業】

即槎頭。《初學記》卷八引南朝梁顧野王《輿地志》:"扈業者,濱海漁捕之名,插竹列於海中,以繩編之,向岸張兩翼,潮上即沒,潮落即出,魚隨潮礙竹不得去,名之云扈。"清方以智《通雅·器用》:"扈業,緯蕭也。"《事物異名錄·漁獵部·籭》引晉張勃《吳都記》:"江濱漁者插竹繩編之以取魚,謂之扈業。"

【滬】

立柵捕魚設施。其方法各地有差異:有以繩編竹、木、葦爲柵,攔插在水邊者;亦有在海坪潮漲所及之處,築高約一二尺的土岸,留闕爲門,中挂網。潮漲沒過滬頂,魚類等隨潮水入滬內;潮退,水由柵欄之間的空隙或滬門流出,而魚蝦等則爲之所阻而不得出。用於淺海和內陸水域。唐陸龜蒙《漁具》詩序:"列竹於海澨曰滬。"《集韻·姥韻》:"簄,取魚竹罔。通作槴、滬。"宋陸游《村舍》詩:"潮生魚滬短,風起鴨船斜。"清黄叔璥《臺海使槎錄·賦餉》:"滬者,於海坪潮漲所及之處,周圍築土岸高一二尺,留缺爲門,兩旁竪木柱,挂小網柱上截塞岸門,潮漲淹没滬岸,魚蛤隨漲入滬;潮退水由滬門出,魚蛤爲網所阻。寬者爲大大滬,狹者爲小滬。"

【猢】

繩索。清陸鳳藻《小知録·器用》:"猢,音護。〔繩索〕《説楷》:'絲繩也。'《事物紺珠》:'絚又名縆,并索,古書云統。'《小史》:'燧人始結繩。'《物原》:'軒轅作綿索。'"

【槴】

同"滬"。《集韻·上麌》:"槴,藉書具。一曰取魚具。"清王士禎《午食得鱸》詩:"他年歸卧錦湖岸,日抛篨槴臨清渠。"

【簄】

同"滬"。《類篇·竹部》:"簄,取魚竹罔。"《原本廣韻·姥》:"簄,海中取魚竹名。"《太平廣記》卷二九五引唐鄭常《洽聞記·陳恓》:"隆安中,丹徒民陳恓於江邊作魚簄,潮去,於簄中得一女。"清史震林《西青散記》卷二:"其地多廣川深澮,溝渠汀沚,縱橫貫注,蘆葦彌望,田舍緣埂,牛亭魚簄,參差入畫。"

hua

【花本】

提花織機上的一個部件。用於控制經線按一定規律升降,以構成織物花紋的裝置。用絲線編結而成。其作用與現代提花機上的紋板相似。明宋應星《天工開物·乃服·花本》:"凡工匠結花本者,心計最精巧。畫師先畫何等花色於紙上,結本者以絲線隨畫量度,筹計分寸秒忽而結成之,張懸花樓之上。即織者不知成何花色,穿綜帶經,隨其尺寸度數提起衢腳,梭過之後,居然花現。蓋綾絹以浮經而見花,紗羅以糾緯而見花。綾絹一梭一提,紗羅來梭提,往梭不提。天孫機杼,人巧備矣。"清衛杰《蠶桑萃編》卷七:平機甯綢,"織用熟經生緯,下用腳杆六根,擬織何項花色,將花本過入花樓,提拉成花,每袍一件,約長二丈二尺,重十八兩五六錢"。又卷十:"花有本,挑有式,織有法。花本何?凡綢緞衣服花樣皆是。"

【花鋤】

種花用的小鋤。《紅樓夢》第二三回:"寶玉一回頭,卻是林黛玉來了,肩上擔着花鋤,鋤上掛着花囊,手內拿着花帚。"

【花機】

提花織機。用於織造花紋循環變化大、組織複雜的大花紋,如花卉、動物紋等圖案的織物。一般需要有專門的提花裝置。大約自秦漢時發展了花樓束綜提花機。關於漢代用花樓束綜提花,東漢有較全面的形象化的描述,使我們可以大致了解到提花機的梗概。漢王逸《機婦賦》:"方員綺錯極妙窮奇,蟲禽品獸,物有其宜,兔耳跧伏,若安若危;猛犬相守,竄身匿蹄。高樓雙峙,下臨清池,游魚銜餌,瀺灂其陂,鹿盧並起,纖繳俱垂,宛若星圖,屈伸推移,一往一來,匪勞匪疲。"這段文字前四句講的是提花機能織出飛禽走獸,騎士花卉等複雜的花紋,"兔耳"、"猛犬",是織機上的兩對機件。"兔耳"是指捲布軸的左、右托腳它形如"兔耳";"猛犬"可能是指打緯的叠助木,其在下半部的機臺上,竄身匿蹄;"高樓雙峙"是指提花裝置花樓的提花束綜和綜框上弓棚相對峙。挽花工坐在花樓上,口唱手拉,按設計的提花紋樣來挽花提綜,俯瞰光滑明亮的千絲萬縷的經線,正如"下臨清池"一樣。編織的龍鳳,花卉歷歷在目。"游魚銜餌",乃指挽花工牽動束綜衢線,衢線下連수輥爲衢腳,極像垂鈎一樣,以銜餌的魚比喻衢腳十分形象化。提牽不同經絲,有屈有伸,從側面看,確如漢代人習慣的星圖,故說"宛若星圖"。"屈伸推移"也是一句十分形象化的比喻。"一往一來"形容引緯打緯,運動協調自在。提花機經兩晉南北朝直至隋唐時期,都有不同程度的改進提高。在西晉於織機的材料和安裝規格,以及提花織造的工藝技術均描寫得比較詳細。晉楊泉《織機賦》:"取彼椅梓,槙於修枝,名匠聘工,美手利器。心暢體通,膚合理同,規矩盡法","足閑踏躍,手習欞匡,節奏相應,五聲激揚"。這是指下面的織工在腳踏提綜,起出錦上的地紋,手在進行打緯的操作,并和上面的挽花工按花紋提拉經線的

規律,上唱下合,密切配合,織出美麗的花紋圖案。元代的提花機式樣,在《梓人遺製》裏有具體的描述。《梓人遺製》是元初山西萬泉(今萬榮縣)木工薛景石的一本織

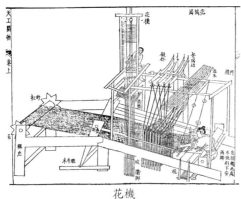

花機
明初刻本《天工開物》

樓專著,書中稱提花機爲華(花)機子。他把分部零件圖和總裝配圖都刻畫得非常具體,立體圖更是形象逼真。"每一器(即每一機件)必離析其體而縷數之"。每個零件不僅都詳細說明了尺寸大小和安裝部位,而且也簡要地講述各種機件的製作方法。正如《序言》中所指出:"分則各有其名,合成共成一器。"這種華機子的機框是很寬闊的。經軸(滕子)、筘(筬)框、吊綜槓桿(特木兒)都配畫得非常齊全。明代的提花機型制,在明宋應星《天工開物·乃服》有較詳細的叙説:"凡花機,通身度長

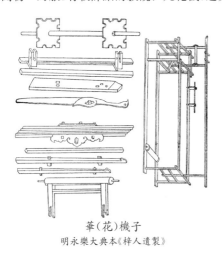

華(花)機子
明永樂大典本《梓人遺製》

一丈六尺,隆起花樓,中托衢盤,下垂衢腳。對花樓下堀坑二尺許,以藏衢腳。提花小廝,坐於花樓架木上,機末以的滕捲絲,中用疊助木兩枝,直穿二木,約四尺長,其尖插於筘兩頭。疊助,織紗羅者視織綾綢者減輕十餘斤方妙。""其機式兩接,前一接平安,自花樓向身一接斜倚低下尺許,則疊助力雄。若織包頭細軟,則另爲均平不斜之機,坐處鬥二腳。以其絲微細,防遏疊助之力也。"《天工開物》中的花機、花樓、衢盤、衢腳部份的結構和宋代樓璹《耕織圖》中的提花機完全一致。提花小廝坐在

花樓上專司提花操作。織地紋的提綜槓桿,名曰"老鴉翅",其形態和《梓人遺製》的華機中的"特木兒"一樣。另外用一套稱爲"澁木"的提綜機構,使緞紋組織裏大塊面花紋經線浮長過長時中間可加"克點",以提高織物的牢度。這種提花機的第二個特點是:機式分兩節,前一節的經面是從的滕(經軸)到花樓的木架前導經輥的一段,要求水平放置;後一段經面是從導經輥到織口傾斜一尺多。這是爲了使經線有一定張力。同時便於利用疊助木(筘座擺桿)的重力慣性打緊緯線。對於不同的緯密,可以用改變疊助木上所綁石塊的重量來調節。如果織包頭細軟的輕盈織物,不需要疊助木強大的正面衝擊力,可以另裝兩只掛腳,使經面也呈水平。這樣疊助木的打緯力就不是正壓力,而是切向分力。因此,這種調整打緯力的方法,就使一機可以多用,以擴大織物品種的製織範圍。這種工藝技術經驗是非常可貴的,在近代的織機上,還不斷沿用這種織造工藝原理,製織各種高級絲綢品種。在《豳風廣義·織紝》中,對清代提花機有下述描繪:"織時,將經縷根根穿過綜環。綜則用木五根,造成方架,中安一梁。二人對坐,以綜線二環相套縛於架上,或一千或一千五或二千,足數而止。再用細竹竿二根,大如小指,將綜線兩737領起,卸去綜架,掛在機頂羅面桃之上。每綜一幅,下用腳竿棍一根,安在機之中間,以便躡交。若織無花絹縑,只用綜二幅;若織提花綾緞,將綜線縛於範架之上,用十幅,下用腳竿輥十根。又將渠(衢)線從花樣中穿過,挂於花樓之上。花之式樣,隨人所便。乃江南織工以絲線盤結而成者。織時一人坐在花樓之上,手提渠線,一人坐在卷幅之後,以腳次第躡竿,旋提旋織,自然成花。又將經樓前後兩根相并,穿過繩齒,以數絲拴一結,復貫在小竹輥之上,長與卷幅齊,牽引經縷縛在卷幅之上,兩邊再拴邊線十二根。織時不另掛邊線,緯束[縮]經線窄小必不能織。須用雙絲合成壯線,經掛拾交如上法,收在邊筬之上。在後邊,在椿外側錠一鐵環。將邊線從環中穿過,索引至前滕子對高梁上,再錠一環,復穿過引下,將邊線停分開。用竹片二個,上各鑽六孔,將線後穿過孔中,引至綜環,分左右各貫六環,復穿過繩齒三眼内,緊緊卷幅上織時,用磚一塊,用繩子掛在邊筬之上,自然邊線繃緊,緯不能束(縮),邊易織。再綢面用撐幅兩根,用竹片二個,兩頭各錠半截釘三根長二分,緊撐在幅上。機製經緯安裝停當,然後推撞拋梭自然成幅。"這種提花機,主要機構作用原理、具體尺寸已發展得比較完善。可以代表當時陝西地區的提花技術的實際水平。江南地區的提花機型制,在《蠶桑萃編》中列有攀花機。南京摹本緞機和南京粧花機有踏竿十六至二十四根,分別控制綜框(範子),十六至二十四扇,上有弓棚二組,控制經線上、下開口運動。主要用於織製地紋。這種踏竿和綜框的多少,可視提花織物的地紋(緞紋)的設計需要而定。一般有十六片綜框即可。江寧式提花緞機一般用提花束綜線一千二百根。四川式花緞機的提花線(束綜)分爲四節,頭節爲緯,如寧綢緞機緯三百四十根,每一根套中衢線四根。

二節爲栅欄子雙套分兩股，一長五寸五分，一長三寸，線共六百八十根，每一根下套中衢線兩根。三節爲中衢線雙，雙線套，共一千三百六十根，每一根中衢提經線有提八根，有提六根，合算分用。四節爲下衢雙，線共一千三百六十根，衢簽一千三百六十根，以縋中衢線。南京粗花機上的提花束綜線，比南京摹本緞機和鎮江宮緞機的都要多得多。它們均有挽子緙繩和花本連接。花本線用吊線懸空吊於上方。

大提花織機
南京雲錦研究所

【花鼓槌】

橢圓形木槌。用於製陶及建築工程，槌擊濕體使之結實。與拍板配合使用。參見"拍板"。

【花梨木錐】

花梨木製的錐。文房用具。明無名氏《天水冰山録》："螺細鞘小裁紙刀，一柄；花梨木錐，一件。"

花鼓槌
清嘉慶年刊《河工器具圖説》

【花素機】

即花機。可以織造火花紋提花織物，亦可用於織造素織物，故名。又名攀花。清衛杰《蠶桑粹編》卷七："花素機制，審度合宜，可織素，亦可織花。"又《圖譜二》："攀花須上下兩人，一人織錦，一人提花。花樣無窮，提法不一。大抵提花宜精，織紡宜巧。"這種提花機的主要機構可分爲五個部分：排檔機具。排檔即送經部分，敵花（經軸）捲經絲用，兩頭穿檔腳上圓孔。羊角（放經扳手）兩個，每個八角，置經軸兩頭，放敵花即拉橫欄羊角的打觔。機身樓柱機具。樓身即機架部分，樓柱四根，置機身上，以起花樓。花門二根置機身上。燕翅二根，管提花坐位。花樓柱機具。花樓即提花束綜部分。花樓柱二根，花鷄一根，管花線上下動，使不損壞絲線。花繃二個。撒緙竹一根，使勿撲人腰前，提花省力。提花線各物。提花線即提花束綜。提花線分二節，上節爲緙，雙線套一千二百根，每根或套三根，或套四根，隨時計算，下節爲豬（衢）腳線一

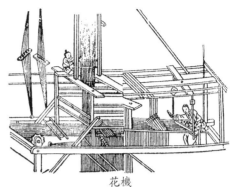

花機
清浙江書局《蠶桑萃編》

千二百根雙，每根縋竹簽一根，共豬腳一千二百根。腳子線即花本線，長二丈，共六百根。過線長三尺，按花計算。起撒竹，十四根緙線。分左右不亂。下有踏腳橃一根，長六尺。三架梁各物。三架梁一根，安弓棚用，弓棚蔑六條，居中打眼，釘豆腐箱上，兩頭打眼，穿人字繩用，弓棚繩（吊綜繩）六根，人字繩上有檳榔竹六個，挂棧（即吊綜）用。織寧綢用六扇棧（相當綜框）線套下口。鈎簽每邊六條，共十二條，縋範子（地綜）用，寧綢範子六扇線套上口。梭子分彎直二樣，以直爲上，兩頭用鐵，中安檀木心，穿緯管線。

【枼】

即兩刃臿。元王禎《農書》卷十三："《説文》，鍤作枼，兩刃鍤也，從木象形。宋魏作枼。"《集韻》："枼作鍤，或曰削，能有所穿也。"

【滑車】

一種由滑輪、繩索或鏈條等組成的牽引、起重機械。最簡單的滑車只用一滑輪，複雜的滑車用多組滑輪組成。今俗稱葫蘆。先秦銅嶺銅礦遺址及銅綠山銅礦遺址都發現了木滑車，用作礦井提升裝置，其中最早爲商代所製。西周起木滑車廣泛用作水井提水，漢代畫像磚中也可見滑車用於開採井鹽。遼寧開原老城鎮出土的元代銅滑車，輪軸斷殘，僅存架，架輪內墊崇寧通寶，與現代墊圈相同。輪架高 18.6 厘米，頂面 12.5～17.1 厘米。《宋史·河渠志二》："王安石請令懷信、公義同議增損，乃別製濬川杷。其法：以巨木長八尺，齒長二尺，列於木下如杷狀，以石壓之；兩旁繫大繩，兩端矴大船，相距八十步，各用滑車絞之。"明湯若望、焦勗《火攻挈要》卷上："此器人用者頗多。但上懸滑車，止有單盤一輪，所以起重猶費力耳，兹則妙在滑車有上下二具雙層銅盤，共有二十二輪，

元代銅滑車
開原老城鎮出土

上下繩索，宛轉活利。較之尋常省力數十倍矣。”

【滑車】

滑輪。參見“鐵滑車”。

【滑皮石滾】

壓葦莖用的石滾。其滾面光圓。使葦莖扁柔光滑，便於編製葦索。清麟慶《河工器具圖說》卷四：“滑皮石滾，

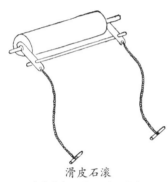

滑皮石滾
清嘉慶年刊《河工器具圖説》

取石琢圓，經圍三尺，兩頭各安木臍，上套木耳，繫以長繩。用時置葦於地，往還拉曳，爲壓遍柴質之用。”

【滑子】

即爪木。清麟慶《河工器具圖說》卷四：“所謂爪木者，即俗名滑子是也。”

滑子
清嘉慶年刊《河工器具圖説》

【釫】

即兩刃臿。《墨子·備蛾傳》：“爲上下釫而斬之。”《説文·木部》：“枱，兩刃臿也。從木、丫，象形。宋魏曰枱也。釫，或從金、亏。”

【鋊】

指臿。亦專指臿端掘土的金屬部件。《後漢書·戴就傳》：“又燒鋊斧，使就挾於肘腋。”李賢注引何承天《纂文》：“臿，今之鋊也。”《廣雅·釋器》“鏵、鍫、鏨也”，清王念孫疏證：“《吳越春秋·夫差內傳》云：寡人夢兩鋊殖吾宮牆。《後漢書·戴就傳》注引《字詁》云：鋊，臿刃也。枱釫鏵鋊，並字異而義同。”

【鋊鍫】

即鍫。元王禎《農書》卷十三：“臿，顏師古曰：鍫也。所以開渠也。”“江淮南楚之間謂之臿，趙魏之間謂之桌，皆謂鍫也。鍫銚剿音同，鍫剿，《唐韻》又吐雕反，亦謂鋊鍫。然多謂之鋸。”

【鋊鏨】

同“鋊鍫”。宋趙叔向《肯綮録·俚俗字義》：“鏨曰鋊鏨。”

【鏵】

犁鏵，安裝於犁頭用以起土的金屬部件。多用鐵製，亦有銅質鏵出土。鏵的名稱，在漢代爲宋魏之地的方言，其通用名稱爲臿。《方言》第五：“臿，燕之東北朝鮮洌水之間謂之斛，宋魏之間謂之鏵或謂之鋊。”犁鏵的鏵，可能就是沿用臿的稱謂而來。因爲兩者的作用相類似。《釋名·釋器》：“鏵，刳也，刳地爲坎也。”唐人稱爲犁鑱，或省稱鑱。唐陸龜蒙《耒耜經》：“耒耜，農書之言也。民之習，通謂之犁。冶金而爲之者曰犁鑱，曰犁壁。”“耕之土曰墢，墢猶塊也。起其墢者鑱也。”元王禎著《農書》提出鏵和鑱的區別：“鏵與鑱頗異，鑱狹而厚，惟可正用，鏵闊而薄，翻覆可使。老農云，開墾生地，宜用鑱；翻轉熟地，宜用鏵。蓋鑱開生地著力易，鏵耕熟地見功多。然北方多用

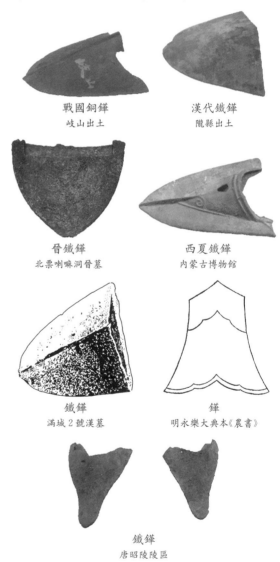

戰國銅鏵
岐山出土

漢代鐵鏵
隴縣出土

晉鐵鏵
北票喇嘛洞晉墓

西夏鐵鏵
內蒙古博物館

鐵鏵
滿城2號漢墓

鏵
明永樂大典本《農書》

鐵鏵
唐昭陵陵區

鏵，南方皆用鑱，雖各習尚不同，若取其便，則生熟異器。”鏵和鑱的形狀不同，是爲適應生、熟兩種土地特點而設計的，其起土作用是相同的。近人統一命名爲犁鏵，亦省稱鏵。從大量出土的犁鏵來看爲適應不同的需

要,犁鏵大致可分爲三類:1.小鏵,形體輕巧,上下兩面凸起,銍扁圓形或菱形,前端鈍角或鋭角。長寬各 20 厘米左右,適用於翻鬆熟地。2.中鏵,舌形,前端鋭角,上面凸起,中有凸脊,底面板平。三角形銍。長寬各 30 厘米左右,適用於開墾荒地。3.大鏵,形似中鏵,長寬均在 40 厘米以上。需數牛牽引,適用於開溝做渠。

【鏵】

即舀。《越絕書·越絕外傳記吳王占夢》:"兩鏵倚吾宫堂者,越人入吳邦,伐宗廟,掘社稷也。"《方言》第五:"舀,燕之東北朝鮮洌水之間謂之斛,宋魏之間謂之鏵。"《釋名·釋用器》:鍤,"或曰鏵,鏵刳也,刳地爲坎也"。

【劃子】

在穿衣鏡框子上押鏡簾的活動小籤子。《紅樓夢》第五一回:"麝月笑道:'好姐姐,我鋪牀,你把那穿衣鏡的套子放下來,上頭的劃子劃上,你的身量比我高些。'"

【畫尺】

繪飾之尺。揚州邗江胡場 1 號西漢墓出土了現見最早的骨質畫尺,殘長爲原長十分之七。其上針刻鳥獸,填以色彩。河南省盧氏縣城關鎮虢臺廟廟臺東漢墓發現骨質畫尺一件。尺長 23.2 厘米、寬 1.7～2.4 厘米、重 25 克。一端有一直徑 0.25 厘米的穿孔。骨質牙白色,寸、分用墨色畫出,尺面兩端各一寸處飾網紋,中間三組流雲紋,均用墨色勾勒,填以紅、綠色。正、背兩面相同。兩個側面也以墨色畫出十寸,每隔一寸畫出分數,空白處飾菱紋。寧夏固原大坑堰車漢墓、陝西鳳翔唐志莊東漢墓皆有骨質彩畫尺發現。三國魏曹操《上雜物疏》中有"雜畫象列尺",則爲牙質畫尺。南朝梁簡文帝《和徐録事見内人作卧其詩》:"龍刀横膝上,畫尺墮衣前。"元龍輔《女紅餘志·尺》:"盈口有畫尺。"

骨質畫尺
虢臺廟漢墓

【畫樣】

描繪的平面紙樣。《水滸傳》第五六回:"先朝曾用這連環甲馬取勝。欲破陣時,須用鈎鐮槍可破。湯隆祖傳已有畫樣在此,若要打造便可下手。"

【繳】

繩子。用以繫東西。《周禮·夏官·大司馬》"徒銜枚而進"漢鄭玄注:"枚如箸,銜之,有繳,結項中。"賈公彦疏:"繳,即兩頭繫也。既有兩繫,明於項後中央結之。"《漢書·高帝紀上》"章邯夜銜枚擊項梁定陶",唐顔師古注:"枚狀如箸,横銜之,繳絜於項。繳者,結礙也;絜,繞也。"

huai

【淮尺】

宋代民間江淮一帶使用的一種尺。宋程大昌《演繁露》卷十六;"官尺者,與浙尺同,僅比淮尺十八;而京尺者,又多淮尺十二。"

huan

【喚錐】

編紮用鐵錐。錐中開槽,引針。因編紮人隔物作業,以喚聲相應,故稱。清麟慶《河工器具圖説》卷四:"今南河編紮牆屋,多用葦竹,是以有笆匠之目。其編紮利器喚錐、喚針,均鍛鐵爲之。錐長一尺,凹心式如半邊破竹,孔引纇綏針長五寸,孔引細繩,均名曰喚者,蓋兩人對編時,一内一外,彼此照會應聲後,然後下錐穿針耳。"

喚錐
清嘉慶年刊《河工器具圖説》

【獲刺】

捕獲等用具。頭部鋭尖如棘芒,有倒鈎。下部有長木柄。清麟慶《河工器具圖説》卷一:"今巡夜捕獲之具有名刺者,鍛鐵爲之,其鋒鋯利,上有倒鈎以象棘芒。"

獲刺
清嘉慶年刊《河工器具圖説》

【桓譚】

(? —56)東漢沛國相(今安徽濉溪縣西北)人。字君山。官至議郎、給事中。哲學家。他在著作《新論》中,闡述了用水碓加工稻穀的原理:"因延力借身重以踐碓,而利十倍。杵舂又復設機關,用驢、蠃、牛、馬及役水而舂,其利乃且百倍。"桓譚是中國歷史上闡述水碓原理的第一人。

【圜刃鑿】

一種刃部呈圓圜形的鑿子。鋼鐵製成。淮陰高莊戰國墓出土圜刃鑿。刃部爲半圓形。亦有如碗口大的大型圜刃鑿,用於鑿鹽井。宋蘇軾《東坡志林·井河》:"自慶曆、皇祐以來,蜀始創筒井,用圜刃鑿,如碗大,深者數十丈,以巨竹節,牝牡相銜爲井,以隔横入淡水,則鹹泉自上。"

【環】

即規。《舊唐書·天文志上》載黃道游儀有"旋樞雙環"、"陽經雙環"、"陰緯單環"。《元史·天文志》載有"四游雙環"、"百刻環"、"赤道環"、"定極環"等。

【環】

同"繯"。懸持簟箔柱的繩索。《方言》第五："所以懸
桮，關西謂之繪，東齊、海岱之間謂之繯，宋、魏、陳、楚、
江、淮之間謂之繯，或謂之環。"錢繹箋疏："懸桮之索謂之
繯，又謂之繯，亦謂之環。"

【環跳針】

即長針。取其針身長，常用以深刺環跳穴，故名。明楊
繼洲《針灸大成·九針式》："長針，鋒如利，長七寸，痺深
居骨解腰脊節膝之間者用此，今之名(環)跳針是也。"

【繯】

同"繯"。懸持簟箔柱的繩索。《方言》第五："所以縣
桮，關西謂之繪，東齊、海岱之間謂之繯，宋、魏、陳、楚、
江、淮之間謂之繯，或謂之環。"錢繹箋疏："懸桮之索謂之
繯，又謂之繯，亦謂之環。"

【繯】

即罥。《呂氏春秋·上農》"然後制四時之禁……繯網
置罦不敢出於門"，陳奇猷校釋："《說文》：'繯，落地。'落
即羅落。《莊子·胠篋》云：'削格、羅落之知多則獸亂於
澤矣。'是繯亦是捕獸之具，與羅網同類。"

【繯網】

捕獸之羅網。《呂氏春秋·上農》："然後制四時之禁：
出不敢伐材下木，澤人不敢灰僇，繯網置罦不敢出於門，
罛罟不敢入於淵。"

【浣花緞機】

清代在四川一帶使用的一種緞機。用於織造浣花緞類
絲織物。清衛傑《蠶桑萃編》卷七："浣花緞機。機製器具
通用甯綢機，不必再列，祇敘範棧不同之處，以備博覽。
浣花機用八範四棧，寬二尺，高長與甯綢範棧同。範線綿
套上口，棧線套下口，頭一千八百根，繫雙牽經，篦九百
齒，每齒裝頭兩根，踩竿八根。頭一花整順踏兩回，倒踏
三回，兩輪三摸二花，破織訣也，由左向右，仍照前順，踏
兩回倒踏三回。"

【豢】

即豢圂。《說文·豕部》："豢，以穀圈養豕也。以豕桊
聲，胡慣功。"段玉裁注："圂者，養豕之閑。圈養者，圈而
養之。圈、豢疊韵。《樂記》注曰：以穀食犬、豕曰豢。
《月令》注：養牛、羊曰芻、犬、豕曰豢。《少儀》假圂
爲豢。"

【豢圂】

泛稱飼養家畜之所。《新五代史·雜傳·李守貞》："晉
兵素驕，而守貞、重威爲將皆無節制，行營所至，居民豢圂
一空，至於草木皆盡。"

huang

【皇甫隆】

三國時魏人。曾爲敦煌太守，教民製作樓犁，興修水
利，促進了當地農業生產發展。《齊民要術·序》："敦煌
不曉作樓犁，及種，人牛功既費，而收穀更少。皇甫隆乃
教作樓犁，所省庸力過半，得穀加五。又敦煌俗，婦女作
裙，攣縮如羊腸，用布一匹。隆又復禁改之，所省復不
貲。"《魏略》："初，敦煌不甚曉田，常灌溉蓄水，使極濡洽，
然後乃耕。又不曉作樓犁，用水及種，人牛功既費，而收
穀更少。隆到，教作樓犁，又教衍溉。歲終率計，其所省
庸力過半，得穀加五。"皇甫隆所製作的樓犁，是對趙過所
發明的"三腳樓"的重大改進。

【皇祐渾儀】

宋皇祐初製造的渾儀。特點是把原來刻在地平環上
的百刻分割刻在赤道環上。在外層儀器的六合儀的地
平圈環上，刻有一圈水溝，用於儀器定平。《宋史·律曆
志九》：皇祐渾儀，"皇祐初，又命日官舒易簡、于淵、周琮
等參用淳風、令瓚之制，改鑄黃道渾儀"。"第一重名
六合儀。""陰緯單環"，"上有池沿環流轉，以定平準"。
"天常單環"，"上列十干，十二支，四維時刻之數，以測
辰刻"。

【黃道婆】

(1245—1330)手工棉紡織技術革新家。也稱道婆、黃
婆、黃母。松江府烏泥涇(今上海市閔行區龍華鄉東灣
村)人。相傳流落崖州三十餘年，元朝元貞年間返回故
里。回鄉後以棉紡織生產爲生，并向鄉民傳授在崖州學
到的棉紡織技術。明陶宗儀《輟耕錄·黃道婆》："松江府
東去五十里許，曰烏泥涇，其地土田磽瘠，民食不給，因謀
樹藝，以資生業，遂覓種於彼。初無踏車、椎弓之製，率用
手剖去子，線弦竹弧，置案間，振掉成劑，厥功甚艱。國初
時，有一嫗名黃道婆者，自崖州來，乃教以做造捍、彈、紡、
織之具，至於錯紗、配色、綜線、絜花，各有其法。以故織
成被、褥、帶、帨，其上折枝、團鳳、棋局、字樣，粲然若寫。
人既受教，競相作爲，轉貨他郡，家既就殷。"元王逢《梧溪
集》卷三："黃道婆，松之烏涇人。少淪落崖州，元貞間，始
遇海舶以歸。躬紡木棉花，織崖州被自給。教他姓婦，不
少倦。未及，被更烏涇名天下，仰食者千餘家。"黃道婆對
上海地區手工棉紡織技術革新上的貢獻主要有三：一是
在棉花初加工上，改革和創新了軋棉用的踏車和使用了
彈椎繫弦的彈棉大弓；二是發明了腳踏式三錠木棉紡車，
後稱"黃道婆紡車"；三是運用色織和提花織造技術，製造
出被、褥、帶、帨等精美的棉織物，其中最著名的是"烏泥
涇被"。技術革新提高了生產力，促進了棉紡織業的商品
生產，形成了一些專業性的棉紡織品生產，爲明代松江府

發展爲棉紡織業中心打下了基礎。黃道婆改革棉紡織工具和工藝技術不僅改善了家鄉人民的生活,而且對明清時期江南農村和城鎮的經濟發展產生了影響,湧現了不少因紡織業的發展而興盛起來的城鎮。爲了紀念這位偉大的棉紡織技術革新家,鄉里在她逝世後,建立"黃道婆祠"。明陶宗儀《輟耕録·黃道婆》:"未幾,嫗卒,莫不感恩灑泣而共葬之。又爲立祠,歲時享之。越三十年,祠毀,鄉人趙愚軒重立。"自元至清,黃道婆祠多次被毀又重建,有記載的就有七次。另外在上海市内以及鄰近區、縣建有黃婆禪院、黃婆庵、黃姑庵、先棉祠等。除了上述專爲黃道婆建立的祠宇外,還有一些附祀、供奉和紀念場所,如漕河涇鎮梵壽庵、三林堂鄉崇福道院、上海中學的先棉堂、豫園的得月樓等。所有這些祠宇、紀念場所都表達了後人對她的懷念和崇敬。民間流傳農曆四月初六是黃道婆生日,是日鄉民多來祭祀。據考證黃道婆墓地在今龍華東灣。

【黃道經緯儀】

清代製作的測定天體黃道經度和黃道緯度的儀器。爲清製八件大型天文儀器之一。由比利時傳教士、欽天監官員南懷仁監製。儀器由内外三層四圈組成,直徑約 2 米。外層爲子午圈,固定在底座上;中層爲一赤經圈,距赤道南北極各二十三度三十一分三十秒處定爲黃道南北極,距黃極九十度處有一黃道圈與赤經圈固結;内層爲黃經圈以軸貫於黃道南北極,在黃道兩極點之間有軸連接。各圈上均安裝游表。中層赤經圈用短軸貫於子午圈上的南北極點處,北極點的高度角取北京的緯度。該儀現陳列於北京建國門外古觀象臺。清《皇朝禮器圖式》卷三:"康熙十二年,聖祖仁皇帝命鹽臣製黃道經緯儀。"

【黃道游儀】

唐玄宗開元十一年(723)天文學家一行提出,由梁令瓚

黃道經緯儀
四庫全書本《皇朝禮器圖式》

製的渾儀。因把渾天黃道儀中六合儀的赤道環改爲卯酉環;三辰儀的赤道環上每隔一度打一洞,使黃道環能按歲差的作用,沿赤道退行,固定於新的位置。故稱黃道游儀。《新唐書·天文志一》:"開元九年,一行受詔,改治新曆,欲知黃道進退,而太史無黃道儀,率府兵曹參軍梁令瓚以木爲之儀,一行是之,乃奏'黃道游儀'。""十一年儀成。"

【黃帝】

姬姓,號軒轅氏、有熊氏,少典之子。傳説爲中華民族先祖。中國古代將許多重要的發明歸功於黃帝。清汪汲《事物原會》卷二十七:"《古史考》:'黃帝始造釜甑,火食之道成矣。'《路史》:'燧人氏範金石合土,以爲釜。'《詩傳》:'有足曰錡,無足曰釜。'《器用旨歸》:'甑所以炊飲之具。古者甑,瓦器,陶者爲之。今以木,後世之制也'。""《黃帝内傳》以爲黃帝作鉏、鎒、鐺、鯛之類,斷木爲杵,掘地爲臼。"王禎《農書》卷十八:"《周書》云黃帝穿井。"計在中國古代文獻中,將養蠶、舟車、文字、音律、醫學、算術等發明的產生,或謂之爲黃帝本人的創造,或歸之爲黃帝時代的產物。這説明黃帝時期是中國上古農業文明的一個重要發展階段。

【黃花罛】

即牆罛。清李調元《南越筆記·粤人多以捕魚爲業》:罛之類,"有曰牆罛,則以絲罛爲之,專以取鱘白、及黃白花魚,亦曰黃花罛"。

【黃金尺】

金質或塗金尺。山東掖縣雙山區坊北村東漢墓出土黃金尺一件,銅質,通體塗金,長 23.6 厘米。兩面刻有極細花紋,由單線表現。正面從中劃分,一半以寸爲格,共五格,一半兩大格,各長 5.9 厘米。五小格内刻異獸及鳳凰等,兩大格内,一刻三馬駕車,車上一人持鞭,一刻一異獸,背面刻異獸及雲氣紋。《雙劍誃古器圖録》録建初六年(81)塗金尺,爲現知最早。此外,中國歷史博物館藏有南朝塗金尺,長 25.2 厘米;唐塗金尺,長 30.4 厘米;北宋塗金尺,長 31.74 厘米。而洛湯澗西 22 號唐墓也發現塗金銅尺,長 30.81 厘米。參見"褋寶黃金尺"。

西漢鎏金銅尺
漢中市出土

【黃金衡贏】

稱黃金用的天平和砝碼。睡虎地秦簡《效律》:"黃金衡贏不正,半朱[以]上,貲各一盾。"

【黃金繩】

用黃金絞成的繩索。多以編連帝王封禪、祭祀的玉簡文書和纏繫秘藏玉册的玉匣、玉檢等。《通典·禮七十

九》：“又爲黄金繩，以纏玉匱、金匱。”

【黄錦繩】

黄色的絲質繩子。明沈榜《宛署雜記・經費下》：“會試場内供給補辦家火”，“黄錦繩六條，紅錦繩十二條，綿手索九條”。

【黄龍絨鞭】

帝皇行躬耕籍田禮時的禮儀用鞭。用黄絨線編成。皇帝親耕時所執。明沈榜《宛署雜記・經費上》：“黄龍絨鞭二把，物料工價二兩三錢四分。”

【黄婆】

即黄道婆。明胡芳《咏黄道婆祠》：“黄婆古廟秋復春，不見年年祭賽人。當時拋卻金梭去，誰教吴姬織白雲。”清高不騫《烏泥涇夜尋黄母祠》詩：“吉貝蠻方物，分栽此地多。織成資赤子，取法自黄婆。”清秦榮光《上海縣竹枝詞・祠廟二七》：“烏泥涇廟祀黄婆，標布三林出數多。衣食我民真衆母，千秋報賽奏弦歌。邑治西南半段涇，黄婆專廟妥神靈。禮宜請列先棉祀，勝奉黄姑天上星。”上海一帶民謡中稱黄道婆爲黄婆婆：“黄婆婆，黄婆婆！教我紗，教我布，兩只筒子兩匹布。黄婆婆，黄婆婆！教我紗，教我布，紡紗織布一乃羅。”

【黄絨鞭】

即黄龍絨鞭。《明會典・工部二一・器用》：“該都水司辦，外黄龍口犁一張（黄健牛一隻），黄絨鞭一把，黄絨索一副。”

【黄絨繩】

黄色的絨繩。《三寶太監西洋記通俗演義》第十二回：“只見天師傳下號令，仰上、江二縣，要不曾見過女人的桌子，用七七四十九張；要不曾經過婦人手的黄絨繩，用三百根。”清福格《聽雨叢談・膳卓膳合》：“御膳房進膳，凡果碟、冷碟，俱陳於矮卓，幂以黄龍巾袱，用黄絨繩兜卓之四隅舁之，謂之膳卓。”

【黄絨索】

用黄絨線編製的耕索。帝皇行躬耕籍田禮時套犁用。《明會典・工部二一・器用》：“該部水司辦，外黄龍口犁一張（黄牛一隻），黄絨鞭一把，黄絨索一副。”

【鐄】

大鐮刀。用以收割莊稼、斫伐柴薪。《集韻・平庚》：“鐄，大鐮也。”元陳椿《熬波圖・樵斫柴薪》：“長鐄瑩如雪，動手即披靡。”

【楻桶】

一種有蓋無底的圓木桶。直徑四尺多，周長一丈五尺，覆於甑、釜之上使用，造紙生産中，用以煮料。明宋應星《天工開物・杀青・造竹紙》：“凡煮竹，下鍋用徑二（四）尺者，鍋上泥與石灰捏弦，高闊如廣中煮鹽牢盆樣，中可載水十餘石。上蓋楻桶，其圍丈五尺，其徑四尺餘。蓋定受煮。”

【幌】

即幌子。唐陸龜蒙《和初冬偶作》：“小爐低幌還遮掩，酒滴灰香似去年。”

【幌子】

營業的標志物。亦稱作望子，原爲旗，營業時掛起，關門時收起，這類幌旗有長方形、長方形或長串的小旗，僅僅是引人注意而已。最初，酒家用之，有的幌子上還有一些稱贊商品的廣告語，在宋張擇端的《清明上河圖》真實地繪録了各種幌旗的形象。宋代又出現了實物形式的幌子，宋吴自牧《夢粱録》載小酒店“又有掛草葫蘆、銀馬杓、銀大碗”，這些實物可以引起人們對酒食的興趣。元明時的這類幌子相當豐富。《析津志》載元大都：“剃頭者，以彩色畫牙齒爲記”，“蒸造者，以長木竿用大木杈撐住，於當街懸掛，花饅頭爲子”。“市中醫小兒者，門首刻板作小兒。”元代《運役圖》中所繪酒家掛起酒罎或酒簍。《如夢録》記載明代開封街店“有打紅銅諸樣器皿，鐵鞋幌，有名鞋鋪”。可知幌子有木質，也有鐵質。形象式的幌子是由實物幌子發展起來，可分爲兩類，一類是用圖畫來表示，如畫出經營商品的圖形，一類是用模型來表示，在鋪前陳列代表商品的模型。形象幌有時也是抽象的、象徵性的，如酒店掛葫蘆，客店掛笊籬、掃帚等，只是約定俗成的標記。當然，照牌和幌子是店鋪等經營中不可缺一的兩個標識物，前者表明名號，後者表明經營範圍，相輔相成，是一個統一體。清翟灝《通俗編・器用》：“今江以北，凡市賈所懸標識，悉呼望子。訛其音，乃云幌子。”

樂器鋪幌子
范緯《老北京的招幌》

【鋭錘】

軟柄鐵錘。以鍛鐵爲首,以藤條或竹條爲柄,有避震和不易折斷的作用。用以碎石。清麟慶《河工器具圖説》卷四:

鋭錘
清嘉慶年刊《河工器具圖説》

"凡開山採石,山有土戴石、石戴土之分,見山面露有浮石,必先用鋭錘擊之,審定其下有石,然後刨土開採。鋭錘之製,鑄鐵爲首。大者形長而扁,兩頭皆可用,中貫藤條或竹片以爲柄。小者兩頭一方一圓,以木爲柄,約重十五六觔,均專備劈裁石料之用。"

hui

【灰籮】

製石灰的籮。清靳輔《治河奏績書》卷二:"竹榾每條二分,小竹每根三分,灰篩每面二分,灰籮每隻五分。"

【灰鍫】

鏟灰的小鍫。《紅樓夢》第五一回:"將火盆上的銅罩揭起,拿灰鍫重將熟炭埋了一埋,拈了兩塊素香放上,仍舊罩了,至屏後重剔了燈,方才睡下。"

【灰篩】

篩石灰的篩子。清靳輔《治河奏績書》卷二:"竹榾每條二分,小竹每根三分,灰篩每面二分,灰籮每隻五分。"

灰篩
五代衛賢《閘口盤車圖》

【灰刷】

漆器製作中用以刷漆灰的刷子。其毛較硬。明黄大成《髹飾録·乾集》:"雨灌,即髹刷。有大小數等,及蟹足、疏鬃、馬尾、豬鬃。又有灰刷、染刷。沛然不偏,絶塵膏澤。"

【灰桶】

泡石灰及和石灰用的大木桶。清麟慶《河工器具圖説》卷二:"其泡灰和灰之具有桶,有槊。"按,其插圖名"灰桶"。

灰桶
清嘉慶年刊《河工器具圖説》

【灰舀】

舀石灰漿的有柄小木桶。清麟慶《河工器具圖説》卷二:"又有灰舀,爲挹灰水用。"

灰舀
清嘉慶年刊《河工器具圖説》

【灰印】

驗工或封庫用印。印有皮或木,石灰爲印泥,故稱灰印。宋洪邁《夷堅丁志·員家犬》:"琦命虞候瘞埋,又以灰印印地面,使不可竊取。"清麟慶《河工器具圖説》卷二:"凡築隄挑河,估定尺寸後,較準高深,簽椿相平,用灰印於椿頂,裏以油紙,覆以磁碗,取土封培,俟工完,啓驗灰印完整。"參見"皮灰印"、"木灰印"。

【揮】

傳説爲黄帝臣。傳説中弓的發明者。《世本·作篇》:"揮作弓。"傳説中國射箭技藝亦由揮首創。明羅頎《物原·技原》:"揮作六射。"六射,六種射箭技藝。

【楎】

釘在牆上作掛衣物用的木橛。《爾雅·釋宫》:"植謂之杙,在牆者謂之楎。"《清史稿·禮志五》:"并設床榻、衾枕、楎椸、帷幔,如生事儀。"

【楎】

同"楎"。《集韻·平微》:"楎,橛也。《爾雅》:'杙,在牆者謂之楎。'或作楎。"

【徽】

三股的繩索。《説文·糸部》:"徽,衺幅也,一曰三糾繩也。"段玉裁注:"三糾,謂三合而糾之也。"《文選·潘岳〈西征賦〉》:"於是弛青鯤於網鉅,解頳鯉於黏徽。"李善注引《説文》:"徽,大索也。"宋崔伯易《珠賦》:"連徽挺權,灑網持柎。"明馮夢龍《智囊補・兵智・凱口囮》："人腰四徽一劍,約至木憩足,即垂徽下引人,人帶銃砲長徽而起。"

hun

【昏眼鏡】

即老花鏡。清孫雲球《鏡史》："昏眼鏡,凡人老至目衰,視象不能斂聚,一如雲霧蒙蔽,惚恍不真。或能視鉅而苦於視微,或喜望遠而不能視近。用鏡則物形雖小而微,視之自大而顯,神既不勞而自明也。量人年歲多寡,參之目力昏明,隨目置鏡,各得其宜。"

【輥】

即軥。《説文・車部》："輥,軛軥也。"段玉裁注："軛軥之異名曰輥也。輥之言圍也,下圍馬頸也。"

【渾天合七政儀】

清製演示日、月、五星運轉及太陽出没方位與時刻的天球儀。儀器設在支架上,外圈爲地平圈及子午圈,及時刻盤。中層爲通過南北極點的二至經圈及與之相交的黄道圈、赤道圈等。内層爲一黄道環,環中心有日體,外有地球;日體周圍有金、水兩星體,地球周圍有月體;日體外大盤上有火、木、土三星體。皆有齒輪機構相聯,月可繞地旋轉,五星可繞日旋轉。清《皇朝禮器圖式》卷三："本朝製渾天合七政儀。鑄銅爲之。"

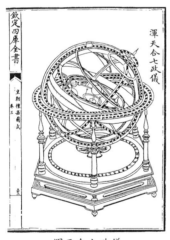

渾天合七政儀
四庫全書本《皇朝禮器圖式》

【渾天銅儀】

唐一行與梁令瓚製造的以水力帶動旋轉的精密機械天象儀。外有日、月繞其轉動。并能自動擊鐘打鼓以報時刻。《新唐書・天文志一》："又詔一行與令瓚等更鑄渾天銅儀,圓天之象,具列宿赤道及周天度數。注水激輪,令其自轉"。"外絡二輪,綴以日月,令得運行。立木人三於地平上,其一前置鼓以候刻,至一刻則自擊之;其一前置

鐘以候辰,至一辰亦自撞之。皆於櫃中各施輪軸,鈎鍵關鑠,交錯相持。"

【渾天象】

即渾象。《隋書・天文志上》："渾天象者,其製有機而無衡。"

【渾天儀】

測量天體位置的儀器渾儀和演示天球旋轉的天球儀渾象兩者的通稱。如張衡作的以漏水帶動的天球儀即渾象,和宋製渾象,均被稱爲渾天儀。《隋書・天文志上》："張平子既作銅渾天儀,於密室中,以漏水轉之,與天皆合如符契也。"宋周密《齊東野語・渾天儀地動篇》："舊宋渾天儀凡四座。""至道儀在測驗渾儀所,皇祐儀在翰林天文局,熙寧儀在太史局天文院,元祐儀在合臺"。

【渾天儀土圭尺】

十六國前趙劉曜鑄天文儀器所用尺。推算長度相當於24.3厘米。《晉書・律曆志上》："趙劉曜光初四年鑄渾儀,八年鑄土圭,其尺比荀勗尺一尺五分。"《隋書・律曆志上》："趙劉曜渾天儀土圭尺,長於梁法尺四分三釐,實比晉前尺一尺五分。"

【渾象】

根據渾天説宇宙論製造的演示天象位置的儀器。是一個銅製大圓球,球外表面上刻劃或鑲嵌星宿、赤黄道等天文坐標圈,常以漏水爲動力,通過動機構,球可繞指向南北天極的軸旋轉,類似現在的天球儀。清代製現陳列於北京古觀象臺的天體儀及陣列於南京紫金山天文臺的小天體儀,皆屬渾象之類。《晉書・天文志上》："至順帝時,張衡又製渾象,具内外規、南北極、黄赤道,列二十四氣、二十八宿中外星官及日月五緯。"《金史・曆志下》："宋太史局舊無渾象,太平興國中,張思訓準開元之法,而上以蓋爲紫宫,旁爲周天度,而東西轉之,出新意也。"

【渾儀】

根據渾天説宇宙論原理設計,測量天體位置的儀器。由多個代表天球上坐標圓圈的同心圓環套叠而成。有瞄準天體的裝置。圓環上有角度的刻度,可以得到天體的黄道、赤道、地平坐標數值。大多用銅,也有用鐵、木製造。最早的渾儀爲西漢落下閎所製。阜陽雙孤堆西漢汝陰侯墓出土二十八宿圓盤,上盤書北斗星,下盤周邊書二十八宿,星盤指針正對天北極方向,轉動上盤,把標記點對準下盤,用於確定天體位置。有人定名二十八宿盤,後定名爲星盤。石雲里、方林、韓朝認爲,儘管盤後來變爲渾,但核心結構没有變,這個盤是中國渾儀的直接始祖。《新唐書・天文志一》："漢落下閎作渾儀,其後賈逵、張衡等亦各有之。"文獻記載詳盡的早期渾儀爲東晉時前趙史官丞孔挺所製。此渾儀有兩重環架,外層由固定的地平、

赤道、子午三環組成。內層爲兩個平行連結在一起的圓環名叫四游環,可繞南北極軸旋轉。雙環圓心間夾着一根可繞兩個環圓心連線旋轉的瞄準器。轉動四游環及瞄準器可以瞄準天球上任一方向的目標。從而在外層的赤道環及四游環上讀出天體的去極度及赤道讀數。《隋書·天文志上》:"梁華林重雲殿前所置銅儀。""檢其鐫題,是僞劉曜光初六年,史官丞南陽孔挺所造。則古之渾儀之法者也。"明清時有仿製和創新,但是變化不大。《明史·天文志一》:"萬曆中,西洋人利瑪竇製渾儀、天球、地球等器。"《清史稿·天文志二》:"明於北京齊化門內倚城築觀象臺,倣元製作渾儀、簡儀、天體三儀,置於臺上。"

西漢二十八宿星盤(復原模型)
雙孤堆夏侯竈墓

【渾儀尺】
即渾天儀土圭尺。明徐光啓《農政全書》卷四:"萬寶常水尺,劉曜渾儀尺,梁朝俗間尺,各與荀互異。"

【渾圓錘】
圓形錘。北京舊鼓樓大街西元代城牆填土中發現鐵鏈一件。通長 56 厘米,錘面圓形中空,直徑 14 厘米;鐵把呈扁方形,雙面陰刻題記,一面刻銘爲:"渾圓錘一對,重六十四斤,趙玉書。"另一面刻銘"紅爐鐵匠、□國作、張添才、王良才、張進生、王□□、王□□。"

【樺】
即三腳耬。一說指犁頭。《説文·木部》:"樺,六叉。一曰:犁上曲木犂轅。從木軍聲,讀若緯,或如渾天之渾。"段玉裁注:"《廣韻》廿三耕曰:三爪犁曰樺,此謂一犁而三爪也。許云六爪犁者,謂爲三爪犁者二,而二牛並行,如人耦耕也。一犁一牛,二犁則二牛,共用三人。《食貨志》所云趙過法,用耦犁,二牛三人也。其上爲耬,貯穀下種,故亦名三腳耬。今陝甘人用之。""《集韻》、《類篇》皆無犁轅二字,似可刪。許云:耕上曲木爲未。此云犁上曲木爲樺者,正謂未耑也。故《廣韻》云:'樺,犁頭。'《玉篇》云:'樺,犁轅頭也。'"

【圂】
即豬圈。《漢書·五行志中之下》:"豕出圂,壞都竈,銜其鬴六七枚置殿前。"顔師古注:"圂者,養豕之牢也。"《新唐書·五行志三》:"咸通七年,徐州蕭縣尼家豕出圂舞。"

【混江龍】
疏浚河道工具。以一丈餘木爲軸,上貫密植鐵箭輪,用船順水拖行,可翻鬆河牀積泥。清麟慶《河工器具圖説》卷二:"南河又有混江龍、虎牙梳等具,木質鐵齒稍爲便捷。"又:"車以硬木爲軸,長一丈一尺五寸,圍一尺三寸,周身密排鐵箭,兩頭鑿孔穿鉤繫繩,每車用輪三個。每輪排鐵齒四十,每齒長五寸,輪身用鐵箍四道,間釘鐵枚如八卦式。用船牽挽而行,泥可翻動。顧嘗試之,於順水尚可流行,逆水則船重難上,車亦無從置力。"

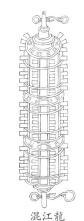

混江龍
清嘉慶年刊《河工器具圖説》

【混軸】
指滾筒圓柱形而無觚稜或齒的碌碡。元王禎《農書》卷十二:"碌碡,又作碌碡。""碌碡觚稜","又有不觚稜,混而圓者,謂混軸"。

huo

【活板】
印刷中用來盛放所排字模的鐵板、泥板、木板等。印刷時,在板上塗一層松脂、蠟和紙灰的混合物,放入字框和字模,就火加熱,等藥品有點熔化,再用一平板壓在字模上。藥品凝固後,字平如砥,便可上墨印刷了。印完後,再度就火加熱使藥熔化,用手取下字模,擦乾存好,留待以後再用。北宋慶曆年間的畢昇首創活板印刷法,在印刷史上具有劃時代的意義。宋沈括《夢溪筆談·技藝》:"慶曆中,有布衣畢昇,又爲活板。其法:用膠泥刻字,薄如錢唇,每字爲一印,火燒令堅。先設一鐵板,其上以松脂、臘和紙灰之類冒之,欲印,則以一鐵範置鐵板上,乃密布字印,滿鐵範爲一板,待就火煬之。藥稍鎔,則以一平板按其面,則字平如砥。""不以木爲之者,木理有疎密,沾水則高下不平,兼與藥相粘,不可取。不若燔土,用訖再火令藥鎔,以手拂之,其印自落,終不沾污。"元王禎《農書》卷二二:"又有以泥爲盔,界行內用薄泥將燒熟瓦字排之,再入窰內燒爲一段,亦可爲活字板印也。""今又有巧便之法,造板木作印盔,削竹片爲行,雕板木爲字。用小細鋸鎪開,各作一字,用小刀四面修之。比試大小高低一同,然後排字作行,削成竹片夾之。盔字既滿,用木楬揓之,使堅牢,字皆不動,然後用墨刷印之。"

【活法磨】
即船磨。元王禎《農書》卷十九:"復有兩船相傍,上立四楹,以苫竹爲屋,各置一磨。用索纜於急水中流,船頭仍斜插板木湊水,抛以鐵爪,使不横斜。水激立輪,其輪軸通長,旁撥二磨。或遇泛漲,則遷之近岸,可許移借,施之他所。又爲活法磨也。"

【活架】

蔭室中用以置放待乾漆器的架子。以公母榫相套接,可自行拆裝。亦可視漆器多少而多搭少搭,不用時還可全部拆下。故名。明黄成《髹飾録》乾集:"星纏活架,牝梁爲陰道,牡梁爲陽道。"楊明注:"匏數器而接架,其狀如列星次行。"

【活套杖】

中有軸,外圈可滚動的麵杖。擀麵時可發聲。舊時麵店用以招攬顧客。清李光庭《鄉言解頤・物部上・麵杖》:"京師麵店故作活套杖,使之成聲,與鸞刀相和。"

活套杖
壁圖本《點石齋畫報》

【活字】

用膠泥、木、銅、錫、銅等製成的方柱形物體,一頭雕刻或鑄有一個陽文反字或符號。用來印刷書籍。因其可自由組合,進行排版,故稱活字。北宋慶曆年間的畢昇首創泥活字。其製法:先用膠泥刻成一個一個的單字,再在火上燒硬,然後修磨平整,使大小高低相同,便可用以排版印刷。浙江温州白象塔塔壁内出土北宋崇寧二年(1103)的活字印刷品,此爲迴文式《佛説觀無量壽佛經》。殘寬13厘米,高8.5~10厘米,爲宋體字。泥活字自北宋始,歷經元、明、清三代一直使用,並不斷改良。清康熙年間山東泰安徐志定還發明了磁活字,即在泥活字上上釉,再入窰燒造而成,故又稱磁板。清道光、咸豐年間蘇州李瑶、安徽涇縣翟金生各製作了一套泥活字,用來印書。翟氏泥活字皆宋體,分大、中、小、次小、最小五號,先做木模或澆鑄銅模,後造泥字,入爐燒煉,再加修正。其字又稱泥板、泥斗板、澄泥板、泥聚珍板。木活字由元初王禎首創,其製法:先讓擅長書法的人按各種字體、大小標準寫出字樣,糊在棗木或梨木板上,然後命人按字樣雕刻,刻好後再用細齒小鋸,按每字四方鋸下,最後再用小裁刀修理齊整,按韻排入輪轉排字架内。木活字自元至清,歷代都有使用,清朝最爲通行。乾隆年間,用棗木刻成25萬個活字及附帶工具,用這些活字排印了一套叢書,稱《武

活字印刷迴文佛圖
北宋《佛説觀無量壽佛經》

英殿聚珍版叢書》。我國最早的金屬活字是錫活字,創於元朝初年。清道光年間,廣東佛山一唐姓書商鑄造了三套不同字體的錫活字:一套扁體字、一套長體大字、一套作爲正文小注用的長體小字,共20多萬個。其製法:先在小木塊上刻字,然後把木刻的字印在澄泥上,做成泥模,再把熔化的錫液澆入泥模内,待冷卻凝固後,打碎泥模,取出錫字,再加修整。我國最通行的金屬活字是銅活字,創於元明時期。明弘治年間,江蘇無錫、常州、蘇州、南京一帶,不少富商大賈製造銅活字印書。最有名的是無錫華家和安家。福建建寧、建安、建陽一帶的書商也創製了銅活字。清朝内府所造銅活字,分大、小兩種字體,印刷了《欽定古今圖書集成》66部,每部有5020册。福建林春祺雇人刻造了福田書海銅字40多萬個,楷體,分大、小兩種。銅活字亦稱全板、同板、聚珍銅板。關於鉛製活字的使用,最早見於明弘治正德年間的著録,當時,常州人曾製造鉛活字,但排印時易發生錯誤,故使用不廣。一直到近代,西方先進技術傳入我國,鉛活字才成爲印刷主流。元王禎《農書》卷二二"寫韻刻字法":"擇能書人取活字樣製,大小寫出各門字樣,糊於板上,命工刊刻,稍留界路,以憑鋸截。""鋸字修字法:將刻訖板木上字樣,用細齒小鋸,每字四方鋸下,盛於筐筥器内。每字令人用小裁刀修理齊整。先立準則,於準則内試大小高低一同,然後另貯別器。"明陸深《金臺紀聞》:"近日毘陵人用銅鉛爲活字,視板印尤巧便。"清金簡《欽定武英殿聚珍版程式・奏議》:"乾隆三十九年四月二十六日","事前經臣金簡奏請,將四庫全書内應刊各書改刻大小活字十五萬個,擺版刷印通行,荷蒙,允準。嗣又仰遵訓示添備十萬餘字,二共應刻二十五萬餘字,現已刻得,足敷排用,仰蒙欽定嘉名爲武英殿聚珍版"。《清稗類鈔・鑒賞類》"丁善之論仿

宋板"："高宗稽古右文,嘗從侍郎金簡之請,令於武英殿校刊古今書籍,曰聚珍板,乃棗木所製也。旋又有泥字、瓦字、錫字、銅字各種之製作。及海禁既開,西洋輸入鉛製活字及機器印書之法。"

【活字板】

即活板。元王禎《農書》卷二十二："爲其不便,又有以泥爲盔,界行内用薄泥將燒熟瓦字排之,再入窑内燒爲一段,亦可爲活字板印之。"

清代木活字印版　　　清木活字
安徽博物院　　　　　贛州市博物館

【活字板韻輪】

印刷活字的檢字設置,活字依韻而放。故稱。韻輪下安立軸,排字人坐其旁,可依韻轉輪而得。元王禎《農書·雜錄》圖題"活字板韻輪"："造輪法:用輕木造爲大輪,其輪盤徑可七尺,輪軸高可三尺許。用大木砧鑿竅,上作橫架,中貫輪軸,下有鑽臼。立轉輪盤以圓竹笆鋪之,上置活字板面,各依號數上下相次鋪罷。凡置軸兩面,一輪置監韻板面,一輪置雜字板面。一人中坐,左右俱可推轉摘字。蓋以人尋字則難,以字就人則易,此轉輪之法,不勞力而坐致。字數取訖,又可鋪還韻内,兩得便也。"

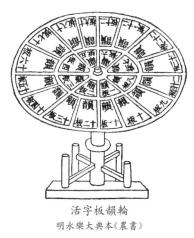

活字板韻輪
明永樂大典本《農書》

【活字印板】

即活板。元王禎《農書》卷二十二："有人別生巧技,以鐵爲印盔,界行内用稀瀝青澆滿,冷定,取乎火上再行煨化,以燒熟瓦字排於行内,作活字印板。"

【劐】

耬腳。裝於耬腿上開溝用的金屬部件。元王禎《農書》卷十三："劐,《農桑輯要》云:燕趙之間用之。今燕趙迤南,又謂之種金。耬足所構金也。如鑱而小,中有高脊,長四寸許,闊三寸,插於耬足背上兩竅,以繩控於耬之下桄。其金入地三寸許,耬足隨瀉種粒,其種入土既深,田亦加熟。劐所過,猶小犁一遍。"

【劐子】

一種類似耬鋤的鋤田器。明徐光啟《農政全書》卷二二:耬鋤與"耬製頗同,獨無耬斗,但用耬鋤鐵柄,中穿耬之橫桄下,仰鋤刃形如杏葉"。"今燕趙間用之,名劐子。劐子之製,又小異於此。劐子,第一遍,即可成溝子。"

劐子
明永樂大典本《農書》

【火鉤】

掏火的鐵鉤。《大清會典則例》卷一三〇"盛京福陵物料"："鋼鈴徑五分銀六釐三毫,鋼銼長一尺闊八分,每把銀八分。長五寸闊四分,每把銀四分。火鉤重十兩,每把銀三分六釐,大鐵鉤頭重二斤八兩,每把銀六分七釐五毫。"

【火罐】

中醫拔罐療法用具。罐狀。用陶、竹、玻璃等製成。用時點火燃燒於罐中,排除空氣,形成負壓,以吸附於人體患處。可治頭額、肩背、腰臀、臍腹、腿膝各處氣血壅滯、風寒濕痹等諸般痛症。清趙學敏《本草綱目拾遺》卷二"火罐氣,火罐,江右及閩中皆有之,係窯户燒售,小如人大指,腹大,兩頭微狹,使促口以受火氣。凡患一切風寒,皆用此罐。"

【火井】

天然氣礦井。有的火井與鹽井同井。其天然氣被引出煮鹽。古代集中於川西,近年在邛崍油榨鄉發現火井管道遺迹。晉常璩《華陽國志·蜀志》:臨邛縣"有火井,夜時光映上昭,民欲其火光,以家火投之,頃許如雷聲,通耀數千里,以竹筒盛其光藏之,可拽行,終日不滅也。井有二水,取井水煮之,一斛水得五斗鹽,家火煮之,得無幾也"。《文選·左思〈蜀都賦〉》:"火井沈熒於幽泉,高爛飛扇於天垂。"劉逵注:"蜀郡有火井,在臨邛縣西南。火井,鹽井也。"宋高似孫《緯略·鹽田》:"蜀郡臨邛縣二井:一是火井,一是鹽井。"明宋應星《天工開物·井鹽》:"西川有火井,事奇甚,其井居然冷水,絕無火氣。但以竹剖開去節,合縫漆布,一頭插入井底,其上曲接,以口緊對釜臍,注鹵水釜中,只見火意烘烘,水即滾沸。"

【火鏡】

即陽燧。清孫雲球《鏡史》:火鏡,"《周官·司烜氏》:'取明火於日,司爟氏四時改火,以救時疾。'古先王用心於火政，必非無故也。李時珍先生云，石中之火損人頭目，今習之不察者久矣。此鏡於日中取火，無煤自燃，用以代燧，且大似金錢，便於攜帶，舟車途次，尤所必需”。

【火鏡】

指鏡子。明湯若望、焦勗《火攻挈要》卷上：“看塘之法，舊用火鏡對日光，以銃口對鏡，借光反焰，看驗如何。”

【火爐】

泛稱燃燒炭、煤等以取得熱量的用具。《水滸傳》第五四回：“李逵看他屋里都是鐵砧、鐵錘、火爐、鉗、鑿家火，尋思道：‘這人必是打鐵匠人。’”清西厓《談徵·物部·火爐》：“《物原》：堯作火爐。”

【火爐】

大型冶煉爐。明湯若望、焦勗《火攻挈要》卷下：“火爐化銅，爐底之下，最怕地氣上蒸。”

【火掌】

拉船用的篾索。明李實《蜀語》：“牽船篾曰火掌。用大竹劈爲寸闊篾，以麻紮續之，用以牽船。緣江岸皆石，稜厲如錯，非繩索所能勝也。”

【火杖】

即篁繂。明宋應星《天工開物·漕舫》：“糾絞篁繂，即破竹闊寸許者，整條以次接長，名曰火杖。蓋沿崖石稜如刃，懼破篾易損也。”

【火照】

測試窯爐內火候、溫度的專用窯具。唐代長沙窯、耀州窯均有實物發現。火照的形狀並不一律，宋代火照是利用碗坯改做的，上平下尖，下部尖端插入匣鉢，匣鉢放於窯腔中。清代爲圓片狀。窯工需要測定窯內溫度時，用長鉤伸入觀火孔，將火照從匣體裡鉤出。每燒一窯要驗火照數次，每驗一次，就鉤出一個火照。火照都上半截釉，一次性使用。元蔣祈《陶記》：“火事將畢，器不可度，探坯窯眼，以驗生熟，則有火照。清藍浦《景德鎮陶錄》卷四：“本燒戶亦有自試火照之法，蓋坯器入窯，火候生熟，究不可定。因取破坯一大片，中挖一圓孔，置窯眼內，用鉤探驗生熟，若坯片孔內皆熟，則窯漸陶成，然後可歇火。”

古代青花火照
徵集品

【火針】

醫用針具。長三至四寸，體粗圓，頭尖銳，柄部木質或角質。用時將針以火燒紅，故名。可排膿、消癰、祛痹痛。唐孫思邈《備急千金要方·針灸》：“火針，亦用鋒針，以油火燒之，務在猛熱，不熱即於人有損也。隔日一報，三報之後，當膿水大出爲佳。”明陳實功《外科正宗·瘰癧論》：“火針之法獨稱雄，破核消痰立大功，燈草桐油相協力，當頭一點破凡籠。”

【火鍼】

同“火針”。唐孫思邈《千金翼方·瘡癰》：“有膿，便可破之。破之法，應在下逆上破之，令膜易出，用鈹鍼。膿深難見，肉厚而生者，用火鍼。”

【火鐘】

燃篆香以計時。明朱淛《慶東庭吳翁古稀壽文》：“吾生有涯人之欲則無涯也。故或牽連於仕進，湛溺於貨賄，勞精役神。凝冰焦，火鐘鳴，漏盡老，不知休者何限也。”

【貨狄】

傳說爲黃帝時人。舟的發明者之一。《世本·作篇》：“共鼓、貨狄作舟。”宋衷注：“二人並黃帝臣。”張澍稡考：“化狐見魚尾畫水而游，乃刻木爲楫，以行舟。《路史》引‘貨狄’作‘化狐’。《說文》同。蓋化即古貨字。狐、狄字形相近而易。”

【擭】

設於淺的陷井中的捕獸機關。用以羈絆獸足，使之不能着地並躍出陷坑。《周禮·秋官·雍氏》：“凡害於國稼者，春令爲阱擭、溝瀆之利於民者，秋令塞阱杜擭。”鄭玄注：“擭，柞鄂也。堅地阱淺則設柞鄂於其中。”賈公彦疏：“阱，穿地爲壍者，此則深爲不須設柞鄂。擭則堅地不可得深，故須柞鄂。柞鄂者，或以爲堅柞於中，向上鄂鄂然，所以載禽獸，使足不至地，不得躍而出，謂之柞鄂也。”《禮記·中庸》：“驅而納諸罟擭陷阱之中，而莫之知辟也。”朱熹集注：“罟，網也；擭，機檻也；陷阱，坑坎也。皆所以掩取禽獸者也。”

【霍融】

東漢天文學家。官太史待詔。中國古代計時用漏刻。由於太陽黃緯的變化，一年中晝夜長度不同。以前採取每九天調換一次標有不同晝夜長度的刻箭，不夠準確。永元十四年（102）上言改爲按太陽黃緯每變化二度四分將誤夜時刻各增減一刻，在二十四氣中每一氣調正一次。誤差合今只數分鐘，沿用了幾百年。

J

ji

【几漏】

可置於几上或攜帶的小型民用漏刻。有上、下兩壺，箭若干支，及蓋架、濾水節、浮匏等部件。南宋孫逢吉《準齋心製几漏圖式》：“逢吉以心法創製小壺，因水淺滿升降推測。”“尤之水之去來不露，內可施之堂奧，外可帶之舟車。至於夙夜在公，優游燕處，皆可置之坐隅，備知時刻之正最，便宜士大夫出入起居之用。”

几漏
北京圖書館藏清抄本
《準齋心製几漏圖式》

【汲水機】

從井裏汲水的機械。用鐵練或繩子與桶相連，繞在車輪上，通過車輪轉動使桶從井中來回取水。《清稗類鈔·物品類·汲水機》：“汲水機，由井中起水之機也。以繩或鐵練與桶連為一串，繞於輪周。車輪轉動，桶向井中往復取水，至頂傾出。京師之市水者，恒於大道旁設之。”

【緝】

繫船槳的繩索。《方言》第九：“楫謂之橈，或謂之櫂……所以縣櫂謂之緝。”郭璞注：“繫櫂頭索也。”錢繹箋疏：“以麻編索謂之緝。”

【璣】

渾儀的重要部件。在渾儀內圈可繞儀器南北極點旋轉的連在一起的平行雙環圈。在璣的中心，有一瞄準管，能繞璣的圓心在平行於璣的雙環平面內旋轉。璣旋轉時可帶動瞄準管指向天球上不同赤經的天空。《宋史·天文志一》：“吳王蕃之論亦疵：‘渾儀之制，置天梁、地平以定天體，為四游儀以綴赤道者，此謂璣也。’”

【璣衡】

即渾天儀或渾儀。《隋書·天文志上》：“馬季常創謂璣衡為渾天儀。鄭玄亦云：‘其轉運者為璣，其持正者為衡，皆以五為之。七政者，日月五星也。以璣衡視其行度，以

觀天意也。’”《宋史·天文志一》：“漢馬融有云：‘上天之體不可得志，測天之事見於經者，惟有璣衡一事。璣衡者，即今之渾儀也。’”

【璣衡撫辰儀】

清製測量天體的八件大型天文儀器之一。儀器有三

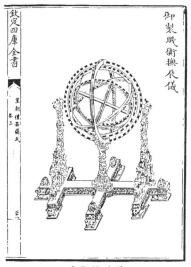

璣衡撫辰儀
四庫全書本《皇朝禮器圖式》

層。外層為固連於基座上的子午雙環，距南北極各九十度處為一赤道環與子午環固定。中層為可繞子午環上南北極軸旋轉的赤經雙環，及固連於赤經雙環上的游旋赤道環，可與赤經雙環一齊轉動。內層為一雙赤經圈，有一連接南北極的軸，中央夾瞄準器。此儀結構與渾儀基本相同，只是外層省略地平環，中層不用黃道環。儀器上附設指時度表，借弧指時度表、指緯度表、立表等附件。清《皇朝禮器圖式》卷三：“乾隆九年，皇上御製璣衡撫辰儀，鑄銅為之。”

【機】

織布機。《史記·甘茂列傳》：“其母投杼下機，踰牆而走。”又《循吏列傳》：“（公儀休）見其家織布好，而疾出其家婦，燔其機。”唐韓愈《贈張徐州莫辭酒》詩：“請看工女機上帛，半作軍人旗上紅。”元王禎《農書》卷二一：“傅子曰：‘舊機五十綜者五十躡，六十綜者六十躡，馬生者，天下名巧也，患其喪功，乃易以十二躡。’”清楊屾《豳風廣義》卷三：“經縷捲在躰子，可授之機杼矣。機制甚多，不

機（左上角）
青山泉漢畫像石

能盡述。只就余家用過簡便機言之,亦能織提花綾、絹、紬、紗。"清衛傑《蠶桑萃編》卷七:"各機寬窄不同,南北樣式各別,機上各物名目,各處呼喚亦異,大約俗名甚多,不能盡證於古。"

【機】
　　捕鳥獸的機檻。設有簡易制動裝置,鳥獸觸而不得逃。常與阬穽互設。《後漢書·文苑列傳·趙壹》:"有一窮鳥,戢翼原野。罩網加上,機穽在下。"李賢注:"機,捕獸機檻也。"

【機舂】
　　泛稱水碓。因爲機械裝置,故名。唐韓愈孟郊《城南聯句》"機舂潺湲力,吹籟飄飆精。"明王志堅《表異録》卷五:"孔融《肉刑論》曰:賢者所製,或瑜聖人。水碓之巧,勝於斷木掘地。蘇詩:'掘地與斷木,智不如機舂,聖人懷餘巧,故爲萬物宗。'機舂,水碓也。"《農雅·釋器》:"機舂,水磑也。《韵府》亦曰翻車碓,《通俗文》亦曰連機碓"。

【機杼】
　　即織機。清陳維崧《減字木蘭花·佐家爲閻牛叟賦》詞:"家緣中落,軋軋機杼揶織作。"

【機碓】
　　即機舂。元王禎《農書》卷十九:"機碓,水搗器也。《通俗文》云:水碓曰翻車碓。杜預作連機碓。孔融論水碓之巧,勝於聖人。斲木掘地,則翻車之類,愈出於後世之機巧。"

【機擊䴼羅】
　　用機械帶動的篩䴼羅。其動力有水力、人力等。元王禎《農書》卷十九:"又有就磨輪軸作機擊羅,亦爲捷巧。詩云:'春雷聲殷雪成圍,收入羅床別有機。縫得水輪輕借力,方池勻受玉塵飛。'"

機擊䴼羅
明初刻本《天工開物》

【機輪】
　　汲水用的機械裝置。《宋史·太祖紀三》:"步至晉王邸,命作機輪,輓金水河注邸中池。"

【機梭】
　　即梭。因係織機上的引緯機件,故名。亦借指織機。唐白居易《朱陳村》詩:"機梭聲札札,牛驢走絃紜。"宋蘇軾《次韻子由送陳侗知陝州》:"虚聲了無實,夜蟲鳴機梭。"

【機陷】
　　即機穽。漢桓寬《鹽鐵論·通有》:"設機陷求犀象,張網羅求翡翠。"

【機械】
　　設有機件制動的器械。宋蘇軾《東坡志林》卷四:"以竹之差小者,出入井中,爲桶無底而竅其上,懸熟皮數寸入水中,氣自呼吸而啓閉之,一筒致水數斗。凡筒井皆機械,利之所在,人無不知。"

【機杼】
　　織機。轉指紡織。《淮南子·氾論訓》:"後世爲之機杼勝複以便其用,而民得以掩形御寒。"《南齊書·王敬則傳》:"機杼勤苦,匹裁三百。"唐李白《贈范金鄉》詩之二:"百里鷄犬靜,千廬機杼鳴。"明宋應星《天工開物·乃服》:"天孫機杼傳巧人間,從本質而見花,因綉濯而得錦,乃杼柚遍天下。"清楊屾《豳風廣義》卷三"織絍圖説":"經縷捲在籉子上,可授之機杼矣。"

【績筐】
　　績麻、紡紗時用以盛放纖維和紗縷的竹筐。《西京雜記》卷四:"元后在家,嘗有白鸗銜白石,大如指,墜後續筐中。"

【韲臼】

同"齏臼"。《世說新語·捷語》:"魏武嘗過曹娥碑下,楊脩從。碑背上見題作'黃絹幼婦,外孫韲臼'八字。魏武謂脩曰:'解不?'答曰:'解。'魏武曰:'卿未可言,待我思之。'行三十里,魏武乃曰:'吾已得'。令脩別記所知。脩曰:'黃絹,色絲也,於字爲絕;幼婦,少女也,於字爲妙;外孫,女子也,於字爲好;韲臼,受辛也,於字爲辭:所謂'絕妙好辭'也。"

【鷄籠】

供鷄栖息的籠狀用具。以竹、木製成,有口可以出入。明徐光啓《農政全書》卷四一:"於地上作屋,方廣丈五,於屋下懸簀,令鷄宿上。并作鷄籠懸中,夏月盛盡,鷄當還屋下息。"

瓷鷄籠
南京殷港出土

青瓷鷄籠
馬鞍山佳山鄉三國吳墓

青瓷鷄籠
杭州餘杭義橋23號西晉墓

【鷄舍】

即鷄籠。金周昂《鵲山詩》:"再宿殊鷄舍,相看獨鵲山。"

【鷄棲】

鷄窩,供鷄棲息之所。明徐光啓《農政全書》卷四一:"玄扈先生曰:或設一大園,四圍築垣,中築垣分爲兩所。凡兩圍牆下,東西南北,各置四大鷄棲,以爲休息。"

青瓷鷄棲
瑞昌碼頭鎮西晉墓

【鷄塒】

鷄窩。唐王駕《社日》:"鵝湖山下稻粱肥,豚栅鷄塒半掩扉。"按:一本作"鷄棲"。宋王安石《歌元豐五首》之五:"豚栅鷄塒晻靄間,暮林搖落獻南山。"宋黃庭堅《戲題曾處善尉廳》二首之一:"鷄塒啄雁如駕鵝,萬里天衢且一波。"史容注:《詩》'鷄栖於塒'。

青瓷鷄舍　　　　青瓷鷄塒
上坊東吳墓　　　　南京甘家巷

【鷄心鑽】

用於鑽銅片的鑽頭。端部爲鷄心形,故名。明宋應星《天工開物·錘鍛》:"治銅葉用鷄心鑽。"

【鷄栅】

飼養鷄之栅欄。唐杜甫《催宗文樹鷄栅》:"牆東有隙地,可以樹高栅。"

【齏臼】

舂搗用具。多用以細舂辛物。《東觀漢記·逢萌傳》:"萌素明陰陽,知莽將敗,乃首戴齏臼,哭於市曰:'辛乎,辛乎!'"

【吉鑠】

即鐮刀。明李詡《戒庵老人漫筆·今古方言大略》:"鐮刀謂之吉鑠。"

【吉備王】

斗的別稱。宋陶穀《清異録·器具》:"《博學記》云:'度量衡有虞所不敢廢,舜典同一度量衡。'孔安國注謂:丈尺斛斗斤兩,今文其名曰平一公,尺度曰大展,斗量曰半昌王,又曰吉備王,升曰夕十,遂知雞林人亦解離合也。"

【汲綆】

即綆。井上汲水用的繩索。《隋書·食貨志》:"東都城內糧盡,布帛山積,乃以絹爲汲綆,然布以爨。"宋陸游《讀何斯舉黃州秋居雜詠次其韻》之六:"百尺持汲綆,道長畏天暑。"明楊慎《燕歌行束程以道》:"甘泉宮裏兜零舉,疏勒城邊汲綆摧。"

【汲井繩】

即汲繩。井上提水用的繩子。一頭拴於汲器,一頭供手提拉或轆轤牽引。明徐光啓《農政全書·水利》:"繘,汲井繩也。"

【汲繩】

井上汲水用的繩子。《玉篇·糸部》:"繘,汲繩也,繘也。"

【汲索】

即汲綆。《篇海類編·衣服類·糸部》：“統，汲索也。”

【計時錶】

即錶。《清稗類鈔·宮闈類》：“侍郎夏同善值毓慶宮，伴穆宗讀，嘗懷一計時錶，私視之，爲上所見，詢是何物，侍郎直對。”

【記】

商標。宋洪邁《夷堅三志辛十·鬼殺高二》：“饒州城內德化橋民高屠，世以售風藥爲業，手執叉鉤，牽一黑漆木豬以自標記，故得屠之名。”

【紀利安】

(1655—1720)德國傳教士 Stnmps Bernard-Kjljam。天文學家，欽天監官員。康熙三十三年(1694)來華，康熙五十年(1711)接替意大利傳教士閔明我治理曆法，康熙五十二年奉命製造地平經緯儀，康熙五十四年製成。在此之前，南懷仁製的地平經儀和地平緯儀，在測定一天體的坐標時需使用兩架儀器分別觀測。紀利安地平經緯儀解決了這個問題，但該儀仍是用落後的目視瞄準設備。他在監製該儀時，把原置臺上的中國古代天文儀器，如元郭守敬製造的簡儀、仰儀等，作爲廢銅銷毀，嚴重破壞中國古代珍貴文物。地平經緯儀是清製八件大型天文儀器之一。現陳列於北京古觀象臺。

【紀限儀】

清代製作的測量天空中任意兩個天體間角度的儀器。爲清製八件大型天文儀器之一。由比利時傳教士、欽天監官員南懷仁監製。儀器由一個六分之一圓的弧構成，從圓心到弧的中央，固定一根等於半徑長度的桿，弧上刻

紀限儀
四庫全書《皇朝禮器圖式》

有解度分割。在圓心處有一短軸，用來懸掛瞄準管。整個弧面在儀器支架上，用桿末端的柄操作，可以向任意方向轉動，以測量天空中任意兩個天體間的角度。該儀現陳列於北京古觀象臺。清《皇朝禮器圖式》卷三：“康熙十二年，聖祖仁皇帝命監臣製紀限儀，亦名矩度儀。”《老殘遊記》第一回：“那三人卻俱是空身，帶了一個最準的向盤，一個紀限儀，并幾件行船要用的物件，下了山。”

【篊】

竹製的捕魚工具。《清史稿·甘汝來傳》：“閩、廣間貧民，有置篊取魚者，有就埠育鴨者，吏或按篊、找埠私徵稅，請通行嚴禁。”

【檕】

桔槔上的橫木。一頭繫水桶等容器，一頭繫重物，可以俯仰上下，也可以左右轉動。《説文·木部》：“檕，繘岗木也。”段玉裁注：“繘，汲井綆也。綆岗木者，下岗有㼚，上岗有木以爲碢。檕，嘗爲桔槔上橫木，所以轉機。”

【罻】

即魚網。《説文·网部》：“罻，魚網也。”《廣雅·釋器》：“罻、罾，魚罔也。”

【繫錨纜】

繫船錨的纜繩。明宋應星《天工開物·漕舫》：“若繫錨纜，則破折青篾爲之，其篾線入釜煮熟，然後糾絞。”

jia

【夾板】

骨科輔助用具，綁紮在受傷部位，以固定骨折創口的簿板。《水滸傳》第一一五回：“勒馬在關下大罵賊將，不隄防關上一火炮打下來，砲風正傷了董平左臂，回到寨裏，就使鎗不得，把夾板綁了臂膊。”明戚繼光《練兵實紀雜集·軍器解上》：“木夾板一副，韁繩兩條。”

【夾剪】

夾取物件的工具，鐵製，形似剪刀，但無鋒刃，頭寬而平。清李光庭《鄉言解頤·物部下·金銀錢三事》：“金必用試金石，銀用夾剪，以防其僞。”

【秏】

同“枷”。即連枷。《正字通·禾部》：“秏與枷同。”唐佚名《原十六衛》：“三時耕稼，襏襫秏耒；一時治武，騎劍兵矢。”

【枷】

同“栖”。即連枷。《釋名·釋用器》：“枷，加也，加杖於

柄頭以摘穗而出其穀也。或曰羅枷，三杖而用之也。"明宋應星《天工開物·收黍、稷、粟、粱、菽》："凡豆菽刈穫，少者用枷。"清趙翼《陔餘業考·連枷》："農家登麥，必用連枷擊之。按《國語》管仲對桓公曰：農之用未、耜、枷、芟。韋昭注：枷，搖也，所以擊草也。則三代已有之。"

【枷】

即連枷。《國語·齊語》："令夫農群萃而州處，察其四時，權節其用，未、耜、枷、芟，及寒，擊槁除田，以待時耕。"韋昭注："枷，柫也，所以擊草。"明羅頎《物原·器原》："神農作枷。"

【嘉量】

標準量器。或謂五量之器名。最著名的嘉量是新莽嘉量，主體上部爲斛，下部爲斗，左耳爲升，右耳上爲合，下爲龠。歷代稱謂有異，又稱王莽銅斛，王莽時劉歆銅斛，東漢嘉量，王莽銅量，新嘉量。清乾隆時鑄有方圓嘉量各一。《漢書·律曆志一上》："夫推曆生律制器，規圜矩方，權重衡平，準繩嘉量。"清吳振棫《養吉齋叢錄》卷二六："東漢嘉量，形正圓，較其度數，中今太簇。乾隆九年得之。又考唐張文收嘉量，作方形，乃仿其遺制，用今律度製嘉量方圓形各一，範銅塗金，陳之殿廷。其上爲斛，其下爲斗。左耳爲升，右耳爲合龠，其重二鈞，聲中黃鍾之宮，有御製嘉量銘。"

嘉量拓影
《中國古代度量衡圖集》

【夾杆】

測堤高度的量具。木製長尺，尺套鐵環，環内穿繩，兩尺夾堤而立，以測高度。清麟慶《河工器具圖説》卷一："夾杆、均高，一物二名。對以峙之，故曰夾；齊以一之故，曰均。長二三丈，刻劃尺寸，上釘鐵圈，中有腰圈。量堤時，將杆分列南北兩坦，若堤高一丈，將腰圈拉至一丈之處，堤上兵夫踏住簷繩以視高矮。"

夾杆
清嘉慶年刊《河工器具圖説》

【鋏】

即鉗。夾持工具。鉗是指夾持緊者，而鋏爲寬者，細分之，兩者有所區別。陝西省澄城縣坡頭村西漢鑄鐵遺址發現一鐵鋏，非交股形，殘長69厘米、寬2.3厘米、厚1厘米，尚有彈性。出土於洪範窯火膛的東北角，知爲鑄鎔之用。《説文·金部》："鋏可以持冶器鑄鎔者也。"《事物異名錄》卷十八引《事物原始》："鋏用以持冶器，即鉗也。"

鐵鋏
坡頭村漢代遺址

【賈思勰】

南北朝時期山東益都（今山東壽光縣）人。農業科學家。曾任北魏高陽郡（治今山東淄博市臨淄西北）太守，勸民農桑。他的農學著作《齊民要術》約寫成於公元533年至544年間，系統總結了公元六世紀前我國北方農業生產的科技經驗。賈思勰強調要尊重自然規律和發揮人的主觀能動性，才能搞好農業生產。他説："順天時，量地利，則用力少而成功多。任情返道，勞而無獲。""耕鋤不以水旱息功，必獲豐收之年。""寧可少好，不可多惡。"賈思勰認爲搞好農業生產的關鍵在於精耕細作。由此出發，他"採捃經傳，爰及歌謠，詢之老成，驗之行事"，著成《齊民要術》一書。系統闡述了農業生產中有關耕種、選種、肥田、菓木嫁接等各項技術環節。《齊民要術》共十卷、九十二篇、十二萬字，是我國歷史上完整地保存下來的第一部農書，"起自耕農，終於醯醢（製醬醋），資生之業，靡不畢書"。賈思勰對中國古代農業科學發展作出了巨大的貢獻。

【架】

同"枷"。即連枷。明徐光啓《農政全書》卷二二："《廣雅》曰：拂謂之架。《説文》曰：拂，架也。拂，擊禾連架。《釋名》曰：架，加也，加杖於柄頭，以槁穗而出穀也。"

【架槽】

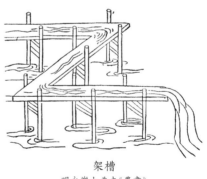

架槽
明永樂大典本《農書》

高架引水設施。以木爲架，架上安水槽。多用於地形較複雜地區遠距離引水。元王禎《農書》卷十八："架槽，木架水槽也。間有聚落來水既遠，各家共力造木爲槽，遞相嵌接，不限高下，引水而至。如泉源頗高，水性趨下，則易引也。或在窪下，則當車水上槽，亦可遠達。若遇高阜，不免避礙，或穿鑿而通。若遇坳險則置之叉木，駕空而過。若遇平地，則引渠相接，又左右可移，鄰近之家，足得借用。非惟灌溉多便，抑可瀦蓄爲用。"

【架田】

一種在水面的人造田。用木縛成大筏狀，浮於水面，上

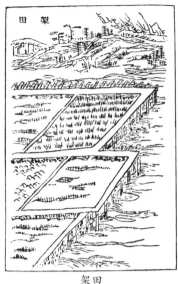

架田
明永樂大典本《農書》

鋪葑泥,可供種植。架田浮於水上,隨水浮沉,故無浸澇之患。元王禎《農書》卷十一:"架田,架猶筏也,亦名葑田。《集韻》云:葑,菰根也,葑亦作淤。江東有葑田,又淮東、二廣皆有之。東坡《請開杭之西湖狀》謂'水涸草生,漸成葑田'。考之《農書》云:若深水藪澤,則有葑田。以木縛爲田坵,浮繫水面,以葑泥附木架上而種藝之。其木架田坵,隨水高下浮泛,自不淹浸。《周禮》所謂'澤草所生,種之芒種'是也。""竊謂架田附葑泥而種,既無旱暵之災,復有速收之效,得置田之活法,水鄉無地者宜傚之。"

【架子時鐘】

立櫃式時鐘。《養心殿造辦處史料輯覽·雍正八年》:"本日海望傳:著西洋人沙如玉做有架子時鐘、問鐘二件。九年十二月做得。呈進訖。"

【駱田】

同"架田"。"駱"音同駕。《史記·南越列傳》"佗因此以兵威邊,財物賂遺閩越、西甌、駱,役屬焉"司馬貞索隱引《廣州記》云:"交趾有駱田,仰潮水上下,人食其田,名爲駱人。"

jian

【尖匾擔】

即尖擔。《儒林外史》第十二回:"他一味橫着膀子亂搖,恰好有個鄉裏人,在城裏賣完柴出來,肩頭上橫着一根尖匾擔,對面一頭撞將去,將他的個高孝帽子,橫挑在匾擔尖上。"

尖匾擔
明萬曆年刊《三才圖會》

【尖擔】

兩頭尖的扁擔。尖頭可插入被擔的柴草中。用以挑柴草、稻禾等。由竹、木製成。《警世通言·俞伯牙摔琴謝知音》:"頭戴箬笠,身披草衣,手持尖擔,腰插板斧,腳踏芒鞋。"

尖擔
明永樂大典本《農書》

【尖刀】

端部尖而鋒利的刀。《水滸傳》第十回:"把陸謙上身衣服扯開,把尖刀向心窩裏只一剜,七竅迸出血來。"明徐光啓《農政全書》卷十:"是日,用尖刀,刮破桃樹皮。"

【尖頭剪】

端部尖銳的醫用剪。手術上用於剪除腐肉。清高文晉《外科圖說》卷一:"尖頭剪,用雙鉄鋼打。"又:"尖頭剪,口在外,純鋼打。"明夏顒墓出土二件尖頭剪,各長 10.6 厘米、11.8 厘米。

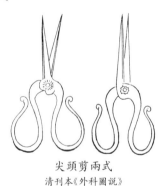

尖頭剪兩式
清刊本《外科圖說》

【肩犁】

木牛之稍有變異者。參見"木牛"。

【咸】

同"緘"。音亦同。《禮記·喪服大記》:"凡封,用綍去碑負引,君封以衡,大夫士以咸。"鄭玄注:"咸讀爲緘。"陳澔集說:"以緘者,以綍直繫棺束之緘而下也。"《集韻·平咸》:"咸,棺傍所以繫緋者。齊人謂棺束爲咸繩。《禮》:大夫宰以咸。"

【咸繩】

同"緘繩"。捆束棺木、箱篋等的繩子。《駢雅·釋器》:"咸繩,棺束也。"《集韻·平咸》:"咸,棺傍所以繫緋者。齊人謂棺束爲咸繩。"

【緘】

捆紮箱篋、棺木等的繩索。《漢書·外戚傳下·孝成趙皇后》："帝與昭儀坐，使客子解篋緘。"顏師古注："緘，束篋之繩也。"又《楊王孫傳》："昔帝堯之葬也，窾木爲匱，葛藟爲緘，其穿下不亂泉，上不泄殠。"顏師古注："緘，束也。"《釋名·釋喪制》："棺束曰緘。緘，函也。古者棺不釘也。"《集韻·去陷》："緘，棺旁所以繫縛者。"

【緘繩】

捆紮棺材的繩索。《禮記·喪服大記》："君封以衡，大夫士以咸。"漢鄭玄注："咸讀爲緘……今齊人謂棺束爲緘繩。"孔穎達疏："云'今齊人謂棺束爲緘繩'者，以今人之語證經，緘是束棺之物。"

【緘縢】

繩子。用以捆紮箱篋等器物。《莊子·胠篋》："將爲胠篋探囊發匱之盜而爲守備，則必攝緘縢，固扃鐍，此世俗之所謂知也。"陸德明釋文引《廣雅》："緘、縢，皆繩也。"唐柳宗元《牛賦》："皮角見用，肩尻莫保：或穿緘縢，或實俎豆。"清戴名世《錢神問對》："且又攝其緘縢，固其扃鐍，兀然匿於小人暴客之室中，釀爭而藏垢，避正而趨邪。"

【橶】

木楔；木籤。《說文·木部》："橶，楔也。從木、箴聲。"段玉裁注："木工於鑿枘相入處，有不固，則斫木札楔入固之，謂之橶。"元趙孟頫《老熊》詩："扶衰每藉過眉杖，食肉先尋剔齒橶。"明徐光啓《農政全書》卷三八："江東、江南之地，惟桐樹黃栗之利易得。""此桐三年乃生，首一年猶未盛，第二年則盛矣。生五六年亦衰，即以栗橶剝之。一二年其栗便生，且最大，但其味略滯耳。"

【剪】

外科手術輔助器具。形與家用剪相似，僅在尖端上有方頭和尖頭、彎頭等區別，用於去除腐肉。有鐵質、銅質、鋼質等不同。1974年江蘇江陰縣明代醫生夏顴墓葬中出土兩把剪均爲鐵質，各長10.6厘米和11.8厘米。清劉濟川《外科心法真驗指掌·用刀門》："此剪純鋼，其鋒可以去除潰腐亂肉用之。"參見"方頭剪"、"尖頭剪"。

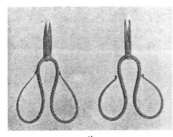

剪
明夏顴墓

【梘】

同"筧"。明宋應星《天工開物·水利》："凡河濱有製筒車者，堰陂障流，遠於車下，激輪使轉，挽水入筒，一一傾於梘內，流入畝中，晝夜不息，百畝無憂。"清張宗法《三農記》卷二："彼面高山有水，此面高山有田，下有深壑，須於彼高山中梘水湧溢。法：須用大竹筒去中節，令通，埋於彼高流處，引水於筒中，以筒接續，而曲屈於此高山處，透其筒口出水若湧泉然，任其澆灌。"

【筧】

即竹筧。唐白居易《錢塘湖石記》："北有石函，南有筧。凡放水溉田，每減一寸，可溉十五餘頃。"元王禎《農書》卷十九："上芞以厦，槽在厦外，乃自上流用筧，引水下注於槽。"清顧炎武《天下郡國利病書》："井法：《類要》云：鹽泉有絞篊，引泉踏溪，每一筧用一篊，其筧與篊，每年十月旦日，以新易陳。"

【簡平儀】

清製小型天文測量儀器。由明末來華傳教士熊三拔製作。儀器由上、下兩盤組成，用於測定太陽赤經、赤緯、緯度和時刻。清《皇朝禮器圖式》卷三："簡平儀爲聖祖仁皇帝御製。"

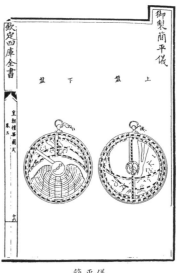

簡平儀
四庫全書本《皇朝禮器圖式》

【簡儀】

元天文學家郭守敬發明的世界上最早的赤道式渾儀。由於渾儀上的環圈過多，遮擋觀測時的視綫，使用不便。郭把渾儀上的四游、赤道、百刻三個環圈組成赤道經緯儀。另把地平環和垂直環組成地平經緯儀。在同一個基座上，獨立地安排這兩架儀器即爲簡儀。另外在赤道裝置上附加一具用於校正儀器極軸方向的候極儀。把刻度環上的角度分劃值從過去渾儀的1/4度，提高到1/10度。另外在儀器上用了四個圓柱體以減少摩擦力，類似滾柱軸承。郭製簡儀使我國的赤道式渾儀發明早於西方三百年。但原製簡儀在清初被欽天監官員、傳教士紀利安所毀。現陳列於南京紫金山天文臺的簡儀爲明正統四年（1439）仿製。《元史·郭守敬傳》："創作簡儀、高表。"《元史·天

明代簡儀
紫金山天文臺

文志一》：“簡儀之制，四方爲趺，縱一丈八尺。”“百刻環內廣面臥施圓軸四，使赤道環旋轉無澀滯之患。”

【繭舘】

皇后及貴族夫人躬親蠶事的場所。《漢書·元后傳》：“春幸繭舘，率皇后列侯夫人桑。”顏師古注：“《漢宮閣疏》云：上林苑有繭觀，蓋蠶繭之所也。”漢蔡邕《漢交趾都尉胡夫人黃氏神誥》：“采柔桑於蠶宮，手三盆於繭舘者，蓋三十年。”元王禎《農書》卷二十：“繭舘，皇后親蠶之所，古公桑、蠶室也。”“周制：天子諸侯必有公桑、蠶室，近川而爲之。築宮，仞有三尺，棘牆而外閉之。”在繭舘內可進行養蠶和繅絲。周代及其以後的歷代統治者，都很重視蠶桑事業的發展。每到春季養蠶季節，都要進行皇后親桑和親繅的禮儀，以示表率。王禎在《農書》中例舉了元代以前的皇后親蠶禮儀，說：“此歷代后妃親蠶之事，采之史編，昭然可見。茲特冠於篇首，庶有國家者，按圖考譜，知繭舘之不可廢也。”后妃親蠶禮制一直延續到清代。

繭舘
清聚珍版《農書》

【繭觀】

皇后及貴族夫人祀蠶神或躬親蠶事的場所。《漢書·元后傳》“春幸繭舘”，顏師古注引《漢宮閣疏》：“上林苑有繭觀，蓋蠶繭之所也。”《三輔黃圖·苑囿》：“上林苑有昆明觀，武帝置。又有繭觀、平樂觀。”參見“繭舘”。

【繭籠】

蒸繭用的蒸籠。元王禎《農書》卷二十：“繭籠，蒸繭器

也。《農桑直說》云‘用籠三扇，以軟草扎圈，加於釜口。以籠兩扇，坐於其上。籠內勻鋪繭，厚三指許，頻於繭上，

繭籠
清聚珍版《農書》

蒸繭圖
清乾隆初刊本《豳風廣義》

以手試之。如手不禁熱，可取去底扇，卻續添一扇在上。如此登倒上下，故必用籠也。不要蒸得過了，過則軟了絲頭；亦不要蒸得不及，不及則蠶必鑽了。如手不禁熱，恰得合宜，此用籠蒸繭法也。”清楊屾《豳風廣義》卷二：“蒸繭法，繭以生繅爲上，若繅之不及，古人有鹽醃、瓮泥、日曬之法。余試之未善，余家用蒸籠之法最好。其法先將繭外蒙茸之衣扯淨，用蒸籠三扇，將繭鋪於籠內厚四指許，以籠兩扇安於鍋上。”

【繭瓮】

用鹽淹繭用的小口大腹的陶製容器。元王禎《農書》卷二十：“繭瓮。《蠶書》云：‘凡淹繭，列埋大瓮地上，瓮中先鋪竹簀，次以大桐葉覆之，乃鋪繭一重，以十斤爲率，摻鹽二兩，上又以桐葉平鋪。如此重重隔之，以至滿瓮。然後密蓋，以泥封之。七日之後，出而繅之。頻頻換水，即絲明快。蓋爲繭多不及繅取，即以鹽藏之，蛾乃不出。其絲軟韌、潤澤，又得勻細。此南方淹繭法。用瓮頗多。”明徐光啓《農政全書》卷三三“繭瓮”：“鹽著於繭，到底泡濕。今人只於瓮中藏繭，另用紙或箬或荷葉包鹽一二兩置繭上亦可。但只須瓮口密封，不走氣耳。此必用鹽泥乃可。”

繭甕

明永樂大典《農書》

繭甕（左上方）

清山東書局《農政全書》

【建壺】

北宋沈括漏刻中的受水。刻箭即置於建壺內，建壺接受最後一具水中流入的漏水，使浮舟帶着刻箭勻速緩慢浮起。《宋史·天文一》："播水之壺三，而受水之壺一。""曰建壺，方尺值三尺有五寸，其食斛有半。"

【建武銅尺】

東漢建武年間用尺。《晉書·律曆志上》："所校古法有七品：一曰姑洗玉律，二曰小呂玉律，三曰西京銅望臬，四曰金錯望臬，五曰銅斛，六曰古錢，七曰建武銅尺。"《宋史·律曆志四》："周尺，與《漢志》劉歆銅斛尺，後漢建武

中銅尺，晉前尺同。"

【栫】

一種捕魚設置。罧之類。積柴於水中以聚魚，再以竹簾圍而取之。《文選·郭璞〈江賦〉》："栫澱爲涔，夾潨羅筌。"李善注引《說文》："栫，以柴木雍水也。"清李調元《通詁·琨蔽篇》："栫澱、筊箸，皆漁具也。"

【踐碓】

即踏碓。清郝懿行《證俗文》："今京師碓房植兩木如架，橫施一木，其端綴杵，舂人以足踏之，俗曰踏碓，其功捷於用手，此即所謂'借身踐碓'，則知其製起於前漢之時矣。""孔融《肉形論》云：賢者所製，或踰聖人，水碓之巧，勝於斲木掘地，是其利又十倍於踐碓也。"

【劍面鑢】

截面爲扁菱形的鑢。用於銼動物骨、角製品。明宋應星《天工開物·錘鍛》："治骨角用劍面鑢。"

【劍針】

即鈹針。明楊繼洲《針灸大成·九針圖》："鈹針，一名鈹針，末如劍鋒，廣二寸半，長四寸，破癰腫出膿。今名劍針是也"。

劍針

清刊《外科圖說》

【箭端】

矯直箭桿之具。成都全泰昇箭鋪藏箭端，爲長條青杠木，長31.3厘米、寬1.8厘米、厚1.7厘米，半邊爲把手，另外半邊有一寬一窄兩個凹槽。寬槽寬約10厘米，窄槽寬約1.5厘米。箭桿先經烘烤，再放在箭端矯直。矯直時一手握箭端的把手，一手將箭桿放在槽中，使桿身與凹槽的兩個對角端點緊貼，反復拉送，達到矯直爲止。明宋應星《天工開物·佳兵》："凡竹箭其體自直，不用矯揉。木桿則燥時必曲，削造時數寸之木，刻槽一條，名曰箭端，將木桿逐寸戛拖而過，其身乃直。即首尾輕重，亦過端而均停也。"《清會典則例·兵部·軍器》："箭笴以楊木、柳木、樺木爲質，取圓直之桿削成之。別用數寸之木刻槽一道，曰箭端。箭笴必取範於端，以均停其首尾。"參見"礛栝"。

箭端

全泰昇箭鋪

【箭犁】

開溝用的大型犁。元王禎《農書》卷十九："凡開田間溝渠及作陸墊，乃別製箭犁，可用此鏵斵犁，底爲胎，煅鐵爲

刃,犁轅貫以横木,二人扶之,可使數牛輓行。插犁既深,一去復回,即成大溝。"

【箭頭針】

即鑱針。明楊繼洲《針灸大成‧九針圖》:"鑱針,平半寸,長一寸六分,頭大末鋭;病在皮膚刺熱者用此。今之名箭頭針是也。"

【箭舟】

漏刻中置於刻箭下端用金屬製成的鼓形密封容器。水位升降時能載着刻箭浮沉。《宋史‧天文志》:"鐐匏,箭舟也。其虚五升,重一鎰有半。"《清稗類鈔‧名勝類》:"壺中安箭舟,如銅鼓形。水長舟浮,則箭上出,水盈箭盡,則泄之於池。"

【箭】

即刻箭。《清稗類鈔‧名勝類》:"每逢日月蝕前三日調壺,則置銅人於萬水壺上,面南抱箭。箭又名量天尺,長三尺一寸,鐫晝夜時刻,上起午正,下盡午初。"

【檻】

即牢欄。《説文‧木部》:"檻,櫳也。從木,監聲。一曰圈。"段玉裁注:"圈者,養獸之閑。"

【檻穽】

捕捉野獸的機具和陷阱。在陷坑中設機檻,使野獸入而不得復出。《後漢書‧宋均傳》:"遷九江太守,郡多虎暴,數爲民患,常募設檻穽,而猶多傷害。"李賢注:"檻,爲機以捕獸。穽,謂穿地陷之也。"《醒世恒言‧大樹坡義虎送親》:"行至途中,地名大樹坡,見一黄斑老虎,誤陷於檻穽之中,獵户偶然未到。"

【檻】

關牲畜野獸的栅欄。用竹木製成或土磚砌成。《淮南子‧主術訓》:"故夫養虎豹犀象者,爲之圈檻。"《説文‧木部》:"檻,一曰圈。"段玉裁注:"圈者,養獸之閑。"

jiang

【繮繩】

牽拉牲口的繩子。特指馬繮。亦作"韁繩"。《西遊記》第五三回:"唐三藏攀鞍上馬,沙和尚挑着行囊,孫大聖前邊引路,豬八戒攏了繮繩。"

【橿】

即鋤柄。漢桓寬《鹽鐵論‧論勇》:"陳勝無士民之資,甲兵之用,鉏櫌棘橿,以破衝隆。"《釋名‧釋用器》:"鋤,助也。去穢助苗長也。齊人謂其柄曰橿,橿然正直也。"

【韁繩】

同"繮繩"。明無名氏《岳飛破虜東窗記》第十六折:"正是臨崖勒馬將韁繩來放。"

【耩】

即劐。元王禎《農書》卷十三:"農書云,無鐴而耕曰耩。既鋒矣,固不必耩,蓋鋒與耩相類。今耩多用歧頭,若易鋒爲耩,亦可代也。"

【耩子】

即耬。元王禎《農書》卷十二:"耬車,下種器也。""今有名曰種蒔,曰耩子,曰耬犁。習俗所呼不同,用則一也"。

【弶】

獵獸小網。晉竺法護《鹿母經》:有一鹿母,"時生二子,捨行求食,煢悸失措,墮獵弶中"。《大方便佛報恩經‧親近品》:"獅子獸中之王,弓箭所不及,弶網所不制。"

【絳綿繩】

絳紅色的綿繩。南朝宋劉義慶《世説新語‧規箴》:"常自帶絳綿繩著腰中,玄問:'此何爲?'答曰:'公獵,好縛人士,會當被縛,手不能堪芒也。'玄自此小差。"

jiao

【交刀】

即剪刀。尹灣漢墓《君兄節司小物梳》:"須牙一,交刀一具,粉橐一。"

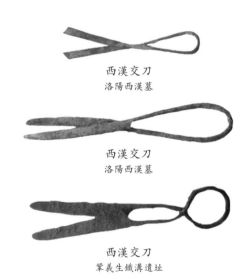

西漢交刀
洛陽西漢墓

西漢交刀
洛陽西漢墓

西漢交刀
鞏義生鐵溝遺址

【茭】

即草繩。亦指竹索。《墨子‧辭過》:"古之民未知爲衣服時,衣皮帶茭。"王念孫《讀書雜志‧墨子一》:"《説文:

'筊,竹索也。'其草索則謂之茭。"《漢書·溝洫志》:"搴長茭分湛美玉,河公許兮薪不屬。"顏師古注引臣瓚曰:"竹葦絙謂之茭也,所以引置土石也。"

【茭索】

用竹篾或蘆葦片等編絞成的纜索。防河決口或護岸築堤時作埽的材料之一。《宋史·河渠志一》:"舊制,歲虞河決,有司常以孟秋預調塞治之物,梢芟、薪柴、楗橛、竹石、茭索、竹索,凡千餘萬,謂之春料。"

【筊】

即竹索。多用以作船纜。《説文·竹部》:"筊,竹索也。"段玉裁注:"謂用析竹皮爲繩索也,今之篾纜也。"

【角】

量器名。四升曰角。《管子·七法》:"尺寸也,繩也,規矩也,衡石也,斗斛也,角量也,謂之法。"劉向注:"角亦器量之名。"《廣雅·釋器》:"四升曰角。"

【角】

中醫角法療法用具。利用動物的角製成。角法原理同拔火罐法。角的作用和用法同火罐。馬王堆漢墓帛書《五十二病方·痔》:"牡痔居竅旁,大者如棗,小者如棗覈(核)者方:以小角之,如孰(熟)二斗米頃,而張角,絜以小繩,剖以刀。"

【角挑】

角質之挑子。元陶宗儀《輟耕録》卷三十"鎗金銀法":"若鎗金,則調雌黃,若鎗銀,則調韶粉。日曬後,角挑挑嵌所刻縫隙,以金薄或銀薄依銀匠所用紙魪龍罩,置金銀薄在内。"

【角先生】

仿陰莖製作物,材料有銅、石、陶瓷、銀等。爲性用具。角先生出現的時間很早。新鄉一處新石器文化遺址中發一件石質角先生,呈不規則柱狀錐形體,長 10.3 厘米、根徑 4.7 厘米、首部 3.5 厘米,根部 1.5 厘米處磨製出兩條紋帶環繞,中部一條 0.4 厘米處各磨製出一條紋帶環繞,紋帶是表現陰莖外皮的披紋。滿城陵山 1 號西漢墓出土三件。銀質一件,中空,通長16.5厘米,後端有一近似圓形的套環。銅質二件,爲兩莖相連迎直角形。其中一件徑 2.3 厘米,附有小石卵兩個;另一件較粗,徑 3.4 厘米。羊甫頭墓地出土了多件角先生,器身黑漆,棕紅色勾勒形象與毛髮。一端雕刻人形、人頭形,以各種動物形象爲多。通長在 21.6～27.2 厘米、13.2～18.8 厘米。延安地區黃陵縣城關河北宋墓發一件瓷質,通長 16.2 厘米、直徑 4.2 厘米,龜頭長 5 厘米、徑爲 3.7 厘米。《醒世恒言·金海陵縱慾亡身》:"(勝哥)見阿里虎虎憂愁抱病,夜不成眠,知其慾心熾也,乃托宮竪市角先生一具以進。"清李漁《風箏誤·驚醜》:"[淨]小姐,公子去

了,是那牀頭別有一先生。[丑]僭個先生?[淨]角先生哉![丑]死耶!"

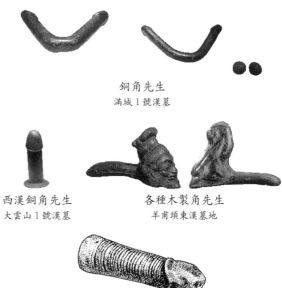

銅角先生
滿城 1 號漢墓

西漢銅角先生
大雲山 1 號漢墓

各種木製角先生
羊甫頭東漢墓地

瓷質角先生
河北宋墓

【腳車】

一種桔槔類灌溉工具。岸上立架,用腳力踏踩引水上升以溉田。適用於水下田高之處。《中江縣新志》:"邑境山麓之田,水下田高,勢難灌入,則用右桔槔之屬。""地高則置木架,四人排坐,各以其足踩運汲水,名曰腳車。"

【腳碓】

即踏碓。明湯若望、焦勗《火攻挈要》卷中:"必將兑成火藥,放在銅鑲木舂、銅包木杵腳碓之内,用人着實晒搗。"

【腳索】

捆縛罪犯雙腳的索子。多用鐵索或鐵鏈爲之。監獄中的刑具之一。《明成化説唱詞話·仁宗認母傳》:"郭槐還奔西牢去,麻繩腳索又纏身。"

【腳杷】

蓋草屋時,用以接高立腳的杷狀用具。清麟慶《河工器具圖説》卷四:"腳杷,斷木爲架,式如丁字,兩端各簽長鐵釘一。攜以升屋,隨處可插。凡苫蓋之時,鋪頂壓脊,以接高立腳。"

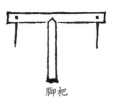

腳杷
清嘉慶年刊《河工器具圖説》

【腳踏車】

腳踏水車。清周慶雲《鹽法通志》卷三六:"腳踏車。此

因各灘,向用柳斗起滴,頗遲笨,故改用此製。形高五尺半,橫寬五尺餘,圓輪之平徑二尺半,轉頁八片,寬六寸。其前段突出一木槽,乃受吸水流出之徑也。用時,植兩木棍車上端之後,人以手持棍,兩足踏車互轉以引水,然不善使足力者用之恒澀,遂多棄而不用。"

【腳踏紡車】

用腳踏驅動的手工紡紗、撚線的機具。清楊屾《豳風廣義》卷三:"腳踏紡車。繰軒紡車,乃織具之先。上繰軒已備,方可以言紡車矣。凡繭子頭破者、繰絲不利者,并出蛾之空繭,俱宜製造,上紡車成綫,然後可授機杼。"腳踏紡車是在手搖紡車的基礎上發起來的,這是直接借鑒於斜織機上採用的腳踏板升降綜片的技術。織機上提綜片是依靠槓桿的上下運動,機構簡單。而紡車的繩輪要作圓周圍運動,要把腳的往復運動轉變爲圓周運動,就需要一種傳動機構,這就是連杆和曲柄。從現有的資料考證,這種機構首先應用於腳踏紡車。腳踏紡車出現在漢代。江蘇泗洪縣曹莊出土的漢畫像石上刻有的腳踏紡車,是目前發現的最早的有關腳踏紡車的圖像。從該畫像石上可看出腳踏紡車是用於加撚單絲或合股加撚成絲線的。晉顧愷之《列女傳》圖中有腳踏紡車。宋代刻本中所繪的是腳踏三錠紡車,用於合線。元王禎《農書》中把用於加撚麻縷的腳踏紡車稱爲"小紡車",可按裝五個錠子,把絲縷、麻縷加撚或合股加捻成線,其操作遠較紡絲綿和紡棉簡單,故多用三錠、五錠。把短纖維加工成紗除加線外,尚須把一簇纖維用手牽引漸細地進行牽伸,有時要用雙手同時進行,就必須把手從手搖紡車的搖柄上解脫,而採

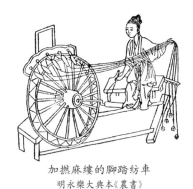

加撚麻縷的腳踏紡車
明永樂大典本《農書》

用腳踏驅動。特別是在紡絲綿時因其纖維長易糾結在一起,必須用雙手扯撕整理使之易於牽伸,成紗勻細,紡絲綿的腳踏紡車,亦稱爲腳踏絲車,一般都是單錠的。而紡棉的腳踏紡車,可增至三錠、四錠。元王禎《農書》和明徐光啓《農政全書》中稱紡棉用的腳踏紡車爲"木綿紡車",所配圖中畫的是三錠腳踏紡車。清代《豳風廣義》卷三和《蠶桑萃編》卷五中對紡絲綿、紡棉、紡麻縷的紡車加以比較,給出各自的形製和構件的尺寸。楊屾《豳風廣義》卷三:"今西安近地亦有紡車,乃紡木棉之車,不可以紡絲綿也。蓋木棉芒短易扯,故一手攬輪,一手扯棉筒,俗名撚子,便可成線。若繭綿力勁芒長,扯之不利,必須用腳踏

轉車。一手執繭,一手扯絲,方能成線。此車若紡木棉更好,上併安二定(錠,下同)以兩手併扯棉筒,則成二縷,功加一倍。若紡績成麻縷,上併安三定,以麻縷夾三指縫中紡之,併上三縷,功加二倍。其製用木成地平方架,長二尺五寸,闊一尺五寸,於二尺五寸中間安一方木椿,高三尺,徑二寸半,於近上三寸處,安一橫木,長五寸,徑一寸五分。此是安定處,若欲紡棉安二定者橫木宜闊三寸,立椿亦宜闊三寸。若欲安三定,橫木當闊六寸,椿亦闊六寸。稍頭留寸許,安一立木牌,高二寸,厚七分,闊與橫木齊。上刻一小口,如豆大。如欲安二定者刻二口。以容鐵定項。對牌口後椿上鑽一孔,內棲細鐵筒,約深三分,以容定尾。定長一尺,中間硬安一木轂轆子,長二寸,徑一寸,周圍刻渠子二道,以承轉弦。椿下離地八寸,安一鐵軸,長九寸,大如小指。軸上貫以車輪,輪製用木版六個,俱長一尺四寸、厚七分、闊一寸二分,以三版正中斜鋸扣之,硬安成輪子,以二輪相去四寸,中安木撐桄六個,便相合成一輪,周圍用皮絃攀緊,以承轉絃。絃用棉線纏一條,用蠟擀過,壯如錢繩。將輪與定攀住,令其活轉。又在前面地平木上,復安一橫桄,長與地平木等,闊二寸半,厚一寸半,兩頭用立柱,高二寸。桄中間安一鐵概,大如小指,長六七分,以承腳踏版,形如鞋底,厚一寸,中間刻一小寠,如指頂大深二分,活安在鐵概上,令其活動。版一頭中間安一鐵攪杖,壯如細筆,桿長六寸。擱於輪版近軸處孔內,孔繫輪上預先鑽下,去軸寸半。腳踏紡之。"紡棉用的腳踏紡車出現於宋元之際的松江一帶。據傳是元紡織革新家黃道婆所創,可同時紡三錠。清包世臣《新建黃婆專祠碑記》:"惟婆先知,製爲奇器,教民治之。踏車去核,繼以椎弓,花茸條滑。乃引紡車,以足助手,一引三紗。"清褚華在《木棉譜》中介紹了這種三錠腳踏紡車的結構和運轉:"以木爲之,有背有足。首置木鋌三、形銳而長,刻木爲承,其末以皮弦攀連一輪上。復以橫木,名踏條者置輪之竅中,將兩足抑揚運之,取向所成的條子,黏於舊縷,隨手牽引,如繅繭絲,皆繞鋌而績,是名棉紗。"這種腳踏紡車曾沿用到近代產棉之鄉。

【腳踏絲車】

腳踏驅動的紡絲綿的紡車。清楊屾《豳風廣義》卷三中附有"腳踏絲車圖",敘述其使用方法和紡絲綿用的繭絲的製法:綿繭蒸法紡法"以手試扯絲開爲度,將篩安鍋內蒸之,約一鍾茶時,取出翻於箸頭上溫水中,手握洗去黃水,乘濕紡之,其法以葦筒帶節安於鐵定(錠)上,令緊,露出定尖二三分,右腳踏轉攪版,腳稍向下一踏,輪自轉動。又腳跟在版後一踏,自然一上一下,其快如風,習之三五日,自熟。左手執繭箸,右手輕輕橫扯絲頭,紡之。指縫夾一箸以上線"。"如蒸之太多,紡之不及,或在夏日,恐腐壞者,可將空子曬乾收藏,臨翻然後濕。如翻在箸上,太多紡之不及者,亦可曬乾收藏。紡時再以溫水泡洗,更好。又煮成張綿,亦可乾紡。"

脚踏絲車

清乾隆初刊本《豳風廣義》

【絞車】

一種利用捲筒捲繞繩索用以提升或牽引重物的裝置。

船上絞車

明初刊本《天工開物》

絞車捲筒

銅綠山春秋古銅礦

提升絞車

明初刊本《天工開物》

提升絞車在礦井和船上使用,捲筒裝在二根立柱上。湖北銅綠山春秋時銅礦井已經發現實物,捲筒上設二組扳手,更便起重物。牽引絞車捲筒裝在木質框架之內,設有長扳手,僅見於明代文獻記載。《晉書·石季龍載記下》:

起重絞車

清守山閣本《遠西奇器圖說》

"邯鄲城西石子堈上有趙簡子墓,至是季龍令發之。初得炭深丈餘,次得木板厚一尺,積板厚八尺,乃及泉,其水清冷非常,作絞車,以牛皮囊汲之,月餘而水不盡,不可發而止。"《通典·邊防九》:"沒,視之,知可採,便以鐵鈔發其根,乃以索繫網,使人於舟上絞車舉出。"清魏源《聖武記》卷十四:"或作絞車,鉤索四輪,俟進舉竿,一挽入閩,則製木驢之法也。"

【絞罾】

罾的一種。敷網捕魚的網具。其口呈四方形,周長五丈多,四角繫在四根柱子上,柱上有繩索,以轆轤收放。

適用於内陸水域,清李調元《南越筆記·粤人多以捕魚爲業》罾之類,"有曰絞罾,形亦方,周五丈餘,以四周繫於柱中。漁之人在岸上,離罾十餘丈,魚至則轉轆轤以起之"。參見"坐罾"。

【攪杷】

攪扒加工糧食及製作釀造拌料的木杷。元王禎《農書》卷十六:"仍隨帶攪杷,畜力輓行,循槽轉輾。"

【窌】

同"窖"。《周禮·考工記·匠人》:"囷窌倉城。"鄭玄注:"穿地曰窌。"《吕氏春秋·季春紀》:"天子布德行惠,命有司發倉窌。"高誘注:"方者曰倉,穿地曰窌。"明徐光啓《農政全書》卷四三:"荀卿曰:'田野縣鄙者,財之本也。垣窌倉廪者,財之末也。百姓時和,事業得叙者,貨之源也。'"

【窖】

貯藏穀物的地室。掘地作穴,口小腹大,先以柴棘把土燒焦,然後四周輔以糠粃。用來貯藏穀物。新石器時代

窖
明永樂大典本《農書》

裴李崗、磁山文化的窖穴比較原始,種類有長方形、圓形、橢圓形和不規則形等。大口小底或筒狀,無防潮措施。仰韶文化、大汶口文化、馬家窰文化的窖穴,爲小口大底袋形,四壁光滑,還出現抹黄土或草拌泥等防潮設施。龍山文化、齊家文化和良渚文化的窖穴,多分布在住宅内部或附近。窖穴容積擴大,加工愈趨進步。後我國北方沿用。漢崔寔《四民月令》:"九月,治場圃,塗囷倉,修竇、窖。"元王禎《農書》卷十六:"窖,藏穀穴也。"明徐光啓《農政全書》卷二三:"夫穴地爲窖,小可數斛,大至數百斛。先投柴棘,燒令其土焦燥,然後周以糠穩,貯粟於内。五穀之中,惟粟耐陳,可歷遠年。"古代亦特指方形地室。參見"竇"、"地窖"。

【斛】

即概。平斗斛的量器。《説文·斗部》:"斛,平斗斛量也。"王筠句讀:"龠合升斗斛謂之五量,而平斗斛之器,亦因以得量之名也。"

jie

【接碓】

即手杵。上部用木,下部用石接成。清范寅《越諺》卷中:"接碓,春米之杵,上木下石,接成。用手春者。"

【接輪】

指機械裝置中傳遞動力的中間輪。明徐光啓《農政全書》卷十九:"接輪者,農家所謂撥子是也。試言人車則有卧軸也,卧軸之一端,有接輪。卧軸之上,有拐木也。""人踐拐木而轉之,接輪與乙輪相發也。"

【桔皋】

利用槓桿原理製作的一種升舉用具。因其形狀結構與汲具桔槔相似,故名。其不同於汲具桔槔之處是,横桿一端裝有需要提升而上的竹籠(兜零),其離開支點的距離較大,平時是在低位處。而力臂相對較短。需要將竹籠升舉至高處時,即在横桿另一端用力。這種仿照汲具桔槔的升舉用具大約在西漢時已經廣泛應用於祭祀和軍事上。用於祭祀,則在竹籠上裝上柴薪、牲玉等,高舉而焚之,使之上近於天;用於軍事,則在竹籠上裝柴草,敵至,高舉以燃烽火。《漢書·賈誼傳》"斥候望烽燧不得卧",顔師古注引漢文穎曰:"邊方備胡寇,作高土櫓,櫓上作桔皋,桔皋頭兜零,以薪草置其中,常低之,有寇即火然舉之以相告,曰烽。又多積薪,寇至即燃,以望其烟,曰燧。"《後漢書·光武帝紀下》:"遣驃騎大將軍杜茂將衆郡施刑屯北邊,築亭候,修烽燧。"唐李賢注:"《前書音義》:'邊方備警急,作高土臺,臺上作桔皋,桔皋頭有兜零,以薪草置其中,常低之,有寇即然火舉之,以相告,曰烽。又多積薪,寇至即燔之,望其烟,曰燧。晝則燔燧,夜乃舉烽。'"

【桔槔】

利用槓桿原理製作的一種汲水機械。立一木柱;用一

桔槔
城南張漢畫像石

桔槔

白莊漢畫像石

桔槔

明永樂大典本《農書》

桔槔

明初刊本《天工開物》

長木桿近中點處懸掛或支架在木柱上；長木桿一端綁上重物，一端用繩繫上容器。不使用時，綁重物端下垂。使用時，人藉助身體重量下拉容器，使之灌水，同時使另一端重物上升，積儲位能；容器灌滿水後，操作者用力上提容器，重物端的位能釋放，幫助操作者上提作功。桔槔的使用改變了操作者作功的方式，使人感覺上減輕了疲勞。從考古和文獻記載看，桔槔在距今三千七百多年前的商

初成湯時期已經應用於農業生產。桔槔之名最早見於《莊子》。《莊子·天運》：“且子獨不見夫桔槔者乎？引之則俯，舍之則仰。”成玄英疏：“桔槔，挈水木也。人牽引之則俯下，捨放之則仰上。”宋陸游《和陳魯山十詩以孟夏草木長繞屋樹扶疏爲韻》：“靜處看紛紛，桔槔勞俯仰。”明徐光啓《農政全書》卷十七：“桔槔，挈水械也。《通俗文》曰：桔槔，機汲水也。《說文》曰：桔，結也，所以固屬；槔，皋也，所以利轉。又曰：皋，緩也。一俯一仰，有數存焉，不可速也。然則桔其植者，而槔其俯仰者與？”

【桀】

同“榤”。《詩·王風·君子於役》：“曷其有佸，鷄棲於桀。”朱熹集傳：“桀，杙。”

【桀】

夏朝末代國王。名履癸。以荒淫和暴虐著名。傳說是瓦屋的發明者。《世本·作篇》：“桀作瓦屋。”張澍稡考：“《論衡》對《作篇》文補，而《史記·龜筴列傳》亦云桀爲瓦屋。”

【榤】

鷄棲息的木架。《爾雅·釋宮》：“鷄棲於弋爲榤。鑿垣而棲爲塒。”郝懿行義疏：“榤當作桀，弋即橛也。”

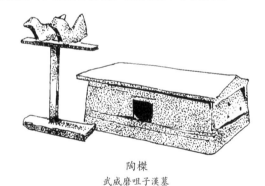

陶榤

武威磨咀子漢墓

【頡皋】

同“桔槔”。《墨子·備穴》：“命有力者三人用頡皋衝之，灌以不潔十餘石。”

【擑槔】

同“桔槔”。《禮記·曲禮上》“奉席如橋衡”，鄭玄注：“橋，井上擑槔。”《集韻·入屑》：“擑，擑槔，汲水具。”《康熙字典·手部》：“擑槔，與桔槔同。宜從木。”

【擑摷】

同“桔槔”。清桂馥《札樸》：“《莊子·天運篇》：擑摷者，引之則俯，舍之則仰。文穎說‘烽火’云，櫓上作桔槔，以薪置其中，有寇則然之，其字皆從木。《通俗文》：機汲謂之擑摷。字皆從手。”

【解手刀】

即解腕尖刀。《水滸傳》第一○三回：“脫下血污衣服，揩淨解手刀，藏在身邊。”《警世通言·俞伯牙摔琴謝知音》：“伯牙於衣袂間取出解手刀，割斷琴絃，雙手舉琴，向祭石臺上，用力一摔。”《醒世姻緣傳》第二回：“把牀頭上那把解手刀拔出鞘來，袖在袖內，看他來意如何。”

【解手尖刀】

即解腕尖刀。《水滸傳》第一○三回：“王慶聽了這句，連忙掣出那把解手尖刀，將身一堆兒蹲在那株梅樹後，只聽得呀的一聲，那裏面兩扇門兒開了。”

【解腕尖刀】

日常使用的小刀，尖刃厚背，有刀鞘，可隨身攜帶。《水滸傳》第十回：“林沖大怒，離了李小二家，先去街上買把解腕尖刀，帶在身上，前街後巷一地裏去尋。”

解腕尖刀
明容與堂本《水滸傳》

【解腕刀】

即解腕尖刀。《水滸傳》第二六回：“去房裡換了一身素淨衣服，便叫士兵打一條麻縧繫在腰裏，身邊藏了一把尖長柄短、背厚刃薄的解腕刀。”

【楷】

木釘子。《廣雅·釋器》：“栓、楷、釘也。”王念孫疏證：“《眾經音義》卷十四引《字林》云：楷，木釘也。”

【界衡】

元郭守敬製造的簡儀中赤道經緯儀的瞄準器。爲一厚銅條，兩端立耳，耳上開孔，作瞄準之用。《元史·天文志上》：“赤道環旋轉，與列宿距星相當，即轉界衡使兩線相對。”“（百刻環）轉界衡令兩線與日相對。”

jin

【斤】

即錛。《管子·小匡》：“惡金以鑄斤、斧、鉏、夷、鋸、檻，試諸木土。”《國語·齊語》：“惡金以鑄鉏、夷、斤、斸、試諸壞土。”韋昭注：“斤，形似鉏而小。”

西周青銅斤
中國國家博物館

【金篦】

同“金鎞”。唐杜甫《秋日一百韻》：“金篦空刮眼，鏡象未離銓。”注引《涅盤經》：“如目盲人爲治目，故造諸良醫，即次金篦刮其眼膜。”唐李商隱《和孫樸奉蟾孔雀詠》：“約眉憐翠羽，刮膜想金篦。”《太平廣記》卷一一二引《法苑珠林·張元》：“其夜，夢有一翁，以金篦療其祖目。”

【金鎞】

眼科用金質箭鏃形手術刀。《涅槃經》：“有人詣良醫，醫者以金鎞刮其眼膜，使復明。”唐杜甫《謁文公上方》：“金鎞刮眼膜，價重百車渠。”明陶宗儀《輟耕錄·金鎞刺肉》：“木八剌，字西瑛，西域人，其軀幹魁偉，故人咸曰長西瑛。云：一日，方與妻對飯，妻以小金鎞刺齒肉，將入口，門外有客至，西瑛出肅客。妻不及唉，且置器中，起去治茶，比回，無覓金鎞處。”

【金錶】

金殼錶。《清稗類鈔·諫諍類》：“至菜市，寇脫一碧玉搬指贈劊子曰：‘費心從速。’又以玉佩一、金錶一贈同事內監之來送者。”《紅樓夢》第四十五回：“寶玉聽說，回手向懷中掏出一個核桃大小的一個金錶來，瞧了一瞧，那針已指到戌未亥初之間，忙又揣了。”

【金柄刀子】

金質或金飾的刀。遼陳國公主及駙馬合葬墓曾出土金柄刀子。《南齊書·袁彖傳》：“世祖在便殿，用金柄刀子治瓜，彖在側曰：‘外間有金刀之言，恐不宜用此物。’”

【金常規】

唐李淳風製渾天黃道儀中外層六合儀的赤道環。固定於支架上。《新唐書·天文志一》：“一曰六合儀有天經雙規、金渾緯規、金常規，相結於四極之內。”

【金椎】

金飾之椎。宋蘇軾《次韻垠老和張十七九日見寄二首》之一：“請看平日銜杯口，會有金椎爲捈頤。”

【金杵臼】

金質的杵和臼。用於加工藥物。《南宋雜事詩》卷一引宋顧文薦《船窗夜話》：“醫曰：‘此冷痢也。’用新米藕節以熱酒調服，數服而愈。德壽乃大喜，以金杵臼賜之，乃命以官，至今呼爲金杵臼嚴防御家。”

【金刀】

指剃髮刀。《敦煌變文集·廬山遠公話》：“大集兩街僧尼，遂將金刀落髮”。

金刀
唐吳王妃楊氏墓

【金銚】

一種銅製的有柄煎藥器。馬王堆漢墓帛書《五十二病方·癃》:"一白茝、白衡、葽……并以金銚煏桑炭。"

【金鼎】

煉丹用的金屬鼎。多用銅製。《文選·江淹〈別賦〉》:"守丹竈而不顧,煉金鼎而方堅。"李善注:"煉金鼎,煉金爲丹之鼎也。""《史記》曰,黃帝採首山銅鑄鼎。"

【金斗】

清代的一種量米具。多爲鐵製,比市斗大,一金斗爲市斗的一斗八斤。清以前的鐵製斗也稱金斗。《史記·張儀列傳》:"乃令工人作爲金斗,長其尾,令可以擊人。"

【金砝碼】

金質的砝碼。沅陵太常鄉楚墓出土環形銅砝碼五枚,除其中一件外,均塗金,古稱金一般也兼指塗金,故此可稱金砝碼。清周壽昌《恩益堂日札》卷四:和珅藉没,有"金砝碼,四十箇"。

【金鉤】

金質或鎏金、塗金的鉤子。古代皇后行躬桑禮時所用。用以鉤住桑枝,採取桑葉。《通典·禮六》:"季春上巳,皇后服鞠衣,以一太牢、制幣祭先蠶於壇上,用一獻之禮。祭訖,就桑於位壇南,東面,尚功進金鉤,典制奉筐,皇后采三條,反鉤。"

【金鍋】

金質熬藥用小鍋。宋劉昉《幼幼新書》:"圓藥入金鍋內熬,銀鍋亦得。"1970年陝西西安南郊出土有兩瓮唐代窖藏文物,其中有單流金鍋一具,高5.5厘米,徑17.5厘米,口沿帶流,有活頁柄,柄部稍殘,內有墨筆題字三行:"舊涇用,十七兩,暖藥。"

【金渾緯規】

唐李淳風製渾天黃道儀中外層六合儀的地平環。水平安置,固定於支架上。《新唐書·天文志一》渾天黃道儀:"一曰六合儀,有天經雙規,金渾緯規,金常規,相結於四極之內。"

【金犁】

即金龍犁。明沈榜《宛署雜記·經費上》:"正副金犁二張,木料工價,描採粗金,銀二兩四錢。"

【金龍犁】

帝皇行躬耕籍田禮時用的禮儀用犁。犁身上貼金描綠,有龍狀圖案。明沈榜《宛署雜記·經費上》:"(皇帝)左手執鞭,右手執金龍犁,稍前用導駕官二員牽牛,老人二扶犁,老人二執糞箕淨桶,老人二夾駕左右,名爲幫耕

臣,凡往迴者三。"

【金輟轤】

塗金爲飾的輟轤。晉戴祚《西征記》:"太極殿前有金井欄、金博山、金輟轤,蛟龍負山於井上。"

【金繩】

用黃金或銅等金屬絲絞製成的繩索。金爲五金之總稱,所謂金繩主要是指銅繩,真正的金繩極少。據文獻記載和出土的文物看,金繩的出現和使用大約不會晚於殷商,如陝西保德林遮峪、河南安陽大司空村和山東濱縣藍家村等地出土的商代銅卣,其提梁都是用銅繩之形。金繩的用處,因銅繩等牢度好,且有裝飾作用,通常多以爲器物的提手等,也常以作一般的拴繫之用。唐韓愈《石鼓歌》:"金繩鐵索鎖紐壯,古鼎躍水龍騰梭。"用黃金製成的金繩,則多用編連帝王封禪、祭祀告天的玉簡册書。《後漢書·方術傳序》:"然神經怪牒,玉策金繩,關局於明靈之府,封縢於瑤臺之上者,靡得而闚也。"《南齊書·高帝紀上》:"披金繩而握天鏡,開玉匣而總地維,德之休明,宸居靈極。"《通典·禮七十九》:"又爲玉册,皆以金繩連編玉牒爲之。"《新唐書·禮樂志四》:"玉牒長一尺三寸,廣、厚五寸。玉檢如之,厚減三寸。其印齒如璽,纏以金繩五周。"

【金絲眼鏡】

清代中後期我國自行製造的眼鏡,其鏡架用金絲製成。《清稗類鈔·譏諷類》:"而奇中不然,日之夕矣,則惟挾一小籐篋,戴一金絲眼鏡,不衫不履,彳亍而行,進一長弄焉。"

【金粟尺】

嵌小金粒爲刻度的尺。因小金粒形似粟,故稱。唐杜甫《白絲行》:"繰絲須長不須白,越羅蜀錦金粟尺。"金元好問《贈答張教授仲文》:"倒鳳顛鸞金粟尺,裁斷瓊綃三萬匹。"參見"鈿尺"。

【金星牙尺】

特指明代官方所頒量長度的器具。尺度爲六寸四分。明徐光啓《農政全書》卷四:"計周尺一尺,當今浙尺八寸,當今織染所欽降金星牙尺六寸四分。"

【金眼籠】

銅眼罩。吐魯番地區木納爾102號墓內唐顯慶元年(656)《唐武歡衣物疏》記有"金眼籠"。

【金針】

金質醫用針。1968年河北滿城陵山1號漢墓出土金針四枚,上端爲方形柄,下部爲圓形針身,柄之上端有小孔。其中毫針二枚。針尖尖銳,通長6.6厘米;鍉針一枚,針尖稍鈍,通長6.9厘米;鋒針一枚,針尖作三棱形,通長6.55厘米。後世醫針多用銀、銅、鋼等製作,亦泛稱金針。《三

國通俗演義》第七五回:"刮骨能使除箭毒,金針玉刃若通神。"明高武《針灸聚英》卷三:"古曰金針者,貴之也。又金爲總名,銅、鐵、金、銀之屬皆是也。"

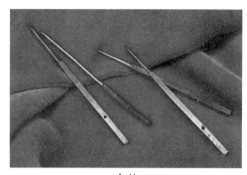

金針
滿城 1 號漢墓

【金自鳴鐘】

金殼的自鳴鐘。《紅樓夢》第七十二回:"鳳姐冷笑道:'我是你們知道的,那一個金自鳴鐘賣了五百六十兩銀子。沒有半個月,大事小事倒有十來件,白填在裏頭。"

清法國產銅塗金皮套鐘
故宮博物院

【金字牙尺】

特指南宋紹興年間頒布的官定尺。宋程大昌《演繁露》卷六:"紹興十六年四月再鑄景鍾,有司上崇寧指法,六月詔大晟樂書併金字牙尺,令參用之。"明徐光啓《農政全書》卷四:"又紹興中,內出金字牙尺二十八。"

【釿】

同"斤"。《莊子·在宥》:"天下好知,而百姓求竭矣。於是乎釿鋸制焉,繩墨殺焉,椎鑿決焉。"《釋名·釋用器》:"釿,謹也。板廣不可得削,又有節,則用此釿之,所以詳謹令平,減斧迹也。"

【錦機】

織錦用的手工木質織機。唐杜牧《鴛鴦詩》:"錦機爭織

樣,歌曲愛呼名。"唐施肩吾《惜花詩》:"今朝芳徑裏,惆悵錦機空。"唐鄭谷《貧女吟》:"塵壓鴛鴦廢錦機,滿頭空插麗春枝。"按:唐代轉運司錦院,即成都府錦院,是歷史上規模較大的織錦院,參見"錦院"。

【錦纜】

用絲編絞成的纜繩。後多作爲船纜的美稱。宋吳淑《事類賦·服用·舟》:"亦聞甘寧之錦纜示奢。"注:"《吳書》曰:'甘寧住止常以繒錦纜舟,去輒割棄以示奢。"宋汪元量《越州歌》之十八:"內湖三月賞新荷,錦纜龍舟緩緩拖。"又《水龍吟·淮河舟中夜聞宮人琴聲》詞:"自都門燕別,龍艘錦纜,空載得、春歸去。"《西遊記》第五三回:"雖然是一葦之航,也不亞泛湖浮海。縱無錦纜牙檣,實有松椿桂楫。"

【錦院】

織錦的官手工業作坊。元費著《蜀錦譜》:"元豐六年,呂汲公大防始建錦院於府治之東,募軍匠五百人織造,置官以蒞之,創樓於前以爲積藏待發之所,榜曰錦官。""今取承平時錦院與茶馬司錦院所織錦名色著於篇,俾來者各以時考之。轉運司錦院織錦名色:土貢錦三匹,花樣八答暈錦;官告錦四百匹,花樣盤球錦、簇四金雕錦、葵花錦、六答暈錦,八達暈錦,翠池獅子錦,天下樂錦,雲雁錦;臣僚襖子錦八十七匹,花樣簇四金雕錦、八答暈、天下樂;廣西錦二百匹,花樣真紅一百匹:宜男百花,青綠雲雁。"轉運司錦院即成都府錦院,其規模較大,擁有 117 間房,154 臺織機;工匠 583 名,其中有 300 名是軍匠和募工,其餘 200 多名爲"和雇匠"。按照生產過程分爲四個工序,各工序工人數爲:挽綜工 164 人,機織工 154 人,練染工 11 人,紡繹工 110 人。每用絲 11 萬 5 千兩,染料 21 万 1 千斤。生產錦 1500 匹,其中土貢錦、官告錦、臣僚襖子錦三類共 490 匹,是皇室用錦。另外有廣西錦 200 匹,合計 690 匹爲額定上貢錦。茶馬司錦院織錦數是依少數民族送馬數量而定,錦的品種、花色、圖案很豐富,據《蜀錦譜》記載,有 20 幾種。以錦易馬的貿易地點有黎州、叙州、南平軍和文州。交易對象主要是土蕃和苗族。

【錦笮】

即錦纜。南朝梁劉遵《從頓還城應令》:"錦笮繫鳧舸,珠竿懸翠旌。"

【錦絆】

同"錦笮"。唐鄭愔《采蓮曲》:"錦絆沙棠艦,羅帶石榴裙。"

【晉後尺】

東晉使用的尺度,推算相當於 24.5 厘米。《隋書·律曆志上》:"晉後尺實比晉前尺一尺六分二釐。蕭吉云,晉氏江東所用。"《宋史·律曆志四》:"依隋書定尺十五種上

之，藏於太常寺”，“六、晉後尺，晉江東用之，比晉前尺爲一尺六分二釐”。

【晉前尺】
西晉荀勗所定的律尺，史稱晉前尺。其長與新莽銅斛尺相等，約相當於 23.1 厘米。自此，專門用於調律的尺與常用尺分離。《晉書·律曆志上》：“武帝泰始九年，中書監荀勖校太樂，八音不和，始知後漢至魏，尺長於古四分有餘。勖乃部著作郎劉恭依《周禮》製尺，所謂古尺也。”

【晉田父玉尺】
西晉農夫耕田所得古玉尺。相當於 23.26 厘米，當是新莽以後的尺度。南朝宋劉義慶《世説新語·術解》：“後有一田父耕於野，得周時玉尺，便是天下正尺。荀試以校已所治鐘鼓、金石、絲竹，皆覺短一黍，於是伏阮神識。”《宋史·律曆志四》：“依《隋書》定尺十五種上之，藏於太常寺”，“二、晉田父玉尺，與梁法尺同，比晉前尺爲一尺七釐”。

【近視鏡】
近視眼配戴的眼鏡。近視鏡矯正視力。明代由西域、西洋傳入，清代開始自製，能磨製不同度數，適合各種程度的近視人群。清宫近視眼鏡製作精湛，按十二地支，製作度數深淺不一的鏡片。明吴寬《謝屠公送西域眼鏡》詩：“持之近眼眶，偏宜對書帙。蠅頭瑣細字，明瑩類椽筆。”清孫雲球《鏡史》：“近視鏡，凡人目不去書史，視不踰幾席，更於燈燭之下，神光爲火光爍奪，則能視近而不能視遠。又有非由習貫，因先天血氣不足，視象不圓滿者。用鏡則巧合其習性，視遠自明。”清鄭復光《鏡鏡冷癡》卷四：“近視鏡，凹鏡也，或一面凹一面平，或兩面俱凹。”

【近視眼鏡】
即近視鏡。清王士禛《居易録》卷三三：“是日，垂問臣士禎年齒科分，又命取西洋近視眼鏡，令試之，歸館已及二更。”《養心殿造辦處史料輯覽·雍正十一年》：“二月初三日，太監鄭愛貴傳旨：著做整梁辰時近視眼鏡一副。欽此。於本月二十七日做得戒、玳瑁整梁辰時近視眼鏡一副，玳瑁圈銀掐鋼梁辰時近視眼鏡二副。”

jing

【京】
以板木製成的方形大倉房。下有支柱，托起以防潮、防蟲鼠之害。用以貯藏糧食。《管子·輕重丁》：“有新成囷京者二家。”尹知章注：“大囷曰京。”元王禎《農書》卷十六：“京，倉之方者。《廣雅》云：字從广京，倉也。又謂：四起曰京。今取其方而高大之義，以名倉曰京，則其象也。夫囷、京有方圓之别，北方高亢，就地植木，編條作笆，故圓，即囷也。南方墊溼，離地嵌板作室，故方，即京也。此囷、京又有南北之宜，庶識者辨之，擇而用之。”

陶京
游魚崗漢墓

【京倉】
即太倉。後稱京師的糧倉爲京倉。清朝在北京設立有十三個大糧倉。其中：禄米、南新、舊太、富新、興平五倉在朝陽門内；海通、北新二倉在東直門内；太平、萬安二倉在朝陽門外；本裕、豐益二倉在德勝門外；儲濟、裕豐二倉在東便門外。各倉通稱京倉。《文選·張衡〈東京賦〉》：“發京倉，散禁財。”

京倉
明永樂大典本《農書》

【京尺】
即三司布帛尺。清李斗《揚州畫舫録·草河録上》：“省尺乃是京尺，温公有圖，所謂三司布帛尺是也。”

【京斛】
明清户部所用斛量。元代稱都斛。清談遷《北游録·紀聞下》：“今通州部使所收斛，加於外一升六合。户部京斛又贏六合。”

【京庾】
即太倉。三國魏何晏《景福殿賦》：“京庾之儲，無物不有。”《文選·左思〈魏都賦〉》：“囹圄寂寥，京庾流衍。”李周翰注：“京，大；庾，倉也。”

【荆葽】
用荆條糾合成的草繩。元沙克什《河防通議》卷上“綿荆葽”：“荆葽，長七十五尺，圍三寸，使濕荆十二斤，每束重三十斤，打葽二條平。”又卷下：“打索葽接索功程”，“荆葽以十二條爲功”。

【㝠】
同“京”。儲穀倉。參見“京”。

【經】
渾儀外層組件中固定於支架上的子午環。由兩個相距數寸的平行環構成。《宋史·天文志一》：“體之爲器，爲圓規者四。其規之别：一曰經，經之規二并峙，正抵子午，若車輪之植。”

【經板】

印刷經書之木版。宋洪邁《夷堅三志壬八·蕭七佛經》：“只在城隍廟背，素有此經板，求而得之，顧工印造千本，請兩僧看讀。”

【經架】

手工整經的機架。把絲或紗線同時從多個篗子上引出排列在經架上，併梳整使之成爲經紗。元王禎《農書》卷二一：“經架，牽絲具也。先排絲篗於下，上架橫竹，列環以引衆緒，總於架前經簿。一人往來，挽而歸之紂軸，然後授之機杼。”這是軸架式整經方法，最早見於宋樓璹《耕織圖》，但其詩文簡單，難於得知其操作方法。《農書》中記載了上述整經方法，並配圖。圖中二人在前，一人轉動經軒捲繞經絲，另一人左手中拿木梳一把，右手作理經之狀。在後面經架處有一婦女，將絲篗上絲縷進行整理排列，以防亂頭。待經軒上捲到一定長度後，剪斷打結，再將經軒上的經絲捲上持經的縢子，之後即可上機織造。明徐光啓《農政全書》和清楊屾《豳風廣義》中均記載了這種整經工具。所不同的是在《農政全書》附圖中，中間婦女以左手握分經筘一把，以理通經絲的紐結均匀地排絲於經軒上。後部軸架下的絲篗沒有畫出來。

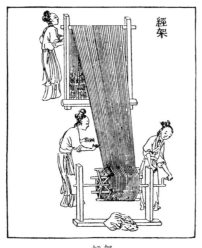

經架
明永樂大典本《農書》

經架
清山東書局本《農政全書》

【經具】

整經的機具。明宋應星《天工開物·乃服·經具》：“凡絲既篗之後，牽經就織。以直竹竿穿眼三十餘，透過篾圈，名曰溜眼。竿橫架柱上，絲從圈透過掌扇。然後纏繞經耙之上。度數既足，將印架捆捲。既捆，中以交竹二度，一上一下間絲。然後報於篾内，報篾之後，以的杠與印架相望登開五七丈。或過糊者，就此過糊，或不過糊，就此捲於的杠，穿綜就織。”這是經耙式整經法，是整經的

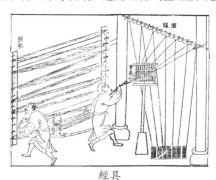

經具
明初刻本《天工開物》

立式經耙整經
清乾隆初刊本《豳風廣義》

主要型式。從《天工開物》的經具圖上可以看出，一人將放在地上的篗子上的絲線，穿過名曰溜眼的導絲孔，集中於掌扇處，掌扇上有上下兩排孔眼，將經絲分成上下兩層，進行分絞。分絞後的束經交給另外一人左右往復繞於經耙上，經耙上的竹釘的數量多少，視整經的長度而定，經軸上捲繞的長度長，竹釘就要多。後把掌扇上分出的上下兩層經絲，分別起出絞頭。這樣就可以按規律地穿綜就織。這是立式的經耙整經。這種整經方法和機具在清代時仍沿用。清楊屾《豳風廣義》卷三：“絲已上篗，方可經縷。而經必有其具。先造經牙一副。用時倚牆斜立。經牙之下，近右樁一尺五六寸地上，置交樬一個，對經牙相去五尺，用繩懸經竿，略與人肩齊。下置絲篗五十

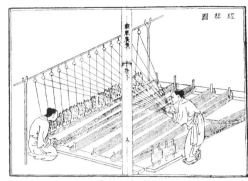

横式經耙整經
清乾隆初刊本《豳風廣義》

不同的竪井底部結構（模型）
銅綠山東周銅礦遺址

竪井平巷組合
銅綠山東周銅礦遺址

個,密排二行,將籆上絲頭提起貫入經竿環内,總收一處,挽成一結,掛在交橛右邊第一竹棍上。一人手牽絲緒,又掛在右邊椿下第一木橛上。如此往來牽掛,層層至頂橛盡處。又將絲緒牽在左椿外側,木橛之外邊,引至椿下橛上,復牽往右行,至中間,以左手提住絲緒,以右手大拇指向上,將絲頭在二指虎口内,一左一右,拾成交,掛在交橛竹竿上,復掛在右椿下,第一橛上。如前層層經掛,迴迴拾交,周而復始,以足數而止。經畢,在交橛外右邊空處剪斷,將交用絲繩拴緊。然後用纏籆一個,用木四根,各長二尺,造成方架,闊一尺八寸,内錠一釘。將有交一頭,以壯繩子拴繫釘上。一人執定纏籆,緩緩將經牙上絲緒,旋卸旋纏訖,再上紉牀。"清衛傑在《蠶桑萃編》中介紹了與此相似的立式經耙整經經具。《豳風廣義》中還在"經絲圖"中給出了另一種經耙整經經具,它把經耙橫放在木架上而不是竪立在地面上,故可稱其爲橫式經耙整經方法。

【經簺】

即掌扇。元王禎《農書》卷二一:"經架,牽絲具也。先排絲籆於下,上架橫竹,列環以引衆緒,總於架前經簺。"

【箐】

供雞栖息的用具。元王禎《農書》卷五"養雞":"園中築小屋,下懸一箐,令雞宿上。"

【井】

爲了採礦而修建的地下井筒及巷道。中國建井開礦的歷史悠久,商代銅礦遺址已可見群井開採的方法。江西省瑞昌銅嶺礦冶遺址始採於商代中期,終於戰國早期,從商代中期開始,就以坑採爲主方法,而以竪井開拓多於竪井與平巷結合辦法。西周晚期出現主井,春秋時期爲擴大採場,在井底部有平巷外,還設置了中段平巷。爲防井巷塌方,商代中期木支設工藝已趨規範化。湖北省大冶縣銅綠山在春秋或更早開始採銅,一直延續到至漢代。西周、春秋早期遺存顯示群井情況,井爲方形,井框木帶榫套接,竪井與平巷連通。春秋戰國遺存可見已使用竪井、斜井、平巷聯合。井深可達 80～100 米,井底設排水井,設轆轤提升礦物及工具。至晚在漢代,四川礦鹽生産

井架
四川漢畫像磚

規模宏大、井口搭建多層井架,用大型轆轤提取礦鹽。明人記載,四川開採井鹽及天然氣,採用竹筒技術提引。明宋應星《天工開物·作鹹》:"西川有火井,事奇甚。其井居然冷水,絶無火氣。但以長竹剖開去節,合縫漆布,一頭插入井底,其上曲接,以口緊對釜臍,注鹵水釜中,只見火意烘烘。"中國採煤史稍晚於採金屬礦及井鹽,而煤井除普通的礦井設備外,已有防止瓦斯中毒的通風裝置。明宋應星《天工開物·燔石》:"初見煤端時,毒氣灼人。有將巨竹鑿去中節,尖銳其末,插入炭中,其毒煙從竹中透上。

排瓦斯装置
明初刊本《天工開物》

人從其下施钁拾取者。或一井而下,炭縱橫廣有,則隨其左右闊取。其上支板,以防壓崩耳。凡煤炭取空而後,以土填實其井,經二三十年後,其下煤復生長,取之不盡。"

【井】

井田制之田,方一里謂之井。《周禮・考工記・匠人》:"九夫爲井,井間廣四尺深四尺,謂之溝。方十里爲成,成間廣八尺深八尺,謂之洫。方百里爲同,同間廣二尋深二仞,謂之澮。"鄭玄注:"此畿内采地之制,九夫爲井,井者方一里,九夫所治之田也。采地制井田異於鄉,遂及公邑。三夫爲屋,屋具也。一井之中三屋九夫,三三相具以出賦税,共治溝也。"

【井索】

即汲繩。《漢書・游俠傳・陳遵》:"酒醪不入口,臧水滿懷,不得左右,牽於纆徽。"唐顏師古注:"纆徽,井索也。"元王禎《農書》卷十九:"綆,或作綆,俗謂井索,下繫以鈎。今汲用之家必有轆轤,爲綆設也。"

【宨檻】

即檻宨。《漢書・司馬遷傳》:"猛虎處深山,百獸震恐,及其在宨檻之中,搖尾而求食,積威約之漸也。"

【景東人事】

即緬鈴。《型世言》第二七回:"王奶奶見了景東人事,道:‘甚黃黃這等怪醜的?’余姥姥道:‘奶奶,這是夜間消悶用的物兒。’"

【鏡面】

耕旱田用的犁壁。元王禎《農書》卷十三:"鐴形不一","耕陸田,曰鏡面"。

jiu

【糺】

同"糾"。絞合的繩索。漢應劭《風俗通》佚文:"合繩爲糺。"《集韻・上黝》:"糾、糺,吉酉切。《説文》:‘繩三合也。’或作糺。"

【糾】

絞合的繩索。一説是三股繩。《説文・丩部》:"糾,繩三合也。"一説是二股繩。《文選・賈誼〈鵩鳥賦〉》:"何異糾纆。"李善注引《字林》:"糾,兩合繩;纆,三合繩。"

【糾墨】

同"糾纆"。《史記・南越列傳論》:"成敗之轉,譬若糾墨。"《文選・楊雄〈解嘲〉》:"徽以糾墨,制以鑕鈇。"李善注:"《説文》曰:糾,三合繩也。又曰:墨,索也。"

【糾纆】

繩索。兩合繩稱糾,三合繩稱纆,故以指繩索。《文選・賈誼〈鵩鳥賦〉》:"夫禍之與福兮,何異糾纆。"李善注:"《字林》曰:‘糾,兩合繩。纆,三合繩。’應劭曰:‘禍福相與爲表裏,如糾纆索相附會也。’"《駢雅・釋器》:"糾纆,索也。"

【揪頭】

埽中的管心索,埽下水時用以拉平。清麟慶《河工器具圖説》卷三:"管心索,即俗謂揪頭繩,其分上下水。揪頭者,凡埽下水頭必高上水頭二三尺不等,拉時須從下水頭先拉,兩號然後一齊叫號,兩頭自然平整。"

【九齒杷】

杷的一種。首有九齒,鐵製。用於碎土破塊、清除瓦礫等。清麟慶《河工器具圖説》卷二:"九齒杷,橫木爲首,鍛鐵爲齒,每齒約長三寸。爲破除塊壤、搜剔瓦礫利器。"

九齒杷
清嘉慶年刊《河工器具圖説》

【九股紅繩】

用九股繩縷絞合成的紅繩。《明成化説唱詞話・唐薛仁貴跨海征遼故事》:"九股紅繩爲套索,十分衣甲甚光明。"

【九股繩】

九股合成之繩。繩體緊密,拉力強。參見"紅綿九股繩"。

【九股索】

即九股繩。元關漢卿《單刀會》第三折:"七稍弓,八楞棒,打碎天靈;九股索,紅綿套,漫頭便起。"參見"紅綿九股繩"。

【九罭】

一種網眼細密的多囊網。專以捕取小魚,適於內陸水域。《詩·豳風·九罭》:"九罭之魚鱒魴。"毛傳:"九罭,綿罟,小魚之網也。"漢王褒《四子講德論》:"鱨鰥併逃,九罭不以爲虛。"《爾雅·釋器》:"緵罟謂之九罭。九罭,魚罔也。"郭璞注:"今之百囊罟,是亦謂之罭,今江東謂之緵。"郝懿行義疏:"《正義》引孫炎曰:'九罭,謂魚之所入有九囊也。'按:囊所以持魚,即今之網口。罭之言域也,所以囊括爲界域。"

【九鍼】

同"九針"。《靈樞經·官鍼》:"九鍼之宜,各有所爲,長短大小,各有所施也。"又《九鍼論》:"九鍼者,天地之大數也。始於一而終於九。"

【九針】

九種醫用針具的合稱。包括鑱針、圓針、鍉針、鋒針、鈹針、圓利針、毫針、長針、大針。九針的形狀、用途各異。《素問·針解篇》:"虛實之要,九針最妙者,爲其各有所宜也。"

【灸炷】

即艾炷。唐王燾《外臺秘要》:"范汪療鼠瘻瘰癧方。瘰癧右,灸右肩頭三指度以下指,灸炷皆如雞子大,良。若不能堪者,可如中黃亦可。"

【酒牓】

同"酒榜"。宋王楙《野客叢書·周孔醒醉》:"僕嘗效程子山作酒牓,其間一聯云:'一月二十有九日,笑人世之太狂;百年三萬六千場,容我生之長醉。'"

【酒榜】

酒旗上的題書。亦稱有題書的酒旗。唐皎然《張伯英草書歌》:"長安酒榜醉後書,此日騁君千里步。"

酒榜
明繼志齋陳氏本《紅拂記》

【酒標】

即酒榜。明何良俊《四友齋叢説·史一二》:"初到臨清,三朝行香,偶酒家酒標掛低了,掣落其紗帽。"

【酒槽】

酒榨下的槽。榨出的酒汁由此引導入容器。唐張籍《和左司元郎中秋居》:"就石安琴枕,穿松壓酒槽。"元陶宗儀《輟耕録·切諫》:太宗素嗜酒,耶律文正"持酒槽之金口以進曰:'此鐵耳,爲酒所蝕,尚致如此,況人之五臟,有不損耶?'上説,賜以金帛"。

【酒挈子】

即酒提。《兒女英雄傳》第十三回:"這滑稽是件東西,就是挈酒的那個酒挈子,俗名叫作過山龍,又叫倒流兒。"

【酒篘】

竹編籠狀濾酒器。唐皮日休《酒中十詠·酒篘》詩:"翠篾初織來,或如古魚器。新從山下買,靜向甑中試。輕可網金醅,疏能容玉蟻。自此好成功,無貽我甕恥。"明羅頎《物原·器原》:"蒍敖作酒竿,老聃作酒篘。"

【酒牀】

即酒榨。唐皮日休《酒中十詠·酒牀》詩:"槽牀帶松節,酒膩肥於羜。滴滴連有聲,空疑杜康語。開眉既壓後,染指偷嘗處。自此得公田,不過渾種黍。"參見"酒醡"。

【酒端】

即酒提。《説文·斗部》:"斞,抒屚也。"段玉裁注引清汪元亮:"今賣酒家汲酒於甕中之器名曰酒端,傾入於扁筲,而注於酒瓶,是其物也。"參見"釣升"。

【酒幌】

即酒旗。《紅樓夢》第十七回:"買政聽了,笑向買珍道:'正虧提醒了我。此處都好,只是還少一個酒幌,明日竟做一個來。就依外面村莊的式樣,不必華麗,用竹竿挑在樹梢頭。'"

【酒窖】

釀酒之大窖。江西進賢縣李渡燒酒作坊遺址,酒窖分圓

明代酒窖
李渡燒酒作坊遺址

形,腰圓形和長方形,共 22 個,元代 13 個、明代 9 個,形制大致相同。明代酒窖直徑 0.9～1.1 米,深約 1.52 米。元代酒窖直徑 0.65～0.95 米,深 0.56～0.72 米,窖地爲陶缸,青磚夾土建成。《太平寰宇記》卷三"河南道三河南府一":"王戎墓在殖業坊,高四丈。故老傳云隋大業遷都之始,人爲酒窖得名云。"

【酒簾】

即酒旗。南唐李中《江邊吟》:"閃閃酒簾招醉客,深深綠樹隱啼鶯。"宋陸游《雨中出門閑望有作》:"説梅古謂能蠲渴,戲出街頭望酒簾。"明王圻《三才圖會·器用》:"酒簾即酒旗子也。韓子謂懸幟甚高,而其酒不讐者,以有猘狗,則自秦已有之矣。"

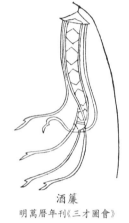

酒簾
明萬曆年刊《三才圖會》

【酒幖】

即酒旗。唐竇叔向《夏夜宿表兄話舊》:"明朝又是孤舟別,愁見河橋酒幖青。"宋周邦彦《訴衷情》:"風翻酒幖,寒凝茶烟,又是何鄉。"

【酒杷】

即攪杷。明徐光啓《農政全書》卷四二:"瀉著蓆上,攤之令冷,挹麴汁於甕中,搦塊令破,瀉甕中,復以酒杷攪之,每酘皆然。"

【酒斾】

即酒旗。唐杜牧《代人寄遠》:"河橋酒斾風顛,候館梅花雪嬌。"

【酒斾】

即酒旗。宋張翥《行香子·山水扇面》詞:"佛寺雲邊,茅舍山前。樹陰中、酒斾低懸。"

【酒斾兒】

即酒旗。《水滸傳》第三六回:"行了半日,巴過嶺頭,早看見嶺腳邊一個酒店,背靠顛崖,門臨怪樹,前後都是草房。去那樹蔭之下,挑出一個酒斾兒來。"

【酒斾子】

即酒旗。《水滸傳》第三九回:"(宋江)信步再出城外來,看見那一派江景非常,觀之不足。正行到一座酒樓前過,仰面看時,旁邊豎着一根望竿,懸掛着一個青布酒斾子,上寫道'潯陽江正庫'。"

【酒旗】

酒家的標識,青色旗形,多爲長條斾形,亦有長繩穿連的多面小旗,營業時用竹竿挑起,高出屋檐。有的酒旗上

酒旗
宋張擇端《清明上河圖》

題書酒家稱贊佳酒的句子,故又叫酒榜。其之始在秦朝以前。唐劉長卿《春望寄王涔陽》:"依微水成聞征鼓,掩映沙村見酒旗。"唐杜牧《江南春絶句》:"千里鶯啼綠映紅,水村山廓酒旗風。"宋周邦彦《驀山溪》:"十載卻歸來,倦追尋酒旗戲鼓。"

【酒提】

汲酒用的釣升。《警世通言·俞仲舉題詩遇上皇》:"酒保見説,便將酒缸、酒提、匙、筋、盞、楪放在面前,盡是銀器。"

【酒望】

即酒望子。清朱彝尊《日下舊聞考》卷三九:"正德間,朝廷開設酒館,酒望云:本店發賣四時荷荷高酒。"

酒提
璧園本《點石齋畫報》

【酒望兒】

即酒望子。《新編五代史平話·梁史上》:"見那酒店前掛一個酒望兒。"

【酒望子】

即酒旗。酒家以旗爲望子。宋朱翌《猗覺寮雜記》卷下:"酒家揭簾,俗稱酒望子。"《水滸傳》第四回:"智深離了鐵匠人家,行不到三二十步,見一個酒望子,挑出在屋檐上。"又二九回:"早見丁字路口一個大酒店,檐前立着望竿,上面掛着一個酒望子,寫着四個大字道'河陽風月'。"

【酒醡】

同"酒榨"。唐杜甫《羌村三首》詩之二:"賴知禾黍收,已覺糟牀注。"清仇兆鰲注引魯訔曰:"酒牀,即酒醡也。"

酒望子
明吳興閔氏本《牡丹亭》

【酒笮】
　同"酒榨"。明羅頎《物原·器原》:"蔫敖作酒笮,老聃作酒篘。"

【酒榨】
　用以擠壓釀酒原料使其液汁流出而釀酒。明蔣一葵《長安客話·工部銅簾光禄寺酒榨》:"又光禄寺有鐵力木酒榨,每榨或用米二十石,得汁百甕,亦云是萬三家没入者。"

【酒幟】
　即酒旗。明沈德符《野獲編·釋道·酒簾得子》:"趙亦睹酒幟所署,驚曰:'天下惟我獨步,今乃勝我,何也?'"

【臼】
　舂米用的器具。掘地爲臼,後來用木或石頭等,鑿成圓球狀,敞口,上大下小,中部凹下,盛糧米以舂。在陝西安康地區一些仰韶文化遺址中,常見一種内紅外灰夾砂陶厚壁器,敞口圓唇,寬沿外侈,沿面飾幾道弦紋,口部厚約2厘米,底部厚約3～4厘米。這種器物可能是舂搗用的陶臼。大汶口文化江蘇邳縣大墩子遺址,發現三個臼形的燒土窖,南北整齊排列,各間隔一米左右。在河南安陽殷墟5號墓出土玉臼,高27厘米、孔徑13厘米、壁厚8厘米。《易·繫辭下》:"斷木爲杵,掘地爲臼,臼杵之利,萬民以濟。"漢王充《論衡·量知》:"舂之於臼,簸其秕糠,蒸之於甑,爨之以火,成熟爲飯,乃甘可食。"明宋應星《天工開物·攻稻》:"凡稻米既篩之後,入臼而舂。臼亦兩種,八口以上之家,掘地藏石臼其上,臼量大者容五斗,小者半之。"

【臼牀】
　安置臼的架子。清翁廣平《〈杵臼經〉序》:"臼牀有四足,以穴尺有六寸之屈木析爲二,如兩股相背,連以二楗,相去尺有六寸,斜立爲前足,前足之後,立尺爲八寸,爲後足。股上立兩柱,三尺有五寸,人長七尺,兩柱半之,故三尺有五也。上横尺有二寸以爲式,股之後,以三尺有三寸之板,平之著於柱,柱與板之間,以堅木爲兩樞,以堅木爲尺有六寸之機以聯之。機貫於踏板之中,白夾於兩股之前。"《南潯鎮志》卷二一:"木爲臼牀,牀上有杵,曰臼筮,亦曰臼跳。"

【臼筮】
　即杵。《南潯鎮志》卷二一:"木爲臼牀,牀上有杵,曰臼筮,亦曰臼跳。"

【臼腦】
　杵端斷鎮的石頭。其重量有較嚴格的規定。用以調節杵頭衡擊穀物的重力。清葛士濬《〈杵臼經〉序》:"杵之端,裹以鐵,重三十有二兩,曰臼嘴。上鎮以石,曰臼腦,重三十斤。增之一斤則損米,減之一斤則不去糠也。"

【臼跳】
　即杵。參見"臼筮"。

【臼嘴】
　杵端以鐵包裹的部分。清翁廣平《〈杵臼經〉序》:"杵之端,裹以鐵,重三十有二兩,曰臼嘴。"

【咎繇】
　原始時代東夷族部落首領。傳說是耒耜的發明者之一。《世本·作篇》:"咎繇作耒耜。"《太平御覽》卷八二三記載同。

【厩】
　飼養牛馬的棚舍。《釋名·釋宫室》:"厩,勼也。勼,聚也,牛馬之所聚也。"晉劉超《乞買外厩牛表》:"外厩犍牛中有任用者,臣請以正陌三萬錢五匹布乞,以買此牛。"

ju

【句欘】
　鋤的統稱。《爾雅·釋器》"斪斸謂之定",清郝懿行義疏:"句欘即斪斸矣。定者,釋文引李巡云:斪斸,鋤也。定,鋤别名。"

【罝】
　捕兔之網。用以攔截其逃跑要路。亦泛指捕鳥獸之網。《詩·周南·兔罝》:"肅肅兔罝,椓之丁丁。"毛傳:"兔罝,兔罟也。"《爾雅·釋器》:"兔罟謂之罝。"郭璞注:

"罝猶遮也。"邢昺疏:"李巡云:'兔自作徑路,張罝捕之也。'然則張罔遮兔因名曰罝。"郝懿行義疏:"按:罝之言阻也,兔性狡而善逸,張者必於要路阻之也。"北周庾信《擬詠懷》之十四:"麟窮季氏罝,虎振周王圈。"《龍龕手鑒·网部》:"罝,遮也,兔罟網也。"《明史·職官志》:"冬春之交,罝罛不施川澤,春夏之交,毒藥不施原野。"

【捐】

　　運載土石的用具。四川廣元羅家橋宋墓石刻可見捐之形象,竹編似畚,串以兩根木桿,可兩人抬而行。《左傳·襄公九年》:"火所未至,徹小屋,塗大屋,陳畚捐,具綆缶。"杜預注:"捐,土轝。"

捐
羅家橋宋墓石刻

【梮】

　　同"捐"。《國語·周語中》:"故夏令曰:九月除道,十月或梁。其時儆曰:收而場功,偫而畚梮,營室之中,土功其始。"韋昭注:"梮,舁土之器。"清明敬《林少穆中丞治蘇新政》:"一朝具畚梮,河已濬其清。"

【鋦】

　　一種兩端彎曲的鐵釘子。清麟慶《河工器具圖說》卷二:"《玉篇》:鋦,以鐵縛物也。河工成規,凡閘壩面石,例在對縫處用鐵錠,轉角處用鐵銷,橫接處用鐵鋦,鑿眼安穩,以資聯絡。"

【梟】

　　抬物用具。形似床,兩頭有柄。用以抬土和抬舉食物。《說文·木部》:"梟,舉食者。"徐鍇繫傳:"梟,如食床,兩頭有柄,二人對舉之,若今床。"段玉裁注:"梟,梮二字同。梟,四圍有周,無足,置食物其中,人舁以進。別於案者,案一人扛之,梟二人對舉之也。"

【萯】

　　即捐。盛土、運土的器具。《漢書·五行志上》:"陳畚萯,具綆缶。"顏師古注引應劭曰:"萯,所以興土也。"《說文·木部》:"梩,臿也。從木臿聲。一曰徙土萯。齊人語也。"

【橘則】

　　即鎁子。一種帶鋸齒的鐮刀。清范寅《越諺》卷中:"鎁子、橘則,即鐮也,割稻鐵器,如鋸。"

【矩度全圓儀】

　　清代測量水平或垂直方位角的儀器。在支架上安一銅環,圓周刻有分割。圓環直徑兩端設瞄準器,另有一可繞圓心轉動的臂,兩端設瞄準器爲游表。中置指南針,圓環一端有一墜綫供定平儀器之用。圓內一半,繪一直角矩度,上有分割尺寸,以勾股法可得所測角度,可測水平角;也可將圓環豎直安放,測仰角。清《皇朝禮器圖式》卷三:"本朝製矩度全圓儀。鑄銅爲之。"

矩度全圓儀
四庫全書本《皇朝禮器圖式》

【矩度象限儀】

　　清製測量儀器。儀支架的立柱上端置一四分之一圓的象限平面,平面兩邊的弧上裝有立耳,圓心亦裝有立耳。自圓心另伸出兩根可繞圓心在弧平面上轉動的游表,游表端亦各有立耳。弧面上畫有方矩。應用比例關係可測定目標的夾角。清《皇朝禮器圖式》卷三:"矩度象限儀爲聖祖仁皇帝御製。鑄銅爲之。"

矩度象限儀
四庫全書本《皇朝禮器圖式》

【矩度儀】

　　即紀限儀。清《皇朝禮器圖式》卷三:"康熙十二年聖祖仁皇帝命監臣製紀限儀,亦名矩度儀。"

【巨絚】

即巨索。《明史·流賊傳·李自成》：“取甎已，即穿穴穴城。初僅容一人，漸至百十，次第傳土以出。過三五步，留一土柱，繫以巨絚。穿畢，萬人曳絚一呼，而柱折城崩矣。”

【巨索】

大索。徑粗數寸，多用竹篾等絞摻而成。可用以作船纜，亦有以爲索橋者。《舊五代史·唐書·莊宗紀三》：“乃以巨索連舟十艘，選效節勇士三百人，持斧被鎧，鼓枻而進。”《宋史·河渠志一》：“凡伐蘆荻謂之‘芟’，伐山木榆柳枝葉謂之‘梢’，辮竹糾芟爲索。以竹爲巨索，長十尺至百尺，有數等。”清李心衡《金川瑣記·篾索橋》：“其製兩岸植椿千百，鎮巨石於其上，絚以長繩，絡以板片，兩旁用巨索約身如欄楯。”

【巨竹絚】

粗大的竹索。《宋史·樊知古傳》：“方議南征，命高品石全振往湖南造黃黑龍船，以大艦巨竹絚，自荊南而下，遣八作使郝守濬等率丁匠營之。”

【巨緇】

大黑索。《莊子·外物》：“任公子爲大鈎巨緇，五十犗以爲餌，蹲乎會稽，投竿東海，旦旦而釣。”陸德明釋文：“巨緇，司馬云：‘大黑綸也。’”

【矩】

測量直角的工具。殷墟婦好墓發現一件玉矩，直角，兩側長 19.7 厘米和 18.8 厘米、寬 4.4 厘米、厚 0.7 厘米，花飾牙邊寬 1 厘米。兩邊端處均有小孔。此當爲禮器。壽縣朱家集出土戰國楚銅矩，兩邊等長，均爲 23.2 厘米，合戰國一尺。與此器同出還有銅刀、銅斧、銅鋸等木工工具，此矩當爲實用品。《淮南子·詮言篇》：“詹何曰，矩不正，不可以爲方，規不正，不可以爲圓。”《史記·夏本紀》：“（禹）左準繩，右規矩，載四時，以開九州。”後人亦以指矩尺。《史記·禮書》：“規矩誠錯，則不可欺以方員。”司馬貞索隱：“矩，曲尺也。”《文獻通考·樂六》：“矩者，矩方器械，令不失其形也。”參見“曲尺”。江蘇邗江縣姚莊 102 號西漢墓出土銅矩，直角形，短邊長 2.3 厘米，折漢尺一寸，每寸刻十分，每寸格之間錯金如意紋。殘長 7.1 厘米、寬 0.7 厘米、厚 0.3 厘米。

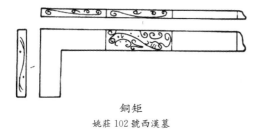

銅矩
姚莊 102 號西漢墓

伏羲氏執矩
費縣潘家疃漢畫像石

伏羲持具
吐魯番出土絹畫

漢代銅矩
子長縣桃源村出土

【矩尺】

即曲尺。《清史稿·疇人傳二》：“二測望儀，曰指南分率尺，曰立望表，曰三腳架，曰矩尺，曰地平經儀”。

【粔】

即耜。《管子·輕重己》：“粔耒耨懷，鉊鉵又櫨，權渠繰縷，所以御春夏之事也必此。”《呂氏春秋·任地》：“是以六尺之粔，所以成畝也。”高誘注：“粔六尺，其刃廣八寸。古者以粔耕。”

【塈田】

指一種四周築堤而圍成的水田。元王禎《農書》卷十一：“一名塈（音匱），水溉田，亦曰塈田。與此（指櫃田）同名而實異。”按，《廣韻·去遇》：“塈，堤塘。”古代音讀若匱。故王禎曰“塈田”與“櫃田”乃“同名而實異”。而今吳語讀“櫃”音若“塈”濁聲。可證塈、櫃古音同。一本作“壩田”。“壩”當爲“塈”的訛變。

【鋸】

加工木、竹、骨、角、金屬等的齒刃切割具。最早的文獻記載見於《墨子·備城門》：“門者，皆無得挾斧、斤、鑿、鋸、椎。”而鋸的發明，傳說歸於魯班，但考古發現，距今七千余年的新石器時代已有實物存在，在陝西渭南北劉遺址出土了現見最早的蚌鋸。從製作材料來說，分三個發展階段。第一階段，以蚌、骨、石製作的非金屬鋸。第二階段，青銅時代的銅鋸。湖北黃陂盤龍城李家嘴二里崗時期的 2 號墓中出土一件青銅刀形鋸，內弧背外弧刃，通長 25.2 厘米，寬 4.6 厘米，柄郎寬 2 厘米，使用時

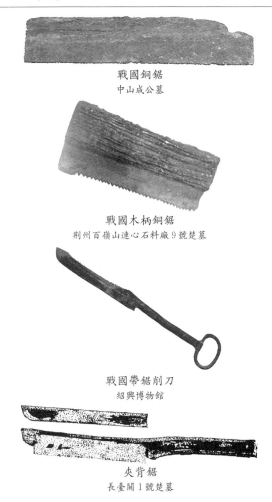

戰國銅鋸
中山成公墓

戰國木柄銅鋸
荊州百嶺山連心石料廠9號楚墓

戰國帶鋸削刀
紹興博物館

夾背鋸
長臺關1號楚墓

可裝木柄。這是我國目前已知最早的一件金屬鋸。湖北黃陂盤龍城李家嘴2號早商墓葬的刀形銅鋸，是現見較早的青銅鋸。第三階段，隨着鐵器廣泛使用而產生的鐵鋸。現見最早的鐵鋸在長沙戰國後期的楚墓中。秦漢時期，鐵鋸大量出現逐步取代了銅鋸和非金屬鋸。三個階段的材料，在過渡時期有交叉使用的過程，但鐵鋸使用，一直延續到後代。從鋸的形式來看，有刀形鋸、夾背鋸、框鋸。前二者是鋸的早期形式，後期雖有類似的形式，但在質量上有根本性的改進，而且使用的場合有限。早期夾背鋸，鋸柄在一端或兩端伸出，有的不安柄，直接握在手中使用。鋸齒比較規則，向用例方向傾斜。框鋸產生較晚，陝西長武丁家機站出土的漢代鐵鋸條，長58厘米、厚0.18～0.22厘米，兩端靠背脊部有起固定作用的繫繩小孔，發掘者認爲它是帶有鋸框的框鋸。在宋代《清明上河圖》中可以見到框鋸的完整形制。框鋸以其優良的性能擴大了加工對象，使之成爲鋸的主要形式。鋸主要用

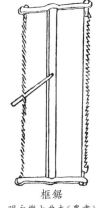

框鋸
明永樂大典本《農書》

於加工竹、木、骨等非金屬材料。加工銅鐵等金屬則需優良的鋸材。廣西西林縣普馱糧站西漢早期墓葬中，直徑78厘米的銅鼓被鋸成兩截，鋸痕清晰。這是鋸金屬的實例。古代鋸條製作比較複雜，經錘打成形後，再鑢開鋸齒。明代宋應星《天工開物·錘鍛》："凡鋸，熟鐵斷（鍛）成薄條，不鋼，亦不淬健。出火退燒後，頻加冷錘堅性，用鑢開齒。"鋸框爲兩短木和一長木形成"工"字形，一邊裝鋸條，另一邊用竹篾、繩等連接糾扭，插絞板絞實，使鋸片繃緊，以利使用。參見"鋸齒"。

【鋸錯】
　錯鋸齒之鑢刀。敦煌文書斯4215號《庚子年後某寺交常住什物點檢曆》："伍尺大鋸壹梁，內九葉。又三尺鋸壹梁。又三尺伍寸鋸壹梁，在庫。鋸錯壹，重壹兩。"敦煌文書伯3161號《某寺常住什物交割點檢曆》："鋸錯壹，在高法律，不堪用。"

【鋸齒】
　鋸條上的齒形刃口。早期鋸齒多成等腰三角形，秦漢鐵鋸大部分成爲直角三角形，性能後者優於前者。齒高、齒距大爲粗齒，用來截斷大材；齒低、齒距小爲細齒，用來加工小材或硬度高的材料，這種差別在秦漢後日益明顯。明宋應星《天工開物·鑢》："開鋸齒用茅葉鑢。"參見"小細鋸"、"細齒小鋸"。

【鋸牙】
　遏止水勢、保護堤岸的設施。參見"馬頭"。

【鋸子】
　即鋸。《三寶太監西洋通俗演義》第十六回："鏟子急忙的鋤不進，鋸子急忙的鏉不進，鑿子急忙的銑不進。"

【寠數】
　用茅草結成的圓圈，置於頭上用作頂東西的墊子。《漢書·楊惲傳》："我不能自保，真人所謂鼠不容穴銜寠數者也。"顏師古注："寠數，戴器也。"

【槁】
　即柶。《說文·木部》："槁，枲柶也。從木入，象形，昍聲。"段玉裁注："（槁，從木）謂柄；從人者，象兩刃也。"《廣韻·平虞》："槁，柶屬。"

juan

【鐫】
　破木工具。《說文·金部》："鐫，破木鐫也。"段玉裁注："謂破木之器曰鐫也。因而破木謂之鐫矣。"

【卷鑿】
　圓口鑿。明黃大成《髹飾錄》乾集："霜挫，即削刀並卷鑿。"

【捲芭】

　　用樹枝條編成的筒狀有細眼的器物。安在水口,用以承水透溜,阻留廢物。元王禎《農書》卷十八:"夫山田利於水源在上,間有流泉飛下,多經磴級,不無混濁泥沙,淤壅畦埂。農人乃編竹爲籠,或木條爲捲芭,承水透溜,乃不壞田。"

捲芭
明永樂大典本《農書》

【捲埽竹索】

　　捲埽用的竹索。用竹篾纏裹竹白三股合成。元沙克什《河防通議》卷上:"竹篾諸索:捲埽竹索,長一百尺,用八破竹,陝西竹二十五竿,懷州竹三十一竿。"又卷下:"捲埽竹索以一條爲功。"

【桊】

　　即牛拘。《説文・木部》:"桊,牛鼻中環也。"王筠句讀:"《埤倉》:'桊,牛拘也。'玄應曰:'今江以北皆呼爲拘,以南皆曰桊。'言橛者,以柔木貫牛鼻,而後曲之如環也。亦有用大頭直木者。"《廣雅・釋器》:"桊,枸也。"王念孫疏證:"枸,猶拘也。今人言牛拘是也。""桊,猶圈束也。"明李實《蜀語》:"穿牛鼻繩曰桊。桊音倦,又作桊。"

【牶】

　　即牛拘。《玉篇・牛部》:"牶,牛鼻桊。"明李實《蜀語》:"穿牛鼻繩曰牶。牶音倦,又作桊。"

【圈牢】

　　即牢欄。《三國志・魏志・陳思王植傳》:"虛荷上位而忝重禄,禽息鳥視,終於白首,此徒圈牢之養物,非臣之所志也。"裴松之注:"圈牢,飼養家畜的地方。"《新唐書・文藝傳中・蘇源明》:"不孝不忠,爲苟榮冒禄,圈牢之物不若也。"

【罥】

　　捕鳥獸之網。用竹木架張開,圍捕鳥獸。漢蔡邕《琴操・思親操》:"深谷鳥鳴兮嚶嚶。設置張罥兮,思我父母力耕。"《説文・网部》:"羂,网也。"南唐徐鍇繫傳:"今人多作罥字。"王筠句讀:"字或作羂,省作罥,亦借絹。"明徐渭《啓諸南明侍郎》:"辟如雄兔觸罥於籠牢,盼盼焉不知伏處而待命。"

捕鳥之罥
元建安虞氏刊《武王代紂平話》

【棬】

　　同"桊"。《吕氏春秋・重己》:"使烏獲疾引牛尾,尾絶力勯,而牛不可行逆也;使五尺豎子引其棬,而牛恣所以之,順也。"許維遹集釋引凌曙曰:"棬與桊同。"

【紾】

　　束繫衣袖的繩子。《説文・糸部》:"紾,纕臂繩也。"段玉裁注:"纕,各本作攘,今正。纕者,援臂也。臂褻易流,以繩約之,是繩謂之紾。"一説,束腰的繩子。《廣韻・去願》:"紾,束腰繩也。"

【絹】

　　同"罥"。《周禮・秋官・蟈氏》:"蟈氏掌攻猛鳥,各以其物爲媒而掎之。"漢鄭玄注:"置其所食之物於絹中,鳥來下則掎其腳。"

【絹籮】

　　同"絹羅"。明沈榜《宛署雜記・經費》:"棕刷二十把,絹籮二個。"《紅樓夢》第四二回:"再要頂細絹籮四個,粗絹籮四個,擔筆四支,大小乳鉢四個,大粗碗二十個,五寸粗碟十個,三寸粗白碟二十個。"

【絹羅】

　　即羅。因用絹作羅底篩網,故稱。唐孫思邈《備急千金要方・序例》:"秤、斗、升、合、鐵臼、木臼、絹羅、紗羅、馬尾羅","右合藥所須,極當預貯"。《醒世姻緣傳》第五四回:"九錢銀買了一石白麥,一錢銀張了兩面絹羅。"

【絹篩】

　　絹布作網之篩,屬於細篩。一般用於篩取食品、藥材等。明高濂《遵生八牋》卷七:藥室用静屋一間,中設"擣白一,大小中稀篩各一,大小密絹篩各一"。

【絹筵】

　　即絹篩。北魏賈思勰《齊民要術・大小麥》"瞿麥":"細磨,下絹筵,作餅,亦滑美。"明徐光啓《農政全書》卷四二:"秔米作酒法,三月三日,取井花水三斗三升,絹筵麴末三斗三升,秔米三斗三升,稻米佳,無者早稻米亦得充事。"

【羂】

　　同"罥"。《子華子・陽城胥渠問》:"陸有羂罥,水有網罟,而飛羽伏麟,無以幸其生矣。"《説文・网部》:"羂,网也。"段玉裁注:"羂网主於圍繞,故從罥。"

【罥】

　　同"罥"。漢揚雄《太玄・禽》:"次八,擇其摮,絶其罥,殆。測曰:擇摮絶罥,危得遂也。"司馬光集注:"小宋曰:罥,网也。"

jue

【蒬】

以荻梗等做成的長條形浮子。唐陸龜蒙《奉和襲美吳中書事寄漢南裴尚書》："三泖涼波魚蒬動,五茸春草雉媒嬌。"

【桷】

即蠶槌。《廣雅·釋器》："㭾、槤、校、㭖、桷、植、栚,槌也。"

【橛】

小木樁。後亦以銅鐵製作。漢崔寔《四民月令·正月》："雨水中,地氣上騰,土長冒橛(橛,弋也。《農書》曰:㭫一尺二寸橛埋於地,令出地二寸,正月冰解,土墳起没橛也),陳根可拔。"明王徵《新製諸器圖說·代耕圖說》："先於轆轤兩端畫處十字,安木橛,各長一尺有奇。"清麟慶《河工器具圖說》卷三:"橛,《說文》:杙也。《爾雅·釋宮》:橛謂之杙。注,橛也。蓋直一段之木也。《列子·黃帝篇》:'若橛株駒'。注:斷木。"

戰國銅橛
中山王㕞墓

【钁】

掘土農具。似鋤。首部通常狹長,刃口部分較薄,裝柄部分較厚,整體呈楔形。山東省萊蕪縣董家村新石器時代中期遺址發現石钁,長 16.1 厘米。山東省泰安縣大汶口遺址發現石钁形器,長 13.8 厘米。戰國時期,大部分地區已使用鐵钁。河南洛陽戰國糧倉遺址内出土的鐵钁,呈楔形,兩腰略内收作腰形,長方銎,平刃,通長 18 厘米、銎長 3 厘米、刃寬 4.6 厘米。陝西扶風縣收藏的漢代鐵钁,長 24 厘米,刃寬 7.5 厘米。明萬恭《治水筌蹄》卷下:"治水之器十有三","曰泥筐、曰鐵钁、曰竹笈,皆舊製也"。《紅樓夢》第十五回:"寶玉一見了鍬、钁、鋤、犁等物,皆以爲奇,不知何項所使,其名爲何。"

【钁頭】

即钁。《兒女英雄傳》第四回:"安公子在一旁看着那兩個更夫脫衣裳,綰辮子,磨拳擦掌的,才要下钁頭,只見對門的那個女子抬身一邁步。"

石钁
泰安縣大汶口遺址

【欔】

四齒杷。《全唐詩》卷八七八載《武后長壽元年民間謠》："欔槌侍御史,腕脫侍中郎。"原注:"齊魯謂四齒杷曰欔。"《資治通鑑·唐則天后長壽元年》引作"櫂。"

【躍】

四齒杷。《釋名·釋道》"四達曰衢"王先謙疏證引清皮錫瑞曰:"趙德麟《侯鯖録》引《釋名》云,齊魯謂四齒杷爲躍,躍抛地則有四處。此道似之,因名焉。"

【钁】

鋤類工具。用於起土和碎土。廣東省曲江縣石峽遺址出土新石器時代中早期石钁,長條形,單面刃,長 29 厘米。商代早期開始出現青銅钁。其形狀作長條形,厚體窄刃,長寬之比,約爲三比一以上。側視作長等腰三角形。有單面刃或雙面刃,有銎,直柄前曲,納於銎中。河南省鄭州市二里岡出土的銅钁,長條形,雙面刃,長 16.5 厘米,上寬 5.5 厘米,刃寬 4 厘米。商代銅钁,長方銎,直體,寬刃,銎部有寬邊,體部正面有十字形,長 15.1 厘米,刃寬 7.8 厘米。河南省輝縣出土的銅钁,長方銎,直

新石器時代石钁
新餘拾年山遺址

商青銅钁
新淦大洋洲商墓

體,狹刃,銎部有二道寬弦紋,體部呈一薄片,平刃,長 17.8 厘米,刃寬 6.3 厘米。江蘇省儀徵縣破山口出土西周晚期銅钁,凹形銎,弧形體,寬刃,銎作較淺的凹口式,體部呈弧形,正面弧度較大,背面略平,長 17.2 厘米,刃寬 9.8 厘米。春秋戰國時代,鐵製農具逐步普及,并得到廣泛使用。江蘇淮安市運河村一號戰國墓出土鐵钁首爲盜墓工具,大者長 14 厘米,刃寬 5.6 厘米;小者長 8.8 厘米,刃寬 3.8 厘米。河南省鞏縣鐵生溝漢代冶鐵遺址出土的鐵钁,可分爲:1.長條形钁,大小不等,長寬比例也不同。器體厚重,長身,窄刃,長寬約爲三比一,側視爲等腰三角形(楔形),平口刃,頂中空,銎口長方形,銎深約爲全器的四分之三。用曲木或丫木的一端插入銎内作柄;或先在銎内插入木葉,再在木葉上橫裝木柄。2.孔钁,與現在農村仍沿用的钁近似,或可逕稱爲钁。長 23 厘米、刃寬 7 厘米。3.雙齒钁。長21.5厘米。漢王充《論衡·須頌》:"地有丘洿,故有高平,或以钁鍤,平而夷之,爲平地矣。"元王禎《農書》卷十三:"钁,斸田器也。《爾雅》謂之鐯,斫也。又云魯斫。《說文》云:钁也。《玉篇》云:钁亦作斸,又作钁。誅也。主以誅除物根株也。蓋钁斸器也。""蓋農家開辟

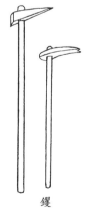

钁
明永樂大典本《農書》

地土,用以斸荒,凡田園山野之間,用之者又有闊狹大小之分,然統名钁。”

【钁鋤】

一種直項的鋤頭。元王禎《農書》卷十三:“江淮間,雖有陸田,習俗水種。殊不知菽、粟、黍、穄等稼,樓耡鎞布之法,但用直項鋤頭,刃雖鋤也。其用如斸,是名钁鋤。”

jun

【均高】

即夾杆。參見“夾杆”。

【鈞秤】

稱量鈞重之秤。爲常用秤。宋阮逸、胡瑗《皇祐新樂圖記》卷上:“謹詳周禮及歷代至聖朝令文之制,定成銖秤一、鈞秤一、石秤一。”參見“銖秤”。

【浚幫】

併在一起使用的兩隻浚船。清麟慶《河工器具圖説》卷四:“浚船,康熙間靳文襄公爲疏濬海口而設,旋因無

浚幫
清嘉慶年刊《河工器具圖説》

效,撥給各廳運料。”“二十四年乃設船務營統歸管轄,裝運蕩柴。定制分大中小三號:大者長四丈二尺,中寬七尺六寸,艙深三尺二寸;中者長三丈九尺,中寬七尺,艙深三尺;小者長三丈六尺,中寬六尺五寸,艙深二尺七寸。其行以兩隻相並,俗謂一幫。”按,其插圖名“浚幫”。

【浚船】

疏浚河道用的船。清康熙年間造,後撥作運輸船,兩船相并而行,稱浚幫。清麟慶《河工器具圖説》卷四:“浚船,康熙間靳文襄公爲疏濬海口而設。”參見“浚幫”。

【浚渠】

人工開鑿的連接川澤和農田的溝渠。元王禎《農書》卷十八:“浚渠,凡川澤之水,必開渠引用,可及於田。”“按《史記》秦鑿涇爲渠,又關西有鄭國白公六輔之渠,外有龍

首渠,河内有史起十二渠……俱各溉田千百餘頃,利澤一方,永無旱暵。所謂人能勝天,豈不信哉!”

浚渠
明永樂大典本《農書》

【捃刀】

即拾麥刀。元王禎《農書》卷十五“捃刀”:“《集韻》云:‘捃,拾也。’俗謂拾麥刀。”

【濬川耙】

同“濬川杷”。宋司馬光《涑水記聞》卷七二:“河危將決,賴用濬川耙疏導得免。具圖以聞,上嘉之。”

【濬川杷】

疏濬河道用的杷狀工具。用巨木製作,下列齒長二尺,如杷狀。《宋史·河渠志二》:“王安石請令懷信、公義同議增損,乃別製濬川杷。其法:以巨木長八尺,齒長二尺,列於木下如杷狀,以石壓之;兩旁繫大緪,兩端矴大船,相距八十步,各用滑車絞之,去來撓蕩泥沙,已又移船而濬。”參見“鐵龍爪”。

捃刀
明永樂大典本《農書》

【濬鏟】

一種特大型的鏟。用於開溝。元王禎《農書》卷十九:“濬鏟,濬,深也。《書》云:‘濬畎澮距川’。今濬鏟,即此濬也。《周禮》:‘匠人爲溝洫,耜廣五寸,二耜爲耦,一耦之堥,廣尺深尺。’以此考之,則知濬鏟即耦耜之法。其制大倍常鏟,鐴亦稱是。”

濬鏟
明永樂大典本《農書》

K

kai

【揩光石】

一種質地較細的磨石。屬黏土質砂巖石，漆器製作中用以打磨漆灰。明陶宗儀《輟耕録・髹器》："然後用揩光石磨去漆中顆。揩光石，雞肝石也。出杭州上柏三橋埠牛頭嶺。"明黃大成《髹飾録》乾集："風吹，即揩光石并枰炭。輕爲長養，怒爲拔拆。"

【開瘡刀】

切開瘡瘍表面用的手術刀。通常薄而鋭利。清何景才《外科明隱集・鍼刀圖式》："開瘡之刀，最宜薄利鋒鋭，取其速入急出，患者不致疼甚；不可用厚鈍者。"

開瘡刀
清刊《外科明隱集》

【開刀】

中醫外科用刀具。刃口在端頭一側，刃長而薄，橫向切開皮膚。清沈昌惠《沈元善先生傷科秘本》卷下"刀針式樣"有"大開刀"、"小開刀"。

小開刀、大開刀
清刊《沈元善先生傷科秘本》

包括開刀在内的近代中醫外科手術器械
常州博物館

【開棍】

即太平棍。因築堤壩忌"開"字，故改稱"太平棍"。清麟慶《河工器具圖説》卷三：太平棍"俗名曰開棍，因有避忌，以此名之"。

【開皇官尺】

隋初的調律尺。開皇初年以北周市尺爲官尺，稱開皇官尺。終於仁壽年間。《隋書・律曆志上》："及開皇初，著令以爲官尺，百司用之，終於仁壽。大業中，人間或私用之。"宋王應麟《玉海》卷八："開皇官尺，即鐵尺一尺二寸，後魏初及東西分國後，周未用玉尺之前雜用之。"

【剴】

大鐮刀。《説文・刀部》："剴，大鐮也。一曰摩也。從刀，豈聲，五來切。"段玉裁注："剴，地芟刈也。金部曰：鉊，大鐮也。"《史記・淮南衡山列傳》："非直適戍之衆，鐖鑿棘矜也。"裴駰集解引徐廣曰："大鐮謂之剴，或是鐖乎。"

kan

【籯】

即笒箬。清范寅《越諺》卷中："籯，堪入聲，篾具，圓口，長項，罱大其腹。漁農繫腰，以盛魚、蝦、蟹、蛙、蚌、蛤。"

【看朔望入交儀】

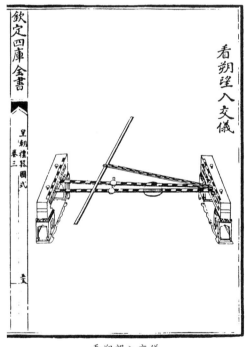

看朔望入交儀
四庫全書本《皇朝禮器圖式》

清製測日、月食的儀器。可測定日、月食的食分(食之淺深)及食之時刻。清《皇朝禮器圖式》卷三:"本朝製看朔望入交儀,鑄銅爲橫尺,兩端木座。""凡三重,下爲黃道,中爲白道。""上爲時刻表。"

kang

【糠篩】

舂穀後出糠的粗篩。清范寅《越諺》卷中:"舂後出糠栖者名糠篩。"

【抗活】

木牛之稍有變異者。參見"木牛"。

ke

【柯】

斧頭柄。《國語·晉語八》:"今若大其柯,去其枝葉,絕其本根,可以少閒。"三國吳韋昭注:"柯,斧柄,所操以伐木。"《説文·木部》:"柯,斧柄也。"元王禎《農書》卷十四:"《周書》曰:神農作陶冶斧破木,爲耒、耜、鋤、耨,以墾草莽,然後五穀興。其柄爲柯。"

【渴兔】

即渴烏。清方以智《物理小識》卷八:"然水器宜精密,勿使泄氣,初引以氣吸之,器大則以火生氣而抽發之。昔漢靈帝作番車渴兔,注云:渴兔爲曲筒,以氣引吸上也。則漢時中國已知此法矣。"

【渴烏】

利用虹吸原理製作的吸水管具。《後漢書·宦者傳·張讓》:"(漢靈帝)使掖庭令畢嵐鑄銅人……又鑄天禄蝦蟆,吐水於平門外橋東,轉水入宮。又作翻車渴烏,施於橋西,用灑南北郊路,以省百姓灑道之費。"李賢注:"渴烏,爲曲筒,以氣引水上也。"魏時用於漏刻中作爲注入受水壺的注水器。其優點是不從壺底出水,水中沉澱雜質不易堵塞漏孔。供水壺和受水壺之間的相對高度配置亦比較靈活。《初學記》卷二五引李蘭《漏刻法》:"以器貯水,以銅爲渴烏,狀如鈎曲,以引器中水。"《宋史·律曆志九》:"景祐三年,再加考定,而水有遲疾,用有司之請,增平水壺一,渴烏二,晝夜箭二十一。"

【刻箭】

漏刻中用以讀取時間的桿。以竹、木或金屬製成,下連浮舟。置放在漏刻最下一級的受水壺內,隨着注入受水壺水位的上升而上浮,可在受水壺上部的標志處讀取時間。刻箭也有置在泄水壺中的,隨水位而下落。箭上分劃采取每晝夜壹百刻的中國古代計時制刻劃。這種百刻制一直用到清朝中葉。箭上分劃還標記晝夜兩部分,其中晝占若干刻長度,夜占若干刻長度,全長爲百刻。晝夜長度隨着太陽位置的變化而不斷變化,因而需根據節氣更換代表不同晝長及夜長時間的刻箭。全年最多更換四十八箭。《隋書·天文志上》:"其法,總以百刻,分於晝夜。冬至晝漏四十刻,夜漏六十刻。夏至晝漏六十刻,夜漏四十刻。""漏刻皆隨氣增損。冬夏二至之間,晝夜長短,凡差二十刻。每差一刻爲一箭。"《宋史·天文志一》:沈括浮漏議"箭一如建壺之長,廣寸有五分,三分去二以爲之厚,其陽爲百刻,爲十二辰"。

【刻漏】

即漏刻。宋孟元老《東京夢華録·大内》:"入宣德樓正門,乃大慶殿。庭設兩樓,如寺院鍾樓,上有太史局保章正測驗刻漏,逐時刻執牙牌奏。"

kong

【空喉】

一種捕狗的索套。趙令畤《侯鯖録》卷七引宋滕元發《偷狗賦》:"既欲思於實腹,遂乃設於空喉。"原注:"空喉,取狗器也。"

【空心掀】

一種撈取稀淤的工具。頭部木製,有孔,後釘布袋,長柄,如掀。前繫以繩。使用時,一人扶柄,一人拉繩前行,稀淤通過掀孔積於布袋,用以撈取稀淤。清麟慶《河工器具圖説》卷二:"空心掀,剗木中空,四面鑿眼,釘布袋於掀後,用長竹爲柄,前繫一繩。撈浚稀淤,一人引繩,一人扶柄。"

空心掀
清嘉慶年刊《河工器具圖説》

【孔挺】

十六國前趙天文學家。光初六年(323)任史官丞時製造了一臺渾天銅儀。是中國古代渾儀中最早留下詳細結構的儀器。

kou

【筘】

織機上打緯的部件。明宋應星《天工開物·乃服·穿經》:"凡絲穿綜度經,必用四人列坐。過筘之人手執筘耙先插，以待絲至。絲過筬，則兩指執定，足五七十筬，則縴結之。"又《經數》："凡織帛，羅紗筬以八百齒爲率，綾絹筬以一千二百齒爲率。"清衛傑《蠶桑萃編》卷七：巴緞機"雙牽經三千頭，筬一千齒，每齒裝經三根，共三千根"。

ku

【苦瓠】

以苦瓠製的瓠。多用爲舀水抄物的用具。周守忠《歷代名醫蒙求》卷下引《名醫錄》："王樞相出鎮而患腹中滿，牽急不食，多倦。至鄲州聞本州老醫郝允曰：此謂脾經有濕邪勝於中焦，滯氣鬱塞故也。不須内治，可外治而差。當用苦瓠以苦酒炒灰置其中，熨之腹臍，但下泄之，數次自安。公令治之，當下獲驗。"

【苦竹刀】

用苦竹片製成的刀。明徐光啓《農政全書》卷五三：何首烏"掘根，洗去泥土，以苦竹刀切作片，米泔浸經宿，換水煮去苦味，再以水淘洗淨，或蒸或煮食之"。

【苦竹筒】

用苦竹製的藥筒。治療工具。明趙宜真《秘傳外科方·總論》："吸毒竹筒，治發背癰疽，疔瘡腫毒，用此拔出膿血惡水。""法用苦竹筒三、五、七個，長一寸，一頭留節，削去其青，令如紙薄，隨大小用之。卻用前藥煮竹筒十餘沸，待藥乾爲度，乘竹筒熱，以手便按上，緊吸於瘡口上，膿血水滿，自然脫落，不然用手拔脫，更換別個竹筒。如此三、五次，毒盡消之。"

【苦竹筒】

苦竹製的竹筒。製藥工具。宋趙佶等《聖濟總錄·癰疽門》："治附骨癰密陀僧散：密陀僧、自然銅各半兩，杏仁（去皮尖雙仁）二七枚。右三味，用苦竹筒一枚，入藥在内，紙封筒口，慢火煨，候作筒黃色，取出研細末，看瘡腫大小用藥，用新汲水調勻，用雞翎掃藥，塗癰上。"參見"青竹筒"。

【袴鎌】

鎌刀的一種。元王禎《農書》卷一四："《風俗通》曰：鎌刀自揆積芻蕘之效。然鎌之制不一，有佩鎌，有兩刃鎌，有袴鎌，有鉤鎌，有鎌柯之鎌。皆古今通用芟器也。"

【庫平】

清政府徵收各項租稅時所使用的官平。爲全國納稅的標準，但大小仍不一致。《馬關條約》規定中央政府庫平一兩爲 37.31256 克，地方上大抵廣東庫平最大，寧波庫平最小。《清稗類鈔·物品·度量衡》："平，一曰天平，以庫平爲較準。"

kuai

【快弦鎈】

鎈的一種。邊薄而鋒利。明宋應星《天工開物·錘鍛》："凡鎈，開鋸用茅葉鎈，後用快弦鎈。"

【廥】

儲存芻藁的倉房。《管子·度地》："虛牢獄，實廥倉。"《說文》："廥，芻藁之藏也。"《資治通鑑·漢武帝元狩三年》："山東大水，民多饑乏，天子遣使者虛郡國倉廥以振貧民，猶不足。"

【膾刀】

切魚肉的刀。《新五代史·吳越世家·錢鏐》："漢宏易服，持膾刀以遁，追者及之，漢宏曰：'我宰夫也。'舉刀示之，乃免。"

kuang

【軖】

繰絲輪或繰絲車。漢服虔《通俗文》："繰車曰軖。軖，筐也。"《說文·車部》："軖，紡車也。"段玉裁注："紡者，紡絲也。凡絲必紡之而後可織。紡車曰軖。"王筠釋例："今人抽棉爲綫謂之紡，而繰繭爲絲謂之軖。"元王禎《農書》卷二十："繰車，繰絲自鼎面引絲，以貫錢眼，升於鏘星，星應車動，以過添梯，乃至於軖，方成繰車。"原注："去王切，繰輪也。"軖原指繰車上可以轉動的承絲架，故可稱其爲繰輪，亦可稱爲繰絲架，係由收絲具"籰"演變而來。又："竊謂上文云車者，今呼爲軖。軖必以床，以承軖軸，軸之一端，以鐵爲裊掉，復用曲木攔作活軸，左足踏動，軖即隨轉，自下引絲上軖，總名曰繰車。"由此可見，軖又可指整個的繰絲車。軖作爲承受絲的可轉動的框架，亦可應用於棉軖紡上，用於承受棉紗，稱爲木綿軖牀。明徐光啓《農政全書》卷三五："木綿軖床。其制如所坐交椅。但下控一軖，四股軖軸之末，置一掉枝，上椅竪列八維，下引綿絲，轉動掉枝，分絡軖上。"

【軖車】

繰絲車。元王禎《農書》卷二十："人在軖車氣少舒，緒縷均停堪絡織。"明徐光啓《農政全書》卷三一："軖車牀高與盆齊，軸長二尺，中徑四寸，兩頭三寸。用榆槐木。四角或六角，臂通長一尺五寸。"

【軖床】

軖車上承接軖軸的床架，或指絡紗車。明徐光啓《農政全書》卷三三引《農桑直說》：“軖床下鼎一尺，軸長二尺，中徑四寸，兩頭二寸，用榆槐木，四角或六角。輻通長三尺五寸。六角不如四角。軖小則絲易解。”又卷三五：木綿軖架：“轉動掉枝，分絡軖上。絲軖既成，次第脫卸。比之撥車，日得八倍。”“詩云：‘八維綿絲絡一軖，巧憑坐椅作軖床。試將觸類深思索，麻苧鄉中用亦良。’”參見“撥車”。

【軖頭】

繅絲車上軖軸的頭端，連接腳踏杆使軸轉動。元王禎《農書》卷二十：“軖頭轉機須足踏，錢眼添梯絲度滑。”

【軖軸】

繅絲車上的轉軸。元王禎《農書》卷二十：“車者今呼爲軖，軖必以床，以承軖軸。軸之一端，以鐵爲臬掉，復用曲木攏作活軸，左足踏動，軖即隨轉，自下引絲上軖。總名曰繅車。”

kui

【盔冒】

陶車部件名。以檀木刻成，狀如頭盔，置於陶車上盤正中。用時盔冒隨盤轉，依托盔冒製作圓形陶瓷器。製作大盤、大碗時，可加泥擴大盔冒。明宋應星《天工開物·白瓷》：“造此器坯，先製陶車。車豎直木一根，埋三尺入土內，使之安穩。上高二尺許，上下列圓盤，盤沿以短竹棍撥運旋轉，盤頂正中用檀木刻成盔頭，冒其上。凡造杯盤，無有定形模式，以兩手捧泥盔冒之上，旋盤使轉，拇指剪去甲，按定泥底，就大指薄旋而上，即成一杯碗之形。功多業熟，即千萬無出一範。凡盔冒上造小坯者，不必加泥；造中盤大碗則增泥大其冒，使乾燥後受功。凡手指旋成坯後，覆轉用盔冒一印；微曬留滋潤，又一印；曬成極白乾，入水一汶，漉上盔冒，過利刀兩次。”

【窺管】

即衡。渾儀等天文觀測儀器的瞄準管。《宋史·天文志一》：“四曰窺管一，長四尺八寸，廣一寸二分，關軸在直規中。”

【窺衡】

即衡。渾儀等天文觀測儀器中的瞄準管。郭守敬的簡儀上稱窺衡，但不是管，而是一較厚的銅條，兩端立兩耳，中開孔，孔中按細銅絲作瞄準用。《元史·天文志上》：“窺衡長五尺九寸四分”，“中腰爲圓竅，徑五分，以受疊軸。衡兩端爲圭首，以取中縮。去圭首五分，各爲側立橫耳”，“中爲圓竅”。

【窺筒】

即望遠鏡。《明史·天文志一》：“若夫望遠鏡，亦名窺筒。其製虛管層疊相套，使可伸縮，兩端俱用玻璃，隨所視物之遠近以爲長短。不但可以窺天象，且能攝數里外物如在目前。”

【窺筒遠鏡】

一種用於天體測量的望遠鏡。筒內有兩凸透鏡，安有十字銅綫。清鄭復光《鏡鏡詅癡》卷五：望遠鏡，“其類有三，曰窺筒遠鏡，曰觀像遠鏡，曰覽遠鏡”。

【窺遠神鏡】

即望遠鏡。明湯若望、焦勗《火攻挈要》卷上：“更以窺遠神鏡，量其遠近而後發，如是器美法備，製巧技精，力省功倍。”

【闚几】

元郭守敬發明，用以配合高表測量星及月亮高度角的木製几案。案面上開一南北方向，寬二寸的長縫，縫兩側刻有分劃。有兩條與狹縫正交放置的木條稱窺限，可前後滑動。觀測時將闚几置於圭面上，人蹲於几下操作。以兩條窺限的端綫分別對準天體在高表橫標的上、下邊緣，以得影長，據以計算其高度角。《元史·天文志一》：“闚几之制，長六尺，廣二尺，高倍之。”

【鞼頭】

製帽之範。木質，製帽時襯在裏面，使之成型。清唐訓方《里語徵實》卷中上：“作帽用鞼頭。”

【臾】

同“蕢”。《説文·艸部》：“蕢，艸器也。臾，古文蕢，象形。《論語》曰：‘有荷臾而過孔氏之門。’”

【蕢】

草編的盛器。長圓形，土建中用之運土，平時可存穀。《論語·憲問》：“有荷蕢而過孔氏之門者。”何晏注：“蕢，草器也”。《漢書·何武王嘉師丹傳》：“以一蕢障江河。”顏師古注：“蕢，織草爲器，所以盛土也。”元王禎《農書》卷十五：“蕢，草器。從草貴聲。《論語》，有荷蕢而過孔氏之門者。古文作臾，象形，盛穀器。”

蕢
永樂大典本《農書》

【匱】

同“蕢”。《書·旅獒》：“爲山九仞，功虧一匱。”《論語·子罕》：“譬如爲山，未成一匱。”包咸注：“匱，土籠也。”

【簣】

同“蕢”。元王禎《農書》卷十五：“蕢，草器。”“《論語》有荷蕢而過孔氏之門者。古文作臾，象形，盛穀器。《集韻》

作篋字。”

【匱】

同“簣”。《廣雅·釋器》：“簣,籠也。”清王念孫疏證：“《論語·子罕篇》：‘譬如爲山,未成一簣。’包咸注云：簣,土籠也。《漢書·王莽傳》：綱紀咸張,成在一匱。匱與簣通。”

kun

【昆吾】

夏朝末年人,傳説是中國陶器的發明者。《世本·作篇》：“昆吾作陶。”張澍粹考：“《博物志》：‘桀作瓦。’蓋是昆吾爲桀作。君得統臣也。《古史考》：‘夏后氏時,昆吾作瓦,以代茅茨之始。’《吕氏春秋·審分覽》：‘昆吾作陶。’高誘注：‘昆吾,顓頊之後,吴回之孫,陸終之子,己姓也,爲夏伯作陶,埏埴爲器。’”

【捆卷繩】

捆縛試卷用的繩子。用於試場。明沈榜《宛署雜記·經費下》：“鄉場補辦家火”,“鐵燈籠鐶并龍門拐子算盤十二面,捆卷繩二萬二千一百五十條,案板四十一塊”。“會試場内供給補辦家火……黄錦繩六條,紅錦繩十二條,綿手索九條,水桶繩三十二條,藍綿繩五十八條,大連繩五十條,捆卷繩二萬一千條,大麻繩三百八十五斤。”“武場會試内供給補辦家火……木凳三十八條,蔴繩二百一十個,捆卷繩一千八百條。”

L

la

【鑞殺】

即豬圈。清范寅《越諺》卷中："豬圈、豬苙柵、鑞殺,皆豢豕之閑。"

【蠟模】

即蠟樣。利用便於精細加工的蜂蠟製成複雜的鑄件蠟模,能達到玲瓏剔透的鏤空造型。現見最早的失蠟澆鑄製品。宋趙希鵠《洞天清録·古鐘鼎彝器辨》："蠟模,古者鑄器,必先用蠟爲模。如此器樣,又加款識刻畫畢,然後以小桶加大而略寬,入模於桶中。其桶底之縫微,令有絲線,漏處以澄泥和水如薄糜,日一澆之,候乾再澆,必令周足遮蓋。訖解桶縛,去桶板,急以細黃土,多用鹽,并紙筋固濟,於元澄泥之外,更加黃土二寸留竅中。以銅汁瀉入,然一鑄未必成,此所以爲之貴也。"明吕震等《宣德鼎彝譜》卷二："黃蠟原册八百觔,今裁減二百六十觔,實該五百四十觔。此蠟作鼎彝蠟模坯用。"

【蠟樣】

失蠟鑄造的蠟製模型。蠟樣用蠟、牛油、松香等材料製成。現今最早的失蠟鑄件見於河南淅川春秋晚期銅器。唐張彦遠《歷代名畫記·記兩京外州寺觀畫壁》"殿間菩薩及内廊下壁,講堂内大寶帳"原注："開元三年史小淨起樣,隨隱起等是張阿乾生銅作并蠟樣。"宋高承《事物紀原》卷十："鄭虔《會粹》云:詢初進蠟樣日,文德皇后掐一甲跡,故錢上有掐文。"宋姚寬《西溪叢語》卷下："司馬光云:薛璠唐聖運圖雲初進蠟樣,文德皇后掐一甲故錢上有甲痕焉。"《養心殿造辦處史料輯覽·雍正元年》："正月廿七日怡親王交青金石一塊,重五十一兩六錢,王諭:做引首,先做樣。遵此。於三月初四日撥得螭虎鈕引首蠟樣一件。怡親王呈覽。奉旨:照樣做。"

lan

【厱諸】

同"礛磻"。《説文·厂部》："厱諸,治玉石也。"段玉裁注："礛即厱字也。"

【礛諸】

同"礛磻"。《淮南子·説山訓》："玉待礛諸而成器。"高誘注："礛諸,攻玉之石。"

【礛磻】

青色的琢磨玉的礦石。《文子·上德》："璧瑗之器,礛磻之功也。"晉葛洪《抱朴子·博喻》："泣血之寶,仰礛磻以摛景;沉閨孟勞,須楚砥以斂鋒。"《玉篇·石部》："礛磻,治玉之石也,青礪也。"

【藍綿花繩】

藍色的綿花繩。明代皇帝拜謁皇陵時絆橋用。明沈榜《宛署雜記·經費上》："絆橋藍綿花繩二十七斤,賃價銀五錢五分。"

【藍綿繩】

藍色的綿繩。明沈榜《宛署雜記·經費下》："會試場内供給補辦家火","水桶繩三十二條,藍綿繩五十八條,大連繩五十條,捆卷繩二萬一千條"。

【闌】

同"欄"。牢欄。宋陸游《書喜》詩："杵臼有聲聊足食,羊牛識路自歸闌。"

【蘭】

同"欄"。飼養牲畜的柵欄。《漢書·王莽傳中》："又置奴婢之市,與牛馬同蘭。"顏師古注："蘭謂遮蘭之,若牛馬蘭圈也。"

【欄】

即牢欄。用以飼養牛羊。宋周去非《嶺外代答·風土門》："桂人養之不得其道,任其放牧,未嘗餵飼。夏則放之水中,冬則藏之巖穴,初無欄屋,以禦風雨。今淛人養牛,冬月密閉其欄,重藁以藉之。"

【欄杆索】

河防工地作埽時作欄圍用的竹索。元沙克什《河防通議》卷上："竹葦諸索","欄杆索,長二百五十尺,圍二寸,用八破竹二十三竿"。又卷下："打索婁接索功程","欄杆索以一條爲功"。

【攔灘網】

江邊攔魚用網。宋周煇《清波雜志》卷十二："江上取魚用攔灘網,日可俯拾。”

【罱】

河中撈水草或淤泥的工具。用兩根長竹竿爲柄,柄頭交叉各置網兜。操作時,立在船上,兩手握柄,使網兜一開一合,以撈取淤泥和水草。亦用以夾取魚。清錢載《罱泥》詩:“兩竹手分握,力與河底爭。曲腰箝且撥,泥草無聲并。罱如蜆殼閉,張吐隨船盈。”

罱泥
清金廷標《罱泥圖》

【攬索】

即纜索。元沙克什《河防通議》卷上:“造船物料”,“石灰一百六十一斤一十三兩,麻搗八斤,攬索一條,竹白一秤”。

【覽遠鏡】

一種觀賞游覽用的望遠鏡。其物鏡通常較小。鏡筒多製成可收展伸縮,便於攜帶。清鄭復光《鏡鏡詅癡》卷五:望遠鏡,“其類有三,曰窺筒遠鏡,曰觀像遠鏡,曰覽遠鏡”。

覽遠鏡
璧園本《吳友如畫寶》

【懶刀】

切桑葉的長刃刀,刀兩端有柄,雙手握持。元王禎《農書》卷二一:“蠶多者又用兩端有柄長刃,切之,名曰懶刀。先於長檯上鋪葉勻厚,人於其上,俯按此刀,左右切之,一刃之利,可桑百箔。詩云:煆金作懶刀,形制半圭璧。”原注:“懶刀如皮匠刮刀,長三尺許,兩端有短木柄,以手按刀,半裁半切,斷葉雲積,可供十筐。”

懶刀
明永樂大典本《農書》

【纜】

繫拴舟船的繩索。也稱纜繩、纜索、繩纜。特別粗大,由許多股撚絞而成,纜徑通常在一寸左右。一般用麻、棕、竹篾、鐵絲等絞製,尤以棕纜、鐵纜最爲實用。也有用絲絞成的錦纜等,多以作裝飾或顯示富貴之用。纜的作用主要用以拴繫船筏,亦用於牽引等。《文選·謝靈運〈登臨海嶠初發彊中作與從弟惠連見羊何共和之〉》:“日落當栖薄,繫纜臨江樓。”李善注:“纜,維舟索。《吳志》曰:‘更增舸纜。’”《北齊書·文苑傳·顏之推》:“伻挈龜以憑湍,類斬蛟而赴深。昏揚舲於分陝,曙結纜於河陰。”宋梅堯臣《小村》:“野艇鳥翹唯斷纜,枯桑水齧只危根。”清袁枚《隨園詩話》卷五:“次日,程君入城作答,鬚眉清古,勸纜前游。而予匆匆解纜,逾年再至蘇州,程君已爲異物。”

【纜索】

即纜,纜繩。《元史·河渠志三》:“用物之效,草雖至柔,柔能狎水,水漬之生泥,泥與草并,力重如碇。然維持夾輔,纜索之功實多。”

lang

【桹桹】

即鳴桹。《清稗類鈔·物品類》:“鳴榔,亦作桹桹,爲船後橫木之近舵者。”

【郎頭】

同“榔頭”。即錘。《明會典·工部二十·船隻》:“船上什物”,“郎頭一個”。

【榔頭】

即錘。《二刻拍案驚奇》卷十八:“當日把玄玄子夾得一佛出世,二佛昇天,又打勾一二百榔頭。”

lao

【牢】

即牢欄。《説文·牛部》:“牢,閑也,養牛馬圈也。從牛,冬省,取其四周帀。”《戰國策·楚策四》:“亡羊而補牢,未爲遲也。”

【牢欄】

以竹木構築的欄圈。用於牛馬等家畜。元王禎《農書》卷五:“於春之初,必去牢欄中積滯蓐糞,自此以後,但旬日一除,免鹼氣蒸鬱爲患。”

【絠罾】

罾的一種。漁人敷網捕魚的網具。其口呈四方形,廣三丈六尺,以竹竿或木棍爲罾口支架;網長四十多丈,上面有很多圈,圈中穿繩以收放。捕魚時,以一小船拖之,見魚至,放開網繩,以石擊魚驅之入內。適於淺海及江河地作業。清李調元《南越筆記·奧人多以捕魚爲業》:"罾之類有曰緤罾,其形四方,廣三丈有六尺,以舟施之,以二竹爲罾子竹。長四十丈許,上有多圈,貫繩以爲放收,而爲一罾,椏以架罾。魚至乃下罾,以石擊魚。"

【牢盆】

煮熬鹽的鍋。將濃度較高的鹽水經加溫蒸發水分結晶成固體鹽。《史記·平準書》:"大農上鹽鐵丞孔僅、咸陽

牢盆截面圖
1. 當利漢代鐵牢盆　2. 西莊宋元銅牢盆
3. 宿村宋元銅牢盆

漢代牢盆
蒲江出土

牢盆
明初刻本《天工開物》

言:'山海,天地之藏也,皆宜屬少府,陛下不私,以屬大農佐賦。願募民自給費,因官器作煮鹽,官與牢盆。"裴駰集解引如淳曰:"牢,廩食也。古者名廩爲牢也。盆者,煮鹽之盆也。"司馬貞索隱:"予牢盆。按,蘇林云:'牢,價直也。今代人言雇手牢盆。'晉灼云:蘇說是。樂產云:牢乃盆名。其説異。"《漢書·食貨志下》:"官與牢盆。"王先謙補注:"此是官與以煮鹽器作,而定其價直,故曰牢盆。"牢盆多爲淺底鍋,形制較大。山東半島古鹽區發現幾件牢盆實物。披縣旺鄉當利古城遺址一東漢鐵釜形牢盆,大口、深腹,口沿下有兩道凸稜,雙環耳,圜底。口徑 66 厘米、腹深 40 厘米、壁厚 2.6 厘米。蓬萊縣城關鎮西莊出土銅牢盆,銅鑄,口沿稍外折,厚唇,有折稜,底略弧近平,壁外設四直鋬,以便置盆於竈臺上。口徑 117.5 厘米、深 13.8 厘米、壁厚 1.5 厘米,重 117 公斤。又披縣朱由鎮路宿村出土類似牢盆,口徑 122 厘米、深 17.5 厘米、壁厚 1.1 厘米,重 101.5 公斤。後二件爲宋元時的官器牢盆。明代有直徑一丈及一丈以上的大牢盆,用鐵片鉚合或以竹蔑糊蛤蜊灰製,明宋應星《天工開物·作鹹》:"凡煎鹽鍋,古謂之牢盆。亦有兩種制度,其盆周闊數丈,徑亦丈許。用鐵者,以鐵打成葉片,鐵釘拴合,其底平如盂,其四周高尺二寸,其合縫處一經滷汁結塞,永無隙漏。其下列竈燃薪,多者十二三眼,少者七八眼,共煎此盤。南海有編竹爲者,將竹編成闊丈深尺,糊以蠣灰,附於釜背,火燃其底,滾沸延及成鹽,亦名鹽盆。"類似制度,其他史籍亦有記載。明陸容《菽園雜記》卷十二:"凡煎燒之器,必有鍋盤。鍋盤之中又各不同,大盤八九尺,小者四五尺,俱用鐵鑄,大止六片,小則全塊。鍋有鐵鑄,寬淺者謂之鑊盤;竹編成者謂之篾盤。鐵盤用石灰粘其縫隙,支以磚塊;篾盤用石灰塗其裏外,懸以繩索,然後裝盛滷水用火煎熬一晝一夜,可煎三乾,大盤一乾可得鹽二百斤之上,小鍋一乾可得鹽二三十斤之上。若能勤煎可得四乾。大盤難壞而用柴多,便於人衆,浙西場分多有之;小盤易壞而用柴少,便於自己,浙東場分多有之。蓋土俗各有所宜也。"《清史稿·食貨志四》:"場竈燒鹽之具,深者盤,淺者鑊。"南通金西、唐洪等地發現不等邊形的厚鐵板拼成的盤鐵,鐵板舉火,滷水上澆,迅速出鹽,亦爲牢盆之一。

【牿】

同"牢"。牢欄。宋梅堯臣《泊下黃溪》詩:"牛鳴向牿犢,犬喜入人衣。"

【勞】

摩碎土壤、摩平田地用的農具。魏晉時期僅爲一根長橫木,元明時期爲一長方形木框,橫設數根木條,并纏編較密的荊條或藤條。使用時平放耕耙過的田上,由畜力前拉,人立勞上或壓

勞
明永樂大典本《農書》

上重物。元王禎《農書》卷十二："勞,無齒耙也。但耙挺之間用條木編之,以摩田也。耕者隨耕隨勞。"

勞
嘉峪關5號魏晉墓壁畫

【撈絲帚】
　手工繰絲時用以撈繭索緒的竹製工具。清衛傑《蠶桑萃編》卷四："法以右手執撈絲帚輕挑,繭便滾轉,再攪幾下,隨手一撩,將絲頭帶出水面。無撈絲帚,則用筷子三四只,以左手捻住絲頭,於水面輕提數次,右手隨即放下撈絲帚,捻住絲頭下之清絲,左手摘出粗絲頭,另放於鍋前。"

【栳斛】
　即澇或。清范寅《越諺》卷中："栳斛、澇或,越城四鄉盡用升斗,惟收秈租、米租偶用之。"

【老花鏡】
　老花眼鏡。明代在廣東、福建開始製作老花鏡,清宮工匠按不同的年齡層次來區分。《養心殿造辦處史料輯覽·雍正六年》："雍正六年三月十三日員外郎沈喻、唐英傳做賞用玻璃眼鏡三十歲、四十歲、五十歲、六十歲、七十歲每樣做五付。七年做得五付,九年做得十付,十一年做得五付。"深淺不同,適合不同年齡老花眼之需。明張萱《疑耀》卷七："閩廣之間有製眼鏡者,老人目翳,以懸目中,則毫髮立睹。"清代老花鏡生產已規模。清曹庭棟《老老恒言》卷三:"眼鏡為老年必需,《蔗庵漫錄》曰:'其制前明中葉傳自西洋,名靉靆。中微凸,為老花鏡。玻璃損目,須用晶者。光分遠近,看書作字,各有其宜。'"清鄭復光《鏡鏡詅癡》卷四:"老花鏡,凸鏡也,或一面凸一面平,或兩面俱凸,然必中度,否則不適。作法先製為片,然後於破釜內蘸寶沙磨之,釜形凹,故鏡成凸然。"

【老花眼鏡】
　即老花鏡。清梁廷楠《粵海關志·稅則二》:"用凸面玻璃以補水晶體之過薄,而增其凸度,得明視目前微細之物,是為遠視鏡,大抵老人所用,故又稱老花眼鏡。"

【𣬈】
　同"勞"。《篇海類編·花木類·禾部》:"𣬈,摩田之器。"《正字通·禾部》:"𣬈,與耮同。"

【耮】
　同"勞"。清厲荃《事物異名錄·耕織部·耕耘》:"《農

政全書》:耙之後用耖,用耮。耖如耙,其齒更長,所以耖土益細。耮,磨田器。《三才圖會》:耮,無齒耙。"

【烙鐵】
　用火燒熱後熨燙之金屬工具。一端有鐵,前有刃口,後有長柄。宋曾公亮《武經總要前集·器圖》:"有鈐以夾火,有烙鐵以補漏。"原注:"通櫃筒有罅漏,以蠟油青補之。凡十二物除鈐錐烙鐵外,悉以銅為之。"《明史·刑法志二》:"酷吏輒用挺棍、夾棍、腦箍、烙鐵及一封書、鼠彈箏、攔馬棍、燕兒飛或灌鼻、釘指,用徑寸懶杆,不去稜節竹片,或鞭脊背兩踝致傷以上者,俱奏請罪至充軍。"《滿洲祭神祭天典禮》卷五:"盛肉鐵漏笊籬四,烙鐵一,烙鐵板二。"

烙鐵
明正德間刊本《武經總要》

【烙鐵板】
　長柄圓板形之烙鐵,尾端環首或鉤,可掛。加溫後用於燙平衣物。湖南芷江侗族自治州日雜公司工地出土宋墓出土烙鐵板,鐵製,通長31厘米、圓徑6.4厘米。尾端有掛鉤。《滿洲祭神祭天典禮》卷五:"盛肉鐵漏笊籬四,烙鐵一,烙鐵板二。"

宋烙鐵板
湖南芷江宋墓

南宋烙鐵板
福建博物院

【澇或】
　一種收租米用的量器。多用於南方。清范寅《越諺》卷中:"栳斛、澇或,越城四鄉盡用升斗,惟收秈租、米租偶用之。"

le

【礰礋】
　同"礰礋"。元王禎《農書》卷十二:"礰礋,又作礰礋。

與礎磚之制同。但外有列齒,獨用於水田,破塊滓,涸泥塗也。"

lei

【累】

同"縲"。繩索。《莊子‧外物》:"夫揭竿累,趣灌瀆,守鯢鮒,其於得大魚難矣。"成玄英疏:"累,細繩也。"

【蔂】

同"虆"。《淮南子‧說山訓》:"針成幕,蔂成城。"高誘注:"蔂,土籠。"漢桓寬《鹽鐵論‧詔聖》:"劓鼻盈蔂,斷足盈車。"《集韻‧平戈》:"虆,盛土籠。或作蔂。"

【壏】

即虆。竹製造的盛土籠。《史記‧吳太伯世家》"遂自剄死",裴駰集解引《越絕書》:"夫差冢在猶亭西卑猶位,越王使干戈人一壏土以葬之。"司馬貞索隱:"壏音路禾反,小竹籠以盛土。"《集韻‧戈韻》:"虆,盛土籠。或作壏。"

【虆】

以藤蔓編製的籠筐。用以盛土。《詩‧大雅‧縣》:"捄之陾陾",毛傳:"捄,虆也。"漢鄭玄箋:"築牆者,抒聚壤土,盛之以虆,而投諸版中。"《孟子‧滕文公上》:"蓋歸反虆梩而掩之,掩之誠是也。"趙歧注:"虆梩,籠臿之屬可以取土者也,而掩之,實是其道。"

【嫘祖】

傳說中黃帝軒轅氏元妃,西陵氏女,後世推崇為養蠶取絲的創始人。《史記‧五帝本紀》:"黃帝居軒轅之丘,而娶於西陵之女,是為嫘祖。"《隋書‧禮儀志二》:"後周制,皇后乘翠輅,率三妃、三妣、御媛、御婉、三公夫人、三孤內子至蠶所,以一太牢親祭,進奠先蠶西陵氏神。"此後多尊嫘祖為先蠶。元金履祥《通鑒綱目前編‧外記》:"西陵氏之女嫘祖為黃帝元妃,始教民育蠶,治絲繭以供衣服,而天下無皴瘃之患,後世祀為先蠶。"古代文獻中多把嫘祖尊為養蠶製絲的始祖,奉為蠶神。

【碌砨】

即磨。《集韻‧平脂》:"碌,東齊謂磨曰碌砨。"

【雷遲】

即礧槌。清范寅《越諺》卷中:"礧槌、雷遲,圓石,有穴,中柄。小舂者。"

【雷火神鍼】

外科藥灸用具。用艾捲藥,灸之如火針,效應如神,故名。明李時珍《本草綱目‧火部》:"神鍼火,雷火神鍼法:用熟蘄艾末一兩,乳香、沒藥、穿山甲、硫黃、雄黃、草烏頭、川烏頭、桃樹皮末各一錢,麝香五分,為末,拌艾。以厚紙裁成條,鋪藥艾於內,緊捲如指大,長三四寸,收貯瓶內,埋地中七七日,取出。用時於燈上點著,吹滅,隔紙十層,乘熱鍼於患處,熱氣直入病處。"

【雷火針】

即雷火神鍼。明楊繼洲《針灸大成》卷九:"雷火針法,治閃挫諸骨間痛,及寒濕氣而畏刺者。"

【罾】

即九罭。《文選‧郭璞〈江賦〉》:"箹灑連鋒,罾罶比船。"李善注引舊說曰:"箹、灑,皆釣名也;罾、罶,皆網具也。"《集韻‧平灰》:"罶、罾,網百囊者。或從雷。"

【擂鉢】

搗研穀物用的乳鉢。清唐訓方《里語徵實》卷上:"用鉢研米曰擂。其鉢亦曰擂鉢。"

【擂槌】

即杵。多指碓用大杵。宋周密《武林舊事‧小經紀》"擂槌",原注:"俗諺云:'杭州人一日喫三十丈木頭。'以三十萬家為率,大約每十家日喫擂槌一分,合而計之,則三十丈矣。"明郎瑛《七修類稿‧奇謔‧少保吏筆對》:"他日古春又過學堂,見于梳成三角之髻,又戲曰:'三角如鼓架。'于又即對:'一禿如擂槌。'"明周履靖《群物奇製‧器用》:"椒木作擂槌不臭且香。"參見"碓"。

【擂盆】

小型搗臼。淺底敞口盆。搗藥,茶等用。清范寅《越諺》卷中:"擂盆,小臼。"

唐長沙窯青瓷擂盆
上海青龍鎮遺址

【畾】

同"虆"。《墨子‧備蛾傅》:"土,五步一,毌其二十畾。"孫詒讓閒詁:"畾,讀為《孟子》虆梩之虆,古字通用。盛土籠也。"

【絫】

即砝碼。鳳凰山168號漢墓衡桿題銘:"正為市陽戶人嬰家稱錢衡,以錢為絫。"近年發現多套銅絫,配置比較隨意,可能不是全套,也可能本來配置隨意。銅絫截面為圓形或水滴形。銅絫成形後,按照實際重量標出兩、銖單位。以下取整數說明銅絫情況:

江陵雨臺山楚墓發現銅絫三套,分別在三座墓中。419

墓共八件,分別八兩重 125 克、四兩 62 克、二兩 30.8 克、一兩 15.77 克、十二銖 7.75 克、十一銖 7.25 克、六銖 3.8 克、三銖 1.98 克。

銅纍
雨臺山楚墓

荆州曹家山 1 號楚墓銅砝碼八件。

銅纍
曹家山 1 號楚墓

以大至小排序	重量(克)	外徑(厘米)	內徑(厘米)	高(厘米)
八　兩	125	4.96	2.7	1.4
四　兩	62.7	3.75	1.95	1.1
二　兩	31.2	2.96	1.6	0.9
一　兩	15.9	3.45	1.2	0.7
十二銖	7.9	1.85	0.9	0.55
六　銖	4	1.4	0.65	0.5
三　銖	2	1.25	0.6	0.35
一　銖	0.65	0.7	0.3	0.25

荆州黄山墓地 40 號戰國墓銅銅纍一套四件,環形,截面直徑與重量分別爲二兩 3 厘米、30.8 克;一兩 2.4 厘米、15.3 克,外側陰刻“一兩一”;十二銖 1.8 厘米、7.8 克,外側陰刻“□兩”六銖;1.3 厘米、4 克,外側陰刻“半兩”。並有天平盤 2 件,圓形,圓底邊緣有四格小孔。分別爲直徑 4.2 厘米、深 0.9 厘米,重 6.5 克;直徑 4 厘米、深 0.8 厘米、重 6.8 克。

銅纍
黄山墓地 40 號戰國墓

江陵九店楚墓發現衡贏共五十二件,423 號墓銅贏六件,分別爲八兩 124.18 克、四兩 61.75 克、二兩 30.98 克、一兩 15.44 克、十二銖 7.64 克、三銖 2.13 克。

西漢海昏侯劉賀墓銅纍十二枚,最輕可以稱到 2 克,未公布具體數據。

西漢銅纍
海昏侯墓西回廊

【纍】

即繩索。也寫作“縲”、“贏”、“累”。《小爾雅·廣器》:

“纍、緪、縋也。”葛其仁疏證:“纍,《說文》云:‘大索也。’通作贏,《易·大壯》:‘九三,贏其角。’馬融曰:‘贏,大索也。’案王肅作縲,鄭虞樗作悗,蜀才作累,張璠作纍。”《急就篇》卷三:“纍、緷、緺、索、絞、紡、纑。”顏師古注:“纍,大索也。”《漢書·李廣傳》:“禹從落中以劍斫絕纍,欲刺虎。”顏師古注:“纍,索也。”

【纍索】

繩索。《廣韻·平脂》:“纍,纍索也。”

【罌】

即九罭。《爾雅·釋器》:“緵罟謂之九罭。九罭,魚網也。”郭璞注:“今之百囊罟,是亦謂之罌,今江東謂之緵。”《集韻·平灰》:“罌、罜,網百囊者。或從雷。”

【礧槌】

同“擂槌”。清范寅《越諺》卷中:“礧槌、雷遲,圓石,有穴,中柄。小舂者。”

【礧硾】

同“礧硾”。《駢雅·釋器》:“甀瓨、礧硾,磨也。”

【虆】

盛土籠。《集韻·戈韻》:“虆,盛土籠。”

【縲】

大索。《集韻·脂韻》:“縲,大索。”參見“纍”。

【虆】

同“虆”。馬王堆漢墓帛書乙本《老子·德經》:“九成之臺,作於虆土,百千之高,始於足下。”

【贏】

同“纍”。即權。睡虎地秦墓竹簡《秦律十八種·工律》:“縣及工室聽官爲正衡石贏、斗用(桶)、升,毋過歲壺(壹)。”

【贏】

同“纍”。砝碼。《秦律十八種·工律》:“縣及工室聽官爲正衡石贏、斗用(桶)、升,毋過歲壺(壹)。有工者勿爲正。叚試即正。”

【贏】

同“纍”。繩索。《小爾雅·廣器》:“纍、緪、縋也。”清葛其仁疏證:“纍,《說文》云:‘大索也。’通作贏,《易·大壯》:‘九三,贏其角。’馬融曰:‘贏,大索也。’”

【槶】

同“虆”。《清史稿·周懷伯妻邊傳》:“親族哀其志,槶桯而掩之。”

【耒】

原始掘土工具。早期的耒爲單頭尖木棒。有彎頭和直頭的。如臺灣泰雅人所用的尖頭、彎頭尖木棒，又稱掘土杖。較省力的耒在耒端處裝有橫木，可用脚踏。如西藏門巴族的青剛杈堅硬，粗大，有脚踏橫木，是比較典型的單齒脚踏木耒。較先進的木耒爲雙齒木耒。其使用遺迹曾發現於臨潼姜寨仰韶文化灰坑、陝西廟底勾龍山文化灰坑和安陽殷墟305號灰坑壁上。這種木耒，直到東漢時期仍普遍使用。大約到了戰國時期，木耒的兩叉頭端有的已套上鐵刃了。青銅製的耒，目前僅發現西周時期的標本一件，較木耒小。其形狀：扁方銎雙齒式，一齒完整，另一齒折斷於埋藏地點，約缺三分之一，銎上有一小方孔，用以裝木釘子以固柄，銎大2.9厘米×4.3厘米，全長16.8厘米。耒端裝上金屬部件，耒就逐漸向耒耜轉化。耒即僅指耒耜之柄。《莊子·胠篋》：“昔者，齊國鄰邑相望，鷄狗之音相聞，罔罟之所布，耒耨之所刺，方二千餘里。”《漢書·王莽傳中》：“予之東巡，必躬載耒，每縣則耕，以勸東作。”顏師古注曰：“耒，手耕曲木也。”明徐光啓《農政全書》卷二一：“《說文》曰：耒，手耕曲木，從木推手。《周官》車人爲耒，庛長尺有一寸。鄭注云：庛讀如棘刺之刺。刺耒下前曲接耜，則耒長六尺有六寸。其受鐵處歟。自其庛緣其外遂曲量之，以至於首，得三尺三寸，自首遂曲量之以至於庛，亦三尺三寸，合爲之六尺六寸。”

神農執耒
漢武梁祠堂畫像

【耒庛】

耒耜庛耒木下端接裝耜的部位。通常堅地用直庛，柔地用勾庛。元王禎《農書》卷十二《周官》：“車人爲耒庛，長尺有一寸。鄭注云：庛，讀如棘刺之刺，刺耒下前曲接耜。則耒長六尺有六寸，其受鐵處歟。自其庛緣其外遂曲量之，以至於首得三尺三寸，自首遂曲量之以至於庛，亦三尺三寸，合之爲六尺六寸。”“堅地欲直庛，柔地欲句庛，直庛利推，句庛則利發。倨句磬折，謂之中地。”

【耒木】

即耒。唐玄應《一切經音義》卷四：“耒木，即對反，耕田具，曲木也。”

【耒耜】

上古時代耕地、翻土的主要工具。由耒和耜兩部分組成：耒，曲木，是耒耜的柄；耜是耒耜的刃，裝在曲木上，用以翻地。《漢書·古今人表》“炎帝神農氏”，顏師古注引

張晏曰：“以火德王，故曰炎帝。作耒耜，故曰神農。”宋高承《事物紀原·農業陶漁》：“耒耜，《易·繫辭》：‘包犧氏没，神農氏作，斲木爲耜，揉木爲耒，耒耜之利，以教天下，蓋取諸益。’《高氏小史》亦云：‘炎帝種五穀，爲耒耜以利百姓。’”《文獻通考·田賦七》：“《月令》孟春之月，天子乃擇元辰，親載耒耜，措之於參保介之御間，三公、九卿、諸侯、大夫躬耕帝籍。”參見“耒”。

【耒韜】

盛耒的套子。《文獻通考·郊社二十》：“廩犧令進詣御耒席南，北面跪，俛伏，撲笏，解耒韜出，執耒起，少退，北面立。”

【礪車】

即海青輾。元王禎《農書》卷十六：“詩云：製輾應嫌杵臼遲，豈知輾制有遺機。頓教粒食從今易，別轉礪車疾似飛。”

leng

【冷盆】

一種繅絲的方法和用具。先把繭在熱釜中提頭，摘去黃絲亂茸，之後送入溫水盆中再繅絲。這種繅絲方法稱

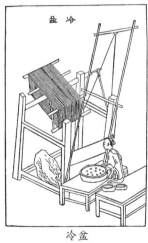
盆冷
冷盆
明永樂大典本《農書》

冷盆繅絲。其所繅絲稱水絲。所用繅絲的溫水盆稱冷盆，是相對於煮繭的溫度較高的熱釜而言。冷盆繅絲法適用於質量上乘的繭，所繅之絲質量也好。元王禎《農書》卷二十：“冷盆，《農桑直說》：‘冷盆可繅全繳細絲，中等繭可繅下繳，比熱釜者有精神，又堅韌也。雖曰冷盆，亦是火溫之，盆要小，先泥其外。用時添水八九分滿，澡之。”清楊屾《豳風廣義》卷二：“水絲者，乃冷盆所繅之絲也。精明光彩，堅韌有色，絲中上品，錦綉紗羅之所出也。雖曰冷盆，亦是熱釜提頭，摘去黃絲亂茸，單留清忽，送入

冷盆
清山東書局本《農政全書》

冷盆
清浙江書局本《蠶桑粹編》

溫水盆中,以數忽相合成絲,自然光淨勻細,勝於熱釜。其法用小鍋一口,徑一尺餘者,周圍用土墼泥成風竈,火門向上,柴往下燒,火焰遠鍋底而後出鍋後相六七寸,再安一小鍋。後作長烟洞,使烟遠出,免致薰逼繰絲之人。鍋高與繰人坐而心齊,左邊安大水盆一口,較之鍋高二、三寸。盆上橫安絲車一個,靠盆邊、安置絲軒。離繰盆三四寸。繰時,用一人提絲頭,先將鍋下燃粗乾柴,燒水至大熱,方將繭子一大把投入鍋內,用筯輕輕挑撥,令繭滾轉盪勻,又以筯左右攪數次,挑起自然帶出絲頭,以手捻住,於湯面上提掇數度。如有破頭壞繭不利者,盡行摘去,提掇纏攪清絲已出,將粗頭摘斷用漏瓢舀繭,送入溫水盆內,將清絲掛在盆邊絲老翁上。此時繰人,將絲老翁上清絲約十數根,總爲一處,穿過絲車下竹筒中扯起,從前面搭過輥軸,縱軸下面掏來,於輥軸上拴一回,現從拴回中掏繳一迴。不可拴成死回,須令扯之滑利活動,將絲掛在搖絲竿銅鉤中,又將絲頭拴在絲軒平桄上,此時攪動軒輪,絲軸隨之輥轉,搖絲竿自然擺動,其絲勻蒯在軒上,一手攪軒,一手添續絲頭,其快如風,自然之妙,甚是美觀。軒轉絲上,時時下繭,提頭繼續不絕,常要照看撥掠絲窠。內有繭絲先盡,蛹子沉下者,有絲頭斷了,繭浮出絲窠外者,其絲窠便減少,即取清絲約量添加,務要絲窠常勻。"清衛傑《蠶桑萃編》卷四:"絲則有水繰火繰之法,工有粗細高低之分,但用冷盆爲水絲,不用冷盆爲火絲。""水絲繰法與火絲同,其不同者,惟多用一水盆牌坊,安在水盆上耳。"

【冷田】

貧瘠之田。明陸容《菽園雜記》卷十:"新昌嵊縣有冷田,不宜早禾,夏至前後始插秧。秧已成科更不用水,任烈日暴土坼裂,不恤也。至七月盡八月初,得雨,則土蘇爛而禾茂長。此時無雨,然後汲水灌之。若日暴未久,而得水太早,則稻科冷瘦,多不叢生。"

li

【犁】

錨具名。因其形如犁,故名。清麟慶《河工器具圖説》卷四:"近時又增二具,曰犁,曰關。""下水安犁留拽,甚便。"

犁
清嘉慶年刊《河工器具圖説》

【犁】

耕田農具。通常指步犁。由牛在前曳拉,人隨牛後步行扶犁而得名。正式的步犁包括犁鏵、犁壁、犁床、犁柱、犁轅、犁梢等主要部件。我國古犁可能是從耒發展演化而來的。耒前加轅,一人扶耒,一人前拉,就產生了最原始的犁。商代,牛開始被應用於耕田,牛和耒結合,才正式產生稱爲"犁"的耕田農具。構造完全的正式犁,大約在東漢時代才最後形成。魏晉時期曾推廣雙轅犁。唐代出現了曲轅犁,完成了犁的最終的劃時代的改革。《管子·輕重甲》:"今君躬犁墾田,耕發草土,得其穀矣。"《後漢書·循吏傳·王景》:"明年,遷廬江太守。先是百姓不

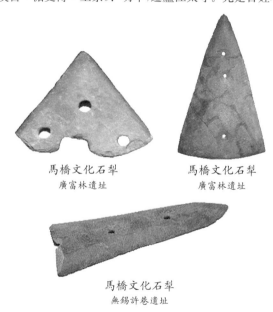
馬橋文化石犁
廣富林遺址　　　馬橋文化石犁
廣富林遺址
馬橋文化石犁
無錫許巷遺址

漢代犁
漢牛文明墓畫像石

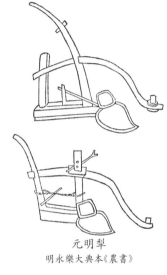

元明犁
明永樂大典本《農書》

清代犁
清嘉慶年刊《河工器具圖説》

知牛耕，致地力有餘而食常不足。郡界有楚相孫叔敖所起芍陂稻田。景乃驅率吏民，修起蕪廢，教用犁耕，由是墾闢倍多，境内豐給。"明談遷《棗林雜俎》中集："作木牛，取牛耕之末耜，易制爲五。曰坐犁，曰推犁，曰擡犁，一抗活，曰肩犁。可水耕，可山耕，可陸耕。"清麟慶《河工器具圖説》卷二："疏濬引河有牛犁之法，所用犁即係農具，惟施之淺水則宜。"清陸隴其《三魚堂日記》卷下："廿五宿新樂，見店上有耕犁，其身長而穹隆者，謂之轅。蓋即古車轅之制，詩所謂梁輈也。轅端有上曲處，臨耕時，以橫木加其上，橫木中有鐵環，故可加兩牛併繫於橫木上。犁下有鏟土之鐵器，謂之鏵。"參見"鏵"。

【犁鐴】

即犁壁。元王禎《農書》卷十三："鐴，犁耳也。陸龜蒙

《耒耜經》，其略曰：冶金而爲之曰犁鐴（案《耒耜經》：鐴作壁）。起其墢者鑱也。覆其墢者鐴也。鑱引而居下，鐴倚而居上。鐴形其圓廣長皆尺，微橢。背有二乳，係於壓鑱之兩旁。鑱之次曰策頟，言其可以扦其鐴也。皆相連屬，不可離者。"

【犁壁】

鏵相接向上延伸之片狀部件。犁鏵與犁壁形成的彎曲面可將耕開之土破碎、翻轉。西漢時期發明的犁壁便於起壟、壓肥。陝西長安、咸陽等地漢代遺址出土了多重犁壁。遼寧北鎮縣發現犁壁母範，通長 41.5 厘米，有注口。銅犁範鐴形部分通長 27 厘米、上部圓，下部尖削，作 78 度，厚 3 厘米。側面作 100 度傾斜角。唐陸龜蒙《耒耜經》："犁，冶金而爲之者，曰犁鑱、曰犁壁。""耕之土曰墢，墢猶塊也。起其墢者鑱也，覆其墢者壁也。"

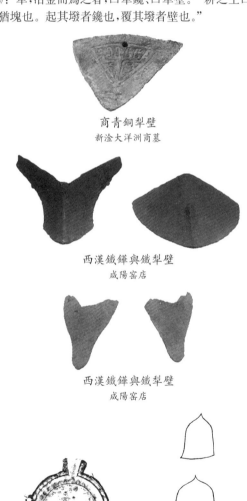

商青銅犁壁
新淦大洋洲商墓

西漢鐵鏵與鐵犁壁
咸陽窯店

西漢鐵鏵與鐵犁壁
咸陽窯店

遼代銅犁範
遼寧北鎮縣發現

犁壁
明永樂大典本《農書》

【犂柄】

犂上的把手。宋范公偁《過庭録》："民意妻飢其母,怒以犂柄擊妻,一中而死。"

【犂鑱】

犂鏵。唐陸龜蒙《耒耜經》:"犂,冶金而爲之者,曰犂鑱。"

【犂秤】

即犂評。元王禎《農書》卷十二:"(犂)斲木而爲之者","曰犂秤"。

【犂刀】

即犂鏵。清杭世駿《續方言》卷上:"自江而南呼犂刀爲錧。"

【犂底】

犂下直木。前端裝犂鑱。其位置最低,故稱。也稱犂床。唐陸龜蒙《耒耜經》:"(犂)斲木而爲之者,曰犂底。"

【犂軛】

即牛軛。清范寅《越諺》卷中:"犂軛,耕牛所駕。"

【犂輗】

即牛軛。唐玄應《一切經音義》卷三:"犂輗,《小爾雅》:'衡棍也。謂轅端壓牛領者。'"

【犂耳】

即犂壁。也叫犂鐴、犂鏡、犂耳、犂碗、瓦徼。北魏賈思勰《齊民要術·種瓜》:"種瓜法:弭縛犂耳,起規逆耕,耳弭則禾拔頭出而不没矣。"明徐光啓《農政全書》卷二一:"鐴,犂耳也。其形不一,耕水田曰瓦繳,曰高脚,耕陸田曰鏡面,曰碗口,隨地所宜制也。"

戰國銅犂耳
陝西歷史博物館

【犂楇】

即牛軛。唐玄應《一切經音義》卷十九:"犂楇,楇,軛也,所以扼牛領也。"

【犂冠】

即犂鑱。清郝懿行《證俗文》卷三:"《説文》:珥,諸侯執圭朝天子,天子執玉以冒之,似犂冠。徐鍇曰:犂冠即犂鑱也。今字書作犂錧,音義同。"

【犂錧】

即鏟。《爾雅·釋樂》"大磬謂之馨",晉郭璞注:"馨形似犂錧,以玉石爲之。"一説指粗。《説文·玉部》:"諸侯執圭朝天子,天子執玉以冒之,似犂冠。"清段玉裁注:"犂冠,《爾雅》作犂錧,謂粗也。《周禮·匠人》:粗廣五寸。二粗之伐廣尺。粗刃方,珥上下方,似之。"

【犂建】

犂上橫穿箭的拴釘。其作用是拴住評以壓住轅,不使鬆動。唐陸龜蒙《耒耜經》:"(犂)斲木而爲之者曰犂底,曰壓鑱,曰策額,曰犂箭,曰犂轅,曰犂梢,曰犂評,曰犂建……"元王禎《農書》卷十二:"秤之上曲而衡之者曰建。建,楗也。所以扼其轅與秤。無是,則二物躍而出箭,不能正橫於轅之前。"

【犂箭】

犂上貫穿轅而與犂底相連的部件。其與轅相連部分可活動,可調節轅與犂底的夾角而達到犂田深淺的目的。唐陸龜蒙《耒耜經》:"(犂)斲木而爲之者,曰犂底,曰壓鑱,曰策額,曰犂箭……自策額達於犂底,縱而貫之曰箭。""轅有越,加箭可弛張焉。轅之上又有如槽形,亦如箭焉。刻爲級,前高而後庫,所以進退曰評。進之則箭下,入土也深;退之則箭上,入土也淺。以其上下類激射,故曰箭。"

【犂槃】

犂上裝在轅前端的部件。其中部有孔,和轅結合後可左右轉動。兩端繫耕索和牛軛相連。唐陸龜蒙《耒耜經》:"(犂)斲木而爲之者,曰犂底,曰壓鑱,曰策額,曰犂箭,曰犂轅,曰犂梢,曰犂評,曰犂建,曰犂槃,木與金凡十有一事。"元王禎《農書》卷十二:"斲木而爲之……曰犂槃。""末曰槃,言可轉也。左右繫以摯乎軛也。"

犂槃
明永樂大典本《農書》

【犂評】

犂上套在犂箭之上用以調節犂轅的部件。唐陸龜蒙《耒耜經》:"(犂)斲木而爲之者,曰犂底,曰壓鑱,曰策墢,曰犂箭,曰犂轅,曰犂梢,曰犂評……轅之上又有如槽,形,亦如箭焉。刻爲級,前高而後庫,所以進退曰評。進之則箭下,入土也深;退之則箭上,入土也淺。""以其淺深類可否,故曰評"。

【犂梢】

犂上通過轅而與犂底相連的部件。其上有小手柄,供提犂用。唐陸龜蒙《耒耜經》:"(犂)斲木而爲之者;曰犂底,曰壓鑱,曰策墢,曰犂箭,曰犂轅,曰犂梢……縱而貫之曰箭;前如桯而樛者曰轅;後如柄而喬者曰梢。"元王禎《農書》卷十二:"轅之後,末曰梢,中在手,所以執耕者也。轅取車之胸,梢取舟之尾。""轅至梢中間掩四尺。"

【犁轅】
犁上受力和傳力的主要部件。前端通過犁槳和牛相連。唐代之前用直轅，唐代出現曲轅。唐陸龜蒙《耒耜經》："(犁)斲木而爲之者，曰犁底，曰壓鑱，曰策額，曰犁箭，曰犁轅……自策額達於犁底，縱而貫之曰箭；前如桯而樛者曰轅；後如柄而喬者曰梢。轅有越，加箭可弛張焉。轅之上又有如槽形，亦如箭焉"。

【犂】
同"犁"。《説文・牛部》："犂，耕也。"清段玉裁注："按：耒部耕訓犂。是犂、耕二字互訓，皆謂田器。"

【犂冠】
即犁錧。《説文・玉部》："瑁，諸侯執圭朝天子，天子執玉以冒之，似犂冠。"段玉裁注："犂冠，《爾雅》注作犁錧。"

【剺刀】
用來割、劃的刀。宋王讜《唐語林・補遺》："一日，所用剺刀忽折，不餘寸許，吏乃銛以應召，覺愈於全時，漸出新意，困削木如半鐶勢，加於折刃之上，使纔露鋒，榼其書而剺之。"

【簻】
即蟹笱。取蟹竹籠。《初學記》卷二二：漁之爲事也，"梁、罨、算、簻、銛之類，各以用之，得魚一也"。"簻，取蟹也。"

【籬】
同"簻"。《太平御覽》卷八三四引南朝宋何承天《纂文》："取蟹者曰籬。"《事物異名録》卷十八引《初學記》："籬，取蟹也。"

【劙刀】
形如短鐮，而刀背很厚，附裝在犁轅上。用於割除蘆葦

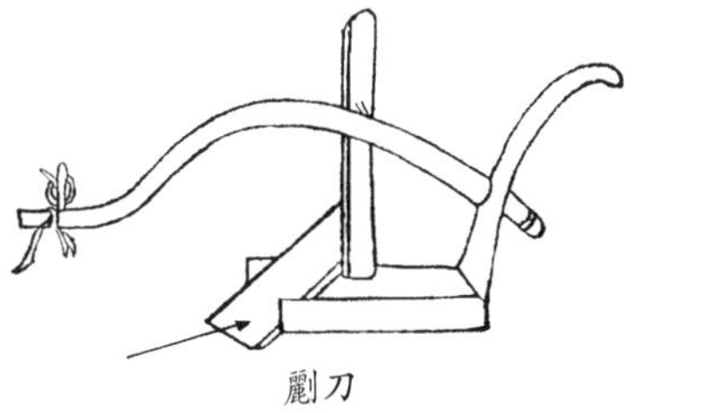

劙刀
明永樂大典本《農書》

荆棘，開墾荒地。唐代以後犁有着更進一步的發展，這就是劙刀的應用。其裝製方法：一種是單獨裝在犁床上架上，一種是直接裝在犁轅的頭上。其目的主要在於先割除清理蘆葦荆棘蒿萊等雜草，然後便於犁耕。劙刀的發明，是牛耕發展史上一件重大創造。特别是將劙刀直接裝在犁轅上，已被新式犁所採用。元王禎《農書》卷十四："劙刀。《集韻》云：與劙同，闢荒刃也。其制如短鐮，而背則加厚。嘗見開墾蘆葦、蒿萊等荒地，根株駢密，雖强牛利器，鮮不困敗。故於耕犁之前，先用一牛，引曳小犁，仍置刃裂地，闢及一隴，然後犁鑱隨過，覆墢截然，省力過半。又有於本犁轅首裏邊，就置此刃，比之别用人畜，尤省便也。"明徐光啓《農政全書》卷六："凡墾闢荒地，春曰燎荒，夏曰稀青，秋曰芟夷。如泊下蘆葦地内，必用劙刀引之，犁鑱隨耕，起撥特易，牛乃省力"。

【鑗刀】
同"劙刀"。明徐光啓《農政全書》卷二二："鑗刀，《集韻》與劙同，闢荒刃也。其制如短鐮，而背則加厚。嘗見開墾蘆葦蒿萊等荒地，根株駢密，雖强牛利器，鮮不困敗。故於耕犁之前，先用一牛引曳小犁，仍置刃裂地，闢及一隴，然後犁鑱隨過，覆墢截然，省力過半。又有於本犁轅首裏邊，就置此刃，比之别用人畜，就省便也。"

【李淳風】
(602—670)唐代天文學家、數學家。岐州雍(今陝西鳳翔)人。貞觀初年以將仕郎入太史局，貞觀七年(634)製成渾天黄道儀。《舊唐書・天文志上》："太宗因令淳風改造渾儀，鑄銅爲之"，"淳風因撰《法象志》七卷，以論前代渾儀得失之差"。他的渾儀特點是增加了一套包括黄道、赤道和白道三個環的三辰儀。可以在觀測時直接讀得天體的黄道、赤道和白道坐標。貞觀十五年(641)爲太史丞，二十二年(648)爲太史令。麟德元年(664)編製成《麟德曆》，爲《晉書》、《隋書》撰寫《天文志》和《律曆志》，著有《乙巳占》，注《算經十書》，撰《典章文物志》、《秘閣録》等。

【李蘭】
北魏道士。秤式漏刻的創製者。參見"權器"。

【李時珍】
(1518—1593)明代蘄州(今湖北蘄春)人，字東璧，號瀕湖，偉大的醫學家。李時珍在明嘉靖三十一年(1552)至萬曆六年(1578)間，在吸收前人成果的基礎上編成醫學巨著《本草綱目》，後被譯成多國文字。全書共190萬字、52卷、16部(水、火、土、金石、草、穀、菜、菓、木、服器、蟲、鱗、介、禽、獸、人)、62類。收藥物1892種、附方11096則，插圖1160幅。李時珍把生物的進化歸結爲"蟲—鱗—介—禽—獸—人"的過程，指出了環境對生物的影響及變異現象。達爾文在《人類由來》一書中，曾引用李時珍關於金魚顏色形成的資料來説明動物的人工選擇。《本草綱目》一書對人類的醫學事業和科學事業作出了巨大的貢獻。

【李照尺】
北宋的律尺。景祐二年(1035)李照認爲王樸律音偏高，自己累黍成尺作律。推算長度相當於31厘米。宋王應麟《玉海》卷八："以京縣秬黍累尺，鑄鍾，聲高；更以太

府布帛尺爲法，又以潞州黍累之，尺成，與太府尺合。”

【李之藻】

（？—1630）明天文學家。字振之，號涼庵。仁和（今浙江杭州）人。神宗萬曆二十六年（1598）進士。歷官南京工部員外郎，南京太僕寺少卿。崇禎二年（1629）奉命協助徐光啓同修曆法，次年至京，秋病故。早年與利瑪竇相交，“盡得其學”。他根據利瑪竇的一個星盤，於萬曆三十五年（1607），寫了《渾蓋通憲圖説》，其中使用了歐洲的量度制，第一次介紹黃道坐標系，日月五星的大小遠近等。對西法儀器在中國的使用起了作用。著譯有《同文算指》《圓容較義》，輯刻《天學初函》叢書。

【立機】

即立機子。敦煌文書伯 2040 號背《後晉時期淨土寺諸色入破曆祘會稿》：“立機陸匹，官布六匹，庭子轉經蓮花錦襖子價用。伯 3763 號背《年代不明淨土寺諸色入破曆祘會稿》：“緤入：立機緤三匹，諸施主木替入。官布一匹，立機一匹，陰押衙念誦入。”

【立機子】

一種踏板織機，所織物經面垂直，故名立機子。元薛景石《梓人遺製》有“立機子”一節詳細記録形制。

立機子
明永樂大典本《梓人遺製》

【立輪連二磨】

由一個大水輪帶動兩個石磨轉動的機械裝置。元王禎《農書》卷十九：“引水置閘，甃爲峻槽，槽上兩傍，植木作架，以承水激輪軸。軸腰別作竪輪，用擊在上卧輪一磨，其軸末一輪傍撥周圍木齒。一磨既引水注槽，激動水輪，則上傍二磨，隨輪俱轉，此水機巧異，又勝獨磨。此立輪連二磨也”。

【立窯】

立式窯。宋晁氏《墨經》：“古用立窯，高丈餘，其竈寬腹小口，不出突於竈面，覆之五斗甕，又益以五甕，大小爲差。穴底相乘，亦視大小爲差。每層泥塗惟密。約甕中煤厚住火，以雞羽掃取之，或爲五品，或爲二品，二品不取最先一器。”《養心殿造辦處史料輯覽·雍正九年》：四月二十五日，“柏唐阿馬維祺爲燒琺瑯活計立窯，用高二尺八寸、寬二尺五寸木桌六張，高五尺、寬三尺立櫃一件，板橙六條，

卧窯
隋代洪州窯遺址

水缸三口，長七尺、寬六尺鐵頂火一份”。“以頭煤爲一器。頭煤如珠如纓絡，身煤成塊成片。頭煤深者曰遠火，外者曰近火，煤不堪用。凡煤貴輕，舊東山煤輕，西山煤重，今則西山煤輕，東山煤重。凡器大而輕者良，器小而重否。凡振之而應手者良，擊之而有聲良，凡以手試之而入人紋理難洗者良，以物試之自然有光成片者良。凡墨有穿眼者謂之滲眼。煤雜，窯病也。舊窯有蟲鼠等糞及窯衣露蟲雜在煤中，莫能揀辨，唯唾（硾）多可弭之，然終不能無。”

【立運環】

元郭守敬發明的簡儀中地平經緯儀的垂直環。竪立，可繞鉛垂綫旋轉，環之中心置窺衡以瞄準天體，環周刻度可讀取天體的地平仰角。《元史·天文志一》：“其一曰立運環，面刻度分。”“上下各施樞軸，令可旋轉。中爲直距，當心爲竅，以施窺衡，令可俯仰，用窺日月星辰出地度分”。

【苙】

即牢欄。《孟子·盡心下》：“如追於豚，既入其苙，又從而招之。”

【利瑪竇】

（1552—1610）Matteo Ricci，字西泰。明末來華的意大利傳教士，天文學家。生於意大利馬西拉泰，萬曆二十八年（1600）到南京，以西方科學知識與徐光啓、李之藻相交，翌年到北京向明神宗朱翊鈞獻西洋自鳴鐘、三棱鏡、天主教聖母像等。是第一個獲准長住北京的西方傳教士。他首先對中國傳播了托勒密的九重天思想、地球概念、星盤構造和使用、歐幾里德幾何學等西方自然科學知識。在修訂曆法工作中配合徐光啓編寫了《崇禎曆書》，從中介紹了歐洲天文學，使之融合到我國的天文學發展之中。從此中國天文學的計算體系從傳統的代數體系轉成歐洲古典幾何體系。他介紹的星盤構造和使用對此後引進外來天文儀器起了作用。萬曆三十八年（1610）卒於北京。著作有與徐光啓合譯《幾何原本》前六卷，與李之藻合譯《同文算指》，撰有《乾坤體義》《圜容較義》《經天談》《坤輿萬國全圖》等。

【利通直】

即錐。刺孔工具。專指治書之錐。擬人稱名。名鋭，字彌堅，號金精山人。元羅先登《文房圖贊續》“姓名字號”：“利通直，鋭，彌堅，金精山人。”“士莫患於進鋭而退速，厥有身於簿書文籍間，而能極力攻進，曾不以利説計，亦囊中之脱穎者也。顏氏之鑽之彌堅，見進而不見止，今而後知公之用心蓋剛矣。”

利通直
明説郛本《文房圖贊續》

【棟】

絲籰的柄。《廣雅·釋器》：“樃謂之籰，其柄謂之棟。”

王念孫疏證："尿,柄也。"

【厲】

同"礪"。《詩・大雅・公劉》："涉渭爲亂,取厲取鍛。"陸德明釋文："厲,本又作礪。"《漢書・地理志上》:荊州"貢羽旄、齒、革、金三品,杶、幹、栝、柏、厲、砥、砮、丹。"顏師古注:"厲,磨也。"

【厲石】

同"礪石"。《説文・石部》："碟,厲石也。一曰:赤色。"朱駿聲通訓定聲:"厲石青者曰廎,赤者曰碟。"

【歷鹿】

即轆轤車。《墨子・備高臨》"以磨鹿卷收",清孫詒讓閒詁:"王引之云:磨鹿當爲歷鹿,此謂車上之歷鹿;轉之以收繩者也。故曰:以磨鹿卷收。歷鹿,猶鹿盧,語之轉耳。"

【歷鹿車】

同"轆轤車"。元王禎《農書》卷二一:"緯車,《方言》曰:'趙魏之間謂之歷鹿車,東齊、海、岱之間謂之道軌。'今又謂維車。"

【櫪】

即馬槽。《方言》第五:"櫪,梁宋齊楚北燕之間,或謂之樎,或謂之皂。"三國魏曹操《步出夏門行》:"老驥伏櫪,志在千里;烈士暮年,壯心不已。"明羅頎《物原・食原》:"伏犧始圈養六畜,軒轅乃圉養鳥獸,池養魚鱉,夏禹始養馬以厩櫪。"

【礪】

即礪石。粗的磨刀石,《荀子・勸學篇》:"故木受繩則直,金就礪則利。"《廣雅・釋器》:"礱、砆、磁礪、磋礪、磨、砥、碟,礪也。"王念孫疏證:"礪之言粗厲也。"《新唐書・車服志》:"勳官之服,隨其品而加佩刀、礪、紛、帨。"元王禎《農書》卷十四:"礪,磨刀石也。《書》曰:'揚州厥貢礪砥。'《廣志》曰:'礪石出首陽山,有紫、白、粉色,出南昌者最善。'《山海經》曰:'高梁之山多砥礪。'今隨處間亦有之,但上數處爲佳耳。《尸子》曰:'鐵,使於越之工鑄之以爲劍,而勿加砥礪,則以刺不入,擊不斷;磨之以礱,加之以黃砥,則刺也無前,擊也無下。自是觀之,礪與弗礪,其相去遠矣。'今農器鐮、斧、鍬、鐽之類,非礪不可,大小之家所必用也。"

【礪石】

磨製石器、金屬的粗硬礦石。後主要用於磨刃具。《山海經・中山經》:"又北三十五里,曰陰山,多礪石、文石。"郭璞注:"礪石,石中磨者"。礪石的使用當與史前時代的農耕有關。原始農具和原始手工工具的製作與修治都需要礪石磨砥。在我國的一些新石器時代遺址中,常有礪石與一些原始農具、原始手工工具共存的情况。商周以

來礪石也常有發現,在墓葬中多與刃具同出,一般爲砂質巖,呈紅色、黃灰色,其形狀多爲長條形,有使用的磨痕。礪石分粗細兩種,其細者曰砥,後亦以細磚作砥之用。礪

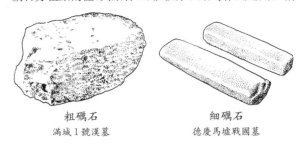

粗礪石　　　　　　　　細礪石
滿城1號漢墓　　　　德慶馬墟戰國墓

刀與礪石
秦始皇陵園 K006 陪葬坑

石有大有小,小者手執之磨刃,大者有架,執刃以磨。礪石主要用於磨刃具,也用於一般的金屬表面處理,及錯金工藝等。《新唐書・車服志》:唐初,"職事官三品以上賜金裝刀,礪石"。古人服礪石,不僅是磨刃工具,也有礪(勵)志的含義。

【礰礋】

指一種滾筒上有齒或短突的碌碡類農具。有木礰礋、石礰礋等。唐陸龜蒙《耒耜經》:"耙而後有礰礋焉,有礰碡焉。自耙至礰礋,皆有齒。礰碡觚棱而已,咸以木爲之,堅而重者良。"元王禎《農書》卷十二:"礰礋,又作礰碡。與礰碡之制同。但外有列齒,獨用於水田。破塊淬,溷泥塗也。"

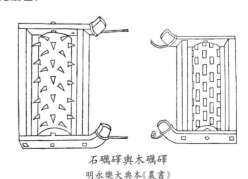

石礰礋與木礰碡
明永樂大典本《農書》

【酈道元】

(466 或 472—527)南北朝時期范陽涿縣(今河北涿縣)人。字善長。曾爲北魏御使中尉和關右大使。著名地理

學家。酈道元傾畢生精力所撰地理學著作《水經注》,合30萬字,共記河流1252條,引證書籍達430種,詳細記載了河流流經地區的地形、物產、地理沿革情況。酈道元特別詳於記載河流的分布、渠堰灌溉及城市位置沿革,這對中國古代水利建設事業提供了寶貴的參考材料。

【轆轤車】

即維車、緯車。轆轤是象聲詞,轆轤車可指紡車、繰車、絡緯車等可在運轉中發出"轆轤"的轉動聲的機具。《方言》第五:"維車,趙魏之間謂之轆轤車,東齊、海、岱之間謂之道軌。"

lian

【連】

即蠶連。《農桑輯要》卷四:"蠶之性子,在連則宜極寒,成蛾則宜極暖。"元王禎《農書》卷二二:"蠶連,蠶種紙也。舊用連二大紙,蛾生卵後,又用綖長綴,通作一連,故因曰連。"明李時珍《本草綱目·蟲部·蠶》:"蠶初出曰妙,蠶紙曰連也。"清楊屾《豳風廣義》卷二:"將雌蛾匀稀,布於連上。連須桑皮紙爲上,構皮紙次之,不可用麻紙。連須用厚紙,若紙薄不耐浸洗。連取掛時二紙相連之義。"

【連機碓】

水碓的一種。立水輪置激流中,中貫軸,軸上并列置橫木,相互在軸上錯開一定角度。碓梢并列裝置於橫木下。水激輪轉;橫木輪番打在排列的碓梢上,杵端輪番起落,連續不斷。元王禎《農書》卷十九:"機碓,水搗器也。《通俗文》云:水碓曰翻車碓。杜預作連機碓。"明徐光啓《農政全書·水利》:"今人造作水輪,輪軸長可數尺,列貫橫木,相交如滾槍之制。水激輪轉,則軸間橫木,間打所排碓梢,一起一落舂之,即連機碓也。凡在流水岸傍,俱可設置。"連機碓相傳爲晉杜預創製。參見"連機水碓"。

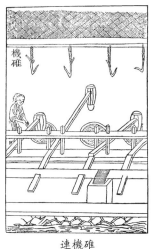

連機碓
明永樂大典本《農書》

【連機水碓】

即連機碓。晉傅暢《晉諸公贊》:"杜預元凱作連機水碓,由此洛下穀米豐賤。"清邵棠《聞見晚錄》卷上:"古人製杵臼,以利萬民,全藉人力,而我徽於溪澗之旁,建房造車,築堰引水,以激車板,遂使碨磨旋轉不已。其法蓋始於晉杜元凱教人爲連機水碓云。"

【連枷】

同"連枷"。《方言》第五:"僉,宋魏之間謂之攝殳,或謂之度。"晉郭璞注:"今連枷所以打穀者。"宋樓璹《耕織圖詩·持穗》:"霜時天氣佳,風書木葉脫。持穗及此時,連枷聲亂發。"清趙翼《陔餘叢考·連枷》:"農家登麥,必用連枷擊之。按《國語》管仲對桓公曰:農之用耒、耜、枷、芟。韋昭注:枷,拂也,所以擊草也。則三代已有之。《癸辛雜識》引《王莽傳》:東巡載耒,南載耜,西載鉦,北載拂。師古注:拂音佛,以擊治禾,今謂之連枷。此連枷之見於書傳者也。"

【連枷】

稻麥等脫粒工具。由長木柄和一組以平排的木條或竹條絞連而成的敲擊桿製成。亦有獨木棍作敲擊桿者。亦有用單根木條的。工作時,長柄舉而轉動敲擊桿,拍打禾穗,使之脫粒。連枷的使用至晚起於春秋。元王禎《農書》卷十四:"連枷,擊禾器。《釋名》曰:枷,加也。加杖於柄頭,以擿穗而出穀也。其制用木條四莖,以生草編之,長可三尺,闊可四寸。又有以獨挺爲之者,皆於長木柄頭,造爲擺軸,舉而轉之,以撲禾也。"明徐光啓《農政全書》卷二二:"《方言》云僉,宋魏之間謂之攝殳,自關而西謂之撻,齊楚江淮之間謂之抰,或謂之悖,今呼爲連枷。南方農家皆用之。北方稬禾少者,亦易辦也。"

打連枷
嘉峪關5號魏晉墓壁畫

連枷
明永樂大典本《農書》

【連架】

同"連枷"。宋周密《癸辛雜識後集·連架》:"今農家打稻之連架,古之所謂拂也。《王莽傳》:'東巡載耒,南載耜,'注:'鉬也,薅去草。'西載鉦,北載拂。'注:'音佛,以擊治禾,今謂之連架。'"

【連磨】

連轉磨。由晉杜預等改製發明,以一個木輪同時帶動

八個石磨運轉,加工穀物。其制:中設大木輪,輪周列置八磨,各磨邊列齒,與大輪齒相間。用畜力牽引大輪,帶

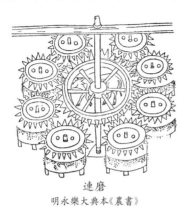

連磨
明永樂大典本《農書》

動各磨旋轉。元王禎《農書》卷十六:"連磨,連轉磨也。其制,中置巨輪,輪軸上貫架木,下承鐏臼,復於輪之周圍,列遶八磨,輪輻適與各磨木齒相間。一牛拽轉,則八磨隨輪輻俱轉,用力少而見功多。《後魏書》:崔亮在雍州讀《杜預傳》,見其爲八磨,嘉其有濟時用,劉景宣作磨,奇巧特異,策一牛之任,轉八磨之重。竊謂此雖并載前史,然世罕有傳者。今乃尋繹搜索,度其可用,述此制度。"

【連盤秤】

即盤秤。《醒世姻緣傳》第五四回:"四十文錢買了副鐵勾擔仗,三十六文錢釘了一連盤秤。"

【連繩】

即長繩。指縴繩、繮繩之類。明劉基《贈道士蔣玉壺長歌》:"屬車九九如連繩,最後雷輅子所乘。"清查爲仁《蓮坡詩話》卷中:"昔年姜西溟編修遊天津時,曾有冰車詩云:'大氣有屈伸,長河白皛皛。千里共積素,篙工失摽矯。此物遂桅行,連繩在纏繳。'"明沈榜《宛署雜記·經費上》:"大木牌一面,價一錢;挵指六把,連繩價七分。"

【連筒】

連筒
明永樂大典本《農書》

用打通內節的大竹管連接起來的引水設施。元王禎《農書》卷十八:"連筒,以竹通水也。凡所居相離,水泉頗遠,不便汲用,乃取大竹,內通其節,令本末相續,連延不斷。閣之平地,或架越澗谷,引水而至。又能激而高起數尺,注之池沼,及庖湢之間。如藥畦蔬圃,亦可供用。"

【連械碓】

即連機碓。明羅頎《物原·器原》:"神農作杵臼;軒轅臣雍父作碓;后稷作水碓;魯般作礱、磨、碾子;晉杜預作連械碓、踏碓是也。"

【蓮花漏】

北宋燕肅設計的高精度漏刻。天聖八年(1030)八月上蓮花漏法。因箭壺上置一銅荷葉,葉中心支一銅蓮心作爲刻箭支承,及箭桿頂端飾一銅蓮花而名之。它首次採用了漫流裝置:從上匱流入下匱的水流量,大於下匱流入受水壺中的流量,下匱多餘的水,從下匱上端的分流孔中排出。下匱水位就穩定地保持在分流孔水平。注入受水壺的流速流量就十分穩定,大大提高了漏刻計時精確度。《宋史·燕肅傳》:"嘗造指南、記里鼓二車及欹器以獻,又上《蓮花漏法》。詔司天臺考於鐘鼓樓下,云不與《崇天曆》合。然肅所至,皆刻石以記其法,州郡用之以候昏曉,世推其精密。"宋夏竦《潁州蓮花漏銘》:"金龍轉注,下激衡渠。"參見"蓮漏"。

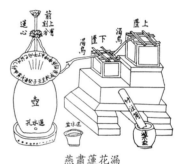

燕肅蓮花漏
北京圖書館藏清抄本《蓮花漏法》

【蓮花漏】

東晉廬山東林寺僧人所造的一種蓮花狀計時巧器。蓮瓣或以木刻,或以銅製,分十二瓣,垂一瓣爲一個時辰。其製作者,或謂慧遠的弟子慧要(亦名法要),或謂即慧遠本人。南朝梁慧皎《高僧傳·義解三·道祖》:"遠弟子慧要,亦解經律而尤長巧思。山中無刻漏,乃於泉水中立十二葉芙蓉,因流波轉以定十二時,晷景無差焉。"宋道誠《釋氏要覽·住處》:"遠公有弟子名法要,刻木爲十二葉蓮華,植於水中,用機關,凡拆一葉爲一時,與刻漏無差。俾禮念不失正時。"清敬安《次經君甫居士留別原韻即送其歸鏡湖》:"無人共聽蓮花漏,有客來參柏子禪。"唐李肇《唐國史補》卷中:"越僧靈澈,得蓮花漏於廬山,傳江西觀察使韋丹。初,惠遠以山中不知更漏,乃取銅葉製器,狀如蓮花,置盆水之上,底孔漏水,半之則沉,每晝夜十二沉,爲行道之節,雖冬夏短長,雲陰月黑,亦無差也。"按

蓮花漏原理元明時代被採用製作一種可稱"盂漏"的民用計時器,而用底有小孔的盂代替銅製蓮花狀容器。

【蓮漏】

即蓮花漏。宋陳元靚《事林廣記·曆候類》:"刻漏器度":"(宋朝)所用之制亦如於唐,而其法以晝夜百刻,分

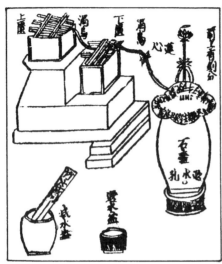

宋代蓮漏
元建安椿莊書院本《事林廣記》

十二時,每時有八刻二十分,每刻六十分,計水二斤八兩,箭四十八,二箭當一氣,歲統二百一十六萬分,悉刻於箭上,銅烏別水而下,注蓮心,浮箭以上,登其二十四氣。"附圖名"今製蓮漏之圖"。

【縺】

海上捕魚的拉網。大於罟而小於罛。清黃叔璥《臺海使槎錄·賦餉》:"樹大竹棚於水涯,高二丈許,曰水棚。置罟以漁,縺小於罛,罟又小於縺,網長可數十丈,廣五六尺,曰牽縺,曰牽罟"。

【剬】

同"鐮"。《正字通·刀部》:"剬、鐮、鎌,并同。"

【磏】

同"礛"。《廣韻·平鹽》:"磏,赤礪石。"

【礛】

赤色磨石。用以磨刀、劍等。《説文·石部》:"礛,厲石也。一曰赤色。"《廣雅·釋器》:"礛,礪也"。清王念孫疏證:"讀若鐮,字亦作磏"。朱駿聲通訓定聲:"厲石青者曰厬,赤者曰礛。"

【簾床】

抄紙之竹簾。《江西通志》卷二七:"依紙式大小高闊,置

買絶細竹絲,以黃絲線織成簾床。四面用筐絣緊,大紙六人、小紙二人,扛簾入槽,水中攪轉浪動撈起,簾上成紙一張。"

【鎌】

同"鐮"。《方言》第五:刈鈎,"自關而西或謂之鈎,或謂之鐮,或謂之鍥"。唐李白《魯東門觀刈蒲》詩:"揮鐮若轉月,拂水生連珠。"清唐訓方《里語徵實》:"刈草器曰鐮。鐮音廉。蘇轍詩:'蠶眠初上簇,麥熟正磨鐮。'《書》'二百里納銍',疏:'銍,穫禾短鐮也。'"

【鐮】

中醫外科用鐮式刀具。唐孫思邈《千金要方·丁腫》:"禁刺及刀鐮割切。"清劉濟川《外科心法真驗指掌》卷二"刀鍼圖式解釋":"鐮式:此鐮遇瘡有黏肌不斷,以鑷捏住,用鐮割之。"

鐮
天津本版《外科
心法真驗指掌》

【鐮】

收割農作物以及割柴草的刀具。由刀片或鋸齒刀片和木把構成。有大小兩類。小鐮有平刃和鋸齒兩種:平刃鐮爲通用鐮刀,刃堅背厚,用於收割玉米、高粱等作物;鋸齒刃鐮有些地區用於收割水稻、小麥等。大鐮裝有長木柄,可用於釤麥、砍割柴草等。鐮刀在新石器時代早期已經出現。山西省懷仁縣鵝毛口遺址出土的新石器時代早期石鐮,長8.4厘米、寬4.4厘米。兩側刃部,多爲打製而成,呈長條形。距今七千多年的裴李崗文化中,石鐮大量出現。在新石器時代使用石鐮外,還用蚌鐮、骨鐮,直至青銅時代依然使用這些原始材料製作的鐮刀,銅鐮直到西周或更晚纔出現。河南省新鄭縣裴李崗新石器時代早期遺址出土的石鐮,與現代鐮刀相似。刃部多內凹,拱背形。柄部略寬稍上翹,下端有一或兩個繫繩缺口。通體磨光。而鋸齒形石鐮,更增強鋒利程度。山東省泰安縣大汶口遺址出土的新石器時代中期骨鐮,用近矩形的骨片磨製,兩端有尖,雙面刃,相當鋒利。長14.5厘米。一端穿孔,可綁扎裝柄。山東省泰安縣大汶口遺址出土的牙鐮,月牙形,用豬獠牙或劈成薄片,在牙弧一側磨出鋒利的刃。把端穿一個圓孔,長13.2厘米,內弧徑7.8厘米。河南省鄭州市兒旭王村遺址出土,有新石器時代晚期蚌鐮。月牙形,用蚌殼製成,在牙弧一側磨出鋒利的刃,鐮的把端,有一個圓孔,可綁扎裝柄,長13.2厘米。西周銅鐮,根據器形,有三式:1.江蘇省儀徵縣破山口出土。短柄無齒

鐮
明永樂大典本《農書》

有孔式。體部自按柄處起，由寬至狹，近裝柄處有三孔，用以固柄，長 14.2 厘米。2.短柄無齒單孔式。此銅鐮有內和闌，形式似戈。內是戈的後端插入柄中的部分，闌是戈靠在柄上的上下兩個齒狀物，用皮條把它扎牢在柄上。這件鐮也有闌狀物，長 11.7 厘米。3.手握有齒有孔式。這種鐮短而寬，呈蚌殼形，有孔可繫，以便套在手指上，固定於手掌中，上部爲弧形，下部有細鋸齒，平刃，長 10.4 厘米，寬 4.7 厘米。春秋時期銅鐮有二式：1.短柄粗齒式。寬端可裝短柄，正面有粗齒，刃部平。2.短柄細齒式，寬端可裝短柄，正面有細齒，刃部平。安徽蚌埠雙墩 1 號春秋墓銅鐮，一側有銎可以插木柄。直刃，

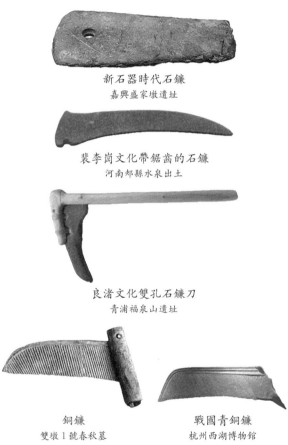

新石器時代石鐮
嘉興盛家墩遺址

裴李崗文化帶鋸齒的石鐮
河南郟縣水泉出土

良渚文化雙孔石鐮刀
青浦福泉山遺址

銅鐮
雙墩 1 號春秋墓

戰國青銅鐮
杭州西湖博物館

刀鋸齒形，長 16.1 厘米。春秋戰國時代，鐵製農具逐步普及并得到廣泛使用。各地出土的鐵鐮，根據器形，可分六種：1.鈎鐮，鐮身內弧，如新月形，刃在凹的一面，背起脊，基部可夾裝木柄。另一種鐮身較寬，夾裝木柄處有穿，稱爲"有穿鈎鐮"。2.矩鐮，刃與基部呈折磬形，刃橫直，背起脊，基部向下微斜，可夾裝木柄，有的基部有銎，用以納柄，稱爲"有銎矩鐮"。3.鈹鐮，兩面刃，可左右橫割，尖端齊平，基部有銎，可裝長木柄，亦可用於收割雜草。4.爪鐮，北方稱掐刀。半月形，上有兩孔。適用於割取禾穗。5.齒鐮，半月形，正面有箆狀紋，刃部有細鋸齒。大多發現於南方。6.直條鐮，長條，後端斜插入木柄內，以繩綁扎。只發現於新疆民豐尼雅遺址。《方言》第五："刈鈎，江淮陳楚之間謂之鉊，音昭。或謂之鐹，音果。自關而西

或謂之鈎，或謂之鐮，或謂之鍥，音結。"《釋名·釋用器》："鐮，廉也。體廉薄也，其所刈稍稍取之，又似廉者也。"元王禎《農書》卷十四："鐮，刈禾曲刀也。《釋名》曰：鐮，廉也，薄其所刈，似廉者也。又作鎌。《禮》：薙氏掌殺草，春始生而萌之。夏日至而夷之。鄭康成謂：夷之，鈎鐮迫地芟之也。《風俗通》曰：鐮刀自摍積芻蕘之效。然鐮之制不一。有佩鐮，有兩刃鐮，有袴鐮，有鈎鐮，有鐮柯之鐮，皆古今通用芟器也。"

【鐮柯】

鐮刀的把手。元王禎《農書》卷十四："《風俗通》曰：鐮刀自摍積芻蕘之效，然鐮之制不一，有佩鐮，有兩刃鐮，有袴鐮，有鈎鐮，有鐮柯之鐮，皆古今通用芟器也。"明徐光啓《農政全書》卷三六："刈刀，穫麻刀也，或作兩刃，但用鐮柯，旋插其刃，俯身控刈，取其平穩便易。"

【鐮刀】

即鐮。《宋會要·食貨三》："每種田人二名給借耕牛一頭，犁、杷各一副，鋤、鍬、钁、鐮刀各一件。"明李詡《戒庵老人漫筆·今古方言大略》："鐮刀，謂之吉鑘。"

【鏈】

即連枷。《玉篇·黍部》："鏈，㩛禾。"

【緰】

即繩索。用以懸繫蠶箔的橫柱。也稱纊、繯。《方言》第五：椯，"其橫，關西楲，宋、魏、陳、楚、江、淮之間謂之槤，齊部（郡）謂之梼。所以縣槤，關西謂之緰，東齊、海岱之間謂之纊。"

【煉丹爐】

煉丹藥的爐。《三寶太監西洋記通俗演義》第五六回："老君推倒了煉丹爐，梓童失卻了文昌院。"

liang

【梁】

即衡。清桂馥《札樸·銅梁棓》："梁，即衡也。"

【梁】

即魚梁。《詩·邶風·谷風》："毋逝我梁，毋發我笱。"鄭玄箋："梁，魚梁。"唐陸龜蒙《漁具》詩序："橫川曰梁，承虛曰笱。"宋程大昌《演繁露·筌蹄笱》："蓋橫溪爲梁，梁傍開缺透水，而設笱以承其下。魚墮梁已即覺水淺，趨旁闕以求入溪，既入即陷笱中，見者發笱而取之也。"

【梁棓】

漢代一種受水稱物器。其作用相當於砝碼。清桂馥

《札樸·銅梁棓》:"漢銅梁棓重若干,蓋受水稱物之器,猶今天平法馬。"

【梁表尺】

隋大業年間所用律尺。大業中議律,因梁天文儀表所用尺度合於古制,遂用以調律。推算相當於 23.6 厘米。《隋書·律曆志上》:"梁表尺,實比晉前尺一尺二分二釐一毫有奇。蕭吉云出於司馬法。梁朝刻其度於影表,以測影。""大業中,議以合古,乃用之調律。"

【梁朝俗尺】

即梁朝俗間尺。《宋史·律曆志四》:"依《隋書》定尺十五種上之,藏於太常寺","十五、梁朝俗尺,比晉前尺爲一尺七分一釐"。

【梁朝俗間尺】

南朝梁的常用尺。相當於 24.7 厘米。《隋書·律曆志上》:"梁朝俗間尺,長於梁法尺六分三釐,實比晉前尺一尺七分一釐。"

【梁法尺】

南朝梁的律尺。梁時發現古玉律,據以製尺調律,史稱梁法尺。推算相當於 23.2 厘米。《隋書·律曆志上》:"梁朝俗間尺,長於梁法尺六分三釐,實比晉前尺一尺七分一釐。"

【梁令瓚】

(約公元 7 世紀末至 8 世紀中)唐代天文學家。開元九年(721)僧一行受詔治曆,需觀測儀器,一行薦梁,於開元十一年(723)製成黃道遊儀及水運儀象。

【量地尺】

丈量土地用尺。明制長於裁衣尺,短於營造尺。明朱載堉《樂律全書》卷十:"量地尺,五尺是周八尺,法用八因五歸。"參見"明官尺"。

【量地官尺】

丈量土地用的官尺。清李斗《揚州畫舫錄·草河錄上》:"(周尺)當今裁尺六寸七分,當今量地官尺六寸六分。"參見"步弓"、"丈量步車"。

【量馬尺】

測量馬匹胸圍及身材高、長的專用尺。明沈榜《宛署雜記·經費下》:太僕寺"量馬尺一副,銀三分"。

【量天尺】

即鐘擺。鐘錶上用來控制擺動頻率的機械裝置。清徐朝俊《高厚蒙求·自鳴鐘錶圖說》:"量天尺,俗謂之擺。"

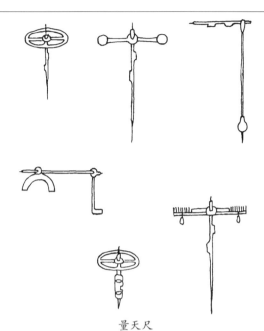

量天尺
清雲間徐氏藏版《自鳴鐘錶圖說》

【綡】

繫帽的絲繩。清鈕琇《觚賸·續編·綡》:"綡爲繫冠之繩,古謂之幘梁。"

【兩腳耬】

有兩雙耬腳的耬。可同時實現兩行播種。《齊民要術·耕田》:"一日纔種二十五畝,其懸絕如此。"原注:"兩腳耬種壟概亦不如一腳耬之得中也。"元王禎《農書》卷十二:"今燕趙齊魯之間,多有兩腳耬。"

【兩腳耜】

指頭部有兩個分叉,分別裝有金屬耜的耒耜。根據文獻記載,這種耒耜已採用牛拖行,其形制當已逐漸向犁轉化。宋王應麟《漢制考》:"耜廣五寸。注:古者耜一金,兩人併發之,今之耜歧頭兩金,象古之耦也。疏:後漢用牛耕種,故有歧頭兩腳耜,今猶然也。"元王禎《農書》卷十二:"(《周禮·考工記·匠人》鄭玄注)今之耜歧頭金兩,象古之耦也。賈公諺疏云:古者耜一金者,對後代耜歧頭二金者也。云:今之耜歧頭者,後用牛耕種,故有歧頭兩腳耜也。"清嚴杰《經義叢鈔》:"賈疏云:用牛耕種,故有兩腳耜,兩腳耜爲牛耕而設,則耦亦即爲牛耕而設。"

【兩歧金】

即兩腳耜。清厲荃《事物異名錄·耕織部》:"《周禮·考工記》注:古者耜一金,兩人併發之。今耜歧頭兩金,象古之耦,謝華啓秀謂之兩歧金。"

【兩刃耒】

刃兩歧的耒。用於掘土。《說文·木部》:"耒,兩刃耒也。"清王念孫《漢隸拾遺》："所圖禹象,其冠上鋭下廣,如笠形,手持兩刃臿。《玉篇》云:今爲鏵,俗語所謂鏵鍬是。案《莊子》天下篇引《墨子》云,禹之湮洪水,決江河,親自操橐耜,沐甚雨,櫛疾風。"

【兩刃鍤】

同"兩刃臿"。元王禎《農書》卷十三:"《説文》:鏵作耒,兩刃鍤也。從木,象形。"清汪汲《事物原會》卷二三:"《説文》:鏵,兩刃鍤也。"

手執兩刃臿的夏禹
漢武梁祠堂畫像

【兩刃鐮】

即鑊。元王禎《農書》卷十四:"《風俗通》曰:'鐮刀自揆,積茭蒭之效。然鐮之制不一,有佩鐮,有兩刃鐮,有袴鐮,有鉤鐮,有鐮柄之鐮,皆古今通用芟器也。"清麟慶《河工器具圖説》卷一:"《農桑通訣》:鐮制不一,有佩鐮,有兩刃鐮,有袴鐮,有鉤鐮,有推鐮。"

【兩刃鐵刀】

即苧刮刀。元王禎《農書》卷二二:"又曰,苧剝去其皮,以竹刮其表,厚處自蜕,得裏如筋者,責之用績。今製爲兩刃鐵刀,尤便於用。"按,明徐光啓《農政全書》卷三六引作"兩刃鐵刃"。

【兩頭銼】

兩面銼。兩面粗細不同。《養心殿造辦處史料輯覽·雍正七年》:"黑子兒皮匣一件,内盛錘子、鋼鉗子一把,兩頭銼一把,鑿子一件,鋼括刀鑿子一把。"

【量】

量物多少的標準容器。以積粟多少爲計量單位。中國量發生很早,《書·舜典》:"協時月正日,同律度量衡。"春秋時期的量則有明確的分級制,《左傳·昭公三年》:"齊舊四量,豆、區、釜、鍾。四升爲豆,各自其四,以登於釜,

戰國齊"子禾子"銅釜量
中國國家博物館

楚私官銅量
小龜山西漢墓

秦"廿六年"詔銘陶量
鄒城紀王城

戰國銅量器
臨淄鳳凰鎮東齊村

秦始皇銅量(有秦始皇廿六年詔書)
天津博物館

釜十則鍾。陳氏三量,皆登一焉,鍾乃大矣。以家量貸,而以公量收之。"現見較早的量屬戰國。秦時期,如齊國的子禾子釜、陳純釜、左關鋓,商鞅方升,加了兩詔的秦國北私府量等。量是從普通容器發展而來,戰國的量器命名也可以説明這一點。就其器形而言,即保持容器的基本形狀,又加了提把。秦陶量(鄒城紀王城)腹壁外有:"廿六年皇帝盡并兼天下諸侯,黔首大安,立號爲皇帝,乃詔丞相狀、綰,法度量,則不壹,歉疑者,皆明壹之。"漢代的量傳世和出土較多。《漢書·律曆志一上》:"量者,龠、合、升、斗、斛也。"配套完善。器形已經擺脱一般容器原形,具備底小口大,或底口大小一致,旁加提柄的量器特徵。漢代除斛斗之類常規量外,還頒發了圭、撮、籥等微量之量。陝西省淳化縣潤鎮鄉西坡村出土三種一套的銅量,和史載四進位制相合。漢景帝陽陵南區從葬坑出土了三種類型二十五件銅量,其中兩類由大而小可分四級,其中也有微量的量器。漢以後量的形制無大變,較爲特

成套微量之量
陽陵南區從葬坑

殊的變化在元代,爲了減少概不正造成的誤差,至元中官斛改作口狹底廣之形。量爲標準考慮,製作材料多用銅鐵,亦兼用木材、陶土。雲夢睡虎秦墓出土過陶量,姚莊101號西漢墓出土了漆量。

漆量
姚莊101號西漢墓

【量天尺】

即圭表。後亦以稱刻箭。《清稗類鈔·名勝類》：“每逢日月蝕前三日調壺，則置銅人於萬水壺上，面南拖箭。箭又名量天尺，長三尺一寸，鑴晝夜時刻，上起午正，下盡午初。”

【量天尺】

登封觀景臺爲元代天文學家郭守敬在至元十三年(1276)創建，用以晝測日影，夜觀極星，以正朝夕。由臺體和自臺北壁凹槽內向北平鋪的石圭兩個部分組成，石圭所以又稱量天尺，用來度量日影長短。石圭長 31.196米，寬 0.53 米，南端高 0.56 米，北端高 0.62 米。石圭居子午方向，圭面中心和兩旁均刻有尺度，用以測量日影長，定四季。

明建觀星臺和量天尺
河南登封

liao

【撩車碓】

水碓的一種。用於水下岸淺的地方。用板、木等障水，使水流變急，衝激水輪帶動水碓工作。元王禎《農書》卷十九：“凡在流水岸傍，俱可設置，須度水勢高下爲之。如水下岸淺，當用陂柵，或平流，當用板木障水，俱使旁流急注。貼岸置輪，高可丈餘，自下衝轉，名曰撩車碓。”

【撩罟】

捕魚小綱。其形四方，兩邊以竹竿或木棍做支架。捕魚時，兩人各執一根竿棍，蕩入水中，見魚入內則起之。《詩·小雅·南有嘉魚》：“南有嘉魚，烝然汕汕。”毛傳：“汕汕，樔也。”鄭玄箋：“樔者，今之撩罟也。”《爾雅·釋器》“篧謂之汕”，晉郭璞注：“今之撩罟。”參見“綽綱”。

【鐐艒】

即箭舟。《宋史·天文志一》：“鐐艒，箭舟也。其虛五升，重一鎰有半。”

【料車】

即四輪車。運輸材料的牛車。清麟慶《河工器具圖説》卷四：四輪車，“工次用以載秸料，俗謂之料車是也”。

lie

【列】

田埂。《周禮·地官·稻人》：“以瀦畜水，以防止水，以溝蕩水，以遂均水，以列舍水，以澮寫水。”鄭玄注：“列，田之畦畔也。”

【獵具】

獵取野生禽獸之具。包括網罟、弓箭、標槍之類。宋洪邁《夷堅三志己一·秦忠印背》：“自後惟覺背痛，令人視之，皮上有赤印四處，若世間篆文，經月始没。忠遂棲心道門，盡毀獵具。”

lin

【囷】

原指儲米之倉。亦稱穀倉。設窗户，後建爲有頂無壁

稟
明永樂大典本《農書》

建築，以利道風散熱。《説文·囷部》：“囷，穀所振入也。宗廟粢盛，蒼黃囷而取之，故謂之囷。從禾，從回，象屋形，中有户牖。凡囷之屬，皆從囷。”元王禎《農書》卷十六：“《説文》曰：‘倉黃囷而取之，故謂之囷，或從廣從禾。’今農家構爲無壁厦屋，以儲禾穗及種稑之種，即古之囷也。”

【廩】

同“囷”。《禮記·月令》：“季春之月，命有司發倉廩，賜貧窮，振乏絶。”孔穎達疏引蔡氏曰：“米藏曰廩。”元王禎《農書》卷十六：“廩，倉別名。”又引《唐韻》：“倉有屋曰廩。”

【稟】

同“囷”。《新唐書·李密傳》：“今稟無見糧，難以持久。”

ling

【伶倫】

傳説爲黄帝臣。中國計量單位的發明者。清汪汲《事物原會》卷二十七:"《漢書·律曆志》:量本起於黄帝臣伶倫,以黄鍾之龠審其容,以秬黍中者千有二百實其龠,以井水準其概,十龠爲合,十合爲升,十升爲斗,十斗爲斛,而五量嘉矣。""《漢書·律曆志》:衡者,銖、兩、斤、鈞、石也。亦起於伶倫以黄鍾一龠容千二百黍,重十二銖,二十四銖爲兩,十六兩爲斤,三十斤爲鈞,四鈞爲石。"傳説伶倫是黄帝的樂師,尚有律吕與磬的發明。《世本·作篇》:"伶倫造律吕","黄帝使伶倫造磬"。

【枔柭】

熬麥用器。《説文·木部》:"柭,燒麥枔柭。"段玉裁注:"燒,猶熬也。枔柭者,熬麥器名。"

【笭】

即笭箵。《廣雅·釋器》:"笭,籠也。"王念孫疏證引《説文》:"笭,籯也。"清曹寅《漁灣》詩:"滄浪笑子美,日暮空笭歸。"

【笭箵】

即笭箵。宋梅堯臣《和韻三和戲示》:"笭箵畫蛤瓦缸醅,海籠淮堁各寄來。將學時人鬭牛飲,還從上客舞娥杯。"

【笭箵】

竹編貯魚竹簍。頭窄或有逆鬚,腹深而大。唐皮日休《奉和魯望漁具十五詠笭箵》:"朝空笭箵去,暮實笭箵歸。歸來倒卻魚,掛在幽窗扉。"唐陸龜蒙《漁具詩·笭箵》:"誰謂笭箵小,我謂笭箵大。盛魚自足餐,實壁能爲害。時將刷蘋浪,又取懸藤帶。"《新唐書·元結傳》:"樊左右皆漁者,少長相戲,更曰聱叟。彼誚以聲者,爲其不相從聽,不相鉤加,帶笭箵而盡船,獨聱齘而揮車。"《能改齋漫録·辨誤三》引唐劉肅《大唐新語》:"漁具總曰笭箵,漁服總曰袗衫。"

背笭箵漁人
明集雅齋本《唐詩畫譜》

【鈴索】

繫懸鈴的繩索。牽動鈴索,懸鈴就搖動發聲。唐時翰林院禁署嚴密,不得隨便出入,故設有懸鈴,供傳呼或通報之用。唐韓偓《雨後月中玉堂閑坐》詩:"夜久忽聞鈴索動,玉堂西畔響丁東。"宋范成大《曉起》詩:"窗明驚起倒裳衣,鈴索頻搖定怪遲。"明文徵明《翰林齋宿》詩:"鈴索無風塵土遠,始知仙署逼金鑾。"明楊慎《秋林伐山·鈴索》:"唐李德裕云:'翰林院有懸鈴,以備警急文字,引之以代傳呼也。'唐制禁署嚴密,非本院人,雖有公事,不敢遽入。於内夫人宣事,亦先引鈴。每有文書,即内臣立於門外,鈴聲連,本院小判官出,受訖,授院使,院使授學士。"

【鈴條】

即鈴索。唐鄭畋《夜景又作》詩:"鈴條無響閉珠宫,小閣涼添玉蕊風。"

【綾機】

織綾的機具。早期是用腰機多綜提花技術,後來發展成爲多綜多躡絞織機。古籍中所講的綾機,多指此種多綜多躡絞織機。多綜多躡紋織機,比單綜或雙綜的斜織機要複雜得多。"躡"古籍中或作"鑷"、"籋",就是腳踏杆。關於多綜多躡織機起始年代尚難確定,根據春秋戰國至秦漢的出土實物推斷,大約是從戰國至秦漢逐漸形成的。明確記載見於《西京雜記》:漢宣帝時,"霍光妻遺淳於衍蒲桃錦二十四匹、散花綾二十五匹。綾出鉅鹿陳寶光家,寶光妻傳其法。霍顯召入其第,使作之,機用一百二十鑷,六十日成一匹,匹直萬錢"。陳寶光妻所創製織綾錦的花機,就是屬於多綜多躡的織機,織機用綜躡數高達一百二十,可見其十分複雜。多綜多躡機製織工藝技術要求高,產量又低,它不能適應大量生產使用,在東漢時通常所廣泛使用的可能是"五十綜者五十躡,六十綜者六十躡"的綾機。到了三國時,陝西扶風(今與平)人馬鈞進行了革新,《三國志·魏志·杜夔傳》裴松之注引晉傅玄文:"馬先生天下之名巧也","爲博士居貧,乃思綾機之變","舊綾機五十綜者五十躡,六十綜者六十躡,先生患其喪功費日,乃皆易以十二躡"。對於多躡織機,歷來有不同的解釋,一種認爲:一百二十或五六十躡不可能指腳踏桿,因爲腳踏桿提綜決不可能多到如此地步。五六十根腳踏桿織工無法工作了。另一種認爲:四川農村的丁橋織機用三十片綜三十條踏桿可以織花邊等織物,而且以前有過七十片綜七十條踏桿的,如果多到一百二十片綜和一百二十根踏桿也是可能的。因爲這樣的織機踏桿部位的總寬度只有一百四十到一百五十厘米左右。晉代傅玄所記馬鈞改革綾機主要是減少了躡的根數,即控制開口用的踏腳桿從五六十根減少到十二根,但并未提到皆易十二綜,可見綜片仍保持原來的數目(五六十片),使織出的花紋"奇文異變","猶自然之形成"。正是靠以馬鈞爲代表的一系列織機改革,使魏國的絲織品能與成都的蜀錦媲美。多綜多躡織機在近代仍用於生產花綾、花錦、花邊等織品。古代的蜀錦產地四川成都附近的雙流縣，現還保存着原始的多綜多躡織機，因爲它的腳踏板上布滿了竹釘，狀如四川鄉下常見一個個在河面上依次排列的過河石墩"丁橋"，故把這種多綜躡織機也取名爲"丁橋織機"。丁橋織機的生產已有很長的歷史，據說生產的花紋品種有鳳眼、潮水、散花、冰梅、緞牙子，大博古和魚鱗扛金等幾十種花邊，以及五色葵花、水波、萬字紋、桂花等花綾、花錦等十多個品種。用綜片多少，可根據品種花紋複雜程度而定，如生產"萬字"花紋要用五十六綜，五十六個腳踏桿（躡）；生產"五朵梅"品種，用二十八綜和二十八個腳踏板。據老藝人回憶，他們曾用過七十二綜七十二躡生產了散花綾錦。

【綾梭】

綾機上的梭子，常泛指絲織機上梭子。唐杜牧《越中詩》："猶自保郎心似石，綾梭夜夜織寒衣。"

【靈臺】

皇家天文臺。夏稱清臺，商稱神臺，周稱靈臺，漢稱靈臺或清臺。是最高統治者根據天象變化制定曆法、占卜吉凶的場所。《詩·大雅·靈臺》漢鄭玄題解："天子有靈臺者，所以觀祲象，察氣之妖祥也。"《後漢書·光武帝紀下》：中元元年十一月，"是歲初起明堂靈臺"。李賢注："《漢宮閣疏》曰，靈臺高三丈，十二門，天子曰靈臺，諸侯曰觀臺。"按，這個靈臺的遺址於1974年被發現，在今河南省偃師縣境內，是我國最古的天文臺遺址。

【靈臺鐵儀】

太史候部鐵儀。《舊唐書·天文志上》："今靈臺鐵儀，後魏明元時都匠斛蘭所造。"

【罢】

南方沿海地區稱一種小型拉網。清黃叔璥《臺海使槎錄·賦餉》："置罟以漁，縺小於罟，罢又小於縺。網長可數十丈，廣五六尺，曰牽縺，曰牽罢。"

liu

【柳斗】

柳條編的大斗。質堅而輕，用途廣汎，也用作汲水器皿。清周慶雲《鹽法通志》卷三六："腳踏車，此因各灘，向用柳斗起滷。"

北宋白釉仿柳斗形之杯
淨志寺地宮塔基

【柳葉刀】

柳葉形外科用刀具。清高文晉《外科圖說》卷一"刀剪鉗各式物件圖"有"柳葉刀"。

柳葉刀
清咸豐年刊《外科圖說》

【琉璃廠】

燒造琉璃瓦等工坊。《明史·職官志》："曰黑窰廠、曰琉璃廠，以陶瓦器。"

【琉璃亮瓦窰】

燒製琉璃瓦之窰。《日下舊聞考·城市》："黑窰廠爲明代製造甎瓦之地，曰黑窰別於琉璃亮瓦二窰也。本朝之制，琉璃亮瓦窰皆仍明舊。"

【硫黃盃】

用石硫黃製作的保健用杯。明李時珍《本草綱目·金石五·石硫黃》："硫黃盃，此盃配合造化，調理陰陽，奪天地冲和之氣，乃水火既濟之方，不冷不熱，不緩不急，有延年卻老之功，脫胎換骨之妙。""其法用瓷盌以胡桃擦過，用無砂石硫黃生熔成汁，入明礬少許，則塵垢悉浮，以杖掠去，綿濾過；再入盌熔化，傾入盃内，蕩成盃取出，埋土中一夜，木賊打光用之。欲紅入硃砂，欲青則入葡萄，研匀同煮成。每用熱酒二盃，清早空心溫服，則百病皆除，無出此方也。"

【硫黃圈】

性交用具。經硫黃浸漬的圈狀物。戴於龜頭，起壯陽作用。《金瓶梅》第三十八回："將銀託子束其根，硫黃圈套其首。"

【劉歆尺】

即劉歆銅斛尺，明徐光啓《農政全書》卷四："漢劉歆尺，建武銅尺，宋祖冲之所傳尺，皆與荀氏一體。"

【劉歆銅斛】

王莽時，劉歆同律度量衡時所鑄銅嘉量，主體是斛，史稱劉歆銅斛。也稱王莽銅斛，新莽嘉量。明朱載堉《樂律全書》卷二十四："詳考劉歆所造銅斛，方尺而圓其外，旁有庣焉。庣者言一尺之外有餘之數，所謂九釐五毫是也。"

【劉歆銅斛尺】

漢平帝時，劉歆同律度量衡，變漢制，新莽沿用，以鑄錢貨、銅斛、望臬，所用尺度史稱劉歆銅斛尺。荀勗曾用來校定晉前尺。《宋史·律曆志三》："《隋志》所載諸代尺度。十有五等，然以晉之前尺爲本，以其與姬周之尺、劉歆銅斛尺、建武銅尺相合。"

【劉裕】

(363—422)南朝劉宋王朝的建立者，字德輿，小字寄奴。出身貧苦,年輕時曾種過地。傳説是葛燈籠的發明者。元王禎《農書》卷十五:"《南史》:宋武祖微時,躬耕於丹徒,及受命,耨耜之具頗有存者,皆命藏之以示子孫。及孝武帝大明中,壞所居陰室,起玉燭殿,與羣臣觀之,牀頭有障壁,掛葛燈籠。侍臣盛贊武帝素儉之德。帝曰:田舍翁得此足矣。今農家襲用以憑暮夜提攜,往來照視,有古之遺風焉。"

【枷】

連枷。宋周密《癸辛雜識後集·連架》:"今農家打稻之連枷,古之所謂拂也。《王莽傳》:'東載耒,南載耨。'注:'鉏也,薅去草。''西載銍,北載拂'。注:'音佛,以擊治禾,今謂之枷。'"按,枷爲"連枷"之訛。今本《漢書·王莽傳中》顔師古注:"拂音佛,所以擊治禾者也,今謂之連枷。"

【柳婕好妹】

唐代發明夾纈印花的一位婦女。宋王讜《唐語林》卷四:"玄宗時柳婕好有才學,上甚重之。婕好妹適趙氏,性巧慧,因使鏤版爲雜花之象而爲夾纈,因婕好生日獻王皇后一匹,上見而賞之,因宮中依樣製之,當時甚秘,後漸出,遍於天下。"這種夾纈屬鏤空版印花。夾纈版爲木質板。

【柳木槌】

柳木製的棒槌,搗研藥物的工具。宋王袞《博濟方》:"右先將未曾經使者銚子一箇,坐於文武火上令煖,入水銀在內,片時後,入硫黃,用柳木槌子,研令鎔勻後,拈下銚子,放冷,取出細研。"

【柳木磑】

以柳木製成的磨。宋蘇軾《蘇沈良方》卷七:"《靈苑》治眼,薏實散:薏麻子,以柳木製磑子磨之,馬尾篩篩過,取黃肉,其烏殼弃不用。每十兩可得四兩精肉。非柳木磑不能去殼。"

【柳筲】

即柳斗。元王禎《農書》卷十八:"當旱之際,乃用戽斗,控以雙緪,兩人掣之,抒水上岸,以溉田稼。其斗或柳筲,或木罌,從所便也。"清麟慶《河工器具圖説》卷二:"地狹水淺,宜用戽斗,南方多以木罌,北人多以柳筲。"

【柳杖子】

即柳木槌。宋趙佶等《聖濟總録·癰疽潰後蝕惡肉》:"治瘡腫疼痛,辟風歛瘡。紫金挺方:更煎烊後,旋入藥油內煎,柳杖子攪,令紫色,去火滴水內成珠,即傾入瓷器內盛。"

【罶】

即魚笱。因其能留住魚使不得逃走,故名。《詩·小雅·魚麗》:"魚麗於罶,鱨鯊。"毛傳:"罶,曲梁也,寡婦之笱也。"《國語·魯語上》:"大寒降,土蟄發,水虞於是乎講眾罶取名魚。"韋昭注:"罶,笱也。"唐柳宗元《晉問》:"罩罶罣麗,織紝其間。"清蕭鳳儀《嫠婦之笱謂之罶解》:"此笱實竹器,與筐籠相似,口闊頸狹,腹大而長,無底。施之,則以索束其尾,喉內編細竹而倒之,謂之曲薄,入則順,出則逆,故魚入其中而不能出。謂之罶者,罶,從網從留,言能留魚而使不去也。多就曲梁施之以承其空,人不必入水,雖婦人亦能用。"

【𦊨】

同"罶"。魚笱。《説文·网部》:"罶,曲梁,寡婦之笱,魚所留也。"又:"𦊨,罶或從婁。《春秋》、《國語》曰:'溝眾𦊨。'"

【六尺竿】

木工所用量材之具。明徐光啓《農政全書》卷四二:"起造房屋於上梁之日,偷匠人六尺竿,并墨斗。以木馬兩個,置二門外,東西相對。先以六尺竿,橫放木馬上,次將墨斗綫橫放竿上。"

【六合驗時儀】

清製測定聲源距離的儀器。清《皇朝禮器圖式》卷三:"本朝製六合驗時儀,鑄銅爲兩球。""以銅葉一往一還爲一秒。""七秒爲五里,候凡發聲時撥之使動,驗秒數以知聲之遠近。"

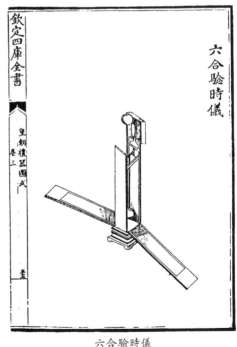

六合驗時儀
四庫全書本《皇朝禮器圖式》

【六合儀】

渾儀中最外層的環組。始於唐李淳風所製的渾天黃道儀。由固定在支架上的地平、子午、赤道三個環組成。六合爲天地四方之稱,故稱六合儀。宋歐陽修《新唐書·天文志一》:"至七年儀成。""一曰六合儀,有天經雙規、金渾緯規、金常規,相結於四極之内。列二十八宿,十日,十二辰,經緯三百六十五度。"《宋史·天文志一》:"若六合儀、派儀與四游儀併引爲三重者,唐李淳風所作。"

【六一泥】

煉丹封固用泥。一説指用蚯蚓屎和鹵土,以及多種藥石製作的一種泥狀物。唐孫思邈《備急千金要方·膽腑》:"太一神精丹……各研令如細粉,以醲酢拌使乾濕得所,内土釜中,以六一泥固際,勿令泄氣。""作六一泥法:赤石脂、牡蠣、滑石、礜石、黃礬、蚯蚓屎、鹵土各二兩。右取醲酢以足度度。若無鹵土,以鹽代之。先作甘土泥,以泥各别裹前黃礬等五種,作團裹之,勿令泄氣。以火燒周三日最好,一日亦得。出火破團,取藥各搗碎,絹篩,然後與蚯蚓屎、鹵土等分,以酢和之如稠粥。既得好酢,可用二酢一分水和用。取前瓦盆以此泥塗之。"一説指蚯蚓屎。明李時珍《本草綱目·蟲四·蚯蚓》:"其屎呼爲蚓螻,亦曰六一泥。以其食細泥,無沙石,入合丹泥釜用。"

【溜槽】

一種兩邊高起、中間凹陷的狹窄通道。明湯若望、焦勗《火攻挈要》卷上:"塗於爐底之上、及出銅之口,與溜槽等處。"

溜槽
明初刊本《天工開物》

long

【龍鞭匣】

帝皇行躬耕籍田禮時盛黃龍絨鞭的匣子。外糊絹料爲飾。明沈榜《宛署雜記·經費上》:"龍鞭匣二個,五穀箱五個,糊箱絹料價共二兩六錢一分。"

【龍骨】

即龍骨車。宋王安石《寄楊德逢》:"脩脩兩龍骨,豈得長掛壁。"宋黃幹《甲子語溪閣雨》詩:"塘中龍骨高數層,龜坼田中縱復橫。青裙箬笠倚車卧,但有空車無水聲。"明田藝衡《留青日札·龍骨》:"今水車中,蝦蟆練頭各曰龍骨。蓋龍能行水,亦取其形之似脊骨也。王安石詩:倒持龍骨掛屋放。脩云:龍骨長幹掛梁枏。又云:脩脩兩龍骨,豈得長掛壁。蓋龍骨節節,故可掛,今遂以爲水車。"

【龍骨板】

龍骨車構件。環繞龍骨車水槽上下安裝。水車轉動時上部龍骨板貼近水槽,刮水上行,達到提升水的作用。元王禎《農書》卷十八:"翻車,今人謂龍骨車也。""車身用板作槽,長可二丈","槽中架行道板一條","同行道板,上下通週以龍骨板葉"。明徐光啓《農政全書》卷十七:"翻車,今人謂龍骨車也","人憑架上,踏動拐木,則龍骨板隨轉,循環行道板,刮水上岸"。

【龍骨車】

汲水灌溉機械。通常所説的翻車,多指這種龍骨車。其制:用一長木槽,一端入河水中,另一端置岸上;槽内有若干木刮板,寬度與木槽相配合,既能括起水,又能在槽中自由運動;刮板間用木鏈連接,如龍骨狀;木槽的兩端各有帶齒輪狀木板的木軸,其形制根據龍骨車的品種不同而不同。龍骨木鏈和木槽兩端的帶齒木板輪齧合安

人力龍骨車
璧圖本《吳友如畫寶》

裝,依靠某一端軸的動力,使龍骨木鏈循着木槽上下循環轉動,龍骨板即沿槽刮水上岸,至岸上軸端龍骨板翻轉從槽下返回,同時將水刮出木槽,流入木槽下的水溝而流入農田。根據驅動的動力不同,有水轉翻車、牛轉翻車、人

踏翻車等。用手轉動的小型龍骨車，則稱"拔車"。龍骨車在發明初期稱"翻車"。其發明時間約在東漢。發明人不詳。《後漢書·張讓傳》載：漢靈帝中平三年，令掖庭令畢嵐作"翻車、渴烏"。據此，翻車的發明當在漢靈帝之前，距今約有一千七百多年。三國發明家馬鈞曾對龍骨車進行改進，使其能"令童兒轉之"，可見相當輕便。宋陸游《春晚即事》詩："龍骨車鳴水入塘，雨來猶可望豐穰。"元王禎《農書》卷十八："翻車，今人謂龍骨車也。"《清史稿·全福曾傳》："開渠澗，製龍骨車，興水利。"參見"翻車"。

【龍骨翻車】
　　即龍骨車。明徐光啓《農政全書》卷十六："溪澗傍田而卑於田，急則激之，緩則車升之，激者因水流之湍急，用龍骨翻車、龍尾車、筒車之屬，以水力轉器，以器轉水，升入於田也。車升者水流既緩，不能轉器，則以人力、畜力、風力運轉其器，以器轉水入於田也。"

【龍骨木斗】
　　隋唐時期用於水井提水灌溉的農具。由一條首尾相連的長鏈上，裝置多個水斗組成的。長鏈裝在一個大立齒輪上，大立齒輪的一端和一個大臥齒輪相接。提水時，只要拉動套桿就可以連續從井中提水灌溉農田。這種水車大約發明於公元 670 年以前。《太平廣記》卷二五〇引隋侯白《啓顏録·鄧玄挺》："唐鄧玄挺入寺行香，與諸僧諸園，觀植蔬。見水車以木桶相連，汲於井中。乃曰：法師等自蹋此車，當大辛苦。答曰：遣家人挽之。"這種"以木桶相連，汲於井中"的水車，當指龍骨木斗。明徐光啓《農政全書》卷十六："掘土深丈以上而得水者，爲井以汲之。""井有石井、磚井、柳井、葦井、竹井、土井，則視土脈之虛實縱橫，及地産所有也。其起法，有桔槹、有轆轤、有龍骨木斗，有恒升筒，用人用畜。高山曠野，或用風輪"。

【龍股車】
　　即龍骨車。清張宗法《三農記》卷二："兩壁高田，中流大水，深不可爲堰，又難用龍股車。設法當於水陡急處爲灌車。"

【龍厩】
　　良馬之馬厩。《魏書·成淹傳》："賜淹龍厩上馬一匹，并鞍勒宛具。"《通典·職官七》："梁太僕有龍厩及内外等厩，陳因之。""大唐改龍厩爲典厩署。"

【龍具】
　　即牛衣。《漢書·王章傳》："章疾病，無被，臥牛衣中。"唐顏師古注曰："牛衣，編亂麻爲之，即今俗呼爲龍具者。"唐陸龜蒙《襲美時以緑罽爲贈因成四韻》："病中秖自悲龍具，世上何人識羽袍。"

【龍漏】
　　即權器。唐太宗李世民《冬宵各爲四韻》："彤宫静龍漏，綺閣宴公侯。"

【龍梭】
　　即織梭。《晉書·陶侃傳》："侃少時漁於雷澤，網得一織梭，以掛於壁，有頃雷雨，自化爲龍而去。"後來依此傳説，而稱織梭爲龍梭。唐李賀《有所思》詩："西風未起悲龍梭，年年織素攢雙蛾。"

【龍尾車】
　　一種用人力、水力、風力或畜力作動力的水車。明徐光啓《農政全書》卷十九："龍尾車者，河濱挈水之器也。""龍尾者，水象也，象水之宛委而上升也。龍尾之物有六：一曰軸，軸者轉之主也。水所由以下而爲上也。二曰牆，牆者以束水也。水所由上也。三曰圍，圍者外體也，所以爲固抱也。四曰樞，樞者所以爲利轉也。五曰輪，輪者所以受轉也。六曰架，架者所以制高下也，承樞而轉輪也。六物者具，斯成器矣。或人馬，或水焉，風馬牛焉，巧者運之，不可勝用也。"清錢泳《履園叢談·考索·水車》："近吴門沈狎鷗孝廉按之古法製龍尾車，不須人力，令車盤旋自行，一日一人可灌田三四十畝，豈不大善。"

【龍尾埽】
　　以整株大柳樹充作的埽。清麟慶《河工器具圖説》卷三："又有龍尾埽，伐大柳樹連梢繫之長堤，根隨水上下，破嚙岸浪，俗名曰掛柳。"

【櫳】
　　同"礱"。清范寅《越諺》卷中："櫳即礱，剥穀爲米之具。越礱，木質，故從木。"

【櫳篩】
　　磨穀後出米的篩子。清范寅《越諺》卷中："櫳篩，櫳後篩穀出米者也，其眼寬。又有眼稍緊可出半米者。"

【礱】
　　一種與磨同類的穀物加工機械。其主體部分的結構和工作原理與磨完全相同。但礱的作用是將稻穀去殼取米，故礱的上扇重量較磨爲輕，以破殼而不傷米爲度。根據製作材料，有竹、木製的兩種，分別稱土礱或木礱。亦有石製者，稱石碾。江蘇洪重崗漢墓，有礱的畫像。礱分兩扇，頂部有漏斗，下有承盤。此墓爲西漢末至新莽時期。元王禎《農書》卷十六："礱，碾穀器。所以去穀殼也。淮人謂之礱（力董切），江浙之間謂之礱（盧東切）。編竹作圍，内貯土泥，狀如小磨。仍以竹木排爲密齒，破穀不致損米。就用拐木，竅貫礱上掉軸，以繩懸檁上，衆力運肘轉之。日可破穀四十餘斛。"明宋應星《天工開物·攻稻》："凡稻去殼用礱，去膜用舂、用碾。然水碓主舂，則兼并礱功。燥乾之穀入碾亦省礱也。"

礱

明永樂大典本《農書》

【礱枋】

人力礱上的傳力機構中的一種部件。"丫"字形。多用天然樹木之有歧者製作。清翁廣平《〈杵臼經〉序》:"以木之歧者爲礱枋,歧處小。以八尺之柚中空之,上束以無底之筥以受穀。枋之首,綴以徑寸之鐵以貫耳,然後執其柚而施轉之,而米甲脱矣。"

【礱耳】

礱的傳力機構中的一種部件。堅木製,中有孔裝於上扇礱旁,通過一鐵桿和礱枋相連接。清翁廣平《〈杵臼經〉序》:"雌礱中空,尺有二寸,中貫堅木,木中鑿一竅,以鐵墊竅底,以當雄礱之莖,傍以堅木爲礱耳。""枋之首,綴以徑寸之鐵以貫耳,然後執其柚而旋轉之。"

【礱厲】

同"礱礪"。《荀子·性惡》:"故枸木必將待檃栝烝矯然後直,鈍金必將待礱厲然後利。"

礱厲

洛陽北魏楊機墓

【礱礪】

磨刀石。《尸子·勸學》:"昆吾之金而銖父之錫,使於越之工,鑄之所爲劍而弗加砥礪,則以刺不入,以擊不斷;磨之以礱礪,加之以黃砥,則其刺也無前,其擊也無下。"

【礱磨】

一種上扇因使用過久而較薄的磨。其分量較輕,可代礱使用,磨稻穀去殼而不致損米。磨而代礱,故名。用人力或畜力拖動。元王禎《農書》卷十六:"又有礱磨上級甚薄,可代穀礱,亦不損米。或人或畜轉之,謂之礱磨。"按,明徐光啓《農政全書》卷二三引此文作:"又有廢磨,上級已薄,可代穀礱,亦不損米。"

【磑】

同"礱"。宋高承《事物紀原·農業陶漁·磑》:"《世本》曰:公輸般作磑,今以磑穀。首自山而東謂之磑。江浙之間,或曰礱,編木附泥爲之,所以破穀出米矣。"

【磑礪】

同"礱礪"。漢賈誼《新書·官人》:"知足以爲磑礪,行足以爲輔助。"

【籠具】

即牛衣。給牛禦寒用。元王禎《農書》卷二二:"牛衣,顏師古曰,編亂麻爲之,即今呼爲籠具者。《前漢·王章傳》:'嘗臥牛衣中。'"

【籠頭】

套在牛馬頭上用以繫牽索的帶具。《南史·隱逸傳下·陶弘景》:"唯畫作兩牛,一牛散放水草之間,一牛著金籠頭,有人執繩,以杖驅之。"《紅樓夢》第八二回:"寶玉下學回來,見了賈母。賈母笑道:'好了! 如今野馬上了籠頭了。'"

【鞿】

即籠頭。唐鄭處誨《明皇雜錄》卷下:"於是競購名馬,以黃金爲銜鞿,組繡爲障泥。"

【籠頭】

同"籠頭"。北魏賈思勰《齊民要術·養牛馬驢騾》"飼牛馬令不鬪法",注:"唯著籠頭,浪放不繫。"

【籠觜】

用竹、藤等編成的罩子。牛、驢等工作時戴在嘴上。防止牲畜隨便吃農作物。元王禎《農書》卷十三:"撮苗後,用一驢帶籠觜輓之。初用一人牽,慣熟不用人,止一人輕扶,入土二三寸,其深痛過鋤力三倍。"

lou

【樓機】

即高機。敦煌文書伯 3448 號背《辛卯年百姓童善通張善保雇驢契》:"又樓機壹匹,看行内駱駝價。"伯 2638 號《後唐清泰三年沙州儭司教授福集等狀》:"樓機綾叁匹,生絹伍匹,黃小綾襖子壹領,烏玉要帶壹。"

【耬犂】

同"耬犁"。三國魏魚豢《魏略·皇甫隆傳》："初,燉煌不甚曉田,常灌溉滀水,使極濡洽,然後乃耕。又不曉作耬犂,用水及種,人牛功力既費,而收穀更少。隆到,教作耬犂,又教衍溉,歲終率計,其所省庸力過半,得穀加五。"清麟慶《河工器具圖説》卷二:"《魏略》曰:皇甫隆爲敦煌太守,教民作耬犂。"

【耬】

一種用畜力挽行的條播農具。其主要部分爲耬架、耬腿、耬脚、耬轅、種子斗和導種管等。可用於小麥、高粱、

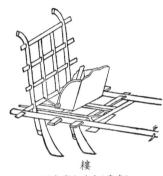

耬
明永樂大典本《農書》

穀子、大豆等的播種。有自動開溝、下種、覆土等功用。中國大約在漢代之前已有一脚耬和兩脚耬的使用。漢武帝時代,搜粟都尉趙過在前人的基礎上創製了三脚耬,使播種效率進一步得到提高。《齊民要術·耕田》引漢崔寔《政論》:"武帝以趙過爲搜粟都尉,教民耕殖,其法:三犁共一牛,一人將之,下種,輓耬皆取備焉,日種一頃。至今三輔猶賴其利。"元王禎《農書》卷十二:"夫耬中土皆用之,他方未經見,恐難成造。"《正字通·耒部》:"耬,盧侯切,音樓,下種具。一曰耬車。狀如三足,犁中置耬斗,藏種,以牛駕之,一人執耬,且行且搖,種乃隨下。"參見"耬車"。

耬
明初刻本《天工開物》

【耬車】

即耬。元王禎《農書》卷十二:"耬車,下種器也。《通俗文》曰:覆種曰耬,一云耬犁。其金似鑱而小。"

【耬鋤】

中耕農具。形如耬車。鋤刃尖圓如杏葉樣,柄以純鐵爲之,柄項彎曲。工作時,將鋤柄於耬脚下端斜竅中穿過,其柄末上出橫桃竅中,鋤刃橫冒於耬脚下端。《農桑輯要·種穀》:"今之器以鋤,營州之東以鏟,爰有一器,出自海嶠,號曰耬鋤。"明徐光啓《農政全書》卷二二:"耬鋤,《種蒔直説》云:此器出自海嶠,號曰耬鋤。耬制頗同,獨無耬斗,但用耬鋤鐵柄,中穿橫桃下,仰鋤刃形如杏葉。撮苗後,用一驢,帶籠觜輓之。初用一人牽,慣熟不用人,止一人輕扶。入土二三寸、其深痛過鋤力三倍。"

【耬斗】

耬車上裝種子用的斗狀部件。上大下小,下有竅。置於耬車中,且行且搖,種隨下。北魏賈思勰《齊民要術·耕田》:"耬車者,下種具也。狀如三足犁,中置耬斗,藏種。"元王禎《農書》卷十二:"其制:兩柄上彎,高可三尺,兩足中虛,闊合一壠,橫桃四匝,中置耬斗。其所盛種粒,各下通些竅,仍旁挾兩轅,可容一牛,用一人牽,傍一人執耬,且行且搖,種乃自下。"

【耬犁】

即耬。《三國志·魏書·倉慈傳》:"又爲立祠,遙共祠之。"裴松之注引三國魏魚豢《魏略》:皇甫隆"爲太守。初,燉煌不甚曉田"。"又不曉作耬犁,用水,及種,人牛功力既費,而收穀更少。隆到,教作耬犁,又教衍溉,歲終率計,其所省庸力過半,得穀加五。"元王禎《農書》卷十二:"耬車,下種器也。《通俗文》曰:覆種曰耬,一云耬犁,其金似鑱而小。"

【耬筂】

即褲筂。《方言》第五:"飲馬橐,自關而西謂之裺囊,或謂之裺筂,或謂之耬筂。燕齊之間謂之帳。"

【耬兜】

即褲筂。《廣雅·釋器》"裺筂、耬筂、帳,囊也。"清王念孫疏證:"《方言》:飲馬橐,自關而西或謂之耬兜。耬與篓義相近。"

【耬犂】

同"耬犁"。明徐光啓《農政全書》卷二:"中土耕一犁三牛。水田水牛,故一犁一牛。一牛三犁,耬犁也。"一本作"耬犁"。

【篗鉤】

用於捆扎篗子的鉤子。清麟慶《河工器具圖説》卷四："柴篗爲柳船承柴之用,篗鉤爲捆扎柴篗之用。""篗鉤則鍛鐵爲首,灣長尺餘,受以木柄,約長二尺。"

篗鉤

清嘉慶年刊《河工器具圖説》

【漏】

即漏刻。《史記・司馬穰苴列傳》:"穰苴則仆表决漏。"《三國志・吳志・吳範傳》:"問其期,曰:'明日日中'。權立表下漏以待之。"

【漏箭】

漏刻中標有刻度的計時尺。《宋史・律曆志三》:漏刻,"其制有銅壺、水稱、渴烏、漏箭"。

【漏刻】

中國古代主要的計時儀器。漏,指漏壺;刻,指刻箭,是一根標有刻度以計量時間的標尺。起源甚早。《隋書・天文志上》:"昔黄帝創觀漏水,器制取則,以分晝夜。"從刻箭的沉浮分,有沉箭漏和浮箭漏。前者箭隨壺中水的漏出而下沉,後者置於下面一個銅壺内,隨着上面一個壺中水的注入而上升。爲使漏刻精確度提高,漏刻供水的壺由一個而發展爲一組壺,使得最下一個出水壺的水面恒定,以保持流速不變。西漢以前的漏刻爲單壺型。1958年陝西興平茂陵附近出土的"興平銅漏",1968年於河北滿城西漢中山靖王劉勝出土的"滿城銅漏"(嘴損),

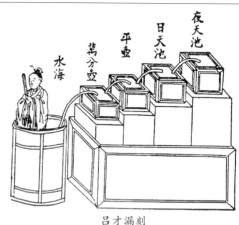

呂才漏刻

向山堂本《六經圖定本》

1976年在内蒙古自治區伊克昭盟杭錦旗出土的"千章銅漏",1977年於山東巨野縣紅土山西漢昌邑王劉髆墓出土的"巨野銅漏",2011年江西南昌西漢海昏侯劉賀墓出土的"海昏銅漏",均爲單壺型漏刻。漢文帝霸陵外藏坑發現一高一低兩件漏壺,分别在38號外藏坑與19號外藏坑内,形制相同,二者高度相差三倍左右。下有滴水嘴,上蓋子中間和提梁中間都有對應的扁孔。景帝陽陵曾出土陶質的漏壺。東漢以後出現多壺型漏刻。張衡的漏水轉渾天儀用的就是二級漏刻。《初學記》卷二五引漢張衡《漏水轉渾天儀制》:"以銅爲器,再疊差置,實以清水。下各開孔,以玉虬吐漏水入兩壺。"晉代記載中有三級漏刻。晉孫綽《漏刻銘》:"累筒三階,積水成淵。"唐代有四級漏刻,清王篍編《六經圖定本・詩經》引楊甲《六經圖》:唐太常博士呂才的漏刻"有四匱,一夜天池,二日天池,三平壺,四萬分壺。又有水海,以水海浮箭。""以次相注,入於水海,浮箭而上"。宋代燕肅蓮花漏把漏刻精確度發展到歷史最高水平。採取分水裝置,即在出水壺壺壁上方開一泄水孔,自上方壺中注入出水壺的流量大於出水壺注入箭壺的流量,多餘的水自泄水孔分流出去,保持出水壺水位在泄水孔處,流入箭壺的水即十分穩定。以後中國古代漏刻的型式就没有什麽根本變革了。清乾隆十一年(1746)製的"交泰殿漏刻"和嘉慶四年(1799)製的皇極殿漏刻,基本屬於這一

銅漏刻

興平出土

銅漏刻

漢劉勝墓

銅漏刻

海昏侯墓

銅漏刻

杭錦旗

清代漏刻

故宫博物院

型式漏刻。其用途：一是用于天文觀測定曆法之用。《隋書·天文志上》：“漢興，張蒼因循古制，猶多疎闊。及孝武考定星曆，下漏以追天度，亦未能盡其理。”歷代天文志、曆志都有關於漏刻的記載。二是用於軍事及民間計時。《史記·司馬穰苴列傳》：“與莊賈約曰：‘旦日日中會於軍門。’穰苴先馳至軍，立表下漏待賈。”“日中而賈不至，穰苴則仆表決漏，入，行軍勒兵。”在民用上，歷代都設有專管時間的機構和官員，如《周禮》中挈壺氏、司寤氏、雞人即爲其專職名稱。自京城至各府、州縣都有司報時辰更點的鐘鼓樓。所用的計時工具即爲漏刻。但漏刻僅是計時工具，即相當於現在的鐘錶，時間標準則須用天文儀器如圭表、日晷渾儀等來測定。上述司馬穰苴的“立表下漏”及“仆表決漏”即指此。漏刻從廣義來説還包含以後發展的沙漏、水銀漏、秤漏、碑漏、輥彈漏刻、香漏、馬上漏刻、行漏輿等不同類型、用途的計時工具。漏刻的精確度根據現代研究，到宋代已達每天誤差二三分鐘。而歐洲在 14 世紀出現的機械時鐘每天誤差達二十分鐘以上，直到使用了擺作爲時間調節器後，精度才大爲提高。參見“運漏”、“更籌”。

【鏤】

同“耬”。耬車。鏤，耬之訛。《大清歷朝實錄》卷六四四：“惟甫涸出之地，不能驟乾，難用牛力翻犁。訪有犁鏤及撒裂種二法；犁鏤之法，兩人代牛牽鏤，一人扶鏤輕搖，種從底出，即已入地。”

【鏤牙尺】

雕刻有細致紋飾的象牙尺。上海博物館藏唐代鏤牙尺正背兩面用雙綫等分爲十個寸格，寸格內分刻花卉、鳥獸、亭宇等紋飾。每寸之間和周邊均刻花紋。此類象牙尺流傳至日本甚多。《唐六典》卷二二：“每年二月二日進鏤牙尺及木畫紫檀尺。”

唐鏤牙尺
《中國古代度量衡圖集》

lu

【蘆刀】

用蘆片製作的醫用手術刀具。晉葛洪《肘後備急方·治傷寒時氣溫病方》：“比歲又有膚黃病，應看其舌下兩邊，有白脈彌彌處，蘆刀割破之，紫血出數升，亦歇。”《藝文類聚》卷七八引北周王褒《道士步虛詞》：“成丹須竹節，刻髓用蘆刀。”

【蘆管】

即葦管。晉葛洪《肘後備急方·治卒魘寐不寤方》：“以

蘆管吹兩耳。”唐王燾《外臺秘要》引《千金翼》：“鼻中息肉不得息方：礬石三分（燒），藜蘆二分，瓜蒂二七枚，附子二分（炮）。右四物擣末，蘆管吹小豆許於鼻孔中。”

【蘆葦筒】

即葦管。宋王懷隱《太平聖惠方》卷四六：“右件藥，都以乳汁調和令勻，以蘆葦筒長一尺二寸，破作兩片；一尺塗藥，二寸令空，卻令相合，以線繫定，須令心中通氣；一頭點火，一頭吸烟，逐口嚥下。”

【櫨】

一種并膠工具。清李斗《揚州畫舫録·工段營造録》：“自喻皓造木經，丁緩、李菊，遂爲殿中無雙，後世得其法，揣長楔大。理木有傂，削木有斤，平木有鐅，析木有鋸，并膠有櫨，釘木有櫼，檃栝蒸矯，以制其拘。”

【壚】

酒店安置酒甕的土墩子。《後漢書·孔融傳》：“不念宋人待四海之客，大壚不欲令酒酸也。”唐李賢注：“壚，累土爲之，以居酒甕，四邊隆起，一面高如鍛壚，故名壚，字或作壚。”

【爐竈】

用磚石等砌成，供烹煮食物、燒水的設備。《清史稿·兵志·七》：“板築所則造船上爐竈，及各煙筒爐竈一切泥水修築各工。”

【纑紗碾】

碾具之一種。元熊夢祥《析津志·物產》：“纑紗碾，俱望東南，多不在人家房屋內。故老傳云：金國替燕，人咸感江南之人。後都人詢問昔時供給，貢賦糧米俱在江南，遂以碾望東南，上朝揖而拜。故名擣碾東南。示不忘昔日供給也。”

【鑪】

指冶煉金屬的爐子。《通典·食貨九》：“十年，詔晉王廣，聽於揚州立五鑪鑄錢。”《文獻通考·錢幣二》：“河東鐵錢，以二當銅錢一，行一年，又以三當一，或以五當一。罷官鑪日鑄，且行舊錢。”

【鑪鞲】

火爐鼓風之皮囊。唐施肩吾《早春遊曲江》：“羲和若擬動鑪鞲，先鑄曲江千樹紅。”宋葉適《送胡衍道》：“衆金鑪鞲合，一匠眂楉分。”

【魯斫】

即鑺。北魏賈思勰《齊民要術·種苜蓿》：“地液輒耕壟，以鐵齒鋤樓之，更以魯斫斸其科土，則滋茂矣。”元王禎《農書》卷十三：“鑺，斸田器也。《爾雅》謂之鐯，斫也。

又云魯斫。”

【鹵斫】

同“魯斫”。《廣雅・釋器》“楮謂之钁”，王念孫疏證引《方言》：“關東名曰鹵斫。”

【陸碾】

泛稱用人力或畜力挽行的碾子，包括碢輾、海青輾等。元王禎《農書》卷十九：水碾“如水磨之法，輪軸上端，穿其㪺㪺，水激則碾隨輪轉，循槽轢穀，疾若風雨。所毇米，比於陸碾，功利過倍”。

【陸軸】

即磟碡。《農雅・釋器》：“石輥謂之磟碡。案：《齊民要術》：作陸軸，築場之用。”

【碌碡】

同“磟碡”。《清稗類鈔・物品類・磟碡》：“磟碡，農具也。一作碡碡，亦作碌碡。以石爲圓筒形，中貫以軸，外施木匡，曳行而輾壓之。以平場圃，亦以輾禾麥。南方以木爲之。長橢圓形而有觚棱。其圓筒形者，則謂之輥軸。”《清史稿・災異一》：“五月，滕縣雨雹，大如碌碡。”

【碌軸】

即磟碡。明徐光啓《農政全書》卷七：“其火糞，積上同草木堆疊燒之，土熱冷定，用碌軸碾細用之。”

【麃】

同“鹿”，即庾。參見“鹿”。

【籭】

同“鹿”。即庾。宋蘇軾《密州祭常山文》：“自秋不雨，霜露殺菽。黃糜黑黍，不滿困籭。”

【篗】

即筥。明王圻《三才圖會・器用五》有“推篗”圖。

推篗
明萬曆年刊《三才圖會》

【鹿】

即庾。《國語・吳語》：“今吳民既罷，而大荒薦饑。市無赤米，而困鹿空虛。”韋昭注：“員曰困，方曰鹿。”《廣雅・釋宮》：“鹿，倉也。”清王念孫疏證：“鹿，通作麃。《國語・吳語》：‘困鹿空虛’。《廣韻》引賈達注云：‘麃，庾也。’”

【鹿觡】

即鉤。《方言》第五：“鉤，宋楚陳魏之間謂之鹿觡。”郭璞注：“懸物者，或呼鹿角。”

【鹿角】

指懸物用的鉤子。古代多利用動物的角製作鉤子，鹿角爲常見的動物角類，是最常見的製鉤材料，故以鹿角借指鉤。考古發掘江西米糧鋪東南陳家墩商周遺址，在商代和周代水井中發現鹿角鉤和鹿角五支。《方言》第五：“鉤，宋楚陳魏之間謂之鹿觡。”晉郭璞注：“或呼鹿角。”

【鹿角搥】

鹿角製的搗研藥物的工具。唐王燾《外臺秘要》卷三十二：“五月五日收取益母草，暴令乾，燒作灰”，“以玉搥研，絹篩又研三日不絕”。“如無玉搥，以鹿角搥亦得。”

【鹿角鎚】

同“鹿角搥”。宋王懷隱《太平聖惠方》卷四十：益母草“以玉鎚研細，羅又研，三日不絕”。“如無玉鎚，以鹿角鎚亦得。”

【鹿角錘子】

即鹿角槌。宋王懷隱《太平聖惠方》卷四十：“覺令稠，待凝，以瓷器盛，用鹿角錘子研二日。”

【鹿盧】

同“轆轤”。《禮記・檀弓下》“公室視豐碑”，漢鄭玄注：“穿中於間爲鹿盧，下棺以綍繞。”《魏書・羯胡石勒傳》：“積柴城北，樹標其上，標末置鹿盧，穿之以繩。”明許自昌《水游記・慕義》：“氣冲斗牛，形轉鹿盧。”

【鹿櫨】

同“轆轤”。《晉書・石季龍載記上》：“鐘一没於河，募浮没三百人入河，繫以竹絙，牛百頭，鹿櫨引之乃出。”《資治通鑑・晉成帝咸康二年》引此文元胡三省注：“鹿櫨，形如汲水木，立兩柱，橫木貫柱，令圓滑可轉，繫絙於橫木，絞而引之。”

【禄盧】

同“轆轤”。《居延漢簡甲乙編》82・1：第七隧長尊，“禄盧一，不調利”。

【磟碡】

一種用於碾壓的工具。用畜力或人力拖動。用來壓實

土壤,壓碎土塊或碾穀脫粒。碌碡
主要由石滾及木製框架兩部分組
成。石滾有圓筒形或棗狀兩種。石
滾表面有光滑的和帶肋紋的。通常
用於壓實、碎土時,石滾是圓筒形而
表面光滑的。用於穀物脫粒、碾磨
時,石滾是棗形而表面有肋條的。
唐陸龜蒙《耒耜經》:"耕而後有耙,
渠疏之義也。散墢去芟者焉。耙而
後有礰礋焉,有碌碡(音鹿毒)焉。
自耙至礰礋,皆有齒。碌碡,觚稜而

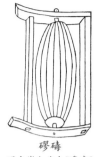

碌碡
明永樂大典本《農書》

已,咸以木爲之,堅而重者良,江東之田器盡於是。"元王
禎《農書》卷十二:"余謂碌碡字,皆從石,恐本用石也。然

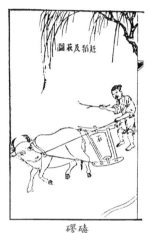

碌碡
明初刻本《天工開物》

北方多以石,南人用木,蓋水陸異用,亦各從其宜也。其
制長可三尺,大小不等,或木或石,刊木括之,中受篑軸,
以利旋轉。又有不觚稜,混而圓者謂混軸。俱用畜力輓
行,以人牽之。礰打田疇上,塊堡易爲破爛,及礰捍場圃
間麥禾,即脫秄穗,水陸通用之。"

【橉櫨】

同"轆轤"。北周庾信《和張侍中述懷》:"道險臥橉櫨,
身危累素縠。"李賀《美人梳頭歌》:"轆轤咿啞轉鳴玉,驚
起芙蓉睡新足。"清王琦彙解:"《韻會》:轆轤,井上汲水
木,一作轆轤,一作橉櫨。"

【橉轤】

同"轆轤"。清王筠《馬首農言記》:"轆轤,亦作轆轤,並
見《廣韻》'一屋',又作橉櫨。見《集韻》'一屋',地穴出水
也,地穴似當作穴地。"

【碌碡】

同"碌碡"。《靖康要録》卷十:"是日敵攻東水門,矢石
飛注如雨,或以磨盤及碌碡絆之,旋爲風礮,王師以纜結
網承之。"

【碾碡】

同"碌碡"。元王禎《農書》卷十二:"碌碡,又作碾碡。"
清麟慶《河工器具圖説》卷二:"碾碡,北方多以石,南人用
木。""工則用以平治堤頂,且豫備葦纜打成,用以砑壓,可
期軟熟。"

【轆轤】

同"轆轤"。宋梅堯臣《書南事》:"城中舊無井,魏鑿安
轆轤。"

【轆轤】

井上用的起重裝置。利用滑車原理製成。井上立架置
輪軸,軸上繞以繩索,繩端繫水桶,架上裝手柄。使用時,

轆轤
前涼臺村漢畫像石

綠釉陶井轆轤
南昌青雲譜東漢墓

轉搖手柄,使水桶一起一落,汲取井水。據《物源》説,史
佚始作轆轤。史佚是周初的史官。説明轆轤的發明,距
今已有三千年歷史。但轆轤真正利用於農業提水灌溉,
大約在戰國、秦漢時期。轆轤還被用於鹽井取鹽水的生
產。戰國時期,在關中地區使用已較普遍、簡單的轆轤,
只是一隻滑車,汲繩通過滑車,由提力變爲拉力,可借身
體的重量引水,也起到了省力的作用。南朝宋劉義慶《世
説新語·排調》:"桓曰:'矛頭淅米劍頭炊。'殷曰:'百歲
老翁攀枯枝。'顧曰:'井上轆轤臥嬰兒。'"宋孟元老《東京

轆轤
明永樂大典本《農書》

夢華録·元宵》："綵山左右以綵結文殊、普賢、跨獅子、白象，各於手指出水五道，其手搖動。用轆轤絞水上燈山尖高處，用木櫃貯之，逐時放下，如瀑布狀。"元王禎《農書》卷十八："轆轤，纏綆械也。《唐韻》云：圓轉木也。《集韻》作檻轤，汲水木也。井上立架置軸，貫以長轂，其頂嵌以曲木。人乃用手掉轉，纏綆於轂，引取汲器。或用雙綆而順逆交轉，所懸之器，虛者下，盈者上，更相上下，次第不輟，見功甚速。"

【轆轤架】

河工用的起重牽引裝置。中裝股車。其工作原理同轆轤，故名。清麟慶《河工器具圖說》卷三："至轆轤架，其式每架用松板二，長五尺，寬一尺三寸，厚三寸，兩頭上下各鑿方眼二。另用五尺長松枋四根插入眼內，楔緊，套住大䂐。仍於架板邊上兩頭各鑿一寸二分圓孔，加檀木穩子夾住股車，使可旋轉而不勾出。"

【轆軸】

即碌碡。金董解元《西廂記諸宮調》卷七："早是轆軸來粗細腰，穿領布袋來寬布衫。"清李斗《揚州畫舫錄·草河錄上》："西岸矮屋比櫛，屋前地平如掌，轆軸參橫，草居露宿。"

【轆軸兒】

即轆轤。元石德玉《曲江池》第一折："轆軸兒盤旋，鋼鑽兒鑽研。"

【轒轤】

同"轆轤"。唐李賀《美人梳頭歌》"轆轤咿啞轉鳴玉"，清王琦彙解："《韻會》：轒轤，井上汲水木，一作轆轤，一作橳櫨。"《駢雅·釋器》："桔槔、轒轤、龍骨，汲具也。"清王筠《馬首農言記》："轆轤，亦作轒轤，並見《廣韻》一屋。又作橳櫨，見《集韻》一屋，地穴出水也，地穴似當作穴地。"

【轒櫨】

同"轆轤"。唐玄應《一切經音義》卷十五："轒櫨，又作橳櫨。《蒼頡篇》：'三輔舉水具也。'"

【繀刷】

用於梳理經紗的刷子。元王禎《農書》卷二："繀刷，疏布縷器也。束草根為之，通柄長可尺許，圍可尺餘。其繀縷杼軸既畢，架以叉木，下用重物掣之。繀縷已均，布者以手執此，就加漿糊。順下刷之，即增光澤，可授機織。此造布之內，雖曰細具，然不可闕。"

繀刷
清聚珍版《農書》

【露地桁架】

加撚合綫的手工機具。元王禎《農書》卷二二"大紡車"："比之露地桁架合綫，特為省易。"露地桁架在合綫時，加撚與捲繞要交錯進行；大紡車可以同時連續的進行加撚和捲繞，因而大紡車的效率高於露地桁架。但從合股綫的質量上講，露地桁架要優於大紡車。

【露笢】

即笢。元王禎《農書》卷十六："囷之名舊矣。今貯穀圓笢，泥塗其內，草苫於上，謂之露笢者，即囷也。"

【露索】

即汲繩。唐李商隱《令狐舍人說昨夜西掖玩月因戲贈》："露索秦宮井，風絃漢殿箏。"

lü

【驢礱】

用驢拖動的礱。裝有大木輪軸和皮帶以傳遞動力。元王禎《農書》卷十六："驢礱，復有畜力挽行大木輪軸，以皮弦或大繩繞輪兩周，復交於礱之上級，輪轉則繩轉，繩轉則礱亦隨轉。計輪轉一周，則礱轉十五餘周，比用人功，既速且省。"

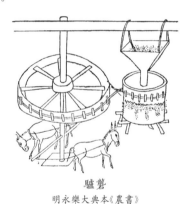

驢礱
明永樂大典本《農書》

【驢磨】

即驢礱。明宋應星《天工開物·攻麥》："凡磨大小無定

雙驢磨
明永樂大典本《農書》

形。""次者用驢磨,斤兩稍輕。"清吳燾《游蜀日記》:"水聲洶洶,磨聲隆隆,籮櫃之聲與磨聲相間,其用較驢磨尤便,唯驢磨上動下止,水磨則下動上止,爲稍異耳。"

【驢轉筒車】

用驢力作動力的筒車。明徐光啓《農政全書》卷十七:

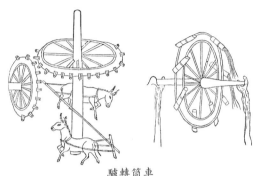

驢轉筒車
明永樂大典本《農書》

"驢轉筒車。即前水轉筒車,但於轉軸外端,別造竪輪。竪輪之側,岸上復置卧輪,與前牛轉翻車之制無異。凡臨坎井,或積水淵潭,可澆灌園圃,勝於人力汲引。"

【吕尚】

周代齊國的開創者。姜姓,吕氏,名望,字子牙。輔佐周武王滅商,受封於齊,有太公之稱。吕尚是中國歷史上第一個改良鹽鹵地的人。《齊民要術·序》:"太公封而斥鹵,播嘉穀。"傳説吕尚還發明了榻與梳匣。明羅頎《物原·器原》:"吕望作榻","吕望作梳匣"。

【律尺】

即樂尺。《文獻通考·樂六》:"晉泰始十年,荀勖律尺,爲晉前尺。"明徐光啓《農政全書》卷四:"唐有張文收律尺,有景表尺。五代有王朴律尺。"《四庫全書總目·樂律全書》:"度本起於黄鍾之長,就此黄鍾而均分爲十寸,寸十分,命曰一尺,當横黍百粒,是爲度尺;若以此黄鍾分爲八寸一分,寸九分,凡八十一分,當縱黍八十一粒,是爲律尺。"

【律衡石】

新莽衡權。合當時一百二十斤。歷代多有發現。宋趙彦衛《雲麓漫鈔》卷六:"趙石勒十八年七月造建德殿得圓石,狀如水碓,銘曰:"律衡石,重四鈞,同律度量衡,有辛氏造續。"咸議是王莽時物,與此同。"

【律吕水尺】

隋開皇十年(590),音樂家萬寳常定律時製作的律尺。因據律尺定黄鍾,相當鐵尺南吕倍聲,故稱水尺。《隋書·律歷志上》:"開皇十年萬寳常所造律吕水尺,實比晉前尺一尺一寸八分六釐。"宋王應麟《玉海》卷八:"開皇十年萬寳常所造律吕水尺,比晉前尺一尺一寸八分六釐,今

太樂庫及内出銅律一部是寳常所造,名水尺律。"

【律權石】

即律衡石。歷代多有發現。宋趙彦衛《雲麓漫鈔》卷六:"紹興中有漁者得一石於淮,狀如瓜,於瓜瓣凸處有字,屢鬻而不售。淳熙十一年王仲行尚書守盧得之,出以示予,予曰:"乃新莽律權石。"字甚細,篆體詰詘楚文,因爲釋之曰:"律權石,重四鈞,黄帝初祖,德□於虞,虞帝始祖,德幣於新,歲在大梁,龍集戊辰,戊辰直定,天命有德,□土德受,正號即真,改正建□,長壽隆寧,同律度量衡,□□□□,龍在己巳,歲次實沈,初班天下,萬國永遵,子子孫孫,享傳億年。""

【綠絨繩】

綠色的絨繩。《西遊記》第二四回:"行者四下觀看,看有甚麼金擊子,但只見窗櫺上掛着一條赤金,有二尺長短,有指頭粗細,底下是一個蒜疙瘩的頭子,上邊有眼,繫着一根綠絨繩兒。"

【綠繩】

綠色的繩子。唐張讀《宣室志》卷六:"廐中群馬,輒躑躅驚嘶,若見他物。攸之令人伺之,見一白駒以綠繩繫腹,直從外乘。"

【綠絲繩】

綠色的絲繩。多以繫栓飾物等,亦起裝飾作用。唐張讀《宣室志》卷六:"沈有愛妾馮月華,臂上一玉馬,以綠絲繩穿之。至暮,輒脱置枕邊。"

【綠縢】

綠色的繩索。用以爲弓上的裝飾物。《詩·魯頌·閟宮》:"公車千乘,朱英綠縢,二矛重弓。"毛傳:"縢,繩也。"孔穎達疏:""朱英綠縢"與"二矛重弓"兩句,自相充配,朱英是二矛,飾之以朱染絲;綠縢是重弓,束之以綠繩。"陳奂傳疏:"綠縢,弓飾也。弓納諸韔而繩之,綠其飾也。"

【慮俿尺】

即慮俿銅尺。清錢泳《履園叢話·閲古·漢長安銅尺》:"按慮俿尺造於後漢章帝建初六年。"

【慮俿銅尺】

東漢建初年間所造尺。清康熙年間曲阜孔尚任曾得自新安閔義行。長度相當于23.68厘米。清李斗《揚州畫舫録·草河録上》:"此尺有文曰:"慮俿銅尺,建初六年八月十五日造。"慮俿乃太原邑,建初則東漢章帝年號也。"原注:"按慮讀盧,俿夷,即今五臺縣。"

【濾車】

濾去漆中渣滓時所用的絞漆架。其制:用一厚二寸,闊八寸,長一尺六寸的硬木作底板。距離底板兩頭二寸,各

堅一厚一寸多,闊六寸,高一尺的扁柱,扁柱頭上離一寸,又各開一直徑五、六分的圓孔;然後,用兩根一尺長的粗麻繩圈成環,分別塞入柱頭圓孔中,柱外各以一根長一尺、拇指粗的硬木棍套住以固定麻繩。漆工濾漆時,先以一長二尺、闊一尺多的夏布裹漆,再把夏布頭兩端分別穿入繩環內繞好,然後兩人各執一根木棍旋轉,逐漸緊絞夏布,使漆從布縫中流出。一般漆常須過濾兩次,第二次用細夏布再鋪上薄絲綿裹漆,以使漆更加清淨無渣粒。退光漆則更須絞濾數次,明黃成《髹飾錄》乾集:"泉涌,即濾車并帘,高原混混,回流涓涓。"明楊明注:"漆濾過時,其狀如泉之涌而混混下流也。濾車轉軸回縈,則漆出於布面,故曰回流也。"

【絆索】
　粗繩索。唐封演《封氏聞見記・碑碣》:"天子諸侯葬時,下棺之柱,其上有孔,以貫絆索,懸棺而下,取其安審。事畢,因閉壙中。"

【綍】
　即紼。粗繩,大索。可用以繫舟,挽舟或懸棺下墓穴等。《詩・小雅・采菽》:"汎汎揚舟,紼纚維之。"毛傳:"紼,綍也。"孔穎達疏:"孫炎曰:'綍,大索也。'李巡曰:'綍竹爲索,所以維持舟者。'"《禮記・檀弓下》"公室視豐碑",漢鄭玄注:"豐碑,斲大木爲之,形如石碑,於槨前後四角樹之,穿中於間爲鹿盧,下棺以綍繞,天子六綍四碑。"孔穎達疏:"下棺以綍繞者,綍即紼也。以紼之一頭繫棺緘,以一頭繞鹿盧。"《新唐書・循吏傳・何易于》:"縣距州四十里,刺史崔樸常乘春與賓屬汎舟出益昌旁,索民挽綍,易于身引舟。"宋洪邁《夷堅甲志・峽山松》:"吉老覺,疑其松也,以神異彰灼,須寺啓關,將入告。時曉鐘未鳴,復甘寢。至明,則舟人解綍已數里,悵然不能忘,過洽光,以語令建安彭錄。"清王士禎《游金陵城南諸剎記》:"不用一綍一木,數日而工成。"

【縛】
　同"綍"。即紼,繫船用的粗索。《玉篇・素部》:"縛,力出切,紼也,索也,或作綅、綍。"

【綅】
　同"綍"。《爾雅・釋水》:"紼,綅也。"郭璞注:"綅,索。"《玉篇・索部》:"綅,力出切,舉船索也,或作綍、縛。"

【鑢】
　即銼子。《禮記・大學》"如切如磋",宋朱熹注:"磋以鑢錫,磨以沙石,皆冶物使其滑澤也。"

luan

【羉】
　捕野豬的網。用以纏絡其身,使之就擒。《爾雅・釋器》:"彘罟謂之羉。"郭璞注:"羉,幕也。"邢昺疏:"彘,豬也。其网名羉羉。幕也,言幕絡其身也。"《後漢書・馬融傳・廣成頌》:"於時營圍恢廓,充斥山谷,罿罝羅羉,彌綸筑澤,皋牢陵山。"李賢注:"羉,彘網也。"

lüe

【掠草杖】
　和鑊配合使用的桿狀用具。用以聚攏鑊所芟之物。元王禎《農書》卷十四:"鑊,兩刃刈也。其刃長餘二尺,闊可三寸,橫插長木柄內,牢以逆楔。農人兩手執之,遇草萊或麥禾等稼,折腰展臂,匝地芟之,柄頭仍用掠草杖。以聚所芟之物,使易收束。"

lun

【輪】
　即釣魚輪。《文選・晉潘岳〈西征賦〉》:"徒觀其鼓枻迴輪,灑釣投網,垂餌出入,挺又來往。"李善注引舊説曰:"輪,釣輪也。謂爲車以牧釣緡也。輪,或爲綸。"唐陸龜蒙《漁具詩・釣車》:"溪上持雙輪,溪邊指茅屋。"元鮮于樞《八聲甘州》詞:"輪竿簑笠,落梅風裏釣寒江。"

【輪車】
　製作陶瓷拉坯用的轉盤。清藍浦《景德鎮陶錄》卷一:"渾圓之器,必用輪車拉成。大者拉一尺以上,坯小者拉一尺以內。"又:"鑢工亦用輪車,惟中心立一木椿,椿視坯之大小。其頂渾圓者名曰頂鍾,裹以絲綿,恐損坯也,將坯扣合椿上,撥輪使轉,用刀鑢削,則器之裏外皆光平矣。"

輪車
朝記書莊本《景德鎮陶錄》

【輪牀】
　即輪車。宋李誡《營造法式・窯作製度・瓦》:"造瓦坯用細膠土不夾砂者,前一日和泥造坯,鴟獸事體同","鴟獸事體捏造火珠之類,用輪牀收托"。

【輪竿】

裝有收捲釣綫轉輪的釣魚竿。明李贄《舟中和顧寶幢遺墨》之四："漁翁獨釣扁舟去，袖手輪竿臥夕陽。"參見"釣魚輪"。

【輪鈎】

即輪竿。《敦煌變文集·伍子胥變文》："波上惟見一人，唱謳歌而拔棹，手持輪鈎，欲以(似)魚(漁)人。"

【輪鈎】

同"輪鈎"。五代王定保《唐摭言·酒失》："戲躍蓮池四五秋，常搖朱尾弄輪鈎。"

【輪激】

一種用人力推動齒輪，再通過齒輪傳遞動力，帶動碓作功的機械裝置。明王徵《新製諸器圖說·輪激圖說》："爲巨輪一，徑六尺有奇，準田車樸屬微至，如其制。轊亦準。獨牙之外施齒，或金或木，惟堅，齒殺其末，長五寸，間同之。轂外端施曲柄一。六分其巨輪之崇，梢三以爲小輪之徑。厥牙少弱於巨輪，齒與間則視巨輪莫二，無轂無輻，爲井木施碓周函之。無杌無朳。碓盤之側，坎其地爲揯穴，立縣巨輪，其中以半期利轉，無閡而止。巨輪齒與碓周輪齒之相親也，必一一無爽爲吊。一人坐運，約省夫力十之九。"

【輪磨】

泛稱利用水力推動水輪以帶動旋轉的磨子。元王禎《農書》卷十九："若他處地分，間有溪港大水，做此輪磨，或作碓碾，日得穀食，可給千家，誠濟世之奇術也。"

luo

【羅】

以絹爲網的篩子。爲細篩，一般用於食品、藥物等。元無名氏《藍采和》第一折："將着個瓦餅木鉢白磁罐，抄化了些羅頭磨底薄麩麵。"明宋應星《天工開物·粹精·攻麥》："凡麥經磨之後，幾番入羅，勤者不厭重複。羅匡之底用絲織羅地絹爲之。湖絲所織者羅麵千石不損。若地方黃絲所爲，經百石而已朽也。"

【羅牀】

篩麵時攔羅的小架子。可使用力均勻，免去提羅的勞力，并使羅下留出固定的空間。元王禎《農書》卷十九："詩云：春雷聲殷雪成團，收入羅牀別有機。"《醒世姻緣傳》第五四回："一錢銀張了兩面絹羅，二十五文錢做了個羅牀。"

【羅櫃】

利用水力推動，兼有磨、篩功能的機械設備。用於加工糧食。清吳燾《蜀道日記》："磨之旁立木櫃，施柱作輪，如磨製而小，即俗所謂羅櫃也。櫃之前以機器持羅。用磨時引水激輪，雙輪迅轉，磨行於盤，羅觸於櫃，水聲汹汹，磨聲隆隆，羅櫃之聲與磨聲相間。"

【羅枷】

即連枷。《釋名·釋用器》："枷，加也，加杖於柄頭以撾穗而出其穀也。或曰羅枷，三杖而用之也。"清馮倬《農雅·釋器》："枷、枷、羅枷、連枷、斂、攝、芟、度、梧、㭒、㭇，打穀者也。"

【羅經】

即羅盤。清屈大均《廣東新語·舟語·洋舶》："每舶有羅經三：一置神樓，一舶尾，一在半柂之間。必三鍼相對不爽，乃敢行海。"清黃叔璥《臺海使槎錄》卷一："放洋全以指南鍼爲信，認定方向，隨波上下，曰鍼路。船由涪嶼或大擔放洋，用羅經向巽巳行。"清馮桂芬《致姚衡堂書》："前宰鳳臺欲清丈而不得其法，近始知用羅經之法。"《歧路燈》第六一回："白如鵬展開，乃是一個不及一尺大的羅經，只見師徒用一根綫兒，扯在羅經上，端相了一會。"參見"水晶蓋小羅經"。

【羅經盤】

即羅盤。明宋應星《天工開物·海舟》："至其首尾各安羅經盤以定方向，中腰大橫梁出頭數尺，貫插腰舵，則皆同也。"

【羅盤】

測定方位的儀器。圓形，盤面上記有方位與刻度，中央有一可水平轉動的磁針，由指南針發展而來。按磁針的支承方式，可分爲水羅盤和旱羅盤兩種，其創製均不晚於宋代。宋代文獻記載用水羅盤指引航向，而考古發現用於堪輿的旱羅盤。江西臨川縣窑背山南宋邵武知軍朱濟南墓出土了題爲"張仙人"瓷俑，左手持一旱羅盤。它由磁針與刻度盤相配合，針心表現出用軸支承的結構，盤面應爲三十二向刻度。1997年5月在臨川區撫北鎮原撫

持羅盤仙人　　　持羅盤仙人
臨川南宋朱濟南墓　撫州北鎮南宋墓

州地區糧食儲備庫工地出土。該陶俑高 23.2 厘米、底徑 7.6 厘米、重量爲 423 克,陶質灰白色,立人束髮,陶俑兩眼炯炯有神,目瞻前方,面泛朱紅色,身穿黃褐色右衽長衫,四方形底座,色彩大部分脱落,俑底墨書"章堅固"三字。該陶俑懷抱一個帶有指標的大羅盤,針中部爲菱形,中間有小洞,針兩側呈長條狀,作左右指向,右指標針端爲矛頭狀,整個指針位置居於羅盤中央,針端與羅盤相接,羅盤爲寬平面環狀,盤有明顯的表示刻度的條紋。如不計指標針端和俑手掩蓋的盤面刻紋,刻度共有十五條,其中兩條十分靠近且一端相接,其他刻度之間的距離則大致相同。毫無疑問,這是一件裝在刻度盤上,可以轉動用來指示方向的羅盤。兩件皆爲現今所見的世界上最古的旱羅盤模型,也是最早的羅盤模型。明代羅盤又加水晶蓋封閉,使磁針更加穩定,保持盤内清潔,羅盤的實用性得到了改善。羅盤用於航海、堪輿和測量,構造稍有不同。用於航海的羅盤面圓徑小,較厚,以二十四分向爲主,且多以木製;用於堪輿、測量的羅盤與栻盤一脈相承,其盤薄而大,直徑可達 30 厘米以上,明清以來並發展爲多層分度,有木製,也有銅鑄和象牙製作。《鏡花緣》第十五回:"又走幾時,這日到了一個大邦。多九公把羅盤望一望道:'原來前面卻是昆馭國。'"《儒林外史》第三六回:"過了些時,果然祁太公來説,遠村上有一個姓鄭的人家請他去看葬墳。虞博士帶了羅盤,去用心用意的替他看了地。葬過了墳,那鄭家謝了他十二兩銀子。"

【羅網】

捕鳥獸的網。《吕氏春秋・季春紀》:"田獵罼弋,置罝羅網,餧獸之藥,無出九門。"《三國志・吴志・陸凱傳》:"此猶魚鱉得免毒螫之淵,鳥獸得離羅網之綱。"《文獻通考・王禮五》:"秋,命左扶風發民入南山,西自褒斜,東至弘農,南歐漢中,張羅網罝罘,捕熊羆、豪豬、虎豹。"

【羅罔】

同"羅網"。《禮記・月令》:"田獵罝罘、羅罔、畢翳、餧獸之藥,毋出九門。"鄭玄注:"鳥罟曰羅罔。"《漢書・武帝紀》:"朕郊見上帝,巡於北邊,見群鶴留止,以不羅罔,靡所獲獻。"

【羅星】

即羅盤。《琉球國志略》首卷有羅盤圖,圖名"羅星"。

【羅星袋】

走方醫所用的小袋。清趙學敏《串雅内編・緒論》:"負笈行醫周遊四方,俗呼爲走方。""有小袋,曰羅星袋。"

【螺絲拿子】

螺絲刀。《養心殿造辦處史料輯覽・雍正七年》:子兒皮匣内西洋傤伙:"正月初八日將子兒皮匣一件,内盛錘子、鏨子、鑿子、有螺絲拿子、圓咀鉗子、鑷子各一件,員外郎滿毗交太監王福隆持去賞副將軍查必拿訖。"

【蘿】

同"羅"。細篩。參見"馬尾蘿"。

【籮】

同"羅"。細篩。《集韻・平歌》:"籮,篩籮。"

【騾鞭】

驅騾驢的鞭子。宋蘇軾《東坡志林・記異》:"後數年,道士復見此人從一老道士,鬚髮如雪,騎白驢;此人腰插一騾鞭,從其後。"

騾驢鞭
壁圖本《點石齋畫報》

【落下閎】

西漢天文學家。渾天説的創始人之一。清阮元《疇人傳・落下閎》:"落下閎,字長公。巴郡閬中人也。明曉天文地理,隱於落亭。"受漢武帝徵召,任太史待詔,和鄧平等人製太初曆。對渾儀的結構作了重大改進,除了没有黃道圈,與以後的渾儀結構已基本相同。漢揚雄《法言・重黎》:"或問渾天。曰:落下閎營之,鮮于安人度之,耿中丞象之。"他所測定的二十八宿赤道距度,一直沿用到唐開元十三年(725)才由僧一行重測。

【絡】

即綆。井上汲水用的繩索。《方言》第五:"繘,自關而東,周、洛、韓、魏之間,謂之綆,或謂之絡。"《廣雅・釋器》:"絡,綆也。"

【絡車】

把軖架上的絲纏繞在絲籰上的機具。又稱絡絲車。宋惠洪《資國寺春晚》詩:"龍鄉戒曉月空斜,喚起清圓響絡車。"元劉因《南鄉子・張彥通壽》詞:"窗下絡車聲,窗畔兒童課六經。"元王禎《農書》卷二一:"絡車,《方言》曰:'河濟之間,絡謂之給。'《説文》云:'車枸爲柅。'《易・姤》曰:'繫於金柅。'《通俗文》曰:'張絲曰柅。'蓋以脱軖之

絡車
明永樂大典本《農書》

解絲絡車圖
清乾隆刻本《豳風廣義》

絲,張於棉上,上作懸鈎,引致緒端,逗於車上。其車之制,必以細軸穿籰,措於車座兩柱之間,人既繩牽軸動,則籰隨軸轉,絲乃上籰。此北方絡絲車也。南人但習掉籰取絲,終不若絡車安且速也。今宜通用。"絡絲亦稱調絲,明宋應星《天工開物·乃服·調絲》:"凡絲議織時,最先用調。透光簷端宇下,以木架鋪地,植竹四根於上,名曰絡篤,絲匡竹上。其傍倚柱高八尺處,釘具斜按小竹,偃月掛鈎,懸搭絲於鈎內。手中執籰旋纏,以俟牽經織緯之用。小竹墜石為頭,接斷之時,扳之即下。"清岫《豳風廣義》卷三:"解絲惟絡車最便,為理絲先具。"

【絡絲車】

即絡車。元王禎《農書》卷二一:"其車之制,必以細軸穿籰,措於車座兩柱之間,人既繩牽軸動,則籰隨軸轉,絲乃上籰,此北方絡絲車也。"清衛杰《蠶桑萃編》卷五:"絡絲車,其制用二木椿,徑一寸,長一尺五寸。近頂鑿一通楷長三寸,以容絡軸之大頭,一長一尺一寸。近頂向裏鑿一孔勿透,以容絡軸之末一頭,以楔子逼緊,將絡軸穿鑿令緊,貫於兩柱之間。大頭略高於小頭。大頭椿頂,錠一鐵釘,繫一繩長二尺餘,繫於絡軸,從裏面自下絞上。以右手牽扯,一縱一扯,則軸籰忽上忽下,隨手旋轉如風,絲自上籰。解時先將軒絲張於四柱。其柱用水竹,長三尺餘,各安大磚石上,分立四方。以綳緊軒絲。又另置二柱以分交,最易尋頭。二柱用竹棍同安一磚,相去五寸。分交法,二人將絲兩邊信手中分,自有交出,安於二柱之中,倘頭緒斷時,只從交中一提自得。上作懸鈎,以竹竿為之,如遇竿樣,下縋以磚石。欲掛絲時,將竿繩一扯,頭自下垂,挂畢丟脫,竿自竪立。竿梢錠一鐵絲鈎,以引絲上下,纏於籰上,然後可排籰經縷矣。"

調絲
明初刻本《天工開物》

絡絲圖
清乾隆初刊本《豳風廣義》

M

ma

【麻池】

即漚麻池。《晉書·石勒載記》："勒令武鄉耆舊赴襄國。既至，勒親與鄉老齒坐歡飲，語及平生。初，勒與李陽鄰居，歲常爭麻池，迭相毆擊。"

【麻絙】

即麻索。粗麻繩。參見"大麻絙"。

【麻緄】

即麻繩。《明成化説唱詞話·陳州糶米記》："喊叫孩兒趙省一，解下麻緄放下人。"

【麻纜】

大型麻繩。也稱粗綿索。其承受的拉力強度高，多用於牽引重物。清麟慶《河工器具圖説》卷三："今河工所用麻纜即綿索，葦纜即葦絚，捆船厢埽，非此不爲功。"

麻纜
清嘉慶年刊《河工器具圖説》

【麻籠頭】

石杠中，扣住石料，上穿竹杠的麻繩扣。清麟慶《河工器具圖説》卷四："用麻繩打結，名麻籠頭，繫石四角，兜而懸之竹杠。"按，插圖作"麻籠頭"。

麻籠頭
清嘉慶年刊《河工器具圖説》

【麻縻】

麻繩；麻索。《太平廣記》卷三六引唐薛用弱《集異記·李清》："清曰：'各能遺吾洪織麻縻百尺，總而計之，是吾獲數千百丈矣。以此爲紹續吾壽，豈不延長哉？'皆曰：'謹奉教。'"

【麻紉】

即麻繩。北魏賈思勰《齊民要術·插梨》："先作麻紉，纏十許匝；以鋸截杜，令去地五六寸。"

【麻繩】

用麻的莖皮纖維搓絞成的繩子。麻，也寫作"蔴"。可以用來製作繩子的麻的品種很多，常用的有大麻、苘麻、黃麻、苧麻等。其中苧麻的纖維潔白堅韌，用它製作的繩索，不僅牢固耐用，牽引力強，而且光潔柔軟，比較美觀，人們喜歡使用并珍惜之。但苧麻的主要用途是用以織布，一般的繩索則多用大麻、苘麻等，而少用苧麻。在中國，用麻製作繩索的歷史十分悠久。大約在五千年前，我們的祖先就已經知道用麻來製作繩索，如 1958 年在浙江吳興錢山漾發掘新石器時代文化遺存中出土的粗細繩索，就都是用苧麻爲原料的，新疆吐魯番阿斯塔那麴氏高昌時期 385 號墓發現麻繩一根，長 2.4 米、直徑 0.7 厘米，用兩股麻綫加撚而成。隨着社會和生產的發展，麻繩的使用日益廣泛，到了春秋戰國時期，可以説麻已成爲製作繩索的主要原料。用麻製作的繩索堅韌牢固，承受力強，較草繩草索具有明顯的優越性，生產和生活中都缺少不了它，因此其用途非常廣泛。麻繩的主要用途是用來捆紮、繫縛、牽引等，運用在生產中，可以製魚網，牽引船隻，捆縛柴薪、稻禾，繫拴牲口等；運用在日常生活中，可以繫束提攜物件，汲引井水，繫拴門户，貫串錢幣，并以製繩鞋、繩牀等。此外，戰爭中可以爲武器，還可以用以捆縛俘虜和罪犯等。《陳書·沈眾傳》："眾性吝嗇，内治產業，財帛以億計"，"恒服布袍芒屩，以麻繩爲帶，又攜乾魚蔬菜飯獨噉之，朝士共誚其所爲"。元關漢卿《蝴蝶夢》第四折："我與你慌解下麻繩，急鬆開衣帶。"明高明《琵琶記·義倉賑濟》："老夫年傍八旬，家中只有三人，因充社長勾當，誰知也不安寧。又要告官書題粉壁，又要勤民裁種翻耕，又要管淘河砌礮，又要辦水桶麻繩。"《清史稿·靳輔傳》："求築土禦水之法，宜密下排椿，多加板纜，用蒲包裹土，麻繩縛而填之，費省而工固。"參見"麻索"。

【麻繩子】

即麻繩。《正音撮要·繩索》："棕繩子、麻繩子、棉繩子、草繩。"

【麻索】

即麻繩。《墨子·備穴》："以車輪轆，一束樵，染麻索塗中以束之，縣正當寇穴口。"宋許洞《虎鈐經·防城》："須毛氈、麻索、鑠鐵鍬、鑊、斧鑿，舉雙兔旗。"《元史·河渠志三》："再下埽，即以竹索或麻索長八百尺或五百尺者一二，雜厠其餘管心索之間，俟埽入水之後，其餘管心索如"

前韝掛。"《歧路燈》第六三回："此時孝幔已撤,惟有一具棺材,麻索遍捆,單候那九泉路上。"清麟慶《河工器具圖說》卷一："擘竹爲大瓣,以麻索連貫其際,以爲牽具。"

【麻小扣】

石杠中,穿大木牛、小木牛(短竹杠)用的小麻繩扣。清麟慶《河工器具圖說》卷四:"兩頭用麻繩打結,名麻小扣。橫穿短杠,俗名大木牛。兩頭再各用麻小扣穿小杠,俗名小木牛"。

麻小扣
清嘉慶年刊《河工器具圖説》

【蔴繩】

同"麻繩"。《古今小説·汪信之一死救全家》："汪革這厮,來便來,不來時,小人帶着都監一條蔴繩扣他頸皮。"明馮夢龍《山歌·鞋子》："冷水没頭介一淋,石塊能介箇䪥頭,對子我肚裏一塞,硬板刷擦得我性命難存,連鎚再鎚鎚得我介要緊,只苦得三尺蔴繩。"明沈榜《宛署雜記·經費下》："會試場上下馬二宴賃辦","粘果房打爐二座,燒煤九百斤,木炭八十斤,蔴繩四百條"。

【馬排】

用馬拖動的鼓風機械。《三國志·魏志·韓暨傳》："舊時冶作馬排,爲排以吹炭,每一熟石用馬百匹。"

【馬槽】

餵馬的盛器。爲長條槽形,有飼料槽和飲水槽,用石、木等製成。陝西茂陵1號無名冢1號從葬坑過洞西壁龕內置一鐵馬槽,馬槽上拴着兩匹木偶馬。這是明器馬槽。洛陽3247號西漢墓出土石馬槽一件,高足,橢圓形,正中凹爲橢圓形槽,高16.5厘米、長24.5厘米、寬15厘米,槽深7厘米,亦爲明器。北魏賈思勰《齊民要術·養牛馬驢騾》："凡以豬槽飼馬,以石灰泥馬槽,馬汗繫着門:此三事,皆令馬落駒。"《太平廣記》卷一〇三引《金剛經·李丘一》："行可十餘里,見大槐樹數十,下有馬槽。"

唐代馬槽
洛陽工業園區出土陶器

馬槽
明刊《顧氏畫譜》

【馬牀】

馬棚內鋪的木質踏墊。以防地上冷濕之氣的侵襲。《莊子·馬蹄》"編之以皂棧",唐成玄英疏:"棧,編木爲棧,安馬腳下,以去其濕,所謂馬牀也。"

【馬篼】

飼馬竹篼。南朝梁慧皎《高僧傳五·釋道安》："門裏有二馬棚,棚間懸一馬篼,可容一斛。"

馬篼
褚蘭漢畫像石

【馬坊】

即馬厩。《北史·文苑傳·温子昇》："長乃博覽百家,文章清婉。爲廣平王深賤客,在馬坊教諸奴子書。"

【馬房】

安置馬的房舍。明余繼登《典故紀聞》卷十七:"自有馬房以來,糜費侵漁不知有幾。"

青瓷馬房
三國吳朱然墓

【馬竿】

馴馬工具。在一根長竿上繫一條繩子,用以套住馬頭。

清吴振棫《養吉齋叢錄》卷二六:"曰'馬竿',生駒未就羈勒,以長竿繫繩縻致之。"

【馬館】

馬房。清吴振棫《養吉齋叢錄》卷十八:"《日下舊聞考·官署十》:慶豐司廨舍共二十三間,掌牛羊厩,暨口外牧群。"所屬有"馬館"。

【馬繮】

即繮繩。拴騾馬等牲口的繩子。《左傳·僖公二十四年》"臣負羈絏,從君巡於天下",晉杜預注:"絏,馬繮。"

【馬厩】

即馬棚。爲養馬簡易棚舍,内設馬槽。《漢書·公孫弘傳》:"自蔡至慶,丞相府客館丘虚而已,至賀、屈氂時壞以爲馬厩車庫奴婢室矣。"《晉書·王尼傳》:"尼時以給府養馬,輔之等入,遂坐馬厩下,與尼炙羊飲酒,醉飽而去,竟不見護軍。"《三寶太監西洋記通俗演義》第十六回:"就是馬厩,也不是等閑的馬厩,都是些飛虎、翔麟、吉良。"

【馬圈】

即馬欄。《兒女英雄傳》第二四回:"從後門順着東邊界牆,向南有個箭道,由那一路出去便是馬圈厩房。"清高靜亭《正音撮要·宫室》:"馬圈,大馬房。"

【馬闌】

同"馬欄"。《北史·百濟傳》:"後生男,王置之豕牢,不死。後徙於馬闌。"

【馬蘭】

同"馬欄"。養馬之牢欄。《後漢書·東夷傳·夫餘國》:"王囚之,後遂生男。王令置於豕牢,豕以口氣嘘之,不死。復徙於馬蘭,馬亦如之。"李賢注:"蘭即欄也。"

【馬欄】

瓷馬欄
望城鄉塘三國吳墓

養馬之牢欄。漢王充《論衡·吉驗》:"(産子)復徙置馬欄中,欲使馬藉殺之,馬復以口氣嘘之,不死。"

【馬櫪】

即馬厩。《史記·建元以來侯者年表》:"張章,父故潁川人,爲長安亭長。失官,之北闕上書,寄宿霍氏第舍,卧馬櫪間。"晉干寶《搜神記》卷十四:"後生子,捐之豬圈中,豬以喙嘘之,徙至馬櫪中,馬復以氣嘘之,故得不死。"

【馬磨】

馬牽引旋轉的磨。河北滿城陵山1號漢墓北耳室有石磨一件,其南側有馬骨架一具,當爲牽磨之馬。此爲現知最早的馬磨。《三國志·蜀志·許靖傳》:"劭爲郡功曹,排擯靖不得齒叙,以馬磨自給。"

【馬棚】

即馬厩。《紅樓夢》第三九回:"丫鬟回説:'南院子馬棚裏走了水了,不相干,已經救下去了。'"《兒女英雄傳》第四回:"公子一看,只見店門以内,左右兩邊都是馬棚、更房。"

【馬上漏刻】

一種便於行軍及旅行時使用的輕便型漏刻。《隋書·天文志上》:隋大業間耿詢、宇文愷"又作馬上漏刻,以從行辨時刻"。

【馬刷】

洗刷馬身的刷子。明李時珍《本草綱目·草四·蠡實》:"《爾雅》云:荓音,馬帚也。此即荔草,謂其可爲馬刷,故名。"

【馬頭】

遏制水勢、保護堤岸的設施。《宋史·河渠一》:"凡埽下非積數疊,亦不能遏其迅湍,又有馬頭、鋸牙、木岸者,以蹙水勢護隄焉。"

【馬尾】

漆器製作中用以上漆的刷子。由馬尾毛製成,故名。明黄成《髹飾錄》乾集:"雨灌,即髹刷。有大小數等,及蟹足、疏鬣、馬尾、豬鬃。又有灰刷、染刷。沛然不偏,絶塵膏澤。"

【馬尾帶】

馬尾毛編織之帶。配戴無腳眼鏡之用。《養心殿造辦處史料輯覽·雍正八年》:"水晶、墨晶眼鏡。馬尾帶。"

【馬尾羅】

用馬尾毛編製的網狀物爲篩面的篩子。北魏賈思勰《齊民要術·作醬法》:"麴及黄蒸,各别擣末,細簁,馬尾羅彌好。"唐孫思邈《備急千金要方·序例》:"秤、斗、升、合、鐵臼、木臼、絹羅、紗羅、馬尾羅","右合藥所須,極當預貯"。

【馬尾蘿】

同"馬尾羅"。明沈榜《宛署雜記·經費上》:"馬尾蘿一十三個,賃腳價二分。"

【馬尾籮】

同"馬尾羅"。明沈榜《宛署雜記·經費下》:"刷箒六十五把,竹掃箒三十四把,馬尾籮四個。"

【馬尾篩】

即馬尾羅。宋蘇軾《蘇沈良方》卷七:"《靈苑》治眼,羮實散:羮麻子,以柳木製碌子磨之,馬尾篩篩過,取黃肉,其烏殼弃不用。"

【馬尾眼罩】

馬尾編織之眼罩。河北隆化鴿子洞元代窖藏發現了兩件面衣,都是用馬尾精編而成。一件爲棕色馬尾,斜綢紋地,菱形花。左右包鑲織金錦,分別寬 5.5 厘米和 5 厘米,上邊包鑲 2.3 厘米紙邊;縱 11 厘米、橫 25 厘米,重 10.6 克。另一件白色馬尾,環編菱形花,中間爲蓮花對鸞紋。左右兩側包鑲織金錦,分別寬 4.5 厘米、4.3 厘米,縱 13 厘米、橫 27 厘米,重 13.5 克。這兩件面衣,橫只能達到耳根,縱只是從額頭至鼻,僅僅遮眼而已。《養心殿造辦處史料輯覽·雍正八年》:"本年活計尚有:瓜式獨挺帽架。紅羊皮黑撒林皮繡綢火燧包。馬尾眼罩。"

馬尾眼罩
鴿子洞元代窖藏

【馬緤】

馬繮繩。《玉篇·革部》:"韁,馬緤。"

【馬圈】

即馬厩。《楚辭·劉向〈九歎·思古〉》:"烏獲戚而驂乘兮,燕公操於馬圈。"王逸注:"養馬曰圈。"

【馬援】

(前 14—49)東漢扶風茂陵(今陝西興平東北)人,字文淵。官至伏波將軍。馬援對養馬有突出的研究,曾創"銅馬相法",即在宮中立銅馬模型,"高三尺五寸,圍四尺四寸",以定良馬標準。馬援征交趾期間,"所過輒爲郡縣,治城郭,穿井灌溉,以利其民"。馬援對古代越南農業生產的發展,起了促進作用。

【馬院】

養馬之院。宋洪邁《夷堅支乙志一·馬軍將田俊》:"臨安步軍司錢糧官公廨,淳熙中爲崇聾所擾,不可居,遂廢爲馬院。"

【馬棧】

即馬牀。後亦泛稱馬厩。《管子·小問》:"夷吾嘗爲圉人矣,傅馬棧最難。"尹知章注:"謂編次之。棧,馬所立木也。"《戰國策·齊策一》:"其父殺之而埋馬棧之下。"高誘注:"馬棧,牀也。"

【馬椿】

拴馬繮的椿。河北承德三溝村遼金窖藏出土一件鐵馬椿,長 20 厘米、環徑 6 厘米。明戚繼光《練兵實紀·練伍法》:"馬椿一件、草鍘每隊一口。"

鐵馬椿
三溝村遼金窖藏

mai

【麥綽】

竹篾編製的抄麥農具。與釤刀配合使用,盛割下的麥穗。元王禎《農書》卷十九:"麥綽,抄麥器也。篾竹編之,一如箕形,稍深且大。旁有木柄,長可三尺,上置釤刀,下橫短枚,以右手執之。上置釤刀,下橫短拐。以右手執之。復於釤旁,以繩牽短軸,左手握釤而制之。以兩手齊運,芟麥入綽,覆之籠也。"

麥綽
明永樂大典《農書》

【麥籠】

竹編製的盛芟麥的用具。元王禎《農書》卷十九:"麥籠,盛芟麥器也。判竹編之,底平口綽,廣可六尺,深可二尺,載以木座,座帶四碌,用轉而行。"明徐光啓《農政全書》卷二四:"麥籠,盛芟麥器也。判竹編之。""芟麥者腰繫鉤繩牽之,且行且曳,就借使刀前向綽麥,乃覆籠內。籠滿則异之積處。"

麥籠
明永樂大典本《農書》

【麥欣】

揚麥之枚。清范寅《越諺》卷中:"麥欣,欣,掀,捵泥、扣麥,鐵器。枚、樞,同出《集韻》。”

【麥釤】

和麥綽配合使用的一種割取麥穗的刀具。其具體結構尚待研究。元王禎《農書》卷十九:“麥釤,芟麥刃也。《集韻》曰:‘釤,長鐮也。’然如鐮長而頗直,比鑕薄而稍輕,所用斫布劋之,故曰釤。用如鑕也,亦曰鑕。其刃務在剛利,上下嵌繫綽柄之首以芟麥也。”

麥釤
明永樂大典本《農書》

man

【塓】

即泥鏝。《類篇·土部》:“塓,又曰鐵杇也。”

【漫天網】

漫山遍野布設網具。宋洪邁《夷堅甲志十六·二鬼索命》:“其父祖塋側,長林巨麓,禽獸成聚,日與其徒從事,罘網彌山,號漫天網。”

【漫鍘】

切桑葉的鍘刀。元王禎《農書》卷二一:“切刀,斷桑刃也。蠶蟻時用小刀,蠶漸大時用大刀,或用漫鍘。”

【槾】

同“鏝”。即泥鏝。《說文·木部》:“杇,所以涂也。秦謂之杇,關東謂之槾。”

【鏝】

即泥鏝。《爾雅·釋宫》:“鏝謂之杇。”郭璞注:“泥鏝。”

mang

【芒】

傳說為伏羲時代人,羅與網的發明者。《世本·作篇》:“芒作網,芒作羅。”宋衷注:“芒,庖犧臣。”《太平御覽》卷八三四、《廣韻》有相同的記載。清張澍梓輯《世本·作篇》作:“句芒作羅。”張澍粹考:“按《路史》作芒氏,或作句芒。”

【芒繩】

用芒葉編製的繩子。芒,芭茅。《三寶太監西洋記通俗演義》第八四回:“我有芒繩驀穿鼻,一回奔競痛加鞭。從

來劣性唯調治,猶得山童盡力牽。”

mao

【毛繩】

用毛製成的繩子。用牲畜的粗長毛作原料,多產於西北游牧民族地區。《遼史·營衛志中》:“皇帝牙帳以槍為硬寨,用毛繩連繫。每槍下黑氈傘一,以庇衛士風雪。”

【毛索】

用動物的毛絞製的繩索。多出産於游牧民族地區。《新五代史·死事傳·張敬達》:“契丹兵圍敬達者,自晉安寨南,長百餘里,闊五十里,敬達軍中望之,但見穹廬連屬如岡阜,四面互以毛索,掛鈴為警,縱犬往來。”

【茅刀】

割草用的柴刀。刀背較厚,頭略彎曲。清范寅《越諺》卷中:“茅刀,刈草器。”

【茅蒩】

一種濾酒設置。豎茅束以濾去酒中渣滓。《國語·晉語十四》:“昔成王盟諸侯於岐陽,楚為荊蠻,置茅蒩,設望表,與鮮牟守燎,故不與盟。”韋昭注:“置,立也。蒩,謂束茅而立之,所以縮酒。”

【茅葉鎈】

茅葉形銼。銼邊薄。明宋應星《天工開物·錘鍛》:“凡鎈,開鋸齒用茅葉鎈,後用快弦鎈。”

【罞】

捕麋鹿之網。用以冒覆其頭,罥其角,使之就擒。《爾雅·釋器》:“麋罟謂之罞。”郭璞注:“冒其頭也。”邢昺疏:“麋網名罞。罞,冒也。言冒覆其頭也。”郝懿行義疏:“罞者,冒也。郭云:‘冒其頭’,蓋網麋者必冒其角也。”

【髦針】

一種縫紉用針。其粗細如硬毛,故名。明楊繼洲《針灸大成·九針式》:“六曰圓利針,取法於髦針,且圓且銳,微大其末,反小於其身,又曰中身微大,長一寸六分。”

【髦鍼】

同“髦針”。《靈樞經·雜病》:“膝中痛,取犢鼻,以圓利鍼,發而間之,鍼大如髦,刺膝無疑。”

mei

【梅花尺】

底端設十字架的木尺。用於測量河的深度。清麟慶《河工器具圖説》卷一：“梅花尺，刻木爲尺，足用十字架托之。凡量河水深淺，估挑引渠，用此探試，不致陷入底淤，可以較準。”

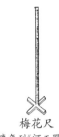

梅花尺
清嘉慶年刊《河工器具圖説》

【煤窰】

産煤之礦井。《大清會典則·都察院六》：“乾隆十一年議準按楊家坨軍莊在渾河以西諸處煤窰甚多，在香山數十里之外毫無關礙，仍應聽民開採。”

【美人夯】

一種有四鼻（把手）的木夯。清麟慶《河工器具圖説》卷二：“又有四鼻者，形制較秀，俗名美人夯，然其用實遜耳。”

【美人拳】

木製小錘。外裹皮革，裝有彈性的長竹柄。老年人用以捶打腰腿，代替拳頭。《紅樓夢》第五三回：“因又命琥珀坐在榻上，拿着美人拳捶腿。”

meng

【艋艘】

笱類捕魚用具。編竹如圓筒狀，上小下大，有蓋，蓋上有把可提放；頸口有倒鬚圈圍，由大而小，使魚能入而不能出。明王圻《三才圖會·器用五》：“艋艘，編細竹爲籠，其口織篾爲蓋，有鬚從口漸約而至，鬚使魚能入而不能出。”

艋艘
明萬曆年刊《三才圖會》

【孟莊子】

傳説爲上古工匠，鋸和鑿的發明者。元王禎《農書》卷十四：“《古史考》曰：孟莊子作鋸。”清汪汲《事物原會》卷二十七：“《古史考》曰：孟莊子作鑿。”

mi

【綵】

同“縻”。《説文·糸部》：“縻，牛轡也。從糸、麻聲。”又：“綵，縻或從多。”段玉裁注：“轡，本馬轡也。大車駕牛者則曰牛轡，是爲縻。”

【縻】

繩子；索子。《廣雅·釋器》：“縻，繩索也。”北魏酈道元《水經注·涑水》：“路出北巘，勢多懸絶，來去者咸援蘿騰崟，尋葛降深，於東則連木，乃陟百梯，方降巖側，縻鎖之跡，仍今存焉，故亦曰百梯山也。”唐李白《崇明寺佛頂尊勝陀羅尼幢頌》序：“纔繫鼓以雷作，拖鴻縻而電掣。”

【縻綆】

繩索。唐賈島《戲贈友人》詩：“一日不作詩，心源如廢井。筆硯爲轆轤，吟詠作縻綆。”

【縻索】

繩索。唐薛用弱《集異記·嘉陵江巨木》：“及至，則又廣備縻索，多聚勇力，將作氣引拽之際，而巨木因依假藉，若自轉移，輕然已復於江矣。”

【鑞】

鐮刀。《玉篇·金部》：“鑞，青州人呼鐮也。”南朝宋何承天《答顏光禄》：“牛山之木，剪性於鑞斧。”顏延之《重釋何衡陽書》：“令鑞斧鑄刃，利害寢端，驅百代之民，出信厚之塗。”

【米囤】

貯藏米穀之囤。《醒世恒言·杜子春三入長安》：“常言道：有千年産，無千年主，不如將來變賣，且作用度，省得靠着米囤餓死了。”

【米篩】

舂穀後出米的篩子。清范寅《越諺》卷中：“舂後出糠粃者名糠篩、米篩。”

【米印】

米囤的封印。明陶宗儀《輟耕録·印章制度》：“古印文作白文，盡用以印泥、紫泥封詔是也。今之米印及倉敖印近之矣。”參見“倉敖印”。

【縋】

繩索。《玉篇·系部》：“縋，索也。”《廣韻·入錫》：“縋，綱繩。”《集韻·入錫》：“縋，《博雅》：‘索也。’一説，荊州謂帆索曰縋。”

【纅】

同“縋”。繩索。《廣雅·釋器》：“纅，繩索也。”

mian

【眠車】

一種提拉木龍的河工起重牽引設施。清麟慶《河工器

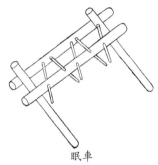

眠車
清嘉慶年刊《河工器具圖説》

具圖説》卷三：“眠車，爲升龍之用。每部長三丈，需用四尺四楓木。每間二尺，鑿通交叉圓孔，仍留空處繫纜，扣緊牮木，頂住升關。兩頭用枕木二攔住，再用橫木一根墊起枕木，使前高後低，然後用八尺長檀木棍絞車向前推轉，加緊收纜，則龍身出挑溜，用力較省。”

【棉繩子】

用棉花纖維打的繩子。比較綿軟，結實程度不如麻繩、棕繩。《正音撮要·繩索》：“棕繩子、麻繩子、棉繩子、草繩。”

【緜索】

同“綿索”。《史記·劉敬叔孫通列傳》：“遂與所徵三十人西，及上左右爲學者與其弟子百餘人爲緜蕝野外。”裴駰集解引如淳曰：“置設緜索，爲習肄處。”

【綿花繩】

即棉繩。明沈榜《宛署雜記·經費下》：“鄉場補辦家火”，“大麻繩三百二十斤，大小綿花繩二十條，刺包繩七十條，細連繩十斤”。

【綿矩】

加工絲綿的工具。用木或竹製成。元王禎《農書》卷二一：“綿矩，以木框方可尺餘，用張繭綿，是名綿矩。又有

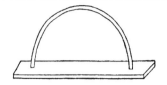

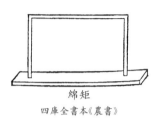

綿矩
四庫全書本《農書》

揉竹而彎者，南方多用之，其綿外圓内空，謂之豬肚綿。又有用大竹筒，謂之筒子綿。就可改作大綿，裝時未免拖裂。北方大小用瓦蓋，各從其便，然用木矩者，最爲得法。”

【綿練袋】

絮有絲綿的有夾裏的絹袋。用以裝細粉狀藥物，入水、酒中浸、煎，而不致外漏。唐孫思邈《千金翼方·飛鍊》：“療風虛勞損，腰脚弱，補益充悦、强氣力法：鍾乳三兩，研如麪，以夾綿練袋盛。”“内牛乳壹大升中煎之，三分減一分，即好。”唐王燾《外臺秘要》卷三七引《纂靈記》：“鍾乳三兩細研，兩重綿練袋盛，内六升清酒中，用白甆器盛，密封，安湯中煎。”

【綿手索】

用絲搓絞成的繩索。明沈榜《宛署雜記·經費下》：“會試場内供給補辦家火”，“黄錦繩六條，紅錦繩十二條，綿手索九條，水桶繩三十二條”。

【綿索】

用麻絲搓絞成的繩索，比較綿軟。明羅頎《物原·衣原》：“燧人作繩，軒轅因作綿索。”《三寶太監西洋記通俗演義》第八七回：“又有一群十二三個，一個肩上據着一根屋梁，一個手裏一條綿索。”清麟慶《河工器具圖説》卷三：“今河工所用麻纜即綿索。”

【綿蔞】

即綿腰索。元沙克什《河防通議》卷上：“擲埽棄高一丈，長二十步，合用物料”，“竹索四十九條，綿蔞三百五十條”。“綿蔞，長十五尺，徑三寸，使草一束三分；長四十八尺，使草八分三釐。”

【綿腰索】

比較綿軟的腰索。用以捆埽。《元史·河渠志三》：“相間復以竹葦麻檾大絟，長三百尺者爲管心索，就繫綿腰索之端於其上，以草數千束，多至萬餘，勻布厚鋪於綿腰索

之上，槖而納之，丁夫數千，以足踏實。”

【勉鈴】

同“緬鈴”。《金瓶梅》第三八回：“懸玉環、封臍膏、勉鈴，一弄兒淫器。”“西門慶先把勉鈴教婦人自放牝内。”

【緬鈴】

也稱“勉鈴”、“勉子鈴”。本爲古代緬甸等東南亞某些民族男子陰莖上的飾物。以細小的錫粒，通過手術植入陰莖皮下。富者以金製，細小，中空，内有石粒，行走時會叮叮發聲。在性生活時，有加强對女性性器官刺激的作用。大約是在明代永樂年間經鄭和下西洋以後，中國才知道有此物，其最先了解的途徑是通過緬甸，故名“緬鈴”。然當時僅知有此名，而皆未見其物，轉輾傳説之間，遂訛傳爲至寶。故小説《金虜海陵王荒淫》(明人僞托元人之作)有“除了西洋國出的走盤珠，緬甸國出的緬鈴，只有人才是活寶”之語。故明人有關緬鈴的大小、構造也説法不一。明包楫《南中紀聞》：“緬鈴薄極，無可比擬。大如小黄豆，内藏鳥液少許，外裹薄銅七十二層，疑屬鬼神造。以置案頭，不住旋運。握之令人渾身麻木。”包楫之書自稱“紀聞”，當屬記録傳聞之作，惟緬鈴大小之説，與實物相近。謝肇淛《滇略·産略》：“緬鈴，相傳鵬精也。鵬性滛毒，一出諸牝悉避去。遇蠻婦，輒啄而求合。土人束草，衣絳衣，簪花其上，鵬翾之不置，精溢衣上，跳躍不休。采之裹以重金，大僅如豆，嵌之於勢，以御婦人，得氣愈動。然秘不外售，殺夷取之。始得。滇人僞者以金作蒺藜形，裹而搖之，亦躍。但彼不搖自鳴耳。一云名太極丸。”《五雜俎》：“滇中有緬鈴，大如龍眼核，得熱氣則自動不休。緬甸男子嵌之於勢，以佐房中之術。惟殺緬夷時活取之，皆良。其市之中國者，皆僞也。”可見同一人的記載，説法也很不相同。《五雜俎》記載有關其大小，已與“緬甸男子嵌之於勢”之“緬鈴”不合，失實。究其失實之因，因當時“市之中國者，皆僞也”。凡一物被傳爲至寶，必有百計僞造以求售得利者。另緬鈴在明萬曆年間已逐漸演變爲一種女性性用具。其特點爲：一、大小由男性用黄豆般大小變爲龍眼或龍眼核大小，適於納入女子陰道；二、得人體温會自行顫動。清人趙翼《簷曝亭雜記·碎蛇緬鈴》：“又緬地有淫鳥，其精可助房中術。有得其淋於石者，以銅裹之如鈴，謂之‘緬鈴’。余歸田後，有人以一鈴來售，大如龍眼，四周無縫，不知其真僞。而握入手，稍得暖氣則鈴自動，切切如有聲，置於幾案則止。”趙親見之“緬鈴”當爲此物。其用法大致有兩種：一種是供女性納入陰道，自我直接泄慾之用。《醒世姻緣傳》六五回描寫一偷兒潛入尼姑睡房，發現有“角先生”、“廣東人事”、“陳媽媽”和“緬鈴”諸物，可能作此用途。一種是在男女性交前作過渡用，先以緬鈴納入女陰，刺激女性性慾，然後再行性交。《金瓶梅》第十六回《西江月》詞咏此物曰：“原是番兵進出，逢人薦轉在京。身軀瘦小内玲瓏，得人輕借力，展轉作蟬鳴。　解使佳人心顫，慣能助腎威

風。號稱金面勇先鋒，戰降功第一，揚名勉子鈴。”詞稱其“金面勇先鋒”，即指這種用法。同書第三八回有“西門慶先把勉鈴教婦人自放牝内”一語，可證。惟其構造秘不外傳，外人無法確知，依舊以訛傳訛。

【面東西日晷】

清天文學家張作楠按西洋新法所製的日晷。晷面竪直安放，面向東西。該儀安放在常州天寧寺内。年久失修，近已修復。爲國内唯一留存的此類日晷。《疇人傳·張作楠》：“附造平面立面及面東西諸日晷法。”

清代面東西日晷
常州天寧寺

【綿叉】

把絲綫抽紡成絲綫的叉狀手工工具。其功用與撚綿軸相同。清衛杰《蠶桑萃編》卷九：“綿叉抽綫之法。先將絲綫掛綿叉上，次以左手大指二指中指撚綿，向下抽扯，以右手大指二指將左手抽出之綿撚而成綫，如搓紙撚子一般。”

【麫牀】

和麫用的架子，上有平板。唐阿斯塔那 201 號墓泥俑有麫牀形象。宋方勺《泊宅編》卷四：“福州幽巖寺千人麫牀，君謨作帥，因聖節遣人舁置便厨。”參見“麫杖”。

【麫磨】

磨麫用的磨。元明時設計出一種麫磨，將磨的畜力及動力傳遞部分裝置於樓下，而將直接磨麥的磨子部分置於樓上。使成品潔淨。當時專用於皇宫尚食局，磨製進御麥麫。明陶宗儀《輟耕録·尚食麫磨》：“尚食局進御麥麫，其磨在樓上，於樓下設機軸以旋之。驢畜之蹂踐，人役之往來，皆不能及，且無塵土臭穢所侵，乃巧工瞿氏造者。”

【麫杖】

擀面用具。俗謂“趕面杖”。木製或竹製，圓棍形，兩端

麭杖泥俑
阿斯塔那 201 號唐墓

直徑略小於中央或與中央同。宋司馬光《涑水紀聞》卷一:"太祖懼,密以告家人,曰:'外間洶洶若此,將之如何?'太祖姊面如鐵色,方在厨,引麭杖逐太祖擊之,曰:'丈夫臨大事,可否當自決胸懷,乃來家間恐怖婦女何爲耶?'"清顧張思《土風録》卷三:"做麭具曰麭杖,舊有此稱。"

miao

【苗騎】
即薅馬。清范寅《越諺》卷中:"苗騎,耘具。草爲之,以禦苗葉劈骹,古所謂秧馬者也。"按,謂即秧馬者非。

mie

【篾纜】
用竹篾編絞成的纜繩。多用於木船、木筏上,作拴繫或牽引之用。也稱竹纜、百丈等。唐封演《封氏聞見記·拔河》:"古用篾纜,今民則用大麻絚,長四五十丈,兩頭分繫小索數百條,掛於前,分二朋,兩相齊挽,當大絚之中立大旗爲界,震鼓叫噪,使相牽引,以卻者爲勝,就者爲輸,名曰拔河。"《説文·竹部》:"莢,竹索也。"清段玉裁注:"謂用析竹皮爲繩索也。今之篾纜也。"

【篾盤】
篾編之牢盆。竹編的盛裝滷水的煮鹽用器。懸掛在火上煎燒得鹽。明陸容《菽園雜記》卷十二:凡煎燒之器,必有鍋盤,"竹編成者謂之篾盤。鐵盤用石灰粘其縫隙,支以磚塊;篾盤用石灰塗其里外,懸以繩索,然後裝盛滷水用火煎熬一晝一夜,可煎三乾"。

【篾盤】
以竹篾編成的盤具。明宋應星《天工開物·蠶浴》:"其天露浴者,時日相同,以篾盤盛紙,攤開屋上,四隅小石鎮壓,任從霜雪、風雨、雷電,滿十二日方收,珍重待時如前法。"

【篾索】
用竹篾編糾成的索子。也叫竹索、竹纜、篾纜等。《水滸傳》第二十回:"來到窄狹港口,只見岸上約有二三十人,兩頭牽一條大篾索,橫截在水面上。"

min

【罠】
即兔罟。《文選·張協〈七命〉》:"爾乃布飛羉,張修罠。"李善注引《廣雅》:"罠,兔罟也。"亦説捕麋或野猪的網。《廣韻·平真》:"罠,麂網。"清陶煒《課業餘談·器》:"罠、蹄,連網。罠,麋網;蹄,兔網也。"

【罠】
古作"緡"字。釣絲。《説文·网部》:"罠,釣也。"段玉裁注:"罠,所以釣也。按《糸部》曰:'緡,釣魚繁也。'此曰罠,所以釣也,然則緡、罠古今字。"

【緡】
錢貫。《史記·酷吏列傳》:"於是丞上指,請選白金及五銖錢,籠天下鹽鐵,排富商大賈,出告緡令,鋤豪彊并兼之家。"張守節正義:"緡音岷,錢貫也。"《廣韻·平真》:"緡,錢貫。"

【緡繩】
即貫。《文選·王融〈永明九年策秀才文〉》:"既龜貝積寢,緡繩專用。"李周翰注:"古者貨用貝,實用龜,比今之用錢以緡繩貫穿之。""緡、繩,皆繩也。"一本作"緡繩"。

ming

【明朝字】
明代正德、嘉靖間的刻字工匠創造之字體。方便規模化生産,橫平豎直,形體一律稱爲明朝字。爲近代標準印刷體的前身。《清稗類鈔·鑒賞類》:"丁善之論仿宋板","日本推廣大小鉛字七種,以供我國印書之用,謂之明朝字,人咸便之,活字印書之業乃大盛"。

【明官尺】
明代的官頒尺,共有三:裁衣尺、量地尺、營造尺。明朱載堉《樂律全書》卷二三:"見今常用官尺有三種,皆國初定制,寓古法於今尺者也。""今製三種尺:鈔尺即裁衣尺,銅尺即量地尺,曲尺即營造尺。"清李斗《揚州畫舫録·草河録上》:"明部定官尺,皆依《家禮》布帛尺,凡田畮布帛營造所用悉同。雖南北稍有參差,然必以部定官尺爲準。""明

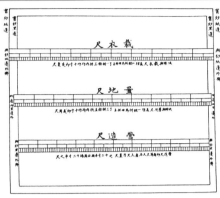

明三種官尺
四庫全書本《樂律全書》

所用官尺,即宋布帛尺也。布帛尺比周尺一尺三寸四分。"

【明爐】

開門之窰爐。清藍浦《景德鎮陶録》卷一:白瓷加彩復需燒煉,以固顏色。"小器則用明爐,口門向外,周圍炭火置鐵輪其下托以鐵叉,以鈎撥輪使轉,以匀火氣。"

【冥筌】

即筌。魚笱。《文選·江淹〈雜體詩·效許詢自序〉》:"張子闇内機,單生蔽外像。一時排冥筌,泠然空中賞。"李善注:"筌,捕魚之器。"清方以智《通雅·器用九》:"冥筌,笱也。""李善引筌:橫溪爲梁,開缺而設笱。"

【鳴榔】

漁人結在船後部船舷上的長木棒,或以爲船板。漁人捕魚時,因河流淺水區水草叢生,釣鈎、網罩無法施用,便以舟驅魚。漁人引衆舟環聚,各以二長木棒敲擊船板或置於瓦器上的薄板,驚魚使潛入深水區。深水區設網,漁人是以得魚。江西鄱陽等處多用此法。唐李白《送殷淑》詩之一:"惜别耐取醉,鳴榔且長謡。"王琦注:"潘岳《西征賦》:鳴榔厲響。李善注:《説文》云:榔,高木也。以長木叩船爲聲,所以驚魚,令入網也。一説榔,船板也,船行則響,謂之鳴榔。駱賓王詩'鳴榔下貴洲'、沈佺期詩'鳴榔曉帳前'是也。"《清稗類鈔·物品類》:"鳴榔,亦作根榔,爲船後横木之近舵者。漁人擇水深魚潛處,引舟環聚,各以二椎擊榔,聲如擊鼓,魚聞之,皆伏不動。江西饒州等處,皆用此法以取魚。"

【鳴根】

同"鳴榔"。《文選·潘岳〈西征賦〉》:"纖經連白,鳴根厲響,貫鰓羾尾,製三牽兩。"李善注:"以長木叩舷爲聲,言曳纖經於前,鳴長根於後,所以驚魚,令入網也。"唐陸龜蒙《漁具詩序》:"扣而駭之曰根。"自注:"以薄板置瓦器上擊之以驅魚。"又有《鳴根》詩:"水淺藻荇澁,鈎罩無所及。鏗如木鐸音,勢若金鉦急;敺之就深處,以資俯拾。搜羅爾其微,遁去將何入。"

【鳴鞘】

鞭梢上裝的鞘子。鞭子揮動就發聲。用以驅牛。元王禎《農書》卷二二:"農家紉麻合鞭,鞭有鳴鞘,人則以聲相之用警,牛行不專於撻,世云呼鞭,即其義也。詩云:何物耕牛服并驅,長鞭輕裊配歌呼。寄聲莫作鳴鞘急,飼養曾添宿料無。"

【鳴鐘】

即自鳴鐘。《粤海關志·夷商三》:"至於鳴鐘、風琴、響樂、水車,非奪天巧,不能成以利民,全無所濟。"

mo

【摩】

即勞。元王禎《農書》卷十二:"勞,無齒耙也。但耙椔之間用條木編之,以摩田也。""今亦名勞曰摩。"

【磨刀石】

磨刀用的礪石。元王禎《農書》卷十四:"礪,磨刀石也。《書》曰:揚州厥貢礪砥。砥細於礪,皆磨石也。"清張岱《夜航船·物理部·器用》:"泥瓦火煅過,作磨刀石。"

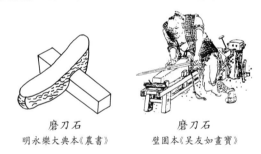

磨刀石　　　　　　　磨刀石
明永樂大典本《農書》　　　墻園本《吳友如畫寶》

【磨耙】

專門用於整田地的耙。有畜力牽引的大型磨耙和手工操作的小型磨耙。明宋應星《天工開物·稻工》:"若耕後牛窮,製成磨耙,兩人肩手磨軋,則一日敵三牛之力。"參見"耙"。

【磨刃石】

即磨刀石。明徐光啓《農政全書》卷二二:"礪,磨刃石也。""今農器鐮斧鏺鑷之類,非礪不可。"

【抹刀】

即瓦刀。清麟慶《河工器具圖説》卷二:"瓦刀鑄鐵爲之。""俗名抹刀,一名挖刀。"

【抹眉小索】

捕捉野獸的陷阱或窩弓旁所設的繩子。其高齊人眉,横設於道中,可防行人誤陷,故稱。《明律·刑律二·窩弓殺傷人》："凡打捕户,於深山曠野猛獸往來去處,穿作阮阱及安置窩弓,不立望竿及抹眉小索者,笞四十。"

【墨版】

即印板。印板須上墨成書,故稱。宋朱翌《猗覺寮雜記》卷下:"雕印文字,唐以前無之,唐末,益州始有墨版。後唐方鏤九經,悉收人間所收經史,以鏤版爲正。"

【墨筆】

木工蘸墨畫直綫的竹筆。其做法是取一竹片,一頭削扁,用刀劈成細齒,便可蘸墨劃綫。清麟慶《河工器具圖說》卷四:"墨筆,亦取竹片爲之,其下削扁,用刀劈成細齒,以便蘸墨界畫。"

墨筆
清嘉慶年刊《河工器具圖說》

【墨斗】

木工的畫綫工具。它由圓筒、搖把、綫輪等組成,圓筒內以絲棉儲墨汁,綫輪上繞以綫繩,一端拴一小鈎。將鈎掛在木料一端,將墨斗拉向另一端,把蘸墨汁綫繩拉起回彈,即可彈出一條墨綫。相傳爲魯班發明。大葆臺漢墓黃腸題湊的大條木平面端頭上,有清晰的"十"字形墨綫,扁平木的扁平面上,有的也留有墨色直綫,這些綫都很直,說明西漢已經使用墨斗之類的畫綫工具。墨斗一般用竹木製作,鐵製者較少見。新疆阿斯塔那唐墓《伏羲圖》所繪曲尺中附有墨斗,爲現見最早的形象。河北磁縣南開河村元代木船遺物中發現鐵墨斗一件。由一帶流的圓筒和一方盒組成,長11.2厘米、高4.6厘米。宋周密《齊東野語·隱語》:"墨斗云:我有一張琴,絲絃長在腹。時時馬上彈,彈盡天下曲。"明徐光啓《農政全書》卷四二:"起造房屋上上梁之日,偷匠人六尺竿,并墨斗。以木馬兩個,置二門外,東西相對。先以六尺竿橫放木馬上,次將墨斗綫橫放竿上。"清麟慶《河工器具圖說》卷四:"《廣韻》:《商君書》'赭繩束枉本',注:'赭繩,即墨斗也。'""墨斗多以竹筒爲之,高寬各三寸許,下留竹節作底。筒邊各釘竹片,長五寸,中安轉軸,軸再用長棉綫一條,貯墨汁內。一頭扣於軸上,一頭由竹筒兩孔引出,以小竹扣定。用時牽出一彈,用畢仍徐徐收還斗內。"

墨斗
清嘉慶年刊《河工器具圖說》

【墨斝】

同"墨斗"。宋沈括《夢溪筆談·技藝》:"書文象形,如繩亦所用墨斝也。"

【墨晶眼鏡】

鏡片用天然墨晶石琢成的眼鏡。清代中期,我國自行生產的眼鏡之一。《養心殿造辦處史料輯覽·雍正八年》:"禮轎內的楠木胎金漆腳踏。紫金錠、蟬酥錠、離宮錠、避暑香珠、大黃牌子。小垂恩香筒。水晶墨晶眼鏡。馬尾帶。"《海上花列傳》第三七回:"忽見趙樸齋自一個接踵而來,也穿一件雪青官紗長衫,嘴邊銜著牙嘴香烟,鼻端架著墨晶眼鏡。"《清稗類鈔·盜賊類》:"衣玄色小襖,灰色坎肩,目架墨晶眼鏡者,殆其人也。"

墨晶眼鏡
璧園本《點石齋畫報》

【墨脫】

製墨成形之模具。明沈繼孫《墨法集要》:"墨脫之製,七木輳成,四木爲牆,夾兩片印板在內板,刻墨之上下印文,上牆露筍用樞,下牆暗筍嵌住牆,末用木篏之,出墨則去篏。"

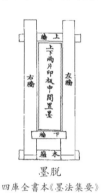

墨脫　　　　　　　曹素功墨脫
四庫全書本《墨法集要》　　上海筆墨博物館

【磨】

用兩個帶齒石盤磨碎糧食等的工具。新石器時出現的磨碎器是由磨棒、磨盤組成,它是石磨的前身。《墨子·天志中》:"以磨爲日月星辰。"《莊子·天下》:"若羽之旋,若磨石之隧(墜)。"磨之產生,據《事物原始》載:"鑿石上下合,研米麥爲磨。磨與礱二物皆始於周。"考古發現的石棒和橢圓形、圓形石餅組成的磨具,在新石器時代遺址常可見到,如河南新鄭裴李崗、陝西省西安半坡等,一般認爲它是原始的石磨。兩扇帶齒的磨出現較晚,陝西臨潼秦故都櫟陽遺址,發現了現見最早的磨扇,直徑55.5厘米,僅存下扇,爲戰國末至西漢初之物。滿城陵山1號西漢墓隨葬品中有一套完整的磨具,具備了古代磨的基本形制。磨的基本結構爲上下合扇,上扇中間開投料孔。隋之前多開雙口至下匯成單孔,投料處周圍突起成圓欄。

石磨盤、磨棒
河南新鄭裴李崗文化遺址

新石器時代早期四足石磨盤、石磨棒
磁山遺址

戴短柄的陶磨
封山 36 號漢墓

石磨
滿城 1 號漢墓

斜綫形磨齒
長安縣 206 號墓地 12 號晉墓

唐後漸以單口，面平。上扇側面開一個或兩個對稱榫眼，用以裝推把。下扇中心設鐵軸，與上扇凹心楔合，作旋轉中心。上下磨接合面有磨齒，西漢以前齒作圓窩形，而東漢起作斜綫形，後者始見於洛陽燒溝漢墓。唐代後上蓋投料處設漏斗以盛投料。下扇唐以前平直，如需接料，需另加裝置，如滿城陵山 1 號墓石磨下設大漏斗形器。唐以後下扇底邊有伸出平面，或加低欄，用以接料。中型以上磨固定在磨牀之上，磨牀多由木製，滿城陵山 1 號漢墓磨可見朽壞木磨牀痕迹。磨石採用硬石，櫟陽遺址石磨爲砂巖，滿城陵山 1 號漢墓石磨爲黑雲母花崗巖。明宋應星《天工開物·攻麥》謂磨石江南用砂巖，而北方用花崗岩，北方優於南方。磨須轉動才能使磨齒研碎加工物，而旋動要用外力，外力通過推把作用於上扇。轉磨的動力可分人力、畜力、自然界的水力和風力。人力有單人手推，可見於阿斯塔那唐墓陶俑，雙人推，可見於涇源涇河潦池宋墓雕磚，前者一般爲小磨，後者一般爲中型磨，當然中型磨也有單人推的。在《天工開物》插圖中可見男性青壯年使用懸起長拐杆推磨的情形。大型磨用畜力，有

用懸空拐杆推磨
明初刻本《天工開物》

馬、牛和驢。滿城陵山 1 號漢墓磨用馬，後多用牛、驢。《天工開物·攻麥》："凡磨大小無定型。大者用肥犍力牛曳轉。其牛曳磨時用桐殼掩眸，不然則眩暈；其腹繫桶以盛遺，不然則穢也。次者用驢，斤兩稍輕。又次小磨，則止用人推挨者。凡力牛一日攻麥二石，驢半之，人則强者攻三斗，弱者半之。"據載晉時王戎有水磑，南北朝已廣泛採用。南朝齊祖冲之在樂游苑造水碓磨，武帝親臨視察，北魏崔亮奏張方橋東堰穀水造水碾磨數十區，其利十倍。水力磨之便利，引起各代重視。宋畫中有多件描繪水磨，十分詳盡。元明時又有新的發展。水磨常可用一輪帶多磨者，稱連磨。根據不同場合，水磨可分岸地和船兩種，岸地激輪在水，而磨在岸上。船磨即激輪在水，而磨在船上，船可泊於激流中，充分利用水力。後者至晚發明於宋。至於風力磨，本流行於西土，明代已有介紹，不知是否在中華使用。此外，還有車磨，行車之中，以輪軸帶動磨轉，僅見史載。磨一般用來磨粉，去糠皮的礱磨是一種特殊的磨。磨茶葉的茶磨和非食品加工磨雖較少見。但也爲磨的使用範圍。

【磨車】

置磨於車上，利用車輪滾動爲動力而工作的裝置。傳説晉石虎時工人解飛製。晉陸翽《鄴中記》"石虎"："又有磨車，置石磨於車上，行十里輒磨麥一斛。"原注："《説郛》引此條云：解飛者，石虎時工人，作旐檀車，左轂上置碓，右轂上置磨，每行十里，磨麥一石，舂米一斛。"

【磨牀】

置磨的架子。《太平御覽》卷七六二引漢服虔《通俗文》："磨牀曰楠。"

磨牀
馬圍村漢魏 2 號墓

【磨不】

推動送絲桿產生橫向往復運動的機構，一般用桑木製成，呈鼓形，上面橫穿一短軸。明宋應星《天工開物‧乃服‧治絲》："其絲排勻不堆積者，全在送綫桿與磨不之上。"磨不相當於現代繅絲機上的絡絞裝置。

【磨拐子】

磨的部件。木製的拐棍。用來推磨轉動。清高靜亭《正音撮要‧木器》："磨拐子、磨燙，又叫手車、繫手磨燙。"參見"磨"圖。

磨拐子
鞏義站街晉墓

磨拐子
屯留宋村金代

【磨臍】

磨盤上之投料孔。宋洪邁《夷堅支志戊七‧許大師》："睡中聞呼聲，時明月穿窗，歷歷可認，起視兩畔，蓋寂無一人。聲益高，諦聽之，乃一驢探首於磨臍中，作人語。"

【磨鹿】

一種利用轆轤原理製作的捲揚機械。裝置於車上。用以牽引重物。《墨子‧備高臨》："以磨鹿卷收。"孫詒讓間詁："王引之云：磨鹿當爲磨鹿，此謂車上之曆鹿，轉之以收繩者也。故曰：以磨鹿卷收。曆鹿，猶鹿盧，語之轉耳。"

【磨盤】

即磨扇。《靖康要錄》卷十："是日敵攻東水門，矢石飛注如雨，或以磨盤及碌磚絆之，旋爲風礮，王師以纜結網承之。"《鏡花緣》第九十回："只見那些銅輪，橫的、豎的，莫不一齊亂動；有如磨盤的，有如轆轤的，好像風車一般，個個旋轉起來。"

【磨扇】

組成磨的上下兩個扁圓柱形石塊。爲磨的主要部件。上下扇面相合處均鑿有磨齒，中部有軸與孔相合。上扇能夠轉動，有進料口，或稱漏斗，可以不斷進料。下扇固定於磨牀上，有的帶有承座。元馬致遠《青衫泪》第二折："怎想他能捱磨扇似風車轉，更合着夢見槐花要黃襖兒穿。"《水滸傳》第一一二回："盧先鋒急驅衆將奪城，趕到門邊，不隄防賊兵城上，飛下一片磨扇來，打死俺一個偏將。"明馬愈《馬氏日抄‧蝦蟆》："重午日果得大蝦蟆一頭，重斤有餘，如法爲之，置石磨扇下。"

石磨扇
馱籃山西漢楚王墓

【磨石】

製磨之石。明宋應星《天工開物‧攻麥》："凡磨石有兩種，麵品由石而分。江南少粹白上麵者，以石懷沙滓，相磨發燒，則其麩並破，故黑類參和麵中，無從羅去也。江北石性冷膩，而產於池郡之九華山者，美更甚。以此石製磨，石不發燒，其麩壓至扁秕之極不破，則黑疵一毫不入，而麵成至白也。"

【磨石】

即磨刀石。《廣雅‧釋器》："礛，礪也。"清王念孫疏證："《太平御覽》引《尸子》云：'磨之以礛礪。'是礛爲磨石也。"按：《尸子‧勸學》："昆吾之金，而銖父之錫，使干吳之工，鑄之以爲劍，而弗加砥礪，則以刺不入，以擊不斷。磨之以礛礪，加之以黃砥，則其刺也無前，其擊也無下。"

【磨燙】

即磨拐子。清高靜亭《正音撮要‧木器》："磨拐子、磨燙，又叫手車、繫手磨燙。"

【磨眼】

上磨扇上的圓孔。爲被加工穀物進入磨中的入口。明宋應星《天工開物‧攻麥》："凡牛、馬與水磨，皆懸袋磨上，上寬下窄，貯麥數斗於中，溜入磨眼。"

【磨子】

即磨。唐薛漁思《河東記‧板橋三娘子》："又安置小磨子，碾成麪，卻收木人子於廂中，即取麪作燒餅數枚。"《醒世恒言‧賣油郎獨占花魁》："放着鵝毛不知輕，頂着磨子不知重。"

【礳】

同"磨"。唐玄應《一切經音義》卷十四："舂礳，《字林》

作櫨,同忙佐反。郭璞注《方言》云:磑即磨也。《世本》:輸班作磑,北土名也,江南呼磨也。”

【礲】

磨;石磨。《説文·石部》:“礲,石磑也。”段玉裁注:“礲,今字省作磨。”元王禎《農書》卷十六:“礲,《唐韻》作磨,磑也,礲同。《説文》云:礲,石磑也。《世本》曰:公輸班作磑。《方言》或謂之㝩。《字説》云:礲從石從靡,礲之而靡焉。今皆作磨,字既從石,又從靡之義,特易曉也。”清郝懿行《證俗文》卷三:“案:礲俗省作磨。《正字通》:俗謂磑曰磨,以磑合兩石,中琢縱橫齒,能旋轉碎物成屑也。”“《傳》云:子胥造轤磨二城,以攻麥邑。是則磑礲必起於春秋之時矣。今世磑礲,用人用轤,各從其便,日屑麥可數斗。”

【縲】

二股或三股的繩索。也寫作“纆”。多呈黑色,常用以捆縛罪人。《易·坎》:“上六,係用徽纆,寘於叢棘,三歲不得,凶。”陸德明釋文引劉表云:“三股曰徽,兩股曰纆,皆索名。”《史記·屈原賈生列傳》:“夫禍之與福兮,何異糾纆。”裴駰集解引臣瓚曰:“糾,絞也。纆,索也。”司馬貞索隱:“草昭云:‘纆,徽也。’又《通俗文》云:‘合繩曰糾。’《字林》云:‘纆三合繩也,音墨。’”《玉篇·糸部》:“纆,索也。”

【纆】

同“縲”。繩索。《説文·糸部》:“纆,索也。”段玉裁注:“按從黑者,所謂黑索,拘攣罪人也。今字從墨。”《玉篇·糸部》:“纆,索也。”又:“纆,同上。”

【縲徽】

繩索。纆,兩股繩;徽,三股繩。用以作井索或以捆綁罪人等。《漢書·游俠傳·陳遵》:“酒醪不入口,臧水滿懷,不得左右,牽於纆徽。”顏師古注:“纆徽,井索也。”宋司馬光《又和并寄楊樂道》:“動爲纆徽牽,何當執壽卮。”清周亮工《淚》詩之一:“纆徽連雨濕,薦草滴霜殘。過嶺猿聲苦,經年不肯乾。”

【縲牽】

繩索。指纆繩。《戰國策·韓策三》:“王良弟子曰:‘馬,千里之馬也,服,千里之服也,而不能取千里,何也?’曰:‘子纆牽長。’”《文選·張華〈勵志〉詩》:“纆牽之長,實累千里。”李善注:“千里之馬,繫以長索,則爲累矣。”南朝梁劉勰《文心雕龍·總術》:“夫驥足雖駿,纆牽忌長,以萬分之累,且廢千里。”一本作“纏牽”。

【縲索】

繩索。多以捆縛罪犯。《莊子·駢拇》:“常然者,曲者不以鈎,直者不以繩,圓者不以規,方者不以矩,附離不以膠漆,約束不以纆索。”唐柳宗元《答周君巢餌藥文壽書》:“宗元以罪大擯廢,居小州,與囚徒爲朋,行則若帶纆索,處則若關桎梏。”一本作“徽纆”。

【縲繳】

即繩子。《莊子·天地》:“且夫趣舍聲色以柴其內,皮弁鷸冠搢笏紳修以約其外,內支盈於柴柵,外重纆繳,睆睆然在纆繳之中而自以爲得,則是罪人交臂歷指而虎豹在於囊檻,亦可以爲得矣。”成玄英疏:“纆繳,繩也。”

mu

【模】

即模範。多指木製模具。《説文·木部》:“模,法也。”段玉裁注:“以木曰模,以金曰鎔,以土曰型,以竹曰範,皆法也。《漢書》亦作撫。”唐陸羽《茶經·具》:“規,一曰模,一曰棬,以鐵製之,或圓、或方、或花。”《宋史·食貨志下五》:“茶有二類,曰片茶,曰散茶。片茶蒸造,實棬、模中串之。”

宋鴛鴦荷花紋盤模　　金“甲辰”款雲龍紋盤模
曲陽縣北鎮村窖藏　　曲陽縣北村鎮窖藏

【模骨】

即內模。明宋應星《天工開物·冶鑄》:“凡造萬鈞鐘與鑄鼎法同,掘坑深丈幾尺,燥築其中如房舍,埏泥作模骨。其模骨用石灰、三和土築,不使有絲毫隙拆。”

【模心】

即內模。鑄造時用以形成鑄件內部空腔的模子。常由砂粒、泥土等配成芯砂,在模心盒中用手工製成。模心一般須經烘干,在澆注前裝置在鑄型內,金屬液澆入冷凝後,出砂時將它清除,在鑄件中即可形成空腔。明湯若望、焦勗《火攻挈要》卷下:“其模心上泥,待上九分徑許,用指大粗麻繩,從頭密纏至尾,又用泥上勻,盪光候乾,再用羅細煤炭調濕上勻,候乾聽用。”

【模範】

鑄造和壓製工藝中確定鑄、製物形狀的工具。漢王充《論衡·物勢》:“今夫陶冶者,初埏埴作器,必模範爲形。”我國鑄造工藝不晚於新石器時代晚期。在甘肅火燒溝齊家文化遺址伴隨二百餘件銅器中,就發現了一件石質模範。泥質模範使用歷史相當悠久,是石質模範之後出現的最適用的模具。早在戰國時期,銅鐵等金屬模範出現,

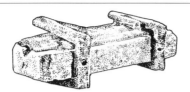

榆減筏石質模範
賢興村漢代遺址

使鑄造技術更趨完善。大約在唐代，開始用砂土模範用於鑄錢，後擴展到大型鑄件。模範的構造大致可分四種類型。一是單片型，用於一面凸起帶造型的物品製造，如壓製食品、鑄造金屬錠等；二是框形，用於二面平而外框成型的物品，如磚模；三是上下覆合形。《金史·食貨志三》：“許民自採銅鑄錢，而官製模範，薄惡不法者令民不得用。”此類鑄錢模範大多用此類形式。陝西澄城坡頭村西漢鑄鐵遺址發現一套完善的覆合型模範，銅質錢模二片一合，外用鐵卡鉗固定；四是套合型。比較複雜的器皿等需要內外套合的模範。其內模外模一般由多片合成，商周時代的青銅器皿即採用此種技

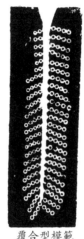

覆合型模範
坡頭村漢代遺址

術。《天工開物》的“鑄大鐘”一節中有詳細的介紹。模範中泥質者大多須燒製後使用，一次或多次使用，砂質者一次使用，而金屬質者、木質者可長期使用。模範用於鑄造者，用泥、砂、銅、鐵、石，用來製造金屬器皿、兵器、錢幣等。用於壓製者，用木、陶、銀等，用來製磚、瓦、陶瓷器皿及食品。

【模匣】

匣形之模。《營造法式·磚作制度·磚》：“凡造塼坯之制，皆先用灰襯隔模匣，次入泥以杖刮脫，曝令乾。”參見“磚模”。

【模樣】

即樣。《南齊書·魏虜傳》：“思遵先旨，勅造明堂之樣。卿所製體含六合，事越中古，理圓義備，可軌之千載。信是應世之材，先固之器也。群臣瞻見模樣，莫不歘然欲速造。”

【模子】

即模範。《西遊記》第七一回：“他的鈴兒怎麼與我的鈴兒就一般無二！縱然是一個模子鑄的，好道打磨不到，也有多個瘢兒，少個蒂兒，卻怎麼這等一毫不差？”《紅樓夢》第三五回：“鳳姐笑道：

宋瓷胎印花碗印模子
洛陽博物館

‘老祖宗別急，我想想這模子是誰收着呢？’”清徐康《前塵夢影錄》卷下：“陳曼生司馬（鴻壽）在嘉慶年間，官荊溪宰，適有良工楊彭年，善製砂壺，創爲捏觜，不用模子，雖隨意製成，亦有天然之致。”

【模鑿】

開鑿各種模型的鑿子。明黃大成《髹飾錄》乾集：“河出，即模鑿並斜頭刀、到刀，五十有五，生成千圖。”

【母句】

又作無句，堯臣。傳說爲磬的發明者之一。《世本·作篇》：“母句作磬。”傳說母句曾爲堯製磬十六枚，堯又命他製琴。

【牡孃鐙】

即磨不。清仲學輅《廣蠶桑說輯補·蠶事預備說一條》：“繅絲之車，則車牀也、車軸也、牌坊也、絲稱也、牡孃鐙繩也、撈絲帚也、踏腳板也。”牡孃鐙即雌雄鼓，爲木製圓鼓，其上橫穿一短軸，此短軸稱爲魚，其一頭露出於鼓邊緣之外，其上有一圓樺，實爲一偏心軸，上面連接送絲桿。當繅絲車上的絲軒轉動時就帶動鼓和魚轉，魚上的偏心軸就作圓周運動，從而推動送絲桿像牽磨一樣來回作往復運動。繅出的絲就會作交叉分層捲繞，各圈不致互相嵌入，又可防止互相黏連，便於以後的脫絞與退繞。

【牡孃墩】

即牡孃鐙。清衛杰《蠶桑萃編》卷四：“牡孃墩，以桑木爲之。面平底平腰細。身高二寸，底面各圍圓八寸六分，腰圍圓七寸。正中開一直孔。貫於車牀前左柱圓樺上。中腰周圍削凹如蜂腰形，或八稜或十稜，以環牡孃墩。”

【木岸】

用巨木構築的保護堤岸的設施。參見“馬頭”。

【木朳】

木製的朳。用作聚散稻穀、柴草以及攪拌器具。明徐光啓《農政全書》卷四〇：“每缸內用礦灰，色清者灰八兩，濃者九兩，以木朳打轉。澄清去水，是謂頭靛。”

【木把】

即木筏。護堤設施。清麟慶《河工器具圖說》卷三：“木筏，又名木把。”

【木表】

木製的表。圭表的部件。《明會典·欽天監》：“嘉靖七年奏準，立四丈木表，測晷以定氣朔。”

【木槽】

木質水槽。現見最早木槽在湖北銅綠山春秋戰國時期礦井遺址中發現。宋孟元老《東京夢華錄·河道》：“自京

城西南分京索河水築堤,從汴河上用木槽架過,從西北水門入京城,夾牆遮攔,入大内灌後苑池浦矣。"明徐光啓《農政全書》卷十八:"若水高岸深,則爲輪減小而闊,以板爲級,上用木槽,引水直下。"清孫蟠《南游紀程》卷上:"沿途田家取水法甚巧,以大竹輪置溪中,輪上斜安竹筒數十,水激輪轉,竹筒飲水而上,遞傾於木槽中。又一木槽接受。水槽如丁字式,引水入田,晝夜不息。"

【木槽】

木質之槽。《魏書·羯胡石勒》:"翌日,有人告之,虎大怒,以鐵鐶穿宣頷而鎖之,作數斗木槽和以羹飯,以豬狗法食之。"木槽多爲盛飼料喂牲畜之食具,然雲南少數民族地區有以木槽爲葬具之風俗。清檀萃《滇海虞衡志·志蠻》:"黑濮,其人多黑色,男女徒跣,不勤洗滌,力穡紡織,能作木器","婚聘以牛,葬用木槽"。

【木叉】

同"木杈"。宋洪邁《夷堅支景志四·慶喜貓報》:"擒貓,擲於積薪之上,適有木叉與腹值,簽刺洞,腸胃流出。"

【木杈】

木製的杈。元熊夢祥《析津志·風俗》:"若蒸造者,以長木桿用大木杈撑住,於當街懸掛,花饅頭爲子。小經紀者,以蒲盒就其家市之,上頂於頭上,敲木魚而貨之。"

木杈
明永樂大典本《農書》

【木鑢】

木製之鑢。參見"椵木鑢"。

【木尺】

木質尺。現見最早的木尺爲甘肅天水放馬堆戰國秦墓所發現之尺。此爲工本用尺,長90.5厘米、寬3.2厘米、厚2厘米,一端呈圓形,另一端爲柄,柄端呈圓角。正反兩面均有刻度,共26條刻度綫,刻度部分長60厘米,爲當時二尺半,每尺折今24厘米。木尺一般漆飾,有的雕花,清代併加嵌牙。已經發現的木尺較多。如西漢:廣西貴縣羅泊灣1號墓木尺,長23厘米;甘肅金塔金水肩關遺址木尺,長23.2厘米。連云港海州3號西漢墓出土兩面綵繪木尺,長22.5厘米、寬1.8厘米。三國:安徽南陵蘇橋鄉吳墓漆木尺,長25厘米。西晉:江西南昌永外正街1號墓木尺,長23.5厘米。十六國:新疆吐魯番阿斯塔那22號北涼墓木尺,長24.5厘米。唐:新疆吐魯番阿斯塔那44號雕花木尺,長29厘米;阿斯塔那191號墓木尺,長29厘米;湖北武漢十里鋪北宋墓出土唐尺,有銅點尺心,長31.2厘米。北宋:江蘇無錫丁巷村墓醬紅漆木尺,兩面分別以相反方向一半爲刻度,一半刻牡丹圖案,

綵繪木尺
海州西漢墓

醬紅漆木尺
丁巷村北宋墓

北宋海棠海波紋木尺
江陰孫四娘子墓

長32厘米;南京孝陵衛街墓楠木尺,長31.4厘米;湖北江陵鳳凰山墓木尺,長30.8厘米;江蘇蘇州橫塘褐漆浮雕五子花卉木尺,長31.7厘米;江陰孫四娘子墓木尺,正面等分寸,每寸均浮雕海棠花,共十朵,周邊刻分,背面爲兩條長方形邊框,四角内凹,框内飾連續海波紋,此尺紋飾細膩,刻工精美,保存完好,爲研究宋代日常長度計量工具提供了實物資料。南宋:福建福州浮倉山墓黑漆雕花木尺,長28.3厘米。明:上海塘灣墓木尺,長34.5厘米。清:故宮博物院藏牙嵌木尺三件,各長32厘米、32.16厘米、34.18厘米。《明會典·斛斗秤尺》:"工部各給鐵斛一張,銅尺、木尺各一把。"

【木鵝】

在河流傳達消息之木塊。取鵝形,故稱。《隋書·堯君素》:堯君素魏郡湯陰人也,"時圍甚急,行李斷絶。君素乃爲木鵝置表於頸,具論事勢。浮之黃河沿流而下,河陽守者得之,達於東都越王。"

【木籌】

木製的計量籌碼。明徐光啓《農政全書》卷四四:"每倉置木籌三十根,每根長三尺,方一寸二分。以天地人三字編號。"

【木杵】

搗物用的木棒槌。用于在臼中舂搗穀物。浙江餘姚縣河姆渡文化遺址,出土木杵一件,斷面呈圓形,杵頭粗大,長92厘米,杵頭徑8.3厘米,柄徑5厘米。在錢山漾遺址發現的木杵,全長118.5厘米,中部手握處直徑4厘米,兩端略尖。這種木杵較長,應該是站着操作的。木杵多用硬

木製成,如柘、棗、榆、檪等。《漢書·陳萬年傳》:"爲地臼、木杵,舂不中程,或私解脱鉗鈦,衣服不如法,輒加罪笞。"元王禎《農書》卷十六:"然後注糙於堈内,用碓木杵,搗於篅内,堈既圓滑,米自翻倒,簸於篅内。一搗一簸,既省人攬,米自匀細。然木杵既輕,動防狂進。須於踏碓時,已起而落,隨以左足蹋其碓腰,方得穩順。"清麟慶《河工器具圖説》卷二:"木杵爲拌和桶内米汁與灰土用。"

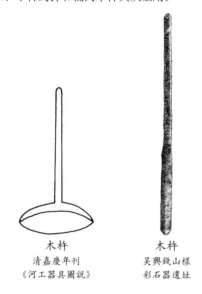

木杵
清嘉慶年刊
《河工器具圖説》

木杵
吳興錢山樣
彩石器遺址

【木牀】

安置木活字的木槽板,後稱字盤。《武英殿聚珍版程式·刻字》:"應刊之字照格寫準宋字後,逐字裁開,覆貼於木子之上面,用木牀一個,高一寸、長五寸、寬四寸,中挖槽五條,寬三分、深六分。每槽可容木子十個上下,用活閂塞,即與鐫刻整版無異。"

【木棰】

木質錘首之錘。銅綠山1號礦體1號礦井發現戰國木棰通長28.6厘米、棰長10.3厘米、棰徑7.7厘米、柄徑2.7厘米。明湯若望、焦勗《火攻挈要》卷下:"安置厚板凳上,用木棰顚直,再吊一綫,看其彎直何如,再顚可也。"

戰國木棰
銅綠山1號礦體

木棰
居延漢代遺址

【木蒂】

以小木棍製成,有榫,粗細與竹蒂孔吻合。鑲於木板之上,漆器製作中用以支撐漆器。其法:將黏有漆器的竹蒂套于木蒂之榫上,置於蔭室内活架上。黃大成《髹飾録》乾集:"宿光,即蒂。有木、有竹。"明楊明注:"木蒂接牝梁,竹蒂接牡梁。其狀如宿列也。"

【木釘】

即釘子。釘木之用,故名。元王禎《農書》卷十:"不結角者,南北二面,去地一尺,鑽孔用木釘釘之,泥封竅即結。"

【木斗】

木質墨斗。木工畫綫工具。宋馬永卿《懶真子》卷一:"古筆多以竹,如今木匠所用木斗、竹筆,故字從竹。"

【木筏】

用木扎成的筏形護堤防潮設施。清麟慶《河工器具圖説》卷三:"木筏,又名木把。係紮杉木製成。凡工頭工尾淤閉舊埽,忽爾溜到,築壩不及,趕紮木筏攔護。後安撑木,以順溜勢再漫水上灘。攔截串溝及壩工搜後均可用此。其紮法,每筏用木一二層,長寬丈尺,隨時酌定。"

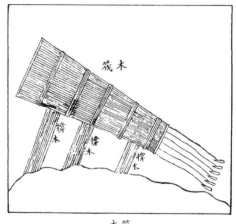

木筏
清嘉慶年刊《河工器具圖説》

【木斧】

木質的斧頭。船上水手爲鎖緊椿上之繩纜,用鐵斧恐傷繩纜,故改用木斧在椿上捶打,使之緊湊。清麟慶《河工器具圖説》卷三:"木斧者,鎖椿之物。倘各繩鬆緊不一,用木斧在椿上捶打緊湊,恐用鐵斧致傷各繩之故。"

木斧
清嘉慶年刊
《河工器具圖説》

【木鉤】

木製之鉤,多以天然樹椏枝加工而成。《淮南子·氾論訓》:"古者剡耜而耕,摩蜃而耨,木鉤而樵,抱甀而汲,民勞而利薄。"

春秋木鉤
瑞昌市博物館

【木瓜袋】

内裝木瓜的口袋。踏之可治腳氣轉筋。明李時珍《本草綱目·果二·木瓜》《名醫録》:"廣德顧安中患腳氣,筋急腿腫,因附舟以足閣一袋上,漸覺不痛。乃問舟子:袋中何物? 曰:宣州木瓜也。及歸,製木瓜袋,用之頓愈。"

【木瓜杖】

用木瓜枝製的手杖。善治轉筋,可强足力。明李時珍《本草綱目・果二・木瓜》引陶弘景曰:"木瓜最療轉筋,但呼其名及書上作木瓜字,皆愈。此理亦不可解。俗人柱木瓜杖,云利筋脛也。"

【木圭】

木製的圭表。《清稗類鈔・巡幸類》:"寢宮無晷漏,孝欽后命於院東置小土臺,上設木圭,以測日景。"

【木晷】

木製日晷。《清稗類鈔・巡幸類》:"寢宮無晷漏,孝欽后命於院東置小土臺,上設木晷,以測日景。"

【木滾子】

圓形可滾動的木製按摩器具。也有用其他材料製作。《金瓶梅》第六七回:"西門慶取畢耳,又叫小周兒拿木滾子滾身上,行按摩導引手術。"

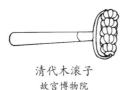

清代木滾子
故宮博物院

【木夯】

一種木製的夯築土地的工具。常用的有兩鼻,用於握手。清麟慶《河工器具圖説》卷二:"木夯長四尺,旁鑿兩鼻,俾有把握,填墊獾洞、鼠穴以夯夯之,可期堅實。"

木夯
清嘉慶年刊《河工器具圖説》

元代木夯
志丹苑元代水閘遺址

【木灰刀】

石匠用來砌石的木製刀具。形狀如瓦刀。清麟慶《河工器具圖説》卷四:"木灰刀形如瓦刀,剡木爲之。石匠用以勾砌。"

【木灰印】

木質灰印。驗工器具,以石灰爲印泥的木印。清麟慶《河工器具圖説》卷二"木灰印":"今估土工多有自鐫木印,用石灰爲印泥。"又:"驗工器具,除皮灰印、木灰印外,又有機印。"

木灰刀
清嘉慶年刊《河工器具圖説》

木灰印
清嘉慶年刊《河工器具圖説》

【木渾儀】

唐李淳風製木質渾天儀。清張岱《夜航船・天文・曆律》:"後漢有銅儀,後魏有鐵儀,李淳風有木渾儀,唐明皇有水渾天,張衡始造候風地動儀。"

【木牮】

收緊埽的桿狀工具。用楊木或杉木製成。清麟慶《河工器具圖説》卷三:"埽至河涯,人不得力,須用木牮。視埽長短,每埽檔長一尺,用行繩一條;每行繩兩條,中用牮木一根。前以繩拉,後以木牮,埽個方能捲緊行速。凡撐枕、撐船,皆須用之。木牮或用楊椿,或用長大杉木,均可。近時購材爲難,多以大船二桅代之。"

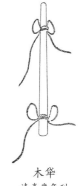

木牮
清嘉慶年刊
《河工器具圖説》

【木楗】

木製的扁擔。清程穆衡《水滸傳注略》卷二三:"兩頭懸物,以肩任之。古謂之木楗,今曰扁擔,亦曰扁挑。"

【木臼】

木質的臼。常用整段樹根中間挖空製成。《安吉州志》:"木臼,山多木,土人取其根最大者爲之,底蓋相平,惟刳其中,以容黍粒,仍用木杵杵之,頃刻便精鑿,比之以石爲臼者,更輕且佳。"《南潯縣志》:"春米之器,或用木臼,或用窰臼,而窰臼爲勝。"

木臼陶俑
阿斯塔那201號唐墓

【木睛】

木製假眼。宋范坰、林禹《吳越備史》卷一:周寶嘗遇武選擊毬,"爲鐵鈎所摘一目,睛迸,寶即取而吞之,復擊毬,遂獲頭籌,授涇源。勅賜一木睛以代之,木睛不知何木,視之亦明。一日早起,盥漱其睛墜水盆中,侍姬竊笑。寶怒曰:'我瞎漢,何足笑也。'"

【木矩】

木製的綿矩,用以製取絲綿。《農書》卷二一:"綿矩,以木框方可尺餘,用張繭綿,是名綿矩。又有揉竹而彎者",「然用木矩者,最爲得法」。

【木狼頭】

同「木榔頭」。明戚繼光《練兵雜紀》卷二「儲練通論」:「木狼頭、馱架、油簍。」「罩木桶、柳筐、火鐮石、鉛子模、木馬子、鐵鑽。」

【木榔頭】

即木錘。其錘頭用木製成,用於敲打強度較差的器件。清麟慶《河工器具圖說》卷三:「木榔頭打埽上小木籤、擺椽用之。」

木榔頭
清嘉慶年刊
《河工器具圖說》

【木耒】

木製的耒。形如叉,多用天然樹枝製成。新石器時代仰韶文化陝西臨潼姜寨,龍山文化河南陝縣廟底溝等遺址,都發現了木耒遺迹。從已發現的考古資料看,這種木耒直到東漢時期仍普遍使用。廟底溝發現的雙齒木耒,據遺留的痕迹計,每齒的直徑是 4 厘米,齒尖的距離也是 4 厘米,有的寬達 6 厘米的,長度約在 20 厘米左右。殷墟小屯西地 H305 號灰坑窖穴壁上發現的木耒痕迹,都是雙齒的,大的耒齒長 19 厘米,齒徑 7 厘米,齒距 8 厘米。又據大司空村 H112 號灰坑發現,小形的木耒齒長 18 厘米,齒徑 4 厘米,齒距 4 厘米。宋王讜《唐語林・補遺》:「興元中,有知馬者,曰李幼清,暇日常取適於馬肆。有致悍馬於肆者,結鑣交絡其頭,二力士以木耒支其頤,三四輩執樋而從之。馬氣色如將噬,有不可馭之狀。」

【木礰】

即木礱。元王禎《農書》卷十六:「礱,礰穀器,所以去穀殼也。淮人謂之礱。」「北方謂之木礰。石鑿者,謂之石木礰。礱、礰,字從石,初本用石,今竹木代者亦便。」

【木犁】

一種木製的犁狀帶纜用具。清麟慶《河工器具圖說》卷二:「他如巨艦行溜水中,舟人在岸以木犁插土收勒繩纜,亦名犁。工次進埽,前推後捲,恐人力不齊,犁亦必用之物,但其製與農具不同,且斲木而不冶金耳。」

木犁
清嘉慶年刊《河工器具圖說》

【木鈴鐺】

木製的滑輪。起動機械上的部件。能改變用力方向。清麟慶《河工器具圖說》卷四:「前繫鐵鍊,名曰千觔,後繫極粗麻繩,名曰虎尾,承繩之處,名木鈴鐺。然後遣水摸夫入水摸石,引繩扣繫,集夫拉挽虎尾繩鈎撈上岸。」

【木龍】

即龍骨車。宋王十朋《後二十得雨復用聞水車韻》:「蜕骨木龍愛不雨,更喚雨牛眠下土。(農家以架車者爲眠牛。)水從地底飛上田,不減在天行雨苦。」

【木礱】

礱的一種。如磨,木製。分上下兩扇,下扇有中軸受上扇之中孔。兩扇相合面皆鑿有縱斜齒。用以礱穀去殼而取米。其耐磨性較土礱爲好,是礱的主要形式。明宋應星《天工開物・攻稻》:「凡礱有二種。一用木爲之,截木尺許(質多用松),斲合成大磨形,兩扇皆鑿縱斜齒,下合植筍穿貫上合,空中受穀。木礱攻米二千餘石,其身乃盡。凡木礱,穀不甚燥者入礱亦不碎,故入貢軍國漕儲千萬,皆出此中也。」

木礱
明初刻本《天工開物》

【木碌磚】

木製的碌磚。明徐光啟《農政全書》卷三五:「種棉須土實,漫種者,既覆土,用木碌磚實之。」

【木貓】

即鼠弶。元陳櫟《木貓賦》:「惟木貓之爲器兮,非有取於象形。設機械以得鼠兮,配貓功局借名。"清翟灝《通俗編·獸畜》:"今仍呼木作鼠弶爲木貓。"

【木綿撥車】

把紗管上的棉紗浸漿後纏繞在紗框上的機具。實質上

木綿撥車
清聚珍版《農書》

起到上漿和絡紗的作用。元王禎《農書》卷二一:"木綿撥車,其制頗肖麻苧蟠車,但以竹爲之,方圓不等,特更輕便。按舊說,先將紡訖綿維於稀糊盆內度過,稍乾,然後將綿維頭繂撥於車上,遂成綿紙。"

【木綿紡車】

紡棉的腳踏紡車。元王禎《農書》卷二一:"木綿紡車。其制比麻苧紡車頗小。"對絲麻織纖維進行加撚合綫的三錠腳踏紡車,早在晉代時就已出現,宋元間已很普遍。但這種紡車不能用於紡棉紗。因加撚絲麻的紡車無牽伸紗條之需要,所以錠與輪的速比較大。紡棉紗時,需要用手指勻搓紗條,使手指與錠子之間產生抽長拉細的牽伸作用,因而要求手指的勻搓與錠子轉速之間要配合得當。如錠速過快,則牽伸不及,加到棉紗上的撚度過多,棉紗易崩斷。元代初年,傑出的紡織家黃道婆自海南島崖州歸來後,在松江府烏泥涇改革麻紡三錠腳踏紡車的輪子,把直徑縮小,從而降低錠速,使三錠腳踏紡車能紡製棉紗。這一革新首先在松江府一帶廣泛傳播,推動了棉紡織生產

木綿紡車
清聚珍版《農書》

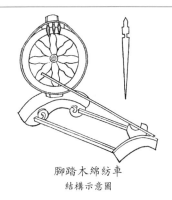

腳踏木綿紡車
結構示意圖

腳踏木綿紡車
結構示意圖

的發展,後人爲紀念她的貢獻,而稱這種腳踏三錠紡車爲黃道婆紡車。元代以後木棉紡車的形制基本未變,但有些地方出現了四錠腳踏紡車。明代徐光啓在《農政全書》卷三十五中說:"紡車容三維,今吳下猶用之。間有容四維者,江西樂安至容五維。"這種五錠腳踏紡車,是加撚麻縷的合綫車,似不能用於紡棉紗。一手僅有指際四處,五根棉條如何置於手中? 對此,徐光啓提出疑問,并請人轉索其器,但未得。木綿腳踏紡車一直沿用到近代,三錠者較廣泛地使用於棉紡織生產發達的地區,特別是在黃道婆的家鄉上海一帶。清代上海人褚華在《木棉譜》中,描述當時的三錠木棉腳踏紡車的形制:"以木爲之,有背有足。首置木鋌三,形銳而長,刻木爲承,其末,以皮弦欛連一輪上。復以橫木,名踏條者,置輪之竅中,將兩足抑揚運之,取向所成之條子,黏於舊縷,隨手牽引,如繅繭絲,皆繞鋌而績,是名棉紗。"鋌就是錠子,其上緊套着用葦管、高粱葉梢或細竹管製成的筳維即紗管。紡棉紗時,左手握棉條,并使紗條牽引漸長,右手均撚,使紗條變得緊密,成爲有撚度的勻細的棉紗,捲繞在紗管上。這種腳踏紡車不僅可以同時紡製三根棉紗,而且也可以用來將兩根以上的棉紗併合加撚成縷。腳踏三錠木棉紡車的發明和廣泛傳播,在當時是處於世界領先的地位。清代秦榮光在《上海縣竹枝詞》中咏黃道婆的功跡時,講到三錠木棉腳踏紡車的功效:"紡紗舊用手旋車,兩指端才撚一紗。紡紗改車憑腳運,三紗一手紡家家。"

【木綿攪車】

手工軋棉機具。元王禎《農書》卷二一:"夫攪車,四木作框,上立二小柱,高約尺五,上以方木管之,立柱各通一

軸,軸端俱作掉拐,軸末柱竅不透。二人掉軸,一人喂上綿英,二軸相軋,則子落於內,綿出於外,比用輾軸,工利數倍。"這種攪車已應用曲柄、杠槹等機械零件。明徐光啓在《農政全書》卷三五中給出了一具四足攪車的圖形。並說:"今之攪車,以一人當三人矣。所見句容式,一人可當四人;太倉式,兩人可當八人。"

木綿攪車
明永樂大典本《農書》

四足攪車
清山東書局本《農政全書》

【木棉捲莛】

把棉花製成條筒狀棉捲的工具。一般用薥黍梢莖或小竹筒製成,因地而異。元王禎《農書》卷二十一:"木綿捲莛,淮民用薥黍梢莖,取其長而滑。今他處多用無節竹條代之。其法,先將綿毳條於几上,以此莛捲而扞之,遂成綿筒。隨手抽莛,每筒牽紡,易爲勻細,捲莛之效也。"製

木綿捲莛
清聚珍版《農書》

擦條
明初刻本《天工開物》

綿筒的工藝亦稱爲擦條。明宋應星《天工開物·乃服·布衣》:"彈後以木板擦成長條,以登紡車。"清代上海地區稱木綿捲莛爲柵子。清張春華《滬城歲事衢歌》:"以竹削如箭幹較細,長二尺餘,名柵子。捲棉於上而搓之,其搓之器如桶蓋,方而長,名搓花蓋。左手按其柵子,右手執蓋向外推之,隨去其柵,宛如玉蒜。"這種工具一直沿用到近代。

【木綿軖床】

棉紗絡紗機具。其作用與木綿撥車相似,所不同的是可以同時將八個紗管上的棉紗繞在紗框上,提高了工作效率。元王禎《農書》卷二一:"木綿軖床。其制如所坐交椅,但下空一軖,四股軖軸之末,置一掉枝。上椅豎列八

木綿軖床
清聚珍版《農書》

木綿軖床
明永樂大典本《農書》

維，下引綿絲。動轉掉枝，分絡軒上。絲紝既成，次第脫卸，比之撥車，日得八倍。始出閩建，今欲傳之他方，同趨省便。詩云：八維綿絲絡一軒，巧憑坐椅作軒床，試將觸類深思索，麻苧鄉中用亦良。"

【木綿彈弓】

用弓發出振動的方法使棉花鬆散的木或竹製的工具。元王禎《農書》卷二一："木綿彈弓以竹爲之，長可四尺許。上一截，頗長而彎；下一截，稍短而勁。控以繩弦。用彈綿英，如彈氈毛法。務使結者開，實者虛。假其功用，非弓不可。"這是一種竹弓繩弦，彈棉之力不够強，後來改用木皮弦。或蠟絲弦。明徐光啓《農政全書》卷三五："今以木爲弓，蠟絲爲弦。"明宋應星在《天工開物》中給出了一幅彈棉圖，圖中所用的彈弓，用一根繩子懸掛在一竹竿上，彈棉者左手執弓，右手握一彈槌，用以敲擊弓弦，從而增大彈弓的振動之力，使棉花易於彈鬆。這種使用彈槌的彈棉弓一直沿用至今。清張春華《滬城歲事衢歌》："彈花者名弓，弓以木作圓柱狀，長四五尺，粗盈握。弓上端鑲薄板，方而斜，縱橫四寸許，其下端於圓柱之末剡之使彎。圓而厚，闊二寸餘，以弦施於二端，弦之餘者繞柱上。擊其弦者爲彈花槌。槌長七八寸。隆其兩端，極光潤。彈花必坐，其坐者如椅，而矮幾及地，名彈花凳。凳之背貫以竹竿如釣魚者。而曲竿之極處懸繩。繩下著弓。以左手執弓，右手持槌坐擊之。棉著弦而起，輕如柳絮。宜於無風處彈之，弦聲清脆，聞及鄰室。其弓弦以羊腸爲之。"

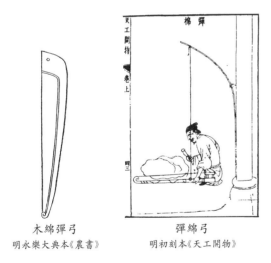

木綿彈弓
明永樂大典本《農書》

彈綿弓
明初刻本《天工開物》

【木綿綫架】

併綫、撚綫用的手工機具。元王禎《農書》卷二一："木綿綫架，以木爲之，下作方座，長闊尺餘，臥列四維。座上鑿置獨柱，高可二尺餘。柱下（上）橫木長可二尺，用竹筬，均列四彎，內引下座四縷，紡於車上，即成綫維。舊法先將此維絡於籰上，然後紡合，今得此制，甚爲速妙。"

【木模】

木製之樣。明湯若望、焦勗《火攻挈要》卷下："凡用乾木造模，若經濕泥塗上，其木模必將泡開而漲大也。"

木綿綫架
明永樂大典本《農書》

木綿綫架
清聚珍版《農書》

【木牛】

代耕器。田兩端各置人字架，分別安裝轆轤，轆轤中繫以長繩，以繩引犁。此轉犁來，彼轉犁去，以代牛耕。明談遷《棗林雜俎》中："成化二十一年，戶部左侍郎隆慶李衍，總督陝西邊備，兼理荒政，發廩賑饑。作木牛，取牛耕之未耜，易制爲五：曰坐犁，曰推犁，曰擡犁，曰抗活，曰肩犁。可水耕，可山耕，可陸耕。或用二人，多則三人。多者自舉，少者自合，一日可耕三四畝。"清屈大均《廣東新語・器語・木牛》："木牛者，代耕之器也。以兩人字架施之，架各安轆轤一具，轆轤中繫以長繩六丈，以一鐵環安繩中，以貫犁之曳鉤。用時一人扶犁，二人對坐架上。此轉則犁來，彼轉則犁去。一手而有兩牛之力。耕具之最善者也。吾欲與鄉農爲之。"參見"代耕"。

【木杷】

同"木爬"。《水滸傳》第三二回："背後十數個人跟著，都拿木杷、白棍。"

【木爬】

木齒攪杷。清麟慶《河工器具圖説》卷二："先以木桶加鍋上接口燉煉糯米成汁，隨時用爬推攪，不使停滯。"有圖名"木爬"。

【木鈀】

同"木爬"。清朱琰《陶説》卷一："以水缸浸泥，木鈀翻攪，漂起渣滓，過以馬尾細羅，再入雙層絹袋，始分注過匣鉢。"

【木杓碓】

即槽碓。其承水槽成杓狀。《紹興府志·水利二》："又有木杓碓，碓榦之末，刳爲杓以注水，水滿則傾，而碓舂之。唐白居易詩'雲碓無人水自舂'是也。"

【木桶】

指摜稻桶。用於田中摜稻脱粒。方形或圓形大木桶，

木爬
明嘉慶年刊
《河工器具圖説》

木桶
明汪氏玩虎軒刻本《列仙全傳》

木桶
明初刊本《天工開物》

可供一人或多人摜稻。明宋應星《天工開物·攻稻》："凡稻刈穫之後，離藁取粒。束藁於手而擊取者半，取藁於場而曳牛滾石以取者半。凡束手而擊者，受擊之物，或用木桶，或用石板。收穫之時，雨多霽少，田稻交濕，不可登場者，以木桶就田擊取。"

【木枚】

同"木杴"。元王禎《農書》卷十三："枚，臿屬。但其首方闊，柄無短拐，此與鍬臿異也。""剡木爲首，謂之木枚。可擦穀物。""木枚詩云：柄頭掌木儘寬平，穀實抄來忌滿盈。苗夏耰鋤方用事，幾回高閣待秋成。"元司農司《農桑輯要》卷五："澆水滿畦，候水滲盡，撒種於上，用木枚匀撒覆土。"

長木枚
居延漢代遺址

【木杴】

用木料製成的杴。頭爲板狀，較闊，後有長木柄。用以掘土，鏟東西或播揚穀物。宋唐積《歙州硯譜·攻器》："鴟觜鋤、木杴。"

【木掀】

同"木杴"。明沈榜《宛署雜記·經費上》："木掀五把，價一錢五分。"《醒世姻緣傳》第十六回："那些泥匠、木匠、磚匠、鋸匠、銅匠、鐵匠，都歇了本等的生活，拿了掃帚木掀來幫那些長工壯客，救那曬的麥子。"

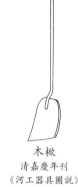

木杴
清嘉慶年刊
《河工器具圖説》

【木樣】

木製的模型。《隋書·禮儀志一》："後檢校將作大匠事宇文愷，依《月令》文，造明堂木樣，重檐複廟，五房四達，丈尺規矩，皆有準憑。"宋周密《齋東野語·渾天儀地動儀》："南渡後，工部員外郎袁正功嘗獻木樣，詔工部折半製造，計用銅八千四百餘斤，後不克成。"《養心殿造辦處史料輯覽·雍正四年》："持出宜興掛釉罐一件。奉旨：鏇木樣，將兩頭收細，交年希堯燒造。"

【木鑿】

木作用的鑿子。後端一般中空，可裝木柄。清張岱《快園道古》卷十二：

木鑿
清嘉慶年刊
《河工器具圖説》

"木鑿若要長,去兩頭;若要闊,去兩邊。"

【木閘】
用木製作的閘門。能够啓閉,用以調節流量,制止泥沙等混入。明徐光啓《農政全書》卷十三:"然欲留清水以滌淤沙,則如之何。謂宜大疏兩旁支港,使節節深濬橫置木閘,大則石閘。俟潮來即閉,潮退則開,庶可少得導沙之益矣。"《清稗類鈔·第宅》:"庭中有用鐵條木閘者。"

【木碪】
木製的砧板。舂、搗、切物時墊在底下的器物。元王禎《農書》卷二一:"《爾雅》曰:'碪謂之榩。'郭璞曰:'碪,木質也。'碪從石,榩從木,即木碪也。碪,截木爲碢圓形,竪理切物,乃不拒刃。"

【木磧】
即木碪。明徐光啓《農政全書》卷三四:"用木磧上仰置叉股,高可二三尺。"

【木錐】
木質錐。《西湖二集·姚伯子至孝受顯榮》:"只得尋了一個木錐將來挖土,那時一連三日水米不曾沾牙。"

【木斫】
即欘。元王禎《農書》卷十二:"欘,槌塊器。今田家所製無齒耙,首如木椎,柄長四尺。可以平田疇,擊塊壤,又謂木斫。"

【木子】
木活字的木塊,也指木活字。清乾隆三十九年(1774)刻木活字25萬餘個,並開始印刷圖書。其間,用這套木活字共擺印了131種書,嘉慶七年、八年間(1802—1803)又擺印了《西漢會要》、《唐會要》、《農書》,前後一共擺印了134種書。乾隆帝以"活字板"名不雅而賜名"聚珍"。《武英殿聚珍版程式·奏議》:"臣今已刊刻完竣,細加查核,成做棗木子,每百個銀二錢二分。刻工每百個銀四錢五分,寫宋字每百個工銀二分,共合銀六錢九分。計刻得大小木字二十五萬三千五百個實用銀一千七百四十九兩一錢五分備用棗木子一萬個計銀二十二兩。"《欽定武英殿聚珍版程式》"成造木子":"聚珍版擺印書籍固稱簡捷,然以數十萬散字中輟輯成章,其木子大小難以畫一,若逐字鏇削,又事繁而工費。故製造木子之法,利用棗木解板厚四分許,豎裁作方條寬一寸許,先架疊晾乾,兩面用鐁取平,以淨厚二分八釐爲準,然後橫截成木子"。

【木鑽】
木製的穿孔工具。唐段成式《酉陽雜俎·玉格》:"有傅先生入焦山七年,老君與之木鑽,使穿一盤石,石厚五尺,曰:'此石穴,當得道。'積四十七年,石穿,得神丹。"

【絉】
繩子。《篇海類編·衣服·系部》:"絉,繩也。"

【䋷】
繩子。《字彙補·糸部》:"䋷,繩也。"

N

na

【軜】

馬車兩旁驂馬的内側繮繩。繫於軾上。《詩·秦風·小戎》:"龍盾之合,鋈以觼軜。"毛傳:"軜,驂内轡也。"鄭玄箋:"軜之觼以白金爲飾也。軜繫於軾前。"《大戴禮記·盛德》:"故六官以爲轡,司會均入以爲軜。"盧辯注:"軜在軾前,歛六轡之餘。"《説文·車部》:"軜,驂馬内轡係軾前者。"段玉裁注:"軜之言内,謂内轡也。"

【納】

即軜。《荀子·正論》:"三公奉軶持納。"楊倞注:"納與軜同。軜謂驂馬内轡繫軾前者。"

nan

【南懷仁】

(1623—1688)Ferdinand Verbiest,字敦伯。比利時人。清初來華傳教士,天文學家。曾任清欽天監監正。順治十七年(1660)奉召進京協助湯若望修曆法。康熙八年(1669)奉命製造天文儀器,十二年(1673)製成了六件大型天文儀器,即赤道經緯儀、黃道經緯儀、地平經儀、象限緯儀、紀限儀和天體儀。爲此他主編了一部《靈臺儀象志》介紹這些儀器的原理、結構和使用方法。這六件儀器都屬古典儀器類型,只是在製作工藝和安裝上比較精細,刻度盤上用了游標,黃道經緯儀上用了黃極軸和黃經圈。而紀限儀則是傳統儀器中没有的。這些儀器上都没有安裝當時在歐洲已較普及的望遠鏡,現陳列在北京古觀象臺。他還著有《驗氣説》、《赤道南北星圖》和《歐洲天文學》等。

【南針】

即指南針。宋吴自牧《夢粱録·江海船艦》:"海洋近山礁則水淺,撞礁必壞船,全憑南針,或有少差,即葬魚腹。"

【罟】

夾魚小網。其制:在兩根平行的短竹竿上張一小網,再裝兩根交叉的長竹爲柄,兩手握住竹柄使網開合。捕魚時從上向下掩住,待魚入網後即夾緊竹柄起網。唐陸龜蒙《漁具》詩序:"網罟之流曰罨、曰罶、曰翼;圓而縱舍曰罩;挾而升降曰罟。"《廣韻·上琰》:"罟,捕魚網也。䍡,上同。"清方以智《通雅·諺原》:"罟,夾魚小網曰罟。一作罻。"

罟

明萬曆年刊《三才圖會》

【䍡】

同"罟"。《太平御覽》卷八三四引晉周處《風土記》:"罨,如䍡而小,歛口從水上掩而取者也。"《集韻·上琰》:"罟、䍡,魚網。或從衍。"

nao

【撓鈎】

捕獲用具。頭部銛利如箭鏃,兩側有雙鈎倒垂,亦有四倒鈎者。有長木柄。清麟慶《河工器具圖説》卷一:"今巡夜捕獲之具","又有撓鈎,直刃向上,倒鈎雙垂,并有四出者。受以木柲,其用甚便,殆即古之戈與"。

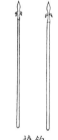

撓鈎

清嘉慶年刊《河工器具圖説》

【鬧鐘】

能在預定時間發出鈴聲的鐘。清徐朝俊《高厚蒙求·自鳴鐘錶圖説》:"一曰鬧鐘,如遇朝祭大典,在某時刻應起身冠帶,則將鬧針裝對某時,屆期便大發鐘聲,唤醒酣夢。""一種是報刻鬧鐘,每交一刻,小鐘各鬧一轉,二刻兩轉,三刻三轉,四刻四轉,鬧畢刻數,大鐘打針指某時之數。"

nei

【内模】

成套模的内腔模。其模面形器物的内壁。明宋應星《天工開物·冶鑄》:"先埏土作外模,剖破兩邊形,或爲兩截,以子口串合,翻刻書文於其上。内模縮小分寸。空其中體,精算而就。""巨磬、雲板,法皆仿此。"

【内灣式刀】

一種刀刃向内彎曲的外科醫用刀具。用於割除皮肉潰肉。灣,同彎。清劉濟川《外科心法真驗指掌》卷二:"内灣式,此刀内灣刃,取皮裏暗處潰肉,可以灣割,去之最宜。"

内灣式刀
天津本
清刊《外科心法真驗指掌》

ni

【泥匙】

即泥鏝。《爾雅·釋宫》"鏝謂之杇",郭璞注:"泥鏝。"清郝懿行義疏:"今謂之泥匙。"

【泥罐】

即坩鍋。明宋應星《天工開物·丹青》:"凡將水銀再升朱用,故名曰銀朱。其法用磬口泥罐,或用上下釜。""鐵綫兜底捆縛,鹽泥固濟口縫,下用三釘插地鼎足盛罐。"

泥罐
明初刊本《天工開物》

【泥合子】

裝運淤泥的工具。梯形盒,上有提手,一側開口。清麟慶《河工器具圖説》卷二:"泥合子,堅木爲之,寬尺二,長尺八,高四寸,中安提把。用之厈淤轉貯。"

泥合子
清嘉慶年刊
《河工器具圖説》

【泥鏝】

建築工程中用來泥牆的工具。有平滑抹面和把手,用鐵、木製成。《周禮·考工記》已有泥牆記載,上泥可保護并裝飾牆體。現見最早的實物見於漢代遺址,河南鶴壁鹿樓村漢代冶鐵遺址出土一件鍛製泥鏝,抹面爲長方形,

頭圓尾方,扁鐵條製成把手,長25厘米,寬7厘米。居延漢代遺址發現木泥鏝,形狀相似。金元時期泥鏝多有發現。凌源富家屯元墓出土鐵泥鏝一件,缺柄,抹面長方略成梯形,鍛製,長15.2厘米、寬3.1～4.3厘米。《爾雅·釋宫》"鏝謂之杇",晉郭璞注:"泥鏝。"郝懿行義疏:"鏝古蓋用木,後世以鐵,今謂之泥匙。"

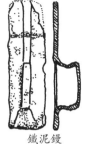

鐵泥鏝
鹿樓村漢代遺址

木泥鏝
居延漢代遺址

鐵泥鏝
凌源富家屯元墓

【泥模】

泥質模子。一般經過燒製後方才使用。二里崗文化期的鄭州早商遺址,發現三件一副銅斧泥模,是現見最早的泥模。明湯若望、焦勗《火攻挈要》卷下:"其鑄銃泥模,務於萬分乾透,兼用炭火燒過,然後可用。"

刀幣泥模
莒縣孔家街戰國遺址

【泥杷】

一種竹齒杷。圓形。用於整田平土。清劉應棠《梭山農譜·耕譜》:"泥杷,横用木尺三寸,圓爲身,身下鑿七小孔,安竹齒。身側鑿小圓孔,竪木柄,柄長同鏟。種禾時,土爛如麴矣,稍有不平者,則用此平之。"

【泥鏊】

鍬的一種。鏟取石灰泥磚等用。清范寅《越諺》卷中:"泥鏊,秋蕭切。捯,捯石灰上磚之木盾。"

【泥水刀】

即瓦刀。明顧其志《攬苣微言》:"一日慈聖賜一篋,緘識其固,疑是重寶,開視則瓦匠所用泥水刀也。"

【泥字】

印刷泥活字。宋代畢昇最早用泥活字印刷。《清稗類鈔·鑒賞類》"丁善之論仿宋板":"今於武英殿校刊古今書籍,曰聚珍板,乃棗木所製也。旋又有泥字、瓦字、錫字、銅字各種之製作。"

nian

【黏徽】

由網衣和粗大繩索構成的長方形網具。用以掛刺和纏

絡魚類。用刺網法捕魚。《文選·潘岳〈西征賦〉》："於是弛青鯤於網鉅，解頳鯉於黏徽。"李善注："徽，大索也。言魚黏於網，故曰黏徽也。"

【破】

同"碾"。清劉沅《槐軒雜著》卷二："以器名者，則有茶破、藥破，脫粟者曰磨破。磨與破二類也，而皆粉穀，其轉之以水，史惟記於崔亮，蜀中無聞。夫一駝之負，其重百觔，聚族而舂，竟日不能罄。破以牛則功百倍；破以水則千倍，術亦神矣哉！"

【碾】

通過石製或鐵製的碾輪滾動，對穀、麥、豆、米等進行加工的一種工具。用於碾穀得米或碾麥、豆等爲麵。傳說爲魯班所發明。最簡單的碾爲藥碾，也稱茶碾，是在一船形的槽中，用一木、石或銀、鐵、銅等製的碾輪，往復運動，

圓碾
隋張盛墓

唐陶碾
長治唐代王惠墓

船形鐵碾
明初刻本《天工開物》

用以碾碎藥材、茶葉等。這種碾用人力手推或腳踩，一次可加工量小，工作效率低，不能適應農業生產中對糧食加工的需要。碨碾的發明就是爲了適應對大批量糧食加工的需要。這種碾的特點是將碨輪的運動由直綫往復運動變成回轉運動；碨輪沿着一槽行進，所加工的穀物即放在槽內，用人力或畜力推動。山東省成武縣大碾集之大碾現存碾槽和一個碾輪。碾槽由九塊青紅石砌成，呈圈狀，直徑 8 米，周長 25 米，碾有二，小者直徑 1 米，大者 1.7 米，相傳爲後漢史肇弘屯軍之用，宜於加工大量軍需糧禾。碨碾的進一步發展就產生了輥碾，其特點爲改碨輪爲寬大的石輥，碾槽隨之而取消，所加工的穀物直接放在碾盤上，由石輥滾動碾壓。這種碾可以看作是碨磚和舊式碨碾的結合改進，從而提高了加工速度。利用水力作爲動力的碾，大約在南北朝時發明。《魏書·崔亮傳》："亮在雍州，讀《杜預傳》，見爲八磨，嘉其有濟時用，遂教民爲碾。及爲僕射，奏於張方橋東堰穀水造水碾磨數十區，其利十倍，國用便之。"水碾的發明不但節約了人力、畜力，而且使生產效率得到進一步提高。元王禎《農書》卷十九描寫這種水碾的加工情況說："水激則碾隨輪轉，循槽轢穀，疾若風雨。日所毀米，比於陸碾，功利過倍。"至唐代，已經發展到由一個水輪帶動五碾同時工作。《舊唐書·高力士傳》："於京城西北截灃水作碾，并轉五輪，日破麥三百斛。"

【碾輪】

即碾磑。清桂馥《札樸·器具》："碾輪曰踏。"

唐瓷碾輪
上海青浦區青龍鎮遺址隆平寺地宮

【碾磨】

即碾。《明會典·刑部二一·計贓時估》："碾磨，每副三十貫。"《醒世姻緣傳》第四九回："厨房裏做飯，擀餅，上碾磨，做衣服，這還是小可，最難得的不搬挑舌頭，不合人成群打仗，抵熟盜生。"

【碾盤】

即輾槽。清高靜亭《正音撮要·鐵器》："研船子，又叫碾盤。"

【碾石】

即碾磑。明宋應星《天工開物·粹精·攻黍、稷等》："其碾石圓長如牛趕（擀）石，而兩頭插木柄。"

【碾石】

對布帛進行研光整理所用的大石。明宋應星《天工開物·

乃服·布衣》："碾石取江北性冷質膩者。石不發燒,則縷緊不松泛。蕪湖巨店首尚佳石。廣南爲布藪,而偏取遠産,必有所試矣。爲衣敝浣,猶尚寒砧搗聲,其義亦猶是也。"作爲碾石的石質要求很高,因它會影響到砑光整理後的織物手感和强度。清褚華《木棉譜》中介紹了碾石的形狀和用法:"有端布房,下置磨光石板爲承,取五色布捲木軸上,上壓大石爲凹字形者,重千斤。一人足踏其兩端,往來施轉運之。"

清代碾石端布示意圖

【碾砣】

即碾硈。清麟慶《河工器具圖説》卷二:"槽内用石碾砣,形如錢,中安木柄,一頭接碾心木,一頭駕牛,俾資旋轉。"

【碾硈】

碾槽内的輪子。循槽滾動。用來破穀取米或磨米成麵。明李實《蜀語》:"碾輪石曰碾硈。硈音駝,碢同。"

【碾心木】

油灰碾中,碾盤中心的木桿。上下有軸,上置碾擔,一頭接插碾硈中心。清麟慶《河工器具圖説》卷二:"石碾,週圍砌成石槽,碾盤中央安置碾心木。上下有軸,上置碾擔,下置碾臍。槽内用石碾砣,形如錢,中安木柄,一頭接碾心木,一頭駕牛俾資旋轉。"

【碾子】

即碢,亦指碾。唐咸通時《應從重真寺隨身衣物帳》:"茶槽子、碾子、茶羅、匙子一副,七事共重八十兩。"宋趙令畤《侯鯖録》卷五:"兼致綵絲一絢,文竹茶盒碾子一枚,此數物不足見珍,意者,欲君子如玉之潔。"明羅頎《物原·器原》:"魯般作礱、磨、碾子。"《醒世姻緣傳》第十九回:"但小人家又没有個男女走動,脱不得要自己掏火,自己打水,上碾子,推豆腐,怎在那一間房裏藏躲得住?"

【輾】

同"碾"。元王禎《農書》卷十六:"輾,《通俗文》曰:石碢,轢穀輾。《後魏書》曰:崔亮在雍州,讀《杜預傳》,見其爲八磨,嘉其有濟時用,因教民爲輾。今以礪石甃爲圓槽,周或數丈,高逾二尺,中央作臺,植以簨軸,上穿榦木,貫以石碢。有用前後二碢相逐,前備撞木,不致相擊,仍隨帶攪杷。畜力挽行,循槽轉輾,日可穀米三十餘斛。"

【輾槽】

碾臺中凹下的部位、。中置所需碾壓的穀粒。石碢循槽滾動以破穀。元王禎《農書》卷十六:"畜力輾行,循槽轉輾,日可穀米三十餘斛。近有法製輾槽,轢米特易,可加前數,此又輾之巧便者。"

【輾軸】

簡單的手工軋棉工具。多爲鐵製細長的棍棒狀,如鐵杖、鐵鋌、鐵筯等。元王禎《農書》卷二一:木綿攪車"用之,則治出其核。昔用輾軸,今用攪車,尤便"。

【撚綿軸】

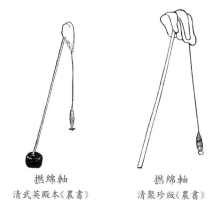

撚綿軸　　　　撚綿軸
清武英殿本《農書》　清聚珍版《農書》

手工紡絲綿成紗的工具。元王禎《農書》卷二一:"撚綿軸,製作小碢,或木或石,上插細軸,長可尺許,先用叉頭掛綿,左手執叉,右手引綿上軸懸之,撚作綿絲,就纏軸上,即爲細縷。閨婦室女用之,可代紡績之功。"實際上,撚綿軸就是紡絲綿的紡塼,小碢就是塼盤或稱紡輪,由木或石製成。小碢上插細軸,此即塼桿。其加工方法亦相似。

撚綿軸
明永樂大典本《農書》

【碨子】

同"碾子"。《三俠五義》第一〇八回:"那邊有個碨子,在那碾臺兒上，就可以餵了。”

【筭】

即百丈。拉船用的篾纜。唐武元衡《南昌灘》詩：“渠江明淨峽逶迤，船到名灘拽筭遲。”宋程大昌《演繁露·竹筭》：“《白樂天集》十一《入峽》詩曰：‘苒蒻竹篾筭，欹危機師趾。’筭即百丈也。”清張尚瑗《上灘》詩：“膠淺筭難施，肩舁雜呼喚。”

niang

【釀具】

利用發酵作用製造酒、醋、醬油等器具的總稱。《三國志·蜀志·簡雍傳》：“時天旱禁酒，釀者有刑。吏於人家索得釀具，論者欲令與作酒者同罰。”

【釀器】

即釀具。《新唐書·段秀實傳》：“俄而晞士十七人入市取酒，刺酒翁，壞釀器。秀實列卒取之，斷首置槊上，植市門外。”

niao

【鳥耘】

即耘爪。元王禎《農書》卷十三：“耘爪，耘水田器也。即古所謂鳥耘者。”“以代指甲。猶鳥之用爪也。陸龜蒙《鳥耘辯》謂耘者去莠，舉手務疾而畏晚，鳥之啄食，務疾而畏奪，法其疾畏，故曰鳥耘。”

nie

【囡】

捕魚的帶柄小網。其制類罛。農人或用之撈取河泥、水草等。《廣雅·釋器》：“囡、㔶，䍖也。”王念孫疏證：“《說文》：囡，下取物縮藏之，讀若畢。《廣韻》：囝，女減切。捕魚網也。囝與囡聲義相近。”參見“舩網”。

【鑷】

醫用挾物具。形與普通鑷大致相類。用銅、鐵、竹製成。唐王燾《外臺秘要》卷二一引《近効》：“眼中忽有倒睞毛刺眼者，速令一人以鑷子摘去之。”鑷爲醫用外科、眼科等手術中的輔助工具。因爲手術的需要，形式多樣，有特長或特大者，也有特彎或特銳者。鑷的彈性較強，有的用一根金屬彎曲而成，弧度較大；有的用二片合成，一端爲柄，柄開槽，槽內有可移動的活扣，能夠調節鑷尖的開張程度。江陰明夏顴墓出土醫用鑷二件，皆鐵製，各長 10 厘米、12.3 厘米，與醫書所載相類。鑷的用途很廣，外科、喉科、眼科等皆用之。清何景才《外科明隱集》卷四“針刀圖式”：“鑷者，用用以

枷捏餘皮頑腐，以得刀割之便也。”清劉濟川《外科心法真驗指掌》：“此鑷捏潰瘡之腐肉，取之，去之，不可傷好肉，傷則血流。”清沈善謙《喉科心法》卷下“器具圖説”：“(鑷)刺喉之用。”

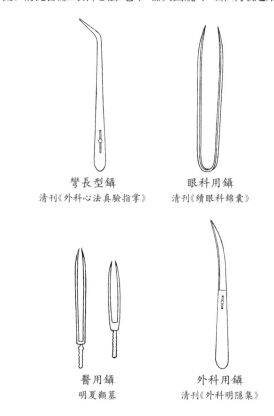

彎長型鑷　　　　　眼科用鑷
清刊《外科心法真驗指掌》　　清刊《續眼科錦囊》

醫用鑷　　　　　外科用鑷
明夏顴墓　　　　清刊《外科明隱集》

【鑷子】

即鑷。《養心殿造辦處史料輯覽·雍正七年》“子兒皮匣內西洋傢伙”：“內盛錘子、鏨子、鑿子，有螺絲拿子、圓咀鉗子、鑷子各一件。”

唐鑷子
湖南博物院

【躡】

手工織機上提綜的腳踏桿。《三國志·魏志·杜夔傳》“其好古存正莫及夔”，裴松之注引晉傅玄序：“(馬鈞)爲博士居貧，乃思綾機之變，不言而世人知其巧矣。舊綾機五十綜者五十躡，六十綜者六十躡，先生患其喪功費日，乃皆易以十二躡。其奇文異變，因感而作者，猶自然之成形，陰陽之無窮。”用躡提綜開口，是織機發展史上一項重大發明。漢代畫像石上已繪出了腳踏提綜裝置的形象，這是單綜或雙綜的斜織機。前述馬鈞改革的綾機，是多綜多躡紋織機。他的改革主要是減少躡的根數，即把控制開口用的躡由五六十根減少到十二根。

【籋】

　籋夾物品的竹製工具。《周禮·夏官·司弓矢》"大射燕射共弓矢,如數并夾",漢鄭玄注:"并夾,矢籋也。"《漢書·異姓諸侯王表》"墮城銷刃,箝語燒書",顏師古注引晉灼曰:"許慎云:箝,籋也。"

【舽網】

　即図。明王圻《三才圖會·器用五》有"舽網"。

舽網
明萬曆年刊《三才圖會》

niu

【牛被】

　即牛衣。《南齊書·張融傳》:"後超民孫微冬月遭母喪,民貧。融往弔之,悉脫衣以爲賻,披牛被而返。"清方以智《通雅·衣服》:"龍具,牛被也。"

【牛鞭】

　驅牛用鞭。搓麻而成。元王禎《農書》卷二二:"《春秋傳》云:鞭長不及馬腹,此御車鞭也。今牛鞭犁後,用亦如之。農家紉麻合鞭,鞭有鳴鞘,人則以聲相之用警,牛行不專於撻,世云呼鞭,即其義也。"

【牛車】

　即牛轉翻車。《浙江通志·單俊良》:"《兩浙名賢錄》:單俊良。蕭山人。國初創圖籍蠫數,俊良上其式,有詔,名天下法之。又以踏車灌田之勞,創造牛車,以機轉之。今鄉之牛車,單製也。"按,《農雅·釋器》:"(水車)凡一車用三人至六人,日灌田二十畝。有不用人而以牛運者,其制爲木槷如車輪,而大周施牙,以運軸而轉之,力省而功倍。"

【牛刀】

　宰牛用的屠刀。較大。《論語·陽貨》:"子之武城,聞弦歌之聲。夫子莞爾而笑曰:'割鷄焉用牛刀。'"漢王充《論衡·自紀》:"牛刀割鷄,舒戟采葵,銍銕裁箸,盆盎酌巵,大小失宜,善之者希。"宋辛棄疾《破陣子·爲范南伯壽》詞:"卻笑瀘溪如斗大,肯把牛刀試手不。壽君雙玉甌。"

【牛囤】

　即牛欄。唐戴叔倫《女耕田行》:"去年災疫牛囤空,截

絹買刀都市中。"

【牛軶】

　套在牛頸上使之耕田、拉車的用具。曲木作弓形,兩端穿孔,以貫繩索。元王禎《農書》卷十二:"牛軶,字亦作輗,服牛具也。隨牛大小製之,以曲木窬其兩旁,隨貫耕索仍下繫靸板,用控牛項,軶乃穩順,了無軒側。《説文》曰:軶,轅前木也。"

牛軶
明永樂大典本《農書》

【牛耕】

　以牛引犁而耕田。牛耕起於何時,説者不一。有説始自神農氏;有説后稷之孫叔均始作牛耕;有説始於春秋時期(孔子有犁牛之言);有的認爲漢搜粟都尉趙過爲代田,始爲牛耕,等等。《山海經·海内經》:"后稷是播百穀,稷

一牛耕
漢王德元墓畫像石

二牛耕
鄒城郭粉廠漢畫像石

之孫曰叔均,是始作牛耕。"北魏賈思勰《〈齊民要術〉序》:"故趙過爲牛耕,實勝末耜之利。""九真、廬江,不知牛耕,每致困乏。任延、王景乃令鑄作田器,教之墾闢,歲歲開廣,百姓充給。"元王禎《農書》卷十二:"蓋牛之耕,起於春秋之間,故孔子有犁牛之言,而弟子冉耕字伯牛。《禮記·呂氏月令》:季冬出土牛,示農耕早晚。前漢趙過又增其制度,三犁一牛,後世因之,生民粒食,皆其力也。"明徐光啓《農政全書》卷一:"嘗聞古之耕者用末耜,以二耜爲耦而耕,皆人力也。至春秋之間,始有牛耕用犁。《山海經》曰:后稷之孫叔均,始作牛耕是也。嘗考之,牛之有星,在二十八宿丑位,其來著矣。謂牛生於丑,宜以是月

致祭牛宿,及令各加蔬豆養牛,以備春耕。"

【牛宮】

陶牛宮
沙河頂東漢墓

即牛室。《越絕書‧外傳記吳地傳》:"桑里東,今舍西者,故吳故畜牛、羊、豕、雞也,名爲牛宮,今以爲園。"明沈德符《野獲編‧列朝二‧帝社稷》:"先是工部蓋農舍,築牛宮,造倉廠。"

【牛拘】

牛鼻圈。用小木條彎曲製成。用以穿牛鼻繩。北魏賈思勰《齊民要術‧安石榴》:"若不能得多枝者,取一長條,燒頭,圓屈如牛拘而橫埋之,亦得。"《說文‧木部》:"桊,牛鼻中環也。"清王筠句讀:"《埤倉》:'桊,牛拘也。'玄應曰:'今江以北皆呼爲拘,以南皆曰桊。'言環者,以柔木貫牛鼻,而後曲之如環也。亦有用大頭直木者。"

【牛圈】

即牛欄。清高靜亭《正音撮要‧宮室》:"牛圈;牛欄。"清吳振棫《養吉齋叢錄》卷十八:"《日下舊聞考‧官署十》:慶豐司廨舍共二十三間,掌牛羊廄,暨口外牧群。"所屬有"南海澱各牛圈、豐臺羊圈"。

【牛欄】

牛棚。外設欄,故稱。漢焦贛《易林‧需之鼎》:"膠著木連,不出牛欄,斯享羔羊,家室相安。"清高靜亭《正音撮要‧宮室》:"牛圈,牛欄。"

【牛牢】

即牛欄。明李時珍《本草綱目‧獸一‧牛》:"牢乃豢畜之室。牛牢大,羊牢小。"

【牛犁】

即牛耕。元王禎《農書》卷十一:"大至連頃或百畝,內少塍埂殊寬平。牛犁展用易爲力,不妨陸耕及水耕。"明徐光啓《農政全書》卷五:"星分棋布滿方疇,參錯有條相列次。耕畜元不用牛犁,短鍤長鑱皆佃器。"

牛犁
綏德縣漢畫像石

【牛馬屋】

關養牛馬等家畜的棚舍。《農桑輯要‧歲用雜事》:"十月築垣牆,墐北戶,縛薦,避掩牛馬屋,收槐實梓實,收牛膝地黃,造牛衣。"

【牛毛繩】

用牦牛毛糾製成的繩子。清李心衡《金川瑣記‧索卦》:"索卦,即著卜之法。地上先布土石雜物,賣卜者手持牛毛繩八條,每繩兩端各有散毛如流蘇,即於散毛上隨手挽結擲地卦成,取土或取石,分行標識,如是者三,以定吉凶。"

【牛碾】

以牛牽引爲動力的大型碾。北方用以脫豆莢。明宋應星《天工開物‧粹精》:有"牛碾"圖。

牛碾
明初刻本《天工開物》

【牛繮】

牽牛的繮繩。《說文‧糸部》:"縻,牛繮也。"段玉裁注:"縻繼,本馬繼也。大車駕牛者則曰牛繼,是爲縻。"

【牛鋪】

冬天養牛處。下鋪糠、穰等,較乾燥、暖和,故名。明徐光啓《農政全書》卷四一:"《農桑直說》曰:喂養牛法,農隙時,入暖屋,用場上諸糠穰鋪牛腳下,謂之牛鋪。牛糞其上,次日又覆糠穰。每日一覆,十日除一次。"

【牛鋪】

同"牛鋪"。《元史·兵志四》:"太宗元年十一月,敕諸牛鋪、馬站每一百户置漢車一十具,各站俱置。"

【牛栖】

即牛室。元王禎《農書》卷十七:"夕吹入面,朝陽曝膚,左有牛栖,右有雞居。將行瞪遮,未起啼驅。"

【牛鞦軸】

拴在牛股後皮革帶的軸。用以牽引。《三國志·蜀志·諸葛亮傳》"木牛流馬",裴松之注引《諸葛亮集》"作木牛流馬法"曰:"細者爲牛鞅,攝者爲牛鞦軸。"

【牛繩】

穿繫在牛鼻上用以牽引牛的繩子。《禮記·檀弓上》"申生受賜而死,再拜稽首乃卒",鄭玄注:"既告狐突,乃雉經。"唐孔穎達疏:"雉,牛鼻繩也。申生以牛繩自縊而死也。"清屈大均《廣東新語·草語·藤》:"其大如筆竹者曰苦藤,稍小而性柔,可爲牛繩、船纜。"

【牛室】

給牛棲息的簡易棚屋。元王禎《農書》卷十七:"牛室,門朝陽爲宜之。夫歲事逼冬,風霜凄凛,獸既氄毛,率多穴處,獨牛依人而生,故宜入養密室。聞之老農云:牛室內外,必事塗墍,以備不測火災,最爲切要。陸龜蒙序云:各十月,耕牛爲寒築室,納而皁之。"

【牛索】

牛耕田、挽車等所套的繩索。元王禎《農書》卷二二:"耕索,牛所輓繩也。古名絢干索也。《爾雅》曰:絢,絞也。謂糾絞繩索也。"明徐光啓《農政全書》卷三六:"《農桑通訣》曰:苘與黄麻同時熟。刈作小束,池内漚之,爛去青皮,取其蘇片潔白如雪,耐水爛可織爲毯被,及作汲綆、牛索。"

牛室
明永樂大典本《農書》

【牛屋】

即牛室。南朝宋劉義慶《世説新語·雅量》:"爾時,吳興沈充爲縣令,當送客過浙江,客出,亭吏驅公移牛屋下。"宋陸游《東村》詩:"稍從牛屋後,卻過鶴巢東。"

【牛系】

即牛鼻繩。《説文·糸部》:"紖,牛系也。"段玉裁注:"牛系,所以系牛者也。"

【牛鞅】

牛拉車時駕在脖子上的套具。《三國志·蜀志·諸葛亮傳》"木牛流馬,皆出其意",裴松之注引《諸葛亮集》:"細者爲牛鞅,攝者爲牛鞦軸。"

【牛衣】

又名龍具,也叫牛被。以草或麻編成給牛禦寒用的覆蓋物。《漢書·王章傳》:"初,章爲諸生學長安,獨與妻居。章疾病,無被,卧牛衣中。"宋程大昌《演繁露》卷二:"案《食貨志》董仲舒曰:貧民常衣牛馬之衣而食犬彘之食。然則牛衣者,編草使暖以被牛體,蓋蓑衣之類也。"元魯明善《農桑衣食撮要》:"造牛衣,將蓑草間蘆花,如織蓑衣法,上用蓑草結綴,則利水下,用蘆花結絡,則温暖,相連織成四方一片。遇極寒,鼻流清涕,腰軟無力,將蓑搭在牛脊背,用麻繩拴繫,可以敵寒,免致凍損。"明徐光啓《農政全書》卷四一:"水牛飲飼與黄牛同,夏須得水池,冬須得煖廠牛衣。"

【牛中】

石杠中穿過麻籠頭,承受石料重量的主竹杠。清麟慶《河工器具圖説》卷四:"凡擡條石,人數或四,或六,或八,視石之輕重大小爲準。其所用杠選大竹爲之,俗名曰牛中。"參見"石杠"。

【牛轉翻車】

用牛力轉動的龍骨車。明徐光啓《農政全書》卷十七:"牛轉翻車,如無流水處車之,其車比水轉翻車卧輪之制。但去下輪置於車傍,岸上用牛拽轉輪軸,則翻車隨轉。比人踏功將倍之。"

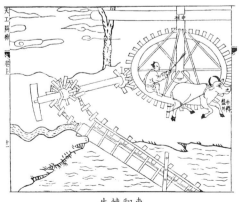

牛轉翻車
明初刻本《天工開物》

nong

【農具】

農業生產用的工具的統稱。如耒耜、鋤、耙等。《管子·禁藏》："繕農具,當器械,耕農當攻戰,惟引銚耨,以當劍戟。"《宋史·食貨志》："農具、器用之類,悉官爲鑄造,其冶坊已成之物,皆以輸官而償其直。"元王禎《農書》卷十四："詩云:利器從來不獨工,鐮爲農具古今同。"明徐光啓《農政全書》卷三:"遷山西潞澤民無田者,往業之,令耕種,躅科絲。仍户給鈔二十錠,備農具焉。"

【農器】

即農具。《後漢書·郭杜孔列傳》:"(杜詩)造作水排,鑄爲農器,用力少,見功多,百姓便之。"宋陸游《來陽令曾君求詩》:"一篇秧馬傳海内,農器名數方萌芽。"元馬端臨《文獻通考·田賦三》:"長興二年,人户每田納農器錢一文五分。"

東周銅耨
永嘉橋下東周墓

戰國青銅耨
紹興上游公社火炬大隊

nou

【鎒】

短柄手鋤。亦有用長柄者。用以耘苗、除草。《說文·木部》:"耨,薅器也。鎒,或從金。"段玉裁注:"從木者主柄,從金者主刃。"《詩·周頌·臣工》"庤乃錢鎒",毛傳:"鎒,鎒。"陸德明釋文:"《字詁》云:'頭長六寸,柄長一尺。鎒,古字也。今作耨,同。'"

鎒
明永樂大典本《農書》

【耨】

同"鎒"。《國語·齊語》:"及寒,擊草除田,以待時耕;及耕,深耕而疾耰之,以待時雨;時雨既至,挾其槍、刈、耨、鎒,以旦暮從事於田野。"韋昭注:"耨,鎡鎒也。"北魏賈思勰《齊民要術·耕田》:"《周書》曰:神農之時,天雨粟,神農遂耕而種之。作陶冶斤斧,爲耒、耜、鋤、耨,以墾

耨
明初刻本《天工開物》

草莽,然後五穀興助,百果藏實。"明徐光啓《農政全書》卷二二:"耨,除草器。《易》曰:耒、耨之利,以教天下。《吕氏春秋》曰:耨柄尺,此其度也,其耨六寸,所以間稼也。"

【鎒】

同"鎒"。《說文·木部》:"耨,薅器也。"段玉裁注:"《蓐部》曰:'薅,披去田草也。'耨者,所以披去之器也。耨,刃廣六寸,柄長六尺。"朱駿聲通訓定聲:"耨,亦作鎒。"

東周青銅耨
寧波北侖區出土

1　青瓷馬房（三國吳朱然墓）

2　青瓷鵝欄（馬鞍山佳山鄉三國吳墓）

3　青瓷雞籠（杭州餘杭義橋23號西晉墓）

1　戰國鐵斧範（興隆縣大付將溝出土）

2　西漢"大泉五十"陶模（盱眙縣博物館）

3　宋鴛鴦荷花紋盤模（曲陽縣北鎮村窖藏）

4　金"甲辰"款雲龍紋盤模（曲陽縣北鎮村窖藏）

1　新石器時代石刀（芮城清涼寺墓地）

2　新石器时代石刀（襄汾陶寺遺址）

3　新石器時代設孔帶柄陶斧（海安青墩遺址）

4　新石器時代石鑙（新餘拾年山遺址）

1　戰國帶鋸削刀（紹興博物館）

2　戰國青銅斧首（紹興越城區迪蕩城建出土）

3　戰國銅鋸（中山成公墓）

1　戰國銅齒輪（東周王城糧倉遺址）

2　西漢鐵砧（磨損）（滿城 2 號漢墓）

3　西漢交刀（鞏義生鐵溝遺址）

1　成套漆器木工工具：錛、斧、錛（從左到右）（天長三角圩1號西漢墓）

2　成套漆器木工工具：各種鑿、鑽、銼、鑽（天長三角圩1號西漢墓）

3　成套漆器木工工具：鋸、錐、石研、鏟、刨（從左到右）（天長三角圩1號西漢墓）

1　　緑釉陶井轆轤（南昌青雲譜東漢墓）

2　　新石器時代石臼（神木石峁遺址）

3　　新石器時代早期四足石磨盤、石磨棒（磁山遺址）

1　新石器時代石磨盤和石磨棒（忻州偏關天峰坪東遺址）

2　青瓷囷二件（三國吳朱然墓）

3　陶碓房（三國吳朱然家屬墓地）

1　遼環首鐵錐（阜新關山蕭氏族 2 號墓）

2　秦“廿六年”詔銘陶量（鄒城紀王城）

3　西漢銅纍（海昏侯墓西回廊）

1

2

3

1　東漢骨尺（洛陽西工區東漢墓）
2　北宋海棠海波紋木尺（江陰孫四娘子墓）
3　良渚文化雙孔石鐮刀（青浦福泉山遺址）

1　戰國青銅鋤（紹興越城區稽山街道）
2　戰國青銅耨（紹興上游公社火炬大隊）
3　戰國銅鏵（岐山出土）

1 近代寧紹地區翻車（寧波博物院）
2 近代秧馬（湖州博物館）
3 西漢圭表（復原模型）（雙孤堆夏侯竈墓）

1　西漢二十八宿星盘（復原模型）（雙孤堆夏侯竈墓）
2　日晷（故宮乾清宮前）
3　西漢藥鼓（滿城1號漢墓）
4　清平光鏡及鯊魚皮眼鏡盒（首都博物館）

1

2

3

4

5

1　17世紀英國造寫字人鐘（故宮博物院）

2　18世紀法國産燈塔式風雨表（南京博物院）

3　18世紀英國造銅塗金七政儀（故宮博物院）

4　18世紀瑞士造銅塗金轉花自鳴過枝雀籠鐘（故宮博物院）

5　19世紀法國造慕讓製作銅塗金琺瑯卓鐘（故宮博物院）

1　19世紀末法國造銅塗金長悠子墜子時鐘（故宮博物院）

2　清法國產銅塗金獎杯式寒暑三面錶（故宮博物院）

3　清英國造銅塗金人物敲時樂鐘（南京博物院）

4　清宮做鐘處木樓提環三套鐘（故宮博物院）

1　清廣州産亭子三針鐘錶（故宮博物院）

2　清蘇州造銅塗金卷簾式人物敲鐘（南京博物院）

3　清廣東造銅塗金嵌琺瑯人物敲時樂鐘（南京博物院）

4　清乾隆廣東造銅塗金轉花時樂鐘（南京博物院）

5　清道光年南京製紅木插屏鐘（南京博物院）

O

ou

【區】

量器名。四升爲豆,四豆爲區。《左傳·昭公三年》:"齊舊四量,豆、區、釜、鍾。四升曰豆,各自其四,以登於釜。"杜預注:"四豆爲區。區,斗六升。"

【漚池】

即漚麻池。《詩·陳風·東門之池》:"東門之池,可以漚麻。"東門之池是天然水池,可用於漚麻、漚苧、漚菅。元王禎《農書》卷二二:"漚池。漚,浸漬也;池猶泓也"。"凡藝麻之鄉,如無水處,則當掘地成池,或甃以磚石,蓄水於内,用作漚所。《齊民要術》云:'漚欲清水,生熟合宜。'注説云:'濁水則麻黑,水少則麻脆,生則難剥,太爛則不任,此漚法也。'《氾勝之書》

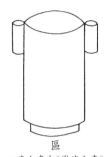

區
四庫全書本《樂律全書》

曰:'夏至後二十日漚枲,枲和如絲大。'凡北方治麻,刈倒即萋之,卧置池内。水要寒暖得宜,麻亦生熟有節,須人體測得法,則麻皮潔白柔韌,可績細布。南方但連根拔麻,遇用則旋浸旋剥。其麻片黄皮粗厚,不任細績。雖南北習尚不同,然北方隨刈即漚於池,可爲上法。"中國古代所講的麻,是專指大麻,用漚麻方法除去膠質。對於苧麻,最初也是用漚的方法去除膠質,後來發展用石灰水煮和半浸半曬的方法,既能去除膠質,有漂白作用。又:"又《詩》云:'東門之池,可以漚苧。'以此知苧亦可漚。問之南方造苧者,謂苧性本難頓,與漚麻不同。必先績苧以紡成纑,乃用乾石灰伴和累日,既畢,抖去。別用石灰煮熟,待冷,於清水中濯淨,然後用蘆簾平鋪水面,攤纑於上,半浸半曬,遇夜收起,瀝乾,次日如前,候纑極白,方可起布。此則漚苧之法,須假水浴、日曝而成。"

【漚麻池】

漚麻用水池。《藝文類聚》卷十九引南朝宋何法盛《晉中興書》:"石勒與李陽相近,陽性剛愎,每爭漚麻池,共相撲打,互有勝負。"《元和郡縣志·儀州》:"石勒漚麻池,在縣北三十里,即勒微時與李陽所爭處,今枯涸繞有處所。"參見"漚池"。

P

pa

【杷】

同“耙”。《方言》第五：“杷，宋魏之間謂之渠挐，或謂之渠疏。”郭璞注：“無齒爲朳。”《文獻通考·物異十五》：“鄴中又有童謠曰：金作掃帚，玉作杷，淨掃殿屋迎西家。未幾，周師入鄴。”元王禎《農書》卷十四：“杷，鏤鍬器也。”“直柄橫首，柄長四尺，首闊一尺五寸，列鑿方窾，以齒爲節。夫畦町之間，鏤剔塊壤，疏去瓦礫，場圃之上，搜聚麥禾，攤積稭穗，此亦農之功也”。

小杷
明永樂大典本《農書》

【耙】

一種有齒的農具。用於耕後碎土、整地、去草以及聚散穀物或柴草等。因使用不同，形制構造也各有異。一般有三種：一種是在場圃、樵野之間使用的，如屈竹作杷，將竹桿一端剖開，彎曲成多齒，在場圃上攤開，聚攏禾穀等用；一種是手持的鐵齒狀杷，杷齒三至十餘個不等，是中耕除草碎土等主要農具；一種是一字

一字形耙
嘉峪關5號魏晉墓壁畫

耙、方耙、人字耙等，架上列齒。人立耙上，用畜力拖拉，用來把土塊耙碎、耙細，并除去雜草，使田地疏鬆均勻，保墒耐旱。元王禎《農書》卷十二：“耙，又作爬，今作耮，通用。宋魏之間，呼謂渠挐，又謂渠疏。陸龜蒙曰：凡耕而後有耙，所以散墢去芟渠疏之義也。《種蒔直説》：古農法云，犁一耙六，今日只知犁深爲功，不知耙細爲全功。耙功不到，則土虛不實。”《西湖二集》：“八九七十二，貓狗尋陰地。九九八十一，犁耙一齊出。”

方形耙
明初刻本《天工開物》

【耙齒】

即鐵齒耙。《明會典·工部二十二·農具》：“洪武二十六年定：凡屯種去處合用犁、鏵、耙齒等器，著令有司撥官鐵、炭，鑄造發用。”

【耮】

同“耙”。元王禎《農書》卷十二：“耙，又作爬，今作耮，通用。宋魏之間，呼爲渠挐，又謂渠疏。”《農雅·釋器》：“《集韻》：耕者先以耙起土，次溺水，用耮乎之，亦作耮。”

【鈀】

同“耙”。或特指五齒鈀。《正字通·金部》：“鈀，鉏屬，五齒，平土除穢用之。俗呼爲鈀。”《紅樓夢》第四七回：“你一個媳婦雖然幫着，也是天天丟下鈀兒弄掃帚。”

【鑼】

同“耙”。《説文·金部》：“鑼，枱屬。從金，罷聲，讀若嬀，彼爲切。”宋戴侗《六書故·植物一》：“鑼，卧兩刺著齒其下，人立其上而牛輓之，以摩田也。”清桂馥《札樸·器具》：“摩田器曰鑼（音如罷）。”

【爬】

同“耙”。唐陸龜蒙《〈耒耜經〉序》：“耕而後有爬，渠疏

之義也,散墢去芟者焉。爬而後,有礎礰焉,有礉磚焉。自爬至礎礰,皆有齒。"元王禎《農書》卷十二:"耙,又作爬,今作欚,通用。"

【拍板】

草屋蓋好後,用以屋面整理的工具。其制爲一木板,一面齊布鐵釘,一面有套手。清麟慶《河工器具圖説》卷四:"拍板,析木爲片,面布齊頭短鐵釘,背安套手。凡既蓋之後,删繁除冗,用以平治整齊。"

拍板
清嘉慶年刊
《河工器具圖説》

【拍板】

木質橢圓或方形厚板,有柄,用於製陶及建築,拍打濕體使之結實成形。清麟慶《河工器具圖説》卷二:"花鼓槌、拍板均爲擣築三合土用。其法,先槌後拍,退步緩打。每坯以千百計,候土面露有水珠爲度,俗名出汗,然後再加二坯,自臻堅實矣。"

拍板
清嘉慶年刊
《河工器具圖説》

【拍子】

拍擊加工工具。廣西合浦縣草鞋村漢代遺址發現硬陶拍子3件、石拍子1件、木拍子1件。木拍子一端有柄。參見"拍板"、"鐵拍子"。

陶拍子、石拍子和木拍子
草鞋村漢代遺址

秦漢陶拍及拓影
臨淄龍貫村

【牌】

指時牌。《明會典·欽天監》:"凡定時刻有漏,換時有牌,報更有鼓,警晨昏有鐘鼓,其器皆設於譙樓。"

【牌坊】

繅絲車上安置的框架,上面的錢眼和鎖星,把從繭盆或煮繭鍋中摘取的絲穿過錢眼經鎖星繞到絲軒上去。清仲學輅《廣蠶桑説輯補·蠶事預備説一條》:"若繅絲之車,則車床也、車軸也、牌坊也、絲稱也、牡孃鐙繩也、撈絲尋也、腳踏板也。"清衞杰《蠶桑萃編》卷四:"水絲繅法與火絲

同,其不同者惟多用一水盆牌坊,安在水盆之上耳。火絲所用牌坊安在繭鍋上。""雙絲眼牌坊,長柱二,短柱一,響緒、絲眼各二。三絲眼牌坊,長柱二,短柱二,響緒、絲眼各三。初學者用單眼,善繅者用雙眼,最善繅者用三眼。"

【盤車】

成套齒輪。參見"盤車水磨"。

【盤車水磨】

大型水磨。宋郭若虛《圖畫見聞志》卷二"紀藝上":衞賢京兆人事江南李後主爲内供奉工畫人物臺閣,"有望賢宫、滕王閣、盤車水磨等圖傳於世"。元湯垕《畫鑑》:"衞賢,五代人,作界畫可觀。予嘗收其盤車水磨圖,佳甚。"

【蟠車】

即撥車。元王禎《農書》卷二二:"蟠車,纏繀具也。又謂之撥車。南人謂撥䊨。"又詩云:"紡績功才畢,蟠繀得此車。行桃運樞臬,交轄寄橫叉。宛轉荊釵手,周旋里布家。豈知羅綺輩,惟務撥琵琶。"這首詩以藝術的手段,描

蟠車
清聚珍版《農書》

述了蟠車的機制、結構和運行操作的方式、方法。

【盤秤】

帶秤盤的秤。有秤盤便於稱散物。明沈榜《宛署雜記·經費下》:"鈎秤二連,盤秤二連。"《醒世姻緣傳》第五四回:"四十文錢買了副鐵勾擔仗,三十六文錢釘了一連盤秤。"明屠隆《考盤餘事·山齋箋》:"火扇一,火鉗一,盤秤一,藥櫃一,藥厢一。"《清稗類鈔·物品·度量衡》:"一種秤端有盤,或銅盤,或藤盤,此種秤,用之賣出者爲多,分兩減少。"

【般緒】

即緒。《説文·革部》:"靯,馬尾靯也。從革,它聲。今之般緒。"

【盤鐵】

熬鹽的大鐵板。江蘇省南通地區多處發現多件不等邊

盤秤

敦煌 254 窟北魏壁畫

形的厚鐵板，最長 1 米餘，厚約 10 厘米，邊上有一凸出之耳。每塊重 400～500 千克。一副盤鐵由數塊鐵板拼合而成，用鐵樁支撐，燒熱盤鐵，澆水澆上，可迅速出鹽。清乾隆《兩淮鹽法志》：“自萬曆四十五年，鹽引改徵折價，鹽不復入官倉，皆商自行買鹽，於是官鑄盤鐵、鍋鐵之制遂止。”嘉慶《如皋縣志》：“盤鐵之形，非鍋非黿，無邊無棱，非目睹其產鹽，則不知此物之爲何用也。”

pei

【佩鐮】

即鐮刀。元王禎《農書》卷十四：“《風俗通》曰：鐮刀自揆積芻蕘之效。然鐮之制不一，有佩鐮，有兩刃鐮，有袴鐮，有鉤鐮，有鐮柯之鐮。皆古今通用芟器也。”

pen

【噴水機】

用以噴水的機械裝置。利用壓力，可噴水高丈許。《清稗類鈔·園林類》：“亭之西北隅，累石爲假山，山上張風車，風來車動，吸水機則吸水上升，復注入池中之噴水機，由此噴也，高可丈許。”

peng

【篷腳】

船帆上的一種繩索。一頭拴於船帆的下角，一頭繫於掌舵處。可以用它來改變船帆的角度，從而控制船的行進方向。《初刻拍案驚奇》卷一：“那船上人見風起了，扯起半帆，不問東西南北，隨風勢漂去。隱隱望見一島，便帶住篷腳，只看着島邊使來。”

【篷索】

升降或繫縛船帆用的繩索。《三國演義》第四九回：趙雲拈弓搭箭，“言訖，箭到處，射斷徐盛船上篷索。那篷墮落下水，其船便橫”。《警世通言·蘇知縣羅衫再合》：“看看天晚，蘇知縣夫婦都睡了，約至一更時分，聞得船上起身，收拾篷索。”

pi

【坯】

半成品。宋洪邁《夷堅支甲志九·魯晉卿》：“遣人輂黃土，汲水拌和爲泥，捏諸物成坯，暴日中，預熾炭以待。”

【坯車】

即輪車。清藍浦《景德鎮陶錄》卷一：“坯車如圓木盤，下設機局，旋轉甚便。拉者坐於車上，以小竹竿撥車使疾轉，雙手按泥隨拉之，千百不差毫黍。”

【鈹】

即鉏。《廣雅·釋器二》：“鎡、錤、鋸、鈹、鎛，鉏也。”王念孫疏證：“鈹之言破也。《集韻》引《埤倉》云：钂鑒，鉏也。鑒與鈹同。”

【批契】

一種覆種用的附屬工具。北魏賈思勰《齊民要術·種葱》：“兩耬重構，竅瓠下之，以批契繼腰曳之。”

【披肩】

正骨工具。用熟牛皮製作。兩頭有孔。用綿繩穿縛骨折或骨裂部分，起固定作用。《醫宗金鑒·正骨心法》：“披肩者，用熟牛皮一塊，長五寸，寬三寸，兩頭各開一孔，夾於傷處，以綿繩穿之，緊緊縛定。較之木板，稍覺柔活。”

【披針】

即鈹針。明陳實功《外科正宗·開割披針·喉針形》：“披針，古之多用馬銜鐵爲之，此性軟，不鋒利，用之多難入肉。今以鋼鐵選善火候鐵工造之，長二寸，闊二分半，圓梗扁身，劍脊鋒尖，兩邊芒利，用之藏手不覺，入肉深淺自不難也。如膿深欲其口大，直針進而斜針出，割開外肉，口則大矣。”

【鈹針】

即鈹針。《素問·針解篇》：“虛實之要，九針最妙者，爲其各有所宜也。”隋全元起注：“破癰腫，出膿血，宜鈹針。”《素問·血氣形志篇》：“形樂志樂，病生於肉，治之以針石。”唐王冰注：“石，謂石針，則砭石也，今亦以鈹針代之。"

【皮排】

皮製鼓風器具。清厲荃《事物異名録》卷十八引《事物紺珠》："鞴,韋囊,以吹火。即古橐籥,今日皮排也。"

【皮鞴】

即鞴。《周書·韋孝寬傳》："又於塹外積柴貯火,敵人有伏地道内者,便下柴火,以皮鞴吹之,吹氣一衝,咸即灼爛。"

【皮刀】

切皮革之刀。圓刃,上有直柄,或彎柄。《型世言》第二七回："終日手裏拿了皮刀,口中衔了苧線。"《醒世姻緣傳》第十九回："從皮擔内取出那把切皮的圓刀","小鴉兒從腰裏取出皮刀"。

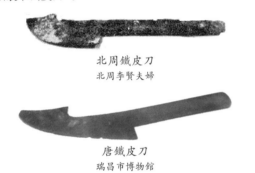

北周鐵皮刀
北周李賢夫婦

唐鐵皮刀
瑞昌市博物館

【皮灰印】

皮質灰印。皮上鏤字,可透石灰,用作驗印記。清麟慶《河工器具圖説》卷二："又有皮印,以白布作袋,長八寸,牛皮作底,寬五寸,底上鏤字篆押,各爲密記,内貯細灰,用時緩緩印之。"又:"驗工器具,除皮灰印、木灰印外,又有棬印。"

皮灰印
清嘉慶年刊《河工器具圖説》

【皮印】

即皮灰印。參見"皮灰印"。

【毘】

同"笓"。《集韻·平脂》:"笓、篦、毘,取鰕具。《博雅》:'篝笭謂之笓。'或作篦、毘。"

【芘】

同"笓"。《太平御覽》卷八三四:"《韓詩》曰:'九罭之魚、鱒魴'。九罭,取鰕芘也。"

【笓】

蝦籠。捕蝦漁具。《廣雅·釋器》:"篝笭謂之笓。"《廣韻·平齊》:"笓,取鰕竹器。"宋趙與峕《賓退録》卷九:"《博雅》:'篝笭謂之笓。'蓋捕取魚蝦之具。"

【柲】

即柯。《周禮·考工記·廬人》:"是故句兵柲,刺兵搏。"鄭玄注:"齊人謂柯斧柄爲柲,則柲隋圜也。"

【鈹針】

九針之一。長四寸,闊二分半,兩面有鋒刃,形如劍,故名。切割癰膿腐肉用。明楊繼洲《針灸大成·九針式》:"五曰鈹針,取法於劍,鋒末如劍,廣二分半,長四寸。""錍針,一名鈹針,破癰腫出膿,今名劍針是也。"

【鈹針式】

喉科使用的手術用刀。橫式斜刃,以鈀鑲白鋼製成。清沈善謙《喉科心法》卷下"器具圖説":"鈹針式,備針各症之用,有長短兩種,以紋銀鑲白鋼製成。施於喉内,應長五寸官尺。"

鈹針式
清刊《喉科新法》

【鈹鍼】

同"鈹針"。《靈樞經·九鍼論》:"五曰鈹鍼,取法於劍鋒,廣二分半,長四寸;主大癰膿,兩熱爭者也。"又《九鍼十二原》:"鈹鍼者,末如劍鋒,以取大膿。"

【篦】

同"笓"。蝦籠。《集韻·平脂》:"笓、篦、毘,取鰕具。《博雅》:'篝笭謂之笓'。或作篦、毘。"

【擗土木雁翅】

耬鋤鋤刃上的一種木製附件。耬鋤在未裝此附件時只能鬆土、除草,裝此後能兼對植物根部培土。元王禎《農書》卷十三:"耬鋤刃在土中,故不成溝子。第二遍加擗土木雁翅,方成溝子,其土分壅穀根。"原注:"擗土用木,厚三寸,闊三寸,前爲尖,中作一竅,長一寸,闊半寸。穿於鐵鋤柄上,壓鋤刃上。"

【劈柴刀】

劈柴用刀。刃部鋒利,刀背較厚。清吳趼人《二十年目睹之怪現狀》第十二回:"當時巡丁、扞子手,七手八腳的,拿斧子、劈柴刀,把棺材劈開了。"

【劈柴斧頭】

劈柴用柴斧。背厚刃薄。《清平山堂話本·錯認屍》:

"高氏急無家伙在手邊,交(叫)周氏去竈前捉劈柴斧頭,把小二腦門上一斧,腦漿流出,死了。"

【劈權】

權之一種。清麟慶《河工器具圖説》卷四:"在平處爲劈權。"

pian

【片刀】

中醫外科刀具。刃口位於刀下端,彎而薄鋭,用於切開皮膚。清沈昌惠《沈元善先生傷科秘本》卷下"刀針式樣"收"片刀"圖。

片刀
清刊《沈元善先生傷科秘本》

【片碾】

一種圓柱形的碾。其高度相對於直徑較雲碾爲小,成片狀,故名。適用於坦坡夯實。清麟慶《河工器具圖説》卷二:"隄之堅實,全仗碾工。碾有墩子、束腰、燈臺、片子等名。""腰碾、片碾最輕,高寶用之。"

片碾
清嘉慶年刊《河工器具圖説》

【片子】

即片碾。清麟慶《河工器具圖説》卷二:"碾有墩、束腰、燈臺、片子等名。"

pie

【鐅】

即鹽鐅。一種敞口淺腹鐵鍋。用以煮鹽。歷朝規定:煮鹽之鍋由官府鑄造後發賣給煮鹽之户使用,稱官鐅,以

防止私鑄,并規定産鹽量,保障國課收入。有私鑄者稱私鐅。清方以智《物理小識·金石類》:"淮南竈户取地上草燒灰,敷鹵地,過宿掠上鐵鐅,煎出鹵。"《六部成語補遺·户部》:"官鐅、私鐅。"原注:"鐅者,煮鹽之器。"日人内藤乾吉注解:"定例必由官鑄造,發賣竈商應用,其非官鑄者謂之私鐅,用者有禁。"

【鐅】

舌端的金屬刃口。長沙馬王堆3號墓填土中所出西漢帶柄鐵鐅木舌,保存狀況極爲完好。鐵鐅作凹字形,是漢代鐵鐅的主要式樣。中原地區的鐅作一字形者也常見。雲南等地出土的成都鐵官所屬之作坊生産的凹形鐅,前端附有舌狀突刃。《居延漢簡甲乙編》498·9:"今餘鐅二百五,其百五十破傷不可用,五十五完。"《説文·金部》:"鐅,河内謂舌頭金也。從金敝聲,芳滅切。"段玉裁注:"郭注《方言》曰:江東謂臿刃爲鐅。"《農雅·釋器》:"(臿)其板曰葉,其刃曰鐅。《博雅》:鏵緣,鐅也。"參見"臿"。

【鑊】

即鹽鑊。明陸容《菽園雜記》卷十二:"凡煎燒之器,必有鍋盤。鍋盤之中又各不同,大盤八九尺,小者四五尺,俱用鐵鑄,大止六片,小則全塊。鍋有鐵鑄,寬淺者謂之鑊盤,竹編成者謂之篛盤。鐵盤用石灰粘其縫隙,支以磚魂;篛盤用石灰粘其裏外,懸以繩索,然後裝盛滷水用火煎熬。一晝一夜,可煎三乾。"《清史稿·食貨志四》:"場竈燒鹽之具,深者盤,淺者鑊","近有竈户私置鹽鑊,火伏又不稽查,故多溢出之數"。

ping

【平】

即天平。多用以計量金銀。亦指用某種天平所稱量的標準重量。如漕平、庫平、海關平。《清稗類鈔·物品·度量衡》:"貨物率用秤,金銀則用平。""平,一曰天平,以庫平爲較準。"

【平板】

以木頭製成長闊基本相等的木板,一面平滑。用於水田的平整。工作時由人畜牽引。元王禎《農書》卷十四:"平板,平摩種秧泥田器也。用滑面木板,長廣相稱,上置兩耳繫索,連軛駕牛,或人拖之。摩田須平,方可授種。"明徐光啓《農政全書》卷二二:"平板,摩田須平,方可受種,即得放水漬浸匀停,秧出必齊。"

平板
明永樂大典本《農書》

【平光】

屈光度等於零的鏡片。也稱由這種鏡片製成的眼鏡。一般稱平光者,專指用於妝飾的無色眼鏡。《清稗類鈔·譏諷類》:"人之戴眼鏡也,非短視即老花,繼而視爲妝飾之品,藉以壯觀瞻,曰平光。"

【平光鏡】

平光鏡片的眼鏡。戴優質鏡片的平光鏡能保護眼睛,並能够預防多種眼部疾病。清梁廷楠《粵海關志·稅則二》:"用平面玻璃,以防塵埃避光線,是爲平光鏡。"

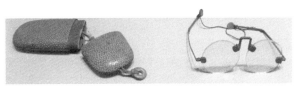

清平光鏡及鯊魚皮眼鏡盒
首都博物館

【平斛】

即倉斛。《户部則例·進倉驗耗》:"至光緒二十七年始改新章,取銷正兑改兑各項耗米,一律按平斛兑收。各倉放米,亦以平斛開放。"

【平壺】

吕才漏刻中第三級漏匱名。《六經圖定本·詩經》引宋楊甲《六經圖》:"有四匱……三平壺。"

【平面日晷】

明徐光啓按西方所造的地平式日晷。晷面安放在水平方向,晷面中心安裝一根與晷面正交的指針。沿晷面刻有時刻綫及節氣綫等。根據日光投射指針的影子方向定時刻,根據影子的長度定節氣。《明史·天文志一》:"崇禎二年,禮部侍郎徐光啓兼理曆法,請造……平面日晷三"。

【平刃刀】

醫用刀具。刀刃平正,故名。江陰明夏顥墓出土平刃刀一件,通長 11.3 厘米,刃口在刀下端,前方薄銳,約長 2.5 厘米。供縱向切開皮膚之用。清何景才《外科明隱集·鍼刀圖式》:"平刃刀,用其割除死腐餘皮,用之隨手得便也。"

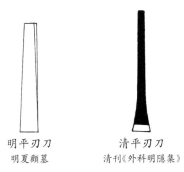

明平刃刀
明夏顥墓

清平刃刀
清刊《外科明隱集》

【平水壺】

清代漏刻中第三級播水壺。有漫流作用。接受來自夜天壺的漏水。因夜天壺流量大於平水壺流向受水壺的流量,故平水壺將多餘的水自上端孔中排入分水壺,以保持水位穩定。清《天文儀器圖》:"播水壺三,形方。""又次曰平水壺。"

【平頭針】

醫用針具。針頭平,眼科烙瞖用。宋趙佶等《聖濟總録》:"治熱病後失明,或生白膜極厚者,燒針烙法:右取平頭針,可瞖大小者。燒赤,當瞖中烙之。須輕下手。若烙後瞖已破,即少傅除瞖藥。"

【平準輪】

宋韓顯符製銅候儀的地平環。上刻方位及時角。《宋史·天文志一》:"五曰平準輪,在水臬之上,徑六尺一寸三分,圍一丈八尺三寸九分,上刻八卦、十干、十二辰、二十四氣、七十二候於其中,定四維日辰,正晝夜百刻。"

【𥴩】

用蒲草或竹篾等編成的盛米器具。《説文·田部》:"𥴩,籹也。從甾、并聲。杜林以爲竹筥,揚雄以爲蒲器。讀若軿。"段玉裁注:"𥴩者,籹也。揚雄以爲蒲器,然則𥴩與籹一物也。"朱駿聲通訓定聲:"籹,所以屯米,亦名𥴩。"清麟慶《河工器具圖説》卷二:"《説文》:'𥴩,籹屬。'南方以蒲竹,北方以荆柳。"

po

【鈸】

指麥鈸。因其刃工作情況如鈸,故稱。元王禎《農書》卷十九:"麥鈸,芟麥刃也。《集韻》曰,'鈸,長鐮也。'然如鐮長而頗直,比鐮薄而稍輕,所用斫而劀之,故曰鈸。用如鈸也,亦曰鈸。"

【鎈】

兩邊有刃的大鐮刀。使用時兩手執柄左右揮割。用於割草或麥。《説文·金部》:"鎈,兩刃,有木柄,可以刈草。從金發聲,讀若撥。"段玉裁注:"兩刃如劍然,兩邊有刃。刈,芟艸也,字亦作刈。"元王禎《農書》卷十四:"《集韻》云:鎈,兩刃刈也。其刃長餘二尺,闊可三寸,橫插長木柄内,牢以逆楔。農人兩手執之,遇草萊或麥禾等稼,折腰展臂,匝地芟之。"

鎈
明永樂大典本《農書》

【鑀刀】

即鑀。元王禎《農書》卷二"秋曰芟夷"原注："其次秋暮草木叢密時,先用鑀刀,徧地芟倒,暴乾放火,至春而開,根朽省力。"

pu

【圃田】

種植蔬菜、瓜果等農作物的園田。圃田通常靠近城市設置,臨水或鑿井以備灌溉,四周有垣牆、綠籬或溝、塹等爲界限。耕者築室其中。元王禎《農書》卷十一："圃田,種蔬果之田也。《周禮》:以場圃任園地。注曰:圃,樹果蓏之屬。其田繚以垣牆,或限以籬塹,負郭之間,但得十畝,足贍數口。"

圃田
明永樂大典本《農書》

【箔】

即蒲箤。小竹綱。《集韻・模韻》:"蒲箤,小竹綱。"明王士性《廣志繹・江南諸省》:"明、台濱海郡邑,乃大海汪洋,無限界中,人各有張蒲繫網之處,只插一標,能自認之,丈尺不差。蓋魚鰕在水游走,各有路徑,闌截津要而捕捉之,亦有相去丈尺而饒瘠天淵者。"

【蒲鍬】

工作部位用鐵皮包裹的一種木質鍬。用以鏟除沙土。清麟慶《河工器具圖説》卷四:"蒲鍬以堅木爲質,鐵葉裹口,上按丁字木柄,利除沙土。"

【蒲葦綿腰索】

用蒲草或蘆葦等纖維糾合成的腰索。質地較柔軟,用以捆埽。《元史・河渠志三》:"其法以竹絡實以小石,每埽不等,以蒲葦綿腰素徑寸許者從鋪,廣可一二十步,長可二三十步。"

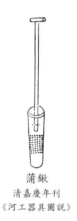

蒲鍬
清嘉慶年刊
《河工器具圖説》

Q

qi

【七寶剃刀】

七寶飾剃刀。《法苑珠林》卷十七引《佛本行經》："佛告阿難：'汝往菩提樹金剛座西塔，取我七寶剃刀并浴金剛盆，我欲剃髮。'"

【七寶漏燈】

七寶裝飾之燈漏。元熊夢祥《析津志·歲紀》："宮中有世皇所穿珍珠垂結燈，殿上有七寶漏燈。"

【七政儀】

清製演示日、月、五星相互位置關係的天球儀。儀器外

七政儀
四庫全書本《皇朝禮器圖式》

18世紀英國造銅塗金七政儀
故宮博物院

層爲黃道、赤道、子午及通過東、西點的赤經圈。内層爲七政盤，中心爲日體，依次向外爲水、金、月、地、火、木及土星。木星傍有四小衛星，土星傍有五小衛星。土星上有圓環，平視則爲正圓，側視爲橢圓。日體旁置燈，以表發光之太陽。盤内有機輪聯繫。可以演示日、月、五大行星出没等情況。清《皇朝禮器圖式》卷三："本朝製七政儀。鑄銅爲之。""視諸體之旋轉以測七政晝夜隱見之象。"

【漆車】

即濾車。明陸容《菽園雜記》卷十："漆工漉漆具曰漆車，規工曰車旋，皆以其有機軸，能運轉也。"

【漆畫筆】

硬毫製成的漆器畫筆，大小不等，用於不同圖畫。明黃大成《髹飾錄》乾集："春媚，即漆畫筆。有寫象、細鈎、遊絲、打界、排頭之等。"

【漆甕】

榨糖户盛放糖水的容器。外面塗漆防滲漏，故名。宋王灼《糖霜譜》第四："糖霜户器用……曰漆甕，表裏漆，以收糖水，防津漏。"

【碶】

即水閘。宋蘇軾《録進單鍔吳中水利書》："次置常州運河一十四處之斗門、石碶，隄防，管水入江。"明徐光啓《農政全書》卷十六："西南鄉之田，所恃者廣德一湖，環百里周以堤塘，植榆柳以爲固，四面爲斗門碶閘。方春，山之水泛漲時，皆聚於此，溢則泄之江。"清顧炎武《天下郡國利病書·浙江六》："侵湖之衆，以水爲病，春夏水盈，輒偷啓諸碶而縱洩之，欲湖之無涸，不可得已。"

【奇肱氏】

魏晉時期人。傳説能製飛車。《太平御覽》卷七五二："《玄中記》曰：奇肱氏善奇巧，能爲飛車，從風遠行。"

【岐伯】

炎帝之孫。傳説是鉦和鐘的發明者。清汪汲《事物原會》卷十一："《通鑑》：黃帝命岐伯作神鉦。《通鑑音釋》：今之銅鑼，是其遺製。《山海經》：炎帝之孫岐伯因鼓逆爲鐘。"

【騎杴】

指騎馬和騎馬杴。清麟慶《河工器具圖説》卷三："騎杴以二木釘成十字，長四五尺，有一騎馬必有一纜一杴，是

以騎、枒爲一副。”

【騎馬】

大十字木,用以固埽。清麟慶《河工器具圖説》卷三:“騎馬以二木釘成十字,長四五尺,有一騎馬必有一纜一枒,是以騎枒爲一副。廂埽一坯,須用騎馬一路。恐埽往前游,釘枒摟住,則埽穩固矣。《説文》騎,跨馬也。《逸雅》騎,支也,兩腳支别也。以一木跨於一木之上,而腳支别,故曰騎馬。”

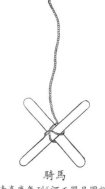

騎馬
清嘉慶年刊《河工器具圖説》

【騎馬枒】

加固騎馬的枒。爲一大木樁。清麟慶《河工器具圖説》卷三圖題“騎馬枒”。

【錡】

木工用鑿。《詩·豳風·破斧》:“既破我斧,又破我錡。”毛傳:“鑿屬曰錡。”

【鐖】

大鐮刀。《史記·淮南衡山列傳》:“今吾國雖小,然而勝兵可得十餘萬,非直適戍之衆,鐖、鑿、棘、矜也,公何以言有禍無福?”《集韻·微韻》:“鐖,大鐮。”

【起板鈎索】

繫在起板鈎上的繩索。起閘板用。元沙克什《河防通議》卷上:“起板鈎索三十二條。各長四尺,每股徑六分。”

【起線鉋】

一種較小的鉋子。刃口闊三分,常用於精細的木工活。明宋應星《天工開物·錘鍛》:“梓人爲細功者,有起線鉋,刃闊二分許。”

【起重】

一種起升并搬移重物的機械設備。置有起升機構以起升重物。并可裝置旋轉機構、運行機構和改變外伸距離的變幅機構以移動重物。明湯若望、焦勗《火攻挈要》卷中:“運銃上臺,先於臺下挨邊之際,設立起重一架,又挨邊安設直引重一具,臺後安設橫引重一具。”

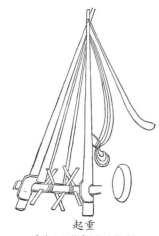

起重
清海山仙館本《火攻挈要》

騎馬枒
清嘉慶年刊《河工器具圖説》

【起子】

扳手。參見“象牙起子”。

【啓】

夏代國王。姒姓,禹之子。傳説是木鐸的發明者。清汪汲《事物原會》卷十一:“《北堂書鈔》:金鐸振武事,木鐸振文事。又,夏啓命遵人(宜令之官)以木鐸詢於道路,是金鐸始於禹,木鐸始於啓。”

【棨鑺】

柄長刃闊的大鑺。用以掘地。常用於軍事。《六韜·軍用》:“棨鑺,刃廣六寸,柄長五尺以上,三百枚。”

【綺機】

織造絲織品綺的木製織機。梁何遜《咏照鏡詩》:“朱簾旦初捲,綺機晨未織。”

【契】

皇宮内苑通報夜間時間用的符牌。根據漏刻給出的時刻,於昏夜開始時把契中的放鼓契發出,由專人報時并擊鐘、鼓,然後將漏刻啓動,開始夜間漏刻的計時。到五更二點時發出止鼓契。《宋史·律曆志三》:“契以發鼓於夜(契有二,一曰放鼓,二曰止鼓,製以木,刻字於上)。”“至昏夜雞唱,放鼓契出,發鼓、擊鐘一百聲,然後下漏。”“以至五更二點,止鼓契出。”

【笓簺】

一種小型捕魚用具。編竹如箕狀,用竹木爲長柄,用於冬季捕取伏魚。河南信陽孫砦西周遺址發笓簺二件,爲竹編簸箕,後端有竹製長柄。竹柄前端劈開作經,用篾片

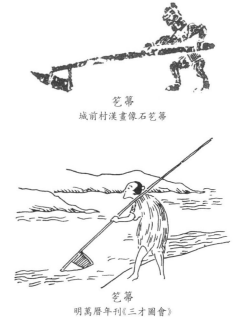

笓簺
城前村漢畫像石笓簺

笓簺
明萬曆年刊《三才圖會》

上、下十字交織竹箕。殘長 23 厘米，柄長 13 厘米，前端最寬處 10 厘米。明王圻《三才圖會·器用五》："芰簥，其形似箕，水寒魚多伏，用此以漁之。"按，圖名"帚"作"簥"。

【氣籠】

即穀壠。元王禎《農書》卷十六："穀壠，《集韻》云：虛器也。又謂之氣籠。"

【氣樓】

倉房頂上用以通風透光的樓窗。使倉內通風。宋陸游《南唐書·盧絳傳》："折簥角爲薪以自濟；守倉吏召歸，使躍倉簥，自氣樓入倉中盜米，一夕往返數十。"元王禎《農書》卷十八："今國家備儲蓄之所，上有氣樓，謂之廒房。"

【器直】

即曲尺。厲荃《事物異名録·漁獵·附匠具》引《韻會小補》："器直，曲尺也，梓人用之。"

qian

【千觔枒】

河工打椿時，用以鎖定椿木的短木橛。清麟慶《河工器具圖說》卷三："四面用千觔枒鎖聚椿木。"

【千觔舵】

裝運大石料的車子。車架木製，三輪。清麟慶《河工器具圖說》卷四："千觔舵，共製三輪，堅木爲之，每旱運大石料多用此料。"

千觔舵

清嘉慶年刊《河工器具圖說》

【千里鏡】

即望遠鏡。清方以智《通雅·器用九》："今西洋有千里鏡。磨玻璆爲之，以長筒窺之，可見數十里。"清屈大均《廣東新語·洋舶》："時登桅千里鏡，見遠舟如豆子大，則不可及。"清李漁《十二樓·夏宜樓》："千里鏡，此鏡用大小數管，粗細不一。細者納於粗者之中，欲使其可放可收，隨伸隨縮。所謂千里鏡者，即嵌於管之兩頭，取以視遠，無遐不到。'千里'二字雖屬過稱，未必果能由吳視越，坐秦觀楚，然試千百里之內，便自不覺其誣。至於十數里之中，千百步之外，取以觀人窺物，不但不覺其遠，較對面相視者更覺分明。真可實也。"清趙翼《簷曝雜記·西洋千里鏡及樂器》："堂之旁有觀星臺，列架以貯千里鏡。鏡以木爲箭，長七八尺。中空之而嵌以玻璆。有一層者，兩層者，三層者。余嘗登其臺以鏡視天，赤日中亦見星斗。視城外，則五泉山寶塔近在咫尺間，磚縫亦歷歷可數。"

【千里眼】

即望遠鏡。清劉廷璣《在園雜志》卷四："自西洋人入中華，其製造之奇，心思之巧，不獨見所未見，亦并聞所未聞，如風琴、日規、水輪、自鳴鏡、千里眼、順風耳、顯微鏡、雀籠之音樂、聚散之畫像等類，不一而足。"《養心殿造辦處史料輯覽·雍正十年》："三月二十二日內大臣海望諭著將四塊鏡光套筒玻璃千里眼做二十件、水晶千里眼做二件、茶晶千里眼做一件。""雍正十年閏五月十六日擬做烏木瓶式千里眼十件，隨象牙套。"

【僉】

即連枷。《方言》第五："僉，宋魏之間謂之攝殳。"郭璞注："今連枷，所以打穀者。"元王禎《農書》卷十四："又有以獨梃爲之者，皆於長木柄頭，造爲攔軸，舉而轉之，以撲禾也。《方言》云僉。"清倪倬《農雅·釋器》："枴、枷、羅枷、連枷、僉、攝、芰、度、棓、桋、梓，打穀者也。"

【牽星板】

航海時以測定海船位置時用的天文觀測設備。以十二塊方木板爲一副，最大的邊長 24 厘米，稱十二指。依次每塊遞減 1.2 厘米，最小的邊長爲 2 厘米，稱一指。木板中心穿一繩，使用時一手執板伸直，另一手牽繩拉直。用眼觀測，以木板上邊緣對北極星，下邊緣對水平面（海天交綫）。根據使用某一塊木板才能達到上述要求，而得出北極星高度角爲若干度，也就是海船的地理緯度。明李詡《戒庵老人漫筆》卷一："蘇州馬懷德牽星板一副，十二片，烏木爲之，自小漸大，大者長七寸餘。標爲一指，二指"，"以至十二指，俱有細刻若分寸然。又有象牙一塊長二寸，四角皆缺，上有半指、半角、三角等字"。

【鈆梳子】

即鳥鬚鉛梳。宋王懷隱等《太平聖惠方》卷四一載"鈆梳子方"。

【鉛子模】

造鉛彈之模具。明戚繼光《練兵雜紀》卷二"儲練通論"："罩木桶、柳筐、火鐮石、鉛子模。"

【鉛字】

晚清以來西法印刷術傳入，鉛字排版印刷逐步成爲主流。《清稗類鈔·鑒賞類》"丁善之論仿宋板"："日本推廣大小鉛字七種，以供我國印書之用，謂之明朝字，人咸便之，活字印書之業乃大盛。"

【鍰】

即錐。《廣雅·釋器》："鍰，錐也。"王念孫疏證："鍰之言鐵也。"

【涔】

一種捕魚設置。罧之類。積柴於水中以聚魚，再以竹簾圍而取之。幽州稱之爲涔，兗州則稱之爲罧。《爾雅·

釋器》:"槮謂之涔。"郭璞注:"今之作槮者,聚積柴木於水中,魚得寒入其裏藏隱,因以簿圍捕取之。"晉郭璞《江賦》:"栫澱爲涔,夾潨羅筌。"《廣雅·釋器》:"㴇、涔,栫也。"清王念孫疏證:"今兗州人積柴水中捕魚爲㴇,幽州名之爲涔。㴇與槮、穆同,涔與潛、㯖同。"

【鈐鏅】

即鉿鏀。《廣雅·釋器》"鉿鏀謂之鑪",清王念孫疏證:"《急就篇》:鈐鏅錫鉒斧鑿鉏。顔師古注云:鈐鏅,大犁之鐵。鈐與鉿同。鏅與鏀同。"

【鈐鏅】

同"鉿鏀"。《廣雅·釋器》"鉿鏀謂之鑪",清王念孫疏證:"《説文》:鈾,相屬也。又云:鈐鏅,大犁也。"

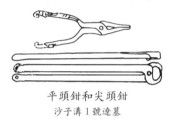

平頭鉗和尖頭鉗
沙子溝 1 號遼墓

【鉗】

夾持東西的工具。清朱駿聲《説文通訓定聲·謙部》:"按,夾持緊脅者謂之鉗,故凡夾持之即不緊脅者亦謂之鉗。"後專稱金屬製的夾持工具,亦稱"鋏"。鉗由兩股交叉合成,中有活軸爲支點,頭短而柄長。一般由銅、鐵鍛製。鉗嘴有尖、平之分,平頭鉗咬合處有的爲平面,有的有齒,可增加咬力,平頭鉗咬合多有刃口,有切斷功能。現見最早的鉗在陝西鳳翔西村戰國秦墓發現,這件在 S1 號車馬坑出土的銅鉗係青銅鑄成,鉗嘴尖,平面咬合,扁方柄,柄末端各有一橢圓形穿孔。兩股用一長方形套口套合而成,開合自如,通長 21 厘米。至晚在漢代鉗開始成套使用,有大鉗、小鉗之分。至晚在宋、遼時,平頭鉗和尖頭鉗配套使用。內蒙古敖漢旗沙子溝 1 號遼墓同時出土鐵平頭鉗和尖頭鉗。平頭鉗鉗嘴的兩面有對應的齒溝,柄末端回卷呈孔。平頭鉗鉗嘴兩面半圓扁平,端部起刃。前者通長 16.4 厘米、後者 24.4 厘米,大小不同。赤峰大營子 1 號遼墓亦有兩鐵鉗出土。尖頭鉗鉗嘴細長而扁平,平頭鉗有平圓起刃嘴,柄扁,末端有環孔。前者通長 20.5 厘米、後者 24.5 厘米。鉗的用途和構造有關,柄長而嘴短,夾持牢固,可以强有力地穩定夾持較小物件。鳳翔戰國秦墓之鉗出土於車馬坑,宜爲修車工具。《火攻挈要》卷上:"銃身捲筒,小者用鉗,大者用提架。"是爲金屬加工。《説文》謂鋏"可以持冶器鑄鎔"。《火攻挈要》卷上:"化銅之時,將銅鉗入池內。"《水滸傳》第五四回:"李逵看他屋裏鐵砧、鐵鎚、火爐、鉗、鑿",都是用於熔煉金屬的高溫作業。而《神機制敵太白陰經》軍人"軍裝"所備"刀子、鉗子、鑽子、藥袋"等,則爲常備的小工具了。參見"鋏"。

銅鉗(正、側面)
鳳翔西村 80 號戰國秦墓

【鉆】

同"鉗"。夾物工具。《説文·金部》:"鉆,鐵鉔也。"《後漢書·肅宗孝章帝紀》:"自往者大獄已來,掠考多酷,鉆鑽之屬,慘苦無極。"李賢注:"《説文》:鉆,鉔也。"

【鉗子】

即鉗。夾物工具。唐李筌《神機制敵太白陰經·軍裝》:"刀子銼子、鉗子、鑽子。"

【潛】

同"㯖"。《詩·周頌·潛》:"猗與漆沮,潛有多魚。"毛傳:"潛,糝也。"《小爾雅·廣獸》:"潛,糝也,積柴水中而魚舍焉。"

【㯖】

即涔。《小爾雅·廣獸》:"魚之所息謂之㯖。㯖,糝也,積柴水中而魚舍焉。"葛其仁疏證:"謂積柴水中,令魚依之止息,因而取之也。"

【㮸】

木砧。用木截作碓圓形,以作切物用的墊板。《爾雅·釋宮》:"椹謂之㮸。"郭璞注:"斫木櫍也。"邢昺疏:"椹者,斫木所用以藉者之木名也,一名㮸。"

【錢】

形狀與鏟相類似的一種中耕器。用於行間鬆土,除草。出土殷周青銅農器中錢數量較多。其刃寬一般 6～8 厘米,多爲有銎圓肩或方肩,安上木柄後,與今日鐵鍬相似,但要小得多。便於在壠行間除草鬆土。《説文·金部》:"錢,銚也。古田器,從金戔聲。《詩》曰:庤乃錢鎛。昨先切。"段玉裁注:"田器者,古謂之錢。今則但謂之銚,謂之臿,不謂之錢。而錢以爲貨泉之名。"三國魏曹操《步出夏門行》詩:"錢鎛停置,農政積場。"元王禎《農書》卷十三:"今鍬與鏟同此錢與鏟爲類,薅器也,非鍬屬也。兹度其制,似鍬非鍬,殆與鏟同。《篆文》曰:養苗之道,鋤不如耨,耨不如鏟,鏟柄長二尺,刃廣二寸,以剗地除草。此鏟之體用,即與錢同,錢特鏟之別名耳。"

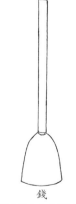

錢
明永樂大典本《農書》

【錢匕】

抄藥末器具。用大錢作爲抄藥末的量具。以抄藥末不敢落爲度。唐孫思邈《備急千金要方·序例》：“錢匕者，以大錢上全抄之。”

【錢貫】

穿錢幣的繩子。即貫。亦稱“錢緡”。《後漢書·翟酺傳》：“文帝愛百金於露臺，飾帷帳於皂囊。或有譏其儉者，上曰：‘朕爲天下守財耳，豈得妄用之哉！’至倉穀腐而不可食，錢貫朽而不可校。”

【錢緡】

即貫。穿錢的繩子。《新唐書·滕王元嬰傳》：“帝嘗賜諸王綵五百，以元嬰及蔣王貪黷，但下書曰：‘滕叔、蔣弟不須賜，給麻二車，助爲錢緡。’”

【錢模】

鑄錢的模子。一般用泥、石、鐵製成。兩合而成，中間有澆口，兩側密布錢形，一次可鑄錢數個乃至數十個。錢模材料不同，製造分灌鑄、壓製、鑿製。而至遲明代，已經直接用母錢來翻砂土製模。出模之錢，需加修正，以去毛口。明宋應星《天工開物·錢》：“凡鑄錢模，以木四條爲空匡（木長一尺二寸，闊一寸二分）。土、炭末篩令極細，填實匡中，微灑杉木炭灰或柳木炭灰於其面上，或熏模則松香與清油。然後，以母錢百文（用錫雕成），或字或背布置其上。又用一匡，如前法填實合蓋之。既合之後，已成面、背兩匡。”

西漢五銖錢銅模
澄城縣坡頭村西漢鑄錢遺址

西漢“大泉五十”陶模
盱眙縣博物館

母錢印模
明初刻本《天工開物》

【錢五匕】

抄藥末的器具。用五銖錢爲抄藥末量具。唐孫思邈《備急千金要方·序例》：“錢五匕者，今五銖錢邊五字者，以抄之，亦令不落爲度。”參見“錢匕”。

【錢眼】

繅絲時所用的集緒器。指設在煮繭鍋或繅絲盆上方的一枚銅錢中央的方孔。宋秦觀《蠶書·錢眼》：“爲板長過鼎面，廣三寸，厚九氂，中其厚，插大錢一，出其端，橫之鼎耳，復鎮以石，緒總錢眼而上之，謂之錢眼。”明代時用竹針眼代替錢眼，相當於現代的導絲鈎。但一直到清代仍有使用錢眼的，并出現了用銅絲彎成螺旋狀的導鈎。清仲學輅《廣蠶桑説輯補落繭説四條》：“又按錢眼者，以錢鑽眼度絲也。而《蠶桑輯要》則用銅鐵條三寸，一頭椎匾鑽眼，眼須光潤，不令刮斷絲緒，然不如將粗壯銅絲一頭，折作小眼，如螺旋狀，絲一挽即入，無庸細篾粘穿，法更簡便。”

【錢樂之渾天儀尺】

一種天文尺。南朝太史令錢樂之更鑄張衡渾天儀時所用。推算長度爲 24.6 厘米。《隋書·律曆志上》：“十二，宋氏尺，實比晉前一尺六分四釐，錢樂之渾天儀尺，後周鐵尺，開皇初調鍾律尺及平陳後調鍾律水尺。”

【繀】

即縴。拉船用的繩索。明宋應星《天工開物·雜舟》：“來往不憑風力，歸舟挽繀多至二十餘人。”

【牽】

同“縴”。拉船、拉車的繩索。明高啓《贈楊滎陽》詩：“渡河自撐篙，水急船斷牽。”《紅樓夢》第十五回：“鳳姐又道：'我比不得他們扯篷拉牽的圖銀子。這三千銀子，不過是給打發說去的小廝做盤纏，使他賺幾個辛苦錢，我一個錢也不要他的。'"一本作"摔"。

【摔】
　　同"縴"。參見"牽"。

【摔索】
　　縴索。挽船、拉車等用的繩索。明徐光啓《農政全書》卷十八："簀頭竪置偃木，形如初月。上用鞦韆索懸之。復於排前植一勁竹，上帶摔索，以控排扇。"

【縴】
　　縴繩，縴索。用以拉車船或牽牲口等。唐劉禹錫《觀市》："馬牛有縴，私屬有閑。"清孫枝蔚《黃河舟中》詩之四："不敢端然坐，常隨挽縴人。"清王士禛《六月十二日喜雨》詩："溼篷折疊縴掠水，黃泥曲岸相夤緣。"清俞樾《縴夫行》："頑青鈍碧起迎面，高可千盤寬一綫。與丁欲上愁遷延，乃仿船家例用縴。"

【縴紋】
　　縴索。拉船的繩索。《集韵·平支》："紋，《字林》：'縴紋，挽舟繩。'"

【縴子】
　　即縴索。拉船用的繩索。也稱百丈。《醒世恒言·獨孤生歸途鬧夢》："從此一路都是上水，除非大順風，方使得布帆，風略小些，便要扯着百丈。你道怎麼叫做百丈？原來就是縴子。"

qiang

【槍】
　　兩頭尖銳的木棒。用以掘草鬆土。《國語·齊語》："及耕，深耕而疾耰之，以待時雨。時雨既至，挾其槍、刈、耨、鎛，以旦暮從事於田野。"韋昭注："槍，樁也。"《華嚴經音義》引《倉頡篇》："槍，木兩頭銳者也。"

【槍唐】
　　即鋸。《説文·金部》："鋸，槍唐也。從金，居聲。"段玉裁注："槍唐，蓋漢人語。《廣韵》引《古史考》曰：孟莊子作鋸。"

【牆罟】
　　罟的一種。刺網捕魚之網具。其制同絲罟，長三十餘丈，深六七丈，以一船拖之。捕魚時，連合幾百頂或上千頂網，形成一籬笆形網牆，直立於水中，故稱牆罟。魚經過時，一旦觸網，頭部和鰓即刺掛在網目內，或者全身被網片纏住，不得脫逃。此網專以捕取鱠白魚及黃白花魚，故又稱黃花罟。清李調元《南越筆記·粵人多以捕魚爲業》：罟之類，"有曰牆罟，則以絲罟爲之，專以取鱠白、及黃白花魚，亦曰黃花罟。每一船一罟，罟深六、七丈，長三十餘丈，相連數百千罟以爲一牆，橫截海水，魚觸牆罟不能去，大小壅積，起罟時魚多不可勝取，每割罟之半以放魚"。

【搶搪】
　　即鋸。清厲荃《事物異名録·漁獵·匠具》："《説文》倉唐，鋸也。或作搶搪。"

【緪】
　　即繩索。多用以串錢。《史記·貨殖列傳》："於是太公勸其女功，極技巧，通魚鹽，則人物歸之，緪至而輻湊。"漢劉向《列女傳·邵陽友娣》："以緪自經而死。"《漢書·兒寬傳》："大家牛車，小家擔負，輸租緪屬不絶。"顏師古注："緪，索也。言輸者接連，不絶於道，若繩索之相屬也，猶今言續索矣。"特指穿錢的繩索。《漢書·食貨志下》："使萬室之邑必有萬鍾之藏，藏緪千萬。"顏師古注引孟康曰："緪，錢貫也。"《資治通鑑·唐昭宗天祐元年》："老幼緪屬，月餘不絶。"胡三省注："緪，舉兩翻，錢貫也。屬，之欲翻。言老幼相隨而束，若緪之貫錢，相屬不絶也。"

【鏹】
　　播種農具。下種器。并列兩鐵於橫木上，中施小斗，斗底列梅花眼。使用時，用牛牽拉，牛行斗搖動，種子即從眼中撒下。明宋應星《天工開物·麥工》："種麥之法，耕具差異，耕即兼種。其服牛起土者，末不用耕，并列兩鐵於橫木之上，其具方語曰鏹。鏹中間盛一小斗，貯麥種於内，其斗底空梅花眼。牛行搖動，種子即從眼中撒下。欲密而多，則鞭牛疾走，子撒必多；欲稀而少，則緩其牛，撒種即少。"

【戧樁船】
　　打樁用的船。用兩只小船首尾聯以鐵鏈組成。清麟慶《河工器具圖説》卷三："戧樁爲下埽栓繫揪頭纜之用，所關最重。黃河隄壩寬厚地尚易擇。惟洪湖下埽，兩面皆水，必須選長大樁木簽釘湖心，以爲根本，而水深浪急，顛簸不定，簽釘甚難。其法用船二隻，首尾聯以鐵鍊。每船設高橙一具，上搭蹉板，中留空檔，安置戧樁。選樁手攜碇登板，逐漸打下，較準水深，以入土丈餘爲度。"按，插圖名其船"戧樁船"。

戧樁船
清嘉慶年刊《河工器具圖説》

qiao

【枭】
　　即臿。《方言》第五："（臿）趙、魏之間謂之枭。"郭璞注：

"枲,字亦作鏨也。"元王禎《農書》卷十三:"甲,顏師古曰:鍬也。""趙、魏之間謂之枲,皆謂鍬也。"

【鏨】

同"鍬"。《方言》第五:"趙、魏之間謂之枲。"晉郭璞注:"枲,字亦作鏨也。"《漢書·溝洫志》"舉甲爲雲,決渠爲雨",唐顏師古注曰:"甲,鏨也。所以開渠者也。"

【橇棍】

即撬損。清李斗《揚州畫舫録·工段營造録》:"殿宇房座豎立大木架子,皆折方給工。所用架工、橇棍、紮縛繩、壯夫,以架見方有差。"

【鍬】

一種類似甲的農具。用於開溝掘土、鏟取什物。工作面多爲鐵製。《爾雅·釋器》:"庛斗謂之鏙。皆古鍬鍤字。"北魏賈思勰《齊民要術·種桃柰》:"栽法:以鍬合土掘移之。"元王禎《農書》卷十三:"甲,顏師古曰:鍬也。所以開渠也。"明徐光啓《農政全書》卷二六:"理溝時一人先運鋤,將溝中土耙墾鬆細。一人隨後持鍬,鍬土勻布畦上。"

【樵斧】

砍柴用斧。狹小而刃背厚。元王禎《農書》卷十四:"然樵斧、桑斧,製頗不同。樵斧,狹而厚,桑斧闊而薄,蓋隨所宜而製也。"

【橋】

指桔槔。《禮記·曲禮上》:"奉席如橋衡。"鄭玄注:"橋,井上桿槔。"

【喬扞】

即喬扞。元王禎《農書》卷十四:"喬扞,掛禾具也。"按,扞,"扞"之訛。《正字通·手部》:"扝,插也。欲作扞。"喬扞,即高插之意。參見"喬扞"。

【喬扞】

竹製的懸掛稻禾的農具。明徐光啓《農政全書》卷二二:"喬扞,掛禾具也。凡稻皆下地沮濕,或遇雨潦,不無淹浸。其收穫之際,雖有禾稈,不能臥置。乃取細竹,長短相等,量水淺深,每以三莖爲數,近上用篾縛之。又於田中,上控禾把。"

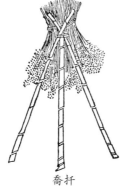

喬扞
明永樂大典本《農書》

【撬槓】

撬起或移動重物的棍棒,多用硬木或鐵製成。參見"檀木撬槓"。

戰國鐵撬槓
銅綠山1號礦體

【竅瓠】

即瓠種。北魏賈思勰《齊民要術·種葱》:"兩樓重構,竅瓠下之,以批契繼腰曳之。"明徐光啓《農政全書》卷二八:"早種者,重樓構地,使壟深闊。竅瓠下子,批契曳之。每至正月,燒去枯葉,地液輒耕壟,以鐵齒鎘楱鎘楱之。"

qie

【切草刀】

切草料用的刀。多指鍘刀。唐李筌《神機制敵太白陰經·軍裝》:"切草刀,二分,二千五百張。"

【切刀】

切桑葉刀。有大小數種。元王禎《農書》卷二一:"切刀,斷桑刃也。蠶蟻時用小刀,蠶漸大時用大刀,或用漫鏟,蠶多者又用兩端有柄長刃切之,名曰懶刀。"亦泛稱日用切割用刀。明沈榜《宛署雜記·經費上》:"切刀十五把,價二錢二分五厘。"

【挈皋】

即桔皋。升舉用具。《文選·楊雄〈甘泉賦〉》"燎薰皇天,皋搖泰壹",李善注引三國魏如淳曰:"皋,挈皋也。積柴於挈皋,頭置牲玉於其上,舉而燒之,欲近天也。"

【挈壺】

可提帶的漏壺。壺的上部裝有提梁。爲漏刻的濫觴。《周禮·夏官·挈壺氏》:"掌挈壺以令軍井,挈轡以令舍,挈畚以令糧。"參見"銅漏"。

【鍥】

同"鐹"。《説文·金部》:"鍥,鎌也。從金契聲,苦結切。"元王禎《農書》卷十四:"鐹,似刀而上彎,如鎌而下直,其背如指厚,刃長尺許,柄盈二握,江淮間恒用之。《方言》云:江南謂之鍥。鍥、鐹,《集韻》通用。"

【鍥刀】

即鐹。《二刻拍案驚奇》卷十九:"拿着鍥刀望山前地上下手斫時,有一棵草甚韌,刀斫不得。"

【鍥子】

一種帶鋸齒的鎌刀。割稻用。清范寅《越諺》卷中:"鍥子、橘則,即鐮也,割稻鐵器,如鋸。"

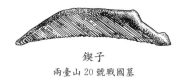

鍥子
兩臺山 20 號戰國墓

【鍥子】

即鐹。明岳元聲《方言據》卷下:"刈鉤謂之鍥子。《方言》:刈鉤,自關而西謂之鍥,亦謂之鐮。"

【鐹】

一種砍削刀具。上彎下直,刃有尺許,背較厚。可用於連根收割。元王禎《農書》卷十四:"詩云:弟鐮兄鐹不須猜,呼鐹爲名自有來。賦物詩人還可取,器兮不器擅兼材。"明徐光啓《農政全書》卷二二:"鐹,似刀而上彎,如鐮而下直,其背如指厚,刃長尺許,柄盈二握。江淮之間恒用之。""江南謂之鍥。鍥、鐹,《集韻》通用。"

鐹
明永樂大典本《農書》

qin

【秦權】

秦代製造的權。以戰國秦權加刻秦始皇詔書的高奴石,則是特例。用銅或鐵鑄造,圓形,上小下大,上端有紐,但是體之高低、肩之方圓、紐之大小各有不同。始皇時期爲實心、矮體,秦二世時期小紐高體,空腹如鐘,且體表淺磨十七棱或十八棱。秦權有銘文,内容主要是兩篇

秦嵌銅詔版鐵權　　**秦兩詔文銅權**　　**秦二世銅權**
煙臺市博物館　　　　**秦始皇陵園區**　　**蘇州博物館**

詔書,有的有重量和使用時點及機構。秦始皇二十六年(前 221)詔作:"廿六年,皇帝盡并兼天下諸侯,黔首大安,立號爲皇帝,乃詔丞相狀、綰,法度量,則不一歉疑者皆明一之。"此詔書有嵌銅詔版、鑄陽文詔及刻陰文詔。秦二世詔:"元年制,詔丞相斯、去疾,法度量盡始皇帝爲之,皆有刻辭焉,今襲號,而刻辭不稱始皇帝,其於久遠也,如後嗣爲之者,不稱成功盛德。刻此詔,故刻左,使毋疑。"秦二世詔有與始皇詔同刻的,也有加刻的。秦詔是秦代實施統一衡制的措施,其重量秦制一斤至一百二十斤不等,大致可以排成三種進位組合:三十斤、六十斤、九十斤、一

百二十斤。即一鈞、二鈞、三鈞、石進位系列。一斤、八斤、十六斤、(二十斤)、二十四斤,以四斤或八斤爲基數進位系列。一斤、五斤、十斤、十五斤,以五斤爲基數的進位系列。秦權是砝碼,官嗇夫封其使用負責。睡虎地秦簡《秦律·效律》:"半石不正,八兩以上;鈞不正,四兩以上;斤不正,三朱以上,黃金衡贏不正,半朱〔以〕上,貲各一盾。"權之誤差允許範圍在千分之八以下,石權在千分之四以下。秦權數量較大,上有銘文,北齊顏之推《顏氏家訓·書證》中已有記載,宋代已經列入金石學研究範圍。宋趙明誠《金石録·秦權銘》:"右《秦權銘》。今世人家所藏秦權至多,銘文悉同。余所得者凡四銘;其二不知所從得;其一藏王禹玉丞相家,皆銅權也;其一近歲出於濟州,以石爲之。"

qing

【青緺】

青絲之貫。唐李涉《卻歸巴陵途中走筆寄唐知言》詩:"酒家債負有填日,恣意頗敢排青緺。"

【青斾】

即酒旗。宋陸游《冬初出游》之二:"青斾酒家黄葉寺,相逢俱是畫中人。"

【青旗】

即酒旗。唐元稹《和樂天重題别東樓》:"鼓催潮户凌晨擊,笛賽婆官徹夜吹。唤客潛揮遠紅袖,賣壚高掛小青旗。"宋張孝祥《拾翠羽》詞:"想千歲,楚人遺俗。青旗沽酒,各家炊熟。良夜游,明月勝燒花燭。"

【青繩】

青色的繩子。用以繫束圖版、界劃天子經過的御道和圍範帝王郊祀的壇場。《宋書·符瑞志上》:"白雲起,回風摇,乃有龍馬衔甲,赤文綠色,臨壇而止,吐《甲圖》而去。甲似龜,背廣九尺,其圖以白玉爲檢,赤玉爲字,泥以黄金,約以青繩。"唐王建《温泉宫行》:"十月一日天子來,青繩御路無塵埃。"《宋史·禮志二》:"元豐元年二月,詔内壝之外,衆星位周環,每二步植一杙,繚以青繩,以爲限域。"清汪汲《事物原會·香珠》:"三洞珠囊以雜香擣之,丸如梧子大,青繩穿之,此三皇真元之香珠也。"

【青絲繩】

青色的絲繩。《玉臺新咏·古詩爲焦仲卿妻作》:"紅羅複斗帳,四角垂香囊。箱簾六七十,緑碧青絲繩。物物各自異,種種在其中。"

【青絲紖】

用青絲擰成的牛鼻繩。《晉書·武帝紀》:"有司嘗奏御牛青絲紖斷,詔以青麻代之。"

【青系】

青色的單股絲繩或絲帶。可用以繫束東西或作衣帽的滾邊。《後漢書·輿服志下》：“武冠，俗謂之大冠，環纓無蕤，以青系爲緄，加雙鶡尾，豎左右，爲鶡冠云。”

【青線花繩】

用青線編成的顏色錯雜的繩子。明沈榜《宛署雜記·經費上》：“青線花繩四根，價二錢四分；黑油杠四根，價一錢二分。”

【青竹筒】

用青皮竹製作的竹筒。中醫利用其可盛物及經燒烤後滲出竹瀝的特性，實藥其中以炮製藥物。宋趙佶等《聖濟總録·腸癖》：“治風疳，搔之黃水出。大豆汁塗方：大豆一升，馬尿二升，白蜜半升。右三味拌匀，用青竹筒盛築實，架在炭上當中慢燒，將瓷碗兩隻，兩頭盛取汁，先用泔清入鹽少許和，温洗瘡上拭乾，後以藥汁塗，日三五度。”

【清河龍】

挖取河泥，清除河道的機械。其制式似船。頭部有絞柱和進淤泥裝置，中部有多節艙位，尾部有舵。人轉絞柱，船前行，淤泥由頭部進入船艙。清麟慶《河工器具圖說》卷二：“此具創自黃司馬樹穀。凡九艙，末一艙安舵爲龍尾，其七爲龍腹。每艙寬八尺，長九尺，高六尺，各自爲體，聯以鐵鈎。

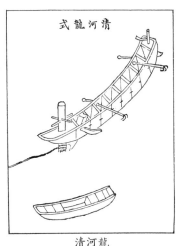

清河龍
清嘉慶年刊《河工器具圖說》

第一艙爲龍頭，長二丈，頭上合二板，中安一柱。柱身即絞關也，柱下圍以鐵齒。柱後爲龍口，口內之末用鐵爲龍舌，舌上爲龍喉，內襯鐵皮。其法以人推關，船自前進，齒動泥鬆，從舌入口，逆喉而上，出口落艙。一艙滿，就隄卸泥，以次更換卸畢，復聯成一龍。再柱凡十眼，水漸深則柱漸下，口亦漸長。又龍口有物曰探泥，一曰格水，使水不得入喉。喉之外有板曰批水，象龍頰也，用以分水。腹之外有把曰剔泥，象龍爪也，用以梳泥。”“其用法以兩龍，繫繩對繳，中距二十丈。龍既對頭，河底自深。”按，其插圖名此具爲“清河龍式”。

【清臺】

即靈臺。夏代稱清臺。漢稱靈臺，有時也稱清臺。《漢書·律曆志上》：“詔與丞相御史，大將軍右將軍史各一人，雜候上林清臺課諸曆疏密。”

【綮纜索】

用尚麻糾成的纜索。元沙克什《河防通議》卷上“造船物料”：“綮纜索一條，八檀麻索一條。”

【綮索】

用尚麻糾成的繩索。元沙克什《河防通議》卷上“造船物料”：“大小麻索九條，計重三十斤。”自注：“綮索一條，麻索八條。”

qiong

【銎】

鐵製刀斧下口安裝柄的小孔。有圓，方和匾形等各式。《説文·金部》：“銎，斤釜穿也。從金，巩聲，曲恭切。”段玉裁注：“銎，穿者，通也。《詩·釋文》作斧空也三字，謂斤、斧之孔，所以受柄者。”元王禎《農書》卷二一：“斫斧，桑斧也。其斧銎匾而刃闊。”明徐光啓《農政全書》卷二二：“粟堅，截禾穎刃也。”《集韻》云：“堅，剛也。其刃長寸餘，上帶圓銎，穿之食指，刃向手內，農人收穫之際，用摘禾穗。”

【軬】

測量車輞的規。《説文·車部》：“軬，車軬規也。”段玉裁注：“規者，圓之匡郭也。《考工記》曰：‘規之以眂其圓。軬之以軬其匡。’注曰：‘輪中規則圜矣。’”

qiu

【鞧】

即鞦。繫於牛馬股後的革帶。《三國志·蜀志·諸葛亮傳》“木牛流馬”，裴松之注引《諸葛亮集》：“細者爲牛鞅，攝者爲牛鞦軸。”南朝宋劉義慶《世説新語·政事》：“（山濤）貴勝年少若和裴、王之徒，并共宗咏。有署閣柱曰：‘閣東有大牛，和嶠鞅，裴楷鞧，王濟剔鞦不得休。’”唐李賀《追賦畫江潭苑》詩：“鞧垂粧細粟，箭箙釘文牙。”

【鞦】

拴在牛股後的革帶。用以迫使牛不得退縮。《釋名·釋車》：“鞦，遒也。在後遒使不得卻縮也。”《晉書·潘岳傳》：“時尚書僕射山濤領吏部，王濟、裴楷等并爲帝所親遇。岳內非，乃題閣道爲謠曰：‘閣道東，有大牛，王濟鞅，裴楷鞧。’”清余慶遠《維西見聞紀》：“鞦轡極麗，多飾以金銀寶石。”

【求壺】

北宋沈括漏刻中的第一把播水壺。《宋史·天文一》：

"播水之壺三,而受水之壺一。曰求壺。求壺之水,復壺之所求也。"

【虬箭】

指漏刻。漏刻的銅壺有時以龍形裝飾,故名。《初學記》卷二五引漢張衡《漏水轉渾天儀制》:"以銅爲器,再疊差置,實以清水。下各開孔,以玉虬吐漏水入兩壺。"唐杜審言《除夜有懷》詩:"冬氛戀虬箭,春色候雞鳴。"

【觓】

射鳥時用來收回箭上繫繩用的角製器具。《説文·角部》:"觓,堆射收繳具。從角,酋聲。讀若鰌。"朱駿聲通訓定聲:"以角爲之,一名鐉。"段玉裁注:"按兩字(指鐉、觓)同義。蓋其物名鐉觓。""今本恐非舊。但無證據,未敢專輒。"

qu

【曲把茉鍬】

曲柄鍬。用來翻土。《急就篇》卷三"疆畔畷伯耒犂鋤",唐顔師古注:"耒,手耕曲木也。古者,倕作耒,今之曲把茉鍬,其遺象也。"

【曲尺】

測量直角和長度的工具。它是由單一測量角度矩發展而來的。用兩木條或金屬條縱橫直角相接而成,一邊長、一邊短,長邊有長度刻度。現今最早的曲尺爲中國歷史博物館藏漢代銅曲尺,長邊37.6厘米、短邊22.5厘米,在漢武梁祠堂畫像石和沂南漢畫像所示曲尺,有加固的斜邊。新疆阿斯塔那唐墓《伏羲女媧圖》中曲尺還帶有墨斗。河北鉅鹿北宋故城木質曲尺,一端有榫口,可知爲其一邊,長30.91厘米,尺分小寸,半寸處有刻度。《營造法式·鋪地面》:"鋪地面鋪地殿堂等地面塼之制:用方塼先以兩塼面相合,磨令平,次研四邊,以曲尺較,令方正。"明朱載堉《樂律全書》卷二三:"商尺者,即今木匠所用曲尺,

帶墨斗的曲尺(右上)
阿斯塔那唐墓《伏羲女媧圖》

曲尺
清嘉慶年刊《河工器具圖説》

蓋自魯般傳至於唐,唐人謂之大尺,由唐至今用之,名曰今尺,又名營造尺,古所謂車工尺。"清麟慶《河工器具圖説》卷四:"曲尺形如勾股弦式,惟股微長,便於手取,股長一尺五六,弦長尺四,勾長一尺,分寸注明勾上。凡製木器,合角對縫非此不爲功。"《清史稿·疇人傳二》:"《備物致用》其目四:一丈量器:曰插標、曰線架、曰指南尺、曰曲尺、曰丈竹。"

【曲梁】

即罶。或以爲魚梁。《詩·小雅·魚麗》"魚麗於罶,鱨鯊",毛傳:"罶,曲梁也,寡婦之筍也。"清厲荃《事物異名録·漁獵部·筍》:"孫炎曰:'罶,曲梁。其功易,故謂之寡婦之筍。'然則曲者,薄也,以薄爲魚筍,其功易,號寡婦之筍耳,非寡婦所作也。"清蕭鳳儀《嫠婦之筍謂之罶解》"罶,從网從留,言能留魚而不使玄也,多就曲梁施之以承其空,人不必入水,雖婦人亦能用。"

【曲筒】

即渴烏。宋楊侃《兩漢博聞》卷十:"作翻車、渴烏,施於橋西,用灑南北郊路。"注:"渴烏爲曲筒,以氣引水上也。"

【苗】

即蘁箔。《方言》第五:"薄,宋魏陳楚江淮之間謂之苗。"《説文·艸部》:"苗,蘁薄也。"徐鍇繫傳:"《漢書》:'周勃織薄苗。'"《廣雅·釋器》:"苗謂之薄。"

【枯極】

運載工具。木製的架子,跨置於驢背上,用以負物。《駢雅·釋器》:"枯極,驢負版也。"按,《説文·木部》:"枯,極也。"朱駿聲通訓定聲:"枯,如今馱鞍。"

【區田】

西漢氾勝之提倡的"區種法"所制定的一種田制。將一畝田分成六百七十五區(或六百六十二區),每區方六寸至九寸(漢制,下同),深六寸,每區施以熟糞,播種其中。區田可用於良田,亦可用於山陵高地。其特點爲集中勞力、肥料於區中,不必大面積耕治土地。《齊民要術·種穀》引《氾勝之書》:"區種法曰:湯有旱災,伊尹作爲區田,教民糞種,負水澆稼。區地以糞氣爲美,非必須良田也。諸山陵近邑高危傾阪及丘城上皆可爲區田。區田不耕旁地,庶盡地力。凡區種不先治地,便荒地爲之。"

【渠挐】

即杷。《方言》第五:"杷,宋魏之間謂之渠挐,或謂之渠疏。"《駢雅·釋器》:"渠挐、權疏、渠疏,杷杴也。"後亦混稱犂後破碎土塊使細的杷。元王禎《農書》卷十二:"杷,又作爬,今作欛,通用。宋魏之間,呼爲渠挐,又呼渠疏。"

【渠疏】

同“渠疏”。唐陸龜蒙《耒耜經》：“耕而後有爬，渠疏之義也，散墢去芟者也。”

【渠疏】

即渠挐。《方言》第五：“杷，宋魏之間謂之渠挐，或謂之渠疏。”元王禎《農書》卷十二：“杷，又作爬，今作耙，通用。宋魏之間，呼爲渠挐，又謂渠疏。陸龜蒙曰：凡耕而後有杷，所以散墢去芟，渠疏之義也。”

【斫斸】

即耰鉏。《爾雅·釋器》：“斫斸謂之定。”陸德明釋文：“斫斸本或作拘攎。”清郝懿行義疏：“句攎即斫斸矣。定者，《釋文》引李巡云：斫斸，鋤也。定，鋤别名。”元王禎《農書》卷十二：“耰鉏，古云斫斸，一名定。”

【輈】

車軶兩邊下伸加於馬頸的曲木。《左傳·襄公十四年》：“射兩輈而還。”杜預注：“輈，車軶卷者。”孔穎達疏引服虔云：“車軶兩邊叉馬頸者。”《説文·車部》：“輈，輈下曲者。從車，句聲。”段玉裁注：“軶木上平而下爲兩坳，加於兩服馬之頸，是爲輈。”清獨逸窩《笑笑録·牛宏》：“敞應聲曰：‘嘗聞隴西牛，千石不用輈。’”

【渿檸】

即渠挐，杷。《廣韻·平魚》：“檸，渿檸，杷名。”《方言》第五：“杷，宋魏之間謂之渠挐，或謂之渠疏。”清戴震疏證：“《廣雅》‘渠挐謂之杷’本此。渠挐亦作渿檸。”

【欋】

即四齒杷。《釋名·釋道》：“齊魯謂四齒杷爲欋。”《資治通鑑·唐則天后長壽元年》：“欋推侍御史。”

【欋疏】

同“渠疏”。《駢雅·釋器》：“渠挐、欋疏、渠疏、杷，朳也。”

【取火鏡】

即陽燧。清李漁《十二樓·夏宜樓》：“取火鏡，此鏡無甚奇特，僅可於日中取火，用以待燧。然邇來煙酒甚行，時時索醉，乞火之僕不勝其煩。以此伴身，隨取隨得，又似於諸鏡之中更爲適用。”

quan

【棬】

即規。唐陸羽《茶經·具》：“規，一曰模，一曰棬，以鐵製之，或圓，或方，或花。”《宋史·食貨志下五》：“茶有二類，曰片茶，曰散茶。片茶蒸造，實棬，模中串之，唯建、劍則既蒸且研，編竹爲格，置焙室中，最爲精潔。他處不能造。”

【筌】

同“荃”。《莊子·外物》：“荃者所以在魚，得魚而忘荃。”一本作“筌”。

【筌】

即釣具。唐陸龜蒙《漁具》詩序：“緡而竿者總謂之筌。筌之流，曰筒，曰車，横川曰梁，承虚曰笱。”

【筌】

即魚笱。晉郭璞《江賦》：“栫淢爲涔，夾潨羅筌。”李善《文選》注：“筌，捕魚之器，以竹爲之，蓋魚笱屬。”宋程大昌《演繁露·筌蹄笱》：“筌者，魚笱也。笱者以竹爲器，設逆鬚於其口，魚可入不可出也。”

【筌箵】

即笭箵。元馮子振《鸚鵡曲·磻溪故事》：“至今人想像筌箵，靠蘇石苔磯穩處。”

【銓】

即衡。《後漢書·第五倫傳》：“倫平銓衡，正斗斛，市無阿枉，百姓悦服。”

【權】

漏刻中供水壺的出水管。常以玉製，以免銹蝕。《宋史·天文志一》：浮漏議，“復壺玉爲之噣，銜於龍喙，謂之權”。“管之善利者，水所洩也。非玉則不能堅良以久。”

【權】

天平砝碼和秤錘統稱爲權。形制多種，如環形的環權，半球帶鈕實心的錘權。1975年湖北江陵雨臺山春秋墓出土的楚權，是目前已知最早的銅權。戰國秦漢的銅權出土較多。楚權是環權，一套數枚，在天平上使用。如1954年湖南長沙左家公山出土的銅權，一套共九枚，大小相次。秦權呈錘形或瓜棱形。《禮記·月令》：“日夜分，則同度量，鈞衡石，角斗甬，正權概。”鄭玄注：“稱錘曰權。”《漢書·律曆志上》：“權者，銖、兩、斤、鈞、石也，所以稱物平施，知輕重也。本起於黄鍾之重”，“五權之制，以義立之，以物鈞之，其餘小大之差，以輕重爲宜。圜而環之，令之肉倍好者，周旋無端，終而復始，無窮已也”。顏師古注引孟康曰：“謂爲錘之形如環也。”《廣雅·釋器》：“錘謂之權。”

戰國“司馬成公”銅權　　元代銅權　　宋瓜形銅權
中國國家博物館　　江西省博物館　　餘贛石口公社

【權器】

北魏李蘭創製的秤式漏刻。其漏爲秤形。秤鈎上掛受水壺，以受水的重量計量時間。流水一升，重增一斤，時經一刻；也可將重量刻度改爲時間刻度。流行於唐宋。《初學記》卷二五"權器"引北魏李蘭《漏刻法》："以器貯水，以銅爲渴烏，狀如鈎曲，以引器中水，於銀龍口中吐入權器，漏水一升，秤重一斤，時經一刻。"

【甽田】

根據漢武帝時趙過所提倡的代田法所定的一種田制。其制"一畝三甽"，即在一畝田（長一四〇尺，寬六尺）上開三條溝，形成三條溝和三條壟。溝寬、深和壟面各一尺（均漢尺）。溝中種莊稼。隨着苗的生長，逐漸將壟上雜草和土填入溝中，培於植物根部。及盛夏，壟盡根深，植物能耐乾旱和風。次年，溝、壟位置互易。《漢書·食貨志上》："過能爲代田，一畝三甽。歲代處，故曰代田，古法也。後稷始甽田，以二耜爲耦，廣尺深尺曰甽，長終畝。一畝三甽，一夫三百甽，而播種於甽中。"

【圈】

即牢欄。《説文·囗部》："圈，養畜之閑也。從囗，卷聲，渠篆切。"段玉裁注："畜當作獸，轉寫改之耳。閑，閑也。牛部曰：牢、閑，養牛馬圈也。是牢與圈得通稱也。"元王禎《農書》卷五："圈不厭近，必須與人居相連，開窗向圈，架北牆爲廠。圈中作臺開竇，勿令停水，二日一除，勿使糞穢。圈內須貼牆竪柴柵，令周匝。"明羅頎《物原·食原》："伏犧始圈養六畜，軒轅乃囿養鳥獸，池養魚鼈，夏禹始養馬以厩櫪。"

que

【雀籠鐘】

雀籠內嵌入之鐘。《養心殿造辦處史料輯覽·乾隆五年》："八月十二日首領趙進忠做得雀籠鐘一件持進。"

18世紀瑞士造銅塗金轉花自鳴過枝雀籠鐘
故宮博物院

qun

【囷】

用竹子、稻草或荊條等編成的圓形藏穀倉。草蓋於上，泥塗其內。用作穀倉。《釋名·釋宮室》："囷，綣也，藏物繾綣束縛之也。"北魏賈思勰《〈齊民要術〉序》："故田者不強，囷倉不盈；將相不強，功烈不成。"元王禎《農書》卷十六："囷，圓倉也。"《禮·月令》曰：修囷倉。《説文》：廩之圓者，圓謂之囷，方謂之京。《管子》曰：夷吾過市，有新成囷、京者。《吳志》："周瑜謁魯肅，肅指其囷以與之。"《西京雜記》曰：曹元理善囷之穀數。類而言之，則囷之名舊矣。"

囷　　　　　　　　囷
譚家村4號漢墓　　明永樂大典本《農書》

青瓷囷二件
三國吳朱然墓

R

ran

【染坊】

唐代掌管染事的官署。亦泛指從事紡織物染色的手工作坊。宋高承《事物紀原·橫行武列·染院》:“周官有染人,掌染帛。秦爲平準令。隋有司染署。唐又有染坊。”宋周密《癸辛雜識別集·德壽買市》:“隆興間,德壽宫與六宫并於中互相對。令修内司染坊。”上述各染坊均係官方手工作坊。明代已來出現了私營的手工作坊。《明神宗實録》卷三六一:“臣所睹記,染坊罷而染工散者數千人。”《醒世恒言·李道人獨步雲門》:“有個富翁,姓李名清,家住青州城裹,世代開染坊爲業。”清百一居士《壺天録》卷上:“無錫縣境,某姓染坊,歇閉後,有某甲攜重貲來替是業。”明清的染坊已有專業分工,專染其種或某幾種顔色。清褚華《木棉譜》:“染工有藍坊,染天青、淡青、月下白。紅坊染大紅、露桃紅。漂坊染黄糙爲白,雜色坊染黄、緑、黑、紫、古銅、水墨、血牙、駝絨、蝦青、佛面金等。”染坊的染色設備很簡單,主要是染缸和染棒,清代時已使用了擰絞砧脱去殘液。

【染刷】

漆器製作中用以打底色的刷子。其毛較軟。明黄大成《髹飾録》乾集:“雨灌,即髹刷。有大小數等,乃蟹足、疏鬣、馬尾、豬鬃。又有灰刷、染刷。沛然不偏,絶塵膏澤。”

【染線麻套繩】

用染色的大麻纖維搓絞成的套繩。明沈榜《宛署雜記·經費上》:“每輛用線麻長短套繩、幫頭小繩、皮擁長短套,賃價二錢,共銀二兩;染線麻套繩,價四錢;油韀鞍鞭杖欄棍,價二錢。”

rang

【纕】

即紊。繫束衣袖或束腰的繩索。《廣雅·釋器》:“紊謂之纕。”王念孫疏證:“《説文》:紊,攘臂繩也。”《玉篇·糸部》:“纕,收衣袖紊。”

re

【熱釜】

煮繭的鍋。亦指直接從煮繭鍋中進行繅絲所用的器具和工藝過程。元王禎《農書》卷二十:“熱釜,秦觀《蠶

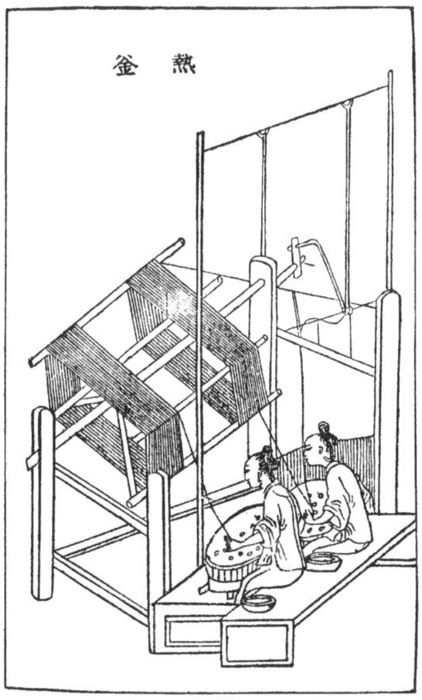

熱釜
明永樂大典本《農書》

書》云‘繅絲自鼎面引絲直錢眼’,此繅絲必用鼎也。今農家象其深大,以盤甑接釜,亦可代鼎。故《農桑直説》云:釜要大,置於竈上。釜上大盤甑接口,添水至甑中八分滿。可容二人對繅。水須常熱。宜旋旋下繭繅之,多則煑損。凡繭多者,宜用此釜,以趨速效。”熱釜繅絲亦稱繅火絲。清楊屾《豳風廣義》卷二:“繅火絲法。安鍋如上法(指繅水絲法,下同),亦作卧烟洞,使烟氣遠出,繅人自得安詳。鍋上横安絲車一個,其製亦如上法。鍋右邊安絲軖亦如上法。繅時將水燒令大熱,將繭投入鍋内,以筯撥攪,提起絲頭,用手捻住,穿過錢眼扯起,搭在輥軸上,又從下面掏過,在輥軸之上一廻,又於拴處,再掏絞一廻,不可死拴,以致不能滑利滚轉。將絲挂在摇絲銅鈎上,再將絲頭拴在横桄上,一手攪動,絲車隨軖而轉,其絲自然上軖,其快如風。搭頭時,頻以筯攪撥,將絲窠分開。以筯夾絲,從中向錢眼猛提,其頭自爲衆絲帶上,自無疙瘩,若從絲窠處邊纏繞而帶上,其絲便粗惡不習。欲作粗絲

者,多下繭,鍋宜熱些;欲作細絲者,少下繭,鍋宜溫些。時看絲窠,頻以筋撥上頭,斟酌下繭,定住火候,勿使忽粗忽細,以致絲不堪用。"

繅火絲圖
清乾隆初刊本《豳風廣義》

ren

【人排】

利用人力轉動機械輪軸,借以帶動風箱的鼓風機械。《三國志·魏志·韓暨傳》:"舊時冶,作馬排,每一熟石用馬百匹;更作人排,又費功力。"《晉書·杜預傳》:"預乃奏立藉田,建安邊,論軍國之要。又作人排新器。"

人排
榆林窟第 3 窟西夏《鍛鐵圖》

【人耕】

人力犁。以人力代牛拉犁而耕。《舊唐書·良吏傳上·王方翼》:"屬牛疫,無以營農,方翼造人耕之法,施關鍵,使人推之,百姓賴焉。"清吳葆儀等《郎陽志·官師》:"歐陽必進字任夫,江西安福進士,嘉靖甲辰撫郎。屬牛疫,無以營農。必進仿唐王方翼遺制,造人耕之法,施關鍵,使人推之,力省而功倍,百姓賴焉。"

【人踏翻車】

指用人力腳踏的龍骨車。元王禎《農書》卷十八:"水轉翻車,其制與人踏翻車俱同。"按,江南腳踏龍骨車,多於岸上踏軸前置橫木,人立於踏軸上,雙臂擱置於橫木上;蜀中

有人踏翻車,其制不同,人或可坐而踏車,兩手完全空出。宋陸游《入蜀記》卷一:"婦人足踏水車,手猶績麻不置。"元王禎《農書》卷十八"翻車"條載入踏翻車構造甚詳,可參閱。

人踏翻車
明永樂大典本《農書》

【人字架】

編葦纜機械的部件。其固定部分用二木扎成人字形,故名。中有兩竹片,上安四隻可推轉的鐵鈎,可鈎住四股葦索絞轉。清麟慶《河工器具圖說》卷四:"葦纜之架與繩架不同。其式有二:一曰人字架,用木二根,其上縛成人字,其下分埋土內,中間橫架竹片二,每片各鑿四孔,每孔各安鐵枝一枚;一曰乾架,用木做成,豎高二尺六寸,橫檻三尺二寸,均安框內。其架上亦橫置竹片一,中鑿一孔,孔內安一鐵枝。凡打葦纜,先用繩柭絆定人字架,再用巨石壓住乾架,使不搖動,然後將纜一頭分作四股,安人字架上,一頭合做一股,安乾架上,用人遞抽子,自然縈結成纜。"

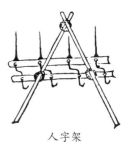

人字架
清嘉慶年刊《河工器具圖說》

【人字耙】

鐵齒耙的一種。古稱鐵齒鎺鑘。鑄鐵為耙齒,兩條齒條成人字形交叉連接。用於耕後碎土、平地。工作時,人立耙上,以畜力牽引。元王禎《農書》卷十二:"人字耙者,鑄鐵為齒。《齊民要術》謂之鐵齒鎺鑘。凡耙田者,人其上,入土則深。又當於地頭不時跂足,閃去所擁草木根芟。水陸俱必用之。"《農雅·釋器》:"上合下開,鑄鐵為齒者為人字耙。耙之後方用耖用

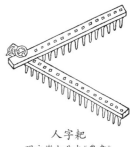

人字耙
明永樂大典本《農書》

榜。耖如耙,其齒更長,所以耖土益細。《齊民要術》:耕荒
畢,以鐵齒䎱鏤再徧耙之。鐵齒䎱鏤,即人字耙也。"

【紃】

單股的繩子。《説文·系部》:"紃,單繩也。"段玉裁注:
"今依《廣韵》、《佩觿》作單。《太平御覽》引《通俗文》曰:
'合繩曰糾,單展曰紃,織繩曰辮,大繩曰絚。'釋玄應引
《字林》:'單繩曰紃。'單對合言之,凡言綸言糾,皆合三股
二股爲之,紃則單股爲之。"

【紃車】

搓撚麻繩的手工器具。明徐光啓《農
政全書》卷三六:"紃車,繂繩器也。《通
俗文》曰'單繂曰紃',揉木作繂,中貫軸
柄,長可尺餘。以繂之上角。用繂麻
皮。右手執柄轉之,左手續麻股。即成
緊,則纏於繂上;或隨繩車,用之以助糾
絞紅緊。又農家用作經織麻履、牛衣、
簾箔等物,此紃車復有大小之分也。"

紃車
清聚珍版《農書》

【紝器】

織造工具。漢劉向《列女傳·楚接輿妻》:"夫負釜甑,
妻戴紝器,變名易姓而遠徙,莫知所之。"

ri

【日晷】

據日影方向測定一天中時刻,以及根據在某一時刻日
影長度定節氣的天文儀器。由刻有分劃的晷面和指針兩
部分組成。按晷面與地平面安放位置不同,有地平、赤
道、東西等型式。現知中國最早的日晷是西漢日晷。出
土的西漢日晷有兩具:一具於 1897 年在内蒙古呼和浩特
市南托克托出土,現藏中國歷史博物館;另一具於 1932
年在洛陽金村出土,現藏加拿大多倫多安大略皇家博物
館。兩者皆爲石灰質,方形,形制相同。僅一面有刻度,
中心有小圓孔,外有兩同心圓,圓周的三分之二均分爲相
等的等分,每等分爲圓周的百分之一。各輻射綫與外圓
的交點爲小圓窩。在外圓外邊依次標出一至六十九的數

西漢日晷
中國國家博物館

日晷
故宮乾清宮前

碼。《漢書·藝文志》有《日晷書》。《養心殿造辦處史料
輯覽·雍正十一年》"雜活作":四月十四日,"小鏨一件、
銅起子一件、日晷一件、火鏡一件、圈子火燧一件、剪子一
件";七月二十八日,"千里眼一件、象牙日晷一件"。清錢
泳《履園叢話·藝能·銅匠》:"測十二時者,古來惟有漏
壺,而後世又作日晷、月晷。日晷用於日中,月晷用於
夜中。"

日晷
明金臺岳家刊《西廂記》

【日天池】

吕才漏刻中第二級漏匱名。《六經圖定本·詩經》引宋
楊甲《六經圖》:"有四匱","二日天池……以四匱注水,始
自夜天池,以入於日天池"。

【日天壺】

清代漏刻中的第一級播水壺。其漏水流入第二級壺夜
天壺。清乾隆十一年(1764)製的交泰殿漏刻及嘉慶四年
(1799)製的皇極殿漏刻均屬此類型。清《天文儀器圖》:
"播水壺三,形方。上曰日天壺……水欲常滿。"

【日影表】

清代測日影儀器,用以定節氣時刻。木質,中嵌銅尺,
并設指南針校正方向。清《皇朝禮器圖式》卷三:"本朝製
日影表,木質,立表高八寸,上施墜線。平表長二尺七寸,
中銜銅尺,三角施螺柱。以指南針盤九十度,對表候影正
時,自立表下量之,視野之長短以定節氣時刻。"

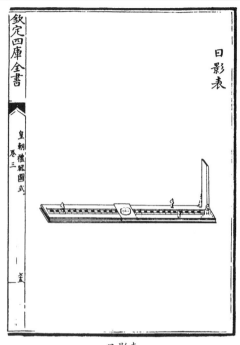

日影表

四庫全書本《皇朝禮器圖式》

【日月晷儀】

　　清製袖珍式測日、月定時刻的儀器。儀下部爲一地平式日晷，上爲一月晷，兩晷相接，可以開合，下晷中置一指南針。觀測日、月以測定時刻。清《皇朝禮器圖式》卷三："本朝製日月晷儀，象牙爲之，凡二重，下爲日晷……上爲月晷。"

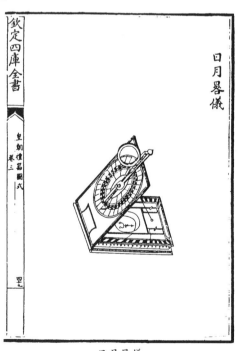

日月晷儀

四庫全書本《皇朝禮器圖式》

rong

【絨繩】

　　用羊毛、兔毛或駝毛等製成的繩。可以編織衣物或繫紮頭髮等。明沈榜《宛署雜記·志遺五》："奏繳之國用過錢糧，合用黃綾肆尺、絨繩肆條、大夾板貳副、大呈文紙壹百張、工食等共銀玖錢伍分，兩縣鋪行銀支。"參見"五綵絨繩"、"紅絨繩"、"白絨繩"。

【鎔】

　　鑄造器物的模範。《説文·金部》："鎔，冶器灋也。"段玉裁注："師古曰，鎔謂鑄器之模範也。"

【緯】

　　繩索。《廣雅·釋器》："緯，索也。"

rou

【肉案】

　　切肉用的有腳砧板。《水滸傳》第三回："且説鄭屠開着兩間門面，兩副肉案，懸掛着三五片豬肉。"

【肉案子】

　　即肉案。引伸指肉店。《儒林外史》第三回："范老爺最怕的，莫過於肉案子上胡老爹。"

肉案

璧園本《吳友如畫寶》

ru

【乳鉢】

　　搗研藥物用的小臼。和乳槌配套使用。明李時珍《本草綱目·木一·沉香》："沉香，欲入丸散，以紙裹置懷中，待燥研之；或入乳鉢以水磨粉曬乾亦可。"《西遊記》第六九回："醫官聽命，即將八百八味，每味三斤及藥碾、藥磨、藥羅，藥乳並乳鉢、乳搥之類都送至館中。"

【乳槌】

　　與乳鉢配套使用的搗研用棒槌。宋王懷隱等《太平聖惠方》卷二五："靈寶月方於乳鉢內，以乳槌，令力士研三五千下。緣此藥極粘如膠，須用力研之。"

【乳碪】

　　一種碪面有乳狀突起的碪。用於夯實較堅硬的地面。清麟慶《河工器具圖説》卷二："近有於一面鑿起狀如五

乳者，俗曰乳碪。名甚不雅，然用以敲拍灰礓尤爲
得力。”

ruan

【軟尺】
　皮革製作之尺，用於測量立體物件。《養心殿造辦處史
料輯覽・乾隆十四年》：“十二日司庫白世秀來説：太監胡
世秀交白鹿皮一條。傳旨：著做五尺一根軟尺一件，一尺
一根軟尺一件，一面要營造，一面要裁衣。欽此。”參見
“圍木尺”、“白鹿皮軟尺”。

【輭檐】
　同“輭擔”。元王禎《農書》卷十四：“禾檐，負禾具也。其
長五尺五寸。剡區木爲之者，謂之輭檐。”“區者宜負器
與物。”

【輭擔】
　用區木製成的禾擔。明徐光啓《農政全書》卷二二：“禾
擔，負禾具也。其長直尺五寸，剡區木爲之者，謂之輭
擔。”“區者宜負器與物。”

輭擔

明永樂大典本《農書》

【阮逸】
　北宋皇祐年間，樂尺的制定者。推算樂尺長度相當於
25.24 厘米。宋蔡元定《律呂新書》卷二：“大晟樂尺，徽宗
皇帝指三節爲三寸。”原注：“長於王朴尺二寸一分，和峴尺
一寸八分弱，阮逸、胡瑗尺一尺七分。”按，其尺之制，阮逸、
胡瑗《皇祐新樂圖記》卷上載：“用上黨羊頭山秬黍中者，一
黍之廣爲分，十分爲寸，十寸爲尺，比於太府寺見行布帛尺
七寸八分六釐，與聖朝銅望臬影表尺符同。”

S

sa

【撒網】

一種小型圓錐形網具,其頂端結有一長繩,下部邊緣向內摺成夾邊作爲囊網,并縛有沉子。捕魚時,將網撒成圓形下罩,網隨沉子進入水底,逐漸收攏,魚即進入網之夾邊或爲網衣包纏,起網取魚。此網適於内陸淺水地區。元關漢卿《望江亭》第三折:"活計全別,俺則是一撒網,一蓑衣,一笠笠。"清李調元《南越筆記·粵人多以捕魚爲業》:"然生釣河豚多雌者,雌者多子,味不美;惟南亭海心岡撒網而取者,其河豚多雄,雄者多膆,味絶美。"

撒網
明萬曆年刊《三才圖會》

【灑】

釣具。《文選·郭璞〈江賦〉》:"筍灑連鋒,罾罶比船。"李善注引舊説曰:"筍、灑,皆釣名也。"

【椻】

開石料的楔形工具。多爲鐵質,扁刃。先在所開石料處鑿出溝槽,再等距嵌入椻,加以重擊,石料可按要求裂開。清麟慶《河工器具圖説》卷四:"椻字見字典而無考,右四具皆採石所必需。"參見"鐵椻"。

sai

【塞箔】

即箔。捕魚工具。清李調元《南越筆記·粵人多以捕魚爲業》:"歲三月大禾已蒔,魚始上田,漁人以箔三方依田塍,一方依水。潮至則張而大,潮退則捲而小,是爲塞箔。"

【簺】

即箔。《隋書·乞伏傳》:"領潭、桂二州總管三十一州諸軍事。其俗輕剽,慧躬行樸素以矯之,風化大洽。曾見人以簺捕魚者,出絹買而放之,其仁心如此。"宋歐陽修《新唐書·高宗紀》:"閏五月丁卯,禁作簺捕魚、營圈取獸者。"

san

【三辰簡平地平合璧儀】

清康熙朝製小型天文組合儀器。銀質,方匣形,由三辰公晷儀、指南針、地平儀、簡平儀、象限儀等六種儀器組合而成。清《皇朝禮器圖式》卷三:"謹按三辰簡平地平合璧儀爲聖祖仁皇帝御製。""面鑴大清康熙癸酉清和月。"

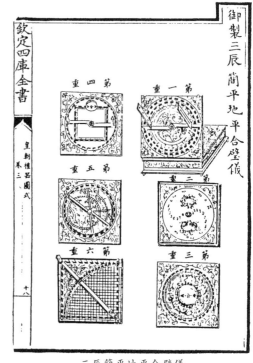

三辰簡平地平合璧儀
四庫全書本《皇朝禮器圖式》

【三辰儀】

渾儀的中間一層環組。始於唐李淳風所製的渾天黄道儀。由黃道環、赤道環和白道環三個環構成,由於黃道、赤道、白道分別代表日、星、月的位置,故稱三辰儀。整個環組可繞渾儀的極軸轉動。赤道環和黃道環連結一起,在赤道環上刻有二十八宿距度,把赤道環和天上二十八宿的位置對準,黃道環與天球上的黃道就對準了。在黃道環上又打 249 對孔,將白道環以銷釘固定在一對孔上。由於白道和黃道的交點在不斷移動,約 249 個交點月後黃白交點沿黃道移動一周,每過一個交點月移動一對孔。《新唐書·天文志一》:"二曰三辰儀,圓徑八尺,有璇璣規、月游規,列宿距度,七曜所行,轉於六合之內。"《宋史·天文志一》:"若六合儀、三辰儀與四游儀并列爲三重者,唐李淳風所作。"清製測定天體的赤緯和時刻的儀器。外層由子午圈與之固定的天常赤道圈構成;內層游旋赤道圈及以南北極爲樞能東西旋轉的過極游圈,中置瞄準器窺衡。清《皇朝禮器圖式》卷三:"本朝製三辰儀,鑄銅爲之。"

三辰儀
四庫全書本《皇朝禮器圖式》

【三尺鋸】

三尺長之鋸。敦煌文書斯 4215 號《庚子年後某寺交常住什物點檢曆》:"三尺鋸壹梁。又三尺伍寸鋸壹梁,在庫。鋸鋸壹,重壹兩。"敦煌文書伯 3161 號《某寺常住什物交割點檢曆》:"鋸鋸壹,在高法律,不堪用。"

【三尺犁】

雲南少數民族的一種耕田用犁。其制不明。唐樊綽《蠻書·雲南管內物產》:"從曲靖州已南,滇池已西","每耕田用三尺犁,格長丈餘,兩牛相去七八尺,一個人前牽牛,一個人持按犁轅,一個人秉耒,蠻治山田,殊爲精好"。

【三尺伍寸鋸】

三尺五寸長之鋸。參見"三尺鋸"。

【三腳耬】

有三隻耬腳,可同時實現三行播種的耬。爲漢搜粟都尉趙過創製。山西平陸漢墓壁畫有三腳耬種圖。《齊民要術·耕田》"一日纔種二十五畝,其懸絕如此",原注:"案三犁共一牛,若今三腳耬矣。未知耕法如何?"

【三犁】

即三腳耬。漢崔寔《政論》:"武帝以趙過爲搜粟都尉,教民耕殖。其法:三犁共一牛,一人將之,下種,挽耬,皆取備焉。日種一頃,至今三輔猶賴其利。"晉葛洪《抱朴子·詰鮑》:"趙過造三犁之巧,而關右以豐;任延教九真之佃,而黔庶殷飽。"

【三棱鍼】

同"三棱針"。明李時珍《本草綱目·獸部·鹿》:"有角者,執定角;無角者,以木囊頭拘之,使頭不動。用三棱鍼刺其眼之大眥前毛孔,名天池穴。"

【三棱鐝】

三棱形鐝,端尖銳。清麟慶《河工器具圖説》卷三:"又有概形三棱,均以堅木爲柄,長七、八尺至一丈,此船上用者。""大河水溜不易結冰,冰至於堅,非鑿不可。"

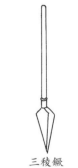

三棱鐝
清嘉慶年刊《河工器具圖説》

【三棱針】

即鋒針。因針尖呈三角形,三面有刃,故名。明楊繼洲《針灸大成·九針圖》:"鋒針,其刃三隅,長一寸六分,發癰疾刺大者用此。今之所謂三棱針是也。"《醫宗金鑒·刺灸心法》:"鋒鍼即今三棱針,主刺時氣溫熱癰邪也。凡發於經絡中癰瘤不解之病,用三棱針之鋒利以瀉熱出血,使經絡開通,榮衛調和,而癰瘤之疾愈矣。"

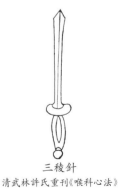

三棱針
清武林許氏重刊《喉科心法》

【三司布帛尺】

即太府布帛尺。宋初貢賦由三司使徵收,因而稱三司布帛尺或三司尺。宋趙與峕《賓退錄》卷八:"潘仲善時舉聞之晦翁,謂五寸字誤,當作七寸五分弱,又謂省尺者,三司布帛尺也。"清錢泳《履園叢話·雜記下·尺》:"以宋三司布帛尺較今尺,則八寸九分半。"

【三爪犁】

即三腳耬。《説文·木部》:"樺,六叉犂。"清段玉裁注:

“《廣韻》廿三‘寏’曰：三爪犁曰樺。此謂一犁而三爪也。許云‘六爪犁’者，謂爲三爪犁者二，而二牛并行，如人耦耕也。一犁一牛，二犁則二牛，共三人。《食貨志》所云，趙過法用耦犁，二牛三人也。其上爲樓，貯穀下種，故亦名三腳樓。”

【罧】

即㴱。《詩·周頌·潛》：“猗與漆沮，潛有多魚。”毛傳：“潛，罧也。”唐陸德明釋文引《小爾雅》云：“魚之所息謂之橬。橬，罧也。謂積柴水中，令魚依之止息，因而取之也。”

【罧】

同“罧”。《爾雅·釋器》：“罧謂之㴱。”郭璞注：“今之作罧者，聚積柴木於水中，魚得寒入其裏藏隱。因以簿圍捕取之。”宋王安石《次韻韻朱昌叔歲莫》詩：“罧密魚雛暖，巢危鶴更陰。”李壁注引《類篇》云：“積柴水中以取魚曰罧。”

【罧】

同“罧”。唐陸龜蒙《漁具》詩序：“列竹於海藻曰滬，錯薪於水中曰罧。”清王士禎《午食得鱸》詩：“他年歸卧錦湖岸，曰抛罧椔臨清渠。”

sang

【桑白皮】

即桑皮線。唐劉肅《大唐新語·忠烈》：“（安金藏）引佩刀自割，其五臟皆出，流血被地，氣遂絕。則天聞，令昇入宫中，遣醫人卻内五臟，以桑白皮縫合之，傅藥，經宿乃蘇。”

【桑白皮綫】

即桑皮綫。因用桑白皮，故稱。明陶宗儀《輟耕録·孝行》：“邑人俞浩齋聞而過其家，視良吉胸間瘡裂幾五寸，氣騰出，痛莫能言。俞爲納其心，以桑白皮綫縫合，未及期月，已無恙矣。”

【桑斧】

砍斫桑樹枝條用斧。其斧鋬較扁，刃闊而薄。元王禎《農書》卷十四：“然樵斧、桑斧，制頗不同。”明徐光啓《農政全書》卷二二：“樵斧狹而厚，桑斧闊而薄，蓋隨所宜而製也。”參見“斫斧”。

【桑根線】

即桑皮線。宋張師正《括異志·臟濫處斬》：“韓元卿爲峽州推官，忽揮刀自到，喉雖斷而未死，祖擇之命取桑根線縫其創，元卿以手褫去，遂卒。”

【桑鉤】

採桑葉時，鈎拉高處桑枝的木杈鈎。元王禎《農書》卷二一：“桑鉤，採桑具也。凡桑者欲得遠揚枝葉，引近就摘，故用鈎木以代臂指扳援之勞。昔后妃世婦以下親蠶，皆用筐、鈎採桑。唐肅宗上元初獲定國寶十三，内有採桑鈎一，以此知古之採桑皆用鈎也。”“梅聖俞詩云：長鈎扳桑枝，短鈎挂桑籠，南陌露氣寒，東方日光動。”

桑鈎
明永樂大典本《農書》

【桑几】

供攀登採摘桑葉的木橙。用於小桑樹。元王禎《農書》卷二一：“桑几，狀如高橙，平穿二桄，就作登級。凡柔桑不勝梯附，須登几上。乃易得葉。”

桑几
明永樂大典本《農書》

【桑機】

同“桑几”。《農桑輯要·歲用雜事》：“《四時類要》：正月竪籬落，糞田、開荒、修蠶屋，織蠶箔，造桑機，造麻鞋。”

【桑夾】

切桑葉的工具。小型桑夾形制如切草之鍘刀。元王禎《農書》卷二一：“桑夾，挾桑具也。用木礩，上仰置叉股，高可二三尺，於上順置鍘刃，左手茹葉，右手按刃切之。此夾之小者。若蠶多之家，乃用長椽二莖駢竪壁前，中寬尺許，乃實納桑葉，高可及丈，人則躡梯上之，兩足後踏屋壁，以胸前向壓住，兩手緊按長刃向下裁切。此桑夾之大者。”

桑夾
明永樂大典本《農書》

【桑籠】

盛桑葉之竹籃。有攀或提梁,採桑時用之。元王禎《農書》卷二一:"桑籠,《集韻》:籠,大篝也。今謂有繫筐也。桑者便於攜挈。古樂府云:'羅敷善採桑,採桑城南隅,青絲爲籠繩,桂枝爲籠鈎。'今南方桑籠頗大,以擔負之,尤便於用。"

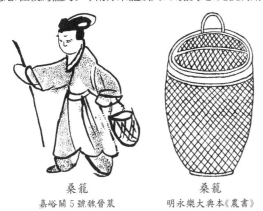

桑籠
嘉峪關 5 號魏晉墓

桑籠
明永樂大典本《農書》

【桑皮索】

以桑皮製成的繩索。專用於懸掛蠶連。元王禎《農書》卷二十:"比及月望,數連一卷桑皮索繫定,庭前立竿高挂,以受臘天寒氣。"明徐光啓《農政全書》卷三三:"數連一卷,桑皮索繫定。《務本新書》云:蠶連不得用麻繩繫挂,如或不忌,後多乾死不生。"

【桑皮線】

用桑白皮製作的醫用藥綫。明李時珍《本草綱目·木部三·桑》引蘇頌曰:"桑白皮作線縫金瘡腸出,更以熱鷄血塗之。唐安金藏剖腹,用此法而愈。"《普濟方·金瘡門》:"如聖散,治一切金刃傷……腹破腸出,先剪去指甲,潤油於手上,將腸欨欨納入,以細桑白皮縫合瘡口,然後敷上藥末。"

【桑梯】

供攀登採摘桑葉用的梯子。用於高大的桑樹。元王禎

桑梯
明永樂大典本《農書》

《農書》卷二一:"桑梯,《說文》曰,梯,木階也。夫桑之稀者,用几採摘。其桑之高者,須梯剝斫。"

【桑網】

盛桑葉用的網兜。元王禎《農書》卷二一:"桑網,盛葉繩兜也。先作圈木,緣圈,繩結網,眼圓,垂三尺有餘,下用一繩紀爲網底。桑者挈之納葉於內。網腹既滿,歸則解底繩傾之。"

桑網
明永樂大典本《農書》

【桑碪】

切桑葉的碪板。木質,圓形。元王禎《農書》卷二一:"桑碪,《爾雅》曰,碪,謂之椹。郭璞曰,碪,木礩也。碪從石,椹從木,即木碪也。截木爲碪圓形,豎理,切物乃不拒刃。"

桑碪
明永樂大典本《農書》

sao

【繰車】

南繰車
明永樂大典本《農書》

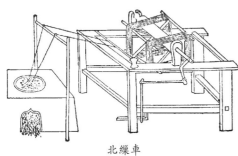

北繰車
明永樂大典本《農書》

手工繰絲機具。元王禎《農書》卷二十："繰車。繰絲自鼎面引絲，以貫錢眼，升於繰星，星應車動，以過添梯，乃至於軒。"繰車是在繰絲軒的基礎上發展起來的，它的雛形大約形成於戰國時代。最初的繰車是手搖式，之後發展爲腳踏式。手搖式繰車在唐代時可能已很普及。宋秦觀在《蠶書》中有關於手搖繰車機構和運轉的記載。元王禎在《農書》卷二十中給出了南、北繰車圖，并說明了腳踏機構："車者今呼爲軒。軒必以床，以承軒軸，軸之一端以鐵爲臬掉，復用曲木櫺作活軸，左足踏動軒即隨轉，自下引絲上軒。總名曰繰車。"

【繰絲車牀】

繰絲車的方形木製框架，其上安置牌坊。清衛杰《蠶桑

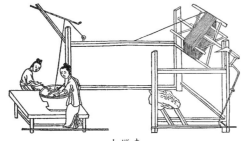

南繰車
清武英殿本《農政全書》

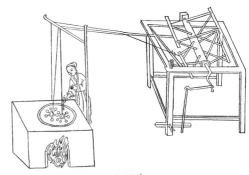

北繰車
清武英殿本《農政全書》

萃編》卷四："繰絲車牀，安寔基後。江浙蜀中，用腳踏車，手理絲。一人兼二人事，極爲靈便，人工亦省，此坐繰式。較諸以手轉車，倚竈立繰諸法，更覺逸而不甚勞。"繰絲車牀簡稱車牀。參見"牌坊"。

【繅車】

同"繰車"。唐王建《田家行》："五月雖熱麥風清，簷頭索索繅車鳴。"宋蘇軾《浣溪沙》之四："蔌蔌衣巾落棗花，村南村北響繅車。"明徐光啓《農政全書》卷三十三："繅絲自鼎面引絲，以貫錢眼，升繅於星。星應車動，以過添梯，乃至於軒，方成繅車。"

se

【繬】

繩子。《字彙·糸部》："繬，繩也。"

sha

【沙漏】

流沙測量時刻的儀器。將加工過的細沙，由一容器通過細頸流入下一容器，用以計時。複雜的沙漏還能帶動一套機械結構，以一定形式表示時間。始於元代。《明史·天文志一》："明年天經又請造沙漏。明初詹希元以水漏至嚴寒，水凍輒不能行，故以沙代水。然沙行太疾，未協天運，乃以牛輪之外復加四輪。""厥後周述學病其竅太小而沙易堙，乃更制爲六輪……運行始與晷協。"明葉子奇《草木子·雜

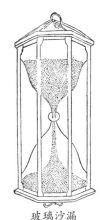

玻璃沙漏
清武英殿聚珍版《琉球國志略》

制》:"銅漏之外,又有燈漏、沙漏,皆奇制也。"清梁廷楠《粵海關志·稅則二》:"沙漏,每斤作珀器四兩。"

【沙模】

用泥土和沙子做成的模範。此爲一次性模範,先用樣製沙模,再以沙模鑄造。約起於唐代,原用於鑄錢,後亦用於大型鑄件。元熊夢祥《析津志·古蹟》:"南城村有黄土坡,凡鑄冶佛像、供器、印篆,并及萬億庫鈔板,勢須此處取土爲沙模。"

【砂皮】

帶細砂之皮,磨光之用。元陶宗儀《輟耕録》卷三十"髹器":"麤灰過,令停日久堅實,砂皮擦磨。"

【沙田】

江中或江邊因水中的沙淤積而造成的農田。四圍多有蘆葦,雜草等以護堤岸。沙田常會崩塌,其數不定。元王禎《農書》卷十一:"沙田,南方江淮間沙淤之田也。或濱大江,或峙中洲,四圍蘆葦駢密以護堤岸。其地常潤澤,可保豐熟。普爲塍埒,可種稻秫。間爲聚落,可藝桑麻。或中貫潮溝,旱則頻溉,或傍繞大港,潦則洩水,所以無水旱之憂,故勝他田也。"

沙田
明永樂大典本《農書》

【杉籬】

正骨工具。以杉木穿繩排列如籬,故名。固定作用較竹簾更牢。《醫宗金鑒·正骨心法》:"杉籬者,復逼之器也。量患處之長短闊狹曲直凹凸之形,以杉木爲之,酌其根數,記用次序,不得紊亂。然後於每根兩頭各鑽一孔,以繩聯貫之。有似於籬,故名焉。但排列稀疏,不似竹籬之密耳。"

【杉木斛】

杉木製之斛。杉木質輕,不易變形,以鐵皮包邊增加牢度。《大清會典則例》卷一三十"盛京福陵物料":"杉木斛連鐵料,每箇銀九錢,斗每箇銀三錢六分九釐。升每箇銀一錢八釐。星每箇銀九分九釐九毫。"

【紗葛袋】

紗製藥袋。唐蘭道人《仙授理傷續斷秘方》:"大活血丹,此藥將紗葛袋收掛淨處,經久不壞,可備急用。"

【紗羅】

用紗作篩物面的篩子。唐孫思邈《備急千金要方·序例》:"秤、斗、升、合、鐵臼、木臼、絹羅、紗羅、馬尾羅","右合藥所須,極當預貯"。

【紗帽楦】

製作紗帽工藝中,爲紗帽定形之楦頭。明焦竑《玉堂叢語·志異》引《煙霞小説》:"至途中遇雨,憩佛寺,步入一室中,滿地皆紗帽楦也。"

【紗篩】

即紗羅。清范寅《越諺》卷中:"紗篩,磨後出細粉,崩紗爲之。"

【橵】

開石料用的楔形工具。鐵質,長綾形刃,切石有方向性。清麟慶《河工器具圖説》卷四:"橵與橃同,側擊也。""皆採石所必需。"參見"鐵橵"。

shai

【篒】

同"篩"。江寧上坊東吳墓出土明器篒一件,爲最早竹篒之形象,與後世形製無異。盤形,口微敞,淺直壁、平底,內底刻劃網格紋,每格中間有一圓孔。青灰釉,胎釉結合緊密,釉層較厚,內、外底中央露胎,內灰白色,外磚紅色,口徑 15.6 厘米、高 2.1 厘米。製作精細,惟妙惟肖。《急就篇》卷三:"篒箄箕帚筐篋篝。"顏師古注:"篒,所以籮去麤細者也,今謂之篩。大者曰篒,小者曰篅。"《説文·竹部》:"籭,竹器。"段玉裁注:"籭篒古今字也。"

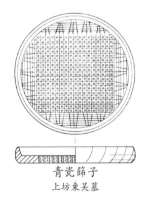

青瓷篩子
上坊東吳墓

【篩】

通過篩網分離粗細顆粒的工具。篩之起源,歷史相當久遠。《漢書·賈山傳》:"篩土築阿房之宫。"顏師古注:"篩以竹籮爲之。"可見,最遲不晚於秦。篩由篩框和篩網組成,被篩物置於網上,通過搖晃,使細的漏下,粗的留在網上,而達到分離的目的。唐李洞《喜寧公自蜀歸》"濾泉花滿篩"正形象地説明了這一功能。篩框一般以竹製,而篩網則因被篩對象不同選用各種不同的材料,以細篾條製的竹篩宜於粗重之物,如砂土、米糠等;而以絹、紗、馬尾製的羅,宜於細輕之物,如藥物、茶葉、麴粉等。竹篩和羅根據需要又分粗篩、中篩和細篩。篩有大小之分。明宋應星《天工開物·粹精》:"凡篩大者圍五尺,小者半之。大者其中心偃隆而起,健夫利用。小者弦高二寸,其中平窪,婦子所需也。"篩還有一些輔助工具,篩重物時有懸篩的三足架,篩麥粉時有欄篩的羅床,都是從省力、平穩考慮的。

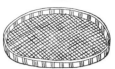

細篩與粗篩
明永樂大典本《農書》

【篩兒】

即篩。《西湖老人繁勝録》:"京都有四百四十行,略而言之……修罘恩骨、成套篩兒。"

【篩穀筊】

一種分離穀子和穰藁的篩子。竹製,扁圓形,眼較疏。用時懸掛,置經撲打後的帶秤穀粒於其上,輕加搖動,穀粒篩下,穰蒿等雜物即留篩上。王元禎《農書》卷十五:"篩穀筊,器竹。筊與袋同音。""其制比籭疏而頗深,如籃大而稍淺,上有長繫可掛。農人撲禾之後,同秤穗子粒,旋旋貯之於內,輒篩下之,上餘穰藁。逐節棄去,其下所留穀物,須付之颺籃以去糠粃。"

篩穀筊
明永樂大典本《農書》

【篩籮】

即篩。《朱子語類》:卷一二一:"這個似轉水車相似,只撥轉機關子,他自是轉,連那上面磨子篩籮一齊都轉,自不費力。"

【篩穰筊】

即篩穀筊。清范寅《越諺》卷上:"篩穰筊、師娘待,打稻篩穀出穰之竹具。"

【篩子】

即篩。敦煌文書俄藏 02822《蒙學字書·器用物部十一》有"篩子"。《農桑輯要·下蛾》:"用篩子篩於中箔蓐紙上,務要勻薄。"明徐光啓《農政全書》卷三一:"取新葉,用快利刀切極細,用篩子篩於中箔蓐紙上,務要勻薄。"

【筵籮】

同"篩籮"。《説文·竹部》"籮,竹器,可以取麤去細。"清段玉裁注:"俗云筵籮是也。"

【篹】

即籭。王元禎《農書》卷十五:"籭,竹器。內方外圓。用篩穀物。《説文》云:可以除粗取精。《集韻》作篹。"

【籭】

同"篩"。《説文·竹部》:"籭,竹器也。可以取麤去細。從竹,麗聲。"清段玉裁注:"俗云筵籮是也。《廣韻》云:'籮,籭也。'能使粗者上存,細者瀝下。籭筵古今字也"。元王禎《農書》卷二十:"凡舂輾之際,以糠米貯之高檻,檻底通扁縫下瀉,均細如籭。"

【曬筥】

圓匾。清范寅《越諺》卷中:"曬筥,曬粉用,篾具,低邊而圓大。"

【曬槃】

用竹編製的圓形曬穀工具。元王禎《農書》卷十五:"曬槃,曝穀竹器。廣可五尺許,邊緣微起,深可二寸,其中平似圓闊而長,下用溜竹二莖,兩端俱出一握許,以便扛移。趁日攤布穀實曝之"。

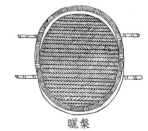

曬槃
明永樂大典本《農書》

shan

【山】

指蠶蔟。明宋應星《天工開物·乃服·結繭》:"其箔上山,用麥稻藁斬齊,隨手糾掠成山,頓插箔上。做山之人,最宜手健。箔竹稀疏,用短藁略鋪灑,妨蠶跌墜地下與火中也。"清沈公練《廣蠶桑説輯補》卷下:"搭山不宜緊靠牆壁。蓋蠶性好高,必至無可高處乃止。緊靠牆壁,則近牆之山之蠶,將有成繭於瓦縫間者。""然竟離開,不獨其山難穩,且蠶往往遊至極邊,失足墮地。須蘆簾與牆壁貼近處,周圍橫塞草把,使遊山之蠶,至此停留做繭。雖有上牆壁者,亦不多矣。"

【山箔】

供蠶結繭的器具。明宋應星《天工開物·乃服·結繭》:"山箔具圖","其法析竹編箔,其下橫架料木,約六尺高,地下擺列炭火。方圓去四、五尺即列火一盆"。

【杉木斛】

杉木製之斛。杉木製作,以鐵皮包邊。《大清會典則例》卷一三十"盛京福陵物料":"杉木斛連鐵料,每箇銀九錢,斗每箇銀三錢六分九釐。升每箇銀一錢八釐,星每箇銀九分九釐九毫。"

【芟】

指用以製埽護堤的蘆荻枝條。《宋史·河渠一》:"埽之制,密布芟索,鋪梢,梢芟相重,壓之以土,雜以碎石,以巨竹索橫貫其中,謂之'心索'。"

【芟】

即鐮。《國語·齊語》:"今夫農,群萃而州處,察其四時,權節其用,耒、耜、枷、芟。"韋昭注:"芟,大鐮,所以芟草也。"《文獻通考·郊社十五》:"載芟春籍田而祈社稷也。"明徐光啓《農政全書》卷二二:"今人亦云芟曰鐮,蓋體用互名,皆此器也。"

山箔
明初刻本《天工開物》

【芟刀】

即芟。河北磁縣南開河村曾出土芟刀,鐵質,長 37 厘米,刀寬 23 厘米。《資治通鑑·唐懿宗咸通十一年》:"蜀民數千人爭操芟刀,白栝以助官軍。"胡三省注曰:"芟刀,農家所以芟草。"清桂馥《札樸·器具》:"刈器曰芟刀。"

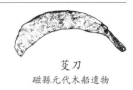

芟刀
磁縣元代木船遺物

【芟鉤】

即芟。北魏賈思勰《齊民要術·水稻》:"以其水寫,故得行其田中,舉其芟鉤也。"

【芟索】

用蘆荻糾成的繩子。捆紮護岸或堵口的埽時用。《宋史·河渠志一》:"凡伐蘆荻謂之'芟',伐山木榆柳枝葉謂之'梢',辮竹糾芟爲索。""埽之制,密布芟索,鋪梢,梢芟相重,壓之以土,雜以碎石,以巨竹索橫貫其中,謂之'心索'。卷而束之,復以大芟索繫其兩端,別以竹索自內旁出,其高至數丈,其長倍之。"元沙克什《河防通議》卷上:"捲埽物色","芟索,捲埽密排用之。亦名綽葽"。

【苫】

用茅草、稻草等編製成的用具。用於覆蓋東西或作墊子使用。元王禎《農書》卷十九:"《農桑輯要》云:苫須於農隙時備下,以防雨作。《農桑直說》云:作苫用穀草,黃野草皆可,但紐作腰緊,一頭留梢者爲苫,兩頭齊者爲薦。凡露積須苫繳蓋,不爲雨所敗也。嘗見農家有以麻經或草索織之,又可速就。"明徐光啓《農政全書》卷七:"每日至晚,即便載麥上場,堆積用苫密覆,以防雨作。"清麟慶《河工器具圖説》卷四:《玉篇》:以草覆屋曰苫。《左傳》:乃祖吾離被苫蓋。注:白茅苫也,江東呼爲蓋。今工廠、館舍、兵房,夫堡,多用苫蓋。"

苫
明永樂大典本《農書》

【汕】

即罩。捕魚竹具。《爾雅·釋器》:"罺謂之汕。"邢昺疏:"捕魚籠。"明岳元聲《方言據》卷下:"謂罩禽魚之數曰汕。"清王士禛《西陵竹枝四首》之二:"十二碚邊初起汕,日斜還過下牢溪。"

【汕】

即撩罟。《詩·小雅·南有嘉魚》:"南有嘉魚,烝然汕汕。"毛傳:"汕汕,樔也。"鄭玄箋:"樔者,今之撩罟也。"《爾雅·釋器》:"罺謂之汕。"郭璞注:"今之撩罟。"郝懿行義疏:"撩罟,今謂之抄網也。"明夏完淳《燕問》:"於是水師編葦以防逸,罟工橫汕以利收。"

【扇車】

即風車。利用風力分離清選穀物的機械。《急就篇》卷三"碓、磑、扇、隤、舂簸物"，唐顏師右注："扇，扇車也。隤，扇車之道也。隤字或作隧，隧之言墜也。言既扇之，且令墜下也。"元王禎《農書》卷十六："又有异之場圃間用之者，謂之扇車。凡揉打麥禾等稼，穰秕相雜，亦須用此風扇，比之枚擲箕簸，其功多倍。"

【扇隤】

即風車。利用風力分離清選穀物的機械。清方以智《通雅·器用九》："扇隤，風箱車也。"《後魏書》曰：崔亮在雍州，讀《杜預傳》，見其爲八磨，遂教民爲碾。扇，扇車也。隤，扇車之道也。隤或作隧，隧之言墜也。俗號風車，或曰扇箱。"清袁枚《隨園詩話》卷九："嗣後學者，遂以瓶爲軍持，橋爲略彴，風箱爲扇隤。"

【扇箱】

即扇車。清方以智《通雅·器用九》："《後魏書》曰：崔亮在雍州，讀《杜預傳》見其爲八磨，遂教民爲碾。扇，扇車也。隤，扇車之道也。隤或作隧，隧之言墜也。俗號風車，或曰扇箱。"

【釤】

大鐮刀。《玉篇·金部》："釤，大鐮也。"《抱朴子·逸民》："推黃鉞以適釤鐮之持。"唐韓愈《鳳翔隴州節度使李公墓誌銘》："益市耕牛，鑄鏄、釤、鉏、釃，以給農之不能自具者。"《集韻·去豔》："釤，大鐮也。"

【釤刃】

即麥釤。元王禎《農書》卷四："今北方收麥，多用釤刃、麥綽，釤麥覆於腰後籠内，籠滿即載而積於場。一日可收十餘畝，較之南方以鐮刈者，其速十倍。"

shang

【上渾儀】

即太平渾儀。宋袁褧《楓窗小牘》卷上："太平興國中，蜀人張思訓製上渾儀，其製與舊儀不同，最爲巧捷。起爲樓閣數層，高丈餘。以木偶爲七直人，以直七政，自能撞鐘擊鼓。又爲十二神，各直一時，至其時，即自執辰牌，循環而出。余大父贊善公，嘗入文明殿漏室中見之。"

【上鞋錐子】

縫合鞋幫與鞋底的錐子。錐頭扁而尖，旁有缺口，用以引綫。《白雪遺音·馬頭調·貨郎兒》："白銅頂指，上鞋錐子，廣條京針。"

shao

【捎盤】

漆工用的托板。明黃大成《髹飾録》乾集："山生，即捎盤並髹几。噴泉起雲，積土産物。"

【梢】

指用以製埽護堤的樹木枝條。《宋史·河渠二》："黃河西流，議復故道。事之經歲，役兵二萬，聚梢椿等物三十餘萬。"

【筲】

盛黍稷種之畚類器。《儀禮·既夕禮》："筲三，黍稷麥。"鄭玄注："筲，畚種類也，其容蓋與篹同，一斛也。"賈公彦疏："案下記云，筲筲三，則筲以菅草爲之。筲三，各盛一種黍稷麥也。云筲畚種類也者，舊説云，畚器所以盛種。此筲與畚盛種同類，故舉以爲況也"。

筲
宋淳熙年刊《新定三禮圖》

【鞘】

鞭梢。鞭子頭的細皮條，揮之有聲。用以驅使牛馬。《晉書·苻堅載記下》："長鞘爲鞭擊左股，太歲南行當復虜。"何超音義："鞘，馬鞭頭也。"唐李白《行行且游獵》："金鞭拂雪揮鳴鞘，半酣呼鷹出遠郊。"

【鞘】

鞭子。元王禎《農書》卷二二："呼鞭，驅牛具也。字從革從便。曰策，曰鞁，曰鞘，備則成之"。

【勺碓】

即木杓碓。清廖文英《正字通·石部》："山居者，剡木爲勺，承澗流爲小碓，水滿勺，碓首印起，就臼自舂。遲疾小異，功倍杵舂，俗謂之勺碓。"

【少康】

夏朝第六代君主。傳説爲箕帚的發明者。《世本·作篇》："少康作箕帚。"箕、帚，在當時都是農業工具。少康對造酒技術亦有過重要貢獻。《世本·作篇》："杜康造酒，少康作秫酒。"

she

【蛇頭鑽】

木工用鑽。鑽身的鋭利部分長二分多，一面爲圓弧形，兩面挖有空位，旁邊起兩個棱角，使轉動時易於鑽入。河北磁縣南開河村元代沉船發現木工鑽二件,即蛇頭鑽。一件鐵鑽頭,柏木杷上有牽引繩索三條,木把頂上有凸起,之上另有一套筒,下有凹入處與頂上凸起相配合。使用時,用力按住套筒,牽動繩索,鑽把即可旋轉,帶動鑽頭鑽孔。此鑽通長 68 厘米。明宋應星《天工開物·錘鍛》:"梓人轉索通眼,引釘合木者,用蛇頭鑽。其制穎上二分許,一面圓,二面剡入,傍起兩棱,以便轉索。"

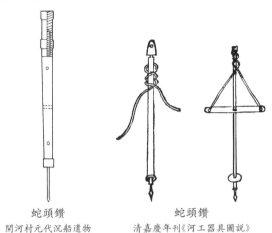

蛇頭鑽
開河村元代沉船遺物

蛇頭鑽
清嘉慶年刊《河工器具圖說》

【攝光鏡】

簡易的針孔成像器,或與影戲燈類似。清孫雲球《鏡史》:"攝光鏡:鏡置極暗小室中,即西洋所謂月觀者是也。素屏對鏡,室外遠近上下,動靜大小物類,俱入屏中,細微體色,畢現如真。"

【攝光千里鏡】

反射式望遠鏡。具無色差的優點,公元 1616 年歐人魯丘斯(Zucchius)創製。清《皇朝禮器圖式》卷三:"本朝製攝光千里鏡,筩長一尺三分,接銅管二寸六分。鏡凡四重,管端小孔內施顯微鏡,相接處施玻璃鏡,皆凸向外;筩中施大銅鏡,凹向外以攝影;鏡心有小圓孔,近筩端施小銅鏡,凹向內,周際通光注之,大鏡共納其影。筩外為鋼鋌螺旋入,進退之以為視遠之用,承以直柱,三足,高一尺一寸五分。"

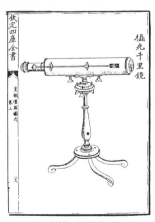

攝光千里鏡
四庫全書本《皇朝禮器圖式》

【攝殳】

即連枷。《方言》第五:"僉,宋魏之間謂之攝殳,或謂之度。"明朱謀㙔《駢雅·釋器》:"攝殳,擊穀杖也。"

shen

【深罛】

罛的一種。圍網捕魚之網具。清李調元《南越筆記·粵人多以捕魚為業》:"罛之類有曰深罛,上海水淺多用之。其深六七丈,其長三十餘丈。每一船一罛,一罛以七八人施之。以二罛為一朋,二船合則曰罛朋。別有船六七十艘佐之,皆擊板以驚魚。每日深罛二施,可得魚數百石。"

【神農氏】

原始時代部落首領。傳說為中國原始農業和醫藥業的開創者。神農氏"斫木為耜,揉木為耒,耒耜之利,以教天下","教民播種五穀","嘗百草水土甘苦","和藥濟人"。傳說神農氏發明了鋤。《周書》:"神農時,天雨,帝種之作鋤,以墾草莽,然後五穀興。則鋤蓋神農氏造也。"一說神農氏即炎帝,以火德王。《左傳·昭公十七年》:"炎帝氏以火紀,故為火師而火名。"孔穎達疏:"炎帝,神農氏,姜姓之祖也,亦有火瑞,以火紀事,名百官。"

【神鍼火】

醫用灸物。削桃枝為針,蘸油點火灸之。俗稱桃枝灸。明李時珍《本草綱目·火部》:"神鍼火者,五月五日,取東引桃枝削為木鍼,如雞子大,長五六寸,乾之。用時以綿紙三五層襯於患處,將鍼蘸麻油點着,吹滅乘熱鍼之。主治心腹冷痛,風寒濕痺,附骨陰疽。凡在筋骨隱痛者,鍼之,火氣直達病所,甚效。"

【沈括】

(1031—1095)北宋傑出科學家,天文學家,政治家,字存中。杭州錢塘(今浙江杭州)人。仁宋嘉祐八年(1063)進士,神宗時參加王安石變法運動。歷任館閣校勘,太子中允。熙寧五年(1072)提舉司天監,後歷任翰林學士。元祐三年(1088)定居潤州(今江蘇鎮江)夢溪園潛心寫作。在天文學上,他任提舉司天監期間製造了渾儀、漏刻和圭表等天文儀器;撰寫《渾儀議》、《浮漏議》、《景表議》三篇有關天文儀器的科學論文。對天文儀器有深刻的研究和見解,通過天文實測提出由太陽周年視運動不均勻,引起有關時間計量中產生的問題。推薦民間天文學家衛樸修《奉元曆》,提出全新的《十二氣曆》。在數學上提出隙積術和會圓術。發現地磁偏角,測定凹面鏡的焦點。闡述水對地形的侵蝕作用和沖積平原的形成過程。還研究藥用植物及民間方藥等。沈括學識淵博,研究的領域十分廣泛。他的有關自然科學和社會科學的見解心得記載在《夢溪筆談》中。著作還有關於藥物的《蘇沈良方》，關於農田水利的《圩田五説》、《萬春圩圖書》。傳世著作還有《長興集》和出使遼國所撰《乙卯入國奏請》及《入國別錄》。是我國古代少見的知識淵博的學者。國際天文學聯合會批准將一顆發現的小行星以"沈括"命名。

【罧】

一種冬季捕魚設置。根據自然環境與人工環境的不同，可分爲生罧和熟罧兩種。生罧即利用天然條件，選擇水草密集、水緩底深的魚類聚集越冬地作罧場，用竹簾沿其四周設防包抄，逐步向內收縮，然後利用箔網、麻罩等捕撈。熟罧即在河湖中選定合適的水域，人工把湖底掏成凹坑或坑道，再在周圍插以樹枝、竹簾、柴草之類，并散草漂浮罧場以誘魚。待魚聚多後，從外向裏抽罧移簾，驅魚入罧心，再以網具捕之。罧之類有椊、渗、潜、罺，《淮南子・説林訓》："罧者扣舟。"高誘注："罧者，以柴積水中以取魚。扣，擊也，魚聞擊舟聲，藏柴下，壅而取之也。"《廣雅・釋器》："渗、渗、椊也。"清王念孫疏證："今兖州人積柴水中捕魚爲罧，幽州名之爲渗。罧與罺、罺同，渗與潜、樐同。"清顧景星《赤東湖罾船歌》："網緼目密絓白小，鱄鰋萬一逃罧寠。"

sheng

【升】

量器名。一升爲爵，二升爲斛，三升爲觶，四升爲角，五升爲散，十升爲斗。唐升有大小升之別。商鞅銅方升，始皇方升等，都是官方製定的標準量器。商鞅銅方升是秦孝公十八年（前344）大良造衛鞅所造。器呈長方形，有短柄，器壁三面及底部均刻銘文。秦始皇統一全國，仍沿用爲標準器。《漢書・律曆志・一上》："量者，龠、合、升、斗、斛也，所以量多少也。合龠爲合，十合爲升，十升爲斗，十斗爲斛。""升者，登合之量也。"元王禎《農書》卷十六："升，十合量也。《前漢志》云，以子穀秬黍中者千二百實其龠，以井水準其概。二龠爲合，十合爲升。"《清稗類鈔・物品・度量衡》："升，方積三十一寸六百分。"

商鞅方升
全形拓

升
明永樂大典本《農書》

清代戶部鐵方升
《中國古代度量衡圖集》

【繩】

同"繩"。《廣韻・平蒸》："繩，繩索，俗作繩。"

【繩】

同"繩"。《玉篇・糸部》："繩，同上（繩）。俗。"

【繩】

用兩股或兩股以上的植物纖維或金屬絲等搓撚絞合而成的條狀物。通稱繩子，也稱約、緄、縢等。繩的其他名稱極多，由於其絞合的股數不同，有纆、徽、紉、糾等的別名；根據其繩徑的大小，大的稱索、絆、緋、絙、纜、絚索、大紲等，小的稱小繩、纖縻、微繳等；因其製作原料的不同，則有芰、絭、筌、麻繩、棕繩、草繩、毛繩、絲繩、金繩、絨繩、綿繩、藤索、鐵索、髮索、竹索、葦索、韋索等不同名稱；又按照其用途，牽引舟船的繩叫縴、百丈、縴索；纜船的叫纜、繩纜；井上汲水的叫綆、繘、汲索、井索；牽引拴繫牲畜的叫緪、紖、五尺；穿錢的叫貫、緡、錢貫、錢緡，捆綁罪人的叫縲、纍、縲絏、徽纆等。《易・繫辭下》："上古結繩而治，後世聖人易之以書契，百官以治，萬民以察，蓋取諸夬。"《説文・糸部》："繩，索也。"南朝梁劉勰《文心雕龍・練字》："夫文象列而結繩移，鳥跡明而書契作，斯乃言語之體貌，而文章之宅宇也。"繩是人類的一種重要的生產和生活用具。大約在十萬年以前舊石器時代的中期，我們的祖先由於漁獵和採集活動等的需要，大概受糾纏着的藤條強度大的啓發，發明了用手搓捻植物的莖葉製作原始繩索。開始時只能製作簡單的初具雛形的繩索，一般都是雙股的，原料也是自然界中現成的植物莖葉。後來，經過長期的實踐和摸索，人們發現某些植物的莖葉，如菅、蒯、野生苧麻等，特別適宜於製作繩子，并發現剝取其莖皮製作的繩子比用帶芯的植物枝莖製作的繩子要堅韌牢固得多。這種選擇一定的植物，用手或石器等剝取其枝莖的表皮，揭取韌皮，略加整理，製作成繩子的較原始方法，在一個相當長的歷史時期裏爲人們所採用。可以説到今天，人們製作草繩、篾索和某些麻繩時，仍然沿用了這種最簡單、原始的方法。生長在大自然裏的野生麻類等植物，老死或倒伏之後，常因日曬雨淋或水的浸泡，并由於各種菌類的作用，使其表皮的膠質腐爛，而留下其纖維。人們發現用這種纖維製作的繩索，不僅比用直接剝取的植物莖皮製作的繩索更堅韌牢固，而且還特別柔軟輕便，光潔美觀，使用的範圍也更爲廣泛。又經過長期的實踐，人們不但認識到了這種自然脱膠的作用，而且還逐漸地有意識地掌握了人工漚漬脱膠的方法。後來，隨着農業生產技術的提高，對一些製繩原料的植物，如麻類等，也開始了人工的種植。如1958年在浙江吳興錢山漾新石器時代遺址中出土的苧麻繩和河南鄭州大河村新石器時代遺址中出土的大麻種籽，可以證明我國在五千年前就已經用麻來製作繩子，并開始工人培植麻類植物了。大約同時或稍後，我們的祖先開始了對蠶絲的利用。蠶絲具有堅韌、彈性、纖細、光滑、柔軟、光澤、耐酸等許多特點,是紡織的好原料,當然也是製繩的好原料。不過蠶絲比較貴重,用其僅製作少量繩索,而且多作裝飾之用。但可以肯定,有了絲就會有絲繩,絲繩的出現當遠早於四千年之前。到了商周時期,金屬銅已被廣泛地利用,用銅製作繩索應當是出現在這個時期。銅繩古人稱之爲金繩。戰國時期,我國的冶鐵技術已具相當的水平,鐵製的兵器和農具得到廣泛的運用,鐵繩和鐵索作爲一種比較重要的生產工具。它的出現大約也是在這個時期。1986年在湖北孝感市田家崗4號秦墓中發現的鐵繩索的銹蝕痕,就是這種推測的有力佐證。棕繩的歷史似乎與鐵繩的歷史相近。大約也在秦代或秦代之先,人們已開始用棕來製作繩索了。1989年11月在湖北雲夢龍崗6號秦墓出土的棕繩,是目前爲止所見到的最早的棕繩。我們就有理由作出第一條棕繩製作的時間遠在它之前的結論。關於繩子的起源,我國有許多傳說。《易·繫辭下》:"古者包犧氏之王天下也","近取諸身,遠取諸物。於是始作八卦,以通神明之德,以類萬物之情。作結繩而爲罔罟,以佃以漁,蓋取諸離"。《文子·精誠》:"虙犧氏之王天下也,枕石寢繩。"明羅頎《物原·衣原》:"燧人作繩,軒轅因作綿索。"清汪汲《事物原會·繩》:"《高氏小史》:燧人氏時結繩刻木以記事。則繩自燧人始也。"伏羲氏、燧人氏都是傳說中的生活於我國舊石器時代的人物,說他們就是繩的創造發明人,據現有的材料是無法確證的。但是,從最近幾十年的考古發現分析,可以這樣說,繩子是由他們生活的那個時代人最先發明的。這些傳說并不是無稽之談,而是有一定真實性的。1974年,在山西大同許家窯出土了上千個十萬年以前的經過打製的石球。這些石球,據考古學家分析,認爲是當時的人狩獵時用來打擊野獸的,使用方法就是利用投石索拋擲。這樣投石索的方法,在近代的一些仍處於原始社會的民族中還保留着,由此我們完全有理由相信,在中國十萬年以前的舊石器時代,人們已經具備了製作繩子的能力。我國現有的最早的繩子,是1978年在浙江河姆渡新石器時代文化遺址發現的,距今已有六七千年的歷史。繩子的製作方法,早期是完全依靠手搓合,後來在絞製粗大的繩索時,也藉助一些簡單工具。開始階段多爲雙股繩,隨着搓合技術的發展和成熟,三股或三股以上的多股繩出現并得到廣泛應用,如用來提繫或捆縛較重較大的物件時,人們就往往使用三股繩或多股繩。繩的股數也隨着製繩技術的提高而不斷增多,到了秦代的時候,人們已能製作多達八股的多股繩。製繩的原材料不斷地得到開拓。野生的草木的莖葉,如营、蒯、茅草、藤蔓、蘆葦等,某些莊稼的莖秆,如稻草等,都是古人製作草繩的常用原料。當麻和棕被利用并進行人工種植後,製繩的主要原料問題得到了解決。棉花作爲紡織的主要原料被引進和大量種植,也爲製繩開闢了新的重要的原料來源。各種竹類,無論是野生的還是人工種植的,其莖皮一直是取之不竭、用之不盡的製繩原料之一。金屬,特別是鐵,是製作高強度繩索的最佳材料。此外,動物纖維如絲、毛髮、皮革等也常作爲製繩的原料而被利用,其中尤其是蠶絲,更是製作繩

索的好材料。《北史·劉芳傳》:"依《合朔儀》注:日有變,以朱絲爲繩,以繞繫社樹三匝。"明徐光啓《農政全書》卷十九:"繩以麻或紵或营或布或篾,惟所宜之。"繩的用途極爲廣泛。捆縛、拴繫、牽引或提吊等,是繩的直接和主要的用途。《墨子·備城門》:"各爲二幕二,一鑿而繫繩,長四尺。"孫詒讓閒詁:"此蓋言每門扇鑿一孔,皆幂之,其一幂而更繫以繩。"《新五代史·死節傳·王彥章》:"乃引繩將自經。"明徐光啓《農政全書》卷十:"侵晨,令兩人對持其繩,於麥上牽拽,抹去沙霧,則不生蟲。"繩還用以作爲丈量和取直的工具。《管子·乘馬》:"因天材,就地利,故城郭不必中規矩,道路不必中準繩。"宋葉適《祭韓子師尚書文》:"威望之所銷壓,氣焰之所炙炘,繩尺之所裁量,機智之所糾紛。"繩的間接用途也極爲廣泛,用繩製成的網是古人,尤其是原始人從事漁獵的重要生產工具。此外,用繩爲原料還可以製作繩鞋、繩床、繩梯、繩橋等,都是人們日常生活和生產中常見的用品或用具。宋王觀國《學林·繩牀》:"繩牀者,以繩貫穿爲坐物,即俗謂之交椅之屬是也。"宋范成大《吳船錄》卷上:"每橋長百二十丈,分爲五架。橋之廣,十二繩排連之,上布竹笆,攢立大木數十於江沙中,輂石固其根,每數十木作一架,掛橋於半空,大風過之,掀舉幡然。"明茅元儀《武備志·軍資乘·繩梯》:"繩梯以巨繩繫橫桃爲軟梯,凡登高則用之。"

【繩車】

絞麻作繩的機械。主要部件有繰繩架、瓜木等。繰繩架的使用是絞合絚緊,上有四孔、六孔、八孔等不同,各置

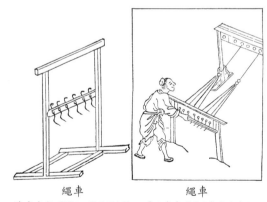

繩車　　　　　繩車
清嘉慶年刊《河工器具圖說》　清山東書局本《農政全書》

掉枝,可用特殊的手柄同時勾住旋轉。元王禎《農書》卷二二:"繩車,絞合絚緊作繩也。其車之制,先立簨虡一座,植木止之。簨上加置橫板一片,長可五尺,闊可四寸。橫板中間排鑿八竅或六竅,各竅內置掉枝,或鐵或木,皆彎如牛角。又作橫木一莖,引繩穿其掉枝。復別作一車,亦如上法。兩車相對,約量遠近,將所絞絚緊各結於兩車掉枝之足。車首各一人,將掉枝所穿橫木俱各攪轉,候絚股勻緊,卻將三股或四股撮而爲一,各結於掉枝一足,計成二繩。然後將另製瓜木置於所合絚緊之首;復攪其掉枝,使絚緊成繩,瓜木自行,繩盡乃止。"

【繩纜】

用棕、麻等多股擰成的粗繩。因多用以纜船，故稱。通稱纜繩，亦稱纜、纜索。舊題漢郭憲《洞冥記》卷三："或以青林之枝爲欐，或以木蘭之心爲楲，練實之竹爲篙，石脈之紉爲繩纜也。"宋沈括《夢溪筆記·官政一》："埽身太長，人力不能壓，埽不至水底，故河流不斷，而繩纜多絕。"

【繩綷】

即繩索。宋洪邁《夷堅支志景·江陵村儈》："村儈者以冬月農事畢，牽豬過其門。留少憩。別一僕視其挽索，驚曰：'此我家大郎所自搓者五尺，安得在汝手？'五尺者，土人稱挽畜產繩綷之名也。"

【繩墨】

木匠用繩蘸墨汁畫直綫的工具。《莊子·在宥》："於是乎釿鋸製焉，繩墨殺焉，椎鑿決焉。"元王禎《農書》卷十四："故製此長莨，挈於田之兩際，其直如弦，循此布秧，了無欹斜，猶梓匠之繩墨也。"

繩墨
明人瑞堂本《隋煬帝艷史》

【繩索】

粗的繩子。亦指一般的繩子。用以牽引、捆縛等。《漢書·西域傳上·罽賓國》："又有三池，盤石阪，道陿者尺六七寸，長者徑三十里。臨崢嶸不測之深，行者騎步相持，繩索相引，二千餘里乃到縣度。"《說文·市部》："索，艸有莖葉可作繩索。"《清史稿·兵志七》："一曰帆纜廠，專造船上之風帆、天遮、帆索、桅上鑲配繩索，及起重搭架各工。其能力須審帆纜制度，登高工作，及風帆面積、繩索力度。"

【繩約】

即繩子。《老子》："善閉，無關楗而不可開；善結，無繩約而不可解。"王弼注："因物自然，不設不施，故不用關楗、繩約而不可開解也。"

【繩子】

繩的俗稱。一般爲二股繩。與索子相比，顯得要細小些。主要用於捆縛束西。《農桑輯要·接廢樹》："其餘割去，傍埋椽子一條，爲依柱，茅條漸長，用繩子或萬條，總繫在柱上。"《儒林外史》第二三回："當下不由分說，叫兩個夯漢把牛浦衣裳剝盡了，帽子鞋襪都不留，拿繩子捆起了，臭打一頓，攙着往岸上一攢，他那一隻船就扯起篷來了。"

【省尺】

即三司布帛尺。三司使號稱計省，所以又稱省尺。宋趙與峕《賓退錄》卷八："省尺者，三司布帛尺也。"清李斗《揚州畫舫錄·草河錄上》："省尺乃是京尺，溫公有圖，所謂三司布帛尺是也。"

【滕子】

手工織機上捲放經紗的器具。清楊屾《豳風廣義》卷三："用滕梯一個，將滕子橫擔其上。滕子用木一根，徑四寸，長二尺七寸，兩頭各安搬梊四齒，長七寸。"又："經纑捲在滕子上，可授之機杼矣。"

shi

【師娘待】

即篩穰筲。清范寅《越諺》卷上："師穰筲、師娘待，打稻篩穀出穰之竹具。"

【鍉針】

九針之一。針鋒圓純，如黍粟之銳。用於穴位表面推針。故亦稱爲推針。滿城陵山1號漢墓出土金質鍉針，針尖稍鈍，柄長倍於針身。通長6.9厘米，柄長4.6厘米，寬0.2厘米，針身長2.3厘米。明楊繼洲《針灸大成》："九針式：三曰鍉針，取法於黍粟之銳，長三寸半。"

金鍉針
滿城1號漢墓

【鍉鍼】

同"鍉針"。《靈樞·九鍼論》："三曰鍉鍼，取法於黍粟之銳，長三寸半；主按脈取氣，令邪出。"又《官鍼》："病在脈，氣少當補之者，取之鍉鍼於井滎分輸。"

【濕瘡藥袋】

治療濕瘡用的藥袋。清趙學敏《串雅外編·雜法門》："濕瘡藥袋，川椒一斤，盛粗布袋中，放火踏上，下用火烘，跣足踏其上。蓋椒性熱而散，加以火氣上逼，寒濕自去而愈，甚妙。"

【十二辰車】

以十二地支表方向的自動指向設備。中國古代以十二地支表方向，如子表北，午表南，卯表東，酉表西，十二辰爲十二個方向。《太平廣記》卷二二六引唐張鷟《朝野僉載》："則天如意中，海州進一匠，造十二辰車。迴轅正南，則午門開，馬頭人出，四方回轉，不爽毫釐。"

【十二齒鈀】

鈀的一種。鐵首，有十二齒。用於打撈水中沉澱的泥沙及其他雜物。清麟慶《河工器具圖說》卷二："十二齒鈀，鑄鐵爲首，曲竹爲柄，首長一尺五寸，寬四寸，厚三分。爲撈拉淺水沙淤之器。"

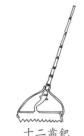

十二齒鈀
清嘉慶年刊《河工器具圖說》

【十二時盤】

即日晷。其十二時配以十二相屬圖，即子鼠，丑牛，寅虎，卯兔，辰龍，巳蛇，午馬，未羊，申猴，酉雞，戌狗，亥豬。此式流行於隋唐時期。宋陶穀《清異錄·器具》"十二時盤"："唐內庫有一盤，色正黃，圓三尺，四周有物象。元和中偶用之，覺逐時物象變更。且如辰時，花草間皆戲龍，轉已則爲蛇，轉午則成馬矣。因號十二時盤，流傳及朱梁猶在。"

【十二時日晷】

即日晷。《明會典·兵部三十二·急遞鋪》："每鋪設十二時日晷一個，以驗時刻。"

【十二葉蓮華】

即蓮花漏。晉慧遠所創。宋道誠《釋氏要覽·住處》："有云，遠公有弟子名法要，刻木爲十二葉蓮華，植於水中，用機關，凡拆一葉是一時，與刻漏無差，俾禮念不失正時，或因此名之。"

【石】

即砭石。《戰國策·秦策二》："扁鵲怒而設其石。"高誘注："石，砭。所以砭彈人臃腫也。"《後漢書·方術傳·郭玉》："腠理至微，隨氣用巧，針石之間，毫芒即乖。"

【石槽】

以石塊鑿成或砌成的槽。唐玄奘《大唐西域記》卷八："故宮北地獄南有石槽，是無憂王匠役神功作爲此器，飯僧之時以儲食也。"《初刻拍案驚奇》第三五回："去尋尋牆下所埋祖遺之物，但見牆倒泥開，剛剩得一個空石槽。"

【石槽】

以石砌成的水槽。用以引水。《三國志·魏志·華佗傳》："成病竟發，無藥可服，以至於死。"裴松之注引晉常璩《華佗別傳》："有婦人長病經年，冬十一月中，佗令坐石槽中，平旦用寒水汲灌，云當滿石。"北魏楊衒之《洛陽伽藍記·景樂寺》："北連義井里，井里北門外，有桑樹數枝，枝條繁茂。下有甘井一所，石槽鐵罐，供給行人飲水，庇廕多有憩者。"元熊夢祥《析津志·古蹟》："頃年有獻施水車，以給井而得水於石槽中，用以飲馬。由是，牛畜馬匹之類咸賴之。"

【石舂】

即石臼。清蒲松齡《聊齋志異·汪士秀》："剛勇用力，能舉石舂。"何垠注："石舂，石臼也。"

【石崇】

(249—300)西晉渤海南皮(今河北南皮東北)人。字季倫。官至荊州刺史。善於製造連機水碓，在工藝上有所創新，並把水碓在生産中大規模使用。元王禎《農書》卷十九："王隱《晉書》曰：石崇有水碓三十區。令人造作水輪，輪軸長可數尺，列貫橫木相交，如滾槍之制，水激輪轉，則軸間橫木間打所排碓梢，一起一落舂之，即連機碓也。"

【石杵】

鑿石而成的杵。新石器時代龍山文化時期，舂搗法已經非常普及，各地發現石杵，大量增加。河南湯陰白營龍山文化遺址中，早期的石杵爲長圓形，兩端稍細，晚期的石杵則一端略粗。湖北省京山縣屈家嶺遺址出土，陝西省西安市半坡遺址出土，一般長約 8～13 厘米，寬約 1.2 厘米，厚約 2.4 厘米。河南洛陽澗濱商代遺址出土石杵，長 13.7 厘米，上徑 3.5 厘米。明徐光啓《農政全書》卷二八："《便民圖纂》曰：'油菜八月下種，九、十月治畦，以石杵舂穴分栽，用土壓其根，糞水澆之。'"清麟慶《河工器具圖說》卷二："今工上有石杵，仍存古制，琢石爲首，受以丁字木柄，俾一人可舉，兩手可按，用以平治土隄、填築浪窩，甚便。至方圓，則各肖其形，各適其用耳。"

新石器時代石杵
贛州尋烏石圳坪山寨採集

【石碴】

一種水利設施。《宋史·河渠志六》："及因濬河，隳敗古涇函、石㙩、石碴，河流益阻，百姓勞弊。"清顧祖禹《讀史方輿紀要·江南·鎮江府》："又濬湖築堤，治斗門及石碴、石函，以蓄洩啓閉。"

【石笆擗水】

一種類似石籠的保堤護田的水利設置。明徐光啓《農政全書》卷十七："石籠，又謂之臥牛。""農家頻溪護田，多習此法。比於起疊堤障，甚省之力。又有石笆擗水，與此相類。"

【石斧】

石頭加工之斧。青銅時代之前，以堅石加工成斧，作爲砍削工具。有穿孔式、凹腰帶肩式等。史前人類遺址常能發現。石斧也是兵器，也是禮器，商代以來採玉製成玉斧，亦石斧之屬。漢魏以來，古人偶然發現石斧，或類似石斧器具，多附加迷信傳說。唐馮贄《雲仙雜記》卷一"石斧銘"："玄針子得石斧，銘曰：'天雷斧，速文步，敲石柱。'"《朱子語類》卷一二五："見人拾得石斧，如今斧之狀，似細黃石。因說道士行五雷法。"宋杜綰《雲林石譜》卷上："石斧大如掌，有貫木處，率皆青堅，擊之有聲。"

新石器時代石斧
新餘拾年山遺址

新石器松澤文化帶鐓石斧
上海青浦松澤遺址 136 號墓

【石杠】

擡大石的杠棒。由四人或四人以上擡起，中用大竹杠提石，再用短杠擡大竹杠，皆由麻扣連結。清麟慶《河工器具圖說》卷四有"石杠"圖。

石杠
明人瑞堂本《隋煬帝艷史》

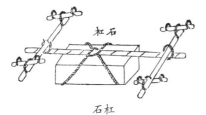

杠石

石杠
清嘉慶年刊《河工器具圖說》

【石滾】

即碌碡。明馬愈《馬氏日抄·奇盜》："眾出廟門坐石滾上，疑未決。"清麟慶《河工器具圖說》卷四："石滾，取石琢圓徑，圍三尺，兩頭各安木臍，上套木耳，繫以長繩。用時，置葦於地，往還拉曳，爲壓扁柴質之用。"

【石硍】

石製的圓筒形碌子。用以碾平土地，軋碎穀物等。《廣宗縣志·風俗略》："呼平場碾禾麥器爲石硍。"

【石輥】

能滾動的石製圓柱形器，爲輥軸的部件。亦指碌碡。元王禎《農書》卷十六："輥軸，世呼曰海青輥，喻其速也。但比常軸減去圓槽，就碼幹栝以石輥。"清麟慶《河工器具圖說》卷二："《正字通》：碌碡，石輥也。平田器，一作碌。

碡。北方多以石，南人用木，其制：可長三尺，或木或石，刊木括之中，受簨軸以利旋轉，農家藉畜力挽行，以人牽之，輾打田疇塊垡，及碾捍場圃麥禾。"

【石碹】

即砘車。元王禎《農書》卷十二："砘車，石碹也。以木軸架碹爲輪，故名砘車。"

【石鍋】

石質製藥用鍋。宋陳承等《太平惠民和劑局方·治諸風》："牛黃小鳥犀圓……已上四味爲細末，以水少許化蜜，用於石鍋內，慢火熬攪成稠膏。"

【石梘】

以石砌成的長水槽。元熊夢祥《析津志·古蹟》："戽斗則傾於石梘中，透出於闌外石槽中。自朝暮不綴，而人馬均濟，古無今有，誠爲可嘉。"

【石筧】

同"石梘"。清徐元文《登方嵎峰》："路轉千盤隨石筧，崖臨百丈聳丹臺。"

【石臼】

用石頭鑿成的臼。口大底小。用以舂米等食物。忻州偏關天峰坪東新石器時代遺址出土石磨盤長 35 厘米、寬 27 厘米、高 9.5 厘米，石磨棒長 13.7 厘米、直徑 5.5 厘米。河南陝縣七里鋪商代遺址曾出土一小石臼。陝西神木石峁出土石臼長 21 厘米、寬 16.3 厘米、高 11.8

新石器時代石臼
神木石峁遺址

新石器時代石磨盤和石磨棒
忻州偏關天峰坪東遺址

石臼
洛陽燒溝漢墓

漢代帶蓋石臼
信陽博物館

石臼
東吳高榮墓

厘米。江蘇連雲港地區大村遺址出土的漢代石臼,底部呈方形。江西贛南寧都縣橫陂公社山堂村宋元時期古瓷窯遺址近旁的河牀上發現的石臼,共出土 12 件。其形上大下小,呈倒立梯形。臺面略正方,面邊長 52～57 厘米。臼洞直徑 36 厘米、深 30 厘米。這種石臼亦見於唐代渤海國舊京城遺址。唐段成式《酉陽雜俎・諾皋記下》:"陵州龍興寺僧惠恪,不拘戒律,力舉石臼。"宋蘇易簡《文房四譜・紙譜》:"庾仲雍《明州記》云:應暢縣蔡子池南有石臼,云是蔡倫舂紙臼也。一云來陽縣。"明宋應星《天工開物・攻稻》:"臼亦兩種。八口以上之家,掘地藏石臼其上。臼量大者容五斗,小者半之。橫木穿插碓頭,足踏其末而舂之。不及則粗,太過則粉,精糧從此出焉。"

【石礱】

即石磨。《正音撮要・石器》:"石磨,又叫石礱。"

【石籠】

保堤護田的水利設施。元王禎《農書》卷十八:"石籠,又謂之臥半(牛)。判竹,或用藤蘿,或木條,編作圈眼大籠,長可二三丈,高約四五尺,以籤樁止之,就置田頭,內貯塊石,用壅暴水,或相接連,延遠至百步。若水勢稍高,則疊作重籠,亦可遏止。如遇限岸盤曲,尤宜周折,以禦犇浪,并作洄流。不致衝蕩坍岸。"

石籠
明永樂大典本《農書》

【石磨】

石製磨盤。石是磨扇的主要製作材料。我國新石器時代已有原始棒式磨具,以玄武巖等製成。文獻上的石磨是指上下相合的磨扇式石磨。上扇有投料孔,一側有推把,下扇中央有磨心,楔入上扇相應的圓孔。上下扇相合面有磨齒咬合。用人力或畜力等牽引轉動,加工料由投料孔徐徐進入磨齒間,磨研變細。現見最早的石磨在陝西省臨潼秦故都櫟陽遺址發現,僅存下扇,砂岩鑿成,厚 8 厘米、徑 55.5 厘米。磨齒爲橢圓形,按同心圓排成七排,磨心有鐵軸。此磨時代在戰國末西漢初。西漢初年的滿城陵山 1 號墓有完整的石磨出土,上下扇通厚 18 厘米、徑 54 厘米,爲黑雲母花崗巖製成。上扇的邊緣者兩個對稱長方形榫眼,安裝推把之用,上下扇接合面也爲圓窩形磨齒,上扇中心內凹,下扇有鐵軸磨心。長安縣漢晉遺址可見到直條交錯形磨齒。《三國志・魏志・明帝紀》:"十二月,諸葛亮圍陳倉,曹真遣將軍費曜拒之。"裴松之注引三國魏魚豢《魏略》:"昭又以繩連石磨壓其衝車,衝車折。"南朝宋劉敬叔《異苑》:"上黨侯亮之,於江都城下獲一石磨,下有銅馬。"明徐光啓《農政全書》卷三八:"具篩出黑子,用石磨臛砻碎,簸去殼,存下核中仁,復磨,或碾細蒸熟榨油。"

漢石磨
天長六里墩墓地 24 號墓

【石磨扇】

石磨盤。石磨的主要部件,分上下兩盤。上盤能旋轉,故名。明呂坤《救命書・城守事宜》:"賊玄城根,常頂桌子、門扇,須用棰帛,石磨扇下擊之。"清馬愈《馬氏日抄・蝦蟆》:"重午日果得大蝦蟆一頭,重斤有餘,如法爲之,置石磨扇下。"

【石木礧】

即石礱。元王禎《農書》卷十六:"礱,礧穀器,所以去穀殼也。""北方謂之木礧。石礱者,謂之石木礧。礱、礧,字從石,初本用石,今竹木代者,亦便。"

【石碾】

石製研磨工具。由碾磨盤、碾輪和碾槽等構成。用於碾磨穀物等。江西贛州市七里鎮宋元時期的古瓷窯遺址發現宋代石碾。其形制:磨盤中區爲圓形磨臺,臺中心有一圓孔,以裝磨軸之用,臺面刻有斜紋磨齒。磨盤外區爲漏漕,漕外開一流。磨盤外沿裝飾以七弧葵邊。明王圻、王思義《三才圖會・器用十二》:"藥碾,即後漢崔亮作石碾之遺意,後人名之爲金法。"清麟慶《河工器具圖說》

卷二:"凡修建閘壩,須用油灰以資膠固,其合製之法,用石碾。石碾,週圍砌成石槽,碾盤中央安置碾心木,上下有軸,上置碾擔,下置碾臍。槽內用石碾砣,形如錢,中安木柄,一頭接碾心木,一頭駕牛,俾資旋轉。貯細石灰、淨桐油於槽內,務使油灰成膠爲度。"

石碾
明永樂大典本《農書》

【石磑】

即石磨。《説文・石部》:"磑,石磑也。從石麻聲,模臥切。古者公輸作磑。"元王禎《農書》卷十六:"《唐韻》作磨,磑也,礑同。《説文》云:磑,石磑也。"清康熙《御製耕織圖》詩:"相將南畝苦胼胝,望歲心酬庶免饑。石磑碾來珠顆潤,家家鼓腹樂雍熙。"

【石磑子】

即石磨。北魏賈思勰《齊民要術・作酢》:"作法:用石磑子辣穀令破,以水拌而蒸之。"

【石硪】

即硪。以石製,故稱。清靳輔《治河題稿》卷三:"今立定規則,以上土五寸爲一層,將第一層夯杵築堅,然後再上第二層之土,一律加夯逐層逐寸徹底夯杵,并用石硪打平,以期堤工堅實。"又:"製造土車、夯杵、石硪、鍬鋤等項。"

【石魚】

刻在河牀石頭上的魚形圖案,作爲標誌水位的水則。四川涪陵縣城北長江南岸的江水之中,有自西向東的石梁,石梁中段斜面即有石魚和題記。石魚之始不晚於唐廣德二年(764),宋至清,陸續鐫刻石魚多處,現見有72個,題記103處。宋開寶四年謝昌瑜等題記:"大江中心石梁上,□古記,及水標,有所鐫石魚兩枚,古記云:唐廣德□□春二月歲次甲辰,江水退,石魚出見,下去水四尺。問古老,咸云:江水退,石魚見。即年豐稔□。自唐廣德元年甲辰歲至開寶四年歲次辛未二月辛卯朔十日丙□餘年,今又復見者。"清姚覲元、錢保塘輯《涪州石魚文字所見錄》:"涪州大江有石梁,長數十丈,上刻雙魚,一魚三十六鱗。一含蓂葉,一含蓮花,或三五年或十餘年一出,出必豐年,名曰石魚。"

石魚
清康熙二十四年(1685)鐫

【石針】

即針石。清張岱《夜航船・九流部・歷代名醫圖贊》:"砭石,以石塊磨製成尖石或石片,用作醫療工具,亦稱石針。"

【石砧】

石質碪。晉張敞《東宮舊事》:"太子妃有石砧一枚,又擣衣砧,杵十枚。"

【石壯】

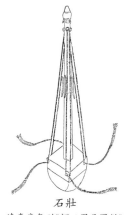

石製夯築灰土的工具。清麟慶《河工器具圖説》卷二:"凡修建石工,石後砌磚櫃,磚後築灰土,以期堅實。但築打灰土若用硪工,硪緊拋打,未免震動磚石,是以舊時用壯。其製,琢石爲首,上方下圓。四隅有眼,各繫蘇辮。上安木柱,長六尺,柱頂有四鐵圈,緊對壯隅。以繩絆緊柱腰,四面有木鼻。用時四人對立,各執其一,再以四人提辮,齊提齊落。然後用夯及木榔頭撲打,則灰土成矣。"

石壯
清嘉慶年刊《河工器具圖説》

【食箪】

盛食之箪。宋陸游《鼠敗書》:"食箪與果簋,攘取初不貴。"

【拾麥刀】

繫於指腕之間,用以割取禾穗的小刀。元王禎《農書》卷十九:"捃,拾也,俗謂拾麥刀,刃長可五寸,闊近二寸,上下竅繩穿之,繫於指腕,隨手摘穗,取其便也。麥禾既熟,或收刈不時,莖穗狼藉,不能淨盡,單貧之人,得以取其遺滯。"

拾麥刀
明永樂大典本《農書》

【時錶】

即錶。《清稗類鈔・宮闈類》:"轉以詢后,后解襟端所繫時錶,直前授肅,厲聲曰:'若自省之!'"

【時辰錶】

即錶。清《皇朝禮器圖式》卷三:"本朝製時辰錶,鑄金爲之,形圓,盤徑一寸五分二釐,均分時刻以針指之,内施輪齒皆如自鳴鐘之法,具體而微,盛以金合,當盤面處空之,合徑一寸五分二釐,通厚八分。周飾雜寶,金索三行三就,間鏤花文。"在日内瓦藝術與歷史博物館有一件漢文懷錶,銀錶殼,琺瑯錶面,錶上的是用子、丑、寅、卯、辰、巳、午、未、申、酉、戌、亥替代羅馬數字記時。係 1860 年出品,由錶匠愛德華·有喊製作。因爲是中國客户定製,所以採用漢字地支標誌時間。時爲清咸豐十年,可以證明至晚在清代後期小型計時器懷錶已經進入中國。

時辰錶
日内瓦藝術與歷史博物館

【時辰鐘】

即鐘。《紅樓夢》第十四回:"横豎你們上房裏也有時辰鐘。"

【時辰牌】

即時牌。《明宮史·宮殿規制》:"殿之後,爲刻漏房,銅壺滴漏在此。凡八刻水交一時,直殿監官抱時辰牌,赴乾清門裏換之。牌長尺餘,闊數寸,石青地,金字其時。凡道途遇之者必側立讓行,坐者必起立,蓋敬天時之義也。"

【時計】

即錶。《清稗類鈔·詼諧類》:"俗謂時計曰表。表與錶同音。"

【時計鐘】

即鐘。指以重錘、發條爲動力的計時鐘。《清稗類鈔·譏諷類》:"樓前有時計鐘,絶大,然實無機括,針指不能動。"

【時刻籌】

有時間刻度的計時牌。由竹、木或金屬製成。《元史·順帝紀》:"匱上設西方三聖殿,匱腰立玉女捧時刻籌,時至,輒浮水而上。"

【時牌】

皇宮内苑通報白天時間用的符牌。圭表或曰晷校準漏刻後,把以漏刻指示的時間,自白天卯時至酉時的每時辰通報宮内有關部門,并由專人據時牌擊鼓報時。《宋史·律歷志三》:漏刻,"其制有銅壺、水稱、渴鳥、漏箭、時牌、契之屬"。

【時器】

泛指農具,如耒耜、鑱、鋤頭等。《周禮·地官·司徒下·遂人》:"以時器勸甿。"鄭玄注:"時器,鑄作耒耜錢鎛之屬。"孫詒讓正義:"云'時器,鑄作耒耜錢鎛之屬'者,《詩·周頌·臣工》篇'庤乃錢鎛',毛傳云:'錢,銚。鎛,鎒。'此與耒耜皆田器,鑄金爲之,以供歲時之用,故謂之時器。"

【時樂鐘】

以樂曲或鳥鳴報時之鐘。《養心殿造辦處史料輯覽·乾隆十一年》"自鳴鐘":十一月十九日,"本月十三日首領孫祥將庫貯舊壞黑漆嵌銅釘銅花架時樂鐘二座、鐵架子鐘一座、葫蘆時刻鐘一座持進。"

清廣東造銅塗金嵌琺瑯人物敲時樂钟
南京博物院

【時鐘】

即計時鐘。《養心殿造辦處史料輯覽·雍正十三年》"自鳴鐘":"首領太監趙進忠來説,庫内備用時鐘一座,内大臣海望著將鐘上銅飾件貼金收拾好,陳設在紫軒堂。"參見"架子時鐘"。

【塒】

在牆頭上鑿洞做成的鷄窩。《詩·王風·君子于役》:"鷄棲于塒,日之夕矣,牛羊下來。"毛傳:"鑿牆而棲曰塒。"《爾雅·釋宫》:"鑿垣而棲爲塒。"郭璞注:"今寒鄉穿牆棲鷄。"宋陸游《弊廬》詩:"縛木爲彘牢,附垣作鷄塒。"

【史佚】

周初史官。傳説是轆轤的發明者。明羅頎《物原·器原十七》:"史佚始作轆轤。"

【豕圈】

即豬圈。清黃遵憲《己亥雜詩》之七九:"左列牛宫右豕圈,冬烘開學鬧殘年。"《清稗類鈔·動物·豕》:"漢人所居土舍,樹高柵爲樓,下養牲畜,必有豕圈。"

【豕牢】

即豬欄。《後漢書·東夷傳·夫餘國》:"王囚之,後遂生男。王令置於豕牢,豕以口氣嘘之。"李賢注:"牢,圈也。"《晉書·愍懷太子遹傳》:"嘗從帝觀豕牢,言於帝曰:'豕甚肥,何不殺以享士,而使久費五穀?'"

【豕屋】

即豬圈。《集韻·入狎》:"庘,豕屋。"

【始建國銅量】

王莽新朝始建國元年所製量器。清錢泳《履園叢話·閱古·漢量》:"漢銅量一,重今曹平三斤十二兩。其文云:'律石衡蘭奉□□。容六斗,始建國元年正月癸酉朔日製。'共二十二字。"

【市秤】

市場交易所用的秤。《文獻通考·錢幣一》:"其京邑二市,天下州鎮郡縣之市,各置二秤,懸於市門。私人所用之秤,皆準市秤以定輕重。"

市秤
廣勝寺水神廟元代壁畫

【市稱】

同"市秤"。《魏書·食貨志》:"其京邑二市、天下州鎮郡縣之市,各置二稱,懸於市門,私民所用之稱,皆準市稱以定輕重。"

【市平】

市場交易所通用的天平。《清史稿·食貨志六》:"按市價估貨,以市平合足關平,并扣除使費。"

【市招】

店鋪的招貼和招牌。清潘榮陛《帝京歲時紀勝·賞菊》:"酒爐茶設,亦多栽黃菊,於街巷貼市招曰:'某館肆新堆菊花山可觀。'"《清稗類鈔·詼諧類》:"藥肆市招曰杜煎諸膠,毯肆市招曰杜織毛毯,猶言自煎之膠,自織之毯也。"又《農商類》:"商店懸牌於門以爲標識,廣招徠者

曰市招,俗呼招牌。"

清代各式市招
璧園本《點石齋畫報》

【視遠鏡】

即望遠鏡。明湯若望、焦勗《火攻挈要》卷下:"合上另築眺臺二層,高三丈,上設視遠鏡,以備瞭望。"

【試金石】

一種礦物。黑色的潛晶質矽石,含炭質石英等,質緻密,硬度高,吹火不熔融。於石上用黃金劃痕,可試黃金的好壞。清張岱《夜航船·物理部·舊用》:"試金石,以鹽擦之,則磨痕盡去。"

【試水墜】

測量水深的工具。由鉛墜和長繩製成。適宜於測量深水。清麟慶《河工器具圖説》卷一:"試水墜,其墜重十餘觔,鎔鉛爲之,上繫水綫,楼繩爲之。蓋鉛性善下垂必及底,雖深百丈,只須放綫,亦可探得。"

試水墜
清嘉慶年刊《河工器具圖説》

【試針銅人】

標明經絡、穴位的醫用銅質的人形模型,是針灸、推拿教學的工具。人體經絡、穴位複雜,如果不能準確掌握,非但不能達到醫療效果,還可能造成病者的痛苦。爲此,中國很早就有這類人體模型,作直觀教學之用。四川綿陽永興鎮二磚廠西漢墓發現經脉漆雕俑。裸體直立,人體比例適當,左手和左腳殘,通高28.1厘米。俑髹黑漆,出土時身著數層紅色織物。體所繪經脉爲紅色綫條。寬 0.1～0.15 厘米,人體正面從頭頂、經胸腹、至腳兩條綫;背面從頭頂經背至腳兩條,從頭頂到股縫一條;兩臂各有

清代試針銅人
故宮博物院

三條緩,從指尖、經臂至頭,與頭部緩聯接。頭部和手背部緩條比較複雜,頭部正面縱緩條有五根,橫向三條與軀幹、手臂的緩條貫通;背面縱向分布和交匯的緩條也有五條,彼此相貫。木俑體表紅緩分布與《黃帝内經》所載十二經脈相類。《後漢書·方術傳·郭玉》記"涪翁":"見有疾者,時下針石,輒應時而效,乃著《針經》、《診脈法》傳於世。"當與此有關。此外,別處還有標穴位的漢代陶俑發現。試針銅人創於北宋。宋仁宗命醫官王唯一總結宋代以前針灸經驗,編成《銅人腧穴針灸圖經》,摹印頒行。於天聖五年(1027),由王唯一監鑄了兩件試針銅人,作爲教學和考核之用。宋周密《齊東野語·鍼砭》:"又嘗聞舅氏章叔恭云:昔倅襄州日,嘗獲試鍼銅人,全像以精銅爲之,腑臟無一不具。其外俞穴,則錯金書穴名其旁,凡背面二器相合,則渾然全身,蓋舊都用此以試醫者。其法外塗黃蠟,中實以水,俾醫工以分折寸,按穴試鍼,中穴,則鍼入而水出,稍差,則鍼不可入矣,亦奇巧之器也。後南仲歸之内府,叔恭嘗寫二圖,刻梓以傳焉。"銅人體如真人大,爲世界首件醫用人體模型。兩件銅人,一件失落,一件爲金人所得,傳至元代,已有損缺,安置在太醫院中。至元二年(1265)命來華尼泊爾匠師阿尼哥修復。入明,英宗詔令仿宋試鍼銅人重鑄,正統八年(1443)完工,一如宋製。嘉靖年間,針灸學家高武也鑄男、女童銅人二件。清代官方民間亦有製作。原清太醫院所藏一件,通高93厘米、肩寬33.5厘米。經絡穴位,以錯金楷書標名,經絡上的穴位共有三百六十餘,可見和宋製有淵源關係。

shou

【手拌斫】

小型的剷土工具。北魏賈思勰《齊民要術·種葵》:"自四月八日以後,日日剪賣。其剪處,尋以手拌斫斸地令起,水澆,糞覆之。"

【手車】

一種桔槔類灌溉工具。兩人對挽,引水上升。《中江縣新志》卷二:"邑境山麓之田,水下田高,勢難灌入,則用古桔槔之屬。""地高則置木架,四人排坐,各以其足踩運汲水,名曰腳車。"

【手車】

手搖紡車。清代上海一帶稱紡棉用的手紡車爲手車,以別於腳踏紡車。清褚華《木棉譜》:"手車有兩耳,疊立矮木牀上,夾一大竹輪於中。其鋌有木承承之,然後以粗緩環鋌末及輪。輪心有軸,穿耳端,出入以一手搖輪,一手曳棉條,而成一縷。小兒女有以消夜伴織而已。"

手紡車
清乾隆初刊本《豳風廣義》

【手尺】

即布帛尺。以中指中節爲一寸長度,積十寸爲一尺,作布帛尺長度標準。高昌延昌卅二年(592)《氾崇鹿隨葬衣物疏》:"手尺一具。"

【手杵】

手提杵。元熊夢祥《析津志·物產》:"杵臼,多以車頭爲之,或以木樧瘿挽之木爲之,亦有就其石之大小爲之。然都中自以手杵者甚廣。"明宋應星《天工開物·攻稻》:"晨炊無多者,斷木爲手杵,其臼或木或石,以受舂也。既舂以後,皮膜成粉,名曰細糠,以供犬豕之豢。"

【手錘】

單手使用的重錘。用於鑿石、打鐵等。清麟慶《河工器具圖説》卷四:"手錘,尖頭圓底,約重三觔。"

手錘
清嘉慶年刊《河工器具圖説》

【手鈎】

單手使用的小型鐵鈎。清麟慶《河工器具圖説》卷四:"手鈎,刃細而長,約四五寸,橫安木柄。凡柴由溝港筏運到廠,樵兵兩手各持一鈎,勾柴上灘,晾曬,堆垜,省力而速。"

【手戽】

即戽斗。明徐光啓《農政全書》卷十三:"略舉浙西治水:礶堰、壩水、函石、倉石囤、蓬除、土帚、刺子、水管、銅輪、鐵耙、木杴、木井、木毬、木匣、水車、風車、手戽、桔槔等器。"

【手鋸】

橫柄輕便彎鋸。鋸條約長一尺五寸,用來鋸竹頭、木片等。清麟慶《河工器具圖説》卷四:"手鋸,係用鐵葉一片鑿成齟齬,約長尺五,受以木柄,長三寸,爲解析竹頭、木片之具。"

手鋸
清嘉慶年刊《河工器具圖説》

【手索】

河防工程中作埽用的一種竹索。用竹篾三股合成。元沙克什《河防通議》卷上："手索，長七十五尺，用竹二十竿。""明昌七年定到打造捲埽竹索法"，"手索每條用八破竹二十一竿，用篾子三股合成，長七十五尺，圍四寸，得竹白二十二斤"。

【手套】

套在手上紡織品。護手用具。清藍浦《景德鎮陶録》卷一："開窰類以三日，其窰中瓷匣尚帶紫紅色。惟開窰工匠用布數十層，製成手套，蘸以冷水護手。"

【手鏨】

即鏨。多指單手擊打小鏨。清麟慶《河工器具圖說》卷四："手鏨圓腦尖嘴。"

【守舍】

看管農作物的棚舍。結構簡單，架木蓋草，僅能容身。置立於田中央，給守夜者看管莊稼寢宿。元王禎《農書》卷十七："守舍，看禾盧也。架木苫草，略成構結，兩人可異。禾稼將熟，寢處其中，備防人畜。或就塍坎縛草爲之。若於山鄉及曠野之地，宜高架牀木，免有虎狼之患。

守舍
明永樂大典本《農書》

【受水壺】

漏刻中承受供水壺注入漏水的壺，刻箭置於其中，隨漏水上升而上浮。《宋史·天文志一》：浮漏議"而受水之壺一……曰箭壺"。

【授時圖】

授時圖
明永樂大典本《農書》

指示農民根據節候變化從事耕種收穫的圖表。元王禎《農書》卷十一："授時圖，示民耕桑時候之圖。諺云：雖有鎡基，不如待時。故繫此圖於田製門之末。""務農之家，當家置一本，考曆推圖，以定種藝，如指諸掌，故亦名曰'授時指掌活法之圖'。"

shu

【叔】

傳說爲舜臣。磬的發明者之一。《世本·作篇》："叔造磬。"一說叔即毋句。

【叔均】

后稷之孫。傳說爲耕犁的發明者。元王禎《農書》卷十二："《山海經》曰：后稷之孫叔均始教牛耕。"注："用牛犁也。後改名末耜曰犁。陸龜蒙《末耜經》曰：農之言末耜，民通謂之犁。"耕犁的使用是中國農業科技的重要進步。傳說叔均發明的農具尚有耙與耖。清汪汲《事物原會》卷二十三："《物原》：叔均作耙，種蒔，犁一，耙六。今人只知犁深爲功，不知耙細爲全功。耙功不到，則土粗不實。"《事物原會》卷二十三："叔均作耖。東魯王曰：《農桑通訣》：耖，疏通田泥器也。"

【梳子】

即抽子。清麟慶《河工器具圖說》卷四："抽子，一名梳子。""爲抽劈皮膜之用。"

【書招】

懸挂於書場門口的招牌。上書評話人姓名及有關説書內容之文字。清李斗《揚州畫舫録·小秦淮録》："大東門書場在董文祠坡兒下厨房旁。四面團座，中設書臺，門懸書招，上三字橫寫，爲評話人姓名，下四字直寫，曰'開講書詞'。"

【疏鬣】

一種上漆刷子。長而稀，富彈性，由某些獸類的長毛製成。明黃大成《髹飾録》乾集："雨灌，即髹刷。有大小數等，及蟹足、疏鬣、馬尾、豬鬃。又有灰刷、染刷。沛然不偏，絶塵膏澤。"

【䉛】

貯米的器具。《廣雅·釋器》："㽵、䉛、匜、䇬、畚也。"王念孫疏證："《廣韻》：䉛，筐䉛也。䉛之言貯也，所以貯米也。"

【黍尺】

用黍百粒相累，取其長度爲一尺的標準，稱之爲黍尺。因累黍時排列方法不同，又分爲橫黍尺，縱黍尺，斜黍尺。《漢書·律曆志一上》："度者，分、寸、尺、丈、引也，所以度長短也。本起於黃鍾之長。以子穀秬黍中者，百黍之廣，度之九十分，黃鍾之長。一爲一分，十分爲寸，十寸爲尺。"明徐光啓《農政全書》卷四："李照、胡翼之、鄧保信各有黍尺。"明朱載堉《樂律全書》卷十："黃鍾之

黍尺

清學津討原本《皇祐新樂圖記》

三種黍尺

上：縱黍尺　中：斜黍尺　下：橫黍尺

長，當縱尺八十一分，當斜黍尺九寸，當橫黍尺十寸。縱黍之尺，黃帝尺也，宋尺也，斜黍之尺，漢尺也；橫黍之尺，夏尺也。”

【蜀钁】

一種鋤頭。柄較短。鋤鋒用鋼鐵製成。用以挖牆攻城。唐李筌《神機制敵太白陰經·攻城具》：“蜀钁鐵鏨。蜀钁，短柄钁也。”宋許洞《虎鈐經·攻城具》：“蜀鐵钁鋤，蜀钁，短柄，著鋼鐵鏨，以鋤其城。”

【鼠弓】

一種捕殺地鼠的工具。其通常的結構用竹弓、鐵箭，故名。清麟慶《河工器具圖說》卷二：“地鼠，俗名地羊”，“爪銛牙利，頃刻穿陜，搜捕不可不淨。捕法：趁其迎風開洞，用竹弓、鐵箭射之，百不失一。鼠弓有三：一用鐵簽張於弓上，簽直如矢；一用挑棍撐桿懸以消息；又一式，三叉其木，墜以巨磚，懸以消息。若今之取禽獸用罟攫然”。

鼠弓

清嘉慶年刊《河工器具圖說》

【鼠弶】

即鼠弓。清翟灝《通俗編·獸畜》：“今仍呼木作鼠弶爲木貓。”

【數日規】

即日晷。《清稗類鈔·宮苑類》：“有數日規，以石製之，表面鐫十二地支及晷刻度數，中竪一鋼針，太陽照之，針影在石上，即知何時何刻。”

【劚藥鋤子】

採藥用的小鋤。宋沈括《忘懷錄·附帶雜物》：“小斧子、斫刀、劚藥鋤子、臘燭二、柱杖、泥靴、雨衣、䉲笠、食鉹、虎子、急須子、油筒。”

【束腰】

即束腰碱。清麟慶《河工器具圖說》卷二：“墩子、束腰，宜於平地。”

【束腰索】

捆埽用的繩索。捆縛埽的中間部位。元沙克什《河防通議》卷上：“卷埽物色”，“束腰索，單使令多”。

【束腰碱】

一種兩端爲圓平面，中間束腰的碱。其碱面較墩子碱爲小，重量亦較輕。適用於平地夯實。清麟慶《河工器具圖說》卷二：“碱有墩子、束腰、燈臺、片子等名。”按，其插圖名爲“束腰碱”。

束腰碱

清嘉慶年刊《河工器具圖說》

【紨】

繩子。《玉篇·糸部》：“紨，音術，繩也。”

【數罟】

即九罭。《孟子·梁惠王上》：“數罟不入洿池，魚鼈不可勝食也。”趙岐注：“數罟，密網也。密細之網所以捕小魚鼈者也，故禁之不得用。魚不滿尺不得食。”《爾雅·釋器》：“緵罟謂之九罭。九罭，魚罔也。”郭璞注：“今之百囊罟，是亦謂之罨，今江東謂之緵。”郝懿行義疏：“緵之言總也。孟子所謂數罟，言其網目細密。”

【䉛】

用竹編製的盛貯穀物的器具。有底，較囤爲小。元王禎《農書》卷十五：“䉛，《集韻》云：䉛筐，盛種器。䉛運底小笆，便於移用。䉛作篅，又作𥫝。”

【䉛筐】

即䉛。元王禎《農書》卷十五：“䉛，《集韻》云：䉛筐，盛種器。蓋連底小笆，便於移用。”

【篅】

同“䉛”。參見“䉛”。

【𥫝】

同“䉛”。元王禎《農書》卷十五：“䉛，《集韻》云：䉛筐，盛種器，蓋連底小笆，便於移用。䉛作篅，又作𥫝”。

shuai

【率】

畢之類。一種長柄小網，用以掩鳥。《說文·率部》：“率，捕鳥畢也。象絲罔，上下其竿柄也。”段玉裁注：“畢者,田網也,所以捕鳥。亦名率……上其竿之露者,下其柄也,畢網長柄。"王筠句讀:"畢,田網也。其小而僅可捕鳥者謂之率……有竿撐之,有柄持之也。"

shuan

【栓】

即釘子。《廣雅·釋器》:"栓、榍,釘也。"王念孫疏證:"玉篇:栓,木釘也。"

shuang

【雙半圓儀】

清製測量儀器。在一豎直支柱中心,水平方向安一直尺,直尺兩端各置一水平方向的半圓,一固定,一可沿直尺方向移動。在兩半圓中心各沿水平方向伸出一直桿,可繞半圓中心轉動。在半圓中心及直桿一端均設瞄準器。半圓內繪有半方矩,縱橫均有分劃。瞄準觀測目標後,根據尺、桿、半圓弧上的分劃,以比例計算可得兩目標間之夾角。清《皇朝禮器圖式》卷三:"本朝製半圓儀。鑄銅爲之。"

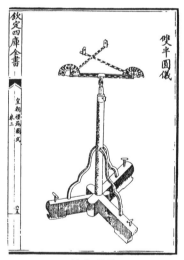

雙半圓儀
四庫全書本《皇朝禮器圖式》

【雙螭臼】

兩側附螭的臼。《西清古鑒》卷三五"漢雙螭臼":"高四寸,深三寸三分,口徑三寸三分,腹圍一尺一寸七分。重八十七兩。按:臼之名,自《易》稱臼杵之利已有之。此器蓋後世物,蘗臼、茶臼之類耳。"

雙螭臼
四庫全書本《西清古鑒》

【雙齒鋤】

首有雙齒的鋤。形如燕尾,有柄。用於破土及破砂礫等。清麟慶《河工器具圖説》卷二:"雙齒鋤,鍛鐵爲首,形如燕尾,受以木柄,可破砂礓。"

雙齒鋤
清嘉慶年刊《河工器具圖説》

【雙規】

宋韓符製銅候儀的子午環,固定於支架,屬外層六合儀的環圈。《宋史·天文志一》:銅候儀"一曰雙規","上刻周天三百六十五度,南北對立,置水臬以爲準"。

【雙環規】

前趙孔挺製渾儀的子午環。爲兩個平行相距約三寸的環。與支架固連不能運動。《隋書·天文志上》:"其制則有雙環規相并,間相去三寸許。正豎當子午。其子午之間,應南北極之衡,各合而爲孔,以象南北樞。植楗於前後,以屬焉。"

【雙腳耬】

即兩腳耬。清王筠《馬首農言記》:"安邱用獨腳耬、雙腳耬。至於耬字,《説文》作樓,見椹字下又作慺。"

【雙輪水碓】

用雙輪激水帶動的碓子。唐段成式《酉陽雜俎·詭習》:"張芬曾爲韋南康親隨行軍,曲藝過人,力舉七尺碑,定雙輪水碓。"

【雙千里鏡象限儀】

清製用望遠鏡瞄準的測量儀器。其構造有一象限弧,

雙千里鏡象限儀
四庫全書本《皇朝禮器圖式》

弧的中心有兩架望遠鏡，一在弧的邊上稱定表，另一稱游表。象限弧可在支架上旋動，對向任何方向。弧上刻有角度分割，用兩架望遠鏡瞄準兩目標，在弧上的夾角即爲觀測所得的兩目標夾角。清《皇朝禮器圖式》卷三："本朝製雙千里鏡象限儀。鑄銅爲之。"

【雙升車】

井泉汲水器，也可施於江河中。以兩架恒升車組裝而成的汲水裝置。明徐光啓《農政全書》卷十九："若欲爲雙升之車，則雙箭焉。如玉衡之法，而架之而升降之，此升則彼降，用力一而得水二也。是倍利於恒升也，尤宜於江河。"注曰："力一水二者，一升一降，各得水一焉，無虛用力也。"

【雙游表半圓儀】

清製測量儀器。在支架直柱上，置一半圓規，在圓心伸出兩根帶瞄準器的直桿，可繞圓心旋轉，稱游表。在一游表上另設一直表，各表上皆有刻度分割。以兩游表瞄準兩目標，根據三表構成的三角形各邊邊長，可算得角度。清《皇朝禮器圖式》卷三："本朝製雙游表半圓儀，鑄銅爲之。"

雙游表半圓儀
四庫全書本《皇朝禮器圖式》

【雙針錶】

時針、分針顯示之錶。《養心殿造辦處史料輯覽·雍正四年》："八月二十日據圓明園來帖內稱，太監劉玉交來五彩人形琺瑯套金盒琺瑯錶盤雙針錶一件、嵌玻璃金套拱花五彩人形琺瑯盒金錶盤雙針錶一件、五彩人形琺瑯盒金錶盤雙針錶一件、銀套銀盒銀錶盤雙針錶一件、銀套銀盒嵌玻璃琺瑯人形銀錶盤雙針錶一件、琺瑯人形銀錶套金錶盤雙針錶一件、嵌玻璃鍍金套五彩人形琺瑯盒鍍金錶盤雙針錶一件。"

【瓵】

一種錯磨用具。陶質或石質，平面呈長方形、橢圓形、圓形、長梯形等不定，中間稍向外隆突，上刻直綫紋、細繩紋、方格紋、葉脉紋等紋飾，背後有柄形或橋形把手。其用途有四：一、磨擦瓶類器物，去除垢膩；二、清除骨料或皮革上殘存的皮、肉、油膩、毛髮等物；三、錯磨加工一些木、陶、石、蚌等質料的小型生產工具和生活用具；四、搓磨穀物，進行脱粒。在我國新石器時代的遺址出土了不少陶瓵、石瓵。如江蘇邳縣大墩子遺址出土六件夾砂紅陶瓵，其中一件有柄，狀如蘑菇，表面刻劃葉脉紋；另五件狀如盾，上尖下寬，頂端有一圓孔以穿繫。陝西周原遺址出土五件，其中一件泥質灰陶瓵，面爲長方形，中部隆起，上刻方格紋，方格紋內又有十分錯亂的紋飾。紋飾刻痕兩側棱角銳利，但有使用磨損痕迹。背有橋形把手。另外，在雲南雲縣忙懷遺址中發現一件石瓵，以一黑雲石英片巖的長條形卵石製成，上刻方格紋。在山東泰安大汶口也發現一長梯形石瓵。這些陶瓵、石瓵多出土於製骨

銅瓵　　　　石瓵
黃土梁東漢墓　　滿城1號漢墓

作坊遺址或建造考究的居住基址內。其紋飾雜亂無章，刻劃棱角銳利，而且有磨損痕迹，可見它們主要用於錯、磨加工。滿城陵山1號西漢墓發現石瓵一件，爲玄武巖火山石，輕而粗糙，有蜂窩狀小孔，呈黑色，爲扁平長圓形，長19.7厘米、寬5.7厘米。漢代墓葬有陶瓵，爲長方形板，板面有細尖乳刺，有加强摩擦作用，可清搓重垢。陝西安康黃土梁東漢墓發現銅瓵一件，長方形板面上有乳刺，柄爲盤龍形。通長17.4厘米、寬5.2厘米、厚8.0厘米。後代墓葬也有發現。四川簡陽東溪園藝場元墓銅瓵，板一面爲人龍紋，另一面爲細尖乳刺，柄爲龍鳳紋。通長20.5厘米、寬6.5厘米。因銅瓵柄有龍紋，故曾稱之爲龍虎牌。《説文·瓦部》："瓵，磋垢瓦石也。"段玉裁注："用瓦石去垢曰瓵。《方言》注曰：澡，錯也。澡與硰同。"

shui

【水排】

東漢初年，杜詩總結前人經驗而創製。排以革囊製成，後世亦用木扇。選湍流急水之側，架木立輪，利用水力激輪，輪以鼓排。輪有臥輪、立輪二式。用於冶鑄鼓風吹火。《三國志·魏志·韓暨傳》："（韓暨）後選樂陵太字，徙監冶謁者。舊時冶作馬排，每一熟石用馬百匹。更作

水排
明永樂大典本《農書》

人排,又費工力;暨乃因長流爲水排,計其利益,三倍於前。"元王禎《農書》卷十九:"水排,《集韻》作鞴,與韛同,韋囊吹火也。後漢杜詩爲南陽太守,造作水排,鑄爲農器,用力少而見功多,百姓便之。注云:冶鑄者爲排吹炭,令激水以鼓之也。"明徐光啓《農政全書》卷十八:水排,"以今稽之,此排古用韋囊,今用木扇。其制:當選湍流之側,架木立軸作二臥輪,用水激轉下輪,則上輪所週弦索,通激輪前旋鼓掉枝,一例隨轉。其掉枝所貫行桃因而推輓臥軸左右攀耳以及排前直木,則排隨來去,搧冶甚速,過於人力。又有一法:先於排前直出木簨,約長三尺,簨頭豎置偃木,形如初月,上用鞦韃索懸之。復於排前植一勁竹,上帶揉索,以控排扇。然後卻假水輪卧軸所列拐木,自上打動排前偃木,排即隨入,其拐既落,揉竹引排復回。如此,間打一軸,可供數排,宛若水碓之制,亦甚便捷"。

【水韝】
即水排。明焦竑《焦氏筆乘正續·水排》:"排當作韝,蒲拜反。冶鑄者爲韝以吹炭,即老子所謂橐籥也。今激水以鼓之,謂之水韝。"

【水標】
即水則。涪陵長江石梁宋謝昌瑜等題記:"大江中心石梁,□古記,及水標,有所鑴石魚兩枚。古記云:唐廣德□□春二月歲次甲辰,江水退,石魚出見,下去水四尺。"

【水槽】
槽形通水道。引水工具,一般由木、石製,逐節連接,用於農業灌溉、生活排水、引水及礦井的排水、引水。湖北銅綠山春秋戰國古礦井遺址共發現五件大小不同的木水槽。其中最大一件,全長160厘米,大端寬36厘米,小端寬31厘米,深20厘米,邊厚3厘米,大端留有12厘米厚的檔板,小端槽壁有卡口,它和另一件長260厘米的水槽都在Ⅲ號豎井,由井中馬頭門伸入9號巷道。最小一件在Ⅲ號井底部,長65厘米,口寬12厘米,壁厚2厘米。大小槽應爲固定引水工具,而小水槽爲臨時引水之用。唐李靖《李衛公兵法·攻守戰具》:"水槽,長二尺四寸,兩頭及中間鑿爲三

大木水槽
銅綠山春秋戰國礦井遺址

池,池橫闊一寸八,縱闊一寸,深一寸三分,池間相去一尺五分,中間有通水渠,闊二分,深一寸三分三。"明徐光啓《農政全書》卷十七:"水激輪轉,眾筒兜水,次第傾於岸上,所橫水槽,謂之天地。"

【水車】
對提水機械或某些汲水機械的統稱。如翻車、龍骨木斗、桔槔等都可以水車稱之。水車提水一是取於井,一是取於河渠。《太平廣記》卷二五引唐侯白《啓顏錄》:"唐鄧玄挺入寺行香,與諸僧詣園,觀植蔬。見水車以木桶相連,汲於井中。"元熊夢祥《析津志》施水堂:"頃年有獻施水車以給井而得水於石槽中,用以飲馬,由是牛畜馬匹之類咸賴。仍依於釋氏之側,庶給毋勞於民,不妨於其力。其制:隨井深淺,以舉碓水車相銜之狀,附木爲戽斗,聯於車之機,直至井底。而上人推平輪之機,與主輪相軋,戽斗則傾於石棍中,透於闌外石槽中。自朝至暮不輟,而人馬均濟。古無今有,誠爲可嘉。"此類戽斗式水車用於垂直取水的井中,較爲適當。而大規模灌溉排澇,架於溪塘河渠的水車則有不同。《舊唐書·文宗紀上》:太和二年閏三月丙戌朔,"內出水車樣,令京兆府造水車,散給緣鄭白渠百姓,以溉水田"。元王禎《農書》卷十:"櫃田者於下澤沮洳之地,四圍築土,形高如櫃,種蒔其中,水多浸淫,則用水車出之。"《明實錄·世宗嘉靖實錄》:"大約人耕每二人日可耕田六畝,水車

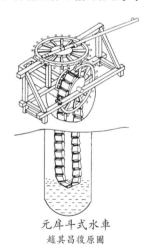

元戽斗式水車
趙其昌復原圖

每二人日可灌田十畝,民甚稱便。"此類水車品種繁多。明徐光啓《農政全書》卷九:"因而畦種區種旱稻二麥棉花黍稷之屬,仍備有水車器具,可以車水救旱。"清麟慶《河工器具圖說》卷二:"水車,農家所以灌溉田畝,取水之具也。今河工用以去水,又名翻車。"王鳳梧《名物通》:"江浙間目水車爲龍骨車。"清錢泳《履園叢話·考索·水車》:"大江以南灌田之法,俱用水車,其來已久。又名曰桔槔。"

【水稱】
稱水漏器中的部件,用以控制漏水的流量。《宋史·律曆志三》:漏刻"其制有銅壺、水稱、渴鳥、漏箭"。"壺以貯水,鳥以引注,稱以平其漏。"

【水尺】

即律吕水尺。明徐光啓《農政全書》卷四："萬寶常水尺，劉曜渾儀尺，梁朝俗間尺，各與荀互異。"

【水斗】

小戽斗。清麟慶《河工器具圖説》卷四："水斗，柳筥編成，即小戽斗。"

【水碓】

利用水力的舂搗設備。最簡單的水碓爲槽碓，較複雜的爲連機碓。《三國志·魏志·張既傳》："是時，太祖徙民以充河北、隴西、天水、南安民相恐動，擾擾不安。既假三郡人爲將吏者休課，使治屋宅，作水碓，民心遂安。"元王禎《農書》卷十九："《通俗文》云：水碓曰翻車碓。杜預

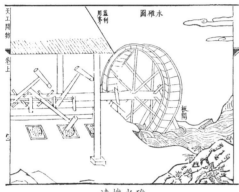

連機水碓
明永樂大典本《農書》

作連機碓。孔融論水碓之巧勝於聖人，斲木掘地。則翻車之類，愈出於後世之機巧。王隱《晉書》曰：石崇有水碓三十區。"明宋應星《天工開物·攻稻》："凡水碓，山國之人居河濱者之所爲也。攻稻之法，省人力十倍，人樂爲之。引水成功，即筒車灌田同一制者也。""設臼多寡不一，值流水少而地窄者，或兩三臼，流水洪而地室寬者，即並列十曰無憂也。"

【水碓磨】

利用水力帶動旋轉的碓磨設備裝置。用以搗舂穀米和磨粉等。《南史·祖冲之》："於樂游苑造水碓磨，武帝親自臨視。"

水碓和水磨
巖上寺金代壁畫

【水翻車】

利用水力轉動的翻車。粵俗多指水轉筒車。清李調元《南越筆記·水翻車》："水翻車，一名大翿車，從化之北，凡百餘里，兩岸巨石相距，水湍怒流，居民多以樹木障水爲翻車。"清屈大均《廣東新語·器語·水車》："水翻車，一名大棚，車輪大三四丈。四周悉置竹筒，筒以吸水，水激輪轉，自注槽中，高田可以盡溉。"

【水跌】

即水桌。宋蘇頌《新儀象法要·卷上》："今新儀復曰水跌。其制各長一丈四寸，高七寸五分，闊八寸四分。十字置之，中鑿水道深一寸五分，相通以行水。視水平則高下正矣。"

【水桌】

即水平。《文選·何晏〈景福殿賦〉》："唯工匠之多端，固萬變之不窮。離天地以開基，并列宿而作制。制無細而不協於規景，作無微而不違於水桌。"李善注："《周禮》：'匠人建國，水地以縣，置槷以縣，眡其景，爲規，識日出之景與日入之景。'鄭玄曰：'於四角立植，而縣以水，望其高下，高下既定，乃爲位而平地也。槷，古文桌，假借字也。於所平之地中，樹八尺之桌，以縣正之，眡之其景，將以正四方也。'"張銑注："水桌，水平也。"

【水鞲】

活塞運動之吸水裝置。宋蘇軾《東坡志林》卷四："自慶曆、皇祐以來，蜀始創筒井，用圜刃鑿如碗大，深者數十丈，以巨竹去節，牝牡相銜爲井，以隔橫入淡水，則鹹泉自上。又以竹之差小者，出入井中，爲桶無底而竅其上，懸熟皮數寸入水中，氣自呼吸而啓閉之，一筒致水數斗。凡筒井皆機械，利之所在，人無不知。《後漢書》有水鞲，此法惟蜀中鐵冶用之，大略似鹽井取水筒。"

【水管】

輸水管道。《清稗類鈔·譏諷類》："有水管，開之則水至，盥既而水穢，宜洩之，巾宜懸於桿，凡以便後至者之續盥也。"

【水海】

吕才漏刻中的受水壺。中有刻箭，隨水上浮以報時。《六經圖定本·詩經》引宋楊甲《六經圖》："以次相注，入於水海，浮箭而上，每以箭浮爲刻分也。"

【水戽】

即戽斗。宋沈與求《雨不止》詩："已看城郭半浮楂，水戽聯翻接渚涯。天意若如民意切，停鞭且知阿香車。"明王徵《遠西奇器圖説》卷三："先爲大立輪，中藏水戽，轉水至槽池中。"

【水火籃】

即藥籃。明屠隆《考槃餘事·游具箋》："藥籃，即水火籃也。"

【水基板】

河底泥濘處作業時，供踏腳行走的板狀用具。用木條拼成，或用大竹纏扎草繩編成。清麟慶《河工器具圖説》卷二："水基板，一名水基跳。河底泥濘，無從著腳，用木配成板，或用大竹以穀草繚繫排做。如地平式，長一二丈，人立在上，如履平地，得以挑挖。揚子《方言》：基，據也。在下物所依據也。人在泥中板有所據，故曰水基。"

水基板
清嘉慶年刊《河工器具圖説》

【水基跳】

即水基板。清麟慶《河工器具圖説》卷二："水基板，一名水基跳。"

【水機】

即筒車。清陳忠倚《水機圖説》："此機，粵東多用之，凡流水河邊，高岸有田而艱於取水之處，可照此圖式造水機取水。輪軸用堅木爲之，對破再用鐵箍，中抽雙眼安車心，車心毁可更換。車輪用徑一寸五六分厚之竹爲之，輪圈則以竹片爲之，輪徑二丈六尺，以粗竹筒斜安輪外，每相距三尺安一筒。水激輪轉，每筒起水二三斤，從高而下，水即傾入木槽，轉瀉於田。（此筒改用洋鐵尤輕便。）輪没水中約二三寸爲適度，能激水高至二丈餘。於水中爲欄，水栅用雜樹枝密插爲之。譬岸爲東西，則此栅由南向北，斜向車架而止。河水流行，忽然被約，愈激急，輪因之而轉愈速。水栅中間作簆籬如魚籬然，以便行船，船過籬起，遏水如常。此車凡流水河用皆可安設，日夜不息，甚爲便利。"

【水擊麨羅】

利用水力帶動的篩麵羅。多隨水磨用之。元王禎《農書》卷十九："水擊麨羅，隨水磨用之。其機與水排俱同，按圖視詩，當自考索。羅因水力互擊椿柱，篩麵甚速，倍於人力。"

【水晶蓋小圓羅經】

覆水晶蓋的小型羅盤。水晶透明，用其爲蓋封閉，可使盤内清潔，指針穩定，且便於觀察，這是中國羅盤製作上的一個新的發展。明無名氏《天水冰山録》：都丞文具，"水晶蓋小圓羅經一個"。

【水晶宮刻漏】

用水晶等製作的宮殿形刻漏，内設機關，以木偶擊鉦鼓報時。元主所製，入明被毁。水晶，疑爲玻璃之類。明余繼登《典故紀聞》卷二："司天監進元主所製水晶宮刻漏，備極機巧，中設二木偶人，能按時自擊鉦鼓。太祖謂侍臣曰：'廢萬機之務而用心於此，所謂作無益而害有益也，使移此心以治天下，豈至亡滅。'命碎之。"

【水晶刻漏】

即水晶宮刻漏。《明史·天文志一》："明太祖平元，司天監進水晶刻漏，中設二木偶人，能按時向擊鉦鼓。太祖以其無益而碎之。"

【水晶千里眼】

水晶鏡片之千里鏡。我國工匠用天然水晶磨製鏡片。參見"玻璃千里眼"。

【水晶眼鏡】

用天然水晶石琢磨成鏡片製成的眼鏡。清吳振棫《養吉齋叢録》卷二六："康熙癸未五月，賜禮部侍郎孫岳頒水晶眼鏡。"參見"墨晶眼鏡"。

【水晶丸】

即水精珠。元黄玠《用水精丸炷火灼丹田中》："仙人掌上水精丸，摘得金莖秋露顆。亦同陽燧大蛤珠，摩挲向日出真火。"

【水精珠】

水晶磨製之圓球。相傳在太陽光下，能聚光生火。宋洪邁《夷堅志補十三·蔡五十三姐》："忽有道人過門，自稱何法師，望見此女在門内，去而復還，探袖中幅紙，磨朱砂，濡筆書一符，又以水精珠照太陽，取火焚符，拋入門内。"

水精珠　　　　宋水晶珠
宋建炎四年(1130)趙仲湮墓　　江陰青陽悟空寺出土

【水梡】

舀水用的小木桶。清麟慶《河工器具圖説》卷二："其泡灰和灰之具有桶，有梡。梡，小桶也。"

水龍
清嘉慶年刊《河工器具圖説》

【水龍】

一種用足踏的汲水機械。《農雅·釋器》："以木作輪，周迴著齒，而孔其中，謂之撥。貫撥者謂之軸，軸兩旁縱橫貫以小木，其端各着魗碢，謂之榔，亦謂之拐木。置槽下入水上，近軸以所貫輻下繞鹿耳，而上繞於軸之撥，循環無端。足踏榔則輻隨軸轉，而水從槽起矣。高鄉之車，深八寸，廣尺七寸，曰水龍。凡一車用三人至六人，日灌田二十畝。"

【水礱】

利用水力轉動的礱。其形制與水磨相似。元王禎《農書》卷十九："水礱，水轉礱也。礱制上同，但下置輪軸，以水激之，一如水磨。日夜所破穀數，可倍人畜之力。"

【水漏】

即漏刻。區別於沙漏，故稱。《新唐書·曆志三上》："軌與晷名舛而義合，其差則水漏之所從也。"《明史·天文志一》："明初，詹希元以水漏至嚴寒水凍輒不能行，故以沙代水。"

【水輪】

利用水力推動輪軸的一種提水工具。水輪有臥式、立式。臥式可平臥於流速湍急處，也可引水下注；立式必須引水下注，或設於小瀑布下。所以臥式水輪比立式水輪較爲常見。唐陳廷章《〈水輪賦〉序》："以汲引之道，成於運輪爲韻。"賦曰："水能利物，輪乃曲成。升降滿農夫之用，低徊匠氏之程。始崩騰以電散，俄宛轉以風生。雖破浪於川湄，善行無迹，既斡流於波面，終夜有聲……斲木而爲，憑何而引……箭馳可得而滴歷，輻湊必循平規程……殊轆轤以致功，就其深矣；鄙桔槔之煩力，使自趨之轉轂"。明陸容《菽園雜記》卷十："嚴州山中灌田之法，有水輪。其制：約水面至岸高若干尺，如其度爲輪，輪之輻以細木幹爲之。每輻出枸處，繫一竹筒，但微繫其腰，使兩頭活動，可以俯仰。置軸半岸，貫輪其上，岸上近輪處，置木槽以承水。溪水散緩，則以石約歸輪下使急，水急則輪轉如飛。每筒得水，則底重口仰，及轉至上，則筒口向下，水瀉木槽，分流田中。不勞人力，而水利自足，蓋利器也。夫桔槔隨處有之，或運以手，或運以足，或運以牛，機器之巧，無踰此矣。山中深溪高岸，桔槔之巧莫能施矣，於是乎有水輪之制焉。"

【水輪車】

指衛轉筒車。清麟慶《河工器具圖說》卷二："水輪車，其制與人踏翻車同，但於流水岸邊，掘一狹塹，置車於內，外作竪輪，岸上架木立軸，置一臥輪，其輪適於竪輪輻支相間，用衛拽轉，輪軸旋翻，筒輪隨轉，比人踏，功殆將倍之。"

【水羅經】

水法羅盤。是水浮磁針配以方向盤組成的方向儀。《武經總要》所云之指南魚已具水法羅盤的形制。宋人徐兢《宣和奉使高麗圖經》有指南浮針以揆南北的記載，證明我國水羅經在宋代已經用於航海導航。明李豫亨《青烏緒言》："以針浮水定子午，俗稱水羅經。"

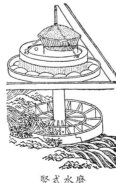

竪式水磨
明平露堂本《農政全書》

【水磨】

水力機械爲動力之成套碓、磨加工設備，盛行於宋代。水磨設置在溪流、河口間，作壩提高水位，以水力衝擊水輪，通過齒輪，水碓上下碓物、石磨轉動，磨碎糧食、香料等。水磨是一種低成本、高效的加工器械，爲帝王、豪富、寺院所占有。但是水磨需要作壩阻流，河道變淺，漫侵農田，妨礙舟楫往來。故而濫設水磨，會造成嚴重的後果。《宋史·河渠志四》："元祐元年閏二月辛亥，右司諫蘇轍言：'近歲京城外創置水磨，因此汴水淺澁，阻隔官私舟

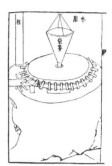

橫式水磨
明初刻本《天工開物》

元佚名《民物熙樂圖軸·山溪水磨圖》

五代衛賢《閘口盤車圖》

船。其束門外水磨，下流汗瀁無歸，浸損民田一二百里。幾敗漢高祖墳。賴陛下仁聖惻怛，親發德音，令執政共議營救。尋詔畿縣於黃河春夫外，更調夫四萬，開自盟河以疏洩水患，計一月畢工。然以水磨供給京城內外食茶等，其水止得五日閉斷，以此工役重大，民間每夫日顧二百

錢。一月之費計二百四十萬貫。'"置於農田間小型水磨,大多有力無礙,是便民之機械。《文獻通考·徵榷五》:"元豐中,宋用臣都提舉汴河隄岸,創奏修置水磨。"明徐光啓《農政全書》卷十八:"水磨,凡欲置此磨,必當選擇用水地所,先儘并岸僻水激轉,或別引溝渠。掘地棧木,棧上置磨,以軸轉磨中,下徹棧底,就作卧輪,以水激之,磨隨輪轉。"磨有兩式,即上文所述:激輪與磨上下平行,輪軸和磨軸相連,輪動直接帶動磨轉,此爲竪式,宋已有之;激輪與磨垂直,輪軸通過齒輪帶動磨轉,此爲橫式。參見"水碓"。

【水䃺】

同"水磨"。宋程大昌《演繁露》卷三:"然而自此時至漢,皆未有今世捲水之車也,不獨未有捲水之車也,雖水䃺、水碓,亦無載焉,故知智未及知也。"

【水碆】

同"水碾"。清劉沅《槐軒雜著》卷二:"愚鄉多水碆,考之史册,皆無異名,或以通輾,非其實也。"

【水碾】

利用水力帶動旋轉的碾子。《魏書·孝靜紀》:"封王諸子爲縣公,邑各一千户,奉絹三萬匹、錢一千萬、粟二萬石、奴婢三百人、水碾一具、田百頃、園一所。"元熊夢祥《析津志·城市街市》:"厚載門,乃禁申之苑囿也。內有水碾,引水自玄武池,灌溉種花木。"明徐光啓《農政全書》卷十八:"水碾,水輪轉碾也。《後魏書》:崔亮教民爲碾,奏於方張橋東堰谷(穀)水,造水碾數十區。豈水碾之制,自此始歟。其碾制上同,但下作卧輪,或立輪,如水磨之法。輪軸上端穿其碾䃎,水激則碾隨輪轉,循槽轢穀,疾若風雨。"

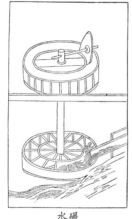
水碾
明永樂大典本《農書》

【水碾磨】

即水磨。《魏書·崔亮》:"及爲僕射,奏於張方橋東堰穀水造水碾磨數十區。其利十倍,國用便之。"

【水碾磑】

即水磨。《北齊書·高隆之傳》:"又鑿渠引漳水周流城郭,造治水碾磑,并有利於時。"宋王讜《唐語林·政事上》:"廣德二年春三月,勑工部侍郎李栖筠、京兆少尹崔沔,拆公主水碾磑十所,通白渠支渠,灌溉公私田,歲收稻二百萬斛,京城賴之。"《文獻通考·職官六》:"水部掌凡川瀆、河渠、津梁、舟楫、漕運、水碾磑,凡隄防疏淪之政令皆掌之。"

【水輾三事】

利用水力推動輪軸,一機可以完成磨、礱、碾三種用途的機械裝置。明徐光啓《農政全書》卷十八:"水輾三事,謂水轉輪軸,可兼三事:磨、礱、輾也。初則創立水磨,變麥作麵,一如常法。復於磨之外,周造輾圓槽,如欲毇米,惟就水輪軸首,易磨置礱,既得糲米,則去礱置輾碾䃎,循槽碾之,乃成熟米。夫一機三事,始終俱備。"

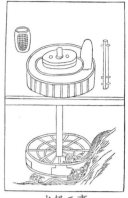
水輾三事
明永樂大典本《農書》

【水臬】

渾儀等天文觀測儀器基座上的水槽。多成十字形。其作用是校正儀器,使之處於水平位置。《宋史·天文志一》:"銅儀之制有九……九曰水臬,十字爲之,其水平滿,北辰正。以置四隅,各長七尺五寸,高三寸半,深一寸。四隅水平,則天地準。"

【水笻】

用竹編製,用於農田濾水去泥沙的工具。元王禎《農書》卷十八:"水笻,《集韻》云:竹箕也。又籠也。夫山田利於水源在上,間有流泉飛下,多經磴級,不無混濁泥沙,淤壅畦埂。農人乃編竹爲籠,或木條爲捲芭,承水透溜,乃不壞田。"

水笻
明永樂大典本《農書》

【水平】

測量水平的儀器。《周禮》記載水平,"四角立植,而縣以水,望其高下"。至晚唐代已形成水槽注水,以浮標定水平面的儀器，沿用至清無大變。唐李靖《李衛公兵法》卷下：“水平者，木槽，長二尺四寸，兩頭及中間鑿爲三池，池橫闊一寸八分，縱闊一寸三分，深一寸二分，池間相去一尺五寸，間有通水渠闊二分，深一寸三分。三池各置浮木，木闊狹微小於池箱，厚三分，上建立齒，高八分，闊一寸七分，厚一分。槽不轉爲關腳高下與眼等，以水注之，三池浮木齊起，眇目視之，三齒齊平則爲天下準。或十步，或一里，乃至數十里，目力所及，置照版、度竿，亦以白繩計其尺寸，則高下丈尺分寸可知，謂之水平。”宋曾公亮《武經總要前集》卷十一“水攻”：“凡水因地而成勢，謂源高於地，本高於末，則可以遏而止，可以決而流，或引而絶，或堰以灌城，或注毒於上流，或決壅於半濟，其道非一，須先設水平測度高下，始可用之也。”宋李誡《營造法式·看詳》：“定平之制：既正四方，據其位置，於四角各立一表，當心安水平。其水平長二尺四寸，廣二寸五分，高二寸；下於立椿，長四尺，安鑲在內，上面橫坐水平。”清麟慶《河工器具圖説》卷一：“水平之制，用堅木長二尺四五寸或長四五尺，厚五寸，寬六寸，中間留長三寸。兩邊鑿槽各寬八分，餘寬七分以作外框。兩頭各留長三寸，亦鑿槽寬八分，通身槽深二寸，

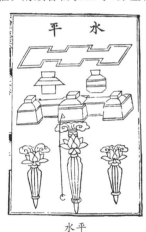

水平
明正德年刊《武經總要》

水平
清嘉慶年刊《河工器具圖説》

周圍一律相通。再於中央鑿池一方，寬長各二寸，深二寸，左右各添鑿一槽，其寬深與通身槽同，便於放水通連。槽內須放浮子一箇，浮子方長一寸五分，厚六分，面安小圓木柄一根，高出面五分。兩頭亦各放浮子一箇，寬長均與中央同，惟兩頭之槽僅寬八分，未免浮寬槽窄。必得於兩頭適中之處開二方池，照中央寬深尺寸，名曰三池。用時置清水於槽內，三浮自起，驗浮柄頂平則地亦平，如有高下，即不平矣。但用在五六丈之內尤準，若多貪丈尺，轉屬無益。”

【水渠】

即水枲。《元史·天文志一》：“兩傍相去一寸爲水渠，深廣各一寸，與南北兩池相灌通以取平。”

【水日晷】

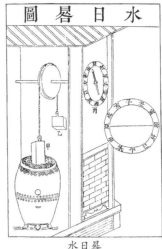

水日晷
清守山閣本《遠西奇器圖説》

西法指針式漏刻。水缸內置浮木，浮木鏈條帶動轉盤，轉盤軸上有指針，水漏帶動指針，指示時刻。明鄧玉涵、王徵《遠西奇器圖説》卷三：“水日晷説：先以小鋼承水，於底鑽一小孔，徐徐出水；上安小棍轆，長轉軸出牆外，棍轆上纏以索；下端繫重木如甲然，亦不必太重，上端繫小重如乙，牆外軸端定安日晷如丙。水徐徐下，則重木亦必徐徐下，而日晷以時轉矣。此省便法也。”

【水桶繩】

繫在水桶上的繩子。供扛擡用。明沈榜《宛署雜記·經費下》：“會試場內供給補辦家火”，“綿手索九條，水桶繩三十二條，藍綿繩五十八條”。

【水托】

船舶航行時用於測量航道水深的工具。《清稗類鈔·屯漕類》：“大洋中以鍼盤定向，以更香計時，而深淺尤持水托，範鉛爲錘，繫以長繩，橫如兩臂爲一托，自十托至五十托不等。”

【水磑】

即水磨。《隋書·楊素傳》：“素負冒財貨，營求產業，東、西二京，居宅侈麗，朝毀夕復，營繕無已，爰及諸方都會處，邸店、水磑并利田宅以千百數，時議以此鄙之。”《新唐書·王方翼傳》：“乃出私錢作水磑，簿其贏，以濟飢廉。”《法苑珠林》卷六九：“其私畜奴婢、田宅、水磑、車牛馬等並宜沒官。”

【水鴨子】

用以校正地面水平之木塊。浮在水面，稱之水鴨子。《魯班經·斷水準法》：“中開水池，中表安二線垂，下將一小石頭墜正中心。水池中立三個水鴨子，實要匠人定得木

頭端正壓尺十字,不可分毫走失。若依此例,無不平正。"

【水運儀象臺】

宋蘇頌監製、韓公廉設計製造的一座包括渾儀、渾象、自動報時機構三部分,由水力驅動的大型天文鐘。建成於元祐七年(1092)。結構複雜,具有近代機械鐘錨狀擒縱器的雛形。爲世界科技史界承認的天文鐘之祖。宋蘇頌《新儀象法要》卷下:"右水運儀象臺,其制爲臺。四方而再重,上狹下廣","渾儀置上隔","渾象連木地櫃置臺中隔","臺内仰設晝夜機輪八重","輪外以五層半座木閣蔽之,層皆有門以見木人出入,第一層左搖鈴,右扣鐘,中擊鼓。第二層報時,初及時正。第三層報刻。第四層擊夜漏金鉦。第五層報夜漏更籌","橫貫鐵樞軸一,南北出軸,南爲地轂運撥地輪天柱,中動機輪動渾象上動渾儀"。

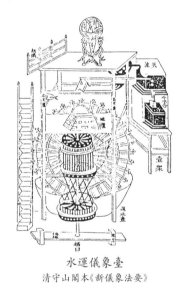

水運儀象臺
清守山閣本《新儀象法要》

【水則】

河道水位的測量設置。相傳禹治洪水,刊木以測水位,秦李冰修建都江堰水利工程,立三百人作水則,"水竭不至足,盛不没肩"。都江堰湔堰遺址出土了東漢建寧元年製的李冰石像,爲陳、尹二都水據所立,雖然刻銘稱"珍(鎮)水萬世",實際上作水則之用。唐代在涪陵白鶴梁設石魚水則,宋代,直至清代皆有續修。北宋出現了有明確尺度的水則,《宋史·河渠志五》記都江堰:"離堆之趾,舊鑱石爲水則,則盈一尺,至十而至。水及六則,流始足用,遇則從侍郎堰減水河泄而歸於江。歲作侍郎堰,必以竹爲繩,自北引而南,準水則第四以爲高下之度。"陝西涇陽豐利渠口尚可見北宋刻尺水則,鑿於石質渠壁,前後有閘槽、石窩等。水則爲垂直方格狀,閘前處殘存七格,每格寬 31 厘米,平均高 30.79 厘米,閘上處殘存四格,寬 32 厘米,平均高 30.74 厘米,與宋帛尺尺長相當。明代《吳江水利考》載太湖地區吳江垂虹亭的水則碑,分作七格,以格記水位。江陵楊林磯可見清"道光二十五年重建"的標尺式水則,和現代的水位標志完全相同。參見"石魚"。

漢石人水則
都江堰出土

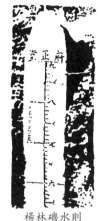

楊林磯水則
清道光二十五年(1845)重建

【水閘】

較小水流中,插入水底以截流促淤的設施。其結構爲周用木框,中爲編竹,與編障相似。清麟慶《河工器具圖說》卷三:"水閘,一名水攔。其法與編障相仿,但直木俱用鋭首,障則施於大溜,懸出龍底,使之不激;閘則用於餘溜,插入河底,使之截流。用雖少異,功實相侔也。"

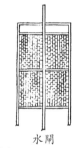

水閘
清嘉慶年刊《河工器具圖說》

【水閘】

設在河流、渠道或堤壩中的水工建築物。由閘墩、閘門、底板、岸牆以及閘門啓閉設備和消能設備等組成。通過啓閉的閘門,可以調節水位和控制流量,以適應農田灌溉及各種不同的需要。有節制閘、進水閘、出水閘、擋潮閘、排水閘、分洪閘等。元王禎《農書》卷十八:"水閘,開閉水門也。間有地形高下,水陸不均,則必跨據津要,高築堤壩匯水。前立斗門,甃石爲壁,疊木作障,以備啓閉。如遇旱澇,則撤水灌田,民賴其利。又得通濟舟楫,轉激碾磑,實水利之總揆也。"明徐光啓《農政全書》卷七:"若溝渠陂場上置水閘,以備啓閉,若塘堰之水,必置涵寶以便通泄。此水在上者,若田高而水下,則設機械用之。"

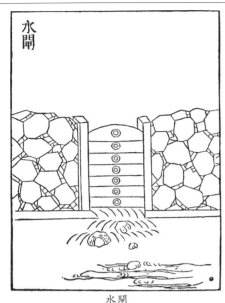

水閘

明永樂大典本《農書》

【水栅】

攔水設施。在溪岸低、農田高的地方,在溪水上游用木石等作栅攔水,提高水位,并使之順渠道下溉所需灌溉的農田。元王禎《農書》卷十八:"水栅,排水障水也。若溪岸稍深,田在高處,水不能及,則於溪之上流,作栅遏水,使之旁出,下溉以及田所。其制當流列植樹椿,椿上枕以伏牛,擗以拉木,仍用塊石高疊,衆楗斜撐,以邀水勢,此栅之小者。"

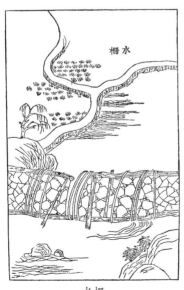

水栅

水栅

明永樂大典本《農書》

【水針】

即水羅經。清范宣賓《羅經精一解·針說》:"今余之經盤,遵用旱針,不用水針,亦去僞遵古之意也夫。"

【水誌】

測量水深的長竹竿。用以探測河道深淺以及船舶吃水深淺等。清麟慶《河工器具圖說》卷四:"水誌,以竹爲之,長二丈。凡軍船入境,勾水尺寸即定,則就其處紮棕爲誌,持以量船,即知輕重。持以探水,即知淺深。亦駕駛之要具也。"

水誌

清嘉慶年刊《河工器具圖説》

【水轉大紡車】

用水力轉動的大紡車。元王禎《農書》卷十九:"水轉大紡車。此車之制,見蘇苧門,茲不具述。但加所轉水輪,與水轉輾磨之法俱同。中原蘇苧之鄉,凡臨流處所多置之。今特圖寫,庶他方績紡之家,倣此機械,比用陸車,愈便且省,庶同獲其利。詩云:車紡工多日百緉,更憑水力捷如神。世間蘇苧鄉中地,好就臨流置此輪。"此水轉大紡

水轉大紡車之水輪

明永樂大典本《農書》

水轉大紡車

清山東書局本《農政全書》

車從結構上可分爲兩部分，一是作爲原動機構的大水輪，另一是作爲工作機構的大紡車。此水輪與用於轉動輾磨的水輪相仿。大紡車的形制可參見"大紡車"和"絲紡車"。

【水轉翻車】

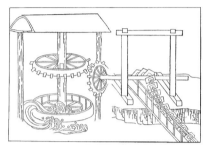

水轉翻車
明永樂大典《農書》

指用水力作動力的龍骨車。元王禎《農書》卷十八："水轉翻車，其制與人踏翻車俱同。但於流水岸邊，掘一狹塹，置車於內，車之踏軸外端，作一豎輪，豎輪之旁，架木立軸，置二臥輪，其上輪適與車頭豎輪輻支相間，乃擗水傍激，下輪既轉，則上輪隨撥車頭豎輪，而翻車隨轉，倒水上岸。此是臥輪之制。若作立輪，當別置水激立輪，其輪輻之末，復作小輪，輻頭稍闊，以撥車頭豎輪，此立輪之法也。然亦當視其水勢，隨宜用之。其日夜不止，絕勝踏車。""翻"又作"翻"。參見"龍骨車"。

【水轉高車】

以水爲動力，將水提上較高處的一種水車。其結構與高轉筒車相似，但主動輪在水中，以水驅動。元王禎《農書》卷十八："水轉高車。遇有流水岸側，欲用高水，可用此車，其車亦高轉筒輪之制。但於下輪軸端，別作豎輪，傍用臥輪撥之，與水轉翻車無異，水輪既轉，則筒索兜水，循槽而上。"

水轉高車
明永樂大典本《農書》

【水轉連磨】

由一個水輪同時帶動多個石磨運轉的機械裝置。適用於水大流急之處。元王禎《農書》卷十九："水轉連磨，其制與陸轉連磨不同。此磨須用急流大水，以湊水輪。其輪高闊，輪軸圍至合抱，長則隨宜。中列三輪，各打大磨一槃，磨之，周匝俱列木齒，磨在軸上，閣以板木，磨傍留

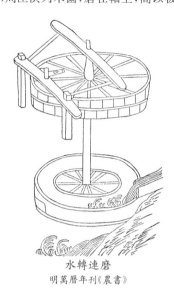

水轉連磨
明萬曆年刊《農書》

一狹空，透出輪輻，以打上磨木齒。此磨既轉，其齒復傍打帶齒二磨，則三輪之力，互撥九磨。"

【水轉筒車】

即水轉高車。明徐光啓《農政全書》卷十七："水轉筒車，遇有流水岸側，欲用高水，可立此車。其車亦高轉筒輪之制，但於下輪軸端，別作豎輪，傍用臥輪撥之，與水轉番車無異。水輪既轉，則筒索兜水，循槽而上。"

水轉筒車
明永樂大典本《農書》

shun

【順風耳】

傳聲用具。用可伸縮的銅管製成,可長達丈餘,口大末小。用於海船。《清稗類鈔·物品類·順風耳》:"順風耳,以銅爲管,節節相續,約長丈餘,如千里鏡之式,虛其中,口大而末小,向空中傳語,自上而下,或自下而上,相去五六里,聲息相聞,海船用之。其制較德律風爲簡,但不能通於甚遠之處耳。"

【順風旗】

即占風竿。《清稗類鈔·名勝類》:"占風竿亦名順風旗,上有鐵箍二十八道,蓋以象二十八宿之數也,自遠即可望之。"

shuo

【槊】

繩索。《廣雅·釋器》:"槊,索也。"

si

【司南】

即指南車。《韓非子·有度》:"夫人臣之侵其主也,如地形焉,即漸以往,使人主失端,東西易面而不自知,故先王立司南以端朝夕。"王先慎集解:"司南即指南車也。"

【司南之勺】

用杓形磁石來指示方向的儀器。將磁石琢成光圓底的勺,使其柄懸起,磁石置於光滑的地盤上,磁勺自然指向,人們藉助地盤上的方位文字來識別方向。司南之勺,東溪已見史載。漢王充《論衡·是應》:"司南之杓,投之於地,其柢指南。"

【斯絢索】

作埽時串吊墜石的小竹索。元沙克什《河防通議》卷上:"捲埽物色","斯絢索,長二十尺,小竹索也,以韋墜石"。

【絲車】

即繅車。明宋應星《天工開物·乃服·治絲》:"凡治絲先製絲車,其尺寸器具開載後圖。鍋煎極沸湯。絲粗細

視投繭多寡。窮日之力,一人可取三十兩,若包頭絲,則只取二十兩,以其苗長也。凡綾羅絲,一起投繭二十枚,包頭絲只投十餘枚。凡繭滾沸時,以竹簽撥動水面,絲緒自見。提緒入手,引入竹針眼,先繞星丁頭,然後由送絲桿鈎挂,以登大關車。斷絕之時,尋緒丟上,不必繞接。其絲排勻不堆積者,全在送絲桿與磨之上也。川蜀絲車製稍異,其法架橫鍋上,引四五緒而上,兩人對尋鍋中緒。然終不若湖製之盡善也。凡供治絲薪,取極燥無烟濕者,則寶色不損。絲美之法有六字,一曰出口乾,即結繭時用炭火烘;一曰出水乾,則製絲登車時,用炭火四五兩,盆盛,去車關五寸許。運轉如風時,轉轉火意照乾,是曰出水乾也。"清楊屾《豳風廣義》卷二:繅火絲法,"鍋上橫安絲車一個","一手攪動,絲車隨軒而轉,其絲自然上軒"。

治絲圖
明初刻本《天工開物》

繅絲圖
清乾隆初刊本《豳風廣義》

【絲秤】

繅絲車上的橫向導絲桿,宋代時稱爲添梯,明代時稱爲送絲桿,清代時稱爲絲秤。清衛杰《蠶桑萃編》卷四:"用雙絲眼牌坊者,絲秤上送絲鉤二枝。用三絲眼牌坊者,絲秤上送絲鉤三枝。絲秤,俗名抽鎗。所以製絲使之橫斜上軸,不致混成一片,令交清而易尋。"

【絲韁】

用絲製作的馬韁繩。參見"紫絲韁"。

【絲綿紡車】

紡絲綿用的腳踏紡車。清衛杰《蠶桑萃編》卷十一:"腳踏紡車圖説。絲綿紡車與木棉紡車異,木棉芒短易扯,一手攪輪,一手扯棉,便敏成線。絲綿芒長力勁難扯,一手執繭,一手扯絲,必須用腳踏轉車方能成線,此腳踏紡車式也。"絲綿腳踏紡車亦稱腳踏絲車。

【絲繩】

用絲搓絞成的繩子。蠶絲潔白、纖細、柔韌,用它製繩不僅美觀,而且牢固耐用。但由於絲價高昂,所以絲繩的使用并不普遍,一般的老百姓和一般的生活、生產活動中是很少使用絲繩的。絲繩的主要用途是用於服飾或用以繫掛佩件、繫束器玩等,細的絲繩也有用以作釣絲的。漢辛延年《羽林郎》:"就我求清酒,綾繩提玉壺。就我求珍肴,金盤膾鯉魚。"《西京雜記》卷一:"宣帝被收繫郡邸獄,臂上猶帶史良娣婉轉絲繩,繫身毒國寶鏡一枚,大如八銖錢。"唐白居易《井底引銀瓶》:"井底引銀瓶,銀瓶欲上絲繩絕。"《紅樓夢》第八一回:"探春把絲繩拋下,没十來句話的工夫,就有一個楊葉竄兒,吞了鉤子,把漂兒墜下去。"

【絲網】

絲織細目魚網。絲網強度高,有隱蔽性,但不宜捕大型魚類。元薩都剌《蒲萄酒美鱘魚味肥蒲萄歌》:"柳花吹盡春江漲,雪花鱘魚出絲網。"明王圻《三才圖會·器用五》有"張絲網"圖。

【絲線車】

對蠶絲進行加撚及合線的大紡車。元王禎《農書》卷二二:"又新置絲線車一,如上(指大紡車)法,但差小耳。比之露地桁架合綫,特爲省易。"《農書》中没有給出絲線車的圖樣和形制、用法的説明,只是附帶地提到有絲線車的事。清衛杰《蠶桑萃編》卷十一介紹了當時江蘇、浙江及四川等地區使用人力大紡車對蠶絲加撚及合線的情況,并配圖概述大紡車的形制。從配圖中可以看出清代的絲線車的結構比宋元時的大紡車有所改進。首先是車架由

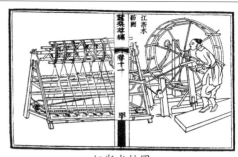

江浙水紡圖
清浙江書局本《蠶桑粹編》

長方形架體改爲梯形,上狹下闊,穩定性更好。其次是錠子的排列由單面改爲雙面,有利於擴大每臺錠子數。宋元時的大紡車,如王禎《農書》農器圖譜二十中所講,每臺僅有紡錠三十二枚,單面排列。衛杰在《蠶桑萃編》卷十一中講到江浙水紡車錠子爲五十枚,四川旱紡車錠子爲五十六枚,因而提高了每臺車的產量。再次,在絲線車上增加給濕定形裝置,在江浙水紡車上用竹殼水槽,在四川旱紡車上用的是濕氈,使紗管上捲繞的絲條浸在水中,或使絲條在加撚時經過濕氈過濕,以提高絲條張力,防止加撚時脫圈,同時對穩定和滌淨絲條等均有利,爲產品質量的提高創造了有利條件。絲線車是先進的加撚合線的手工機械,清代也只是在絲綢業發達的江、浙和四川採用,其他地方還沿用古法,即用露地桁架合綫,俗稱打絲。《蠶桑萃編》卷十一:"紡絲(即加撚合線)之法惟江浙、四川爲精。東豫用打絲之法,山陝雲貴亦習打絲法,以一人牽,一人用小轉車搖絲而走。以五六絲七八絲合爲一縷不等,費力多而得縷少。若江浙紡法。則以一人搖車……每車搖一周,可得五十縷,二周得一百縷,較之各省轉絲之法,以一人作一百人工。"絲線車不僅提高了產量,也提高了所撚絲線的質量。絲線車一直使用到近世,終被動力撚線機所取代。

【絲籅】

即籅。用於收絲,故稱。元王禎《農書》卷二一:"絲籅,絡絲具也。"清衛杰《蠶桑萃編》卷五:"緯車,織必用緯,其法用細竹筒壯如筯子,長三寸,貫在緯車鐵定之上,用絲籅二筒,以水潤濕。"

絲籅
明永樂大典本《農書》

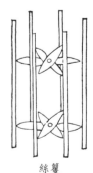

絲籅
清聚珍版《農書》

【鐁】

一種刮削工具。其形制一般是雙刃，裝木柄。自春秋到金代的考古資料中，這種工具時常發現。大體說來，春秋時的鐁多爲銅製，也有少量鐵製的。戰國以後則多爲鐵製，銅製的較少見。早期的鐁比較短，一般長 20 厘米左右。前端有尖鋒，有時這一部分還嚮上翹起。兩側有對稱的刃。斷面常呈弧形或人字形。後端平齊，可夾裝木柄。河南信陽長臺關楚墓及四川新都巴蜀墓所出之鐁，木柄尚存，可以反映完整的形制。漢代的鐁與戰國形制相似，但漢墓所出的鐁比戰國墓少得多，只在江蘇漣水與廣州等地的漢墓中發現過若干例。西漢桓仁墓出土一套漆器加工工具，其中有鐁，木並弧形鐵刀，兩面開刃，可推可拉，以使木器表面光滑。漢以後，中國已不見用鐁作隨葬品。但在日本的墓葬中仍頻頻出土鐵鐁。其形制與上述中國出土物極爲相近。在日本奈良正倉院的藏品中，還有自中國傳入的唐鐁。該鐁的頭部已近柳葉形，在木柄和鐁頭之間還有一段鐵莖。再晚一些，在吉林市金代窖藏中發現了鐵鐁。鐁頭呈柳葉形，以長鐵莖連接鐵柄，柄、莖之間有環狀鐵箍。其中一件頭長 12 厘米、莖長 16.3 厘米、柄長 11.7 厘米，頗似短矛。《釋名·釋用器》："鐁，鐁彌也。斤有高下之迹，以此鐁彌其上而平之也。"清厲荃《事物異名録·漁獵·匠具》："《事物紺珠》：推鉋，平木器；鐁，平木小鉋。"

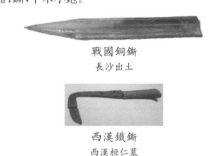

戰國銅鐁
長沙出土

西漢鐵鐁
西漢桓仁墓

【四齒杷】

首有四齒的鐵杷。用以鬆土、除草。江蘇揚州鳳凰河出土的宋代四齒杷，長 17.8 厘米，兩齒端相距 18.1 厘米。《釋名·釋道》："齊魯間謂四齒杷爲欋，欋杷地則有四處。"

四齒杷
鳳凰河宋代文物

【四定表全圓儀】

清製測量水平或垂直方位角的儀器。儀爲直徑一尺的圓環，圓周刻 360 度分割，中置一指南針。在圓環中有一可旋轉的圓盤。圓環直徑兩端有固定瞄準器，圓盤直徑兩端亦有瞄準器。儀器平置時可測目標的水平角，竪放時可測仰角。清《皇朝禮器圖式》卷三："本朝製四定表全圓儀，鑄銅爲之"，"平測立測惟所宜"。

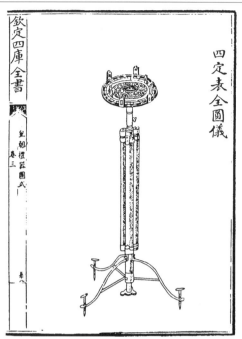

四定表全圓儀
四庫全書本《皇朝禮器圖式》

【四腳樓】

有四條樓腳，可實現四行條播的樓。元王禎《農書》卷十二："樓種之制不一，有獨腳、兩腳、三腳之異。今燕趙齊魯之間，多有兩腳樓，關以西有四腳樓。"《農雅·釋器》："關以西有四腳樓，其制兩柄上彎，高可三尺，兩足中虛，闊令一壠，橫桄四匝，中置樓斗，所盛種粒，下通足竅。以牛駕之，一人執樓，且行且搖，種乃隨下。"

【四楞子錐子】

端部起四棱之錐。《兒女英雄傳》第三一回："那箭頭兒都是純鋼打就的，就如一個四楞子錐子一般溜金雪亮。"

【四量】

龠、合、升、斗的合稱。宋阮逸、胡瑗《皇祐新樂圖記》卷上："歷代至聖朝天聖令文量法製成，皇祐龠、合、升、斗，以今太府寺見行升斗校之，二升九合一龠弱，得太府寺升一升，以二斗九升五合得太府寺斗一斗，謹圖四量形制於左。"

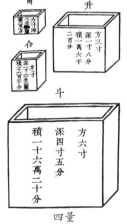

四量
清學津討原本《皇祐新樂圖記》

【四輪車】

有四輪，以牛拖拉的載重車。清麟慶《河工器具圖說》卷四："四輪車，即任載之牛車縛軛以駕牛者。工次用以載稭料，俗謂之料車是也。而什物行李亦以此裝運往來。"

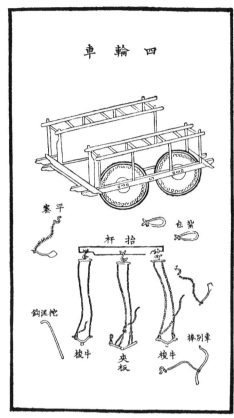

四輪車
清嘉慶年刊《河工器具圖説》

【四遊表半圓儀】

清製測量儀器。儀三足基座中心爲一竪一直立柱,柱

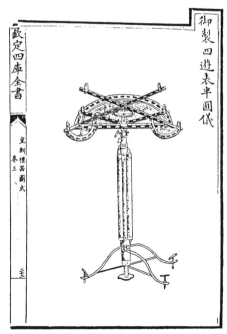

四遊表半圓儀
四庫全書本《皇朝禮器圖式》

上端置一半圓規,半圓圓心套在立柱上。在半圓圓心及半圓的直徑兩端各有兩根瞄準器,可繞支點轉動。應用比例關係可測量觀測目標的夾角。清《皇朝禮器圖式》卷三:"四遊表半圓儀爲聖祖仁皇帝御製測量之器,鑄銅爲之。"

【四遊千里鏡半圓儀】

清代以望遠鏡瞄準的測量水平方位角的儀器。在三腳支架上水平方向安置一半圓盤,沿圓周刻 180 度分割,沿半圓盤直徑兩端置固定瞄準器。在半圓盤中心,置一小圓盤,伸出一臂可沿半圓盤圓周轉動,兩端有瞄準器爲遊

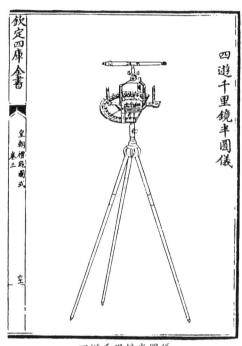

四遊千里鏡半圓儀
四庫全書本《皇朝禮器圖式》

表,能在半圓盤圓周上讀取度數。在小圓盤水平臂上有兩立柱,上架一望遠鏡。觀測時可以游表或望遠鏡瞄準目標,用來測定水平角。清《皇朝禮器圖式》卷二:"本朝製四遊千里鏡半圓儀。鑄銅爲之。"

【四游雙環】

元郭守敬發明的簡儀中赤道經緯儀的赤經環。環兩端有圓孔以受支架上的南北極。四游雙環中心安置窺衡,窺衡可繞其中心在平行於四游雙環的平面內旋轉。在四游雙環南端爲百刻環與赤道環,這兩個環的平面與四游雙環的圓周相切。在四游雙環圓周上伸出一指標,與雙環在同一平面上,指標指向百刻環上的刻度。《元史・天文志一》:"四游雙環,徑六尺,廣二寸,厚一寸,中間相離一寸,相連於子午卯酉。"

【四游儀】

渾儀中帶動瞄準器繞極軸旋轉的瞄準機構。始於唐李

淳風所製的渾天黄道儀。包括極軸，赤經雙環和瞄準管。平行的赤經雙環夾着瞄準管，前者可繞極軸旋轉，而瞄準管則可繞赤經雙環中心的軸轉動，使其可指向天空中任意一點。因其可指的任何一方向，故稱四游儀。《新唐書·天文志一》：“貞觀初淳風上言……太宗異其説，因詔爲之。至七年儀成。表裏三重。”“三曰四游儀，玄樞爲極，以連結玉衡游筩而貫約矩規。又玄極北樹北辰，南矩地軸，傍轉於内。玉衡在玄樞之間，而南北游，仰以觀天之辰宿，下以識器之晷度”。

【伺風鳥】

即相風鳥。五代馬縞《中華古今注》卷上：“伺風鳥，夏禹所作也，禁中置之，以爲恒式。”

【枱】

同“耜”。《説文·木部》：“枱，耒耑也。從木、台聲。鈶，或從金。”段玉裁注：“枱，今經典之耜。耒下曰：耕曲木也。此云耒耑也。許意上曰耒，下曰枱。以其木也，故從木；以其屬於金也，故亦從金。”清郝懿行《證俗文》：“其耜頭金，古者以木，《易·繫辭傳》：斲木爲耜是也。後世以鐵，《孟子》書以鐵耕是也。古謂之枱。”

【耜】

耒耜端部用以起土的部件。原始的耜多用木、石、骨等製成，縛在耒上使用。新石器時代中期，浙江河姆渡遺址曾出土木耜、骨耜，河南南陽黄山遺址出土過石耜，湖北銅緑山、湖南長沙曹㜷墓出土過木耜。大汶口文化早期，江蘇省連雲港地區新石器時代遺址出土的石耜，呈長方形扁平式，近頂端有兩面對穿法而成的穿孔，也有不帶穿孔的，表面多粗糙，形制呈梯形較石斧薄，寬大的刃部及棱角處經過細緻的加工琢磨。有些石耜還有一個共同的特徵，是扁平的器體兩側，越近邊緣越薄，呈刃口狀。臺灣高山族地區近代亦有以石耜翻地者。骨耜在新石器時代也有不少發現。如浙江河姆渡文化，西北齊家文化，都有不少發現。其中河姆渡遺址第四層出土的骨耜，在骨耜面的正中，皆有一淺槽，淺槽下端爲弧形，槽側各有一孔，是栓木的部位，在耜冠柄部的兩邊各有一道凹下槽，也是栓木柄用。大汶口文化，江蘇省邳縣劉林遺址出土的兩

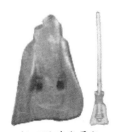

新石器時代骨耜
餘姚河姆渡文化遺址

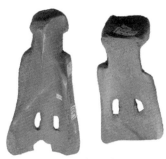

新石器時代骨耜
餘姚河姆渡文化遺址

件骨耜，長 16.5 厘米，另一長 14 厘米。木耜是大量存在的。如我國的獨龍族、珞巴族、拉祜族等均有使用。河姆渡文化也發現一件木耜冠，柄部已失。福建省閩侯縣石山遺址出土一種海産牡蠣殼製成的耜冠。僅 1974 年就發現這種蚌耜十件。多平背或弧形，中間穿孔。青銅製耜出現於商代晚期，耜頭較長，銎部很深，銎口呈扁方。西周時代的青銅耜，耜頭較短，呈寬扁形，銎部略淺一些。到了春秋晚期，又有一種較小的耜頭，可在種植園藝作物時使用。耜的基本形式有：扁長銎長體式，扁方銎寬體式，橢圓銎長體式，橢圓孔寬體式等。以上幾種主要的耜，都是鋒利的翻地農具，一直沿用到鐵器時代。《國語·齊語》：“今夫農，群萃而州處，察其四時，權節其用，耒、耜、枷、芟。”元王禎《農書》卷二：“耜，舌也。《釋名》曰：‘耜，齒也，如齒之斷物也。’《説文》云：‘耜，從木，㠯聲。’徐鉉等曰：‘今作耜。’《周官·考工記》：‘匠人爲溝洫，耜廣五寸，二耜爲耦，一耦之伐，廣尺，深尺，謂之甽。’鄭云：‘古者，耜一金，兩人并發之，其壟中曰甽，甽上曰伐，伐之言發也。’‘今之耜，歧頭兩金，象古之耦也。’賈公彦疏云：‘古者耜一金者，對後代耜岐頭二金者也。云今之耜歧頭者，後用牛耕種，故有歧頭兩腳耜也。耒、耜二物而一事，猶杵曰也。’”因耒、耜關係密切，故亦常省稱“耒耜”爲“耜”。

【耜頭】

即拾麥刀。狀如斧而刃薄長且直。清范寅《越諺》卷中：“耜頭，如斧而薄長，削麥用。”

【梩】

即畬。《孟子·滕文公上》“蓋歸反虆梩而掩之”，趙岐注：“虆梩，籠畬之屬，可以取土者也。”《方言》第五：“（畬）趙魏之間謂之喿，東齊謂之梩。”

song

【松針】

用多根松葉捆紮而成的醫用針具。明趙宜真《秘傳外科方·李世安治療法》：“若瘡生於虛軟不便處，不可用針灸者，可用松針截法，針斷紅絲路。”“松針法：取向北松枝上葉極硬者，頓齊作一束扎，令極緊。緩緩以意消詳，毒氣所經行虛軟處針之，須令出血。針時先用酒潤。下針處，針必小痛，令病人稍忍。仍用雄黄、麝香爲末，以温酒調一二服與之服之，方下針。”後世梅花針、七星針等皮膚針仿此而成。

【宋氏尺】

南朝宋的常用尺。相當於 24.6 厘米。齊、梁、陳曾用以調俗樂。至北周武帝建德六年(577)正式採用爲法定律尺。《隋書·律曆志上》：“宋氏尺實比晉前尺一尺六分四釐”，“此宋代人間所用尺”。

【宋體字】

宋代版刻字體。宋代書版刻字精美,版本學家以此字體爲美,成爲宋體字。明代中葉匠體字出現,成爲書版字體主流,沿襲舊名,後稱之爲明朝字。《清稗類鈔·鑒賞類》“丁善之論仿宋板”:“明隆、萬間,乃有專作方體之書工以備鋟版者,即今日盛行之宋體字也。”《清稗類鈔·藝術類》“汪頌閣喜習宋體字”:“宋體字者,流俗通用刻書之字體也。蓋北宋時刊本,俱能書之士各隨字體書之。元人刊書,盛仿趙松雪字體。明隆萬時始有書工,專爲寫膚廓字樣,謂之宋體,刻書者皆能寫之。錢塘汪頌閣廣文詒年少時頗有刻書之癖,嘗於臨摹法帖之暇,戲習宋體以自怡。”

【宋應星】

(1587—?)明江西奉新縣人。字長庚。官至知州。明亡還鄉。約五十歲時,寫成《天工開物》。全書共十八卷,闡述了作物栽培、養蠶、紡織、染色、糧食加工、熬糖、製糖、釀酒、燒瓷、冶鑄、錘鍛、舟車製造、燒製石灰、榨油、造紙、採礦、兵器、顏料、珠玉採集等各個重要的農業和手工業部門的生產技術過程,被西方譽爲17世紀的中國工藝百科全書。

【宋字】

即宋體字。《武英殿聚珍版程式·刻字》:“應刊之字照格寫準宋字後,逐字裁開,覆貼於木子之上面。”

sou

【揍子】

捕捉獾、狐等的工具。繩編網兜狀,口部有活繩,可收束。用時張於獾、狐等洞口。清麟慶《河工器具圖說》卷一:“揍子乃繩網,即古之罟護(獲),製與兜同,而口穿活繩,易於束收。用時每張於獾狐洞口。”

揍子
清嘉慶年刊《河工器具圖説》

su

【蘇頌】

(1020—1101)宋代天文學家,藥物學家。字子容。泉州人。慶曆二年(1042)進士,歷任觀察推官、館閣校勘、集賢院學士、吏部尚書、尚書左丞等官。元祐七年(1092)領導韓公廉等人在前人基礎上製了元祐渾天儀象,集渾儀、渾象與自動報時器於一臺儀器上。撰《新儀象法要》,系統全面地介紹了這臺儀器的結構、形狀和尺寸,并附有詳細的機械構件圖。是中國最早最詳細的一部天文儀器專著。其中還有近代機械鐘錶中重要部件擒縱器的

雛形。他還與韓公廉合作製成了一具中空的渾天象。在藥物學上,於嘉祐二年(1057)領導組織《開寶本草》的增補工作,稱爲《嘉祐補注本草》,并著有《圖經本草》。

【蘇州水車】

蘇州地方之水車。踏者採取坐姿。清焦循《憶書》卷二:“蘇州水車坐而踏之。或上無蓬屋,自地樹杙作樞,置輈於上,以黃牛運之,目之曰鬼車。”

【素綆】

用素製的綆。綆,用以提水的繩索。《樂府詩集·舞曲歌辭三·淮南王篇》:“後圖鑿井銀作牀,金瓶素綆汲寒漿。”前蜀貫休《行路難》:“幾度美人照影來,素綆銀瓶濯纖玉。”宋蘇軾《同正輔表兄游白水山》:“筠藍擷翠爪甲香,素綆分碧銀瓶凍。”元吳萊《題汲井圖》:“景陽宮中景陽井,手出銀盤牽素綆。”

【粟鏧】

小型的鐮刀。上有圓銎。使用時,穿於食指。用以收

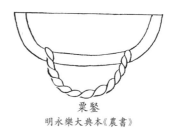

粟鏧
明永樂大典本《農書》

割穀穗。元王禎《農書》卷十四:“粟鏧,截禾穎刃也。《集韻》云:鏧,剛也。其刃長寸許,上帶圓銎,穿之食指,刃向手內。農人收穫之穄,用摘禾穗。與銍形制不同,而名亦異,然其用則一,此特加便捷耳。”明徐光啓《農政全書》卷七:“南方收粟,用粟鏧摘穗。”

【槽】

即馬槽。《方言》第五:“櫪,梁宋齊楚北燕之間謂之槽,或謂之皁。”郭璞注:“櫪,養馬器也。”清王士禎《冬日偶然作》詩之一:“夜槽嚙霜草,晨塍卧烟秉。”

【礵】

黑色砥石。《山海經·北山經》:“又東二百里曰京山,有美玉,多漆木,多竹。其陽有赤銅,其陰有元礵。”郭璞注:“礵,黑砥石也。”

suan

【算】

計算用長條形記數工具。算的出現相當早,但從出土材料來看,最早在戰國。河南登封縣古陽城輸貯水遺址

發現了帶有算符號的陶文,這一遺址屬於戰國早期。長沙左家公山 15 號楚墓爲戰國早期或中期墓葬,出土了現見最早的算實物,竹質,共四十根,長短一致,每根長 12 厘米。長安神禾原戰國秦陵園大墓出土象牙算,長棒狀,截面爲圓形,中間稍粗,兩端略細。長 18.3～18.5 厘米、直徑 0.49～0.54 厘米,單體 7.7～15.7 克。算身彩繪分爲素白算一根(圖中)、紅白算三十根(圖左)、紅黑算二十八根(圖右)。表面光滑,兩端截面齊整。紅色算可見紅褐色漆皮,黑色浸染而成。

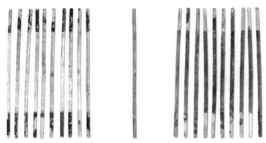

戰國象牙算
長安神禾原秦陵園大墓

與木牘、筆、削、墨放在一起之算(圖上端)
鳳凰山 168 號西漢墓

鉛算
西安漢墓

甘肅天水放馬堆 1 號秦墓爲戰國末期墓葬,出土圓形竹算八根,長者 20 厘米、短者 0.3 厘米。荆州周家臺 30 號秦墓出土算二十五根,竹質長 12.2 厘米、直徑 0.25 厘米。漢代算發現已有多處,西漢早期有湖水江陵 168 號墓出土竹算,長 13～15.8 厘米、徑 0.4～0.6 厘米,共三十根,湖北江陵徐州多房山 2 號墓斷骨算,徑 2.5～3.5 厘米,接起整根長度 15.2 厘米;分別屬於西漢早期的金雀山 31 號墓和屬於中晚期的金雀山 33 號墓共出土五十根銀算,長 22.5 厘米,寬 0.6 厘米,厚 0.2 厘米。武帝時期銀雀山 3 號墓銀算三根,長 11.3 厘米、寬 0.5 厘米、厚 0.2 厘米。江

蘇東陽小雲山一號漢墓銀算,二十根,寬 0.5 厘米、厚 0.2 厘米、殘長 14～18 厘米。屬於武帝時期的陝西千陽 171 號工地漢墓出土了殘斷骨算三十一根,一般長 13.5 厘米、徑 0.3～0.4 厘米。徐州東甸子西漢中期墓出土鐵算 1 組,纏以絲織品,直徑 0.2 厘米。屬於晚期或不確早晚西漢墓,有陝西西安東部三吝村墓的鉛算及隴縣東南楊家

骨算
千陽 171 號工地漢墓

莊的骨算,共二十七根,長 11.40～11.60 厘米、徑 0.3～0.45 厘米。新莽至東漢有陝西旬陽縣城北佑聖宮坪 1 號墓出土牙算二十八根,長 13.5 厘米、徑 0.4 厘米;合浦九隻嶺東漢墓發現竹算九根,長約 19.5 厘米,插在長頸銅瓶內;河北石家莊振頭村墓出土骨算九根,長 7.8～8.9 厘米,截面方面一邊長 0.4 厘米;該市北宋村 1 號墓出土骨算十七根,長 15.2 厘米。漢以後的算發現較少,內蒙赤峰大營子 1 號遼墓一青瓷盌中有骨算九十四枚,每算長 12.3 厘米、徑 0.3 厘米,大小與漢相似。關於算的形制,最早見於《漢書·律曆志上》:“其算法用竹,徑一分,長六寸,二百七十一枚而成六觚,爲一握。”蘇林注:“六觚,六角也。度角至角,其度一寸,面容一分,算九枚,相因之數有十,正面之數實九,其表六九五十四,算中積凡得二百七十一枚。”出土漢代算實物與之比較,或長或短,符合尺寸的僅有千陽骨算和旬陽北佑聖宮坪的牙算。從東漢起,算在變短,至隋定各三寸,長約 8.9 厘米。算爲區別正、負,常把它分成兩類不同的形狀和顏色。江陵徐州子房山漢墓算,發現紅色漆斑,可與不漆的相區別,便於正負數運算。用顏色區別正負的明確記載見於《九章算術》魏晉間劉徽注:“正算赤、負算黑,否則以邪正爲異。”石家莊北宋村骨算的截面有方、圓二種,很可能是用於區別正負數的特別安排。用截面區別正負,《隋書·律曆志上》稱:“其算用竹,廣二分,長三寸,正策三廉,積二百一十六枚,成六觚,乾之策也。負策四廉,積一百四十四枚,成方,坤之策也。觚方皆經十二,天地之大數也。是故探賾索隱,鈎深致遠,莫不用焉。”截面三棱爲正數,四棱爲負數,應該是前代發展的結果。算基本爲長條形,截面有方、扁方和圓形等。取材以竹爲主,還有玉、骨、象牙、鉛、鐵、銀等。算是計算中的記數工具,石家莊西南郊振頭村東漢墓中,骨算出土時擺成 7、2、6、2 共四個數字。算表示數字的辦法,據公元 4 至 5 世紀的《孫子算經》和《夏侯陽算經》記載,有縱、橫兩種方式:

數字	1	2	3	4	5	6	7	8	9
縱式	丨	丨丨	丨丨丨	丨丨丨丨	丨丨丨丨丨	丅	丅丅	丅丅丅	丅丅丅丅
橫式	一	二	三	亖	亖	⊥	⊥	亼	亼

5以上有一根算表示,個位用縱式、十位用橫式,百位又有縱式,千位再改橫式,零用空位表示,遵循十進位制。算的四則運算法則與珠算基本相同。《禮記·投壺》:"有入者,則司算坐而釋一算焉。"《儀禮·鄉射》:司射"北面視算,釋獲者東面於中西坐,先數右獲,二算爲純,一純以取實於左手,十純則縮而委之,每委異之"。這些不是計算工具,而是用來統計射、投壺成績的,金雀山漢墓的銀質算即屬此類用途。算的流行時間很久,即使明清時算盤已普遍使用,也未完全退出實用。宋孟元老《東京夢華錄·育子》:"至來歲生日,謂之周晬,羅列

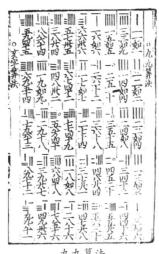

九九算法
元建安椿莊書院本《事林廣記》

盤幾於地,盛菓木飲食、官誥、筆、研、算、秤等、經卷、針線、應用之物,觀其所先拈者以爲徵兆。"

【算籌】

即算。計算工具。宋邵博《聞見後録》卷二七:"張浮休云:盜夜發咸陽原上古墓,有火光出,用劍擊之,鏗然以墜,視之白玉簾也。豈至寶入埋藏,欲飛去邪。既擊碎之,有中官取以作算籌,浮休亦得一二。"宋洪邁《夷堅丁志·德清樹妖》:"林幹無巨細,皆劈裂如算籌,堆積蔽地。"

【算盤】

一種計算用具。長方形,周有木框。中有直柱,稱檔,一般九至十五檔。柱上有珠,一般每檔七枚。框之中上部有橫梁,將珠分爲上二、下五兩部分。運算時通常使用五珠,即上一珠和下四珠。上珠代表五,下珠代表一。左檔各珠代表相鄰右檔相應各珠的十倍。使用時可自行確定某檔所代表的數位,撥動算珠進行加減乘除等的運算。據記載,大約在東漢末期已有珠算之術。漢末徐岳《數術記遺》中記載有十四種計算方法,珠算即篇其一。北朝甄鸞注《數術記遺》,認爲當時已有算盤。基制爲每檔有五珠,亦分下兩部分,上一下四,上下珠以顏色相區別,上珠代表五,下珠代表一。算盤以整塊木板刻成。現代算盤的雛形,至少在南北朝時已經產生。現代算盤的形制最早可從宋人《清明上河圖》中見到。元代,算盤的使用已相當普遍。俗語謂人做事不主動,稱之爲"算盤珠"。開封明周王府遺址算盤殘存十四檔,有襯板,殘留算珠八十二個,上檔圓形,下檔上圓下平,長37厘米、寬15厘米、厚2.3厘米。明陶宗儀《輟耕録·井珠》:"凡納婢僕,初來時,日撥盤珠,言不撥自動;稍久,曰算盤珠,言撥之則

明算盤
開封明周王府遺址

打算盤的婦女
壁圖本《吳友如畫寶》

動。"《大清會典則例》卷一三〇"盛京福陵物料":"算盤每面銀一錢八分,裝千兩木鞘,鐵箍、鐵錮全,每箇銀三錢七分五釐。"《紅樓夢》第四八回:"薛蟠聽了,心中忖度:'況且我長了這麼大,文不文,武不武,雖說做買賣,究竟戥子、算盤從沒拿過,地上風俗、遠近道路又不知道,不如也打幾個本錢,和張德輝逛一年來。'"清李漁《無聲戲》第三回:"只見楊百萬走出廳來,前前後後跟了幾十個家人,有持筆硯的,有拿算盤的、有捧天平的、有攜銀子的。"

【算竹】

竹製的算。宋劉斧《青瑣高議後集·僧卜記》:"三人環生,僧乃探懷出皂囊,中有算竹及大錢十六文。"

【算珠】

算盤上可上下撥動的圓珠狀部件。是算盤計算的主要部件。《清稗類鈔·異稟類》:"嘗以右手改弟子課作,左手撥算珠。"

【算子】

即算。計算工具。北魏賈思勰《齊民要術·素食》:"生薑一斤,淨洗,刮去皮。算子切,不患長,大如細漆著。"《太平廣記》卷三九四引唐薛用弱《集異記·徐智通》:"及開霽,寺前槐林,劈枿分散,布之於地,皆如算子,大小洪纖,無不相肖。"宋洪邁《夷堅支志戊二·章茂憲》:"或列竹籌如算子,其多無數,亦一一押字,不勝倦苦。"《水滸傳》第六一回:"吳用收起算子,作揖便行。"

【筭】

同"算"。《説文·竹部》:"筭,長六寸,所以計歷數者。從竹、弄,言常弄乃不誤出。"段玉裁注:"《漢志》云:'筭法,用竹,徑一分,長六寸,二百七十一枚而成六觚,爲一握。'此謂筭籌,與算數字各用,計之所謂算也。古書多不別。"漢王充《論衡·感虛》:"夫以筋撞鐘,以筭擊鼓,不能鳴者,所用撞擊之者小也。"

sui

【綏】

用以拉手登車的繩索。《儀禮·士昏禮》:"壻御婦車,授綏,姆辭不受。"鄭玄注:"綏,所以引升車者。"《論語·鄉黨》:"升車,必正立執綏。"邢昺疏:"綏,挽以上車之索也。"《史記·張儀列傳》:"張儀至秦,詳失綏墮車,不朝三月。"《説文·糸部》:"綏,車中靶也。"段玉裁注:"靶,各本作把。《玉篇》作'車中靶也',《廣韻》引《説文》同。按,靶是,把非。靶者,轡也。轡在車前,而綏則繫於車中,御者執以授登車者,故别之曰車中靶也。"清鳳韶《鳳氏經説·車上器》:"手挽升車者曰綏,尊者之綏曰良,御者之綏曰散。"

【綏繩】

挽以登車的繩索。清黄宗羲《左副都御史施公神道碑銘》:"乘龍冉冉帝上昇,前無疑弼後無丞,公獨攀髯執綏繩。"

【隨】

相傳爲女媧之臣。傳説中樂器竽和笙的發明者。《世本·作篇》:"隨作竽,隨作笙。"

【纞】

收取絲、紗線的工序和所使用的器具。相當於現代的筒管。漢服虔《通俗文》:"織纞謂之纞。"元王禎《農書》卷二一:"凡紡絡經緯之有數,梭纞機杼之有法,雖一絲之緒,一綜之交,各有倫叙,皆須積勤而得,累功而至。"明徐光啓《農政全書》卷三五:"紡車容三纞,今吳下猶用之。間有容四纞者,江西樂安至容五纞。""木綿紡車。其制比麻紡車頗小。夫輪動弦轉,莩纞隨。紡人左手握其綿筒,不過二三續於莩,纞牽引漸長,右手均撚,俱成緊縷,就繞纞上。欲作線織,置車在左,再將兩纞線絲合紡,可爲線縷。"

【纞車】

即緯車。手工絡緯的機具。有時亦指紡車。元王禎《農書》卷二一:"緯車,《方言》曰:'趙魏之間謂之歷鹿車,東齊、海、岱之間謂之道軌。'今文謂纞車。"

【燧人氏】

古帝名。傳説是人工取火技術的發明者。明羅頎《物原·食原》:"燧人始作火,製戴以炮。""製戴以炮"謂燒烤肉片。傳説燧人氏的其他發明尚有:"燧人作酪","燧人作脯始爲乾物","燧人作釣","燧人作繩","燧人作臺","燧人作樵",等等。

sun

【簨軸】

碌碡滾筒兩端的中心軸。元王禎《農書》卷十二:碌碡"其制可長三尺,大小不等,或木或石,刊木括之,中受簨軸,以利旋轉"。

suo

【梭】

牽引緯線與經線交織的織具。其形狀、大小依織機種類而定,一般爲兩端呈圓錐形的中空體,内容紆子。《太

骨梭　　　　　織綢竹梭
山東大汶口文化遺址　金關漢代遺址

平御覽》卷八二十五引《通俗文》:"梭,織具也,所以行緯之筴。"在用原始腰機織布時代,是直接用纏繞着紗緩的小木棒等,即今所謂紆子引緯的。這種紆子在織口中通行困難,後來發展出既可引緯又可打緯的刀杼,它是梭的前身,大約形成於春秋時期。梭形成於戰國至漢代,但在史籍中大都認爲杼就是梭。其實,二者是不同的,杼兼有引緯和打緯的兩種功

梭
明永樂大典《農書》

能,梭則專用於引緯。江蘇泗洪縣曹莊出土的漢畫像石上刻着"慈母投杼圖",在圖中搖紆車的下部,清楚地畫着兩頭尖中間空的梭子,就是把搖好的紆子納入梭腔内進行引緯。由此可知在漢代已有梭,但仍用杼來稱呼。在漢代以後的史籍記載中,則把梭與杼分開。古代梭亦作"筴"與"篓"。《晉書·謝鯤傳》:"鄰家高氏女有美色,鯤嘗挑之。女投梭折其兩齒。"唐李咸用《夜吟》:"落筆思成虎,懸梭待化龍。"元王禎《農書》卷二一:"蓋梭得魚之象,有化龍之義焉。梅聖俞詩云:給給機上梭,往返如度日。

一經復一絲,成寸遂成匹。虛腹銳兩端,素手投未畢。陶家挂壁間,雷雨龍飛出。"詩中"虛腹銳兩端"生動地勾畫出梭子的形制。清衛杰《蠶桑萃編》卷七:"梭過之後居然花現,蓋綾絹以浮經而見花,紗羅以糾緯而見花。綾絹一梭一提,紗羅來梭提,往梭不提。"

梭典杼
曹莊漢畫像石

【索】

粗大的繩子。《書‧五子之歌》:"予臨兆民,懍乎若朽索之馭六馬。"索與繩没有絕對的界限,人們習慣上只是根據直徑的大小加以區分,繩徑粗大的稱之爲索,繩徑細小的稱之爲繩。《小爾雅‧廣器七》:"大者謂之索,小者謂之繩。"葛其仁疏證:"繩、索本一物。此云大謂索,小謂繩者,《禮記‧緇衣》:'王言如綸,其出如綍。'注:'綍,引棺索也。'正義引張華云:'綸如宛轉繩。'知索大於繩也。"因《説文》謂:"索,艸有莖葉可作繩索。"亦有以繩索的製作材料來區分繩和索的,以爲用麻的纖維製作的繩索叫繩,用草製作的繩索叫索。《急就篇》卷三:"纍繘繩索絞紡纑。"顏師古注:"繩謂紲兩股以上總而合之者也,索總謂切撚之令緊者也。一曰麻絲曰繩,草謂之索。"繩索的製作材料,人類在發明繩索之後的一個比較長的歷史時期内,大概都是直接從自然界中採集野生植物的莖葉來製作的。可以製作繩索的野生植物是很多的,據文獻記載和考古發現的實物看,如菅、蒯、茅草、龍鬚草、野生苧麻、藤蔓、蘆葦等,都是製作繩索的材料。《左傳‧成公九年》:"《詩》曰:'雖有絲麻,無弃菅蒯。'"孔穎達疏引三國吳陸璣《毛詩疏》曰:"菅似茅,滑澤無毛,肕宜爲索,漚及曝尤善。"漢賈誼《惜誓》:"或推移而苟容兮,或直言之諤諤;傷誠是之不察兮,并紉茅絲以爲索。"1975年在湖北銅綠山春秋戰國古礦井遺址出土粗索數段,最長的一段達8米,三股絞合,單股細繩直徑1厘米,粗細均勻,可以承受相當大的重要,其材料就是用某種野生植物的纖維(有説爲龍鬚草)絞成的。大約到了春秋戰國時期,麻被廣泛使用於製作繩索,并成爲製作繩索的主要原料,從而草繩草索降到了次要的地位。到了秦代,棕開始被利用來製作繩索,從此麻和棕就成了繩索的兩大基本原料。除了用植物纖維製作繩索外,還有以金屬爲原料製作繩索的,其中主要有用鐵製作的鐵索。用鐵製鐵索,最早大約是在秦代。此外,用絲製索,用棉花纖維製索,也屬常見,甚至還有獸毛、頭髮、皮革製作繩索的。索的用途,主要是牽引、捆縛或起吊重物等,如船筏上的纜繩、轆轤上的捲索、索橋的鐵索、水井上的汲索等。《墨子‧尚賢中》:"傅説被褐帶索,庸築乎傅巖。"《宋史‧張雍傳》:"推官陳世卿治戎器,掌書記施謂,權鹽院判官謝濤伐山木爲竿,銷銅爲箭鏑,紐布爲索,守械悉備。"元王禎《農書》卷十七:"但於渡水兩旁,維以竹草之索,各倍其長。過者挈索,即抵

彼岸。"參見"繩"。

【索綯】

繩子,繩索。多用草莖或麻片絞製。細者可作繫縛物件或牽引性畜之用,粗者河防工地用以曳埽。宋沈作喆《寓簡》卷十:"搏飯引來,猶掉續貂之尾;索綯牽去,驚回顧兔之頭。"《元史‧河渠志三》:"其法以竹絡實以小石,每埽不等,以蒲葦綿腰索徑寸許者從鋪,廣可一二十步,長可二三十步。又以曳埽索綯徑三寸或四寸,長二百餘尺者衡鋪之。"明李時珍《本草綱目‧草二‧白茅》:"黄茅似菅茅,而莖上開葉,莖下有白粉,根頭有黄毛,根亦短而細硬無節,秋深開花穗如菅,可爲索綯,古名黄菅。"

【索葦】

即葦索。《文選‧張衡〈東京賦〉》:"度朔作梗,守以鬱壘。神荼副焉,對操索葦。"李善注引薛綜曰:"東海中度朔山有二神,一曰神荼,二曰鬱壘,領衆鬼之惡害者,執以葦索而用食虎。"

【索子】

即繩索。多用麻和棕製作。用以提繫、牽引或捆綁較爲重大的物件。《水滸傳》第八回:"薛霸腰裏解下索子來,把林冲連手帶腳和枷緊緊的綁在樹上。"《醒世恒言‧蔡瑞虹忍辱報仇》:"兩個奔向後艄,取出索子,將蔡武夫妻二子,一齊綁起。"《警世通言‧宋小官團圓破氈笠》:"劉翁便取一束麻,付與宋金,教他打索子。"《十二樓‧〈奉先樓〉》第二回:"將軍憐惜不已,叫人解去索子,放下地來。"

【籍】

竹索。《集韻‧入鐸》:"籍,竹絙。"

【鎍】

鐵繩。《集韻‧入鐸》:"鎍,鐵繩也。"

【綤】

大繩,大索。《集韻‧入鐸》:"綤,大綯。"

【鎖梯柣】

河工打椿時,鎖住打椿梯腳的短木橛。清麟慶《河工器具圖説》卷三:"以鎖梯柣鎖住梯腳。"

【鎖星】

繅絲車上起導絲作用的滑輪,相當於現代的鼓輪。宋秦觀《蠶書‧鎖星》:"爲三蘆管,管長四寸。樞以圓木,建兩竹夾鼎耳。縛樞於竹中。管之轉以車,下直錢眼,謂之鎖星。"

【縤】

同"索"。繩索。《宣和遺事》後集:"自趙后之死,上皇

因拘繫日急,又慮朝廷不測,乃絞衣成緙,經梁間,故欲自盡。"清蒲松齡《日用俗字·裁縫章》:"靮上緙幫(邦)方使楦,鞝鞋煖腳勝氈毛。"

【緙罟】

罟的一種,圍網捕魚之網具。其制最大,長五六十丈,深八九丈,分上網和下網兩部分。上網網口每五寸有一藤圈,以使之浮於水面;下網網口每五寸則有一鐵圈,以使之沉於水底,諸多藤圈和鐵圈分別以兩根粗繩索穿過,以放收網具,故稱緙罟。以大小兩船拖之,大船稱罟公船,小船稱罟姥船,二船各執兩根粗繩索之一端并行。待魚入網後,兩船相合,收攏網口,拖魚上岸。此網適於水深處,專門用以捕取中底層大魚。清李調元《南越筆記·粵人多以捕魚爲業》:罟之類,"有曰緙罟,下海水深多用之。其深八九丈。其長五六十丈,以一大綆爲上網,一爲下網,上網間五寸一藤圈,下網間五寸一鐵圈,爲圈甚衆,貫以緙以爲放收。而以一大船爲罟公,一小船爲罟姥,二船相合,以罟連綴之,乃登桅以望魚,魚大至,水底成片如黑雲,是謂魚雲,乃皆以石擊魚使前,魚驚迴以入罟。魚入則二船收緙以闔罟口,徐牽而上"。"大抵緙罟踈,專以取大魚,春則取鱘白、鰣,冬則取黃花,一歲僅兩用之。"

T

ta

【碏】

即碾輪。清桂馥《札樸·器具》："碾輪曰碏。"

【踏板】

踏碓上的主要部件。爲一長板，一端綴杵，一端供足踏。清翁廣平《〈杵臼經〉序》："機貫於踏板之中，臼夾於兩股之前，踏板夾於兩股之中。長六尺有六寸，前半三尺有三寸上於臼前之端，下垂尺有六寸，是爲杵"，"春者一足立平板，一足踏於後之端，以起石而春之，而糠去矣"。

【踏車】

即人踏翻車。宋范成大《田園雜興》："下田戽水出江流，高壠翻江逆上溝。地勢不齊人力盡，丁男長在踏車頭。"元王禎《農書》卷十八："水轉翻車，其制與人踏翻車俱同。""然亦常視其水勢，隨宜用之，其且夜不止，絕勝踏車。東坡《踏車詩》略云：天公不念老農泣，喚取阿香推雷車。"

【踏車】

腳踏式軋棉車。明陶宗儀《輟耕録·黃道婆》："閩廣多種木綿，紡績爲布，名曰吉貝。松江府東去五十里許，曰烏泥涇。其地土田磽瘠，民食不給。因謀樹藝，以資生業，遂覓種於彼。初無踏車、椎弓之製，率手剖去子。"清包世臣《齊民四術·上海縣新建黃道婆專祠碑文》："惟婆先知。製爲奇器，教民治之。踏車去核，繼以椎弓，花茸條滑，乃引紡車，以足助手，一引三紗。"

【踏碓】

利用人腳踏而進行春搗的一種碓。用一長木板，架在一支點上，可上下活動。板前端裝杵，杵下安臼；板後端供人腳踏。前端較重，自然狀態時，杵落下。腳踏後端，利用槓桿原理將杵端舉起；腳離踏板，杵即下落。一起一落以加工穀物。踏碓是由杵臼發展演變而來的，由新都縣東漢畫像磚有操作踏碓的形象，一側并有揚扇吹粃糠的情景。漢桓譚《新論》曰："宓犧之製杵春，萬民以濟，以後人加功，因延力藉身重以踐碓，而利十倍杵春。又復設機關，用驢、羸、牛、馬及役水而春，其利乃且百倍。"其中所説"藉身重以踐碓"，即指的是"踏碓"。用手舉杵而春，變爲利用自身重力通過槓桿原理腳踏春搗，大大减輕了勞動者的勞動强度。現今最早的踏碓在河南濟源泗澗溝西漢晚期墓中，此爲陶質明器，臼埋於地，杵在臼内，碓架有扶手支架，右側有一風車。河南洛陽東關旭升東漢墓也發現陶碓明器，碓架厚重方正，右側也有一風車，可見當時糧食加工碓與風車的緊密關係。宋陸游《農家歌》："腰鐮卷黃雲，踏碓春如玉。"清郝懿行《證俗文》卷三："今京師碓房植兩木如架，橫施一木，其端綴杵，春人以足踏之，俗曰踏碓。"參見"風車"圖。

踏碓
屯留宋村金代壁畫墓

踏碓
明永樂大典本《農書》

【踏犁】

一種用手按腳踏的耕田農具。踏犁是耒耜向耕犁轉化時的過渡形式。宋周去非《嶺外代答·風土·踏犁》："其耕也，先施人工踏犁。乃以牛平之。踏黎形如匙，長六尺許。末施橫木一尺餘，此兩手所提處也。犁柄之中，於其左邊施短柄焉，此左腳所踏處也。踏可耕三尺，則釋左腳,而以兩手翻泥,謂之一進。迤邐而前。泥壠悉成行列,不异牛耕。"宋王應麟《玉海》卷一七八:"淳化五年三月癸亥,内出踏犁數千,分給宋亳人户。先是太子中允武允成獻踏犁一具,不用牛,以人力運之。"元王禎《農書》卷十三:"古謂之蹠鏵,今謂之踏犁。"

【撻】

播種後用於壓實鬆土、平整曳打土地的農具。元王禎《農書》卷十二:"撻,打田篅也。用科木縛如掃篅,復加匾闊,上以土物壓之,亦要輕重隨宜。曳此打地,長可三四尺,廣可尺餘。《古農法》云:耬種既過,後曳此撻,使壠滿土實,苗易生也。"

撻
明永樂大典本《農書》

【撻禾】

即籽。明宋應星《天工開物·稻工》:"青葉既長,則籽可施焉(俗名撻禾)。"

【絹索】

套索的一種。一端結有圈套抛擲出去可以套取人或馬等的繩索。古人亦有作武器用。唐張鷟《朝野僉載》卷六:"天后時,將軍李楷固,契丹人也。善用絹索。李盡忠之敗也,麻仁節、張玄遇等并被絹。將麏鹿狐兔走馬遮截,放索絹之,百無一漏。"

tai

【𢬴】

即櫌。摩田器。《淮南子·氾論訓》"後后爲之耒耜耰鉏",漢高誘注:"耰讀曰𢬴,杴塊椎也,三輔謂之𢬴,所以覆種也。"清倪倬《農雅·釋器》:"耰謂之椎,或謂之𢬴,或謂之檀。案:《淮南子·氾論訓》注:耰,杴塊椎也。三輔謂之𢬴。"

【𢬴犁】

木牛之稍有變異者。參見"木牛"。

【擡爐】

可擡起移動的爐。多爲生產之用。元王禎《農書》卷二十:"今製爲擡爐。先自外燒過薪糞,昇入室内,各龕約量頓火,隨寒熱添減。""夫擡爐之制,一如矮床,内嵌燒爐,兩旁出柄,兩人昇之,以送熱水。"

【擡槕】

槕之一種。清麟慶《河工器具圖説》卷四:"槕名不同,""兜底横處爲擡槕,擡槕得施以繊撬而石出矣"。

【擡石鐵繩】

清靳輔《治河奏績書》卷二:"擡石鐵繩每條十五勛價。"

【大倉】

同"太倉"。《莊子·秋水》:"計中國之在海内,不似稊米之在大倉乎。"

【太倉】

京城大穀倉。《史記·平準書》:"太倉之粟,陳陳相因,充溢露積於外,至腐敗不可食。"《三國志·魏志·袁涣傳》:"居官數年卒,太祖爲之流涕,賜穀二千斛,一教'以太倉穀千斛賜郎中令之家',一教'以垣下穀千斛與曜卿家',外不解其意。教曰:'以太倉穀者,官法也;以垣下穀者,親舊也。'"

【太府布帛尺】

宋代的標準尺。宋代沿襲唐制,官尺由太府寺掌造。宋代政府頒布的標準尺主要爲徵收布帛之用,所以稱太府布帛尺,又稱太府寺布帛尺、太府寺尺、布帛尺、三司布帛尺。初期長約31厘米,以後略有增長。宋蔡元定《律吕新書》卷二:"阮逸、胡瑗尺横黍一百枚,比太府布帛尺七寸八分六釐","太府布泉尺(李照尺)比漢前尺一尺三寸五分"。宋王應麟《玉海》卷八:"更以太府布帛尺爲法,又以潞州黍纍之,尺成,與太府尺合。"

【太府尺】

即太府布帛尺。宋王應麟《玉海》卷八:"更以太府布帛尺爲法,又以潞州黍纍之,尺成,與太府尺合。"《金史·樂志上》:"其後范鎮等論樂,復用李照所用太府尺,即周、隋所用鐵尺,牛弘等以謂近古合宜者也。"

【太府寺尺】

即太府布帛尺。宋蔡元定《律吕新書》卷二:"其逸、瑗、保信、照所用太府寺尺,其制彌長,去古彌遠,不可依用。"

【太府寺鐵尺】

北宋用於調律尺度之一。宋王應麟《玉海》卷八:"皇祐三年五月大樂所造太府寺鐵尺。"《宋史·律曆志四》:"依《隋書》定尺十五種上之,藏於太常寺","十三,太府寺鐵尺,製大樂所裁造尺也"。

【太平棍】

　　河工放埽時用以挑鬆繩結的工具。清麟慶《河工器具圖説》卷三：“太平棍，約長三尺，下帶彎拐。新做之埽，層柴層土，按坯加厢，每厢一坯，繩隨埽下，拴柣之結徐徐鬆放。此棍用以挑鬆結繩，埽因之而得底。”

太平棍
清嘉慶年刊《河工器具圖説》

【太平渾儀】

　　宋張思訓製造的以水銀爲動力的自動天象儀。器高丈餘，樓閣數層，以木偶撞鐘擊鼓，能按時刻自動報時。是繼唐代一行、梁令瓚水力帶動的渾天銅儀後的重要自動儀象。宋蘇頌《進儀象狀》：“渾天儀、銅渾儀之外又有渾天象凡三器也。渾天象歷代罕傳其制。”“國朝太平興國初巴蜀人張思訓首創具式以獻。太宗皇帝召工造於禁中。”“題曰太平渾儀。”參見“上渾儀”。

【太史候部鐵儀】

　　後魏明元帝永興四年(412)以鐵製造的渾儀。它有一個十字底座，底座上有十字溝，灌注水後，可用以校平儀器。《隋書・天文志上》：“至明元永興四年壬子，詔造太史候部鐵儀，以爲渾天法，考璇璣之正。”

【太史黄道銅儀】

　　東漢永元十五年(103)賈逵造的渾儀。因在原來渾儀上增加了固定在一個可繞南北極軸旋轉的赤經環上的黄道環，轉動赤經環可使黄道環對向天球上的黄道。故名。《隋書・天文志上》：“漢孝和帝時，太史揆候，皆以赤道儀，與天度頗有進退。”“至永元十五年，詔左中郎將賈逵，乃始造太史黄道銅儀”。

【太陽糕模子】

　　做太陽糕之印模。《養心殿造辦處史料輯覽・雍正八年》：“首領太監交來梨木太陽糕模子一件。”

【太醫院銅人】

　　太醫院設的試針銅人。元明清均有太醫院銅人，以供教學之用。明蔣一葵《長安客話・皇都雜記》“太醫院銅人”：“太醫院署有古銅人，虛中注水，關竅畢通，古色蒼碧，瑩然射目，相傳海潮中出者。”參見“試針銅人”。

tan

【箈】

　　刷刮馬身的竹篦。可去虱除污垢。《説文・竹部》：“箈，搔馬也。”徐鍇繫傳：“竹有齒，以搔馬垢污。”段玉裁注：“《廣韻》：刮馬笓也。”

【彈花弓】

　　即木綿彈弓。清褚華《木棉譜》：“彈花弓，剡木所爲，長五尺許，上圓而鋭，下方而闊，弦粗如五股線。置弓花衣中，以槌擊弦作響，則驚而騰起。散若雪，輕如烟，名熟花衣。”清張春華《滬城歲事衢歌》：“棉必彈之，使如輕雲，謂彈花衣。彈花者名弓，弓以木作圓柱狀。”

【彈子】

　　牽引船的繩索。宋周密《齊東野語・舟人稱謂有據》：“余生長澤國，每聞舟子呼造帆曰欵，以牽船之索曰彈子。”

【篢】

　　即絟索。拉船用的繩索。宋孫奕《履齋示兒編・正誤・百丈》：“趙云：百丈者，牽船篢。內地謂之篢，音彈。”元高文秀《襄陽會》第一折：“河裏一只船，岸上八個拽。若還斷了篢，八個都喫跌。”清黄福《奉使安南水程日記》：“夾傍有小徑，舟子得以牽篢。”

【篢纜】

　　即絟索。拉船用的繩索。清顧炎武《天下郡國利病書・江南十五・通濟新河記》：“設舟子不戒，篢纜中斷，船隨糧摧，一舟撞損而尾後者三五相繼，糧糈生命須臾歸之魚腹。”

【篢繮】

　　同“篢繂”。明宋應星《天工開物・漕舫》：“糾絞篢繮，即破竹闊寸許者，整條以次接長，名曰火杖，盡沿崖石稜如刃，懼破篾易損也。”

【篢繂】

　　即百丈。拉船用的篢纜或繩索。明宋應星《天工開物・漕舫》：“平江伯陳某，始造平底淺船，則今糧船之制也。凡船製底爲地，枋爲宮牆，陰陽竹爲覆瓦伏獅，前爲閭閻，後爲寢堂，桅爲弓弩，弛蓬爲翼，櫓爲車馬，篢繂爲履鞋，絍索爲鷹雕，筋骨招爲先鋒，舵爲指揮主帥，錨爲劄軍營寨。”

【繵】

　　繩索。明李夢陽《豆莝行》：“當衢寡婦攜兒哭，秋禾枯槁春難播。縱健徵科何自出，大兒牽繵陸挽駄。”

【檀】

　　即櫌。摩田器。《釋名・釋用器》：“檀，坦也，摩之使坦然平也。”畢沅疏證：“檀之爲器，未詳其用。案《説文》云：‘櫌，摩田器。’據云‘摩之使坦然乎’，竊疑檀即櫌也。”清倪倬《農雅・釋器》：“櫌謂之椎，或謂之撞，或謂之檀。”

【檀木撬榾】

檀木質撬棒。檀木取其堅實。清麟慶《河工器具圖說》卷二："檀木撬榾，係鈎撈時水下活石之具，長六七尺，取其便耳。"按，同書插圖作"檀木撬榾"。

檀木撬榾
清嘉慶年刊《河工器具圖說》

【檀木撬植】

即檀木撬榾。明靳輔《治河奏績書》卷二："檀木撬植每根七分，鐵掀每把一錢。"

tang

【湯模子】

印製湯中小食品的模子。一般成花朵、動物圖案形，用木、銀等製。內蒙古黑城遺址曾發現元代木製模子一件，有柄。《紅樓夢》第三五回："管廚房的說：'四副湯模子都繳上來了。'"

木湯模子
黑城元代遺址

【籗】

即罩。捕魚器。《廣雅·釋器》："籗，篧也。"王念孫疏證："《說文》罩，捕魚器。罩與綽同。凡自上籠下謂之罩。"《玉篇·竹部》："籗，罩也。"

【搪凌把】

擋住冰凌保護拖溜埽的設施。用細樹枝捆扎而成。清麟慶《河工器具圖說》卷三："又用細木二三根紮把，排於拖溜埽前，名搪凌把。"

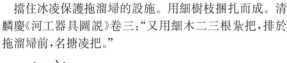

搪凌把
清嘉慶年刊《河工器具圖說》

【塘網】

池塘小河中用的圍網。明王圻《三才圖會·器用五》有"塘網"圖。

【糖榨子】

榨糖用具。由榨斗、榨盤、榨牀等組成。用以擠壓糖料，使糖水流出。清高靜亭《正音撮要·木器》："油榨子、糖榨子。"參見"造糖車"。

塘網
明萬曆年刊《三才圖會》

【繐】

大繩子。《玉篇·糸部》："繐，大繩也。"

【攩網】

長柄捕魚蝦網具。長柄前置箕形竹架，下置囊形小網，可持之於岸從水中捕取小魚及蝦。明王圻《三才圖會·器用五》有"攩網"圖。

攩網
明萬曆年刊《三才圖會》

【燙胎小樣】

即燙樣。按照實物縮小比例，故稱小樣。《養心殿造辦處史料輯覽·雍正七年》：正月，"本月二十八日郎中海望做得西峰秀色殿內暖閣南邊添橫批合牌燙胎小樣一件呈覽。奉旨：照樣準添"。《養心殿造辦處史料輯覽·雍正九年》："六月初二日內務府總管海望將做得御花園澄瑞亭改爲佛亭，前接抱廈三間，內裏桌張並陳設裝修燙胎小樣一件呈來。"

【燙胎樣】

即燙樣。《養心殿造辦處史料輯覽·雍正九年》：“今將燙胎樣一件著柏唐阿蘇爾邁送去，抱厦三間已交總理監修處照樣接蓋。”

【燙樣】

有熨燙工藝的紙屋樣。燙樣以紙張、秫秸和木材爲主要材料，加工成型，以水膠粘合，用烙鐵熨燙，最後塗色并繪圖案。根據需要分别爲五分樣（1∶200）、寸樣（1∶100）、二寸樣（1∶50）等。室内有傢具陳設，室外表現建築環境。清代宫殿樣以雷氏所製燙樣最爲著名。清李斗《揚州畫舫録·工段營造録》：“又以紙裱使厚，按式做紙屋樣，令工匠依格放線，謂之燙樣。”參見“紙屋樣”。

樣式雷“上下天光”殿燙樣
故宫博物院

【錫頭】

即田盪。平田器。清范寅《越諺》卷中：“錫頭，錫，去聲，平田器。”

tao

【條繩】

即條索。絲繩子。用以繫束或裝飾。唐徐凝《回施先輩見寄新詩》之一：“九幽仙子西山卷，讀了條繩繫又開。”

【條索】

繩狀的繸子。多用以繫束在物件上作裝飾用。唐顧況《李供奉彈箜篌歌》：“國府樂手彈箜篌，赤黄條索金鎝頭。”

【綯】

用絲縷編織成的扁平繩帶。亦稱繸、條。多用於衣服飾物等，亦以繫束物件。《小爾雅·廣器》：“綯，索也。”葛其仁疏證：“綯，即《詩·宵爾》索綯之綯。綯與綯字異義同。《廣雅》：‘綯，索也。’”宋程大昌《演繁露·鐵券》：“形似

半破小木甄子，曲處着肚上有四孔穿綯處。”清王士禎《分甘餘話》卷上：“鷹以繡花錦帽其目，掔者挽綯於手，見禽乃去帽放去。”

【綯繩】

繩索。多以絲編絞而成，可用以串編書簡。南朝陳徐陵《〈玉臺新詠〉序》：“方當開兹縹帙，散此綯繩，永對翫於書帷，長循環於織手。”清陳康祺《壬癸藏札記》卷十：“軍中索榕樹條爲綯繩，以燃礮火，風雨不熄，有百夫長持兵符下縣徵解，語不遜，公坐而撻之。”

【縧繩】

同“綯繩”。用絲糾成的繩子。參見“皂縧繩”。

【陶車】

陶瓷生産中用以製圓形器坯的機械。其制：以一根直

陶車
明初刊本《天工開物》

木埋入土中三尺，露出地面二尺左右，上、下各置一大、小圓盤，再以二木固定。上盤正中罩一檀木盔冒。製坯時，以短竹棍撥動盤沿，陶車便會轉動。明宋應星《天工開物·白瓷》：“一曰圓器。凡大小億萬杯盤之類，乃生人日用必需，造者居十九，而印器則十一。造此器坯，先製陶車。車竪直木一根，埋三尺入土内，使之安穩。上高二尺許，上下列圓盤，盤沿以短竹棍撥運旋轉，盤頂正中用檀木刻成盔頭，冒其上。”參見“盔冒”。

【綺】

同“綯”。繩索。《玉篇·糸部》：“綯，大刀切。綺，古文。”

【綯】

繩子，繩索。《詩·豳風·七月》：“晝爾於茅，宵爾索

絢。”鄭玄箋：“女當晝日往取茅歸，夜作絞索，以待時用。”朱熹集傳：“索，絞也；絢，索也。”陳奐傳疏：“索者，糾繩之名，絢即繩也。索絢猶言糾繩。”《新唐書·食貨志三》：“調巴、蜀、襄、漢麻枲竹篠爲絢挽舟，以朽索腐材代薪，物無弃者。”清王應奎《柳南隨筆》卷三：“公偶感得疾，日臥一小牀，足不能履地。家不畜僕妾，起居無扶掖之者，牀懸二絢，夫人間以麥粥進，必曰：‘清官，麥粥在此。’公乃緣絢以起，食竟，復緣之就枕。其苦如此。”

【繐】

即絢。繩子。亦寫作“絢”。《穆天子傳》卷四：“桂薑百崗，絲繐雕官，觫蠶乃膜拜而受。”洪頤煊校注：“繐，道藏本作‘絢’。”

【套繩】

駕車用的繩套子。明沈榜《宛署雜記·經費上》：“每輛用線麻長短套繩、幫頭小繩、皮攏長短套，賃價二錢，共銀二兩。”

【套索】

一頭有圈套兒或鈎子之類，抛出去可以套取人或物的繩索。有以爲作武器者。《水滸傳》第五五回：“彭玘要逞功勞，縱馬趕來。一丈青便把雙刀掛在馬鞍轎上，袍底下取出紅綿套索，上有二十四個金鈎，等彭玘馬來得近，紐過身軀，把套索望空一撒，看得親切，彭玘措手不及，早拖下馬來。”明沈榜《宛署雜記·經費上》：“搭子二十六個，價七錢八分；套索十三付，價一兩三錢。”

teng

【縢】

繩索。《後漢書·輿服志下》：“上合絲，乘輿以縢貫白珠，赤罽蕤，諸侯王以下以綟赤絲蕤，縢緺各和印質。”《玉篇》系部：“縢，繩也。”

【藤繩】

即藤索。明王士性《廣游志·雜志上》：“汲水負薪，男以肩，女以藤繩繫於首，垂於背以行。”

【藤索】

用藤糾合成的繩索。福建泉州海灣宋代海船内發現藤索一件，爲船用繩索。唐韓愈孟郊《城南聯句》：“鞁妖藤索絣，荒學五六卷。”宋徐兢《宣和奉使高麗圖經·舟楫·客舟》：“船首兩頰柱，中有車輪，上綰藤索，其大如椽，長五百尺，下垂矴石，石兩旁夾以二木鈎。”

【藤筒千里眼】

外裹編藤的千里眼。《養心殿造辦處史料輯覽·雍正七年》：“七月廿一日郎中海望持出鑲象牙藤筒千里眼一件。”

ti

【梯田】

修築成階梯狀的山田。每層階梯中的田都橫削成水平狀態，使雨水不致直沖而下，從而不但充分利用了水源，而且大大減輕了水土流失。梯田的產生大約在東漢時代，在四川彭水縣東漢墓葬中發現一梯田狀陶田模型。唐宋時代，我國南方山區已普遍營築梯田以種植水稻。宋范成大《驂鸞録》：“嶺阪上皆禾黍，層層而上至頂，名梯田。”元王禎《農書》卷十一：“梯田，謂梯山爲田也。夫山多地少之處，除磊石及峭壁，例同不毛。其餘所在土山，下自横麓，上至危巔，一體之間，裁作重磴，即可種蓺。如土石相半，則必壘石相次包土成田。又有山勢峻極，不可展足，播殖之際，人則傴僂，蟻沿而上，耨土而種，躡坎而耘。此山田不等，自下登陟，俱若梯磴，故總曰梯田。”

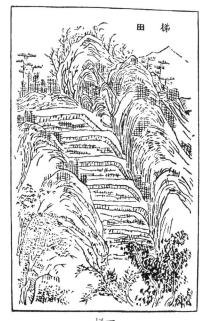

梯田
明永樂大典本《農書》

【梯鞋】

河工打樁時墊在打樁用梯下面的鞋狀用具。剜木而成。清麟慶《河工器具圖説》卷三：“梯鞋，剜木肖鞋形，以承梯腳。”

【剔骨尖刀】

專用於分解肉骨的刀，頭尖刃利。《水滸傳》第三回：鄭屠大怒，"從肉案上搶了一把剔骨尖刀，托地跳將出來"。

【剔腳刀】

修腳小刀。明無名氏《天水冰山錄》："牙柄剔腳刀一把，牙廂牛角司直一條。"

【提】

即鈎升。參見"酒提"、"錫油提"。

【提罾】

依靠竹竿挑提或直接手提的捕魚小罾。唐杜甫《又觀打魚》："蒼江漁子清晨集，設網提綱萬魚急。"即指提罾。明王圻《三才圖會·器用五》有"提罾"圖。

提罾
明萬曆年刊《三才圖會》

提罾
璧圖本《吳友如畫寶》

【提環赤道公晷儀】

清製小型測日定時刻的儀器。儀分三層，外環爲一有提環的銅圈；中環爲一子午圓環，刻360度分割；內層爲晷盤，兩面刻時刻綫。在子午環南北極間固定一直表，表中有縫，縫中按一游表，表中心有孔，以透日光。觀測時轉動子午環，使直表平行地軸。轉動晷盤使平行於赤道，將游表對準月令。從孔中日光照射在晷盤上的位置，即可得時刻。清《皇朝禮器圖式》卷三："本朝製提環赤道公晷儀。鑄銅爲之。"

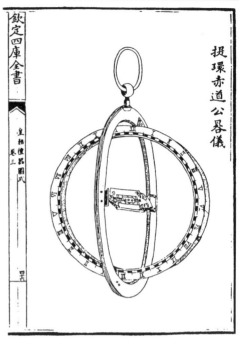

提環赤道公晷儀
四庫全書本《皇朝禮器圖式》

【提架】

用於提升物體的機械。多採用槓桿、轆轤裝置。明湯若望、焦勗《火攻挈要》卷上："銃身捲筒，小者用鉗，大者用提架。"

轆轤提架
清守山閣本《遠西奇器圖說》

【蹄】

陷獸足的獵具。有竹木、鐵等材料製作，外有圓框或方框，中心有尖刺，獸足踏進，則不能拔出。《莊子·外物》："蹄者所以在兔，得兔而忘蹄。"陸德明釋文："蹄，兔罥也。又云：兔弮也。繫其腳，故曰蹄也。"宋程大昌《演繁露·筌蹄

木蹄
居延漢代遺址

筍》：“以類求之，則兔蹄者，亦設繩以麋兔也歟。”清陶煒《課業餘談·器》：“蹄，兔網也。”

【罘】

捕兔之網。南朝宋謝靈運《盧山慧遠法師誄》：“仰慕洙泗，俯悍罘筌。”《廣韻·平齊》：“罘，兔網。”

【體】

渾儀的最外一層環組。包括固定在支架上的子午環，地平環和赤道環。《宋史·天文志一》：“渾儀之爲器，其屬有三，相因爲用。其在外者曰體，以立四方上下之定位。”

【剃刀】

刮去人體毛髮的刀具。亦用於刮毛。《淮南子·説山訓》謂“刀便剃毛”。可知剃刀之製不遲於西漢。《東觀漢記·馬援傳》：“頭有蟣者皆剃之。”北齊顏之推《顏氏家訓·勉學》：“貴游子弟無不熏衣剃面，傅粉施朱。”佛教東傳，剃刀成爲僧侶的必備之物。明董穀《碧里雜存·建文君》：“開篋，有僧衣帽一副，度牒一紙，剃刀一具而已。”明顧起元《客座贅

以刀剃面
宋張擇端《清明上河圖》

唐代剃刀
湖南博物院

語》卷三：隋煬帝又施物至玉泉寺，“熏陸香二劢，剃刀十口”。《初刻拍案驚奇》卷十九：“小娥遂將剪子先將鬢子剪下，然後用剃刀剃淨了，穿了褐衣，做個行腳僧打扮。”

【薙刀】

用於除草、採薪之刀。刀身較闊，形如鐮，無齒。清劉應棠《梭山農譜·耰譜》：“薙刀，形如鐮，但身闊，口無齒業耳。土人曰撥刀。”

tian

【天常單環】

宋皇祐渾儀中六合儀的固定赤道環。《宋史·律曆志九》：皇祐渾儀，“天常單環，外圍二丈四寸六分，直徑六尺八寸二分，闊厚一寸二分。上列十干，十二支，四維時刻之數，以測辰刻，與陽經、陰緯環相固，如卵之殼幕然”。

【天車】

即筒車。清梁九圖《紫藤館雜録》卷九：“天車，一名水翻車，又名大輻車。吾粵及浙江、湖廣居民多於兩岸巨石相拒，水湍怒流處，以樹石障木爲翻車。蘇詩‘水上有車車自翻’是也。其輪大二三丈，四周悉置竹筒以吸水，水激輪轉，自注槽中，高田可以盡溉。”“天車謠云：一激一搏，一轉一勺。自然循環，水上水落。”

【天秤】

天秤
清守山閣本《遠西奇器圖説》

利用槓桿原理製成的一種起重裝置。其主體部分爲一橫桿，支點懸掛在橫梁上，形狀像一把桿秤，故名。《遠西奇器圖説》卷三描述其結構曰：“假如有石重五百斤，欲起之使高。先用立架一具，如圍（圖）中之甲；次於橫梁之乙繫繫秤之索，如丙；秤頭之丁爲舉重之索；秤尾之戊爲人墜之索。”在實際使用時，其懸掛橫桿的方式因地制宜，形式多變。明湯若望、焦勖《火攻挈要》卷上：“此器中國名爲天秤，但止用柱頂橫擔一根，所以用力猶難。”清李斗《揚州畫舫録·工段營造録》：“牌樓、大門、琉璃大式門座、安上重大過木、調脊、宭瓦、石角樑、斗科、石科、井欄、衚衕、栓挂天秤、諸作搭架子，皆以見方折工料。”清工部《工程做作則例·搭材作用料》：“豎立大木架子並打餞撥直；桁條徑一尺以外者應掛天秤，以山柱之高，再架高八尺，即架子通高之數。”

【天頂單環】

黃道游儀外層環組中的卯酉圈。上與陽經雙環之天頂點連結，東西各與陰緯單環之東、西兩點連結，而與支架固定。《舊唐書·天文志上》：“黃道游儀規尺寸”，“天頂單環”，“當中國人頂之上，東西當卯酉之中”，“令與陽經、陰緯相固，如殼之裏黃”。

【天經雙規】

唐李淳風製渾天黃道儀中外層六合儀的子午環。爲相距數寸的雙環,固定於支架上。《新唐書·天文志一》:渾天黃道儀,"一曰六合儀,有天經雙規、金渾緯規、金常規,相結於四極之内"。

【天平】

專指等臂之衡,由衡桿、兩端掛的銅盤和砝碼組成。係利用槓桿原理,以衡桿中點爲支點,一端盤中放置所稱量的物品,另一端放置砝碼,衡桿平衡時,其砝碼重量即爲所稱物品的重量。天平至晚在春秋末、戰國時代已經廣泛使用。在楚國墓葬中已經發現一百多處的天平和砝

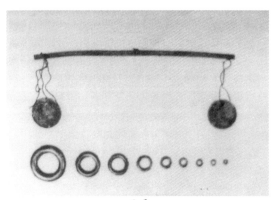

天平
左家公山 15 號戰國楚墓

戰國天平
長沙楚墓

天平
明萬曆年刊《三才圖會》

近代柞木箱作座之天平及砝碼
安徽博物院

大天平
清刊《兩淮鹽法志》

碼。完整的天平共三件,長沙左家公山 15 號楚墓天平,衡桿爲木質,長 27 厘米,桿中鑽一孔,孔内穿絲綫作爲提紐。桿兩端内則 0.7 厘米處,各有一孔,内穿絲綫,以繫掛銅盤,盤有四孔,直徑 4 厘米。常棉 50 號楚墓天平橫桿長 21 厘米、寬 1.2 厘米、厚 0.4 厘米,銅盤直徑 4.4 厘米。常棉 25 號楚墓天平僅存衡桿,爲黑漆竹製。安徽壽縣朱家集墓出土天平爲木質衡桿,六個砝碼。而另二件出於壽縣楚墓的銅質衡桿,桿背刻"王"字,一件長 23.1 厘米,另一件長 23.15 厘米,相當於戰國一尺。桿中部上方有 1 厘米拱形突起,用於穿提繩,桿正面刻綫,一件十等分,一件兩端每隔半寸刻一綫,已呈不等秤的端倪。鳳凰山 168 號漢墓天平有竹衡桿和十六銖銅環,自銘"稱錢衡"。新疆出土的晚唐"布天平",支點設木柱支撐。以後的天平基本結構無大變,至西洋之法傳入,才有一些改進。天平之用,一般用來稱量金銀、錢等。元無名氏《陳州糶米》第一折:"拿來上天平彈着,少少少,你這銀子則十四兩。"《醒世恒言·賣油郎獨占花魁》:"(秦重)走到對門傾銀鋪裏,借天平兑銀。"故天平亦稱兑架。用來稱糧食、鹽等笨重散物也用天平,戰國秦的大型鼻紐權則是此類天平的砝碼。敦煌莫高窟第 85 窟晚唐壁畫及清代《兩

淮鹽法志》稱鹽圖都有大型天平稱量的情況。此類天平懸於高樑，也不設兩端的銅盤，一邊掛實物，一邊爲大型權。《清稗類鈔·物品·天平》："天平，衡器也，其製以輕而堅之金屬桿，兩端懸小盤，桿之中點支於柱上，桿與柱相倚著處爲堅銳之稜，使桿易於傾側擺動，靈活無礙。用時以一盤盛物，一盤置砝碼。其砝碼之重量，巨細不一。若所置砝碼與物之重量相等，則天平之桿適平，可查盤內砝碼之重量，以知物之重量。若其桿傾倒不平，可加減砝碼至適平而止。凡衡金銀實物及藥品皆用之。"

【天平法馬】

即砝碼。《明會典·工部二一》："嘉靖八年奏准，製天平法馬一樣七副。六副分給各司，并鹽收內府銀料科道官，一副留部堂爲式。"清桂馥《札樸·銅梁梧》："漢銅梁梧重若干，蓋受水稱物之器，猶今天平法馬。"

【天平架】

大型之天平。《大清會典則例》卷一三〇"盛京福陵物料"："兌千兩天平架銅盤、鐵梁、鐵索全，每架銀三兩，兌百兩。天平架銅盤、銅梁、銅索全，每架銀一兩六錢。百斤至五百斤大秤，每杆銀八錢；十斤至五十斤小秤，每杆銀二錢五分。""杉木斛連鐵料，每箇銀九錢，斗每箇銀三錢六分九釐。升每箇銀一錢八釐，星每箇銀九分九釐九毫。"

【天平架】

用以懸掛地成障的木架。清麟慶《河工器具圖說》卷三："天平架，每座用直木二，橫木一，左右架木仍各紮橫擔木三，以便人夫上下。"參見"地成障"。

【天戧】

扣繫護堤木龍大纜之大木戧。清麟慶《河工器具圖說》卷三："天戧、地犁均爲扣帶繫龍大纜之用。天戧以二尺四木爲之，長二丈，大頭小尾銳首，旁加管楔，平斜入地五尺。"

天戧
清嘉慶年刊《河工器具圖說》

【天體儀】

清代製作的可展示天球周日視運動情況的儀器。爲清製八件大型天文儀器之一。由比利時傳教士欽天監官員南懷仁監製。儀器爲銅質，類似今之天球儀，直徑約2米。在支架上有地平圈及子午圈；銅球的南北極點處有鋼軸，配合在子午圈的兩極點處，銅球可繞之旋轉。銅球表面上刻黃道、赤道、黃道十二宮、星辰。子午圈及地平圈上均有度數刻割。該儀現陳列於北京建國門外北京古觀象臺。清《皇朝禮器圖式》卷三："康熙十二年，聖祖仁皇帝命監臣製天體儀，即古渾象也。"

天體儀
四庫全書本《皇朝禮器圖式》

【添梯】

繅絲車上的導絲竹片，相當於現代的橫向導絲桿。宋秦觀《蠶書·添梯》："添梯者，二尺五寸片竹也。其上揉竹爲鉤以防縈，竅左端以應柄，對鼓爲耳，方其穿以閑添梯故車運以牽環繩，繩簇鼓，鼓以舞魚，魚振添梯，故系不過偏。"添梯的橫動是依靠魚鼓。

【田】

經人工開墾、構築，有排灌設施、宜於種植農作物的土地。《詩·小雅·大田》："大田多稼，既種既戒，既備乃事。"鄭玄箋："大田，謂地肥美，可墾耕、多爲稼、可以授民

陶池塘與水田
勉縣老道寺漢墓

者也。"製田，乃是人工利用、改造自然土地資源，使之有利作物生長，爭取向大自然更多索取的積極活動。自從人類由採集時代進入到農業栽培時代，營田活動就開始了。蘇州草鞋山遺址發現了距今約六千年馬家浜文化時期人工開墾的古稻田遺迹。田中有淺坑、水溝、水口和蓄水井等排灌系統設施。這是迄今考古發現的我國最古老的稻田。製田形式和耕作方或有密切關係。耕作技術的進步和改變，往往引起田制的變化。《漢書·食貨志上》有趙過推廣"代田法"的記載，其田制爲"一畮三甽"，"播種於甽中"。《齊民要術》輯錄西漢《氾勝之書》"區種法"，

大田收割圖
德陽縣漢畫像磚

其田稱"區田",將田分成若干小區,作物點播於區中。另有絕大多數田制形式是根據各地自然地理條件的不同而形成的。如,低窪、多水地區爲防澇抗災而構築的圩田、圍田、塓田、櫃田、塗田等;山區爲防止水土流失,依山造田而構築的梯田、磱田等;水深無地區域爲依水造田而人工架置的架田、葑田等。

【田盪】

一種疏鬆水田泥土的農具。元王禎《農書》卷十四:"田盪,均泥田器也。用叉木作柄,長六尺,前貫橫木五尺許,田方耕耙,尚未勻熟,須用此器。平著其上盪之,使水土相和,凹凸各平,則易爲秧蒔。《農書》種植篇云:凡水田渥漉精熟,然後踏糞入泥,盪平田面,乃可撒種,此亦盪之用也。"

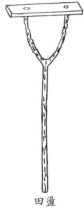

田盪
明永樂大典本《農書》

【田漏】

宋元時農家在田間使用的一種單級受水型簡易漏刻。水從上一壺流入置有刻箭的下一容器,刻箭隨水位升高而上浮。宋王安石《和農具詩·田漏》:"占星昏曉中,寒暑已不疑。田家更置漏,寸晷亦欲知。汗與水俱滴,身隨陰屢移。誰當哀此勞,往往奪其時。"元王禎《農書》卷十

田漏
明永樂大典本《農書》

九:"田漏,田家測景水器也。凡寒暑昏曉,已驗於星。若占候時刻,惟漏可知。"

【田扇】

即風車。宋梅堯臣《和孫端叟寺丞農具颺扇詩》:"田扇非團扇,每來場圃見。因風吹糠粃,編竹破筠箭。任從高下手,不爲暄寒變。去麤而得精,持之莫肯倦。"

【塡礶】

即磨。《太平御覽》卷七六二引漢服虔《通俗文》:"塡礶曰硐。"

tiao

【挑筐繩】

繫縶在筐子上供擔挑用的繩子。多用麻或棕製成。明沈榜《宛署雜記·經費上》:"吊犁滑繩二十根、挑筐繩二十根、價二錢;木桶十二隻,價二兩四錢。"

【挑子】

長錐。用於漆器表面的紋樣處理,可以挑剔花紋,也可用於攪拌漆液,用金屬、角、骨、竹、木等製成。湖南里耶秦代古城1號遺址井出土鐵質挑子,截面長方形,環首,漸向峰尖收束。殘長16.5厘米、最寬0.7厘米。明黃大成《髹飾錄》乾集:"時行,即挑子。有木、有竹、有骨、有角。"參見"角挑"。

鐵挑子
里耶秦代古城1號遺址井

【斛】

即臿。《方言》第五:"燕之東北,朝鮮洌水之間謂之斛。"一本作"斜"。《說文·斗部》:"斛,斛旁有庣也,從斗,庣聲。一曰突也。一曰斛,利也。《爾雅》曰:斛謂之疀。古田器也。"

【斜】

同"斛"。《爾雅·釋器》:"斜謂之疀。皆古鍬臿字。"《方言》第五:"臿,燕之東北,朝鮮洌水之間謂之斜。"郭璞注:"斜,湯料反,此亦鏫聲轉也。"一本作"斛"。

【條船】

河工轉運物料用船。清麟慶《河工器具圖說》卷四:"工次轉運料物,則以條船爲最。"

條船

清嘉慶年刊《河工器具圖説》

【調律尺】

即魏尺。《晉書·律曆志上》:"杜夔所用調律尺,比勘新尺,得一尺四分七釐。"

【跳白】

漁船名。其制較小,僅能容納一人,船旁掛有兩塊白板以驚魚,故名。專以捕取易驚之魚,如鱭、鰣、鮊等。清李調元《南越筆記·粤人多以捕魚爲業》:"罾之外有以箔者,以籠者,以塗跳者,以跳白者。""跳白者,船也。其制小,僅受一人,於灣環隈澳間乘暮入焉。乃張二白板於船旁,而鳴其榔,魚見白板輒驚眩入網。然諸魚不驚,惟鱭、鰣、鮊三者驚,三者味甘美,故粤人最重跳白之魚。魚以曉散而暮聚,聚必於水之涯涘,故跳白船之出,以暮而多在岸草蒙茸之際,無風波患。"

【跳棍】

一種拔短木樁的工具。清麟慶《河工器具圖説》卷三:"跳棍,一名挑桿。擇堅勁之木爲之。圍圓一尺四五寸,長八九尺至一丈以外。面刻梯級,便於上下踻踏,梢刻月牙,便於加勁拴繩,起撏故杴。凡起杴,均在埽段穩定以後,杴眼務填補堅實。《説文》:'跳,躍也。'《六書故》:'大爲躍,小爲踢。'躍去其所,踢不離其所。使故杴躍然以去其所,則非跳棍不爲功。"

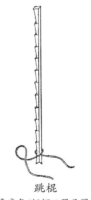

跳棍

清嘉慶年刊《河工器具圖説》

【跳杴】

即鐵杴。清麟慶《河工器具圖説》卷二引《方言》:"杴,鐵者名跳杴。"

tie

【鐵扒】

鐵首扒。農事用於平整土壤,其他手工作業中也用於整理平面。《元典章新集·刑部·毀傷眼目》:"曹辛三將曹慶二兩腳用鐵扒砍傷腳跟,左腳被傷筋斷。"《沈氏農書·逐月事宜》:"置備,打鐵扒,鋤頭,桑剪,蘇杭州買糞。"

鐵扒

清海山仙館本《火攻挈要》

【鐵笆】

生鐵笆。用以疏浚河道。清麟慶《河工器具圖説》卷二:"《廣韻》:'笆,竹名,出蜀郡,竹有刺者。'《竹譜》:'棘竹,駢深一叢爲林,根若推輪,節若束針,亦曰笆竹。'鐵笆,鑄鐵象形爲之,亦挑河疏淤之具也。"

鐵笆

清嘉慶年刊《河工器具圖説》

【鐵板】

首以鐵製,闊而薄,有長木柄,翻覆可使。用於起土、撈取河泥及稀淤以肥農田。清麟慶《河工器具圖説》卷二:"今起土,撈淺之具有鐵板,其首類鏟,受以長木爲柄。"

鐵板

清嘉慶年刊《河工器具圖説》

【鐵扳子】

鈎撈水下石塊的輔助工具。清麟慶《河工器具圖説》卷二:"鐵扳子,俗名狠虎,形如扁鈎,寬厚二寸許,長連灣鈎尺許,上有鐵環。凡鈎石,如石在水下半陷土内,鈎撈未能得力,即以扳子二個分扣鈎竿千觔繩上,將扳子灣處栽入土下,緊貼石底,以便鈎起。"

鐵扳子

清嘉慶年刊《河工器具圖説》

【鐵箆子】

疏浚河道工具。鐵質，上有環，可繫於船，下帶密齒。船繫之快速行駛，可清除河牀流沙。清麟慶《河工器具圖説》卷二："鐵箆子，疏河之具。""今之箆子取其疏利，鑄鐵以象形，故名。其製不一，大者如鸚鵡架，高六尺六寸，上嵌鐵環一，下排鐵齒十四，每齒長七寸，小者形如箕，高二尺八寸，上嵌鐵環一，下排鐵齒二十一，每齒長四寸五分。其用法，以大船一隻，繫鐵箆子於船尾，往來急行，不使流沙停滯，但下水順風張帆較快，若上水則兩岸須用蝦鬚纜，多人牽挽方可。倘船行稍緩即無效矣，曾歷試不爽。南河又有混江龍、虎牙梳等。"

鐵箆子
清嘉慶年刊《河工器具圖説》

【鐵鎛】

鐵製鎛。清李宗昉《黔記》卷三："克孟牯羊苗，在廣順州之金築司，耕作不用牛，用鐵鎛代犁，穮而不芸。"

【鐵杈】

即鐵禾杈。清麟慶《河工器具圖説》卷三："鐵杈，《説文》：杈，枝也。徐曰：岐枝木也。木幹鐵首，二其股者，利如戈戟，叉軟草，填埽眼、挑碎楷用之。"

鐵杈
清嘉慶年刊《河工器具圖説》

【鐵鎈】

即鐵銼。明宋應星《天工開物·錘鍛》："凡鐵鎈，純鋼爲之。未健之時，鋼性亦軟。以已健鋼鏨劃成縱斜文理，劃時斜向入，則文方成焰。劃後燒紅，退微冷，入水健。久用乖平，入火退去健性，再用鏨劃。"

【鐵鉆】

夾物鐵鉗。唐慧琳《一切經音義》卷十七："鐵鉆，奇沾反，依字。"《説文》："鐵鉬也。"《蒼頡篇》："鉆，持也。"

【鐵鏟】

鐵質之鏟。《八旗通志》卷九十三"典禮志·滿洲祭神祭天典禮五"："蒸餻鐵鏟二。"

【鐵秤錘】

鐵質的秤錘。宋周密《武林舊事·宮中誕育儀例略》："於内藏庫取賜銀絹等物如後"，"鐵秤錘五個"。

北齊鐵秤錘
《中國古代度量衡圖集》

【鐵稱權】

鐵鑄的稱權。秦代鐵權形制巨大，多在 30 公斤以上，合秦制 120 斤，并有銘文。河北滿城陵山 1 號西漢墓發現 20 多公斤，合漢制 90 斤的大鐵稱權，但一般僅爲漢制一斤至數斤，東漢及東漢之後皆爲小型的鐵稱權。北齊顏之推《顏氏家訓·書證》："開皇二年五月，長安民掘得秦時鐵稱權，旁有銅塗鐫銘二所。其一所曰：'廿六年，皇帝盡并兼天下諸侯，黔首大安，立號爲皇帝，乃詔丞相狀、綰，灋度量則不壹歉疑者，皆明壹之。'凡四十字。其一所曰：'元年，制詔丞相斯、去疾，灋度量，盡始皇帝爲之，皆□刻辭焉。今襲號而刻辭不稱始皇帝，其於久遠也，如後嗣爲之者，不稱成功盛德，刻此詔□左，使毋疑。'凡五十八字，一字磨滅，見有五十七字，了了分明。"

【鐵匙】

鐵質匙。抄藥用。唐孫思邈《備急千金要方·序例》："秤、斗、升、合、鐵臼、木臼、絹羅、紗羅、馬尾羅、刀、砧、玉槌、瓷鉢、大小銅銚、鐺、釜、銅鐵匙等。右合藥所須，極當預貯。"

【鐵尺】

鐵質尺。其笨重而不易磨損，故一般用於標準尺，日常使用較少。河北滿城陵山 2 號西漢墓發現錯金鐵尺一件，兩端各有一小圓孔，可以繫帶，兩面均有刻度及錯金流雲紋。尺寸刻出兩邊，用錯金小點表示，一邊刻出等距十寸，另一邊在一、二、四、六、八、十各寸無分割，而第三寸刻三等分，第五寸刻五等分，第七寸刻七等分，第九寸刻九等分。兩面刻法相同，這樣的刻度，可能有特殊的用途。長 23.2 厘米、寬 1.2 厘米、厚 0.25 厘米。河南鞏縣石家莊 5 號宋墓也出土鐵尺一件，長 32 厘米、寬 2.5 厘米。《隋書·趙煚傳》："冀州俗薄，市井多姦詐，煚爲銅斗鐵尺，置之於市，百姓便之。上聞而嘉焉，頒告天下，以爲常法。"《宋史·律曆志四》："後周太祖敕蘇綽造鐵尺，與宋尺同，以調中律，以均度田。"

【鐵尺】

指北周鐵尺。相承於宋氏尺。北周建德六年(577)平齊後，用此尺同律度量，頒行天下。《隋書·律曆志上》：

"(陳)宣帝時,達奚震及牛宏等議曰:'今之鐵尺,是太祖遣尚書故蘇綽所造,當時檢勘用爲前周之尺。驗其長短,與宋尺符同。即以調鍾律,并用均田度地。'""祖孝孫云:'平陳後,廢周玉尺律,便用此鐵尺律,以一尺二寸,即爲市尺'。"

【鐵齒】

即鐵齒耙。清孫璧文《新義錄》:"《湧幢小品》謂中國耕田必用牛,若鐵齒耙土,乃東夷擔羅國之法,今江南皆用之。"

【鐵齒鎘榛】

即人字耙。北魏賈思勰《齊民要術·種穀》:"苗既出壠,每一經雨,白背時,輒以鐵齒鎘榛縱橫耙而勞之。耙法:令人坐上,數以手斷去草;草塞齒,則傷苗。如此令地熟軟,易鋤省力。中鋒止。"明徐光啓《農政全書》卷二六:"凡大小豆,生既布葉,皆得用鐵齒鎘榛,從橫耙而勞之。"

【鐵齒鎘鏒】

同"鐵齒鎘榛"。元王禎《農書》卷二:"《齊民要術》曰:苗既出壠,每一遇雨白背時,輒以鐵齒鎘鏒,縱橫耙而勞之。"

【鐵齒耙】

一種有齒的碎土、和土農具。通常在犁耕後使用,用牛挽之而行。有方耙、人字耙等。元王禎《農書》卷二:"凡地除種麥外,并宜秋耕。先以鐵齒耙縱橫耙之,然後插犁細耕,隨耕隨勞。至地大白背時,更耙兩遍。"

【鐵鋤】

即鋤。首爲鐵製。甘肅省環縣劉家灣漢墓發現鐵鋤,通長18厘米、板長13.2厘米、刃寬10厘米。《明會典·工部二十一·器用》:"農夫挑擔竹筐十對,鐵鋤、鐵鍬、大鍬,各十張。"

鐵鋤
劉家灣漢墓

戰國鐵鋤
長沙森林局工地漢墓

【鐵杵】

鐵製的杵。南朝宋劉義慶《世說新語·文學》:"衛玠總角時問樂令夢,樂云:'是想。'衛曰:'形神所不接而夢,豈是想邪?'樂云:'因也。未嘗夢乘車入鼠穴,擣薑噉鐵杵,皆無想因故也。'"宋陸游《小院》詩:"銅匜暖徹香初過,鐵杵聲清藥欲成。"清麟慶《河工器具圖說》卷二:"拐係鑄鐵爲首,形如懸膽,重二觔,受以丁字木柄,長二尺二三寸,與鐵杵彷彿,每逢兩樁并縫,用拐搗築,以期堅實。"

【鐵杵臼】

以鐵鑄造的杵和臼。春秋戰國以後,隨着冶鐵業的發展,鐵制的杵臼開始出現。四川省成都揚子山出土了西漢時期的鐵杵臼。杵直柄圓體,杵頭似蒜頭形,臼爲方口外敞,底座方形,平底,并有殘損,現藏中國歷史博物館。北魏賈思勰《齊民要術·雜說》:"乃融好膠清,和於鐵杵臼中,熟擣。"準格爾召鄉西夏窖藏有鑄鐵臼杵,高10厘米、徑9.3厘米,杵長30.9厘米、徑2～3.5厘米。

鐵臼杵
召鄉西夏窖藏

【鐵穿】

鑿冰工具,似舌而銳。清麟慶《河工器具圖說》卷三:"鐵穿,其式兩頭似戈而寬,大中挺圓。"

遼鐵冰穿
法庫葉茂臺14號遼墓

鐵穿
清嘉慶年刊《河工器具圖說》

【鐵創】

修補石工用的工具。清麟慶《河工器具圖說》卷二:"鐵創長數寸至尺許,圓數寸至一尺,扁頭,上以堅木爲柄。凡補修石工,水下石縫參差,鐵橇短細,非創不爲功。"

鐵創
清嘉慶年刊《河工器具圖說》

【鐵錘】

敲擊工具。錘頭爲鐵製。《初刻拍案驚奇》卷十四:"丁戍到家三日,忽然大叫,又說起船裏的說話來。家人正在駭異,只見他走去取了一個鐵錘,望口中亂打牙齒。"《大清會典則例》卷一三十"盛京福陵物料":"鐵錘重八兩每把銀二分七釐。"

戰國鐵錘
鄂州市博物館

【鐵剒】

同"鐵銼"。《宋史·輿服志六》:"玉靶鐵剒一,銷金玉事件二。"《清朝文獻通考·刑考七》:"烏嚕木齊傭工人楊奉隆與鐵匠楊元戲耍,誤將鐵銼搪傷李剛,越日身死。"

【鐵剉刀】

鐵質之剉刀。《清輿西域圖志·服物二·回部》：“額恰克，鐵剉刀也，剉物處齒如密，釘質厚而鋥銳。”

【鐵銼】

鐵質銼。銼經焠火工藝，性剛。滿城陵山1號西漢墓已發現鐵銼。明金鉉《除戎記》卷三：“復以鐵銼細爲磋琢，銹將去八九矣。”

【鐵搭】

執鐵搭的農夫（左）
新都漢畫像磚

一種鐵製的帶齒農具。有長柄。用於翻地、碎土、平整畦面。元王禎《農書》卷十三：“鐵搭，四齒或六齒，其齒銳而微鉤，似耙非耙，斸土如搭，是名鐵搭。就帶圓銎，以受直柄，柄長四尺。南方農家或乏牛犁，舉此斸地，以代耕墾。”《清稗類鈔·物品·鐵搭》：“鐵搭，農具也。用以耕墾。狀如釘耙，而齒較闊，四齒或六齒，柄長四尺。舉此斸地，可代牛犁。”按，鐵搭本指闊齒者，利於翻地、起土，然鐵搭之名久已和“釘耙”相混。參見“釘耙”、“四齒耙”。

【鐵鎝】

同“鐵搭”。明陸世儀《論區田·區田十種》：“發者者，今謂之鐵鎝。鐵鎝頭廣一尺，其功用殆勝耜矣。使爲廣尺之畎，則一人可勝。若兩人并發，則廣二尺矣。”《農雅·釋器》：“《農桑通訣》：鐵鎝或四齒或六齒，似耙非耙，斸土如搭，是名鐵鎝。就帶員銎，以受其柄，柄長四尺，舉此斸地，兼有耙鑺之效。”《正字通·金部》：“鐵鎝頭廣一尺，功用勝於耜。”

鐵鎝
明永樂大典本《農書》

【鐵刀】

鐵製的刀。明徐光啓《農政全書》卷三六：“唯中間一鐮，長疾，麻亦最好。刈倒時，隨即用竹刀或鐵刀，從梢分批開。”

【鐵釘槌】

敲鐵釘的槌子。宋郭彖《睽車志》卷一：“承節郎孫俊民，家於震澤，歲除夜，夢長大人，其高出屋，行通衢，一手持牛角，一手持鐵釘槌，睥睨其家，以牛角擬門上，欲釘之。”

【鐵碓】

鐵製的舂搗工具。《敦煌變文集·降魔變文》：“各自抽身奉仕佛，免被當來鐵碓舂。”

【鐵範】

鐵質模子。用於壓製和鑄造。因鐵範物理性能較優，因而可以反覆使用。河北省興隆縣壽王墳村戰國燕的鑄冶遺址中，發現了現今最早的鐵範，有鐮、钁、斧、鑿、車具等鐵

戰國雙鐮鐵範
興隆縣大付將溝出土

戰國鐵斧範
興隆縣大付將溝出土

範共八十七件。北魏賈思勰《齊民要術·造神麴并酒》：“餅用圓鐵範，令徑五寸，厚一寸五分，於平板上，令壯士熟踏之。”宋陶穀《清異録·器具》：“預辦圓鐵範，滿內炭末，連鐵面，鎚實擊五七十下，出範，陰乾，範巨細若盛口，厚如兩餅。”明徐光啓《農政全書》卷四二：“作熟餅用圓鐵範，令徑五寸，厚一寸五分。”

【鐵鳳】

鐵質相風鳥。《文選·張衡〈西京賦〉》：“鳳騫翥於甍標，咸溯風雨欲翔。”三國吳薛綜注：“作鐵鳳，令張雨翼，舉頭敷尾，以函屋上，當棟中央，下有轉樞，常向風如將飛者焉。”宋蘇軾《送陳睦知潭州》：“朝元閣上酒醒時，臥聽風鑾鳴鐵鳳。”次公注：“鐵鳳，蓋施雀鳳於屋脊上者。”參見“相風鳥”。

鐵鳳
山西渾源圓覺寺塔利

【鐵釱】

同“鐵斧”。《墨子·備穴》：“爲鐵釱，全與扶林長四尺。”孫詒讓閒詁：“扶林，疑當作釱枋。枋、柄通。”《急就篇》第三：“鐵釱鑽錐釜鍑鍪。”顏師古注：“以鐵爲莖刃也。一曰以鐵爲椹也。”

【鐵斧】

鐵製之斧。戰國楚墓已有鐵斧發現。荆門左冢1號楚墓出土鐵斧一件,由鐵斧和木柄組裝而成。斧身鐵質,長方形,雙面刃,側視呈倒三角形。斧身上部有長方形穿。長方形銎,銎內插長楔木,楔木微向內弧。楔頭端鑿長方形凸榫與斧柄頭端的卯眼連接。斧柄爲整木雕成,兩端粗,中間細。斧柄握手部位的截面爲橢圓形,頭端截面近

戰國鐵斧
荆門左冢1號楚墓

明代鐵斧
梁山縣宋金河支流

方形。頂端下角圓切,斧與橫木柄的夾角約爲80度。斧長6厘米、刃寬4厘米、柄長46厘米。尹灣漢墓《武庫永始四年兵車器集部》:"鐵斧百卅二。"漢劉向《說苑·雜言》:"干將鏌鋣,拂鍾不錚,試物不知,揚刃離金,斬羽契鐵斧,此至利也,然以之補履,曾不如兩錢之錐。"明戚繼光《紀效新書·治水兵篇》:"鐵鍬四把,鐵鋸四把,鐵鑽四把,鐵鑿四把,鐵斧四把。"

【鐵斧頭】

鐵製的斧頭。其鏨刃處多爲鋼。明沈榜《宛署雜記·經費下》:"棗核釘一千八百個,鐵斧頭四把。"

【鐵絚】

即鐵索。《宋史·忠義傳五·張順》:"衆乘銳凡斷鐵絚攢栰數百,轉戰百二十里,黎明抵襄城下。"明馬愈《馬氏日抄·搏肉狼》:"正統丁卯歲,太監王振等前以鐵絚繫一狼,形如獅。"

【鐵綆】

即鐵索。《宋史·韓世忠傳》:"太一孛堇軍江北,兀术軍江南,世忠以海艦進泊金山下,預以鐵綆貫大鈎授驍健者。"

【鐵鈎】

鐵製的鈎子。常指鈎的鐵首部分。宋洪邁《夷堅甲志十一·蔡衡食鱔》:池上得鮮鯉,"即取鐵鈎貫頰挂樹木間,數武士臠肉,頃刻而盡"。元王禎《農書》卷十八:"其

輪軸一端,摑以鐵鈎,木拐,一夫執而掉之,車輪隨轉。"明徐光啓《農政全書》卷二二:"搭爪,上用鐵鈎帶榜,中受木柄,通長尺許,狀如彎爪,用如爪之搭物。"清麟慶《河工器具圖説》卷二:"鐵鈎、鐵籤,用以探試石縫,磚櫃,使漿無沾滯。"

鐵鈎　　　　　　　鐵鈎
環縣劉家灣漢墓　　清嘉慶年刊《河工器具圖説》

【鐵箍】

用鐵製成的圈狀緊固件。明湯若望、焦勗《火功挈要》卷上:"柱頭用鐵箍,箍下鑿一圓孔,二寸徑大,用圓鐵拴一根,長二尺四寸。"《清稗類鈔·名勝類》:"占風竿亦名順風旗,上有鐵箍二十八道,蓋以象二十八宿之數,自遠即可望之。"

【鐵筦】

鐵製的管子。《清稗類鈔·園林類》:"池水設浮木,上有鐵拐仙像,背負葫蘆,司鐵筦者扳其機,則水自葫蘆湧出。"

【鐵禾杈】

鐵首杈口。長木柄,首端裝以鐵製的多股杈頭。用來杈取稻禾、柴草等。元王禎《農書》卷十四:"又有以木爲幹,以鐵爲首,二其股者,利如戈戟,唯用杈取禾束,謂之鐵禾杈。"

鐵禾杈
明永樂大典本《農書》

【鐵斛】

明初頒發的用於收糧的標準斛具。清初各倉以工部所頒鐵斛爲式。《明會典》卷二〇一:"洪武元年,令鑄造鐵斛斗升付戶部收糧,用以校勘,仍降其式於天下。"清談遷《北游録·紀聞下》:"明初,中外各倉各頒鐵斛爲式。今通州部使所收斛,加於外一升六合,戶部京斛又贏六合。"

【鐵滑車】

鐵製之滑輪。《大清會典則例》卷一三十"盛京福陵物料":"鐵錘重八兩每把銀二分七釐。鐵鉗重一斤十四兩

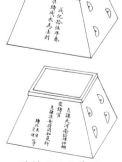

鐵斛正面及背面
四庫全書本《樂律全書》

每把銀二錢，鐵滑車徑二寸，每副銀二分五釐。”

【鐵鐶】

鐵製的圓鐶。中孔，可以繫繩索等物。元王禎《農書》卷十四：“板之兩旁，繫二鐵鐶，以鐶拽索。”清麟慶《河工器具圖説》卷二：“大者如鸚鵡架，高六尺六寸，上嵌鐵鐶一，下排鐵齒十四，每齒長七寸。”

【鐵臼】

鐵製之臼。宋洪邁《夷堅甲志十二·倉卒有智》：“秀州士大夫家一小兒，纔五歲，因戲劇，以首入擣藥鐵臼中，不能出，舉室無計。”《夷堅志補二二·侯將軍》：“得狐貍、蛇虺、木石、鳥獸之怪，不可計，皆輦致鐵臼内，杵碎之。”

【鐵臼】

鐵製臼狀部件。也稱鐟臼。明王徵《遠西奇器圖説》卷三：“立柱兩端盡處各爲鐵鑽，安於架之鐵臼中，則其轉也，無不利矣。”參見“鐟臼”。

【鐵局】

同“鐵錭”。用鐵打製之抓釘。宋周密《癸辛雜志續集上·碑蓋》：“蓋底兩間，用鐵局局之。”

【鐵錭】

鐵製的抓釘。用以加固構件，或接補有裂縫的器物。唐玄奘《大唐西域記·羯霜那國·鐵門》：“既設門扉，又以鐵錭。”清林則徐《驗收寶山縣海塘工程摺》：“補砌石塘，面面方整，並用鐵錭、鐵錠逐層勾貫。”清麟慶《河工器具圖説》卷二：“凡閘壩面石例在對縫處，用鐵錠；轉角處，用鐵銷；橫接處，用鐵錭。均鑿眼安穩，以資聯絡。”

【鐵鋸】

鋼鐵之鋸。唐徐堅《初學記》卷三十“鱗介部”：“鯤魚左右如鐵鋸。”明戚繼光《紀效新書·治水兵篇》：“鐵鍬四把，鐵鋸四把。”

【鐵鑥】

鐵打之鑥。明戚繼光《練兵雜紀》卷二“儲練通論”：“鉛子模、木馬子、鐵鑥。”

【鐵鐝頭】

即鐵鐝。清麟慶《河工器具圖説》卷三：“鐵鐝頭，一名斸劚，鋤類屬。鐝之爲言掘也，持以刨抱凍土。”

鐵鐝頭
清嘉慶年刊《河工器具圖説》

【鐵鐝】

刨土農具，類似鎬，用鐵鍛打而成。《大清會典則例》卷

一三十“盛京福陵物料”：“頭號鐵鐝，每把銀一錢三分五釐。二號銀一錢三號銀七分。”

【鐵罱】

一種結構如罱，前端工作部位爲鐵製如勺的工具。用於撈取河中淤泥。清麟慶《河工器具圖説》卷二：“又有鐵罱，鑄鐵如勺，中貫以樞，雙合無縫，柄用雙竹。凡遇水淤，駕船撈取，以此探入水内，夾取稀淤，散置船艙，運行最便。”

鐵罱
清嘉慶年刊《河工器具圖説》

【鐵懶】

翻土農具。可能指四齒鐵搭。清顧張思《土風録》卷三：“《儂渠録》云：吳農呼墾田器四齒者，音若鐵懶。恐懶即犁音之轉，當是鐵犁。”按，懶當是“獺”之訛字。鐵獺、鐵搭，吳語音近。

【鐵纜】

用許多股鐵絲擰成的纜索。用以繫船或作牽引之用，也有用以作索橋的。宋梅堯臣《淮陰》詩：“青環瘦鐵纜，繫在淮陰城。”《西遊記》第五三回：“船頭上鐵纜盤窩，船後邊舵樓明亮。”

【鐵榔頭】

即鐵鎚。《明會典·工部二七·四司經費》：“青新水幅條二千一百六十根，鐵車穿二百四十個，鐵車輞九百個，鐵榔頭四個，鐵礦子三個。”

【鐵烙】

燒紅後用以燒烙患處的鐵塊。有尖鐵烙、方鐵烙之分。清劉濟川《外科心法真驗指掌·用刀門》：“尖鐵烙，此烙治病極妙，用火燒紅，將病瘡毒尖以烙，而毒即聚而硬。方鐵烙，此烙治大病極妙，用火燒紅，將病勻烙，其毒自枯，候皮乾落自然復好。”

【鐵縲】

即鐵索。用以拘繫罪犯。唐黃滔《丈六金身碑》：“雖人世之風波，萬態逆翻，而幽府之鐵縲，一無苟免。”

【鐵犁】

鐵製的犁鑱。元王禎《農書》卷十三：“鑱，犁之金也。《集韻》注：銳也。吳人云：鐵犁，長尺有四寸，廣六寸。陸龜蒙《耒耜經》曰：冶金而爲之者，曰犁鑱，起其墢者也。”

鐵犁
長沙阿彌嶺漢墓

【鐵鏵】
　　即鐵鏵犁。《大清會典則例》卷一三十“盛京福陵物料”：“鐵犁、鐵鏵各重三斤，每箇銀九分。”

【鐵犁鏵】
　　鐵製的犁鏵。河北滿城陵山 1 號漢墓出土的鐵犁鏵，俯視略呈三角形，弧形刃，中間起脊，形成分土的兩坡式，平底，後爲三角形銎孔，高 10.2 厘米，脊長 32.5 厘米、底長 21 厘米、寬 30 厘米，重 3.25 公斤。經鑒定爲灰口鐵和麻口鐵的混合組織。鏵尖部分爲麻口鐵組織。類似這種形式的鐵犁鏵，在西漢早、中期的遺址和墓葬中尚未發現。這種大型犁鏵的出現，不僅提高了耕作效率，而且可以進行深耕。《太平廣記》卷一七六引唐胡璩《譚賓錄》：“李齊物，天寶初，爲陝州刺史，開砥柱之險，石中鐵犁鏵有平陸字，因改河北縣爲平陸縣。”

【鐵力木酒榨】
　　鐵力木製的酒榨。明蔣一葵《長安客話·光禄寺酒榨》：“光禄寺有鐵力木酒榨，每榨或用米二十石，得汁百甕，亦云是萬三家没入者。”

【鐵龍爪】
　　用以疏濬河道的工具。鐵製，成爪形。使用時繫於船尾沉入水中，乘流而下，反復在河底拖行以濬河道。《宋史·河渠志二》：“有選人李公義者，獻鐵龍爪揚泥車法以濬河。其法用鐵數斤爲爪形，以繩繫舟尾而沈之水，篙工急櫂，乘流相繼而下，一再過，水已深數尺。”參見“鐵筢”。

【鐵爐】
　　冶鐵爐。爐用鹽和泥砌成。明宋應星《天工開物·五金》：“凡鐵爐用鹽做造，和泥砌成，其爐多傍山穴爲之，或

鐵爐
明初刊本《天工開物》

用巨木匡圍，塑造鹽泥，窮月之力，不容造次，鹽泥有罅，盡棄全功。凡鐵一爐，載土三千餘斤，或用硬木柴，或用煤炭；或用木炭，南北各利便。扇爐風箱，必用四人、六人帶拽。”

【鐵鹿子】
　　鐵轆轤。用於升帆。《樂府詩集·清商辭三·懊儂歌八》：“長檣鐵鹿子，布帆阿那起。”

【鐵碾】
　　鐵製碾。清高靜亭《正音撮要·鐵器》：“鐵碾，研船車盤。”

【鐵笓】
　　同“鐵筢”。明徐光啓《農政全書》卷十三：“略舉浙西治水：碬堰、壩水、函石、倉石囷、蓬蒢、土守、刺子、水管、鐵笓、木坎等器。”

【鐵筢】
　　首列鐵齒，有三齒、四齒、五齒等不一。有銎，可裝橫柄。用於碎土、平地、開溝、撒播後覆蓋種子，水利施工，開山刨土等。湖北銅綠山礦井遺址曾出土東周鐵筢，全長 50 厘米，采礦用。河北易縣出土的戰國時期鐵筢，肩背略呈半圓形，筢體高寬比例適度，有五齒，疏朗銳利，便於用作整地、起肥等。滿城陵山 1 號西漢墓出土鐵二齒筢，全長 20.5 厘米，齒長 11.2 厘米，穿 4.5 厘米×4.5 厘米。同時出土鐵三齒筢。山東臨朐縣出土漢代鐵三齒筢，長 11.8 厘米。元王禎《農書》卷八：“至正月上辛日，掃去畦中陳葉，以鐵筢摟起下水，加熟糞。”

二齒耙
滿城 1 號漢墓

【鐵筢龍爪】
　　即鐵龍爪。宋司馬光《涑水記聞》卷十五：“是時天下皆言濬川鐵筢龍爪如兒戲。”

【鐵鈀】
　　同“鐵筢”。《初刻拍案驚奇》卷十一：“隨即唤過兩個家人，分付他尋了鋤頭、鐵鈀之類。”清紀昀《閱微草堂筆記·姑妄聽之二》：“棹數小舟，曳鐵鈀，尋十餘里無迹。”

【鐵鑼】
　　鐵齒耰。用來碎土平地。清范寅《越諺》卷中：“鐵鑼，爬，有齒，鑼泥使平。”

【鐵拍子】
　　錘打鐵皮的扁鐵。《大清會典則例》卷一三十“盛京福陵物料”：“鐵拍子每箇銀四分五釐。”

【鐵盤】

即牢盆。鐵製的煮鹽盤。《宋史·食貨志下四》：“鹽官湯村用鐵盤，故鹽色青白楊村及錢清塲織竹爲盤，塗以石灰，故色少黄。”明陸容《菽園雜記》卷十二：“凡煎燒之器，必有鍋盤，鍋盤之中又各不同，大盤八九尺，小盤四五尺，俱用鐵鑄，大止六片，小則全塊。”“鐵盤用石灰粘其縫隙，支以磚塊。”

【鐵籤】

一頭尖銳的細長桿子。驗貨時用來點數。《清稗類鈔·胥役類》：“驗貨時，手持鐵籤，故曰籤子手。籤，一作扦。隨時點派，無卯缺。”

【鐵鉗】

鐵製鉗。夾物工具。荆門市瓦崗山西漢墓木椁頭箱中有鐵平頭鉗一件，此爲現今所見年代最早的鐵鉗。内蒙古敖漢旗沙子溝1號遼墓、赤峰大營子1號遼墓皆有平頭、尖頭鐵鉗成套出土。《三寶太監西洋記通俗演義》第四十回：“身高三尺，頸項就長一尺有餘。頭有斗大，手似鐵鉗。”

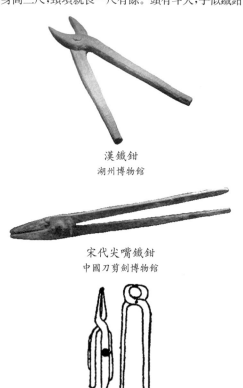

漢鐵鉗
湖州博物館

宋代尖嘴鐵鉗
中國刀剪劍博物館

扁嘴鐵鉗和老虎鐵鉗
赤峰大營子遼墓

【鐵鍬】

即鍬。《水滸傳》第一回：“衆人吃了一驚，發聲喊，都走了，撇下鋤頭鐵鍬，盡從殿内奔將出來”。

【鐵撬】

鐵質撬槓。撬物一端鍛成扁平狀，用以移動石頭等重物，清麟慶《河工器具圖説》卷四：“鐵撬，以鐵鍛成，長一尺六寸，重十餘觔，爲撬起石塊之用。”

鐵撬
清嘉慶年刊《河工器具圖説》

【鐵刃木杴】

以木爲首，端部裝有鐵刃的杴。用於裁割塍埂。元王禎《農書》卷十三：“鐵刃木杴，裁割田間塍埂。”“《鐵刃木笭》詩云：杴頭利刃擬風斤，裁割畦田爾策勳，莫謂等閒農事了，人間經界要平分。”

【鐵橇】

即橇。用於開石。清麟慶《河工器具圖説》卷四：“鐵橇，圓腦扁嘴，長四、五、六寸不等。”“凡開山既見石矣，須審山之形勢，順石之脈絡，度量所需石料長短、厚薄，劃定尺寸。先鑿溝槽，約寬三寸，深二寸，每尺安鐵橇三根，繫以鎯錘，用水浸灌刻許，然後用錘鏨儘擊開採。”

鐵橇
清嘉慶年刊《河工器具圖説》

【鐵掃帚】

即鐵耙。《清史稿·靳輔傳》：“前議河身兩旁各挑引河一道。今以工費浩繁，除清河北岸淺工必須挑濬，餘俱用鐵掃帚濬深河底。”清靳輔《治河題稿》：“如清河北岸等處必須挑挖引河者，相機挑挖外，其餘俱用鐵掃帚，揭沙乘流，浚深河底之法，似乎有濟，且較挑河之費所省實多。”

【鐵橜】

鐵質橜。單面刃，刃長。用於切開石料。清麟慶《河工器具圖説》卷四：“鐵橜，上寬下窄，其用與橇同。”

鐵橜
清嘉慶年刊《河工器具圖説》

【鐵篩】

鐵絲編網的篩子。用於篩選礦物、金屬等重物。明吕震等《宣德彝鼎譜》卷五：鑄冶物料有，“大小炸銅鐵罐四百個、炸銅大鐵篩十具”。又卷二：裁減物料，“鋼鐵原册一萬二千觔，今裁減二千四百觔，實該九千六百觔，此鐵作煉銅大鐵篩小具，每具一百二十觔，共該一千二百觔”。

【鐵杓】

清《世宗憲皇帝硃批諭旨》卷二百十六之五：“今據峽江縣報獲長簰地方私鑄鉛錢之廖從三等二犯，并起獲鉛一包，及鐵鉗、鐵杓。”

【鐵舌】
即鉋心鐵。參見“鉋心鐵”。

【鐵繩】
即繩徑較小的鐵索。用鐵絲絞成。牢固度大大超過用棕麻絞製的繩索。一般用來牽引或捆紮重物等，亦用以繫縛重刑罪犯。唐馮贄《雲仙雜記・茶燋縛奴投火》：“陸鴻漸採越江茶，使小奴子看焙。奴失睡，茶燋爍。鴻漸怒，以鐵繩縛奴，投火中。”《舊五代史・周書・世宗紀三》引《南唐書・劉彦貞傳》：“彦貞置陣，横布拒馬，聯貫利刃，以鐵繩維之，刻木爲猛獸攫挐狀，飾以丹碧，立陣前，號爲馬牌，又以革囊貯鐵蒺藜布於地。”《金史・忠義傳三・禹顯》：“正大六年冬十二月，軍内變，城破擒。帥義之，不欲加害。初以鐵繩鈐之，既而，密與舊部曲二十人遁去。”

【鐵算子】
鐵質之算。《水滸傳》第六一回：“吴用取出一把鐵算子來，搭了一回，拿起算子一拍，大叫一聲‘怪哉！’”

【鐵索】
用鐵絲絞製成的繩索。也稱鐵絙、鐵綆、鐵纆。多用柔韌的熟鐵絲爲原料。從文字記載和考古發現來分析，鐵繩索的出現大約是在秦代。如1986年在湖北省孝感市田家崗4號秦墓中，就發現過一條1米左右長的鐵索的銹蝕痕迹。用鐵製的繩索牢固程度和耐腐蝕的程度要比用植物纖維製的繩索高得多，所以人們常用之於一般繩索不能承受的地方。主要作用首先是可用以維繫和拴縛物件，由於其牢度好，不易毁壞，固定柵欄、拴繫船筏等多用之。唐韓愈《石鼓歌》：“金繩鐵索鎖紐壯，古鼎躍水龍騰梭。”《新五代史・南唐世家・李昪》：“彦貞之兵施利刃於拒馬，維以鐵索；又刻木爲獸，號‘捷馬牌’；以皮囊布鐵蒺藜於地。”《宋史・張永德傳》：“乃距浮梁十餘步，以鐵索千餘尺横截長準，又維巨木，自是備禦益堅矣。”明劉侗、于奕正《帝京景物略・紅螺山》：“有石井，井植鐵柱，柱繞鐵索，若有錮者，時一隱見。”其次用得比較廣泛的是作牽引之用，如轆轤索大多用鐵索，拖引船隻、木排的船纜也有用鐵索的。《通典・兵五》：“以轆轤墜鐵索，索頭安鐵鵰脚。”再是在河流、山谷之上用以爲鐵索橋。《明史・明昇傳》：“至是又遣壽、友仁、鄒興等益兵爲助。北倚羊角山，南倚南城砦，鑿兩岸石壁，引鐵索爲飛橋，用木板置礮以拒敵。”還有用鐵索爲刑具，鎖繫重大或强悍的罪犯。清鄭燮《蓮峰》：“鐵索三條解上都，君王早爲白冤誣。”

【鐵綀】
同“鐵索”。宋趙汝适《諸蕃志・志國・三佛齊國》：“其國在海中，扼諸番舟車往來之咽喉，古用鐵綀爲限，以備他盜，操縱有機。”

【鐵剃刀】
鐵質剃刀。明顧起元《客座贅語》卷三：隋煬帝爲晉王，嚫戒師衣物，有“犀莊瓜刀一口，鐵剃刀一口”。

【鐵鋌】
用於碾去籽棉中棉籽的鐵製軋棉工具。《資治通鑑・梁武帝大同十一年》“身衣布衣，木緜皂帳”，元胡三省注：“至秋生黄花結實。及熟時，其皮四裂，其中綻出如綿。土人以鐵鋌碾去其核，取如綿者。”明楊慎《升庵外記・綿花之始》：“土人以鐵鋌碾去其核，取如綿者。以竹爲小弓，長尺四五寸許，牽弦以彈綿。”

【鐵網】
鐵製網。《通典・邊防九》：“大秦人常乘大舶載鐵網，令水工没先入視之，可下網乃下。”

【鐵杇】
即泥鏝。《類篇・土部》：“墉，又曰鐵杇也。”

【鐵杴】
以鐵爲首的杴。用於挖地、開溝、築畦、作埂，以及撒拌肥料等。元王禎《農書》卷十三：“煅鐵爲首，謂之鐵杴。惟宜土工”。“《鐵杴》詩云：非鍬非臿别名杴，柄直銎圓首利銛。毋謂土工能事畢，剗除荒穢要渠兼”。清麟慶《河工器具圖説》卷二：“《事物原始》：杴或以鐵，或以木爲之。用以取沙土。《方言》：鐵者名跳杴，木者名杴部。《三才圖會》：煅鐵爲首，謂之鐵杴，今土工利用之器。”

鐵杴
清嘉慶年刊《河工器具圖説》

【鐵掀】
同“鐵杴”。明靳輔《治河奏績書》卷二：“檀木撬植每根七分，鐵掀每把一錢，木掀每把六分。”

【鐵鍁】
同“鐵杴”。明潘季馴《隆慶六年工部覆止泇河疏》：“礓土以下紅砂石層，層厚一二尺不等。鍁、钁難施，俱用鐵鍬、石木等錘，開鑿深淺不等。”《明會典・工部二一・器用》：“農夫挑擔竹筐十對，鐵鋤、鐵鍁、大鍁各十張，米篩、竹箕、荆筐、簸箕各十箇。”

明代鐵鍁
梁山縣宋金河支流

【鐵綫弓】
即鐵綫弦弓。明宋應星《天工開物・陶埏》：埏泥造塼，“汲水滋土，人逐數牛錯趾，踏成稠泥，然後填滿木匡中，鐵綫弓戛平其面，而成坯形”。

【鐵綫弦弓】

鐵絲爲弦的弓。用於切割泥坯。明宋應星《天工開物·陶埏》:"調踐熟泥,疊成高長方條,然後用鐵綫弦弓,綫上空三分,以尺限定,向泥不平戞一片,似揭紙而起。"參見"塼坯"圖。

【鐵鞋幌】

鐵葉製鞋幌。鞋鋪作招子。明無名氏《如夢録·街市紀》:"往南是半截街,有打紅銅諸樣器皿鋪、鐵鞋幌,有名鞋鋪。"

【鐵鴨嘴】

一種頭長而扁的鋤頭。清麟慶《河工器具圖説》卷二:"《釋文》:鋤,助也,去穢助苗也。首長而扁,一名鴨嘴。本田器,河工修築土石工亦用之。"按,其插圖名"鐵鴨嘴。"

鐵鴨嘴
清嘉慶年刊《河工器具圖説》

【鐵研】

以鐵爲研槽的研藥工具。明屠隆《考槃餘事·山齋箋》:"石磨一,鐵研、乳鉢各一,至筒一,椿臼一,大小中篩各一","當多蓄以備用"。

【鐵搖手】

即掉枝。清麟慶《河工器具圖説》卷四:"掉枝,一名鐵搖手,俗謂之吊子。"

【鐵儀】

即太史候部鐵儀。清張岱《夜航船·天文·曆律》:"後漢有銅儀,後魏有鐵儀。"

【鐵墊】

鐵質墊。清嚴如熤《三省邊防備覽·策略》:"處處有石,尋得脈絡,用鐵墊簪入,擊以巨鎚,用力推擠,即翻騰而下,取石甚便。"

【鐵鑿】

鐵鑿與鐵鎚
獅子山西漢楚王墓

鐵製的鑿子。《武庫永始四年兵車器集部》:"鐵鑿十九。"晉干寶《搜神記》卷十六:"鬼手中出一鐵鑿,可尺餘,

安著都督頭,便舉椎打之。"

【鐵杖】

即鐵鋌。宋方勺《泊宅編》卷三:"閩廣多種木綿,樹高七八尺。樹如柞,結實如大麥,而色青。深秋即開,露白綿茸茸然。土人摘取出殼,以鐵杖搟盡黑子,徐以小弓彈令紛起。然後紡績爲布,名曰吉貝。"元孟祺、暢師文、苗好謙等《農桑輯要·木棉》:"待子粒乾,取下。用鐵杖一條,長二尺,麤如指,兩端漸細,如趕餅杖樣。用梨木板,長三尺,闊五寸,厚二寸,做成牀子。遂旋取棉子,置於板上,用鐵杖旋旋趕出子粒,即爲淨棉。"

【鐵砧】

鍛捶金屬用的鐵質墊座。湖北大冶銅緑山春秋戰國礦井遺址發現三千鐵砧。鍛製,形制相同,一端是方形斷面,尺寸爲 3.8 厘米×3.8 厘米,一端成尖錐狀。全長 25.5 厘米,大頭因經捶打而捲邊。這是現見最早的鐵砧。滿城陵山 2 號漢墓出土鐵砧二件,正方體。一件有敲打磨損痕跡。長、寬、高均爲 12.5 厘米。重 13.5 公斤。另一件大小相似,重 13.25 公斤。《水滸傳》第五四回:"李逵看他屋裏都是鐵砧、鐵錘、火爐、鉗、鑿家火,尋思道:'這人必是打鐵匠人。'"

西漢鐵砧(磨損)
滿城 2 號漢墓

【鐵砧碓】

即鐵砧。《太平廣記》卷八七引《高僧傳·康僧會》:"乃置舍利於鐵砧碓上,使力者擊之。於是砧碓俱陷,舍利無損。權大嗟伏,即爲建塔。以始有佛寺。"

【鐵砧子】

即鐵砧。《明會典·工部二七·四月經費》:"青新木輻條二千一百六十銀,鐵車穿二百四十個,鐵車輞九百箇,鐵榔頭四個,鐵砧子三個。"《歧路燈》第七五回:"原來是一個官錢局匠人,如今擔着風匣、鐵砧子做小爐匠。"

【鐵碪】

同"鐵砧"。宋范鎮《東齋紀事》卷五:"鐵碪以鍛金銀,雖百十年不壞;以椎皂莢,則一夕破碎。"

【鐵鍼】

用鋼或鐵製的醫用針。明高武《鍼灸聚英·鐵鍼》:"馬啣鐵無毒。日華子云:古舊鋌者好。或作醫工鍼也。"

【鐵筋】

用於搟去籽棉中棉籽的細長鐵棍。宋趙汝适《諸蕃

志·吉貝》：“吉貝樹類小桑，蕚類芙蓉，絮長半寸許，宛如
鵝毳，有子數十。南人取其茸絮，以鐵筋碾去其子，即以
手握茸就紡，不煩緝績，以之爲布。”

【鐵壯】

築實灰土的工具。清麟慶《河工器具圖説》卷二：“鐵
壯，方不及尺，厚數寸，上方下圓，中孔安木柄。凡築打灰
眉土用之。”

鐵莊

清嘉慶年刊《河工器具圖説》

【鐵錐】

鐵質錐。錐多以鐵製。明宋應星《天工開物·錐》：“凡
錐，熟鐵錘成，不入鋼和。”大型鐵錐可鑿石孔，探土情，用
於開礦、河工等。《天工開物·井鹽》：“其器，冶鐵錐，如
碓嘴形，其尖使極剛利，向石山舂鑿成孔，其身破竹纏繩，
夾懸此錐。”清麟慶《河工器具圖説》卷二：“鐵錐長四尺，
上豐下尖，其豐處上有鐵耳，便於手握。修築堤工，每坯
試錐一遍，用木榔頭下打撥起，後以水壺貯水灌下，錐孔
不漏爲度。若一灌即瀉，名曰漏錐，半存半瀉，名曰滲曰，
存而不瀉，名曰飽錐。”參見“錐”。

探土錐

清嘉慶年刊《河工器具圖説》

【鐵錐子】

即鐵錐。明沈榜《宛署雜記·經費下》：“菜刀三十八
把，鐵錐子六十九把。”

【鐵鑽】

鐵製之鑽。明戚繼光《紀效新書·治水兵篇》：“鐵鍬四
把，鐵鋸四把，鐵鑽四把，鐵鑿四把，鐵斧四把。”

戰國鐵鑽

鄂州市博物館

【鐵鑽】

軸端圓錐狀部位。和鐵臼配合使用，使軸轉動靈活，并
起固定軸的位置的作用。多用於立軸。古代用木軸時，
鐵鑽部位採用組合式，即於木軸端裝上圓錐形金屬套，稱
鐈軸。明王徵《遠西奇器圖説》卷三：“立柱，兩端盡處各
爲鐵鑽，安於架之鐵臼中，則其轉也，無不利矣。”

ting

【罜罜】

小魚網。《篇海類編·器用類·网部》：“罜，罜罜，小網
兒。”清何焕《春望》：“漁童小結罜罜網，溪畔衝風一笠斜。”

罜罜

明萬曆年刊《三木圖會》

【鞓】

鞭子。元王禎《農書》卷二二：“呼鞭，驅牛具也。字從
革，從便。曰策，曰鞓、曰鞘，備則成之。”

【筳】

繞絲、紡紗或捲擀棉條的用具。一般是用小竹或蜀黍稍
莖製成的細長管狀物體。《説文·竹部》：“筳，維絲筦也。”
段玉裁注：“維，箸絲於筟車也。按：絡絲者必以絲崗箸於
筟，今江浙尚呼筳。”用紡車手工紡製棉紗時，須先把棉花
捲擀成棉條，古時稱棉條爲棉筒，所用的工具稱爲木棉捲
筳，簡稱筳。元王禎《農書》卷二十五：“木綿捲筳，淮民用
蜀黍稍莖，取其長而滑。今他處多用無節竹條代之。其法
先將綿毳條於几上，以此筳捲而擀之，遂成棉筒，隨手抽
筳。每筒牽紡，易爲勻細，捲筳之效也。”《清稗類鈔·物品
類》：“筳，維絲筦也，亦謂之筟。用鍼條中貫細筒，所以箸
絲於緯車者。紡具所用以維紗綫者亦如之。亦作梃或作
錠。今吳俗尚稱筳子。”古人在使用“筳”、“筦”、“筟”表示纏繞
絲或紗綫所用的工具時是同義的。故段玉裁注中講：“筟、
筳、筦，三名一物也。”但，筳的含義較廣，可用以表示捲擀棉
條的木棉捲筳和紡車上的錠或梃。參見“筟”、“筦”、“錠”。

tong

【通竿井】

以竹筒埋地引水之井。此井爲水源，用轆轤提水灌溉

農田。清吳邦慶《澤農要錄》卷五："見距隄數武外多鑿井丈許,穴地置巨竹若陰溝然,引河水入井,設轆轤三四具,日可灌田數十畝,名曰通竿井。"

【通河索】

用埽堵決口或築堤護岸時用的一種大竹索。元沙克什《河防通議》卷上："捲埽器具","檫木杪棒、三棱木、草牛、土牛、土捧頭、綿索、通河索"。"竹葦諸索","通河索,長二百五十尺,圍一尺二寸,用八破竹四百五十竿"。又卷下："打索蔞接索功程","通河索每條三十四功"。

【通木】

木製正骨工具。一面平整,一面如人體脊背形凹陷。側面有孔,可穿帶,縛於脊背部。用於治療脊背損傷,膂骨開裂。《醫宗金鑒·正骨心法》："通木,用杉木寬三寸,厚二寸,其長自腰起上過肩一寸許,外面平整,向脊背之內面刻凹形,務與脊骨膂肉吻合。約以五分度之,第一分自左側面斜鑽二孔,右側面斜鑽二孔,越第二分,至

通木及用法
錦章書局本《醫宗金鑒》

第三分、四分、五分,俱自左右側面各斜鑽一孔;用寬帶一條,自第一分上左孔穿入,上越右肩,下胸前,斜向左腋下繞背後,穿於第一分右次孔內;再用一帶自第一分上右孔穿入,上越左肩,下胸前,斜向右腋下繞背後,穿入第一分左次孔內,兩帶頭俱折轉,緊紮木上。第三分、四分,亦以帶穿之,自軟脅橫繞腹前,復向後穿入原孔內,緊紮木上。第五分以帶穿入孔內,平繞前腹,復向後緊札木上,切勿游移活動,始於患處有益。凡用此木,先以棉絮軟帛貼身墊之,免致疼痛。"

【硐】

即磨。《太平御覽》卷七六二引漢服虔《通俗文》："靁曰磑,填礪曰硐。"

【硐磨】

即磨。元王禎《農書》卷十六:"《通俗文》云:填礪曰硐磨。"

【鈍】

同"鑃"。《廣雅·釋器》："鉊鏄謂之鑃。"清王念孫疏證:"《說文》:鈍,柏屬也。又云:鉊鏄,大犁也。一曰類相。《急就篇》:鉊鏄鉤鉵斧鑿鉏。顏師古注云:鉊鏄,大犁之鐵。鉊與鉊同。鏄與鑃同。鈍,與鑃同。"

【童光鏡】

平光眼鏡。清孫雲球《鏡史》："童光鏡。人之年老目

衰,皆由平昔過用目力,神明既竭,時至則昏。觀諸文人墨士,及鉤畫刻鏤諸藝,專工細視,習久易昏。彼牧豎販夫,不藉兩眸者,老至不昏,差足徵也。此鏡利於少年,俾目光不隨時而損,西土謂之存目鏡。成童即用,十數年後去鏡,目終不衰,至老仍如童子。若顏淵熟視白馬,夫子預決其短夭。"

【銅包木杵】

首部包以銅皮的木杵。明湯若望、焦勗《火攻挈要》卷中:"必將兌成大藥,放在銅鑲木舂、銅包木杵腳碓之內,用人着實踹搗。"

【銅表】

銅製的表。圭表的部件。《隋書·天文志上》:"梁天監中,祖暅造八尺銅表,其下與圭相連。"

【銅尺】

銅製之尺。銅材堅固耐磨,長度穩定,故常用銅尺作標準尺度,檢驗竹、木、牙、骨之尺,亦用於量較樂器。銅尺不易腐朽,故發現甚多。《晉書·律曆志上》:"如平掘地得古銅尺,歲久

銅尺
清學津討原本《皇祐新樂圖記》

漢銅尺
劉家冲 2 號墓

欲腐。"現見的古銅尺以安徽壽縣楚墓出土的銅尺爲最早,長 22.5 厘米。山東曲阜九龍山 3 號西漢墓發現的銅尺僅存殘段,按一側有的二寸刻度推算,全尺長 23.5 厘米。東漢的銅尺較多,湖南長沙子彈庫 1 號墓菱紋形銅尺長 23.46 厘米;湖南長沙劉家冲 2 號墓銅尺反正皆鑄鳥獸紋,長 23.63 厘米;廣西梧州旺步 1 號墓龍鳳紋銅尺長 23.72 厘米;山東掖縣坊北村墓塗金銅尺長 23.6 厘米;甘肅酒泉北稍門外墓銅尺長 23.1 厘米;廣西合浦出土銅尺長 23.7 厘米;安徽合肥烏龜墩墓銅尺長 23.75 厘米;江西南昌施家窑墓銅尺長 23.9 厘米。現在尚可見到的漢以後銅尺有:江西南昌罈子口 1 號墓三國吳銅尺,長 23.5 厘米;河南洛陽澗西 22 號西晉墓永寧二年(302)銅尺,長 24.47 厘米;中國歷史博物館藏南朝銅尺,長 25 厘米,及南朝塗金銅尺,長 25.2 厘米;傳世南朝鳥獸紋銅尺,長 24.75 厘米;中國歷史博物館藏北魏銅尺,長 30.9 厘米;故宮博物院藏

銅尺
清嘉慶年刊《河工器具圖說》

隋人物花卉紋銅尺，長 29.67 厘米；湖北武昌何家壟唐墓銅尺，長 29.71 厘米；陝西西安郭家灘 24 號唐墓銅尺，長 30.67 厘米；西安韓森寨唐墓銅尺，長 31 厘米；河南洛陽澗西 22 號唐墓銅尺，長 30.81 厘米；中國歷史博物館藏唐代塗金銅尺長 30.67 厘米，刻花銅尺長 29.97 厘米。北宋塗金銅尺長 31.74 厘米。故宮博物院藏清代銅尺，長 36.7 厘米。南朝梁劉勰《文心雕龍·樂府》："阮咸議其離聲，後人驗其銅尺。"宋阮逸、胡瑗《皇祐新樂圖記》卷上："謹詳《周禮》、《漢志》及歷代尺法，製成聖朝皇祐黍尺一、銅尺一，謹圖形製於左。"清麟慶《河工器具圖說》卷一："今部頒銅尺，周尺也。其分寸與漢劉歆銅斛尺、後漢建武銅尺、晉祖冲銅尺并同。"

【銅刀】

銅質刀。青銅時代刀以銅製，鐵器推行後，銅刀多有特殊用途。清張岱《夜航船·物理部·衣服》："洗白衣，白菖蒲用銅刀薄切，曬乾作末，先於瓦盆內用水攪勻，將衣擺之，垢膩自脫。"參見"刀"。

【銅斗】

銅鑄斗。量器。標準量斗多以銅製。漢至清皆有製作。故宮博物院藏銅斗，正圓形，有長柄，高 7.8 厘米、內徑 18.2 厘米，容量 1300 毫升。邊刻銘："萬年縣官銅斗，河平二年考工馮教省造。"

【銅法子】

銅質的砝碼。一般砝碼都用銅製作。《明會典》卷三十七："正德元年議准，工部行寶源局，如法製造好銅法子，一樣三十二副，每副大小二十個。"

【銅鳳】

即相風銅鳥。《三輔黃圖》卷二："《漢書》曰：建章宮南有玉堂，壁門三層，臺高三十丈，玉堂內殿十二門階，階皆玉爲之。鑄銅鳳高五尺，飾黃金，樓屋上下有轉樞，向風若翔。"

【銅鈎】

銅製的鈎子。明湯若望、焦勗《火攻挈要》卷上："齊口之法，小銃用銅鈎鈎齊，大銃用銅鑿鑿齊，末用大磋磋光便是。"

【銅管】

銅製的管子。《說郛》卷二五引殷芸《小說》："筵下有二銅管，上口商數尺，出筵後。其一管定，一管有繩大如指。"

【銅圭】

銅製圭表。《清稗類鈔·名勝類》："又別有室三楹，爲晷影堂，南北平置銅圭於石臺，長一丈六尺二寸，闊二尺七寸，周以水渠。"

【銅候儀】

宋天文學家韓顯符造的天文儀象。是渾儀和渾象的複合體。《宋史·天文志一》："銅候儀，司天冬官正韓顯符所造。""銅儀之製有九：一曰雙規……四面皆七十二度，屬紫微宮，星凡三十七座，一百七十有五星……二曰游規……三曰直規二……四曰窺管一。"

【銅斛】

銅製的斛。漢代多以銅爲斛。清周亮工《書影》卷七："劉仲原得銅斛二於左馮翊：其一云始元四年造；其二曰甘露元年十月造。數量皆同，云容十斗。後刻云：重四十斤。以今權量較之，容三斗，重十有五斤，乃知古今不同。"參見"劉歆銅斛"。

光和大司農銅斛
《中國古代度量衡圖集》

【銅壺】

即銅漏。宋王應麟《小學紺珠·律曆》："晷漏四法：銅壺、香篆、圭表、輥彈。"

【銅壺滴漏】

即漏刻。因漏刻的壺爲銅製，漏下的水成滴狀下落而得名。明劉若愚《明宮史·宮殿規劃》："殿之後，爲刻漏房，銅壺滴漏在此。凡八刻水交一時，直殿監官抱時辰牌，赴乾清門里換之。"《清稗類鈔·名勝類》："鼓樓在地安門北，昔之金臺坊樓，舊名齊政，置銅壺滴漏。"《養心殿造辦處史料輯覽·乾隆十年》"刻字作"："五月初二日首領鄭愛貴傳旨，交泰殿銅壺滴漏著造辦處刻字。"

【銅井】

銅礦井。以安徽、江西、湖北長江沿線最有規模。《元和郡縣志·江南道·南陵》："銅井山在縣西南八十五里，出銅。"《明一統志》卷十八："銅井山廟在全椒縣西七十里，一名銅官，上有銅井，舊嘗出銅"，"銅井在全椒縣西北五十里，廣十餘丈，深不可測，舊於此採銅，有魚出其中，其色如金"。

【銅漏】

銅質漏刻。西漢銅質漏壺有以"銅漏"自銘者。西漢的銅漏爲圓筒形、平底、三鼎足。近底部伸出一細管狀流口。上有蓋,平面,蓋上有提梁,平面中心和相應的提梁中段均有長方形孔,用以插時辰刻箭。刻箭當爲木質或竹質,可隨流口出水水位降低而下沉,從而指示時刻。西漢出土的銅漏已有多處。河北滿城陵山 1 號漢墓銅漏,通高 22.5 厘米、徑 8.6 厘米、深 15.6 厘米、內徑 8.4 厘米,盒徑 9 厘米,提梁高 4.3 厘米。陝西興平東門外磚廠西漢墓銅漏,通高 32.2 厘米、徑 10.6 厘米、蓋徑 11.1 厘米,提梁高 6 厘米,流嘴長 3.8 厘米,徑 0.25 厘米。內蒙古伊克昭盟杭錦旗沙丘上發現銅漏,通高 47.9 厘米、內徑 18 厘米、內深 24.2 厘米,提梁雙層,通高 14.3 厘米,流嘴長 8.2 厘米,孔徑 0.31 厘米。容量 6384 立方厘米,全重 8250 克。在第二層梁的長方孔兩端陰刻"中陽銅漏"四字,底鑄"千章"二字,漏身外面正當流嘴之上,陰刻"千章銅漏一,重卅二斤,河平二年四月造"。按,中陽在今山西省中陽縣西;千章約今山西西北一帶。兩地西漢皆屬西河郡。山東鉅野縣紅土山西漢昌邑王墓亦有銅漏出土。

銅壺滴漏
中國國家博物館

千章銅漏
杭錦旗沙丘出土

【銅漏壺】
　　即銅漏。《清稗類鈔·名勝類》:"其制爲銅漏壺四,上曰天池,次曰平水,次曰萬分,下曰收水,中奉鐃神,設機械。"

【銅模】
　　鑄造器物的銅質模子。一般用青銅鑄成。《清稗類鈔·鑒賞·張叔未藏新莽五銖泉範》:"古時鑄泉之法,先琢成土型,次鎔作銅模,即今時流傳之範。然後凍土實填銅模中,印取泉文牝牡之形。如是者二封合之,便可冶鑄。"

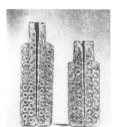

五銖錢銅模(正、背)
坡頭村西漢遺址

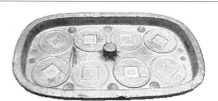

建武十七年(41)五銖疊鑄銅範盒
上海博物館

【銅碾】
　　銅製的碾。用來碾較精細的物料。宋陸游《送張叔潛編修造朝》之三:"北窗銅碾破雲腴,捫腹翛然一事無。"

唐西明寺銅茶碾
西安博物院

【銅起子】
　　銅質之起子。《養心殿造辦處史料輯覽·雍正元年》"雜活作四月十四日":"小鑿一件、銅起子一件、日晷一件、火鏡一件、圈子火燧一件、剪子一件。"

【銅鉗】
　　銅質鉗。最早的銅鉗在陝西鳳翔西村戰國秦墓發現,由青銅鑄成,通長 21 厘米。在鐵器廣泛使用之後,銅鉗行而不廢。明湯若望、焦勗《火攻挈要》卷上:"化銅之際,將銅鉗入池內,輕放池上,慎毋亂摔以傷池。"

戰國銅鉗
秦鳳翔出土

【銅權】
　　銅質的權。銅不易銹損,故爲權之良材,秦權多以銅爲之。宋趙明誠《金石錄·秦權銘》:"今世人家所藏秦權至多,銘文悉同。余所得者凡四銘:其二不知所從得;其一藏王禹玉丞相家,皆銅權也。"

【銅人】
　　即試針銅人。標明經絡、穴位的醫用銅質人形模型。四川綿陽永興鎮雙包山 2 號西漢木槨大墓出土了漆木人偶,爲黑色重漆的小型木質人形,用紅漆線條表示針灸經脈循行徑路,經穴位置惜無文字標記。這是迄今爲止在世界上所發現最

針灸木人
雙包山 2 號漢大墓

早的標有經脈流注的木質人體模型。馬王堆醫書中有
《足臂十一脈灸經》、《陰陽十一脈灸經》甲本、《脈法》等，
在雙包山 2 號墓内隨木人偶出土了脈經等醫書説明經絡
學説在醫學實踐已經相當成熟。後代的銅人不過材料上
改進，更加嚴密而已。宋李薦《寒食》："我亦茅簷自鑽燧，
煨針燒艾檢銅人。"清黄宗羲《王徵南墓誌銘》："凡搏人皆
以其穴，死穴、暈穴、啞穴，一切如銅人圖法。"

【銅烏漏刻】

以虹吸管爲出水管的漏刻。因渴烏（或吸管）常以銅製
成，故名。《魏書·張淵傳》："時有河間信都芳，字王琳，
好學，善天文算數。""又聚渾天、欹器、地動、銅烏漏刻、候
風諸巧事。并圖畫爲準器，并令芳算之。"

【銅甬】

銅製的甬。宋方勺《泊宅編》卷六："劉原父師長安，得
漢宣帝時銅甬一，上有識云：'谷十斗，重四十斤。'原父以
今權量校之，止容三斗，重十五斤。"

【銅鑿】

銅製的鑿子。殷商時代已經産生，沿用到明代。明湯
若望、焦勗《火攻挈要》卷上："齊口之法，小銃用銅鈎鈎
齊，大銃用銅鑿鑿齊。末用大磋磋光便是。"

銅鑿
殷墟婦好墓

戰國青銅槽刃圓鑿和平刃方鑿
紹興博物館

【銅則】

銅質則。銅質權。湖南省湘潭縣易俗鎮烟塘皂殼坪秧
田中發現宋代銅則。銅則圓頂，平底，扁體，上端有圓孔，
通體刻纏枝牡丹紋。前後中間直行銘文各一："銅則，重
壹百斤，黄字號"，"嘉祐元年丙申歲造"。銅則高 30 厘
米，厚 20 厘米，重 64 千克。

【銅針】

銅質醫用針具。宋趙佶等《聖濟總録·目眵矐》："凡目
生頑翳者，可用火燒銅針輕點。"

【銅字】

印刷用的銅活字。清雍正四年（1726）用銅活字排印
《古今圖書集成》，六年（1728）成書。採用開化紙和太史
連紙印刷，紙質細軟潔白，印本精良。《清稗類鈔·鑒賞
類》"丁善之論仿宋板"："令於武英殿校刊古今書籍，曰聚
珍板，乃棗木所製也。旋又有泥字、瓦字、錫字、銅字各種
之製作。"

【銅築】

銅首築。《六韜·軍用》："三百枚，銅築，固爲垂，長五
尺以上。"

【鑢】

即鉻鑢。《廣雅·釋器》："鉻鑢謂之鑢。"

【筒】

指釣筒。晉郭璞《江賦》："筒灑連鋒，罾罶比船。"李善
《文選》注引舊説曰："筒、灑，皆釣名也。"唐陸龜蒙《漁具》
詩序："緡而竿者總謂之筌，筌之流曰筒、曰車。"宋蘇軾
《夜泛西湖》詩之三："漁人收筒及未曉，船過惟有菰
蒲聲。"

【筒車】

一種提水機械。因
其提水部件成筒狀，故
名。根據動力不同，有
人轉、驢轉和水轉等多
種筒車。筒車最晚在
唐代已經出現。元王
禎《農書》卷十八："筒
車，流水筒輪，凡製此
車，先視岸之高下，可
用輪之大小，須要輪高
於岸，筒貯於槽乃爲得
法。"明徐光啓《農政全
書》卷十七："其車之所
在，自上流排作石倉，
斜擗水勢，急湊筒輪。
其輪就軸作轂。軸之
兩旁，閣於椿柱山口之

筒車
明永樂大典本《農書》

筒車全圖
明初刻本《天工開物》

内。輪軸之間,除受水板外,又作木圈縛繞輪上,就繫竹筒或木筒(謂小輪則用竹筒,大輪則用木筒),於輪之一週。水激轉輪,衆筒兜水,次第傾於岸上所橫水槽,謂之天池,以灌田稻。”“若水力稍緩,亦有木石製爲陂柵,橫約溪流,旁出激輪,又省工費。或遇流水狹處,但壘石斂水湊之,亦爲便易。此筒車大小之體用也。有流水處,俱可置此。”

【筒車田】
　　臨水高田。因其灌溉用水可用筒車汲取,故名。清黃輔辰《營田輯要·制田》:“筒車田:臨水之處,田岸甚高,傍岸作渠,截筒縛竹車,筧水灌之。早春灌地,豆麥可滋,一車足供數頃。”

【筒鈎】
　　即鈎筒。唐殷文圭《江南秋日》:“青笠漁兒筒鈎没,蒨衣菱女畫橈輕。”

【筒井】
　　灌溉機具。從地面往下鑿成深洞以竹筒爲井,又以竹管、熟皮引氣吸水而上。用以灌溉農田。宋蘇軾《東坡志林》卷四:“自慶曆、皇祐以來,蜀始創筒井,用圜刃鑿如碗大,深者數十丈,以巨竹去節,牝牡相銜爲井,以隔橫入淡水,則鹹泉自上。又以竹之差小者,出入井中爲桶,無底而竅其上,懸熟皮數寸,出入水中,氣自呼吸而啓閉之,一筒致水數斗。”

【筒羅】
　　深壁竹筒之羅。明黃大成《髹飾録》乾集:“霜下,即筒羅。片片霏霏,疏疏密密。”

【筒輪】
　　即筒車。元王禎《農書》卷三:“若田高而水下,則設機械用之,如翻車、筒輪、戽斗、桔槔之類,挈而上之。”

【筒索】
　　筒車的構件。用以連接提水筒。元王禎《農書》卷十八:“高轉筒車,其高以十丈爲準”,“筒索,其索用竹均排三股,通穿爲一,隨車長短,如環無端。索上相離五寸,俱置竹筒,筒長一尺,筒索之底,托以木牌,長亦如之。”明徐光啓《農政全書》卷十七:“高轉筒車,其高以十丈爲準。”“筒索之間,架刳木平底,行槽一連,上與二輪相平,以承筒索之重。”

【筒轉水車】
　　即筒車。宋陳元靚《事林廣記·農桑類·農桑本務》:“今江南地多用筒輪水車,以備旱,亦須於未旱時早備也。”

【桶】
　　即方斛。受米六升,屬大斛。《史記·商君傳》:“平斗桶權衡丈尺。”司馬貞索隱:“音統,量器名。”裴駰集解引鄭玄曰:“音勇,今之斛也。”《説文·木部》:“桶,木方受六升。”《廣雅·釋器》:“方斛謂之桶。”

tou

【透齒杷】
　　即穀杷。元王禎《農書》卷十四:“杷,鏤鍬器也。”“場圃之上,樓聚麥禾,攤積稭穗,此亦農之功也。復有穀杷,或謂透齒杷,用攤曬谷。”

tu

【凸鏡】
　　凸透鏡。清鄭復光《鏡鏡冷癡》卷四“照景”:“老花鏡,凸鏡也。”

【塗田】
　　在海邊利用天然或人工種植的耐鹽鹼草類的滯水停淤作用,使海水中的所含的泥沉積而成的農田。塗田沿海邊多築有堤壁或樹椿橛等以抵御潮水。元王禎《農書》卷

塗田
明永樂大典本《農書》

十一:“塗田,《書》云:淮海維揚州,厥土惟塗泥。大抵水種皆須塗泥。然瀕海之地復有此等田法,其潮水所泛沙泥,積於島嶼,或墊溺盤曲,其頃畝多少不等,上有鹹草叢生。候有潮來,漸惹塗泥。初種水稗,斥鹵既盡,可爲稼

田,所謂瀉斥鹵兮生稻粱。沿邊海岸築壁,或樹立椿橛,以抵潮泛。田邊開溝,以注雨潦,旱則灌溉,謂之甜水溝。其稼收比常田,利可十倍。民多以爲永業。"

【塗跳】

漁人捕魚時所乘之具。其形如橇。以木爲之,長三四尺,厚半寸,首尾上翹,底似船但無船舷。前竪二木,上又橫一木作扶手。適於海灘拾魚。因其於海塗上作跳躍式前行,故稱。清李調元《南越筆記·粵人多以捕魚爲業》:"塗跳以木爲之,長三四尺,厚半寸,首尾翹然,狀若上弦之月。前有二木直之,上有一木橫木,其底則舟,而兩旁無牆,所謂橇也。當海水乾落,魚蝦蛤鱔之屬膠黏淺沙,跣踏之,輒深入漸洳不可得,漁者於塗跳由其左足,而以右足踔泥;左扶橫木,而右手捃拾。板輕坦滑,擿行若飛,蓋大禹泥行之所乘者也。"

【屠刀】

宰殺牲畜的刀。刀長而刃尖。唐段成式《酉陽雜俎·夢》:"俄有數人操屠刀,開其腦上及右臂間,各取骨一片,狀如魚尾。"明徐光啓《農政全書》卷五七:"刀豆苗,處處有之,人家園籬邊多種之。苗葉似豇豆葉肥大,開淡粉紅花,結角如皁角狀而長,其形似屠刀樣,故以名之。"

屠刀(手持)
壁圖本《點石齋畫報》

【屠肉枅】

掛肉的橫木。《南齊書·王敬則傳》:"出行,從市過,見屠肉枅,歎曰:吳興昔無此枅,是我少時在此所作也。"

屠肉枅
新都縣漢畫像磚

【圖樣】

即畫樣。《北史·宇文愷傳》:"愷博考群籍,爲明堂奏之。"《紅樓夢》第十七回:"帳幔簾子,昨日聽見璉兄弟說還不全,那原是一起工程之時,就畫了各處的圖樣,量準尺寸,就打發人辦去的,想必昨日得了一半。"

【土車】

一種單輪一人獨推的小車。可運載土和其他物品。清

土車
清嘉慶年刊《河工器具圖説》

麟慶《河工器具圖説》卷四:"土車,獨輪,料土兼載。《稗編》:蜀相諸葛亮出征,始造木牛流馬以運餉。木牛即今小車之有前轅者;流馬即今獨推者是。《後山談叢》:蜀中有小車,獨推,載八石,前如牛頭,今之土車、獨推,猶存諸葛遺制。"

【土圭】

即圭表。《周禮·地官·大司徒》:"以土圭之灋測土深,正日影以求地中。日南則景短,多暑;日北則景長,多寒;日東則景夕,多風;日西則景朝,多陰。"又《考工記·玉人》:"土圭尺有五寸,以致日,以土地。"鄭玄注:"致日,度景至不。夏日至之景尺有五寸,冬日至之景丈有三尺。"

【土礱】

礱的一種。其制:用竹片圍成圈,内填黃土,製成礱之上下扇。兩扇相合面各嵌竹齒,有孔,軸相配合。上扇還有孔,上置竹編斗狀器以承所礱之稻榖。明宋應星《天工開物·攻稻》:"凡礱有二種","一土礱,析竹匡圍成圈,實潔淨黃土於内,上下兩面各嵌竹齒。上合篆空受榖,其量倍於木礱。榖稍滋濕者,入其中即碎斷。土礱攻米二百石,其身乃朽。凡木礱必用健夫,土礱即孱婦弱子可勝其任"。

土礱
明初刻本《天工開物》

【土籠】

盛穀器具。元王禎《農書》卷十五："蕢,草器。""《集韻》作'簣'字,從作舉土籠也。《語》云:譬如爲山,未成一簣。《書》云:功虧一簣。俱從竹。注云土籠。今上文從草,以草爲之,即盛穀器也。"

【土眼鏡】

本地生産之眼鏡。清梁廷楠《粤海關志·税則二》:"土眼鏡每百箇税五分。"

【兔罝】

捕兔網。《爾雅·釋器》:"鳥罟謂之羅,兔罟謂之罝。"《國語·魯語上》:"鳥獸孕,水蟲成,獸虞於是乎禁罝羅,矠魚鱉以爲夏犒,助生阜也。"三國吳韋昭注:"罝,兔罟。"

tuan

【團】

即篅。明王圻《三才圖會·器用》:"篅,《説文》云:判竹,圓以盛穀。笘類也。篅或作團。"

【團匾】

圓形的匾。竹製。清廣平《杵臼經》:"至於掃米之帚,舀米之箕,平米之攬,看米之團匾,其類不可數也。"

【搏板】

製墨工藝中揉墨用的木板。明沈繼孫《墨法集要》:"印脱搏板,長一尺一寸,闊三寸,厚一寸,字板長一尺,捺板如其長,並要平正光滑,以棗木爲之。以搏板推擀成形製,置字板上以捺板平平下印之。若造脱子大墨,最難得劑子滿脱,內又難得實。須用壓剢床坐木擔壓之,方得四圍都到,稜角美滿。"

tui

【推報】

即問錶。因推進錶柄即可報時而得名。清徐朝俊《高厚蒙求·自鳴鐘錶圖説》:問表,"如欲知現在某時刻,不必看時針所指,祇須將柄推進,放手即單椎打出針指某時記數,并雙椎打出某刻記數。隨推隨報,故名推報"。

【推鉋】

一種小鉋子。仰卧露刃,木料在其刃上抽削。製圓桶的木匠常用之。明宋應星《天工開物·錘鍛》:"巨者卧準露刃,持木抽削,名曰推鉋,圓桶家使之。"明陸鑑《吳音奇字·器用門》:"鉋子,因暴,推鉋。"清厲荃《事物異名録·漁獵部·匠具》:"《事物紺珠》:推鉋,平木器;鐁,平木小鉋。"

【推犁】

木牛之稍有變異者。參見"木牛"。

【推鐮】

收割農具。以木爲長柄,柄頭作兩叉,裝以橫木,橫木兩端各穿小輪,中嵌鐮刀。用於連稽收割稻麥。元王禎《農書》卷十四:"推鐮,斂禾刃也。如蕎麥熟時,子易焦落,故製此具,便於收斂。形如偃月,用木柄長可七尺,首作兩股短叉,加以橫木約二尺許,兩端各穿小輪圓轉,中嵌鐮刀前向。仍左右加以斜杖,謂之蛾眉杖,以聚所剗之物。"清麟慶《河工器具圖説》卷二六:"《農桑通訣》:鐮製不一,有佩鐮,有兩刃鐮,有袴鐮,有鈎鐮,有推鐮。""皆古今通用芟器。"

推鐮
明永樂大典本《農書》

【推杷】

清掃用具。木柄,木首,首有齒。用於推土,平整場地,清除瓦礫等。清麟慶《河工器具圖説》卷一:"推杷,以木爲之,首刻數齒,用以推掃面積雪,疏堤頭塊礫,最便。"

木推杷
清嘉慶年刊《河工器具圖説》

tun

【吞筍】

鹽井清孔工具。長一丈餘,用南竹製成,去節中空,底端內部裝有"皮錢"(閥門),可以啓閉,用來汲取井中泥水及巖屑。明朱國楨《湧幢小品·鹽政》:"蜀鹽出於井,井之大僅可如竹,號曰竹井。鑿之五六十丈,得澹水,至百丈始得鹹。鑿甚難,入甚深,汲甚苦。有鐵釺、漕釺、刮筍、吞筍等製,纖悉俱備,非若池鹽、海鹽之易煮也。"

【豚栅】

即豬圈。唐王駕《社日》:"鵝湖山下稻粱肥,豚栅雞塒半掩扉。"

青瓷豚栅
杭州餘杭義橋23號西晉墓

tuo

【托子】

男性助勃器。用銀、象牙製作。《金瓶梅》第六一回："婦人探出手來,摸見那話兒敪叮噹的,托子還帶在上面。"

【杔櫨】

濾酒器。作酒時用以壓榨出液體。《集韻·陌韻》："杔櫨,盞酒具。"《字彙·木部》:"杔櫨,壓酒器。"

【拖】

一種平地拖運石料的機械。包括拖身(直接裝載石料,在地面上拖行的木框)、拖椿(固定於地面,按裝滑輪、繩索,以拖引拖身的大木椿)以及木鈴鐺(木滑輪)、繩索等組成部分。使用時,將拖椿安置於石料所需搬運到的位置,拖繩穿過裝置於拖椿上的木鈴鐺,一頭繫住石料,一頭用人力倒挽,石料即朝拖椿方向滑行。清麟慶《河工器具圖説》卷四:"拖,一名旱車。江南運石用之。北路石料長大者亦用此具。其法,於拖前遠立長椿,椿頭繫以木鈴,貫以長索,一頭繫拖上石料,一頭以人力倒挽,人退拖進。一拖不及,再立椿如法行之。至拖之人數,則以石之大小輕重爲準。"

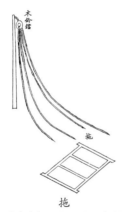

拖
清嘉慶年刊《河工器具圖説》

【拖車】

用腳木二根,上立四柱製成的簡單小車,以牛畜拖行。用於裝載農具、作物以及柴草等。元王禎《農書》卷十七:"拖車,即拖腳車用。以腳木二莖,長可四尺,前頭微昂,上立四簨,以橫木括之,闊約三尺,高及二尺。用載農具及耡種等物,以往耕所。有就上覆草爲舍,取蔽風雨。耕牛挽行,以代輪也,故曰拖車。中土多用之。庶四方陸種者傚之,以便農事。"

拖車
明永樂大典本《農書》

【拖刀】

中醫外科用刀具。清高文晉《外科圖説》卷一"刀剪鉗各式物件圖"有"柳葉刀"。

拖刀
清咸豐年刊《外科圖説》

【拖腳車】

即拖車。元王禎《農書》卷十七:"拖車,即拖腳車也。"

【拖杷】

同"杷杷"。明徐光啓《農政全書》卷二四:"拖杷,樓麥長杷也。首列二十餘齒,短木柄,以批契繼腰曳之。"

【杷杷】

一種摟麥用的長杷。用時繫於腰,摟聚倒伏的麥子,以便收割。首有二十多齒,短木柄。用於摟麥扶直。元王禎《農書》卷十九:"杷杷,摟麥長杷也。首列二十餘齒,有短木柄,以批契繫腰曳之。嘗見野麥爲風雨所損,而莖穗交亂,不能淨鏹,故製此具。腰後縱橫摟之,仍手握鐮柄,芟其遺餘。"

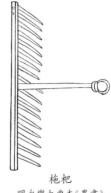

杷杷
明永樂大典本《農書》

【碢】

碢輾的部件。碾滾子。碾槽中滾動碾壓穀物的輪子。《太平御覽》卷七六二引《通俗文》:"石碢轢穀曰碢。"元王禎《農書》卷十九:"輪軸上端,穿其碢幹,水激則碢隨輪轉,循槽轢穀,疾若風雨,日所毇米,比於陸碾,功利過倍。"明徐光啓《農政全書》卷十八:"如欲毇米,惟就水輪軸首,易磨置礱。既得糲米,則去礱置輾碢幹,循槽碢之,乃成熟米。"

【碢幹】

碾軸與碾碢之間的橫木杆。軸轉則碢循槽隨轉,以碢穀米。元王禎《農書》卷十九:水碾"其碢制上同,但下作卧輪,或立輪,如水磨之法。輪軸上端,穿其碢幹,水激則碢隨輪轉,循槽轢穀"。明徐光啓《農政全書》卷十八:"如欲毇米,惟就水輪軸首,易磨置礱。既得糲米,則去礱置輾碢幹,循槽轉之,乃成熟米。"

【碢輾】

以石碢爲碾硝的碾子。碾臺有一圈圓槽。石碢循槽而滾動。用人力或畜力拖動。元王禎《農書》卷十六:"輥輾,世呼海青輾,喻其速也……較之碢輾,疾過數倍。"

【鉈】

即秤錘。清孫錦標《通俗常言疏證・什物》：“《合縱記》劇：自古道‘公不離婆，秤不離鉈’。”

【錔】

即秤錘。明焦竑《俗書刊誤・俗用雜字》：“稱錘曰錔，從金。”

【馲車】

淤地轉運柴料用的運輸工具。其下部有前端翹起的木板，以牛三頭拉行。清麟慶《河工器具圖説》卷四：“今南河有馲車，狀如車盤而無輪，其行頗速，專備淤地轉運柴料之用。蓋淤地有輪必陷，負重難行。此則以繩爲轅，駕牛三頭，車盤下用欄杆架起，衹以二木貼地平拉，無前軒後輕之患，故易爲力。”

馲車
清嘉慶年刊《河工器具圖説》

【馲架】

編葦纜機械的部件。其主要作用是鈎住四股葦索。清麟慶《河工器具圖説》卷四：“馲架，用木做成，豎高二尺六寸，橫襯三尺二寸，均安框内。其架上亦橫置竹片一，中鑿一孔，孔内安一鐵枝。”參見“人字架”。

馲架
清嘉慶年刊《河工器具圖説》

【橐】

鼓風器。它是一種特製之大皮囊，形製與一種叫做“橐”的盛物皮囊相似，兩端比較緊括，中間鼓起，好似橐駝（即駱駝）峰，旁邊有個洞口，裝着筒管，通入冶鐵爐中。在這個大皮囊上有把手，用手拉把手，反覆鼓動，就可把空氣不斷地壓送到冶鐵爐中，以促進爐中木炭燃燒，從而提高冶鐵爐之温度。《墨子・備穴》：“具鑪橐，橐以牛皮。鑪有兩缻，以橋鼓之百十。”《文獻通考・錢幣二》：“河東民燒石炭家，有橐冶之具，盜鑄者莫可詰。”

橐
宏道院漢畫像石

【橐籥】

用皮囊和竹管構成的鼓風裝置。《老子》：“天地之間，其猶橐籥乎？”唐玄應《一切經音義》卷五一：“顧野王云：橐籥，鑄冶者所用吹火使炎熾也。”宋陸游《夜寒燃火有感》詩：“至理存橐籥，奇功挾風霆。”

W

wa

【挖刀】

同"瓦刀"。清麟慶《河工器具圖説》卷二:"瓦刀鑄鐵爲之。""俗名抹刀,一名挖刀。"

【瓦】

用泥土燒製的紡輪。《詩·小雅·斯干》:"乃生女子,載寢之地。載衣之褐,載弄之瓦。"毛傳:"瓦,紡塼也。"馬瑞辰通釋:"古之搣綫者,以專爲錘。《説苑·雜言篇》曰:'子不聞和氏之璧乎? 價重千金,然以之間紡,曾不如瓦塼。'此紡用瓦塼之證。"參見"專"。

【瓦刀】

建築工程中用來砍削磚瓦的鐵刀。扁平長方形,鈍口,

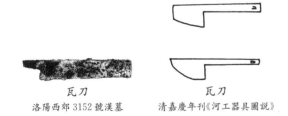

瓦刀
洛陽西郊 3152 號漢墓

瓦刀
清嘉慶年刊《河工器具圖説》

有把。洛陽西郊漢墓中發現一把,長 22 厘米,寬 4.3 厘米,背厚 0.5 厘米。漢以後墓葬中也屢有發現。明清時,瓦刀分圓頭和方頭二種,南方與北方習慣不同而已。清麟慶《河工器具圖説》卷二:"瓦刀,鑄鐵爲之。長七寸,首長二寸,前窄後寬,餘五寸爲柄,其頭南多圓,北多方,形製不同,均爲削治磚瓦之用。俗名抹刀,一名挖刀。河工苦蓋廠堡修砌磚櫃所必需也。

【瓦竇】

田岸泄水器。以瓦筒相接,置於塘堰中。用來隨時放水。元王禎《農書》卷十八:"瓦竇,泄水器也,又名函管。以瓦筒兩端,牙鍔相接,置於塘堰之中,時放田

瓦竇
明永樂大典本《農書》

水。須預於塘前堰内,疊作石檻,以護筒口,令可啓閉。不然,則水湊其處,非維難於室塞,抑亦衝激滲漏不能久穩。必立此檻,其竇乃成。"

【瓦繳】

耕水田時用的犁壁。元王禎《農書》卷三:"鐴,犁耳也。""鐴形不一。耕水田,曰瓦繳。"

【瓦溜】

一種利用糖膏自身的重力除去糖蜜以取得白砂糖的分離器。似漏斗而大,陶製。明宋應星《天工開物·造白糖》:"黑沙(糖膏)成,然後,以瓦溜置缸上,其溜上寬下尖,底有一小孔,將草塞住,傾桶中黑沙於内,待黑沙結定,然後去孔中塞草,用黄泥水淋下,其中黑渣入缸内,溜内盡成白霜。"

瓦溜
明初刻本《天工開物》

【瓦窑】

即磚瓦窑。宋李心傳《建炎以來繫年要録》卷九二:"爲出戰入耕之計仍擇荒田分將士爲莊,莊耕千畝治石塘、瓦窑二。"

【瓦塼】

即紡塼。《後漢書·列女傳·曹世叔妻》:"古者生女三日,臥之牀下,弄之瓦塼,而齋告焉。"李賢注:"《詩·小雅》曰:'乃生女子載寢之地,載弄之瓦。'毛萇注云:'瓦,紡塼也。'箋云:'臥之於地,卑之也。紡塼,習其所有,事於紡績也。'"

【瓦磚】

同"瓦塼"。漢劉向《説苑·雜言》:"子獨不聞和氏之璧

乎？價重千金，然以之間紡，曾不如瓦磚。"

【瓦字】

用膠泥製成的方柱形物體，一頭雕刻有一個陽文反字或符號。可自由組合排版。用來印刷書籍。其製法：先用膠泥刻字，再在火上燒硬，然後修磨平整，使大小高低相同。因其經過火燒成陶質，故稱瓦字，亦稱泥活字。元王禎《農書》卷二二："又有以泥爲盔界行，内用薄泥將燒熟瓦字排之，再入窰内燒爲一段，亦可爲活字板印之。"

wai

【外黄龍口犁】

即金龍犁。《明會典·工部二一·器用》："該都水司辦，外黄龍口犁一張（黄牛一隻），黄絨鞭一把。"

【外模】

成套模的外層模，其鑄面形成器物的外壁。明宋應星《天工開物·冶鑄》："凡鐵鐘模不重費油蠟者，先埏土作外模，剖破兩邊形，或爲兩截，以子口串合，翻刻書文於其上。"

【外灣式刀】

一種刀口向外彎曲的外科醫用刀具。刀薄，極鋒利，用於割除皮内深處腐肉。灣，同"彎"。清劉濟川《外科心法真驗指掌》卷二："外灣式，此刀外灣刃必滑鋒，爲去皮裏深處腐肉，可以易割，取之甚妙。"

外灣式刀
天津刊《外科心法真驗指掌》

wan

【剜刀】

一種頭尖刃利的小刀。唐藺道人《仙傳理傷續斷方·醫治整理補接次第口訣》："凡皮破骨出差爻，拔伸不入，搏捺相近，爭一二分，用快刀割些捺入骨，不須割肉。""所用刀，最要快。剜刀、雕刀皆可。"

【剜鑿】

在木器上開圓卯之鑿。明宋應星《天工開物·錘鍛》："凡鑿熟鐵鍛成，嵌鋼於口，其本空圓，以受木柄。斧從柄催，入木透眼，其末粗者闊寸許，細者三分而止。需圓眼者則製成剜鑿爲之。"

【彎刀】

即鎈。元王禎《農書》卷十四："鎈、鎈，《集韻》通用。又謂之彎刀，以刈草禾，或斫柴篠，可代鐮斧，一物兼用，農家便之。"清麟慶《河工器具圖説》卷一："《三才圖會》：鎈，似刀而上彎，如鐮而下直，其背指厚，刃長尺許，柄盈二握，又謂之彎刀。以艾草禾，或斫柴篠。農工使之，春夏之交，堤頂兩坦草長芟除之，用與鐮有同功焉。"

【彎尺】

曲線板。《養心殿造辦處史料輯覽·雍正元年》"雜活作四月十四日"："各配得大小夾規矩二件、夾黑鉛筆二件、方圓錐二件、小刀一把、牙尺一件、銀彎尺一件、小鑿一件、銅起子一件、日晷一件、火鏡一件、圈子火燧一件、剪子一件。"

【灣刀】

彎刃外科用刀具。清高思敬《外科醫鏡》卷三"外科用具圖"："灣刀、發背、搭手、腦疽、割爛肉用之。"

灣刀
外科全書本《外科醫鏡》

【碗口】

耕旱地用的犁壁。元王禎《農書》卷十三："鐴形不一"，"耕陸田，曰鏡面，曰碗口，隨地所宜制也"。

【宛轉】

纏弓的繩子。《爾雅·釋器》"弓有緣者謂之弓"，晉郭璞注："緣者，繳纏之，即今宛轉也。"郝懿行義疏："宛轉，繩也。"

【綄】

同"綄"。引船的繩索。《集韻·去願》："綄，引舟絭。"

【筦子】

即畚。《醒世姻緣傳》第五四回："一百六十文錢買了兩個筦子，四十文錢買了副鐵勾擔仗。"

【挽索】

供牽挽用的繩索。宋洪邁《夷堅支志景·江陵村傖》："村傖者以冬月農事畢，牽豬過其門，留少憩。别一僕視其挽索，驚曰：'此我家大郎所自搓者五尺，安得在汝手？'"

【萬尺簁】

列於江上的長簁。唐陸龜蒙《寄吳融》："到頭江畔尋漁事，識作中流萬尺簁。"

【萬分壺】

吕才漏刻中第四級漏匭名，由此漏而注水入受水壺中使浮箭上升。漏水經四級補償後流速已相當穩定。《六經圖定本·詩經》引宋楊甲《六經圖》："四萬分壺"，"以次相注於水海，浮箭而上"。

【萬匠籆】

即萬尺籆。唐段成式《酉陽雜俎·物異》:"晉時錢塘有人作籆,年收魚億計,號萬匠籆。"

【萬壽天常儀】

萬壽天常儀
四庫全書本《皇朝禮器圖式》

清製測天體的赤緯和時刻的儀器。結構及使用與三辰儀相同。清《皇朝禮器圖式》卷三:"本朝製高壽天常儀,鑄銅爲之,通高一尺一寸,制與三辰儀同。"

【萬水壺】

清代漏刻中的受水壺。清《天文儀器圖》:"受水壺一,形圓。曰萬水壺。""在座前地平上","受水壺上爲銅人,抱時刻漏箭","壺中安箭舟如銅鼓形,水長舟浮則箭上出;水盈箭盡,則泄之於池"。

【緂】

即緯。引船的繩索。《廣韻·去願》:"緂,挽舟繩也。"《集韻·去願》:"緂,引舟緯。或省。"

wang

【王胲】

商族先祖之一。胲,亦寫作"膈"。古文獻中還作"亥"、"核"、"該"、"垓"。甲骨文稱"高祖亥"或"高祖垓"。相土四世孫。傳說他最早使用牛作爲生產和交通工具。《世本·作篇》:"胲作服牛","膈作駕"。宋衷注:"胲,黃帝臣

也,能駕牛。少昊時人始駕牛。"相同的記載尚見於《初學記》卷二十九、《太平御覽》卷八九九及《事物紀原》。

【王麻子】

清代北京著名的製刀、針等工匠。清李靜山《增補都門雜詠·王麻子》:"刀店傳名本姓王,兩邊更有萬同汪。諸公拭目分明認,頭上三橫看莫慌。"清潘榮陛《帝京歲時紀勝·皇都品彙》:"馬公道,廣錫鑄重皮鈕扣;王麻子,西鐵銼三代鋼針。"

【王莽銅斛】

即劉歆銅斛。因爲王莽時通用標準量器,故名。《晉書·律曆志上》:"王莽銅斛,於今尺爲深九寸五分五釐,徑一尺三寸六分八釐七毫,以徽術計之,於今斛爲容九斗七升四合有奇。"按,清人周亮工對王莽銅斛描述甚詳。清周亮工《書影》卷七:"有持一銅斛於市賣之,其形正圓;下向爲斗,橫梁昂者爲升,低者爲合;梁一頭爲籥,籥同黃鍾,容半合,邊有篆銘。""此王莽自言出於舜,黃龍戊辰,改正即真,同律量,布之四方,欲小大器鈞,令天下取平焉。"

【王朴律準尺】

後周的律尺。周世宗顯德六年(959),王朴奉詔定雅樂十二律時所用。推算相當於 23.585 或 23.586 厘米。宋王應麟《玉海》卷八:"後周王朴律準尺,比晉前尺長二分一釐,比梁表尺短一釐。"

【王戎】

(234—305)西晉琅邪臨沂(今屬山東)人,字濬沖。"竹林七賢"之一。晉惠帝時,官至尚書令、司徒。王戎是西晉水磑的主要發明者和推廣者。清汪汲《事物原會》卷二七:"《事物原始》:鑿石上下,合研米麥,爲磨與礱二物,皆始於周。《正字通古》:公輸班作磑,晉王戎造水磑,今謂之磨。"王戎還擅長經營,"廣收八方園田水石碓",常自持牙籌,晝夜計算,是當時可數的富豪。

【王閑】

帝王宮殿建築群內的馬厩。《周禮·夏官·校人》:"天子十有二閑。"鄭玄注:"每厩爲一閑。"宋劉放《爲馮翰林入院謝對衣鞍轡馬狀》:"矧其王閑駿足,內帑褚衣,環金在躬,棨纓照乘。顧維涼德,徒積覥顏。"

【王禎】

(1271—1368)元代農業科學家。字伯善,山東東平人。元貞元年(1295)任宣州旌德(今屬安徽)縣尹,大德四年(1300)任信州永豐(今屬江西)縣尹。提倡農桑和改良農具。"教民耕織、種植、畜養,至纖至悉。"王禎在《〈農書〉序》中寫道:"農,天下之大本也。一夫不耕,或授之饑;一女不織,或授之寒。古先聖哲,敬民事也。首重農。"于是

他"搜輯舊聞,爲集三十有七,爲目二百有七十"。於皇慶二年(1313)撰成《農書》。全書分三大部分:"農桑通訣六,穀譜四,農器圖譜十二,總名曰《農書》。《永樂大典》所載并爲八卷,割裂綴合,已非其舊。《四庫全書農書提要》:"今依原序條目,以類區分編爲二十二卷。其書典贍而有法,蓋賈思勰《齊民要術》之流。圖譜中所載水器,尤於實用有裨。又每圖之末,必繫以銘贊,詩賦亦風雅可誦。"其中《農桑通訣》爲農業總論,説明要因地制宜和南北交流;《百穀譜》叙述粟、稻、麥、黍、豆、瓜、蔬、果、竹、木等作物的栽培,保護等技術;《農器圖譜》附圖三百零六幅,占全書近五分之四,是全書的精華,大部分是實物寫真,圖文并茂,用文字説明各種農器的構造、來源、用途以及有關詩賦,全面論述我國歷代的各種農業機械,使讀者對所述農業習俗、技術、機械等一目瞭然。《農書》最後附以《造活字印書法》,是世界上最早系統地介紹活字印刷技術的文獻。王禎創製木活字三萬字,設計轉輪排字,以字就人,就這樣,用木活字排了六萬多字的《旌德縣志》。《農書》總結了中國農業技術、生產實踐經驗和各種農業機械,反映了當時農業科學的最新成就,也是我國古代一部主要的農業機械著作。其主要内容幾乎都被明徐光啓《農政全書》所輯録。

【罔】

同"網"。《史記·司馬相如列傳》:"列卒滿澤,罘罔彌山。揜兔轔鹿,射麋腳麟。"《廣雅·釋器》:"罔謂之罟。"王念孫疏證:"此罔魚及鳥獸之通名。《易·繫辭傳》云'作結繩而爲罔罟,以佃以漁'是也。罔,《説文》作网,又作網。"

【网】

同"網"。《説文·网部》:"网,庖犧所結繩以漁。"

【罕】

同"網"。《淮南子·俶真訓》:"今矰繳機而在上,罘罕張而在下,雖欲翱翔,其勢焉得?"

【網】

漁獵工具。以繩索交叉編結而成,用以捕取魚鱉鳥獸等。《韓非子·説林下》:"君聞大魚乎? 網不能止,繳不能絓也,蕩而失水,螻蟻得意焉。"《史記·龜策列傳》:"宋元王二年,江使神龜使於河,至於泉陽,漁者豫且舉網得而囚之,置之籠中。"宋高承《事物紀原·農業陶漁部·網》:"《古史考》曰:'伏犧氏觀蛛面而作網。'《世本》曰:'句芒作。'《易·繫辭》曰:'包犧結繩爲網罟。'《抱朴子》曰:'太昊師蜘蛛而結網。'網,魚罟也。孟説《錦帶前書》:'伏犧

陶網墜
湯村廟崧澤文化遺址

始爲網罟。'《高氏小史》曰:'太昊作罟網以取禽獸。'"

【罔罟】

同"網罟"。《莊子·胠篋》:"昔者齊國鄰邑相望,鷄狗之音相聞,罔罟之所佈,耒耨之所刺,方二千餘里。"《漢書·律曆志下》:太昊帝"作罔罟以田漁。取犧牲,故天下號曰炮犧氏"。宋王明清《揮麈餘話》卷二:"至於《繫辭》,言三皇之道,則罔罟、耒耨、衣裳、舟楫所從來者。"

【罔羅】

同"網羅"。《莊子·山木》:"然且不免於罔羅機辟之患,是何罪之有哉?"《楚辭·嚴忌〈哀時命〉》:"蛟龍潛於旋淵兮,身不掛於罔羅。"王逸注:"言鸞鳳飛於千仞,蛟龍藏於旋淵,故矰繳不能逮,羅罔不能加也。"

【網罟】

捕捉魚和鳥獸的網的總稱。《國語·魯語上》:"今魚方別孕,不教魚長,又行網罟,貪無藝也。"一本作"罟罔"。《文選·左思〈吳都賦〉》:"鈎餌縱橫,網罟接緒。"劉逵注引《易》曰:"作結繩而爲罔罟,以佃以漁。"唐陸龜蒙《漁具》詩序:"大凡結繩持網者總謂之網罟,網罟之流曰罛、曰罾、曰䍡。"

【網羅】

即網罟。漢桓寬《鹽鐵論·通有》:"設機陷求犀象,張網羅求翡翠。"漢陳琳《爲袁紹檄豫州》:"舉手挂網羅,動足觸機陷。"南朝齊王融《永明十一年策秀才文五首》:"豈薪槱之道未弘,爲網羅之目尚簡。"

【網子索】

用竹索結成的兩埽之間的連接網。其中填塞樹枝野草等,起到連接加固埽的作用。元沙克什《河防通議》卷上:"卷埽物色","網子索,以竹索交結如網,置兩埽之交,以實盤簟"。"今則布薪芻而捲,環竹絚以固之,絆木以繫之,掛石以墜之,舉其一工以稱,則曰㪡。(㪡音混,字書:大束也)。㪡既下,又以薪芻填之,謂之盤簟,兩㪡之交,或不相接,則以網子索包之,實以梢草塞之,謂之孔塞。"

【望】

即望子。《水滸傳》第二九回:"武松笑道:'我説與你:你要打蔣門神時,出得城去,但遇着一個酒店,便請我吃三碗酒,若無三碗時,便不過望子去。這個喚做無三不過望。'"

【望竿】

懸掛望子的竹竿。《水滸傳》第三回:"門前挑出望竿,掛着酒旆,颭在空中飄蕩。"

【望箭】

即衡。渾儀等天文觀測儀器中的瞄準管。《宋史・律曆志九》："真宗祥符初,韓顯符作渾儀,但游儀雙環夾望箭旋轉,而黃、赤道相固不動。"

【望箭橫簫】

即衡。渾儀等天文觀測儀器中的瞄準管。《宋史・天文志一》："渾儀之制","置望箭橫簫於游儀中,以窺七曜之行,而知其躔離之次者,此謂衡也。"

【望遠鏡】

觀察遠距離物體的光學儀器。簡單的望遠鏡通常由物鏡(凸鏡)和目鏡(凹鏡)組成,由荷蘭米德爾堡的眼鏡匠利伯休(H.Lippershey)公元 1608 年創製。中國古代最早提到望遠鏡的文獻是明萬曆四十三年(1615)刊印的葡萄牙耶穌會傳教士陽瑪諾所著的《天問略》。最早望遠鏡實物可能由德國傳教士湯若望於天啓二年(1622)帶入。天啓六年,湯若望所著《遠鏡說》出版。該書圖文並茂,詳細地說明了望遠鏡的構造及應用。崇禎二年(1629),徐光啓奏造望遠鏡三架,次年,他已用於天文觀測。中國第一架自製的望遠鏡在崇禎七年自主持人湯若望進獻,並在皇宮中築臺,崇禎帝親自觀測。除官方仿製外,民間也有製作,明末薄珏、清初黃履雲、孫雲球、清嘉慶、道光間鄭復光都製造過望遠鏡。在清代還引進了反射式攝光千里鏡。故宮現存歐洲製造和清宮仿製的望遠鏡有數十件之多。《明史・天文志一》："若夫望遠鏡,亦名窺箭。其制虛管層疊相套,使可伸縮,兩端俱用玻璃,隨所視物之遠近以為長短。不但可以窺天象,且能攝數里外物如在目前,可以望敵施炮,有大用焉。"望遠鏡先用於天文觀察、軍事瞭望,後亦用於娛樂觀光。

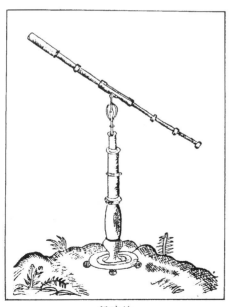

望遠鏡
清藝海珠塵本《遠鏡說》

清代德國造望遠鏡
中國國家博物館

【望子】

即幌子。宋孟元老《東京夢華錄・中秋》："至午未間,家家無酒,拽下望子。元鄭廷玉《看錢奴》第四折:"開開門面,挑起望子,看有甚麼人來。"《水滸傳》第二九回:"只見官道傍邊,早望見一座酒肆,望子挑出檐前。"清翟灝《通俗編・器用》:"《廣韻》:'青簾,酒家望子。'按今江以北,凡市賈所懸標識,悉呼望子。訛其音,乃云幌子。"

wei

【微繳】

細的生絲繩。用以繫箭。《戰國策・楚策四》："被礛磻,引微繳,折清風而抎矣。"

【圩】

即圩岸。《字彙・土部》:"圩,圩岸。"《正字通・土部》:"今江淮間,水高於田,築隄捍水而甸之,曰圩田。"清唐仲冕《查保甲紀事》:"港南港北遍菱蕩,兩圩之民多業漁。"

【圩岸】

圩田周圍的堤岸。元王禎《農書・農器圖譜・田制門》"官民異屬復有圩田,謂疊為圩岸,捍護外水。"《大清律・工律・河防・盜決河防》:"凡盜決河防者,杖一百。盜決圩岸陂塘者,杖八十。"

【圩田】

在地勢低下處,用圩、埝等圍起來的農田。圩田內有水渠、閘門,可調節入圩的水量。旱則引江河之水入圩,潦則拒水於圩外。春秋時期,太湖流域開始圍湖墾殖。圩田的興起於南朝,唐代範圍擴大。五代十國時期,南唐與吳越在各自境內大修田。每方圓幾十里,如同大城。宋朝時,田得到很大的發展。大多由政府組織修建或由有實力的地主修建。圍田或圩田都是化湖為田,是把堤岸伸入水中,抽掉堤內的水造成田。圩田對促進唐代農業的發展起了不小的作用。圩田能種植高產的水稻,這樣更鞏固了江南的經濟地位,江南的農業逐漸發達起來。《越絕書》卷二:"無錫湖者,春申君治以為陂。"中唐以後分散之圍田發展為塘浦。《宋史・范仲淹傳》:"江南之圩田,浙西之河塘,隳廢者可興矣。"《宋史・高宗紀八》:"丁丑,遣戶部郎官鍾世明修築宣州太平州圩田。"《元史・文宗紀五》:"雅克特穆爾言,平江松江澱山湖圩田方五百頃有奇,當人官糧七千七百石。"圩田之制對解決防澇、保證糧食豐收起了巨大作用。宋范仲淹《答手詔條陳十事》:"五代群雄爭霸之時,本國歲饑則乞糴於鄰國,故各興農利,自至豐足。江南應有圩田,每一圩方數十里如大城,中有河渠,外有門閘。旱則開閘引江水之利,潦則閉閘拒江水之害。旱澇不及,爲農美利。"元王禎《農書》卷十一:"復有圩田,謂疊爲圩岸,扞護外水,與此相類;雖有水旱,皆可救禦。"

【韋】

用皮絞成的繩子。《韓非子·觀行》:"西門豹之性急,故佩韋以自緩;董安於之心緩,故佩弦以自急。"《史記·孔子世家》:"讀《易》,韋編三絕。"

【韋索】

用皮革製作的粗繩。《宋史·岳飛傳》:"初,兀朮有勁軍,皆重鎧,貫以韋索,三人爲聯,號'拐子馬',官軍不能當。"

【圍罛】

罛的一種。圍網捕魚之網具。其制同絲罛而小,廣七八十丈,深僅二三丈,常以兩頂網合爲一圍,故稱圍罛。其網眼極小,用以捕取雜魚。清李調元《南越筆記·粵人多以捕魚爲業》:罛之類,"有曰圍罛,制如絲罛而小,深二三丈,廣七八十丈,連合二罛爲一圍,以二船一前一後施之,亦以板驚魚。凡魚首有石者皆驚入罛,無者則否。首有石者,曰黃花、曰魚鯛、曰獅子、曰鯀魚、曰鶻、曰鱸、曰馬鱭、曰鱸,此八者善驚。""圍罛密,以取雜魚,終歲用之。"

【圍木尺】

測量圓木的外周的軟尺,用竹篾、熟皮、籐條製作。清麟慶《河工器具圖說》卷一:"又有圍木尺,其制較銅尺大五分,較裁尺小三分,其質以竹篾、熟皮、籐條爲之均可,專備圍收木植之用。俗例龍泉碼離木鼻關口五尺圍起,漕規離木鼻關口三尺圍起。"參見"軟尺"。

圍木尺
清嘉慶年刊《河工器具圖説》

【圍田】

一種與圩田相似的農田。一說即圩田。元王禎《農書》卷十一:"圍田,築土作圍以繞田也。蓋江淮之間,地多藪澤,或瀕水不時渰没,妨於耕種。其有力之家,度視地形,築土作堤,環而不斷,内容頃畝千百,皆爲稼地。"

【葦管】

蘆葦莖製的管子。中空可吹。可作醫療器具用,又作給藥器具用。唐孫思邈《備急千金要方·七竅病下》:"治底耳方:黃礬燒,綿裹内耳中;或以葦管吹耳中。"唐王燾

《外臺秘要》引《肘後》:"治耳閉氣,以葦管極吹之。"

【維】

繫物的大繩。《墨子·備蛾傅》:"客則乘隊,燒傳湯,斬維而下之。令勇士隨而擊之,以爲勇士前行。"《楚辭·天問》:"斡維焉繫? 天極焉加?"王逸注:"維,綱也。言天晝夜轉旋,寧有維綱繫綴,其際極安所加乎?"《漢書·賈誼傳》:"若夫經制不定,是猶度江河,亡維楫,中流而遇風波,船必覆矣。"顏師古注:"維所以繫舩,楫所以刺舩也。"清沈復《浮生六記·閨房記樂》:"時六月十八日也。是日早涼,攜一僕先至胥江渡口,登舟而待。芸果肩輿至,解維出虎嘯橋,漸見風帆沙鳥,水天一色。"

【維綱】

用以繫物和繫箭靶的繩索。《儀禮·大射儀》:"司射西面命曰,中離維綱,揚觸梱復,公則釋獲,眾則不與。"鄭玄注:"侯有上下綱,其邪制躬舌之角者爲維。"胡培翬正義:"郝氏曰:侯舌曰維,繫侯繩曰綱。"

【鍏】

即畬。《方言》第五:"(畬)宋魏之間謂之鍏,或謂之鍏。"郭璞注:"鍏,音韋。"

【鑆】

即鈎。《方言》第五:"自關而西謂之鈎,或謂之鑆。"清李斗《揚州畫舫録·虹橋録下》:"楣枋榱檐,有鐍有鑆。"

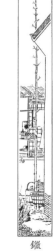

鑆
璧圖本《吴友如畫寶》

【韋囊】

即鞲。元王禎《農書》卷十九:"水排,《集韻》作囊,與鞲同,韋囊吹火也。"

【韋橐】

即鞲。《玉篇·韋部》:"鞲,皮拜切,韋囊也。可以吹火令熾。"

【葦絙】

即葦纜。清麟慶《河工器具圖說》卷三:"葦纜即葦絙。"

【葦纜】

大型的葦索。清麟慶《河工器具圖說》卷三:"今河工所用麻纜即綿索,葦纜即葦絙,捆船厢埽,非此不爲功。"

【葦索】

用葦篾製作的繩索。新疆

葦纜
清嘉慶年刊《河工器具圖説》

吐魯番阿斯塔那 382 號十六國時墓葬出土捆紮葦索一件，已斷，直徑 3.5 厘米，全長 6 米，係用葦篾搊成兩股，合成葦索。宋元以後，多以爲河防工程的材料。元沙克什《河防通議》卷上："竹葦諸索"，"葦索每條長一百尺，合用葦數不等。圍一尺二寸，用一十二束；圍一尺，用八束三分三釐；圍九寸，用六束七分五釐；圍七寸，用四束八分"。

【緯】

渾儀外層組件中固定於支架上的赤道環。《宋史·天文志一》："體之爲器，爲圓規者四。""二曰緯，緯之規一，與經交於二極之中，若車輪之倚，南北距極皆九十一度強。"

【緯車】

緯車
清聚珍版《農書》

緯車
明永樂大典本《農書》

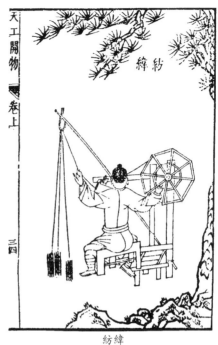

紡緯
明初刻本《天工開物》

絡緯的手工機具。把籰上的絲或紗線引出纏繞成紆子，供織機上織緯之用。元王禎《農書》卷二一："緯車，《方言》曰：'趙魏之間，謂之歷鹿車；東齊海岱之間，謂之道軌；今又謂緯車。'《通俗文》曰：'織纖謂之緯，受緯曰莩。'其杼，上立柱置輪，輪之上，近以鐵條中貫細筒，乃周輪與筒，繚環繩。右手掉輪，則筒隨輪轉；左手引絲上筒，遂成絲緯，以充織緯。"絡緯亦稱"捲緯"、"搖紆"或"緯絡"。明宋應星《天工開物·乃服·緯絡》："凡絲既籰之後，以就經緯。""凡供緯籰，以水沃濕絲，搖車轉錠而紡於竹管之上。"清衛杰《蠶桑萃編》卷五："緯車。織必用緯，其法用細竹筒壯如筋子，長三寸，貫在緯車鐵定之上，用絲籰二筒，以水潤淫，將二頭提起，穿過竿上鐵環，以右手攪輪，左手捻搖絲頭，纏在緯筒上，約如大指壯，便可卸緯。車之制，茲不詳注，見圖自明。但輪徑一尺二寸爲則，緯筒已就，然後貫在鐵棱內，穿經往來自成錦繡。"

【緯蕭】

即蟹斷。清袁枚《隨園隨筆·考據最難》："緯蕭，蟹斷也。二字出《莊子》，陶九成作《輟耕錄》，不知二字所出。"

【磑】

即磨。《方言》第五："碓機，陳魏宋楚自關而東謂之梴。磑，或謂之碨。"郭璞注："即磨也。"清方以智《通雅·器用九》："碓、磑、舂，礧也。碓以舂，磑以礧，亦謂之碨。"

【碨】

即磨。傳說春秋時魯班作。早期以木爲齒，後以石。

用以破穀出米，也可取精磨粉。《說文·石部》：“磑，䃺也。從石，豈聲。古者公輸班作磑。五對切。”段玉裁注：“《廣韻》云：《世本》曰‘公輸般作磑’。語必出《世本·作篇》矣。班與般古通。是以《檀弓》作般。《孟子》注作班。”宋方勺《泊宅編》卷十：“墾山隴爲田，層起如階級，然每遠引溪谷水以灌溉。中途必爲之磑，不唯碓米，亦能播精。”明宋應星《天工開物·攻稻》：“凡磑，砌石爲之，承藉、轉輪皆用石。牛犢馬駒，惟人所使。蓋一牛之力，日可得五人。但入其中者，必極燥之穀，稍潤則碎斷也。”

【磑車】

即磨車。敦煌文書斯 6781 號《丁丑年正月十一日北梁戶張賢君二年油課應見納及沿梁破徐抄錄》：“〔油〕貳勝兩件，迎磑車頓用。”伯 2917 號《乙未年後常住什物交割點檢曆》：“磑車壹乘，革子在索僧正。”

【磑船】

即船磨。宋陸游《棧路書事》：“危閣聞鈴馱，湍流見磑船。汲江人負畚，騎馬客蒙氈。”清王士禛《蜀道驛程記》：嘉陵江“江間多磑船，如水車之制，泊急溜中，礦磑舂簸，悉用水功，軋鴉之聲不絶”。

【磑輪】

水磑置於水中接受水衝力的輪子。宋陸游《過綠楊橋》詩：“磑輪激水無時息，酒斾迎風盡日搖。”

【磑礦】

即磨。清郝懿行《證俗文》卷三：“《傳》云：子脅造驢磨二城，以攻麥邑。是則磑礦必起於春秋之時矣。今世磑礦，用人用驢，各從其便，日屑麥可數斗。”

【蔚犁】

齊地使用的一種犁。較長轅犁回轉方便。北魏賈思勰《齊民要術·耕田》：“兩脚耬、長轅（犁）耕平地尚可，於山澗之間則不任用，且迴轉至難，費力，未若齊人蔚犁之柔便也。”

【衛轉筒車】

即驢轉筒車。衛即驢。元王禎《農書》卷十八：“衛轉筒車，即前水轉筒車。但於轉軸外端，別造竪輪，竪輪之側，岸上復置卧輪，與前牛轉翻車之制無異。凡臨坎井，或積水淵潭，澆灌園圃，勝於人力汲引。”

【罻】

捕鳥小網。或以爲魚網。《禮記·王制》：“鳩化爲鷹。然後設罻羅。”鄭玄注：“罻，小網也。”《文選·左思〈吳都賦〉》：“峭格周施，罿罻普張，罦罬瑣結，罠蹏連綱。”劉逵注：“罿、罻、罦、罬，皆鳥網也。”

【罻羅】

即罻。《楚辭·九章·惜誦》：“矰弋機而在上兮，罻羅張而在下。”王逸注：“罻羅，捕鳥網也。”“下有張施罻羅之網，飛鳥走獸，動而遇害。”

【熨】

即甋。《廣雅·釋器》：“㼜、熨，甋也。”

【魏尺】

曹魏時的常用尺。推算相當於 24.2 厘米弱。《隋書·律曆志上》：“魏尺，杜夔所用調律，比晉前尺一尺四分七釐。”

【魏文帝】

（187—226）即曹丕。三國時魏國的建立者，文學家，公元 220 年至 226 年在位。字子桓，譙（今安徽亳縣）人。魏文帝曾發明了銅表用以記里。清汪汲《事物原會》卷一：“徐氏炬《事物原始》：銅表，古時用以記里數者，魏文帝一里置一銅表，長二尺，以志里數。今時用石刻字於上，某州往東南，某州往西北，即其義也。”

wen

【文梭】

織機上引緯的部件。宋張孝祥《木蘭花慢》詞之二：“情與文梭共織，怨隨宮葉同流。”

【蚊煙】

蚊香。宋代已有之。宋周密《武林舊事·小經記》：“蚊煙，鬧蛾兒，涼簞兒。”《清稗類鈔·藝術類》：“磨者疑之，問故，曰：‘爾夜中必用蚊煙乎？’曰：‘然。’”

【問錶】

錶的一種。可以隨時按鈕發聲報時。清徐朝俊《高厚蒙求·自鳴鐘錶圖説》：“又有問錶，衹走時刻，交時并不打鐘，如欲知現在某時刻，不必看時針所指，衹須將柄推進，放手即單椎打出針指某時記數，并雙椎打出某刻記數，隨推隨報。”

【問鐘】

鐘上有問時按鈕，夜間暗中可以按鈕，會自動鳴鐘報點。西洋進口時鐘。《養心殿造辦處史料輯覽·雍正四年》：“九月二十日首領太監趙進忠持來鍍金盒錶盤雙針鍍金套人形琺瑯問鐘一件。”清徐朝俊《高厚蒙求·自鳴鐘錶圖説》：“一曰問鐘，隨時可問時刻，一撥即發鐘聲若干音，屢問不爽。”

清代問鐘
傳世品

WO

【卧刀】

中醫用外科刀具。刃斜而薄,宜用於頭頂、手掌軟組織較薄處。清高思敏《外科醫鏡》卷三"外科用具圖":"卧刀、頭頂、手掌薄肉處用之。"

卧刀
清刊《外科醫科》

【卧輪磨】

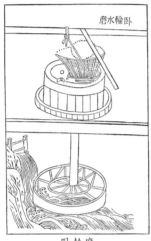

卧輪磨
明永樂大典本《農書》

水磨的一種。其結構特點是水輪軸與磨的旋轉軸爲同一根軸,水輪卧置水中。元王禎《農書》卷十九:"水磨,凡欲置此磨,必當選擇用水地所。先作并岸擗水激輪,或別引溝渠,掘地棧木,棧上置磨,以軸轉磨中,下徹棧底,就作卧輪,以水激之,磨隨輪轉。比之陸磨,功力數倍,此卧輪磨也。"

【卧牛】

即石籠。明徐光啓《農政全書》卷十七:"石籠,又謂之卧牛。"

【卧窑】

横卧式窑。宋晁氏《墨經》:"今用卧窑,疊石累礦,取岡嶺高下,形勢向背,而或長百尺,深五尺,脊高三尺,口大一尺,小項八尺,大項四十尺,胡口二尺,身五十尺。胡口亦曰咽口,口身之末曰頭。每以松三枝或五枝徐爨之,五枝以上,煙暴煤粗;以下則煙緩煤細,枝數益少益良。有白灰者去之。凡七晝夜而成,名曰一會。候窑冷採煤,以項煤爲二器,以頭煤爲一器。頭煤如珠如纓絡,身煤成塊成片。頭煤深者曰遠火,外者曰近火,煤不堪用。凡煤貴輕,舊東山煤輕,西山煤重,今則西山煤輕,東山煤重。凡器大而輕者良,器小而重否。凡振之而應手者良,擊之而

有聲良,凡以手試之而入人紋理難洗者良,以物試之自然有光成片者良。凡墨有穿眼者謂之滲眼。煤雜,窑病也。舊窑有蟲鼠等糞及窑衣露蟲雜在煤中,莫能揀辨,唯唾(硾)多可殢之,然終不能無。"

卧窑　　　　　　　宋代卧窑
隋代洪州窑遺址　　杭州官窑博物館

【硪】

築實地面或打椿用的工具。多用於建築和修築堤壩。築實地面用硪統稱地硪,根據硪體形狀有墩子硪、束腰硪、燈臺硪、牛硪等;打椿用硪有雲硪。硪體通常用石製,近代亦有用鐵製者。硪體腰部有孔、環等多個,用以繫繩。使用時,多人持繩,將硪拋起落下,利用硪體自重及下落時的衝擊力夯實地面或打椿。清麟慶《河工器具圖說》卷二:"隄之堅實,全仗硪工。硪有墩子、束腰、燈臺、片子等名。"又卷三:"硪夫在梯上用以簽椿。椿高則硪自空而下,有似雲落,故曰雲硪。"

【硪片】

圓片形石硪。《河工器具圖說》卷二:"淮、徐用之腰硪、片硪最輕,高、寶用之。蓋人力不齊之故。"按:高指高淳、寶指寶應。

硪片
清嘉慶年刊《河工器具圖說》

WU

【枂】

漆器製作中用以刮抹漆灰膩子的工具。俗稱刮板,小於一般牛角箆,形似小刀,可將漆灰印劃出花紋。由牛角、竹、木等製成,上窄而厚,下闊而薄,有平口、斜口兩種,又有大小數等。明黄大成《髹飾錄》乾集:"寒來即枂,

有竹、有骨、有銅。”

【杇】

即泥鏝。《爾雅·釋宫》:“鏝謂之杇。”郭璞注:“泥鏝。”郝懿行義疏:“《釋文》引李巡云:泥鏝一名杇,塗工之作具。”《説文·木部》:“杇,所以塗也。秦謂之杇,關東謂之槾。”段玉裁注:“此器今江浙以鐵爲之,或以木。”“杇,槾古字也,釫,鏝今字也。”

【烏龍針】

醫用針具。用黄蠟丸裹絲綿安於細鐵絲端部而製成。用於推下咽内梗骨。明陳實功《外科正宗》:“烏龍針治骨哽於咽下難出者。用細鐵綫燒軟,雙頭處用黄蠟作丸如龍眼大,裹鐵絲頭上,外用絲綿裹之,推入咽内哽骨處,其骨自然順下矣。不下再推。”

【烏鬚鉛梳】

用鉛、錫等和藥製成的梳子。有烏黑鬚髮的作用。明李時珍《本草綱目·金石一·鉛》:“烏鬚鉛梳,鉛十兩,錫三兩,婆羅得三箇,鍼砂、熟地黄各半兩,茜根、胡桃皮一兩,没石子、訶黎勒皮、硫黄、石榴皮、慈石、皂矾、烏麻油各二錢半,爲末。先化鉛錫,入末一半,柳木攪勻,傾入梳模子,印成,修齒;餘末同水煮梳三日三夜,水耗加之,取出,故帛重包五日,每以熟皮襯手梳一百下。須先以皂莢水洗淨拭乾。”

【烏鑽】

大鋤。清厲荃《事物異名録·耕織·鋤》:“《正字通》:大鉏。今山中人謂之阿钁。阿本大陵,借訓大也,譌而爲烏鑽,蓋吴音也。”

【吴妃】

三國時魏國宫女。傳説羅襪的發明者。清汪汲《事物原會》卷二十六:“襪,至魏帝吴妃始以羅爲之,後加以綵綉。”

【蜈蚣鉋】

一種裝有多把刨刀的刨子。因其所裝小刨刀多,好像蜈蚣足一樣,故名。能把木面刨得很光滑。明宋應星《天工開物·錘鍛》:“又刮木使極光者,名蜈蚣鉋,一木之上,銜十餘小刀,如蜈蚣之足。”

【無且囊】

走方醫手持用的藥囊。清趙學敏《串雅内編·緒論》:“負笈行醫周游四方,俗呼爲走方。”“手所持藥囊,曰無且囊。云秦無且所用者。”按,無且,指秦時御醫夏無且。荆軻刺秦皇,夏無且以手持藥囊擊荆軻以救秦皇。事見《史記·刺客列傳》。

【無蓬屋】

没有頂棚的架子。清焦循《憶書》卷二:“蘇州水車坐而踏之,或上無蓬屋,自地樹杙作樞,置輞於上,以黄牛運之,目之曰鬼車。”

【五采絲繩】

五色的絲繩。《宋史·輿服志三》:“冕廣一尺二寸,長二尺二寸,約以景表尺,前圓後方。黝上朱下,以金飾版側,以白玉珠爲旒,貫之以五采絲繩。”

【五綵絨繩】

染成五色的絨繩。《警世通言·崔衙内白鷂招妖》:“乃取粧臺對鏡,手持并州剪刀,解散青絲,剪下一縷,用五彩絨繩結之,手自對記,託奴婢傳語,送到御前。”

【五尺】

牽引牲畜的繩子。宋洪邁《夷堅支志景·江陵村僧》:“村僧者以冬月農事異,牽猪過其門,留小憩。别一僕視其挽索,驚曰:‘此我家大郎所自搓者五尺,安得在汝手?’五尺者,土人稱挽畜繩綷之名也。僧色變。”清厲荃《事物異名録·器用部·繩索》:“江陵士人稱挽畜繩索之名曰五尺。”

【伍尺大鋸】

五尺長之鋸。敦煌文書斯 4215 號《庚子年後某寺交常住什物點檢曆》:“伍尺大鋸壹梁,内九葉。”

【五尺杆】

測量土石工程及料垛、石方的長尺,其長五尺,故稱。清麟慶《河工器具圖説》卷一:“凡公私所度皆以丈計矣。丈杆、五尺杆爲查量土埽磚石工程,并收料垛、石方必需之具。”

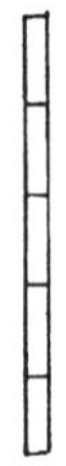

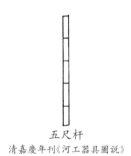

五尺杆
清嘉慶年刊《河工器具圖説》

【五齒鈀】

五齒金屬鈀。現見最早的五齒鈀在平山戰國中山國 6 號墓内,銅質小鈀,用於炭爐處理炭火。大型五齒鈀爲生産工具,鐵質鈀首,竹、木柄。清麟慶《河工器具圖説》卷二:“五齒鈀,鍛鐵爲齒,形長而扁,受以竹柄,可除膠淤,皆爲撈浚利器。”按,此爲清淤工具。

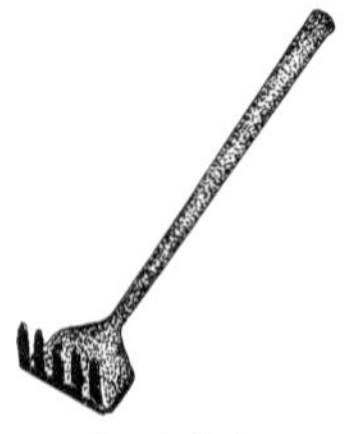

銅五齒鈀
戰國中山國 6 號墓

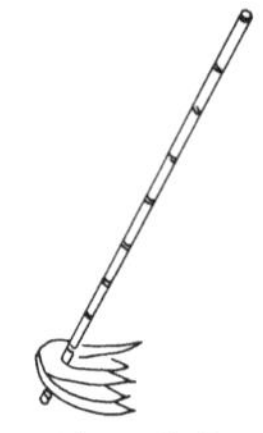

鐵五齒鈀
清嘉慶年刊《河工器具圖説》

【五齒爬】

同“五齒鈀”。明萬恭《治水筌蹄》：“治水之器十有三：曰鐵簸箕、曰五齒爬、曰杏葉杓、曰攪江龍、曰方船、曰水車、曰戽斗、曰泥椀、曰泥筐、曰鐵钁、曰竹籠，皆舊制也。”

【五齒笓】

竹製，首列五齒。用以攤曬稻穀、搜聚柴草。《字彙·竹部》：“笓，五齒笓，用以取草也。”

【五丁】

古代蜀人，傳說是棧道的發明者。明羅頎《物原·器原》：“蜀五丁爲棧。”棧道的發明，加強了古代四川盆地與中原地區的聯繫。

【五穀箱】

帝皇行躬耕籍田禮時使用的裝五穀種子的箱子。箱外糊絹料爲飾。皇帝躬耕後，由五名陪耕官員各持一箱，撒種於田。明沈榜《宛署雜記·經費上》：“五穀箱五個，糊箱絹料價共二兩六錢一分。”

【五量】

龠、合、升、斗、斛五種量器的合稱。《漢書·律曆志上》：“合龠爲合，十合爲升，十升爲斗，十斗爲斛，而五量嘉矣。”

【五色紹繩】

五彩的紹繩。多用於服飾。《通典·樂六》：“高麗樂工人，紫羅帽飾以鳥羽，黃大袖，紫羅帶，大口袴，赤皮鞾，五色紹繩。”《文獻通考·樂二一》：“其國樂工人，紫羅帽飾以鳥羽，黃大袖，紫羅帶，大口袴，赤皮鞾，五色紹繩。”

【伍員】

（？—前484）春秋時期吳國大夫，字子胥，楚大夫伍奢次子。爲報父仇，曾助吳破楚。後因反對和越，得罪吳王夫差，被逼自殺。傳說伍員在中國最早造樓。明羅頎《物原·器原》：“伍員作樓。”

【武允成】

北宋太宗時人。曾任太子中允。踏犁的發明者。《宋史·食貨志》：“宋太宗淳化五年，宋、亳諸州牛疫，死者過半，官借錢令就江淮市牛，未至，屬時雨霑足，帝慮其耕稼失時，太子中允武允成獻踏犁，運以人力，即分命秘書丞、直史館陳堯叟等，即其州依式製造給民。”按：武允成所獻踏犁，即後所謂人力犁。大致以四五人之力，可抵一牛之力，適合於在勞動力多餘，缺牛地區使用。由於北宋官府的提倡、推廣，對當時農耕工作起了促進作用。

【杌】

木砧。《玉篇·木部》：“杌，樹無枝也。”唐牛僧孺《玄怪録·曹惠》：“皆吾杌中之肉，可以宰割矣。”宋洪邁《夷堅乙志·豬足符》：“人曰：‘適從屠杌買來，方有求於君家，豈敢以符爲厭呪？’”

X

xi

【夕十】

即升。宋陶穀《清異録·器具》:"《博學記》云:'度量衡,有虞所不敢癈,舜典同一度量衡。'孔安國注謂:'丈尺斛斗斤兩,今文其名曰平一公,尺度曰大展,斗量曰半昌王,又曰吉備王,升曰夕十,遂知雞林人亦解離合也。'"

【夕陽鏡】

太陽鏡。即墨鏡,用茶晶或墨色的水晶做成。清孫雲球《鏡史》:"夕陽鏡人有患赤火眼者,于天光明亮處,即不能視物。用鏡則涼氣沁膚,目痛立止。雖炎炎烈日,一如夕陽在山,猶酷暑暑熱惱中一服清涼散也。"

【西洋玻璃眼鏡】

西洋生產之玻璃眼鏡。精密度較優。《養心殿造辦處史料輯覽·雍正七年》:"十月十二日太監張玉柱交來西洋玻璃眼鏡一副。傳旨:著樣朕戴的眼鏡式樣裝修。"

【西洋鏇牀】

西洋生產的車床。《養心殿造辦處史料輯覽·雍正六年》:"五月初七日太監楊文傑來説怡親王諭:著西洋鏇牀上做像牙盒一對。"

【西洋眼鏡】

歐洲傳來的眼鏡。明代後期有耶穌會傳教士進獻眼鏡,也有從南亞進貢來。清錢謙益《眼鏡篇送張七異度北上公車》:"西洋眼鏡規璧圓,玻璃爲質象妍緣。千年老冰出玉淵,巧匠消冶施刻鏤。薄如方空吹輕煙,瑩如月魄灌清泉。帷燈廉閣對簡編,能使老眼回少年。"《養心殿造辦處史料輯覽·雍正七年》:"十月廿五日太監張玉柱交來西洋眼鏡一副,係西洋人戴進賢進。傳旨:著照朕用的眼鏡樣式裝修。"

【吸毒竹筒】

中醫外科吸毒用的小竹筒。用時和藥煮沸,趁熱用手按於瘡毒處,即可吸取膿血。明趙宜真《秘傳外科方·總論》:"吸毒竹筒,治發背癰疽,疔瘡腫毒,用此拔出膿血惡水。蒼朮、白薟、烏柏皮、厚朴、艾葉、好茶芽、白芨、白蒺

藜各等分。法用苦竹筒三五七個,長一寸,一頭留節,削去其青,令如紙薄,隨大小用之。卻用前藥煮竹筒拾餘沸,待藥乾爲度。乘竹筒熱,以手便按上,緊吸於瘡口上,膿血水滿,自然脱落,不然用手拔脱,更換別個竹筒。如此三五次,毒盡消之。"

【吸水機】

利用風力引水上岸的裝置。《清稗類鈔·園林類·徐園》:"東有吸水機一部,張以風車,車動引水而上,至一大櫃,櫃底通鐵管至池中。""亭之西北隅,累石爲假山。山上張風車,風來車動,吸水機則吸水上升。復注入池中之噴水機,由此機噴出,高可丈許。"

【斨】

方銎斧。《詩·豳風·破斧》:"既破我斧,又缺我斨。"毛傳:"隋銎曰斧,方銎曰斨。"《説文·斤部》:"斨,方銎斧也。"明徐光啓《農政全書》卷三四:"《詩》謂'蠶月條桑,取彼斧斨,以伐遠揚。'"

【稀篩】

網眼較粗之篩。初篩之用。明高濂《遵生八牋》卷七:藥室用静屋一間,中設"搗臼一,大小中稀篩各一,大小密絹篩各一"。

【奚仲】

黄帝之后,任姓。傳説爲車的發明者。《世本·作篇》:"奚仲始作車。"《新語·道基》:"奚仲橈曲爲輪,因直爲轅。"奚仲曾爲夏禹車正,事見《左傳》。

【犀莊瓜刀】

犀角飾的瓜刀。明顧起元《客座贅語》卷三:"隋煬帝爲晉王,嘅戒師衣物……犀莊瓜刀一口,鐵剃刀一口。"

【噏箭】

一種吸取水底沉澱物的工具。用竹筒或金屬管製成。明徐光啓《農政全書》卷二十:"既澱焉爲噏箭以去其澱。噏箭者,截竹而通其節,或捲銅錫焉。兩端塞之,中底而爲之孔,孔之徑,當底三分之一。上端之旁爲之孔,無過三分,一指可揜也。兩端塞其上孔,揜其上孔而入之水,至於底而啓之,則自下孔入者皆澱也。既盈,揜而出之而傾之,如是數入焉,澱盡而止。"

【嶘峽】

一種大的圓形竹器。用以盛飯。《廣雅·釋器》:"嶘峽、筲,簇也。"王念孫疏證:"《太平御覽》引《纂文》云,嶘峽,大筥也。"

【錫油提】

錫質油提。明沈榜《宛署雜記·經費下》:"錫油提二個,錫油滴鐓漏三件。"

【蓆撞棚】

蘆蓆製作的圓頂形臨時建築。用以暫避風雨。因可撞之而行,故名。清麟慶《河工器具圖說》卷一:"《集韻》:圜屋爲庵。撞棚,以蓆象其形而製之。風雨,厢工堡房距遠,藉此聊以藏身,且厢埝迄無定所,撞棚可以隨行。"按,其插圖名"蓆抬棚"。

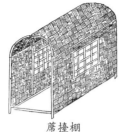

蓆撞棚
清嘉慶年刊《河工器具圖說》

【枲繩】

麻繩的一種。用枲麻的纖維搓絞而成,故稱。枲麻,大麻的雄株。《墨子·備穴》:"攻內爲傳士之口,受六參,約枲繩以牛兀下,可提而與投。"孫詒讓間詁:"蘇云:'枲繩,麻繩也。'"

【洗石】

即瓶。《山海經·西山經》:"華山之首曰錢來之山,其上多松,其下多洗石。"郭璞注:"澡洗可以礪體去垢圿。"郝懿行箋疏:"碾當爲瓶。《説文》云:磋垢瓦石。"

【繫】

用單股絲合成的絲繩或絲帶。可用以繫紮束西。《後漢書·輿服志下》:"凡先合單紡爲一系,四系爲一扶,五扶爲一首,五首成一文,文采淳爲一圭。首多者系細,少者系麤,皆廣尺六寸。"《樂府詩集·橫吹曲辭五·捉搦歌》:"黃桑柘屐蒲子履,中央有系兩頭繫。"

【細箔】

竹製的細簾子。用於遮蓋農作物,避免暴曬或雨濕等,也可用於障蔽門窗。元王禎《農書》卷十:"用極細梢杖三四根,撥刺令平,可畦搭二三尺高棚,上用細箔遮蓋。五六月炎熱時,箔上用苫加覆。"

【細齒截鋸】

即細鋸子。明徐光啓《農政全書》卷三七:"接工必有用具,細齒截鋸一連,厚脊利刃小刀一把。"

【細齒小鋸】

即小細鋸。元王禎《農書》卷二二:"將刻訖板木上字樣,用細齒小鋸,每字四方鋸下,盛於筐筥器內。"

【細釣】

釣具之一種,其釣綫上繫有數百個釣鈎、釣鈎上以蝦、七星魚或蚯蚓爲餌,敷設於水中,用以捕取貼沙魚及鯛魚等。按作業方式稱餌釣、延繩釣。用於沿海及內陸水域。清李調元《南越筆記·粵人多以捕魚爲業》:"取貼沙魚以細釣,先一夕放之江中,次日乃收一細釣,有鈎數百,漁者夫婦各放細釣至數千,好水旬則得貼沙數十百斤矣。細釣以蝦、以七星魚或蚯蚓爲餌。鯛魚亦如是取。"

【細鋸子】

細齒鋸子。《農桑輯要·接廢樹》:"又法,掘土見根,將橫根周圍一遭斧斫斷,掘去中間正根,將周圍根楂,細鋸子截成碾盤,每一碾盤,或劈接,或插接二三接頭。"參見"鋸齒"。

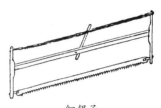

細鋸子
清嘉慶年刊《河工器具圖說》

【細絹羅篩】

即細絹篩。明湯若望、焦勗《火攻挈要》卷中:"另揮磁缸之內,取硝晒乾,研細,以細絹羅篩過篩,聽候配合。"

【細絹篩】

細密篩網的絹羅。元王禎《農書》卷九:"林檎赤熟時,劈破去心子蒂,日曬令乾,或磨或擣,下細絹篩。麄者更磨,擣以細盡爲限。"

【細連繩】

繩徑細小的連繩。多用以縛繫或捆紮份量較輕的物件。明沈榜《宛署雜記·經費下》:"鄉場補辦家火","大麻繩三百二十斤,大小綿花繩二十條,剌包繩七十條,細連繩十斤"。

【細篩】

篩孔較小的篩子。明湯若望、焦勗《火攻挈要》卷中:"狼機藥用中篩,篩成蘇米珠;鳥鎗藥用細篩,篩成粟米珠。"

xia

【鰕籬】

即鰕籠。清范寅《越諺》卷中:"鰕籬,粿鰕篾具。"

【鰕籠】

捕鰕竹籠。明徐光啓《農政全書》卷十一："水蛇及白鰻入鰕籠中,皆主大風水作。"參見"笱"。

【匣】

即匣鉢。清藍浦《景德鎮陶錄》卷一："瓷坯入窑必裝匣燒,方不粘裂,且能免風火冲突,坯有黄黑之患。匣鉢亦土作,出景德鎮馬鞍山裡村官莊等處,有黑紅白三色,更以寶石地所産砂土配合,則入火燒。"

匣　　　　　　匣

景德鎮明清御窑廠遺址　　朝記書莊本《景德鎮陶錄》

【匣鉢】

承裝陶瓷生坯入窑燒製的用器。以粗泥製成。有鉢狀、桶狀兩種。陶瓷燒成後,有的匣鉢須打碎後方可取出器物,有的則可多次使用。在我國製瓷史上,浙江越窑自中唐以後大量使用匣鉢。匣鉢的作用是保護器物免受烟塵污染,并使之受熱均勾,不致變形損壞。明宋應星《天工開物·白瓷》："凡瓷器經畫過銹之後,裝入匣鉢。鉢以粗泥造,其中一泥餅托一器,底空處以砂實之。大器一匣裝一個,小器十餘共一匣鉢。鉢佳者裝燒十餘度,劣者一二次即壞。凡匣鉢裝器入窑,然後舉火。"清朱琰《陶說》卷一："瓷坯宜淨,一粘泥滓,即成斑駁。且窑風火氣,冲突傷坯,此所以必用匣鉢也。"

唐代青瓷碗匣鉢
豐城洪州窑遺址

支釘與匣鉢
金花庵唐宋窑遺址

【柙】

關猛獸或飼養牲畜的木籠子。《論語·季氏》："虎兕出於柙,龜玉毀於櫝中,是誰之過與?"何晏注引馬融曰："柙,檻也;櫝,匱也。"《韓非子·説林下》："惠子曰:'置猿

於柙中,則與豚同。'"明袁宏道《菩提寺疏》："今之所謂刹者,名雖精藍,實則禽檻豕柙也。"

【下磨車】

裝有轆轤可以吊放重物的車子。《墨子·備蛾傅》："備蛾傅爲縣脾,以木板厚二寸,前後三尺,旁廣五尺,高五尺,而折爲下磨車。"孫詒讓閒詁："磨當爲厤。《周禮·遂師》鄭衆注云:'抱厤,厤下車也。'當即此下厤車,亦即《備高臨》篇之厤鹿。蓋縣重物,爲機以利其上下,皆用此車。"

【夏布兜】

用夏布做成的袋子。撈魚苗用。明徐光啓《農政全書》卷四一："五更時,用夏布袱於塘近邊,釘四椿,張夏布袱其上。次以夏布兜撈魚苗,傾袱内。"

【夏布袱】

捕撈魚苗的網具。把夏布袱釘於四根木椿上,傾魚苗於内,濾水即獲。明徐光啓《農政全書》卷四一："五更時,用夏布袱於塘近邊,釘四椿,張夏布袱其上。次以夏布兜撈魚苗,傾袱内。"

【夏鋌】

楸木棒。治肛病用。馬王堆漢墓帛書《五十二病方·牝痔》："牝痔之有數竅,蟯白徒道公者方:先道(導)以滑夏鋌,令血出。"

xian

【先蠶】

傳說中首先教民育蠶之神。周制:王后享先蠶,以後歷代封建王朝,由皇后主祭先蠶。所祭禮的蠶神名位頗多,歷代有所不同。《後漢書·禮儀志上》："祠先蠶,禮以少牢。"劉昭注引漢衛宏《漢舊儀》："今蠶神曰苑窳婦人、寓氏公主,凡二神。"後來的一些古籍中提出黄帝元妃西陵氏之女嫘祖爲先蠶,首先提出此說并祭祀的時代是在北周。《隋書·禮儀志二》："後周制,皇后乘翠輅,率三妃三妐、御媛、御婉、三公夫人、三孤内子,至蠶所,以一太牢,親祭進奠先蠶西陵氏神,禮畢降壇。"元王禎在《農書》中引《皇圖要覽》和淮南王《蠶經》,提到西陵氏養蠶和勸蠶稼。《農書》卷二十："先蠶猶先酒、先飯,祀其始造者。壇,築土爲祭所也。黄帝元妃西陵氏始蠶,即先蠶也。"又:"淮南王《蠶經》云:黄帝元妃西陵氏始蠶,至漢祀苑窳婦人、寓氏公主,蜀有蠶女馬頭娘,此歷代所祭不同,然天駟爲蠶精,元妃西陵氏爲先蠶,實爲要典,若夫漢祭苑窳、寓氏公主婦人,蜀有蠶女馬頭娘,又有謂三姑爲蠶母者,此皆後世之溢典也。然古今所傳立像而祭,不可遺闕。"後世祭祀的蠶神越來越多,惟恐漏祭一尊而降禍。除上述外,尚有大姑、三姑等。

祀先蠶
清乾隆初刊本《豳風廣義》

謝先蠶
清乾隆初刊本《豳風廣義》

先蠶壇
清聚珍版《農書》

圖式,帝親定其制。壇,方二丈六尺,疊二級,高二尺六寸,四出陛,東西北俱樹桑柘,内設蠶官令署,採桑臺高一尺四寸,方十倍,三陛,鑾駕庫五間。後蓋織堂壇,圍方八十丈。”

【先蠶壇】

祀先蠶的祭壇。《後漢書·禮儀志上》“祠先蠶”劉昭注引漢衛宏《漢舊儀》:“先蠶壇高一丈,方二丈,爲四出陛,陛高五尺,在采桑壇之東南。”先蠶壇的形制和祭祀的禮儀,歷代沿襲,略有不同。元王禎《農書》卷二十:“晉制,先蠶壇,高一丈,方二丈,四出陛,陛廣五尺。皇后至西郊,親祭躬桑。北齊先蠶壇,高五尺,方二丈,四陛,陛各五尺。外兆四十步,面開一門。皇后升壇,祭畢而桑。後周,皇后至先蠶壇,親饗。隋制,宮北三里,壇高四尺,皇后以太牢制幣而祭。唐制,壇在長安宮北苑中,高四尺,周回三十步。皇后并有事於先蠶。其儀,備開元禮。宋用北齊之制,築壇如中祠禮。《通禮義纂》:後親享先蠶,貴妃亞獻,昭儀終獻。”《明史·禮志三》:“工部上先蠶壇

【杴】

一種畚類農具。首方闊,柄長而直。根據首部材料不同,有鐵杴、木杴、鐵刃木杴、竹揚杴等。用途亦各不相同。元王禎《農書》卷十三:“杴,畚屬。但其首方闊,柄無短拐,此與鍬畚異也。煅鐵爲首,謂之鐵杴,惟宜土工;剡木爲首,謂之木杴,可擾穀物;又有鐵刃木杴,裁割田間塍硬(埂);以竹爲者,淮人謂之竹揚杴,與江浙颺籃少異。”清麟慶《河工器具圖説》卷二:“《事物原始》:杴或以鐵或以木爲之,用以取沙土。《方言》:鐵者名跳杴,木者名杴部。《三才圖會》:煅鐵爲首,謂之鐵杴,今土工利用之器。凡搜尋埽尾後裂縫餘土及平埽面之土,或十數把、一二十把不等。而興辦土工時所謂邊杴夫者,即持此物。又有長柄杴,係挑河出淤之具,柄長則摔遠,以便人立河槽窪處摔淤於岸也。”

【欣】

同“杴”。指木锨。明李實《蜀語》:“揚穀器曰欣。欣音軒。”

【掀】

同“杴”。元張國賓《合汗衫》第三折:“眼見的凍死屍骸,料没個人瞅睬,誰肯着半掀兒家土埋,老業人眼見的

便撇在這荒郊外。"

【銛】

舂屬農具。《説文・金部》："銛，鍤屬。"段玉裁注："舀。大徐作鍤。則是郭衣鍼矣。舀者，春去麥皮也。段借爲鑒舀，即上文田器之銚也。"

【銛】

即魚叉。《太平御覽》卷八三四引南朝宋何承天《纂文》："鐵有鉅，施竹頭，以擲魚爲銛。"

【鍁】

同"杴"。《明會典・工部二一・器用》："農夫挑擔竹筐十對，鐵鋤、鐵鍁、大鍁各十張。"清程穆衡《水滸傳注略》："鍁，俗字，音軒，大鍬長柄者。"

【纖縻】

即小繩。《太平廣記》卷三六引唐薛用弱《集異記・李清》："雲門山神仙之窟宅也，吾將往焉。吾生日坐大竹簣，以轆轤自縋而下，以纖縻爲媒焉。脱不可前，吾當急引其媒，爾則出吾於媒末。"

【閑】

即馬厩。《周禮・夏官・校人》："天子十有二閑，馬六種。邦國六閑，馬四種。"《漢書・百官公卿表上》："又龍馬、閑駒、橐泉、駼駼、承華五監長丞。"顏師古注："閑，闌，養馬之所也，故曰閑駒。"《説文・口部》："圈，養畜之閑也。"段玉裁注："閑，闌也。牛部曰：牢，閑，養牛、馬圈也。"

【銑鋭】

小鑿。清桂馥《札樸・銑鋭》："《陳書・蕭摩訶傳》：遥擲銑鋭，正中其額。案《集韻》：銑鋭，小鑿也。"

【顯微鏡】

由光源聚光器、目鏡和物鏡組成複式顯微放大裝置。近代從西洋進口。清孫雲球《鏡史》："顯微鏡鏡用俯視，以極微細之物，置三足之中。視醯雞頭尾了然，視疥蟲毛足畢現，蚊蟲宛如燕雀，蟻虱幾類兔猿。博物者不特知所未知，信乎見所未見。"清李漁《十二樓・夏宜樓》："顯微鏡大似金錢，下有二足。以極微極細之物置於二足之中，從上視之，即變爲極宏極巨。蟻虱之屬，幾類犬羊；蚊虻之形，有同鸛鶴。並蟻虱身上之毛，蚊虻翼邊之彩，都覺得根根可數，歷歷可觀。所以叫做顯微，以其能顯至微之物而使之光明較著也。"《養心殿造辦處史料輯覽・乾隆十四年》："二月初九日司庫白世秀，達子來説，太監胡世傑傳旨：舊年粤海關年節所進之顯微鏡嗣後不必呈進。欽此。"清梁廷楠《粤海關志・税則二》有"銅架大顯微鏡"。《清稗類鈔・婚姻類・陳載東給假歸娶》："其畫，能

於寸紙尺縑，圖寫群山萬壑，以顯微鏡照之，峰巒林木，屋舍橋梁，及一切人物，靡不具備。"

【杴部】

即木杴。《河工器具圖説》卷二引《方言》：杴，"木者名杴部"。

【倪】

即五兩。《淮南子・齊俗訓》："辟若倪之見風也，無須臾之間定矣。"高誘注："倪，候風者也，世所謂五兩。"

【線車】

即繩車。明陸容《菽園雜記》卷十："斂繩具曰線車。"

xiang

【香鎈】

木工用銼。銼面用錐頂入，其圓窩有周邊毛刺，即成銼齒。因銼木時散發木脂香味，故名香鎈。明宋應星《天工開物・錘鍛》："治木末則錐成圓眼，不用縱斜文者，名曰香鎈。"

【香碓】

指搗香料的水碓。清屈大均《廣東新語・器語・香碓》："香碓，羅浮爲多。羅浮，衆香之藪，其樹木多芳辛酷烈。凡枯柯折幹，外皮雖朽，内心甚香。山人每采樹之鱗甲名薰陸、羅香者，及楓、桂、鷄藤、水松之屬。以轆車車水，水激處，百杵齊舉，而黃屑成焉。"

【香港字】

由香港傳入之西洋宋體字模。《清稗類鈔・鑒賞類》："及海禁既開，西洋輸入鉛製活字及機器印書之法。始由香港教會製我國字，專爲排印教會書籍之用，時稱香港字，其分寸若今之四號字。"

【香水車】

廣東俗稱筒車。因廣東俗以水轉筒車供給水碓動力，以春香末作綫香，故名。清屈大均《廣東新語・器語・水車》："每水車一輛，可供水碓十三四所。以樟、楓、鷄藤諸香春末，以作綫香，謂之香水車。"

【相思套】

性用具。《金瓶梅》第三八回："家中袖了一個錦包兒來，打開，裏面銀托子、相思套、硫黃圈。"

【廂車】

指龍骨車。清劉應棠《梭山農譜・廂車》："若平原曠野之鄉，家有大小廂車，又有手車、牛車，皆所以備旱者。其

創造之妙,則邑先達宋公長庚《天工開物》書內已詳其制,故不復贅。"

【湘平】

衡名。湖南及長江沿岸大商埠所用平。《清稗類鈔·物品·湘平》:"湘平,湖南湘潭縣所用之平也。每兩約合庫平八錢一分一釐七毫。湘潭商務殷盛,汽船常往還漢口。咸豐以來,將卒多湘人,營中衡銀之平皆爲湘平,故推行於湖南全省及長江流域之大商埠。"

【響篿】

用籧或竹連接成的一種丈量用具。長十丈,每五尺爲一節,用鐵圈相連接。清麟慶《河工器具力説》卷一:"又有響篿,或籧或竹連以鐵圈,每節五尺,共二十節,計長十丈。較之麻篿、篾篿,質稍堅結,用則相同。"

響篿
清嘉慶年刊《河工器具圖説》

【響竹】

蠅拍子。清佚名《燕臺口號一百首》之六:"剪裁冷布費工夫,大扇窗宜劈紙糊。那許青蠅來往便,惺鬆響竹抵追呼。"

竹響板
清嘉慶年刊《河工器具圖説》

【響板】

製葦索的工具。竹製。用以劃削葦莖上的碎葉。清麟慶《河工器具圖説》卷四:"響板,取竹片約長一尺,每二片聯成一副。用時兩手相搏有聲。爲劃削碎葉之用。"

【向盤】

即羅盤。《老殘游記》第一回:"那三人卻俱是空身,帶了一個最準的向盤,一個紀限儀,并幾件行船要用的物件,下了山。"

【相風】

即相風鳥。《北堂書鈔》卷一三〇引晉傅玄《相風賦》:"乃構相風,因象設形。蜿虎以爲趾,建修竿之亭亭。體正直而無撓,度經高而不傾。棲神鳥於竿首,候祥風之來征。"《藝文類聚》卷六八引晉潘岳《相風賦》:"踞神獸於下趾,棲靈鳥於上標。""思先天而不違,立成器以相風。棲靈鳥於帝庭,似月離乎紫宫。飛輕羽於竿杪,若翔鷲乎雲中。"《藝文類聚》卷六八引晉陶侃《相風賦》:"象離鷊於雲際,擢孤莖而特挺。若芙蓉於水裔,若乃華蓋警乘,奉引先驅。豹飾在後,葳蕤清路。百僚允則,彰我皇度。"

【相風杆】

即候風。《明史·天文志一》:"嘉靖二年修相風杆及簡、渾二儀。"

【相風銅鳥】

銅質相風鳥。《三輔黃圖》卷五:"漢靈臺,在長安西北八里,漢始曰清臺,本爲候者觀陰陽天文之變,更名曰靈臺。郭延生《述征記》曰:長安宫南有靈臺,高十五仞,上有渾儀次,張衡所製。又有相風銅鳥,遇風乃動。"畢沅校正:"一曰長安靈臺,上有相風銅鳥,千里風至,此鳥乃動。沅案:舊本作大字連寫者非也。'遇風乃動'句,《玉海》引作'千里風至乃動'。"

【相風鳥】

鳥形測風儀。相風鳥的產生時代相當早,史載爲夏禹所設,傳説的色彩很濃。《宋書·禮志》載何承天説法較爲可靠:"戰國并爭,師旅數出,懸鳥之設,務察風祲。"至漢代相風已經有詳細記載了。在靈臺、建章宫都有設置。而相風鳥的製作者張衡在《西京賦》中所説"鳳騫翥於薨標,咸溯風而欲翔",是非常形象的描寫了。相風鳥一般取鳥形,鳥爲靈鳥,漢代稱之靈鳥。也有製成鳳形,也是一種神鳥,有鳳翔的吉兆。製作材料一般爲金屬,或銅或鐵,有的還

相風鳥
清嘉慶年刊《河工器具圖説》

用黃金裝飾,亦有用木雕爲形。神鳥立於高竿上之,鳥下有座。漢晉時代神鳥棲於高而不傾的標竿,以金虎爲趾,并有輕羽飄揚。唐代的相風鳥在李淳風《乙巳占·候風法》有詳盡介紹:"亦可於竿首作盤,盤上作木鳥三足,兩足運上而外立,一足繫羽下而內轉,風來鳥轉回首向之,鳥口銜花,花旋則占之。""竿長五丈,似做五音,鳥象日中之精,故巢居而知風,鳥爲先。"建於金代的山西渾源圓覺寺塔現存相風,舊制,爲鐵鳳形,鳳鳥微向後弓,栖立圓盤之上,盤有一竿連接鳥腹,盤下由一段套筒與刹竿套合,鐵鳳以刹竿爲中心旋轉。清麟慶《河工器具圖説》卷三:"相風鳥,刻木象鳥形,尾插小旗,立於長竿之抄,或屋頭四面,可以旋轉。如風自南來,則鳥向南而旗即向北。"看來,形制古今并無大異。相風鳥設置廣泛,在軍中、宫中皆有。至晚在漢晉,相風鳥已成定制,建立帝庭宫中,立於高屋,皇家儀仗有相風鳥,舟船檣上或大橋之側皆刻木爲之,後一般高塔大屋都有建立。古人認爲,風來於天,故相風鳥和其他天文儀器一樣設於觀象臺,漢之靈臺即爲例子。《周書·於謹傳》:於謹殺梁主,"以其府庫珍寶,得宋渾天儀、梁日晷銅表、魏相風鳥"。亦同視爲天文儀器。相風鳥可以指示有風無風,風之方向,它所附帶的

羽、花、旗還可顯示風力之大小，所以李約瑟認爲可能是現代四轉杯風速表的先驅。相風烏的主要功用無疑在於測風并可預見晴雨，對於軍事、航行、工程及日常生活都有實用價值。但是，在當時還有更重要用途，即占風知吉凶。晉傅玄《相風賦》序："昔之造相風者，其知自然之極乎，其達變通之理乎？上稽天道陽精之運，表以靈烏，物象其類；下憑地體安貞之德，鎮以金虎，玄成其氣。風雲之應，龍虎是從，觀妙之微，神明可通。夫能立成器以占吉凶之先見者，莫精乎此。"宋人《潛居録》謂："巴陵烏不畏人，除夕婦女各取一隻以米果食之，明旦各以五色縷繫於鴉頸放之，相其方向卜一歲吉凶，占驗甚多。大略云：鴉子東興，女紅；鴉子西，喜事臨；鴉子南，利桑蠶，鴉子北，織作息。"風之大小，方向等，據占者來看皆具深意，占風成爲古之大占術。

【相竿】

即候風。清方以智《通雅·器用九》："候風者，一曰相竿。"

【相土】

商代始祖契之孫。傳説是馬車的發明者。《世本·作篇》："相土作乘馬。"清張澍粹曾對"相土作乘馬"的事迹加以考證，指出："相土，契孫也。四馬駕車起於相土。""《紀年》云：'帝相十五，相土作乘馬'。"相土作乘馬的記載尚見於楊倞《荀子》注、鄭玄《周禮·校人》注。

【相烏】

即相風烏。北周庾信《周宗廟歌》之十二："鼓移行漏，風轉相烏。"

【象】

渾儀中層的環組。由赤經環、赤道環及黄道環等環構成。後兩環固定在赤經環，赤經環可繞南北兩極點旋轉。《宋史·天文志一》："渾儀之爲器，其屬有三，相因爲用。""其次曰象，以法天之運行，常與天隨。"

【象限儀】

清代製作的測定天體高度角或天頂距的儀器。爲清製八件大型天文儀器之一。由比利時傳教士、欽天監官員南懷仁監製。儀器主要由一個四分之一圓的象限弧及一根瞄準管組成。象限弧由成直角的兩根等於半徑的銅桿及四分之一圓弧連結而成。象限弧平面與地平正交，安放在一根鉛垂軸上，弧可繞軸轉動。在弧的圓心處，安置一根與半徑等長的瞄準管，可繞圓心在象限弧平面內轉動。觀測時轉動象限弧對向天體所在方向，用瞄準器照準天體，即可在瞄準管與象限弧交接處，於弧上的刻度讀得天體的高度角或天頂距。該儀現陳列於北京古觀象臺。清《皇朝禮器圖式》卷三："康熙十二年，聖祖仁皇帝命監臣製象限儀。""亦名地平緯儀。"

清象限儀
北京古觀象臺

象限儀
四庫全書本《皇朝禮器圖式》

【象鞋】

捕象獵具。木製斂口大筒，内樹尖刃，象誤踏則難以爭脱，疼痛而無法逃逸。宋吴萃《視聽鈔·逐象法》："象鞋者，用厚木，當中鑿之如深竅，劣容其足，中植大錐，其末上向，於竅之外周，回峻鑿之，如今之唾盂而加峻密，密埋於其往來之所，出草覆之。倘投足木上，必滑下竅中，其身既重，錐洞貫其足，不能自拔，即僕，負其痛莫能展轉，謂之著鞋。"

【象牙尺】

以象牙爲原料製的尺。象牙料較爲貴重，所以出土發現很少。傳河南安陽殷墟出土過二件象牙尺，分別長15.78厘米、15.8厘米。北京西晉王浚妻華芳墓出土象牙尺（清理簡報稱之爲骨尺）一件，長24.15厘米。南京江蘇省交通廳綜合樓工程發現西晉水井内象牙尺，兩面圓形刻度,均爲五寸半邊,寸長 2.3~2.5 厘米不等。尺的一端有一穿孔。長 24.3 厘米、寬 2.6 厘米、厚 0.6 厘米。上海博物館藏唐代鏤花象牙尺,長 30.23 厘米。故宮博物院藏明嘉靖牙尺,長 32 厘米。中國歷史博物館藏清代象牙尺三件,分別長 32 厘米、32.03 厘米、35.51 厘米。《太平御覽》卷八三引三國魏曹操《上雜物疏》:"中宮用物,雜畫家列尺一枚,貴人公主有象牙尺三十枚,宮人有象牙尺百五十枚。"

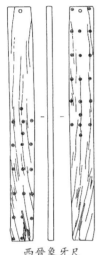

西晉象牙尺
南京西晉水井

明嘉靖象牙尺
《中國古代度量衡圖集》

【象牙起子】

象牙製作之起子。《養心殿造辦處史料輯覽·雍正元年》:"雍正元年正月做象牙日晷開其裡、象牙刀靶、象牙起子。給瑪瑙蓮花水盛配茜綠象牙座。"

【象牙日晷】

象牙作盤之日晷。《養心殿造辦處史料輯覽·雍正元年》:"雍正元年正月做象牙日晷開其裡、象牙刀靶、象牙起子。給瑪瑙蓮花水盛配茜綠象牙座。"

xiao

【削果刀子】

削切水果用刀。宋沈括《忘懷錄》卷十九:"櫃中食碗楪各六七,箸各四,生果數物,削果刀子。"

【綃梭】

織綃用的布機上的梭子。唐劉禹錫《傷秦姝行》:"馮夷蹁躚舞綠波,鮫人出聽停綃梭。"

【銷】

即臿。《釋名·釋用器》:"鍤,插也,插地起土也。或曰銷,銷,削也,能有所穿削也。"

【簡子】

竹削成的杆子,頭尖銳。木工多用以拼接木頭。《三寶太監西洋記通俗演義》第十六回:"鑷子急忙的銑不進,簡子急忙的釘不進,刨子急忙的推不進。"

【校】

即蠻槌。《廣雅·釋器》:"校,槌也。"

【小表】

小型之表。《養心殿造辦處史料輯覽·雍正八年》:"雍正八年十二月內務府總管海望奉旨:著西洋人做小表一件試看。欽此。"參見"表"、"錶"。

【小裁刀】

用於裁削修整的小刀。元王禎《農書》卷二二:"每字令人用小裁刀修理齊整,先立準則,於準則內試大小高低一同,然後另貯別器。"

【小秤】

所稱物品重量較小的秤。相對大秤而言。明朱載堉《樂律全書》卷二四:"其中之小者,起於一兩,終於一斤;中者起於一斤,終於一衡;大者起於一衡,終於一鈞,若今之小秤也。"《清稗類鈔·物品·度量衡》:"一種秤端有鈎,分大秤、小秤。"

【小鋤】

一種短柄小鋤。用以種植秧苗或點種。明徐光啓《農政全書》卷三八:"一人持小鋤一把,將地劁起,即以油少許滴土中,隨以種置之。"

【小桯】

小型之桯。《肩水金關漢簡》1:142:"小斤一,小斧一,小桯一,小椎一,檻二。"

【小石】

對大石而言。亦指此容量之量器。漢代一小石合大石六斗,約 12000 毫升。《居延漢簡甲乙編》275·2:"出糜小石三石爲大石一石八斗,以食卒三人,十二月辛卯盡。"又二七五·二一:"入糜大石八石七斗爲小石十四石五斗。"

【小刀】

形制較小的刀。區別於武器刀具和工具刀具。元王禎《農書》卷二二:"雕板木爲字,用小細鋸鋸開,各作一字,用小刀四面修之,比試大小高低一同。"明徐光啓《農政全書》卷三八:"有草即用小刀剗出。"清高靜亭《正音撮要·鐵器》:"拿小刀割他、切他、片他、刺他、刮他。"

【小斗】

規格較小之斗,對大斗而言。史載先秦已有此制。《史記‧田敬仲完世家》：“於是田常復脩釐子之政，以大斗出貸，以小斗收。齊人歌之曰：‘嫗乎采邑，歸乎田成子！’”漢代的小斗已有考定，約爲大斗六升，合 1200 毫升。《居延漢簡甲乙編》二七三‧四：“十二月簿餘穀小斗二斗二升。”又二七三‧二五：“府食以八月出穀，到征和四年二月十五日度盡，餘有小斗二升。”以後大小斗之制屢有變化。參見“大斗”。

【小紡車】

用於加撚麻縷的腳踏紡車。元王禎《農書》卷二二：“小紡車。此車之制，凡麻苧之鄉，在在有之。”書中配有小紡

小紡車
清聚珍版《農書》

車圖，圖中繪有一婦女，左手握五個麻縷，右手執一棒分縷，雙腳踏在一踏桿上。踏桿與一大輪相接，輪上部安裝五枚錠子，每錠上各引出一麻縷。這種五錠腳踏紡車始於宋元，沿用到清代。它的功用是將已績長的單股或數股麻縷加撚成均勻的麻紗或麻線，不需要進行牽引漸細的牽伸，所以能够把錠子數增加到五枚。小紡車是相對於裝置幾十枚錠子的加撚麻縷的大紡車而言，其實它的尺寸比木棉紡車大，特別是輪徑大，從而增加錠子與大輪間的速比，提高勞動生產效率。王禎爲小紡車配詩云：“牖間荊布踏車人，紡具維持總一身。旋續纏綿分衆縷，各隨莩維轉弧輪。無窮運用資生業，不礙繁喧徹近鄰。從此輪功到機杼，年年絺絽爲誰新。”明代徐光啓在《農政全書》卷三六小紡車一節中，所繪的五錠腳踏紡車的腳踏桿與大輪間的傳動機構與《農書》中所繪略有不同。參見“腳踏紡車”、“大紡車”。

【小斧】

小型之斧。《肩水金關漢簡》1：142：“小斤一，小斧一，小椎一，櫝二。”

【小鋼鏟】

鋼製長方形醫用小刀。一頭有柄，一頭爲刃，可鏟除平面膿腐。清劉濟川《外科心法真驗指掌‧用刀門》：“小鋼鏟，小而鋒，用之取其靈便巧妙，最爲合宜。”

【小鉤】

小形之鉤。靈石旌介 14 號漢代磚室墓出土陶灶上有各種小鉤，乃爲厨房所用。《居延新簡》Ｅ‧Ｐ‧T53：132：“大鍤一，小鉤一。”

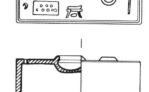

竈上小鉤
旌介 14 號漢代磚室墓

【小斛】

小單位的斛。小斛的一斗是大斛的六升。《三國志‧魏書‧武帝紀》“二月丁卯，葬高陵”，裴松之注引《曹瞞傳》：“（太祖）常討賊，廩穀不足，私謂主者曰：‘如何？’主者曰：‘可以小斛以足之。’”

【小花全圓儀】

清製測量水平或垂直方位角的儀器。原理同矩度全圓儀，但圓盤直徑僅二寸，瞄準器之臂徑則大於圓盤。清《皇朝禮器圖式》卷三：“本朝製小花全圓儀，鑄銅爲之。”

小花全圓儀
四庫全書本《皇朝禮器圖式》

【小渾天】

南朝宋文帝元嘉十七年（440）製造的渾天儀。《宋書‧天文志一》：“十七年，又作小渾天，徑二尺二寸，周六尺六寸，以分爲一度，安二十八宿中外官，以白黑珠及黃三色爲三家星，日月五星，悉居黃道。”

【小較索】

作埽時用的一種索子。用青篾片兩股合成。元沙克什《河防通議》卷上：“小較索，長四十尺，圍一寸半，用竹四竿；圍二寸半，用竹六竿。”“小較索每條用八破竹二竿，不用白，止用青篾子兩股合成，長二丈，圍二寸半。”又卷下：“小較索以七條爲功，圍二寸半者，四條爲功。”

【小斤】

小型之斤。《肩水金關漢簡》1：142："小斤一,小斧一,小槌一,小椎一,櫨二。"

【小鐮】

即銍。宋洪邁《夷堅三志壬四·南山獨騎郎君》:"臨川村民張四,買芒掃帚一束,凡四柄,及開用之,於中的小鐮,蓋割禾所用者,知爲編帚人遺下。"

【小爐】

小型冶煉爐。一般與大爐配合使用。明湯若望、焦勗《火攻挈要》卷下:"先另用小爐燒紅,然後送入大爐。"

【小磨】

單人操作的小型磨子。用以磨粉。宋歐陽修《新五代史·雜傳·李茂貞》:"天子於宮中設小磨,遣宮人自屑豆麥以供御。"元王禎《農書》卷十六:"編竹作圍,内貯泥土,狀如小磨,仍以竹木排爲密齒,破穀不致損米。"明宋應星《天工開物·攻麥》:"又次小磨,則止用人力推挨者。凡力牛一日攻麥二石,驢半之,人則强者攻三斗,弱者半之。"

小磨陶俑
阿斯塔那201號唐墓

小磨
韓國新安元代沉船

【小木牛】

石杠中,與大木牛垂直,通過麻小扣横向和大木牛相連的左右兩根短竹杠。其作用是增加扛擡人數。清麟慶《河工器具圖說》卷四:大木牛"兩頭各用麻小扣穿小杠,俗名小木牛"。參見"石杠"。

【小碾】

中國北方用於對梁、粟、稷、黍脱殼加工的工具。在一中高邊低的圓臺上,用一圓柱形碾石,兩人用手來回滾動以碾壓穀物。明宋應星《天工開物·攻黍、稷、粟、粱、麻、菽》:"唯小碾一制,在《稻》《麥》之外。北方攻小米者,家置石墩,中高邊下,邊沿不開槽。鋪米墩上,婦子兩人相向接手而碾之。其碾石圓長如牛䡵(擀)石,而兩頭插木柄。米墮邊時,隨手以小彗掃上。家有此具,杵臼竟懸也。"亦指茶碾。宋蘇軾《記夢回文》之二:"紅焙淺甌新火活,龍團小碾鬥晴窗。"

【小牛角椎】

用牛角製成的小椎。《醒世姻緣傳》第六六回:"狄希陳將二十兩合二兩的兩個法碼放在天平一頭","將天平兩頭穩了一穩,用小牛角椎敲了兩敲。"

小碾
明初刻本《天工開物》

【小盤秤】

小稱量之盤秤。《大清會典則例》卷一三〇"盛京福陵物料":"小盤秤每杆銀一錢五分。等子五十兩至百兩每把銀五錢;十兩至三十兩;每把銀一錢八分。"

【小鉗】

即短鉗。《居延漢簡》67·2:"斧二;斤二;大鉗一;小鉗一。"

【小刃鋤】

刃較短的鋤。明徐光啓《農政全書》卷四十:"有草鋤不限遍數。鋤時別作小刃鋤,勿使細土覆心。"

【小升】

量制分大小。量制規定較小的升稱小升。唐代有大升、小升、大斗、小斗之稱。小升用於調律、天文、醫藥等領域。《通典·食貨六》:"調鍾律,測晷景,合湯藥及冠冕制,用小升小兩,自餘公私用大升大兩。"

【小繩】

繩徑細小的繩子。多以繫縛東西。《通典·兵十三》:"又用挾絚以善游者,繫小繩先浮渡水。"《史記·孟嘗君列傳》"馮先生甚貧,猶有一劍耳,又蒯緱",唐裴駰集解:"蒯音苦怪反,茅之類,可爲繩。言其劍把無物可裝,以小繩纏之也。"明葉盛《水束日記·珠池採珠法》:"蓋蜑丁皆居海艇中採珠,以大舶環池,以石懸大絚,別以小繩繫諸蜑腰,没水取珠,氣迫則撼繩,繩動,舶人覺,乃絞取,人緣大絚上。"

【小鐵鋸】

小型之鐵鋸。加工木器之用。《大清會典則例》卷一三〇“盛京福陵物料”：“大鐵鋸每箇，銀一錢八分。小鐵鋸銀一錢四分四釐。”

【小細鋸】

一種較小的細齒鋸子。用來鋸開較精細之物。元王禎《農書》卷二二：“造板木作印盔，削竹片爲行，雕板木爲字，用小細鋸鎪開，各作一字，用小刀四面修之。”

【小樣】

按照實物的實際式樣，以一定比例縮小做成的模型。宋文瑩《玉壺清話》卷二：“浙匠喻皓料一十三層，郭以所造小樣末底一級折而計之，至上層餘一尺五寸，殺收不得。謂皓曰：‘宜審之。’皓因數夕不寐，以尺較之，果如其言。”宋周密《齊東野語・渾天儀地動儀》：“至紹興七年，嘗自製小樣。”

【小竹筒】

用小竹管製作的給藥用具。中空，可將藥物吹、灌到較難直接用手敷藥的患病部位。宋趙佶等《聖濟總録・咽喉門》：“治咽喉卒腫、喉痹勝金散方：戎鹽一兩，青黛半錢。右二味，同研匀，每服半錢七，或一字，用小竹筒吹入喉咽，嚥津效。”

【小椎】

小型之椎。《肩水金關漢簡》1：142：“小斤一，小斧一，小椑一，小椎一，櫝二。”

xie

【斜齒刀】

給藥工具。三角形齒狀斜刃刀。清劉濟川《外科心法真驗指掌・用刀門》：“斜齒，此刀可以上玉藥，取多取少，斟酌抹在膏中，對瘡口貼之。”

【斜頭刀】

斜刃口之刀。明黄大成《髹飾録》乾集：“河出，即模鑿並斜頭刀、剉刀，五十有五，生成千圖。”

【鞋楦】

即楦。明曹臣《舌筆録・譜語》：“有人獻木履於齊宣王，略無刻斲之迹。王曰：‘此履豈非出於生乎？’艾子曰：‘鞋楦是其核也。’”明陸鎰《吴音奇字・器用門補遺》：“靴楦，音絢。”清范寅《越諺》卷中：“鞋楦，鞋工木胎也。”

【鞋樣兒】

鞋面和鞋底的紙樣。元無名氏《漁樵記》第二折：“我三日前預準備下了落鞋樣兒的紙，描花兒的筆，都在此，你快寫，你快寫。”

【鞵楦】

同“鞋楦”。宋周密《武林舊事・小經記》：“鞵楦、桶鉢、搭羅兒。”

【寫字人鐘】

設機械人寫字之鐘。寫字人爲歐洲紳士貌，單腿跪地，一手扶案，一手握毛筆，先毛筆蘸好墨汁，再啓開關，寫字人便在面前的紙上寫下“八方向化，九土來王”八個漢字。《養心殿造辦處史料輯覽・乾隆四十五年》“如意館”：“十月初二日得郎中保成押帖一件，内開二十二日鄂魯里交西洋寫字人樂鐘陳設一件。”

17世紀英國造寫字人鐘
故宫博物院

【蟹斷】

捕蟹之具，狀如竹簾，横置河道之中以斷蟹的通路。《太平廣記》卷三二三引南朝梁任昉《述異記》：“宋元嘉初，富陽人姓王，於窮瀆中作蟹簖。”晉陶潛《搜神後記》卷七：“宋元嘉初，富陽人姓王，於窮瀆中作蟹斷。旦往觀之，見一材長二尺許，在斷中，而斷裂開，蟹都出盡。”唐陸龜蒙《蟹志》：“漁者緯蕭承其流而障之曰蟹斷，斷其江之道焉爾。”清方以智《通雅・器用》：“扈業，緯蕭也。障魚曰槎頭，障蟹曰蟹斷。”《花月痕》第十一回：“大家上了水閣，憑欄四眺，見兩岸漁簾蟹斷，叢竹垂楊，或遠或近，或斷或續，尤覺煙波無際。”

【蟹簖】

同“蟹斷”。清顧張思《土風録》卷三：“編竹湖中以取魚蟹，名曰蟹簖。按字書無簖字，吴梅村《塗松晚發》詩：‘簖響若鳴灘。’《吴江縣志》引陸魯望《漁具》詩序：列竹海澨曰滬，今謂之簖。考陶九成引魯望《蟹志》：‘漁者緯蕭，承其流而障之，名曰蟹斷，斷其江之道焉爾。’則當爲斷字，《姑蘇志》亦作斷。”明王圻《三才圖會・器物五》：“簖者，斷也，織竹如曲簿，屈曲圍水中，以斷魚蟹之逸。其名曰蟹簖，不專取蟹也。”

【蟹笱】

捕蟹用的笱。明羅頎《物原・食原》：“禹作魚梁蟹笱。伊尹作魚罩扈箔。”

【蟹籠】

盛蟹竹籠。晉陶潛《搜神後記》卷七：“宋元嘉初，富陽人姓王，於窮瀆中作蟹斷，旦往觀之，見一材長二尺許，在斷中。而斷裂開，蟹都出盡。”“王疑此材妖異，乃取内蟹籠中，擊頭擔歸。”

【蟹足】

漆器製作中用以上漆的刷子。因其形狀似蟹足，故名。明黄大成《髹飾録》乾集：“雨灌，即髹刷。有大小數等，及蟹足、疏鬣、馬尾、豬鬃。又有灰刷、染刷。沛然不偏,絶塵膏澤。"

【緤】

繩索。也寫作"紲"、"緤"。本特指繫犬的繩子,後泛指牽引牲畜的繩子或捆縛罪人的繩索。《國語·晉語四》:"從者爲羈緤之僕,居者爲社稷之守,何必罪居者?"韋昭注:"馬曰羈,犬曰緤。"《説文·糸部》:"緤,犬係也。從糸,世聲。《春秋》傳曰:'臣負羈緤。'"段玉裁注:"服虔注曰:'一曰犬韁曰緤,古者行則有犬。'按:如服説,則緤之本義也。如杜説,緤馬韁,則緤引申之義也。"按:今本《左傳·僖公二十四年》作"臣負羈紲",杜預注:"紲,馬韁。"《廣雅·釋器》:"緤,繩索也。"《三國志·吳志·董襲傳》:"襲身以刀斷兩緤,蒙冲乃橫流,大兵遂進。"《玉篇·糸部》:"緤,馬韁也。凡繫縲牛馬,皆曰緤。"

【綵】

同"緤"。《管子·輕重己》:"柜末耨懷,鉊銚乂橿,權渠繩綵,所以御春夏之事也。"一本作"緤"。

【紲】

同"緤"。《左傳·僖公二十四年》:"臣負羈紲,從君巡於天下。"杜預注:"紲,馬韁。"孔穎達疏:"紲,係也。服虔云:一曰犬韁曰紲。古者行則有犬。"

【緤】

同"緤"。《禮記·少儀》:"犬則執緤,守犬、田犬,則授擯者。"鄭玄注:"緤、紖、靮,皆所以繫制之者。"孔穎達疏:"緤,牽犬繩也。"北齊魏收《爲侯景叛移梁朝文》:"指踪投緤,駕兔或擒。"明張綱孫《涿州城》詩:"控緤走其下,壁立皆土塊。"

【謝莊】

(421—466)南北朝時期劉宋人。中國木製拼合地圖的發明者。《太平御覽·卷七五二》:"宋謝莊字希逸,性多巧思,製木方丈圖,天下山川土地各有分理,離之則州別郡殊,合之則寓内爲一。"

xin

【心索】

作埽時按於埽心的繩索。多以蘆荻或竹篾製成。埽,用薪柴、秫秸,土石等捆扎成的用以治河堵口或護岸的管狀物。《宋史·河渠志一》:"埽之制,密布芟索,鋪梢芟相重,壓之以土,雜以碎石,以巨竹索橫貫其中,謂之心索。"元沙克什《河防通議》卷上:"捲埽物色","心索,大小皆百尺,此索在埽心,橫捲兩繫之"。又卷下:"捲埽除心索,常例:捲掃梢三草七,心索積於梢積内除之。諸埽高闊不

等,例長二十步,定高闊各一尺,合除心索五尺。"

【信椿】

用作驗工標準的椿頭。在築堤、挑河等工程前,先打信椿作爲高低的標準。然後在椿頂蓋上石灰印,并封固。工程結束時,啓封,據信椿驗工。清麟慶《河工器具圖説》卷二:"又有信椿,其法:截木爲椿,凡築隄挑河,估定尺寸後,較準高深簽椿相平,用灰印於椿頂裹以油紙,覆以磁碗,取土封培,俟工完,啓驗灰印完整,然後拉繩椿頂驗收,可杜偷減等弊。"

信椿
清嘉慶年刊《河工器具圖説》

xing

【星】

秤桿上表示重量的標志。用金屬鑲嵌而成。唐賈島《贈牛山人》:"鑿石養蜂休買蜜,坐山秤藥不爭星。"《宋史·律曆志一》:"末毫至梢六銖,銖列十星,星等絫。"原注:"每星等一絫,都等六十絫爲二錢半。"《紅樓夢》第五一回:"麝月便拿了一塊銀子,提起戥子來問寶玉:'那是一兩的星兒?'"

【星】

合之量具。十合爲一升。《大清會典則例》卷一三〇"盛京福陵物料":"杉木斛連鐵料,每箇銀九錢,斗每箇銀三錢六分九釐。升每箇銀一錢八釐,星每箇銀九分九釐九毫。"

【星丁頭】

即鎖星。明宋應星《天工開物·乃服·治絲》:"凡繭滾沸時,以竹簽撥動水面,絲緒自見。提緒入手,引入竹針眼,先繞星丁頭,以竹棍做成如香筒樣。"清代時稱星丁頭爲"響緒"。

【星晷】

明徐光啓製造觀測恒星以測定時刻的儀器。由兩個同心圓盤構成。《明史·天文志一》:"星晷者,治銅爲柱,上安重盤。内盤鐫周天度數,列十二宮以分節氣,外盤鐫列時刻,中橫刻一縫,用以窺星。法將外盤子正初刻移對内盤即氣,乃轉移銅盤北望帝星與句陳大星,使兩星同見縫中,即視盤面鋭表所指,爲正時刻。"

【星晷儀】

清康熙朝製的手持小型測量定時刻的儀器。分上、下兩盤,即地盤及天盤。地盤上刻劃十二時的初、正時刻

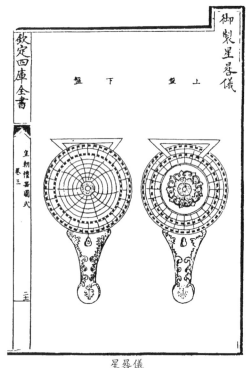

星晷儀
四庫全書本《皇朝禮器圖式》

緩；天盤上刻劃二十四節氣。通過盤面中心有可轉動的瞄準器。通過瞄準帝星及勾陳星以測定時刻及每更的時刻。清《皇朝禮器圖式》卷三："星晷儀爲聖祖仁皇帝御製。鑄銅爲之。凡二重，有柄。"

【星晷儀器】
即星晷儀。清谷應泰《明史紀事本末紀事本末》卷三七："崇禎冬十一月，日晷、星晷儀器告成，上命太監盧維寧魏徵至局驗之。"

【星丸漏】
類似輥彈的一種便於旅行時使用的計時裝置。《金史·曆志下》："初，張行簡爲禮部尚書提點司天監時，嘗製蓮花、星丸二漏以進，章宗命置蓮花漏於禁中，星丸漏遇車駕巡幸則用之。貞祐南渡，二漏皆遷於汴，汴亡廢毀，無所稽其製矣。"

【行碓】
一種裝置在車上，利用車輪滾動作動力的碓具。晉陸翽《鄴中記》："石虎有指南車及司里車，又有舂車木人，及作行碓於車上，車動，則木人踏碓舂，行十里，成米一斛。"

【行漏輿】
裝有漏刻的車輿。宋代皇帝出巡時的儀仗之一。《宋史·輿服志一》："行漏輿，隋大業行漏車也。制同鐘鼓樓而大，設刻漏如稱衡。""輿士六十人。""舊禮無文，皆太祖開寶定禮所增。"

【行綍】
繫船的索纜。宋梅堯臣《發丹陽後寄徐元輿》詩："興闌乘月歸，及旦解行綍。離懷更宿醒，遠想都如失。"

【型】
鑄器的模範。亦特指泥質模。《淮南子·脩務訓》："夫純鈎魚腸之始下型，擊則不能斷，刺則不能入。"《説文·土部》："型，鑄器之法也。"段玉裁注："以土曰型。"參見"泥模"。

【硎】
即磨刀石。《莊子·養生主》："今臣之刀十九年矣，所解數千牛矣，而刀刃若新發於硎。"王先謙集解引陸德明釋文："硎，磨石。"唐杜甫《秦州見敕目三十韻》："掘獄知埋劍，提官見發硎。"明馬中錫《中山狼傳》："胡不礪刃於硎以待。"

【醒鐘】
可以定時發出聲響之鐘。《養心殿造辦處史料輯覽·雍正四年》："九月二十日首領太監趙進忠持來鍍金盒琺瑯錶盤金釘子光皮套時鐘醒鐘一件、銀盒錶盤雙針金銀針玳瑁套時鐘問鐘一件、銀盒錶盤雙針五彩人形琺瑯蓋花錶一件、鍍金撒花盒鍍金錶盤藍玻璃蓋花錶一件、鍍金撒花套五彩琺瑯人形盒琺瑯錶盤雙針錶一件、銀套盒錶盤琺瑯轉盤銅針錶一件、金套錶盤雙針錶一件、金盒金錶玻璃銀花雙針錶一件、金套盒錶盤雙針錶一件、銀套盒五彩人形琺瑯底銀盒錶盤雙針錶一件、金釘玳瑁套玻璃五彩人形琺瑯盒錶盤單銅針錶一件、五彩人形琺瑯套銀盒錶盤雙針錶一件、銀套盒錶盤雙針錶一件、銀套盒錶盤玻璃蓋花雙針錶一件、銀盒錶盤單針錶一件、銀盒琺瑯錶盤單針錶一件。太監劉希文傳旨：著認看等次，收拾。欽此。於十一月初五日將以上鐘錶收拾完進呈訖。西洋木架風琴時鐘一件、玻璃架時鐘樂鐘一件、鑲嵌玳瑁架琺瑯字時鐘一件。著認看好了收拾。"

【杏葉杷】
鐵製杏葉形的杷。裝有木柄。用於疏浚河底淤積雜物。清麟慶《河工器具圖説》卷二："杏葉杷，鍛鐵爲首，形如杏葉，受以木柄，爲撈浚河底淤柴之器。"

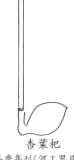

杏葉杷
清嘉慶年刊《河工器具圖説》

【杏葉杓】
即杏葉杷。明萬恭《治水筌蹄》："治水之器十有三：曰鐵簸箕，曰五齒杷，曰杏葉杓……"

xiong

【雄礱】

木礱的下盤。中置鐵莖，以受雌礱之孔。清翁廣平《〈杵臼經〉序》："礱以木爲之，有大者焉，有小者焉。大者斵九寸之木數十，縛以竹而兩之，廣八尺，下者爲雄礱，上者爲雌礱。雄礱中立鐵莖八寸。雌礱中空，尺有三寸，中貫堅木，木中鑿一竅，以鐵墊竅底，以當雄礱之莖。"

xiu

【修綆】

汲水用的長繩。明鄭若庸《玉玦記・送行》："我愁煩倍增，我愁煩倍增。鴻迹等浮萍，銀瓶怯修綆。"清唐孫華《哭座主王峰尚書徐公》詩之二："大裘百丈遮寒士，修綆千尋援溺人。"

【修指甲刀】

專用於修指甲的小刀。明屠隆《文具雅編・途利》："小文具匣一，以紫檀爲之，内藏小裁刀、錐子、挖耳、挑牙、消息、修指甲刀、剉指剔指刀、髮剅、鑷子等件，旅途利用，似不可少。"

【脩絓】

即長繩。唐劉禹錫《救沈志》："維以脩絓，杙於崇丘。水當洄洑，人易真力。"

【髹刷】

漆器製作中用以上漆的刷子。湖南里耶秦代古城1號遺址井出土髹刷，木柄前部呈圓角長方形，開槽固定動物鬃毛。握手處截面呈橢圓形。刷體滿漆痕。通長19.5厘米、寬2～3.2厘米、刷毛長2.9厘米。由頭髮、牦牛尾、豬鬃等軟硬程度各異的材料製成。依照需要不同，髹刷有大小、齊口、斜口之分，大者闊約三寸，小者才二三分；漆平的地方用齊口刷，轉角棱縫處則用斜口刷。髹刷又有灰刷，染刷之分。灰刷用以刷漆灰，毛軟硬；染刷用以打透明罩漆下面的色地，毛較軟。明黄大成《髹飾録》乾集："雨灌，即髹刷。有大小數等，及蟹足、疏鬣、馬尾、豬鬃。又有灰刷、染刷。沛然不偏，絶塵膏澤。"

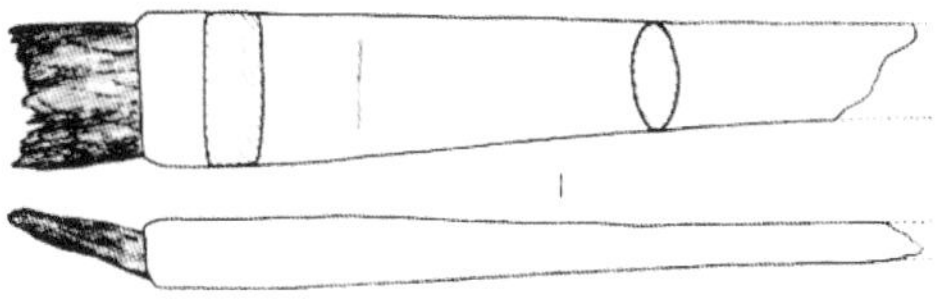

髹刷

里耶秦代古城1號遺址井

【綇】

綴合鎧甲的繩子。宋沈括《夢溪筆談・器用》："青堂羌善鍛甲，鐵色青黑。瑩徹可鑒毛髮，以麝皮爲綇旅之，柔薄而韌。"

xu

【徐光啓】

(1562—1633)明代杰出的科學家。字子先，號玄扈，上海縣(今屬上海市區)人，萬曆進士。官至禮部尚書兼東閣大學士。爲我國最早引進西方科學文化的學者。他和羅馬傳教士利瑪竇合譯的歐幾里德《幾何原理》是中國第一本介紹西方自然科學的著作。他的科學研究範圍廣泛，以農學、天文學尤爲突出。他晚年留下的一百多卷《崇禎曆書》，是我國天文算法中最爲系統和完整的一份遺産。直到清朝順治二年(1645)，才由政府公布，并把《崇禎曆書》改刻成《西洋新法曆書》。他的《農政全書》遺稿則由陳子龍整理。初刊本爲明崇禎十年(1637)的平露堂本。共六十卷，七十多萬字，分十二門：農本、田制、農事、水利、農器、樹藝、蠶桑、蠶桑廣類、種植、牧養、製造、荒政。以農本、水利、農器、荒政爲重點。"荒政"十八卷，占全書近三分之一，叙述歷代救荒措施和政策，詳細介紹《救荒本草》和《野菜譜》，爲徐光啓所獨創。徐光啓輯録古代和當代文獻達229種。他博覽群書，博採衆長，繼承了前人的成就，又不拘泥於古人。他結合自身的農業生産實踐，建立了完整的農業體系，有獨特的見解。《農政全書》材料豐富，圖文并茂，成爲中國封建社會後期最有成就的集大成的一部農業百科全書。

【絮車】

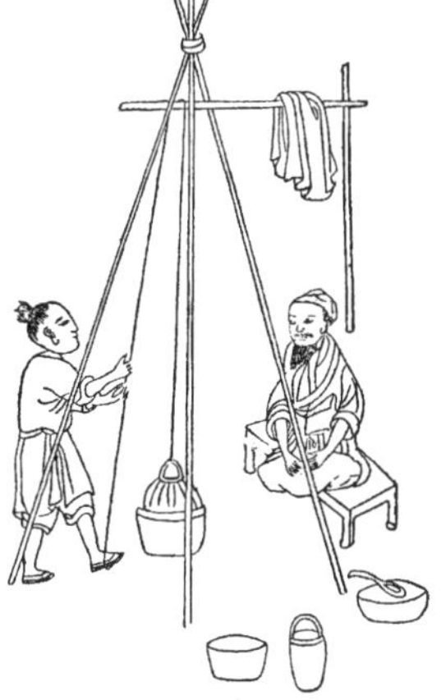

絮車

明永樂大典本《農書》

煮繭製取絮綿的手工機具。元王禎《農書》卷二一："絮車，構木作架，上控鉤繩滑車，下置煮繭湯甕。絮者，掣繩上轉滑車，下徹甕内，鈎繭出没灰湯，漸成絮段，莊子謂‘洴澼絖絖’者。古者纊、絮、綿一也，今以精者爲綿，粗者爲絮。因竈家退繭造絮，故有此車煮之法。常民藉以禦寒，次於綿也。彼有擣繭爲胎，謂之牽綳者，較之車煮，工拙懸絶矣。”

xuan

【旋樞雙環】

黃道游儀中四游儀的赤經旋轉環。由平行的兩個環組成，中可夾衡以瞄準天體。兩端各插入外層的子午環的極點中。《舊唐書·天文志上》：“黃道游儀規尺寸：旋樞雙環。”“即古所謂旋儀也。”“東西運轉如渾天游儀。中旋樞軸至兩極首内。”

【旋儀】

即四游儀。《新唐書·天文志一》：“其黃道游儀，以古尺四分爲度。旋樞雙環，其表一丈四尺六寸一分，縱八分，厚三分，直徑四尺五寸九分，古所謂旋儀也。”

【旋椎】

紡麻紗用的紡塼。明徐光啓《農政全書》卷三六：“旋椎，掉麻綹具也，截木長可六寸，頭徑三寸許，兩間斫細，樣如腰鼓，中作小竅，插一鈎篾，長可四寸，用緊麻皮於上。以左手懸之，右手撥旋。麻即成緊，就纏椎上；餘麻挽於鈎内，復續之如前。所成經緯，可作粗布，亦可織履。”

旋椎
清聚珍版《農書》

【璇機規】

唐李淳風製造的渾天黃道儀中三辰儀的黃道及赤道環。二環固連在一起，黃道環上還打有 249 對孔，以連結月游規，每月移動一對孔。《新唐書·天文志一》：“二曰三辰儀，圓徑八尺，有璇璣規、目游規。”

【璇璣雙環】

渾儀中三辰儀的赤經環。黃道、赤道、白道等環均與之相固結。環之直徑兩端有樞軸伸入六合儀子午環圈的極點軸孔中。可繞南北極旋轉。《宋史·律曆志九》：“皇祐渾儀璇璣雙環：外圍一丈九尺五寸六分，直徑六尺五寸二分，闊一寸四分，厚一寸。兩面各均周天三百六十五度少强，作二樞對兩極。”

【璇璣玉衡】

玉質渾天儀或渾儀。《漢書·郊祀志上》：“《虞書》曰：‘舜在璇璣玉衡以齊七政。’”顏師古注：“《虞書》，《舜典》也。在，察也。璇，美玉也。璣轉而衡平，以玉爲璣衡，謂

渾天儀也。”宋沈括《夢溪筆談·象數一》：“堯世已有渾儀，‘璇機玉衡’是也。”

【縣】

即錘。《史記·禮書》“衡誠縣，則不可欺以輕重”，裴駰集解引漢鄭玄曰：“縣謂錘也。”

【懸絙】

凌空懸掛在山谷或河流上的繩索，用以代橋。又稱索橋、索道。北魏酈道元《水經注·河水一》：“昔人有鑿石通路，施倚梯者，凡度七百梯，度已，躡懸絙過河。”

【懸索】

即懸絙。《通典·邊防五》：“以段潁爲校尉，將兵及湟中義從羌二千人，擊破之。追討南渡河，募先登，懸索相引，刀折矢盡，且鬭且行，晝夜相攻。”

【懸硪】

搭架提升之硪，由多人操作之重力硪。明潘季馴《河防一覽·修守事宜》：“俱用立石攔門樁數層，其地釘樁須劄鷹架，用懸硪釘下，石縫須用糯汁和灰縫，使水不入。”

【懸玉環】

性工具。《金瓶梅》第三八回：“藥煮的白綾帶子、懸玉環、封臍膏、勉鈴，一弄兒淫器。”

【罬】

即魚網。《廣韻·上獮》：“罬，罟也。”明李實《蜀語》：“魚網曰罬。”

【罥】

捕獸之網，用以纏絡魚類或獸足而擒之。或説爲魚網。《説文·网部》：“罥，网也。從网，巽聲。”又：“䍦，罥或從足，巽。《逸周書》曰：‘不卵不䍦，以成鳥獸。’罥者，繯獸足也，故從足。”《廣韻·平諫》：“罥，取魚網也。”

【䍦】

同“罥”。參見“罥”。

【楥】

同“楦”。《説文·木部》：“楥，履法也。”段玉裁注：“今鞋店之楦也。楥、楦，正俗字。”

【楥頭】

同“楦頭”。清唐訓方《里語徵實》卷中：“鞋鋪用楥頭。《説文》：‘楥，履法也。’鞋工木胎爲楥頭，改作楦，至今呼之。”

【楦】

楦鞋子用的木製模型。放在鞋中，使鞋子平直成形。新疆民豐大沙漠遺址發現木楦三個，一爲男用，厚8厘米、長24厘米、寬8.5厘米，一爲女用厚6厘米、長21.5厘米、寬7厘米。皆爲製氈靴之用。明李實《蜀語》："履中模範曰楦，楦音絢。"清唐訓方《里語徵實》卷上："履中模範曰楦，楦音絢，本作梋。《朝野僉載》：唐楊炯每呼朝士爲'麒麟楦'，曰：'今假弄麒麟者，必修飾其形，覆之驢上。及去其皮，還是驢爾。'言無德而朱紫，何以異是。"

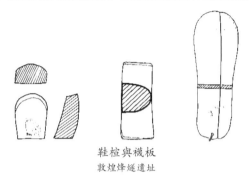

鞋楦與襯板
敦煌烽燧遺址

【楦頭】

即楦。《醒世恒言·勘皮靴單證二郎神》："止無過皮兒染皂的，綠兒扣縫的，藍布吊裏的，加上楦頭，噴口水兒，弄得緊綳好看的。"

【絃】

繩索。《廣雅·釋器》："絃，繩索也。"唐李賀《後園鑿井歌》："井上轆轤牀上轉，水聲繁，絃聲淺。"

【繴】

懸繫鼉箔柱的繩索。《方言》第五："槌、宋、魏、陳、楚、江、淮之間謂之植，自關而西謂之槌，齊謂之样。其橫，關西曰槌，宋、魏、陳、楚、江、淮之間謂之樑，齊部(郡)謂之特。所以懸樑，關西謂之縆，東齊、海岱之間謂之繴。"《玉篇·系部》："繴，懸縆索。"

【鏇架】

即車旋。明湯若望、焦勗《火攻挈要》卷上："用乾久楠木或杉木，照本銃體式，鏇成銃模，兩頭長出尺許，做成軸頭，軸頭上加鐵轉棍，安置鏇架之上。"

【鏇牀】

旋轉切削之機械。傳統旋牀限於加工圓木，西方傳入鏇牀精密度高，能切削金屬。一般以車刀爲刀具。加工工件的旋轉體表面。明湯若望、焦勗《火攻挈要》卷上："上安鐵套，套外八面安純銅偏刃，鏇刀上頭安車輪，以十字鐵條絆緊，輪外安鐵轉棍，將銃墊起均齊，兩頭平高，將刀鏇擡上，鏇牀平對銃口，插入口內，緣漸鏇進。"參見"西洋鏇牀"。

【鏇鑽】

鑽身上有三條棱的穿孔工具。明宋應星《天工開物·錐》："其通身三棱者，名鏇鑽。"

xue

【削】

即甿。元王禎《農書》卷十三："甿，顏師古曰：鍬也，所以開渠也。或曰削，有所穿也。"

【削刀】

刮削用的刀。《釋名·釋兵》："書刀，給書簡有所刊削之刀也。封刀、鉸刀、削刀，皆隨時用作名也。"明黃大成《髹飾錄》乾集："霜挫，即削刀並卷鏨。"

【削格】

設置羅網的木架。《莊子·胠篋》："削格，羅落，罝罘之知多，則獸亂於澤矣。"陸德明釋文引李頤云："削格，所以施羅網也。"

【薛醜刀】

厚脊薄刃的園藝用刀。以藝工薛醜命名。宋陶穀《清異錄·器具》："薛醜刀：圃里人，善栽植，凡花穿接，無不冠絕。常持厚脊利刃芟洗繁穢，人遂名此樣爲薛醜刀。"

Y

ya

【丫鈀】

兩齒鐵鈀。《西遊記》第七五回："驚得那大小群妖，一個個丫鈀、掃帚，都上前亂撲蒼蠅。"

【丫丫】

即連枷。以杖轉於柄頭，象形，故名。《釋名·釋用器》："枷，加也。加杖於柄頭以撾穗，而出其穀也。或曰羅枷，三杖而用之也。或曰丫丫，以杖轉於頭，故以名之也。"

【庘】

即豬圈。《集韻·入狎》："庘，豕屋。"

【押衣刀】

同"壓衣刀"。《西湖老人繁勝録》："或執馬靴，或執七寶劍，或執押衣刀，或執弓箭。"

【鴨舍】

養鴨欄棚。清查慎行《陳傅巖給諫以種園圖索題》之二："鴨舍鵝欄地接聯，鄰翁指點舊平泉。"

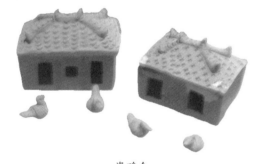

瓷鴨舍
荆州八嶺山連心石料廠 1 號墓

【鴨嘴】

即鋤。清麟慶《河工器具圖説》卷二："《釋文》：鋤，助也，去穢助苗也。首長而扁，一名鴨嘴。本田器。河工修築土石工亦用之。"

【壓鑱】

犁的部件之一。有固定犁壁和壓緊犁鑱的作用。唐陸龜蒙《耒耜經》："（犁）斲木而爲之者，曰犁底，曰壓鑱。""負鑱者曰底，底初實於鑱中，工謂之鱉肉，底之次曰壓鑱，背有二孔，繫於壓鑱之兩旁。"

【壓麪床】

揉麪之架，麪團上下有厚板，厚板上有木杠，木杠一端可插於孔中固定。使用時一端用力下壓，利用槓桿原理擠壓麪團，使之均匀不留空氣。明沈繼孫《墨法集要》："若造脱子大墨，最難得劑子滿脱，内又難得實。須用壓麪床坐木擔壓之，方得四圍都到，稜角美滿。"參見"搏板"。

【壓舌】

即壓舌板。《喉科心法》："壓舌式，備看喉壓舌之用，或玳瑁、或象牙製成，厚近一分，長四寸五分，官尺。"

壓舌
清武林許氏本
《喉科心法》

【壓舌板】

醫用器具。壓舌看喉、上藥或進行手術用的小薄片。厚約 0.3 厘米、長近 14 厘米，或兩端圓形，或橢圓板并細柄。用竹、木、玳瑁、象牙或金屬製成。清劉濟川《外科心法真驗指掌·用刀門》："此板壓舌，看咽喉用之。或吹藥，或開刀，或點藥，皆不可不用。"

【壓衣刀】

防身小佩刀。《水滸傳》第二一回："腰裡解下鸞帶，上有一把壓衣刀和招文袋，卻掛在牀邊欄干子上。"又第二二回："那張文遠上廳來稟道：雖然如此，見有刀子是宋江的壓衣刀，可以去拿宋江來對問，便知下落。"

【壓衣刀子】

即壓衣刀。《水滸傳》第二一回："宋江恨命只一拽，倒拽出那把壓衣刀子在簾上，宋江便搶在手裡，那婆娘見宋江搶刀在手，叫黑三郎殺人也。"

【鴉觜鋤】

鋤的一種。頭尖，形如鴉嘴，故名。宋唐積《歙州硯譜·攻器》："鴉觜鋤、木楸。"

【牙尺】

即象牙尺。《新唐書·百官志三》："歲二月，獻牙尺。"清張岱《陶庵夢憶》卷七："凡栖粆、簪珥、牙尺、剪刀，以至經典、木魚，籽籽兒嬉具之類，無不集。"

【牙籌】

象牙製的算籌。陝西旬陽縣北祐聖宮坪 1 號新莽至東漢初墓中，出土了二十八根牙籌。象牙質，乳白色，粗細均匀，長短一致，長 13.5 厘米、直徑 0.4 厘米。其長與《漢書・律曆志》記載相合。《晉書・王戎傳》："積實聚錢，不知紀極，每自執牙籌，晝夜算計，恒若不足。"

【牙斗】

象牙所製斗量。明徐光啓《農政全書》卷四四："量穀牙斗，用盪平斛。"

【牙木】

兩木互爲齒牙狀扣合的固定部件。宋洪邁《夷堅三志壬・三井中竹木》："建昌城內驛前，紹興間富家創旅店，其處無井，穿穴過四丈，得古牙木。牙木者，兩木鑿竅相受，以爲固也。"

【牙鍼】

細軟銀絲牙籤。眼科敷藥用。清劉濟川《外科心法真驗指掌・用刀門》："此牙鍼取其柔細，可以入目無傷，以此上藥，敏妙之至。"

【庌】

即馬厩。《周禮・夏官・圉師》："圉師掌教圉人養馬，春除蓐，釁厩，始牧；夏庌馬，冬獻馬。"鄭玄注："庌，廡也；廡，所以庇馬涼也。"

【軋車】

即木綿攪車。清方觀承《棉花圖・第八圖軋核》："軋車之制，爲鐵木二軸，上下疊置之，中留少罅。上以轂引鐵，下以鈎持木。左右旋轉，餧棉於罅中，則核左落而棉右出。"清褚華《木棉譜》："攪車。今謂之軋車，以木爲之，形如三足几，坐則高與胸齊。上有兩耳，卓立。空耳之中，置木軸一，徑三寸。有柄在車之左，以右手運其機。向外，復置鐵軸一，徑半寸。有輪在車之右，以左足運其機。向內，皆用木楔籠緊，中留尺許地。取花塞兩軸之際，而手足胥運。則子自內落，無子之花自外出，若雲靉靆然，名花衣。按軋車古制甚鉅而無足。止高二尺許。軸端俱有掉拐。其末皆不透。兩人對坐其旁，一人喂花軸隙。其用力勞而所得不多，故易以四足車。厥工祇一人兼之。然其坐也，一足偏左，而用力不專，所得又不能多，故易以三足車。車制大小相似，惟四足者，其輪如十字。三足者，只一木段劂其中，隆其兩頭，以搖轉取勢耳。往見一說云，今之攪車，一人可當三人，句容式一人可當四人，或即三足、四足之分。又云，太倉式兩人可當六者，不知何似。"清張春華《滬城歲事衢歌》："轉軸層層捲素霞，蘆簾風緊一燈遮。夜闌何處搖柔櫓，欵乃聲中

聽軋車。（棉與核交黏，必去其核方可用，去核者名軋車。）"

yan

【烟筒子】

給藥用具。蘆葦做的裝藥筒。可吸。宋王懷隱《太平聖惠方》："治咳嗽用藥熏方：臭黃一錢，豬牙皂莢末一錢，蠟一分細切，膩粉一錢，人乳汁一合，大麻仁一合研爛。右件藥，都以乳汁調和令勻，以蘆葦筒長一尺二寸，破作兩片；一尺塗藥，二寸令空，卻令相合，以綫繫定，須令心中通氣，餘有一半藥，塗在一張蠟紙上，裹定筒子曬乾；一頭點火，一頭吸烟，逐口咽下。如覺口乾便吃稀粥及吃少蜜。其烟筒子歇口時，權以物塞定。"

【煙椀】

收集煙灰的器皿，內壁光潔，對準煙頭取煙。煙灰爲製墨主要原料。明沈繼孫《墨法集要》："煙椀用淘鍊細土燒，長柄瓦椀圓闊五寸三分，深二寸五分，柄長三寸，連柄高五寸五分，內深潭似釜，必磨研十分光滑。以椀唇外置瓦盆緣上，內置瓦筒緣上，須椀心正對餤頭罩之椀口緣，塗些薑汁，急手掃煙。若煙椀油污，內外皆便拭淨，倘污煙煤不堪用矣。"又："燒煙宜秋深初冬於明亮密室，上置仰塵，四向周密，背處開一小門，高限掛紙簾。水盆置木架上，盆竅向架外，塞住竅侵水滿，磚襯。油醆於水內，每醆傾油八方。納燈草訖，煙椀蓋之，勿見風。致煙落，約四五刻掃煙一度，則一度剔去燈草，逐以筋剪去燈煤，棄於水鉢內。否則燈花罩了火餤，煙不能起，以鵝翎掃煙入瓦盆中，經宿，始可併聚一室。蓋之，須以空煙椀一隻替下有煙椀掃之，敲碎巴豆三四粒納油醆中，發餤餤，得煙多，每日約掃二十餘度，掃遲則煙老，雖多而色黃。"

煙椀
四庫全書本《墨法集要》

【研】

即碾。清蕭雄《聽園西疆雜述詩》："治米之法，稻子、穀

子皆用研。研以大圓石長二尺餘，圍四五尺，兩頭施軸作盤，立柱中以爲樞，用畜推轉之，除殼而及於熟麥，則磨之曳以驢馬。”

【研船子】

即輾槽。形似船，故名。清高靜亭《正音撮要‧鐵器》：“研船子，又叫碾盤。”

【㮏】

指踏碓。《方言》第五：“碓機，陳魏宋楚自關而東謂之㮏。”錢繹箋疏：“碓機謂之㮏，蓋謂機在此而舂在彼也。”元王禎《農書》卷十六：“《方言》云：‘碓梢謂之碓機，自關而東謂之㮏。’桓譚《新論》曰：‘杵臼之利，後世加巧，因借身以踐碓，而便利十倍。’”清郝懿行《證俗文》：“案：㮏，長木也，碓機蓋即綴杵之長木板。”

【鹽井】

東漢鹽井
成都博物館藏畫像磚

用於開採井鹽鹵水的井。早在戰國末期，秦國蜀太守李冰即在四川開鑿鹽井，汲鹵煮鹽。漢代鹽業大有發展。《漢書‧貨殖傳‧程鄭》：“擅鹽井之利，期年所得自倍。”鹽井設施已相當完備。井上建有有篷高架，滑車掛皮囊，從深井中牽引提取鹽滷。再以長竹筒引入鹽鍋熬汁取鹽。至唐景像依舊，規模宏大。唐杜甫《出郭》：“遠

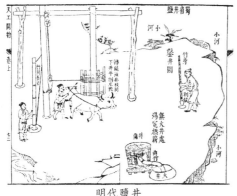

明代鹽井
明初刻本《天工開物》

烟鹽井上，斜景雪峰西。”宋代以前的鹽井是裸井，沒有用

套管隔絕地下淡水的裝置。北宋仁宗慶曆、皇祐年間把秦漢以來的淺裸井改革成爲小口深套井（卓筒井），即用竹筒爲井屛，以防崩坍和隔絕淡水。從明末至清中葉，井深由數十丈迅速發展到二三百丈。清末，井深已達到三百二十丈。鹽井有巖鹽井和鹵水井之分，前者在鑽到鹽層後，注水浸鹵，然後汲出。後者直接汲鹵，經蒸發濃縮得粗鹽結晶。《宋史‧食貨志下五》：“四年，陳安石坐爲河東轉運使附會時論，興置鹽井，害及一路，降知鄭州。”明宋應星《天工開物‧井鹽》：“凡蜀中石山去河不遠者，多可造井取鹽。鹽井周圓不過數寸，其上口一小盂覆之有餘，深必十丈以外，乃得鹵信。”

【鹽盤】

即鹽盆。明李時珍《本草綱目‧石五‧食鹽》：“南海人編竹爲之，上下周以蜃灰，橫丈深尺，平底，置於竈背，謂之鹽盤。”

【鹽盆】

南海的牢盆。鍋用竹篾編製，外糊蛤蜊灰，直徑一丈，深一尺。明宋應星《天工開物‧作鹹》：“南海有編竹爲者，將竹編成闊丈深尺，糊以蜃灰，附於釜背，火燃其底，滾沸延及成鹽，亦名鹽盆，然不若鐵葉鑲成之便也。”

【鹽鏾】

即牢盆。《清史稿‧食貨志四》：“場竈燒鹽之具，深者盤，淺者鏾，設有定數，而煎鹽以一晝夜爲火伏，并巡查息火後私燒。近有竈戶私置鹽鏾，火伏又不稽查，故多溢出之數。”

【眼鏡】

用以矯正視力或保護眼睛的透鏡。中國出現放大凸透鏡的歷史很早，邗江甘泉 2 號西漢墓出土的外套全圈的水晶球面透鏡，具放大作用，可藉以觀察細小之物。架於眼前，用以矯正視力的眼鏡約在明代中期從西域傳入中國，當時以阿拉伯語音譯詞靉靆稱名，後亦叫眼鏡。明郎瑛《七修續稿‧事物‧眼鏡》：“少嘗聞貴人有眼鏡，老年觀書，小字看大。”明代中期之後，隨着東西洋溝通，眼鏡也從海路輸入中國。清屈大均《廣東新語‧貨語‧玻璃》：“玻璃來自海舶，西洋人以爲眼鏡。”清葉夢珠《閱世編》卷七：“眼鏡，余幼時偶見高年者用之，亦不知其價，後聞製自西洋者爲佳，每幅值銀四五兩。”康熙時期，出現了我國自製的水晶眼鏡，但僅見於社會上層。清宮造辦處工匠掌握了近視眼鏡與老花眼鏡的製作，近視眼鏡按度數深淺不一，老花鏡則按不同的年齡高低區分。鏡片材料有茶晶、白晶、墨晶、玻璃以及各種配件。雍正朝製作眼鏡數量不少，皇帝自配眼鏡不下百副，其用於賞賜的眼鏡更多，僅雍正六年三月十三日一日就傳旨命做眼鏡二十五件之多。據清吳振棫《養吉齋叢錄》卷二六記載：“康熙癸末五月，賜禮部侍郎孫岳頒水晶眼鏡。”至乾隆年，廣東

技工琢磨製作天然水晶石鏡片,在清趙翼《陔餘叢考》卷三三中評説道:"蓋本來自外洋,皆玻璃所製,後廣東人做其式以水精製成,乃更出其上也。"清代中期起,全國眼鏡生產及銷售形成規模,廣州及蘇州皆有專門生產,并兼銷售鋪號,廣州太平門外眼鏡街的產品行銷全國,品種有老花、近視。北京的眼鏡業也得到了發展。清李光庭《鄉言解頤·物部上·雜物十事》:"數十年前琉璃廠眼鏡鋪不過數家,今則不啻倍蓰矣。"早期的眼鏡有兩種形式,一爲單鏡形,即有柄的凸透鏡,罩目單視,清顏震濤《吳門表隱》:"眼鏡,前朝只有單照,以手持而用之。"看來,單鏡在明代較爲流行。一爲雙鏡。基本形式是帶框雙鏡片,而無鏡腿。明張寧《方洲雜録》記:"以全相輪廓而衍之爲柄,紐製其末,合則爲一,岐則爲二。"兩鏡片之間有紐,可疊合,一側有柄,如單鏡一樣,持而觀看。明田藝蘅《留青日札》記載,"中用綾絹聯之,縛之腦後",較爲方便。此式大體使用到清代。江蘇吳縣祥里村清代畢沅墓出土的乾隆年製的眼鏡,用水晶作鏡片,鏡架爲黑漆木框,還裝有供繫結用的縧帶。

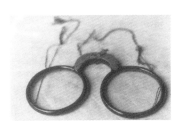

絲縧式眼鏡
吳良材眼鏡公司

絲縧式眼鏡
壁圖本《點石齋書報》

近視眼鏡及鏡袋
吳良材眼鏡公司

夾額式眼鏡
壁圖本《點石齋書報》

吳良材眼鏡公司保存的康熙年製眼鏡,其中一副即屬此式,可折疊,無腿,用絲縧固定,鏡框是紙胎漆器,質輕而表面光亮。清代的絲縧一般套在雙耳上,大約到晚清,開始用金屬腿,腳端爲扁圓,夾於前腦,最後才有扣於雙耳的鏡架。鏡架的材料,有木、紙塗漆、銅、金、角、骨,清代又以玳瑁爲時尚。鏡片最早只有老光鏡,爲老者觀小字之用,後才有近視鏡。清代後期,流行起墨晶、茶晶及白晶,皆磨成平光,一爲養目,一爲裝飾。清楊靜亭《都門雜詠·眼鏡》:"眼鏡戴來裝近視,教人知是讀書人。"此爲形象的寫照。參見"靉靆"。

【眼鏡盒】

裝眼鏡之盒。清代中葉眼鏡日趨普及保護眼鏡的眼鏡盒也應運而生,其材料通常有木雕、皮覆、緞縫、銅刻、漆製、殼造等,大多將眼鏡盒穿繩帶、垂流蘇佩於腰間。《養心殿造辦處史料輯覽·雍正十二年》:"做上用水晶、茶晶眼鏡各五副,隨撒林皮拱花盒。"

清代眼鏡袋和眼鏡盒
南京博物院

【眼籠】

即眼罩。阿斯塔那唐墓乃至其他吐魯番古墓出土的眼籠,用銅或鉛打製,有的還鍍銀,邊沿鑲絹或錦,形如現代眼鏡。在眼球部位鑽許多細孔,這些細密小孔風沙不容易吹入,卻不影響辨視,透過它能夠觀察外界環境和事物。吐魯番已經發現多件:阿斯塔那363號墓發現鉛質眼籠一件,最寬4厘米、長17厘米、厚3毫米,上下邊沿鑲1厘米白絹。阿斯塔那124號墓出土眼籠,用銅皮鍛打而成,中央靠近眼球部位鑽刺小孔。吐魯番地區木納爾墓地208號墓發現二件銅眼籠,在眼球部位凸出,散佈小孔。巴達木墓地發現六件眼籠,一件殘破,五件完整。其中252號墓眼籠最大直徑4.2厘米、長12.4厘米。215號墓眼籠最大直徑5.4厘米、長17.5厘米。罩邊沿鏤間距勻稱小孔與覆面連接,周邊殘存絹帶。吐魯番哈喇和卓75TKM102爲唐西州時期墓葬,也發現了銅眼籠。參見"銀眼籠"。

【眼籠】

即眼罩。金屬眼籠爲吐魯番特有護眼用品,流行於麴氏高昌時期。吐魯番多大風沙,夏季陽光强烈,爲了保護眼睛少受風沙的侵害,遮擋刺目的陽光,吐魯番眼籠用銅或鉛打製,有的還鍍銀,邊沿鑲絹或錦,形如現代眼鏡。當地人受甎算啓發,在眼球部位鑽出許多細孔,這些細密小孔風沙不容易吹入,卻不影響辨視,使用金屬材料不黏塵土,比織物材料更好。參見"金眼籠"。

銀眼籠
阿斯塔那363號唐墓

金眼籠
木納爾墓地282號墓

【眼罩】

戴在眼上起遮蔽或保護的用具。《養心殿造辦處史料輯覽·雍正五年》:"工程處潑石灰的人眼睛若不遮護,惟恐有傷,爾等將玻璃泡眼罩做些賞賜。欽此。本日員外郎沈喻傳旨:著做眼罩。"

【偃杷】

以小竹條製作的弓形有長柄的農具。用于扶起倒下的莊稼。清劉應棠《梭山農譜·穧譜》："偃杷，形如張弓，中有長柄，但弓口用弦，此則用木。木之兩端，各穿小眼，柄身去弦二尺許，亦鑿一小眼，以小竹條貫柄身，曲而上，插入兩端眼中。農夫荷以行，又宛如弓之架箭也，妙哉！偃穗欹塗者，執此扶之。"

【罦】

即撒網。《說文·网部》："罦，罜也。"桂馥義證引晉周處《風土記》："罦，如罜而小，斂口，從水上掩而取者也。"《廣雅·釋器》："罜、罜、罜、罜，罜也。"清王念孫疏證："罦以捕鳥，亦以捕魚。"《初學記》卷二二："罦，網罜也。"

【綍】

牽引牲口的繩索。也稱紖。《廣韻·上獮》："綍，紖綍。"《集韻·上獮》："綍，紖也。"

【雁翅輥】

輥軸的一種。其軸上裝有交叉狀的木板。在稻田中滾動時，一邊碾壓草禾，一邊可攪拌水土成泥漿狀。元王禎《農書》卷十四："北方稻田，不解插秧，惟務撒種。卻於軸間，交穿板木，謂之雁翅，狀如礰礋而小。以輥打水土成泥，就碾草禾如前。""北方塗田頗少，放水之後，欲得成泥，故用雁翅輥打。"

【燕肅】

北宋政治家，儀器製造家。字穆之，青州益都（今山東益都）人。進士，歷任觀察推官，秘書省著作佐郎知臨邛縣、考城縣，河南府通判，提點刑獄，侍御史知越州、明州，官至禮部侍郎。他製造的蓮花漏，是第一個使用分水壺以使出入壺水位保持穩定的漏刻。對天文觀測精度的提高有重大作用。他還製造了古代失傳的精密儀器指南車、記里鼓車。通過長期實測研究沿海潮汐，他還著有《海潮圖》及《海潮論》。《宋史·燕肅傳》："嘗造指南、記里鼓二車及欹器以獻，又上《蓮花漏法》。詔司天臺考於鐘鼓樓下，云不與《崇天曆》合。然肅所至，皆刻石以記其法，州郡用之以候昏曉，也推其精密。在明州，爲《海潮圖》，著《海潮論》二篇。"

yang

【秧馬】

拔秧、插秧時用的工具。形狀如小船，兩頭上翹，中間凹入，腹部用榆木或棗木，背部用質量較輕的楸木或梧桐製成，使體形輕滑。工作時，人騎秧馬上在水淺泥深的田裏拔秧或插秧，用腳蹬動滑行，不致陷入軟泥，而且減輕勞動強度。宋蘇軾《東坡志林》卷六："吾嘗在湖北，見農夫用秧馬行泥中，極便，頃來江西，作秧馬歌以教人，率有從者。"元王禎《農書》卷十二："秧馬，蘇文忠公序云：予昔游武昌，見農夫皆騎秧馬。以榆棗爲腹，欲其滑，以楸梧

秧馬
明永樂大典本《農書》

近代秧馬
湖州博物館

爲背，欲其輕。腹如舟，昂其首尾，背如覆瓦，以便兩髀雀躍於泥中。繫束藁其首以縛秧，日行千畦，較之偏僂而作者，勞佚相絕矣。《史記》：禹乘四載，泥行乘橇。解者曰：橇形如箕，摘行泥上，豈秧馬之類乎？"清陸世儀《思辨錄輯要》："按秧馬，制甚有理。今農家拔秧時宜用之。可省足力，兼可載秧，供拔蒔者，甚便。"至現代，在江西、江蘇、浙江、福建、湖北武昌等地農村還有保留，供拔秧和插秧之用。三峽土家族婦女拔秧所坐秧馬爲馬背式無腳木凳，拔下秧束成捆，堆在秧馬底部木板上，然後推滑入田，供插秧用，但插時不用秧馬。福建農民則坐在秧馬上插秧。

【秧彈】

竹製長篾。下秧時,拉直,固定於田的兩端,循此布秧,使秧行整齊。元王禎《農書》卷十四:"秧彈,秧壠以篾爲彈,彈猶弦也。世呼船牽曰彈,字義俱同。蓋江鄉櫃田,内平而廣,農人秧蒔,漫無準則,故製此長篾,制於田之兩際,其直如弦。循此布秧,了無欹斜。"

秧彈
明永樂大典本《農書》

【仰儀】

元郭守敬發明的天文觀測儀器。爲一直徑一丈二尺的中空半銅球,似一仰放的鍋。鍋口刻方位,相當於渾儀的地平環。在半球中心由鍋沿伸出的兩根正交桿子支承一小方板稱璇璣板。板可作東西,南北向轉動,板中心開一小孔,此孔位於球心處。在仰儀内半球面上刻有赤道坐標網絡。觀測時將璇璣孔對向太陽,由太陽影像投影在坐標網上的位置即可得太陽的去極度和時角,從而得到時刻和節氣。用以觀測日食,可得日食時刻、方位、食分。用此儀觀測太陽可避免陽光對肉眼的刺激。《元史·天文志一》:"仰儀之制,以銅爲之,形若釜,置於甎臺。内畫周天度,緋列十二辰位。蓋俯視驗天者也。"

【羊肝石】

外表皺紋和顏色酷似羊肝,故稱。屬鈣泥質結核,質地細膩,可作磨刀之用。清唐秉鈞《文房肆考圖説·古硯考下·滌硯法》:"磨薤頭刀之羊肝石則膩,而硯滑,皆能壞硯者也。"

【羊圈】

飼養羊之欄舍。《日下舊聞考卷·官署十》:慶豐司廨舍共二十三間,掌牛羊厰,暨口外牧群,所屬有"南海淀各牛圈、豐臺羊圈"。

青瓷羊圈
馬鞍山佳山鄉三國吳墓

陶羊圈
南交口17號漢墓

【羊欄】

圈羊之欄。北魏賈思勰《齊民要術·養羊》:"養羊法,當以瓦器盛一升鹽,懸羊欄中。"明徐光啓《農政全書》卷四:"《家政法》云:養羊法,當以瓦器盛一升鹽,懸羊欄中。羊喜鹽,自數還唼之,不勞人牧。"

【羊牢】

即羊欄。明李時珍《本草綱目·獸一·牛》:"牢乃豢畜之室,牛牢大,羊牢小。"

【羊毛剪】

剪羊毛之大鐵剪。明清兩代有司有剪收羊毛之例。《明會典》卷一七一:"司牲司事例:春秋二季,各羊毛剪送南京司設監交收。"《大清會典則例》卷一三〇"盛京福陵物料":"羊毛剪每把重十二兩,銀二錢。燭剪每把長四寸,銀三分。"

【羊棬】

即羊欄。明徐光啓《農政全書·牧養》:"作羊棬於塘岸上,安羊,每早掃其糞於塘中,以飼草魚。"

【羊頭】

打製金屬空心納柄部位的鐵模。明宋應星《天工開物·錘鍛》:"需圓眼者則製成剜鑿爲之。"原注:"先打鐵骨爲模,名曰羊頭,杓柄同用。"

【洋錶】

指從西洋進口之錶。《兒女英雄傳》第二回:"你在這院上當巡捕也不是一年咧,大凡到工的官兒們送禮,誰不是緙繡、呢羽、綢緞、皮張,還有玉玩、金器、朝珠、洋錶的?"

法國金葉錶　　　　洋錶
故宮博物院　　　　故宮博物院

【烊銅鐵罐】

冶銅用的鐵質深壁器皿。冶煉金屬除了坩鍋之外,鐵質器皿占有重要地位。陝西坡頭村西漢鑄鐵遺址發現鑄錢鐵鍋。此類器皿有罐、鍋、盤各形。明呂震等《宣德彝鼎譜》卷一:冶鑄物料有"大小陽罐二萬個,大小烊銅鐵罐四百個"。

【揚泥車】

挖泥耙。《宋史·河渠志二》:"先是有選人李公義者獻鐵龍爪、揚泥車法,以濬河。"

【陽罐】

即坩鍋。明吕震等《宣德彝鼎譜》卷一:冶鑄物料有"大小陽罐二萬個,大小烊銅鐵罐四百個"。

【陽經雙環】

黄道游儀中外層環組六合儀的子午環。固定於支架上。《新唐書·天文志一》:"陽經雙環,表一丈七尺三寸,裏一丈四尺六寸四分,廣四寸,厚四分,直徑五尺四寸四分,置於子午。"

【陽燧】

利用日光取火的用具。陽燧似内凹球面的銅鏡,陽光聚焦於底,點燃艾絨之類引火物。扶風縣黄堆老堡子西周墓陽燧,背面有一鈕。最大直徑90.5毫米、最小直徑87.5毫米,凹面曲率半徑207.5毫米,焦距103.5毫米。山東新泰古墓出土陽燧,鏡背外凸圓鈕,鈕座外一周銘文"青龍四年五月丙午造"。高2.3厘米、直徑7.6厘米、厚0.3厘米,凹深1.2厘米,鈕高0.8厘米,重142.4克。三國魏青龍四年爲236年。"五月丙午造"合於《論衡·率性》"取火之道"。山東新泰古墓也出土陽燧一件。《周禮·秋官·司烜氏》"華氏"引漢杜子春注:"明火以陽燧取火於日。"

陽燧　　　　三國陽燧
黄堆老堡子西周墓　　新泰古墓

【楊扠】

即木杈。因多以楊樹枝丫爲之,故名。清李調元《卍齋瑣録》卷一:"蜀人呼扠禾上架之丫曰楊扠,以楊爲之,狀如丫字。《六書統》:'丫岐,物之耑,象其耑。'"

【颺籃】

用竹編製的颺穀工具。元王禎《農書》卷十五:"颺籃。颺,《集韻》謂風飛也。籃形如北箕而小,前有木舌,後有竹柄。農夫收穫之後,場圃之間,所踐禾穗,糠籺相雜,執此搵而向風擲之,乃得淨穀。不待車扇,又勝箕簸,田家便之。"

颺籃
明永樂大典本《農書》

【颺扇】

一種簸選穀米等的農機具。後亦指風車。元王禎《農書》卷十六:"颺扇,《集韻》云:颺,風飛也,揚穀器。其制:中置篗軸,列穿四扇或六扇,用薄板或糊竹爲之。復有立扇、卧扇之别,各帶掉軸,或手轉足蹹,扇即隨轉。凡舂輾之際,以糠米貯之高檻,檻底通作區縫下瀉,均細如籠,即將機軸掉轉搧之,糠秕既去,乃得淨米。"清徐珂《清稗類鈔·物品類·颺扇》:"颺扇,俗名風箱。制如小厨,無底,右上有口,高出如小斗,以入所礱之穀。左下吐舌如箕,以出所轉之米。斗、箕間皆有斜板,爲上下承卸處。中有輪,置上下斜板間,偏近右輪,無邊廓,環列小板以爲輻。挽之,則風生板間,糠皮自右出,米自左出。蓋糠質輕,故得風而隨輪右飛,米質重,故仍自兩板間轉卸而左出也。"

颺扇陶俑
牧馬山東漢墓

【養目鏡】

即水晶眼鏡。古人認爲玻璃損目,水晶養目。清曾七如《水晶眼鏡考》:"有養目鏡,雖少年戴之,無損於目。"

【養鴨欄】

青瓷養鴨欄
瑞昌碼頭鎮西晉墓

飼養鴨子的圍欄。唐張籍《送汀州源使君曾成趙北歸》:"山鄉祇有輪蕉户,水鎮應多養鴨欄。"

【柍】

即連枷。《方言》第五:"僉,齊楚江淮之間謂之柍,或謂之桲"。郭璞注:"今連枷,所以打穀者。"

【样】

即礧槌。《方言》第五:"槌,齊謂之样。"

【樣】

依照產品的形狀和結構,按比例製成的物體。樣一般有兩類,一種是平面的畫樣,另一種是實物立體樣。一比一製成的樣主要供複製鑄造型範,由泥、木製成,也有與產品質地、形狀完全相同的樣,作爲製造產品的標準。縮小製的樣主要用於大型物體,如車、船、建築物等,以供按比例放大建造,亦用於明器。考古發現的泥樣較多,東周時期晉國鑄造遺址出土了大量的泥樣,有的有精美的紋樣。《魏書·源子恭傳》:"故尚書令、任城王臣澄按故司空臣冲所造明堂樣,并連表詔答、兩京模式,奏求營起。"

《隋書·黃亘傳》："煬帝每令其兄弟直少府將作。於時改創多務，亘、袞每參典其事。凡有所爲，何稠先令亘、袞立樣，當時工人皆稱其善，莫能有所損益。"唐張彥遠《歷代名畫記·東都寺觀畫壁》："敬愛寺，彌勒菩薩塑像，麟德二年自内出，王玄策取到西域所圖菩薩像爲樣。"《水滸傳》第五六回："次後且叫湯隆打起一把鈎鐮槍做樣，卻叫雷橫提調監督，原來雷橫祖上也是打鐵出身。"燙樣以紙

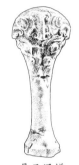

鼎足泥樣
侯馬平陽廠春秋晉國遺址

木亭樣
阿斯塔那唐墓

張、秫秸和木材爲主要材料，加工成型，以水膠粘合，用小烙鐵熨燙，最後塗色并繪圖案。根據需要分別爲五分樣（1∶200）、一寸樣（1∶100）、二寸樣（1∶50）等，室内有家具陳設，室外還表現建築環境。

【樣範】
模型。明葉盛《水東日記》卷十一："今俗呼五十兩重銀錠曰元寶，嘗見獨石内官弓勝得埋藏銀數十錠，形制皆平漫，與今樣範不同。面有中書省小字印，背則陰文元寶二大字也。"

【樣紙】
紙上畫出之樣。《養心殿造辦處史料輯覽·雍正七年》："十一月初三日怡親王交翠頂花一件，隨紙樣一張。"《養心殿造辦處史料輯覽·乾隆十四年》："乾隆十四年四月初八日柏唐阿五十來說，爲畫各作各式活計紙樣，每月用棉榜紙二十張，臺連紙三十張，南礬連四紙十張，香墨五錢，水筆二枝。"

樣紙款與實物
大雅齋款瓷花盆

【樣子】
即樣。《水滸傳》第五六回："再說湯隆打起鈎鐮槍樣子，教山寨裏打軍器的照着樣子打造，自有雷橫提督，不在話下。"

yao

【葽】
草繩。用蒲草、蘆荻或荊條等製作。元沙克什《河防通議》卷上："綿荊葽"，"脩木岸常例，荊二十五斤打葽三條"。又卷下："澆灌榆柳擔水依擔土例"，"束亂梢草，自管打葽，以一百束爲功"。

【腰機】
一種手工織機。適於織造絲、麻、棉平紋織物。明宋應星《天工開物·乃服·腰機式》："凡織杭西、羅地等絹，輕、素等綢，銀條、巾帽等紗，不必用花機，只用小機。織匠以熟皮一方置坐下。其力全在腰尻之上，故名'腰機'。普天織葛、苧、棉者，用此機法，布帛更整齊、堅澤。惜今傳之猶未廣也。"這種腰機與原始腰機不同，它有機架，

腰機
明初刻本《天工開物》

有完整的送經、開口、投梭、捲布機構，是較先進的手工織機，是在元王禎《農書》中給出的布機基礎上發展起來的。參見"織機"。

【腰鐮】
鐮刀。因農人常佩於腰間，故名。宋樓璹《耕織圖詩·收刈》："田家刈穫時，腰鐮競倉卒。霜濃手龜坼，日永身罄折。"元王禎《農書》卷八："古詩：腰鐮刈葵藿。葵之用鐮，其來尚矣。"清康熙《題〈御製耕織圖·收刈〉》："滿目黃雲曉露晞，腰鐮穫稻喜晴暉。兒童處處收遺穗，邨舍家家荷擔歸。"

【腰籠】
即麥籠。因割麥者腰中繫繩，牽之以行，故名。明徐光啓《農政全書》卷二四："麥籠，盛芟麥器也。判竹編之。""芟麥者腰繫鈎繩牽之，且行且曳。就借使刀，前向綽麥，乃覆籠内。籠滿則昇之積處。往返不已，一籠日可收數畝。又或謂之腰籠。"

【腰索】
捆埽的繩索。用柔韌綿軟的蒲草、蘆葦或麻紵等纖維

糾成。作埽時縱向密捆於埽身,使其中之薪柴、土石、雜草渾爲一體,待埽入水時不爲水所冲散。《元史·河渠志三》:"又用大索四(或)五爲腰索,轉致河濱,選健丁操管心索,順埽臺立踏,或掛之臺中鐵貓大橛之,以漸縋之下水。"參見"綿腰索"。

【腰硪】

即束腰硪。清麟慶《河工器具圖説》卷二:"腰硪、片硪最輕,高實用之。"

【腰柱】

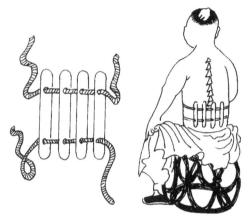

腰柱及用法
錦章書局本《醫宗金鑒》

正骨工具。以繩貫穿的扁形小木柱。用於腰脊骨損傷錯位。《醫宗金鑒·正骨心法》:"腰柱者,以杉木四根,製如扁擔形,寬一寸,厚五分,長短以患處爲度。俱自側面鑽孔,以繩聯貫之。用法釋義:凡腰間閃錯岔氣者,以常法治之。"

【綊】

繩子。《玉篇·糸部》:"綊,音要,綊繩。"

【堯】

原始時代部落聯盟首領。陶唐氏,名放勛,史稱唐堯。傳説對中國古代紡織業發展,作出過重要貢獻。《物原·衣原》:"軒轅妃嫘祖始育蠶緝麻,以興機杼而成布帛,唐堯加以絺苧、木綿、草布、毛繝。"傳説堯的其他發明尚有"堯作銅簪","堯爲玉簶","唐堯作燈檠","唐堯作火爐",等等。

【搖碾】

北方用石製作的一種加工穀物的碾子。明徐光啓《農政全書》卷二三:"玄扈先生曰:江右木作槽輾,山右石作搖輾,皆取機勢,倍勝常輾。"

【銚】

上古時代的一種中耕除草農具。其形制已不可考。可

能與錢、鎛等相類似。一説爲一種除草的大鋤頭。《管子·海王》:"耕者必有一耒一耜一銚。"漢桓寬《鹽鐵論·申韓》:"犀銚利鋤,五穀之利而閒草之害也。"《世本·作篇》:"垂作銚。"

【窯臼】

稱瓷質或陶質之臼。清翁廣平《杵臼經》:"去糠者有杵臼,臼燒土而成,形如盌,實五斗而羸,曰窯臼。"《南潯縣志》:"《農事幼聞》:舂米之器,或用木臼,或用窯臼,而窯臼爲勝。"

陶杵臼　　　　　瓷杵臼
邗江甘泉2號漢墓　　元集寧路遺址

【窯棚】

窯棚
朝記書莊本《景德鎮陶録》

蓋在窯上之竹木棚。清藍浦《景德鎮陶録》卷一:"窯制:長圓形如覆甕,高寬皆丈餘,深長倍之。上罩窯棚,其煙突圓圍高兩丈餘,在窯棚之外。瓷坯既成,裝匣入窯,分行排列,中間疏散以通火路。"

【藥鐺】

金屬製的浥溫藥、煎藥器具。有流水缺口。明李清《三垣筆記·附識·崇禎》:"父嘗病,女禱天請代,煮藥庭中,有青鳥唧一朱實墮藥鐺中,服之即愈。"按,1970年陝西西安南郊出土的兩甕唐代窖藏的文物,其中有素面銀鐺二件,高4厘米,直徑10.5厘米。單流折柄銀鐺一件,高7.8厘米,直徑13.2厘米,柄長18.8厘米。口沿有流,下有三足,并有活頁長柄,柄可摺疊,有箍,能起固定作用。

均與藥物在一起，顯係溫藥用具。參見"藥銚"。

【藥杵】

搗藥工具。能敲捶藥的小棒。《晉書·五行志下》："明年，賈后遣黃門孫慮殺太子，擊以藥杵，聲聞於外，是其應也。"參見"藥杵臼"。

【藥杵臼】

藥杵和藥臼。兩者配套使用。用以搗研藥物。1958年，在長沙五碑1號墓出土的古代醫藥文物中，有西漢銅杵臼一件：臼的口徑8.4厘米、高11.5厘米，杵長20.5厘米。1970年陝西西安南郊出土的兩瓮唐代窖藏文物，其中有玉杵一件，長11.5厘米、寬7.3厘米；瑪瑙臼一件，高4.2厘米、長18.5厘米、寬6.6厘米。兩者正相投合，并有研磨過的痕迹，可見其原爲一套。三國魏曹操《上器物表》："今上四石銅銚四枚，五石銅銚一枚，御物有純銀粉銚一枚，藥杵臼一具"。

【藥刀】

染藥之刀。用於狩獵。明劉玉《已瘧編》："生有搏虎法。見虎則先伏於地，俟其來，即以藥刀刺其喉，虎應手而斃。藥刀九曲五尖，取灊舉山劫律草，搗汁，淬其鋒，虎當之則虎毛腐裂，五喉九結，無不破傷。"

【藥刀】

切藥工具。一邊有刃的扁形器具，木、玉、鐵、銅、金、銀均可製作。明屠隆《考槃餘事·山齋箋》："中設一几，供醫仙；置大板桌一，光面堅厚，可以和藥；石磨一、鐵研、乳鉢各一……藥櫃一，藥厢一，大小藥刀一，葫蘆、瓶、罐，當多蓄以備用。"

【藥銚】

即藥鐺。西安南郊何家村唐代窖藏中發現銀質藥銚五件。雙耳護手銀藥銚一件，高14厘米、直徑28.2厘米；提染銀藥銚四件，高17.1～17.8厘米、直徑12.6～19厘米。皆爲煉丹之用。《藝文類聚》卷七八引南朝陳陰鏗《游始興道館詩》："紫臺高不極，清溪千仞餘。壇邊逢藥銚，洞裏閱仙書。"

銀藥銚
何家村唐代窖藏

【藥碟】

比盤子小的扁而淺的盛藥器具。宋灌圃耐得翁《都城紀勝·四司六局》："香藥局，專掌藥碟、香球、火箱、香餅，聽候索喚諸般奇香及醒酒湯藥之類"。

【藥鼎】

煉丹藥用的鼎。《太平廣記》卷一二四引宋孫光憲《北夢瑣言·韋處士》："臨行，盧送至蠆頤津，韋牧沉藥鼎於江中。"

【藥斗】

量藥之斗。《樂律全書》卷二四"藥斗小樣"："新法考古黍量，便於醫家古方所用斗，方夏尺五八分一釐，深亦如之。""堅木製造，壁厚三分五釐。"

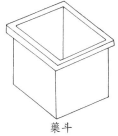

藥斗
四庫全書本《樂律全書》

【藥房】

製藥藏藥處。後世稱藥業經營之所。唐孫思邈《千金翼方·退居》："看地形向背，擇取好處，立一正屋三間，於簷前西間作一格子房以待客。客至引坐，勿令入寢室及見藥房，恐外來者有穢氣，損人壞藥故也。""藥房更造一立櫃，高腳爲之，天陰霧氣，櫃下安少火，若江北則不須火也。一房着藥器，地上安厚板，板上安之。著地土氣恐損。"

【藥蜂鍼】

醫用灸物。取蜂尾刺針配藥而成。趙學敏《本草綱目拾遺·蟲部》"藥蜂鍼"引清方以智《物理小識》："取黃蜂尾鍼，合硫煉，加冰、麝爲藥，置瘡瘍之頭，以火點之，灸瘡上。《本草》未載此法，須先以濕紙覆瘡，先乾者，即瘡頭，灸之。"

【藥合】

量藥之合。《樂律全書》卷二四"藥升藥合小樣"：新法考古黍量，便於醫家古方所用，"合方夏尺一寸二分五釐，深亦如之"。堅木製造，"合厚一分五釐"。

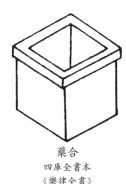

藥合
四庫全書本
《樂律全書》

【藥鼓】

給藥工具。以兩片一寸直徑大小的軟薄熟銅圓片加圈製成鼓狀，邊上插一小銅管，以粗套細，可以伸長二三寸，細管頭斜尖，抄藥；手捏鼓而氣通，即吹入喉中，故名。滿城漢墓出土類似後世的藥鼓，似乎蓋部不能力按產生負壓，把藥粉沖出給藥。清劉濟川《外科心法真驗指掌·用刀門》："此鼓治咽喉吹藥之具，用之甚爲得力"。

西漢藥鼓
滿城1號漢墓

清代藥鼓
中國醫史博物館

【藥罐子】

用於製藥、盛藥或治療疾病的罐狀器具。1974 年江蘇江陰縣明代醫生夏顴墓中曾出土兩隻盛藥的罐子和一隻熏蒸用藥罐。其中熏蒸用藥罐爲瓷質，有冰裂紋、形同酒瓮，高 8.3 厘米、腹腔直徑 8.2 厘米、罐口直徑 4 厘米。罐口四周有小孔四，徑約 1 厘米。宋趙佶等《聖濟總錄·補益門》：“金液丹方，硫黃、石龍芮，水鼈草、黃土，右固濟藥罐子，均厚半寸，置平地，以瓦覆罐口，四面炭五斤擁定，以熟火一斤自上燃之。候藥罐九分赤，口縫有碧焰，即退火，以閩灰三斗覆至冷，剖罐取藥。”

【藥櫃】

藏藥用的櫃子。通常爲長方形。潮濕地區常製成高腳，下可置火以驅潮。明屠隆《考槃餘事·山齋箋》：“中設一几，供醫仙；置大板桌一，光面堅厚，可以和藥；石磨一，鐵研、乳鉢各一，堅筒一，椿臼一，大中小篩各一，棕帚一，淨布一，銅鑷一，火扇一，火鉗一，盤秤一，藥櫃一，藥厢一，大小藥刀一，葫蘆、瓶、罐，當多蓄以備用。”

【藥壺盧】

貯藥的葫蘆。多爲細腰形。明李時珍《本草綱目·菜三·壺盧》：“蒲蘆，今之藥壺盧是也。”

【藥笈】

藏藥的小箱子。多用竹、藤編製。《新五代史·伶官傳》：“莊宗乃爲劉叟衣服，自負蓍囊藥笈。”

【藥臼】

搗藥用的臼。藥臼有些用貴重材料製成，如金銀、玉、瑪瑙等。唐蘇鶚《杜陽雜編》卷下：“以金銀爲井欄、藥臼、食櫃、水槽、釜、鐺、盆、甕之屬。”清張岱《夜航船·天文部·秋》：“漢張陵在富川山修道，晉永和九年九月九日，登白霞山飛升。惟遺丹竈、藥臼於山下。”參見“藥杵臼”。

瑪瑙藥臼
何家村唐代窖藏

【藥籃】

有提梁的盛藥器具。明屠隆《考槃餘事·游具箋》：“藥籃，即水火籃也。有以二匭瓢爲之，有遠紅漆者，上開一蓋，放丹爐一個，内實應驗藥、膏藥，以便隨處濟人。”

【藥爐】

同“藥鑪”。晉干寶《搜神記》：“上有藥爐，童子在上。”

【藥鑪】

同“藥鑪”。宋陸游《共語》詩：“黃金已作飛烟去，痴漢終身守藥鑪。”

【藥鑪】

煉鑪丹藥的爐子。唐孫思邈《千金翼方·退居》：“於正屋後三十步外，立屋兩間，椽梁長壯，柱高間闊，以安藥鑪，更以籬院隔之。外人不可至也。”

【藥羅】

篩藥工具。用竹、木等爲框，以有小孔的織物或金屬網等爲底。用於分離大小不同的藥物顆粒。《西遊記》第六九回：“醫官聽命，即將八百八味，每味三斤，及藥碾、藥磨、藥羅、藥乳并乳鉢，乳槌之類，都送至館中，一一交付收訖。”

【藥磨】

磨碎藥物的工具。《西遊記》第六九回：“醫官聽命，即將八百八味，每味三斤，及藥碾、藥磨、藥羅、藥乳并乳鉢、乳槌之類，都送至館中，一一交付收訖。”

【藥囊】

盛藥的袋狀用具。《史記·刺客列傳》：“是時侍醫夏無且以其所奉藥囊提荊軻也。”明李時珍《本草綱目·果三·檳榔》：“朱晦庵《檳榔詩》云：憶昔南游日，初嘗面發紅。藥囊知有用，茗盌詎能同？蠲疾收殊效，修真録異功。三彭如不避，糜爛七非中。”清趙學敏《串雅内編·緒論》：“手所持之藥囊，曰無且囊。”

【藥硾】

同“藥碾”。清劉沅《槐軒雜著》卷二：“以器名者，則有茶硾、藥硾，脱粟者曰磨、硾。”

【藥碾】

中醫碾碎藥物用的工具。通常由鐵質碾槽和帶軸柄的輪狀碾盤組成。將藥物放入碾槽，手按碾盤在槽中滾動，把藥物碾碎或碾細。河北石家莊北張里村唐墓出土一件漢白玉碾。碾槽平面長方形，長 26.3 厘米、寬 5.5 厘米、高 2.7 厘米，最大深度3.5 厘米。碾槽上端三面開出燕尾槽，以供碾蓋推進拉出。碾盤長 23 厘米、寬 5.5 厘米、高 2.4 厘米，正

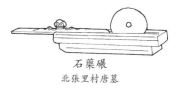

石藥碾
北張里村唐墓

背兩面均雕壺門圖
案。碾蓋中間立雕雲
頭鈕。碾輪直徑 9 厘
米，中央微鼓，中心有
圓孔，供穿軸。墓中
有中草藥一束，可知
此爲藥碾。浙江寧波
唐宋遺址中發現了石
質和瓷質藥碾多件。

藥碾
明萬曆年刊《三才圖會》

《西遊記》第六九回：
"醫官聽命，即將八百
八味，每味三斤，及藥
碾、藥磨、藥羅、藥乳
并乳鉢、乳槌之類，都
送至館中，一一交付
收訖。"明王圻《三才
圖會・器用十二》：
"藥碾，即後漢崔亮作

藥碾與藥爐
明崇禎年刊《畫中人》

石碾之遺意，後人名
之爲金法曹，贊曰：柔
亦不茹，剛亦不吐，圓機運用，一皆有法。使强梗者不得
殊軌亂轍，豈不韙與。"

【藥瓢】
　　抄藥用瓢。唐皎然《答韋山人隱起龍文藥瓢歌》："野人
藥瓢天下絕，全如渾金割如月。彪炳文章智使然，生成在
我不在天。若言有物不由物，何意中虛道性全。韋生能
詩兼好異，獲此靈瓢遠相遺。"明焦竑《玉堂叢語》卷七：
"見其以藥瓢貯各色菜子，懸之梁棟間，不下數十種。"參
見"隱起龍文藥瓢"、"苦瓢"。

【藥篋】
　　藏藥的小箱子。多用竹、藤編製。唐蘇鶚《杜陽雜編》
卷中："注又嘗置藥篋，藥化爲青蠅萬數飛去，注頗惡之，
數日不視事，未踰月而誅焉。"

【藥升】
　　量藥之升。《武威漢代醫簡》八
九甲："百病膏藥方：蜀椒四升、弓
窮一升、白茝一升、付子卅果。凡
四物，父且漬以淳醯三升。"可知
漢代已用藥升。唐孫思邈《備急
千金要方・序例》："藥升方作，上
徑一寸，下徑六分，深八分。內散
藥勿按抑之，正爾，微動，令平調
耳。"《樂律全書》卷二四"藥升藥
合小樣"：醫家古方所用，"升方夏尺二寸七分，深亦如
之"。堅木製造，"厚二分五釐"。

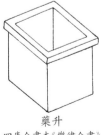

藥升
四庫全書本《樂律全書》

【藥室】
　　製藥之室。明高濂《遵生八牋》卷七："藥室用靜屋一
間，不聞雞犬之處。中設供案一，以供先聖藥王。分置
大板卓一，光面堅厚，可以和藥，大鐵碾一，石磨一，小碾
一，乳鉢大小二口，筒一，用以搗珠末不飛。椿臼一，大
小中稀篩各一，大小密絹篩各一，棕掃箒一，淨布一，銅
鑷一，火扇一，火鈴一，大小盤秤各一，藥櫃一，藥厢一，
葫蘆、瓶、礶，此藥家取用無算，當多蓄以備用。凡在藥
物所需，俱當置之。藥室平時密鎖以杜不虞，此又君子
所先。"

【藥筒】
　　即吸毒竹筒。因使用前先和藥煮沸，故名。明陳實功
《外科正宗》："如瘡半月後仍不腐潰，不作膿者，毒必內
陷，急用披針品字樣當原頂寸許點開三孔，隨瘡之深淺一
寸二寸，皆可入之，入針不痛，再深入不妨。隨將藥筒預
先煮熱，對孔竅合之良久，候溫取下。"

【藥厢】
　　裝藥的箱子。參見"藥櫃"。

【藥箱】
　　同"藥厢"。《醒世恒言・劉小官雌雄兄弟》："家人背着
藥箱，隨在後面，到門首下了。"

【藥竈】
　　磚土壘的煉丹藥的爐子。《醒世恒言・杜子春三入長
安》："子春舉目看時，只見中間一所大堂，堂中一座藥竈，
玉女九人環竈而立，青龍、白虎分開左右。"

【藥鐯】
　　切藥材的鐯刀。《醒世姻緣傳》第六七回："把一個藥
箱，拿起那壓藥鐯的石獅子來一頓砸的稀爛，將一把藥鐯
在門檻底下別成兩截。"

【藥煮吸筒】
　　即吸毒竹筒。因用前和藥煮沸，故名。明趙宜真《秘傳
外科方・總論》："有膿者，用此藥點破，令膿即出。如出
不盡，用藥煮吸筒拔出其膿毒水血，即便愈矣。"

ye

【夜天池】
　　呂才漏刻中第一級漏匱名。《六經圖定本・詩經》引宋楊
甲《六經圖》："有四匱，一夜天池"，"以四匱注水始自夜天池"。

【夜天壺】
　　清代漏刻中的第二級播水壺。位於日天壺之下，平水

壺之上。清乾隆十一年(1764)製的交泰殿漏刻及嘉慶四年(1799)製的皇極殿漏刻均屬此類型。清《天文儀器圖》:"播水壺三,形方……次曰夜天壺。"

【葉篩】

飼小蠶時所用的竹製小篩。清衛杰《蠶桑萃編》卷三:"葉篩,飼蠶布葉篩也。蠶小時,以手撒葉,未免厚薄不均,壓傷小蟻,用竹編小篩,徑五六寸,孔如胡椒大,將葉細切置篩內,勻篩勿遇厚,蠶食均勻,自然眠起皆齊。"

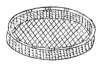

葉篩
清刊本《蠶桑萃編》

yi

【一腳耬】

即獨腳耬。《齊民要術・耕田》:"一日纔種二十五畝,其懸絕如此。"原注:"兩腳耬種壠概亦不如一腳耬之得中也。"

【一行】

(683 或 673—727)唐代傑出天文學家。俗姓張名遂,魏州昌樂(今河南南樂)人。自幼學習天文曆象和陰陽五行。武則天稱帝時出家為僧,名一行。玄宗開元五年(717)召回長安,主持修曆。為精確觀測天象,領導梁令瓚製造黃道游儀和水運儀象。黃道游儀的特點是在赤道環上每隔一度打一孔,使黃道環能隨着歲差的影響,不斷沿赤道推行,固定在新的洞孔位置上。水運儀象應用漏水帶動,能演示天球和日月的運動,還有兩木人按刻擊鼓,按辰打鐘。該兩儀均於開元十一年(723)製成。他主持全國天文大地測量,測得子午綫每度的長度,為世界首次子午綫實測。他重新測定 150 多顆恒星位置。編製《大衍曆》。著有《開元大衍曆》、《七政長曆》、《易論》、《心機算術》、《宿曜儀軌》、《七曜呈辰別行法》、《北斗七星護摩法》等。國際天文學聯合會批准將一顆小行星以"一行"命名。

【伊尹】

商初大臣,名阿衡,一作摯。尹為官名。傳說為桔橰的發明者。明羅頎《物原・器原》:"伊尹始作桔橰。"傳說伊尹還作有鏵。清汪汲《事物原會》卷二三:"《說文》,鏵,兩刃鍤也。伊尹興土地,修腳者使之蹑鏵。老農云:開墾土地,宜用鑱,翻轉土地,宜用鏵。"

【夷】

一種鋤類農具。《管子・小匡》:"惡金以鑄斤、斧、鉏、夷、鋸、欘,試諸木土。"《國語・齊語》:"惡金以鑄鉏、夷、斤、斸。"韋昭注:"夷,平也。夷所以削草平地。"

【刈】

即鐮刀。《國語・齊語》:"時雨既至,挾其槍、刈、耨、鎛,以旦暮從事於田野。"韋昭注:"刈,鐮也。"南朝宋何承天《纂文》:"江湖以銍為刈也。"清萬荃《事物異名錄・耕織部・鐮》:"《正字通》:刈,禾鐮,曰刈鉤,亦曰銔,曰鍥。"

【刈刀】

收割麻的刀具。似鐮,有單刃和兩刃者。元王禎《農書》卷二二:"刈刀,穫麻刃也。或作兩刃,但用鐮柯,旋插其刃,俯身控刈,取其平穩便易。"

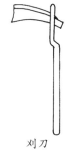

刈刀
明永樂大典本《農書》

【刈鉤】

即刉鐮。《方言》第五:"刈鉤,江淮陳楚之間謂之鉊,或謂之鑯。自關而西或謂之鉤,或謂之鐮。"元王禎《農書》卷十四:"艾,穫器,今之刉鐮也。《方言》刈鉤。"

【刈刉】

同"刈鉤"。《方言》第五:"刈鉤,江淮陳楚之間謂之鉊。"清錢繹箋疏:"鑯,《廣雅》作劖。《玉篇》鑯、劖,皆云刈刉也。劖與鑯,聲義并同。"

【艾】

即刉鐮。《呂氏春秋・上農》:"不舉銔艾,數奪民時,大饑乃來。"元王禎《農書》卷十四:"艾,穫器,今之刉鐮也。《方言》:刈鉤,江淮陳楚之間,謂之鉊,或謂之鍋,自關而西,或謂之鉤,或謂之鐮。"

【杙】

一段短木,一頭或兩頭尖銳。用以掘土,也用作木樁以繫物。明徐光啓《農政全書》卷四二:"作熟餅用圓鐵範,令徑五寸,厚一寸五分,於平板上令壯土熟踏之,以杙刺作孔淨掃。"清麟慶《河工器具圖說》卷三:"橜,《說文》杙也。"《爾雅・釋宮》:"枳謂之杙。注:橜也,蓋直一段之木也。"

【椛】

即耬。《說文・木部》:"椛,種樓也。"段玉裁注:"種者,今之種字;樓者,今之耬字。《廣韻》曰:'耬,種具也。'今北方謂所以耩者曰耬。耕者,種也。"

【翳】

蔽身用具。用以自隱以射獵。《禮記・月令》:"〔季春之月〕田獵罝罘、羅罔畢翳、餧獸之藥,毋出九門。"鄭玄注:"翳,射者所以自隱也。"

yin

【陰溝】

行水的地下暗渠。元王禎《農書》卷十八：“陰溝，行水暗渠也。凡水陸之地，如遇高阜形勢，或隔田園聚落，不能相通，當於川岸之傍，或溪流之曲，穿地成穴，以磚石爲圈，引水而至。”

陰溝
明永樂大典本《農書》

【陰室】

晾乾漆器的空間。陰室視漆器大小而選擇室內棚子或木箱，要保持漆器工藝的濕度和溫度，一塵不染。明黄大成《髹飾録》乾集：“津横，即陰室中之棧。”

【陰緯單環】

黄道游儀外層環組中的地平環。與子午環連結，固定于支架上。《舊唐書·天文志上》：“黄道游儀規尺寸”，“陰緯單環”，“與陽經相銜各半，內外俱齊。面平，上爲天，以下爲地”，“面上爲兩界，內外爲周天百刻”。

【陰緯環】

元郭守敬發明的簡儀中地平經緯儀的水平環。置於儀器底部，環周刻方位分割。其中心與立運環的下端圓周相切。《元史·天文志一》：“陰緯環，面刻方位，取趺面縱横軼北十字爲中心，卧置之。”

【銀刀】

銀製的刀。切食品用。《鏡花緣》第三六回：“國中所用，大約竹刀居多，惟當家間用銀刀，亦甚希罕。”

【銀砝碼】

銀質的砝碼。清周壽昌《思益堂日札》卷四：和珅籍没，有“銀砝碼八十個”。

【銀管】

銀製的管子。明李時珍《本草綱目·獸二·鹿》：飲鹿血，“以銀管長三寸，插向鼻梁。坐定，咂其血，飲藥酒數杯；再咂再飲，以醉爲度”。

【銀箭】

銀製的刻箭。明朱鼎《玉鏡臺記·蘇獄》：“銀箭銅壺宵漏水。羅衣不耐五更寒。”

【銀模子】

壓製糧食製品，使之成各種形狀的銀質模具。《紅樓夢》第三五回：“原來是個山匣子，裏面裝着四副銀模子，都有一尺多長，一寸見方。上面鏨着豆子大小，也有菊花的、也有梅花的，也有蓮蓬的，也有菱角的；共有三四十樣，打的十分精巧。”“不知弄什么麥麵出來，借點荷葉的清香，全仗着好湯。”

【銀托子】

銀製的托子。性用品。《金瓶梅》第四回：“根下猶帶着銀打就，藥煮成的銀托子。”又第三十八回：“然後將銀托子束其根。”

【銀眼龍】

鉛皮或塗銀的眼罩。吐魯番發現過塗銀眼龍。阿斯塔那高昌延和十八年(619)《張師兒隨葬衣物疏》(86TAM386：19)記有：“龍冠一枚、面衣具、汗衫一枚、紫褶具、玉豚一枚手把具、雞鳴枕一枚、腳只具、銀眼龍一枚，取把具。”

【銀紮鈎】

銀質小鈎。《初刻拍案驚奇》第八回：“祇見那人向衣袖取出一對小小的銀扎鈎來，掛在兩耳，將須毛分開紮起，拔刀切肉，恣其飲啖。”

【銀則子】

即銀砝碼。《義府·衽》引明徐渭曰：“衽形如今之銀則子。”原注：“俗呼法馬，作餅定樣。”

【銀針】

銀質醫用針。各類針具皆有銀製作者。長沙侯家塘1號墓出土戰國銀針一枚，長9.9厘米，重3.1克。河北滿城陵山1號漢墓出土銀醫用針五枚，皆殘斷。其中有圓針、鋒針等。殘長分別爲6.8厘米、5.4厘米不等。清劉濟川《外科心法真驗指掌·用刀門》：“此銀針遇毒疔等症，急宜用此針刺破，或膿、或血，放出即愈。”

銀針
清刊《外科心法真驗指掌》

銀針
長沙侯家塘1號墓出土戰國

【銀裝刀子】

銀飾之刀。唐圓仁《入唐求法巡禮行記》卷一：“十六日，作啓謝相公到寺慰問，兼贈少物：水精念珠兩串、銀裝刀子六柄、斑筆廿管、螺子三口。”

【淫器】

性工具泛稱。至晚西漢已出現角先生，明代中葉從南亞傳入一些新的工具，包括緬鈴、托子等，男用、女用皆有。《金瓶梅》第三八回："家中袖了一個錦包兒來，打開，裏面銀托子、相思套、硫黃圈、藥煮的白綾帶子、懸玉環、封臍膏、勉鈴，一弄兒淫器。"

【引重】

一種牽挽重物的機械。明湯若望、焦勖《火攻挈要》卷中："運銃上臺，先於臺下挨邊之際，設立起重一架，又挨邊安設直引重一具，臺後安設橫引重一具。"

【飲水馬槽】

專供馬匹飲水的槽子。《兒女英雄傳》第四回："門前搭着一路罩棚，棚下擺着走路條凳，棚口邊安着飲水馬槽。"

【隱括】

同"檃栝"。《韓非子·顯學》："自直之箭，自圓之木，百世無有。然而世皆乘車射禽者，何也？隱括之道用也。雖有不恃隱括而有自直之箭，自圓之木，良工弗貴也。"

【檃栝】

矯正箭竿彎曲，使之變直之具。始於新石器時代，後用金屬製作，上面開有凹槽。在西安尤家莊、張家堡、龍首原漢墓發現了檃栝明器，小於實用器。《荀子·性惡》："故枸木必將待檃栝，烝，矯然後直。鈍金必將待礱厲然後利。"楊倞注："檃栝正曲木之木也烝謂烝之使柔矯謂矯之使直也。"

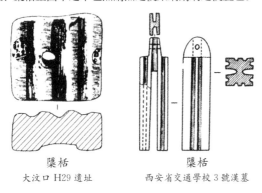

檃栝　　　　　　　　檃栝
大汶口 H29 遺址　　西安省交通學校 3 號漢墓

【印板】

印刷用的底板。初多爲梨木、棗木等雕刻而成。先按書面大小把木板鋸成塊，再在木板上刻出凸起的陽文反字或圖案。印刷時，把墨粘在印板上面文字或圖案的綫條上；然後鋪上紙，用棕刷在紙上刷印，揭開便成。亦有以金屬製成的印板。中國用印板印刷大約開始於隋代，至唐代逐漸盛行，至宋代臻於完善。由於雕刻印板費時費力，且不經濟，北宋慶曆年間畢升發明了活字印刷，印板遂逐漸被淘汰。宋王溥《五代會要·經籍》："後唐長興三年二月，中書門下奏請依石經文字刻《九經》印板。"《朱子語類》卷二七："我只是一個印板印將去，千部萬部雖多，只是一個印板。"《二刻拍案驚奇》卷二二："賣契刻了印板，這些小見識的，必然笑我。"清李漁《無聲戲》第三回："只見並排立着一個借債的人，面貌身材，與他一樣，竟像一副印板印下來的。"

清《粟香二筆》木印版
江陰博物館

【印板】

即印脫。造墨使用的模範。清唐秉鈞《文房肆考圖說·古硯考下·滌硯法》："凡造印墨錠，匠手印板俱用油抹，始不沾污。"

【印版】

同"印板"。《無聲戲》第四回："只見並排立著一個借債的人，面貌身材，與他一樣，竟象一幅印版印下來。"

【印架】

軸經整經、漿紗中的捲經架。明宋應星《天工開物·乃服·經具》："度數既足，將印架捆捲。既捆，中以交竹二度，一上一下間絲。然後扱於筬內。報筬之後，以的槕與印架相望，登開五七丈。或過糊者，就此漿糊，或不過糊，就此捲於的槕，穿綜就織。"過糊就是漿經或稱漿紗。軸

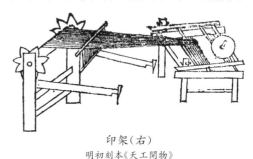

印架（右）
明初刻本《天工開物》

經漿紗時，先將整經後的經軒，安置於印架上，用重物壓住，經絲展開成片狀，約五七丈距離，并和經軸連接起來，用筘疏通，使經絲片排列均勻整齊，經絲在緊張狀態下過糊。又《過糊》："糊漿承於筘上，推移染透，推移就乾。天氣晴明，頃刻而燥。陰天必借風力之吹也。"經絲過糊乾燥後，卸去印架重物，轉動的槕捲經，印架上的經軒逐漸退出經絲五七丈的長度，再於架上壓上重物，以保持經絲片的張力，依此反覆上漿，直至上漿完畢，捲好經軸爲止。

【印盆】

印刷中用來承放所排字模的木底板。其稍寬於書頁，四周有欄，右邊空，排滿字後，右邊安置界欄，以木榍榍牢，然後修理界行內的字，使字體平穩，便可上墨印刷。

元王禎《農書》卷二二："今又有巧便之法，造板木作印盔，削竹片爲行，雕板木爲字。用小細鋸鎪開，各作一字，用小刀四面修之，比試大小高低一同，然後排字作行。削成竹片夾之。盔字既滿，用木楑楑之，使堅牢，字皆不動，然後用墨刷印之。""作盔安字刷印法。用平直乾板一片，量書面大小，四圍作欄，右邊空。候擺滿盔面，右邊安置界欄，以木楑楑之。界行内字樣須要個個修理平正。先用刀削下諸樣小竹片，以別器盛貯，如有低邪，隨字形襯觡揤之，至字體平穩，然後刷印之。"

【印桶】
　　驗工器具。放印色之木桶。清麟慶《河工器具圖説》卷二："印桶以木爲之，身淺梁高，内貯薄蒜灰土桐油，以便臨工查收蓋印記識。即遇雨水，不致滌去。"

印桶
清嘉慶年刊
《河工器具圖説》

【印脱】
　　即墨脱。參見"搏板"。

ying

【鷹嘴鉗】
　　首端成弧形的鐵鉗。用來夾持圓物。明宋應星《天工開物·冶鑄》："其木匡上弦原留入銅眼孔，鑄工用鷹嘴鉗，洪爐提出熔罐，一人以別鉗扶抬罐底相助，逐一傾入孔中。"

鷹嘴鉗
明初刊本《天工開物》

【纓】
　　繩索。唐魏徵《述懷》詩："請纓繫南粵，憑軾下東藩。"參見"長纓"。

【營造尺】
　　即工部營造尺。明朱載堉《樂律全書》卷二二："營造尺與鈔黑邊外齊。""營造尺即是商湯之尺。"

【景表尺】
　　即圭表。宋王應麟《玉海》卷八："司天監景表尺比晉前尺長六分三釐，與晉後尺同，與宋氏鐵尺、樂尺、渾儀尺、後周鐵尺并同。"明徐光啓《農政全書》卷四："唐有張文收律尺，有景表尺。"

【景符】
　　測量日影長度的儀器。元郭守敬發明。儀器應用小孔成像原理，解決了高表測日時因表高日影虛弱的缺陷，使日影清晰能精確量度。其主要部件是一塊放置在圭面上的薄銅皮。由疊軸把它連接在一銅框上，以一小桿支撐，可調節其傾斜度。銅皮中心開一針孔。工作時將銅皮正對陽光，在圭面上南北移動。當小孔、高表橫梁、日面中心三者位於一直綫上時，在圭面上可看到一個太陽針孔像，中間還有一條清晰的橫梁影像，當梁影平分太陽像時，即可在圭面上精確量度日影長度。《元史·天文志一》："景符之制，以銅葉，博二寸，長加博之二，中穿一竅，若針芥然。""竅達日光，僅如米許，隱然見橫梁於其中。"

【影表尺】
　　同"景表尺"。《宋史·律曆志四》："有司天監影表尺，比晉前尺長六分三釐，同晉後尺。"

yong

【雍父】
　　傳説中的黃帝之臣。爲舂和杵臼的發明者。《世本·作篇》："雍父作舂"，"雍父作杵臼"。

【擁杷】
　　一種木製的無齒杷，狀如丁字。用於平土、整理隄塘。清麟慶《河工器具圖説》卷一："杷，平田器。大都鐵爲多，竹次之，木則罕見。木而無齒，則莫如擁杷，是前漢高紀太公擁彗擁持也。擁杷，形如丁字，用以平隄，亦猶擁彗云爾。"

擁杷
清嘉慶年刊
《河工器具圖説》

【甬】
　　量器名。即桶。《禮記·月令》："日夜分，則同度量，鈞衡石，角斗甬，正權概。"鄭玄注："甬，今斛也。"《吕氏春秋·仲秋》："正鈞石，齊斗甬。"高誘注："斗、甬，皆量器也。"

you

【櫌】
　　碎土農具。一説爲鉏柄。《史記·秦始皇本紀》："然陳涉以戍卒散亂之衆數百，奮臂大呼，不用弓戟之兵，鉏櫌白挺，望屋而食，橫行天下。"裴駰集解："徐廣曰：櫌，田器，音憂。"司馬貞索隱："徐以櫌爲田器，非也。孟康以櫌爲鉏柄，蓋得其近也。"明徐光啓《農政全書》卷二一："櫌，椎塊器。《説文》云：櫌，摩田器。晉灼曰：櫌，椎塊椎也。《吕氏春秋》曰：鉏櫌白挺，櫌，椎也。《管子》云:一農之事,必有一銍一椎,然後成爲農。今田家所製無齒杷,首如木椎,柄長四尺,可以平田疇,擊塊壤,又謂木斫,即此櫌也。"

【櫌】

同"櫌"。《漢書·陳勝項籍傳》:"鉏櫌棘矜,不敵於鈎戟長鎩。"顏師古注:"服虔曰:'櫌,鉏柄也;以鉏柄及棘作矛瑾也。'服說非也。櫌,摩田器也。棘,戟也。矜與瑾同,瑾謂矛錠之杷也。"元王禎《農書》卷十二:"櫌,槌塊器。《說文》云:櫌,摩田器。從木憂聲。晉灼曰:櫌,椎塊椎也。《呂氏春秋》曰:鉏櫌白挺,櫌,椎也。""今田家所製無齒杷,首如木椎,柄長四尺,可以平田疇,擊塊壤,又謂木斫,即此櫌也。"

【櫌鉏】

櫌與鉏。一說爲一種曲項鉏名。櫌爲鉏柄。《漢書·賈誼傳》:"借父櫌鉏,慮有德色。"顏師古注:"櫌,摩田器也。言以櫌及鉏借與其父,而容色自矜爲恩德也。櫌音憂。"元王禎《農書》卷十三:"櫌鉏,古云斫斸,一名定,櫌爲鉏柄也。賈誼云:秦人借父櫌鉏,即此也。""其刃如半月,比禾壠稍狹,上有短銎,以受鉏鈎,鈎如鵝頂,下帶深袴,以受木柄,鈎長二尺五寸,柄亦如之。"

櫌鉏
明永樂大典本《農書》

【櫌鉏】

同"櫌鉏"。元王禎《農書》卷十三:"王荊公詩云:煅金以爲曲,揉木以爲直。直曲相後先,心手始兩得。秦人望屋食,以此當金草。君勿易櫌鉏,櫌鉏勝鋒鏑。"

【游動地平公晷儀】

清製袖珍式測日定時刻的儀器。置於萬向水平環架上,

游動地平公晷儀
四庫全書本《皇朝禮器圖式》

供船上使用。清《皇朝禮器圖式》卷三:"本朝製游動地平公晷儀,鑄銅爲之。""內游環三層,繫日晷、地平盤於三層環內。""爲舟行測驗之器"。

【油車】

榨油之機械。明陸容《菽園雜記》卷十:"至於沛油者曰油車,梳工製梳,骨角工製簪,亦皆曰車。"

【油狄】

即油榨。《金史·食貨志二》:"本路戶民安水磨、油狄,所占步數在私地有稅,官地則有租。"

【油灰碾】

一種專用於碾油灰的碾子。其結構與一般碾穀碾子不

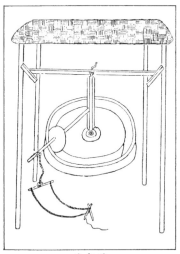

油灰碾
清嘉慶年刊《河工器具圖說》

同。清麟慶《河工器具圖說》卷二載有"油灰碾"一圖,介紹其結構爲:"石碾周圍砌成石槽。碾盤中央安置碾心木,上下有軸,上置碾擔,下置碾臍。槽內用石碾砣,形如錢。中安木柄,一頭接碾心木,一頭駕牛,俾資旋轉。貯細石灰、淨桐油於槽內,務使油灰成膠爲度。"

【油漆棲纜】

外塗桐油的棲纜。可水浸不腐。明馬生龍《鳳凰臺記事》:"洪武初以造海運及防倭戰船所用油漆棲纜,悉出於民,爲費甚重。乃營三園於鍾山之陽,植棲漆桐樹各千萬株,以備用,而省民供焉。"

【油提】

汲油用的釣升。參見"錫油提"。

【油綾】

醫療用綾。經油浸潤滑的手術縫綾,用時可減少抽痛。《水滸傳》第一百十回:"醫人華陀道:'若要此疾毒消,割

開皮肉,去骨三分,除卻箭毒,卻用油綫縫攏,外用敷藥貼了,内用長托之劑,不過半月,可以平復如初。'"

【油榨】

榨油用具。其制有二:一種是橫榨,稱卧槽。用四根周長五尺、長一丈多的長方形大木疊在地上,四周圍木作槽,下鋪厚木板作底盤,盤上鑿出小溝,小溝與槽口相連,油由此注入盛器内。油料經炒、碾、蒸以後,放入槽内,上下各裹少許草;上竪柞撒,以木板夾緊,再從上面用木椎、石碓或鐵錘敲擊柞撒,以榨出油來。另一種是立槽,亦稱南方榨。用一根兩臂抱圍粗的樟木,挖空其中間部分,再在中空部分鑿開一條約長三四尺,寬三四寸的平槽,用彎鑿削圓,然後在下沿鑿一個小孔,削一條小槽,使榨出的

油榨
明永樂大典本《農書》

油由此流入盛器中。油料經炒、碾、蒸以後,放入中空部分,從旁邊用椎敲擊柞撒,或從上面用壓樑擠壓,使油從槽口流出。元王禎《農書》卷十六:"油榨,取油具也。用堅大四木,各圍可五尺,長可丈餘,疊作卧枋於地;其上作槽,其下用厚板嵌作底槃,槃上圓鑿小溝,下通槽口,以備注油於器。凡欲造油,先用大釜炒芝麻,既熟,即用碓舂成輾碾令爛,上甑蒸過。理草爲衣,貯之圈内,累積在槽,橫用枋楻相拶,復竪插長楔,高處舉碓或椎擊,撇之極緊,則油從槽出。此橫榨,謂之'卧槽';立木爲之者,謂之'立槽',傍用擊楔,或上用壓樑,得油甚速。"

【游規】

宋韓顯符製銅候儀的可旋轉赤經環。能繞其外固定子午環上兩點處的軸孔而旋轉。《宋史·天文志一》:"二曰游規,徑五尺二寸,圍一丈五尺六寸,廣一寸二分,厚四分,上亦,刻周天,以釘貫於雙規巔軸之上,令得左右運轉。"

【游箭】

即衡。渾儀等天文觀測儀器中的瞄準管。《宋史·天文志一》:"又次曰四游,南北爲天樞,中爲游箭可以升降游轉,別爲月道,傍列二百四十九交以攜月游。"

【有巢氏】

原始時代部族首領。簡稱"有巢"。傳說始教民食果,以獸皮製衣,爲巢居的發明者。明羅頎《物原·地原》:"有巢始爲巢穴。""有巢始教民食果。""有巢始衣皮。"

【游覽遠鏡】

即覽遠鏡。清鄭復光《鏡鏡詅癡》卷五:"作游覽鏡外用淺凸,與觀像鏡同,或一淺凸,或一深凸與一凹并而爲一,均可。内用深凸;自三面至五六面均可;或同深,或稍深淺亦均可。""游覽遠鏡外凸之徑則不妨小,故廣(州)製有用殘片爲外鏡者。"

yu

【淤田】

江邊河曲利用含泥量較高的潮水的澄淤作用而造成的農田。元王禎《農書》卷十一:"又中土大河之側,及淮灣水匯之地,與所在陂澤之曲,凡潢汙洄互,壅積泥滓,水退皆成淤灘,亦可種藝。秋後泥乾地裂,布撒麥種於上,此所謂淤田之效也。"

【紆】

繩索。《廣雅·釋詁六》:"紆,索也。"

【於則】

傳說黃帝時人。麻鞋的發明者。《世本·作篇》:"於則作扉履。"宋衷注:"於則,黃帝臣也,草履曰扉,麻皮曰履。"《太平御覽》卷六九七有相同記載。

【魚叉】

用骨或鐵製成的刺魚具。早在新石器時代就有了骨魚叉。如陝西西安半坡遺址曾出土一件骨魚叉,尖頭,頭上有兩根倒刺,以防刺中之魚掙脫逃跑;身上有凹槽,凹槽内

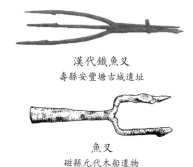

漢代鐵魚叉
壽縣安豐塘古城遺址

魚叉
磁縣元代木船遺物

魚叉
明萬曆年刊《三才圖會》

魚叉
璧圖本《吳友如畫寶》

可繫繩,便於投擲射魚後回收魚叉。鐵質魚叉頭上有兩個或兩個以上的長齒,尖而鋒利;下部則有竹竿或木棍作柄。亦可用作兵器。《文選·潘岳〈西征賦〉》"灑鈎投網,垂餌出入,挺叉來往",唐李善注:"叉,取魚叉也。"宋陸游《老學庵筆記》卷一:"鼎澧群盜如鍾相、楊么,戰船有車船、有槳船、有海鰍頭;軍器有拏子、有魚叉、有木老鴉、拏子。魚叉以竹竿為柄,長二三丈,短兵所不能敵。"明袁宏道《散木和前詩仍用韻答》:"小雨潤苔枯,魚叉集曉湖。"

【魚刀】

雙面薄刃尖刀。明陶宗儀《輟耕錄·中書鬼案》:"脫下沿身衣服,用原帶魚刀,將其額皮割開,扯下懸蓋眼膽,及將頭髮割下一縷,用紙人并五色綵帛絨綫結成一塊,如人形樣。"

【魚艓】

一種小型漁船。清張岱《陶庵夢憶·品山堂魚宕》:"魚艓千餘艘,鱗次櫛比,罳者夾之,眾者扣之。"

【魚簾】

即滬。立栅捕魚設置。明張内蘊、周大韶《三吳水考》卷八引宋郟亶《水利書》:"意或便於行路,則壩塞河口;或惰於巡防,則密置樁橛;此又不止於橋柱之阻水也。刿以茭菱、魚簾等物障遏妨害農功。"

【魚鈎】

鈎,同"鈎"。釣具主要部件。以骨、角磨成或青銅、鐵、各種合金製成。形狀彎曲。鈎頭上有倒刺,以掛刺住魚類,使不得脱鈎而逃。釣鈎繫於釣絲之下,以承魚餌。按所釣魚類不同,所用釣鈎有單鈎、多鈎及有餌、無餌(空鈎)之分。我國早在新石器時代就已經使用骨魚鈎,各地出土較多,如陝西西安半坡遺址出土骨魚鈎,分頭上有倒刺及無倒刺兩種。《廣雅·釋器》:"鈎,鈎也。"清王念孫疏證:"鈎,謂魚鈎也。"

新石器時代骨魚鈎
偃師龍山文化遺址

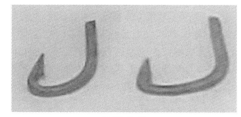

西周魚鈎
臨淄齊文化博物館

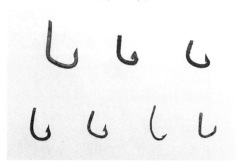

戰國銅魚鈎和鐵魚鈎
紹興越城區迪蕩城建出土

遼大鐵魚鈎
法庫葉茂臺 14 號墓

【魚笱】

即笱。宋陸游《初寒》:"小女收魚笱,童兒放鴨欄。"宋程大昌《演繁露·筌蹄笱》:"筌者,魚笱也。"

【魚笱子】

即魚笱。清高靜亭《正音撮要·竹器》:"魚笱子,魚擭。"

【魚扈】

即滬。《太平廣記》卷四六七引宋徐鉉《稽神録·海上人》:"近有海上人於魚扈中得一物。"

【魚滬】

即滬。宋陸游《村舍》:"潮生魚滬短,風起鴨船斜。"

【魚簄】
即滬。《太平廣記》卷二九五引唐鄭常《洽聞記・陳悝》："隆安中，丹徒民陳悝於江邊作魚簄，潮去，於簄中得一女。"清史震林《西青散記》卷二："其地多廣川深澮，溝渠汀沚，縱橫貫注，盧葦彌望，田舍緣埂，牛亭魚簄，參差入畫。"

【魚栫】
一種江中圈攔魚的捕魚設施。明李實《蜀語》："江中取魚欄曰魚栫。"清唐訓方《里語徵實》中上卷："江中取魚欄曰魚栫。"

【魚梁】
一種用土石築成的攔河捕魚設施。築土石爲梁，中留缺口，缺口内置笱，魚隨水流入笱中即不得復出。唐陸龜蒙有《魚梁》詩："能編似雲薄，橫絶青川口。缺處欲隨波，波中先置笱。投身入籠檻，自古難飛走。盡日水濱吟，殷勤謝漁叟。"《宋書・羊希傳》："及陂湖江海魚梁鰌鮆場，常加工修作者，聽不追奪。"明羅頎《物原・食原》："禹作魚梁蟹笱，伊尹作魚罩扈箔。"

【魚籠】
即魚笱。清李調元《南越筆記・粤人多以捕魚爲業》："魚籠長五六尺，寬二尺，口通尾，塞以山藤，縶之。置於上流，魚入，則爲倒叩鬚所罥不能出。又中置樹枝以聚魚。"

【魚鎗】
即魚叉。清范寅《越諺》卷中："放魚鎗"，"鎗，排五針如黨義，岸邊潛魚擲擉取之"。

【魚塞】
即塞箔。南朝宋劉敬叔《異苑》卷一："晉吳隸爲魚塞於雲湖。"

【魚槮】
即涔。宋陳師道《晚興》："布網收魚槮，連筒下釣鈎。"

【魚網】
捕魚工具。結繩爲之。由網衣、網紘、浮子、沉子及其他附屬工具組成，用以捕魚。按其捕魚方式和結構分，有拖網、圍網、刺網、張網、敷網、抄網、掩網等。《詩・邶風・新臺》："魚網之設，鴻則離之。"宋陸游《小徑登東山繚行自西北至溪上》："薄暮收魚網，茆舍初寒響。"《清稗類鈔・工藝類・青海工藝》："又有麻布、麻繩、帳幕、魚網，皆以本地麻製之。"

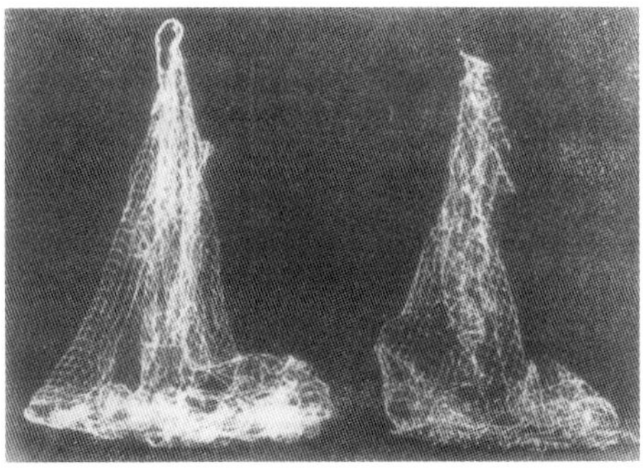

魚網
居延漢代遺址

【魚筤】
即塞箔。《太平御覽》卷六八引《祖臺之志怪》："隆安中，陳悝於江邊作魚筤。"

【魚罶】
同"漁罶"。《清稗類鈔・恩遇類・瀛臺賜宴》："其外雜列魚罶，朝士渡橋者均許抽罶捉魚，得即攜歸。"

【魚寨】
即塞箔。唐陸龜蒙《自和次前韻》："烏媒呈不一，魚寨下仍重。晚桁蓑兼褐，晴簷織帶舂。"

【魚罩】
即罩。捕魚工具。明羅頎《物原・食原》："禹作魚梁蟹笱。伊尹作魚罩扈箔。"《爾雅・釋器》"篧謂之罩"，清郝懿行義疏："今魚罩皆以竹，形似鷄罩，漁人以手抑按於水中以取魚。"參見"箔"。

【漁㮰】
同"漁榜"。清方文《荻港遇戴式其》："野泊依漁榜，蒼茫少四鄰。"

【漁箔】
即箔。宋梅堯臣《和謝舍人新秋》："還憶舊溪游，水清漁箔壅。"

【漁叉】
即魚叉。《西湖二集・覺闍黎一念錯投胎》：太湖中漁户等"手中都執着漁叉、白棍"。清王又曾《題林良九鷺圖》："漁叉不響欻乃空，忽下前灘幾堆雪。"

【漁槎】
用竹木編成的小筏子。適於内河無風浪水域捕魚。金董解元《西厢記諸宫調》卷六："駝腰的柳樹上有漁槎，一竿風旆茅簷上掛。澹煙瀟灑，橫鎖着兩三家。"

【漁刀】
同"漁舠"。金元好問《曉發石門渡湍水道中》："石門歸馭引，湍浦漁刀并。"明袁宏道《荷花蕩》："荷花蕩在葑門外，每年六月廿四日，游人最盛。畫舫雲集，漁刀小艇，僱覓一空。"

【漁舠】

小漁船。形如刀,故名。唐陸龜蒙《秋賦有期因寄襲美》:"煙霞鹿弁聊懸著,鄰里漁舠暫解還。"

【漁籪】

即籪。清魏源《三湘棹歌·資湘》:"灘聲漸急篙漸警,知有截溪漁籪近。"

【漁桴】

用竹或木編成的小筏子。清曹寅《七月十日天池柳下納涼二首》之一:"略敷馬隊橫經席,漸引漁桴護水門。"

【漁竿】

即釣竿。唐岑參《初授官題高冠草堂》:"祇緣五斗米,孤負一漁竿。"

【漁舸】

即漁船。唐鄭谷《夕陽》:"僧窗留半榻,漁舸透疏篷。"

【漁筍】

即筍。明文徵明《題漁隱圖》:"游魚潝瀺樂深藪,不謂人間有漁筍。"

【漁罟】

即魚網。元朱德潤《山水屏圖詩》:"風帆晝捲蕭湘雨,黃葦堆灘插漁罟。"

【漁滬】

即滬。唐戴叔倫《留別道州李使君圻》詩:"漁滬擁寒溜,畬田落遠燒。"

【漁具】

採捕海洋和淡水中各種魚、蝦、貝、藻類及海獸類等經濟動植物的各種工具的總稱,包括釣漁具、網漁具、罩魚具、獵具及其他雜漁具,另外還有各種船類乘具。釣漁具包括釣絲、釣鈎、釣竿、釣車、釣輪、釣筒等,按其取魚方式分竿釣、手釣、延繩釣、曳繩釣、卡釣(麥弓釣)等。網漁具總稱網罟,結繩爲之。有罛、罾、罜、罜麗、九罭等,其中,罛形制最大,罾次之,罜爲撒網,撩罟、罜麗爲小網,九罭爲密網。按其取魚方式和結構分拖網、圍網、刺網、張網、敷網、掩網等。獵具有漁叉、銛等。另外還有各種以竹編成的漁具,如笱、罶、筌、魚籠,笓捕魚器,罩、罞、篊、籊等罩魚具,籪、箔、泊、滬、篊等定置漁具,還有竹編貯魚具笒箬。各類漁具分別適用於不同季節、不同地區、不同水域,其規模也各有不同。唐陸龜蒙有《漁具》詩序曰:"大凡結繩持網者總謂之網罟,網罟之流曰罛、曰罾、曰罜;圓而縱捨曰罩;挾而升降曰罜;緡而竿者總謂之筌,筌之流曰筒,曰車;橫川曰梁,承虛曰笱;編而沉之曰箪;予而卓之曰猎;棘而中之曰叉;鏃而綸之曰射;扣而駭之曰根;置而守之曰神;列竹於海澨曰滬;錯薪於水中曰篧;所載之舟曰舴艋;所貯之器曰笒箬;其他或術以招之,或藥而盡之。"

【漁椰】

即鳴根。清趙翼《馮涇道中》:"村火有時閃,漁椰何處敲。"

【漁簾】

即籪。《花月痕》第十一回:"大家上了水閣,憑欄四眺,見兩岸漁簾蟹斷,叢竹垂楊,或遠或近,或斷或續,尤覺煙波無際。"

【漁梁】

同"魚梁"。宋王安石《半山即事》之七:"露積山禾百種收,漁梁亦自富鰕鰍。"明張羽《楚江清遠圖爲沈淪畫寓九曲山房作》:"漁梁夜爭渡,知是醉巫歸。"

【漁器】

即漁具。明袁宗道《論隱者異趣》:"舍四周皆漁器,腥穢觸人。"

【漁網】

同"魚網"。宋范成大《四時田園雜興》詩之十:"已插棘針樊筍徑,更鋪漁網蓋櫻桃。"

【漁罾】

即罾。前蜀韋莊《宿山家》詩:"背風開藥竈,向月展漁罾。"唐姚揆《村行》詩:"罷吟思故國,窗外有漁罾。"

【漁舟】

即漁船。南朝梁劉孝威《登覆舟山望湖北詩》:"荇蒲浮新葉,漁舟繞落花。"唐杜甫《初冬》:"漁舟上水急,獵火著高林。"

【漁竹】

即釣竿。宋文天祥《山中即事》:"若問山翁還瘦否,手持漁竹下寒江。"

【虞允文】

(1110—1174)南宋抗金名將。字彬甫,隆州仁壽(今屬四川)人。宋孝宗時,官至參政知事兼知樞密院事。傳說虞允文最早用火藥製造戰爭武器。清王汲《事物原會》卷二一:"至用火藥製器,始於南宋虞允文,有霹靂礮。"

【禹】

夏王朝奠基人。水利專家和溝洫農業的開創者。天下大水,禹身執耒垂,以爲民先。卑宮室而盡力乎溝洫。禹最早在中國劃分疆域——"別九州"和設立農業賦稅制度——"任土作貢"。這對中國農業經濟的開拓起過重要作用。傳說禹發明了農具橇。元王禎《農書》卷十二："《史記》:禹乘四載,泥行乘橇。解者曰:橇行如箕,摘行泥上。"

【庮】

同"庚"。元王禎《農書》卷十六:"庚,鄭《詩》箋云:'露積穀也。'《集韻》:'庚或作庮,倉無屋者。'"

【庚】

露天儲存糧食的倉庫。由考古材料來分析,庚則是建在漕運碼頭附近,爲遠離都邑的儲糧處。近年來陝西省考古研究所華倉考古隊在西漢京師倉遺址中獲得了"京師庚當"瓦當。則西漢之庚應該有屋,而且是建在地面上的。另外京師庚倉建在西漢關中漕運碼頭之傍遠離長安都邑。《國語·周語中》:"野有庚積,場功未畢。"元王禎《農書》

庚
明永樂大典本《農書》

卷十六:"庚,鄭《詩》箋云:露積穀也。《集韻》庚或作庮,倉無屋者。《詩》曰:曾孫之庚,如坻如京。又曰:我庚維億。蓋謂庚積穀多也。詩曰:露積以庚稱,有象因自成。"

【庚】

古量名。相當於十六斗。《左傳·昭公二十六年》:"粟五千庚。"杜預注:"庚,十六斗,凡八千斛。"元王禎《農書》卷十六:"古有豆、區、釜、鍾、庚、秉之量。《左傳》曰,四升爲豆,四豆爲區,四區爲釜,十釜爲鍾,又二釜半爲庚。"

【語魅】

走方醫所持的經藥點的藥鏡子。清趙學敏《串雅内編·緒論》:"負笈行醫,周游四方,俗呼爲走方。""有藥點之鏡,曰語魅。"

【斞】

量名。即庚。《周禮·考工記·弓人》:"絲三邸,漆三斞。"《廣雅·釋器》:"鍾十曰斞。"

【龥】

即波龥。《文選·張衡〈東京賦〉》:"於東則洪池清龥。淥水澹澹,内阜川禽,外豐葭菼。"李善注:"龥,在池水上作室,可用棲鳥,鳥入則捕之。"

【玉柄錐】

玉製把柄的錐。明無名氏《天水冰山録》:玉器,"玉柄錐一個,連鞘重七錢"。參見"刺鵝錐"。

玉柄銀錐
遼陳國公主與駙馬合葬墓

【玉尺】

玉質尺。多非實用尺。河南洛陽中州大渠 19 號東漢墓出土一玉尺,殘存八寸,未刻分,一端有孔,以八寸長 18.3 厘米推算,一尺約合 22.9 厘米。南朝宋劉義慶《世說新語·術解》:"後有一田父耕於野,得周時玉尺,便是天下正尺。苟試以較已所治鐘鼓金石絲竹,皆覺短一黍,於是服阮神識。"參見"北周玉尺"。

【玉杵】

玉製的杵。亦用爲杵的美稱。元耶律楚材《西域從王君玉乞茶因其韻》之四:"酒仙飄逸不知茶,可笑流涎見麴車。玉杵和雲春素月,金刀帶雨剪黄芽。"

【玉杵臼】

玉製成的杵和臼。用作搗春藥石。商代,河南安陽殷墟 5 號墓出土玉杵臼,臼高 27 厘米、徑 16 厘米、壁厚 6 厘米。臼呈白色,硅質大理岩。臼孔周壁染有朱砂,晶瑩光澤,爲長期使用之物,用於研磨朱砂。《太平廣記》卷五十引唐裴鉶《傳奇·裴航》:"我今老病,只有此女孫,昨有神仙遺靈丹一刀圭,但須玉杵臼擣之百日,方可就吞,當得後天而老。君約取此女者,得玉杵臼,吾當與之也。"宋陸游《寄龔立道》:"難逢正似玉杵臼,易散便成風馬牛。"《文獻通考·物異六》:"五年五月,鄭州東獄祠,穿工得玉杵臼。"

玉杵臼
殷墟婦好墓

【玉槌】

玉製的搗研藥物的工具。唐孫思邈《備急千金要方·序例》:"凡鍾乳等諸石,以玉槌水研三日三夜,漂鍊,務令極細。"

【玉椎】

同"玉槌"。唐孫思邈《備急千金要方·養性》:鍾乳"微火燒之，日夜不絕，水欲竭，即添成煖水，每一周時，輒易水洗鎬并洮乳，七日七夜出之，淨洮乾，内瓷鉢中，玉椎縛格，少著水研之。宋趙佶等《聖濟總録‧補益門》："藥成，即出丹砂，以玉椎，力士鉢中研之，當膩如麵，即可服之。"

【玉搥】
　　同"玉槌"。唐王燾《外臺秘要》卷三二："取益母草暴令乾，燒作灰"，"以玉搥研，絹篩，又研，三日不絕"。

【玉硾】
　　同"玉槌"。宋蘇軾《蘇沈良方》："藥成。即出丹砂，以玉硾力士鉢中研之，當不磣，如粉如麵，可服之"。

【玉鎚】
　　同"玉槌"。唐孫思邈《千金翼方‧飛鏈》："研鍾乳法，取所鏈鍾乳，於瓷鉢中用玉鎚檮令碎，著水研之；水盡更添，常令如稀泔狀。"

【玉皋】
　　即桔橰。南朝梁簡文帝《大法頌序》："桂薪不斧而丹甎自熟，玉皋詎牽而銀甕斯滿。"

【玉衡】
　　渾儀等天文觀測儀器中的瞄準管。《新唐書‧天文志一》："三曰四游儀，玄樞爲軸。""玉衡在玄樞之間，而南北游，仰以觀天之辰宿，下以識器之晷度。"

【玉衡車】
　　井上汲水裝置。由雙箭、雙提壺、中箭、盤、衡軸、架等七部分組成。明徐光啓《農政全書》卷十九："《玉衡車記》曰：玉衡車者，井泉挈水之器也。""玉衡者，以衡挈柱，其平如衡，一升一降，井水上出，如趵突焉。玉衡之物有七：一曰雙箭，雙箭者，水所由代入焉。二曰雙提，雙提者，水所由代升也。三曰壺，壺者，水之總也，水所由續而不絕也。四曰中箭，中箭者，壺水所由上也。五曰盤，盤者，中箭之水所由出也。六曰衡軸，衡軸者，所以挈雙提下上之也。七曰架，架者，所以居庶物也。七物者備，斯成器矣。更爲之機輪焉，巧者運之，不可勝用也。"

【玉衡望筩】
　　即玉衡。管的孔徑的大小正好等於太陽的視直徑，觀測太陽時，圓面正好等於孔徑。《新唐書‧天文志一》："玉衡望筩，長四尺五寸八分，廣一寸二分，厚一寸，孔徑六分。衡旋於軸中，旋運持正，用窺七曜及列星之闊狹。外方内圓，孔徑一度半，周日輪也"。

【玉衡游筩】
　　即玉衡。《新唐書‧天文志一》："三曰四游儀，玄樞爲軸，以連結玉衡游筩而貫約矩規。"

【玉虎】
　　即轆轤。唐李商隱《無題》之二："金蟾齧鎖燒香入，玉虎牽絲汲井回。"馮浩箋注："玉虎，轆轤也。"

【玉臼】
　　玉製之臼。元虞集《仙游道士余岫雲丹室》詩之三："洞經即日修真訣，玉臼逢春浴舊丹。"

【玉漏】
　　即漏刻。漏壺注入受水壺的水要求流速穩定，出水管常用玉製成以避免銹蝕，故將漏刻稱爲玉漏。前蜀韋莊《歲除對王秀才作》："我惜今宵促，君愁玉漏頻。"

【玉權】
　　即權。玉衡的出水管。《宋史‧天文志》：浮漏議"自復壺之介，以玉權釃子建壺"。《清稗類鈔‧物品類》："蓋浮漏之制，有求壺、廢壺，復壺以播水，建壺以受水，玉權以釃水。"

【玉權】
　　玉質琮形權。天子所用的權。《周禮‧冬官‧玉人》："駔琮五寸，宗后以爲權"，"駔琮七寸，鼻寸有半寸，天子以爲權"。明朱載堉《樂律全書》卷二四："嘗裁紙二幅各方七寸，折爲九空，形如井田，中央一空剜去，乃交加沾之，則琮之形也。方七寸者，兩角相距九寸九分。中間所謂好者，似圓而有八隅，徑二寸三分寸之一，其鼻一寸五分，内有孔徑一分，穿繩繫之以爲權者，蓋與璧羨之意同也。""今按古權之制，《周禮》用玉，《漢志》用銅，今則玉不可以多得，且天子之權非群下敢僭。"附圖題"玉權小樣"。

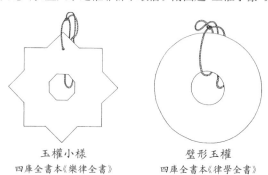

玉權小樣　　　　　璧形玉權
四庫全書本《樂律全書》　四庫全書本《律學全書》

【玉刃】
　　玉製的刮骨刀。《三國志通俗演義》第七五回："刮骨便能除箭毒，金針玉刃若通神"。

【玉錐】
　　即玉柄錐。宋葉隆禮《契丹國志》卷二三："國主皆佩金、玉錐，號殺鵝、鴨錐。"參見"刺鵝錐"。

【緯索】
　　長索，纜繩。明宋應星《天工開物‧舟車‧漕舫》："平江伯陳某,始造平底淺船,則今糧舡之制也。凡船制:底爲地,枋爲宫牆,陰陽竹爲覆瓦,伏獅、前爲閥閲,後爲寢堂;桅爲弓弩弦,弛蓬爲翼,櫓爲車馬,簹縴爲履鞋;縴索爲鷹雕筋骨;招爲先鋒;舵爲指揮主帥;錨爲劄軍營寨。"

【御廐】

帝王宫殿建築群内的馬廐。唐常袞《春蒐賦》:"列武卒於天仗,選龍媒於御廐。"

【御閑】

即御廐。元耶律楚材《扈從羽獵》:"湛然扈從狼山東,御閑天馬如游龍。驚狐突出過飛烏,霜蹄霹靂飛塵中。"

【罠】

即九罠。《説文新附·网部》:"罠,魚網也。"南朝梁沈約《懺悔文》:"又嘗竭水而漁,躬事網罠。"明何景明《中林之棘》:"彼魚之罠,在彼河梁。"

【綆】

即綆。井上汲水用的繩索。《禮記·喪大記》:"管人汲,不説綆,屈之,盡階不升堂,授御者。"孔穎達疏:"綆,汲水瓶索也。遽促於事,故不説去井索,但縈屈執之於手中。"《方言》第五:"綆,自關而東,周、洛、韓、魏之間,謂之綆,或謂之絡,關西謂之綆。"郭璞注:"汲水索也。"《説文·系部》:"綆,綆也。"唐劉禹錫《機汲記》:"瓶綆不贏,如搏而升。"明徐光啓《農政全書》卷二十:"若挈瓶施綆焉。"亦指一般的繩索。清王士禎《池北偶談·談異七·李子金》:"使一人縋上,垂綆於地。"清王又旦《自千尺嶂緣猱猻愁行》詩:"萬狀石礧礧,紛垂綆纏纆。攀綆踏危石,足頓不能起。"

yuan

【元女】

黄帝長女。傳説是旗幟的發明者。明汪汲《事物原會》卷二一:"《黄帝内傳》:元女請帝製旗幟,以象雲物。又:帝製五彩旗,指顧向背。"

【員】

員鍼的簡稱。《靈樞經·官能篇》:"寫必用員,切而轉之,其氣乃行,疾而徐出,邪氣乃出,伸而迎之,遙大其穴,氣出乃疾。"《素問·八正神明論》:"補必用員,員者行也,行者移也,刺必中其榮,復以吸排針也。"

【員利鍼】

同"圓利針"。《靈樞經·九鍼論》:"六曰員利鍼,取法於氂鍼,微大其末,反小其身,令可深内也。長一寸六分,主取癰痺者也。"又《九鍼十二原》:"員利鍼者,大如氂,且員且鋭,中身微大,以取暴氣。"

【員儀】

同"圓儀"。《晉書·天文志上》:"暨漢太初,落下閎、鮮于安人、耿壽昌等造員儀以考曆度"。

【員鍼】

同"圓針"。《靈樞經·九鍼論》:"二曰員鍼,取法於絮鍼,筩其身而卵其鋒,長一寸六分,主治分間氣。"又《九鍼十二原》:"二曰員鍼,長一寸六分,鍼如卵形,揩摩分間,不得傷肌肉,以瀉分氣。"

【垣】

四周築牆的穀倉。《荀子·富國》:"故田野縣鄙者,財之本也;垣窌倉廩者,財之末也。"楊倞注:"垣,築牆四周以藏穀也。"《三國志·魏志·袁涣傳》:"居官數年卒,太祖爲之流涕,賜穀二千斛,一教'以太倉穀千斛賜郎中令之家',一教'以垣下穀千斛與曜卿家',外不解其意。教曰:'以太倉穀者,官法也;以垣下穀者,親舊也。'"

【袁充】

(544—618)隋天文學家。字德符。本陳郡夏陽人,後寓居丹陽。初,仕陳爲吏部侍郎散騎常侍。歸隋後歷任蒙、鄜二州司馬。開皇十四年(594),任鄜州司馬時上晷影漏刻。這是一個地平式日晷。由於地平與天赤道有交角,一天中太陽影子繞地平轉動的速度不是均勻的,用來計時不準確,且不方便。因而有人認爲袁充素不曉渾天黄道去極之數,苟役私智,變改舊章。其於施用,未爲精密。但袁充的地平式短影平儀,是中國古代史籍所載的第一個地平式日晷。開皇十九年(599)任太史令,大業年間官至秘書令,年七十五,爲宇文化及所殺。

【圓船】

船體呈橢圓形的一種小船。清麟慶《河工器具圖説》卷四:"大河中又有圓船,效鷁製帆,象龜創櫓。隨中泓大溜旋轉便利,惟宜於順流而下,滯於溯流而上,且不任滿載,終不若條船之適用也。"

圓船
清嘉慶年刊《河工器具圖説》

【圓刀】

圓口刀。《醒世姻緣傳》第十九回："從皮擔內取出那把切皮得圓刀,插在腰裏。"參見"皮刀"、"片刀"。

【圓利針】

九針之一。長一寸六分,針身細小,針尖微大,圓而利。用於治療癰腫痹症。明楊繼洲《針灸大成·九針式》："六曰圓利針,取法於氂針,且圓且銳,微大其末,反小其身,又曰中身微大,長一寸六分。"又《九針圖》："圓利針,尖如氂,且圓且利,其末微大,長一寸六分,取暴痹刺小者用此"。

【圓盤日月星晷儀】

清製小型測日、月、星定時刻的儀器。晷有三重圓盤。自第三重圓盤中伸出一直表,表心及末端開小孔。以表心孔窺勾陳,以表末孔窺天樞—天璇,用來測定時刻。清《皇朝禮器圖式》卷三："本朝製日月星晷儀,鑄銅爲之。""上爲日晷。""背面爲月晷、星晷。"

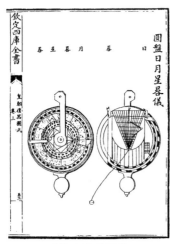

圓盤日月星晷儀
四庫全書本《皇朝禮器圖式》

【圓圈梁】

連接兩片鏡片之梁。《養心殿造辦處史料輯覽·雍正三年》:四月十二日,"再做玻璃眼鏡亦好,另換圓圈梁,其梁上中間雕一'壽'字"。

【圓石杵】

一種小型築土工具。用於小面積築土。其築土部分用石製,圓形,上有木柄。清麟慶《河工器具圖説》卷二："今工上有石杵,仍存古制。琢石爲首,受以丁字木柄,俾一人可舉,兩手可按。"按,其插圖有"圓石杵"。

圓石杵
清嘉慶年刊
《河工器具説》

【圓儀】

由多個空心環圈組合而成的早期渾儀。《宋史·天文志一》:沈括渾儀議,"嘗歷考古今儀象之法","至落下閎製圓儀,賈逵又加黃道","唐李淳風爲圓儀三重:其外曰六合……次曰三辰……又次曰四游"。

【圓針】

九針之一。針身圓形,鋒如卵圓。可利用其揩磨、撥刮筋骨、關節,治療各種脊椎骨傷、下顎骨傷、四肢骨錯傷及骨折、筋痛等。河北滿城陵山 1 號漢墓出土圓針一件,上端殘失,殘存部分爲細長圓筩形,針尖純而圓。殘長 5.4 厘米、直徑 0.2 厘米。明夏顒墓出土牛角柄圓針二件,各長 9.8 厘米,刃端呈卵形。明楊繼洲《針灸大成·九針式》："二曰圓針,取法於絮針,筩其身而卵其鋒,針如卵形,圓其末,長一寸六分。"

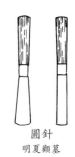

圓針
明夏顒墓

【圓鑽】

裝訂書刊用的鑽頭。端部爲圓形。明宋應星《天工開物·錘鍛》:"凡錐,熟鐵錘成,不入鋼和。治書篇之類用圓鑽;攻皮革用扁鑽。"

【圓嘴鋼鉗子】

圓嘴之鋼鉗。《養心殿造辦處史料輯覽·雍正七年》:"有螺螄鋼拿子一件,圓嘴鋼鉗子一件。"參見"鷹嘴鉗"。

【圓咀鉗子】

即鷹嘴鉗。《養心殿造辦處史料輯覽·雍正七年》:子兒皮匣內西洋傢伙,"正月初八日將子兒皮匣一件,內盛錘子、鑿子、鏨子、有螺絲拿子、圓咀鉗子、鑷子各一件"。

【梍】

即籰。《方言》第五:"篗,梍也。兗、豫、河、濟之間謂之梍。"郭璞注:"所以絡絲也。"《玉篇·木部》:"梍,絡絲篗也。或作篗。"

【圌笆】

即笆。元王禎《農書》卷十六:"今貯穀圌笆,泥塗其內,草苫於上。謂之露笆者,即囷也。"

【遠鏡】

即望遠鏡。明劉侗、于奕正《帝京景物略·天主堂》:"遠鏡,狀如尺許竹筒,抽而出,出五尺許,節節玻璃,眼光過此,則視小大,視遠近。"明湯若望、焦勖《火攻挈要》卷下:"先以一人坐於桅斗之上,用遠鏡窺望,俟敵船將近數里之內,用銃對準擊放。"清孫雲球《鏡史》:"遠鏡,此鏡宜於樓臺高處用之，遠視山川河海、樹木村落，如在目前。若十數里之内、千百步之外，取以觀人鑒物，較之觀面，更覺分明。利用種種，具載湯道未先生《遠鏡説》中，兹不贅列。筒筒相套者，取其可伸可縮也。物形彌近，筒須伸長；物形彌遠，筒須收短；逐分伸縮，象顯即止。若收至一二里，與二三十里略同，惟一里以内，收放頗多。"《清稗類鈔·宗教類》："書册文皆旁行，别有沙漏、遠鏡、龍尾車之屬，以資測驗。"

yue

【約】

繩子。《左傳·哀公十一年》："公孫揮命其徒曰：'人尋約，吳髮短。'"杜預注："約，繩也。八尺爲尋。吳髮短，欲以繩貫其首。"《鶡冠子·天權》："故先王之服師術者，呼往發蒙，釋約解刺，達昏開明而且知焉。"

【𦊮罟】

即魚網。唐陸龜蒙《和胥口即事》之二："斷岸沈魚𦊮罟，鄰村送客艭舺。"李善注引舊注："約略二音，魚網也。"

【薂】

即尺。《後漢書·崔駰傳》："協準薂之貞度。"李賢注："準，繩也。薂，尺也。"

【月鏟】

一種半月形鏟狀工具。河工用以鏟削樹木、舊埽、樁等。清麟慶《河工器具圖説》卷三："月鏟。《古史考》：公輸般作鏟。《説文》：鏟，平鐵。《博雅》：䥷謂之鏟。木華《海賦》：鏟臨崖之阜陸。杜甫詩：意欲鏟疊嶂。鐵首木身，形如半月。凡舊埽、舊樁、樹根盤踞，埽眉不齊皆用之。"

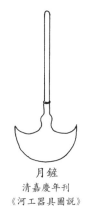

月鏟
清嘉慶年刊
《河工器具圖説》

【月堤】

月牙形的堤。作用爲改變水流方向，減緩流速。《宋史·河渠志一》："初，滑州以天臺決口去水稍遠，聊興築之，及西南堤成，乃於天臺口旁築月隄。"

【月晷】

觀測月亮位置、測定時刻的小型簡易儀器。使用時將晷面與地平的交角安放得相當於該地緯度，將晷盤轉到按朔望月計的日期，即可在刻有均勻分度的轉盤上讀出時辰。《清史稿·時憲志一》："此外更有星晷、月晷，以備夜測之用。"

【月刃刀】

醫用刀具。刀刃如彎月形，故名。清何景才《外科明隱集·鍼刀圖式》："月刃刀，用其割除深陷之内瘀腐，用之隨手得便也。"

【月游規】

唐李淳風製造的渾天黃道儀中三辰儀的白道環。在黃道環上打有 249 對孔，以銷住月游規。由於白道與黃道交點逐漸移動，每 249 個交點月沿黃道移動一周，每過一個月把月游規移動一對孔。《新唐書·天文志一》：李淳風渾天黃道儀，"二曰三辰儀，圓徑八尺，有璿璣規、月游規"。

【軏】

即牛軏。《論語·爲政》："大車無輗，小車無軏，其何以行之哉？"包咸注："軏者，轅端上曲鉤衡。"《玉篇·車部》："軏，車轅耑曲木也。"明徐光啓《農政全書》卷二一："牛軏，字亦作軏，服牛具也。"

【越砥】

越地所產的質地細膩的磨刀石，《漢書·王襃傳》："及至巧冶鑄干將之樸，清水焠其鋒，越砥斂其咢，水斷蛟龍，陸剸犀革，忽若彗氾畫塗。"晉灼注："砥石出南昌，故曰越也。"

【樂尺】

確定黃鍾宫的絶對音高時，所必須首先確定的標準尺度稱樂尺。漢代以前樂尺與常用尺無差異，魏晉以後分開。《文獻通考·樂六》："等一錢半者，以取一秤之法，其衡合樂尺一尺二寸，重一錢。"

【樂鐘】

音樂時鐘。因它在準確報時的同時，還能發出悠揚的樂聲而得名。《養心殿造辦處史料輯覽·雍正十三年》"自鳴鐘"："閏四月十八日太監趙進忠持來紫檀木架時鐘

清宮做鐘處木樓提環三套鐘
故宮博物院

清乾隆廣東造銅塗金轉花時樂鐘
南京博物院

樂鐘一座。"清徐朝俊《高厚蒙求·自鳴鐘錶圖説》:"一曰樂鐘,其種有二,一種每交半時,先打小鐘,小鐘打畢,大鐘打針指某時之數;一種是報刻鬧鐘,每交一刻,小鐘各鬧一轉,二刻兩轉,三刻三轉,四刻四轉,鬧畢刻數,大鐘打針指某時之數。此亦問鐘也,暗中不惟問時,并可問刻。"外型多亭式、樓塔式和樓閣式。底座設有樂箱,內裝有數十把小鎯頭敲擊數十隻大小不同的鐘碗時發出動聽悦耳的樂曲,鐘體內裝有幾組齒輪系統,用多盤塔輪或發條帶動,來完成走時、打刻、打點和演奏樂曲等動作。

【龠】

量器名。二龠爲一合。容千二百黍,借黃鍾之管以黍米積之,是量法的開端。《漢書·律曆志一上》:"量者,龠、合、升、斗、斛也,所以量多少也。本起於黃鍾之龠,用度數審其容,以子穀秬黍中者千有二百實其龠,以井水準其概,合龠爲合,十合爲升,十升爲斗,十斗爲斛,而五量嘉矣。""龠者,黃鍾律之實也,躍動微氣而生物也。"滿城

銅龠
滿城 1 號漢墓

新莽始建國銅龠
底張灣漢代遺址

陵山 1 號漢墓出土銅龠,通長 8.8 厘米,口內徑 3.1 厘米,內底徑 1.7 厘米,深 1.65 厘米,容積 7.68 毫升。咸陽市底張灣發現新莽銅龠一件,形似勺有柄,柄長 9.2 厘米,寬 0.5～0.7 厘米,厚 0.4～0.8 厘米。柄正面銘文爲:"律量龠方寸而圜其外庣旁九豪冥百六十二分深五分積八百一十分容如黃鍾。"背面銘文爲:"始建國元年正月癸酉朔日製。"龠勺的內徑 3.164 厘米,外徑 3.643 厘米,深 1.119 厘米,容水 9.287 毫升。表面飾夔龍。陝西淳化縣潤鎮鄉西坡村磚瓦廠出土三件套銅量,其中銅龠,通長 11.6 厘米,口內徑 3.088 厘米,內底徑 1.733 厘米,高 1.415厘米,重 27.18 克,容積 6.80 毫升。龠形古今不一,或作爵形。宋范鎮《東齋記事》卷二:"龠其狀似爵者,謂圓如爵也。"

【篗】

同"籆"。繞絲的器具。《説文·竹部》:"籆,收絲者也。從竹,蒦聲。"

【籥】

竹製吹火器。因形製和竹管製作的管樂器差不多,故叫做"籥"。《老子》:"天地之間,其猶橐籥乎。"明焦竑《老子翼》:"橐籥外之櫝,所以受籥也。籥者內之管,所以鼓橐也。"參見"橐籥"。

【龠】

同"龠"。漢雍庫龠銘:"雍庫龠,重而盡一兩,名百一。"《通典·食貨六》:"量以秬黍中者容千二百爲龠,合龠爲合。"

【籆】

手工絡絲、絡紗綫的器具。元王禎《農書》卷二一:"《説文》曰:'籆,收絲者也,或作篗,從角,間聲。'今字從竹,又從蒦,竹器。從人,執之蒦蒦然,此籆之義也。然必竅貫以軸,乃適於用,爲理絲之先具也。"清杭世駿《〈東城雜記〉序》:"居民勤織作,繰車緯籆,接響連檐。"清衛杰《蠶桑萃編》卷五:絡絲車"將絡軸穿籆令緊,貫於兩柱之間,大頭略高於小頭,大頭樁頂,錠一鐵釘,繫一繩長二尺餘。纏於絡軸,從裏面自下絞上,以右手牽扯,一縱一扯,則軸籆忽上忽下,隨手旋轉如風,絲自上籆"。

【籆子】

即籆。清唐訓方《里語徵實》卷中上:"收絲器曰籆子。"《紅樓夢》第七十回:丫頭們"搬高墩,捆剪子股兒,一面撥起籆子來"。

yun

【芸盪】

同"耘盪"。明徐光啓《農政全書》卷七:"今創有一器曰芸盪,以代手足,工過數倍,宜普效之。"

【芸苗鋤】

苗間除草用鋤頭。柄項彎曲。《農桑輯要·種穀》:"鋤制,柄項彎曲,一如芸苗鋤。"

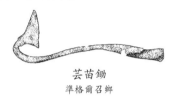

芸苗鋤
準格爾召鄉

【耘盪】

即盪。元王禎《農書》卷十三:"耘盪,江浙之間新制也。形如木屐而實長尺餘,闊約三寸,底列短釘二十餘枚,簨其上以貫作柄,柄長五尺餘。耘田之際,農人執之,推盪禾壠間草泥,使之淵溺,則田可精熟。既勝耙鋤,又代手足。"

【耘杷】

稻禾間除草鬆土用杷。元王禎《農書》卷十四:"耘杷,以木爲柄,以鐵爲齒,用耘稻禾。""《耘杷》詩云:鐵作渠疏代爪耘,幾將疎質效微勤。纏綿蔓草知多少,輒爲良苗一解紛。"清麟慶《河工器具圖説》卷二:"他如穀杷、耘杷、竹杷,又有齒曰杪,無齒曰榜,皆杷屬也。厥名不一,其用不同。"參見"耘爪"、"耘盪"。

耘杷
明永樂大典本《農書》

【耘爪】

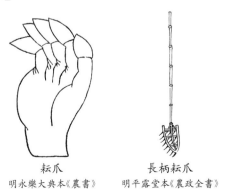

耘爪
明永樂大典本《農書》

長柄耘爪
明平露堂本《農政全書》

套在手指上用以耘水田的一種爪甲狀工具。元王禎《農書》卷十三記載有"耘爪"圖,謂當時江南農民採用耘爪耘田,兩手皆套耘爪,"匍匐禾間,膝行而前"。明徐光啓《農政全書》卷二二:"耘爪,耘水田器也。即古所謂鳥耘者。其器用竹管,隨手指大小截之,長可逾寸。削去一邊,狀如爪甲(或好堅利者,以鐵爲之)穿於指上。乃用耘田,以代指甲,猶鳥之用爪也。"明代將指式耘爪作了改進,製成長柄耘爪。首部用竹木製成,上列多數爪甲狀齒,有長柄。使用時不必再匍匐田間。明徐光啓《農政全書》卷二二載有"耘爪"圖。

【雲碓】

指設於山間利用溪水作動力的水碓。清康熙《紹興府志·水利》:"又有木杓碓,碓榦之末,刳爲杓以注水,水滿則傾,而碓舂之。唐白居易詩'雲碓無人水自舂'是也。"按,此指槽碓。

【雲硙】

指設於山間利用溪水推動的水碾。硙,同"碾"。清劉沅《槐軒雜著》卷二:"硙之上潭潭然,硙之下礐礐然,忽焉如風雨之驟奔也,爽焉如秋風之被體也。其制:下爲車輪,激而行之,上覆以屋,累石爲槽,貫以木柄。輪轉如飛,目不及瞬,恒以一日而給百家之饔飧,利未有普於此者也。顏以雲硙。"

【雲簽】

一種類似地簽的丈量用具。較地簽稍細。清麟慶《河工器具圖説》卷一:"雲簽,稍細,用亦略同。"按,指用法同"地簽"。

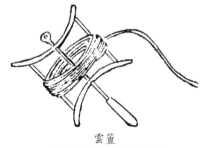

雲簽
清嘉慶年刊《河工器具圖説》

【雲繵】

同"雲簽"。清麟慶《河工器具圖説》卷一:"雲簽,稍細。"按,其插圖名作"雲繵"。

【雲梯】

打椿用的木梯。以兩木鋸級製成,可供兩人同時上下。雲,形容其高。清麟慶《河工器具圖説》卷三:"雲梯,打椿所用。梯之高矮,視椿之長短率,約在三丈以外。梯用二木鋸級,兩人并上,謂之雲梯。"

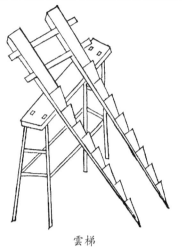

雲梯

清嘉慶年刊《河工器具圖説》

【雲硪】

一種打椿用的硪。石製，如礎。使用時用繩子提拉舉起，自空而下，有似雲落，故名。明靳輔《治河奏績書》卷二：“捧鑽皮條每條一分，雲硪每架三錢五分。”清麟慶《河工器具圖説》卷三：“雲硪鑿石如礎，厚數寸，比地硪輕一二十觔。”

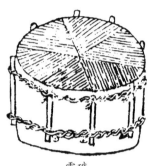

雲硪

清嘉慶年刊《河工器具圖説》

Z

za

【咱禿朔八臺】

測驗周天星曜之器。阿拉伯文發音 Dhātú shshú batai 的音譯。元世祖至元四年(1267)西域天文學家扎馬魯丁造的七件西域儀象之一。在七尺五寸高的銅表上,懸掛五尺五寸長的銅尺。另有觀測用的簫及刻度的橫尺,可以左右上下觀測。《元史·天文志一》:"咱禿朔八臺,漢言測驗周天星曜之器也。""可以左右轉而周窺,可以高低舉而徧測。"

【褾寶黄金尺】

飾寶的黄金尺。元龍輔《女紅餘志·尺》:"吳主亮潔華有褾寶黄金尺。"

【雜尺】

即渾天儀土圭尺。《宋史·律曆志四》:"依《隋書》定尺十五種上之,藏於太常寺","十四,雜尺,劉曜渾儀土圭尺也,比晉前尺爲一尺五分"。

【雜畫象列尺】

繪有各類圖案的象牙尺。三國魏曹操《上雜物疏》:"中宮用物,雜畫象列尺一枚。"

zan

【鐕】

釘子。《説文·金部》:"鐕,可以綴箸物者。"段玉裁注:"《喪大記》,君裏棺用朱綠,用襍金鐕。大夫裏棺用玄綠,用牛骨鐕。注,鐕,所以琢箸裏。按今謂釘者皆是,非獨棺釘也。"

【鏨】

加工石料及金屬的小鑿子。無銎,有平頭、尖頂等,用於切割、平整、鏤花等。《説文·金部》:"鏨,小鑿也。從金,從斬,斬亦聲。"《太平御覽》卷七六三引漢服虔《通俗文》:"石鑿曰鏨。"後專指鑿刻金屬的小鑿。明焦竑《俗書刊誤·俗用雜字》:"斬金之小鑿曰鏨。"

平頭鐵鏨　　　尖頭鐵鏨
鄭莊秦石料加工場　鄭莊秦石料加工場

鏨
明人瑞堂本《隋煬帝艷史》

【鏨橛】

橛之一種。清麟慶《河工器具圖説》卷四:橛名不同,"直處爲鏨橛"。

【鏨子】

即鏨。《養心殿造辦處史料輯覽·雍正七年》:"黑子兒皮匣一件,内盛錘子、鋼鉗子一把,兩頭銼一把,鏨子一件,鋼括刀,鑿子一把。"《養心殿造辦處史料輯覽·雍正七年》:子兒皮匣内西洋家伙,"内盛錘子、鏨子、鑿子、有螺絲拿子、圓咀鉗子、鑷子各一件"。

【鎙】

同"鏨"。明宋應星《天工開物·錘鍛》:"凡鐵鎈純鋼爲之,未健之時鋼性亦軟。以已健鋼鎙劃成縱斜文理,劃時斜向入,則文方成焰。劃後澆紅,退微冷,入水健。久用乖平,入水退去健性,再用鎙劃。"

zang

【藏瓶】

置藥的燒瓶。宋趙佶等《聖濟總錄·痔瘻門》："治痔疾殭橘散"，"每一殭橘，扎眼子七個；每眼子內，安皂子一枚，放在藏瓶內，燒存性取出，於土內培，出火毒一宿，研入麝香少許，食前米飲調下一錢匕"。

zao

【鑿】

挖槽、打孔、切削用的工具。下端爲楔形或錐形等，端末有刃口。用錘敲擊上端，使下端刃部楔入工件，以切去材料。傳說軒轅作鑿；或說孟莊子作鑿。考古材料表明，新石器時代早期就已有鑿。目前所知我國較早的鑿，是由石、骨、蚌等材料製作的非金屬鑿。如陝西省西安市半坡遺址出土的長條寬刃石鑿，以及甘肅省秦安縣大地灣遺址出土的骨鑿等，都屬新石器時代早中期，這是鑿的第一個發展階段。隨着青銅器的出現和使用，鑿進入第二個發展階段——青銅鑿。目前所知銅鑿中時代較早的，是河北藁城商代遺址出土的銅鑿，且已有銎，可裝木柄。戰國時期，鑿進入了第三個發展階段——鐵鑿。現在發現較早的鐵鑿，是湖北江陵楚都紀南城出土的鐵鑿。秦漢以後，鐵鑿進一步發展，形制進一步完備。按刃部形狀分，有平鑿(扁鑿)、狹鑿(尖嘴鑿)、菱形鑿、圓刃鑿等，

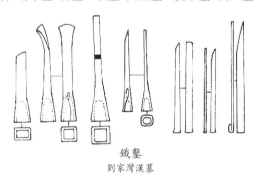

鐵鑿
劉家灣漢墓

以適應各種不同工作的需要。環縣劉家灣漢墓出土鐵鑿七件，分爲方銎和無銎兩種，有斜刃、卷刃、方刃、窄刃、寬刃不同品種，長度在13～19厘米之間。鐵鑿一般是用熟鐵鍛成的，刃部嵌鋼，上身是圓錐形的空管，以便裝木柄。《墨子·備穴》："爲斤斧鋸鑿鑺，財自足。"《新唐書·于志寧傳》："丁匠官奴皆犯法亡命，鉗鑿椎杵，往來出入，監門、宿衞、直長、千牛不得

鐵鑿
錦州市張扛村遼墓

苟問。"明宋應星《天工開物·鑿》："凡鑿，熟鐵鍛成，嵌鋼於口，其本空圓，以受木柄(先打鐵骨爲模，名曰羊頭，杓柄同用)。斧從柄催，入木透眼。其末粗者闊寸許，細者三分而止。需圓眼者，則製成剜鑿爲之。"

【鑿子】

即鑿。《三寶太監西洋記通俗演義》第十六回："斧子急忙的砍不進，鑿子急忙的錐不進。"

【棗杵】

棗木製的杵。宋王灼《糖霜譜》第四："棗杵，以築蔗入榨斗。曰榨盤，以安斗，類今酒槽底，曰榨牀，以安盤，牀上架巨木，下轉軸引索壓之。"

【棗木槶子】

用棗木做成的槶棒。《兒女英雄傳》第六回："一瓦正打中辮棗木槶子的一個大漢的額角，噗的一聲倒了。"

【皂】

即槽。用以盛飼料喂牛馬的食槽。《呂氏春秋·權勳》："若受我而假我道，是猶取之內府而藏之外府也，猶取之內皂而著之外皂也，君奚患焉？"《史記·魯仲連鄒陽列傳》："今人主沉於諂諛之辭，牽於帷裳之制，使不羈之士與牛驥同皂。"司馬貞索隱："應劭云：'皂，櫪也。'韋昭云：'皂，養馬之官，下士也。'案：養馬之官，其衣皂器。又郭璞云：'皂，養馬器也。'"《廣雅·釋器》："皂，櫪也。"王念孫疏證："槽與皂聲相近，今人言馬槽是也。"

【造糖車】

製糖用軋蔗機械。以牛爲動力，帶動兩大棍，蔗經棍縫，擠壓出汁。明宋應星《天工開物·造糖》："凡造糖車，制用橫板二片，長五尺，厚五寸，闊二尺，兩頭鑿眼安柱，上笋出少許，下笋出板二三尺，埋築土內，使安穩不搖。上板中鑿兩眼，并列巨軸兩根(木用至堅重者)，軸木大七尺圍方妙。兩軸一長三尺，一長四尺五寸，其長者出笋安

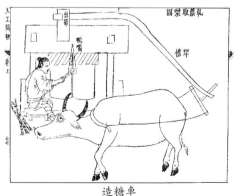

造糖車
明初刻本《天工開物》

近代人力造糖車
興義民俗博物館

犁擔。擔用屈木，長一丈五尺，以便駕牛團轉走。軸上鑿齒分配雌雄，其合縫處須直而圓，圓而縫合。夾蔗於中，一軋而過，與棉花擀車同義。蔗過漿流，再拾其滓，向軸上鴨嘴扱入，再軋，又三軋之，其汁盡矣。其滓爲薪。其下板承軸鑿眼，只深一寸五分，使軸腳不穿透，以便板上受汁也。其軸腳嵌安鐵錠於中，以便捩轉。凡汁漿流板有槽梘，汁入於缸內。"

【造紙鑊】

造紙工藝中蒸煮植物原料之鍋。《元史·列女傳二》："至正二十二年，張士誠陷諸暨。蔡氏避之長寧鄉山中。兵猝至，有造紙鑊方沸，遂投其中而死。"

ze

【柞刀】

即劈柴刀。清范寅《越諺》卷中："柞刀，析薪者。"

【則】

即權。《史記·律書》："王者制事立法，物度軌則，壹稟於六律。"《宋史·律曆志一》："其則，用銅而鏤文，以識其輕重。"

【則子】

即則。秤權。參見"銀則子"。

【䂮】

形似矛的刺魚工具。順德魚塘檸檬基堤基下出土宋代魚䂮。有單刃雙鋒和雙刃雙鋒二種，有倒刺。長度在12.7～16.6厘米之間。《國語·魯語上》："鳥獸孕，水蟲成，獸虞於是乎禁罝羅，䂮魚鱉，以爲夏犒，助生阜也。"韋昭注："䂮，掩也。犒，乾也。夏不得取，故於時掩刺魚鱉

宋代䂮
順德檸檬基

以爲犒儲也。"唐陸龜蒙《漁具》詩序："矛而卓之曰䂮。"明羅頎《物原·食原》："後稷作鎌、䂮。"

zeng

【罾】

方形魚網。其制：網體呈長方形，四角各繫四根短竹竿或木棍，竿或棍交叉於頂部形成一支點。支點處再繫一根或兩根長竹竿或木棍以提放。常置於水中待魚類游入網中或以誘集驅趕方法使魚入網再提網捕捉。適於沿海及内陸水域。用罾之法有扳罾、提罾、坐罾等，罾之類又有綯罾、沉罾、知州罾、車罾、絞罾等。《莊子·胠篋》："鉤餌、罔罟、罾笱之知多，則魚亂於水矣。"《説文·網部》："罾，魚網也。"徐鍇繫傳："罾爲方制，以曲竹交四角而中繫長繩，沉於水以取魚。"王筠句讀引《風土記》："罾，樹四柱而張網於水中，如蜘蛛之網，方而不圓。"清李調元《南越筆記·疍人多以捕魚爲業》："疍人多以捕魚爲業，其漁具多種。最大者曰眾，次曰罾"，"大抵眾皆用於海，罾皆用於江。罾之利常不如眾"。

【罾冪】

一种如罾的小魚網。清沈復《浮生六記·浪游記快》："見捕魚者罾冪，不滿三尺，孔大約四寸，鐵箍四角似取易沉。"

【罾索】

罾之牽索。清李漁《連城璧》子集："就把罾索繫在樹上，夫妻兩個費盡許多氣力，擡出罾來。"

【磳田】

即梯田。南宋四川南充、合川等地區於山間營築梯田，同時修築堤防以瀦存雨水，用以栽種稻子。當地稱之爲"磳田"。明清時代，這種梯田形式在南方山區廣泛被採用。清周亮工《閩小記·磳田》："閩中壤狹田少，山麓皆治爲隴畝，昔人所謂磳田也。喪亂以來，逃亡略盡，磳田蕪穢盡矣。"

【矰】

同"罾"。唐錢起《江行無題》之八十六："細竹漁家路，晴陽看結矰。"《清平山堂話本·楊温攔路虎傳》："遙觀漁翁收矰罷釣歸家，近睹處處柴扉半掩。"

zha

【渣餅】

放在匣鉢内的圓形填塊，以防所燒瓷器與匣鉢粘連。清藍浦《景德鎮陶録》卷四："渣餅有平正細白者，是白不造成。有粗樣者，是泥工打成，大小視坯足爲度。凡坯裝

匣内必有渣餅墊足,經燒后其坯乃不粘匣底。"

渣餅
景德鎮明清御窯廠遺址

【札圈】

製造筒瓦、板瓦坯胎的一種圓輪形工具。其直徑可根據瓦件尺寸而變動。製瓦件坯胎時,其上再套上布筒。宋李誠《營造法式·窯作制度·瓦》:"造瓦坯用細膠土不夾砂者,前一日和泥造坯,鴟獸事件同,先於輪上安定札圈,次套布筒,以水搭泥撥圈,打搭收光,取札并布筒,曖曝。"

【剳】

同"鍘"。鍘草刀。《玉篇·刀部》:"剳,剳草刀。"《集韻·牽韻》:"剳,斷草刀也。"

【閘】

即水閘。傳爲伯益所創。明羅頎《物原·物原》:"伯益作閘。"

【牐】

同"閘"。《宋史·河渠志四》:"每百里置木牐一,以限水勢。"元揭傒斯《建都水分監記》:"地下迤則水疾潤,故爲防以節之,水溢則繩起懸板,以通舟之往來,謂之牐。"明徐光啓《農政全書》卷二:"先是古渠在中興中,一名唐來,其長四百里,一名漢延,長二百五十里,他州正渠十,皆長二百里,支渠大小六十八,灌田九萬餘頃。兵亂以來,廢壞淤淺。守敬更立牐堰,皆復其舊。""合入舊運糧河,每十里置一牐,比至通州,凡爲牐七,距牐里許,上重置斗門,互爲提閼。"清范寅《越諺》卷中:"牐,俗作閘,放水入海之橋有板者,在三江。"

【剿】

同"鍘"。元王禎《農書》卷十四"鍘"注:"秦云,切草也。又作剿。俗作剿,非也。"

【鍘刀】

即鍘。《續小五義》第一回:"只聽上面'咔嚓'一聲,下來了一口月牙式鍘刀。"清麟慶《河工器具圖說》卷四有

"鍘刀"圖。

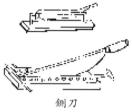

鍘刀
清嘉慶年刊《河工器具圖説》

【鍘刀】

同"鍘刀"。明李實《蜀語》:"切草刀曰鍘刀。"清麟慶《河工器具圖説》卷四:"鍘刀,鍛鐵爲之,刃向下,承以木床,爲切去根梢之用。"《大清會典則例》卷一三〇"盛京福陵物料":"笓籬徑尺一寸,每把銀二錢;二號徑九寸銀一錢五分;三號徑七寸銀一錢二分;大鍘刀長三尺每副銀一兩二錢;小鍘刀長二尺五寸,每副銀七錢七分"。

【鍘刃】

鍘刀的刃片。明徐光啓《農政全書》卷三四:"桑夾,挾桑具也。用木碫上仰置叉股,高可二三尺,於上順置鍘刃。"參見"桑夾"。

【鍘】

通稱鍘刀。刀身較長,一端固定在底槽上,可轉動;另一端有手柄。用時手按刀柄,刀身繞固定點上下開合,可切斷放在底槽上的東西。多用以切斷草料。鍘刀據文獻記載,在漢代已經廣泛使用。遼寧省綏中縣城後村金元遺址出土有鐵製鍘刀。刀背較厚,長弧形,一端有柄,另一端有孔,爲與刀槽連接固定點。刀全長81.5厘米,刃長

鍘
明永樂大典本《農書》

鍘
宋人《百馬圖》

55.5厘米,寬17.8厘米,厚2.4厘米。元李直夫《虎頭牌》第三折:"將銅鍘來,切了你那驢頭!"元王禎《農書》卷十四:"凡造鍘,先鍛鐵爲鍘背,厚可指許。内嵌鍘刃,如半

月而長。下帶鐵袴，以插木柄。截木作碪，長可三尺有餘，廣可四五寸，碪首置木簨，高可三五寸，穿其中以受鍘首。”

【茾】

同“醡”。《集韻・去禡》：“茾，酒盪也。”

【笮】

同“醡”。三國魏嵇康《聲無哀樂論》：“(聲)無主於哀樂，猶簁酒之囊漉，雖笮具不同，而酒味不變也。”《廣韻・去禡》：“笮，笮酒器也。”清錢大昕《恒言録・常語類・笮》：“《説文》：‘笮，迫也。’吴人謂壓酒具爲笮牀。”

【笮牀】

即酒榨。清錢大昕《恒言録・常語類・笮》：“吴人謂壓酒具爲笮牀。”

【簎】

同“醡”。《集韻・去卦》：“簎，壓酒具，或作醡。”

【榨】

榨油、榨酒、榨糖、榨茶等用具的總稱。其制有兩種：一種以一根兩臂抱圍粗的樟木挖空中間做成，中空部分盛放待榨原料，并在下部鑿開一條長三四尺、寬三四寸的平

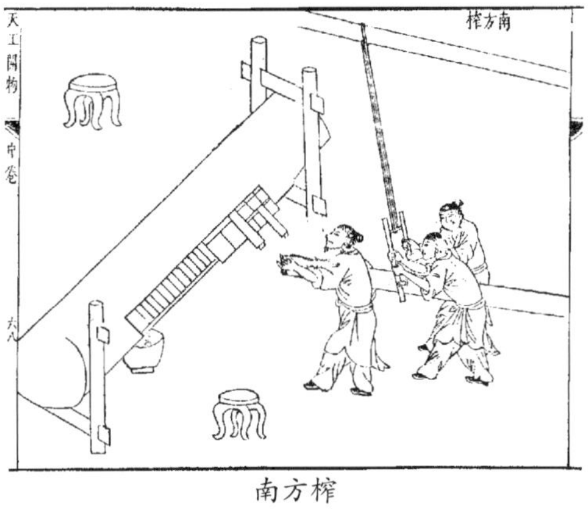

南方榨

明初刻本《天工開物》

槽，槽末鑿一小孔，與接受器相連。用榨時，以撞木敲擊長木楔，使之擠壓待榨原料，液汁從槽口流出。另一種由榨牀、榨盤、木質或石質壓具等組成，原理同前，皆以擠壓待榨之物，使其液汁流出。《集韻・去禡》：“榨，酒盪也。”《文獻通考・徵榷六》：“而天下市易務炭，皆官自賣，名品瑣碎，則有四腳鋪床、榨、磨等。”明宋應星《天工開物・膏液・法具》：“凡榨，木巨者圍必合抱，而中空之，其木樟爲上，檀與杞次之(杞木爲者妨地濕則速朽)。此三木者，脈理循環結長，非有縱直紋，故竭力揮椎，實尖其中，而兩頭無璺拆之患，他木有縱文者不可爲也。中土江北少合抱木者，則取四根合併爲之，鐵箍裹定，横拴串合，而空其中，以受諸質，則散木有完木之用也。凡開榨，空中其量隨木大小，大者受一石有餘，小者受五斗不足。凡開榨，辟中，鑿劃平槽一條，以宛鑿入中，削圓上下，下沿鑿一小孔，剛一小槽，使油出之時流入承藉器中。其平槽約長三四尺，闊三四寸，視其身而爲之，無定式也。實槽尖與枋，唯檀木、柞子木兩者宜爲之，他木無望焉。其尖過斤斧而不過刨，蓋欲其澀，不欲其滑，懼報轉也。撞木與受撞之尖皆以鐵圈裹首，懼披散也。”

【醡槽】

即榨牀。宋洪邁《夷堅支志甲・衛師回》：“見大屋中羅列醡槽，傍有百餘人裸坐，男女淆雜。”

【榨牀】

榨具主要部件名。榨糖、榨油、榨油等器具的底座。亦稱抬牀。以木爲之，上承榨盤及榨斗。牀上架一大木，木連轉軸。壓榨時，轉動轉軸使巨木上下，以壓榨斗内待榨之物。宋王灼《糖霜譜》第四：“糖霜户器用”，“曰榨牀，以安盤，牀上架巨木，下轉軸引索壓之”。《清稗類鈔・物品類》：“榨牀，用以擠壓，使物質液汁流出之器。製油、製酒多用之。”

【榨斗】

壓蔗用具。編竹爲之，袋狀，高四尺。内承待榨之物，置於榨盤之上。宋王灼《糖霜譜》第四：“糖霜户器用”，“曰榨斗，又名竹袋，以壓蔗，高四尺，編當年慈竹爲之”。參見“蔗碾”。

【榨具】

即榨。指榨和它的有關輔助工具。明宋應星《天工開物・膏液・法具》：“榨具已整理，則取諸麻、菜子入釜，文火慢炒，透出香氣，然後碾碎受蒸。”

【榨盤】

榨蔗用具。木製，盤狀。置於榨牀之上，其上承榨斗。宋王灼《糖霜譜》第四：“糖霜户器用”，“曰榨盤，以安斗，類今酒槽底”。

【榨糖機】

即造糖車。《清稗類鈔・工藝類》：“榨糖機皆木造，以堅木製螺旋之二軸，外附以活動之木孔，糖稈自孔中入兩軸之間，用兩牛之力，旋轉其軸，軸動則稈被壓，糖汁下流，導之入溝，灌注於埋土之缸中，盛滿入於尖底鍋，煎熬成糖。”

【醡】

即酒榨。《集韻・去禡》：“醡，酒盪也。或作笮、茾、

榨、醡、醙。"宋黄庭堅《次韻楊君全送酒》詩:"醙頭夜雨排簷滴,盃面春風繞鼻香。"任淵注引《玉篇》:"醙,壓酒具也。"

【醡牀】

榨酒架。清顧張思《土風録》卷三:"壓酒具曰醡牀,醡亦作榨。山谷《放言》詩:'榨牀在東壁。'《切韻》:醡,注:'壓酒具。'《玉篇》又作醡。"

【醙】

同"醡"。《集韻·去卦》:"醙,壓酒具。或作醡、窄、簀。"

【醡】

同"醡"。《玉篇·酉部》:"醡,造酒也。醡,同上。"清桂馥《札樸·器具》:"壓酒具曰醡。"

【醙】

同"醡"。《集韻·去禡》,"醙,酒盞也。"

zhai

【齋庫刀】

牛刀。長而尖鋭。用於宰牛。宮廷禁衛官亦作防身用刀,叫千牛刀。《資治通鑑·梁武帝普通六年》:"齎齋庫刀以趣之。"胡三省注:"齋庫刀,千牛刀也。"

【笝】

木製的盛器。多用以盛飼料。清范寅《越諺》:"豬狗雞笝:豬、狗、鷄皆待餧,盛餧物之器曰笝。"

【寨】

即羊欄。《玉篇·木部》:"寨,羊宿處。"《廣韻·去央》:"寨,羊栖宿處。"

zhan

【占風鐸】

測風響器。五代王仁裕《開元天寶遺事·占風鐸》:"岐王宮中於竹林内懸碎玉片子,每夜聞玉片子相觸之聲,即知有風,號爲占風鐸。"

【占風竿】

測風的器具。《清稗類鈔·名勝類》:"占風竿亦名順風旗,上有鐵箍二十八道,蓋以象二十八宿之數也,自遠即可望之"。

【占風烏】

即相風烏。《書叙指南》卷一引《晉令》:"賀前占風烏曰相風。"

【棧條】

晾曬穀物用的粗竹席。明徐光啓《農政全書》卷二四:"攧稻簟。攧,抖擻也。簟,承所遺稻也。""今農家所用棧條,即簟也"。

【牋】

即羊欄。《集韻·上産》:"牋,豢羊屋也。或從羊。"

【綻索】

作埽用的一種竹索。三股,用青篾製成。元沙克什《河防通議》卷上:"竹葦諸索","綻索,長七十五尺,圍四寸,用八破竹二十五竿"。"河橋使用竹索","綻索,用八破竹二十五竿,用青篾子三股合成,長七十五尺,圍四寸,剥下竹白一十八斤五兩,竹根二十五個,重四斤一十二兩"。

【蘸子】

上漆用的紡織物。根據漆面不同要求,選用不同織物。明黃大成《髹飾録》乾集:"麻布,即蘸子。用繒、絹、麻布。"

zhang

【張衡】

(78—139)東漢傑出天文學家。字平子。南陽西鄂(今河南南陽市西北)人。曾任執管天文的太史令等官。他製造了以漏水帶動的渾天儀(天象儀),是一個直徑四尺六寸的大圓球。球上畫有中外星官、二十八宿、黄赤道、二十四節氣等。整個球能繞南北極軸旋轉。他在渾象上裝置了一套齒輪轉動裝置,利用漏刻水流推動渾象繞極軸旋轉。速度可以和天體的周日視運動相同,晝夜交替、星辰出没都和實際一致,是渾天説的具象解釋,因而又稱爲渾天儀,又稱漏水轉渾天儀。他的這一發明,開中國古代水運渾象的先河,是機械天文鐘的濫觴。他還製造了能記録地震方向的候風地動儀。

【張衡渾象】

東漢張衡製銅質渾象。是中國第一架以漏水爲動力,以齒輪機械傳動與天球周日旋轉同步運轉的渾象。它還帶動一個稱爲瑞輪蓂莢的機械日曆,能隨月的盈虧顯示一個陰曆月中的日期。《隋書·天文志上》:"至桓帝延熹七年,太史令張衡,更以銅製"。"亦於密室中,以漏水轉之。令司之者,閉户而唱之,以告靈臺之觀天者,璇璣所加,某星始見,某星已中,某星今没,皆如合符。"

【張思訓】

(947—1017)北宋蜀(今四川)人,太平興國初年創製上渾儀。參見"太平渾儀"、"上渾儀"。

【掌扇】

整經中用於分絞的工具,亦稱"扇面",因其形制類似一個撐開的大扇面。明宋應星《天工開物·乃服·經具》:"凡絲既籰之後,牽經就織。以直竹竿穿眼三十餘,透過篗圈,名曰'溜眼'。竿橫架柱上,絲從圈透過掌扇,然後纏繞經耙之上。"掌扇上有上下兩排孔眼,把從絲籰上引出的絲穿過溜眼,集中在掌扇并將經絲分成上下兩層,進行分絞。分絞後的束經繞於經耙上。

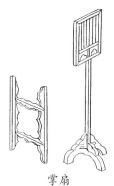

掌扇
明永樂大典本《梓人遺製》

【丈杆】

測量土石工程及料垛、石方的長尺,其長一丈,故稱。清麟慶《河工器具圖說》卷一:"凡公私所度皆以丈計矣。丈杆、五尺杆為查量土垛磚石工程并收料垛、石方必需之具。"

【丈竿】

測量水深之標杆。清薛鳳祚《兩河清彙·運河》:"芒稻河閘舊名滾水閘,先用丈杆試探漕河,應存水若干,便足行漕。再用丈竿試探運鹽河,應存水若干尺,便足行鹽。"

丈杆
清嘉慶年刊《河工器具圖說》

【丈量步車】

丈量土地用的卷尺。明代萬曆初由程大位創製,後加改進,作為清丈土地的工具。丈量步車根據墨斗原理製作,以十字形框架,中有木圓盤以繞長篾片,架心有曲柄,以資篾片收宿。篾片上寫上尺寸刻度,塗以桐油。明程大位《算法統宗·新製丈量步車》:"曲尺樣三折"的轉心能使軸

丈量步車
明萬曆年刊《算法正宗》

明代丈量步車
傳世品

心轉動,十字架內的凹槽內繞"嫩竹竹節平直者,接頭處用銅絲扎住"製成的篾尺,尺"用桐油油之,雖污泥可洗"。"又後製一式,只用十字,內中開槽,留頭不通,中用木圓餅轉篾。篾雖不散,但轉其篾,盡皆挨擦,損壞甚速。總不如前製車式,篾在十字,十字轉動,其篾安靜,故難壞也。"

zhao

【招財童子】

即砝碼。清李光庭《鄉言解頤·物部上》:"市肆謂砝碼為招財童子,謂秤錘為公道老兒。"

【招牌】

標明經營者名號及業務的木牌。宋代以後,店鋪臨街而立,各店為招徠業務,皆設置招牌。在《清明上河圖》中顯示了各類招牌的情形。招牌的形制,可分為豎式、橫式、坐式和牆式;豎式是掛在牆、門、屋檐上的小型字牌,文字不多,簡潔明瞭,使用最多。橫式是在門前牌坊橫題字號,或者是在屋下掛字號巨匾,字形較大。坐式是設在

宋代各式招牌
宋張擇端《清明上河圖》

門前或櫃上的招牌,宋明用坐式,清代起用斜撐木牌。後亦指類似招牌的無牌字招。牆式是掛在牆上的招牌,

近代招牌
安徽博物院

有時亦寫上一些有關廣告。宋張任國《柳梢青》詞：“掛起招牌，一聲喝采，舊店新開。熟事孩兒，家懷老子，畢竟招財。”《水滸傳》第五一回：那白秀英道：“今日秀英招牌上明寫着這場話本，是一段風流蘊藉的格範，喚做‘豫章城雙漸趕蘇卿’。說了，開話又唱，唱了又說”。《明成化說唱詞話·張文貴傳上》：“前邊行到竹竿巷，見一招牌寫得真，白粉牆上書大字，有房安歇往來人。”《警世通言·崔待詔生死冤家》：“就潭州市裏討間房屋，出面招牌，寫着‘行在崔待詔碾玉生活’。”《儒林外史》第三一回：“將來再過兩年，叫小兒出去考個縣考，騙兩回粉湯包子吃，將來掛招牌，就可以稱儒醫。”《清稗類鈔·農商類》：“商店懸牌於門以爲標識，廣招徠者曰市招，俗呼招牌。”

【招旗】

招旗
宋張擇端《清明上河圖》

標志店鋪的旗。以酒店爲主，其他店鋪亦用之。《水滸傳》第二三回：“當日晌午時分，走得肚中饑渴，望見前面有一個酒店，挑着一面招旗在門前，上頭寫着五個字道：‘三碗不過崗。’”參見“酒旗”。

【招紙】

紙質廣告。清吳趼人《二十年目睹之怪現狀》第七三回：“他賣書，外頭街上貼的萃文齋招紙，便是他的。”參見“紙招子”。

【招子】

稱招紙和招牌。宋無名氏《錯立身》戲文第四出：“今早掛了招子，不免叫孩兒來，商量明日雜劇。”《警世通言·呂大郎還金完骨肉》：“王氏生下一個孩子，小名喜兒，方才六歲，跟鄰舍家兒童出去看神會，夜晚不回。夫妻兩個煩惱，出了一張招子，街坊上，叫了數日。”

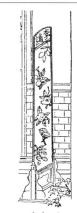

坐招子
明王慎修原刊本
《平妖傳》

【銚】

同“錯”。《方言》第十三“錐謂之錯”，晉郭璞注：“《廣雅》作銚字。”錢繹箋疏：“《廣雅》作銚，與今本異。”

【銚】

大鐮刀。用於收割稻麥及割草。《管子·輕重己》：“銚鈶义橿”，“所以御春夏之事也”。《說文·金部》：“銚，大鐮也。從金召聲。鎌或謂之銚，張徹說。”

【錯】

即錐。《方言》第十三：“錐謂之錯。”

【爪木】

即瓜木。清麟慶《河工器具圖說》卷四：“又有爪木，置於所合麻股之首，或三或四，撮而爲一，各結於掉枝，復攪緊成繩，爪木自行，繩盡乃止。”按，王禎《農書》作“瓜木”。疑“瓜”、“爪”形近而訛。

【照版】

照版與度竿
明正德年刊《武經總要》

水平測定的配套工具。宋曾公亮《武經總要前集》卷十一:"照版,形如方扇,長四尺,下二尺黑,上二尺白,闊三尺,柄長一尺可握。"參見"度竿"。

【罦】

竹編的籠狀器具。上小下大,有頂無底,用以罩住禽鳥等使不得飛走。後亦作"罩"。《説文·隹部》:"罦,覆鳥令不飛走也。"徐鍇繫傳:"罦猶罩也。"段玉裁注:"《网部》有罩,捕魚器也。此與罩不獨魚鳥異用,亦且罦非網罟之類,謂家禽及生獲之禽慮其飛走而籠罦之,故其字不入网部。今則罩行而罦廢矣。"王筠句讀:"捕魚爲罩,覆鳥爲罦,皆同意。"

【罩】

罩
城前村漢畫像石

罩
壁圖本《吳友如畫寶》

捕魚工具。編竹片成圓形或筒狀,上小下大,無頂無底。捕魚時,對準魚從上向下猛按於水中。魚落罩中,便從罩上獲取。用於淺水區域。信陽孫砦西周遺址發現罩多件,大者上口直徑 13 厘米,下口直徑 101 厘米、高 120 厘米,小者高僅 70 厘米,或單經多緯或單經雙緯,用竹篾片編成。《詩·小雅·南有嘉魚》:"南有嘉魚,烝然罩罩。"毛傳:"罩罩,篧也。"孔穎達正義引李巡曰:"篧,編細竹以爲罩,捕魚也。"陳奐疏:"罩魚爲篧,按而取之器也。今見太湖人尚有以罩取魚者。"唐溫庭筠《罩魚歌》:"持罩入深水,金鱗大如手。"參見"罩筌"。

【罩筌】

即罩。捕魚竹器。明王圻《三才圖會·器用五》:"罩則編竹爲巨籠,空其兩頭,圍水而漁。"圖名作"罩筌"。

罩筌
明萬曆年刊《三才圖會》

【篧】

同"罩"。捕魚工具。《廣雅·釋器》:"箅、籃、篧,篧也。"王念孫疏證:"《説文》:罩,捕魚器。罩與篧同,凡自上籠下謂之罩。"

【趙過】

(前 140—前 87)西漢農業科技家,曾任漢武帝末期的搜粟都尉,創造了三腳樓和代田法,改良過多種農具,推廣牛耕。《齊民要術·耕田》引漢崔寔《政論》:"(漢)武帝以趙過爲搜粟都尉,教民耕殖,其法:三犁共一牛,一人將之,下種挽樓,皆取備焉,日種一頃。今三輔猶賴其利。"

zhe

【折脆】

走方醫用以取牙的小筒。清趙學敏《串雅内編·緒論》:"負笈行醫周游四方,俗呼爲走方","有馬口鐵小筒,用以取牙,名曰折脆"。

【折光遠鏡】

天文望遠鏡。清毛祥麟《墨餘録·折光鏡》:"美國有折光遠鏡,厚十五寸,成影處,相去二十二尺六寸。有小凸鏡十八面,調換用之。光力小者,放大百倍;光力極大者,放二千倍。其鏡筒重五十斤,置於架。架上俱設輪機,如欲去此就彼，一手可轉移也。鏡窺雲漢，仰見繁星滿布，歷歷可數，如木星、土星、天王星，皆有小星幾點隨行。"

【浙尺】

宋代民間江浙一帶所用的一種尺。宋趙與峕《賓退録》卷八："周尺果當布帛尺七寸五分弱，於今浙尺爲八寸四分。"

【栬】

即蠶椽。《方言》第五："其横，關西曰栬，宋魏陳楚江淮之間謂之栅。齊部謂之栬。"北魏賈思勰《齊民要術·種桑柘》："崔寔曰：三月，清明節，令蠶妾治蠶室，塗隙穴，具槌、栬、箔、籠。"

【栚】

同"栬"。《吕氏春秋·季春紀》"具栚曲篆筐"，漢高誘注："栚，讀曰朕。栚，栬也。三輔謂之栬，關東謂之栚。栚與栬同。"今本亦作"栬"。

【赭繩】

即墨斗。清麟慶《河工器具圖説》卷四："《廣韻》：《商君書》，赭繩，束枉木。注，赭繩，即墨斗也。"

【柘杵】

柘木製的杵。漢劉向《説苑·權謀》："歊日之役者，有執柘杵而上視者，竟其是邪？"

【浙碓】

即堈碓。傳始於浙人，故名。明徐光啓《農政全書》卷二三："堈碓，以堈作碓臼也。""一堈可舂米三石，功折常碓累倍。始於浙人，故又名浙碓。今多於津要商旅轉集處所，可作連屋，置百餘具者，以供往來稻船貨糶粳糯。"

【蔗車】

碾壓蔗汁的裝置。制如雙碾，兩石矗立。用以碾取蔗汁製糖。清黄叔璥《臺海使槎録》卷二："唐大曆中，鄒和尚始教民黄氏蔗霜法，其器用有蔗削、蔗鐮、蔗凳、蔗碾、撞牀、榨斗、漆瓮之屬。今蔗車兩石矗立，狀如雙碾，夾取其汁，想即蔗碾遺製。"參見"造糖車"。

【蔗凳】

剖蔗用具。其形如小凳，剖者斜跨其上剖之。宋王灼《糖霜譜》第四："糖霜户器用"，"曰蔗凳，如小杌子，一角鑿孔立木叉，束蔗三五挺閣叉上，斜跨凳剖之"。參見"蔗碾"。

【蔗鐮】

一種較長而略彎的削蔗刀。宋王灼《糖霜譜》第四："蔗削，如破竹刀而稍輕，曰蔗鐮，以削蔗。闊四寸，長尺許，勢微彎。"清黄叔璥《臺海使槎録》卷二："唐大曆中，鄒和尚始教民黄氏蔗霜法，其器用有蔗削、蔗鐮、蔗凳、蔗碾、撞牀、榨斗、漆瓮之屬。"

【蔗碾】

碾蔗取汁的工具。以大硬石爲碾輪、碾槽，用牛拖拉。宋王灼《糖霜譜》第四："蔗碾，駕牛以碾所剖之蔗。大硬石爲之，高六七尺，重千餘斤，下以硬石作槽底，循環丈餘。"清黄叔璥《臺海使槎録》卷二："今蔗車兩石矗立，狀如雙碾，夾取其汁，恐即蔗碾遺製。"參見"造糖車"。

【蔗削】

小蔗削
壁圖本《吴友如畫寶》

削蔗刀。宋王灼《糖霜譜》第四："蔗削，如破竹刀而稍輕，曰蔗鐮，以削蔗。闊四寸，長尺許，勢微彎。"清黄叔璥《臺海使槎録》卷二："唐大曆中，鄒和尚始教民黄氏蔗霜法，其器用有蔗削、蔗鐮、蔗凳、蔗碾、撞牀、榨斗、漆瓮之屬。"

zhen

【針】

同"鍼"。醫用手術工具。《後漢書·方術傳·郭玉》："帝乃令貴人羸服變處，一針即差。""針有分寸，時有破漏，重以恐懼之心，加以裁慎之志，臣意且猶不盡，何有於病哉！"

【針盤】

即羅盤。宋吴自牧《夢粱録·江海船艦》："風雨晦冥時，惟憑針盤而行，乃火長掌之，毫釐不敢差誤，蓋一舟人命所繫也。"

【針石】

即鑱石。《素問·移精變氣論》："毒藥治其内，針石治其外。"

【砧】

同"碪"。南朝宋謝惠連《擣衣》詩："欄高砧響發，楹長杵聲哀。"宋蔡襄《茶録·砧椎》："砧椎蓋以砧茶。砧以木爲之，椎或金或鐵，取於便用。"明宋應星《天工開物·冶鐵》："先鑄鐵成砧，以爲受錘之地"。清平步青《霞外攟屑・碪板》引《西雲札記》卷四："切魚肉之板亦曰碪。或作枯、椹。又作鐌。"

【砧板】

砧。多指切割魚肉等時用的木質墊板。元關漢卿《望江亭》第三折："可將砧板、刀子來,我切鱠哩。"《西湖二集・愚郡守玉殿生春》："終日在竈下燒火抹鍋,擦洗碗盞,丟砧板。"清范寅《越諺》卷中："砧板,用備劚剁切刮之板,柏樹者忌切蕎麥。"

【砧杵】

砧杵
清知不足齋本《列女傳》

搗練絲帛的手工工具。砧是搗絲帛用墊石。杵是棒槌。唐白居易《聞夜砧》詩："誰家思婦秋搗帛,月苦風淒砧杵悲。"元王禎《農書》卷二一："砧杵,搗練具也。《東宮舊事》曰:'太子納妃,有石砧一枚,又搗衣杵十。'《荆州記》曰:'秭歸縣有屈原宅,女嬃廟。搗衣石猶存。'蓋古之女子,對立,各執一杵,上下搗練於砧。其丁冬之聲,互相應答。今易作卧杵,對座搗之,又便且速,易成帛也。"上述引文中的"搗衣杵"和"搗衣石"是指搗練絲帛用的木杵

砧杵
清山東書局本《農政全書》

和石砧,搗練是秦漢以來發展的把草木灰化學法與用砧杵的機械法相結合的精練絲帛新技術。把砧杵用於搗練絲帛,是古人借鑒於洗衣用的砧杵,故把搗練用的砧杵,仍沿用"搗衣杵"和"搗衣石"之名,應依其所述內容加以區分。後人臨摹的唐代張萱《搗練圖》畫卷,給出了用砧杵搗練絲帛的情景。該畫卷右側有一石砧,上面放着用細繩捆紮的帛類絲織物,兩名婦女各執木杵一枝正在搗練,另兩名婦女在傍作輔助狀。木杵爲細腰形,其高度與婦女身高相仿,這是唐代搗練絲帛的現場寫生。宋代以

後,搗練絲帛已由兩人站立各自雙手執單杵,發展出兩人對坐各執雙杵。據《農書》的砧杵圖可見:杵體已經改短,一端稍細,便於握持,雙手各執一杵卧搗。卧搗比立搗減輕了勞動強度,提高了勞動生產率,是絲帛精練技術的一大進步。

【砧頭】

即碪,砧板。宋周密《武林舊事・小經紀》："修砧頭、磨刀。"《水滸傳》第四四回:"(石秀)叫了副手,便把大青大綠妝點起肉案子、水盆、砧頭。"《醒世恒言・薛録事魚服證仙》:"(魚)竟被王士良一把提到厨下,早取過一個砧頭來放在上面。"

【帳】

即袜笔。《方言》第五:"飤馬橐,自關而西謂之袜囊,或謂之袜笔,或謂之幒笔。燕齊之間謂之帳。"《廣韻・平真》:"帳,馬笔囊也。"

【椹】

同"碪"。《爾雅・釋宫》:"椹謂之榩。"郭璞注:"斫木櫍也。"

【椹質】

即砧板。《戰國策・秦三》:"今臣之胸不足以當椹質,腰不足以待斧鉞,豈敢以疑事嘗試於王乎?"《詩經・大雅・公劉》"取厲取鍛",鄭玄箋:"鍛石所以爲鍛質也。"唐孔穎達疏:"質,椹也。言鍛金之時須山石爲椹質。"

【碪】

碪板。捶、砸、搗、切東西時墊在底下的器物。以鐵、石、木頭等製成,其形各異。元王禎《農書》卷二一:"碪,截木爲碥圓形,豎理切物,乃不拒刃。此北方蠶小時用刀切葉碪上,或用几,或用夾。南方蠶無大小,切桑俱用碪也。"明徐光啓《農政全書》卷二二:"截木作碪,長可三尺有餘,廣可四五寸,碪首置木簨,高可三五寸,穿其中以受鍘。"

【碪槌】

石製的搗藥工具。唐孫思邈《備急千金要方・序例》:"凡牛膝、石斛等入湯酒,拍碎用之。石斛入丸散者,先以碪槌極打令碎,乃入臼,不爾搗不熟,入酒亦然。"

【箴】

同"鍼"。醫用器具。《漢書・藝文志》:"箴石湯火所施。"顏師古注:"箴,所以刺病也;石謂砭石,即石箴也。"《武威漢代醫簡》:"蕆儵出箴,寒氣在胃莞……","留〔箴〕,病者呼四五十乃出箴;次刺膝下五寸分間榮深三分,留箴如炊一升米頃出箴,名曰三里"。

【鉆】

同"砧"。清平步青《霞外攟屑‧碪板》引《西雲札記》卷四："切魚之板亦曰砧。或作柘、椹。又作鉆。皆下襯之物,其義與砧相因。"

【鍼】

外科醫用手術器具,刀和針的統稱。有石製、金製、銀製、鐵製,形制據用途不同各異。《史記‧扁鵲倉公列傳》："扁鵲乃使弟子子陽厲鍼砥石,以取外三陽五會。"

扁鵲用鍼
兩城漢畫像石

《靈樞經‧九鍼十二原》："凡用鍼者,虛則實之,滿則泄之","補瀉之時,以鍼爲之"。宋周密《齊東野語‧針砭》："然古者,鍼以石爲之。"清劉濟川《外科心法真驗指掌‧用刀門》："凡鍼有銀,有鐵,有長、短,有三棱,有四棱。各有所宜,不可亂動。"

【鍼石】

同"針石"。《靈樞經‧論痛》："人之骨強筋弱,肉緩皮膚厚者耐痛,其於鍼石之痛,火焫亦然。"

【振梃】

中醫傷科用的小木棒。用以拍擊傷痛腫硬處,散結化瘀。《醫宗金鑒‧正骨心法》："振梃,即木棒也。長尺半,圓如錢大;或麵杖亦可。蓋受傷之處,氣血凝結,疼痛腫硬,用此梃微微振下四旁,使氣血流通,得以四散,則疼痛漸減,腫硬漸消也。"

【栚】

即蠶椽。《吕氏春秋‧季春》："具栚曲簾筐。"高誘注:"栚,持也。三輔謂之栚,關東謂之持;曲,薄也,皆受桑器也。"《說文‧木部》:"栚,槌之橫者也,關西謂之㮤。"朱駿聲通訓定聲:"懸蠶薄木,豎曰槌,橫曰栚。"

【紖】

同"紖"。《玉篇‧糸部》:"紖,索也。絼、紖,并同上。"唐玄應《一切經音義》卷一:"紖,又作絼,緣二形同,直忍反,謂牛鼻繩也。"

【紖】

牛鼻繩。亦泛指牽引其他牲畜的繩子。《禮記‧少儀》:"牛則執紖,馬則執靮,皆右之。"鄭玄注:"紖、靮,皆所以繫制之者。"孔穎達疏:"紖、靮,俱牽牛馬之物,故執之。"又《祭統》:"及迎牲,君執紖。"鄭玄注:"紖,所以牽牲也。"孔穎達疏:"紖,牛鼻繩。"《說文‧糸部》:"紖,牛糸也。"

【紖牀】

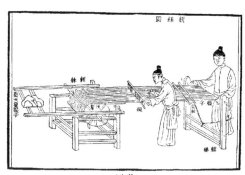

紖牀
清乾隆初刊本《豳風廣義》

手工整經機。把籰子上的絲排列成經軸,供織機上用作經向絲縷。清楊屾《豳風廣義》卷三:"紖牀之制,用木四根,徑三寸,後二根高二尺六寸。前二根高三尺四寸,從二尺六寸處,順安二大平桄,下用樺桄四道,安成方架,於前椿平桄以上。一大孔,以套壓天籰的架子,二大平桄上相去三寸,各安二擒齒,以承天籰。將纏籰上,收下經縷無交的一頭,拴繫天籰釘上,一人搬轉天籰,一人兩手執住纏籰,旋放旋纏,緊緊又纏在天籰上,至有交處方止。然後將壓天籰架子,套在前椿扁榫上,橫貫一細輄,使不上脫。又以石版壓住架尾,方不浮起。交用二竹輄從交兩邊貫過,將交夾在二竹輄之中,竹輄兩頭,用繩子繫住,不可令脫,一人撥攪,一人執繩貫頭。貫法,用薄竹篾刻一鈎搭子,從繩齒眼透過,一人將絲頭二根,掛在繩鈎上,扯過齒眼,收住挽一結,齒齒貫畢。用𥯤梯一個,將𥯤子橫擔共上,令𥯤梯去紖牀三丈。將底桄以繩繫住,再將貫過經縷以數十絲挽一結,用一竹輄貫住,牽紖至𥯤梯,將竹棍橫架𥯤子上,一人搬轉𥯤子,一人手執撥簪,往來在經縷上撥挑。如有粘縐結絲,俱用撥簪排開,繩齒一過,遂搬轉𥯤子,容將經縷絪緊,如有鬆漫處,下面用紙一墊,務要平緊一樣,隨撥隨捲,盡卷在𥯤子上,可以言織矣。"

【綯】

同"紖"。牛鼻繩。《周禮‧地官‧封人》:"凡祭祀,飾其牲牷,設其楅衡,置其絼,共其水槁。"鄭玄注引鄭司農曰:"絼,著牛鼻繩,所以牽牛者,今時謂之雉,與古者名同。"陸德明釋文:"絼,本又作紖,持忍反。"孫詒讓正義:"紖正字,絼別體。"明歸有光《送陳子達之任元城序》:"爲人牧牛羊,爲之善其牢刍,擇其水草,時其絼放。"

zheng

【正方案】

元郭守敬發明的測方位儀器。爲一四方木板，中心爲一圓柱，柱上植一細棒。案面上，自中心始每隔一寸畫一圓，共19個同心圓。方案四周開水渠作定平之用。用來測定方位，北極出地高度（地方緯度）及幫助安裝儀器確定極軸方向。《元史·天文志一》："正方案，方四尺，厚一寸"，"去心一寸，畫爲圓規，自外寸規之，凡十九規。""中爲圓，徑二寸，高亦如之。中心洞底植臬，高一尺五寸。"至晚明，方正案上的刻度被去掉，用作日晷的度盤。

【蒸礦爐】

宋代高爐。用以冶煉鐵礦石。《宋會要輯稿·食貨》："雅州名山縣蒸礦爐三所，熙寧六年置。"

【正策】

即正算。《隋書·律曆志上》：其算用竹，"正策三廉，積二百一十六枚，成六觚，乾之策也"。

【正算】

表示正數的算籌。用紅色或三棱作標志。《九章算術·方程》"以正負術入之，正負術曰"劉徽注："正算赤，負算黑，否則以邪正爲異。"

zhi

【汁缸】

河工熬煉糯米汁時貯存汁液的瓦缸。清麟慶《河工器具圖說》卷二："汁鍋、汁爬、汁瓢、汁缸，皆取漿之器。"

【汁鍋】

河工熬煉糯米汁的鍋具。由木桶加蓋與鍋組成。清麟慶《河工器具圖說》卷二："汁鍋、汁爬、汁瓢、汁缸，皆取漿之器。其法，先以木桶加鍋上接口，燉煉糯米成汁，隨時用爬推攪，不使停滯。用瓢酌取驗視濃淡，候滴漿成絲爲度，然後貯以瓦缸，備石工灌漿及拌和三合土之用。"

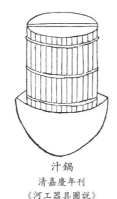

汁鍋
清嘉慶年刊
《河工器具圖說》

【汁瓢】

河工熬煉糯米汁時舀汁用大瓢。清麟慶《河工器具圖說》卷二："汁鍋、汁爬、汁瓢、汁缸，皆取漿之器。"

【知州罾】

罾的一種。敷網捕魚的網具。其口呈四方形，廣僅一丈多，在水中樹二木以張開網口，稱硬門。此網形制較小，常浮於水中而不下沉，費人力較少，適於內陸水域。清李調元《南越筆記·粵人多以捕魚爲業》："罾之類有曰知州罾，其廣丈餘，樹二木於水中以繃罾，是曰硬門。常浮而不沉，費人力少。罾之小者也。"

【織機】

織造機具。其作用是把經向和緯向的絲縷或紗綫按一定的規律交叉，織成布、帛、呢、毯等織物。明徐光啓《農政全書》卷三四："織機，織絲具也。按黃帝元妃西陵氏，曰儽祖，始勤蠶稼。月大火而浴種，夫人副褘而躬桑乃獻

織機
清聚珍版《農書》

織機
清山東書局本《農政全書》

繭絲，遂稱織紝之功，因之廣織，以給郊廟之服。"機織技術是在編織技術基礎上發展起來的。開口、引緯、打緯是機織三項主要運動。具有這三項織作運動的最簡單的原始織機，大約出現在新石器時代。浙江河姆渡新石器時代遺址中，發掘出有幾件木製工具，是原始腰機上的卷布輥、打緯刀和提綜木桿。古代文獻中有關織機的完整記載出現得較晚，其中有漢劉向的《列女傳》、王逸的《織婦賦》和晉楊泉的《織機賦》。這兩篇賦中所描述的織機和織造技術都已發展到手工工藝的高峰，出現了花機和織錦。在此以前的文獻多是部份地提到織機上的零件，如杼、柚、躡、綜、筬、籆、榎等。這些構件是織機的重要組成

部分,它們的出現標志着織造技術已從原始工具發展到完整的織機階段。漢劉向《列女傳‧魯季敬姜傳》:"文伯相魯,敬姜謂之曰:'吾語汝,治國之要,盡在經矣。夫幅者,所以正曲枉也,不可不强,故幅可以爲將。畫者,所以均不均,服不服也,故畫可以爲正。物者,所以治蕪與莫也,故物可以爲都大夫。持交而不失,出入而不絶者,梱也。梱可以

織機
明永樂大典本《農書》

爲大行人也。推而往,引而來者,綜也。綜可以爲關内之師。主多少之數者,构也。构可以爲内史。服重任,行遠道,正直而固者,軸也。軸可以爲相。舒而無窮者,榼也,榼可以爲三公。'"這段文字是魯季敬姜用織機構件的作用比喻對國家官吏的職守和要求的。敬姜所説的大概是春秋時期常用的織機。秦漢時期普及了斜織機。成都市天迴鎮老官山西漢墓出土了完整的西漢織機模型,織機旁有織工木俑。四部織機爲蜀錦提花機,現發現刻有斜織機的漢畫像石共有九塊:如山東滕縣的宏道院和龍陽店,山東嘉祥縣武梁祠,山東肥城西北孝堂山郭巨祠,山東濟寧晉陽山慈雲寺,江蘇沛縣留城鎮,江蘇銅山縣洪樓地區,江蘇泗洪縣曹莊,成都土橋曾家包等的畫像石刻。這九塊畫像石,是研究斜織機結構的實物史料。斜織機采用踏腳板(躡)提綜開口,這是織機發展史上一項重大發明。在畫像石中有用單踏桿和雙踏桿的提綜開口示意圖。由於漢代畫像石上

織機
老官山西漢墓

斜織機
洪樓漢畫像石

刻製太簡單,沒有畫出綜框,看不清雙踏桿傳動兩片綜框的織機結構。漢代歷史文獻中則有一綜一躡、多綜多躡的記載。雙綜平紋開口機構是從單綜開口機構發展而來的。雙綜懸於"馬頭"的兩端,下連雙踏桿,這在元代《梓人遺製》的布卧機子、《農書》中的布機和卧機、明代《天工開物》中的腰機、《蠶桑萃編》中的織綢機等,均有明確的描繪。這種腳踏提綜開口式斜織機和完整的織造技術以及各種行之有效的機構,是我國勞動人民杰出創造。由於漢唐絲綢之路的暢通,斜織機、平織機的結構原理和工藝技術,才絡續傳至亞歐各國。歐洲到公元6世紀才開始出現,13世紀才廣泛應用。

斜織機
曹莊漢畫像石

【織室】

漢代宮中掌管織造、製作絲帛禮服等物品的官府。設在未央宮,有東、西織室,設令、史屬少府。隋唐稱染織署。《史記‧外戚世家》:"薄姬輸織室","漢王入織室,見薄姬有色,詔内後宮"。《漢書‧惠帝紀》:"秋七月乙亥,未央宮凌室災;丙子,織室災。"顔師古注:"主織作繒帛之處。"《漢書‧百官公卿表上》:"少府、秦官":"屬官有……東織……西織。""河平元年,省東織,更名西織爲織室。"

【織梭】

即梭。因是織造時使用的引緯工具,故名。《晉書‧陶侃傳》:"侃少時漁於雷澤,網得一織梭,以挂於壁。有頃雷雨,自化爲龍而去。"元周達觀《誠齋雜記》:"陶侃嘗捕魚得織梭,挂壁有頃雷雨,梭變成赤龍飛上。"

【織綜】

即綜。織機上使經綫上下分開形成梭口以受緯綫,使經、緯綫相互交織的裝置。南朝梁劉勰《文心雕龍‧正緯》:"蓋緯之成經,其猶織綜,絲麻不雜,布帛乃成。"

【直規】

即直距。《宋史‧天文志一》:"三曰直規二,各長四尺八寸,闊一寸二分,厚四分,於兩極之間用夾窺管,中置關軸,令其游規運轉。"

【直距】

四游儀中用以夾持瞄準器的一對夾板。狹長,兩端位於四游儀兩個極點處,隨四游儀迴轉。瞄準器中央,可繞

夾板中心,在平行於四游儀環的平面内轉動。宋蘇頌《新儀象法要》卷上:"右望筒二,直距一,直距各長五尺六寸五分,闊一寸六分,厚八分,安四游儀中,上屬北極,下屬南極,中施關軸,以夾望筒。"

【直柱】

護岸木龍内繫纜立柱。大松木外圍小木九根,竹纜緊裹而成。清麟慶《河工器具圖説》卷三:"直柱爲龍身内繫纜要具。需用三尺八松木,長二丈,下用蔫木二根扣緊,兩旁用木九根圍抱排擠,以竹纜三扣箍紮,竪於龍身底層。仍於縱橫各木層層擠緊至出龍面,再用尺二抱木加纜箍定,用以扣繫大纜,方能堅固。"

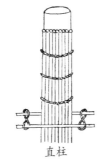

直柱
清嘉慶年刊《河工器具圖説》

【楠】

即磨牀。《集韻·入昔》:"楠,磨牀。"《太平御覽》卷七六二引漢服虔《通俗文》:"磨牀曰楠。"

【植】

即蠶槌。《禮記·月令》:"具曲、植、筥、筐。"鄭玄注:"植,槌也。"

【蹠鏵】

即踏犁。元王禎《農書》卷十三:"長鑱,踏田器也。""古謂之蹠鏵,今謂之踏犁。"

【蹠痳】

可用腳踏的耒。《吕氏春秋·重言》:"譆!日之役者,有執蹠痳而上視者,意者其是邪?"

【職機】

同"織機"。敦煌文書斯6417號背《孔員信女三子爲遺産事訴狀》:"職機壹,櫃壹口並鎖具全,青銅鏡子一。"

【指尺】

即手尺。以中指中節爲寸,積十寸爲尺,稱指尺。用於禮器測量。《公羊傳·僖公三十一年》"膚寸而合"何休注"側手爲膚,案指爲寸。"宋聶崇義《新定三禮圖·指尺》:"秦漢以來,黍分指寸之尺見於禮志,但禮神之玉,宜真比氓難得,今自蒼璧以下,圭玉之屬,請依指寸之尺,冠冕尊彝用木之類,請用黍寸之尺。"宋章如愚《群書考索》卷五三:"指尺之与黍尺一也,黍有巨細,故尺有長短,先儒以黍之巨者積而爲寸,則於膚指不合,於是有指黍二尺之辯:謂圭璧之屬用指尺,冠冕尊彝之屬用黍尺,豈其然乎?"宋朱熹《家禮·通禮·深衣制度》:"裁用白細布,度用指尺。"注:"中指中節爲寸。"

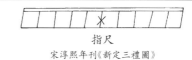

指尺
宋淳熙年刊《新定三禮圖》

【指南浮針】

以水浮法裝置的指南針。最遲在11世紀末,中國首先使用水浮法指南針製成水浮法羅盤,用於航海導航,開創了世界航海史的新紀元。宋徐兢《宣和奉使高麗圖經·半洋焦》:"若晦冥則用指南浮針,以揆南北。"參見"水羅經"。

【指南旱針】

即旱羅經。清范宜賓《羅經精一解·針説》:"指南旱針,造自聖王,今反棄古不用,轉用後人僞造之水針。"

【指南針】

指示方向的儀器。因儀器中磁針的一端永遠指着南方,故稱。晉代已用於導航,《宋書·禮志五》:"晉代又有指南舟。"由司南演變而來。起初以磁石磨成針狀作指南用,後以磁鐵製針。指南針安裝有方向刻度的盤内,成爲羅盤。宋沈括《夢溪補筆談·藥議》:"以磁石磨針鋒,則銳處常指南。"《説郛》卷二一引元程棨《三柳軒雜識》:"陰陽家以磁石引針定南,每有子午之異。按《本草衍義》,磁石磨針鋒,則能指南。然嘗偏東,不全南也。其法取新纊中獨縷,以芥子蠟綴於針腰,無風處垂之,則針嘗指南,以針橫貫燈心浮水上亦指南。"指南針設置方法有水浮法、縷懸法、指甲法與碗唇法。以後被改製成羅盤用於航海。宋朱彧《萍洲可談》卷二:"舟師識地理,夜則觀星,晝則觀日,陰晦觀指南針。"

【指南鍼】

同"指南針"。清黄叔璥《臺海使槎録》卷一:"放洋全以指南鍼爲信,認定方向,隨波上下,曰鍼路。"

【紙槽】

抄紙之槽。後借指造紙匠户。《江西通志》卷二七:"按王宗沐《江西大志·廣信府》'紙槽',前不可考。自洪武年間創於玉山一縣,至嘉靖以來始有永豐鉛山上饒三縣,續告司府亦各起立槽房,玉山槽坐峽口等處,永豐槽坐柘楊等處,鉛山槽坐石塘石壟等處,上饒槽坐黄坑周村高洲鐵山等處,皆水土宜槽,窮源石峽,清流湍急,漂料潔白,蒸熟搗細,藥和溶化,澄清如水,簾撈成紙。製作有方。"

【紙刀】

裁紙刀。清高靜亭《正音撮要·鐵器》:"拿鑷子拔他,拿紙刀裁他,拿金鋼鑽鑽他。"

【紙臼】

用於舂紙漿的石臼。《太平御覽》卷七六二引《湘州記》:"棗陽縣有蔡倫宅,宅西有一石臼,云是倫舂紙臼。"

【紙屋樣】

用紙粘糊而成的房屋模樣。清代以燙樣最佳採用元書紙呈文紙、高麗紙、東昌紙製墻體、屋頂等。清李斗《揚州畫舫錄·工段營造錄》："又以紙裱使厚，按式做紙屋樣，令工匠依格放綫，謂之燙樣。"

【紙招子】

即招紙。上面多以書字。宋無名氏《張協狀元》第四出："青布簾大寫着'員夢如神'，紙招子特書個'聽聲揣骨'。"

【所】

鐵砧，鍘草刀的墊座。明楊慎《丹鉛雜錄·字義》："所，鐵砧也。從兩斤，別作鑕，贅矣。"

【痔瘡坐袋】

治療痔瘡用的藥袋。清趙學敏《串雅外編·雜法門》："痔瘡坐袋，乳香、沒藥、龍骨、赤石脂、海螵蛸、輕粉、木鱉各三錢，共爲末，以絹盛之。每日坐，不必澆，坐二十一日，無不愈。"

【雉】

即紖。牛鼻繩。《周禮·地官·封人》"飾其牛牲，設其楅衡，置其絼"，漢鄭玄注："絼，著牛鼻繩也，所以牽牛者，今時謂之雉，與古者名同。"孫詒讓正義："云'今時謂之雉，與古者名同'者，謂漢時名牛鼻繩爲雉，與絼音同。"《禮記·檀弓上》"申生受賜而死，再拜稽首乃卒"，漢鄭玄注："既告狐突，乃雉經。"孔穎達疏："雉，牛鼻繩也。申生以牛繩自縊而死也。"

【紩】

繩索。《廣雅·釋器》："紩，索也。"《玉篇·糸部》："紩，索也。古作絰。"

【誌樁】

測量水位的固定標尺。《林則徐日記·道光十七年五月十四日》："江漢水勢俱盛大，以皇筆館誌樁量之，江水已長三丈矣。"清麟慶《河工器具圖説》卷一："誌樁之製，刻劃丈尺，所以測量河水之消長也。樁有大小之別，大者安設有工之處，約長三四丈，較準尺寸，注明入土出水丈尺。小者長丈餘，設於各堡門前，以備漫灘水抵堤根。兵夫查報尺寸。古人取諸身曰指尺，取諸物曰黍尺，隋時始用木尺，誌樁所由昉乎。"

誌樁
清嘉慶年刊
《河工器具圖説》

【摘】

即樀。元王禎《農書》卷十六："《通俗文》云：填礦曰碉，磨狀曰摘。"

【櫑】

即蠶槌。《方言》第五：槌，"宋魏陳楚江淮之間謂之櫑"。

【銍】

收穫禾穗的短鐮刀。我國新石器時代遺址出土的大量陶刀、石刀、蚌刀、骨刀是當時收穫禾穗用的工具，也就是早期的銍。形狀有梯形、矩形和半月形等。初期的銍，不穿孔，於左右兩側開缺口繫繩。後來改在銍上穿孔繫繩，握拿使用更爲方便。殷周時代，青銅製作的銍，戰國到漢代，使用鐵銍。《漢書·王莽傳中》："予之西巡，必躬載銍，每縣則穫，以勸西成。"元王禎《農書》卷十四："銍，穫禾穗刃也。《臣工》詩曰：奄觀銍艾。《書·禹貢》曰：二百

新石器時代蚌鐮
臨潼白家村遺址

晚商蚌鐮
馬良寨遺址

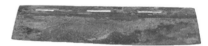

商青銅銍
新淦大洋洲商墓

銅銍
荷門河道東周文物

銅銍
徽家冲東周遺址

里納銍。《小爾雅》云：截穎謂之銍，截穎即穫也。據陸氏《釋文》云：銍，穫禾短鐮也。《纂文》云：江湖之間，以銍爲刈。《説文》云：此則銍器斷禾聲也，故曰銍。《管子》曰：一農之事，必有一椎一銍，然後成爲農。此銍之見於經傳者如此，誠古今必用之器也。"

元明銍
明永樂大典本《農書》

【鏊】

羊鞭。用於驅趕羊群。《説文·金部》："鏊，羊箠也，耑有鐵。"段玉裁注："箠者，所以擊馬也。因之擊羊者謂之羊箠，其耑有鐵，故字從金。"

zhong

【中篩】

篩孔爲中等大小的篩子。明湯若望、焦勗《火攻挈要》卷中："狼機藥用中篩,篩成蘇米珠。鳥銃藥用細篩,篩成粟米珠"。

【柊楑】

同"終葵"。《廣雅・釋器》："柊楑、敤、㮙、椎也。"王念孫疏證："終葵與柊楑同,即椎之反語。"

【終葵】

即椎。《周禮・考工記・玉人》："大圭長三尺,杼上,終葵首,天子服之。"鄭玄注："終葵,椎也。爲椎於其杼上,明無所屈也。"《説文・木部》："椎,所以擊也。齊謂之終葵。"《後漢書・馬融傳》："兹飛、宿沙,田開、古蠱,翬終葵,揚關斧,刊重冰,揆蟄户。"

【鐘】

以重錘、發條爲動力的機械計時器。中國的計時器有着悠久的歷史。元代郭守敬、明代詹希元都相繼創製過能自鳴、擊鼓、計量、報時的大型天文鐘——"大明殿燈漏"和"五輪沙漏",它們已脱離了天文儀器範圍而主要用於計時。這些發明是歐洲中世紀天文鐘的嫡系祖先。14世紀中葉,意大利米蘭首先出現機械鐘,以重錘爲動力,後列文虎克又改用發條爲動源。明萬曆年間,西洋機械鐘傳入我國。《續文獻通考・樂考九》："明萬曆二十八年,大西洋國人利瑪竇來獻自鳴鐘,秘不知其術,大鐘鳴時,正午一擊,初未二擊,以至初子十二擊,正子一擊,初丑二擊,以至初午十二擊。小鐘鳴刻,一刻一擊,以至四刻四擊。"清康熙時,製鐘業得到較大發展,其風格各異。或古樸肅穆,以亭、臺、樓、閣爲基本造型;或富麗堂皇,用傳統的吉祥圖案作裝飾,附加裝置以多功能、聯動化而富有情趣;或以實用見長。乾隆年間廣州爲中國鐘錶生産的要地。從事鐘錶生産,既有中國工匠開辦的鐘錶作坊,也有歐洲人開辦的工廠。後者不惜重金從歐洲運來設備,招來能工巧匠,所製造的鐘錶質量不亞於歐洲産品。廣州鐘多半採取中國樓閣式造型,傳統民族

清樓閣式鐘
故宫博物院

清英國造銅塗金人物敲時樂鐘
南京博物院

清英國造亭子人物敲鐘
南京博物院

清蘇州造銅塗金卷簾式人物敲鐘
南京博物院

裝飾,外殼用廣琺瑯,色彩艷麗、花紋繁縟。廣州鐘制作精美,機械精密,深受歡迎。産品一部分作爲貢品進入宫中,另一部分流入民間,爲玩賞之物。清末,蘇州産的插屏鐘聞名於世。清代後期,鐘在社會被廣泛應用,多能自動報時、報刻。《紅樓夢》第九二回："馮紫英道:'還有一個鐘表,有三尺多高,也是一個小童兒拿着時辰牌,到了什麼時候他就報什麼時辰。裏頭也有些人在那裏打十番的。'"鐘的種類很多,有擺鐘、挂鐘、座鐘、筒式鐘、打鐘、問鐘、鬧鐘、樂鐘等。另有更鐘,不僅能自動報時報刻,夜間還能報更,并根據節氣變化而調整打更時間。清代機械鐘已不單是一般的純計時器,也看作一種陳設玩賞品。參見"插屏鐘"。

【鐘擺】

造鐘部件。左右擺動,通過一系列齒輪的作用,使指針以均匀的速度轉動。量天尺的俗稱。種類多樣,形制也各不相同。清徐朝俊《高厚蒙求・自鳴鐘錶圖説》："量天尺,俗謂之擺,有挂擺、擔擺、梳擺、圓擺、管擺、蟹螯擺之别。"

【鐘模】

澆鑄銅、鐵鐘的泥模。它是用泥模空腔鑄造薄壁件法,其中圖畫、文字是反模鑄造。明宋應星《天工開物・冶鑄・鐘》："凡鐵鐘模不重費油蠟者,先埏土作外模,剖破兩邊形,或爲兩截,以子口串合,翻刻書文於其上。内模縮小分寸,空其中體,精算而就。外模刻文後,以牛油滑之,使他日器無粘糢。然後蓋上,泥合其縫而受鑄焉。"

製鐘模
明初刻本《天工開物》

【鐘碗】

樂鐘和鬧鐘的發聲奏樂器具。形似碗,圓形,用銅錫合鑄,有銅七兩、錫三兩或銅八兩、錫三兩。樂鐘所以能播出動聽的樂曲,是内部裝有數十把小鎯頭敲擊數十隻大小不同的鐘碗時發出的。清時已經有了專製鐘碗的作坊,如蘇州的"張榮記"作坊。清徐朝俊《高厚蒙求·自鳴鐘錶圖説》:"一鑄鐘碗,向用脱沙,近命鑄銅杓人,仿其法用硬脱亦佳。向用銅料,將紅銅一觔,好錫四兩,配合鎔和。近用碎鑼鈸鑄亦響,一説略加白銀,則其聲清越。凡初鑄就時,切勿置潮濕處,經濕則聲暗。"

【鍾】

量器名。容六斛四斗。《左傳·昭公三年》:"齊舊四量:豆、區、釜、鍾。四升爲豆,各自其四,以登於釜,釜十則鍾。"杜預注:"六斛四斗。"

【鍾】

即畚。《公羊傳·宣公六年》"有人荷畚"漢何休注:"畚,草器,若今市所量穀者是也。齊人謂之鍾。"《史記·貨殖列傳》:"通邑大郡,酤一歲千釀,醯醬千瓨,漿千甔,屠牛羊彘千皮,販穀糶千鍾,薪稾千車。"

【種簞】

儲種子用簞。元王禎《農書》卷十五:"種簞,盛種竹器也。其量可容數斗。形如圓甕,上有篊口,農家用

種簞
明永樂大典本《農書》

貯穀種。庋之風處,不至鬱浥,勝窖藏也。古謂修簞、窖。《論語》一簞食之簞,食器。與此字雖同,然制度有大小之殊,作用有彼此之效。"

【種金】

即劐。元王禎《農書》卷十三:"劐,《農桑輯要》云:燕趙之間用之。今燕趙迤南,又謂之種金。"

【種蒔】

即耬。元王禎《農書》:"耬車,下種器也。""今有名曰種蒔,曰耩子,曰耬犁。習俗所呼不同,用則一也。"

【蒔】

即種金。敦煌文書伯3410《沙州僧崇禮處分遺物憑據》:"蒔一副,粟耬壹具。"

【蒔金】

同"種金"。敦煌文書伯3666:"同月日百姓王太嬌爲無糧用,便粟叁碩,其典蒔金一。"

【衆金】

同"種金"。敦煌文書伯3192背《唐大衆十二年孟憨奴便麥契稿》:"今於朝國邊便麥陸碩、粟叁碩。其典勿大華一孔,衆金一富。"

zhou

【周髀算尺】

算學用尺。髀,股也。明李詡《戒庵老人漫筆·周髀算尺》:"蘇州馬懷德捧星板一副十二片,烏木爲之,自小漸大。大者長七寸餘標爲一指二指以至十二指,俱有細刻若分寸然。又有象牙一塊,長二尺,四角皆缺,上有半指半角一角之角等字,顛倒相向,蓋周髀算尺也。"

【周尺】

即晉前尺。爲西晉荀勖依《周禮》所製的尺度,故名周尺。《宋史·律曆志四》:"依《隋書》定尺十五種上之,藏於太常寺。""一、周尺,與《漢志》劉歆銅斛尺,後漢建武中銅尺,晉前尺同。"明徐光啓《農政全書》卷四:"計周尺一尺,當今浙尺八寸,當今織染所欽降金星牙尺六寸四分。自後田畝,俱以周尺計定,別用今尺準之。"

【軸】

織具,如經軸、布軸等。《詩·小雅·大東》:"小東大東,杼柚其空。"唐陸德明釋文:"柚,本又作軸。"《六書故·工事三》:"軸,凡杼軸之類皆曰軸。"唐王建《田家行》

詩:"麥收在場絹在軸,的知輸得官家足。"

經軸
龍虎山戰國崖墓

【軸頭】

作爲旋轉零件支承的圓桿。可用金屬製成,亦可用木料製成。明湯若望、焦勗《火攻挈要》卷上:"用乾久楠木或杉木,照本銃體式,鏇成銃模,兩頭長出尺許,做成軸頭,軸頭上加鐵轉棍,安置鏇架之上。"

【帚筆】

蓬頭筆。可以乾掃或亂塗。明黄大成《髹飾録》乾集:"秋氣,即帚筆並繭球。"

【紂】

即緧。《方言》第九:"車紂,自關而東周洛韓鄭汝潁而東謂之紌,或謂之曲綯,或謂之曲綸,自關而西謂之紂。"

zhu

【朱繩】

即紅繩。因其紅似朱砂,故稱。宋徐兢《宣和奉使高麗圖經·舟楫·幕船》:"上以青布爲屋,下以長竿代柱,四阿各以朱繩繫之。"《文獻通考·郊社十》:"成帝五年六月,始命諸官止雨,朱繩反縈社,擊鼓攻之。"

【朱絲繩】

朱紅色的絲繩。用以繫物,有裝飾作用。唐杜甫《櫻桃拂子》詩:"焌焌金錯刀,濯濯朱絲繩。"《通典·禮三八》:"大社鄰令以官屬圍社,守四門,以朱絲繩繞繫社壇三币。"

【茱萸木槌】

茱萸木所製的木槌。元佚名《元代畫塑記·佛像》:"麝香一十兩、豬鬃二十斤、白芨五斤、引開一十九副、白礬七百九十斤、茱萸木槌一十個。"

【茱萸囊】

盛有茱萸的香囊。隨身攜帶,可辟邪惡之氣。明李時珍《本草綱目·果四·吳茱萸》:"南朝梁吳均《續齊諧記》云:汝南桓景隨費長房學道,長房謂曰:九月九日,汝家有災厄,宜令免去。各作絳囊盛茱萸以繫臂上,登高飲菊花酒,此禍可消。景如其言,舉家登高山,夕還,見雞、犬、牛、羊,一時暴死。長房聞之曰:此代之矣。故人至此日,登高飲酒,戴茱萸囊由此爾。"

【銖秤】

稱銖重之秤。宋阮逸、胡瑗《皇祐新樂圖記》卷上:"謹詳《周禮》及歷代至聖朝令文之制,定成銖秤一、鈞秤一、石秤一。以右府寺見行秤法物校之,一斤得太府寺秤七

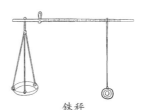

銖秤
清學津討原本《皇祐新樂圖記》

兩二十一銖半弱。修制所以銅爲權,以木爲衡,謹爲秤圖於左。"清麟慶《河工器具圖説》卷一:"至秤以二十四銖爲兩,十六兩爲觔,较諸京法稍增,廣法稍減,合諸宋《皇祐新樂圖》所載銖稱無異,實浙法爾。"

【豬溷】

即豬圈。因古俗厠下建豬圈,故稱。漢王充《論衡·吉驗》:"婢對曰:'有氣大如鶏子,從天而下,我故有娠。'後産子,捐於豬溷中,豬以口氣噓之,不死。"

陶豬溷
月亮山6號漢墓

【豬圈】

同"豬圈"。《水滸傳》第四四回:"(石秀)整頓了肉案,打併了作坊、豬圈,起上十數個肥豬,選個吉日,開張肉鋪。"清范寅《越諺》卷中:"豬圈、豬苙柵,鑷殺,皆豢豕之閑。"

【豬闌】

同"豬欄"。《晉書·華廙傳》:"與陳勰共造豬闌於宅側,帝嘗出視之。"

【豬欄】

同"豬欄"。明徐弘祖《徐霞客游記·黔游日記一》:"余索炬於炊者,則楹後即豬欄馬棧。"

【猪欄】

越窯青瓷猪欄
臨平安穩寺西出土

青瓷猪欄
瑞昌碼頭鎮西晉墓

養豬之欄圈。晉干寶《搜神記》卷十八："見埭上有一女子，年十七八，便呼之留宿。至曉，解金鈴繫其臂。使人隨至家，都無女人，因逼猪欄中，見母豬臂有金鈴。"

【豬苙柵】

即豬圈。清范寅《越諺》卷中："豬圈、豬苙柵、鑷殺，皆豢豕之閑。"

【豬鬃】

一種上漆的刷子。由豬鬃製成，其質最硬。明黃大成《髹飾錄》乾集："雨灌，即鬃刷。有大小數等，及蟹足、疏鬣、馬尾、豬鬃，又有灰刷，染刷。沛然不偏，絕塵膏澤。"

【諸葛亮】

(181—234)三國琅邪陽都(今山東沂南)人，字孔明。蜀漢政治家和軍事家。曾發明了便於在山區運糧的運輸工具"木牛"、"流馬"。《事物紀原補》卷八："蜀相諸葛亮之出征，始造木牛流馬以運餉，蓋巴蜀道阻，便於登陟故耳。木牛即今之小車之有前轅者，流馬即今獨推者是，而民間謂之江州車。按，後漢《郡國志》：巴郡有江州縣，是時劉備全有巴蜀之地，疑亮之創始，作於江州縣，當時云然，故後以爲名也。"

【豬圈】

圍養豬的柵欄。元方回《桐江續集》卷十五"泝行回溪三十里入婺源縣界"："杉皮以覆屋、豬圈，及牛柵。無不用杉木。"清范寅《越諺》卷中："豬圈、豬芝柵、鑷殺，皆豢

豕之閑。"

青瓷猪圈
南京雨臺山

西晉陶豬圈
鄞縣出土

【豬圈屋】

即豬圈。《無聲戲》第十回："拿了一把草，跑到豬圈屋裡，放起火來。"

青瓷豬圈屋
三國吳朱然墓

【竹筆】

即墨筆。木工用筆。宋馬永卿《嬾真子》卷一："古筆多以竹，如今木匠所用木斗竹筆，故字從竹，又或以毛。但能染墨成字，即謂之筆。"

【竹弗】

一頭尖銳的細小竹籤子。用來貫肉火炙。北魏賈思勰《齊民要術・炙法》："魚醬汁三合，琢葱白二升，薑一合，橘皮半合，和二種肉，著㹠上，令調平。以竹弗弗之，相去二寸下弗。"

【竹車】

即筒車。因其多用竹編製，故名。宋張孝祥《湖湘以竹車激水，耘稻如雲，書此能仁院壁》詩："象龍喚不應，竹龍起行雨。聯綿十車輻，伊軋百舟櫓。轉此大法輪，救汝旱歲苦。橫江鎖巨石，潗瀑疊城鼓。神機日夜運，甘澤高下普。老農用不知，瞬息了千畝。抱孫帶黃犢，但看翠浪舞。餘波及井臼，舂玉飲酡乳。"亦特指水轉筒

車以竹編製的激水立輪。清許纘曾《滇行紀程‧農家取水》:"過辰陽船溪驛,此站稍平。溪邊見農家取水灌田,巧而且逸。其法:先於溪旁築石成隘,上流水至隘,勢極奮迅。乃設竹車二,圍製如車輪,大可二丈。縛數節竹筒緣於兩輪。其筒向內,一面截口受水。每筒相距三尺許,兩筒中間編縛竹板一扇,以遏流水。所以激輪使旋者全在此。蓋水勢迅則衝扇行,而輪乃隨之以轉,每激一扇,後扇繼來,旋而上升,則筒中滿水已至車頂,筒口向下,水即下傾。於其傾處刳大竹受之,接引入田,雖遠可到。"

【竹籌】

竹製籌碼。宋洪邁《夷堅支志戊二‧章茂憲》:"列竹籌如算子,其多無數,亦一一押字,不勝倦苦。"

【竹袋】

即榨斗。宋王灼《糖霜譜》第四:"糖霜戶器用,曰榨斗,又名竹袋,以壓蔗。高四尺,編當年慈竹爲之。"

【竹擔】

竹製的扁擔。唐張籍《樵客吟》:"斧聲坎坎在幽谷,採得齊梢青葛束。日西待伴同下山,竹擔彎彎向身曲。"明高啓《伐木詞》:"竹擔挑多兩肩赤,礪斧時尋澗邊石。"

【竹刀】

用竹片做成的刀。用於醫療、農事或泥瓦作業等。明徐光啓《農政全書》卷三六:"唯中間一鎌,長疾,麻亦最好。刈倒時,隨即用竹刀或鐵刀,從梢分批開。"清麟慶《河工器具圖說》卷四:"貯模成墼,俗謂之坯,再用竹刀盪平,脫下,曬乾,積有成數,然後入窰燒煉,計日成甎。"清唐秉鈞《文房肆考圖說‧古硯考下‧家先生桐園公澄泥硯說》:"入模中,壓令至堅,以竹刀刻作硯狀。微陰乾,利刀削成。"清徐康《前塵夢影録》卷下:"銘字須乘泥半乾時,用竹刀劖就,然後上火,雙款則倩幕中精於奏刀者。加意鐫成。"

【竹刀子】

即竹刀。《太平聖惠方‧眼內障論》:"治雀目方:蒼二兩,搗細羅爲散,每服一錢,不計豬、羊子肝一個,用竹刀子批破,摻藥在內,卻用麻線纏定,用粟米泔一大盞,煮熟爲度。令患人先熏過眼後,藥氣絕即灑之,每日未發煎服。"

【竹蒂】

以一截長約三寸的竹管製成,一端有深孔。漆器製作中用以支撐漆器而上漆。其法:無孔一端,用黏蠟與待漆之器相粘合,上漆時以竹蒂爲柄把,左手持握之,右手刷漆。漆完,將竹蒂有孔一端套接於木蒂之榫(牡梁)上,置於蔭室內活架上,直至陰乾。明黃大成《髹飾録》乾集:

"宿光,即蒂。有木,有竹。"明楊明注:"木蒂接牝梁,竹蒂接牡梁。其狀如宿列也。"

【竹釘】

用竹片削成的釘子。兩頭尖銳。用以連接木板。宋周密《武林舊事‧小經記》:"竹釘、淘灰土、淘河。"

【竹楨】

整竹截斷製作之杠棒。清靳輔《治河奏績書》卷二:"竹楨每條二分,小竹每根三分,灰篩每面二分,灰籮每隻五分。"

【竹絙】

即竹索。用竹篾絞合成的大索。《三國志‧魏志‧王昶傳》:"昶詣江陵,兩岸引竹絙爲橋,渡水擊之。"《元史‧河渠志三》:賈魯"乃精思障水入故河之方,以九月七日癸丑,逆流排大船二十七艘,前後連以大桅或長椿,用大麻索、竹絙絞縛,綴爲方舟。"

【竹絙】

即竹索。《晉書‧石季龍載記上》:"咸康二年,使牙門將張彌徙洛陽鍾虡、九龍、翁仲、銅駝、飛廉於鄴,鍾一没於河,募浮没三百人入河,繫以竹絙,牛百頭、鹿櫨引之乃出。"

【竹箍】

整骨工具。竹製的圈狀物。用於固定膝蓋骨。《普濟方‧折傷門》:"膝蓋骨跌到開者,可用竹箍箍定,敷藥夾定,要四截縛之,膝蓋不開也。""若膝骨跌出曰,牽合不可太直,不可太曲","可半直半曲,以竹箍箍住膝蓋,以帛縛之"。

【竹灰篩】

篩灰砂的竹篩。爲減輕灰砂負重,篩子懸於三足架。清麟慶《河工器具圖說》卷二:"用篩法:向取三竹竿鼎足支立,近上縛定,挂以長繩,貯灰土於中,從底眼篩下。"有圖"竹灰篩"。《漢書‧賈山傳》載"篩土築阿房之宮"用篩,也屬此類,可見可追溯到秦代。

竹灰篩
清嘉慶年刊《河工器具圖說》

【竹夾】

用竹製成的夾子。元王禎《農書》卷三:"又有泥糞:於溝港內,乘船以竹夾取青泥,枚潑岸上,凝定,裁(裁)成塊子,擔去同大糞和用,比常糞得力甚多。"明陶宗儀《輟耕録‧發宋陵寢》:"宋太學生林德陽,字景曦,號霽山。當楊總統發掘諸陵寢時，林故爲杭丐者，背竹籮，手持竹夾，遇物即以夾投籮中。”

【竹筴】

同“竹夾”。《二刻拍案驚奇》卷三十：“以後韓生要與玉英相會，便擊竹筴。”

【竹架】

竹製的擱置或支持東西的用具。元王禎《農書》卷二十：“蠶筐，古盛幣帛竹器，今用育蠶。”“用之。閣以竹架，易於擡飼”。

【竹筧】

引流竹管，或指用竹管連接起來的引水槽。宋陸游《游法雲寺觀彝老新葺小園》詩：“竹筧引泉滋藥壟，風爐簹火試茶杯。”又《三一閉户》詩：“地爐枯葉夜煨芋，竹筧寒泉晨灌疏。”《弘治徽州府志·貨物》：“漆諸邑皆有之，山民夜刺漆，插竹筧其中，淩曉涓滴取之，用比刮筒中，磔磔有聲，其勤至矣。”

【竹井】

即鹽井。因井孔的大小僅如毛竹，故稱。明朱國楨《湧幢小品·鹽政》：“蜀鹽出於井，井之大僅可如竹，號曰竹井。”

【竹簣】

竹編之簣。《太平廣記》卷三六引唐薛用弱《集異記·李清》：“吾生日坐大竹簣，以轆轤自縋而下。”

【竹落】

即竹籠。《漢書·溝洫志》：“河隄使者王延世使塞，以竹落長四丈，大九圍，盛以小石，兩船夾載而下之。三十六日，河隄成。”《元史·泰定帝紀》：“癸未鹽官州海水溢侵地十九里命都水少監張仲仁及行省官發工匠二萬餘人以竹落木栅實石塞之不止。”明唐順之《武編前集》卷五：“熟鐵多瀿滓，入火則化如豆查，不流走。冶工以竹夾夾出，以木捶捶使成塊。”

【竹纜】

大竹索。船用和拉索橋用。《元史·河渠志三》：“兩埽之間置竹絡，高二丈或三丈，圍四丈五尺，實以小石、土牛。既滿，繫以竹纜，其兩旁并埽，密下大樁，就以竹絡上大竹腰索繫於樁上。”《清史稿·河渠志一》：“上責松年剋期興工。松年言已飭原估委員并熟習工程人員赴東聽遣，并飭購備竹纜，及覓雇捆鑲船隻備提用。”清麟慶《河工器具圖說》卷三：“若竹纜，質硬而脆，用以維舟則宜。”

【竹龍】

即竹車。宋張孝祥《湖湘以竹龍激水》：“象龍喚不應，竹龍起行雨。聯綿十車輻，伊軋百舟櫓。轉此大法輪，救汝旱歲苦。”

【竹籠】

竹編的盛器，實以砂石，可以攔水築壩。《宋書·王鎮惡傳》：“乃率軍夜下，江水迅急，倏忽行數百里，直據都尉治。既至乃以竹籠盛石，堙塞水道，襄軍下，夾岸擊之。”《陳書·章昭傳》：“多聚沙石盛以竹籠，置於水栅之外，用遏舟艦。”《宋史·河渠志七》：“請復用錢氏舊法，實石於竹籠，倚疊爲岸，固以椿木，環亘可七里，斬材役工，凡數百萬，踰年乃成。”

【竹絡壩】

用竹籠等築成的水壩。清麟慶《河工器具圖說》卷三：“《集韻》：籔，竹籠也。《急就篇》注：籔者，疏目之籠，言其孔樓樓然也。或長或圓，形制不同。或竹或荆，質地不一。河工用以滿貯碎石，爲護埽壅水之用，排砌成壩者，亦名竹絡壩。”

【竹溜】

即連筒。清李斗《揚州畫舫録·蜀崗録》：“昔時剖竹相接，釘以竹丁，引五泉水貯僧厨。”

【竹摟杷】

即竹杴。清麟慶《河工器具圖說》卷一：“竹摟杷，崗亦編竹爲之。料廠工所摟聚碎稭、攤曬濕柴，非此不爲功。”

竹摟杷
清嘉慶年刊
《河工器具圖説》

【竹馬】

即薅馬。薅草用。宋蘇軾《東坡志林》卷六：“近讀《唐書》回鶻部族黠戛斯傳云：其人以竹馬行水上，以板薦之，以曲木支腋下，一蹴數百餘步，意殆與秧馬類歟？”元王禎《農書》卷十三：“余嘗盛夏過吴中見之，土人呼爲竹馬，與兒童戲乘者，名同而實異，若秧馬之類，因命曰薅馬。乃作詩道其梗概云：嘗見兒童喜相逢，抖擻繁纓騎竹馬。今落田家薅具中，髣髴形模懸跨下。”明徐光啓《農政全書》卷二二：“薅馬，薅禾所乘竹馬也。似籃而長，如鞍而狹。兩端攀以竹系，農人薅草之際，乃實於跨間，餘裳斂之於内，而上控於腰畔。乘之，兩股既寬，行壠上，不礙苗行，又且不爲禾葉所絓，故得專意摘剔稂莠，速勝鋤耨。”

【竹米篩】

即米篩。以竹爲篩網，故稱。明沈榜《宛署雜記·經費下》：“竹米篩六個，鐵事件十副，梅花碗六百四十個。”

【竹杷】

竹製的爬疏農具。元王禎《農書》卷十四：“竹杷，場圃樵野間用之。王褒《僮約》曰：揉竹爲杷。”

竹杷
明永樂大典本《農書》

【竹盤】

竹編之牢盆。《宋史·食貨志下四》：“石堰以東近海水鹹，故雖用竹盤，而鹽色尤白。”

【竹簽】

筷狀小竹棒，一頭尖，用以貫物。清富察敦崇《燕京歲時記·冰糖壺盧》：“冰糖壺盧乃用竹簽，貫以葡萄、山藥豆、海棠果、山裏紅等物，蘸以冰糖甜脆而涼。”

【竹籤】

竹製的一頭尖銳的細小杆子。元王禎《農書》卷九：“梨枝斜攬之際，剝去黑皮，拔去竹籤，即插梨至劃處木邊。”

【竹篩】

以竹條作爲篩網的篩子。明沈榜《宛署雜記·經費上》：“竹篩八個，銀一錢二分；竹淺八個，銀一錢二分。”明湯若望、焦勗《火攻挈要》卷中：“俟藥已搗成，即用粗細竹篩，其火銃藥用粗篩，篩成黍米珠。”

【竹筵】

同“竹篩”。《清稗類鈔·方伎類》：“其子婦訝曰：囊已傾竹筵中，盡去其滓，豈猶未盡耶？”

【竹絲簾】

即抄紙簾。多裝在簾框上使用。用以抄取紙漿，漏去水分，以成紙形。明陸容《菽園雜記》卷十三：“衢之常山開化等縣人，以造紙爲業。其造法，採楮皮蒸過，擘去粗質，摻石灰，浸漬三宿，踩之使熟，去灰。又浸水七日，復蒸之，濯去泥沙，曝曬經旬，舂爛，水漂，入胡桃藤等藥，以竹絲簾承之，俟其凝結，掀置白上，以火乾之。”

【竹筭】

竹製的算。宋朱熹《答曾無疑書》：“蒿固非著，然亦猶言其類，若以木棊、竹筭、金錢當之，則其去著益遠矣。”

【竹索】

用帶篾竹條絞合成的繩索。竹索拉力好、水中不易腐朽。用途廣泛，多爲超重物提拉之用。四川滎經曾家溝戰國墓發現多件竹索。11、12、16號棺兩端用竹索捆綁，竹索直徑3厘米。21號墓竹索一件直徑亦爲3厘米，由9～12篾片絞合而成。福建泉州灣宋代海船也發大竹索一件。宋陳規《守城錄》卷四：“并牽拽竹索，人倒拽天橋急回，約五十餘步方住。”《宋史·河渠志一》：“舊制，歲虞河決，有司常以孟秋預調塞治之物，梢芟、薪柴、楗橛、竹石、荻索、竹索凡千餘萬，謂之‘春料’。”《元史·河渠志三》：“再下埽，即以竹索或麻索長八百尺或五百尺者一二，雜厠其餘管心索之間，俟埽入水之後，其餘管心索如前麵掛，隨以管心長索，遠置五七十步之外。”

【竹繩】

即竹索。清張爾岐《蒿庵閒話》卷二：“方田法，用竹繩方量，每面千步，立封訖，乃令民於方內認所種田。”

【竹筒】

即小竹筒。唐孫思邈《備急千金要方·七竅病下》：“治耳聾方：竹筒盛鯉魚腦，炊飯處蒸之令煬，注耳中。”王燾《外臺秘要》引《古今錄驗》療鼻中息肉方：“以地膽汁於竹筒中盛，當上灌之即消。”宋趙佶等《聖濟總錄·咽喉門》：“治喉痹方：蛇蛻皮不以多少。右一味，揉碎，以香爐一個燒烟，令患人用竹筒子吸入喉咽內熏破。”

【竹網】

泛稱笱類竹製捕魚蝦器。參見“箈笓”。

【竹揚枚】

用於抄取和拋揚穀物的工具。頭部竹製，箕狀，裝有長柄。元王禎《農書》卷十二：枚，“以竹爲之者，淮人謂之竹揚枚。與江、浙颺籃少異，今皆用之。”《竹揚枚》詩云：竿頭擲穀一箕輕，忽作晴空驟雨聲。已尚風前糠粃盡，不勞車扇太忙生。”

竹揚枚
明永樂大典本《農書》

【竹針眼】

繰絲時所用的集緒器，竹製，相當於現代的導絲鉤。明宋應星《天工開物·乃服·治絲》：“凡繭滾沸時，以竹簽撥動水面，絲緒自見。提緒入手，引入竹針眼，先繞星丁頭，然後由送絲干鉤挂，以登大關車。”此竹針眼邊上有豁口，穿絲緒時可由此豁口進入，而免去了穿針眼的麻煩。參見“錢眼”。

【竹笮】

即竹索。用以拴繫或串聯船筏等。《舊五代史·唐書·莊宗紀三》：“建及率持斧者入艨艟間，斬其竹笮，破其懸栖。又於上流取甕數百，用竹笮維之，積薪於上，灌以脂膏，火發互空。”《資治通鑑·後梁均王貞明五年》：“賀瓌攻德勝南城，百道俱進，以竹笮聯艨艟十餘艘，蒙以牛革，設睥睨，戰格如城狀，橫於河流，以斷晉之救兵，使不得渡。”胡三省注：“笮，才各翻。竹索也。”

【逐鼠丸】

驅逐老鼠的器械。丸狀，銅製，能晝夜自轉。《太平廣記》卷二二五引唐段成式《酉陽雜俎·王肅》："王肅造逐鼠丸以銅爲之。晝夜自轉。"

【斸】

一種钁類掘土墾荒農具。《國語·齊語》："惡金以鑄鉏、夷、斤、斸，試諸壤土。"韋昭注："斸，斫也。"《釋名·釋用器》："斸，誅也。主以誅鉏根株也。"北魏賈思勰《齊民要術·耕田》："斸，斫也，齊謂之鑃基。一曰斤柄性自曲者也。"

【欘】

同"斸"。《管子·小匡》："惡金以鑄斤、斧、鉏、夷、鋸、欘，試諸木土。"

【宁】

即筥。《說文·宁部》："宁，幬也，所以盛米也。"段玉裁注："今俗以艸爲之，俗語如逃，即幬字也。以竹爲之，俗語如巨，即宁字也。皆所以盛米。"《廣雅·釋器》："幬，裴，宁也。"王念孫疏證："宁之言貯也，亦通作貯。"

【煮綫】

醫用藥綫。滲有藥的紗綫。明陳實功《外科正宗·煮綫方》："治諸痔及五瘻六瘤，凡蒂小而頭面大者，宜用此綫繫其患根自效。芫花五錢，壁錢二錢。用白色細扣綫三錢，同上二味用水一碗盛貯小磁罐內，慢火煮至湯乾爲度，取綫陰乾。凡遇前患，用綫一根，患大者二根，雙扣繫於根蒂，兩頭留綫，日漸緊之，其患自然紫黑，冰冷不熱爲度。輕者七日，重者十五日後必枯落。後用珍珠散收口至妙。"

【注網】

魚網的一種。其制：口大底小，腹大，身長。口部以兩根竹竿交叉支撐，底部以一根竹竿支撐，立於急流中，魚隨急流注入網內，不得復出，故名。明王圻《三才圖會·器用五》："《易》庖犧氏結繩爲罔罟，此制之所始。制各不同，隨所宜而用之。惟注網則施於急流中，其制纖口而巨腹，所得魚極不貲。"

注網
明萬曆年刊《三才圖會》

【苧刮刀】

用於刮去苧麻皮表層浮皺的刀。用鐵製成，長約三寸，有短柄。元王禎《農書》卷二二："苧刮刀，刮苧皮刃也。煅鐵爲之，長三寸許，捲成槽，內插短柄。兩刃向上，以鈍爲用，仰置手中，將所剝苧皮，橫覆刃上，以大指就按刮之，苧膚即蛻。"

苧刮刀
明永樂大典本《農書》

【苧麻繩】

用苧麻纖維搓絞成的繩子。清蒲松齡《聊齋志異·珠兒》："兒曰：'旦夕恐不救也。二鬼坐牀頭，一執鐵杖子，一挽苧麻繩。長四五尺許，兒晝夜哀之不去。'母哭，乃備衣衾。"

【杼】

一作予。傳說爲少康之子，夏朝第七代君主。傳爲甲與矛的發明者。《世本·作篇》："杼作甲，杼作矛。"

【杼】

織布機上引緯的機具。《詩·小雅·大東》："小東大東，杼柚其空。"朱熹集傳："杼，持緯者也。"《史記·甘茂傳》："其母投杼下機，踰牆而走。"《說文·木部》："杼，機之持緯者。"秦到西漢時，杼兼具引緯和打緯兩種功用，故稱爲刀杼。東漢時杼發展爲兩頭尖的專用於引緯的梭子。而打緯作用由筘來完成。

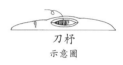

刀杼
示意圖

【杼柚】

織機上用於持緯和承經的兩個機具，亦代指織機或紡織。《詩·小雅·大東》："小東大東，杼柚其空。"朱熹集傳："杼，持緯者也；柚，受經者也。"《淮南子·說林訓》："黼黻之美，在於杼柚。"《後漢書·劉陶傳》："竊見比年已來，良苗盡於蝗螟之口，杼柚空於公私之求。"明宋應星《天工開物·乃服》："天孫機杼傳巧人間，從本質而見花，因繡濯而得錦，乃杼柚遍天下。而得見花機之巧者，能幾人哉？"

【築】

夯實泥土的杵形工具。造房築城都需要築土，形成較大密度的夯土。版築法在龍山文化時代已經出現，築自然被採用。河南偃師二里頭早商宮殿臺基由夯土而成，遺址築印清晰，呈直徑3～5厘米的半球狀。遺址出土了一件羊頭形石築，上部稍細，下端磨成半球形，是當時使用的實物。築用途廣泛，凡造房營宮、建城治河，都離不開這個工具。《左傳·宣公十一年》："量功命日，分財用，平板幹，稱畚築，程土物，議遠邇。"《史記·秦始皇本紀》："禹鑿龍門，通大夏，決河亭水，放之

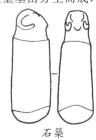

石築
二里頭早商宮殿遺址

海。身自持築畚,脛毋毛,臣虜之勞不烈於此矣。"築雖有大用,構造却不複雜。《楚辭·九歎·怨思》:"破荊和以

木築
元建安虞氏刊本《秦併六國平話》

繼築。"王逸注:"築,大杵也。"一般爲圓柱棒槌形,着土處平滑,以免帶泥。短而粗的築穿繩提放,細柄者可手持操作,宋元時有實木杵,二端皆爲杵頭中間細,既有重力,又便使用。築原爲石製或木製,咸陽楊家灣4號西墓墓西漢道內有一木築殘迹,長約60厘米、直徑20厘米。又有木柄裝築首的,築首有石製,陝西秦都櫟陽遺址出土了三件石築首,其中一件爲圓錐形,上部有圓孔以安柄,高27.7厘米、直徑9.5厘米,整石鑿成。有鐵製,長沙戰國墓出土三件,筆筒形,上有圓孔以安柄,口徑7厘米,底徑5.4厘米,長12.5厘米,徐州子房山西漢墓也有出土。其實,鐵築首也稱作築。《文選·鮑照〈蕪城賦〉》:"板築雉堞之殷。"李善注引郭璞《三蒼解詁》:"築,杵頭鐵沓也。"史載還有銅首築。明清時築土工具有了進一步發展,除單人操作的築外,又有多人配合,提繩操作的夯,專用於土建工程的扁圓形碅,也由多人提繩拋打作業。築之首有圓形、方形、扁形,以適於不同需要。有一種稱爲石壯的築土工具,石首上有大木桿,提繩由石首連桿端,桿中有把手,拋築中手控能力加强,落地更加穩實。

石築首
秦都櫟陽遺址

鐵築首
子房山西漢墓

【銤】
即長鑱。清厲荃《事物異名録·耕織·鑱》:"《庶物異名疏》:銤,長鑱也。鑱,犁土具。"

【抓鈎】
三股鐵首的鈎子。用來抓拉草料及拆舊歸攏。清麟慶《河工器具圖説》卷三:"抓鈎,係抓廂舊埽所用。《博雅》:抓,搔也,又摺也。三股内向;如搔手然,故名。"

抓鈎
清嘉慶年刊
《河工器具圖説》

【拽縫簹】
即簹綷。明宋應星《天工開物·漕舫》:"拽縫簹亦煮熟篾綫絞成十丈以往,中作圈爲接聯,遇阻礙,可挭斷。"

【專】
即塼盤。亦稱紡輪、紡錘。甲骨文中專字像用手轉動"紡專"紡紗或撚綫形。《説文·寸部》:"專,紡專。"段玉裁注:"《小雅》:'乃生女子,載弄之瓦。'毛曰:'瓦,紡專也。'《糸部》:'紡,網絲也。網絲者以專爲錘。'"徐灝箋:"當以紡專爲本義,收絲之器謂之專,其錘謂之鑪。謂之專者,以其圓轉收絲也。"

石專
陝縣廟底溝遺址

【專筩車】
以一筩一柱架設的井泉汲水器。適用於狹井。明徐光啓《農政全書》卷十九:"若欲爲專筩之車,則爲專筩專柱,而入之中筩,如恒升之法而架之,而升降之。其得水也,當玉衡之半。井狹則爲之。注曰:專,一也。架法見《恒升》篇。"

【磚架】
擡磚用的木架。清麟慶《河工器具圖説》卷四:"磚架,以木爲之,中方,兩頭鑿孔,穿繩作繋,便於抽動配平。工次用以擡磚。"

磚架
清嘉慶年刊《河工器具圖説》

【磚模】
壓製磚坯的模子。元王禎《農書》卷二二:"以前五件等分爲末,將糯米膠調和得所,地面爲磚,則用磚模脱出,趁

淫於良平地面上，用泥漫成一片，半年，乾硬如石磚然。"清麟慶《河工器具圖説》卷四："治甎之具有模，大小均用堅木合成。"甎，即磚。

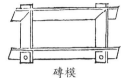

磚模
清嘉慶年刊《河工器具圖説》

【甎瓦窑】

燒製磚瓦之窑。洛陽人民路發現北宋磚瓦窑遺址，五座窑一字排開，均由操作坑、火門、窑室、煙室等組成。窑室分火膛與窑床兩部分，火膛爲梯形土坑，窑床與火膛構成半圓形。煙室内有煙道。《熱河志・物産五》："笠子堝松州西二十里，有瓷窑，西北有甎瓦窑。"

北宋磚瓦窑
洛陽人民路

【顓頊】

原始時代部族首領。號高陽氏。生於若水，居於帝丘（今河南濮陽東南）。傳説是篙槳和冰窖的發明者。明羅頎《物原・器原》："顓頊作篙槳"，"顓頊始藏冰"。

【轉棍】

可以旋轉的棍棒。鐵製或木製。明湯若望、焦勗《火攻挈要》卷上："上安鐵套，套外八面安純銅偏刃，鏇刀上頭安車輪，以十字鐵條絆緊輪外。安鐵轉棍，將銃墊起均齊，兩頭平高，將刀鏇擡上，鏇狀平對銃口，插入口内，緩漸鏇進。"

【轉櫨】

即桔皋。《居延漢簡甲乙編》214.8："第廿九隧長王禹，鋸不事用，膠少，轉櫨皆毋柅。"

【轉盤星晷】

即星晷。《明史・天文志一》："崇禎二年，禮部侍郎徐光啓兼理曆法，請造……轉盤星晷三。"

【偧】

一種理木工具。清李斗《揚州畫舫録・工段營造録》："自喻皓造《木經》，丁緩、李菊，遂爲殿中無雙。後世得其法，揣長楔大，理木有偧，削木有斤，平木有鐋，析木有鋸，并膠有搗，釘木有榏，㯺括蒸矯，以制其拘。"

【轉碓】

裝有飛輪用人力轉動，可帶動多個碓工作的機械裝置。明王徵《遠西奇器圖説》卷三："轉碓，先爲架安碓，或一或二或三或四，如甲。下各以臼承之，如乙。次爲飛輪，中大外小，共三輪，如丙。飛輪長軸兩旁，各出架外，安曲柄如丁。軸之兩旁安小鐵椿相錯上下，如戊。其鐵椿相

對，每碓各有擒碓枝之桔槔小杆，如已。一碓兩碓，一人從旁轉輪則碓自然上下。如碓多，則兩旁二人轉之自足也。"

【轉輪】

即輪。《清稗類鈔・物品類・水碓》："水碓，藉水力舂米之器也。以轉輪二具，同在一軸。輪藉水力旋轉，輪上有齒，撥動碓尾一起一落，即能舂米。"

【轉磨】

有腳踏爲動力，通過齒輪帶動磨旋轉的裝置。可省力。明王徵《遠西奇器圖説》卷三："轉磨，爲大輪，周有齒，中有輻條，如甲。惟有車軸斜安，則輪自然斜轉矣。次於斜輪兩旁立架，頂上安一横梁，如乙。以一人手攀其梁而足踏輻條之上，欲上不能，而輪則必自轉也。如丙輪外另安小輪，有齒與大輪之齒相合，小輪之軸連於轉磨之樞，齒各相得，磨則無不轉也。用力少而人不大勞，此其一種。"

【轉軸絞擔】

一種由轉軸和轉棍組成的牽引機械。明湯若望、焦勗《火攻挈要》卷上："引重轉軸絞擔，悉宜高與胸平，則轉絞便於用力。其餘法製，簡約顯明，看圖自知，不另立説。"

轉軸絞擔
清海山仙館本《火攻挈要》

zhuang

【椿】

打入地下的木柱。起承受重力、支撐以及維繫等作用。廣泛用於房屋建築、造橋、築堤等。唐李白《大獵賦》："下整高頺，深平險谷，擺椿栝，開林叢。"清麟慶《河工器具圖説》卷三："自乾隆三十六年以後概不簽椿。緣椿木極長。五六丈大河埽前水深每至四五丈，加以埽高水面三丈，計高深六七丈，埽心簽椿，斷難入土。"

zhui

【椎】

即櫌。摩田器。《管子・輕重乙》："一農之事，必有一耜一銚一鎌一鎒一椎一銍，然後成爲農。"

【錐】

刻劃、鑽孔工具，頭部尖銳。據明羅頎《物原》載，錐起於夏禹。而現今最早的考古實物，在寧夏回族自治區靈武縣水洞溝遺址出土的一件獸骨錐，屬舊石器時代晚期。在新石器時代的遺址中已可廣泛見到，僅陝西西安半坡遺址，就出土石錐4件、骨錐606件、角錐99件。金壇西崗三星村新石器時代遺址出土骨錐多件，長9.3～12.4厘米。商周時期，青銅錐已大量應用。戰國以後，隨着冶煉

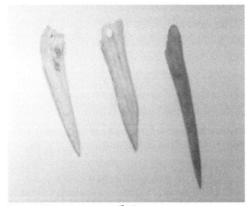

骨錐
西安半坡仰韶文化遺址

骨錐
西崗三星村新石器時代遺址

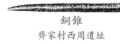

銅錐
齊家村西周遺址

遼環首鐵錐
阜新關山蕭氏族2號墓

術的發展，青銅錐逐漸為比之更為堅硬的鐵質、鋼質錐所替代。商周以前的古錐，其製作材料主要為石、骨、角，其形制有圓柱形、扁圓形、長條形、三棱形、矩條形和半管形等，其中以圓柱形和扁圓形骨錐為多。圓柱形骨錐係用整條獸類肢骨製成，有的保留其開節部分，一端磨尖；扁圓形骨錐係用獸骨刻開為二，前端磨成尖鋒。在陝西長安張家坡以及客省莊遺址出土的鹿角錐，係以鹿角的尖部為錐尖，柄端修磨整齊，頂端有圓形鎣，兩側有穿孔。

銅錐的形制（錐身截面）有圓形、橢圓、四方、四棱、三角、三棱、長方、梯形、半圓半方、上圓下方、圓形帶凹槽、矩形帶凹槽等。今出土的銅錐，大多數一端略細或扁窄，可能原是嵌入木柄的柄舌，少數保存有骨柄或鑄有較粗大的銅柄，或於一端作成銎，以便安裝木、骨等柄，大多數有尖圓刃，少數為扁刃。漢代出現一種環首形鐵錐，形狀奇特。一頭之所以製成環首形，蓋便於操作者鑽孔時持環首部易於發力。至晚在元代，已有扯動繩索使錐頭旋轉鑽孔的機械錐具。錐之制十分複雜，大小相去甚大，大者數尺，小者數寸，而其小而專司鑽孔者亦稱作鑽。錐之用，大致有刻劃、鑽刺二種。《居延新簡》E·P·T68：62："各持錐、小尺、白刀、箋各一。"《三國志·魏志·董卓傳》"從官食棗菜"，裴松之注引《魏書》："醫師、走卒，皆為校尉，御史刻印不供，乃以錐畫，示有文字。"殷墟甲骨文字也是以錐刻劃之作。《墨子·經説下》："段、椎、錐、俱事於履，可用也。"此錐為皮革鑽孔之用，代表了錐的主要用途。《天工開物·錘鍛》："凡錐熟鐵錘成，不入鋼和。治書編之類用圓鑽，攻皮革用扁鑽。梓人轉索通眼，引釘合木者，用蛇頭鑽。其制穎上二分許，一面圓，一面剜入，傍起兩棱，以便轉索。治銅葉用雞心鑽，其通身三棱者名旋鑽，通身四方而末銳者名打鑽。"參見"鑽"。

【錐刀】

即錐。《荀子·議兵》："故以詐遇詐，猶有巧拙焉；以詐遇齊，辟之猶以錐刀墮太山也。"《左傳·昭公六年》："錐刀之末，將盡爭之。"今在四川新都縣馬家鄉木榔墓中出土7件戰國時代銅質錐刀、三棱形身，圓柄，錐身長7～8.5厘米之間，柄長7.5～11厘米之間，全長16～19厘米，配有夾紵胎黑漆圓形錐套，與錐刀共出的有5件雕刀。這7件錐刀很可能用作雕刻工具。

【錐鑽】

即錐。明沈受先《三元記·講學》："錐鑽放在面子間，楦頭放在籮頭裏。"清梁同書《直語補證》卷十四："錐鑽不可劗割牛馬，而長於縫緝。"

【槌】

即蠶槌。《方言》卷五："宋、魏、陳、楚、江、淮之間謂之植，自關而西謂之槌。"郭璞注："槌，絲蠶薄柱也。"《説文·木部》："槌，關東謂之槌，關西謂之持。"徐鍇繫傳："今江淮謂之槌，此則架蠶薄之木也。"北魏賈思勰《齊民要術·種桑柘》："崔寔曰：'三月清明節，令蠶妾治蠶室，粘隙穴，具槌持箔籠。'"許多古代農書中都給出了槌的構造方法和所用的材料，并給出了圖譜。元王禎《農書》卷二十："蠶槌。《禮》：'季春之月，具曲植。'植，即槌也。《務本直言》云：'穀雨日豎槌。夫槌立木四莖，各過梁，柱之高隨屋，每間豎之，其立木外旁，刻如鋸齒而深。各每莖掛桑皮圈繩。四角按二長椽。椽上平鋪葦箔，稍下綑之。凡槌下懸，中離九寸，以居。攙飼之間，皆可移之上下。'《農桑直説》云：

‘每槌，上中下間鋪三箔，上承塵矣，下隔濕潤，中備分擡。’”其中九箔的擡飼方法，多採用循環移動。清楊屾《豳風廣義》卷二：“至蠶老，九箔皆滿，獨留一箔，以備擡蠶，擡畢，一人餵之。餵畢，二人將椽箔掌起，轉移頂頭齒環内。下箔層自高明，仍復餵之。餵畢，仍掌起，移上二層。如此層層擡餵，上移。及至就地，仍留空箔在下，不可移動。候其餵之時，又層層下移，復空上箔。如此週而復始，餵之甚便。”

【硾銅剃刀】

用銅鍛打製作的剃刀。宋周密《武林舊事・宫中誕育儀例略》：“檀香匣盛硾銅剃刀二把，金鍍鎖鑰全。”

【縋】

繩索。《左傳・昭公十九年》：“登者六十人，縋絶，師鼓譟，城上之人亦譟。”《後漢書・張衡傳》：“燭武縣縋而秦伯退師；魯連繫箭而聊城弛柝。”《晉書・賀循傳》：“義士救時，驅馳拯世，燭之武乘縋以入秦，园綺彈冠而匡漢，豈非大雅君子卷舒合道乎！”

【錣】

趕馬策前端的鐵針。《淮南子・道應訓》：“白公勝慮亂，罷朝而立，倒杖策，錣上貫頤，血流至地而弗知也。”高誘注：“策，馬捶。端有針以刺馬，謂之錣。”

zhun

【準】

即鉋。明宋應星《天工開物・錘鍛》：“凡鉋磨礪嵌鋼寸鐵，露刃秒忽，斜出木口之面，所以平木，古名曰準。”

zhuo

【卓鈎】

一種有柄鐵鈎。元沙克什《河防通議・制度》：“卓鈎，以鐵爲鈎，貫木柄。用鋪埽匀稍草。”

【卓鐘】

座鐘。清乾隆以後出現，多用發條控制走時，能報點，置之桌几之上。清周壽昌《思益堂日札・和相籍没》：“卓鐘三百架，小自鳴鐘一百五十六架。”

19世紀法國造慕讓製作
銅塗金珐瑯卓鐘
故宫博物院

【篧】

即罩。捕魚器。《廣雅・釋器》：“篧、籗、箓，笣也。”王念孫疏證引《說文》：“罩，捕魚器。罩與笣同。凡自上籠下謂之罩。”

【斫】

即钁。《爾雅・釋器》：“斫，謂之鐯。”郭璞注：“钁也。”《國語・齊語》“惡金以鑄鉏、夷、斤、斸，試諸壤土”，三國吴韋昭注：“斸，斫也。”北魏賈思勰《齊民要術・耕田》：“斸，斫也，齊謂之鎡基。一曰斤柄性自曲者也”。

【斫斧】

整修桑樹的斧子。刃寬而薄，用以砍去多餘枝條。元王禎《農書》卷二一：“斫斧，桑斧也。其斧銎匾而刃闊，與樵斧不同。《詩》謂‘蠶月條桑，取彼斧斨，以伐遠揚。《士農必用》云：轉身運斧，條葉偃落於外，即謂以伐遠揚也。凡斧所剝斫，不煩再刃者爲上；至遇枯枝勁節，不能拒遏，又爲上；如剛而不闕，利而不乏，尤爲上也。然用斧有法，必須轉腕回刃向上斫之，枝查既順，津脈不出，則葉必復茂。故農語云，斧頭自有一倍葉，以此知科斫之利勝，惟在夫善用斧之效也。”

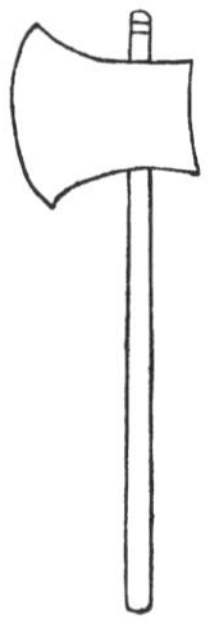

斫斧
明永樂大典本《農書》

【剢槌】

即錘。清范寅《越諺》卷中：“剢槌，敲釘具，以鐵爲之。”

【罬】

即覆車。《爾雅・釋器》：“繴謂之罿。罿，罬也。罬謂之罦。罦，覆車也。”《説文・网部》：“罬，捕鳥覆車也。”《紅樓夢》第七八回：“孰料鳩鴆惡其高，鷹鷙翻遭罦罬。”

【櫡】

即钁。《廣雅・釋器》：“櫡謂之钁。”

【籗】

即罩。《詩・小雅・南有嘉魚》：“南有嘉魚，烝然罩罩。”毛傳：“罩罩，籗也。”籗，一本作“篧”。《爾雅・釋器》：“籗謂之罩。”郭璞注：“捕魚籠也。”郝懿行義疏：“今魚罩皆以竹，形似鷄罩，漁人以手抑按於水中以取魚。”

【櫡】

即钁。《說文・木部》：“斫謂之櫡。”

【鐯】

即钁。《爾雅・釋器》：“斫謂之鐯。”郭璞注：“钁也。”《農雅・釋器》：“《博雅》：櫡，謂之钁。蓋櫡即鐯，字義与《說文》、《國語》注小異。”

【籗】

同“篧”。《文選・左思〈吴都賦〉》“罩兩魪，罺鰝鰕”，晉劉逵注：“罩，籗也，編竹籠魚者也。”《詩・小雅・南有嘉

魚》："南有嘉魚，烝然罩罩。"清陳奂疏："罩魚爲籗，按而取之器也。今見太湖人尚有以罩取魚者。"

zi

【兹基】

同"鎡基"。《漢書·樊酈滕灌傅靳周傳》："雖有兹基，不如逢時。"顔師古注引張晏曰："兹基，鉏也。言雖有田具，值時乃獲。"清林春溥《四書拾遺·孟子上》："按《漢書》樊、酈、滕、灌傳贊引作兹基。"

【兹其】

同"鎡基"。《周禮·秋官·薙氏》"春始生而萌之"，漢鄭玄注："萌之者，以兹其斫其生者。"賈公彦疏："玄謂萌之者，以兹其斫其生者。漢時兹其，即今之鋤也。"清倪倬《農雅·釋器》："《詩》：庤乃錢鎛。傳：鎛，鎒也。《齊語》：挾其槍刈耨鎛。注：耨，兹其也。""《孟子》：雖有鎡基。《月令》注作鎡錤。《周禮》薙氏注。《國語》注，《史記》樊噲傳俱作兹其。"

【鍿錍】

短斧。《説文·金部》："鍿，鍿錍，斧也。"段玉裁注："鍿錍，斧之一種也，疊韻字。"桂馥義證："鍿錍，短斧也。"

【緇】

黑繩。《莊子·外物》："任公子爲大鈎巨緇，五十犗以爲餌，蹲乎會稽，投竿東海，旦旦而釣。"成玄英疏："緇，黑繩也。"

【鎡基】

鋤類農具。《孟子·公孫丑上》："齊人有言曰：雖有智慧，不如乘勢；雖有鎡基，不如待時。"趙岐注："鎡基，田器。耒耜之屬。"北魏賈思勰《齊民要術·耕田》："斸，斫也，齊謂之鎡基。一曰斤柄性自曲者也。"元王禎《農書》卷十一："然雖有鎡基，不如待時。乃以授時圖正之。庶耕殖者，無先後之失。"清倪倬《農雅·釋器》："斪斸、定、鎡基、鎛、鎒、欘、斫、鋤也。案：《爾雅》：斪斸謂之定。注云：鉏屬，《孟子》：雖有鎡基。《釋名》云：鎡基，大鋤也。"

【鎡錤】

同"鎡基"。《説文·木部》："欘，斫也，齊謂之鎡錤，一曰斤柄性自曲者。"清林春溥《四書拾遺·孟子上》："《禮·月令》正義引作鎡錤。《齊民要術》亦作鎡錤。《説文》：欘，齊謂之鎡錤。"清倪倬《農雅·釋器》："《韻會》云：鎡錤，鉏也。"

【鎡錤】

同"鎡基"。唐白居易《答饒州元使君書》："齊民往往投鎡錤而即鏟鑄。"

【子午針】

即羅盤。古代羅盤採用栻盤二十向和八卦八方分度等皆以子、午代表南北，故稱。宋曾三異《因話録·子午針》："地螺或有子午正針，或用子壬丙午間縫針。天地南北之正，當用子午。或謂今江南地偏，難用子午之正，故以丙壬參之。"

【耔】

一種用以踏除雜草、扶泥壅稻根的農具。多以草編製。用時套在腳上，一手扶杖而作業。明宋應星《天工開物·稻工》："凡稻，分秧之後數日，舊葉萎黄而更生新葉。青葉既長，則耔可施焉(俗名撻禾)。植杖於手，以足扶泥壅根，并屈宿田水草使不生也。"

耔
明初刻本《天工開物》

【紫繮】

紫色的繮繩。古代以乘馬用紫繮爲顯貴的標志。清代禮制，皇室近支和有功勛的大臣經皇帝特許可用紫繮。清陳康祺《郎潜紀聞》卷四："乾隆朝，故相和珅貴爲首輔，爵封上公，子尚公主，凡一切龍褂、紫繮、雙翎寶頂，茂典殊榮，靡不崇備。"又《燕下鄉脞録》卷三："道光戊申正月二日，上以元日晴朗，年豐兆象，嘉奬耆臣，特賜大學士潘世恩太傅紫繮，時年八十。"又卷十二："生擒林爽文，檻送京師，臺灣平，賜金黄帶、紫繮、金黄辮、珊瑚朝珠，又命於臺灣郡城及嘉義縣各建生祠，再圖形紫光閣，上製贊如初，異數五也。"

【紫韁】

同"紫繮"。清洪昇《長生殿·合圍》："紫韁輕挽，雙手把紫韁輕挽，騙上馬，將盔纓低按。"清魏源《聖武記》卷九："上大怒，責明亮、德楞泰捨重就輕，墮賊計，使齊王氏得乘間北渡，盡奪世職、紫韁、孔雀翎，戴罪立功。"

【紫繩】

紫色的繩子。唐李商隱《楚宫》詩："複壁交青瑣，重簾掛紫繩。如何一柱觀，不礙九枝燈。"

【紫絲韁】

用紫色絲製作的繮繩。《樂府詩集·清商曲辭六·青驄白馬》："青驄白馬紫絲韁，可憐石橋根柏梁。"

【紫檀尺】

紫檀木所製之尺。《唐六典》卷二二："每年二月二日進鏤牙尺及木畫紫檀尺。"

【自鳴鐘】

一種能按時自動打點打刻，報告時間的鐘。由意大利人最先創製,明萬曆時傳入我國。萬曆十年(1582),耶穌會士羅明堅送給廣東制臺陳文峰一架大自鳴鐘,有輪,後改成中式標時,有十二時辰。明劉侗、于奕正《帝京景物略・利瑪寶墳》:"萬曆辛巳,歐羅巴國利瑪寶入中國。始到肇慶,劉司憲某,待以賓禮。持其貢,表達闕庭。所貢耶穌像、萬國圖、自鳴鐘、鐵絲琴等,上啓視嘉歎。"清趙翼《簷曝雜記》卷二:"自鳴鐘、時辰錶,皆來自西洋。鐘能按時自鳴,錶則有針隨晷刻指十二時,皆絕技也。"《廣東通志》卷五二引《廣州志》:"自鳴鐘本出西洋,以索轉機,機激則鳴,晝夜十二時皆然。"因其設計精致、功能多樣、動作奇巧和工藝精湛,明末清初時大量進入宮庭,至康熙時清宮內務府造辦處特設"做鐘處",聘請外國技師參與其事。此後民間製鐘作坊紛紛建立,清末形成了"御製鐘"、"廣造鐘"和"蘇造鐘"三足鼎立之勢。清梁章鉅《浪迹續談・自鳴鐘》:"今閩、廣及蘇州等處,皆能製自鳴鐘。"御製鐘是專爲皇帝和宮庭內製作的,一般以色調深沉的木結構爲主體,以亭、臺、樓、閣爲基本造型,古樸大方,給人以肅穆、莊嚴之感,也有冠架式、迎手式、轉塔式、葫蘆式等。鐘體多銅塗金、紫檀木飾琺瑯、玉石等,附有音樂、水法、跑人和轉花裝置。清《皇朝禮器圖式》卷三:"本朝自鳴鐘鑄金爲之,中承以柱,下爲方匱,面設表盤,均十二分。上起子午正,右旋一日,再周,以短針指時,長針指刻,起丑未,盡子午正十二鳴,其初正自一鳴至四鳴,各四刻。""表盤徑二尺一寸五分,罩以玻璃匱,木質,漆繪金花,四隅皆有柱,中爲周闌,髹以金。縱距四尺七寸,橫五尺七寸五分,通高一丈六尺六寸。"附有音樂、水法、跑人和轉花裝置。廣造鐘一般體高1米左右,鐘體爲銅塗金和鑲嵌琺瑯等仿洋做法,金光燦爛,富麗堂皇,適宜於宮內點綴陳設。以亭、塔、閣樓等式造型爲主,多用中國傳統的吉祥圖案爲裝飾,以佛塔象徵神聖,以雙鹿、麒麟馱鐘、大象寓意長壽、吉祥和太平,用"漁樵耕讀"畫面歌頌太平盛世以及假借"白猿獻桃"、"八仙慶壽"等神話故事祝賀帝王生日等,巧妙地將鐘錶造型藝術與民族的傳統文化結合,形成了具有特色的藝術風格。能走時、打刻、打點和演奏樂曲,其附加的人、鳥、獸、轉花、流水等能隨音樂而聯動,製作技藝已接近於歐洲製鐘水平。蘇州鐘錶製造始於明末清初,至清嘉慶時已具相當規模,這從現存的鐘錶文物──鐘錶義冢碑可得到證明。現存最古的蘇鐘是南京博物院收藏的康熙以前製造的十二時辰鐵殼單針自鳴鐘,以重錘爲動源,由走時、報時和閂時三部分組成,鐘盤顯示是傳統的十二時辰,以單針指示時間,此爲蘇州早期代表作品。乾隆至嘉慶時的蘇鐘,動源多數爲發條,也有重錘,字盤多採用羅馬字,少數也有十二時辰顯示,有的字盤上還有外文商標,其結構不統一,外形大小也不相同,附有福祿壽三星、八仙過海、銅人敲鐘及其他吉祥花卉、音樂、水法等聯動裝置。清末民國初年,蘇鐘則以插屏鐘聞名於世,鐘機無附加裝置,鐘殼紅木框架,狀似屏風,大、中、小成套,富有濃厚的地方特色。以發條爲動源,配以鏈條和塔輪組成的動源結構,使發條捲緊力既足又緩緩輸出能量,這在當時是一項重要發明,有效地提高了鐘機的定時精度。

【自行磨】

按自鳴鐘原理構想的一種自動磨具。明王徵《新製諸器圖說・準自鳴鐘推作自行磨圖說》:"先以堅木爲夾,輪柱二根,厚四寸,寬六寸,高視輪爲度。輪凡四:名之甲、乙、丙、丁。甲輪之齒凡六十,乙齒四十八,丙齒三十六,丁之齒則二十四,與碾周輪齒相對,乙、丙、丁之軸,皆有齒,數皆六。甲輪軸則獨無齒,然有副輪,徑弱於正輪者尺有五。副輪者,貫索而垂重,所以轉諸輪因而轉其磨者也。而轉副輪,則又另有一機,其垂而下也,與正輪同體而下,其上也,則副輪轉而正輪分毫無掛,且其轉上之法甚活,婦人女子可轉也。此爲全體輪架安定,旁安其磨,磨上扇周施齒,如丁輪,但與丁輪齒相間無忤,則磨行矣。凡甲輪轉一周,可磨麥一石。若索可垂深數轉,則又不止一石而已。第作此覺難,非至富厚家不能。如止用兩輪,則輕便殊甚,是在智者自消詳焉。"

【自轉磨】

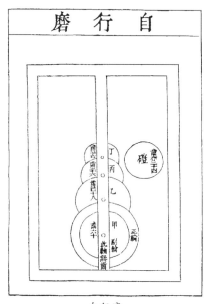

自行磨
清守山閣叢書本《新製諸器圖説》

利用水力、風力等推動的磨。明王徵《遠西奇器圖說・力藝》:"譬如天體晝夜自行運旋,而器之自轉磨、自行車、自鳴鐘等類,輒能一一與天相似。"

zong

【棕繩子】

即棕繩。《正音撮要・繩索》:"棕繩子、麻繩子、棉繩子、草繩。"

【椶纜】

大型椶繩。多用於船具。福建泉州灣宋代海船及浙江象山縣七埠村明代海船皆有椶纜發現,後者椶纜直徑達 7 厘米。《三寶太監西洋記通俗演義》第九八回:"天師吩咐旗牌官:'仔細看來,水面睡着個甚麼物件?'旗牌官回覆道:'是一條椶纜。'"

椶纜

泉州灣宋代海船遺物

【椶三舍人】

即椶纜。明郎瑛《續已編·椶三舍人》:"椶三舍人者,椶纜也。太祖御舟師敗陳友諒於鄱陽,死者數十萬,返還擲纜椶於湖,冤魂憑之遂能爲妖,舟人必祭,否則有覆溺之患。"

【椶繩】

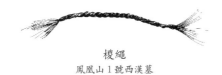

椶繩

鳳凰山 1 號西漢墓

用棕絲搓絞成的繩子。椶字亦寫作"椶"、"棕"。椶繩和麻繩是繩中兩大主要繩子,用度和使用的範圍都很廣。椶繩和麻繩相比較,麻繩比較柔軟、光潔,且原料數量大,價格也較低廉,其數量和應用面要比椶繩大些。但是椶繩在結實度、牢固度等方面要優於麻繩,特別是其吸水性差,耐腐蝕,經得起浸泡,在與水接觸頻繁的生活、生產活動中,椶繩的使用價值則明顯超過麻繩,如經常航行於水上的舟船所用的纜繩大多是用的椶繩。爲了加強抗腐蝕性能,有的椶繩還塗了油漆。椶繩的使用歷史比麻繩要晚些,從出土的情況看,我國現已發現的最早的椶繩是秦代,比麻繩要晚幾千年。成都鳳凰山西漢木槨墓發現兩節連結的椶繩一件,現存長 64 厘米,以三十餘根椶絲絞成一股,再兩股合成,此纜至今抗拉力還很強。福建泉州灣宋代海船發現船用椶繩二十八件,其中一件为特大椶繩。浙江象山明代海船也發現椶繩多件。《新五代史·雜傳六·劉知俊》:"知俊爲人色黑,而其生歲丑。建之諸子皆以'宗'、'承'爲名,乃於里巷構爲謠言曰:'黑牛出圈椶繩斷。'建益惡之,遂見殺。"

【椶索】

即椶繩。《西湖老人繁勝錄》:"京都有四百四十行,略

而言之……歌樂、歌唱、椶索、髮索、蝴蟀、金麻、蛣蟲、端親。"

【椶印】

椶印

清嘉慶年刊
《河工器具圖說》

驗工器具。木板上植椶,以便驗收蓋印記。清麟慶《河工器具圖說》卷二:"驗工器具,除皮灰印、木灰印外,又有椶印,以數寸木板,不拘方圓,編椶作字。印桶以木爲之,身淺梁高,内貯薄蒜灰土桐油,以便臨工查收蓋印記識,遇雨水不致滌去。"

【筊】

樹木的細枝條。有時充作鞭用。《廣雅·釋器》:"箠、策、筊,折箠也。"王念孫疏證:"《玉篇》,筊,木細枝也,字本作莢。《方言》:青、齊、兖、冀之間謂木細枝曰莢。故傳曰:慈母之怒子也,雖折筊笞之,其惠存焉。"

【緵】

即九罭。《爾雅·釋器》:"緵罟謂之九罭。九罭,魚罔也。"郭璞注:"今之百囊罟,是亦謂之罿,今江東謂之緵。"郝懿行義疏:"緵之言總也。孟子所謂數罟,言其綱目細密。"

【緵罟】

即九罭。《詩·豳風·九罭》"九罭之魚、鱒魴",毛傳:"九罭,緵罟,小魚之罔也。"《爾雅·釋器》:"緵罟謂之九罭。九罭,魚網也。"

【磢硞】

質地細膩的青色磨石。用以磨刀、劍等。《廣雅·釋器》:"磢硞,礪也。"王念孫疏證:"《廣韻》:'磢硞,青礪也。'《衆經音義》卷九云:'《通俗文》:細礪謂之磢硞。'磢硞治玉,磢硞治金。"

【綜】

織機上使經絲或經綫上下交錯形成織口使梭子引緯的部件。漢劉向《列女傳·魯季敬姜》:"推而往,引而來者,綜也。"《三國志·魏志·杜夔傳》裴松之注:"舊綾機五十綜者五十躡,六十綜者六十躡。"唐虞世南《中婦織流黃》:"綜新交縷澀,經脆斷絲多。"明宋應星《天工開物·乃服·經具》:"或過糊者,就此過糊,或不過糊,就此捲於的槌,穿綜就織。"清衛杰《蠶桑萃編》卷三:"織時將經縷根根穿過綜環。綜俗呼爲繒。綜制用木五根,徑六分,造成方架,闊長各二尺,中安一梁。二人對坐,以綜綫二環相套,縛於架上,或一千或千五或二千,足數而止。再用細竹竿二根,大如小指,長二尺二寸,將綫兩邊領起,卸去綜架,挂在機頂羅麵桃之上,每綜一付,下用腳竿棍一根,安在機之中間,以便躡交。若織無花絹縑,只用綜二付。若織提花綾緞,將綜綫縛於範架之上用十

付,下用腳竿棍十根,又將渠綾從花樣中穿過,挂於花樓之上。"

【縱黍尺】

縱累百黍之長爲縱黍尺。明朱載堉《樂律全書》卷二三:"律尺長九寸,縱黍之長爲分,每寸縱黍九枚,縱粟十二粒。"《清稗類鈔·物品·度量衡》:"直纍一黍爲一分,十黍爲一寸,曰縱黍尺(原注:今尺)。工部營造尺,即縱黍尺也。合英尺一尺零一分七釐三毫二絲二忽,頒之各省,俾人民遵用。"

zu

【足車】

即腳踏紡車。手搖紡車一般只能紡單錠,簡稱手車。清代上海一帶紡棉的腳踏紡車可紡三錠,簡稱足車,以别於手車。清張春華《滬城歲事衢歌》:"紡紗他處皆有,然以巨輪手運,祗出一紗。足車出三紗,惟吾鄉倡有之。"

【俎】

切肉砧板。今河南省淅川縣下寺春秋楚墓中,出土一件鏤孔蟠虺紋青銅俎,高 22 厘米、長 39.8 厘米、寬 21.1 厘米,該器中部略窄,并下凹,凹形足,俎面鏤孔并飾有蟠虺紋,所鏤之孔可以漏肉汁。蓋此俎用作切肉的小案子。《史記·項羽本紀》:"如今人方爲刀俎,我爲魚肉。"

春秋青銅俎
河南博物院

zuan

【鑽】

尖細之錐。用於鑽透小孔,爲常用的工具。《物原》謂魯般作鑽。但此謂木工用鑽而言。羅山莽張商墓已有銅鑽實物出土。鑽除先秦有銅製外,一般用鋼鐵製成,安裝在木柄之上。鑽端部是穿孔的刃部,不同的加工材料,有不同形狀的鑽頭。鑽紙張書籍用圓鑽,治皮革用扁鑽,沿銅皮用雞心鑽,鑽木頭用蛇頭鑽。鑽多短細,明代火器發明後,爲加工銃筒,又有長鑽。明湯若望、焦勗《火攻挈

銅鑽
羅山莽張商墓

西周銅鑽
三門峽虢國墓地 2013 號墓

戰國鑽頭
紹興越城區迪蕩城建出土

鑽針孔的鑽
明初刊本《天工開物》

要》卷上:"鑽要長短五六根,自一尺起,每根添長三寸,至三尺長止。"爲了增加鑽力,多用旋轉方式推進,至晚在元代,就有專門的轉旋裝置。鑽頭上有長木桿,長木桿上段固定可以手持,下段上繞繩索,可以轉動,繩索繫於木桿相交的木片上,扯動木片,通過木桿轉動鑽頭。此類鑽實物在元代沉船發現。鑽可鑽透紙、皮、木、竹、牙、骨、銅、鐵,廣泛用於手工業。《管子·輕重乙》:"一車必有一斤、一鋸、一釭、一鑽、一鑿、一銶、一軻,然後成爲車。"此爲製車。見於史載的還有用於製鞋、製木器、治書、加工金屬器材的鑽等。

【鑽兒】

即鑽。明范受益《尋親記·就教》:"楦頭放在皮擔間,鑽兒放在皮盝裏。"此鑽指扁鑽。

【鑽子】

即鑽。唐李筌《神機制敵太白陰經·軍裝》:"刀子、銼子、鉗子、鑽子。"

zui

【繀】

　同"繀"。提網的中繩。《集韻·平齊》："繀,《説文》:'維網中繩。'"

【繀】

　提網的中繩。《説文·糸部》："繀,維網中繩也。"段玉裁注："網者,网之紘也,又用繩維之,左右皆有繩,而中繩居要,是曰繀。"漢揚雄《太玄·樂》:"拂其繫,絕其繀。"范望注："繀,網也。"司馬光集注："繀,維網中繩也。"

【罪】

　竹魚網。《詩·小雅·小明》:"豈不懷歸,畏此罪罟。"《説文·网部》："罪,捕魚竹网。"

zun

【鐏】

　一種鐵製農具。《古文苑·劉楨〈大暑賦〉》:"農畯捉鐏而去疇,織女釋杼而下機。"章樵注："鐏,農器,鐵首。"

【鐏臼】

　承受鐏軸的臼形部件。因中凹如臼,故名,多用鐵製。平放,用以承受立軸垂直向下的力。元王禎《農書》卷十六："連磨,連轉磨也。其制:中置巨輪,輪軸上貫架木,下承鐏臼,復於輪之周圍列遠八磨。"參見"連磨"。

【鐏軸】

　套有圓錐形金屬套的軸。多指軸端部位。元王禎《農書》卷十六："或掘地架木,下置鐏軸,亦轉以畜力,謂之旱水磨。"參見"鐵鐏"。

zuo

【絴】

　大繩,大索。南朝梁簡文帝《烏棲曲》:"芙蓉作船絲作絴,北斗横天月將落。"《玉篇·糸部》:"絴,索也。"《廣韻·入鐸》:"絴,紲也。"宋梅堯臣《早發》詩:"解絴泛明鏡,接天知幾里。"

【笮】

　即竹纜。多用以繫船或引船。南朝宋謝靈運《折楊柳行》:"負笮引文舟,饑渴常不飽。"《新五代史·唐臣傳。王建及》:"梁將賀瓌攻其南城,以竹笮維戰艦於河,晉兵不得渡,南城危甚。"亦有以爲索橋。南朝梁簡文帝《南郊頌》:"五方來洎,四隩茲通。懸繩度笮,駕鹿追風。"唐獨孤及《招北客文》:"復引一索,其名爲笮。人懸半空,度彼絕壑。"唐杜甫《桔柏渡》詩:"連笮動嫋娜,征衣颯飄飄。"仇兆鰲注:《梁益記》:'笮橋,連竹索爲之,亦名繩橋。'"清唐甄《潛書·五行》:"笮渡之國,索登之山,我能取之。"

【筰】

　同"笮"。竹纜。唐韓愈、李正封《晚秋郾城夜會聯句》:"雷鼓揭千槍,浮橋交萬筰。"

【綷】

　同"筰"。牽引船的竹索。《玉篇·糸部》:"綷,亦笮字,竹纜。"《集韻·入昔》:"筰、綷,引舟菱,或作綷。"一説爲草繩。《廣韻·入鐸》:"綷,草繩。"

【作馬】

　木匠做工時用的三脚木架或木凳。清翟灝《通俗編·居處》:"木工以三木相攢而岐其首,横木於上以施斧斤,謂之作馬。此象形也。"清范寅《越諺》卷中:"作馬,木匠用之凳。"參見"斧"所附"單斜面斧"圖。

作馬
明人瑞堂本《隋煬帝艷史》

【坐犁】

　木牛之稍有變異者。參見"木牛"。

【坐罾】

　有固定支架的大型罾。可在離岸遠處捕魚,漁者坐而待魚,故稱坐罾。網具多由轆轤收放。明王圻《三方圖會·器用五》:"罾,亦網也,不知何易名爲罾。三制俱相似,惟坐罾稍大,謂坐者以其定於一處也。"

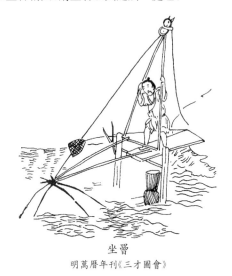

坐罾
明萬曆年刊《三才圖會》

【柞椻】

即攫。《禮記·中庸》:"驅而納諸罟攫陷阱之中,而莫之知辟也。"唐孔穎達疏:"罟,網也;攫,謂柞椻也。"

【柞鄂】

即攫。《周禮·秋官·雍氏》:"凡害於國稼者,春令爲阱攫。"漢鄭玄注:"攫,柞鄂也。堅地阱淺則設柞鄂於其中。"

【柞格】

即攫。捕獸器。《國語·魯語上》:"鳥獸成,水蟲孕,水虞於是乎禁罝罜麗,設穽鄂。"三國吳韋昭注:"鄂,柞格,所以誤獸也。"

【柞攫】

即攫。《廣韻·入鐸》:"攫,柞攫,阱淺則施之。"

【柞撒】

油榨部件之一。以柞木、檀木等質地堅硬的木料,用刀斧砍成楔狀,并用鐵圈箍住頭部以防披散。榨油時,把柞撒置於油料之上,以木板夾緊,從高處或從旁邊用木椎、石碓或鐵錘敲擊之,以擠壓油料使出油。因其未刨過,表面較粗糙,不會從油料中滑出。《西遊記》第八二回:"那檀木性格剛硬,油房裏取了去,作柞撒,使鐵箍箍了頭,又使鐵錘往下打,只因剛强,所以受此苦楚。"

主要參考及引用文獻（當代）

一、著作

雲南省博物館編：《雲南晉甯石寨山古墓群發掘報告》，文物出版社 1959 年。

中國科學院考古研究所編：《新中國的考古收獲》，文物出版社 1961 年。

劉仙洲編著：《中國古代農業機械發明史》，科學出版社 1963 年。

中國科學院考古研究所、陝西省西安半坡博物館編：《西安半坡》，文物出版社 1963 年。

内蒙古文物工作隊編：《内蒙古文物資料選輯》，内蒙古人民出版社 1964 年。

湖南省博物館、中國科學院考古研究所編輯：《長沙馬王堆一號漢墓》（上、下集），文物出版社 1973 年。

山東省文物管理處、濟南市博物館編：《大汶口：新石器時代墓葬發掘報告》，文物出版社 1974 年。

李約瑟著，《中國科學技術史》翻譯小組譯：《中國科學技術史》（第一—四卷），科學出版社 1975—1978 年。

潘吉星：《中國造紙技術史稿》，文物出版社 1979 年。

陳遵嬀：《中國天文學史》（第一—四册），上海人民出版社 1980—1985 年。

中國社會科學院考古研究所編著：《中國古代天文文物圖集》，文物出版社 1980 年。

中國社會科學院考古研究所編著：《殷墟婦好墓》，文物出版社 1980 年。

中國社會科學院考古研究所、河北省博物館文物管理處編：《滿城漢墓發掘報告》（上、下册），文物出版社 1980 年。

中國大百科全書總編輯委員會《天文學》編輯委員會、中國大百科全書出版社編輯部編：《中國大百科全書·天文學》，中國大百科全書出版社 1980 年。

國家計量總局主編：《中國古代度量衡圖集》，文物出版社 1981 年。

中國社會科學院考古研究所、廣州市文物管理委員會、廣州市博物館編：《廣州漢墓》（上、下册），文物出版社 1981 年。

《雲夢睡虎地秦墓》編寫組：《雲夢睡虎地秦墓》，文物出版社 1981 年。

山東省博物館、山東省文物考古研究所編：《山東漢畫像石選集》，齊魯書社 1982 年。

中國社會科學院考古研究所：《新中國的考古發現和研究》，文物出版社 1984 年。

湖北省荆州地區博物館：《江陵雨臺山楚墓》，文物出版社 1984 年。

王仲殊：《漢代考古學概説》，中華書局 1984 年。

徐文生編：《中國古代生産工具圖集》（第一—四册），西北大學出版社 1984—1986 年。

周到、吕品、湯文興編：《河南漢代畫像磚》，上海人民美術出版社 1985 年。

萬依、王樹卿、陸燕貞主編：《清代宫廷生活》，商務印書館香港分館 1985 年。

甘肅省文物隊、甘肅省博物館、嘉峪關市文物管理所編：《嘉峪關壁畫墓發掘報告》，文物出版社 1985 年。

河北省文物研究所編：《藁城臺西商代遺址》，文物出版社 1985 年。

河南省文物研究所：《信陽楚墓》，文物出版社 1986 年。

中國大百科全書總編輯委員會《考古學》編輯委員會、中國大百科全書出版社編輯部編：《中國大百科全書·考古學》，中國大百科全書出版社 1986 年。

漢語大詞典編輯委員會編纂：《漢語大字典》（第一—八册），四川辭書出版社、湖北辭書出版社 1986—1988 年。

高文編：《四川漢代畫像磚》，上海人民美術出版社 1987 年。

上海市文物保管委員會：《崧澤——新石器時代遺址發掘報告》，文物出版社 1987 年。

馬承源主編：《中國青銅器》，上海古籍出版社 1988 年。

廣西壯族自治區博物館編：《廣西貴縣羅泊灣漢墓》，文物出版社 1988 年。

王健群、陳相偉：《庫倫遼代壁畫墓》，文物出版社 1989 年。

湖北省博物館編：《曾侯乙墓》（上、下册），文物出版社 1989 年。

大葆臺漢墓發掘組：《北京大葆臺漢墓》，文物出版社 1989 年。

於希賢：《中國古代地理學史略》，河北科學技術出版社 1990 年。

華同旭：《中國漏刻》，安徽科學技術出版社 1991 年。

甘肅省文物考古研究所編:《敦煌漢簡》,中華書局 1991 年。

孫機:《漢代物質文化資料圖説》,文物出版社 1991 年。

丘光明編著:《中國歷代度量衡考》,科學出版社 1992 年。

漢語大詞典編輯委員會、漢語大詞典編纂處編纂:《漢語大詞典》,漢語大詞典出版社 1993—1995 年。

山西省考古研究所、太原市文物管理委員會、陶正剛、侯毅、渠川福:《太原晉國趙卿墓》,文物出版社 1996 年。

内蒙古文物考古研究所、魏堅編著:《内蒙古中南部漢代墓葬》,中國大百科全書出版社 1998 年。

新疆文物局、上海博物館編:《新疆維吾爾自治區絲路考古珍品》,上海譯文出版社 1998 年。

魏堅主編:《額濟納漢簡》,廣西師範大學出版社 2005 年。

王愷、葛明宇:《徐州獅子山楚王陵》,生活·讀書·新知三聯書店 2005 年。

湖北省文物考古研究所、荆門市博物館、襄荆高速公路考古隊編著:《荆門左冢楚墓》,文物出版社 2006 年。

薛景石著,鄭巨欣注釋:《梓人遺製圖説》,山東畫報出版社 2006 年。

儀征市博物館編:《儀征出土文物集粹》,文物出版社 2008 年。

山東省文物考古研究所編著:《魯中南漢墓》(上、下册),文物出版社 2009 年。

孫機:《中國古代物質文化》,中華書局 2014 年。

二、論文

劉復:《西漢時代的日晷》,《國學季刊》1932 年第 3 卷第 4 期。

高平子:《論圭表測景》,《宇宙》1937 年第 8 卷第 1 號。

亨利·米歇爾撰,張鈺哲摘:《璿璣玉衡的一個解釋》,《天文學報》1956 年第 4 卷第 2 期。

前熱河省博物館籌備組:《赤峰縣大營子遼墓發掘報告》,《考古學報》1956 年第 3 期。

河南省文化局文物工作隊第一隊:《鄭州商代遺址的發掘》,《考古學報》1957 年第 1 期。

小屯:《劉娘井明墓的清理》,《文物參考資料》1958 年第 5 期。

蔣纘初:《江蘇揚州附近出土的宋代鐵農具》,《文物》1959 年第 1 期。

湖南省博物館:《長沙市東北郊古墓葬發掘簡報》,《考古》1959 年第 12 期。

薄樹人:《北京古觀象臺介紹》,《文物》1962 年第 3 期。

王振鐸:《中國最早的假天儀》,《文物》1962 年第 3 期。

嚴敦傑:《故宫所藏清代計算儀器》,《文物》1962 年第 3 期。

陝西省社會科學院考古研究所渭水隊:《秦都咸陽故城遺址的調查和試掘》,《考古》1962 年第 6 期。

陝西省博物館:《西安市西郊高窰村出土秦高奴銅石權》,《文物》1964 年第 9 期。

河北省文化局文物工作隊:《定縣北莊漢墓出土文物簡報》,《文物》1964 年第 12 期。

南京博物院:《安徽鳳臺"連城"遺址内發現一批唐——元時代的文物》,《文物》1965 年第 10 期。

孫瀛洲:《元明清瓷器的鑒定》,《文物》1965 年第 11 期。

南京博物院:《江蘇盱眙東陽公社出土的秦權》,《文物》1965 年第 11 期。

鄭爲:《閘口盤車圖卷》,《文物》1966 年第 2 期。

新疆維吾爾自治區博物館:《吐魯番阿斯塔那 363 號墓發掘簡報》,《文物》1972 年第 2 期。

南京市博物館:《南京明汪興祖墓清理簡報》,《考古》1972 年第 4 期。

高至喜:《湖南楚墓中出土的天平與法馬》,《考古》1972 年第 4 期。

馬承源:《商鞅方升和戰國量制》,《文物》1972 年第 6 期。

西安半坡博物館、臨潼縣文化館:《1972 年春臨潼姜寨遺址發掘簡報》,《考古》1973 年第 3 期。

西安半坡博物館:《1971 年半坡遺址發掘簡記》,《考古》1973 年第 3 期。

南京博物院:《銅山小龜山西漢崖洞墓》,《文物》1973 年第 4 期。

中國科學院考古研究所、北京市文物管理處元大都考古隊:《北京西絛胡同和後桃園的元代居住遺址》,《考古》1973 年第 5 期。

史樹青:《我國古代的金錯工藝》,《文物》1973 年第 6 期。

王澤慶:《庫倫旗一號遼墓壁畫初探》,《文物》1973 年第 8 期。

徐恒彬、楊少祥、榻富崇:《廣東德慶發現戰國墓》,《文物》1973 年第 9 期。

江西省博物館:《江西瑞昌馬頭西晉墓》,《考古》1974 年第 1 期。

西安市文物管理處:《陝西長安新旺村、馬王村出土的西周銅器》,《考古》1974 年第 1 期。

南京博物院:《江蘇六合程橋二號東周墓》,《考古》1974 年第 2 期。

朱捷元、秦波：《陝西長安和耀縣發現的波斯薩珊朝銀幣》，《考古》1974 年第 2 期。

鞏縣文化館：《河南鞏縣發現一批漢代銅器》，《考古》1974 年第 2 期。

徐州博物館：《江蘇徐州奎山西漢墓》，《考古》1974 年第 2 期。

亳縣博物館：《亳縣鳳凰臺一號漢墓清理簡報》，《考古》1974 年第 3 期。

南京博物院、連雲港市博物館：《海州西漢霍賀墓清理簡報》，《考古》1974 年第 3 期。

甘肅省博物館：《甘肅武威發現一批西夏遺物》，《考古》1974 年第 3 期。

中國科學院考古研究所、北京市文物管理處、房山縣文教局琉璃河考古工作隊：《北京附近發現的西周奴隸殉葬墓》，《考古》1974 年第 5 期。

何國濤：《成都西郊羅家碾出土西漢量器——銅斗》，《文物》1974 年第 5 期。

江西省博物館：《江西南昌晉墓》，《考古》1974 年第 6 期。

王文才：《東漢李冰石像與都江堰“水則”》，《文物》1974 年第 7 期。

中國科學院考古研究所、湖南省博物館寫作小組：《馬王堆二、三號漢墓發掘的主要收獲》，《考古》1975 年第 1 期。

劉仙洲：《我國古代在計時器方面的發明》，《清華北大理工學報》1975 年第 2 期。

銅綠山考古發掘隊：《湖北銅綠山春秋戰國古礦井遺址發掘簡報》，《文物》1975 年第 2 期。

新疆維吾爾自治區博物館、西北大學歷史系考古專業：《1973 年吐魯番阿斯塔那古墓群發掘簡報》，《文物》1975 年第 7 期。

潘鼐：《南京的兩臺古代測天儀器——明製渾天儀和簡儀》，《文物》1975 年第 7 期。

天石：《西漢度量衡略說》，《文物》1975 年第 12 期。

張家泰：《登封觀星臺和元初天文觀測的成就》，《考古》1976 年第 2 期。

盧連成、時協中、梅榮照：《千陽縣西漢墓中出土算籌》，《考古》1976 年第 2 期。

徐振韜：《從帛書〈五星占〉看“先秦渾儀”的創製》，《考古》1976 年第 2 期。

寶雞茹家莊西周墓發掘隊：《陝西省寶雞市茹家莊西周墓發掘簡報》，《文物》1976 年第 4 期。

鳳凰山一六七號漢墓發掘整理小組：《江陵鳳凰山一六七號漢墓發掘簡報》，《文物》1976 年第 10 期。

王振鐸：《介紹一千八百年前的張衡地震儀》，《文物》1976 年第 10 期。

南通博物館：《南通發現古代煎鹽工具——盤鐵》，《文物》1977 年第 1 期。

國家標準計量局度量衡史料組：《我國度量衡的產生和發展》，《考古》1977 年第 1 期。

內蒙古博物館、內蒙古文物工作隊：《內蒙古準格爾旗玉隆太的匈奴墓》，《考古》1977 年第 2 期。

江陰縣文化館：《江陰縣出土的明代醫療器具》，《文物》1977 年第 2 期。

益公：《明代醫療器械的初步考察》，《文物》1977 年第 2 期。

梧州市博物館：《廣西梧州市近年來出土的一批漢代文物》，《文物》1977 年第 2 期。

喀喇沁旗文化館：《遼寧昭盟喀喇沁旗發現唐代鎏金銀器》，《考古》1977 年第 5 期。

南京博物院：《東漢銅圭表》，《考古》1977 年第 6 期。

江西省博物館：《江西南昌唐墓》，《考古》1977 年第 6 期。

石家莊地區革委會文化局文物發掘組：《河北贊皇東魏李希宗墓》，《考古》1977 年第 6 期。

周世榮：《湘潭發現北宋標準權衡器——銅則》，《文物》1977 年第 7 期。

臨沂金雀山漢墓發掘組：《山東臨沂金雀山九號漢墓發掘簡報》，《文物》1977 年第 11 期。

晁華山：《西漢稱錢天平與法馬》，《文物》1977 年第 11 期。

李崇州：《我國古代的腳踏紡車》，《文物》1977 年第 12 期。

甘肅居延考古隊：《居延漢代遺址的發掘和新出土的簡册文物》，《文物》1978 年第 1 期。

伊世同：《量天尺考》，《文物》1978 年第 2 期。

磁縣文化館：《河北磁縣南開河村元代木船發掘簡報》，《考古》1978 年第 6 期。

新疆博物館考古隊：《吐魯番哈喇和卓古墓群發掘簡報》，《文物》1978 年第 6 期。

張亞平、趙晉樟：《山西繁峙岩上寺的金代壁畫》，《文物》1979 年第 2 期。

劉東瑞：《談戰國時期的不等臂秤“王”銅衡》，《文物》1979 年第 4 期。

馬繼興：《臺西村商墓中出土的醫療器具砭鐮》，《文物》1979 年第 6 期。

華覺明、郭德維：《曾侯乙墓青銅器群鑄焊技術和失蠟法》，《文物》1979 年第 7 期。

圍場縣文管會：《河北省圍場縣又發現兩件秦代鐵權》，《文物》1979 年第 12 期。

巫鴻：《秦權研究》，《故宮博物院院刊》1979 年第 4 期。

曾廣億：《廣東陵水、順德、揭西出土的宋代瓷器、漁獵工具和元代鈔版》，《考古》1980 年第 1 期。

白尚恕、李迪：《故宮珍藏的原始手搖計算機》，《故宮博物院院刊》1980 年第 1 期。

蘇州博物館考古組：《蘇州城東北發現東周銅器》，《文物》1980 年第 8 期。

安徽省博物館：《安徽貴池發現東周青銅器》，《文物》1980 年第 8 期。

徐定水：《浙江永嘉出土的一批青銅器簡介》，《文物》1980 年第 8 期。

雲夢縣文物工作組：《湖北雲夢睡虎地秦漢墓發掘簡報》，《考古》1981 年第 1 期。

秦俑坑考古隊：《臨潼鄭莊石料加工場遺址調查簡報》，《考古與文物》1981 年第 1 期。

商縣圖書館、西安半坡博物館、商洛地區圖書館：《陝西商縣紫荆遺址發掘簡報》，《考古與文物》1981 年第 3 期。

陝西省考古研究所漢水考古隊：《陝西西鄉何家灣新石器時代遺址首次發掘》，《考古與文物》1981 年第 4 期。

劉得禎、朱建唐：《甘肅靈臺縣景家莊春秋墓》，《考古》1981 年第 4 期。

盧本珊、華覺明：《銅綠山春秋煉銅豎爐的復原研究》，《文物》1981 年第 8 期。

丘光明：《試論戰國容量制度》，《文物》1981 年第 10 期。

甘肅省博物館、敦煌縣文化館：《敦煌馬圈灣漢代烽燧遺址發掘簡報》，《文物》1981 年第 10 期。

南京博物院：《江蘇邗江甘泉二號漢墓》，《文物》1981 年第 11 期。

阮國林、魏正瑾：《南京北郊郭家山東晉墓葬發掘簡報》，《文物》1981 年第 12 期。

陝西省文管會、澄城縣文化館聯合發掘隊：《陝西坡頭村西漢鑄鐵遺址發掘簡報》，《考古》1982 年第 1 期。

吉林市博物館：《吉林市郊發現的金代窖藏文物》，《文物》1982 年第 1 期。

枝江縣文化館：《湖北枝江縣出土王莽時期銅砝碼》，《文物》1982 年第 1 期。

伊世同：《正方案考》，《文物》1982 年第 1 期。

廖志豪、羅保芸：《蘇州葑門河道内發現東周青銅文物》，《文物》1982 年第 2 期。

洛陽市文物工作隊：《洛陽吉利發現西漢冶鐵工匠墓葬》，《考古與文物》1982 年第 3 期。

李勝伍、郭書春：《石家莊東漢墓及其出土的算籌》，《考古》1982 年第 3 期。

許俊臣：《甘肅鎮原縣發現一枚秦詔版》，《考古與文物》1982 年第 4 期。

丘光明：《試論戰國衡制》，《考古》1982 年第 5 期。

禚振西、杜葆仁：《論秦漢時期的倉》，《考古與文物》1982 年第 6 期。

丘光明：《略談新莽銅環權》，《文物》1982 年第 8 期。

林士民：《浙江寧波出土的唐宋醫藥用具》，《文物》1982 年第 8 期。

管玉春：《南京市孝衞街北宋墓出土木尺》，《文物》1982 年第 8 期。

姚世英、徐月英：《蘇州出土宋代浮雕木尺》，《文物》1982 年第 8 期。

咸陽地區文管會、茂陵博物館：《陝西茂陵一號無名冢一號從葬坑的發掘》，《文物》1982 年第 9 期。

閻萬石：《石粗考》，《考古與文物》1983 年第 1 期。

朱捷元、李域錚：《西安東郊三店村西漢墓》，《考古與文物》1983 年第 2 期。

李國棟：《指南針與日晷》，《故宮博物院院刊》1983 年第 2 期。

河南省文物研究所、中國歷史博物館考古部：《登封王城崗遺址的發掘》，《文物》1983 年第 3 期。

甘肅省博物館文物工作隊：《甘肅秦安大地灣遺址 1978 至 1982 年發掘的主要收獲》，《文物》1983 年第 11 期。

馮永謙：《遼寧開原老城鎮出土的元代銅器和鐵器》，載《文物資料叢刊(7)》，文物出版社 1983 年。

承德地區文化局、灤平縣文保所：《河北灤平縣岑溝金代窖藏》，載《文物資料叢刊(8)》，文物出版社 1983 年。

劉俊勇：《大連譚家屯金代窖藏》，載《文物資料叢刊(8)》，文物出版社 1983 年。

陳振中：《殷周的青銅鋸》，《考古》1984 年第 1 期。

李迪：《張思訓的"太平渾儀"》，《内蒙古師大學報(自然科學版)》1984 年第 2 期。

昆明市文物管理委員會：《昆明呈貢石碑村古墓群第二次清理簡報》，《考古》1984 年第 3 期。

楊元生：《黃陵縣發現宋代瓷祖》，《考古與文物》1984 年第 3 期。

黃希明、田貴生：《談談"樣式雷"燙樣》，《故宮博物院院刊》1984 年第 4 期。

吳坤儀、李京華、王敏之：《滄州鐵獅的鑄造工藝》，《文物》1984 年第 6 期。

長沙市文物工作隊：《湖南望城縣東吳墓》，《文物》1984 年第 8 期。

丘光明：《我國古代權衡器簡論》，《文物》1984 年第 10 期。

大慶市文物管理站：《大慶市發現宋〈蠶織圖〉等兩卷古畫》，《文物》1984 年第 10 期。

雲翔：《鋸鐮辨析》，《文物》1984 年第 10 期。

趙其昌：《〈析津志〉所記元大都戽斗式機輪水車》，《文物》1984 年第 10 期。

劉謙：《遼寧錦州市張扛村遼墓發掘簡報》，《考古》1984 年第 11 期。

劉鱅：《遼寧北鎮縣發現遼代銅犁範》，《考古》1984 年第 11 期。

趙繼柱：《簡談中國古代建築施工工具》，載《科技史文集(第 11 輯)》，上海科學技術出版社 1984 年。

湖北省博物館、隨州市博物館：《湖北隨州擂鼓墩二號墓發掘簡報》，《文物》1985 年第 1 期。

全和鈞、閻林山：《關於西漢漏刻的特點和刻箭的分劃》，《自然科學史研究》1985 年第 3 期。

雲翔：《齒刃銅鐮初論》，《考古》1985 年第 3 期。

陳振中：《我國古代的青銅削刀》，《考古與文物》1985 年第 4 期。

曾騏：《我國新石器時代的生產工具綜述》，《考古與文物》1985 年第 5 期。

劉樹林：《首都博物館收藏的古代醫療器械》，《文物》1985 年第 8 期。

陳文華：《從出土文物看漢代農業生產技術》，《文物》1985 年第 8 期。

郭正忠：《張舜民〈水磨賦〉和王禎的“水輪三事”設計》，《文物》1986 年第 2 期。

李自智：《記陝西鳳翔出土的戰國銅鉗》，《考古與文物》1986 年第 3 期。

雲翔：《試論中國古代的鋸》（上、下），《考古與文物》1986 年第 3 期、第 4 期。

上海市文物保管委員會：《上海青浦福泉山良渚文化墓地》，《文物》1986 年第 10 期。

金柏東：《早期活字印刷術的實物見證——温州市白象塔出土北宋佛經殘葉介紹》，《文物》1987 年第 5 期。

孫機：《我國古代的平木工具》，《文物》1987 年第 10 期。

吉縣文物工作站：《山西吉縣出土金代銅砝碼》，《文物》1987 年第 11 期。

王其亨：《渾源圓覺寺塔及古代候風鳥實物》，《文物》1987 年第 11 期。

港下古銅礦遺址發掘小組：《湖北陽新港下古礦井遺址發掘簡報》，《考古》1988 年第 1 期。

浙江省文物考古研究所反山考古隊：《浙江餘杭反山良渚墓地發掘簡報》，《文物》1988 年第 1 期。

駐馬店地區文化局、正陽縣文化局：《河南正陽蘇莊楚墓發掘報告》，《華夏考古》1988 年第 2 期。

揚州博物館：《江蘇邗江姚莊 101 號西漢墓》，《文物》1988 年第 2 期。

肖琦：《隴縣西漢墓出土算籌》，《考古與文物》1988 年第 3 期。

胡寄樵：《太平天國聖庫衡器砝碼》，《文物》1988 年第 5 期。

信陽地區文管會、光山縣文管會：《河南光山春秋黃季佗父墓發掘簡報》，《考古》1989 年第 1 期。

甘肅省文物考古研究所、天水市北道區文化館：《甘肅天水放馬灘戰國秦漢墓群的發掘》，《文物》1989 年第 2 期。

陳振中：《先秦的銅錐和銅鑽》，《文物》1989 年第 2 期。

何欽法、郭勝斌：《洞庭湖東岸發掘出商代製陶工場》，《中國文物報》1989 年 5 月 5 日。

葉文寬：《擂缽源流考》，《考古》1989 年第 5 期。

陝西省考古研究所配合基建考古隊：《陝西長安縣 206 基建工地漢、晉墓清理簡報》，《考古與文物》1989 年第 5 期。

汪衛國：《清康熙十八年蘇州府頒行的較準砝碼》，《文物》1990 年第 1 期。

河北省文物研究所：《河北阜城桑莊東漢墓發掘報告》，《文物》1990 年第 1 期。

傅山泉：《新鄉市博物館館藏一件石祖》，《考古與文物》1990 年第 3 期。

劉順超：《河北邢臺發現一件古代銅鐮》，《文物》1990 年第 8 期。

聞人軍：《南宋堪輿旱羅盤的發明之發現》，《考古》1990 年第 12 期。

吳振武：《試説齊國陶文中的“鍾”和“溢”》，《考古與文物》1991 年第 1 期。

劉俊勇：《我國東北新石器時代漁業生產初探》，《考古與文物》1991 年第 2 期。

丘光明：《唐代權衡制度考》，《文物》1991 年第 9 期。

安陽市文物工作隊：《河南安陽市兩座隋墓發掘報告》，《考古》1992 年第 1 期。

南京博物院、儀徵博物館籌備辦公室：《儀徵張集團山西漢墓》，《考古學報》1992 年第 4 期。

牛樹森、牛愛國：《河南省盧氏縣出土一件東漢彩繪骨尺》，《文物》1992 年第 7 期。

林仙庭、崔天勇：《山東半島出土的幾件古鹽業用器》，《考古》1992 年第 12 期。

湖北省文物考古研究所：《江陵鳳凰山一六八號漢墓》，《考古學報》1993 年第 4 期。

郭正忠：《古衡“分”名考——關於近年來唐衡爭議的一點淺見》，《文物》1993 年第 5 期。

何志國、唐光孝：《我國最早的人體經脈漆雕》，《中國文物報》1994 年 4 月 17 日。

陝西省考古研究所漢陵考古隊：《漢景帝陽陵南區從葬坑發掘第二號簡報》，《文物》1994 年第 6 期。

湖北省文物考古研究所：《湖北江陵縣九店東周墓發掘紀要》，《考古》1995 年第 7 期。

馬繼興：《雙包山漢墓出土的針灸經脈漆木人形》，《文物》1996 年第 4 期。

劉以煥：《“角先生”考——從“緄鈴”説開去》，載《學術集林（卷十二）》，上海遠東出版社 1997 年。

劉詩中、盧本珊：《江西銅嶺銅礦遺址的發掘與研究》，《考古學報》1998 年第 4 期。

湖北省荆州市周梁玉橋遺址博物館：《關沮秦漢墓清理簡報》，《文物》1999 年第 6 期。

徐州博物館：《徐州東甸子西漢墓》《文物》1999 年第 12 期。

揚州博物館：《江蘇邗江縣姚莊 102 號漢墓》，《考古》2000 年第 4 期。

銀雀山漢墓發掘隊:《臨沂銀雀山西漢墓發掘簡報》,《文物》2000 年第 11 期。

雲南省文物考古研究所、昆明市博物館、官渡區博物館:《雲南昆明羊甫頭墓地發掘簡報》,《文物》2001 年第 4 期。

劉國棟:《平推鉋和框架鋸在我國是何時出現的》,《文物》2001 年第 10 期。

張顯成:《尹灣漢簡〈武庫永始四年兵車器集簿〉名物釋讀札記》,載《簡帛研究(2001)》,廣西師範大學出版社 2001 年。

秦始皇陵考古隊:《秦始皇陵園 K0006 陪葬坑第一次發掘簡報》,《文物》2002 年第 3 期。

南京市博物館:《南京發現西晉水井》,《文物》2002 年第 7 期。

河南省文物考古研究所、河南省駐馬店市文化局、新蔡縣文物保護管理所:《河南新蔡平夜君成墓的發掘》,《文物》2002 年第 8 期。

常玉英:《山東莒南發現元代銅權》,《文物》2002 年第 12 期。

湖南省文物考古研究所、湘西土家族苗族自治州文物處、龍山縣文物管理所:《湖南省龍山里耶戰國——秦代古城一號井發掘簡報》,《文物》2003 年第 1 期。

湖南省文物考古研究所、懷化市文物處、沅陵縣博物館:《沅陵虎溪山一號漢墓發掘簡報》,《文物》2003 年第 1 期。

江西省文物考古研究所:《江西進賢縣李渡燒酒作坊遺址的發掘》,《考古》2003 年第 7 期。

長治市博物館:《山西長治唐代王惠墓》,《文物》2003 年第 8 期。

廣西壯族自治區文物工作隊、合浦縣博物館:《廣西合浦縣九只嶺東漢墓》,《考古》2003 年第 10 期。

盱眙縣博物館:《江蘇東陽小雲山一號漢墓》,《文物》2004 年第 5 期。

河南省文物考古研究所、駐馬店市文物工作隊、西平縣文物管理所:《河南西平縣上坡遺址發掘簡報》,《考古》2004 年第 4 期。

陳林:《漢代"齒輪"研究》,《蘭州大學學報(社會科學版)》2004 年第 5 期。

山西省考古研究所:《靈石旌介發現商周及漢代遺跡》,《文物》2004 年第 8 期。

鄭州市文物考古研究所、鞏義市文物保護管理所:《河南鞏義站街晉墓》,《文物》2004 年第 11 期。

付超:《清宮蠟模》,《紫禁城》2005 年第 1 期。

郭興寬、胡德生、趙小喜:《禁宮何處大雅齋》,《紫禁城》2005 年第 1 期。

開封市文物工作隊:《河南開封明周王府遺址的初步勘探與試掘》,《文物》2005 年第 9 期。

趙吳成:《平木用"刨"新發現》,《文物》2005 年第 11 期。

馬怡:《尹灣漢墓遣策札記》,載《簡帛研究(2002、2003)》,廣西師範大學出版社 2005 年。

李素芳:《清朝皇帝與西洋鐘錶》,《紫禁城》2006 年第 2 期。

大同市考古研究所:《山西大同迎賓大道北魏墓群》,《文物》2006 年第 10 期。

吐魯番地區文物局:《新疆吐魯番地區木納爾墓地的發掘》,《考古》2006 年第 12 期。

吐魯番地區文物局:《新疆吐魯番地區巴達木墓地發掘簡報》,《考古》2006 年第 12 期。

張濤、龔建華:《湖南芷江出土的一批宋代器物》,載《湖南省博物館館刊(第三期)》,岳麓書社 2006 年。

襄樊市考古隊:《襄樊長虹南路墓地第二次發掘簡報》,《江漢考古》2007 年第 1 期。

孫承晟:《明清之際西方光學知識在中國的傳播及其影響——孫雲球〈鏡史〉研究》,《自然科學史研究》2007 年第 3 期。

洛陽市文物工作隊:《洛陽人民路北宋磚瓦窯址》,《文物》2007 年第 4 期。

荊州博物館:《湖北荊州黃山墓地 40 號戰國楚墓發掘簡報》,《江漢考古》2007 年第 4 期。

西安市文物保護考古所:《西安尤家莊六十七號漢墓發掘簡報》,《文物》2007 年第 11 期。

洛陽博物館:《洛陽北魏楊機墓出土文物》,《文物》2007 年第 11 期。

李慎:《明清之際西洋眼鏡在中國的傳播》,暨南大學碩士學位論文 2007 年。

山西省考古研究所、長治市博物館:《山西屯留宋村金代壁畫墓》,《文物》2008 年第 8 期。

南京市博物館、南京市江寧區博物館:《南京江寧上坊孫吳墓發掘簡報》,《文物》2008 年第 12 期。

王文耀:《岐山縣博物館收藏的西周銅鋤》,《文物》2008 年第 12 期。

陝西省考古研究所、榆林市文物研究所、靖邊縣文物管理辦公室:《陝西靖邊東漢壁畫墓》,《文物》2009 年第 2 期。

河南省文物考古研究所:《河南三門峽南交口漢墓(M17)發掘簡報》,《文物》2009 年第 3 期。

李新偉:《我國史前有槽箭杆整直器》,《考古》2009 年第 6 期。

安徽省文物考古研究所、蚌埠市博物館:《安徽蚌埠雙墩一號春秋墓發掘簡報》,《文物》2010 年第 3 期。

徐州博物館:《江蘇徐州黑頭山西漢劉慎墓發掘簡報》,《文物》2010 年第 11 期。

湖北省文物考古研究所、隨州市博物館:《湖北隨州葉家山 M65 發掘簡報》,《江漢考古》2011 年第 3 期。

禾青:《湖南省博物館館藏金銀器小議》,載《湖南省博物館館刊(第七輯)》,岳麓書社 2011 年。

淮安市博物館、楚州區博物館：《江蘇淮安裏運河明清磚工堤與碼頭發掘簡報》，《東南文化》2012 年第 5 期。

亓昊楠：《故宮收藏的廣州鐘錶》，《文物天地》2012 年第 5 期。

本刊編輯部：《常偉：鐘錶的收藏與投資》，《文物天地》2012 年第 6 期。

穆紅梅、焦玉雲：《山東新泰出土青龍四年陽燧》，《文物》2012 年第 7 期。

中國社會科學院考古研究所、南京博物院、揚州揚州市文物考古研究所唐城考古工作隊：《江蘇揚州市宋大城北門遺址的發掘》，《考古》2012 年第 10 期。

黃陽秋、陳韶輝：《攸縣鵝公嶺出土的一批東周時期青銅器》，載《湖南省博物館館刊（第八輯）》，岳麓書社 2012 年。

陳洪、李宇：《"檃栝"考論》，《考古與文物》2013 年第 1 期。

湖北省文物考古研究所、湖北省文物局南水北調辦公室、鄖西縣博物館：《湖北鄖西廎家灣遺址發掘報告》，《考古學報》2013 年第 1 期。

吐魯番學研究院：《新疆吐魯番市勝金店墓地發掘簡報》，《考古》2013 年第 2 期。

張慶玉：《火照：揭開元青花燒造之謎的鑰匙》，《收藏》2013 年第 15 期。

陸錫興：《吐魯番眼籠考》，《中國國家博物館館刊》2014 年第 1 期。

棗莊市博物館、棗莊市文物管理委員會辦公室、棗莊市嶧城區文廣新局：《山東棗莊徐樓東周墓發掘簡報》，《文物》2014 年第 1 期。

內蒙古師範大學科學技術史研究院、內蒙古文物考古研究所：《內蒙古清水河塔爾梁五代壁畫墓發掘簡報》，《文物》2014 年第 4 期。

方萬鵬：《張舜民〈水磨賦〉與王禎"水輪三事"設計之關係再探》，《文物》2015 年第 8 期。

燕生東：《萊州灣南岸地區發現的龍山時期製鹽遺址》，《考古》2015 年第 12 期。

環縣博物館：《甘肅省環縣劉家灣漢墓清理報告》，《考古與文物》2016 年第 2 期。

杜卓：《豫西地坑院土工營造尺的發現及其價值》，《中原文物》2016 年第 3 期。

赤峰市博物館、巴林左旗遼上京博物館、巴林左旗文物管理所：《內蒙古巴林左旗盤羊溝遼代墓葬》，《考古》2016 年第 3 期。

湖南省文物考古研究所、益陽市文物處：《湖南益陽兔子山遺址九號井發掘簡報》，《文物》2016 年第 5 期。

張貴餘：《做一個完美的藝術、科技、文化展——"瑞士鐘錶文化之源"展覽的策劃與實施》，《文物天地》2016 年第 8 期。

廣西文物保護與考古研究所、廈門大學歷史系、廣西師範大學文化與旅遊學院：《廣西合浦縣草鞋村漢代遺址發掘簡報》，《考古》2016 年第 8 期。

四川省文物考古研究院、犍爲縣文物管理所：《四川犍爲縣金花庵唐宋窰址調查試掘簡報》，《四川文物》2017 年第 2 期。

河南省文物考古研究所、河南省文物局南水北調文物保護辦公室：《鄭州市馬良寨遺址晚商文化遺存發掘簡報》，《考古》2017 年第 4 期。

龔世揚：《農具銍的考古發現與再研究》，《四川文物》2017 年第 4 期。

景德鎮市陶瓷考古研究所、北京大學考古文博學院、江西省文物考古研究所、故宮博物院：《江西景德鎮明清御窰廠遺址 2014 年發掘簡報》，《文物》2017 年第 8 期。

儀徵市博物館：《江蘇儀徵聯營三座西漢墓的發掘》，《中國國家博物館館刊》2017 年第 8 期。

陝西省考古研究院：《陝西長安神禾原戰國秦陵園大墓發掘簡報》，《考古與文物》2021 年第 5 期。

吉林大學邊疆考古研究中心等：《遼寧建平縣小黑山遺址發掘簡報》，《考古》2024 年第 8 期。

中國古代器物通覽

總主編陸錫興教授題寫書名

南昌大學中國語言文學
及人文交叉學科資助

古文字與中華文明
傳承發展工程

特此誠摯鳴謝在各個階段給予此書幫助者：

江藍生、李宇明、孫機、王寧、黃志繁、江馬益、劉釗、汪少華、
魯仲文、王濤、成占民、王焰、時潤民

1991年初冬上海青浦賓館編纂會議合影

前排左起：蔣無間、高蒙和、滕志賢、羅宗真、趙文榜、陸錫興、王小盾、徐祖友、
應有勤、王明文、周汛、吳紅婧、王鴻雁

後排左起：成占民、李明權、全和鈞、成東、王鑒清、王界雲、胥蜀輝、高春明、
唐友波、陳茂材、陸敬嚴、朱仲岳

部分原始編纂資料卡片

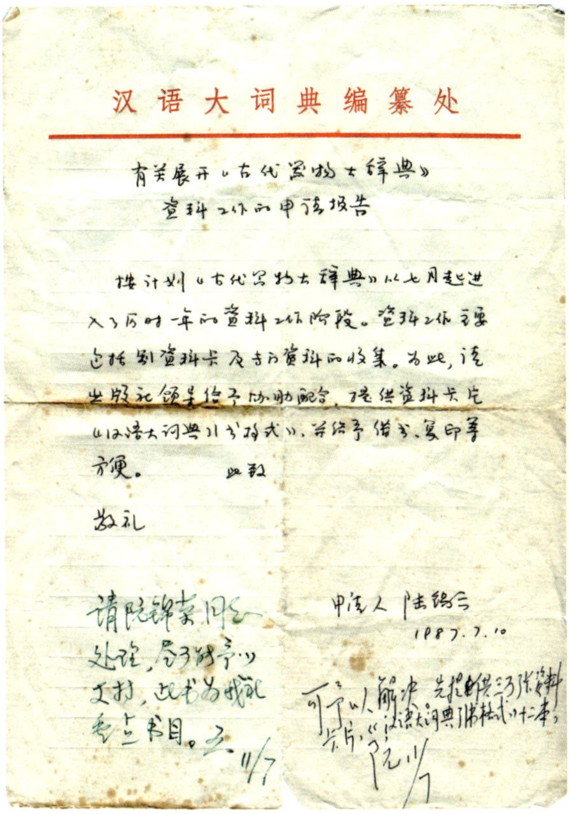

汉语大词典编纂处

有关展开《古代器物大辞典》
资料工作的申请报告

按计划《古代器物大辞典》从七月起进入了为时一年的资料工作阶段。资料工作主要包括制资料卡及专门资料的收集。为此，请出版社领导给予协助配合，提供资料卡片《汉语大词典》卡片格式，并给予借书、复印等方便。 此致

敬礼

申请人 陆锡兴
1987.7.10

请阮锦荣同志处理，给予协助以支持，此书为我社重点书目。巫 11/7

可予以解决，先提供三万张资料卡片（《汉语大词典》卡片格式）十二本。阮 11/7

叢書資料工作申請報告

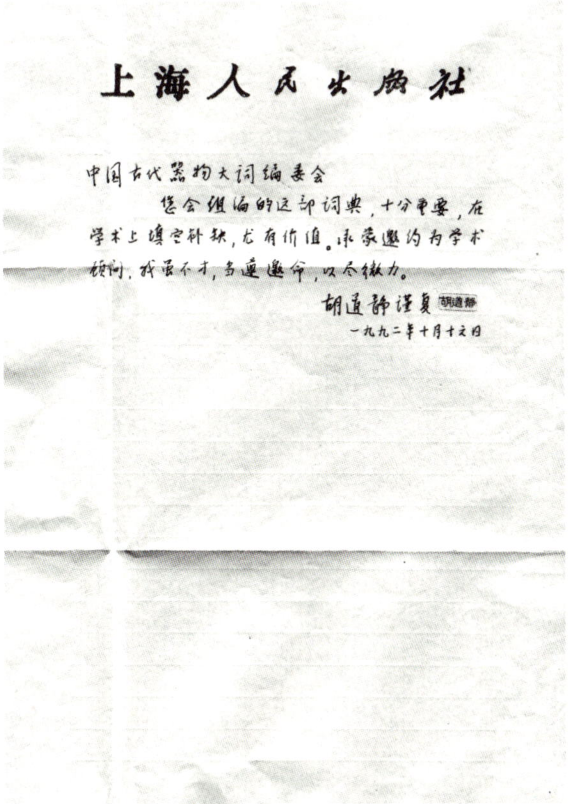

上海人民出版社

中国古代器物大词编委会

您会组编的这部词典，十分重要，在学术上填空补缺，尤有价值。承蒙邀约为学术顾问，我虽不才，当遵邀命，以尽微力。

胡道静谨复 胡道静

一九九二年十月十六日

胡道静先生復編委會函

陸先生：

　　惠賜大著，十分荣幸，非常感谢。大致翻看一遍，受益良多。此书材料丰富，辨释很得要领，插图尤清晰，堪称近年文物图书中之佳作。一定要好之学习这本书。并再一次忠谢史的厚赐。

　　　专祝
新年快乐

　　　　　　　　孙机 敬上
　　　　　　　　02.12.17

孫機先生致總主編陸錫興教授賀信

中 国 社 会 科 学 院

錫興 先生：

　　大作《中国古代器物大词典》奉到，深为感谢。考证古代的器物，利其是一件十分艰难的工作。没有对古代文化的钟情和丰厚的学术积累是不可能完成此功绩。谨在此向您及您的同事们表示祝贺和钦佩。

　　　此致
敬礼

　　　　　　　　江蓝生
　　　　　　　　2005.5.13.

江藍生教授致總主編陸錫興教授賀信